쉽게 배우는
MFC 윈도우 프로그래밍

김선우, 신화선 지음

JN442225

지은이 김선우 promche@gmail.com

서울대학교 천문학과와 컴퓨터공학부를 졸업하고, 동 대학원에서 컴퓨터공학을 전공했다. 비트교육센터 강사로 윈도우/리눅스 분야를 교육했으며, 현재는 이레이어 시스템 수석 연구원으로 삼성전자/LG전자 등 기업 위주의 임베디드/모바일/AI 기술 교육과 더불어 교육 관련 개발도 병행하고 있다. 저서로 『IT CookBook, 단계별로 배우는 안드로이드 프로그래밍』(한빛아카데미, 2017), 『IT CookBook, TCP/IP 윈도우 소켓 프로그래밍』(한빛아카데미, 2011), 역서로 『찰스 페졸드의 Programming Windows, 5th』(한빛미디어, 2004)가 있다.

지은이 신화선 L544oo@yahoo.com

서울시립대학교 전자전기공학(학부)과 대학원(석사)을 졸업하고, 한양대학교 대학원에서 컴퓨터공학(박사) 과정을 수료했다. 삼성전자에서 5년간 응용 프로그램 개발 연구를 수행하고, 현재 전자부품연구원에서 책임연구원으로 재직 중이다. 주로 멀티미디어 분야(3D프린팅 SW, 컴퓨터그래픽스, 컴포넌트 기반 SW 프레임워크, MPEG 표준화) 연구 개발을 수행하고 있다. 저서로 『IT 백두대간, DirectShow 멀티미디어 프로그래밍』(한빛미디어, 2002)이 있다.

쉽게 배우는 MFC 윈도우 프로그래밍 Visual C++ 2019

초판발행 2020년 6월 20일
3쇄발행 2022년 7월 7일

지은이 김선우, 신화선 / **펴낸이** 전태호
펴낸곳 한빛아카데미(주) / **주소** 서울시 서대문구 연희로2길 62 한빛아카데미(주) 2층
전화 02-336-7112 / **팩스** 02-336-7199
등록 2013년 1월 14일 제2017-000063호 / **ISBN** 979-11-5664-490-3 93000

책임편집 김성무 / **기획** 김평화 / **편집** 권오상 / **진행** 김도윤
디자인 표지 이지민, 이아란 내지 김연정 / **전산편집** 인투 / **제작** 박성우, 김정우
영업 김태진, 김성삼, 이정훈, 임현기, 이성훈, 김주성 / **마케팅** 길진철, 김호철, 주희

이 책에 대한 의견이나 오탈자 및 잘못된 내용에 대한 수정 정보는 아래 이메일로 알려주십시오.
잘못된 책은 구입하신 서점에서 교환해 드립니다. 책값은 뒤표지에 표시되어 있습니다.

홈페이지 www.hanbit.co.kr / **이메일** question@hanbit.co.kr

Published by HANBIT Academy, Inc. Printed in Korea
Copyright © 2020 김선우, 신화선 & HANBIT Academy, Inc.
이 책의 저작권은 김선우, 신화선과 한빛아카데미(주)에 있습니다.
저작권법에 의해 보호를 받는 저작물이므로 무단 복제 및 무단 전재를 금합니다.

지금 하지 않으면 할 수 없는 일이 있습니다.
책으로 펴내고 싶은 아이디어나 원고를 메일(writer@hanbit.co.kr)로 보내주세요.
한빛아카데미(주)는 여러분의 소중한 경험과 지식을 기다리고 있습니다.

쉽게 배우는 MFC 윈도우 프로그래밍

Visual C++ 2019

2015 · 2017 버전 사용 가능

김선우, 신화선 지음

한빛아카데미
Hanbit Academy, Inc.

MFC 학습의 좋은 벗이자 안내자가 되기를...

시중에 판매되는 MFC 학습용 서적은 크게 두 부류로 나눌 수 있습니다. 하나는 바이블 형태로 방대한 내용과 예제를 제공하며, 다른 하나는 따라하기 형태로 실습 화면을 모두 보여줌으로써 학습자가 그대로 따라하며 배우도록 합니다. 전자는 지나치게 방대한 내용으로 인해 처음 배우는 이들에게는 적합하지 않고, 후자는 예제를 중심으로 진행하기 때문에 정작 중요한 개념과 구조적인 이해를 소홀히 하는 경향이 있습니다. 이 책은 강의 교재를 염두에 두되 두 부류 서적의 장점을 종합하여 이론과 실습이 균형을 이룰 수 있도록 구성하였습니다. 이론적인 설명은 군더더기 없이 명확한 용어와 정의를 사용하며, 이론에서 다룬 내용은 곧바로 실습하면서 이해할 수 있도록 구성하였습니다. 바이블 서적에 비해 다루는 주제의 폭은 다소 좁지만, 각각의 주제를 충실하게 다루므로 강의 교재는 물론이고 처음 MFC를 접하는 개인 학습자에게도 좋은 벗이 될 것입니다.

강사가 100을 설명했을 때 듣는 사람이 100을 모두 이해하기 힘들다고 합니다. 강의할 때 항상 쉽게 설명하려고 노력해도 한 번에 전달되는 분량에는 한계가 있습니다. 책도 마찬가지로, 한 번 보았다고 해서 저자가 알려주는 내용을 모두 얻을 수는 없습니다. 하지만 책은 강의와 달리 시간이 지나도 사라지지 않습니다. 아무쪼록 한 번에 그치지 않고 시간을 두고 여러 번 학습하길 바랍니다. 또한, 실습도 충실히 하여 책에서 전달하는 100보다 더 여러 가지 지식을 습득하여 좋은 개발자로 만날 수 있기를 기원합니다.

2019 버전을 준비하며

기존 윈도우 프로그래밍(2014년 개정판)과 비교하여 추가하거나 삭제한 장은 없지만, 세부적으로 달라진 내용과 그대로 유지된 특징을 정리하면 다음과 같습니다.

❶ **프로그램 버전업 및 버전별 소스 코드 제공** : 비주얼 C++ 2019를 기준으로 모든 실습 과정을 재작성하였습니다. 본문 예제와 실전 프로젝트 코드는 비주얼 C++ 2019는 물론이고 2017/2015로도 각각 컴파일할 수 있도록 별도의 프로젝트로 제공됩니다. 또한 모든 실습은 윈도우 10 환경을 기준으로 테스트하였습니다.

❷ **유니코드 문자 집합 지원** : 기존 개정판과 마찬가지로 유니코드 문자 집합을 고려하여 모든 예제를 작성하였습니다.

❸ **본문과 연습문제 수정 및 보완** : 모든 장에 걸쳐 기존 내용을 검토하여 보완하였습니다. 특히 연습문제의 개수와 힌트 정보를 늘려서 본문에서 학습한 내용을 스스로 구현하고 응용해볼 수 있습니다.

❹ **'현장 팁'과 '현장의 목소리' 보완** : 기존의 내용을 수정/보완하고 본문 흐름에 맞게 재배치하였습니다. 또한 새로운 주제를 담은 글도 추가하여 현업 개발자의 생생한 노하우를 전달하는 데 노력을 기울였습니다.

❺ **실전 프로젝트 PDF 제공** : 기존 개정판에 있던 실전 프로젝트는 이번 개정판에서 늘어난 페이지를 고려하여 인쇄된 책에는 싣지 않고 대신 출판사 웹페이지에서 PDF 형식으로 제공합니다. 본문을 학습하고 나서 실용적인 예제를 분석해보고 싶은 독자는 언제든 다운로드해서 제공되는 소스와 비교하면서 학습할 수 있습니다.

❻ **비주얼 스튜디오 2019/2017/2015 설치 PDF 제공** : 처음으로 비주얼 C++를 사용하는 독자를 위해 비주얼 스튜디오(비주얼 C++를 포함하는 통합 개발 환경)를 내려 받아 설치하는 과정을 PDF로 제공합니다.

감사의 글

항상 그랬듯이 집필 작업을 할 때는 가장 가까이 있는 이들의 도움이 고맙게 느껴집니다. 집필 기간이 이사 일정과 겹쳐있다 보니 시간 배분에 어려움이 있었는데, 아내가 중요한 일을 도맡아 해주어서 일정에 무리 없이 진행할 수 있었습니다. 이제는 어느덧 중학생이 된 첫째 아들 기태와 초등학생이 된 둘째 아들 정태는 태어날 때부터 지금까지 그 존재만으로도 행복을 주어서 항상 힘이 됩니다. 책이 나오기까지 같이 고생하신 신화선 님과 한빛아카데미(주) 식구들, 멀리서 항상 염려해 주시는 어머니와 가족, 가까이서 시시때때로 도움을 주시는 처형, 강의 일정을 조율해주신 박규환 대표님, 그리고 지금도 변함없이 소식을 주고받는 오랜 친구들에게도 감사한 마음을 전합니다.

지은이 김선우

어느덧 성인이 되어버린 아들 승민과 올해 중학생이 된 공주 지민에게, 소홀한 아빠가 항상 사랑한다고 전하고 싶습니다. 오랜 시간을 함께 살아왔어도 아직 말투에서 서툰 투정이 묻어나는 아내와 언제나 아들 걱정뿐이신 어머니께 변함없는 사랑을 전합니다. 꼼꼼하게 원고를 검토해 주신 김선우 님과 한빛아카데미(주) 식구들께도 진심으로 감사드립니다. 팀장을 믿고 불철주야 SW 개발 중인 팀원(이 · 전 · 박 · 장) 모두, 제가 무척 아끼고 감사하고 있습니다. 그리고 3D프린팅 기술에 대해 함께 고민하는 연구원 내외 동료와 기관께도 감사한 마음을 전합니다.

지은이 신화선

• 누구를 위한 책인가

주 대상은 C++ 언어를 습득한 후, 처음으로 윈도우 프로그래밍을 시작하는 소프트웨어 관련학과 학부생입니다. 바이블 서적처럼 광범위한 내용을 다루지는 않지만 중요 주제를 깊이 있게 다루기 때문에 강의 교재로 사용하기 적합할 뿐만 아니라 일반인이나 비전공자에게도 충분히 도움이 될 것입니다.

• 선수 연계 과목

C++ 언어를 습득한 후, 처음으로 윈도우 프로그래밍을 시작하는 독자를 위한 책이므로 C++ 언어 관련 지식이 필요합니다. 본문에서는 따로 C++ 언어를 복습하지 않으므로 부족한 지식이 있다면 관련 서적을 참조하기 바랍니다. 윈도우 프로그래밍 경험은 필요하지 않지만 윈도우 운영체제에 대해서는 익숙해야 원활하게 학습할 수 있습니다. 윈도우 API에 대한 어느 정도의 지식이 있다면 MFC를 좀 더 쉽게 배울 수 있으므로 시간을 내서 공부해 두는 것도 좋습니다.

• 본문 구성

이 책은 MFC 시작, 기초, 고급, 실전 프로젝트 형태로 구성됩니다. 1부 MFC 시작과 2부 기초 MFC 프로그래밍에서는 MFC 프로그래밍의 기본을 다지고, 3부 학습을 통해 고급 MFC 프로그래밍 기술을 익힐 수 있습니다. 4부 실전 프로젝트에서는 좀 더 큰 규모의 소프트웨어 제작을 통해 1~3부에 걸쳐 배운 내용을 복습하면서 실무에 필요한 응용력을 키울 수 있습니다.

1부. MFC 시작(1~3장)

MFC 기초를 다지기 위한 기본적이고 필수적인 내용을 다룹니다. 1장에서는 윈도우 응용 프로그램의 구조와 동작 원리를 이해하기 위해 SDK 프로그램과 MFC 프로그램을 비교 분석합니다. 2장에서는 주요 데이터 타입과 유틸리티 클래스를 연습합니다. 3장에서는 MFC의 주요 특징과 서비스를 살펴보고, 자동으로 생성한 MFC 프로그램을 분석합니다.

2부. 기초 MFC 프로그래밍(4~10장)

화면 출력부터 도큐먼트/뷰 구조에 이르기까지 MFC 프로그램의 핵심 요소를 주제별로 다룹니다. 이론은 충실하게 설명하되, 실습은 이론을 쉽게 이해할 수 있도록 간단하지만 실용적인 예제로 구성하여 이론과 실습의 균형을 맞추었습니다.

3부. 고급 MFC 프로그래밍(11~15장)

1~2부에서 다루지 않은 부분 중 실전에서 자주 사용되는 핵심 주제를 중심으로 구성하였습니다. 11~12장은 사용자 인터페이스, 13장은 다중 처리, 14장은 데이터 입출력, 15장은 원격 통신과 관련된 주제를 다룹니다. 순서와 관계없이 진행할 수 있으므로 당장 필요한 부분을 찾아 학습하면 됩니다.

4부. 실전 프로젝트(PDF)

좀 더 큰 규모의 응용 프로그램을 개발하는 과정을 통해 본문에서 배운 다양한 기법을 총정리할 수 있습니다. 본문에서 미처 다루지 못한 부분도 실습을 통해 새롭게 배울 수 있으며, 실전 응용력을 키울 수 있도록 구성하였습니다.

이 책의 구성 요소

| 실습 |

응용 프로그램 제작 과정을 단계별로 정리하였습니다. 개념 설명 이후에 바로 이어지기 때문에 이해력을 높일 수 있고, 그림과 코드를 하나하나 보여주기 때문에 쉽게 따라할 수 있습니다.

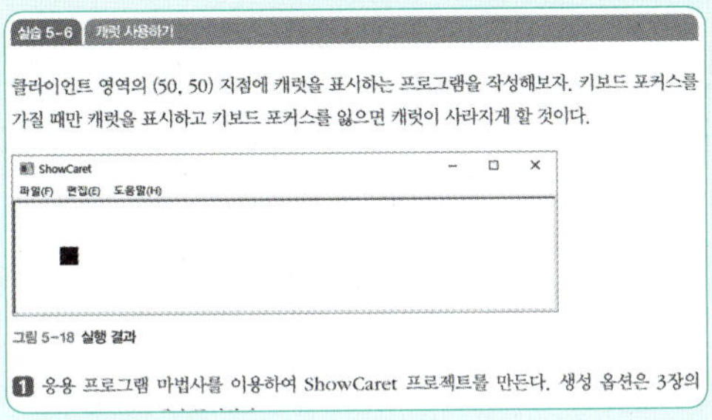

실습 5-6 캐럿 사용하기

클라이언트 영역의 (50, 50) 지점에 캐럿을 표시하는 프로그램을 작성해보자. 키보드 포커스를 가질 때만 캐럿을 표시하고 키보드 포커스를 잃으면 캐럿이 사라지게 할 것이다.

그림 5-18 **실행 결과**

❶ 응용 프로그램 마법사를 이용하여 ShowCaret 프로젝트를 만든다. 생성 옵션은 3장의

| 여기서 잠깐 |

본문에 대한 보충 설명, 참고 사항을 본문의 흐름을 해치지 않도록 본문과 분리해 정리하였습니다. 본문 학습 중에 참고하면 도움이 될 것입니다.

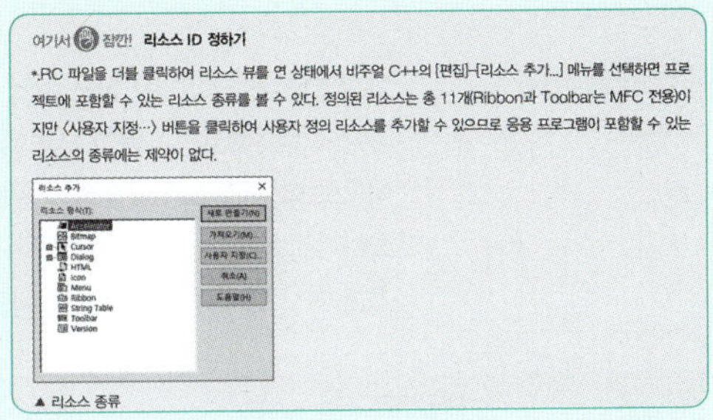

여기서 잠깐! **리소스 ID 정하기**

*.RC 파일을 더블 클릭하여 리소스 뷰를 연 상태에서 비주얼 C++의 [편집]-[리소스 추가...] 메뉴를 선택하면 프로젝트에 포함할 수 있는 리소스 종류를 볼 수 있다. 정의된 리소스는 총 11개(Ribbon과 Toolbar는 MFC 전용)이지만 〈사용자 지정⋯〉 버튼을 클릭하여 사용자 정의 리소스를 추가할 수 있으므로 응용 프로그램이 포함할 수 있는 리소스의 종류에는 제약이 없다.

▲ 리소스 종류

| 현장 팁 |

저자가 현장에서 생각하고 발견하는 유용한 팁, 함정을 미리 피해갈 수 있는 주의 사항, 참고로 알아두어야 할 사항을 별도로 정리하였습니다.

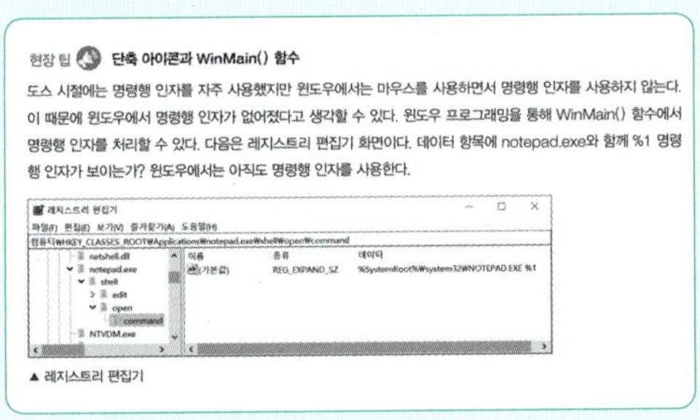

현장 팁 **단축 아이콘과 WinMain() 함수**

도스 시절에는 명령행 인자를 자주 사용했지만 윈도우에서는 마우스를 사용하면서 명령행 인자를 사용하지 않는다. 이 때문에 윈도우에서 명령행 인자가 없어졌다고 생각할 수 있다. 윈도우 프로그래밍을 통해 WinMain() 함수에서 명령행 인자를 처리할 수 있다. 다음은 레지스트리 편집기 화면이다. 데이터 항목에 notepad.exe와 함께 %1 명령행 인자가 보이는가? 윈도우에서는 아직도 명령행 인자를 사용한다.

▲ 레지스트리 편집기

| 요약 |

해당 장이 끝날 때마다 핵심적인 내용을 요약해서 정리하였습니다. 본문에서 익힌 세분화된 지식을 전체적으로 조립하여 완성된 모습을 볼 수 있습니다.

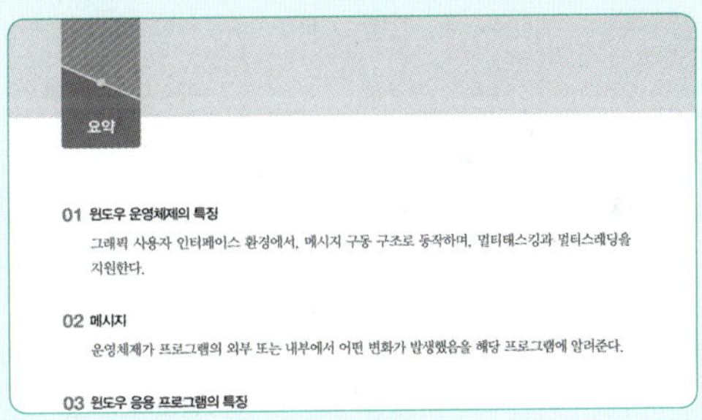

요약

01 윈도우 운영체제의 특징

그래픽 사용자 인터페이스 환경에서, 메시지 구동 구조로 동작하며, 멀티태스킹과 멀티스레딩을 지원한다.

02 메시지

운영체제가 프로그램의 외부 또는 내부에서 어떤 변화가 발생했음을 해당 프로그램에 알려준다.

03 윈도우 응용 프로그램의 특징

| 연습문제 |

본문에서 익힌 핵심 내용을 확인하고 응용력을 기를 수 있습니다.

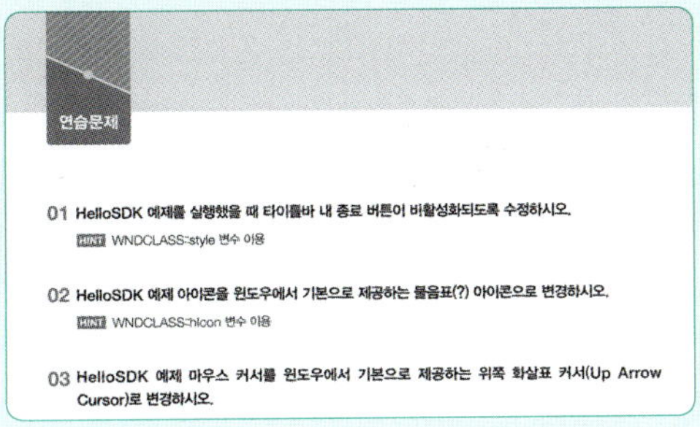

연습문제

01 HelloSDK 예제를 실행했을 때 타이틀바 내 종료 버튼이 비활성화되도록 수정하시오.

HINT WNDCLASS::style 변수 이용

02 HelloSDK 예제 아이콘을 윈도우에서 기본으로 제공하는 물음표(?) 아이콘으로 변경하시오.

HINT WNDCLASS::hIcon 변수 이용

03 HelloSDK 예제 마우스 커서를 윈도우에서 기본으로 제공하는 위쪽 화살표 커서(Up Arrow Cursor)로 변경하시오.

| 현장의 목소리 |

현장에서 유용하게 적용할 수 있는 테크닉과 팁 등을 풍부한 강의 경험을 가진 저자와 현업에 종사하는 현장 전문가의 입을 통해 직접 들을 수 있습니다.

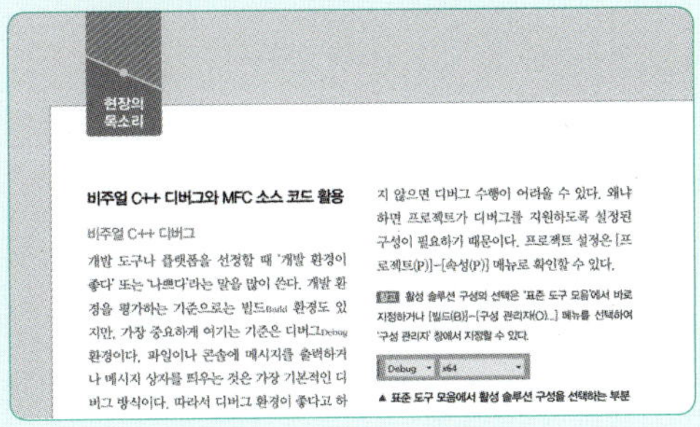

현장의 목소리

비주얼 C++ 디버그와 MFC 소스 코드 활용

비주얼 C++ 디버그

개발 도구나 플랫폼을 선정할 때 '개발 환경이 좋다' 또는 '나쁘다'라는 말을 많이 쓴다. 개발 환경을 평가하는 기준으로는 빌드Build 환경도 있지만, 가장 중요하게 여기는 기준은 디버그Debug 환경이다. 파일이나 콘솔에 메시지를 출력하거나 메시지 상자를 띄우는 것은 가장 기본적인 디버그 방식이다. 따라서 디버그 환경이 좋다고 하지 않으면 디버그 수행이 어려울 수 있다. 왜냐하면 프로젝트가 디버그를 지원하도록 설정된 구성이 필요하기 때문이다. 프로젝트 설정은 [프로젝트(P)]-[속성(P)] 메뉴로 확인할 수 있다.

참고 활성 솔루션 구성의 선택은 '표준 도구 모음'에서 바로 지정하거나 [빌드(B)]-[구성 관리자(O)...] 메뉴를 선택하여 '구성 관리자' 창에서 지정할 수 있다.

▲ 표준 도구 모음에서 활성 솔루션 구성을 선택하는 부분

- **강의 보조 자료** 다음 사이트에 교수 회원으로 가입하신 교수/강사분에게 교수용 자료를 제공합니다.
  http://www.hanbit.co.kr/academy

- **예제 소스** 실습에 필요한 자료는 다음 주소에서 다운로드할 수 있습니다.
  http://www.hanbit.co.kr/src/4490

- **강의 계획표** 전체 분량을 감안하여 일부 장은 선택적으로 강의하거나 생략하도록 강의 계획표를 구성하였습니다. 고급 학습이나 실전 프로젝트는 강의자의 재량에 따라 시간표에 포함하거나, 기말 과제 형식으로 학생 스스로 학습하게 유도해도 좋습니다. 각 장에서 다루는 전체 내용을 수업 시간에 소화하기엔 무리가 있으므로, 매주 학습할 내용을 미리 예습하도록 하고 수업 중에는 기본 이론 설명과 핵심 예제를 중심으로 진행하여 학생 스스로 원리를 깨우치도록 도와주는 것이 좋습니다.

주	해당 장/과제	주제
1	1장	강의 소개, 윈도우 프로그래밍 기초
2	1장 ~ 2장	윈도우 프로그래밍 기초, MFC 기초 클래스(강의 진도에 따라 생략 가능)
3	3장	MFC 프로그램 구조
4	4장	화면 출력
5	4장	화면 출력
6	5장	마우스와 키보드
7	6장	사용자 인터페이스
8	중간고사(필기 또는 실기)	
9	7장	파일 입출력
10	8장	표준 컨트롤
11	8장	표준 컨트롤
12	9장	대화 상자
13	9장	대화 상자
14	10장	도큐먼트/뷰 구조
15	11장 ~ 15장 중 선택	멀티스레드(또는 고급 MFC 프로그래밍에서 다른 장 하나 선택)
16	기말고사(필기 또는 실기)	

• 예제 소스

사용하는 프로그램에 맞게 실습해볼 수 있도록 버전별로 나누어 정리하였습니다. 각 폴더에는 본문 예제 소스와 실행 파일, 실전 프로젝트가 장별로 정리되어 있습니다.

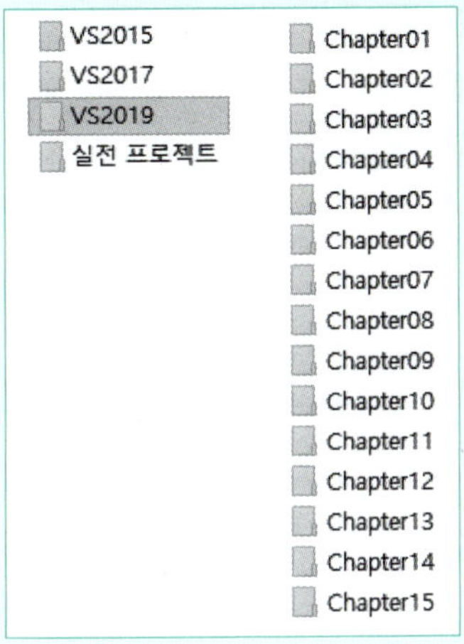

- VS2015\Chapter# : 비주얼 C++ 2015 버전
- VS2017\Chapter# : 비주얼 C++ 2017 버전
- VS2019\Chapter# : 비주얼 C++ 2019 버전
- 실전 프로젝트 : 실전 프로젝트 소스와 실행 파일이 각 절별로 정리되어 있고, 추가 프로그래밍 주제에 대한 코드도 함께 담았습니다.

• 참고 문헌 및 사이트

❶ 『윈도우즈 API 정복(개정판)』, 김상형, 한빛미디어, 2006

API 프로그래밍 서적 중 가장 방대한 내용과 풍부한 예제를 담고 있습니다. MFC를 배우기 전에 API 프로그래밍의 기초를 닦고자 한다면 이 책의 1장부터 8장까지 학습하기를 권장합니다.

❷ 코드구루(http://www.codeguru.com), 코드프로젝트(http://www.codeproject.com) – 프로그래밍 소스 코드 사이트

프로그래밍 언어별로 소스 코드와 튜토리얼이 제공되는 사이트로, 오랜 역사만큼 세부 항목에 관한 자료가 많이 축적되어 있습니다. 특히 책을 통해 해결하기 어려운 다양한 GUI 항목에 대한 해결책 및 소스 코드가 존재하므로 필수 방문 사이트 중 하나입니다.

❸ 스택오버플로우(http://www.stackoverflow.com) – 프로그래밍 Q&A 사이트

프로그래밍 전 분야에 걸쳐 질의 응답 및 토론이 활발하게 이뤄지는 곳입니다. 실제 적용 가능한 기법들이 소개되며, 프로그래밍 도중 알 수 없는 문제에 직면했을 때 가장 먼저 방문하여 해결 방안을 검색해 볼 만한 사이트입니다.

❹ 소스포지(http://www.sourceforge.net) – 오픈 소스 프로젝트 사이트

오픈 소스 소프트웨어 개발/관리 사이트로, 유명한 오픈 소스 프로그램들의 탄생지입니다. 프로젝트 단위로 공개된 소스 코드 분석을 통해 실전 감각과 실력을 기를 수 있습니다.

• MFC 윈도우 프로그래머 성장 전략 맵

Q. MFC를 공부할 때 C++ 언어를 얼마나 잘 알고 있어야 하나요?

A. MFC는 C++ 언어가 제공하는 거의 모든 문법적 요소를 잘 적용하여 윈도우 API를 클래스 형태로 제공하는 방대한 라이브러리입니다. 따라서 C++ 언어가 제공하는 다양한 개념을 이해하고 있어야 합니다. 클래스와 인스턴스, this 포인터, 생성자와 소멸자, 정적 변수와 정적 함수, 연산자와 함수 중복 정의, 상속, 가상 함수, 템플릿 등의 개념을 미리 복습해 두기 바랍니다. C++ 언어를 잘 알수록 MFC의 구조를 이해하고 활용하는 데 큰 도움이 됩니다.

Q. MFC로 프로그램을 만들 수 있는데 굳이 API를 배울 필요가 있나요?

A. MFC를 처음 배울 때 API를 잘 알고 있어야 하는 것은 아닙니다. 그러나 MFC는 윈도우 응용 프로그램 개발 과정에서 자주 반복되는 부분이나 구현이 매우 복잡한 부분을 클래스로 정리한 것으로, 모든 API 기능을 제공하는 것은 아닙니다. 실전에서는 API 함수를 섞어서 사용하는 것이 일반적이므로 자신에게 필요한 기술을 API 수준에서 꾸준히 공부해 두는 것이 좋습니다.

1단계 : 기초 체력 다지기

MFC를 이용한 윈도우 프로그래밍을 하려면 다음 항목의 기본을 제대로 익혀두어야 합니다.

- 객체지향 개념
- C++ 언어

목표 : C++ 언어를 이용한 객체지향적 프로그램 설계와 구현

수준 : 학교에서 숙제를 잘 합니다.

→

이 책은 여기까지

2단계 : 초보자 탈피하기

MFC를 이용하여 다음 내용을 배웁니다. 여기까지 배우면 윈도우 프로그래밍의 기본은 갖춰진 셈입니다.

- 윈도우 프로그래밍 기초
- 사용자 인터페이스 구현
- 도큐먼트/뷰 구조 이해 및 응용

목표 : MFC를 이용한 기능적인 프로그램 제작

수준 : 현장에서 기본은 합니다.

↓

3단계 : 중급자로 거듭나기

MFC를 이용하여 고급 프로그래밍 기법을 배웁니다. 이젠 좀 더 큰 규모의 실용적인 응용 프로그램을 제작할 수 있는 준비가 된 것입니다.

- 멀티스레드, 데이터베이스, 네트워크 등 고급 기술 습득
- 프로젝트 수행 방법론

목표 : MFC를 응용한 실용적인 프로그램 제작

수준 : 현장에서 제 몫을 합니다.

←

4단계 : 전문가로 거듭나기

윈도우 프로그래밍은 다양한 분야와 연관되어 있습니다. 적어도 한 분야는 집중적으로 학습해보기 바랍니다.

- 컴포넌트 프로그래밍
- 웹/데이터베이스 프로그래밍
- 그래픽/멀티미디어 프로그래밍
- 네트워크 프로그래밍
- 시스템 프로그래밍

목표 : 고급 기술을 적용하여 프로그램 제작

수준 : 하고 싶은 일을 선택합니다.

• **윈도우 프로그래밍 관련 학습 로드맵**

윈도우 프로그래밍을 학습한 후, 향후 나아갈 수 있는 방향을 주요 직업 및 기술과 함께 제시하면 다음과 같습니다.

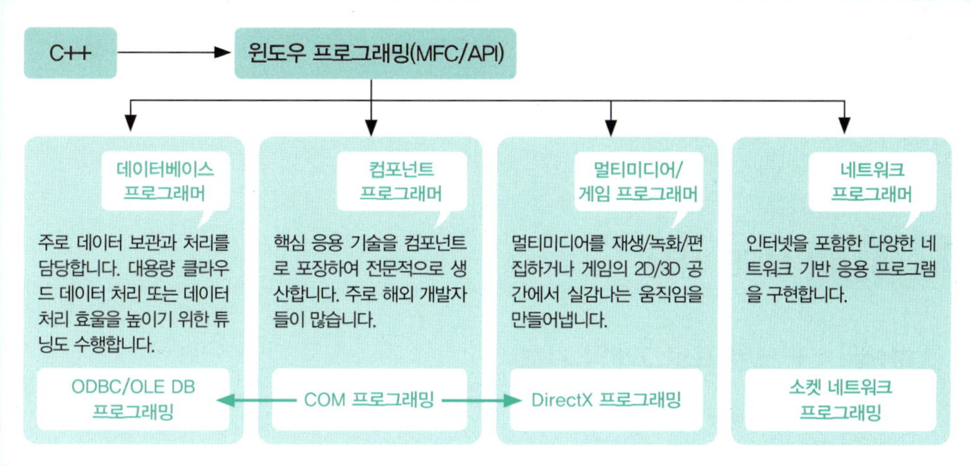

참고 각각의 분야에서 고급 프로그래머로 성장하려면 기반 기술인 COM을 익히면서 윈도우 기술 및 가상 함수 개념을 좀 더 깊게 이해해야 합니다.

네트워크 프로그래밍(소켓), 데이터베이스 프로그래밍(ODBC/OLE DB), 컴포넌트 프로그래밍(COM) 등 IT 솔루션 기반 기술을 익히고 나면 기업형 솔루션 개발 쪽으로도 나아갈 수 있습니다.

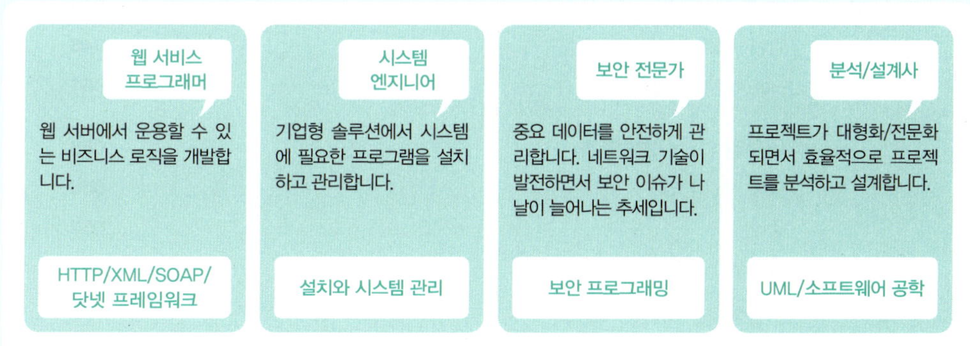

차례

Chapter 02 MFC 기초 클래스

Chapter 03 MFC 프로그램 구조

Part 02 기초 MFC 프로그래밍

Chapter 04 화면 출력

Chapter 05 마우스와 키보드

Chapter 13 멀티스레드

Chapter 14 데이터베이스

실습 목차

현장 팁 목차

PART 01

MFC 시작

PREVIEW

MFC 프로그래밍에서 반드시 알아야 하는 기본 내용을 다룬다. 1장에서는 윈도우 응용 프로그램의 독특한 구조와 동작 원리를 이해하기 위해 간단한 SDK 프로그램과 MFC 프로그램을 작성하여 비교 분석한다. 2장에서는 MFC에서 자주 사용하는 데이터 타입과 유틸리티 클래스를 다루는 연습을 통해 단계적으로 학습할 수 있도록 배려하였다. 마지막으로 3장에서는 MFC의 주요 특징과 서비스를 살펴보고, 개발툴이 자동으로 생성한 MFC 프로그램을 분석함으로써 본격적인 MFC 프로그래밍을 위한 준비를 마친다.

CHAPTER 01

윈도우 프로그래밍 기초

학습 목표

- 윈도우 운영체제와 윈도우 응용 프로그램의 특징을 이해한다.
- SDK 응용 프로그램의 작성 과정과 기본 구조 및 동작 원리를 이해한다.
- MFC 응용 프로그램의 작성 과정과 기본 구조 및 동작 원리를 이해한다.
- 비주얼 C++ 개발 환경을 둘러보고 사용법을 익힌다.

01 윈도우 프로그래밍 개요

윈도우 프로그래밍이란 윈도우 운영체제Windows Operating System에서 구동되는 응용 프로그램을 만드는 것이다. 따라서 윈도우 프로그래밍을 하기 전, 먼저 윈도우 운영체제와 윈도우 응용 프로그램의 특징을 이해해야 한다.

1 윈도우 운영체제의 특징

윈도우는 컴퓨터를 사용하는 사람이라면 누구나 익숙한 환경이다. 여기서는 윈도우 응용 프로그램을 제작하는 관점에서 윈도우의 특징을 살펴본다.

1.1 그래픽 사용자 인터페이스

그래픽 사용자 인터페이스GUI, Graphical User Interface는 도스DOS, Disk Operating System같은 텍스트 기반 운영체제와 구분되는 외형적인 특징이다. 예를 들어, 파일을 복사하는 작업이 다음과 같이 다르다.

```
C:\PICTURES>COPY *.BMP C:\TEMP
Fig3-1.bmp
Fig3-2.bmp
Fig3-3.bmp
Fig3-4.bmp
Fig3-5.bmp
        5 file(s) copied.

C:\PICTURES>_
```

그림 1-1 텍스트 기반 운영체제 : 도스

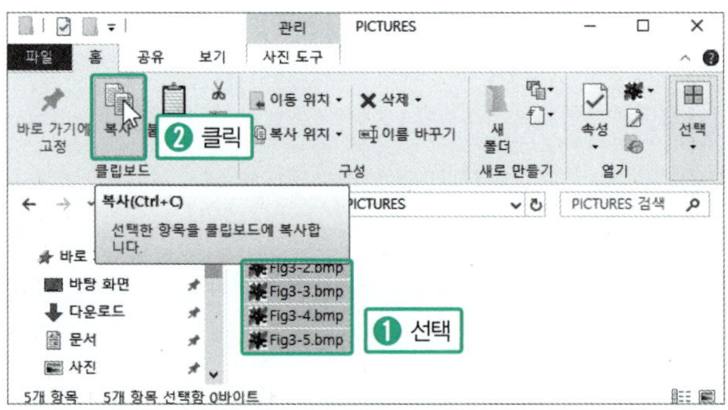

그림 1-2 그래픽 기반 운영체제 : 윈도우

프로그래밍 관점에서 GUI 환경은 화면에 보이는 다양한 사용자 인터페이스 구성 요소(윈도우, 버튼, 스크롤 바, 대화 상자 등)를 다루는 방법을 새로 익혀야 하므로 번거롭다. 하지만 한번 배워두면 다른 프로그램을 만들 때도 동일하게 적용할 수 있다는 장점도 있다. 윈도우 응용 프로그램은 외형적으로 [그림 1-3]과 같은 구성 요소로 이루어진다.

참고 MFC는 사용자 인터페이스 구성 요소를 쉽게 다룰 수 있도록 C++ 라이브러리를 제공하여 프로그래머가 직접 다루어야 할 많은 부분을 자동으로 처리해준다.

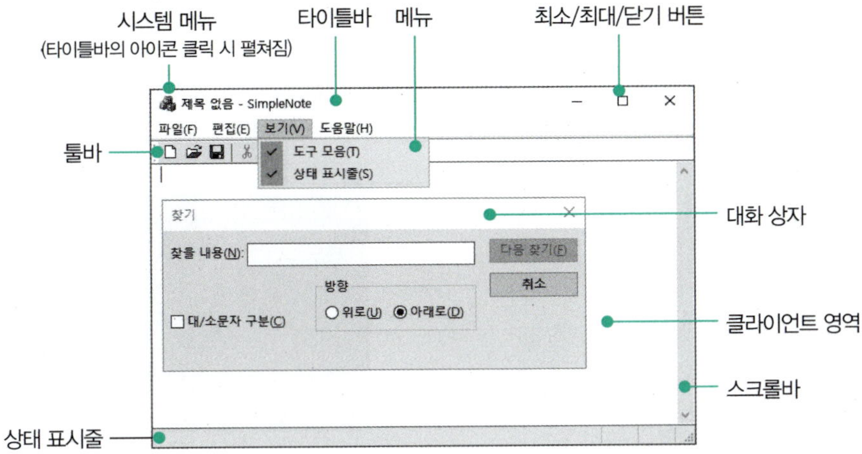

그림 1-3 사용자 인터페이스의 구성 요소

1.2 메시지 구동 구조

윈도우 운영체제에서 실행되는 대부분의 응용 프로그램은 메시지 구동 구조Message-Driven Architecture를 기반으로 동작한다. 운영체제가 프로그램의 외부 또는 내부에 변화가 발생했음을 메시지를 통해 해당 프로그램에 알려준다

일반적으로 도스용 프로그램이나 윈도우의 콘솔 응용 프로그램은 프로그래머가 정한 순서대로 실행된다. 따라서 알고리즘과 논리의 흐름에 중점을 두고 프로그래밍한다. 하지만 대부분의 윈도우 응용 프로그램은 순차적으로 실행되지 않고, 받은 메시지에 따라 코드의 실행 순서가 달라진다. 또한 메시지에 어떻게 반응하는가에 따라 동작이 달라진다.

[그림 1-4]는 윈도우의 메시지 구동 구조를 간략하게 나타낸 것이다. ❶ 외부에서 메시지를 발생시키는 이벤트Event가 발생하면 ❷ 운영체제가 관리하는 시스템 메시지 큐Message Queue에 정보가 저장된다. ❸ 각각의 응용 프로그램은 운영체제로부터 독립적인 메시지 큐를 할당받으며, 운영체제는 시스템 메시지 큐에 저장된 메시지를 적절한 응용 프로그램 메시지 큐에 보낸다. ❹ 응용 프로그램은 자신의 메시지 큐를 감시하다가, 발생한 메시지가 큐에 들어오면 하나씩 꺼내서 처리하고 ❺ 메시지가 없을 때는 대기한다.

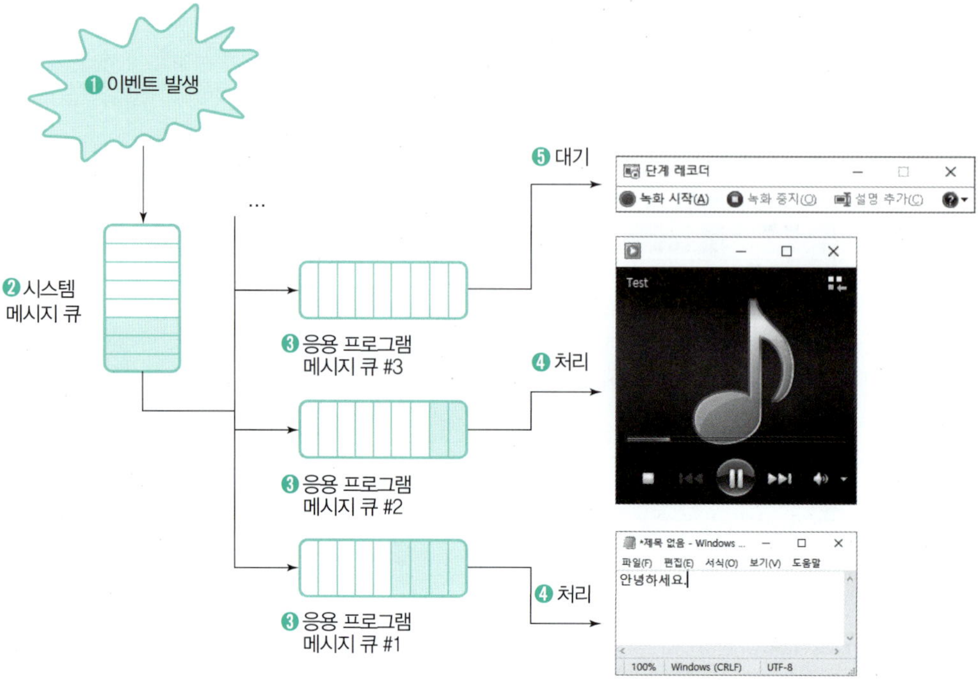

그림 1-4 메시지 구동 구조

1.3 멀티태스킹과 멀티스레딩

멀티태스킹Multitasking은 사용자에게 서로 다른 프로그램이 동시에 수행되는 것처럼 보이게 하는 기술이다. 일반적으로 CPU가 하나인 시스템에서 동시에 프로그램을 두 개 이상 실행하는 것은 불가능하다. 하지만 운영체제가 CPU 시간을 적절히 분할해서 각 프로그램에 할당하면 멀티태스킹이 가능해진다. 멀티태스킹을 지원하는 운영체제에서는 프로그램 간 상호작용이 가능하므로 훨씬 다양한 일을 할 수 있다.

한편 윈도우 운영체제에서는 한 응용 프로그램 내에서도 동시에 진행되는 여러 개의 실행 흐름을 만들 수 있는데 이를 멀티스레딩Multithreading이라 한다. 예를 들어, 하나의 응용 프로그램이 마우스나 키보드로 입력된 내용을 처리하는 동시에 맞춤법 검사를 수행하고 네트워크를 이용해 통신할 수 있다. 윈도우 운영체제는 CPU 시간을 분할해서 각 스레드에 할당하는 방법으로 멀티스레딩을 구현한다.

[그림 1-5]는 윈도우 10에서 탐색기를 이용해 파일을 복사하는 모습이다. 파일을 복사하면서 다른 폴더로 이동하거나 또 다른 파일을 복사할 수도 있다.

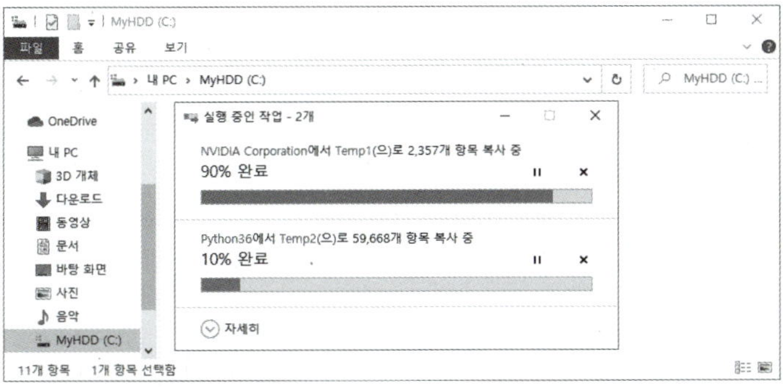

그림 1-5 멀티스레딩의 예

> **여기서 잠깐! 멀티태스킹과 멀티스레딩**
>
> 운영체제 입장에서는 메모리 관리 때문에 멀티태스킹과 멀티스레딩이 상당히 다른 의미다. 하지만 사용자 입장에서는 둘 다 동시에 두 가지를 실행한다는 맥락으로 이해할 수 있다. 멀티태스킹은 서로 다른 응용 프로그램 사이, 멀티스레딩은 한 응용 프로그램 내부에서 발생한다는 점이 다르다. 따라서 멀티태스킹은 운영체제에서, 멀티스레딩은 해당 응용 프로그램에서 관리한다.
>
> 예를 들어 도스에서는 파일 복사 도중에 다른 일을 할 수 없다. 반면 윈도우는 멀티태스킹을 지원하기 때문에 파일을 복사하면서 인터넷 익스플로러를 띄워 웹 검색을 할 수 있다. 인터넷 익스플로러는 멀티스레딩을 지원하는 응용 프로그램이므로 웹 검색을 하면서 메뉴를 조작하거나 파일을 다운로드할 수 있다.
>
> 개발자는 운영체제가 관리해주는 멀티태스킹보다 직접 처리할 멀티스레딩에 관심을 가져야 한다. 응용 프로그램을 개발하다 보면 동시에 여러 일을 수행해야 하는 경우가 있다. 급한 일이 생겼을 때 혼자 하던 일을 동료에게 부탁하는 것처럼 멀티스레딩을 사용하여 여러 가지 일을 적절히 처리할 수 있다.

2 윈도우 응용 프로그램의 특징

소프트웨어 개발자 관점에서 윈도우 응용 프로그램의 특징을 정리해보면 다음과 같다.

2.1 API 호출문 집합

윈도우 API Application Programming Interface는 유닉스의 시스템 콜System Call과 유사한 개념으로 윈도우 운영체제가 응용 프로그램에 제공하는 각종 함수의 집합이다. 16비트 윈도우에서는 Win16 API, 32 또는 64비트 윈도우에서는 Win32 API라고 부른다(윈도우95 이상은 모두 32 또는 64비트다). 윈도우 응용 프로그램 코드의 많은 부분을 API를 호출하여 구현한다.

윈도우 운영체제는 화면에 점을 찍거나 선을 그리는 간단한 동작부터 파일 입출력, 네트워킹 같은 복잡한 기능에 이르기까지 다양한 API 함수를 제공한다. 이 책에서 공부할 MFC도 내부적으로는 API를 호출하여 많은 기능을 구현한다. MFC는 수많은 API 중 자주 사용되는 부분만 모아 C++ 라이브러리 형태로 제공하기 때문에 MFC를 이용하여 프로그램을 제작하더라도 API를 직접 호출하는 경우가 생긴다는 사실을 염두에 두자.

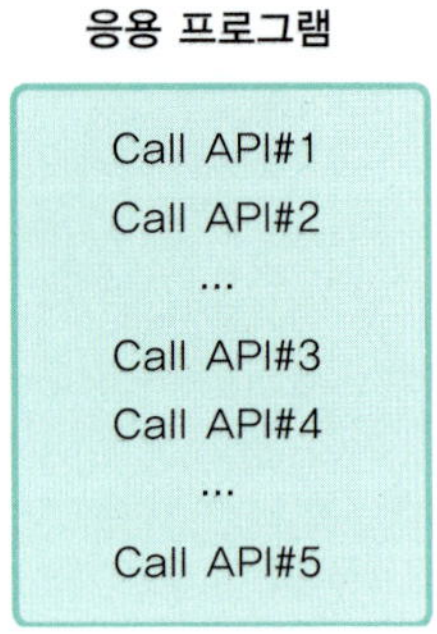

그림 1-6 API 호출문 집합

2.2 메시지 핸들러 집합

윈도우 운영체제의 특징에서 살펴본 것처럼 윈도우 응용 프로그램은 메시지 구동 구조를 기반으로 동작한다. 메시지 구동 구조에서는 받는 메시지에 따라 실행 순서가 달라지며, 해당 메시지에 어떻게 반응하는가에 따라 동작이 달라진다. 이제부터 메시지를 받았을 때 동작을 결정하는 코드를 편의상 메시지 핸들러Message Handler라 부르겠다(MFC에서 자주 사용하는 용어다). 프로그래머는 키보드 메시지 핸들러, 마우스 메시지 핸들러, 메뉴 메시지 핸들러 같은 다양한 메시지 핸들러를 작성한다.

그림 1-7 메시지 핸들러 집합

메시지 핸들러의 집합을 윈도우 프로시저Window Procedure라 부른다. 윈도우 운영체제는 응용 프로그램이 처리하지 않은 메시지를 자동으로 처리할 수 있도록 운영체제 차원의 메시지 핸들러를 제공한다.

2.3 실행 파일과 DLL 집합

DLLDynamic-Link Library은 프로그램 실행 중에 결합하여 사용할 수 있는 코드와 리소스 집합이다. 일반적으로 디스크에서는 확장자가 '.DLL'인 파일로 존재한다. 자주 사용하는 기능을 DLL로 구현해두면 여러 프로그램이 공유할 수 있으므로 메모리와 디스크 자원을 효율적으로 사용할 수 있다.

그림 1-8 실행 파일과 DLL 집합

윈도우 운영체제가 제공하는 API는 DLL 형태로 제공되며, 프로그래머가 직접 필요한 기능을 DLL로 제작하기도 한다. 따라서 윈도우 응용 프로그램의 기능은 실행 파일 외에도 운영체제가 기본으로 제공하는 DLL과 사용자 정의 DLL에 분산되어 있다고 볼 수 있다. 실행 파일과 DLL에는 코드를 비롯하여 비트맵, 아이콘, 메뉴 같은 리소스Resource도 포함될 수 있다.

2.4 장치 독립성

윈도우 응용 프로그램은 모니터, 비디오 카드, 프린터, 네트워크 카드 같은 주변 장치가 바뀌어도 장치 드라이버Device Driver만 설치하면 프로그램을 수정하지 않고 그대로 실행할 수 있다. 응용 프로그램은 주변 장치를 직접 다루지 않고 API를 통해 장치 드라이버와 간접적으로 통신하므로 장치 독립성Device-Independency을 가진다.

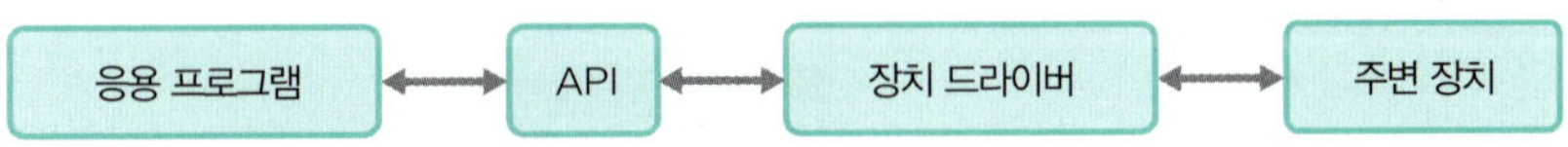

그림 1-9 장치 독립적으로 동작하는 응용 프로그램

3 윈도우 응용 프로그램의 개발 방식

앞서 살펴본 바와 같이 윈도우 응용 프로그램은 도스 같은 운영체제에서 실행되는 프로그램과 다른 독특한 특징이 있다. 이러한 윈도우 응용 프로그램을 개발하기 위해 현재 사용되는 개발 방식을 분류하면 다음과 같다.

3.1 SDK

SDKSoftware Development Kit(윈도우 2003까지는 Platform SDK, 윈도우 비스타부터는 Windows SDK라 부름)란 MS에서 윈도우 응용 프로그램 제작을 위해 배포하는 개발 도구 모음이다. 컴파일러를 비롯한 각종 개발툴, 헤더 파일, 라이브러리 파일, 도움말 등이 포함된다. MS의 웹사이트에서 무료로 받을 수 있으며 새로운 윈도우 버전이 발표될 때마다 새로운 버전이 올라온다. 비주얼 스튜디오 설치 시(부록 A 참조)에는 'C++를 사용한 데스크톱 개발'을 선택하면 Windows 10 SDK가 자동으로 설치된다.

SDK 프로그램 개발은 C/C++ 언어로 윈도우 API를 직접 호출해서 프로그램을 구현한다는 것을 뜻한다. API를 직접 다루기 때문에 세부 제어가 가능하고 윈도우 운영체제가 제공하는 모든 기능을 사용할 수 있다. 또한, 생성 코드의 크기가 작고 속도는 빠르다. 하지만 다른 개발 방식에 비해 생산성이 매우 낮으므로 일반적인 데스크톱 응용 프로그램 개발용으로는 적합하지 않다.

3.2 RAD

RAD Rapid Application Development는 비주얼 베이직 Visual Basic이나 델파이 Delphi처럼 화면을 시각적으로 디자인하고 여기에 코드를 추가해 프로그램을 개발하는 방식이다. 직관적으로 간편하게 프로그래밍할 수 있어 빠른 시간 내에 원하는 기능의 프로그램을 개발할 수 있다. 그러나 SDK나 클래스 라이브러리를 이용한 개발 방식보다 생성 코드의 크기가 크고 실행 속도도 떨어지는 편이다. 또한, 운영체제가 제공하는 모든 기능을 활용해 세부적으로 제어하기 어려운 경우도 있다.

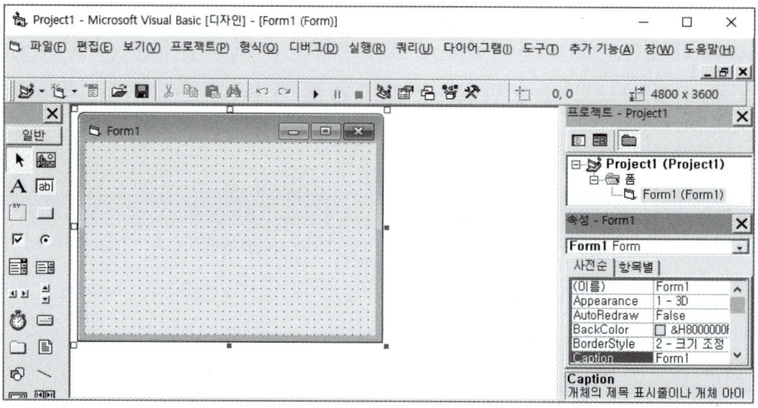

그림 1-10 RAD 개발툴의 예 : 비주얼 베이직

3.3 클래스 라이브러리

클래스 라이브러리 Class Library는 윈도우 응용 프로그램 개발에 필수적인 기능을 C++와 같은 객체지향 언어를 이용하여 클래스화한 것이다. 대표 예가 이 책에서 다룰 MS의 MFC Microsoft Foundation Class Library이며, 현재는 거의 사용되지 않는 볼랜드의 OWL Object Windows Library도 여기에 속한다.

클래스 라이브러리를 이용해 프로그램을 개발하려면 객체지향 프로그래밍에 익숙해져야 한다. 또한 클래스 라이브러리의 구조와 각 클래스의 기능 및 관계를 잘 파악해야 하므로 초기 학습에 필요한 기간이 긴 편이다. 그러나 일단 사용법을 익혀 활용할 수 있게 되면 SDK를 이용한 방식보다 빠른 속도로 개발할 수 있고, API를 직접 사용해서 세부적으로 제어할 수도 있다. 또한 RAD 개발 방식보다 생성 코드의 크기나 실행 속도 면에서도 유리하다.

3.4 .NET 프레임워크

.NET(닷넷) 프레임워크는 윈도우 운영체제에 설치할 수 있는 소프트웨어 개발 및 실행 환경으로, 윈도우 API와는 별도로 발전하는 차세대 소프트웨어 개발 플랫폼이다. .NET은 공용 언어 런타임CLR, Common Language Runtime이라는 일종의 소프트웨어 가상 머신을 제공하며 가상 머신 제어 하에서 응용 프로그램이 구동된다(장치 독립성). 또한, 윈도우 API에 버금가는 방대한 라이브러리를 제공하는데, 언어에 상관없이 이 라이브러리를 사용할 수 있는 특징이 있다(언어 독립성). .NET은 단독으로 실행되는 전통적인 윈도우 응용 프로그램 작성은 물론이고 효율적인 웹 응용 프로그램/서비스 제작 지원 요구와 기대에 부응하며 빠른 속도로 새 기술을 추가하고 있다. SDK(API)나 MFC와는 전혀 다른 범주로 간주할 수 있는 분야라 이 책에서는 더 이상 언급하지 않지만, MS에서 권장하는 차세대 소프트웨어 개발 및 실행 플랫폼이므로 관심을 갖고 필요하다면 학습하길 바란다.

여기서 잠깐! SDK(API)와 MFC의 관계

SDK는 C 언어로 윈도우 API를 사용할 수 있게 제공되는 라이브러리이고, MFC는 이를 C++ 클래스 형태로 캡슐화하여 만든 클래스 라이브러리이다. MS에서 제공하는 API는 수없이 많으며, 범주 하나만 가지고도 책 한 권을 쓸 수 있을 만큼 내용이 방대하다. MFC는 결국 API로 개발할 때 자주 반복되는 기본 구조를 C++ 클래스의 재사용성을 바탕으로 정리해 놓은 라이브러리이다.

MFC는 새로운 비주얼 스튜디오 제품군이 발표될 때마다 기존 클래스를 업그레이드하거나 새로운 클래스를 추가하여 최신 기술을 지속해서 지원하고 있다. 하지만 각 분야에서 저마다 개성을 내는 API를 하나로 묶는 데는 한계가 있으므로 모든 API를 C++ 라이브러리로 만들어 놓지는 못한다. 그렇다고 일부 API 옹호론자들이 주장하는 것처럼 MFC를 배우는 것 자체가 낭비라고 하는 것은 합당하지 않다. 의미 없는 부분을 매번 반복적으로 작성하면서까지 MFC를 배제할 필요는 없기 때문이다.

따라서 요즘에는 기본 틀은 MFC를 사용하여 간단히 처리하고, 중요하게 처리할 부분은 관련 API를 연구하고 활용해 프로그래밍하는 방식을 주로 채택한다. 특정 분야의 API를 사용할 일이 많다면 자신이 C++ 클래스를 작성하기도 하고 웹사이트에서 다른 개발자가 작성한 클래스나 라이브러리를 가져다 사용할 수 있다. 이 시점이 되면 자신이 능동적으로 라이브러리를 생성하고 다른 개발자에게 도움이 되는 능력을 갖추게 될 것이다.

02 SDK 프로그램 기본 구조

이제부터 비주얼 C++를 이용해 간단한 형태의 SDK 프로그램을 작성하고 이를 분석하면서 윈도우 응용 프로그램의 기본 구조를 이해해보자. SDK 프로그램의 동작 원리를 이해하면 MFC를 학습할 때 많은 도움이 된다. 3절에서 살펴볼 MFC 프로그램도 SDK 프로그램과 형태는 다르지만 기본 동작 원리는 크게 다르지 않기 때문이다. MFC 프로그램에서도 SDK 프로그램처럼 종종 API 함수를 직접 호출하여 사용하므로 API에 대한 기본 지식은 필수이다.

SDK 프로그램의 기본 골격은 다음과 같다.

① 윈도우 클래스를 정의(초기화)하고 운영체제에 등록한다.

② 윈도우를 생성하고 화면에 나타낸다.

③ 메시지 루프를 구동한다.

④ 윈도우 프로시저에서 메시지를 처리한다.

1 간단한 SDK 프로그램 작성

[실습 1-1]을 통해 간단하지만 핵심 구조를 갖춘 SDK 응용 프로그램을 작성해보자.

실습 1-1 HelloSDK 프로그램 작성하기

1 비주얼 스튜디오를 실행한 후 [파일]-[새로 만들기]-[프로젝트...] 메뉴를 선택하면 [새 프로젝트 만들기] 대화 상자가 열린다. 프로젝트 종류 중 'Windows 데스크톱 마법사'를 선택하고 〈다음〉을 클릭한다.

> 참고 비주얼 스튜디오 2019 이전 버전을 사용할 경우 1~2단계를 다음과 같이 진행한다. 비주얼 스튜디오 2017(이하 VS2017)에서는 [새 프로젝트] 대화 상자에서 [Visual C++]-[Windows 데스크톱]-[Windows 데스크톱 마법사]를 선택한 상태에서 프로젝트 '이름'과 '위치'를 지정하고 '솔루션용 디렉터리 만들기'를 끈 후 〈확인〉을 클릭한다. 비주얼 스튜디오 2015(이하 VS2015)에서는 [새 프로젝트] 대화 상자에서 [템플릿]-[Visual C++]-[Win32 프로젝트]를 선택한 상태에서 프로젝트 '이름'과 '위치'를 지정하고 '솔루션용 디렉터리 만들기'를 끈 후 〈확인〉-〈다음〉을 차례로 클릭한다.

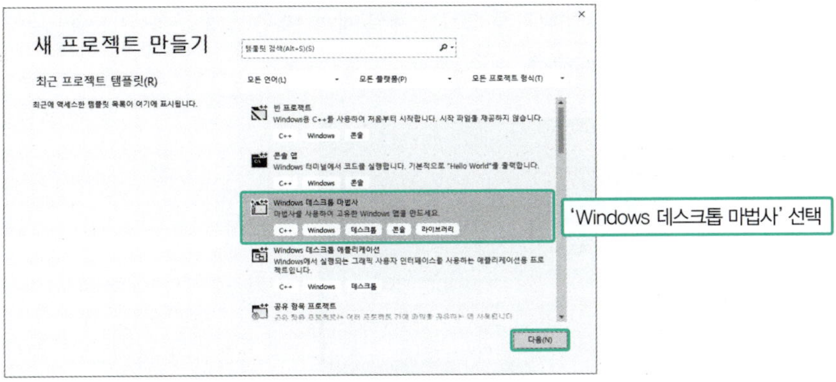

그림 1-11 프로젝트 종류 선택

2 프로젝트 이름으로 "HelloSDK"를 입력한다. '위치'는 프로젝트가 생성될 위치를 나타내는데, 오른쪽에 있는 〈...〉을 클릭하면 원하는 폴더를 선택할 수 있다. '솔루션 및 프로젝트를 같은 디렉터리에 배치' 옵션을 체크하고 〈만들기〉를 클릭한다.

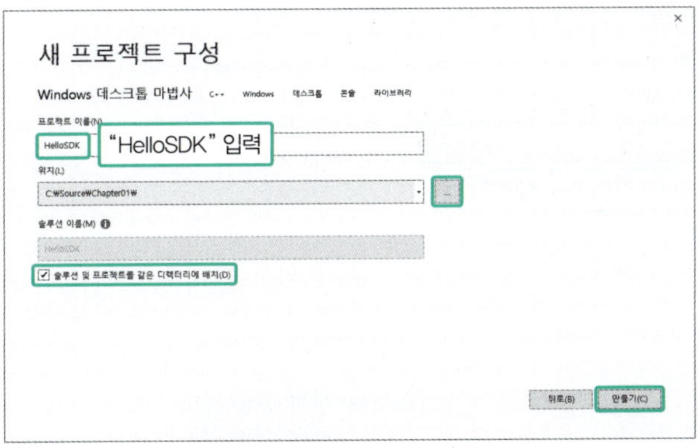

그림 1-12 프로젝트 이름과 위치 지정

3 애플리케이션 종류로 '데스크톱 애플리케이션(.exe)'을 선택하고 '빈 프로젝트' 옵션을 체크한 후 〈확인〉을 클릭한다.

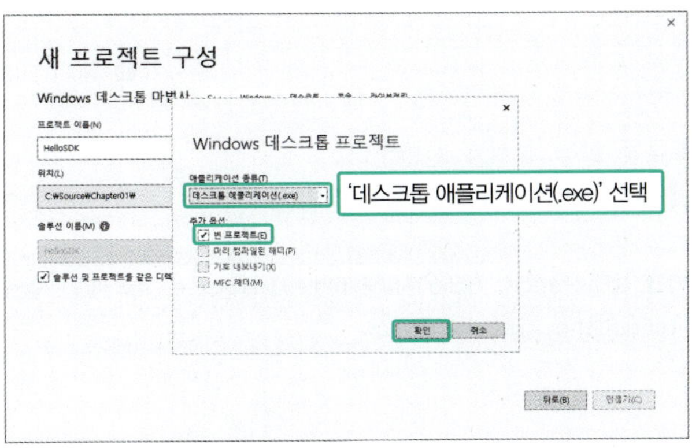

그림 1-13 프로젝트 옵션 변경

4 프로젝트가 생성되면 솔루션 탐색기의 '소스 파일'에서 마우스 오른쪽 버튼을 클릭하여 [추가]–[새 항목...] 메뉴를 선택한다.

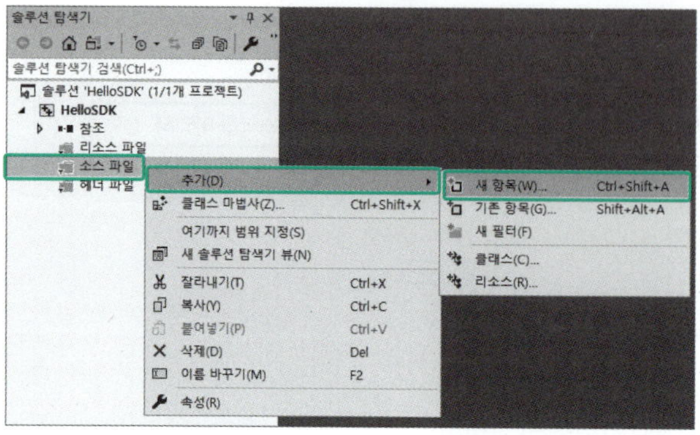

그림 1-14 소스 파일 추가(1)

5 [새 항목 추가] 대화 상자가 열리면 'C++ 파일 (.cpp)'를 선택하고 이름에 "HelloSDK"를 입력한 후(.cpp 확장자는 자동으로 붙음) 〈추가〉를 클릭한다.

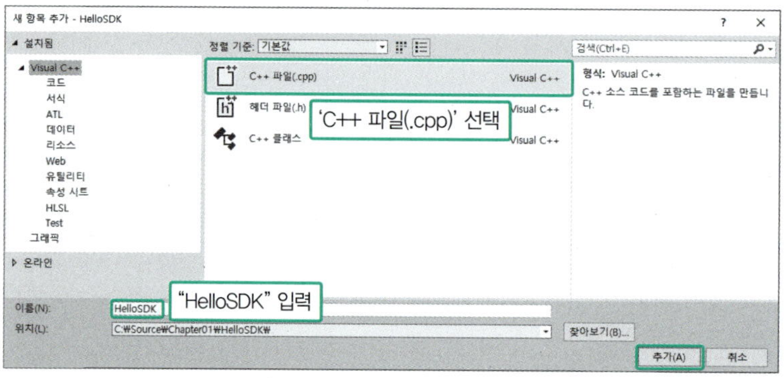

그림 1-15 소스 파일 추가(2)

6 'HelloSDK.cpp' 파일에 다음 코드를 입력한다.

HelloSDK.cpp

```
#include <windows.h>                                          ❶ 헤더 파일

// WinMain 함수에서 참조하므로 함수 원형을 선언한다.
LRESULT CALLBACK WndProc(HWND, UINT, WPARAM, LPARAM);

int WINAPI WinMain(HINSTANCE hInstance, HINSTANCE hPrevInstance, ❷ 메인 함수
                   LPSTR lpCmdLine, int nCmdShow)
{
    WNDCLASS wndclass;
    HWND hwnd;
```

```
    MSG msg;

    // 윈도우 클래스를 초기화하고 운영체제에 등록한다.        ❸ 윈도우 클래스 초기화와 등록
    wndclass.style = CS_HREDRAW | CS_VREDRAW; // 스타일 지정
    wndclass.lpfnWndProc = WndProc; // 윈도우 프로시저 이름
    wndclass.cbClsExtra = 0; // 여분 메모리(0바이트)
    wndclass.cbWndExtra = 0; // 여분 메모리(0바이트)
    wndclass.hInstance = hInstance; // 인스턴스 핸들
    wndclass.hIcon = LoadIcon(NULL, IDI_APPLICATION); // 아이콘 모양
    wndclass.hCursor = LoadCursor(NULL, IDC_ARROW); // 커서 모양
    wndclass.hbrBackground = (HBRUSH)GetStockObject(WHITE_BRUSH); // 배경(흰색)
    wndclass.lpszMenuName = NULL; // 메뉴(NULL->메뉴 없음)
    wndclass.lpszClassName = TEXT("HelloClass"); // 윈도우 클래스 이름
    if(!RegisterClass(&wndclass)) return 1;

    // 윈도우를 생성하고 화면에 나타낸다.                    ❹ 윈도우 생성
    hwnd = CreateWindow(TEXT("HelloClass"), TEXT("HelloSDK"),
        WS_OVERLAPPEDWINDOW, CW_USEDEFAULT, CW_USEDEFAULT,
        CW_USEDEFAULT, CW_USEDEFAULT, NULL, NULL, hInstance, NULL);
    ShowWindow(hwnd, nCmdShow);

    // 메시지 큐에서 메시지를 하나씩 꺼내서 처리한다.          ❺ 메시지 루프
    while(GetMessage(&msg, NULL, 0, 0) > 0){
        TranslateMessage(&msg);
        DispatchMessage(&msg);
    }

    return msg.wParam;
}

LRESULT CALLBACK WndProc(HWND hwnd, UINT message,          ❻ 윈도우 프로시저
                         WPARAM wParam, LPARAM lParam)
{
    HDC hdc;
    PAINTSTRUCT ps;
    const TCHAR *str = TEXT("Hello, SDK");

    // 발생한 메시지의 종류에 따라 적절히 처리한다.
    switch(message){
    case WM_CREATE:
        return 0;
    case WM_LBUTTONDOWN:
```

```
            MessageBox(hwnd, TEXT("마우스 클릭!"), TEXT("마우스 메시지"), MB_OK);
            return 0;
        case WM_PAINT:
            hdc = BeginPaint(hwnd, &ps);
            TextOut(hdc, 100, 100, str, lstrlen(str));
            EndPaint(hwnd, &ps);
            return 0;
        case WM_DESTROY:
            PostQuitMessage(0);
            return 0;
        }

        // 응용 프로그램이 처리하지 않은 메시지는 운영체제가 처리한다.
        return DefWindowProc(hwnd, message, wParam, lParam);
}
```

7 입력이 끝난 후 [빌드]–[솔루션 빌드] 메뉴를 선택해 프로그램을 컴파일, 링크하고 [디버그]–[디버그하지 않고 시작] 메뉴로 프로그램을 실행해보자.

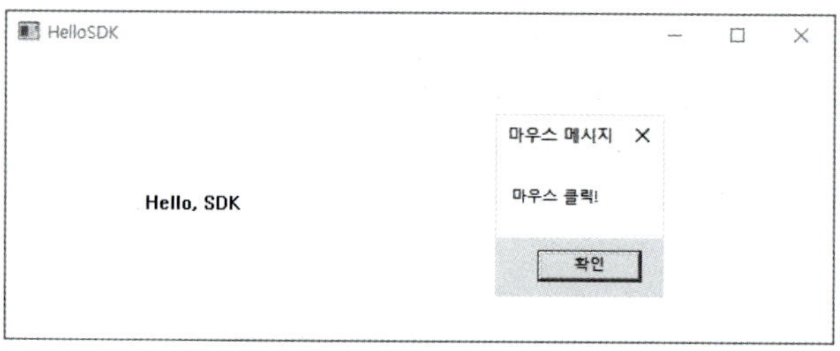

그림 1-16 실행 결과

이 프로그램은 윈도우를 최소화 혹은 최대화할 수 있으며, 마우스로 테두리 부분을 드래그하면 크기가 변경된다. 화면에 표시된 Hello, SDK 문자열이 지워지지 않고 항상 클라이언트 영역의 일정한 위치에 표시되는 것을 눈여겨보기 바란다. 또한, 클라이언트 영역에서 마우스 왼쪽 버튼을 누르면 간단한 메시지 상자가 뜬다.

2 HelloSDK 예제 분석

❶ 헤더 파일

windows.h는 여러 헤더 파일을 포함하는 헤더 파일이다. 윈도우 API 함수 원형, 데이터 타입, 구조체, 매크로 상수 등이 여기에 선언되어 있다. HINSTANCE, LPSTR, HWND 같은 생소한 데이터 타입의 정의를 알고 싶다면 windows.h에 포함된 헤더 파일을 살펴보면 된다.

❷ 메인 함수

WinMain() 함수는 C 프로그램의 main() 함수에 해당하며 프로그램을 실행하는 시작점이다. HINSTANCE 타입 변수인 hInstance, hPrevInstance는 인스턴스 핸들이라 부른다.

hInstance는 메모리에 로드된 실행 파일의 위치를 나타내는 주소값이다. 이 값은 실행 파일에 포함된 리소스(비트맵, 아이콘, …)에 접근할 때 종종 사용된다. hPrevInstance는 16비트 윈도우의 잔재로, 항상 NULL 값을 가진다. lpCmdLine은 명령행 인자를 담고 있는 문자열이다. 예를 들어 'HelloSDK TEST1.TXT TEST2.TXT'와 같이 프로그램을 실행하면 lpCmdLine은 "TEST1.TXT TEST2.TXT" 값을 가진다. nCmdShow는 프로그램이 시작할 때 보여줄 윈도우 모양을 결정한다. 이 값에 따라 윈도우는 최소화, 최대화 혹은 보통 상태로 시작한다.

참고 MFC는 프로그램에서 hInstance 값에 직접 접근할 수 있도록 AfxGetInstanceHandle() 함수를 제공한다.

현장 팁 **단축 아이콘과 WinMain() 함수**

도스 시절에는 명령행 인자를 자주 사용했지만 윈도우에서는 마우스를 사용하면서 명령행 인자를 사용하지 않는다. 이 때문에 윈도우에서 명령행 인자가 없어졌다고 생각할 수 있다. 윈도우 프로그래밍을 통해 WinMain() 함수에서 명령행 인자를 처리할 수 있다. 다음은 레지스트리 편집기 화면이다. 데이터 항목에 notepad.exe와 함께 %1 명령행 인자가 보이는가? 윈도우에서는 아직도 명령행 인자를 사용한다.

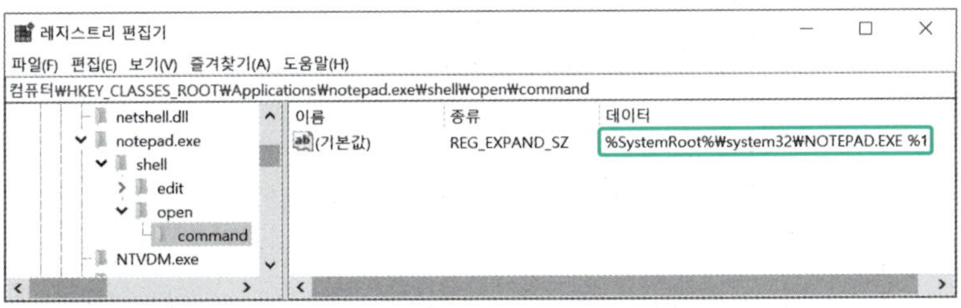

▲ 레지스트리 편집기

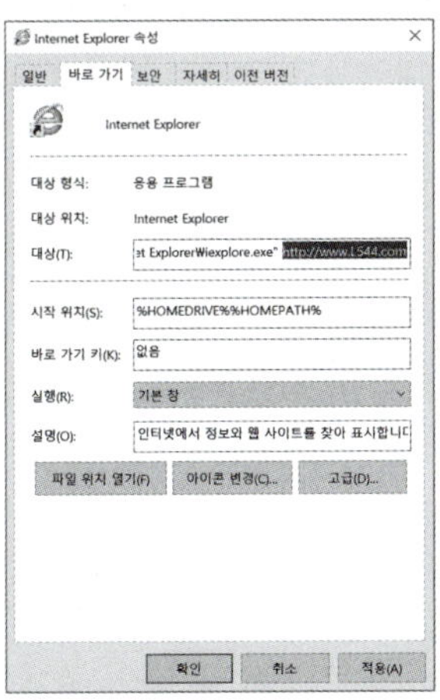

▲ 단축 아이콘 등록 정보

좀 더 구체적으로 살펴보기 위해 인터넷 익스플로러 단축 아이콘 속성을 살펴보자. 다음 그림처럼 '대상(T)'에 URL을 명령행 인자로 추가할 수 있다. 확인을 클릭한 후 단축 아이콘을 실행하면 인터넷 익스플로러가 실행되면서 해당 URL로 이동한다. 이를 통해 윈도우에서 명령행 인자 활용법을 확인할 수 있다.

다른 항목도 더 살펴보자. '실행(R)' 항목 내용이 WinMain() 함수에 전달되는 nCmdShow이다. 현재는 '기본 창'으로 지정되어 있지만 이 값을 '최대화' 또는 '최소화'로 변경하면 인터넷 익스플로러는 설정한 대로 실행된다.

이러한 값은 응용 프로그램의 WinMain() 함수에 인자로 항상 전달된다. 응용 프로그램 성격에 따라 WinMain() 함수로 전달된 인자를 아예 무시하거나 변경하여 처리할 수도 있다. 응용 프로그램에 명령행 인자를 넘겨서 처리해야 하는 상황이 있을 때 이런 방식으로 테스트하고 활용하면 된다.

❸ 윈도우 클래스 초기화와 등록

윈도우 클래스는 윈도우를 생성하는 데 필요한 다양한 정보를 담고 있는 구조체다. 실제 윈도우는 27행의 CreateWindow() 함수를 사용해 생성한다. CreateWindow() 함수의 첫 번째 인자로 윈도우 클래스 이름을 전달하므로, 윈도우를 생성하기 전에 윈도우 클래스를 운영체제에 등록하는 과정이 필요하다.

윈도우 클래스는 생성할 윈도우의 특성을 나타내는 다양한 요소로 이루어져 있는데, 이들 중 가장 중요한 것은 lpfnWndProc이다. lpfnWndProc은 일종의 함수 포인터로, 응용 프로그램의 윈도우가 운영체제로부터 받은 메시지를 처리할 사용자 정의 함수(=윈도우 프로시저)를 가리킨다. 윈도우 클래스를 등록하고 나면 응용 프로그램은 특성이 동일한 윈도우를 여러 개 생성할 수 있는데, 이렇게 생성된 윈도우에서 발생한 메시지는 하나의 윈도우 프로시저에서 처리한다.

❹ 윈도우 생성

CreateWindow() 함수는 24행에서 등록한 윈도우 클래스를 기반으로 실제 윈도우를 생성한다. 응용 프로그램의 최상위 윈도우가 생성되며, 이를 메인main 윈도우라 부른다. 첫 번째 인자인 윈도우 클래스 이름은 운영체제가 윈도우를 생성하는 데 필요한 정보를 제공하는데, 특히 윈도우 프로시저의 주소(=위치)를 운영체제에 알려주는 중요한 역할을 한다.

CreateWindow() 함수의 리턴값은 윈도우 핸들이라 부른다. 이는 운영체제 내부에서 윈도우를 유지하는 데 필요한 데이터 구조체를 가리키는 일종의 포인터다. 응용 프로그램을 작성하는 관점에서 핸들값의 숫자 자체는 그다지 중요하지 않다. 중요한 것은 이 핸들을 가지고 있으면 윈도우 API를 호출함으로써 해당 윈도우를 다양한 방식으로 제어할 수 있다는 점이다. CreateWindow() 함수의 전달 인자는 '**클래스 이름, 윈도우 이름, 윈도우 스타일**, x좌표, y좌표, 윈도우의 폭, 윈도우의 높이, 부모 윈도우 핸들, 메뉴 핸들, **인스턴스 핸들**, 옵션 데이터' 순이다. HelloSDK 예제에서는 **진하게 표시한 부분**을 제외하고는 모두 기본값을 사용하고 있다.

ShowWindow() 함수는 생성한 윈도우를 화면에 표시한다. 윈도우는 nCmdShow 값에 따라 최소화, 최대화 혹은 보통 상태로 시작한다. 이 함수의 첫 번째 인자로 윈도우 핸들을 전달하고 있음에 주목하자. SDK 프로그래밍에서는 윈도우, 메뉴, 비트맵 같은 사용자 인터페이스 구성 요소를 다룰 때 핸들을 자주 사용한다.

참고 MFC는 내부에 핸들을 숨기고 있기 때문에 핸들을 직접 다룰 일은 많지 않다. 그러나 특별한 기능을 구현하기 위해 윈도우 API를 직접 호출하는 경우에는 핸들이 필요한데, 다행히 핸들값이 MFC 클래스의 public 멤버로 공개된 경우가 많다.

❺ 메시지 루프

메시지 큐에서 메시지를 하나씩 꺼내서 처리하는 반복문을 메시지 루프 Message Loop 라 부른다. GetMessage() 함수는 메시지 큐에서 메시지 하나를 꺼내 msg 변수에 저장한다. 이때 꺼낸 메시지가 WM_QUIT이면 0을 리턴하면서 while 문을 빠져나간다. TranslateMessage() 함수는 msg 변수에 키보드 메시지가 들어 있을 경우 키에 대응하는 문자를 만들어내는 역할을 한다. DispatchMessage() 함수는 메시지를 윈도우 프로시저로 보낸다. 여기서 윈도우 프로시저는 15행에서 등록한 사용자 정의 함수를 말한다.

❻ 윈도우 프로시저

윈도우 프로시저는 윈도우 메시지를 처리하는 핵심 함수다. 한 개의 윈도우 클래스를 기반으로 윈도우를 여러 개 생성한 경우, 모든 윈도우가 윈도우 프로시저를 공유하므로 어느 윈도우에서 메시지가 발생했는지 구분할 필요가 있다. 첫 번째 인자인 hwnd가 이 역할을 한다. 두 번째 인자인 message는 발생한 메시지 종류를 나타내며 WM_으로 시작하는 상숫값이다. wParam과 lParam은 메시지 종류에 따라 서로 다른 부가 정보를 전달하는 32비트 값이다. 예제에 포함된 윈도우 메시지를 정리하면 다음과 같다.

표 1-1 예제에 포함된 윈도우 메시지

메시지 이름	메시지 발생 시점
WM_CREATE	CreateWindow() 함수를 호출할 때
WM_LBUTTONDOWN	클라이언트 영역에서 마우스 왼쪽 버튼을 누를 때
WM_PAINT	클라이언트 영역의 일부 또는 전체를 다시 그릴 필요가 있을 때
WM_DESTROY	윈도우의 종료 버튼을 클릭할 때

WM_CREATE 메시지는 윈도우가 생성되면서(27행) 한 번만 발생하므로 메시지 발생 시 각종 초기화 작업을 수행한다. 반면 WM_DESTROY 메시지는 윈도우가 파괴될 때 한 번만 발생하므로 메시지 발생 시 각종 청소 작업을 수행한다. WM_DESTROY 메시지 처리의 마지막 단계로 PostQuitMessage() 함수(61행)를 호출한다. 이 함수는 응용 프로그램 메시지 큐에 WM_QUIT 메시지를 집어넣는다. GetMessage() 함수(33행)는 WM_QUIT 메시지 수신 시 0을 리턴하므로 메시지 루프를 빠져나가고 결국 응용 프로그램은 종료된다.

WM_LBUTTONDOWN 메시지는 클라이언트 영역에서 마우스 왼쪽 버튼을 누를 때 발생한다. wParam과 lParam에는 마우스/키보드 버튼의 상태와 마우스 커서의 위치가 저장되어 있으므로 필요하다면 꺼내서 활용할 수 있다.

WM_PAINT 메시지는 특별한 의미가 있으므로 잘 알아두자. 윈도우 응용 프로그램이 화면에 무언가를 표시하고자 할 때는 주로 윈도우의 클라이언트 영역에 출력한다([그림 1-3]). 출력 내용은 운영체제가 자동으로 저장/복원하지 않으므로 다른 윈도우가 가렸다가 다시 드러나면 지워진다. 윈도우 운영체제는 클라이언트 영역의 일부 또는 전체를 다시 그릴 필요가 있음을 응용 프로그램에 알리기 위해 WM_PAINT 메시지를 발생시킨다. 이에 응용 프로그램은 WM_PAINT 메시지에 응답하여 자신의 클라이언트 영역 화면을 다시 그린다(복원한다).

WM_PAINT 메시지를 처리할 때는 BeginPaint()와 EndPaint() 함수를 시작 부분과 끝부분에서 호출해야 한다. BeginPaint()/EndPaint() 함수는 응용 프로그램이 WM_PAINT 메시지에 응답하여 윈도우의 클라이언트 영역을 다시 그렸음을 운영체제에 알려준다. 56~58행을 주석으로 처리한 후 프로그램을 다시 실행해 보자. 윈도우의 크기를 약간 변경한 후(이때 WM_PAINT 메시지가 발생) 작업 관리자를 살펴보면 HelloSDK 프로그램의 CPU 사용률이 높음을 확인할 수 있다. BeginPaint()/EndPaint() 함수 호출을 생략했으므로 운영체제가 끊임없이 WM_PAINT 메시지를 발생시키기 때문이다.

BeginPaint() 함수의 리턴값을 디바이스 컨텍스트(Device Context) 핸들이라 부르는데, 화면 출력 함수를 사용하려면 이 값이 필요하다. 클라이언트 영역의 지정된 위치에 문자열을 출력하는 TextOut() 함수의 첫 번째 인자로 hdc가 사용됨에 주목하기 바란다. WM_PAINT 메시지를 받았을 때 화면을 다시 그려주지 않으면 윈도우의 최소화/최대화를 비롯한 크기 변경, 다른 윈도우가 클라이언트 영역을 가렸다가 다시 보이게 되는 경우 등이 발생할 때 화면의 내용이 지워지는 현상이 발생한다.

프로그래머는 switch-case 문을 이용하여 메시지의 종류에 따른 적절한 메시지 처리 코드를 추가하되, 처리되지 않은 메시지는 DefWindowProc() 함수를 호출하여 운영체제가 자동으로 처리하게 한다. 좀 더 복잡한 SDK 프로그램은 훨씬 더 많은 종류의 메시지를 처리하므로 switch-case 문이 더욱 길어진다.

■ 정리

지금까지 살펴본 SDK 프로그램의 구조를 간략하게 나타내면 [그림 1-17]과 같다. ❶ 운영체제는 각 응용 프로그램에 메시지 큐를 할당한다. 프로그램의 외부 또는 내부 요인으로 발생하는 메시지가 시스템 메시지 큐를 거쳐 응용 프로그램 메시지 큐에 저장된다. ❷ WinMain() 함수에 있는 메시지 루프는 응용 프로그램 메시지 큐에 저장된 메시지를 하나씩 꺼내서 윈도우 프로시저에 전달한다. ❸ 윈도우 프로시저는 전달받은 메시지의 종류에 따라 적절하게 처리하되 자신이 처리하지 않은 메시지는 DefWindowProc() 함수에 넘겨서 운영체제가 자동으로 처리하게 한다.

윈도우 응용 프로그램의 핵심은 윈도우 프로시저라 할 수 있다. 윈도우 프로시저는 메시지 처리 코드 집합이므로, 결국 메시지 처리 코드(MFC에서는 메시지 핸들러라 부름)를 어떻게 작성하느냐가 응용 프로그램의 동작을 결정한다. 잠시 후 3절에서 살펴볼 MFC 프로그램도 이와 동일한 구조로 동작한다.

참고 MFC 프로그래밍에서도 메시지의 의미와 해당 메시지가 발생하는 시점을 이해하는 것은 매우 중요하다. 비주얼 C++가 메시지 핸들러를 좀 더 편리하게 작성할 수 있는 구조와 툴을 제공하지만 처리할 메시지를 선택하는 것은 프로그래머의 몫이다.

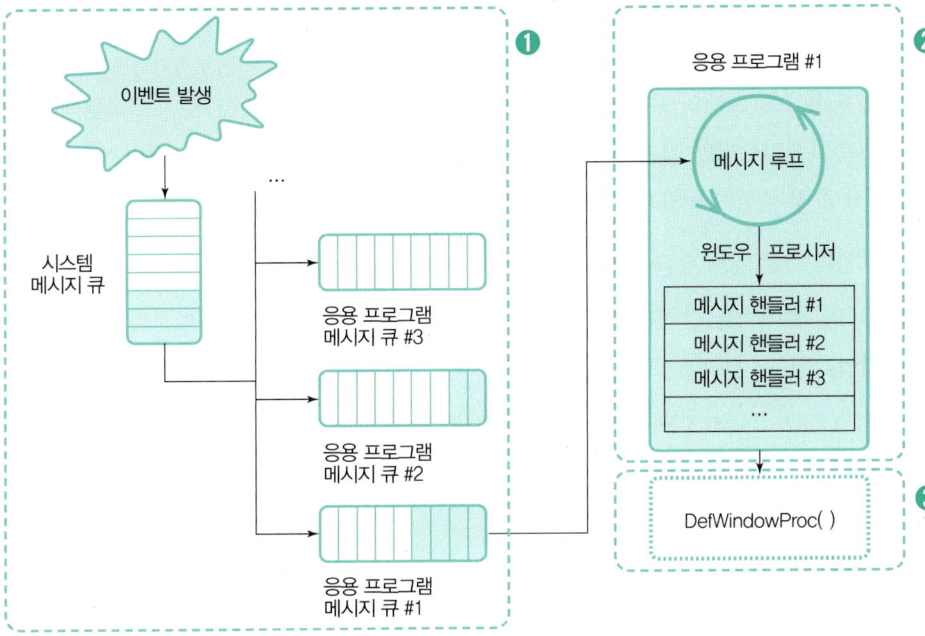

그림 1-17 SDK 응용 프로그램의 동작 원리

여기서 잠깐! 헝가리 표기법

많은 프로그래머가 SDK나 MFC 프로그래밍을 할 때 헝가리 표기법(Hungarian Notation)을 사용해 변수를 표기한다. 헝가리 표기법은 변수 타입을 짐작할 수 있도록 접두사(Prefix)를 덧붙여 변수 이름을 정하는 방법이다. 예를 들면, 변수 hInstance는 첫 글자인 h만으로 핸들 타입임을 알 수 있다. 헝가리 표기법을 적용해서 변수 이름을 정하면 타입 불일치로 인한 오류 발생 가능성을 줄일 수 있고 다른 사람들도 코드를 좀 더 쉽게 이해할 수 있다는 장점이 있다. 다음 표는 자주 사용되는 접두사다. 표에는 없더라도 이를 응용하여 다른 종류의 데이터 타입에도 비슷한 방식으로 적용할 수 있다.

접두사	데이터 타입	접두사	데이터 타입
b 또는 f	BOOL(b=bool, f=flag)	l	LONG
c 또는 ch	char	sz	0으로 끝나는 문자열
b	BYTE	h	handle
n 또는 i	int	p	pointer
w	WORD	lp	long pointer
dw	DWORD	fn	function

▲ 헝가리 표기법의 예

03 MFC 프로그램 기본 구조

앞에서 SDK 응용 프로그램의 구조를 살펴봤다. MFC는 많은 부분에서 SDK 프로그램의 복잡한 부분을 단순화시켜주지만 기본 동작 원리는 동일하다. 이번에는 간단한 형태의 MFC 응용 프로그램을 작성 및 분석하고 SDK 응용 프로그램과 비교해보자.

MFC 프로그램의 기본 골격은 다음과 같다.

① 응용 프로그램 클래스를 정의한다.

② 메인(프레임) 윈도우 클래스를 정의한다.

참고 메인 윈도우와 프레임 윈도우는 엄밀하게 구분하면 서로 다르지만 당분간 같은 의미로 사용할 것이다. 둘의 차이는 10장에서 학습한다.

③ 응용 프로그램 객체를 선언한다.

④ 메시지 맵을 선언한다.

프로그램을 구성하는 주요 클래스와 대응하는 윈도우를 표시하면 다음과 같다.

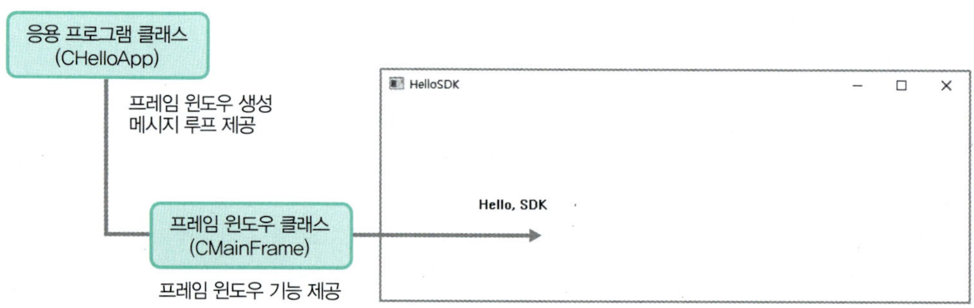

그림 1-18 주요 클래스

1 간단한 MFC 프로그램 작성

MFC 응용 프로그램을 개발할 때는 일반적으로 MFC 응용 프로그램 마법사를 이용하여 프로그램의 뼈대를 이루는 기본 코드를 생성하고 여기에 코드를 덧붙이는 식으로 진행한다. 이 경우 생성되는 파일 개수가 많아져 처음 배우는 사람은 전체 구조를 파악하기 어렵다. 따라서 [실습 1-2]에서는 최소한의 기능만 가지는 MFC 응용 프로그램을 작성해본다. 이 예제에서는 파일 하나만 생성된다.

실습 1-2 HelloMFC 프로그램 작성하기

❶ 비주얼 스튜디오를 실행한 후 [파일]–[새로 만들기]–[프로젝트...] 메뉴를 선택하면 [새 프로젝트 만들기] 대화 상자가 열린다. 프로젝트 종류 중 'Windows 데스크톱 마법사'를 선택하고 〈다음〉을 클릭한다.

참고 일반적으로 'MFC 앱'을 선택하지만 여기서는 간단한 형태로 만들고자 'Windows 데스크톱 마법사'를 선택한다.

참고 비주얼 스튜디오 2019 이전 버전을 사용할 경우 ❶~❷단계를 다음과 같이 진행한다. VS2017에서는 [새 프로젝트] 대화 상자에서 [Visual C++]–[Windows 데스크톱]–[Windows 데스크톱 마법사]를 선택한 상태에서 프로젝트 '이름'과 '위치'를 지정하고 '솔루션용 디렉터리 만들기'를 끈 후 〈확인〉을 클릭한다. VS2015에서는 [새 프로젝트] 대화 상자에서 [템플릿]–[Visual C++]–[Win32 프로젝트]를 선택한 상태에서 프로젝트 '이름'과 '위치'를 지정하고 '솔루션용 디렉터리 만들기'를 끈 후 〈확인〉–〈다음〉을 차례로 클릭한다.

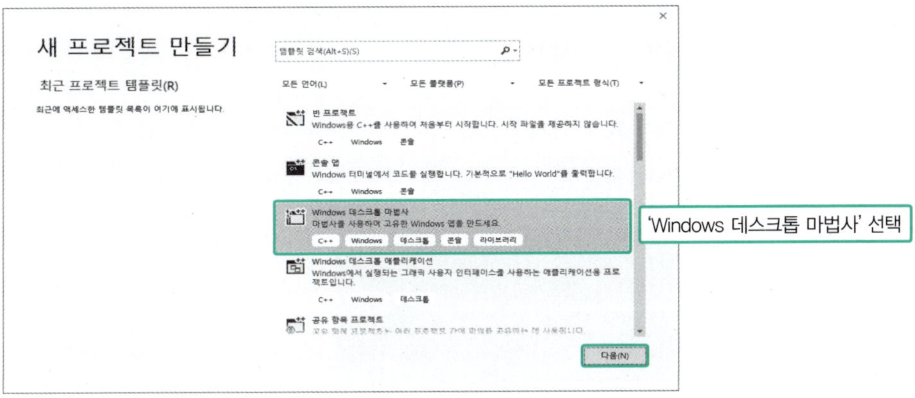

그림 1-19 프로젝트 종류 선택

❷ 프로젝트 이름으로 "HelloMFC"를 입력한다. '위치'는 프로젝트가 생성될 위치를 나타내는데, 오른쪽에 있는 〈...〉을 클릭하면 원하는 폴더를 선택할 수 있다. '솔루션 및 프로젝트를 같은 디렉터리에 배치' 옵션을 체크하고 〈만들기〉를 클릭한다.

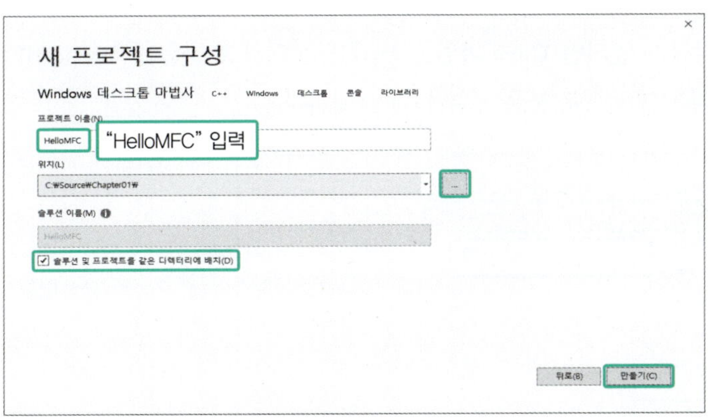

그림 1-20 프로젝트 이름과 위치 지정

3 애플리케이션 종류로 '데스크톱 애플리케이션(.exe)'을 선택하고 '빈 프로젝트' 옵션을 체크한 후 〈확인〉을 클릭한다.

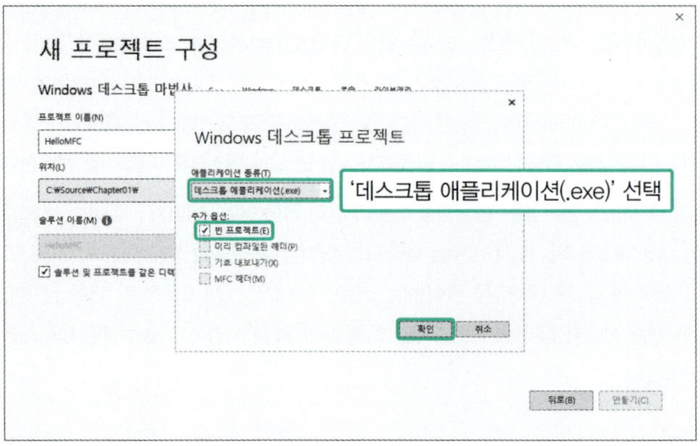

그림 1-21 프로젝트 옵션 변경

4 프로젝트가 생성되면 솔루션 탐색기의 '소스 파일'에서 마우스 오른쪽 버튼을 클릭하여 [추가]-[새 항목...] 메뉴를 선택한다.

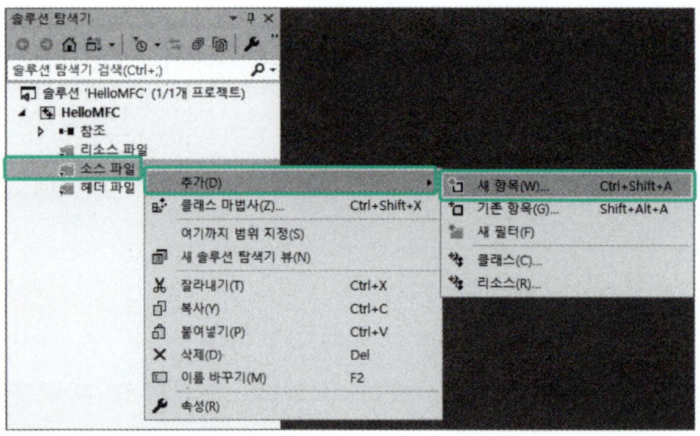

그림 1-22 소스 파일 추가(1)

5 [새 항목 추가] 대화 상자가 열리면 'C++ 파일 (.cpp)'를 선택하고 이름에 "HelloMFC"를 입력한 후(.cpp 확장자는 자동으로 붙음) 〈추가〉를 클릭한다.

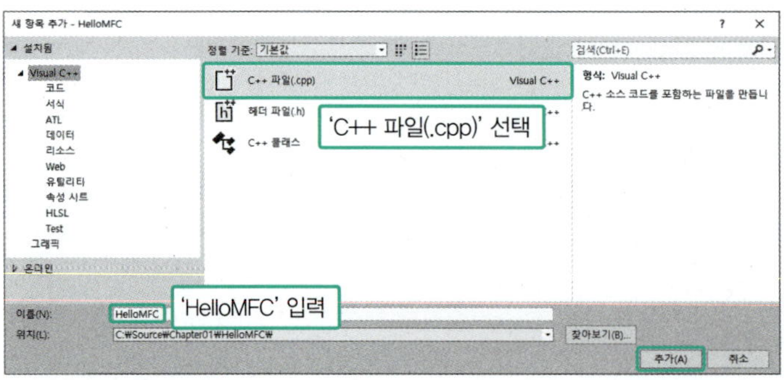

그림 1-23 소스 파일 추가(2)

6 'HelloMFC.cpp' 파일에 다음 코드를 입력한다.

HelloMFC.cpp

```
#include <afxwin.h>                                        ❶ 헤더 파일

// 응용 프로그램 클래스를 선언한다.                          ❷ 클래스 선언부
class CHelloApp : public CWinApp
{
public:
   virtual BOOL InitInstance();
};

// 메인 윈도우 클래스를 선언한다.
class CMainFrame : public CFrameWnd
{
public:
   CMainFrame();

protected:
   afx_msg void OnPaint();
   afx_msg void OnLButtonDown(UINT nFlags, CPoint point);
   DECLARE_MESSAGE_MAP()
};

// 응용 프로그램 객체를 선언한다.                            ❸ 응용 프로그램 객체
CHelloApp theApp;

// 응용 프로그램 클래스를 정의한다.                          ❹ 클래스 정의부
BOOL CHelloApp::InitInstance()
{
   m_pMainWnd = new CMainFrame;
   m_pMainWnd->ShowWindow(m_nCmdShow);
   return TRUE;
}

// 메인 윈도우 클래스를 정의한다.
CMainFrame::CMainFrame()
{
   Create(NULL, _T("HelloMFC"));
}

void CMainFrame::OnPaint()
```

```
{
    CPaintDC dc(this);
    const TCHAR *msg = _T("Hello, MFC");
    dc.TextOut(100, 100, msg, lstrlen(msg));
}

void CMainFrame::OnLButtonDown(UINT nFlags, CPoint point)
{
    MessageBox(_T("마우스 클릭!"), _T("마우스 메시지"));
}

// 메시지 맵을 선언한다.                                    ❺ 메시지 맵
BEGIN_MESSAGE_MAP(CMainFrame, CFrameWnd)
    ON_WM_PAINT()
    ON_WM_LBUTTONDOWN()
END_MESSAGE_MAP()
```

7 입력이 끝난 후 [빌드]-[솔루션 빌드] 메뉴를 선택하면 오류가 발생할 것이다. 솔루션 탐색기의 'HelloMFC'에서 마우스 오른쪽 버튼을 클릭하여 [속성] 메뉴를 선택하면 [그림 1-24]와 같은 대화 상자가 뜬다. '고급' 항목의 'MFC 사용' 속성에서 '공유 DLL에서 MFC 사용'을 선택한다. MFC가 제공하는 기능을 사용하려면 이와 같이 MFC 라이브러리와 링크해야 하는데, 생성 코드의 크기를 줄이기 위해 대개 DLL 버전을 사용한다.

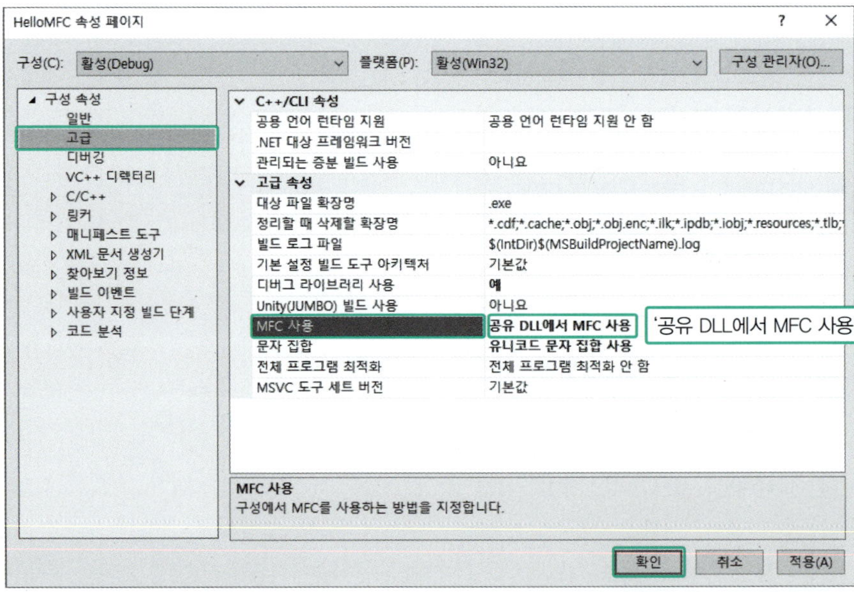

그림 1-24 프로젝트 속성 변경

8 〈확인〉을 클릭하여 대화 상자를 닫고 다시 [빌드]-[솔루션 빌드] 메뉴를 선택하여 프로그램을 빌드하고, [디버그]-[디버그하지 않고 시작] 메뉴로 실행한다. 이전에 작성한 HelloSDK와 기능이 거의 같은 프로그램임을 알 수 있다.

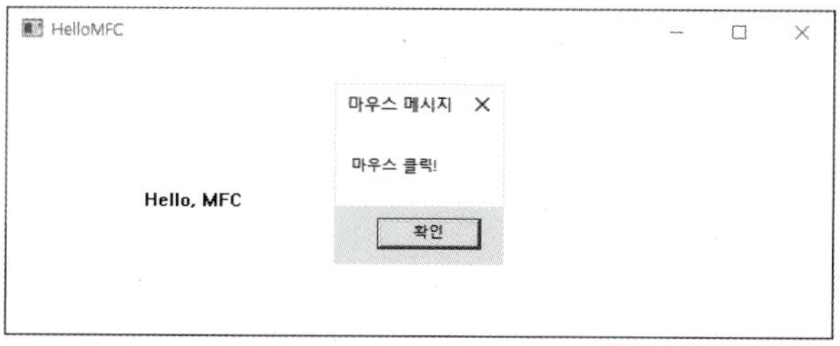

그림 1-25 실행 결과

2 HelloMFC 예제 분석

MFC 프로그램을 분석하면서 전체 구조 관점에서 SDK 프로그램과의 공통점과 차이점을 살펴보자.

❶ 헤더 파일

afxwin.h는 여러 헤더 파일을 포함하는 헤더 파일이다. MFC에서 제공하는 각종 클래스 정의, 데이터 타입, 매크로 등도 선언되어 있다. SDK 프로그램에서 소개한 windows.h 파일도 물론 포함한다.

❷ 클래스 선언부

MFC는 SDK 프로그램에 있는 WinMain() 함수의 기능과 윈도우 프로시저의 기능을 적절히 분할하여 두 개의 클래스로 제공한다.

CWinApp 클래스는 응용 프로그램의 초기화 코드, 메시지 루프, 종료 코드를 제공하며 CFrameWnd 클래스는 메인 윈도우의 기능을 제공한다. 대부분의 MFC 프로그램은 CWinApp와 CFrameWnd 클래스를 그대로 사용하지 않고 C++의 상속 기능을 이용해 새로운 클래스를 만들고 일부 기능을 재정의해서 사용한다.

❸ 응용 프로그램 객체

대부분의 MFC 응용 프로그램은 CWinApp 클래스를 상속받아 클래스를 만들고 이 클래스로부터 객체 하나를 전역 변수로 생성한다. 이 객체를 응용 프로그램 객체Application Object라 부른다. 여기서 응용 프로그램 객체의 이름은 중요하지 않다. 전역 객체가 오직 한 개만 있어야 한다는 점만 지키면 된다.

SDK 프로그램과 달리 MFC 프로그램에서는 WinMain() 함수를 작성하지 않고 MFC 라이브러리에서 내부적으로 제공한다. 프로그램이 일단 시작되면 WinMain() 함수는 응용 프로그램 객체의 주소를 알아내 여기에 속한 멤버 함수를 내부적으로 정한 순서에 따라 차례로 호출한다. 이 과정은 눈에 보이지 않아 MFC를 처음 배울 때 매우 어렵게 느끼는 부분이다. 요약하면 MFC 프로그램은 다음과 같은 구조를 가진다.

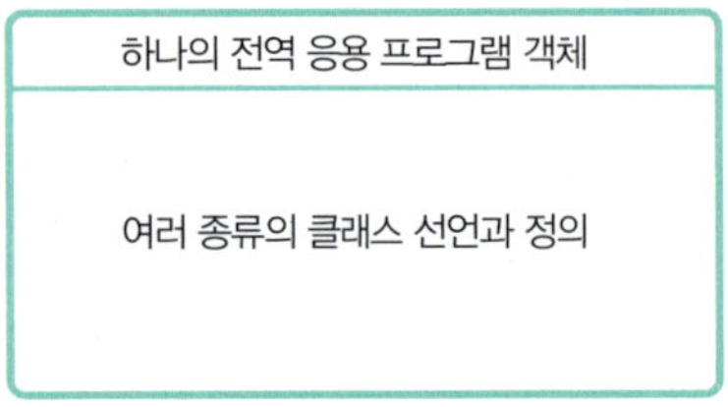

그림 1-26 MFC 응용 프로그램의 구조

❹ 클래스 정의부

26~31행 MFC 내부에 숨겨진 WinMain() 함수는 프로그램이 시작되면 응용 프로그램 객체의 InitInstance() 함수를 호출한다. InitInstance() 함수는 프로그램 실행 초기에 호출되므로 각종 초기화 작업을 하기 좋은 위치다. 이 함수를 재정의하지 않으면 베이스 클래스인 CWinApp에서 제공하는 InitInstance() 함수가 호출되지만, 특별히 하는 일이 없으므로 반드시 재정의해야 한다.

참고 07행의 InitInstance() 함수가 가상 함수로 선언되어 있다는 점에 주목하자. 만약 가상 함수가 아니라면 사용자가 InitInstance() 함수를 재정의하더라도 CHelloApp::InitInstance() 함수가 아닌 CWinApp::InitInstance() 함수가 항상 호출된다.

재정의한 InitInstance() 함수에서는 메인 윈도우의 기능을 가지는 CMainFrame 객체를 동적으로 생성하고 ShowWindow() 멤버 함수를 호출하여 윈도우를 화면에 나타낸다. 이 함수는 SDK 프로그램에서 사용한 API 함수와 이름은 동일하지만, 첫 번째 인자인 윈도우 핸들이 생략되어 있다. 이는 MFC가 내부에 숨겨둔 윈도우 핸들을 이용하여 API 함수를 호출하기 때문이다.

초기화 작업이 성공적으로 끝났으면 반드시 TRUE를 리턴해야 한다. MFC 내부에 숨겨진 WinMain() 함수는 InitInstance() 함수의 리턴값이 FALSE면 더 진행하지 않고 프로그램을 종료하기 때문이다.

참고 InitInstance()처럼 자동으로 호출되지만 호출 시점이 정반대인 함수로 ExitInstance()가 있다. 응용 프로그램을 종료할 때 MFC 라이브러리가 자동으로 호출하는 함수다. 프로그램 종료 시 처리할 작업이 있다면 ExitInstance() 함수를 재정의하고 필요한 코드를 작성하면 된다.

34~37행 CFrameWnd 클래스에서 파생한 CMainFrame 클래스는 메인 윈도우의 기능을 제공한다. CMainFrame 객체 생성 시(28행) 호출되는 생성자(34행)에서는

CFrameWnd::Create() 함수를 이용하여 윈도우를 생성한다. 이 함수는 SDK 프로그램의 CreateWindow() API 함수와 동일한 역할을 한다. 첫 번째 인자는 윈도우 클래스 이름인데 NULL 값을 전달하면 MFC 내부적으로 등록된 윈도우 클래스가 사용된다. 두 번째 인자는 생성되는 윈도우의 타이틀바에 표시될 윈도우 이름이다.

참고 CMainFrame 객체를 만들더라도 생성자에서 CFrameWnd::Create() 함수를 호출하지 않으면 운영체제 수준의 실제 윈도우는 생성되지 않는다. 이런 경우에는 윈도우 객체(C++ 객체)가 존재하더라도 운영체제가 인식하는 윈도우는 존재하지 않는 상황이 발생한다.

39~49행 OnPaint()와 OnLButtonDown() 함수는 각각 WM_PAINT, WM_LBUTTONDOWN 메시지를 처리하는 역할을 한다. switch-case 문을 이용해 처리하는 SDK 프로그램과 달리 MFC 프로그램에서는 메시지별로 함수를 따로 만들어 처리한다. SDK 프로그램은 윈도우 프로시저가 모든 메시지 처리 코드를 담고 있다. 반면 MFC 프로그램은 메시지 처리 코드가 각각의 멤버 함수(메시지 핸들러)로 분리되어 있다고 볼 수 있다.

OnPaint() 함수는 윈도우의 클라이언트 영역에 데이터를 출력한다. HelloSDK 예제에서 설명한 것처럼 BeginPaint()/EndPaint() 함수 호출이 필요하다는 점은 MFC 프로그램에서도 마찬가지다. 41행이 바로 이 역할을 한다. CPaintDC 객체를 만들면 생성자가 호출되고 MFC가 제공하는 생성자 코드에서 BeginPaint() 함수가 자동으로 호출된다. 소멸자가 호출되는 시점에는 EndPaint() 함수가 자동으로 호출된다. 43행의 TextOut() 멤버 함수는 HelloSDK의 TextOut() API 함수와 기능이 동일하다.

OnLButtonDown() 함수는 클라이언트 영역에서 마우스 왼쪽 버튼을 누를 때 발생하는 WM_LBUTTONDOWN 메시지를 처리한다. 48행의 MessageBox() 멤버 함수는 HelloSDK의 MessageBox() API 함수와 기능이 동일하다.

여기서 잠깐! 가상 함수 선언

InitInstance() 함수는 MFC 설계에 따라 CWinApp 클래스에서 가상 함수로 선언되었다. 가상 함수가 아니라면 InitInstance() 함수를 재정의해도 베이스 클래스에서 제공하는 CWinApp::InitInstance() 함수가 호출되기 때문이다. C++에서 가상 함수는 자동 상속되므로 virtual 키워드를 붙이지 않아도 되지만, 일반 함수와 구분하기 쉽도록 보통 virtual 키워드를 붙인다.

❺ 메시지 맵

MFC는 메시지 맵Message Map 이라는 독특한 방식을 통해 윈도우 메시지와 해당 메시지 핸들러를 연결한다. ON_WM_PAINT() 매크로는 WM_PAINT 메시지와 OnPaint() 함수를 연결하고, ON_WM_LBUTTONDOWN() 매크로는 WM_LBUTTONDOWN 메시지와 OnLButtonDown() 함수를 연결한다. 이러한 메시지 맵 관련 매크로는 메시지 종류만 선택하면 비주얼 C++ 툴이 자동으로 추가해주기 때문에 프로그래머가 매크로 이름을 일일이 기억할 필요는 없다. 54행의 ON_WM_LBUTTONDOWN() 매크로를 제거해보자. 윈도우의 클라이언트 영역에서 마우스 왼쪽 버튼을 눌러도 메시지 상자가 뜨지 않음을 확인할 수 있을 것이다.

■ 정리

HelloMFC 프로그램의 동작을 MFC 라이브러리 내부 코드와의 상호 작용 관점에서 살펴보면 [그림 1-27]과 같다. 응용 프로그램 객체가 제공하는 CWinApp::Run() 함수가 SDK 프로그램의 메시지 루프 기능을 한다는 점에 주목하기 바란다. 형태는 다르지만 MFC 프로그램의 핵심 동작은 SDK 프로그램과 사실상 동일함을 알 수 있다.

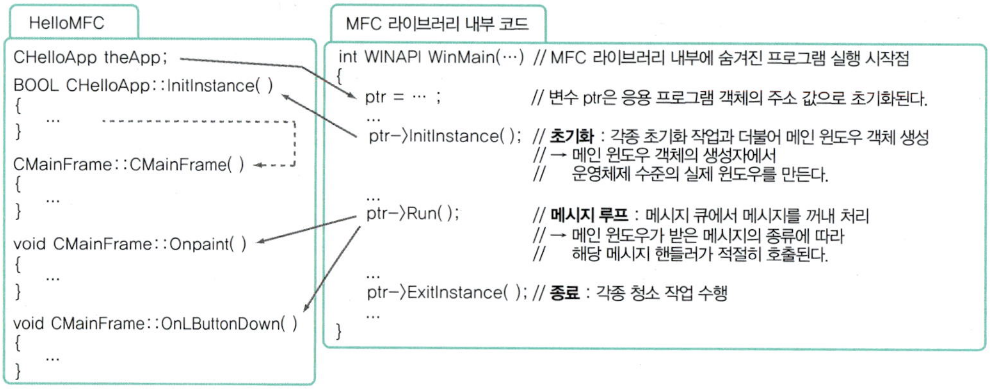

그림 1-27 MFC 응용 프로그램의 동작 원리

SDK 프로그램과 MFC 프로그램의 동작 원리는 동일하지만 형태가 다르다. 두 예제의 비교를 통해 알 수 있는 MFC 프로그램의 특징을 요약하면 다음과 같다.

① WinMain() 함수가 존재하지 않는다. 즉 프로그램 실행 시작점이 눈에 보이지 않는다.

② 사용자가 함수를 직접 호출하기보다 MFC 내부에 숨겨진 코드에서 사용자가 정의한 함수를 호출하는 경우가 많다. 가상 함수가 주로 여기에 속한다.

③ 각 메시지에 대한 처리 코드를 함수 단위(메시지 핸들러)로 따로 만든다. 해당 메시지와 메시지 핸들러를 연결하기 위해 메시지 맵 매크로를 사용한다.

여기서 잠깐! SDK/MFC 프로그램의 구조 비교

프로그램 시작부 위치와 메시지 처리 관점에서 SDK/MFC 프로그램의 구조를 비교해보면 다음과 같다. SDK 프로그램은 응용 프로그램이 제공하는 WinMain() 함수에서 실행이 시작되고, 윈도우 메시지가 발생할 때마다 운영체제 내부 코드에서 응용 프로그램 코드를 호출하여 메시지를 처리하는 구조다. 반면, MFC 프로그램은 MFC 라이브러리가 제공하는 WinMain() 함수에서 실행이 시작되고, 윈도우 메시지가 발생할 때마다 MFC 라이브러리 내부 코드에서 응용 프로그램 코드를 호출하여 메시지를 처리하는 구조다.

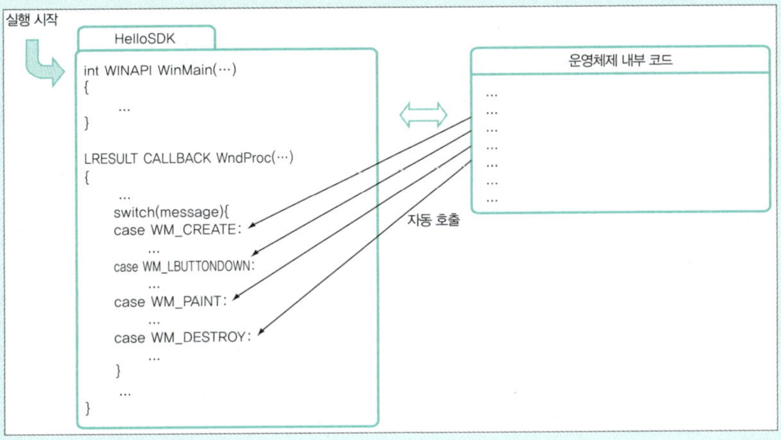

▲ SDK 응용 프로그램의 구조

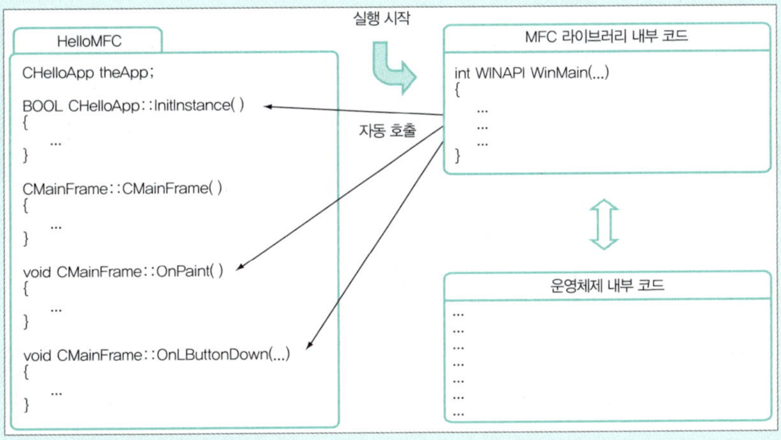

▲ MFC 응용 프로그램의 구조

04 비주얼 C++ 개발 환경

간단한 형태의 SDK와 MFC 응용 프로그램을 작성하면서 비주얼 C++ 개발 환경의 일부 기능을 사용해 보았다. 여기서는 비주얼 C++가 제공하는 편리한 작업 환경을 살펴보자. 우선 전체 모습을 살펴보면 다음과 같다(비주얼 C++ 2019 기준).

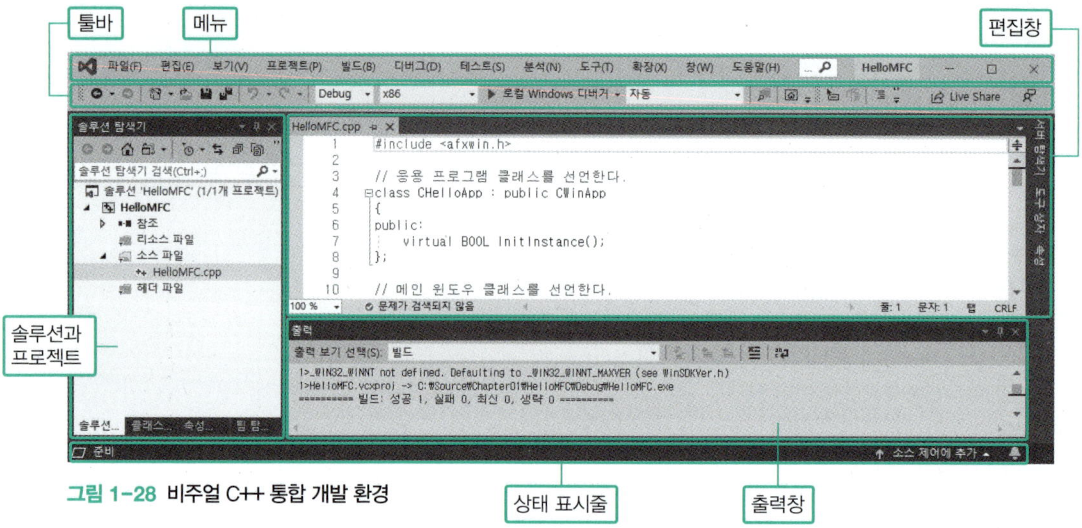

그림 1-28 비주얼 C++ 통합 개발 환경

[그림 1-28]을 비주얼 C++가 제공하는 통합 개발 환경이라 부르는데, 코드와 리소스 편집, 컴파일과 링크, 디버깅, 소스 코드 관리 등을 모두 한곳에서 처리할 수 있다. 여기서는 비주얼 C++ 개발 환경을 구성하는 요소를 살펴보되 기능을 모두 나열하기보다는 실습하는 데 필요한 기본 기능만 다룬다. 그리고 이후 실습 과정에서 필요한 부분이 생길 때마다 추가로 설명한다.

1 메뉴

비주얼 C++는 다양한 기능을 메뉴로 제공한다. 또한, 메뉴에서 제공하는 대부분 기능은 마우스 오른쪽 버튼을 클릭했을 때 나오는 팝업 메뉴Popup Menu를 통해서도 사용할 수 있다([그림 1-29]). 팝업 메뉴는 사용자의 행위에 반응하여 곧바로 튀어나온다는 뜻에서 나온 용어로, 컨텍스트 메뉴Context Menu라 부르기도 한다. 개발 환경의 어느 위치에서든지 팝업 메뉴를 이용하면 현 상태에서 적용 가능한 메뉴 항목을 곧바로 사용할 수 있다.

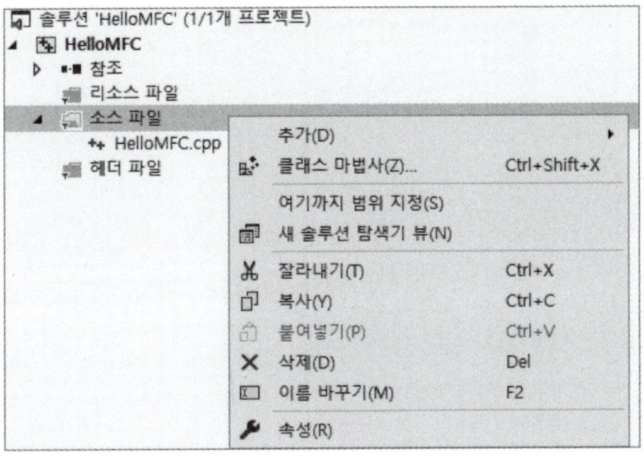

그림 1-29 팝업 메뉴

2 툴바

비주얼 C++는 메뉴의 기능을 빠르게 사용할 수 있도록 다양한 툴바를 제공한다. [그림 1-30]과 같이 툴바 영역에서 마우스 오른쪽 버튼을 클릭하면 다양한 종류의 툴바를 선택하거나 사용자 지정 툴바를 정의할 수 있다.

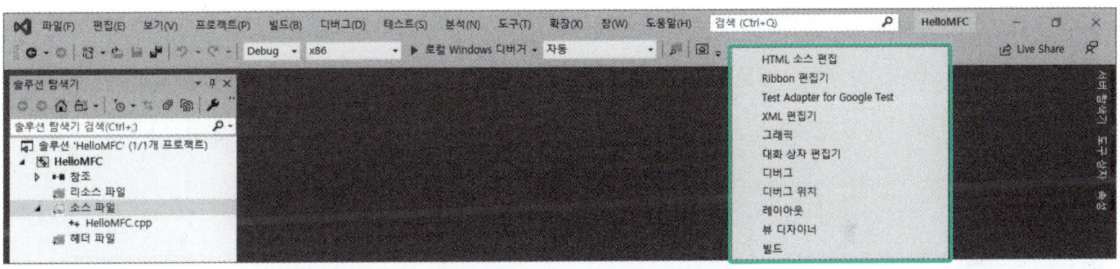

그림 1-30 툴바 선택

3 솔루션과 프로젝트

비주얼 C++는 응용 프로그램과 관련된 정보를 관리하기 위해 프로젝트Project를 사용한다. 프로젝트는 연관된 파일과 부가 정보의 집합을 의미하는데, 대개 응용 프로그램 하나당 프로젝트 한 개를 생성한다.

프로젝트의 상위 개념으로 여러 개의 프로젝트를 포함하는 솔루션Solution이 있다. 솔루션은 두 개 이상의 프로젝트를 관리할 수 있으므로 큰 규모의 작업을 프로젝트 여러 개로 나누어 개발할 때 편리하다. 솔루션에서 마우스 오른쪽 버튼을 클릭하여 [추가] 메뉴를 선택하면 새 프로젝트 또는 기존 프로젝트를 솔루션에 추가할 수 있다([그림 1-31]).

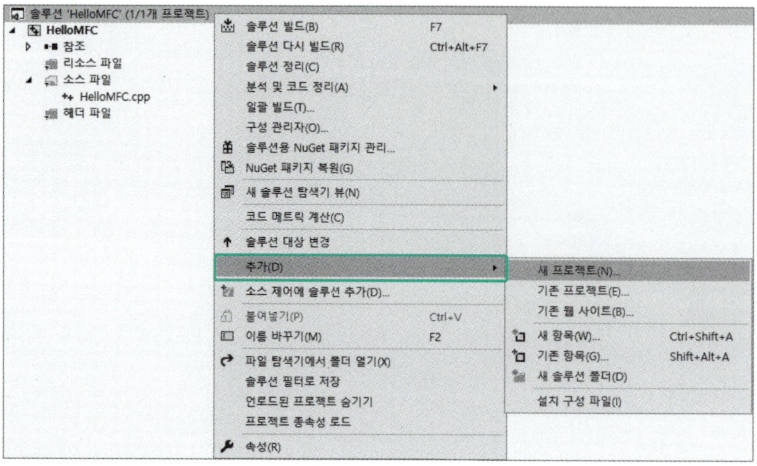

그림 1-31 프로젝트 추가

프로젝트에 속한 파일은 솔루션 탐색기, 클래스 뷰, 리소스 뷰 세 가지 형태로 볼 수 있다. 솔루션 탐색기는 솔루션에 포함된 모든 프로젝트와 파일을 종류별로 보여준다([그림 1-32]).

솔루션 탐색기가 물리적인 파일 관계를 보여준다면 클래스 뷰는 논리적인 클래스 관계를 보여준다. MFC와 같이 C++ 언어를 기반으로 프로그램을 개발할 때, 클래스 뷰를 사용하면 각 클래스의 멤버 변수와 함수를 일목요연하게 볼 수 있고 마우스를 이용하여 해당 위치로 빠르게 이동할 수도 있다. 또한 클래스 이름에서 마우스 오른쪽 버튼을 클릭하여 멤버 함수나 변수를 손쉽게 추가할 수 있다([그림 1-33]).

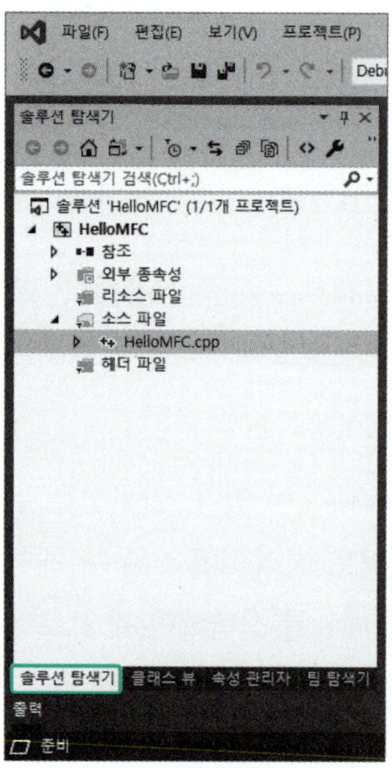

그림 1-32 솔루션 탐색기

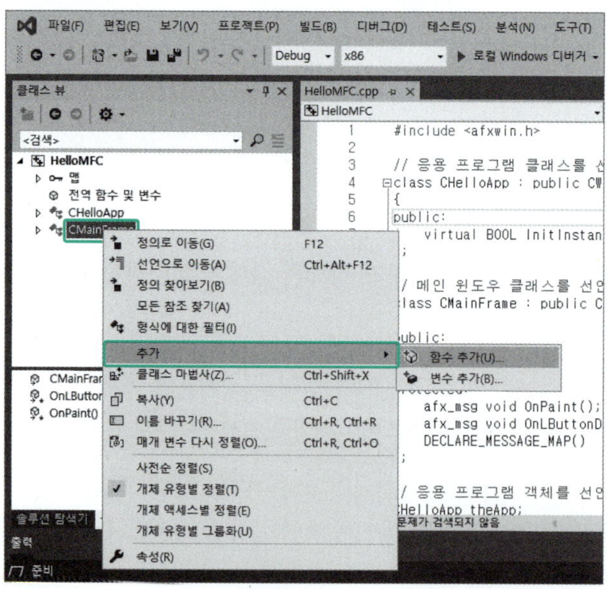

그림 1-33 클래스 뷰에서 멤버 함수 추가

윈도우 응용 프로그램 개발은 크게 코드 작성과 리소스 작성으로 나눌 수 있다. 리소스 뷰를 이용하면 아이콘, 비트맵, 메뉴, 대화 상자, 툴바 등의 리소스를 시각적으로 편집할 수 있다.

참고 프로젝트에 리소스 스크립트(*.rc)가 있다면 이 파일을 더블 클릭하여 리소스 뷰를 열 수 있다. HelloSDK나 HelloMFC 예제처럼 리소스 스크립트가 없다면 [보기]–[리소스 뷰] 메뉴를 선택하면 된다.

그림 1-34 리소스 뷰

현장 팁 **클래스 뷰가 제대로 보이지 않을 때**

솔루션 탐색기 내 클래스 뷰는 C++ 프로그래밍을 할 때 자주 참고하는 정보이다. 하지만 때때로 문제가 생겨 잘못된 정보를 보여주거나 아예 나타나지 않기도 한다. 이는 비주얼 C++가 프로젝트 내 소스 코드를 분석하고 기록하던 중 오류가 발생했기 때문이다. 이때는 비주얼 C++를 종료한 후 솔루션(*.sln) 파일이 있는 폴더에서 숨김 폴더 '.vs'를 삭제한다(이 폴더 내 Browse.VC.db 파일이 있음). 그 후 비주얼 C++를 재실행하면, 비주얼 C++는 해당 파일이 없음을 확인하고 새로 소스 코드를 분석하여 올바른 클래스 뷰를 다시 제공한다. 비주얼 C++ 버전별로 클래스 뷰 파일 위치와 이름이 다르므로 다음 표를 참고한다.

버전	클래스 뷰 파일 위치
비주얼 C++ 2017, 2019	솔루션 폴더 내 숨김 폴더(.vs) 내 Browse.VC.db 파일 (.vs\{프로젝트이름}\{VC++버전}\Browse.VC.db)
비주얼 C++ 2015	솔루션 폴더 내 {프로젝트이름}.VC.db 파일
비주얼 C++ 2010 ~ 2013	솔루션 폴더 내 {솔루션 이름}.SDF 파일
비주얼 C++ 6.0 ~ 2008	솔루션 폴더 내 {솔루션 이름}.NCB 파일

클래스 뷰 파일과 관련된 설정은 다음과 같이 [도구]–[옵션] 메뉴를 선택하여 [옵션] 대화 상자에서 [텍스트 편집기]–[C/C++]–[고급] 항목 내 [검색/탐색] 범주를 통해 필요에 따라 세부 옵션을 지정할 수 있다.

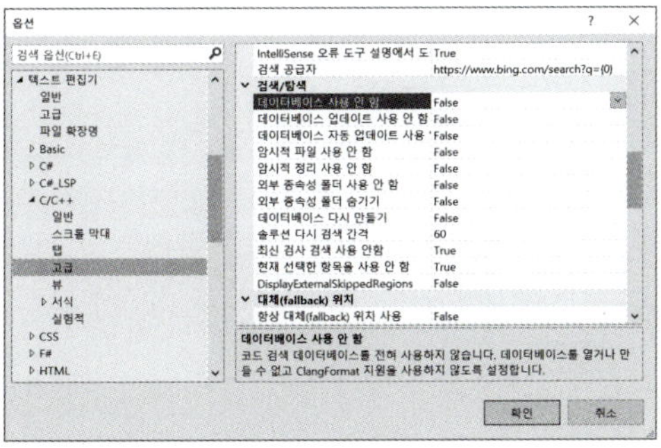

◀ 클래스 뷰 파일 설정

4 편집기

일반 편집기의 기능을 대부분 지원하며 함수나 변수의 정의 보여주기, 함수를 입력할 때 매개변수 정보 보여주기, 자동 완성, 디버깅을 위한 중단점Breakpoint 설정 같은 편리한 기능도 제공한다. 특히 [그림 1-35]와 같이 함수 호출문을 입력할 때 매개변수 정보를 보여주는 기능은 API나 MFC 함수는 물론이고 사용자가 작성한 함수에서도 동작하므로 매우 유용하다. 함수에 대한 도움말이 필요한 경우에는 F1을 누르면 정보를 얻을 수 있다. 비주얼 스튜디오 2008까지는 미리 설치해둔 MSDNMicrosoft Developer Network(개발자를 위한 각종 도움말과 예제 모음)의 해당 항목이 열리고, 비주얼 스튜디오 2010부터는 새로운 형식의 도움말(공식 명칭은 'Microsoft Visual Studio 20xx 설명서')을 통해 온라인 혹은 오프라인 도움말을 볼 수 있다. 비주얼 스튜디오 2015부터는 도움말 뷰어(부록 A 참조)를 따로 설치하지 않은 경우 웹브라우저를 통해 온라인 도움말을 보여주며, 도움말 뷰어를 설치한 경우에는 전용 도움말 뷰어를 통해 온라인 혹은 오프라인 도움말을 볼 수 있다.

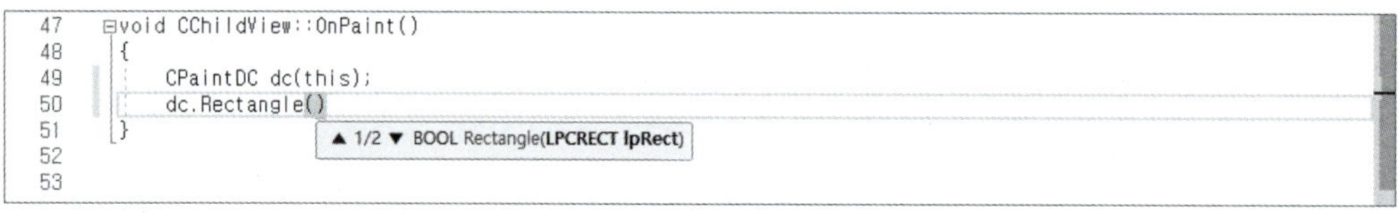

그림 1-35 편집기

5 응용 프로그램 마법사

[파일]-[새로 만들기]-[프로젝트...] 메뉴를 선택하면 [그림 1-36]과 같은 대화 상자가 열린다. 생성할 프로젝트 종류를 선택하면, 정해진 절차대로 사용자에게 필요한 정보를 입력받아 뼈대 코드를 자동으로 생성해준다. 본문에서는 주로 'MFC 앱'을 선택하여 코드를 생성하되, 학습 단계에 따라 서로 다른 옵션을 사용한다.

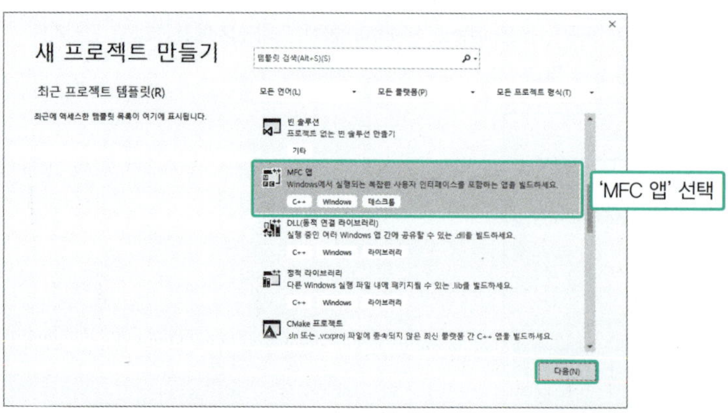

그림 1-36 응용 프로그램 마법사

6 속성 창과 MFC 클래스 마법사

MFC 프로그래밍을 돕기 위해 비주얼 C++ .NET(2002년)부터 지원되는 도구로 속성 창이 있다. [보기]–[다른 창]–[속성 창] 메뉴를 선택하면 [그림 1–37]와 같은 창이 열린다. 메시지 핸들러 작성, 이벤트 처리, 가상 함수 재정의 등을 편리하게 할 수 있다.

비주얼 C++ 6.0까지 지원되었다가 비주얼 C++.NET(2002년)에서 사라지고 다시 비주얼 C++ 2010부터 부활한 도구로 MFC 클래스 마법사가 있다. [프로젝트]–[클래스 마법사...]를 선택하면 [그림 1–38]과 같은 대화 상자가 열린다. MFC 클래스 마법사를 사용하면 새로운 클래스 추가, 메시지 핸들러 작성, 이벤트 처리, 가상 함수 재정의 등을 편리하게 할 수 있다.

참고 본문에서는 비주얼 C++ 2010 이전 버전 사용자도 고려하여 주로 속성 창을 사용한다. MFC 클래스 마법사는 속성 창의 기능과 일부 메뉴 기능을 통합한 것이므로 사용자 인터페이스만 다를 뿐 할 수 있는 작업은 동일하다.

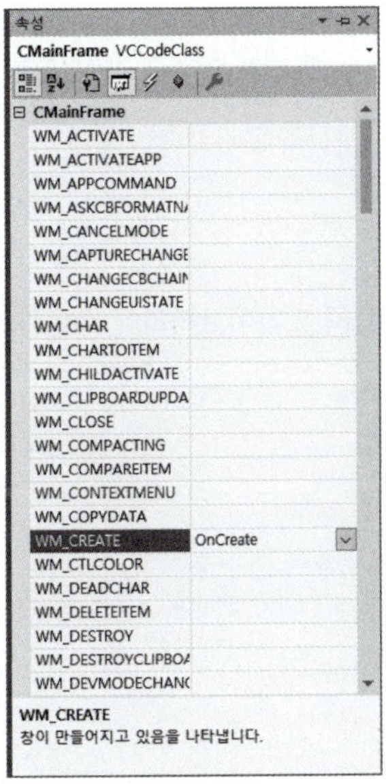

그림 1–37 속성 창

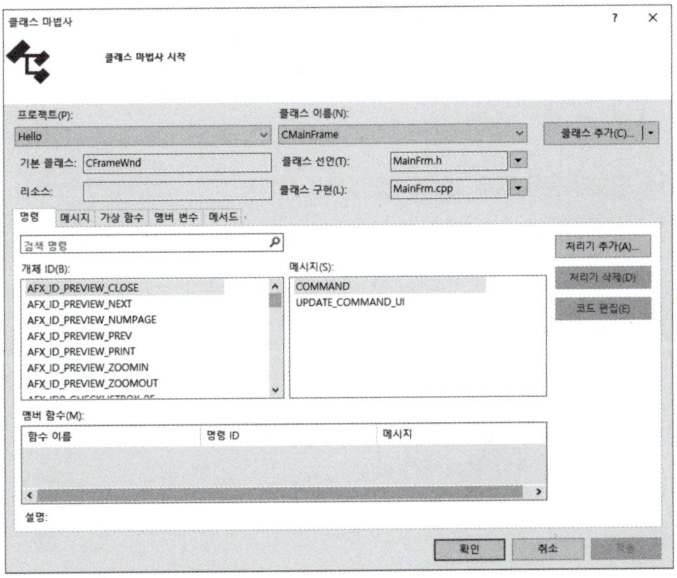

그림 1–38 MFC 클래스 마법사

요약

01 윈도우 운영체제의 특징

그래픽 사용자 인터페이스 환경에서, 메시지 구동 구조로 동작하며, 멀티태스킹과 멀티스레딩을 지원한다.

02 메시지

운영체제가 프로그램의 외부 또는 내부에서 어떤 변화가 발생했음을 해당 프로그램에 알려준다.

03 윈도우 응용 프로그램의 특징

윈도우 응용 프로그램은 API 호출문, 메시지 핸들러, 실행 파일과 DLL의 집합으로서 장치 독립적으로 동작한다.

04 윈도우 응용 프로그램의 개발 방식

SDK, RAD, 클래스 라이브러리, .NET 프레임워크가 있으며 MFC는 클래스 라이브러리에 속한다.

05 SDK 프로그램의 기본 골격

① 윈도우 클래스를 정의(초기화)하고 운영체제에 등록한다.
② 윈도우를 생성하고 화면에 보이게 한다.
③ 메시지 루프를 구동한다.
④ 윈도우 프로시저에서 메시지를 처리한다.

06 메시지 루프

메시지 큐에서 메시지를 하나씩 꺼내서 처리하는 반복문을 말한다.

07 MFC 프로그램의 기본 골격

① 응용 프로그램 클래스를 정의한다.
② 메인(프레임) 윈도우 클래스를 정의한다.
③ 응용 프로그램 객체를 선언한다.
④ 메시지 맵을 선언한다.

08 응용 프로그램 객체

CWinApp 클래스 또는 CWinApp 파생 클래스로부터 생성한 전역 객체를 말한다.

09 메시지 맵

MFC는 메시지 맵을 이용하여 윈도우 메시지와 해당 메시지 핸들러(처리 함수)를 연결한다.

10 SDK 프로그램과 MFC 프로그램

두 프로그램의 형태는 다르지만 내부 동작 원리는 동일하다.

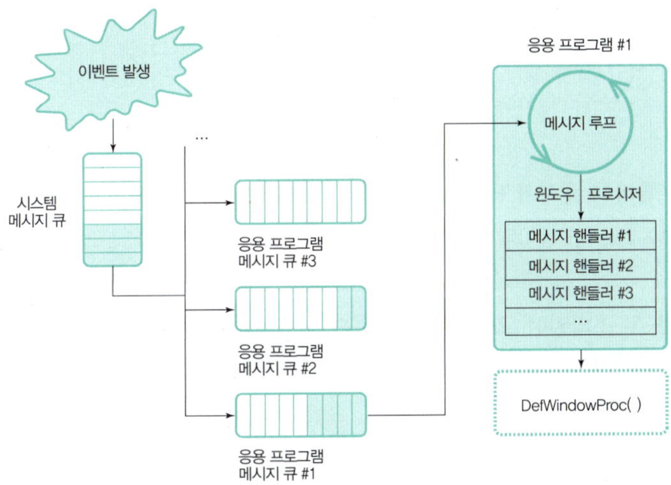

▲ SDK 응용 프로그램의 동작 원리

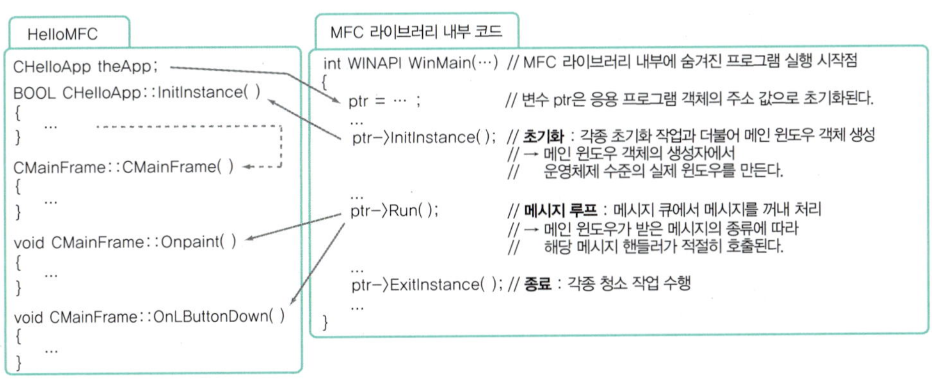

▲ MFC 응용 프로그램의 동작 원리

연습문제

01 **HelloSDK 예제를 실행했을 때 타이틀바 내 종료 버튼이 비활성화되도록 수정하시오.**

HINT WNDCLASS::style 변수 이용

02 **HelloSDK 예제 아이콘을 윈도우에서 기본으로 제공하는 물음표(?) 아이콘으로 변경하시오.**

HINT WNDCLASS::hIcon 변수 이용

03 **HelloSDK 예제 마우스 커서를 윈도우에서 기본으로 제공하는 위쪽 화살표 커서(Up Arrow Cursor)로 변경하시오.**

HINT WNDCLASS::hCursor 변수 이용

04 **HelloSDK 예제 윈도우 배경이 검은색이 되도록 수정하시오.**

HINT WNDCLASS::hbrBackground 변수 이용

05 **HelloSDK 예제에서 타이틀바 내 글자가 'Hello SDK'에서 'Hello World'가 되도록 수정하시오.**

HINT ::CreateWindow() 함수 두 번째 인자 이용

06 **HelloSDK 예제에서 윈도우 스타일이 오버랩된 윈도우(Overlapped Window) 대신 타이틀바(Caption)가 있는 팝업 윈도우(Popup Window)가 되도록 수정하시오. 단, 윈도우 위치는 (0, 0), 크기는 (500, 200)이 되도록 한다.**

HINT ::CreateWindow() 함수에서 윈도우 스타일 지정은 세 번째 인자, 윈도우 위치 지정은 네 번째와 다섯 번째 인자, 윈도우 크기 지정은 여섯 번째와 일곱 번째 인자 이용

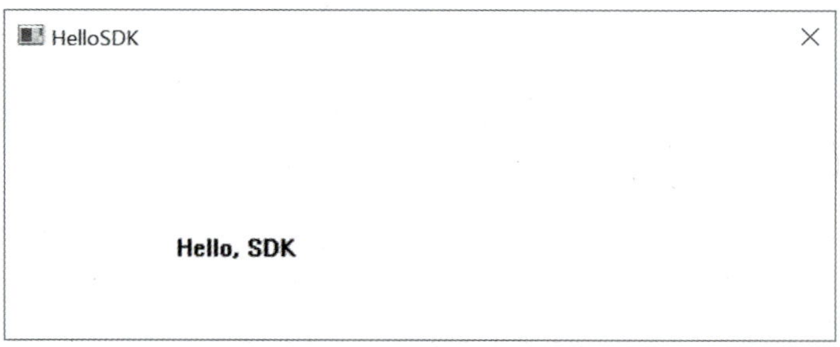

07 **HelloSDK 예제를 무조건 윈도우 최대화 상태로 실행되도록 수정하시오.**

HINT ::ShowWindow() 함수 두 번째 인자 이용

08 **마우스 왼쪽 버튼을 누르면 다음과 같이 〈예〉/〈아니요〉 버튼이 있는 메시지 상자가 나타나도록 HelloSDK 예제를 수정하시오.**

HINT ::MessageBox() 함수 네 번째 인자 이용

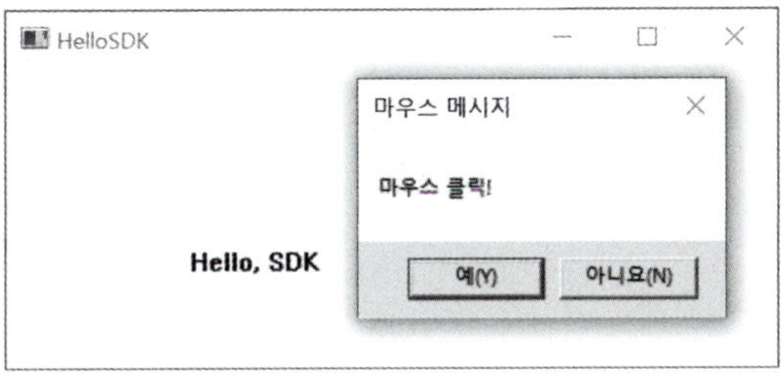

09 **마우스 왼쪽 버튼을 누르면 다음과 같이 금지(X) 아이콘이 있는 메시지 상자가 나타나도록 HelloSDK 예제를 수정하시오**

HINT ::MessageBox() 함수의 네 번째 인자 이용

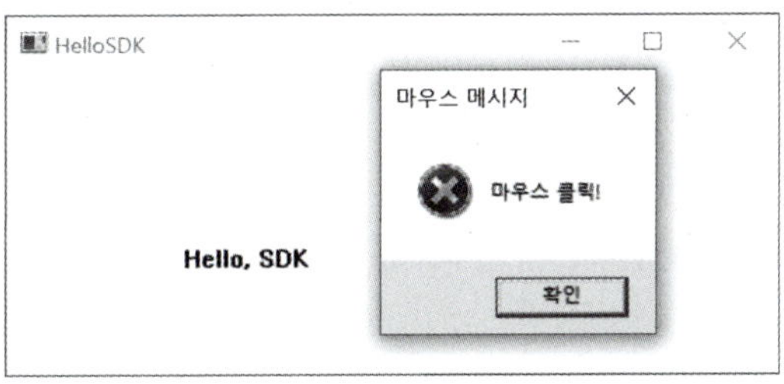

10 **마우스 왼쪽 버튼을 누르면 다음과 같이 '종료하시겠습니까?' 메시지가 있는 〈확인〉/〈취소〉 버튼이 있는 메시지 상자가 나타나도록 HelloSDK 예제를 수정하시오. 단, 〈확인〉 버튼을 클릭하면 프로그램이 종료하도록 하시오.**

HINT ::MessageBox() 함수 네 번째 인자와 리턴값 이용, 프로그램 종료는 ::PostQuitMessage() 함수 사용

11 **HelloMFC 예제에서 타이틀바 내 글자가 'HelloMFC'에서 'Hello World'가 되도록 수정하시오.**

HINT CWnd::CreateWindow() 함수 두 번째 인자 이용

12 **HelloMFC 예제에서 윈도우 스타일이 오버랩된 윈도우(Overlapped Window) 대신 타이틀바 (Caption)가 있는 팝업 윈도우(Popup Window)가 되도록 수정하시오. 단, 윈도우 위치는 (0, 0), 크기는 (500, 200)이 되도록 한다.**

HINT CWnd::CreateWindow() 함수에서 윈도우 스타일 지정은 세 번째 인자, 윈도우 위치와 크기 지정은 네 번째 인자 {0, 0, 500, 200}으로 이용

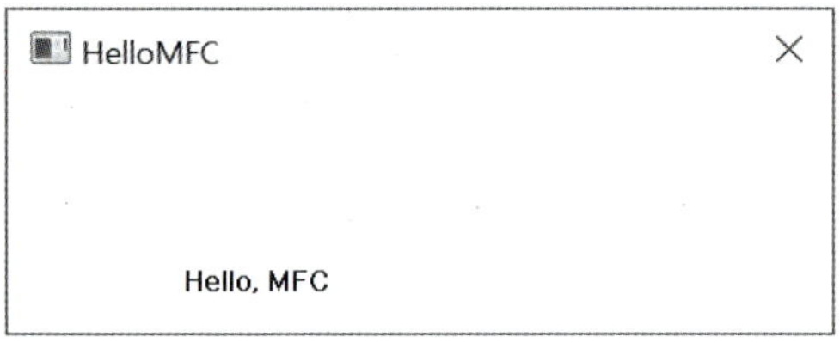

13 **HelloMFC 예제를 무조건 윈도우 최소화 상태로 실행되도록 수정하시오.**

HINT CWnd::ShowWindow() 함수 이용

14 **마우스 왼쪽 버튼을 누르면 윈도우가 최대화되도록 HelloMFC 예제를 수정하시오.**

HINT CWnd::ShowWindow() 함수 이용

15 **마우스 왼쪽 버튼을 누르면 다음과 같이 〈예〉/〈아니요〉/〈취소〉 버튼이 있는 메시지 상자가 나타나도록 HelloMFC 예제를 수정하시오.**

HINT CWnd::MessageBox() 함수 세 번째 인자 이용

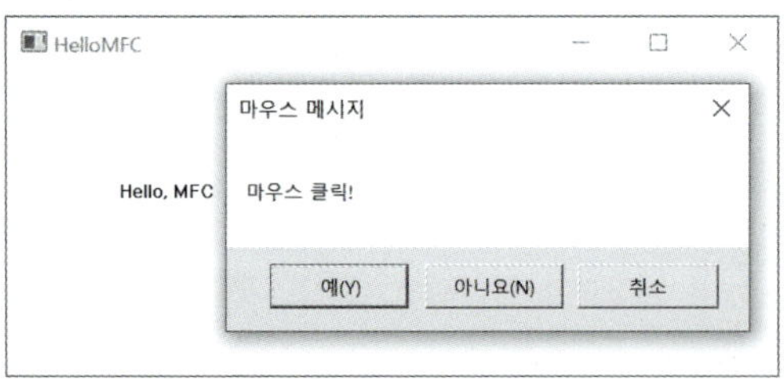

16 **마우스 왼쪽 버튼을 누르면 다음과 같이 물음표(?) 아이콘이 있는 메시지 상자가 나타나도록 HelloMFC 예제를 수정하시오**

HINT CWnd::MessageBox() 함수 세 번째 인자 이용

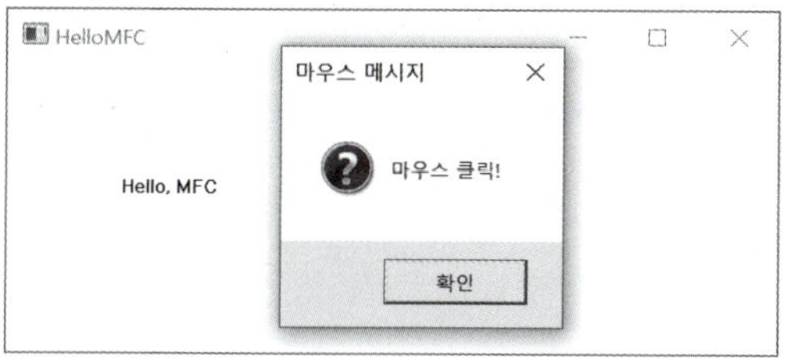

17 **마우스 왼쪽 버튼을 누르면 다음과 같이 '종료하시겠습니까?' 메시지가 있는 〈예〉/〈아니요〉 버튼이 있는 메시지 상자가 나타나도록 HelloMFC 예제를 수정하시오. 단, 〈예〉 버튼을 클릭하면 프로그램이 종료하도록 하시오.**

HINT CWnd::MessageBox() 함수 세 번째 인자와 리턴값 이용, 프로그램 종료는 CWnd::DestroyWindow() 함수 사용

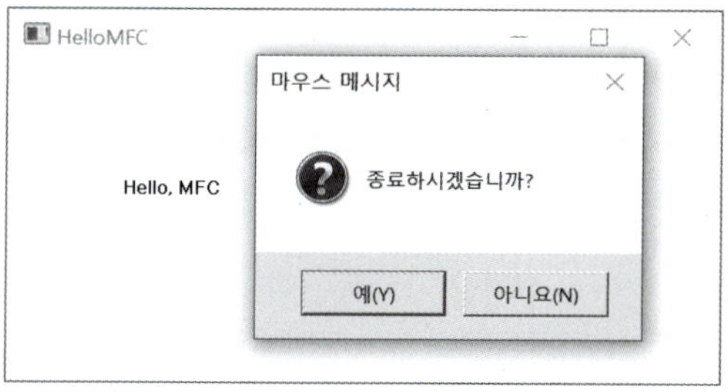

비주얼 C++ 디버그와 MFC 소스 코드 활용

비주얼 C++ 디버그

개발 도구나 플랫폼을 선정할 때 '개발 환경이 좋다' 또는 '나쁘다'라는 말을 많이 쓴다. 개발 환경을 평가하는 기준으로는 빌드Build 환경도 있지만, 가장 중요하게 여기는 기준은 디버그Debug 환경이다. 파일이나 콘솔에 메시지를 출력하거나 메시지 상자를 띄우는 것은 가장 기본적인 디버그 방식이다. 따라서 디버그 환경이 좋다고 하면 이보다 더 편리한 기능을 제공함을 의미한다. 이 책을 읽는 독자는 윈도우 운영체제를 선택했고 개발 도구로 비주얼 C++를 선택했다. 그렇다면 현존하는 최고 개발 환경을 보유한 셈이다. 바로 보고 느낄 수 있도록 설계된 디버그 환경을 직접 체험해 보자.

예제로 MFC 응용 프로그램을 바탕으로 디버그 환경을 살펴보자. 실제로 실행되는 함수(예를 들어, 응용 프로그램 클래스 내 InitInstance() 함수 등)에 다음 TRACE 구문을 추가한다.

```
TRACE( _T("Debug me\n") );
```

TRACE 구문에 커서를 두고 F9를 누르면 왼쪽에 붉은색 원이 나타날 것이다. 이것을 브레이크 포인트(Breakpoint, 정지점)라 부르는데, 말 그대로 '멈출 위치'를 지정한다. 그리고 F5(또는 [디버그(D)]-[디버깅 시작(S)] 메뉴나 ▶ 로컬 Windows 디버거 ▾)를 누르면, 그림과 같이 붉은색 원 위에 노란색 화살표가 나타나면서 실행을 멈춘다. 그리고 '디버그 도구 모음Debug Toolbar'도 함께 나타난다. 단, 활성 솔루션 구성Active Solution Configuration이 'Debug'가 포함된 구성을 선택하지 않으면 디버그 수행이 어려울 수 있다. 왜냐하면 프로젝트가 디버그를 지원하도록 설정된 구성이 필요하기 때문이다. 프로젝트 설정은 [프로젝트(P)]-[속성(P)] 메뉴로 확인할 수 있다.

참고 활성 솔루션 구성의 선택은 '표준 도구 모음'에서 바로 지정하거나 [빌드(B)]-[구성 관리자(O)...] 메뉴를 선택하여 '구성 관리자' 창에서 지정할 수 있다.

▲ 표준 도구 모음에서 활성 솔루션 구성을 선택하는 부분

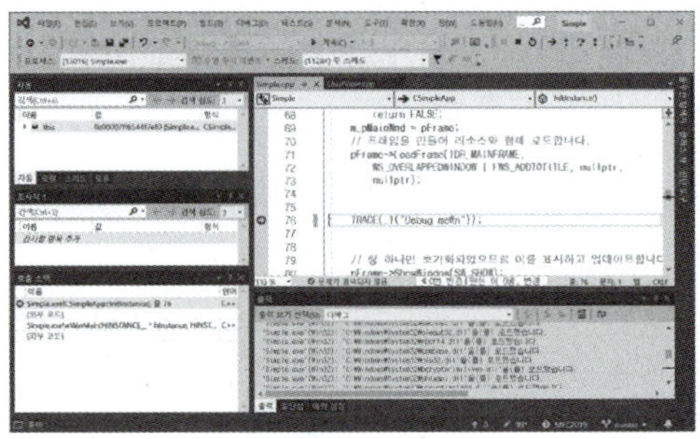

▲ 비주얼 C++ 디버깅 화면

이제 선택할 기로에 섰다. F5, F10, F11 또는 Shift+F5, Ctrl+F10, Shift+F11를 사용할 수 있다.

① F5 (디버깅 시작/계속, Debug, ▶ 계속(C) ▾)는 다음 브레이크 포인트까지 계속 진행하는 역할을 하며 이 기능을 활용하여 디버그 진행을 조절할 수 있다.

② F10 (프로시저 단위 실행, Step Over,)은 한 구문씩 진행하지만 함수 내부로 들어가지 않는다.

③ F11 (한 단계씩 코드 실행, Step Into,)은 F10처럼 한 구문씩 진행하지만 함수 내부로 진행할 수 있다.

④ Shift+F11 (프로시저 나가기, Step Out, ⬍)은 키와 반대로 현재 함수에서 빠져 나오는 역할을 한다.

⑤ Ctrl+F10 (커서까지 실행, Run to Cursor, ➤)은 커서 위치까지 진행하는 역할을 한다.

어떤 방식이든 중간에 브레이크 포인트가 있으면 일단 멈추고 다음 명령을 기다린다. 그리고 언제든 Shift+F5 (디버깅 중지, Stop Debugging, ■)를 사용하여 디버그를 종료할 수 있다.

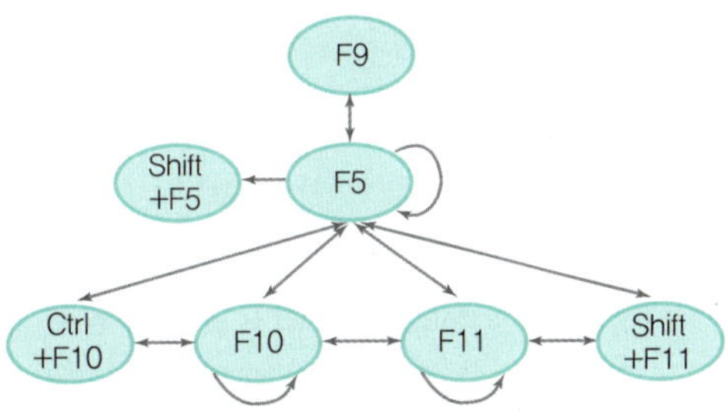

▲ 디버깅에 사용되는 단축키 흐름도

직접 실행해 보면 이해하기 쉬울 것이다. 현 상황에서 F5를 누르면 다음 브레이크 포인트가 없으므로 계속 진행하여 윈도우가 화면에 뜬다. 그리고 윈도우를 종료하면 디버그가 끝난다. F5를 눌러 다시 디버그를 실행한 후 TRACE 문에서 F10를 눌러보자. TRACE 문이 실행되어 출력 창에 'Debug me'라는 텍스트가 출력되고 화살표는 다음 구문으로 이동한다. Shift+F5를 눌러 디버그를 종료한 후 F5를 눌러 디버그를 다시 실행하자. 이번에는 TRACE 문에서 F11를 사용해 보려고 한다. TRACE 문에서 바로 F11를 누르기 전에 오른쪽 마우스 버튼을 클릭하여 팝업 메뉴를 살펴보자. 아래 그림처럼 [한 단계씩 코드 실행(F)] 메뉴에 진행할 수 있는 함수를 확인할 수 있다. 최신 버전 비주얼 C++에서는 솔루션 내 소스 코드는 F11로 바로 접근이 가능하지만 외부 코드로 접근하는 경우 지금처럼 명시적으로 지정하도록 변경되었다. 이들 팝업 메뉴 중 두 번째를 클릭하면 atltrace.h 파일이 열리면서 CTraceFileAndLineInfo 클래스 operator() 함수로 진행한다. 여기서 F11과 Shift+F11를 사용하여 둘러보면, 결국 CTrace::TraceV() 정적 함수로 진행한다. 이를 통해 TRACE 문이 CTrace::TraceV() 정적 함수를 호출할 때까지 과정은 물론 소스 코드를 통해 동작 내용도 확인할 수 있다.

참고 예를 들면 CTrace::TraceV() 함수가 내부적으로 ::_CrtDbgReportW()와 ::_CrtSetReportHook() API 함수를 사용하고 결국 ::OutputDebugString() API 함수를 사용하여 출력 창에 디버그 메시지를 표시하는 방식을 확인할 수 있다.

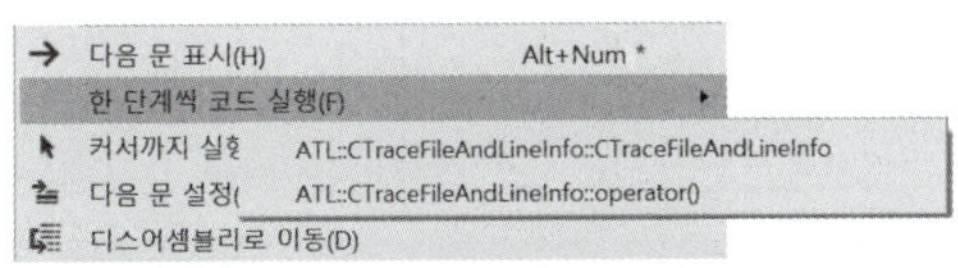

▲ 한 단계씩 코드 실행 세부 팝업 메뉴

이처럼 MFC는 내부 구현 사항에 대해 소스 코드를 적절히 제공하여 MFC 내부 구조를 이해하는 데 도움을 준다. 만약 소스 코드가 제공되지 않는 경우라면 어셈블리 코드가 대신 나타난다. 디버그 과정은 몇 번만 실행해 보면 쉽게 이해할 수 있고, 단축키도 실제 사용을 통해 쉽게 익숙해질 수 있다.

함수 간 구문을 진행하는 방식을 알았으니, 이제 변수 값을 확인하는 방법을 살펴보자.

CTrace::TraceV() 함수 내 임의 변수에 마우스 포인터를 가져가면 값이 풍선 도움말로 나타난다. 더 자세히 보려면 Shift+F9(간략한 조사식, Quick Watch, 👓)를 사용하거나, 아래쪽 상단 그림처럼 조사식(Watch) 창에 드래그&드롭하면 값을 확인할 수 있다. 흥미로운 사실은 여기서 값을 변경하면 그대로 프로그램에 반영되는 방식이다.

데이터가 단순한 값이 아닌 메모리 버퍼인 경우 메모리 창을 통해 메모리 버퍼 내 데이터를 직접 확인할 수 있다. Alt+6을 사용하거나 [디버그(D)]–[창(W)]–[메모리(M)]–[메모리 1(1)] 메뉴(Memory, 🖴)를 클릭한 후, 주소 입력란에 보려는 메모리 번지를 입력하거나 원하는 변수를 드래그&드롭하면, 아래쪽 하단 그림처럼 메모리 내용을 볼 수 있다(메모리 번지는 조사식 창에서 얻을 수 있다). 변수 값을 수정하는 것처럼, 메모리에서 수정된 값도 그대로 프로그램에 반영된다.

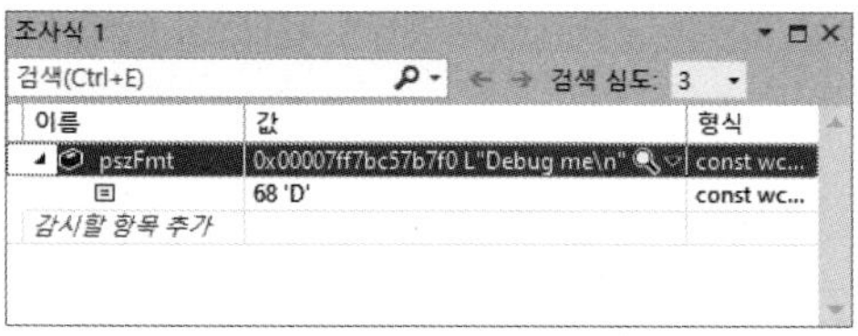

▲ 지켜보기 창

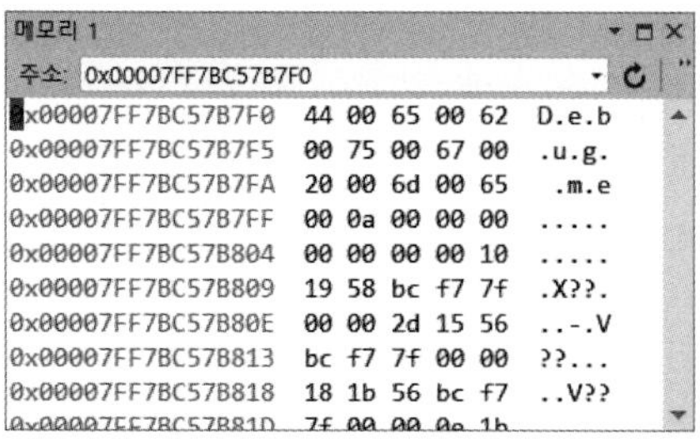

▲ 메모리 창

Alt+7을 사용하거나 [디버그(D)]–[창(W)]–[호출 스택(C)] 메뉴(Call Stack, ☰)를 클릭하면 다음과 같이 호출 경로를 볼 수 있다. 현재 디버그하는 함수가 여러 곳에서 호출되는지 확인할 수 있어 MFC 구조 확인에도 유용하다. 호출 스택 창에서 원하는 함수를 클릭하면 호출한 위치로 바로 이동하여 내용을 확인할 수 있다.

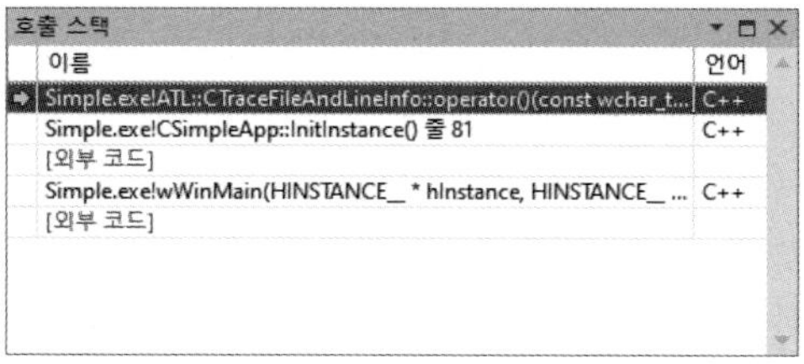

▲ 호출 스택 창

출력 창 내 [디버그] 탭은 앞서 TRACE 구문 출력을 확인하는 곳이다. MFC가 아니어서 TRACE 매크로를 사용할 수 없는 경우, ::OutputDebugString() API 함수를 통해 디버그 창에 출력할 수도 있다. 또한 다음 그림과 같이 해당 응용 프로그램이 사용하는 DLL을 확인하는 용도로도 사용할 수 있다. 응용 프로그램과 함께 로딩되는 DLL 같은 모듈 정보는 설치 프로그램을 만들거나 사용 중인 리소스를 파악하는 등 다양한 용도로 활용할 수 있다. 그 밖에 스레드가 생성되거나 종료하는 시점도 확인할 수 있어 멀티스레드 프로그래밍에도 도움이 된다.

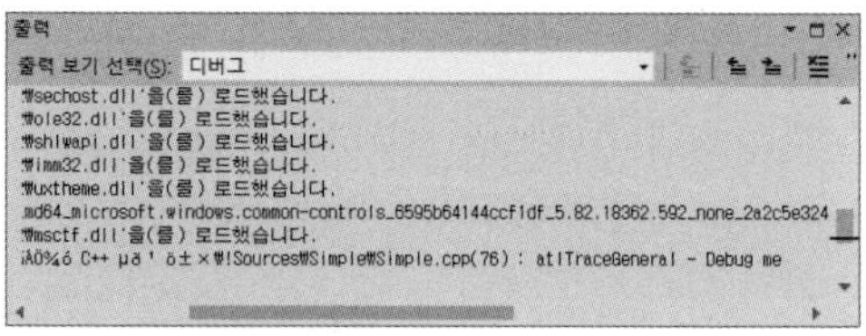

▲ 출력 창의 디버그 탭

끝으로 흥미로운 시도를 하나 더 해보자. 지금 실행하는 CTraceFileAndLineInfo::operator() 함수 끝에서 중괄호('}') 구문에서 F11

을 눌러 보자. 어떤 현상이 발생하는가? 갑자기 CPreserveLastError 클래스에 대한 소멸자로 이동한다.

CTraceFileAndLineInfo::operator() 함수를 살펴보면 CPreserveLastError 클래스 인스턴스가 지역 변수로 선언되어 있다. 따라서 리턴으로 블록이 끝나는 순간 스택에 선언된 지역 변수가 해제되므로 CPreserveLastError 클래스에 대한 소멸자가 호출되는 원리이다. 이로써 'return' 이나 '}' 등으로 블록이 끝나는 곳에서 호출되는 소멸자를 디버그하는 방법도 알았다.

다시 CTraceFileAndLineInfo::operator() 함수 끝으로 돌아와서, Alt+8을 사용하거나 [디버그(D)]-[창(W)]-[디스어셈블리(D)] 메뉴(Disassembly,)를 클릭해 보면 다음과 같은 어셈블리 코드를 볼 수 있다.

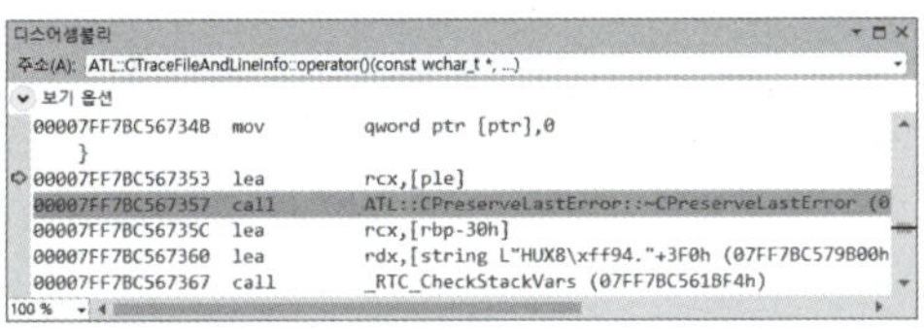

▲ 어셈블리 코드

이 코드에서 중괄호('}') 코드 뒤에 숨은 실행 코드를 확인할 수 있다. C/C++보다 더 낮은 수준인 어셈블리 코드를 기준으로 디버그하면 C/C++보다 세분화된 단계를 확인할 수 있다. 따라서 필요에 따라 좀 더 유용한 디버그를 수행할 수 있다. 디버그 기술은 프로그래머가 갖춰야 할 기본 자질 중 하나다. 무조건 버그를 잡겠다고 덤비기 전에 가장 효율적으로 디버그 방법을 고민하는 개발자가 되길 바란다.

MFC 소스 코드 활용

MFC로 개발할 때는 Visual Studio 설명서 외에 MFC 소스 코드도 활용할 수 있다. 모든 소스가 제공되는 것은 아니지만 MFC 구조를 이해하고 활용하기에는 충분하다. 예를 들어 CButton 클래스 내 GetState() 함수가 BM_GETSTATE 메시지와 연관이 있음을 알게 되었을 때, 실제로 GetState() 함수가 BM_GETSTATE 메시지를 어떤 방식으로 활용하는지 궁금할 수 있다. 이럴 경우 MFC 소스를 보면 답을 알 수 있다. 비주얼 C++ 환경으로 돌아와서 Ctrl+Shift+F를 사용하거나 [편집(E)]-[찾기 및 바꾸기(F)]-[파일에서 찾기(I)] 메뉴(Find In Files,)를 실행하면 다음 대화 상자가 나타난다.

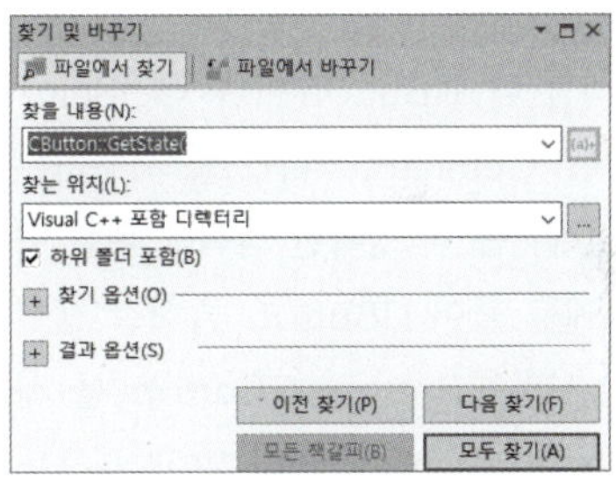

▲ 다중 파일 검색 대화 상자 실행 화면

MFC 헤더를 검색하기 위해 '찾는 위치(L):' 콤보박스를 'Visual C++ 포함 디렉터리'로 선택한 후, '찾을 내용(N):' 란에 'CButton::GetState(' 를 입력한다. 그러면 출력 창에 다음과 같이 검색 결과가 나타날 것이다.

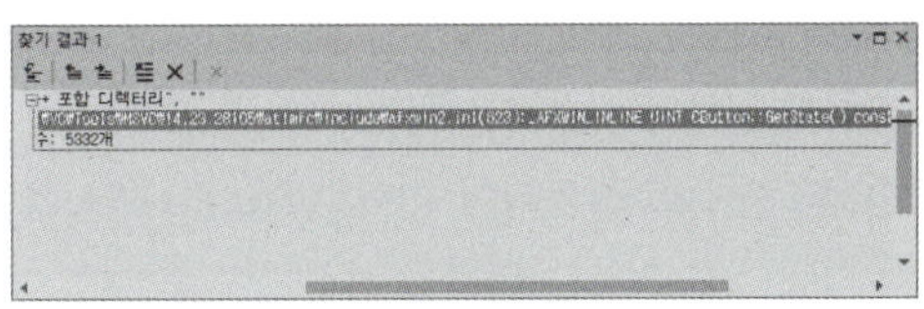

▲ MFC 소스 코드 검색 결과 화면

이 중 검색된 목록을 더블 클릭하면 다음과 같이 구현된 GetState() 함수 소스를 확인할 수 있다. 이로써 ::SendMessage() API 함수로 BM_GETSTATE 메시지를 버튼 컨트롤로 전송하는 GetState() 함수 동작을 명확히 이해할 수 있다. 아울러 API를 포장하는 MFC 기법도 확인할 수 있다.

```
_AFXWIN_INLINE UINT
CButton::GetState() const
{
    ASSERT(::IsWindow(m_hWnd));
    return (UINT)::SendMessage
    (m_hWnd, BM_GETSTATE, 0, 0);
}
```

그렇다면 검색할 때 'CButton'이나 'GetState' 대신 'CButton::GetState(' 키워드를 사용하는 이유는 무엇일까? 좀 더 정확한 검색을 위한 아이디어이다. 예를 들어 CButton 클래스 생성자를 알고 싶으면 'CButton::CButton('을 사용하고 CButton 클래스 정의를 알고 싶으면 'class CButton'을 사용한다. 이 방법이 단순히 'CButton'을 입력하는 것보다 더 적은 결과 목록을 보여주며, 검색 결과를 선별하는 시간도 줄일 수 있다. 예를 들어 CButton 클래스 멤버 함수 구현을 모두 찾고 싶을 때, 'CButton'을 사용하면 효율적일까? 이제 'CButton::'을 사용하면 되겠다는 아이디어가 떠오를 듯하다.

CButton::GetState() 함수의 경우 MFC에서 인라인 함수로 정의되어 있어 'Visual C++ 포함 디렉터리'로 찾는 위치를 지정하여 검색이 가능하였지만, 소스 코드(*.CPP 파일)에 구현되어 있는 함수인 경우 위치를 '직접 입력'해야 한다. 이번에는 '찾는 위치(L):' 콤보 박스를 'Visual C++ 소스 디렉토리'로 입력한 후, '찾을 내용(N):' 란에 'CWinApp::InitInstance('를 입력해 보자. 그러면 'appcore.cpp' 소스 코드에 구현된 CWinApp::InitInstance() 함수 내용을 확인할 수 있다.

이러한 방식으로 MFC 소스 코드 내용이 필요할 때 적극적으로 검색하고 MFC 내부에 대한 이해도를 넓히도록 하자. 본인이 직접 코딩하는 경험도 중요하지만, '잘' 작성한 코드를 '많이' 보는 경험 또한 전문가로 가는 지름길이다.

CHAPTER 02

MFC 기초 클래스

학습 목표

- 유틸리티 클래스를 이용하여 객체를 생성하고 사용하는 방법을 익힌다.
- MFC에서 C++의 업캐스팅이 적용되는 원리를 이해한다.
- 배열, 리스트, 맵 클래스의 동작 원리와 사용법을 익힌다.

01 MFC 클래스 실습을 위한 준비

이 장에서는 MFC 콘솔Console 응용 프로그램을 작성하고 이를 기반으로 실습을 진행한다. 콘솔 응용 프로그램은 문자 모드Character-Mode 응용 프로그램이라고도 부르는데, 대표적인 예로는 윈도우 운영체제에서 제공하는 명령 프롬프트가 있다.

그림 2-1 콘솔 응용 프로그램 예 : 명령 프롬프트

MFC 콘솔 응용 프로그램의 주요 장점은 다음과 같다.

- 일반 GUI 응용 프로그램과 달리 메시지 구동 방식으로 프로그래밍하지 않아도 되므로 C/C++ 언어에 대한 지식만 있으면 곧바로 실습이 가능하다.
- 상당수의 MFC 클래스를 사용할 수 있는데, 이 장에서 다룰 유틸리티 클래스와 집합 클래스도 여기에 포함된다.
- 알고리즘 개발 시 유용하게 사용할 수 있다. 알고리즘을 만들고 테스트할 때는 화려한 GUI보다 기능 구현을 중시하기 때문에 프로그래밍이 간편한 콘솔 응용 프로그램을 많이 사용한다. 또한 printf()와 같은 출력 함수를 사용할 수 있으므로 결과를 확인하기도 편리하다.

1 MFC 콘솔 응용 프로그램 작성

응용 프로그램 마법사를 이용하여 MFC 콘솔 응용 프로그램을 작성해보자. [그림 2-2]와 같이 "Hello from Console!" 문자열을 화면에 출력하는 간단한 프로그램이다. 이 프로그램을 분석하면서 콘솔 응용 프로그램의 동작 원리와 실행 파일의 생성 과정을 살펴볼 것이다.

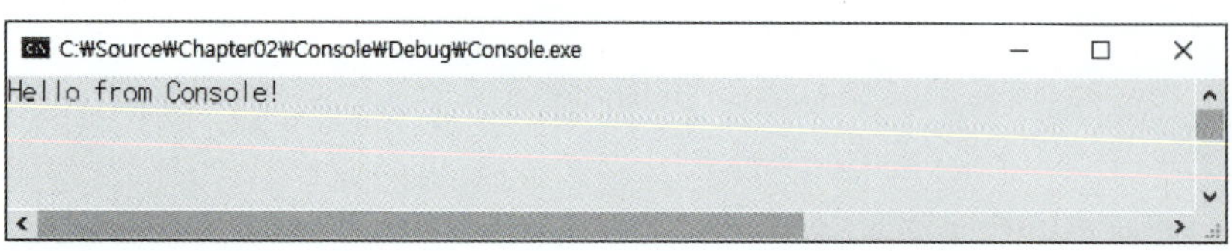

그림 2-2 실행 결과

실습 2-1 MFC 콘솔 응용 프로그램 생성하기

1 비주얼 스튜디오를 실행한 후 [파일]–[새로 만들기]–[프로젝트...] 메뉴를 선택하여 [새 프로젝트 만들기] 대화 상자를 연다. 프로젝트 종류 중 'Windows 데스크톱 마법사'를 선택하고 〈다음〉을 클릭한다.

참고 비주얼 스튜디오 2019 이전 버전을 사용할 경우 **1**~**2**단계를 다음과 같이 진행한다. 비주얼 스튜디오 2017(이하 VS2017)에서는 [새 프로젝트] 대화 상자에서 [Visual C++]–[Windows 데스크톱]–[Windows 데스크톱 마법사]를 선택한 상태에서 프로젝트 '이름'과 '위치'를 지정하고 '솔루션용 디렉터리 만들기'를 끈 후 〈확인〉을 클릭한다. 비주얼 스튜디오 2015(이하 VS2015)에서는 [새 프로젝트] 대화 상자에서 [템플릿]–[Visual C++]–[Win32 콘솔 응용 프로그램]을 선택한 상태에서 프로젝트 '이름'과 '위치'를 지정하고 '솔루션용 디렉터리 만들기'를 끈 후 〈확인〉–〈다음〉을 차례로 클릭한다.

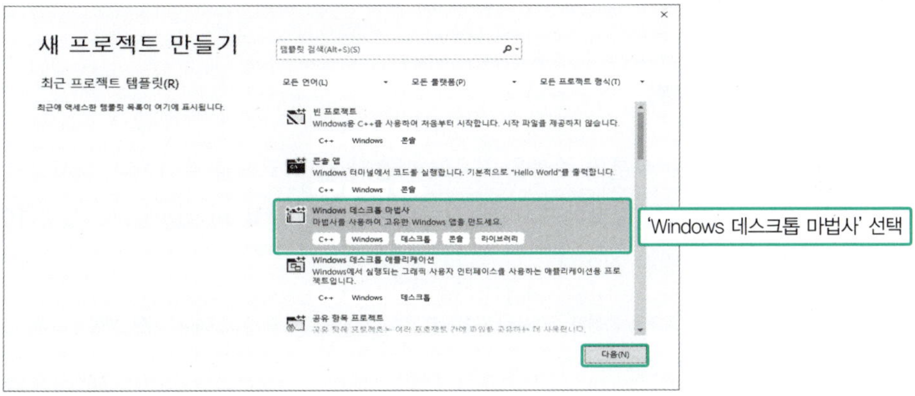

그림 2-3 프로젝트 종류 선택

2 프로젝트 이름으로 "Console"을 입력한다. '위치'는 프로젝트가 생성될 위치를 나타내는데, 오른쪽에 있는 〈...〉을 클릭하면 원하는 폴더를 선택할 수 있다. '솔루션 및 프로젝트를 같은 디렉터리에 배치' 옵션을 체크하고 〈만들기〉를 클릭한다.

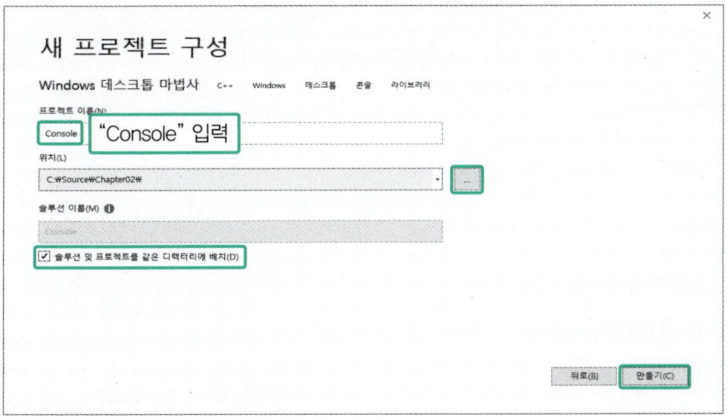

그림 2-4 프로젝트 이름과 위치 지정

3 애플리케이션 종류는 '콘솔 애플리케이션(.exe)'을 그대로 두고 'MFC 헤더' 옵션을 체크한 후 〈확인〉을 클릭한다.

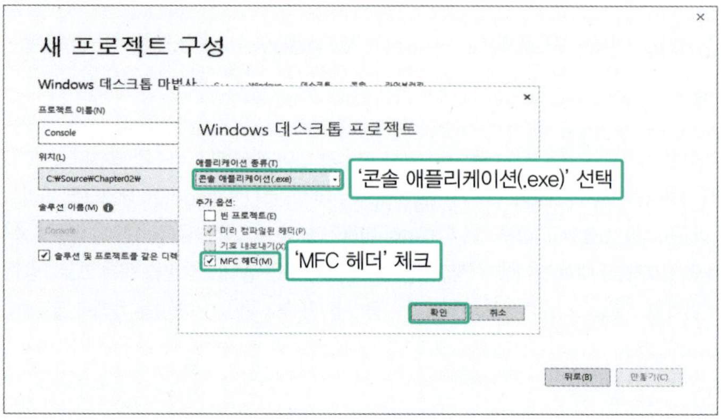

그림 2-5 프로젝트 옵션 변경

4 main() 함수에서 else 부분의 주석을 지우고 다음과 같이 코드를 추가한다. [빌드]–[솔루션 빌드] 메뉴로 컴파일, 링크하고 [디버그]–[디버깅하지 않고 시작] 메뉴로 실행하면 그 결과는 [그림 2–2]와 같을 것이다.

참고 공간 낭비를 막고자 자동으로 생성된 주석문은 표시하지 않았다. 앞으로도 예제 코드에서 자동 생성된 주석문은 가능한 생략할 것이다.

```
int main()
{
    ...
    if (hModule != nullptr)
    {
        if (!AfxWinInit(hModule, nullptr, ::GetCommandLine(), 0))
        {
            wprintf(L"심각한 오류: MFC 초기화 실패\n");
            nRetCode = 1;
        }
        else
        {
            CString str;
            str.LoadString(IDS_APP_TITLE);
            _tprintf(_T("Hello from %s!\n"), (LPCTSTR)str);
            getchar();
        }
    }
    ...
}
```

2 MFC 콘솔 응용 프로그램 분석

먼저 솔루션 탐색기에서 전체 파일 구성과 각 파일의 역할을 살펴보자.

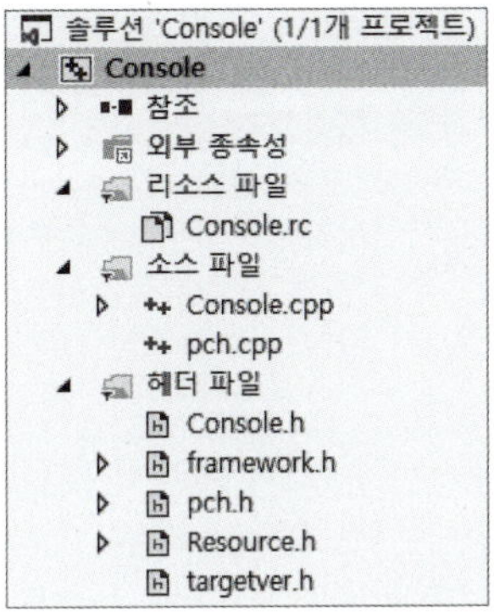

그림 2-6 예제 프로그램의 파일 구성

- **framework.h, pch.h, pch.cpp** : 미리 컴파일된 헤더Precompiled Header를 생성한다. MFC에서 사용하는 헤더 파일은 크기가 커서 컴파일하는 데 오래 걸린다. 사용할 헤더 파일을 framework.h에 선언해두면 컴파일러가 헤더를 미리 컴파일하여 *.PCH 파일(바이너리 포맷)로 저장해놓기 때문에 다음번에는 컴파일에 걸리는 시간을 훨씬 줄일 수 있다. 그러나 자주 수정하는 헤더 파일을 선언해두면 헤더 파일을 변경할 때마다 *.PCH 파일을 새로 생성하여 컴파일 속도가 오히려 떨어지므로 주의해야 한다.

- **Console.rc, Resource.h** : 윈도우 응용 프로그램에 포함해서 사용할 리소스의 목록은 *.RC 파일로 작성하는데 이를 리소스 스크립트Resource Script라 부른다. 텍스트 형태이므로 일반 문서 편집기로도 작성할 수 있지만 비주얼 C++가 제공하는 시각적인 편집 도구를 사용하여 작성하면 훨씬 쉽다. *.RC 파일을 더블 클릭하면 리소스 스크립트를 편집할 수 있도록 리소스 뷰가 열린다. 한편, C/C++ 코드에서 리소스 스크립트에 포함된 리소스에 접근하려면 숫자ID가 필요하다. 리소스 ID는 Resource.h 파일에 #define으로 정의되어 있다. 새로운 리소스를 추가하거나 기존 리소스를 제거하면 비주얼 C++ 개발툴이 Resource.h 파일을 자동으로 갱신해주므로 Resource.h 파일을 직접 편집할 필요는 거의 없다.

- **Console.h, Console.cpp** : 응용 프로그램 구현 코드가 있는 부분으로, main 함수가 정의되어 있다.

- **targetVer.h** : 개발 대상이 되는 윈도우 운영체제의 버전을 지정하기 위한 헤더 파일이다. 기본값은 비주얼 스튜디오 발표 시점의 최신 윈도우 버전으로 설정되어 있다.

2.1 코드

응용 프로그램의 핵심부인 Console.cpp 파일을 분석해보자.

Console.cpp

```
#include "pch.h"
#include "framework.h"
#include "Console.h"

#ifdef _DEBUG
#define new DEBUG_NEW
#endif

❶ CWinApp theApp;

using namespace std;

❷ int main()
{
    int nRetCode = 0;

    HMODULE hModule = ::GetModuleHandle(nullptr);

    if (hModule != nullptr)
    {
❸       if (!AfxWinInit(hModule, nullptr, ::GetCommandLine(), 0))
        {
            wprintf(L"심각한 오류: MFC 초기화 실패\n");
            nRetCode = 1;
        }
        else
        {
            CString str;
            str.LoadString(IDS_APP_TITLE);
            _tprintf(_T("Hello from %s!\n"), (LPCTSTR)str);
            getchar();
        }
    }
    else
    {
        wprintf(L"심각한 오류: GetModuleHandle 실패\n");
        nRetCode = 1;
    }

    return nRetCode;
}
```

❶ 응용 프로그램 객체가 전역 변수로 정의되어 있다. MFC GUI 응용 프로그램은 CWinApp 클래스에서 파생 클래스를 만들고 이 파생 클래스를 이용하여 전역 객체를 생성한다. 하지

만 MFC 콘솔 응용 프로그램은 윈도우를 갖지 않기 때문에 CWinApp 클래스를 그대로 이용하여 객체를 만든다.

❷ 전형적인 C 프로그램의 실행 시작점이다. MFC GUI 응용 프로그램은 MFC 내부적으로 제공하는 WinMain() 함수가 프로그램의 실행 시작점이 되지만, MFC 콘솔 응용 프로그램은 프로그래머가 작성한 main() 함수가 실행 시작점이 된다.

❸ AfxWinInit()는 MFC를 사용하기 위한 초기화 함수다. 초기화를 성공적으로 마치고 나면 실질적인 프로그램 구현부가 시작된다. 이 프로그램에서는 CString 객체를 한 개 만들고, 이 객체의 멤버 함수인 LoadString()을 호출하여 리소스로 정의된 문자열을 로드한다. 그런 다음 _tprintf() 함수를 이용하여 문사열을 출력한다. 참고로 _tprintf()는 printf()의 매크로 버전으로 유니코드 문자열을 지원하며, _T()는 전달된 문자열을 프로젝트 설정에 따라 ANSI 또는 유니코드 방식으로 정의되게 해주는 매크로다.

참고 이 책에서는 프로그래머가 수정하거나 직접 입력할 코드 영역을 별색으로 표시한다.

2.2 리소스

Console.rc 파일을 더블 클릭하면 리소스 뷰가 열리면서 문자열 테이블을 볼 수 있다. 'String Table'을 더블 클릭하면 ID, 값, 캡션이 나타난다. 각각을 클릭하여 ID, 값, 캡션을 모두 수정할 수 있는데, 대개는 ID와 캡션만 수정하면 되고 값은 자동으로 할당된 상태로 두어도 된다. 아래쪽의 빈 줄을 클릭하면 새로운 문자열 리소스를 추가할 수 있다. [그림 2-7]은 "연습용입니다." 문자열을 IDS_TEST라는 ID로 추가하는 모습이다.

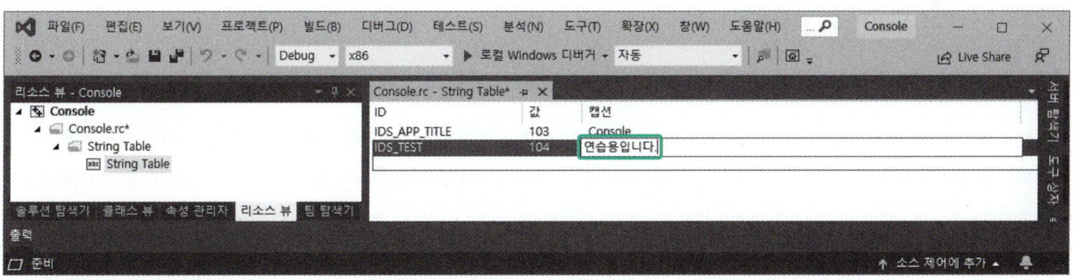

그림 2-7 문자열 리소스 추가

2.3 실행 파일 생성

윈도우 응용 프로그램은 크게 코드와 리소스 두 부분으로 구성된다. 예제 프로그램을 컴파일, 링크해서 실행 파일을 생성하기까지의 과정은 [그림 2-8]과 같다.

코드는 일반적인 실행 파일 생성 과정(소스 코드 → 컴파일 → 오브젝트 파일 생성 → 링크 → 실행 파일 생성)을 거친다. 반면, 리소스는 *.RC 파일과 각종 리소스를 입력받아 리소스 컴파일러가 *.RES 파일을 만들고 이를 링커가 실행 파일에 포함하는 과정을 거친다.

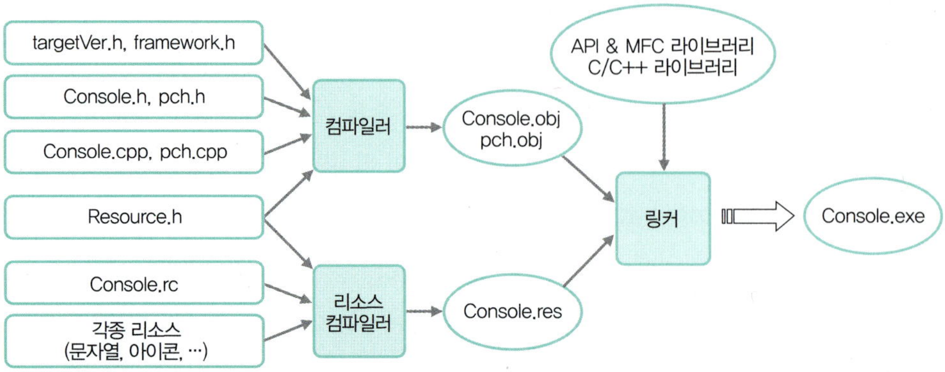

그림 2-8 실행 파일 생성 과정

여기서 잠깐! 리소스 ID 정하기

*.RC 파일을 더블 클릭하여 리소스 뷰를 연 상태에서 비주얼 C++의 [편집]-[리소스 추가...] 메뉴를 선택하면 프로젝트에 포함할 수 있는 리소스 종류를 볼 수 있다. 정의된 리소스는 총 11개(Ribbon과 Toolbar는 MFC 전용)이지만 〈사용자 지정…〉 버튼을 클릭하여 사용자 정의 리소스를 추가할 수 있으므로 응용 프로그램이 포함할 수 있는 리소스의 종류에는 제약이 없다.

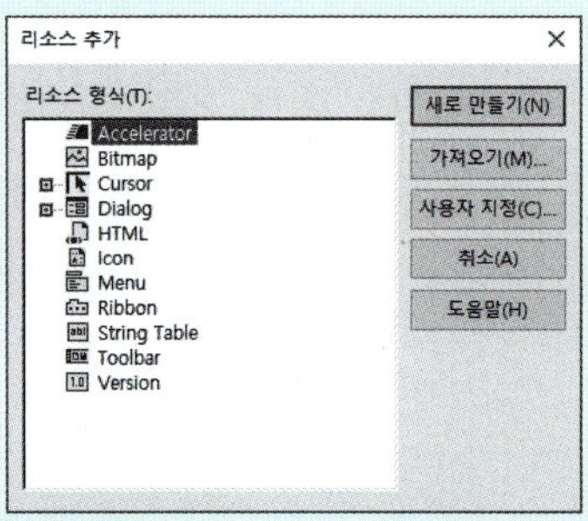

▲ 리소스 종류

프로젝트에 새 리소스를 추가할 때 프로그래머는 각각의 리소스에 IDIdentifier를 부여한다. 리소스 ID는 ID* 형태로 정하되 종류별로 다음과 같은 규칙을 따르는 것이 좋다. 각 리소스를 사용하는 방법은 이후 여러 장에 걸쳐 배우므로 일단 리소스 ID를 일관성 있게 부여한다는 점만 기억하자.

리소스 종류	리소스 ID	사용 예
비트맵Bitmap	IDB_*	IDB_BITMAP1
커서Cursor	IDC_*	IDC_CURSOR1
대화 상자 템플릿Dialog Template	IDD_*	IDD_DIALOG1
대화 상자 컨트롤Dialog Control	IDC_*	IDC_BUTTON1
아이콘Icon	IDI_*	IDI_ICON1
메뉴 항목Menu Item	ID_*	ID_FILE_OPEN
문자열String	IDS_*	IDS_HELLO
공유 ID(ID 한 개를 여러 리소스에 사용)	IDR_*	IDR_MAINFRAME

▲ 리소스 종류별 ID 작성 예

02 유틸리티 클래스

유틸리티 클래스Utility Class는 윈도우 응용 프로그램에서 자주 사용되는 데이터 타입이나 기능을 좀 더 편리하게 사용할 수 있도록 MFC에서 제공하는 클래스를 총칭하는 용어다. 유틸리티 클래스를 배우기 전에 알아둘 사항은 MFC를 이용하여 프로그램을 작성하더라도 윈도우 API에서 제공하는 데이터 타입을 그대로 사용하는 경우가 많다는 것이다. API와 MFC에서 공통으로 사용하는 데이터 타입 중 활용도가 높은 것을 [표 2-1], [표 2-2]에 정리해 놓았다.

표 2-1 API 데이터 타입 : 기본형

데이터 타입	정의 또는 용도
BOOL 또는 BOOLEAN	TRUE 또는 FALSE
BYTE, WORD, DWORD, LONG	8비트, 16비트, 32비트, 32비트 (LONG을 제외하고는 모두 unsigned)
U*	unsigned* 예) UCHAR, UINT, ULONG, ...
HANDLE	32비트(또는 64비트) 핸들
H*	*을 가리키는 핸들 예) HBITMAP(비트맵), HBRUSH(브러시), HCURSOR(커서), HDC(디바이스 컨텍스트), HFONT(폰트), HICON(아이콘), HINSTANCE(인스턴스), HMENU(메뉴), HPEN(펜), HWND(윈도우), ...
P* = LP*	*에 대한 포인터 예 PBOOL, PBYTE, PLONG, ... 예 LPBOOL, LPBYTE, LPLONG, ...
(L)PSTR, (L)PCSTR	ANSI 문자열(C는 const를 뜻함)
(L)PTSTR, (L)PCTSTR	ANSI 또는 유니코드 문자열(C는 const를 뜻함)
COLORREF	32비트 RGB(red, green, blue 각각 8비트) 색상값

표 2-2 API 데이터 타입 : 구조체

데이터 타입	정의	용도
POINT	typedef struct tagPOINT { LONG x; LONG y; } POINT, *PPOINT;	점의 x, y 좌표
RECT	typedef struct tagRECT { LONG left; LONG top; LONG right; LONG bottom; } RECT, *PRECT;	직사각형의 왼쪽 상단과 오른쪽 하단 좌표
SIZE	typedef struct tagSIZE { LONG cx; LONG cy; } SIZE, *PSIZE;	폭과 높이

이 절에서는 문자열을 쉽게 다룰 수 있도록 MFC에서 제공하는 CString 클래스, API 데이터 타입인 POINT, RECT, SIZE 구조체와 동등한 CPoint, CRect, CSize 클래스 그리고 시간 처리와 관련된 CTime, CTimeSpan 클래스를 다룬다.

1 CString 클래스

프로그래밍할 때 가장 많이 다루는 데이터 중 하나가 문자열이다. 그래서 프로그래밍 언어마다 문자열을 다루는 타입과 다양한 조작 방법(연산자나 함수)을 제공한다. MFC의 기반이 되는 C/C++ 언어도 마찬가지다. C/C++ 언어의 문자열 지원 방식을 요약하면 다음과 같다.

- **C 언어의 문자열 지원 방식** : 문자열 타입을 따로 제공하지 않는다. 다만 문자 배열0으로 끝나야 함로 문자열 타입을 대신하고, 표준 라이브러리 형태로 문자열 조작 함수를 제공한다. 이런 방식 때문에 C 언어는 다른 언어에 비해 문자열을 다루기 불편하다.
- **C++ 언어의 문자열 지원 방식** : C 언어와 마찬가지로 문자열 타입을 제공하지 않는다. 하지만 표준 C++ 라이브러리템플릿 형태로 문자열 타입을 지원하므로 C 언어보다 편리하게 문자열을 다룰 수 있다.

MFC 응용 프로그램에서 문자열을 다루기 위해 표준 C++ 라이브러리를 사용할 수 있으나 다음과 같은 이유로 CString 클래스를 사용하는 것을 선호한다.

- **CString 클래스의 기능** : CString 클래스는 일반 용도로도 사용하기 충분하다. C++ 표준 템플릿 라이브러리를 사용하면 코드 크기가 상대적으로 커질 수 있으므로 기능의 차이가 없다면 MFC가 제공하는 CString 클래스를 사용하는 것이 좋다.

- **CString 클래스와 MFC 함수의 연동** : 문자열을 사용하는 많은 MFC 함수는 CString 객체(또는 객체의 주솟값)를 인자로 받으므로 CString 클래스로 처리한 문자열을 곧바로 MFC 함수 호출에 사용할 수 있다.

CString 클래스는 다양한 초기화 방법, 멤버 함수, 연산자를 지원하므로 손쉽게 문자열을 처리할 수 있다. CString 클래스의 특징과 사용법을 좀 더 자세히 살펴보자.

1.1 CString 클래스의 특징

- **ANSI 또는 유니코드 문자열 지원** : 프로젝트 속성에 따라 ANSI 또는 유니코드 문자열을 자동으로 지원한다. 솔루션 탐색기에서 프로젝트를 선택하고 마우스 오른쪽 버튼을 클릭하여 [속성]-[구성 속성]-[고급]-[문자 집합]을 보면 기본값이 '유니코드 문자 집합 사용'으로 되어 있다. 따라서 이 경우 CString 객체를 생성하면 내부 문자열은 유니코드로 저장된다. 단, 콘솔에서 유니코드로 저장된 한국어를 출력하려면 다음과 같은 코드가 필요하다.

```
_tsetlocale(LC_ALL, _T("")); // 유니코드 한국어 출력에 필요
_tprintf(_T("유니코드로 저장된 한국어를 출력합니다.\n"));
```

- **가변 길이 문자열 지원** : 프로그램 실행 중 문자열 길이를 자유롭게 바꿀 수 있다. 문자열에 할당할 수 있는 메모리의 최대 크기는 INT_MAX이다.
- **const TCHAR* 또는 LPCTSTR 대신 CString 객체 직접 사용 가능** : const TCHAR* 또는 LPCTSTR 타입을 인자로 받는 함수에 CString 객체를 넘겨주면 알아서 문자열 값이 전달된다.

참고 printf() 또는 매크로 버전인 _tprintf() 함수에 CString 객체를 그대로 전달할 때는 컴파일 경고가 뜨는데 이때는 (LPCTSTR) 타입으로 캐스팅을 해주면 된다. 타입 캐스팅을 하지 않더라도 작동에 문제는 없다.

1.2 CString 객체 생성과 초기화

CString 클래스는 객체에 문자열을 직접 대입하는 방법 외에도 생성자 인자나 연산자를 이용한 다양한 객체 생성과 초기화 방법을 지원한다. Console 예제에서 별색으로 표시한 부분을 주석 처리하고 다음 코드를 입력하여 실행해보자.

```
_tsetlocale(LC_ALL, _T("")); // 유니코드 한국어 출력에 필요
CString str1;
str1 = _T("안녕하세요."); // 문자열을 직접 대입한다.
CString str2(_T("오늘은")); // 문자열을 생성자 인자로 전달한다.
CString str3(str2); // CString 객체를 생성자 인자로 전달한다.
// CString 객체와 문자열을 붙인다.
```

```
CString str4 = str1 + _T(" ") + str2 + _T(" 즐거운 날입니다.");
_tprintf(_T("%s\n"), (LPCTSTR)str1);
_tprintf(_T("%s\n"), (LPCTSTR)str2);
_tprintf(_T("%s\n"), (LPCTSTR)str3);
_tprintf(_T("%s\n"), (LPCTSTR)str4);
// += 연산자를 이용하여 기존 문자열에 새로운 문자열을 덧붙인다.
str4 += _T(" 하하하");
_tprintf(_T("%s\n"), (LPCTSTR)str4);
```

결과

```
안녕하세요.
오늘은
오늘은
안녕하세요. 오늘은 즐거운 날입니다.
안녕하세요. 오늘은 즐거운 날입니다. 하하하
```

1.3 CString 객체 다루기

CString 객체의 생성과 초기화가 끝나면 CString 클래스가 제공하는 다양한 함수를 이용해서 문자열을 다룰 수 있다. 여기에는 문자열 비교, 부분 문자열 검색, 대소문자 변환, 문자 삽입과 삭제, 토큰 추출 등의 기능이 포함된다. 대부분의 기능이 표준 C 라이브러리에서 제공하는 함수와 비슷하므로 비교적 쉽게 익힐 수 있다. 여기서는 활용도가 높은 CString::Format() 함수와 CString::LoadString() 함수를 연습해보자.

1.4 CString::Format() 함수

C 언어의 sprintf() 함수와 마찬가지로 데이터를 문자열로 변환해서 버퍼에 출력한다. Console 예제에서 별색으로 표시한 부분을 주석 처리하고 다음 코드를 입력하여 실행해보자.

```
CString str;
str.Format(_T("x=%d, y=%d"), 100, 200);
MessageBox(NULL, str, _T("CString::Format() 연습"), MB_OK);
```

결과

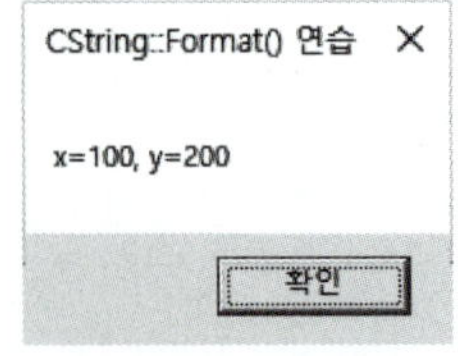

1.5 CString::LoadString() 함수

문자열 테이블에서 문자열 리소스를 로드한다. Console 예제에서 별색으로 표시한 부분을 주석 처리하고 다음 코드를 입력하여 실행해보자.

```
CString str;
str.LoadString(IDS_APP_TITLE); // 문자열 리소스를 로드한다.
str.Insert(0, _T("Hello from ")); // 맨 앞에 문자열을 삽입한다.
str.Append(_T("!")); // 맨 끝에 문자열을 덧붙인다.
MessageBox(NULL, str, _T("CString::LoadString() 연습"), MB_OK);
```

결과

현장 팁 **LPCTSTR 연산자 존재 이유**

MessageBox() 함수는 다음과 같이 함수 선언 자체에 CString 객체가 아닌 LPCTSTR이 명시되어 있지만 CString 객체를 입력해도 아무런 오류 없이 동작한다. 그 이유는 CString 클래스가 제공하는 LPCTSTR 연산자 때문이다.

```
int MessageBox( HWND, LPCTSTR, LPCTSTR, UINT );
```

캐스팅(Casting)에는 자료형을 명시하여 자료형을 강제로 변환하는 '명시적(Explicit) 캐스팅'과 자료형을 명시하지 않고 내부에서 자동으로 자료형을 변환하는 '암시적(Implicit) 캐스팅' 두 가지 방식이 있다. CString 클래스는 다음과 같이 LPCTSTR 자료형이 재정의(Overloading)되어 있기 때문에 암시적 캐스팅의 이점을 누릴 수 있다(실제로는 템플릿 클래스를 사용하여 더 복잡하게 되어 있으나 개념적으로 표현하였음).

```
class CString
{
    …
    operator LPCTSTR () const;
    …
};
```

LPCTSTR은 'const TCHAR * (ANSI: const char *, 유니코드: const WCHAR *)'와 같기 때문에 이런 인자를 갖는 함수에도 암시적 캐스팅이 적용된다. 하지만 다음과 같이 'TCHAR *'로만 선언된 함수가 있다면 암시적 캐스팅이 적용되지 않기 때문에 명시적 캐스팅을 사용해야 한다.

```
int SomeFunc( TCHAR *pszInput ); // TCHAR * 자료형 입력 함수
CString str = _T("Test");
SomeFunc( str ); // 오류 발생
SomeFunc( (LPCTSTR)str ); // 오류 발생, const 없음
SomeFunc( (LPTSTR)(LPCTSTR)str ); // 정상 동작
```

실제로 많이 사용되는 예지만, LPCTSTR 캐스팅은 const를 명시하여 CString 객체 내용이 수정되지 않기를 바란 것이다. 따라서 위에서 예를 든 함수가 pszInput 내용을 수정한다면 옳은 방법이 아니다(일반적으로 포인터를 인자로 받는 함수는 그 내용을 수정하지 않을 때 const를 명시한다). 이 경우 CString 클래스의 LockBuffer() 또는 GetBuffer() 함수를 사용하고 사용이 끝난 후 다음과 같이 UnlockBuffer() 또는 ReleaesBuffer() 함수를 호출하는 방식이 정석이다.

```
SomeFunc( str.LockBuffer() );
str.UnlockBuffer();
```

2 CPoint, CRect, CSize 클래스

CPoint, CRect, CSize 클래스는 [표 2-3]과 같이 API에서 사용하는 구조체 타입인 POINT, RECT, SIZE에서 파생한 클래스이다.

표 2-3 클래스 정의

클래스 이름	정의
CPoint	class CPoint : public POINT { ... };
CRect	class CRect : public RECT { ... };
CSize	class CSize : public SIZE { ... };

C 언어의 구조체는 C++ 언어에서 클래스로 간주하므로 위와 같은 상속이 가능하다. POINT 구조체에서 파생한 CPoint 클래스는 POINT 구조체의 모든 멤버를 갖게 되므로 CPoint 객체를 POINT 객체 대신 사용할 수 있다. 따라서 어떤 함수가 POINT 타입을 인자로 요구할 때 CPoint 객체를 전달해도 상관없다. 이처럼 파생 클래스(CPoint) 타입을 베이스 클래스(POINT) 타입으로 간주해서 사용하는 경우를 업캐스팅Upcasting이라 한다.

```
void SomeFunc(POINT pt); // 함수 원형 선언
POINT pt1 = { 100, 200 }; // POINT 구조체 변수 정의
CPoint pt2(300, 400); // CPoint 클래스 객체 정의
SomeFunc(pt1); // OK! (타입 일치)
SomeFunc(pt2); // OK! (업캐스팅)
```

2.1 CPoint 객체 생성과 다루기

CPoint 클래스는 LONG 타입의 x, y를 멤버 변수로 가진다. CPoint 클래스는 다양한 방법으로 초기화할 수 있는데, 이들 중 기본이 되고 자주 사용되는 형태는 두 개의 멤버 변숫값을 직접 생성자 인자로 받는 것이다.

```
CPoint::CPoint(int x, int y);
```

생성자와 연산자 함수를 제외한 유일한 멤버 함수는 CPoint::Offset() 인데, x, y에 일정한 값을 더하는 역할을 한다. 연산자로는 ==, !=, +, −, +=, −=을 제공한다. Console 예제에서 별색으로 표시한 부분을 주석 처리하고 다음 코드를 입력하여 실행해보자.

```
_tsetlocale(LC_ALL, _T("")); // 유니코드 한국어 출력에 필요
CPoint pt1(10, 20); // x, y 좌표를 생성자 인자로 전달한다.
POINT pt = { 30, 40 };
CPoint pt2(pt); // POINT 타입 변수를 생성자 인자로 전달한다.
_tprintf(_T("%d, %d\n"), pt1.x, pt1.y);
_tprintf(_T("%d, %d\n"), pt2.x, pt2.y);
pt1.Offset(40, 30); // x, y 좌표에 각각 40, 30을 더한다.
pt2.Offset(20, 10); // x, y 좌표에 각각 20, 10을 더한다.
_tprintf(_T("%d, %d\n"), pt1.x, pt1.y);
_tprintf(_T("%d, %d\n"), pt2.x, pt2.y);
if (pt1 == pt2) // 두 객체의 내용이 같은지 확인한다.
    _tprintf(_T("두 점의 좌표가 같습니다.\n"));
else
    _tprintf(_T("두 점의 좌표가 다릅니다.\n"));
```

결과

```
10, 20
30, 40
50, 50
50, 50
두 점의 좌표가 같습니다.
```

2.2 CRect 객체 생성과 다루기

CRect 클래스는 LONG 타입의 left, top, right, bottom을 멤버 변수로 가진다. CRect 클래스는 다양한 방법으로 초기화할 수 있는데, 이들 중 기본이 되는 형태는 ❶ 네 개의 멤버 변수값을 직접 생성자의 인자로 받는 것이다. 자주 사용되는 함수로 ❷ 직사각형의 폭과 높이를 곧바로 얻을 수 있는 Width()와 Height()가 있고, ❸ 특정 좌표의 위치가 직사각형의 내부인지 외부인지 알려주는 PtInRect() 함수도 유용하다.

```
❶ CRect::CRect(int l, int t, int r, int b);
❷ int CRect::Width();
  int CRect::Height();
❸ BOOL CRect::PtInRect(POINT point);
```

이 밖에도 30개 이상의 함수와 연산자가 정의되어 있으므로 필요할 때마다 찾아서 사용하면 된다. Console 예제에서 별색으로 표시한 부분을 주석 처리하고 다음 코드를 입력하여 실행해 보자.

```
_tsetlocale(LC_ALL, _T("")); // 유니코드 한국어 출력에 필요
CRect rect1(0, 0, 200, 100); // 직사각형의 좌표를 생성자의 인자로 전달한다.
CRect rect2;
rect2.SetRect(0, 0, 200, 100); // 직사각형의 좌표를 실행 중에 설정한다.
if (rect1 == rect2) // 두 객체의 내용이 같은지 확인한다.
    _tprintf(_T("두 직사각형의 좌표가 같습니다.\n"));
else
    _tprintf(_T("두 직사각형의 좌표가 다릅니다.\n"));
RECT rect = { 100, 100, 300, 200 };
CRect rect3(rect); // RECT 타입 변수를 생성자 인자로 전달한다.
_tprintf(_T("%d, %d\n"), rect3.Width(), rect3.Height());
CPoint pt(200, 150);
if (rect3.PtInRect(pt)) // 점이 직사각형 내부에 있는지 판단한다.
    _tprintf(_T("점이 직사각형 내부에 있습니다.\n"));
else
    _tprintf(_T("점이 직사각형 외부에 있습니다.\n"));
```

결과

```
두 직사각형의 좌표가 같습니다.
200, 100
점이 직사각형 내부에 있습니다.
```

2.3 CSize 객체 생성과 다루기

CSize 클래스는 LONG 타입의 cx, cy를 멤버 변수로 가진다. CSize 클래스는 다양한 방법으로 초기화할 수 있는데, 이들 중 기본이 되는 형태는 두 멤버 변수값을 직접 생성자의 인자로 받는 것이다.

```
CSize::CSize(int x, int y);
```

연산자로는 ==, !=, +, -, +=, -=을 제공한다. Console 예제에서 별색으로 표시한 부분을 주석 처리하고 다음 코드를 입력하여 실행해보자.

```
_tsetlocale(LC_ALL, _T("")); // 유니코드 한국어 출력에 필요
CSize size1(100, 200); // 폭과 높이를 생성자 인자로 전달한다.
SIZE size = { 100, 200 };
CSize size2(size); // SIZE 타입 변수를 생성자 인자로 전달한다.
_tprintf(_T("%d, %d\n"), size2.cx, size2.cy);
if (size1 == size2) // 두 객체의 내용이 같은지 확인한다.
    _tprintf(_T("크기가 같습니다.\n"));
else
    _tprintf(_T("크기가 다릅니다.\n"));
```

결과

```
100, 200
크기가 같습니다.
```

현장 팁 **유틸리티 클래스와 자료형 연산자**

사칙 연산자(+, -, *, /)와 관련된 재정의를 제외하더라도, MFC 클래스는 CString 클래스의 LPCTSTR 연산자처럼 암시적 캐스팅을 지원하는 경우가 많다. 특히 자료형을 래핑한 클래스인 경우 자주 사용되는 자료형에 대해 연산자를 재정의한다. 다음은 CRect 클래스에 정의된 자료형 연산자를 보여준다.

```
class CRect
{
    …
    operator LPCRECT() const;
    operator LPRECT();
    …
};
```

이들 연산자는 다음과 같이 LPRECT를 인자로 갖는 함수에 대해서도 CRect 객체를 그대로 대입할 수 있는 방법을 제공한다.

```
BOOL GetClientRect(LPRECT);
```

```
CRect rect;
GetClientRect(&rect); // 성공; 일반적인 방식
GetClientRect(rect); // 성공; LPRECT 연산자 동작
```

두 호출은 모양은 다르지만 동일한 동작을 수행한다. 가끔 혼동되기도 하지만 윈도우 프로그래밍에서는 LPRECT 사용량이 많기 때문에 편리하게 사용할 수 있다. 따라서 자주 사용하는 자료형에 대해 이 같은 내용을 확인하고 활용하면 좋다.

3 CTime, CTimeSpan 클래스

CTime 클래스는 절대적인 시간(예: 현재 시각)을 처리하며 CTimeSpan 클래스는 시간의 차이값을 처리한다. 두 클래스는 모두 내부적으로 시간값을 64비트로 저장한다.

3.1 CTime 객체 생성과 다루기

CTime::Format() 함수는 CTime 객체에 저장된 시간 정보를 프로그래머가 원하는 형태로 바꿔 문자열 형태로 리턴한다. Console 예제에서 별색으로 표시한 부분을 주석 처리하고 다음 코드를 입력하여 실행해보자.

참고 CTime::Format() 함수에는 다양한 형식의 문자열이 정의되어 있다. 비주얼 C++ 설명서를 참조하자.

```
_tsetlocale(LC_ALL, _T("")); // 유니코드 한국어 출력에 필요
// CTime::GetCurrentTime() 함수로 현재 시각을 구한다.
CTime tm;
tm = CTime::GetCurrentTime();
// 여러 형식으로 화면에 출력한다.
CString str = tm.Format(_T("%A, %B %d, %Y"));
_tprintf(_T("%s\n"), (LPCTSTR)str);
str.Format(_T("현재 시각은 %d시 %d분 %d초입니다."),
    tm.GetHour(), tm.GetMinute(), tm.GetSecond());
_tprintf(_T("%s\n"), (LPCTSTR)str);
```

결과

```
목요일, 5월 7, 2020
현재 시각은 22시 12분 5초입니다.
```

3.2 CTimeSpan 객체 생성과 다루기

두 개의 CTime 객체를 −(빼기) 연산하면 CTimeSpan 객체를 얻는다. 시차를 화면에 출력할 때는 CTimeSpan::Get*() 함수나 CTimeSpan::Format() 함수로 원하는 형태의 문자열을 얻을 수 있다. Console 예제에서 별색으로 표시한 부분을 주석 처리하고 다음 코드를 입력하여 실행해보자.

```
_tsetlocale(LC_ALL, _T("")); // 유니코드 한국어 출력에 필요
CTime startTime = CTime::GetCurrentTime();
Sleep(2000); // 2000 밀리초 지연
CTime endTime = CTime::GetCurrentTime();
CTimeSpan elapsedTime = endTime - startTime;
CString str;
str.Format(_T("%d초 지남!"), elapsedTime.GetTotalSeconds());
_tprintf(_T("%s\n"), (LPCTSTR)str);
```

결과

```
2초 지남!
```

현장 팁 **Sleep() 함수와 작업 스위칭**

Sleep() 함수는 밀리초millisecond(1/1000) 단위 시간을 입력받아 해당 프로그램을 '대기(Suspend)'시키는 역할을 한다. 이러한 Sleep() 함수가 있음에도 불구하고 대기시킬 일이 있을 때 for 문을 이용해 몇 천만 번 루프를 돌리는 개발자가 있다. 이는 윈도우 같이 멀티태스킹을 지원하는 운영체제에게는 그리 좋지 못한 프로그램이다.

윈도우에서 프로그램(프로세스 또는 작업)은 대부분 동일한 우선순위Priority로 동작한다. 따라서 운영체제는 CPU 사용 시간과 자원을 각 프로그램에게 동일하게 할당하려는 시도를 한다. 하지만 한쪽 프로그램에서 운영체제가 스위칭하기 힘들 정도로 빈번하게 CPU를 독점하면 다른 프로그램은 상대적으로 실행될 기회를 잃게 된다. 심한 경우 리소스를 제때 확보하지 못한 프로그램이 이상을 일으키며 운영체제가 비정상적으로 동작하는 경우도 있다.

반면 Sleep() 함수를 사용하면, '나는 잠시 쉬어도 되니 다른 프로그램에게 실행 기회를 주시오'라는 뜻을 운영체제에 전달할 수 있다. 이런 방식으로 프로그램을 효율적으로 대기 상태로 둘 수 있다. 그렇다면 다음처럼 0초를 인자로 주면 어떤 의미가 있을까?

```
Sleep(0);
```

언뜻 보면 아무 의미가 없지만 실제로 스위칭Switching이라는 중요한 효과를 낸다. 다시 말해 이 구문을 쓰는 순간 같은 우선순위에 있는 다른 프로그램이 동작한다. 하지만 0초 시간만 지정되었으므로 이보다 낮은 우선순위 프로그램에는 실행 기회가 주어지지 않는다. 이러한 스케줄링은 프로그램이 직접 관리하는 멀티스레딩에도 적용된다. 따라서 멀티스레드 프로그래밍에서 여러 스레드가 모두 효율적으로 동작할 수 있도록 우선순위 지정과 함께 Sleep() 함수를 사용한다.

03 집합 클래스

집합 클래스Collection Class는 배열, 연결 리스트와 같은 자료 구조를 좀 더 편리하게 사용할 수 있도록 MFC에서 제공하는 클래스이다. MFC가 제공하는 집합 클래스는 크게 배열Array, 리스트List, 맵Map 세 종류가 있다. 어떤 프로그램이든 내부적으로 데이터를 유지/관리하기 마련이며, 이런 경우에 MFC에서 제공하는 클래스를 사용하면 좀 더 효율적으로 프로그래밍할 수 있다.

1 배열 클래스

배열Array은 동일 타입의 데이터를 연속된 메모리 공간에 저장하는 자료 구조이다. 배열의 장점은 인덱스를 이용하여 각 원소를 빠르게 참조할 수 있다는 점이다. 반면 원소를 삽입하거나 삭제할 때는 배열의 특성을 유지하기 위해 인접 원소를 이동시켜야 하는 단점이 있다. 그리고 이러한 이동은 속도를 떨어뜨리는 요인이 된다. C/C++ 언어에서 제공하는 배열은 위에서 설명한 특징과 더불어 다음과 같은 문제점이 있다.

- 배열 인덱스를 잘못 참조해도 오류가 발생하지 않을 수 있다.
- 배열 크기가 고정되어 있다.

MFC는 이런 문제점을 해결하는 동시에 배열을 좀 더 편리하게 사용할 수 있도록 멤버 함수를 추가시킨 다양한 배열 클래스를 제공한다. MFC가 제공하는 배열 클래스는 템플릿Template 클래스와 비템플릿Nontemplate 클래스 두 종류로 나눌 수 있다.

■ 템플릿 클래스

템플릿 클래스는 afxtempl.h 헤더 파일이 필요하다. 템플릿 클래스를 사용하면 배열에 저장할 데이터의 타입을 프로그래머가 자유롭게 결정할 수 있고, 비템플릿 클래스가 제공하는 모든 기능을 가지므로 가능하면 템플릿 클래스를 사용하기를 권장한다.

표 2-4 템플릿 배열 클래스

클래스 이름	데이터 타입	사용 예
CArray	프로그래머가 결정	CArray<CPoint, CPoint&> array;

■ **비템플릿 클래스**

비템플릿 클래스는 afxcoll.h 헤더 파일이 필요하다. 자주 쓰이는 데이터 타입을 곧바로 사용할 수 있도록 다음과 같은 클래스가 제공된다.

표 2-5 비템플릿 배열 클래스

클래스 이름	데이터 타입	사용 예
CByteArray	BYTE	CByteArray array;
CWordArray	WORD	CWordArray array;
CDWordArray	DWORD	CDWordArray array;
CUIntArray	UINT	CUIntArray array;
CStringArray	CString	CStringArray array;
CPtrArray	void 포인터	CPtrArray array;
CObArray	CObject 포인터	CObArray array;

[표 2-4]와 [표 2-5]에 있는 배열 클래스는 제공하는 멤버 함수의 이름과 사용법이 동일하므로 하나만 배워두면 다른 클래스에도 동일하게 적용할 수 있다.

1.1 배열 생성과 초기화

MFC 배열 클래스를 이용하여 배열을 생성하는 순서는 다음과 같다.

① 배열 객체를 생성한다.

② SetSize() 함수를 호출하여 크기를 설정한다.

참고 SetSize() 함수는 프로그램 실행 중 배열 크기를 동적으로 변경하며, 같은 배열 객체를 대상으로 여러 번 호출하는 것도 가능하다.

생성된 배열을 초기화하거나 배열 원소에 접근할 때는 일반 배열처럼 [ ] 연산자를 사용한다. 실습을 위해 ArrayTest1이라는 MFC 콘솔 응용 프로그램을 만들고([실습 2-1]의 Console 프로젝트 생성 과정 참조), 다음 코드를 입력하여 실행해보자.

```
CUIntArray array; // 객체를 생성한다.
array.SetSize(10); // 배열 크기를 설정한다.
for(int i=0; i<10; i++)
    array[i] = i*10; // 값을 대입한다.
for(int i=0; i<10; i++)
    _tprintf(_T("%d "), array[i]); // 값을 출력한다.
_tprintf(_T("\n"));
```

결과
```
0 10 20 30 40 50 60 70 80 90
```

CStringArray 클래스를 이용하면 CString 객체를 배열에 저장할 수 있다. [ ] 연산자를 사용하여 배열 원소를 설정하거나 값을 얻는 점은 이전 예제와 동일하다. ArrayTest1 예제에 다음 코드를 입력하여 실행해보자.

```
_tsetlocale(LC_ALL, _T("")); // 유니코드 한국어 출력에 필요
CStringArray array; // 객체를 생성한다.
array.SetSize(5); // 배열 크기를 설정한다.
for (int i = 0; i < 5; i++) {
    CString string;
    string.Format(_T("%d년이 지났습니다."), (i + 1) * 10);
    array[i] = string; // 값을 대입한다.
}
for (int i = 0; i < 5; i++)
    _tprintf(_T("%s\n"), (LPCTSTR)array[i]); // 값을 출력한다.
```

결과
```
10년이 지났습니다.
20년이 지났습니다.
30년이 지났습니다.
40년이 지났습니다.
50년이 지났습니다.
```

1.2 배열 원소 삽입과 삭제

InsertAt(인덱스, 삽입할 내용) 함수로 임의 위치에 원소를 삽입하고, RemoveAt(인덱스) 함수로 해당 위치의 원소를 삭제할 수 있다. 두 함수 모두 삽입/삭제 과정에서 배열 크기를 변경한다. 배열의 현재 크기는 GetSize() 함수로 얻을 수 있다. ArrayTest1 예제에 다음 코드를 입력하여 실행해보자.

```
CUIntArray array;
array.SetSize(5);
for (int i = 0; i < 5; i++)
    array[i] = i;
/* 배열 원소 삽입 */
array.InsertAt(3, 77); // 인덱스 3 위치에 원소를 삽입한다.
```

```
for (int i = 0; i < array.GetSize(); i++) // 변경된 배열의 크기만큼 반복한다.
    _tprintf(_T("%d "), array[i]);
_tprintf(_T("\n"));
/* 배열 원소 삭제 */
array.RemoveAt(4); // 인덱스 4 위치의 원소를 삭제한다.
for (int i = 0; i < array.GetSize(); i++)
    _tprintf(_T("%d "), array[i]);
_tprintf(_T("\n"));
```

결과

```
0 1 2 77 3 4
0 1 2 77 4
```

1.3 템플릿 배열 클래스 사용하기

비템플릿 클래스에서 제공하지 않는 데이터 타입의 경우에는 템플릿 클래스를 사용한다. ArrayTest2라는 MFC 콘솔 응용 프로그램을 만들고([실습 2-1]의 Console 프로젝트 생성 과정 참조), 다음 코드를 입력하여 실행해보자. 이 예제는 사용자 정의 데이터 타입인 Point3D형 객체를 저장할 수 있는 배열을 만들고 이를 사용하는 방법을 보여준다.

```
#include "pch.h"
#include "framework.h"
#include "ArrayTest2.h"
#include <afxtempl.h> // 템플릿 클래스 정의를 담고 있다.
...
// 3차원 좌표를 저장할 수 있는 클래스
// 모든 멤버가 public일 때는 class 대신 struct를 사용하면 좀 더 편리하다.
struct Point3D {
    int x, y, z;
    Point3D() {} // 템플릿 클래스에 사용할 때는 기본 생성자가 필요하다.
    Point3D(int x0, int y0, int z0) { x = x0; y = y0; z = z0; }
};
int main()
{
    ...
        else
        {
            // Point3D 객체를 저장할 수 있는 배열 객체를 생성한다.
            CArray<Point3D, Point3D&> array;
            array.SetSize(5);
            for (int i = 0; i < 5; i++) {
                Point3D pt(i, i * 10, i * 100);
                array[i] = pt;
            }
```

```
            for (int i = 0; i < 5; i++) {
                Point3D pt = array[i];
                _tprintf(_T("%d, %d, %d\n"), pt.x, pt.y, pt.z);
            }
        }
    }
    else
    {
        wprintf(L"심각한 오류: GetModuleHandle 실패\n");
        nRetCode = 1;
    }
    return nRetCode;
}
```

결과

```
0, 0, 0
1, 10, 100
2, 20, 200
3, 30, 300
4, 40, 400
```

사용자 정의 데이터 타입으로 배열을 생성할 때는 반드시 기본 생성자Default Constructor를 정의해야 한다. CArray 클래스 내부의 일부 멤버 함수에서 기본 생성자를 사용하므로 기본 생성자가 없으면 컴파일조차 되지 않는다는 점에 주의하자.

2 리스트 클래스

리스트List는 데이터를 포인터로 연결해 놓은 자료 구조로, 일반적으로 연결 리스트Linked List라 부른다. 배열과 달리 데이터 삽입과 삭제가 몇 개의 포인터만 조작해도 가능하기 때문에 빈번한 삽입과 삭제 시 배열보다 효율적이라는 장점이 있다. 그러나 특정 위치에 있는 데이터를 참조할 때는 리스트의 처음(또는 끝) 위치에서 시작하여 포인터를 계속 따라가야 하므로 검색 속도가 느리다는 단점이 있다.

MFC가 제공하는 리스트 클래스는 양방향 포인터를 가지는 이중 연결 리스트Doubly-Linked List로 구현되어 있다. [그림 2-9]와 같이 리스트의 처음 부분을 가리키는 포인터Head와 끝부분을 가리키는 포인터Tail가 있어서 어느 방향으로든 순회가 가능하다.

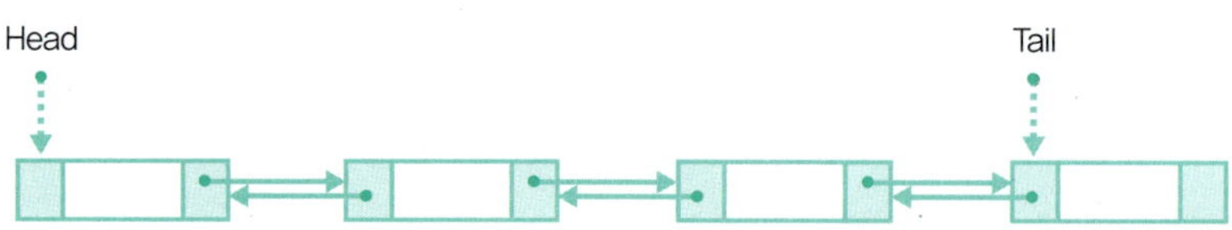

그림 2-9 이중 연결 리스트

MFC가 제공하는 리스트 클래스는 템플릿Template 클래스와 비템플릿Nontemplate 클래스 두 종류로 나눌 수 있다.

■ **템플릿 클래스**

템플릿 클래스는 afxtempl.h 헤더 파일이 필요하다. 템플릿 클래스를 사용하면 리스트에 저장할 데이터의 타입을 프로그래머가 자유롭게 결정할 수 있고, 비템플릿 클래스가 제공하는 모든 기능을 가지므로 가능하면 템플릿 클래스를 사용하기를 권장한다.

표 2-6 템플릿 리스트 클래스

클래스 이름	데이터 타입	사용 예
CList	프로그래머가 결정	CList〈CPoint, CPoint&〉 list;

■ **비템플릿 클래스**

비템플릿 클래스는 afxcoll.h 헤더 파일이 필요하다. 자주 쓰이는 데이터 타입을 곧바로 사용할 수 있도록 다음과 같은 클래스가 제공된다.

표 2-7 비템플릿 리스트 클래스

클래스 이름	데이터 타입	사용 예
CObList	CObject 포인터	CObList list;
CPtrList	void 포인터	CPtrList list;
CStringList	CString 객체	CStringList list;

배열 클래스와 마찬가지로 [표 2-6]과 [표 2-7]에 있는 모든 리스트 클래스는 제공하는 멤버 함수의 이름과 사용법이 동일하므로 하나만 배워두면 다른 클래스에도 동일하게 적용할 수 있다.

2.1 리스트 생성과 초기화

MFC 리스트 클래스를 이용하여 리스트를 생성/초기화하는 순서는 다음과 같다.

① 리스트 객체를 생성한다.

② AddHead() 또는 AddTail() 함수를 호출하여 원소를 리스트의 앞쪽이나 뒤쪽에 추가한다.

실습을 위해 ListTest1이라는 MFC 콘솔 응용 프로그램을 만들고([실습 2-1]의 Console 프로젝트 생성 과정 참조), 다음 코드를 입력하여 실행해보자.

```
// CString 객체는 물론이고 일반 문자열도 리스트에 추가할 수 있다.
TCHAR* szFruits[] = {
    _T("사과"), _T("딸기"), _T("포도"), _T("오렌지"), _T("자두")
};
CStringList list; // 리스트 객체를 생성한다.
for (int i = 0; i < 5; i++)
    list.AddTail(szFruits[i]); // 리스트 끝에 데이터를 추가한다.
```

결과

실행 결과는 눈에 보이지 않으나 내부적으로는 데이터가 다음과 같은 순서로 리스트에 저장된다. AddHead() 함수를 사용하면 데이터가 반대 순서로 저장된다.

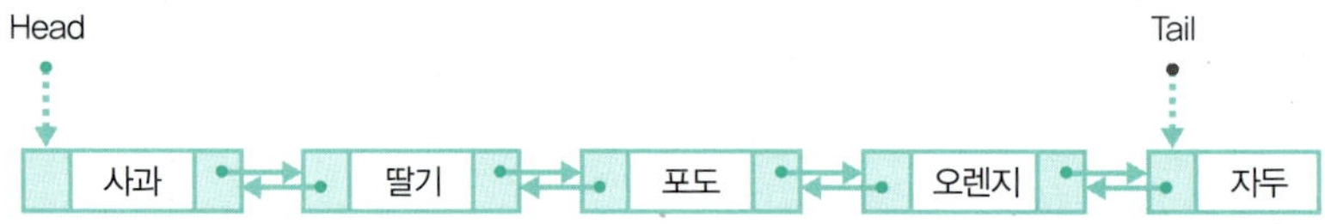

2.2 리스트 순회

리스트 순회Traversal는 리스트의 시작점Head 또는 끝점Tail부터 포인터를 따라가면서 리스트에 저장된 모든 데이터에 접근하는 것이다. MFC의 이중 연결 리스트는 다음과 같이 두 방향으로 순회가 가능하다.

■ **전방향Forward 순회**

```
POSITION pos = list.GetHeadPosition();
while (pos != NULL)
    list.GetNext(pos); // 호출할 때마다 pos는 다음 데이터를 가리킨다.
```

■ **후방향Backward 순회**

```
POSITION pos = list.GetTailPosition();
while (pos != NULL)
    list.GetPrev(pos); // 호출할 때마다 pos는 이전 데이터를 가리킨다.
```

GetHeadPosition() 함수는 리스트의 시작 위치를 나타내는 POSITION 타입의 값을 리턴하므로, 이 값을 GetNext() 함수에 전달하면 맨 앞에서부터 차례로 데이터에 접근할 수 있다. 마찬가지로 GetTailPosition() 함수는 리스트의 끝 위치를 나타내는 POSITION 타입의 값을 리턴하므로, 이 값을 GetPrev() 함수에 전달하면 맨 뒤에서부터 차례로 데이터에 접근할 수 있다. POSITION 타입 변수인 pos는 GetNext()/GetPrev() 함수를 호출할 때마다 새로운 데이터를 가리킨다. ListTest1 예제에 다음 코드를 추가로 입력하여 실행해보자.

```
_tsetlocale(LC_ALL, _T("")); // 유니코드 한국어 출력에 필요

// 리스트 맨 앞에서부터 순회하면서 데이터를 출력한다.
POSITION pos = list.GetHeadPosition();
while (pos != NULL) {
    CString str = list.GetNext(pos);
    _tprintf(_T("%s "), (LPCTSTR)str);
}
_tprintf(_T("\n"));
// 리스트 맨 뒤에서부터 순회하면서 데이터를 출력한다.
pos = list.GetTailPosition();
while (pos != NULL) {
    CString str = list.GetPrev(pos);
    _tprintf(_T("%s "), (LPCTSTR)str);
}
_tprintf(_T("\n"));
```

결과

```
사과 딸기 포도 오렌지 자두
자두 오렌지 포도 딸기 사과
```

2.3 리스트 항목 삽입과 삭제

리스트 항목을 삽입 또는 삭제하려면 대상이 되는 항목의 위치값이 필요하다. Find() 함수는 해당 데이터를 리스트에서 찾아서 위치(POSITION 타입)를 리턴한다. InsertBefore() / InsertAfter() 함수는 각각 특정 위치의 앞쪽과 뒤쪽에 데이터를 삽입하고, RemoveAt() 함수는 특정 위치의 데이터를 삭제한다. ListTest1 예제에 다음 코드를 추가로 입력하여 실행해 보자.

```
pos = list.Find(_T("포도")); // 데이터의 위치를 얻는다.
list.InsertBefore(pos, _T("살구")); // 앞쪽에 데이터를 삽입한다.
list.InsertAfter(pos, _T("바나나")); // 뒤쪽에 데이터를 삽입한다.
list.RemoveAt(pos); // 데이터를 삭제한다.
// 리스트 맨 앞에서부터 순회하면서 데이터를 출력한다.
pos = list.GetHeadPosition();
while (pos != NULL) {
    CString str = list.GetNext(pos);
    _tprintf(_T("%s "), (LPCTSTR)str);
}
_tprintf(_T("\n"));
```

결과

```
사과 딸기 살구 바나나 오렌지 자두
```

2.4 템플릿 리스트 클래스 사용하기

비템플릿 클래스에서 제공하지 않는 데이터 타입의 경우에는 템플릿 클래스를 사용한다. ListTest2라는 MFC 콘솔 응용 프로그램을 만들고([실습 2-1]의 Console 프로젝트 생성 과정 참조), 다음 코드를 입력하여 실행해보자. 이 예제는 사용자 정의 데이터 타입인 Point3D형 객체를 저장할 수 있는 리스트를 만들고 이를 사용하는 방법을 보여준다.

```
#include "pch.h"
#include "framework.h"
#include "ListTest2.h"
#include <afxtempl.h> // 템플릿 클래스 정의를 담고 있다.
...
// 3차원 좌표를 저장할 수 있는 클래스
// 모든 멤버가 public일 때는 class 대신 struct를 사용하면 좀 더 편리하다.
struct Point3D {
    int x, y, z;
    Point3D() {} // 템플릿 클래스에 사용할 때는 기본 생성자가 필요하다.
    Point3D(int x0, int y0, int z0) { x = x0; y = y0; z = z0; }
};

int main()
{
    ...
        else
        {
            // Point3D 객체를 저장할 수 있는 리스트 객체를 생성한다.
            CList<Point3D, Point3D&> list;

            // 리스트 끝에 데이터를 추가한다.
            for (int i = 0; i < 5; i++)
                list.AddTail(Point3D(i, i * 10, i * 100));

            // 리스트 맨 앞에서부터 순회하면서 데이터를 출력한다.
            POSITION pos = list.GetHeadPosition();
            while (pos != NULL) {
                Point3D pt = list.GetNext(pos);
                _tprintf(_T("%d, %d, %d\n"), pt.x, pt.y, pt.z);
            }
        }
    }
    else
    {
        wprintf(L"심각한 오류: GetModuleHandle 실패\n");
        nRetCode = 1;
    }

    return nRetCode;
}
```

결과

```
0, 0, 0
1, 10, 100
2, 20, 200
3, 30, 300
4, 40, 400
```

사용자 정의 데이터 타입으로 리스트를 생성할 때는 반드시 기본 생성자Default Constructor를 정의해야 한다. CList 클래스 내부의 일부 멤버 함수에서 기본 생성자를 사용하므로 기본 생성자가 없으면 컴파일조차 되지 않는다는 점에 주의하자.

현장 팁 **리스트를 사용해야 할 때**

리스트는 복잡도 때문에 배열보다 효율이 나쁘다. 그럼에도 불구하고 배열이 아닌 리스트를 사용해야 할 때가 있다. 다음 상황을 가정해 보자. 데이터를 하나씩 입력받는데 그 양을 알 수 없고 순서를 기억해야 한다. 배열은 순서는 기억할 수 있지만 항상 크기를 지정해야 한다. 물론 크기를 재지정할 수는 있지만 크기를 초과할 때마다 재지정하면 너무 번거롭다. 이렇게 '크기 걱정 없이' 데이터를 마구 집어넣을 수 있는 자료 구조가 바로 리스트다. 다음은 배열, 리스트, 맵을 크기와 순서 기준으로 정리한 표이다.

	순서 중요	순서 불필요
고정 크기	배열	(없음)
자동 크기	리스트	맵

▲ 배열, 리스트, 맵

이와 같이 표를 저장해 두려면 무엇을 사용해야 할까? 바로 맵 구조를 사용하면 된다. 맵은 워드프로세서 내 표나 사전 내 데이터 등 연관된 데이터를 저장할 때 사용한다. 순서와 관계 없는 대신 검색에 최적화되어 있다.

3 맵 클래스

맵Map은 데이터를 저장할 때 키Key를 이용하여 저장 위치를 결정하는 자료 구조다. 일반적으로 해시 테이블Hash Table이라는 용어를 사용하며 사전Dictionary이라고도 부른다. 맵과 비슷한 것으로 영한사전을 들 수 있는데, 예를 들어 "study"를 찾으면 study의 발음기호와 뜻을 알 수 있다. 여기서 study는 키에 해당하며, 발음기호와 뜻은 데이터에 해당한다.

키값 자체는 데이터 저장 위치가 아니므로 키값을 이용하여 계산한 후 저장 위치를 결정하는 함수가 필요한데, 이를 해시 함수Hash Function라 한다. 맵은 데이터를 저장하거나 저장된 데이터를 읽어올 때 항상 해시 함수를 이용하여 계산하며, 계산 후 데이터 위치가 결정되면 해당 데이터를 곧바로 저장하거나 읽어올 수 있다. [그림 2-10]은 맵의 동작 원리를 보여준다. 그림과 같이 맵에 저장할 수 있는 데이터가 총 여덟 개라면 해시 함수는 0~7 사잇값을 리턴하도록 구현해야 한다.

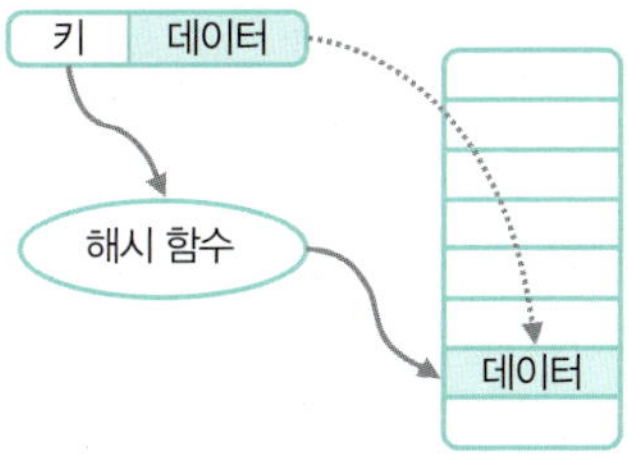

그림 2-10 맵의 동작 원리

만약 서로 다른 키값을 해시 함수에 적용했지만 결과가 같은 값이면 충돌Collision이 발생했다고 한다. MFC는 충돌이 발생하여 같은 위치에 여러 데이터를 저장해야 하는 경우 [그림 2-11]과 같이 연결 리스트를 사용한다. 연결 리스트 각 항목은 키와 데이터를 모두 저장한다.

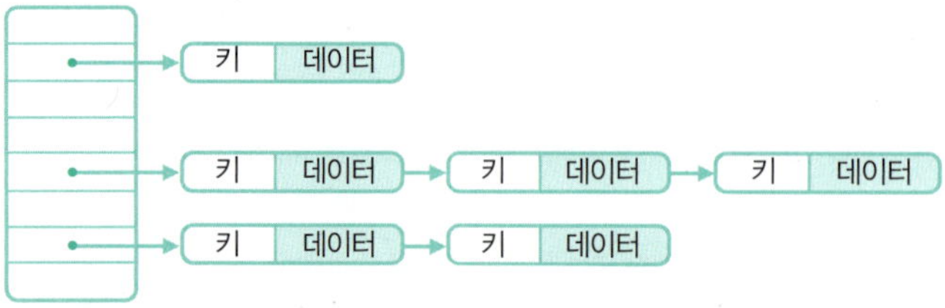

그림 2-11 MFC의 맵 구현

일반적으로 맵은 한 번만 계산하면 해당 데이터 위치를 찾아낼 수 있으므로 매우 빠른 검색이나 삽입, 삭제가 필요한 경우에 적합한 자료 구조다. MFC는 내부 기능 구현을 위해 자체적으로 맵을 이용하고 있을 뿐만 아니라 응용 프로그램을 구현하는 데 사용할 수 있도록 다양한 맵 클래스를 공개해 놓았다. MFC가 제공하는 맵 클래스는 템플릿Template 클래스와 비템플릿Nontemplate 클래스 두 종류로 나눌 수 있다.

- **템플릿 클래스**

템플릿 클래스는 afxtempl.h 헤더 파일이 필요하다. 템플릿 클래스를 사용하면 맵에 저장할 키와 데이터의 타입을 프로그래머가 자유롭게 결정할 수 있고, 비템플릿 클래스가 제공하는 모든 기능을 가지므로 가능하면 템플릿 클래스를 사용하기를 권장한다.

표 2-8 템플릿 맵 클래스

클래스 이름	데이터 타입	사용 예
CMap	프로그래머가 결정	CMap<CString, CString&, CPoint, CPoint&> map;

- **비템플릿 클래스**

비템플릿 클래스는 afxcoll.h 헤더 파일이 필요하다. 자주 쓰이는 데이터 타입을 곧바로 사용할 수 있도록 다음과 같은 클래스가 제공된다.

표 2-9 비템플릿 맵 클래스

클래스 이름	데이터 타입(키 → 데이터)	사용 예
CMapWordToOb	WORD → CObject 포인터	CMapWordToOb map;
CMapWordToPtr	WORD → void 포인터	CMapWordToPtr map;
CMapPtrToWord	void 포인터 → WORD	CMapPtrToWord map;
CMapPtrToPtr	void 포인터 → void 포인터	CMapPtrToPtr map;
CMapStringToOb	문자열 → CObject 포인터	CMapStringToOb map;

CMapStringToPtr	문자열 → void 포인터	CMapStringToPtr map;
CMapStringToString	문자열 → 문자열	CMapStringToString map;

배열이나 리스트 클래스와 마찬가지로 [표 2-8]과 [표 2-9]에 있는 모든 맵 클래스는 제공하는 멤버 함수의 이름과 사용법이 동일하므로 하나만 배워두면 다른 클래스에도 동일하게 적용할 수 있다.

3.1 맵 생성과 초기화 및 검색

MFC 맵 클래스를 이용하여 맵을 생성/초기화한 후 검색하는 과정은 다음과 같다.

① 맵 객체를 생성한다.

② [] 연산자를 이용하여 초기화한다. 이때 '맵 객체[키] = 데이터' 형식을 사용한다.

③ '맵 객체.Lookup(키, 검색된 데이터를 담을 변수)' 형식으로 함수를 호출하여 특정 키값을 가진 데이터를 검색해 데이터를 얻는다.

맵의 주된 기능은 키값을 주었을 때 빠른 시간 내에 데이터를 찾아내는 것이므로 Lookup() 함수는 맵 클래스에서 핵심 역할을 수행한다고 볼 수 있다. 실습을 위해 MapTest1이라는 MFC 콘솔 응용 프로그램을 만들고([실습 2-1]의 Console 프로젝트 생성 과정 참조), 다음 코드를 입력하여 실행해보자.

```
_tsetlocale(LC_ALL, _T("")); // 유니코드 한국어 출력에 필요

// 맵 객체를 생성하고 초기화한다.
CMapStringToString map;
map[_T("사과")] = _T("Apple");
map[_T("딸기")] = _T("Strawberry");
map[_T("포도")] = _T("Grape");
map[_T("우유")] = _T("Milk");
// 특정 키 값을 가진 데이터를 검색한다.
CString str;
if (map.Lookup(_T("딸기"), str))
    _tprintf(_T("딸기 -> %s\n"), (LPCTSTR)str);
```

결과

```
딸기 -> Strawberry
```

3.2 맵 순회

맵을 순회하는 코드는 다음과 같다.

```
POSITION pos = map.GetStartPosition();
while (pos != NULL)
    map.GetNextAssoc(pos, 키값을 저장할 변수, 데이터값을 저장할 변수);
```

GetStartPosition() 함수는 맵 데이터의 시작 위치를 나타내는 POSITION 타입의 값을 리턴한다. 이 값을 GetNextAssoc() 함수에 전달하면 키와 데이터값을 얻을 수 있다. POSITION 타입의 변수인 pos는 GetNextAssoc() 함수를 호출할 때마다 다음 위치를 가리키도록 자동 갱신된다. 따라서 pos 값이 NULL이 아닌 한 계속해서 GetNextAssoc() 함수를 호출하면 맵에 저장된 모든 키와 데이터값을 얻을 수 있다. MapTest1 예제에 다음 코드를 추가로 입력하여 실행해보자.

```
_tprintf(_T("\n"));
// 맵을 순회하면서 모든 키와 데이터값을 출력한다.
POSITION pos = map.GetStartPosition();
while (pos != NULL) {
    CString strKey, strValue;
    map.GetNextAssoc(pos, strKey, strValue);
    _tprintf(_T("%s -> %s\n"), (LPCTSTR)strKey,
    (LPCTSTR)strValue);
}
```

결과

```
우유 -> Milk
딸기 -> Strawberry
포도 -> Grape
사과 -> Apple
```

실행 결과를 보면 키와 데이터값의 출력 순서가 이전 예제에서 [] 연산자로 추가한 순서와 다름을 알 수 있다. 맵 동작 원리를 이해했다면 이것은 당연한 결과로 이해할 수 있다.

참고 맵은 리스트와 달리 데이터의 삽입 순서와 저장 순서가 다를 수 있다.

3.3 맵 데이터 삽입과 삭제

맵에 데이터를 삽입할 때는 이전에도 살펴보았듯이 [] 연산자를 사용한다. 컴파일러가 [] 연산자를 SetAt() 함수로 변경하므로 명시적으로 SetAt(키, 데이터) 함수를 호출해도 상관없다. 특정 키에 해당하는 데이터를 삭제하려면 RemoveKey(키) 함수를 사용한다. MapTest1 예제에 다음 코드를 추가로 입력하여 실행해보자.

```
_tprintf(_T("\n"));
map.RemoveKey(_T("우유")); // 키값 "우유"에 해당하는 데이터를 삭제한다.
map[_T("수박")] = _T("Watermelon"); // map.SetAt(_T("수박"), _T("Watermelon"));
// 맵을 순회하면서 모든 키와 데이터값을 출력한다.
pos = map.GetStartPosition();
while (pos != NULL) {
    CString strKey, strValue;
    map.GetNextAssoc(pos, strKey, strValue);
    _tprintf(_T("%s -> %s\n"), (LPCTSTR)strKey,
    (LPCTSTR)strValue);
}
```

결과

```
수박 -> Watermelon
딸기 -> Strawberry
포도 -> Grape
사과 -> Apple
```

3.4 맵 최적화

맵 성능을 최적화하려면 해시 테이블의 크기를 잘 정하는 것이 중요하다. 일반적으로 소수Prime Number를 해시 테이블 크기로 사용하며, 예상되는 데이터 개수보다 20% 이상 크게 잡아야 충돌로 인한 성능 저하를 막을 수 있다. MFC가 제공하는 맵 클래스는 기본 해시 테이블 크기가 17이므로 InitHashTable() 함수를 이용하여 값을 바꿀 필요가 있다. 다음은 최대 10,000개의 데이터를 저장한다고 가정하고 맵 객체를 생성하는 예다. 여기서 12007은 12000보다 큰 첫 번째 소수다.

참고 10000 + 10000 × 20% = 12000

```
CMapStringToString map; // 맵 객체를 생성한다.
map.InitHashTable(12007); // 해시 테이블 크기를 12007로 바꾼다.
```

3.5 템플릿 맵 클래스 사용하기

비템플릿 클래스에서 제공하지 않는 데이터 타입의 경우에는 템플릿 클래스를 사용한다. MapTest2라는 MFC 콘솔 응용 프로그램을 만들고([실습 2-1]의 Console 프로젝트 생성 과정 참조), 다음 코드를 입력하여 실행해보자. 이 예제는 CString 타입을 키로 하고 UINT 타입을 데이터로 사용하는 맵을 만들어 사용하는 방법을 보여준다.

```
#include "pch.h"
#include "framework.h"
#include "MapTest2.h"
#include <afxtempl.h> // 템플릿 클래스 정의를 담고 있다.
...
// CString 타입에 해당하는 해시 함수가 없으므로 정의한다.
template <> UINT AFXAPI HashKey(CString& str)
{
    LPCTSTR key = (LPCTSTR)str;
    return HashKey(key); // LPCTSTR 타입의 해시 함수를 재호출한다.
}

int main()
{
    ...
        else
        {
            _tsetlocale(LC_ALL, _T("")); // 유니코드 한국어 출력에 필요

            // 맵(CString -> UINT) 객체를 생성하고 초기화한다.
            CMap<CString, CString&, UINT, UINT&> map;
```

```
        map[CString(_T("사과"))] = 10;
        map[CString(_T("딸기"))] = 25;
        map[CString(_T("포도"))] = 40;
        map[CString(_T("수박"))] = 15;

        // 특정 키값을 가진 데이터를 검색한다.
        UINT nCount;
        if (map.Lookup(CString(_T("수박")), nCount))
            _tprintf(_T("수박 %d상자가 남아 있습니다.\n"), nCount);
        }
    }
    else
    {
        wprintf(L"심각한 오류: GetModuleHandle 실패\n");
        nRetCode = 1;
    }
    return nRetCode;
}
```

결과

```
수박 15상자가 남아 있습니다.
```

MFC는 다음과 같은 기본 해시 함수를 정의하고 있으며, LPCTSTR 타입의 문자열을 비롯한 몇 개의 특수한 타입에 대해 별도로 HashKey() 함수를 구현해 제공한다.

■ **비주얼 C++ 2019의 HashKey() 정의**

```
template<class ARG_KEY>
AFX_INLINE UINT AFXAPI HashKey(ARG_KEY key)
{
    ldiv_t HashVal = ldiv((long)(ARG_KEY)key, 127773);
    HashVal.rem = 16807 * HashVal.rem - 2836 * HashVal.quot;
    if (HashVal.rem < 0)
        HashVal.rem += 2147483647;
    return ((UINT)HashVal.rem);
}
```

사용할 키의 데이터 타입이 정수(BYTE, WORD, …)/포인터/LPCTSTR/CComBSTR/VARIANT 중 하나가 아니라면 프로그래머가 해시 함수를 직접 정의해야 한다. MapTest2 예제는 CString 타입을 키로 사용하므로 다음과 같은 형태의 해시 함수를 정의했다.

```
UINT AFXAPI HashKey(CString& str);
```

CString 타입은 LPCTSTR 타입과 동등하게 취급할 수 있으므로, MapTest2 예제의 HashKey() 함수는 MFC에서 제공하는 LPCTSTR 타입의 해시 함수를 재호출하는 방식으로 구현했다. 만약 사용자가 적절한 해시 함수를 제공하지 않으면 프로그램은 컴파일조차 되지 않는다.

현장 팁 템플릿 클래스와 typedef

배열, 리스트, 맵 자료 구조를 사용할 때, 적용할 자료형에 대한 클래스가 존재하면 그대로 사용하면 된다. 하지만 자신이 정의한 구조체를 사용하는 경우가 많기 때문에, 이때 템플릿 클래스를 유용하게 사용할 수 있다. 그런데 템플릿 클래스는 매번 〈 〉를 사용하여 형을 지정해야 하기 때문에 선언하고 사용하는 데 불편한 점이 많다. 이 경우 다음과 같이 typedef 키워드를 사용하여 일반 클래스와 똑같이 사용할 수 있다.

```
typedef CList<RECT, RECT&> CListRect; // 자료형 정의

class MyClass
{
    ...
public:
    CListRect& GetListRect(void){ // 멤버 함수에서 활용
        return m_listRect;
    }
private:
    CListRect m_listRect; // 멤버 변수에서 활용
    ...
};

const CListRect& listRect = m_myclass.GetListRect(); // 다른 함수에서 활용
```

템플릿 클래스는 라이브러리 형태로 제공될 수 없고 반드시 헤더 형태로 제공된다. MFC의 경우 'afxtempl.h'가 그러한 헤더 파일이다. 바꾸어 말하면 템플릿 클래스 소스가 공개되어 있음을 의미한다. 따라서 템플릿 클래스에 대해 궁금한 점이 있으면 헤더 파일에서 구현 내용을 확인하면 된다. 또한 컴파일러는 사용하지 않는 템플릿 클래스 내 오브젝트 파일은 링크하지 않기 때문에 용량 문제에 대해 고민할 필요도 없다.

요약

01 유틸리티 클래스

윈도우 응용 프로그램에서 자주 사용되는 데이터 타입이나 기능을 좀 더 편리하게 사용할 수 있도록 MFC에서 제공하는 클래스다.

02 CString 클래스

가변 길이 문자열을 지원하며 문자열 조작을 위한 다양한 함수를 제공한다.

03 CPoint, CRect, CSize 클래스

POINT, RECT, SIZE의 파생 클래스이므로 POINT, RECT, SIZE 대신 사용할 수 있다.

CPOINT 클래스 : 점의 좌표를 저장한다.

CRECT 클래스 : 직사각형의 좌표를 저장한다.

CSIZE 클래스 : 폭과 높이를 저장한다.

04 CTime, CTimeSpan 클래스

CTime 클래스는 절대적인 시간을, CTimeSpan 클래스는 시간의 차이값을 처리한다.

05 집합 클래스

MFC가 제공하는 집합 클래스에는 배열, 리스트 맵 클래스가 있다.

06 배열 클래스

인덱스 오류 점검 기능을 가진 가변 길이 배열을 구현하며 템플릿을 사용한 사용자 정의형을 지원한다.

07 리스트 클래스

이중 연결 리스트로 구현되어 있으며 템플릿을 이용한 사용자 정의형을 지원한다.

08 맵 클래스

연결 리스트가 결합된 해시 테이블로 구현되어 있으며 템플릿을 이용한 사용자 정의형을 지원한다.

연습문제

01 Console 예제에 문자열 리소스(IDS_APP_TITLE)가 포함한 문자열을 'Console'에서 'World'로 수정하여 콘솔에 출력하도록 수정하시오.

HINT CString 생성자나 CString::LoadString() 함수 이용

02 Console 예제에 문자열 리소스(IDS_APP_TITLE)가 포함한 문자열을 'Console'에서 '콘솔'로 수정하여 콘솔에 출력하도록 수정하시오. 단, 한글이 정상적으로 출력되도록 하시오.

HINT CString 생성자나 CString::LoadString() 함수 이용

03 Console 예제에 "메시지입니다." 문자열을 문자열 리소스(ID는 IDS_MESSAGE)로 추가하고, CString 클래스를 이용하여 읽어 들여 콘솔에 출력하도록 수정하시오. 단, 한글이 정상적으로 출력되도록 하시오.

HINT CString 생성자나 CString::LoadString() 함수 이용

04 Console 예제에 "이름: %s, 나이: %d" 문자열을 문자열 리소스(ID는 IDS_FORMAT)로 추가하고, CString 클래스를 이용하여 자신의 이름과 나이를 문자열로 변환한 후 메시지 상자로 출력하도록 수정하시오

HINT CString::Format() 함수 이용

05 TCHAR[1024] 버퍼에 ::_tscanf_s() 함수로 영어 문자열을 입력받아 CString 객체로 만든 후, 소문자로 변경하여 메시지 상자로 출력하도록 Console 예제를 수정하시오.

HINT CString::MakeLower() 함수 이용, 문자열 입력은 TCHAR szBuf[1024]; ::_tscanf_s(_T("%s"), szBuf, (UINT)_countof(szBuf)); 구문 사용

06 TCHAR[1024] 버퍼와 ::_tscanf_s() 함수로 한글 문자열을 입력받아 CString 객체로 만든 후, 문자열에 있는 모든 "하세요" 문자를 "하시오" 문자로 대체하여 메시지 상자로 출력하도록 Console 예제를 수정하시오.

HINT CString::Replace() 함수 이용, 문자열 입력은 TCHAR szBuf[1024]; ::_tscanf_s(_T("%s"), szBuf, (UINT)_countof(szBuf)); 구문 사용

07 '1248+379'와 같이 덧셈 수식을 문자열로 입력받아 CString 객체로 만들고 CString 클래스로 문자열을 분석한 후, '1248 + 379 = 1627'과 같이 연산 결과를 메시지 상자로 출력하도록 Console 예제를 수정하시오. 단, 수식 문자열 내 공백과 음수는 입력할 수 없다.

HINT CString::Find(), Left(), Mid(), Format() 함수 이용, 문자를 숫자로 변경하는 ::_tstoi() 함수 이용, 문자열 입력은 TCHAR szBuf[1024]; ::_tscanf_s(_T("%s"), szBuf, (UINT)_countof(szBuf)); 구문 사용

08 'x 좌표 120, y 좌표 60에, 가로가 150이고 세로가 210'인 CRect 객체를 생성하고, 이 영역에 대한 중심 좌표(x, y)를 출력하도록 Console 예제를 수정하시오.

HINT CRect::CenterPoint() 함수 이용

09 직사각형 왼쪽 상단과 오른쪽 하단 좌표가 {120, 60, 270, 270}인 CRect 객체를 생성하고 이 영역의 크기(폭, 너비)를 출력하도록 Console 예제를 수정하시오.

HINT CRect::Size() 함수 이용

10 Console 예제를 다음과 같이 수정하시오. 먼저 직사각형 왼쪽 상단과 오른쪽 하단 좌표가 {120, 50, 280, 110}인 CRect 객체를 생성하고, 가로 47, 세로 143만큼 이동시킨다. 이 직사각형 왼쪽 상단과 오른쪽 하단 좌표(left, top, right, bottom)를 출력한다.

HINT CRect::OffsetRect() 함수 이용

11 Console 예제를 다음과 같이 수정하시오. 먼저 직사각형 왼쪽 상단과 오른쪽 하단 좌표가 {115, 245, 232, 397}인 CRect 객체를 생성하고, ::_tscanf_s() 함수로 "%d, %d" 형태로 특정 좌표(x, y)를 입력받아 CPoint 객체로 저장한다. 그리고 입력된 좌표가 해당 직사각형 내에 있으면 '내부'를, 그렇지 않으면 '외부'를 출력한다.

HINT CRect::PtInRect() 함수 이용, 좌표 입력은 CPoint pt; ::_tscanf_s(_T("%d, %d"), &pt.x, &pt.y); 코드 사용

12 Console 예제를 다음과 같이 수정하시오. 먼저 직사각형 왼쪽 상단과 오른쪽 하단 좌표를 ::_tscanf_s() 함수로 "%d, %d, %d, %d" 형태로 입력받아 CRect 객체를 생성한다. 그리고 입력한 좌표가 정상적인 직사각형(크기가 0이 아니고 좌표 배치가 정상)이면 '정상'을 출력하고, 그렇지 않으면 정상으로 수정한 뒤 그 직사각형 왼쪽 상단과 오른쪽 하단 좌표(left, top, right, bottom)를 출력한다.

HINT CRect::IsRectEmpty()와 CRect::NormalizeRect() 함수 이용, 좌표 입력은 CRect rect; ::_tscanf_s(_T("%d, %d, %d, %d"), &rect.left, &rect.top, &rect.right, &rect.bottom); 코드 사용

13 CTime 클래스를 이용해 현재 시각을 받아 '2020-01-27 18:26:10'와 같이 날짜와 시, 분, 초를 출력하도록 Console 예제를 수정하시오.

HINT CTime::GetCurrentTime()과 CTime::Format() 함수 이용

14 CTime 클래스를 이용해 현재 시각을 받아 협정 세계시(UTC, Universal Time Coordinated)로 변환하여 'Wednesday, January 29, 2020'과 같이 요일과 날짜를 출력하도록 Console 예제를 수정하시오.

HINT CTime::GetCurrentTime()과 CTime::FormatGmt() 함수 이용

15 CTime과 CTimeSpan 클래스를 이용해 오늘부터 1000일째 되는 기념일을 계산하여 '2022년 10월 25일'과 같이 날짜를 출력하도록 Console 예제를 수정하시오. 단, 한글이 정상적으로 출력되도록 하시오.

HINT CTime::GetCurrentTime(), CTime::operator+() 함수와 CTimeSpan 클래스 생성자 이용

16 ArrayTest1 예제를 다음과 같이 수정하시오. 먼저 양수 2개를 ::_tscanf_s() 함수로 "%d, %d" 형태로 입력받는다. CUIntArray 클래스를 이용해 두 숫자를 포함한 범위 수를 모두 입력(예를 들어, 1부터 100까지)하고, 입력된 값을 역순으로 출력하고 '합: 5050, 평균: 50' 형태로 출력한다. 단, 한글이 정상적으로 출력되도록 하시오.

HINT 숫자 입력은 UINT a, b; ::_tscanf_s(_T("%d, %d"), &a, &b); 코드 사용

17 Point3D 구조체에 'COLORREF color' 멤버를 추가한 Point3DColor 구조체를 정의하고, 임의의 색상 값으로 초기화하고 해당 색상 값을 함께 출력하도록 ArrayTest2 예제를 수정하시오.

HINT CArray〈Point3DColor, Point3DColor&〉 클래스 이용

18 CStringList 클래스 대신 CList〈 〉 템플릿 클래스를 사용하도록 ListTest1 예제를 수정하시오.

HINT CList〈CString, LPCTSTR〉 클래스 이용

19 ListTest2 예제를 다음과 같이 수정하시오. 먼저 CList〈 〉 템플릿 클래스를 사용하여 1부터 10까지 값을 보관한다. 그런 뒤 ::_tscanf_s() 함수로 "%d" 형태로 1~10 사이 값을 입력받아 목록에서 검색하여 삭제한다. 삭제 후 남은 목록을 출력하고 목록에 숫자가 남지 않을 때까지 반복한다.

HINT CList〈UINT, UINT&〉 클래스와 CList::RemoveAt() 함수 이용. 숫자 입력은 UINT nItem = 0; ::_tscanf_s(_T("%d"), &nItem); 코드 사용

20 다음 표를 구성하는 데이터를 보관하고 이름을 입력하면 키를 출력하고 키를 입력하면 관련된 이름을 모두 출력하도록 MapTest2 예제를 수정하시오.

HINT CMap〈CString, CString&, UINT, UINT&〉 클래스 이용. 문자열 입력은 TCHAR szName[100]; ::_tscanf_s(_T("%s"), szName, (UINT)_countof(szName)); 코드 사용

이름	키(cm)	이름	키(cm)	이름	키(cm)
전승환	172	김순희	159	김정훈	170
박철수	164	박상훈	177	한수길	168
이해인	158	최규석	172	정지민	172
구오성	182	백설현	168	최진	179

현장의 목소리

유니코드UNICODE와 멀티바이트 문자집합MBCS

컴퓨터 문자집합CS, Character Set 탄생 시초는 ANSIAmerican National Standards Institute가 제정한 ASCIIAmerican Standard Code for Information Interchange 코드로, 미국 태생이라 영어 위주로 구성되어 있다. 영어는 8비트, 즉 1바이트로 표현될 수 있었으나, 한국어를 포함하여 중국어나 일본어 등은 그렇지 못했다. 이 때문에 16비트, 즉 2바이트로 글자를 표시하였는데, 이러한 방식을 DBCSDouble-Byte Character Set라고 한다. 이는 앞서 ASCII 코드는 SBCSSingle-Byte Character Set라고 하여 DBCS와 구분된다(SBCS와 DBCS 구분은 최상위 비트MSB, Most Significant Bit가 1인지 여부로 구분한다).

그러던 중 1980년대 후반부터 미국을 중심으로 한 다국적 기업들이 동양권 컴퓨터 시장을 공략하기에 가장 걸림돌이었던 문자 코드 문제를 해결하고자 하였다. 그 해결 방안으로 16비트(2바이트) 코드로 문자 코드 확장을 제시하였고, 국제 표준화 기구ISO와 마이크로소프트, IBM, 애플 등 유니코드 진영을 중심으로 국제 문자 코드가 정의되어 현재 유니코드로 발전해 오게 되었다. 이러한 유니코드는 앞서 MBCS와 구분하여 WBCSWide-Byte Character Set라고도 부른다. 이러한 문자집합을 정리하면 다음과 같다:

- **SBCS**Single-Byte Character Set : ASCII 코드
- **DBCS**Double-Byte Character Set : 한글 코드EUC-KR, 중국어, 일본어 등
- **MBCS**Multi-Byte Character Set : SBCS + MBCS
- **WBCS**Wide-Byte Character Set : 유니 코드UNICODE, UTF-8, UTF-16 등

실제로 ANSI(MBCS)와 유니코드 차이를 살펴 보도록 하자. 메모장(Notepad.exe)을 실행한 후 다음 화면과 같이 "ABC123안녕"을 입력해 보도록 하자. 그리고 파일로 저장할 때, 다음 화면과 같이 아래쪽에 '인코딩(E)'을 지정하는 콤보 박스를 확인할 수 있다. 한 번은 인코딩을 'ANSI'로, 다른 한 번은 인코딩을 'UTF-16 LE'로 지정하여, 서로 다른 이름으로 저장해 보자. 그리고 다음 화면과 같이, 텍스트 파일을 각각 비주얼 C++ 바이너리 편집기로 열어 보자(파일을 열 때 〈열기(O)〉 버튼 오른쪽 화살표를 클릭하여, [연결 프로그램(W)...] 팝업 메뉴를 선택하면, 연결 프로그램을 선택할 수 있다).

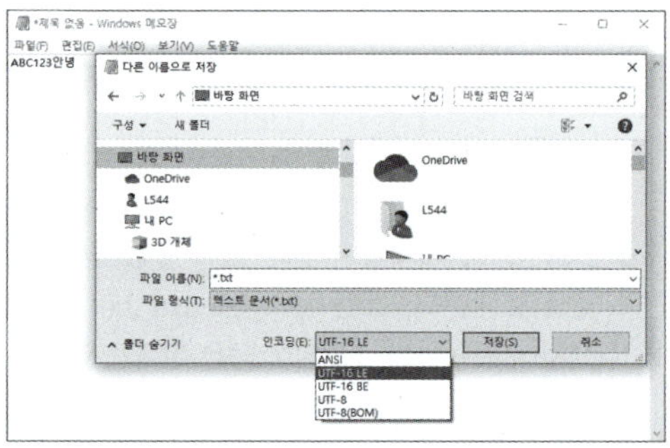

▲ 메모장에서 ANSI와 유니코드로 문자열 저장

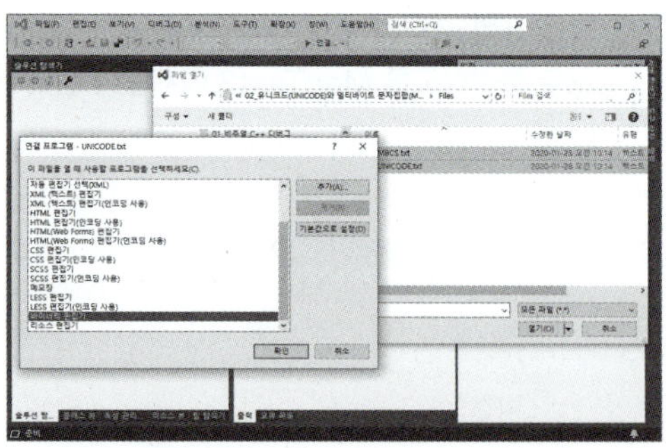

▲ 텍스트 파일을 비주얼 C++의 바이너리 편집기로 열기

ANSI로 저장한 MBCS.txt 파일에 대한 이진 코

드를 살펴보면, 'ABC'와 '123'의 영문과 숫자가 각각 1바이트씩 할당된 내역을 확인할 수 있다. 아울러 '안녕'으로 입력한 한글은 오른쪽 화면에는 표시되지 않지만, 각각 'BE C8'과 'B3 E7'로, 각각 2바이트씩 할당된 내역도 확인할 수 있다.

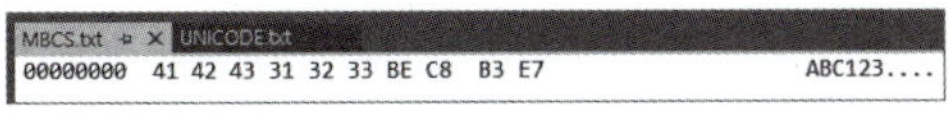

▲ ANSI(MBCS) 텍스트 파일을 비주얼 C++ 바이너리 편집기로 열기

반면 UNICODE로 저장된 UNICODE.txt 파일에 대한 이진 코드를 살펴보면, 'A'가 '41 00', 'B'가 '42 00', 'C'가 '43 00'으로 각각 2바이트씩 할당된 내역을 확인할 수 있다. 그러나 영문이어서 '00', 1바이트를 제외하면 앞서 ANSI로 저장된 ASCII 코드와 동일하다. 숫자 '123'의 경우도 영문과 마찬가지로 2바이트씩 할당되어, '31 00', '32 00', '33 00'으로 '00'만 제외하면 ASCII 코드와 유사하다. 하지만 한글 '안녕'의 경우, '48 35'와 '55 B1'으로 앞서 MBCS 문자 코드와 완전히 다르다.

참고 UNICODE.txt에서 첫 2바이트인 'FF FE'는 텍스트 파일이 유니코드(UTF-16 LE; Little Endian) 임을 나타내는 코드로, ANSI(MBCS) 텍스트 파일에서는 이러한 코드가 존재하지 않는다.

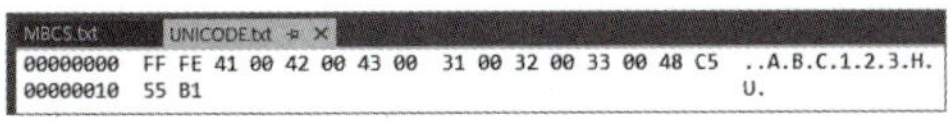

▲ 유니코드 텍스트 파일을 비주얼 C++ 바이너리 편집기로 열기

비주얼 C++ 프로젝트로 돌아와서 소스 코드 내 문자열과 프로젝트 설정에 대해 살펴보도록 하자. [프로젝트(P)]-[속성(P)] 메뉴 또는 Alt+F7 단축키를 사용하여 프로젝트 속성 창을 열고, 다음 화면과 같이 [구성 속성]-[고급]-[고급 속성] 탭에 [문자 집합] 항목을 확인할 수 있다.

여기에서 '유니코드 문자 집합 사용'과 '멀티바이트 문자 집합 사용'을 선택할 수가 있으며, 기본값은 '유니코드 문자 집합 사용'이다.

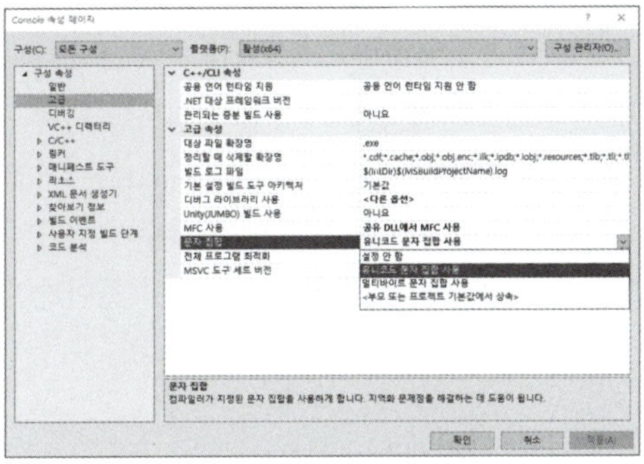

▲ 프로젝트에서 사용하는 문자 집합 설정

먼저 [문자 집합] 항목이 '유니코드 문자 집합 사용'으로 되어 있는 상태에서 다음 소스 코드를 비주얼 C++ 프로젝트에 입력하고 컴파일해 보자. 어느 부분에서 컴파일 오류가 발생하는가? 확인이 끝나면 반대로 [문자 집합] 항목을 '멀티바이트 문자 집합 사용'으로 설정한 후 다시 컴파일해 보자. 이번에는 어느 부분에서 컴파일 오류가 발생하는가? 위쪽 문자열은 ANSI MBCS 형태이고, 아래쪽 문자열은 유니코드 형태로 파싱된다. 따라서 프로젝트에 대한 문자 집합 설정을 아무리 변경해도 두 개 문자열이 동시에 컴파일되지는 않는다.

```
{
    ...
    ::OutputDebugString( "안녕하세
      요?" ); // ANSI: "문자열"
    ::OutputDebugString( L"안녕하세
      요?" ); // 유니코드: L"문자열"
    ...
}
```

컴파일이 되지 않는 이유를 확인하기 위해, 〈debugapi.h〉 헤더 파일에 있는 ::OutputDebugString() API 함수 정의를 보면 다음과 같이 UNICODE 정의에 따라 함수를 다르게 처리하는 내역을 확인할 수 있다. 프로젝트 설정에서 '유니코드 문자 집합 사용'을 설정하면 전처리기에 UNICODE가 정의되고, 유니코드를 처리하는 OutputDebugStringW() 함수가 컴파일된다. 그런데 여기에 ANSI 문자열이 들어가면 컴파일 오류가 발생하게 되는 원리이다.

```
#ifdef UNICODE
#define OutputDebugString
        OutputDebugStringW
#else
#define OutputDebugString
        OutputDebugStringA
#endif // !UNICODE
```

프로젝트의 문자 집합 설정은 프로젝트 성격이나 상황에 따라 변경할 수 있는데 그에 맞춰 문자열에 해당하는 소스 코드를 매번 변경해야 한다면 아주 번거로운 작업일 수 밖에 없다. 이를 위해 프로젝트가 설정한 문자 집합과 무관하게 사용할 수 있는 문자 자료형이 바로 'TCHAR'이다. TCHAR는 〈winnt.h〉에 정의되어 있으며, 간략하게 정리해 보면 다음과 같다. 역시 UNICODE 정의에 따라 TCHAR는 ANSI(MBCS) 문자집합인 'char'가 되기도 하고, 유니코드 문자집합인 'WCHAR(wchar_t)'가 되기도 한다.

```
#ifdef  UNICODE
typedef wchar_t     TCHAR;
#else
typedef char        TCHAR;
#endif
```

TCHAR를 사용하기 위한 문자열은 _T() 또는 TEXT() 매크로를 사용한다. 앞서 소스 코드의 문자열은 다음과 같이 표현할 수 있으며, 이제 프로젝트가 설정한 문자 집합과 무관하게 항상 성공적으로 컴파일이 된다. 이제부터 모든 문자열에 _T() 매크로를 사용하는 습관을 들이도록 하자.

```
{
    ...
    ::OutputDebugString( _T("안녕하
      세요?") );
    // Generic: _T("문자열")
    ...
}
```

또한 API 함수나 CRTC Run-time Library가 제공하는 C 함수도 TCHAR 지원용 함수를 사용한다. 예를 들어, ANSI 문자열을 위한 ::strcpy() 함수를 사용하고자 할 때, Visual Studio 설명서를 참고하면 다음과 같은 표를 확인할 수 있다. 이를 바탕으로 ::strcpy() 대신 ::_tcscpy() 함수를 사용하면 된다.

▼ 문자열 방식에 따른 strcpy 함수의 종류

TCHAR.H routine	_UNICODE & _MBCS not defined	_MBCS defined	_UNICODE defined
_tcscpy	strcpy	_mbscpy	wcscpy

비주얼 C++에서 문자와 관련하여 사용하는 기호를 정리해 보면 다음과 같다. A는 'ANSI'를 의미하며, MBCS를 포함한다. W는 WBCS를 의미하며 유니코드를 의미한다. T는 'TEXT'를 의미하며, 프로젝트에 설정된 문자 집합에 따라 가변적이다. 이를 바탕으로 한 자료형 명명Naming 규칙은 다음 그림에 도시한 바와 같다.

▼ 문자 관련 기호의 의미

기호	자료형	의미	문자열 기호
A	(L)P(C) STR	ANSI(MBCS)	"문자열" (아무 것도 없음)
W	(L)P(C) WSTR	유니코드 (WBCS)	L"문자열"
T	(L)P(C) TSTR	TEXT(Generic)	_T("문자열")

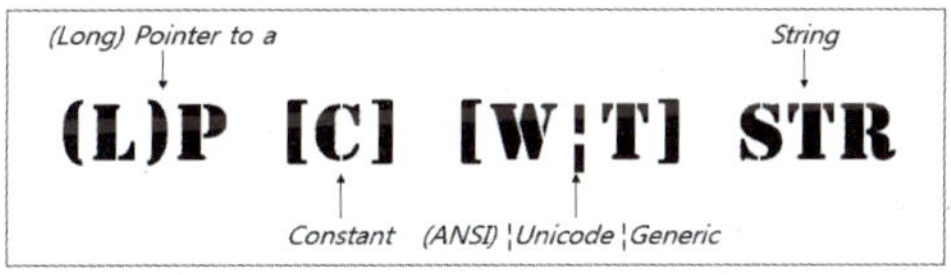

▲ 문자 관련 자료형 명명 규칙

이제 다른 해결해야 할 문제가 남았다. 바로 ANSI(MBCS)와 유니코드 간 문자 변환 방법이다. 영문과 숫자 등 ASCII 코드를 제외하고는, 수동으로 문자열을 변환하는 것은 문자 테이블을 모두 갖고 있지 않는 한 하기 어려운 일이다. 이를 위해 제공되는 API 함수로 ::MultiByteToWideChar() 함수와 ::WideCharToMultiByte() 함수 등이 있다.

다음 코드는 API 함수를 이용하여 MBCS 문자열을 유니코드 문자열로 정석으로 변환 방법을 보여주고 있다. 문자열 변환 함수는 복잡할 뿐만 아니라 가장 골치 아픈 문제인 '메모리 할당과 해제'도 포함하고 있다. 이 때문에 다음과 같은 번거로운 코드를 항상 작성해야 한다.

```
// lpszA에 MBCS 문자열이 전달됨
LPSTR lpszA = ...;

// 필요한 메모리 크기 계산
int nLen = ::MultiByteToWideChar(
CP_ACP, 0, lpszA, -1, NULL, NULL );

// 메모리 할당
LPWSTR lpszW = new WCHAR[ nLen ];

// MBCS -> 유니코드 문자열 변환 수행
::MultiByteToWideChar( CP_ACP, 0,
lpszA, -1, lpszW, nLen );

// 유니코드를 사용하는 함수 호출
::OutputDebugStringW( lpszW );

// 메모리 해제
delete[] lpszW;
```

위 코드는 번거로울 뿐만 아니라 스택stack이 아닌 힙heap에 메모리를 할당하기 때문에 성능도 저하시킨다. 이러한 문제점을 개선하기 위해 ATLActive Template Library에서는 문자열 변환과 관련하여 매크로를 정의하였다. 매크로의 도입 취지는 다음과 같다:

① 플랫폼 간 차이를 자동 처리할 수 있어야 함
Mask the difference between the various platforms

② 효율적인 메모리 할당 방식을 사용해야 함
Use an efficient memory allocation scheme

③ 기존 코드에 삽입하기 쉬워야 함
Easy to insert into the existing source code

이에 따라 다음과 같이 정의된 매크로가 생겨났

다. 이들 매크로는 내부적으로 ::_alloca() 함수를 사용하여 힙 대신 스택에 메모리를 할당한다. 스택에서 메모리를 할당하면 힙에서 메모리를 할당하는 것보다 빠를 뿐만 아니라, 함수가 끝나면 자동으로 메모리가 해제되기 때문에 별도로 free() 할 필요도 없다.

▼ 문자열 변환 매크로

A2T	T2A	W2A
A2W	T2W	W2T
A2CT	T2CA	W2CA
A2CW	T2CW	W2CT

이 매크로를 사용하면 복합했던 이전 코드가 다음과 같이 "간단하고 효율적인simple and effective" 코드로 바뀌게 된다. USES_CONVERSION 매크로는 필요한 임시 변수 선언 등을 포함하고 있다. 매크로 사용 전에 블록 내에서 한 번만 선언하면 된다.

참고 ATL 문자열 변환 매크로는 〈atlconv.h〉 정의되어 있다. 컴파일이 되지 않는 경우, 〈pch.h〉 헤더 파일에 '#include 〈atlconv.h〉' 구문을 추가한다.

```
{
    USES_CONVERSION;
    ::OutputDebugStringW(A2W(lpszA));
}
```

CHAPTER 03
MFC 프로그램 구조

학습 목표

- MFC 발전 과정과 주요 특징을 개괄적으로 이해한다.
- MFC 최상위 클래스인 CObject가 제공하는 서비스를 이해한다.
- MFC가 제공하는 전역 함수 사용법을 익힌다.
- 응용 프로그램 마법사가 자동으로 생성하는 코드 구조를 이해한다.

01 MFC 개요

MFC는 MS에서 윈도우 응용 프로그램 개발을 위해 만든 C++ 클래스 라이브러리다. C/C++ 표준 라이브러리가 범용인 것에 반해 MFC는 윈도우 응용 프로그램 개발을 위해 특화된 것이다. 이 절에서는 MFC 발전 과정과 주요 특징을 살펴보고, MFC를 사용하면 얻을 수 있는 이점을 소개한다.

1 MFC 발전 과정

MFC 발전 과정은 개발 도구와 밀접하게 관련되어 있다. 1992년에 처음 발표된 이후로 MFC의 버전별 발전 과정과 주요 특징을 개발 도구와 더불어 정리하면 [표 3-1]과 같다.

표 3-1 MFC 발전 과정

연도	개발 도구	MFC 버전	주요 특징
1992	MS C/C++ 7.0	1.0	16비트 윈도우 API를 클래스화, OLE 1.0 지원
1993	비주얼 C++ 1.0	2.0	도큐먼트/뷰 구조 도입, DDX/DDV 지원 AppWizard/ClassWizard를 이용한 코드 생성 지원
1993	비주얼 C++ 1.5x	2.5x	OLE 2.0 지원, ODBC 클래스 추가 속성 페이지/시트 추가
1994	비주얼 C++ 2.x	3.x	32비트 윈도우 API로 전환, 멀티스레드 지원 소켓/MAPI 클래스 추가
1995	비주얼 C++ 4.x (mfc40.dll)	4.x	컨트롤 클래스 추가, DAO와 32비트 ODBC 지원 인터넷 관련 클래스 추가
1997	비주얼 C++ 5.0 (mfc42.dll)	4.21	ATL 추가, 액티브 도큐먼트 지원 DAO 3.5/ODBC 3.0 지원, 인터넷 프로그래밍 지원 향상
1998	비주얼 C++ 6.0 (mfc42.dll)	6.0	ATL 업그레이드, 동적 HTML 지원(CHtmlView) OLE DB 클래스 추가, ADO 지원, 자잘한 클래스 추가/갱신
2002	비주얼 C++ .NET (mfc70.dll)	7.0	MFC와 ATL의 통합 강화 CException 클래스를 추상 클래스로 변경 CString과 BSTR 사이의 변환 방법 변경 CFile 클래스 변경(64비트 옵셋 지원) CTime 클래스 변경(64비트 시간 지원) 부울식Boolean Expression 의미 변경(BOOL → bool) ON_MESSAGE 매크로의 매개변수 타입 변경 OLE DB 템플릿 변경

2003	비주얼 C++ .NET 2003 (mfc71.dll)	7.1	ATL 일부 변경
2005	비주얼 C++ 2005 (mfc80.dll)	8.0	ATL 업그레이드 Windows Forms 지원 CTime 클래스 변경(1970년 이후 → 1900년 이후 지원)
2007	비주얼 C++ 2008 (mfc90.dll)	9.0	윈도우 비스타 공용 컨트롤 지원
2008	비주얼 C++ 2008 Feature Pack(mfc90. dll)	9.0	현대적 UI 지원을 위한 다수의 클래스 추가
2010	비주얼 C++ 2010 (mfc100.dll)	10.0	윈도우 7에 새로 도입된 UI 지원을 위한 클래스 추가 멀티터치와 고해상도 인식 기능 지원 다시 시작 관리자Restart Manager 추가 AfxMessageBox()를 대체할 CTaskDialog 클래스 추가 애니메이션과 Direct2D 그래픽스 지원
2012	비주얼 C++ 2012 (mfc110.dll)	11.0	MFC 라이브러리와 정적 링크 시 실행 파일 크기 축소 버그 수정, 윈도우 XP/서버 2003 지원 중단 (SP1 설치 시 윈도우 XP/서버 2003용 코드 생성 지원)
2013	비주얼 C++ 2013 (mfc120.dll)	12.0	버그 수정, 윈도우 XP/서버 2003용 코드 생성 지원
2015	비주얼 C++ 2015 (mfc140.dll)	14.0	버그 수정 MFC DLL 이름 통합
2017	비주얼 C++ 2017 (mfc140.dll)	14.1x	
2019	비주얼 C++ 2019 (mfc140.dll)	14.2x	

참고 괄호 안은 MFC 핵심 DLL 이름이다. 비주얼 C++ 2015/2017/2019는 핵심 DLL 이름이 같다.

MFC는 2.0 버전에서 응용 프로그램의 핵심 구조인 도큐먼트/뷰 구조를 도입하였고, 이후로는 기본 구조를 유지한 상태에서 윈도우 운영체제의 변화와 기술 발전에 따라 새로운 클래스를 계속 추가하면서 발전해왔다.

MFC는 클래스 라이브러리가 제공하는 뛰어난 기능과 개발 도구와의 조화로운 연동을 바탕으로 프로그램 개발에 높은 생산성을 부여한다. 이러한 이유로 고성능 윈도우 응용 프로그램을 개발하기 위한 최적의 솔루션으로 인정받고 있다.

이러한 추세에서 MS는 2002년에 비주얼 스튜디오 .NET을 발표하면서 여러 종류의 개발툴을 선보였는데 그 중 비주얼 C++.NET은 윈도우 운영체제에서 네이티브 코드Native Code를 생성할 수 있는 유일한 툴로 거듭났다. 이로 인해 MFC는 비주얼 C++에서 핵심적인 위치를 차지하게 되었고, 네이티브 윈도우 응용 프로그램을 개발하려면 반드시 배워야 할 개발툴로 자리 잡았다.

여기서 잠깐! 비주얼 C++ 6.0 이후 버전의 코드 생성 형태

비주얼 C++ 6.0 이후 발표된 비주얼 C++ 제품은 다음 두 가지 형태의 코드 생성을 지원한다.

❶ 네이티브 코드 Native Code

CPU가 곧바로 수행할 수 있는 코드로, 윈도우에서 실행되는 대부분의 응용 프로그램이 여기에 속한다. 네이티브 코드로 작성되어 CPU에서 곧바로 수행되는 프로그램을 .NET 응용 프로그램과 구분하기 위해 네이티브 응용 프로그램이라 부른다.

❷ 관리 코드 Managed Code

개발 언어의 종류와 상관없이 단일 형태로 생성되는 중간 코드(자바의 바이트 코드와 비슷)로, 실행하기 위해서는 .NET 플랫폼에서 변환 과정을 거쳐야 한다. 여기서 .NET 플랫폼은 자바 가상 기계(Java Virtual Machine; JVM)와 비슷한 개념으로, MS에서 소프트웨어적으로 구현한 프로그램 실행 플랫폼으로 이해하면 된다. 관리 코드로 작성되어 .NET 플랫폼에서 변환 과정을 거쳐야 실행되는 프로그램을 .NET 응용 프로그램이라 부른다.

2 MFC 주요 특징

MFC의 특징을 이해하기 위한 좋은 방법은 발전 과정과 더불어 설계 목표를 살펴보는 것이다. 다음 내용은 Visual Studio 설명서를 참조하여 설계 목표(또는 설계 철학)를 정리하고 주요 특징을 요약한 것이다.

- **윈도우 응용 프로그램을 작성하는 데 드는 수고를 크게 덜어준다** : MFC는 일반 윈도우 응용 프로그램에서 거의 공통으로 사용하는 기능을 잘 검증된 C++ 클래스 라이브러리로 제공한다. 따라서 사용자는 제공되는 라이브러리를 재사용함으로써 개발 기간을 줄이고 프로그램의 고유한 기능 구현에 집중할 수 있다. 또한, MFC는 비주얼 C++에서 제공하는 응용 프로그램 마법사나 클래스 마법사 같은 자동화된 코드 생성 도구의 지원을 받아 프로그래머의 코딩 시간을 단축할 수 있다.
- **API를 기반으로 한 SDK 프로그램과 대등한 속도를 가진다** : MFC는 내부적으로 인라인Inline 함수를 많이 사용하여 클래스 라이브러리가 제공하는 부가 코드로 인한 실행 속도 저하를 최소화한다.
- **코드 크기 증가를 최소화한다** : MFC가 제공하는 기능은 DLL 형태로도 제공되므로 실행 파일 크기가 불필요하게 커지는 것을 막을 수 있다. 물론 이런 경우에는 실행 파일과 더불어 MFC 관련 DLL 파일을 반드시 같이 배포해야 한다.
- **API 함수를 직접 호출할 수 있다** : MFC는 C++ 언어로 작성되었으므로 C 언어를 기반으로 하는 API 함수를 자유롭게 호출할 수 있다. MFC 응용 프로그램에서는 다음과 같은 형태로 API 함수를 호출하여 사용한다. 실제로 MFC가 모든 API 함수의 기능을 라이브러리 형태로 제공하지는 않기 때문에, API를 직접 호출하는 것은 선택 사항이 아니라 필수 사항인 경우가 많다.

```
::ReleaseCapture(); // MFC에서 제공하지 않는 기능이므로 API 함수를 직접 호출한다.
```

- **C 언어로 작성된 윈도우 응용 프로그램을 C++ 언어로 쉽게 바꿀 수 있다** : C++ 언어는 C 언어를 모두 포함하므로 기존 C 언어로 작성된 응용 프로그램 코드를 C++ 언어로 쉽게 변환할 수 있다.
- **SDK 프로그래밍에 대한 기반 지식을 재활용할 수 있다** : 많은 MFC 함수는 동일한 기능을 가진 API 함수와 이름이 같게 설계되었다. 따라서 SDK 프로그래밍, 다시 말해서 API에 대한 지식이 있으면 MFC를 수월하게 배울 수 있다.
- **C++ 언어를 이용하여 기존 C 언어에 비해 API를 편하게 사용할 수 있다** : MFC는 C++ 언어가 가진 디폴트 인자Default Argument의 장점을 최대한 활용한다. 자주 사용하지 않는 인자를 가급적 뒤에 위치시켜 디폴트 인자로 처리함으로써 동일 기능을 수행하는 API에 비해 함수를 좀 더 편하게 사용할 수 있다.

다음은 스레드를 생성하는 기능을 가진 API와 MFC 함수다. API 함수는 총 여섯 개의 인자가 필요하지만 MFC 함수는 처음 두 개만 사용해도 충분한 경우가 많다. 나머지 네 개는 디폴트 인자로 처리되어 있기 때문이다.

```
HANDLE CreateThread (
    LPSECURITY_ATTRIBUTES lpThreadAttributes,
    SIZE_T dwStackSize,
    LPTHREAD_START_ROUTINE lpStartAddress,
    LPVOID lpParameter,
    DWORD dwCreationFlags,
    LPDWORD lpThreadId
);
```

▲ 스레드를 생성하는 API 함수

```
CWinThread* AfxBeginThread (
    AFX_THREADPROC pfnThreadProc,
    LPVOID pParam,
    int nPriority = THREAD_PRIORITY_NORMAL,
    UINT nStackSize = 0,
    DWORD dwCreateFlags = 0,
    LPSECURITY_ATTRIBUTES lpSecurityAttrs = NULL
);
```

▲ 스레드를 생성하는 MFC 함수

• **API를 직접 사용해서 구현하면 복잡도가 높은 부분을 MFC를 이용하면 간단히 구현할 수 있다** : MFC는 인쇄 기능 지원, 툴바와 상태바 처리, 데이터베이스 지원, OLE와 액티브X 등의 기술을 쉽게 응용할 수 있도록 잘 설계되고 검증된 수많은 코드를 제공한다.

현장 팁 **빠른 개발(1) 디폴트 인자 활용**

MFC가 제공하는 함수의 디폴트 인자를 잘 활용하는 것도 중요하지만, 디폴트 인자를 자신이 개발하는 클래스나 함수에 사용하는 방법도 알아야 한다. 다음과 같이 멤버 함수를 구현하여 여러 곳에서 사용하고 있다고 하자.

```
class MyClass
{
    ...
    int MyFunc( int iPos ); // 멤버 함수
    ...
};
int i = myclass.MyFunc( 3 ); // 멤버 함수 사용
```

개발하다가 MyFunc() 멤버 함수에 인자가 더 필요하게 되었다. 이미 사용되는 곳에 영향을 주지 않고 인자를 추가할 수 있는 방법이 디폴트 인자를 사용하는 것이다. 멤버 함수를 다음처럼 변경해 보자.

```
class MyClass
{
    ...
    int MyFunc( int iPos, TCHAR *pszName=NULL ); // 수정된 멤버 함수
    ...
};
int i = myclass.MyFunc( 3 ); // 기존 사용: 변화 없음
int j = myclass.MyFunc( 5, _T("Test") ); // 새 인자 사용
```

MyFunc() 멤버 함수에서 pszName 인자가 NULL이면 종전과 같은 기능을 수행하고, NULL이 아니면 추가된 기능을 수행한다. 설계가 완전하지 않은 채 개발하다가 자주 발생하므로 기억해 두면 좋다.

02 MFC 구조

지금까지 MFC 발전 과정과 주요 특징을 알아보았다. 이제부터는 MFC의 전체 구성을 살펴보고, 최상위 클래스인 CObject가 제공하는 서비스와 전역 함수를 소개한다.

1 MFC 구성 요소

MFC를 구성하는 요소는 [그림 3-1]과 같이 크게 두 영역으로 나눌 수 있다.

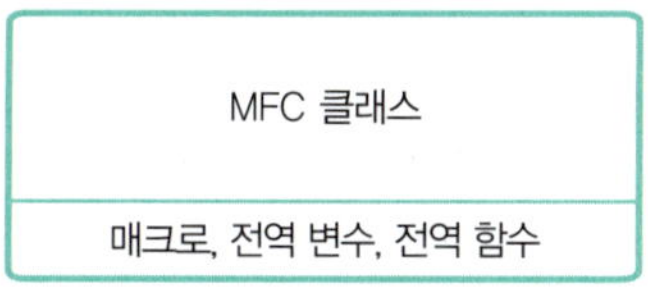

그림 3-1 MFC 구성 요소

가장 핵심 요소는 MFC 클래스이다. [그림 3-2]는 MFC 클래스를 범주별로 구분하여 표시한 계층도이다. MFC 클래스는 크게 두 부류로 나누는데, 하나는 CObject 클래스에서 파생하는 부류(MFC 10.0 기준으로 500여 개 클래스)이고, 다른 하나는 CObject에서 파생하지 않고 독립적으로 존재하는 부류(MFC 10.0 기준으로 110여 개 클래스)이다. 2장에서 배운 배열, 리스트, 맵 클래스는 CObject의 파생 클래스에 속한다.

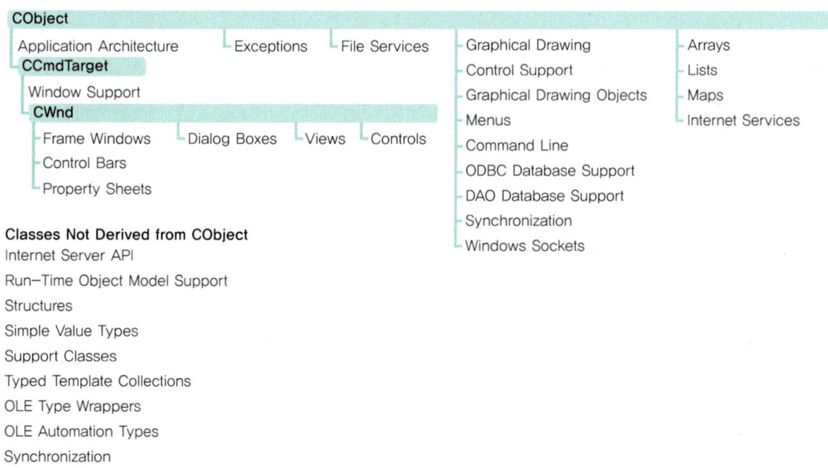

그림 3-2 MFC 클래스 계층도

2 CObject 클래스

CObject 클래스는 MFC의 최상위 클래스로, 전체 클래스의 80%MFC 10.0 기준 정도가 CObject의 파생 클래스이다. CObject 클래스가 제공하는 멤버 변수와 멤버 함수의 개수는 많지 않으나 MFC 응용 프로그램을 구동하는 데 필수적인 기능을 제공한다. [표 3-2]는 CObject 클래스가 제공하는 서비스를 요약한 것이다. 각 서비스에 대한 이해는 MFC 응용 프로그램을 작성하는 데 기본이 되므로 상세히 다룬다.

표 3-2 CObject 서비스

서비스 이름	기능
실행 시간 클래스 정보	프로그램 실행 중 객체 정보를 알아낸다.
동적 객체 생성	객체를 동적으로 생성한다.
직렬화	객체를 저장하거나 읽어 들인다.
타당성 점검	객체 상태를 점검한다.
집합 클래스와의 호환성	서로 다른 클래스 객체를 집합 클래스에 저장할 수 있다.

MFC 클래스는 물론이고 사용자 정의 클래스도 직접 혹은 간접적으로 CObject 클래스를 상속받으면 [표 3-2]에 있는 CObject 서비스를 동일하게 사용할 수 있다.

```
class CMyClass : public CObject // CMyClass도 CObject 서비스를 사용할 수 있다.
{
    ...
}
```

▲ 사용자 정의 클래스

2.1 실행 시간 클래스 정보

실행 시간 클래스 정보RTCI, Run-Time Class Information 기능을 사용하면 프로그램 실행 중에 객체 정보를 알아낼 수 있다. 여기서 객체 정보란 해당 객체의 타입 정보(클래스 이름, 베이스 클래스 정보), 객체 크기 등을 의미한다. 하지만 어떤 클래스가 CObject 클래스를 직접 혹은 간접적으로 상속받는다고 해서 이러한 기능을 바로 사용할 수 있는 것은 아니다. 다음 코드와 같이 두 개의 매크로를 클래스 선언부와 정의부에 각각 포함해야 한다.

```
/* MyClass.h */
class CMyClass : public CObject
{
    DECLARE_DYNAMIC(CMyClass)
    ...
};

/* MyClass.cpp */
#include "MyClass.h"
IMPLEMENT_DYNAMIC(CMyClass, CObject)
...
```

▲ 실행 시간 클래스 정보 기능 추가

다음 코드는 실행 시간 클래스 정보 기능을 사용하는 예이다. 해당 객체가 CObject 클래스를 직접 혹은 간접적으로 상속받았다면 CObject 클래스에서 제공하는 멤버 함수인 IsKindOf()를 사용할 수 있다. pObj가 가리키는 객체 타입을 프로그램 실행 중에 정확히 판단할 수 있으므로 객체 종류에 따라 적절히 처리할 수 있다.

```
BOOL IsMyClass(CObject *pObj)
{
    // pObj가 가리키는 객체가 CMyClass 타입인지 확인한다.
    if(pObj->IsKindOf(RUNTIME_CLASS(CMyClass)){
        ...
    }
    else{
        ...
    }
}
```

▲ 실행 시간 클래스 정보 사용 예

2.2 동적 객체 생성

동적 객체 생성Dynamic Object Creation 기능을 이용하면 메모리를 동적으로 할당받아 객체를 생성할 수 있다. C++ 언어의 new 연산자와 본질적으로 동일하다고 볼 수 있다. 동적 객체 생성 기능을 사용하려면 다음 코드와 같이 두 개의 매크로를 클래스 선언부와 정의부에 각각 포함해야 하며, 클래스의 기본 생성자가 반드시 존재해야 한다.

```
/* MyClass.h */
class CMyClass : public CObject
{
    DECLARE_DYNCREATE(CMyClass)
public:
    CMyClass(); // 기본 생성자가 반드시 있어야 한다.
    ...
};

/* MyClass.cpp */
#include "MyClass.h"

IMPLEMENT_DYNCREATE(CMyClass, CObject)
...
```

▲ 동적 객체 생성 기능 추가

다음 코드는 동적 객체 생성 기능을 사용하는 예이다. 여기서 CRuntimeClass::CreateObject() 함수는 객체를 동적으로 생성하고 생성된 객체의 주소값을 리턴한다.

```
// 객체를 동적으로 생성한다.
CRuntimeClass *pRuntimeClass = RUNTIME_CLASS(CMyClass);
CObject *pObject = pRuntimeClass->CreateObject( );
// 객체 생성 여부를 확인한다.
ASSERT(pObject->IsKindOf(RUNTIME_CLASS(CMyClass)));
```

▲ 동적 객체 생성 사용 예

2.3 직렬화

직렬화(Serialization) 기능을 이용하면 객체 내용을 파일에 저장하거나 파일에서 읽어올 수 있다. 이러한 기능을 사용하려면 다음 코드와 같이 두 개의 매크로를 클래스 선언부와 정의부에 각각 포함해야 하며, 클래스의 기본 생성자가 반드시 존재해야 한다. 또한, CObject 클래스가 제공하는 가상 함수인 Serialize()도 재정의해야 한다. 구체적인 내용은 7장에서 다루므로 여기서는 직렬화의 개념과 필요한 매크로 이름 정도만 기억하면 된다.

```
/* MyClass.h */
class CMyClass : public CObject
{
    DECLARE_SERIAL(CMyClass)
public:
    CMyClass(); // 기본 생성자가 반드시 있어야 한다.
    virtual void Serialize(CArchive& ar); // 가상 함수를 재정의한다.
    ...
};

/* MyClass.cpp */
#include "MyClass.h"

IMPLEMENT_SERIAL(CMyClass, CObject, 1)

void CMyClass::Serialize(CArchive& ar)
{
    // CObject 클래스가 제공하는 가상 함수인 Serialize()를 재정의한다.
}
```

▲ 직렬화 기능 추가

지금까지 소개한 매크로를 기능별로 정리하면 [표 3-3]과 같다. 2단계는 1단계 기능을, 3단계는 2단계 기능을 모두 포함하고 있음을 알 수 있다.

표 3-3 3단계 매크로

단계	사용 목적	매크로 이름	사용 위치
1	실행 시간 클래스 정보	DECLARE_DYNAMIC	클래스 선언부(*.H)
		IMPLEMENT_DYNAMIC	클래스 정의부(*.CPP)
2	실행 시간 클래스 정보, 동적 객체 생성	DECLARE_DYNCREATE	클래스 선언부(*.H)
		IMPLEMENT_DYNCREATE	클래스 정의부(*.CPP)
3	실행 시간 클래스 정보, 동적 객체 생성, 직렬화	DECLARE_SERIAL	클래스 선언부(*.H)
		IMPLEMENT_SERIAL	클래스 정의부(*.CPP)

2.4 타당성 점검

타당성 점검 Validity Check은 객체의 내부 상태가 정상인지 판단하는 기능이다. 타당성을 점검하려면 CObject 클래스가 제공하는 가상 함수인 AssertValid()를 재정의한 후 객체의 타당성 여부를 점검하는 코드를 작성하면 된다. AssertValid() 함수는 사용자가 직접 호출하여 사용하기도 하지만 MFC 내부 코드에서 자동으로 호출하는 경우도 있다. 다음 코드는 사용자 정의 클래스인 CMyClass에 타당성 점검 기능을 추가한 것이다.

```
/* MyClass.h */
class CMyClass : public CObject
{
    // 멤버 변수
    int m_start, m_end;
public:
    virtual void AssertValid() const; // 가상 함수를 재정의한다.
    ...
};

/* MyClass.cpp */
#include "MyClass.h"

virtual void CMyClass::AssertValid() const
{
    CObject::AssertValid(); // 베이스 클래스의 AssertValid() 함수를 먼저 호출한다.
    ASSERT(m_start > 0); // 멤버 변수 m_start 값이 0보다 큰지 검사한다.
    ASSERT(m_end < 100); // 멤버 변수 m_end 값이 100보다 작은지 검사한다.
}
```

▲ 타당성 점검 기능 추가

2.5 집합 클래스와의 호환성

CObject를 직접 혹은 간접적으로 상속받은 클래스 객체는 모두 CObject 타입으로 간주해서 사용할 수 있다. 이런 특징은 여러 종류의 객체를 하나의 자료 구조로 관리하고자 할 때 매우 편리하다. 2장에서 배운 집합 클래스 중 CObject 포인터를 저장할 수 있는 배열, 리스트, 맵 클래스를 정리하면 [표 3-4]와 같다.

표 3-4 CObject 포인터를 저장할 수 있는 집합 클래스

종류	클래스 이름
배열	CObArray, CArray(템플릿 클래스)
리스트	CObList, CList(템플릿 클래스)
맵	CMapWordToOb, CMapStringToOb, CMap(템플릿 클래스)

현장 팁 **CObject 클래스와 최상위 클래스**

MFC는 CObject를 최상위 클래스로 설정하고 이를 활용하기 위해 실시간 클래스 정보, 동적 객체 생성, 직렬화 등 기본 기능을 지원한다. CObject 클래스를 상속받은 모든 클래스는 이러한 기능을 자유롭게 활용할 수 있다. 그렇다면 왜 최상위 클래스를 통일하려는 노력을 할까? 가장 큰 장점은 '객체 교류 단일화'이다. 만약 모든 클래스가 CObject 클래스를 상속받는다면 이들 객체를 주고받을 때 항상 CObject 객체 형태를 사용할 수 있다.

예를 들어 다음과 같이 함수 인자에 CObject 클래스를 사용하면, 이 함수는 CObject 클래스를 상속받은 모든 클래스 객체를 인자로 받을 수 있다.

```
int MyFunc( CObject *pObj );
```

실제 객체 정보는 실시간 클래스 정보로, 필요한 객체 생성은 동적 객체 생성으로, 지속성을 위해 객체를 파일이나 네트워크로 전송하기 위해서는 직렬화 기능을 활용할 수 있다. 하지만 C++를 기반으로 하는 MFC는 최상위 클래스가 언어 설계부터 지원되지 않았기 때문에 과도기적인 성격을 띠고 있다.

반면 자바 언어는 모든 클래스가 Object 클래스를 상속받는다. 그리고 C# 언어(닷넷 언어 모두에 해당)는 이보다 더 진보적이다. 클래스뿐만 아니라 기본 자료형까지 모두 Object 클래스를 상속받도록 설계되었다. 또한 이들 언어는 언어 차원에서 객체 정보를 제공하기 때문에 별도로 매크로를 선언할 필요가 없다. 중요한 사항은 최상위 클래스 객체로 모든 객체를 표현할 수 있다면 데이터를 주고받기 편할 뿐만 아니라 앞으로 추가될 클래스에 대비할 수도 있다는 점이다. 특히 객체 지향 프로그래밍을 한다면 꼭 기억해 둘 사항이다.

3 MFC 전역 함수

MFC가 제공하는 함수는 대부분 특정 클래스에 속해 있으므로 어느 위치에서나 호출할 수 있는 것은 아니다. 이를 보완하기 위해 MFC는 어디서든 호출해서 사용할 수 있는 전역 함수를 제공한다. 사용 빈도가 높은 중요 함수를 정리하면 [표 3-5]와 같다. 이들 중 AfxRegisterWndClass() 함수는 이 장 3절에서, 스레드 관련 함수는 13장에서 다루므로 이들을 제외한 나머지 함수의 의미와 사용법을 알아보자.

참고 전역 함수 이름은 대부분 Afx(=Application Frameworks)로 시작한다.

표 3-5 MFC 전역 함수

함수 이름	기능
AfxMessageBox()	메시지 상자를 표시한다.
AfxGetApp()	응용 프로그램 객체의 주소를 리턴한다.
AfxGetMainWnd()	메인 윈도우 객체의 주소를 리턴한다.
AfxGetAppName()	응용 프로그램의 이름을 리턴한다.
AfxGetInstanceHandle()	인스턴스 핸들을 리턴한다.

AfxRegisterWndClass()	윈도우 클래스를 등록한다.
AfxBeginThread()	스레드를 시작한다. (13장에서 소개)
AfxEndThread()	스레드를 종료한다. (13장에서 소개)

3.1 AfxMessageBox() 함수

1장 HelloMFC 프로그램의 CMainFrame::OnLButtonDown() 함수를 다음과 같이 수정한 후 실행해보자.

```
void CMainFrame::OnLButtonDown(UINT nFlags, CPoint point)
{
    AfxMessageBox(_T("마우스 클릭!"));
}
```

결과

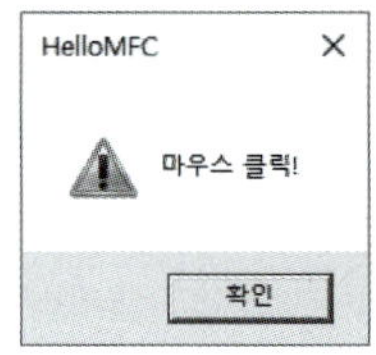

클라이언트 영역에서 마우스 왼쪽 버튼을 누르면 메시지 상자가 표시된다. CWnd::MessageBox() 함수와 기능은 비슷하지만 AfxMessageBox() 함수는 프로그램의 어느 위치에서나 사용할 수 있는 점이 다르다.

3.2 AfxGetApp(), AfxGetMainWnd(), AfxGetAppName() 함수

1장 HelloMFC 프로그램의 CMainFrame::OnLButtonDown() 함수를 다음과 같이 수정한 후 실행해보자.

```
void CMainFrame::OnLButtonDown(UINT nFlags, CPoint point)
{
    TRACE(_T("응용 프로그램 객체 주소: %p = %p\n"), AfxGetApp(), &theApp);
    TRACE(_T("메인 윈도우 객체 주소: %p = %p\n"), AfxGetMainWnd(), theApp.m_pMainWnd);
    TRACE(_T("응용 프로그램 이름: %s\n"), AfxGetAppName());
}
```

이 예제는 TRACE() 매크로를 이용해서 디버그 메시지를 출력한다. [디버그]-[디버깅 시작] 메뉴로 프로그램을 실행한 상태에서 HelloMFC 프로그램의 클라이언트 영역에서 마우스 왼쪽 버튼을 누르면 TRACE() 매크로로 출력한 메시지가 출력 창에 표시된다. 만약 출력 창이 보이지 않는다면 [디버그]-[창]-[출력] 메뉴를 선택하면 된다.

결과

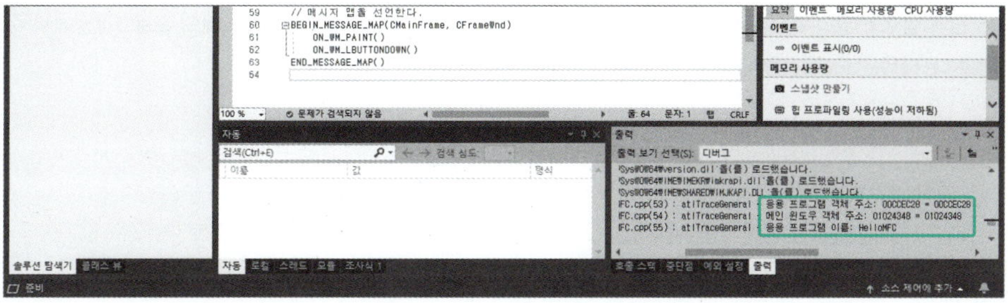

AfxGetApp() 함수의 리턴값은 응용 프로그램 객체의 주솟값과 같고, AfxGetMainWnd() 함수의 리턴값은 메인 윈도우 객체의 주솟값과 같음을 알 수 있다. 다음과 같이 theApp.m_pMainWnd 대신 this 포인터를 사용해도 결과는 동일하다.

```
TRACE(_T("메인 윈도우 객체 주소: %p = %p\n"), AfxGetMainWnd(), this);
```

AfxGetApp() 함수와 AfxGetMainWnd() 함수는 매우 중요하므로 의미를 잘 기억해두자. 마지막으로 AfxGetAppName() 함수는 확장자를 제외한 실행 파일의 이름을 리턴한다.

3.3 AfxGetInstanceHandle() 함수

AfxGetInstanceHandle() 함수는 실행 파일의 인스턴스 핸들을 리턴한다. 즉, 리턴값은 WinMain() 함수의 첫 번째 인자인 hInstance 값과 동일하다. 윈도우 API 중에는 인스턴스 핸들을 필요로 하는 함수들이 있는데, 이들을 MFC 응용 프로그램에서 호출할 때는 AfxGetInstanceHandle() 함수로 얻은 인스턴스 핸들을 전달하면 된다.

1장 HelloMFC 프로그램의 CMainFrame::OnLButtonDown() 함수를 다음과 같이 수정한 후 디버그 모드로 실행해보자. 클라이언트 영역에서 마우스 왼쪽 버튼을 누르면 출력 창에서 인스턴스 핸들값을 볼 수 있다.

```
void CMainFrame::OnLButtonDown(UINT nFlags, CPoint point)
{
    // 인스턴스 핸들값은 실행 파일이 로드된 가상 메모리 주소다.
    TRACE(_T("인스턴스 핸들: %p")", AfxGetInstanceHandle());
}
```

현장 팁 AfxGetMainWnd() 함수와 스레드

다른 전역 함수와 달리 AfxGetMainWnd() 함수는 스레드와 관련 있기 때문에 멀티스레드 프로그래밍에서 주의해야 한다. 다음은 AfxGetMainWnd() 함수의 정의이다.

```
_AFXWIN_INLINE CWnd* AFXAPI AfxGetMainWnd() {
    CWinThread* pThread = AfxGetThread();
      return pThread != NULL ?
         pThread->GetMainWnd() : NULL;
}
```

AfxGetThread() 함수에서 리턴된 CWinThread 객체의 GetMainWnd() 함수를 호출하는 것을 확인할 수 있다. 따라서 메인 스레드가 아닌 다른 스레드에서 호출할 경우 낭패를 보게 된다. 다른 스레드에서 메인 윈도우가 필요할 경우 다음과 같이 AfxGetApp() 함수를 사용한다.

```
CWinApp *pApp = AfxGetApp();
CWnd *pMainWnd = pApp->GetMainWnd();
```

pApp가 NULL인지 확인하는 부분은 생략했다. 그리고 CWinApp 클래스는 CWinThread 클래스를 상속받기 때문에 GetMainWnd() 함수를 사용할 수 있다.

03 MFC 응용 프로그램 구조

지금까지 MFC의 기본이 되는 CObject 클래스와 전역 함수를 배웠다. 이제 본격적으로 MFC 윈도우 응용 프로그램의 구조와 특징을 살펴보고, 응용 프로그램 마법사를 이용하여 일반적인 형태의 윈도우 응용 프로그램을 생성하고 분석해보자.

1 MFC 응용 프로그램의 구조와 특징

코드를 생성하고 분석하기에 앞서 MFC 응용 프로그램의 독특한 구조를 살펴보자.

[그림 3-3]과 같은 프로그램을 SDK를 이용하여 작성하면 보통 하나의 윈도우로 구성된다. "안녕하세요." 문자열이 표시된 부분을 클라이언트 영역Client Area이라 부르는데, 대부분의 프로그램 출력이 이루어지는 곳이다.

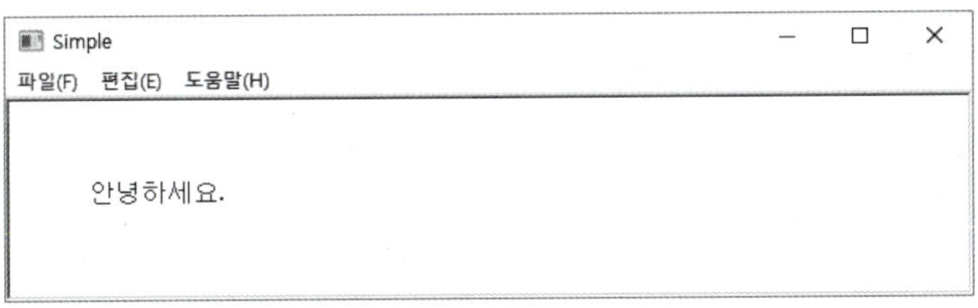

그림 3-3 한 개의 윈도우로 구성된 프로그램

[그림 3-4]는 동일한 프로그램을 MFC를 이용해서 작성했을 때 구조이다. 일반적인 SDK 프로그램과 달리 MFC 프로그램은 최소 두 개의 윈도우로 구성된다.

참고 1장 HelloMFC 프로그램은 응용 프로그램 마법사의 도움을 받지 않고 만들었기 때문에 한 개의 윈도우로 구성된다.

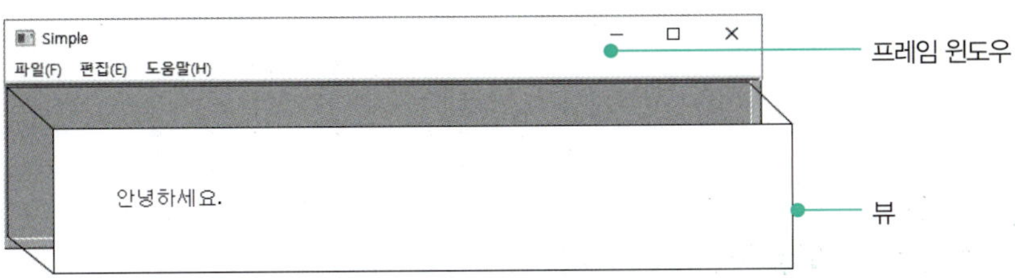

그림 3-4 두 개의 윈도우로 구성된 프로그램

프로그램의 가장 바깥쪽 틀에 해당하는 윈도우를 프레임 윈도우Frame Window 또는 메인 윈도우 Main Window라 부르고, 프레임 윈도우의 클라이언트 영역을 덮고 있는 윈도우를 뷰View라 부른다. 이와 같은 두 개의 윈도우를 다루기 위해 MFC 코드에는 프레임 윈도우와 뷰의 기능을 각각 구현하는 두 개의 클래스가 존재한다.

프레임 윈도우와 뷰는 부모-자식Parent-Child 관계다. 부모-자식 관계의 윈도우에서 자식 윈도우는 다음과 같은 특징이 있다.

- 항상 부모 윈도우의 클라이언트 영역 내에 위치한다. 만약 클라이언트 영역을 벗어나는 부분이 있다면 잘려서 보이지 않는다. 잘린다는 뜻으로 클리핑Clipping이라는 용어를 사용하기도 한다.
- 부모 윈도우가 움직이면 같이 움직인다. 즉, 부모 윈도우 내에서 자식 윈도우의 상대적인 위치는 변하지 않는다.
- 부모 윈도우가 최소화되면 자식 윈도우는 숨겨진다.
- 부모 윈도우가 파괴되면 자식 윈도우도 파괴된다.

MFC는 프레임 윈도우 크기가 변하면 뷰 크기를 똑같이 변경해주므로 겉보기에 한 개의 윈도우처럼 보인다. 이렇게 한 개의 윈도우처럼 보이는 프로그램이 실제로는 두 개의 윈도우로 구성되어 있다는 사실은 매우 중요하다. 응용 프로그램에서 처리하려는 내용에 따라 코드를 추가하는 위치가 달라져야 하기 때문이다. 예를 들어 클라이언트 영역에 그림을 그리는 코드가 필요하다면 뷰 클래스에 추가해야 한다.

좀 더 일반적인 MFC 프로그램의 구조는 [그림 3-5]와 같다. 프레임 윈도우의 클라이언트 영역에 툴바, 뷰, 상태바가 위치한다. 프레임 윈도우는 툴바와 상태바의 유무에 따라 뷰의 크기를 적절히 조절하여 뷰가 툴바와 상태바 영역을 제외한 나머지 부분을 항상 차지하게 만든다.

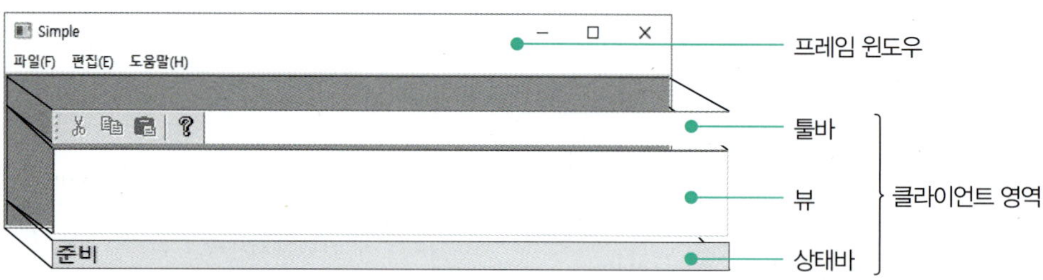

그림 3-5 일반적인 MFC 프로그램의 구조

2 응용 프로그램 마법사를 이용한 MFC 응용 프로그램 생성

일반적으로 MFC 응용 프로그램을 작성한다는 것은 응용 프로그램 마법사가 자동으로 생성한 코드를 이해하고, 여기에 자신이 만든 코드를 추가하여 원하는 기능을 구현하는 것을 의미한다. 따라서 응용 프로그램 마법사가 생성한 코드를 이해하지 못하면 어디에 코드를 추가할지 알 수 없다. 이제부터 소개할 내용은 매우 중요하므로 숙지하기 바란다.

실습 3-1 MFC 응용 프로그램 생성하기(GUI)

작성할 프로그램의 모습을 미리 살펴보면 [그림 3-6]과 같다. 이 프로그램은 메뉴가 있으며 창 크기를 변경하거나 최대/최소화가 가능하다. 또한, 도움말 메뉴를 선택하면 간단한 대화 상자도 나타난다. 클라이언트 영역에는 "안녕하세요."라는 문자열이 표시된다.

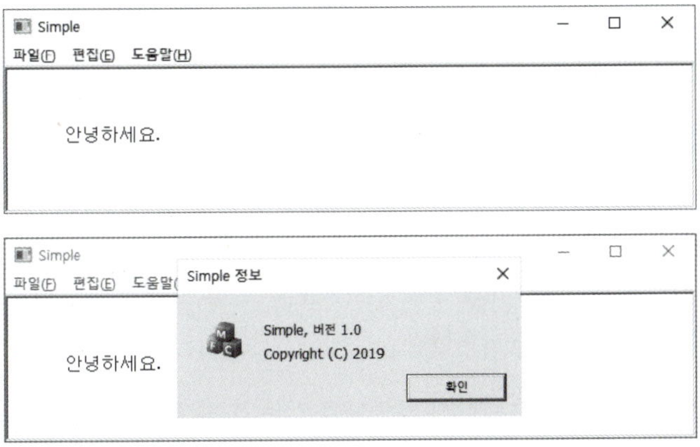

그림 3-6 실행 결과

1 비주얼 스튜디오를 실행한 후 [파일]–[새로 만들기]–[프로젝트...] 메뉴를 선택하여 [새 프로젝트 만들기] 대화 상자를 연다. 프로젝트 종류 중 'MFC 앱'을 선택하고 〈다음〉을 클릭한다.

> **참고** 비주얼 스튜디오 2019 이전 버전을 사용할 경우 1~2단계를 다음과 같이 진행한다. VS2017에서는 [새 프로젝트] 대화 상자에서 [Visual C++]–[MFC/ATL]–[MFC 앱]을 선택한 상태에서 프로젝트 '이름'과 '위치'를 지정하고 '솔루션용 디렉터리 만들기'를 끈 후 〈확인〉을 클릭한다. VS2015에서는 [새 프로젝트] 대화 상자에서 [템플릿]–[Visual C++]–[MFC 응용 프로그램]을 선택한 상태에서 프로젝트 '이름'과 '위치'를 지정하고 '솔루션용 디렉터리 만들기'를 끈 후 〈확인〉–〈다음〉을 차례로 클릭한다.

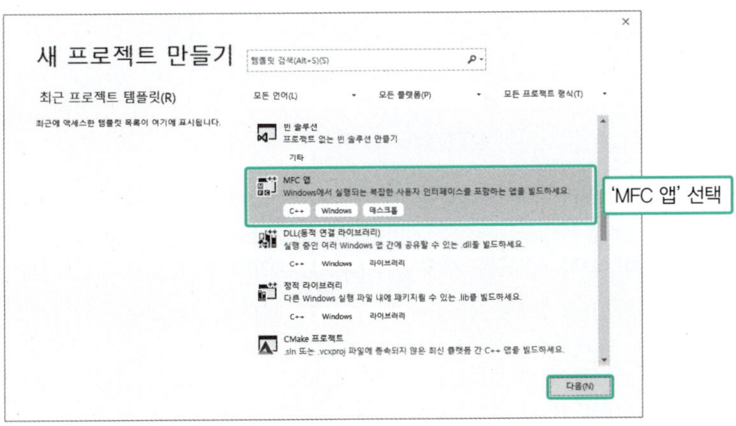

그림 3-7 프로젝트 종류 선택

2 프로젝트 이름으로 "Simple"을 입력한다. '위치'는 프로젝트가 생성될 위치를 나타내는데, 오른쪽에 있는 〈...〉을 클릭하면 원하는 폴더를 선택할 수 있다. '솔루션 및 프로젝트를 같은 디렉터리에 배치' 옵션을 체크하고 〈만들기〉를 클릭한다.

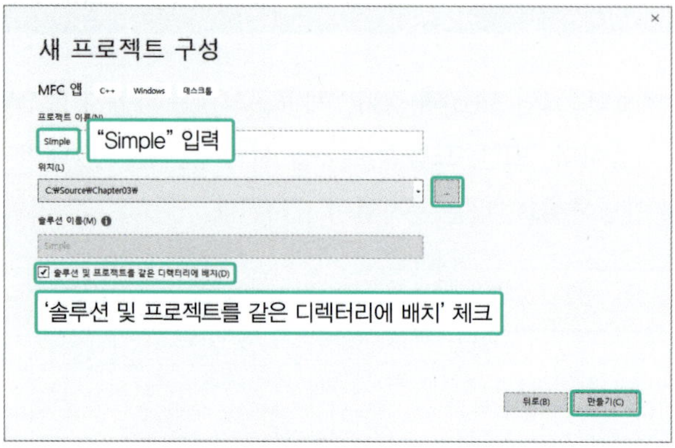

그림 3-8 프로젝트 이름과 위치 지정

3 MFC 응용 프로그램 마법사의 첫 화면이 뜨면 애플리케이션 종류로 '단일 문서'를 선택하고 '문서/뷰 아키텍처 지원'을 해제한 후 〈다음〉을 클릭한다.

참고 개발자들은 흔히 문서/뷰 아키텍처를 도큐먼트/뷰 구조라고 부른다. 이 책에서는 후자로 용어를 통일해서 사용한다. 책의 중반부에서 도큐먼트/뷰 구조를 소개하기 전까지 당분간은 간결하고 이해하기 쉬운 코드 생성을 위해 도큐먼트/뷰 구조를 사용하지 않을 것이다.

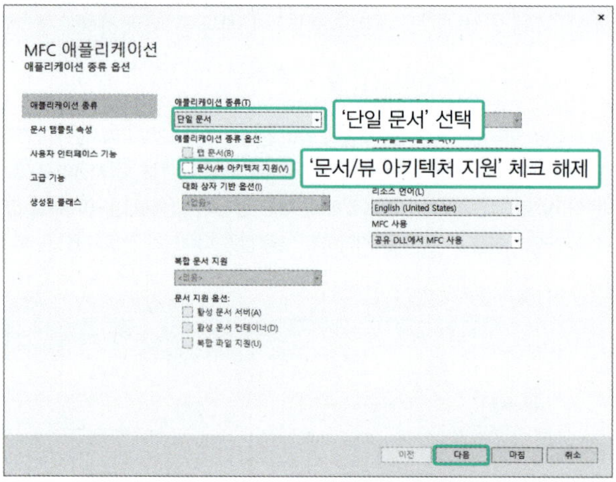

그림 3-9 MFC 응용 프로그램 마법사 – 애플리케이션 종류

4 문서 템플릿 속성은 도큐먼트/뷰 구조를 사용할 경우에만 의미가 있으므로 그대로 두고 〈다음〉을 클릭한다.

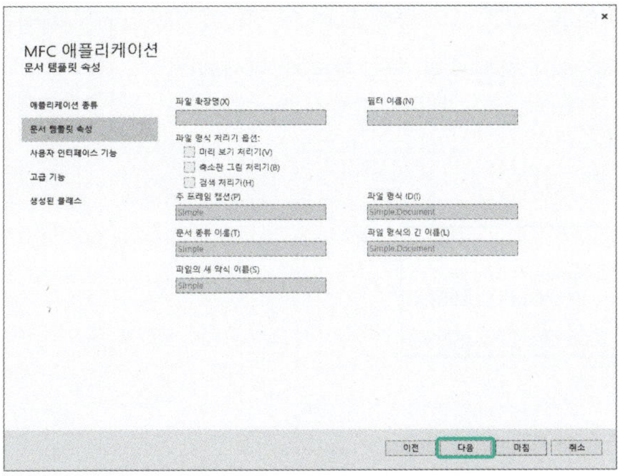

그림 3-10 MFC 응용 프로그램 마법사 – 문서 템플릿 속성

5 '초기 상태 표시줄'을 해제하고 Classic menu options에서 '〈없음〉'을 선택한 후 〈다음〉을 클릭한다.

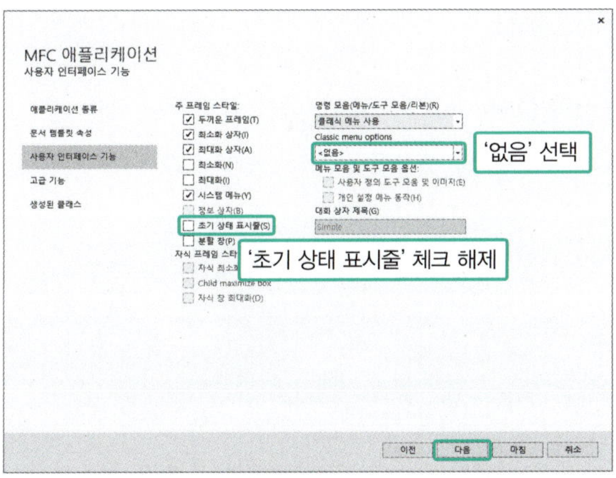

그림 3-11 MFC 응용 프로그램 마법사 – 사용자 인터페이스 기능

6 고급 기능의 모든 옵션을 해제한 후 〈다음〉을 클릭한다.

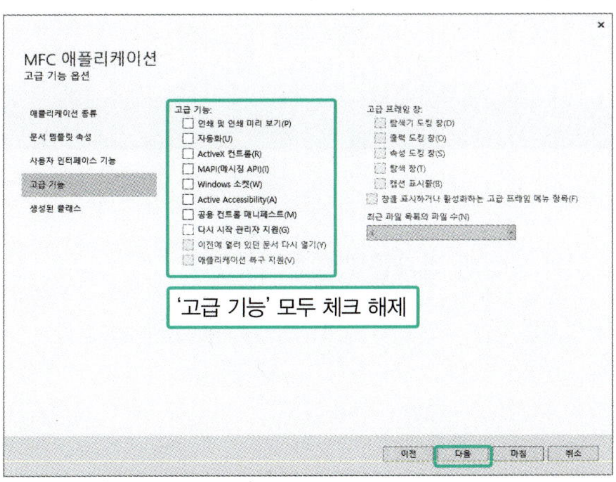

그림 3-12 MFC 응용 프로그램 마법사 – 고급 기능

7 마지막 단계에서는 생성된 클래스 이름, 기본Base 클래스 이름, .h 파일과 .cpp 파일을 보여준다. 내용 확인 후 〈마침〉을 클릭하면 자동으로 프로젝트가 생성된다.

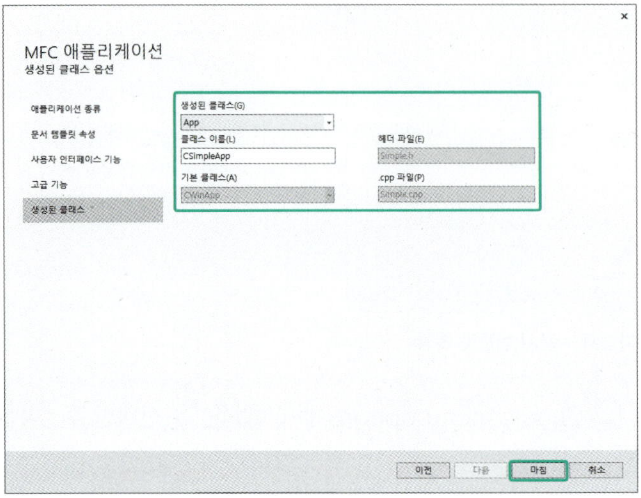

그림 3-13 MFC 응용 프로그램 마법사 – 생성된 클래스

8 클래스 뷰에서 CChildView 클래스의 OnPaint() 함수를 더블 클릭하면 해당 함수로 이동할 수 있다. 여기에 다음과 같이 코드를 한 줄 추가한다.

```
dc.TextOut(50, 50, CString(_T("안녕하세요.")));
```

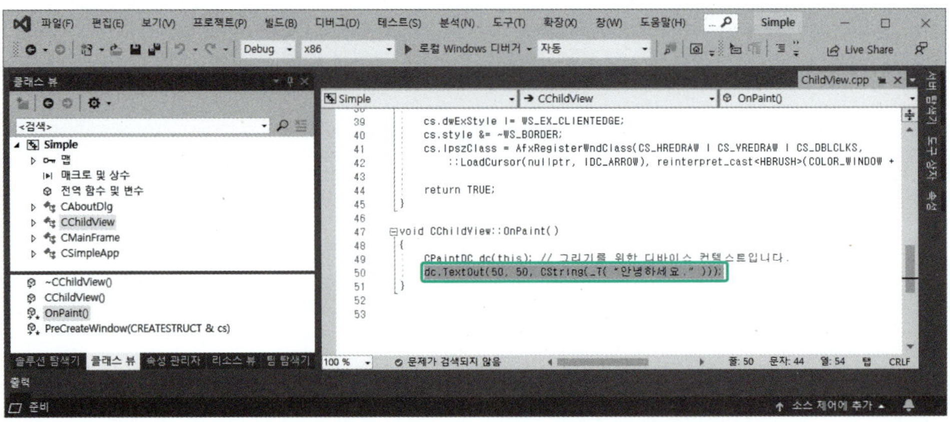

그림 3-14 코드 추가

9 컴파일, 링크 후 실행하면 [그림 3-6]과 동일한 결과를 확인할 수 있다.

3 응용 프로그램 마법사가 생성한 MFC 응용 프로그램 코드 분석

응용 프로그램 마법사가 생성한 코드는 크게 세 개의 클래스로 구성된다. 각각 응용 프로그램 클래스, 프레임 윈도우 클래스, 뷰 클래스라 부른다. [그림 3-15]에 클래스 이름과 더불어 대응하는 윈도우를 표시하였다.

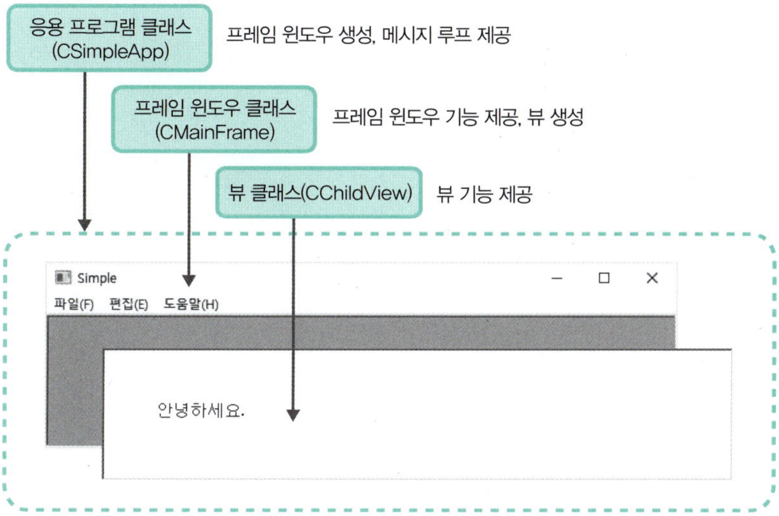

그림 3-15 주요 클래스

이 프로그램과 1장 HelloMFC 프로그램의 가장 큰 차이는 뷰 클래스가 새롭게 추가됨으로써 화면 출력 대상이 프레임 윈도우에서 뷰로 바뀌었다는 것이다. 이런 점을 제외하면 코드 양이 조금 많아졌을 뿐 핵심 동작 원리는 같다. 클래스별로 코드를 상세히 분석하면서 확인해보자. 3장 2절에서 배운 CObject 서비스가 어떻게 사용되는지도 눈여겨보기 바란다. 핵심 코드에 집중하기 위해 각종 주석문과 일부 전처리기 지시자(#ifndef, ...)는 생략하기로 한다.

3.1 응용 프로그램 클래스

응용 프로그램 클래스는 SDK 프로그램의 WinMain() 함수 역할을 한다. WinMain() 함수의 주된 역할은 프레임 윈도우를 생성하는 것과 메시지 루프를 제공하는 것이다. 메시지 루프를 제공하는 함수는 CWinApp::Run() 인데, MFC 내부적으로 자동으로 호출되므로 본문 코드에는 나타나지 않는다.

Simple.h

```
01  #include "resource.h"
02
03  class CSimpleApp : public CWinApp
04  {
05  public:
06      CSimpleApp() noexcept;
07  public:
08      virtual BOOL InitInstance();
09      virtual int ExitInstance();
10  public:
11      afx_msg void OnAppAbout();
12      DECLARE_MESSAGE_MAP()
13  };
14
15  extern CSimpleApp theApp;
```

01행 2장 Console 예제에서 설명했듯이 resource.h 파일은 프로그램에서 리소스를 번호가 아닌 매크로 상수로 참조할 수 있게 해준다. resource.h 파일을 열어보면 리소스 ID가 #define으로 정의되어 있다.

03행 응용 프로그램 클래스는 CWinApp 클래스를 상속받는다. 일반적으로 CWinApp 클래스를 그대로 사용하는 경우는 거의 없으므로 응용 프로그램 마법사는 CWinApp의 파생 클래스를 자동으로 만들어준다.

08~09행 CWinApp 클래스에서 상속받은 가상 함수를 재정의한다. InitInstance() 함수는 응용 프로그램 시작 시, ExitInstance() 함수는 응용 프로그램 종료 시 자동으로 호출된다. 특히 InitInstance() 함수는 항상 재정의해야 하는데, 응용 프로그램이 실행될 때 한 번만 수행할 각종 초기화 코드가 들어간다.

11행 OnAppAbout() 함수는 프로그램 실행 시 [도움말]-[Simple 정보...] 메뉴를 선택하면 자동으로 호출되는 메시지 핸들러로, 간단한 대화 상자를 화면에 표시한다. afx_msg는 내부에서 공백 처리되므로 특별한 의미는 없지만 해당 함수가 메시지 핸들러인지 쉽게 구분할 수 있게 해준다.

12행 어떤 클래스에 메시지 핸들러가 한 개 이상 존재한다면 DECLARE_MESSAGE_MAP() 매크로가 클래스 선언부에 있어야 한다. 관례상 클래스 선언부의 맨 마지막에 위치한다.

Simple.cpp

```
#include "pch.h"
#include "framework.h"
#include "afxwinappex.h"
#include "afxdialogex.h"
#include "Simple.h"
#include "MainFrm.h"

BEGIN_MESSAGE_MAP(CSimpleApp, CWinApp)
    ON_COMMAND(ID_APP_ABOUT, &CSimpleApp::OnAppAbout)
END_MESSAGE_MAP()

CSimpleApp::CSimpleApp() noexcept
{
    SetAppID(_T("Simple.AppID.NoVersion"));
}

CSimpleApp theApp;

BOOL CSimpleApp::InitInstance()
{
    CWinApp::InitInstance();
    EnableTaskbarInteraction(FALSE);
    SetRegistryKey(_T("로컬 애플리케이션 마법사에서 생성된 애플리케이션"));

    CFrameWnd* pFrame = new CMainFrame;
    if (!pFrame)
        return FALSE;
    m_pMainWnd = pFrame;

    pFrame->LoadFrame(IDR_MAINFRAME,
        WS_OVERLAPPEDWINDOW | FWS_ADDTOTITLE, nullptr,
        nullptr);
    pFrame->ShowWindow(SW_SHOW);
    pFrame->UpdateWindow();

    return TRUE;
}

int CSimpleApp::ExitInstance()
{
```

```
41      return CWinApp::ExitInstance();
42  }
43
44  // 대화 상자 관련 클래스 선언 및 정의 부분(생략)
45  ...
46
47  void CSimpleApp::OnAppAbout()
48  {
49      CAboutDlg aboutDlg;
50      aboutDlg.DoModal();
51  }
```

01~06행 필요한 헤더 파일들을 포함한다. 미리 컴파일된 헤더 파일을 지원하기 위해 pch.h를 첫 줄에 포함한다는 점에 주목하자(만약 순서를 바꾸면 컴파일에 실패한다). 25행에서 CMainFrame 클래스를 사용하므로 06행에서 MainFrm.h 파일을 포함한다.

08~10행 윈도우 메시지와 메시지 핸들러를 연결하려면 BEGIN_MESSAGE_MAP(클래스 이름, 베이스 클래스 이름) 매크로와 END_MESSAGE_MAP() 매크로가 클래스 구현 파일에 있어야 한다. ON_COMMAND(ID_APP_ABOUT, &CSimpleApp::OnAppAbout) 매크로는 ID_APP_ABOUT 번호의 메뉴 항목과 OnAppAbout() 함수(47~51행)를 연결한다. 메뉴 항목 처리 방법은 6장에서 학습한다.

14행, 22행 MFC 10.0에 추가된 기능으로 윈도우 7의 작업 표시줄과 연관된 기능이다. 본문에서는 별도로 언급하지 않는다.

17행 전역 응용 프로그램 객체를 선언한다. theApp은 응용 프로그램 마법사가 생성한 코드 전체에서 유일한 전역 객체다.

19행 응용 프로그램 시작 시 자동으로 호출되는 가상 함수다. 응용 프로그램 실행 시 필요한 각종 초기화 코드를 넣으면 된다.

23행 프로그램과 관련된 정보(예: 최근에 사용한 파일 정보)를 특정 레지스트리 위치에 저장하게 하는 함수다. 만약 'SetRegistryKey(_T("연습용 프로그램"))'으로 바꾼다면 프로그램 관련 정보가 레지스트리의 'HKEY_CURRENT_USER\Software\연습용 프로그램\Simple' 위치에 저장된다.

25~28행 프레임 윈도우 객체(CMainFrame 타입)를 동적으로 생성한 후 객체의 주솟값을 CWinThread::m_pMainWnd 멤버 변수에 저장한다. CWinThread는 CWinApp의 베이스 클래스이므로 CWinThread의 멤버 변수에 이와 같이 접근할 수 있다. 이 단계에서 프레임 윈

도우 객체는 만들어졌지만 운영체제 수준의 실제 프레임 윈도우가 생성된 것은 아니다. 프레임 윈도우 객체는 적어도 아직까지는 순수한 C++ 객체에 불과하다.

30~32행 CFrameWnd::LoadFrame() 함수는 실제 프레임 윈도우를 생성하고, 이 윈도우를 앞에서 동적으로 생성한 프레임 윈도우 객체와 연결하는 역할을 한다. 윈도우를 생성할 때는 메뉴, 아이콘 등과 같은 리소스 정보가 필요한데 LoadFrame() 함수의 첫 번째 인자인 IDR_MAINFRAME이 바로 이런 역할을 한다. IDR_MAINFRAME은 [그림 3-16]와 같이 여러 개의 리소스(가속기, 아이콘, 메뉴, 문자열)를 대표하는 ID로 사용된다.

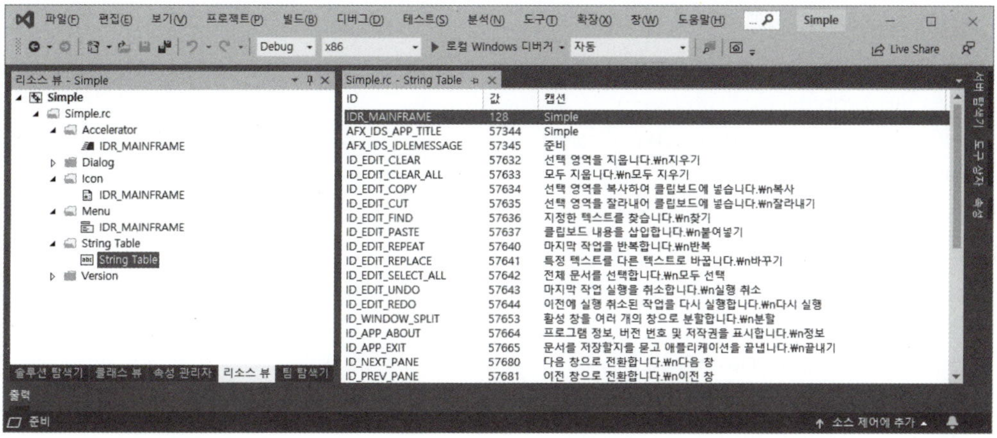

그림 3-16 IDR_MAINFRAME 리소스

33~34행 CWnd::ShowWindow() 함수는 생성된 프레임 윈도우를 화면에 표시한다. 한편 CWnd::UpdateWindow() 함수는 프레임 윈도우가 WM_PAINT 메시지를 지금 즉시 처리하게 하는 효과를 낸다.

참고 WM_PAINT 메시지는 다른 윈도우 메시지에 비해 우선순위가 낮아서 처리가 지연될 수 있다. 화면이 좀 더 빨리 그려지길 원한다면 ::UpdateWindow() API 함수를 호출함으로써 WM_PAINT 메시지를 즉시 처리하도록 만들 수 있다. MFC가 제공하는 CWnd::UpdateWindow() 멤버 함수도 이와 동일한 역할을 한다.

36행 InitInstance() 함수는 초기화에 성공하면 TRUE를 리턴해야 한다. 만약 FALSE를 리턴하면 프로그램이 시작되자마자 종료될 것이다(운이 좋으면 윈도우가 잠시 화면에 보였다가 사라지는 모습을 볼 수 있다).

39~42행 응용 프로그램 종료 시 자동으로 호출되는 가상 함수다. 응용 프로그램이 끝날 때 실행해야 하는 각종 청소Cleanup 코드를 넣으면 된다.

47~51행 OnAppAbout() 함수는 화면에 대화 상자를 표시한다. 대화 상자 처리 방법은 9장에서 학습한다.

3.2 프레임 윈도우 클래스

프레임 윈도우 클래스는 프레임 윈도우의 기능을 정의한다. 또한 프레임 윈도우의 클라이언트 영역을 차지하는 뷰도 같이 생성한다.

MainFrm.h

```
01  #include "ChildView.h"
02
03  class CMainFrame : public CFrameWnd
04  {
05  public:
06      CMainFrame() noexcept;
07  protected:
08      DECLARE_DYNAMIC(CMainFrame)
09  public:
10      virtual BOOL PreCreateWindow(CREATESTRUCT& cs);
11      virtual BOOL OnCmdMsg(UINT nID, int nCode, void* pExtra,
    AFX_CMDHANDLERINFO* pHandlerInfo);
12  public:
13      virtual ~CMainFrame();
14  #ifdef _DEBUG
15      virtual void AssertValid() const;
16      virtual void Dump(CDumpContext& dc) const;
17  #endif
18      CChildView m_wndView;
19  protected:
20      afx_msg int OnCreate(LPCREATESTRUCT lpCreateStruct);
21      afx_msg void OnSetFocus(CWnd *pOldWnd);
22      DECLARE_MESSAGE_MAP()
23  };
```

01행 18행에서 CChildView 클래스 객체를 선언하므로 관련 헤더 파일을 포함하고 있다.

03행 프레임 윈도우 기능을 가진 CFrameWnd 클래스를 상속받는다.

06행, 13행 생성자와 가상 소멸자다.

08행 DECLARE_DYNAMIC(클래스 이름) 매크로는 프레임 윈도우 객체를 대상으로 실행 시간 클래스 정보 기능을 사용할 수 있게 해준다.

10~11행 CFrameWnd 클래스에서 상속받은 가상 함수를 재정의한다. 잠시 후 구현 부분에서 설명할 것이다.

15~16행 CObject 클래스에서 상속받은 가상 함수를 재정의한다. 각각 타당성 점검 기능, 디버깅을 위한 객체 상태 출력 기능을 제공한다.

18행 뷰 객체를 선언한다. 뷰 객체가 있다고 해서 운영체제 수준의 윈도우가 실제로 존재하는 것은 아니므로 주의하자. m_wndView는 순수한 C++ 객체에 불과하며 별도의 멤버 함수를 호출해야만 실제로 윈도우가 생성된다.

20~21행 두 함수 모두 afx_msg로 시작하므로 메시지 핸들러임을 짐작할 수 있다.

22행 메시지 핸들러가 한 개 이상 있으므로 DECLARE_MESSAGE_MAP() 매크로가 자동으로 추가되었다.

MainFrm.cpp

```
#include "pch.h"
#include "framework.h"
#include "Simple.h"

#include "MainFrm.h"

IMPLEMENT_DYNAMIC(CMainFrame, CFrameWnd)

BEGIN_MESSAGE_MAP(CMainFrame, CFrameWnd)
    ON_WM_CREATE()
    ON_WM_SETFOCUS()
END_MESSAGE_MAP()

CMainFrame::CMainFrame() noexcept
{
}

CMainFrame::~CMainFrame()
{
}

int CMainFrame::OnCreate(LPCREATESTRUCT lpCreateStruct)
{
    if (CFrameWnd::OnCreate(lpCreateStruct) == -1)
        return -1;

    if (!m_wndView.Create(nullptr, nullptr, AFX_WS_DEFAULT_VIEW,
        CRect(0, 0, 0, 0), this, AFX_IDW_PANE_FIRST, nullptr))
```

```
    {
        TRACE0("뷰 창을 만들지 못했습니다.\n");
        return -1;
    }
    return 0;
}

BOOL CMainFrame::PreCreateWindow(CREATESTRUCT& cs)
{
    if (!CFrameWnd::PreCreateWindow(cs))
        return FALSE;

    cs.dwExStyle &= ~WS_EX_CLIENTEDGE;
    cs.lpszClass = AfxRegisterWndClass(0);
    return TRUE;
}

#ifdef _DEBUG
void CMainFrame::AssertValid() const
{
    CFrameWnd::AssertValid();
}

void CMainFrame::Dump(CDumpContext& dc) const
{
    CFrameWnd::Dump(dc);
}
#endif //_DEBUG

void CMainFrame::OnSetFocus(CWnd* /*pOldWnd*/)
{
    m_wndView.SetFocus();
}

BOOL CMainFrame::OnCmdMsg(UINT nID, int nCode, void* pExtra,
AFX_CMDHANDLERINFO* pHandlerInfo)
{
    if (m_wndView.OnCmdMsg(nID, nCode, pExtra, pHandlerInfo))
        return TRUE;

    return CFrameWnd::OnCmdMsg(nID, nCode, pExtra, pHandlerInfo);
}
```

07행 실행 시간 클래스 정보 기능을 사용할 수 있도록 클래스 구현 파일에 IMPLEMENT_DYNAMIC(클래스 이름, 베이스 클래스 이름) 매크로가 자동으로 추가되었다.

10행 ON_WM_CREATE() 매크로는 WM_CREATE 메시지와 OnCreate() 함수를 연결해준다. WM_CREATE 메시지는 윈도우가 처음 생성될 때 발생한다.

11행 ON_WM_SETFOCUS() 매크로는 WM_SETFOCUS 메시지와 OnSetFocus() 함수를 연결해준다. WM_SETFOCUS 메시지는 윈도우가 키보드 포커스Keyboard Focus를 가질 때(키보드 메시지를 받을 수 있을 때) 발생한다. 키보드는 시스템에 한 개만 존재하는 자원이므로 반드시 한 개의 윈도우만 입력을 받을 수 있는데, 이 사실을 알려주는 메시지가 바로 WM_SETFOCUS다.

참고 키보드 포커스 개념은 5장에서 키보드를 다룰 때 설명한다.

22행 Simple.cpp의 30~32행에서 CFrameWnd::LoadFrame() 함수 호출로 프레임 윈도우가 생성되면 WM_CREATE 메시지가 발생하고, 메시지 맵에 의해 이 OnCreate() 함수가 자동으로 호출된다.

27~32행 OnCreate() 함수의 가장 중요한 역할은 프레임 윈도우의 클라이언트 영역 위에 자리잡을 자식 윈도우를 생성하는 것이다. 이 프로그램은 툴바나 상태바를 만들지 않도록 프로젝트를 생성했기 때문에 뷰만 생성하면 된다. 따라서 뷰를 생성하는 Create() 함수를 호출한다.

36~44행 MFC는 윈도우를 생성하기 전에 가상 함수인 PreCreateWindow()를 호출한다. 즉, 함수 호출 순서로 따진다면 OnCreate() 함수보다 PreCreateWindow() 함수가 먼저다. 만약 생성할 윈도우의 특성을 바꾸고 싶다면 PreCreateWindow() 함수를 재정의하고 전달되는 CREATESTRUCT 구조체를 조작하면 된다. 잠시 후 설명할 뷰 클래스에도 PreCreateWindow() 함수를 재정의하는 코드가 나오므로 그때 추가로 설명하기로 하겠다.

47~55행 CObject 클래스에서 상속받은 가상 함수를 재정의한다. 각각 타당성 점검 기능과 디버깅을 위한 객체 상태 출력 기능을 제공하는데, 현재는 특별한 기능 추가 없이 베이스 클래스인 CFrameWnd가 제공하는 함수를 그대로 호출한다.

58~61행 프레임 윈도우가 키보드 포커스를 갖게 되면 WM_SETFOCUS 메시지가 발생하고, 11행의 메시지 맵 매크로를 통해 OnSetFocus() 함수가 호출된다. 여기서는 뷰 객체의 SetFocus() 함수를 호출함으로써 뷰가 키보드 포커스를 갖게 한다. 따라서 만약 사용자의 키보드 입력을 처리하는 코드를 입력하려면 프레임 윈도우(CMainFrame 클래스)가 아니라 뷰(CChildView 클래스)에 추가해야 한다.

63~69행 MFC가 지원하는 독특한 개념인 명령 라우팅Command Routing과 관련된 코드다. 명령 라우팅의 개념은 6장 메뉴편에서 다루고 10장에서 종합 정리하므로 여기서는 용어만 기억하고 넘어가자. 이 코드를 이해하지 못하더라도 당분간 코드를 작성하는 데 지장은 없다.

3.3 뷰 클래스

뷰 클래스는 뷰의 기능을 정의한다. 뷰는 다음과 같이 크게 두 가지 역할을 한다.

- 화면에 데이터를 출력한다.
- 사용자 입력(마우스, 키보드, ...)을 받는다.

즉, 뷰는 출력과 입력의 핵심 요소다.

ChildView.h

```
01  class CChildView : public CWnd
02  {
03  public:
04      CChildView();
05  protected:
06      virtual BOOL PreCreateWindow(CREATESTRUCT& cs);
07  public:
08      virtual ~CChildView();
09  protected:
10      afx_msg void OnPaint();
11      DECLARE_MESSAGE_MAP()
12  };
```

01행 베이스 클래스인 CWnd는 일반적인 윈도우의 기능을 정의하는 클래스다. MFC 응용 프로그램 마법사에서 도큐먼트/뷰 구조를 선택하지 않으면 이와 같이 CWnd가 뷰의 베이스 클래스로 설정된다. 만약 도큐먼트/뷰 구조를 선택하면 CView 또는 CView의 파생 클래스(CFormView, CHtmlView, ...)가 베이스 클래스가 된다.

04행, 08행 생성자와 가상 소멸자다.

06행 프레임 윈도우의 경우와 마찬가지로, PreCreateWindow() 함수는 뷰가 생성되기 전에 MFC 내부 코드에서 호출되어 윈도우의 특성을 바꾸는 역할을 한다. 원래는 베이스 클래스에서 제공하는 CWnd::PreCreateWindow() 함수가 호출되지만 이와 같이 재정의하면 CChildView::PreCreateWindow() 함수가 대신 호출된다.

10행 afx_msg로 시작되므로 메시지 핸들러이다. OnPaint() 함수는 WM_PAINT 메시지를 처리한다.

11행 메시지 맵을 위한 매크로다.

ChildView.cpp

```
#include "pch.h"
#include "framework.h"
#include "Simple.h"
#include "ChildView.h"

CChildView::CChildView()
{
}

CChildView::~CChildView()
{
}

BEGIN_MESSAGE_MAP(CChildView, CWnd)
    ON_WM_PAINT()
END_MESSAGE_MAP()

BOOL CChildView::PreCreateWindow(CREATESTRUCT& cs)
{
    if (!CWnd::PreCreateWindow(cs))
        return FALSE;

    cs.dwExStyle |= WS_EX_CLIENTEDGE;
    cs.style &= ~WS_BORDER;
    cs.lpszClass = AfxRegisterWndClass(CS_HREDRAW | CS_VREDRAW | CS_DBLCLKS,
        ::LoadCursor(nullptr, IDC_ARROW), reinterpret_cast<HBRUSH>
        (COLOR_WINDOW + 1), nullptr);

    return TRUE;
}

void CChildView::OnPaint()
{
    CPaintDC dc(this);
    dc.TextOut(50, 50, CString(_T("안녕하세요.")));
}
```

15행 ON_WM_PAINT() 매크로는 WM_PAINT 메시지와 OnPaint() 함수를 연결한다.

18행 생성될 뷰(윈도우)의 특성을 변경하기 위해 가상 함수인 PreCreateWindow()를 재정의한다. CREATESTRUCT 구조체는 윈도우를 생성할 때 필요한 다양한 정보를 담고 있는 API/MFC 공통 구조체다. Visual Studio 설명서를 참조하면서 아래 분석을 읽어보자.

20행~21행 베이스 클래스가 제공하는 가상 함수를 먼저 호출한다. CWnd::PreCreateWindow() 함수는 CREATESTRUCT 구조체의 일부 멤버를 초기화한다.

23행 dwExStyle 멤버는 확장 윈도우 스타일을 지정한다. |= 연산자로 새로운 스타일을 추가하거나 &= 연산자로 특정 스타일을 제거할 수 있다. 여기서는 WS_EX_CLIENTEDGE 스타일을 추가한다.

참고 윈도우 스타일을 지정하는 #define 상수는 모두 비트 플래그Bit Flag이므로 C/C++ 언어의 비트 연산자(&, |, ~, ^, 〈〈, 〉〉)를 이용하여 조작할 수 있다.

24행 style 멤버는 윈도우 스타일을 지정한다. |= 연산자로 새로운 스타일을 추가하거나 &= 연산자로 특정 스타일을 제거할 수 있다. 여기서는 WS_BORDER 스타일을 제거한다.

25행~26행 lpszClass 멤버는 윈도우 클래스 이름을 나타낸다. 이 부분을 이해하려면 MFC가 제공하는 전역 함수인 AfxRegisterWndClass()를 알아야 하므로 다음 페이지의 〈여기서 잠깐〉에서 알아본다.

31행~35행 OnPaint() 함수는 WM_PAINT 메시지를 처리한다. 1장에서 보았듯이 WM_PAINT 메시지는 화면 갱신과 관련하여 매우 중요한 역할을 하는데, 메시지 핸들러의 시작과 끝부분에서 ::BeginPaint()와 ::EndPaint() 함수를 반드시 호출해야 한다. 다행히 MFC가 제공하는 CPaintDC 클래스는 생성자에서 ::BeginPaint() 함수를, 소멸자에서 ::EndPaint() 함수를 각각 내부적으로 호출한다. 따라서 33행과 같이 CPaintDC 객체를 생성하는 것만으로 ::BeginPaint()와 ::EndPaint() 함수 호출 문제가 해결된다. 한편, CPaintDC의 멤버 함수를 이용하면 다양한 방식으로 화면에 출력할 수 있다. 34행에서는 TextOut() 함수를 호출하여 클라이언트 영역의 (50, 50) 위치에 "안녕하세요." 문자열을 출력한다. CPaintDC 클래스나 TextOut()과 같은 출력 함수는 4장에서 학습한다.

여기서 잠깐! AfxRegisterWndClass() 함수

AfxRegisterWndClass() 함수는 사용자가 전달한 정보를 바탕으로 윈도우 클래스를 운영체제에 등록하고, 내부에서 자동으로 생성한 윈도우 클래스 이름을 문자열 형태로 리턴한다. 결과적으로 SDK 프로그램의 RegisterClass() 함수와 동일한 역할을 한다고 볼 수 있다.

```
LPCTSTR AFXAPI AfxRegisterWndClass (
    UINT nClassStyle, HCURSOR hCursor = 0,
              ❶                 ❷
    HBRUSH hbrBackground = 0, HICON hIcon = 0
              ❸                    ❹
);
```

❶ **nClassStyle** 윈도우 클래스 스타일을 지정한다. 본문 코드에서는 자주 사용되는 세 가지 스타일을 모두 적용하였다. 표로 정리하면 다음과 같다. 그 밖의 스타일은 Visual Studio 설명서를 참조하기 바란다. 특별히 설정할 내용이 없다면 nClassStyle에 NULL(=0) 값을 사용할 수 있다(MainFrm.cpp의 42행).

스타일	의미
CS_HREDRAW	클라이언트 영역의 폭이 변하면 윈도우 전체를 다시 그린다.
CS_VREDRAW	클라이언트 영역의 높이가 변하면 윈도우 전체를 다시 그린다.
CS_DBLCLKS	클라이언트 영역에서 마우스 왼쪽 버튼을 더블 클릭하면 해당 윈도우가 WM_LBUTTONDBLCLK 메시지를 받는다.

▲ 자주 사용되는 윈도우 클래스 스타일

❷ **hCursor** 마우스 커서를 가리키는 핸들이다. 커서는 메뉴나 아이콘과 같은 리소스의 일종으로, 사용자가 직접 정의하거나 운영체제가 제공하는 목록에서 골라서 사용할 수 있다. 어느 경우든 ::LoadCursor() 함수나 CWinApp::LoadCursor() 함수를 이용한다. MFC 프로그램에서 API 함수를 직접 호출할 때는 본문 코드처럼 :: 연산자를 앞에 붙이는 것이 좋다.

❸ **hbrBackground** 클라이언트 영역을 색칠할 브러시(Brush)를 가리키는 핸들이다. 본문 코드에서는 윈도우 API에서 미리 정의해둔 상숫값(COLOR_WINDOW+1)을 HBRUSH 타입(2장의 [표 2-1] 참조)으로 캐스팅해서 사용했다. (COLOR_WINDOW+1)로 정의된 브러시를 사용하면 현재 설정된 테마에 따라 자동으로 색상이 결정된다.

❹ **hIcon** 아이콘을 가리키는 핸들이다. 아이콘도 커서와 마찬가지로 사용자가 직접 정의하거나 운영체제가 제공하는 목록에서 골라서 사용할 수 있다. 어느 경우든 ::LoadIcon() 함수 또는 CWinApp::LoadIcon() 함수를 이용한다.

3.4 정리

지금까지 응용 프로그램 마법사가 자동으로 생성한 코드를 분석해 보았다. 핵심 사항을 정리하면 [표 3-6]과 같다.

표 3-6 클래스별 핵심 내용

클래스 종류	베이스 클래스 이름	핵심 함수 - 주 역할
응용 프로그램 클래스	CWinApp	InitInstance() – 프레임 윈도우 생성 Run() – 메시지 루프 제공
프레임 윈도우 클래스	CFrameWnd	OnCreate() – 뷰 생성
뷰 클래스	CWnd	OnPaint() – 화면 출력, 사용자 입력

이들 중 CWinApp::Run() 함수는 본문 코드에는 나오지 않으나 실제로 매우 중요한 역할을 한다. 프로그램의 외부 혹은 내부 원인에 의해 메시지가 발생하면, 이 메시지는 운영체제가 관리하는 메시지 큐에 저장된다. CWinApp::Run() 함수는 메시지 큐에 저장된 메시지를 하나씩 꺼내서 윈도우 프로시저에 전달한다. 만약 특정 메시지가 MFC 메시지 맵으로 메시지 핸들러와 연결되어 있다면 해당 윈도우(프레임 윈도우 또는 뷰)의 메시지 핸들러가 호출되어 메시지를 처리하고, 그렇지 않을 경우에는 ::DefWindowProc() 함수가 자동으로 처리한다.

MFC의 핵심 구조인 도큐먼트/뷰 구조는 이 책의 중반부에서 다룰 예정이다. 그 전까지는 이 장에서 분석한 예제와 같은 프로젝트를 만들고, 새로운 코드를 추가하는 방식으로 실습을 진행할 것이다.

요약

01 MFC 클래스

CObject 파생 클래스와 독립 클래스로 나눌 수 있다.

02 CObject 클래스

MFC 응용 프로그램의 구동에 필수적인 기능을 제공한다.

03 CObject 클래스의 주요 기능

실행 시간 클래스 정보, 동적 객체 생성, 직렬화, 타당성 점검, 집합 클래스와의 호환성이다.

실행 시간 클래스 정보 기능 : 프로그램 실행 중 객체 정보를 알아낼 수 있다.

동적 객체 생성 기능 : new 연산자와 마찬가지로 객체를 동적으로 생성할 수 있다.

직렬화 기능 : 객체 내용을 파일에 저장하거나 파일에서 읽어올 수 있다.

타당성 점검 기능 : 객체의 내부 상태가 정상인지 판단할 수 있다.

집합 클래스와의 호환성 : CObject에서 직간접적으로 파생된 클래스 객체는 모두 CObject 타입으로 간주하여 집합 클래스에 저장할 수 있다.

04 MFC 전역 함수

MFC는 언제 어디서나 호출해서 사용할 수 있는 전역 함수를 제공한다.

- **AfxMessageBox()** : 메시지 상자를 표시한다.
- **AfxGetApp()** : 응용 프로그램 객체의 주소를 리턴한다.
- **AfxGetMainWnd()** : 메인 윈도우 객체의 주소를 리턴한다.
- **AfxGetAppName()** : 응용 프로그램의 이름을 리턴한다.
- **AfxGetInstanceHandle()** : 인스턴스 핸들을 리턴한다.
- **AfxRegisterWndClass()** : 윈도우 클래스를 등록한다.
- **AfxBeginThread()/AfxEndThread()** : 스레드를 시작/종료한다.

05 응용 프로그램 마법사로 만든 MFC 응용 프로그램 분석

응용 프로그램 객체 : 프로임 윈도우를 생성하고 메시지 루프를 제공한다.

프레임 윈도우 객체 : 뷰를 생성한다.

뷰 객체 : 화면 출력과 사용자 입력을 담당한다.

01 **Simple 예제에서 윈도우 타이틀을 '간단한 MFC 프로그램'으로 수정하시오.**

HINT IDR_MAINFRAME 문자열 리소스 이용

02 **마우스 커서가 다음과 같이 윈도우에서 기본으로 제공하는 손 아이콘(IDC_HAND)으로 변경되도록 Simple 예제를 수정하시오.**

HINT CChildView::PreCreateWindow() 함수 내 ::AfxRegisterWndClass() 함수 두 번째 인자 이용

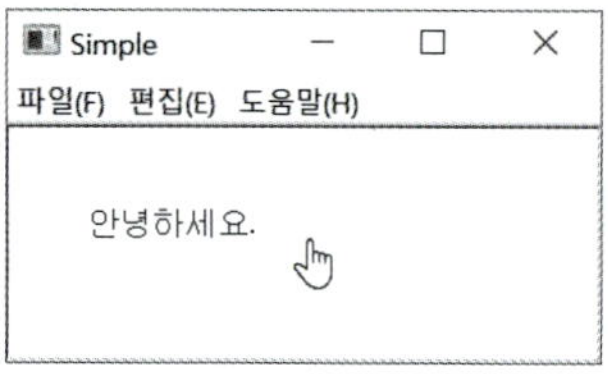

03 **뷰 윈도우에 가로 스크롤 바와 세로 스크롤 바가 나타나도록 Simple 예제를 수정하시오.**

HINT CChildView::PreCreateWindow() 함수 내 CREATESTRUCT::style 변수, WS_HSCROLL와 WS_VSCROLL 플래그 이용

04 **Simple 예제를 수정하여, 다음과 같이 윈도우 타이틀 내 시스템 메뉴가 나타나지 않도록 하시오.**

HINT CMainFrame::PreCreateWindow() 함수 내 CREATESTRUCT::style 변수, WS_SYSMENU 플래그 이용

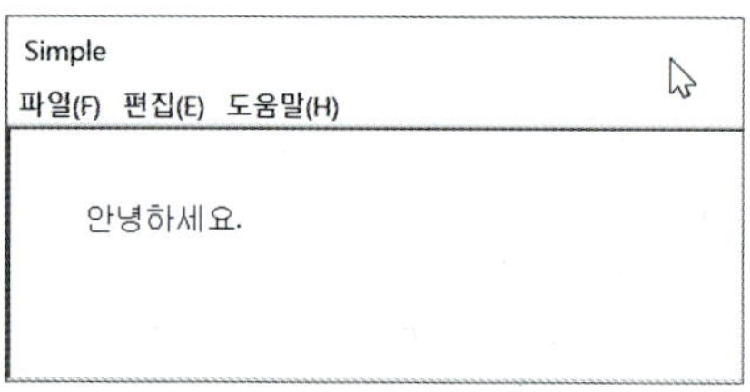

05 **Simple 예제에서, 다음과 같이 윈도우 타이틀 내 최소화 버튼과 최대화 버튼이 없이 종료 버튼만 남아있도록 수정하시오.**

HINT CMainFrame::PreCreateWindow() 함수 내 CREATESTRUCT::style 변수, WS_MINIMIZEBOX와 WS_MAXIMIZEBOX 플래그 이용

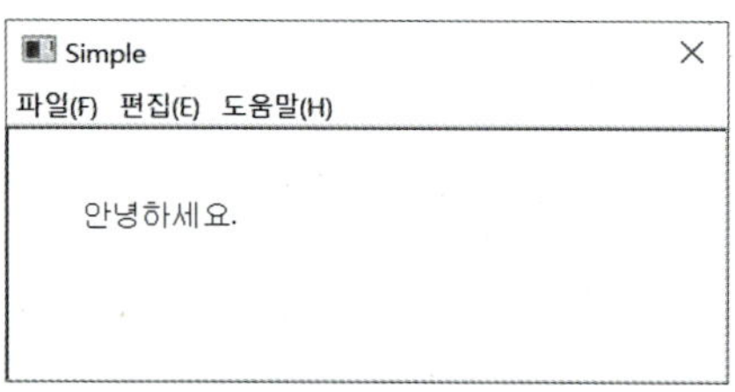

06 윈도우 왼쪽 상단 위치가 (100, 200) 화면 좌표에서 실행되도록 Simple 예제를 수정하시오.

HINT CMainFrame::PreCreateWindow() 함수 내 CREATESTRUCT 구조체 x, y 변수 이용

07 폭이 1024, 너비가 768인 윈도우로 실행되도록 Simple 예제를 수정하시오.

HINT CMainFrame::PreCreateWindow() 함수 내 CREATESTRUCT 구조체 cx, cy 변수 이용

08 기존 윈도우 대신 다음과 같은 타이틀바가 있는 팝업 윈도우를 생성하도록 Simple 예제를 수정하시오.

HINT CMainFrame::PreCreateWindow() 함수 내 CREATESTRUCT::style 변수, WS_POPUPWINDOW, WS_CAPTION, WS_OVERLAPPEDWINDOW 플래그 이용. 단, 팝업 윈도우는 위치와 크기 지정 필요 (CREATESTRUCT 구조체 cx, cy 변수 이용)

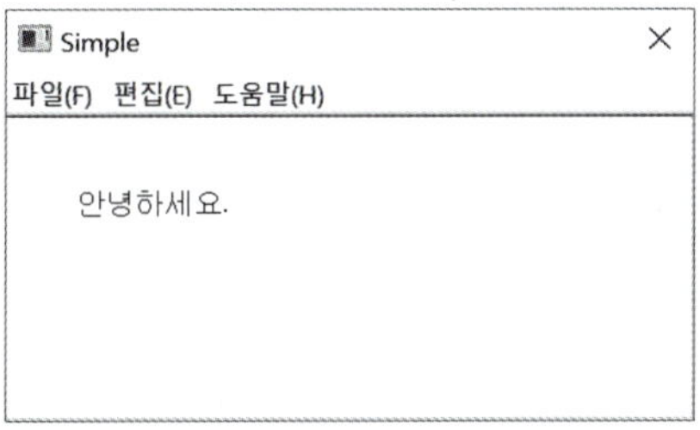

09 Simple 예제가 최상위 윈도우로 실행되도록 수정하시오.

HINT CMainFrame::PreCreateWindow() 함수 내 CREATESTRUCT::dwExStyle 변수, WS_EX_TOPMOST 플래그 이용

10 Simple 예제가 무조건 윈도우 최소화 상태로 실행되도록 수정하시오.

HINT CSimpleApp::InitInstance() 함수 내 CWnd::ShowWindow() 함수와 SW_SHOWMINIMIZED 플래그 이용

11 Simple 예제가 무조건 윈도우 최대화 상태로 실행되도록 수정하시오.

HINT CSimpleApp::InitInstance() 함수 내 CWnd::ShowWindow() 함수와 SW_SHOWMAXIMIZED 플래그 이용

12 Simple 예제에서, '안녕하세요' 문구 대신 실행 파일 이름을 화면에 출력하도록 수정하시오.

HINT ::AfxGetApp() 함수와 CWinApp::m_pszExeName 변수 이용

13 Simple 예제에서, '안녕하세요' 문구 대신 실행할 때 입력된 명령행 인자를 화면에 출력하도록 수정하시오.

HINT ::AfxGetApp() 함수와 CWinApp::m_lpCmdLine 변수 이용

14 **Simple 예제에서, '안녕하세요' 문구 대신 CMainFrame 윈도우 타이틀을 화면에 출력하도록 수정하시오.**

HINT ::AfxGetMainWnd() 함수와 CWnd::GetWindowText() 함수 이용

15 **CSimpleApp::InitInstance() 함수에서 CMainFrame 객체를 생성할 때 new 연산자 대신 CRuntimeClass::CreateObject() 함수로 생성하도록 Simple 예제를 수정하시오.**

HINT DECLARE_DYNCREATE()와 IMPLEMENT_DYNCREATE() 매크로와 CRuntimeClass::CreateObject() 함수 이용

16 **프로그램을 종료할 때 다음과 같은 메시지 상자를 띄우도록 Simple 예제를 수정하시오.**

HINT CWinApp::ExitInstance()와 ::MessageBox() 함수 이용

17 **프로그램을 종료할 때 윈도우 크기와 위치를 보관해 두었다가 다시 실행할 때 그 크기와 위치가 복원되도록 Simple 예제를 수정하시오. 단, 정보는 레지스트리에 보관한다.**

HINT 정보 복원은 CMainFrame::PreCreateWindow() 함수에서 CREATESTRUCT 구조체 x, y 변수를 이용하여 수행, 정보 저장은 WM_CLOSE 메시지를 처리하는 CMainFrame::OnClose() 함수에서 수행, 레지스트리를 통한 정보 접근은 CWinApp::GetProfileInt() 함수와 CWinApp::WriteProfileInt() 함수, 현재 윈도우 크기와 위치 정보는 CWnd::GetWindowRect() 함수 이용

현장의 목소리

가상 함수, 다형성, 인터페이스

C++ 클래스는 기본적으로 생성자와 소멸자가 있다. 그런데 '소멸자는 가상 함수Virtual Function로 선언하라'는 조언을 종종 듣는다. 왜 소멸자는 가상 함수, 즉 virtual 키워드를 사용해야 할까? 다음 예를 살펴보자.

```
class A
{
public:
    A() { m_pData = new char[100]; }
    ~A() { delete[] m_pData; }
    …
};

class B : public A
{
public:
    B() { m_pSrc = new char[50]; }
    ~B() { delete[] m_pSrc; }
    …
};
```

클래스 A와 B가 있고, B 클래스는 A 클래스를 상속한다. 각각 생성자와 소멸자가 있으며, 생성자에서 멤버 변수에 메모리를 할당하고 소멸자에서 메모리를 해제한다. 다음과 같은 코드를 통해 이들 동작 상황을 테스트할 수 있다.

```
A *a = new A; // A 클래스 생성자
delete a;     // A 클래스 소멸자
B *b = new B; // A 클래스 생성자 →
                 B 클래스 생성자
delete b;     // B 클래스 소멸자 →
                 A 클래스 소멸자
```

디버거로 확인해 보면, 생성자와 소멸자가 차례로 호출됨을 확인할 수 있다. 특히 b 객체는 상속받은 A 클래스에 대한 생성자와 소멸자도 호출된다. 단 생성자와 소멸자는 호출되는 순서가 다음과 같이 다르다.

- 생성자: 부모 클래스 → 자식 클래스 순
- 소멸자: 자식 클래스 → 부모 클래스 순

생각해 보면 이 순서는 당연하다. 부모가 먼저 생성된 후 자식이 생성될 수 있으며, 소멸할 때는 자식이 벌여 놓은 일부터 정리한 후 부모를 정리하는 순서가 정석이다. 그러면 소멸자를 가상 함수로 선언하면 좋은 이유를 확인해 보자. 먼저, 다음과 같은 함수가 있다고 하자.

```
void MyFunc( A *a )
{
    … // a 객체로 작업
    delete a; // 작업이 끝나고 객체를
                 소멸한다.
}
```

MyFunc() 함수는 A 클래스 객체를 인자로 받아 어떤 일을 수행하고 삭제하는 역할을 한다(사실 함수보다 클래스에서 객체를 멤버 변수로 저장해두었다가 종료할 때 삭제하는 경우가 많다. 하지만 모두 같은 논리로 활용할 수 있다). MyFunc() 함수를 다음과 같이 사용했다고 하자(B 클래스 객체도 A 클래스를 상속했으므로 MyFunc() 함수 인자로 사용할 수 있다).

```
A *a = new A; // A 클래스 생성자
MyFunc( a );  // A 클래스 소멸자
B *b = new B; // A 클래스 생성자
                 → B 클래스 생성자
MyFunc( b );  // A 클래스 소멸자
```

첫 번째 호출은 a 객체를 넣었으므로 A 클래스 소멸자가 정상적으로 호출된다. 그런데 두 번째 호출에서 b 객체를 넣으면 A 클래스 소멸자만 호출되기 때문에 문제가 된다. 분명히 B 객체를 생성할 때는 B 클래스 생성자까지 호출되었기 때문에 m_pSrc 멤버 변수에 메모리가 이미 할당되어 있다. 따라서 B 클래스 소멸자가 호출되지 않으면 메모리는 그대로 누수Memory Leak된다. 특히 단순 메모리가 아닌 장치 리소스인 경우, 해제하지 않으면 컴퓨터를 부팅하기 전까지 해당 장치를 사용하지 못할 수도 있다. 따라서 '소멸자를 가상 함수로 정의'해야 한다! MyFunc() 함수는 A 클래스 객체를 다루기 때문에 A 클래스 소멸자가 가상 함수인지 여부가 중요하다. 따라서 다음과 같이 A 클래스 소멸자에 virtual 키워드를 붙여 가상 함수로 만들자. 가상 함수는 상속되기 때문에 B 클래스에는 virtual 키워드를 붙이지 않아도 가상 함수가 된다.

```
class A
{
   …
   virtual ~A() { ... };
   …
};

MyFunc( b ); // B클래스 소멸자
             → A클래스 소멸자
```

그리고 다시 MyFunc() 함수에 b 객체를 인자로 넣어 실행하면 정상적으로 B 클래스 소멸자가 호출된다. 다시 말해 가상 함수를 선언함으로써, 외형은 다른 모습(A 클래스 객체)이더라도 실제 동작 상황에서 본래 객체(B 클래스 객체)로 연결된다. 이렇게 '객체가 본래 자기 정보와 동적으로 연결되는 방식'을 '다형성Polymorphism'이라 부르며, 이 단어를 들으면 가상 함수와 관련지어 생각하면 된다. 가상 함수는 소멸자뿐만 아니라 실제 객체 동작 특성이 필요한 모든 함수에 적용된다. 실제로 MFC에서도 이미 많은 함수가 CWinApp나 CWnd 같은 부모 클래스에서 가상 함수로 정의되어 있으며, 필요에 따라 재정의Overriding하여 사용할 수 있도록 되어있다.

가상 함수는 실행 객체와 동적으로 연결되는 특성 때문에 '동적 링크Dynamic Linking' 또는 '늦은 결합Late Binding'과 함께 사용해 효과를 높일 수 있다. 이는 보통 링크라고 부르는 '정적 링크Static Linking' 또는 '이른 결합Early Binding'을 사용하는 방식과 구분된다. 다시 말해 가상 함수를 바탕으로 함수 호출을 컴파일 시간Compile-Time에 정적으로 연결시켜 두지 않고, 실행 시간Run-Time에 동적으로 연결시키는 기술이 사용된다. DLLDynamic Link Library은 이러한 기술을 배경으로 라이브러리를 동적으로 로딩한다. 즉, DLL이 노출한 함수를 호출할 때 별도 라이브러리 링크 없이 ::LoadLibrary() API 함수를 사용하여 함수 포인터를 매핑시킨 후 그대로 호출하여 사용할 수 있다. 따라서 DLL이 바뀌어도 이름만 같다면 이를 사용하는 프로그램은 문제가 되지 않고, 이진 수준에서 대체 또는 업그레이드가 가능하다. 이 같은 내용을 확인하기 위해 다음 코드를 살펴보자. A 클래스에 가상 함수를 새로 추가하고 MyFunc() 함수에서 이 함수를 호출하도록 수정해 보자.

```
class A
{
public:
    virtual void Action() = 0;
    // 순수 가상 함수
};

class B : public A
{
    virtual void Action() override
{ }
};

void MyFunc(A *a)
{
    a->Action();
    // 아무 문제없이 빌드된다.
}

int main()
{
    A *a = new B;
    MyFunc( a );
    delete a;
}
```

아무런 문제 없이 빌드(컴파일과 링크)가 되는가? 그렇다면 A 클래스 내 Action() 함수 선언에서 '= 0'을 빼도 빌드가 되는가? virtual 키워드와 '= 0'을 함께 쓰는 것을 '순수 가상 함수Pure Virtual Function'라고 하며, 구현부 없이 다른 곳에서 사용하고 있어도 빌드가 된다. 물론 일반 함수는 불가능하고 일반 가상 함수는 선택적으로만(예를 들어 인스턴스 생성 전까지) 가능하다.

다음 그림을 살펴보자.

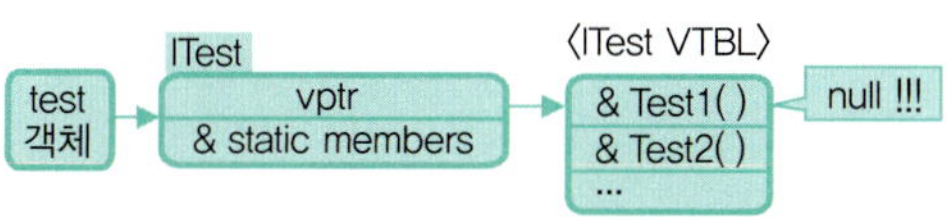

▲ 가상 함수와 가상 함수 테이블VTBL

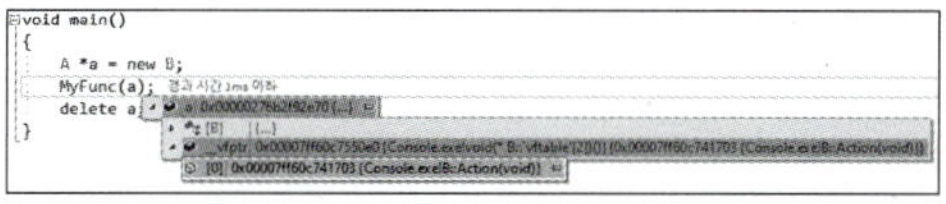

▲ 실제 디버그 과정에서 확인 가능한 가상 함수 테이블

가상 함수를 포함한 인스턴스가 선언되면, 그림과 같이 'VTBLVirtual Function Table(가상 함수 테이블)'이 메모리에 할당된다. 이 테이블에는 가상 함수로 선언된 함수 전체가 포함되어 있다. 물론 함수 구현부 전체가 아니라, 구현부를 가리키는 함수 포인터뿐이다. 여기서는 vptr(VTBL Pointer) 포인터가 VTBL을 가리키고 있다. 그리고 VTBL 이 갖고 있는 함수 포인터는 처음에 널NULL 값을 갖고 있지만, 링커Linker는 이 함수를 사용한 부분이 있어도 문제삼지 않는다. 이로 인해 순수 가상 함수는 구현부가 없어도 정상적으로 빌드된다. 대신 실행 시간에는 함수 포인터가 실제로 구현된 부분과 연결되어야 하며, 그렇지 않으면 실행 시간 오류Run-Time Error가 발생한다. 실제 디버거를 통해서도 가상 함수 테이블을 확인할 수 있다. 디버그 시 해당 객체 정보에서 '__vfptr'이라고 된 가상 함수 테이블 항목이 있다.

이러한 순수 가상 함수 특징을 바탕으로 정의된 기술로 '인터페이스Interface'가 있다. 인터페이스는 순수 가상 함수로 선언된 '선언부'만으로 정의된다. COMComponent Object Model 기술이 대표적인 인터페이스 기반 기술이다. COM 객체처럼 인터페이스를 구현한 객체는 다음 그림과 같이 선언부 인터페이스와 구현부를 구분하여 표기한다.

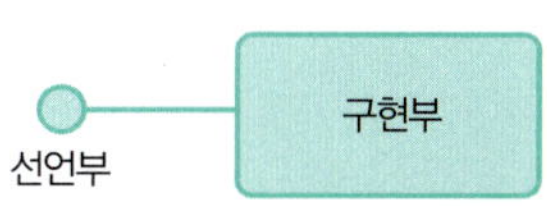

▲ 선언부(인터페이스) 구현부(구현 객체)

순수 가상 함수, 즉 인터페이스는 선언만으로 사용이 가능하므로, 이를 사용하는 곳에서는 다음 그림과 같이 선언만 믿고 해당 인터페이스가 정의한 함수를 호출한다. 그러면 인터페이스를 구현한 객체가 해당 호출을 처리한다. 다음과 같이 생각하면 쉽다. 구현부를 '몸', 선언부를 '손'이라 생각하고, 이 둘을 연결하는 팔이 있다고 가정하자. 손에는 '손가락'이 있고 손가락 수는 인터페이스가 갖고 있는 함수 개수다. 이제 손을 집어넣을 수 있는 구멍만 있으면, 그 구멍에 손을 넣을 수 있다. 그리고 구멍 안에서 손을 잡고 손가락 하나를 잡으면, 몸은 어느 손가락을 잡았는지 알 수 있고 잡힌 손가락에 따른 반응을 수행할 수 있다.

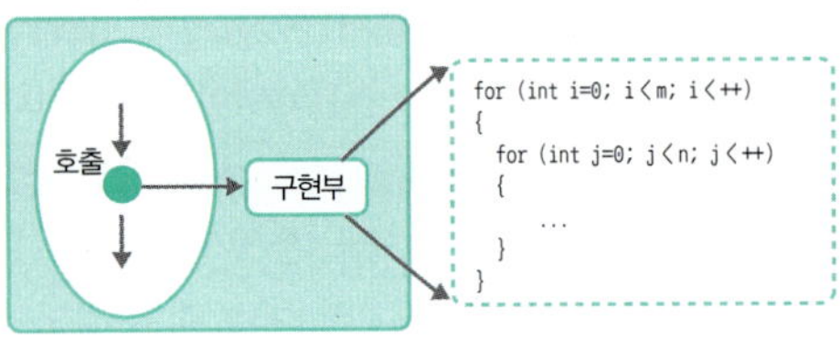

▲ 인터페이스가 프로그램과 연동하여 실행되는 모습

이렇게 실행 시간에 객체와 동적으로 연결되는 기술을 통해 이미 생성된 이진 모듈을 다시 빌드하지 않을 뿐만 아니라 필요에 따라 모듈을 변경할 수도 있다. 이러한 방식을 응용하면 같은 프로그램을 다양한 형태로 사용할 수도 있다. 즉 특정 구현 객체(컴포넌트)가 해당 인터페이스만 지원하면 다수 프로그램에서 사용될 수 있고, 반대로 특정 프로그램에서 동일한 인터페이스를 바탕으로 다수 구현 객체를 선택적으로 사용할 수도 있다.

이 기술은 로컬 영역(프로세스 경계) 모듈뿐만 아니라 원격(네트워크) 모듈을 실행하는 것으로도 확장할 수도 있다. 실제 DCOM Distributed COM 이나 CORBA Common Object Request Broker Architecture, Java IDL Java Interface Definition Language (CORBA의 구현 중 하나임) 같은 기술이 이를 위한 표준을 제공한다. 결국 가상 함수를 사용함으로써 그렇지 않은 경우보다 컴퓨터 자원을 더 소모할 수는 있다. 그러나 이진 모듈 호환이라는 장점으로 인해 소프트웨어 산업 전반으로 확산되고, 관련 인터페이스 표준화와 기술 발전을 이끌고 있다.

PART 02

기초 MFC 프로그래밍

PREVIEW

2부에서는 화면 출력부터 도큐먼트/뷰 구조에 이르기까지 MFC 프로그램의 핵심 요소를 주제별로 다룬다. 기본 이론은 충실하게 설명하고, 실습은 이론을 쉽게 이해할 수 있도록 간단하지만 실용적인 예제로 구성했다. 4장부터 9장까지는 독립적인 주제를 다루는 반면, 10장은 앞에서 소개한 내용을 도큐먼트/뷰 구조의 관점에서 통합적으로 이해할 수 있게 정리하였다.

CHAPTER 04
화면 출력

학습 목표

- 윈도우의 화면 출력 원리를 이해한다.
- CDC 클래스를 이용한 화면 출력 기법을 배운다.
- 각종 GDI 객체를 생성하고 사용하는 방법을 익힌다.

01 화면 출력 기초

화면에 원하는 내용을 원하는 형태로 출력하는 것은 모든 프로그래밍의 기본이다. 이 장에서는 앞에서 배운 내용을 토대로 윈도우에서 제공하는 다양한 출력 기법을 배우고 실습한다. 구체적인 프로그래밍 방법론에 앞서 윈도우 운영체제의 출력과 관련된 기초 이론을 학습하자.

1 GDI와 디바이스 컨텍스트

윈도우 운영체제는 GUI 기반이기 때문에 도스 같은 텍스트 기반 운영체제보다 훨씬 풍부한 출력 방법을 제공한다. 또한 GUI와 멀티태스킹을 통해 다양한 프로그램이 화면에 공존할 수 있다. 윈도우 운영체제의 출력 시스템은 다음 사항들을 고려하여 설계되어 있다.

① 모니터, 비디오 카드, 프린터 등 출력에 사용되는 주변 장치가 변경되어도 프로그램을 수정할 필요가 없어야 한다.

② 여러 프로그램이 화면을 분할해서 사용하므로 각각의 프로그램이 출력하는 영역에 제약을 가해야 한다. 즉, 화면이나 기타 출력 장치에 직접 접근Direct Access하거나 독점해서 사용Exclusive Use하는 것을 운영체제 수준에서 막아야 한다.

①은 윈도우 운영체제의 장치 독립성에 근거한 것으로, 응용 프로그램이 장치 독립적Device-Independent으로 출력할 수 있어야 함을 의미한다. ②는 윈도우 운영체제가 멀티태스킹 GUI 환경을 제공하기 때문에 요구되는 사항이다. 이는 응용 프로그램을 대신하여 운영체제가 실제 장치에 접근하여 출력해야 한다는 의미로, 이때 운영체제는 장치 의존적Device-Dependent인 출력을 한다.

위와 같은 요건을 만족시키고자 윈도우 운영체제는 GDIGraphics Device Interface라는 것을 사용한다. GDI는 윈도우 운영체제의 하위 시스템 중 하나로 DLL로 존재한다. GDI는 [그림 4-1]과 같이 응용 프로그램의 요청을 받아 모니터나 프린터 등의 장치에 출력한다.

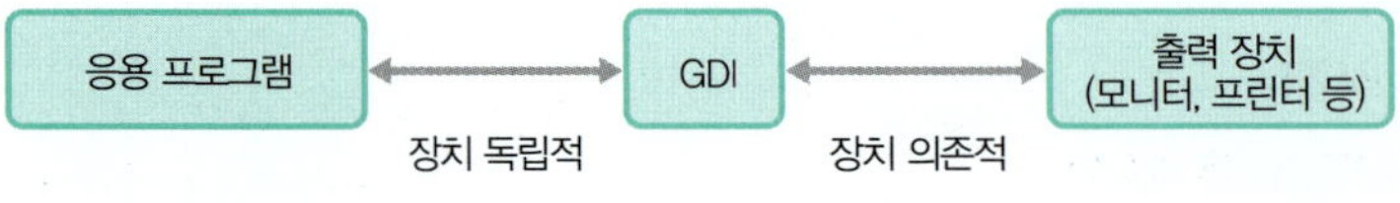

그림 4-1 GDI의 역할

윈도우 응용 프로그램이 장치에 출력할 때는 다양한 상황이 고려돼야 한다. 특히 화면에 출력할 때 요구되는 사항을 살펴보면 다음과 같다([그림 4-2] 참조).

① 클라이언트 영역에 출력하려면 출력 대상 윈도우의 위치를 알아야 한다. 이는 응용 프로그램이 일반적으로 사용하는 출력 좌표가 윈도우의 클라이언트 영역 좌측 상단 지점을 기준으로 한 상대적인 값이기 때문이다.

② 화면에 여러 윈도우가 있을 때, 한 윈도우의 출력 결과가 다른 윈도우 영역을 침범하지 않아야 한다.

③ 현재 출력할 화면이 다른 윈도우에 가려졌다면 출력할 수 없어야 한다.

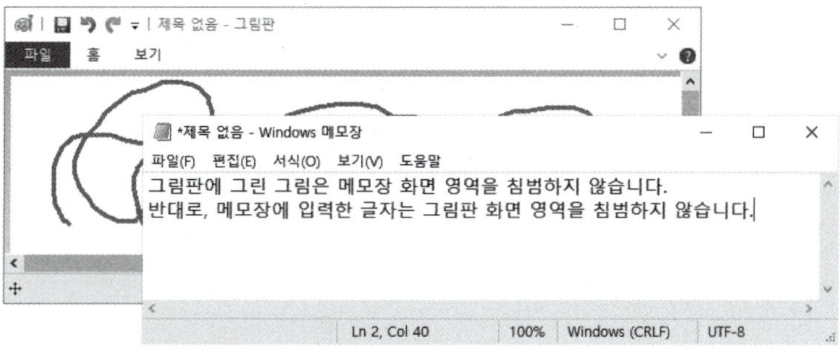

그림 4-2 화면 출력 상황

화면 출력 시 고려해야 할 다양한 상황을 해결하고자 윈도우에서는 디바이스 컨텍스트DC, Device Context라는 개념을 사용한다. 디바이스 컨텍스트는 GDI가 생성하고 관리하는 데이터 구조체로, 출력과 관련된 다양한 정보를 담고 있다. 응용 프로그램은 디바이스 컨텍스트를 사용함으로써 멀티태스킹 GUI 환경에서 발생할 수 있는 복잡한 상황을 신경쓰지 않고 장치에 자유롭게 출력할 수 있다.

윈도우 응용 프로그램의 출력 과정을 API 수준에서 살펴보자. MFC 프로그램도 내부적으로는 API를 사용하므로 실제로 동일한 과정을 거친다.

① 출력을 위해 응용 프로그램이 운영체제에 디바이스 컨텍스트를 요청한다.

② 요청을 받은 운영체제의 GDI가 내부적으로 디바이스 컨텍스트를 만든 후, 디바이스 컨텍스트를 가리키는 핸들(HDC 타입)을 응용 프로그램에 돌려준다.

③ 응용 프로그램은 (필요하다면) 자신이 받은 디바이스 컨텍스트의 속성을 일부 변경한다. 그런 다음, 디바이스 컨텍스트 핸들을 윈도우 API 함수에 전달하여 출력을 요청한다(→장치 독립적). 이 요청은 다시 운영체제의 GDI에 전달된다.

④ GDI가 디바이스 컨텍스트에 포함된 정보를 토대로 다양한 상황을 고려하여 출력한다(→장치 의존적). 이때 장치별 출력을 위해 장치 드라이버를 사용한다.

이상의 윈도우 응용 프로그램 출력 과정을 요약하면 [그림 4-3]과 같다.

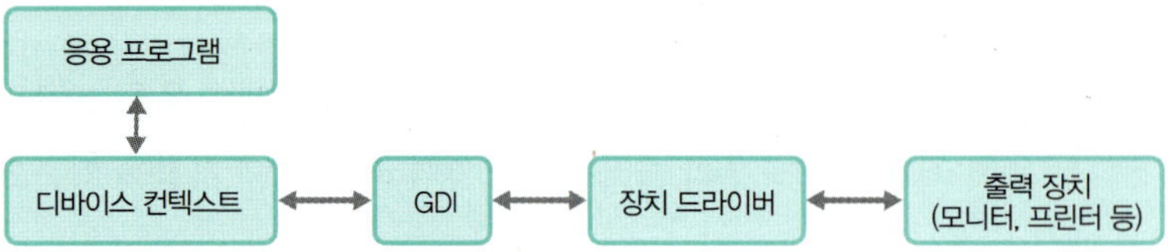

그림 4-3 윈도우 응용 프로그램의 출력 과정

2 무효 영역의 개념

윈도우의 화면 그리기 방식을 이해하기 위해, 화면을 다시 그려야 하는 [그림 4-4]의 상황을 가정하자.

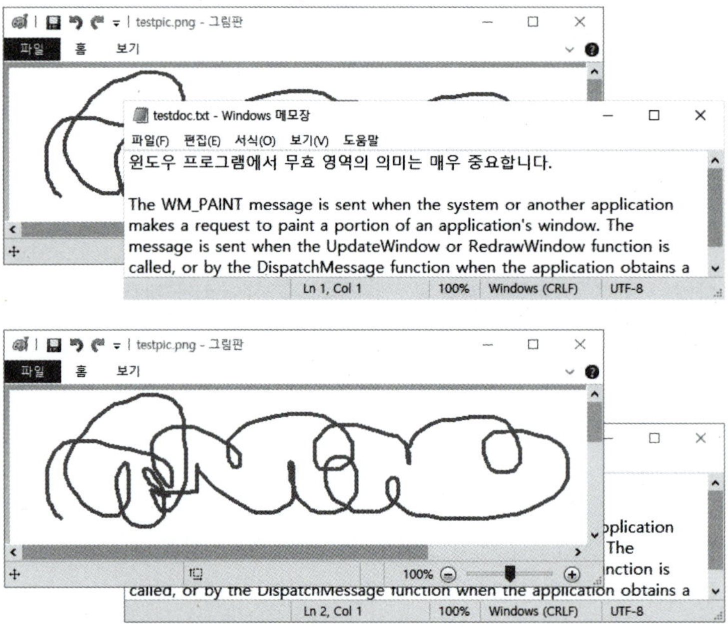

그림 4-4 화면을 다시 그려야 하는 상황

메모장이 그림판 일부를 가린 상황에서 가려진 부분이 드러나면 그림판의 화면 일부를 다시 그려야 한다. 이 경우 다음 두 가지 방법을 생각할 수 있다.

① 가려진 화면 영역을 운영체제가 기억해두었다가 자동으로 다시 그린다.

② 가려졌다가 드러난 화면 영역을 운영체제가 프로그램에 알려주면, 프로그램이 알아서 다시 그린다.

①은 운영체제가 직접 화면 복원을 담당하는 방식이다. 반면, ②는 화면 복원을 각 응용 프로그램이 담당하되 운영체제가 복원 시점과 복원 영역 정보를 알려주는 방식이다.

윈도우 운영체제는 특별한 상황을 제외하고는 방법 ②를 사용한다. 화면을 다시 그려야 한다면 운영체제가 해당 응용 프로그램의 윈도우에 WM_PAINT 메시지를 보낸다. 응용 프로그램은 WM_PAINT 메시지에 대응하여 ::BeginPaint() 함수를 호출함으로써, 다시 그릴 영역 정보와 이 영역에 출력할 수 있는 디바이스 컨텍스트 핸들을 얻는다. 다시 그려야 할 영역을 무효 영역Invalid Region 또는 갱신 영역Update Region이라 부르는데, 프로그램은 이 영역만 다시 그리면 된다. 실제로 ::BeginPaint() 함수가 리턴값으로 돌려주는 디바이스 컨텍스트는 무효 영역에만 출력할 수 있으며, 무효 영역 이외의 부분에는 출력 코드를 작성하더라도 출력되지 않는다. 화면 출력이 끝나면 응용 프로그램은 ::EndPaint() 함수를 호출하여 무효 영역 그리기 작업이 완료되었음을 운영체제에 알린다.

WM_PAINT 메시지를 처리할 때 중요한 사항은 출력할 내용이 없더라도 반드시 ::BeginPaint() 함수를 호출해야 한다는 점이다. 그래야 무효 영역이 유효 영역Valid Region으로 바뀐다. 그렇지 않으면 운영체제가 무효 영역이 계속 존재하는 것으로 간주하여 WM_PAINT 메시지를 계속 생성하므로 프로그램이 제대로 동작하지 않는다.

1장 HelloSDK 프로그램에는 다음과 같이 WM_PAINT 메시지를 처리하는 코드가 있다. 출력 코드는 ::BeginPaint()와 ::EndPaint() 함수 사이에 위치한다. 1장 HelloMFC 프로그램에도 똑같은 코드가 숨겨져 있는데, CPaintDC 객체의 생성자와 소멸자에서 각각 ::BeginPaint()와 ::EndPaint() 함수를 호출한다.

```
case WM_PAINT:
    hdc = BeginPaint(hwnd, &ps);
    TextOut(hdc, 100, 100, str, lstrlen(str));
    EndPaint(hwnd, &ps);
    return 0;
```

▲ HelloSDK 프로그램

```
void CMainFrame::OnPaint()
{
    CPaintDC dc(this); /* 생성자에서 ::BeginPaint() 호출! */
    TCHAR* msg = _T("Hello, MFC");
    dc.TextOut(100, 100, msg, lstrlen(msg));
} /* 소멸자에서 ::EndPaint() 호출! */
```

▲ HelloMFC 프로그램

윈도우 응용 프로그램이 WM_PAINT 메시지를 받는 상황은 다음과 같이 다양하다. 어느 경우든 응용 프로그램은 WM_PAINT 메시지를 처리하여 화면에 출력(화면을 복원)하면 된다.

- 윈도우가 생성될 때
- 윈도우가 최소화 또는 최대화될 때
- 윈도우 크기가 변경될 때
- 다른 윈도우가 가렸다가 드러날 때

WM_PAINT 메시지는 운영체제가 자동으로 생성하지만, 응용 프로그램이 강제로 무효 영역을 만들어 WM_PAINT 메시지를 생성하는 것이 유용할 때도 있다. MFC는 이런 기능을 하는 다음과 같은 함수를 제공한다. 필요한 경우가 종종 있으므로 기억해두자.

```
void CWnd::Invalidate(BOOL bErase = TRUE);
void CWnd::InvalidateRect(LPCRECT lpRect, BOOL bErase = TRUE);
void CWnd::InvalidateRgn(CRgn* pRgn, BOOL bErase = TRUE);
```

Invalidate() 함수는 클라이언트 영역 전체를, InvalidateRect()/InvalidateRgn() 함수는 클라이언트 영역 일부를 무효화한다. bErase는 무효 영역의 배경(background) 삭제 여부를 나타내는 값으로, 기본값(TRUE)을 사용하면 운영체제가 자동으로 지운다. 참고로 이때 WM_ERASEBKGND 메시지가 발생한다. lpRect는 무효화할 직사각형을, pRgn은 무효화할 리전(4장 6절 참조)을 나타낸다. 이들 함수의 사용 예는 실습하면서 볼 것이다.

현장 팁 **생성자/소멸자 체계가 지역 변수와 결합할 때 발생하는 환상적인 효과**

지역 변수는 블록 내에서 정의되는 변수로, 스택(Stack)에 기록되어 블록 밖으로 나가면 바로 소멸하는 특징이 있다. 이러한 지역 변수 특징이 C++ 클래스 생성자/소멸자를 만나면 아주 편리한 효과를 낼 수 있다. 그 예가 바로 CPaintDC 클래스로, OnPaint() 함수 내에서 지역 변수로 객체가 선언된다. 따라서 OnPaint() 함수에서 반드시 호출해야 할 ::BeginPaint() 함수와 ::EndPoint() 함수를 각각 생성자와 소멸자에 넣은 것이다. 다음은 CPaintDC 클래스의 실제 MFC 소스 코드이다.

```
CPaintDC::CPaintDC(CWnd* pWnd)
{
    ASSERT_VALID(pWnd);
    ASSERT(::IsWindow(pWnd->m_hWnd));

    if (!Attach(::BeginPaint(m_hWnd = pWnd->m_hWnd, &m_ps)))
      AfxThrowResourceException();
}
CPaintDC::~CPaintDC()
{
    ASSERT(m_hDC != NULL);
    ASSERT(::IsWindow(m_hWnd));
```

```
    ::EndPaint(m_hWnd, &m_ps);
    Detach();
}
```

다음 문제를 풀면서 구체적으로 이해하자. "함수 내에 지역 변수로 객체를 선언하면, 함수가 시작될 때 마우스 커서가 모래 시계로 바뀌었다가 함수가 끝나면 마우스 커서가 본래 상태로 돌아오는 CWaitCursor 클래스를 구현하시오(단, 마우스 커서를 모래 시계로 바꾸는 함수는 BeginWaitCursor() 함수, 본래 상태로 바꾸는 함수는 EndWaitCursor() 함수다)".

```
int MyFunc(int iMode)
{
    CWaitCursor wait;
    …
}
```

해답

```
class CWaitCursor
{
public:
    CWaitCursor() { BeginWaitCursor(); }
    ~CWaitCursor() { EndWaitCursor(); }
};
```

CWaitCursor 클래스는 실제로 존재하는 MFC 클래스로, BeginWaitCursor() 함수를 직접 호출하는 대신 'AfxGetApp() -> BeginWaitCursor();' 형태로 호출하는 차이가 있다. 이렇게 C++ 클래스와 지역 변수 결합은 다양한 형태로 널리 사용되므로 기억해 두면 유용하다.

02 CDC 클래스

MFC는 GDI의 다양한 기능을 편리하게 사용할 수 있도록 디바이스 컨텍스트(DC)를 추상화한 CDC 클래스를 제공한다. 또한, 특성이 서로 다른 디바이스 컨텍스트를 쉽게 다룰 수 있도록 CDC 파생 클래스(CPaintDC, CClientDC, ...)도 제공한다. 이제부터 CDC 클래스와 CDC 파생 클래스의 기능을 학습한다.

1 다양한 디바이스 컨텍스트 클래스

MFC 프로그램과 비교하기 위해, SDK 프로그램에서 출력하는 과정을 살펴보면 다음과 같다.

① 운영체제에 디바이스 컨텍스트를 요청해서 얻는다.

② 디바이스 컨텍스트를 전달 인자로 해서 API 함수를 호출하여 출력한다.

③ 디바이스 컨텍스트 사용이 끝났음을 운영체제에 알린다.

만약 실수로 ③을 생략하면 운영체제는 해당 프로그램이 종료할 때까지 디바이스 컨텍스트를 메모리에 유지하므로 메모리 누수Leakage가 생긴다.

한편, MFC 클래스는 디바이스 컨텍스트를 잘못 사용해서 생기는 메모리 누수를 방지할 수 있게 설계되어 있어 좀 더 안전하다. MFC 프로그램에서 출력하는 과정은 다음과 같다.

① 디바이스 컨텍스트 객체를 생성한다.

② 객체의 멤버 함수를 호출하여 출력한다.

①에서 객체를 스택Stack에 생성하면 소멸자에서 SDK 프로그램의 ③에 해당하는 과정이 자동으로 처리되므로 메모리 누수가 생기지 않는다.

MFC는 [그림 4-5], [표 4-1]과 같이 디바이스 컨텍스트 종류별로 서로 다른 클래스를 제공한다. 각 클래스의 용도가 다르므로 상황에 따라 적절한 클래스를 선택하여 객체를 만들어 사용한다.

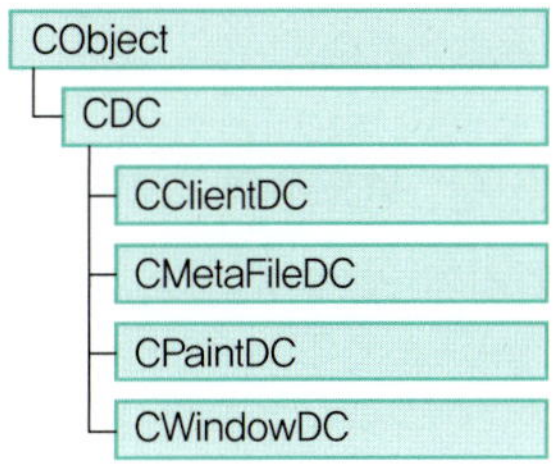

그림 4-5 MFC 클래스 계층도

표 4-1 디바이스 컨텍스트 클래스(CDC 파생 클래스)

클래스 이름	용도
CPaintDC	클라이언트 영역에 출력할 때 (WM_PAINT 메시지 핸들러에서만 사용)
CClientDC	클라이언트 영역에 출력할 때 (WM_PAINT 메시지 핸들러를 제외한 다른 모든 곳에서 사용)
CWindowDC	윈도우 전체 영역(클라이언트 영역+비클라이언트 영역)에 출력할 때
CMetaFileDC	메타파일(Metafile)에 출력할 때

각 클래스의 사용법은 실습과 함께 살펴볼 것이다. 모든 실습은 응용 프로그램 마법사를 이용하여 3장의 Simple 프로그램과 동일한 옵션으로 프로젝트를 생성한 후 코드를 추가하는 방식으로 진행한다.

1.1 CPaintDC 클래스

CPaintDC 클래스는 WM_PAINT 메시지 핸들러에서만 사용할 수 있고, 클라이언트 영역에만 출력할 수 있는 특징이 있다. 전형적인 사용 예로 3장 Simple 프로그램의 CChildView::OnPaint() 함수를 들 수 있다. OnPaint() 함수에는 다음과 같이 CPaintDC 객체를 생성하는 코드가 자동으로 추가되어 있다.

```
void CChildView::OnPaint()
{
    CPaintDC dc(this);
}
```

디바이스 컨텍스트는 특정 윈도우에 출력할 때 필요한 정보를 담고 있어야 하므로 객체 생성 시 대상이 되는 윈도우를 알려줘야 한다. 위 코드에서 this 포인터는 뷰 객체의 주솟값을 가지고 있다. 따라서 이 코드는 뷰의 클라이언트 영역에 출력할 수 있는 디바이스 컨텍스트 객체를 만들라는 의미가 된다.

실습 4-1 CPaintDC 사용하기

[그림 4-6]과 같이 직사각형과 타원을 그리는 프로그램을 작성해보자. 단, 윈도우의 크기를 변경하거나 클라이언트 영역이 가려졌다가 드러나도 출력된 도형이 지워지지 않아야 한다.

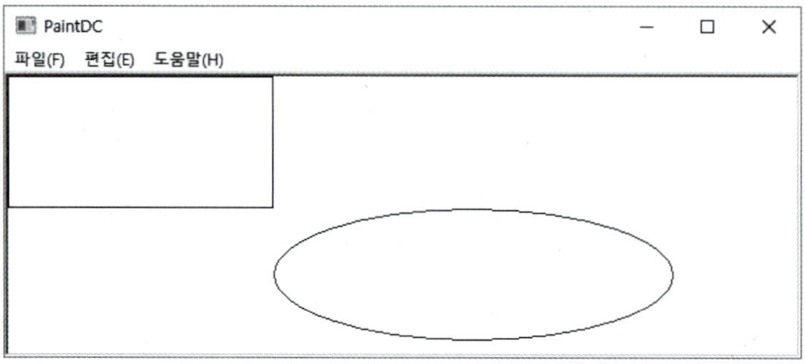

그림 4-6 실행 결과

1 응용 프로그램 마법사를 이용하여 PaintDC 프로젝트를 만든다. 생성 옵션은 3장의 Simple 프로그램과 동일하다.

2 CChildView::OnPaint() 함수에 다음 코드를 추가한다.

```
void CChildView::OnPaint()
{
    CPaintDC dc(this);
    dc.Rectangle(0, 0, 200, 100);
    dc.Ellipse(200, 100, 500, 200);
}
```

Rectangle() 함수는 클라이언트 영역의 (0, 0)과 (200, 100) 좌표를 각각 좌상단점과 우하단점으로 하는 직사각형을 그린다. Ellipse() 함수는 클라이언트 영역의 (200, 100)과 (500, 200) 좌표를 각각 좌상단점과 우하단점으로 하는 직사각형에 내접하는 타원을 그린다. 여기서 중요한 사실은 WM_PAINT 메시지가 발생할 때마다 OnPaint() 함수가 호출되므로 윈도우 크기가 변경되거나 윈도우가 가려지는 상황에서도 출력 내용이 지워지지 않고 항상 표시된다는 점이다.

1.2 CClientDC 클래스

CClientDC 클래스는 WM_PAINT 메시지 핸들러를 제외한 다른 모든 곳에서 사용할 수 있고, CPaintDC 클래스처럼 클라이언트 영역에만 출력할 수 있는 특징이 있다. 사용법은 CPaintDC 클래스와 같다. 즉, CClientDC 객체를 만든 후 객체의 멤버 함수를 호출하면 된다.

실습 4-2 CClientDC 사용하기

[그림 4-7]과 같이 클라이언트 영역에서 마우스 왼쪽 버튼을 누르면 정사각형을, 오른쪽 버튼을 누르면 원을 그리는 프로그램을 작성해보자.

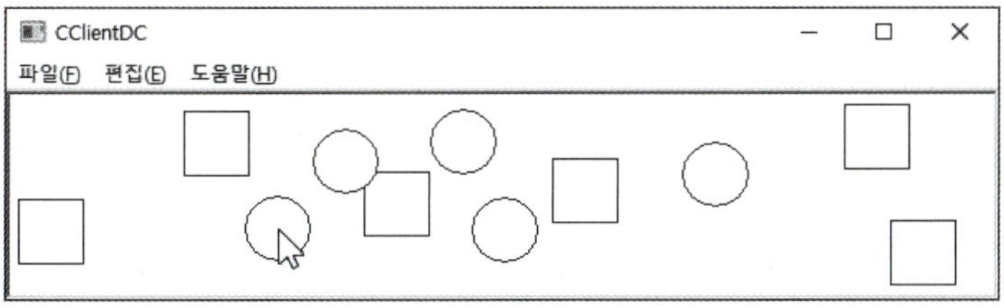

그림 4-7 실행 결과

마우스 왼쪽 버튼을 누르면 WM_LBUTTONDOWN 메시지가, 마우스 오른쪽 버튼을 누르면 WM_RBUTTONDOWN 메시지가 발생한다. 단, 마우스 커서가 있는 윈도우에서 이들 메시지를 받는다. 클라이언트 영역은 뷰가 차지하고 있으므로 뷰 클래스에 마우스 메시지 핸들러를 작성해야 한다는 점에 유의하면서 다음 실습을 진행한다.

1 응용 프로그램 마법사를 이용하여 ClientDC 프로젝트를 만든다. 생성 옵션은 3장의 Simple 프로그램과 동일하다.

2 [그림 4-8]처럼 '클래스 뷰'에서 CChildView를 선택한 상태에서 속성 창을 살펴보자. 속성 창이 열려 있지 않다면 [보기]–[다른 창]–[속성 창] 메뉴를 선택한다. 상단 툴바에서 '메시지'를 선택하고 아래로 스크롤하면 WM_LBUTTONDOWN 메시지를 찾을 수 있다. 오른쪽 빈 공간을 클릭하면 그림과 같이 '〈Add〉 OnLButtonDown'을 선택할 수 있다. 선택과 동시에 CChildView 클래스에 OnLButtonDown() 함수가 추가되면서 곧바로 코드 편집 창이 열린다.

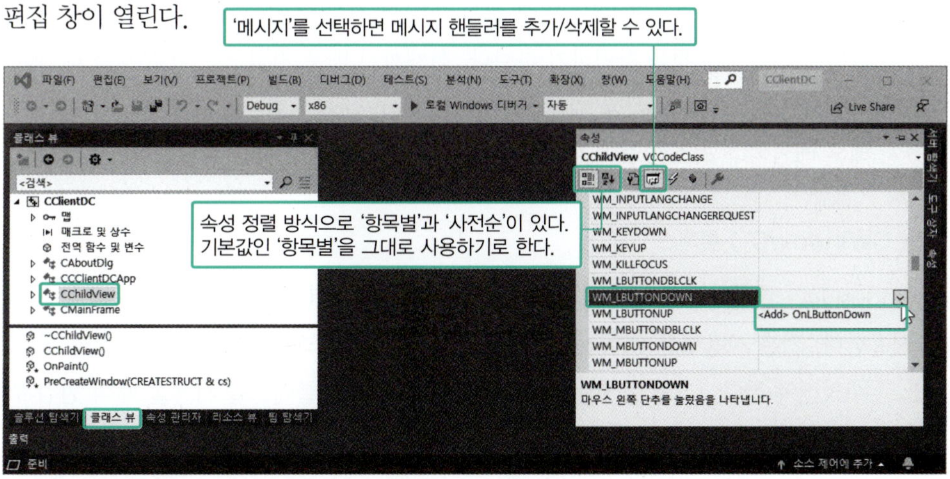

그림 4-8 마우스 메시지 핸들러 추가

3 OnLButtonDown() 함수에는 인자가 두 개 전달되는데, 두 번째 인자인 point가 마우스 왼쪽 버튼 클릭 좌표를 담고 있다. 이 좌표를 중심으로 한 변의 길이가 40픽셀인 정사각형을 그리는 코드를 추가한다.

```
void CChildView::OnLButtonDown(UINT nFlags, CPoint point)
{
    CClientDC dc(this);
    dc.Rectangle(point.x - 20, point.y - 20, point.x + 20, point.y + 20);
}
```

참고 원래는 CWnd::OnLButtonDown() 함수를 호출하는 코드가 자동으로 추가되어 있는데, MFC 내부 코드를 살펴보면 ::DefWindowProc() 함수(1장 HelloSDK 설명 참조)를 호출한다. 운영체제 수준의 기본 처리가 필요하지 않은 경우라면 이런 코드는 삭제해도 된다.

4 같은 방식으로 속성 창을 이용하여 WM_RBUTTONDOWN 메시지에 대응하는 OnRButtonDown() 함수를 추가한다. 그리고 마우스 오른쪽 버튼 클릭 좌표를 중심으로 반지름이 20픽셀인 원을 그리는 코드를 추가한다.

```
void CChildView::OnRButtonDown(UINT nFlags, CPoint point)
{
    CClientDC dc(this);
    dc.Ellipse(point.x - 20, point.y - 20, point.x + 20, point.y + 20);
}
```

5 실행 결과는 [그림 4-7]과 같다. 윈도우 크기가 변하는 경우/다른 윈도우가 가렸다가 드러나는 경우/최소화되었다가 다시 원래 크기로 바뀐 경우 등이 발생하면 클라이언트 영역에서 그림이 지워지는 것을 확인하기 바란다. 현재까지 배운 지식으로 이 문제를 해결하려면, 마우스 좌표와 도형의 종류를 기억해두었다가 OnPaint() 함수에서 출력해야 한다. 2장에서 배운 배열이나 리스트 클래스를 활용하는 방안을 연구해보자.

1.3 CWindowDC 클래스

CWindowDC 클래스는 윈도우 전체 영역(클라이언트 영역 + 비클라이언트 영역)에 출력할 때 사용한다. 기본 사용법은 CPaintDC, CClientDC 클래스와 같지만 좌표의 원점 위치가 다르므로 주의해야 한다. [그림 4-9]는 각 디바이스 컨텍스트 클래스를 사용할 때의 원점 위치를 표시한 것이다.

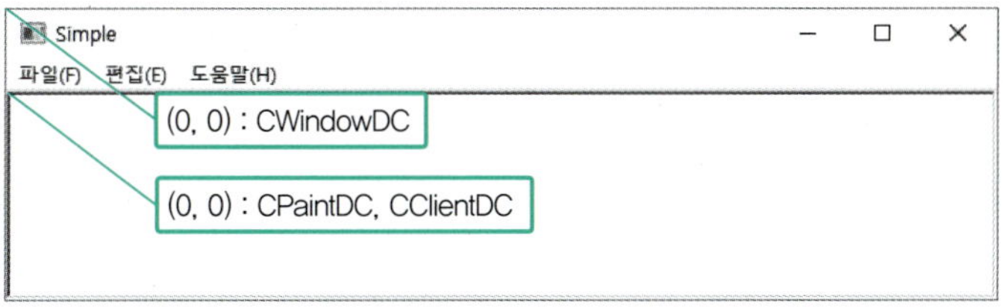

그림 4-9 디바이스 컨텍스트별 원점 위치

현장 팁 CDC 클래스와 GetDC() 함수

다른 개발자가 작성한 소스 코드를 보면, 다음과 같이 CDC 클래스와 GetDC() 함수를 사용한 경우가 있을 것이다.

```
CDC *pDC = GetDC();
pDC->Ellipse(...); // 필요한 처리
ReleaseDC(pDC);
```

GetDC() 함수는 해당 윈도우에 연결된 클라이언트 영역에 대한 DC 핸들을 리턴한다. 이 DC 핸들로 필요한 처리를 한 후, ReleaseDC() 함수를 호출하여 마무리해야 한다. 클라이언트 영역을 처리한다는 점에서 CClientDC 클래스 역할과 동일하다.

실제로 CClientDC 클래스는 생성자에서 GetDC() 함수를 호출하고 소멸자에서 ReleaseDC() 함수를 호출하는 방식으로 구현되어 있다. 따라서 GetDC() 함수를 사용하는 방식과 CClientDC 클래스를 사용하는 방식은 동일하다. 하지만 소멸자에서 ReleaseDC() 함수가 호출돼야 하기 때문에, CClientDC 클래스는 다음과 같이 객체를 지역 변수로 선언해야 한다는 점에 유의한다.

```
{
    CClientDC dc;
    dc.Ellipse(...); // 필요한 처리
}
```

참고 CDC는 모든 DC 클래스의 부모 클래스다.

실습 4-3 CWindowDC 사용하기

[그림 4-10]과 같이 타이틀바에 메인(프레임) 윈도우의 전체 크기를 출력하는 프로그램을 작성해보자. 단, 윈도우의 크기를 변경할 때마다 변경된 크기가 표시돼야 한다.

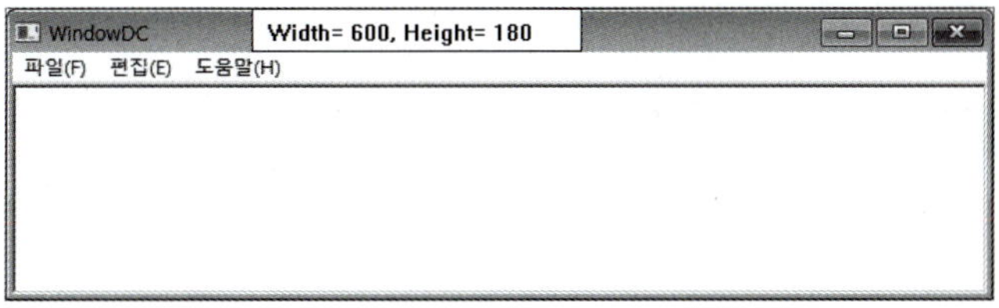

그림 4-10 실행 결과

1 응용 프로그램 마법사를 이용하여 WindowDC 프로젝트를 만든다. 생성 옵션은 3장의 Simple 프로그램과 동일하다.

2 윈도우의 타이틀바에 출력을 하려면 CWindowDC 클래스가 필요하다. 그런데 윈도우의 타이틀바는 뷰가 아니라 프레임 윈도우에 속하므로 CChildView가 아니라 CMainFrame 클래스에서 출력해야 한다. '클래스 뷰'에서 CMainFrame 클래스를 선택한 상태로 속성 창(Alt+Enter)에서 WM_NCPAINT 메시지 핸들러를 추가한다. WM_NCPAINT는 운영체제가 윈도우의 비클라이언트 영역(타이틀바, 테두리, ...)을 그리기 전에 응용 프로그램에 전달하는 메시지이므로 타이틀바에 무언가를 출력하기 적당한 위치다.

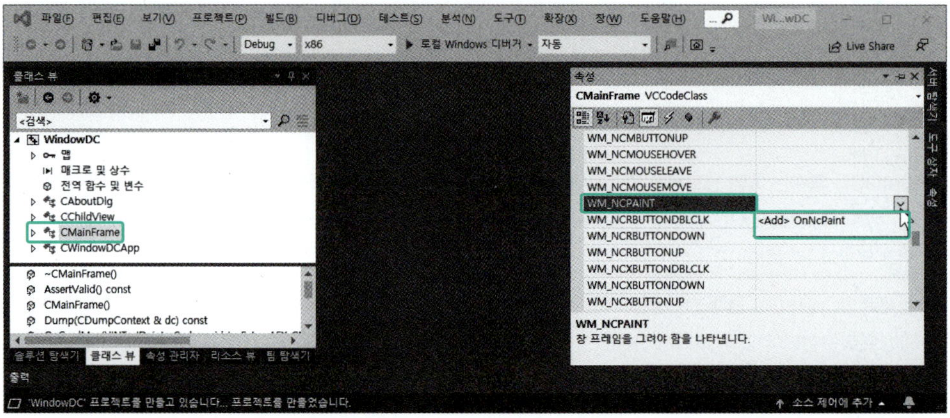

그림 4-11 WM_NCPAINT 메시지 핸들러 추가

3 CMainFrame::OnNcPaint() 함수에 다음 코드를 추가한다.

```
void CMainFrame::OnNcPaint()
{
    // 운영체제가 자동으로 비클라이언트 영역을 그리게 한다.
    CFrameWnd::OnNcPaint();

    // 타이틀바에 직사각형을 그린다.
    CWindowDC dc(this);
    int height = ::GetSystemMetrics(SM_CYSIZE)+GetSystemMetrics(SM_CYSIZEFRAME);
    dc.Rectangle(150, 0, 350, height + 1);

    // 메인(프레임) 윈도우의 크기를 얻는다.
    CRect rect;
    GetWindowRect(&rect);

    // 타이틀바에 크기를 출력한다.
```

```
16      CString str;
17      str.Format(_T("Width=%4d, Height=%4d"), rect.Width(), rect.Height());
18      dc.TextOut(160, 7, str);
19  }
```

04행 MFC 내부 코드를 살펴보면 OnNcPaint() 함수는 ::DefWindowProc() 함수를 호출한다. 즉, 이 코드는 운영체제가 자동으로 WM_NCPAINT 메시지를 처리하여 비클라이언트 영역(타이틀바, 테두리, ...)을 그리는 효과를 준다.

07행 타이틀바(비클라이언트 영역)에 출력하기 위해 CWindowDC 객체를 만든다.

08~09행 타이틀바에 그릴 직사각형의 높이를 구하고, 그 값을 이용하여 직사각형을 그린다. ::GetSystemMetrics() 함수는 대응하는 MFC 함수가 없기 때문에 호출하는 API 함수다. 미리 정의된 상수값을 전달하면 시스템의 각종 치수(길이) 정보를 얻을 수 있는데, SM_CYSIZE와 SM_CYSIZEFRAME은 각각 타이틀바와 테두리 선의 높이를 알려준다.

12~13행 CWnd::GetWindowRect() 함수는 윈도우 전체의 좌표(좌상단점과 우하단점의 좌표)를 알려준다. 참고로, 윈도우의 클라이언트 영역만의 좌표가 필요한 경우에는 CWnd::GetClientRect() 함수를 사용한다. 좌표를 알면 빼기 연산으로 크기(폭과 높이)도 구할 수 있다.

16~18행 12~13행에서 얻은 윈도우 전체의 크기를 타이틀바에 출력한다.

참고 이 예제는 CWindowDC 클래스를 소개하고자 최대한 간단히 만든 것으로, 실용적으로 사용하기는 어렵다. 윈도우 비스타부터 등장한 데스크톱 윈도우 관리자(Desktop Window Manager; DWM) 때문에 타이틀바에 직접 출력하는 코드는 작동하지 않는다. [그림 4-10]과 같은 결과를 보려면 윈도우 탐색기로 WindowDC\Debug\WindowDC.exe를 찾아가서 마우스 오른쪽 버튼을 클릭하여 [속성]-[호환성]-[호환 모드]에서 'Window XP(서비스 팩 3)'를 선택하고 <확인>을 클릭한 후 프로그램을 다시 실행해야 한다.

1.4 CMetaFileDC 클래스

메타파일Metafile은 그리기 명령의 집합으로서, 메모리에 임시로 생성하거나 디스크 파일에 영구히 저장할 수 있다. 만들어진 메타파일을 재생Play하면 저장된 그리기 명령들을 한꺼번에 수행하여 원하는 그림을 그릴 수 있다.

메타파일이 일반 그림 파일과 다른 점은, 그림 파일에는 픽셀 정보가 저장되어 있지만 메타파일에는 그림을 그리는 명령 자체가 저장되어 있다는 것이다. 예를 들면 메타파일에는 점을 찍거나 선을 그리는 명령이 저장되어 있다. 따라서 크기를 확대하거나 축소하더라도 그림이 깨지지 않고 깔끔하게 출력된다는 장점이 있다. 반면 속도가 느리다는 단점이 있다.

[그림 4-12]는 메타파일이 실제 사용되는 예로, MS PowerPoint에 그림을 삽입하는 대화 상자다. '파일 이름' 우측의 필터를 열면 메타파일 형식들을 볼 수 있다.

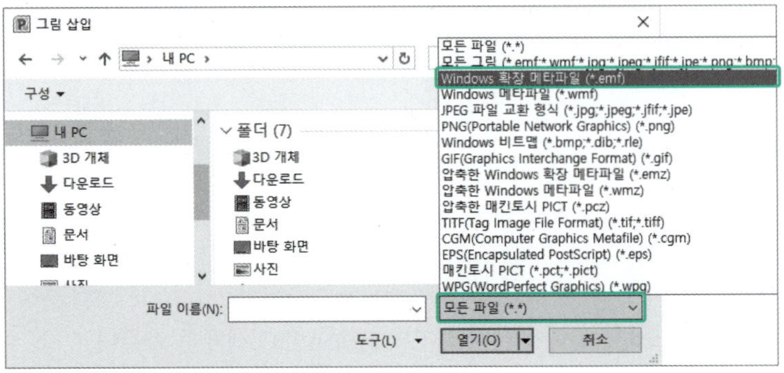

그림 4-12 메타파일 사용 예

윈도우 GDI는 두 종류의 메타파일(윈도우 메타파일, 윈도우 확장 메타파일)을 지원하므로 MFC 클래스도 두 종류가 있다. 16비트 윈도우 시절부터 존재하던 윈도우 메타파일은 몇 가지 단점 때문에 사용하지 않는 것이 좋으므로, 여기서는 32비트 윈도우에 도입된 윈도우 확장 메타파일을 소개한다. 확장 메타파일은 장치 독립성을 갖도록 설계되었으며, 저장할 수 있는 GDI 명령이 구버전보다 다양하다는 장점이 있다. MFC를 이용하여 확장 메타파일을 사용하는 절차는 다음과 같다.

① CMetaFileDC 객체를 만들고 CMetaFileDC::CreateEnhanced() 함수로 초기화한다. 호출 인자에 따라 확장 메타파일을 메모리에 생성할 수도 있고 디스크 파일(*.emf)에 저장할 수도 있다.

② 확장 메타파일 객체를 일반 디바이스 컨텍스트 객체로 간주하여 출력 함수를 호출한다.

③ CMetaFileDC::CloseEnhanced() 함수를 호출하면, 윈도우 운영체제가 내부적으로 확장 메타파일을 만든 후 핸들(HENHMETAFILE 타입)을 리턴한다.

④ 확장 메타파일 핸들을 CDC::PlayMetaFile() 함수에 전달하여 재생하면 저장된 명령들이 수행되어 출력된다.

⑤ 확장 메타파일 사용이 끝나면 핸들을 ::DeleteEnhMetaFile() API 함수에 전달하여 삭제한다.

실습 4-4 CMetaFileDC 사용하기

마우스 왼쪽이나 오른쪽 버튼을 눌렀을 때 확장 메타파일에 미리 그려놓은 그림을 재생하여 출력하는 프로그램을 작성해보자. 실행 결과는 [그림 4-13]과 같다. 마우스 왼쪽 버튼을 누르면

40×40 크기로 출력하고, 오른쪽 버튼을 누르면 100×40 크기로 출력한다. 비트맵과 달리 어떤 크기로 출력하든 일정한 품질로 출력될 것이다.

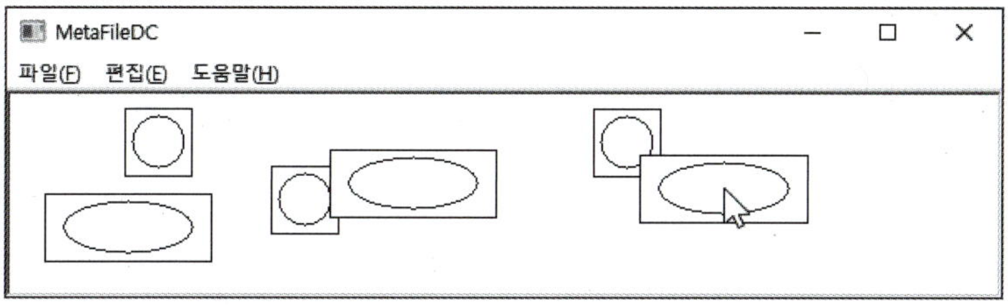

그림 4-13 실행 결과

1 응용 프로그램 마법사를 이용하여 MetaFileDC 프로젝트를 만든다. 생성 옵션은 3장의 Simple 프로그램과 동일하다.

2 클래스 뷰에서 'CChildView'를 더블 클릭하면 ChildView.h 파일이 열린다. 여기에 다음과 같이 변수를 선언한다. MFC 프로그래밍을 할 때 public 멤버 변수의 이름은 관례적으로 m_로 시작한다.

```
class CChildView : public CWnd
{
// 생성입니다.
public:
    CChildView();

// 특성입니다.
public:
    HENHMETAFILE m_hmf; // 메타파일 핸들
```

3 CChildView 생성자와 소멸자에 다음 코드를 추가한다.

```
CChildView::CChildView()
{
    // 확장 메타파일 객체를 생성하고 초기화한다.
    CMetaFileDC dc;
    dc.CreateEnhanced(NULL, NULL, NULL, NULL);
    // 멤버 함수를 호출하여 출력한다.
    dc.Rectangle(0, 0, 10, 10);
    dc.Ellipse(1, 1, 9, 9);
    // 확장 메타파일 핸들을 얻는다.
    m_hmf = dc.CloseEnhanced();
```

```
}

CChildView::~CChildView()
{
    // 확장 메타파일을 삭제한다.
    ::DeleteEnhMetaFile(m_hmf);
}
```

4 클래스 뷰에서 CChildView를 선택한 상태로 속성 창(Alt+Enter)에서 WM_LBUTTONDOWN과 WM_RBUTTONDOWN 메시지 핸들러를 추가한다.

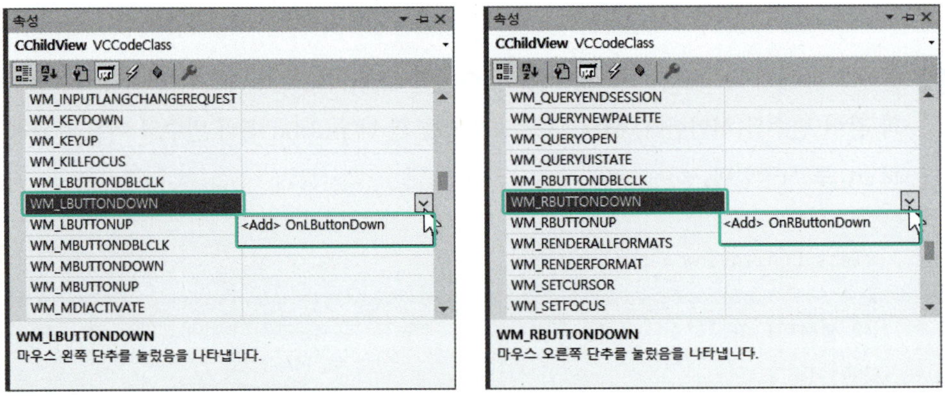

그림 4-14 두 개의 메시지 핸들러 추가

5 생성된 두 개의 메시지 핸들러에 다음 코드를 추가한다. PlayMetaFile() 함수의 두 번째 인자는 경계 직사각형bounding rectangle이라 부르는데, 이 영역 내부에 확장 메타파일이 재생되어 출력된다.

```
void CChildView::OnLButtonDown(UINT nFlags, CPoint point)
{
    CClientDC dc(this);
    CRect rect(point.x - 20, point.y - 20, point.x + 20, point.y + 20);
    dc.PlayMetaFile(m_hmf, &rect);
}

void CChildView::OnRButtonDown(UINT nFlags, CPoint point)
{
    CClientDC dc(this);
    CRect rect(point.x - 50, point.y - 20, point.x + 50, point.y + 20);
    dc.PlayMetaFile(m_hmf, &rect);
}
```

2 그리기 함수

CDC 클래스는 GDI가 제공하는 다양한 그리기 함수를 좀 더 편리하게 사용할 수 있는 멤버 함수를 제공한다. 화면에 점을 찍는 간단한 함수는 물론이고 곡선을 그리는 복잡한 함수까지 포함되어 있다. 여기서는 자주 사용되는 그리기 함수 위주로 설명한다.

2.1 점 찍기

점 단위로 조작하는 함수에는 점의 색상값을 얻는 것과 점을 찍는 것 두 종류가 있다. CDC 클래스가 제공하는 점 관련 함수는 다음과 같다.

표 4-2 그리기 함수 : 점

이름	기능
GetPixel()	화면 (x, y) 지점의 색을 얻는다.
SetPixel()	화면 (x, y) 지점에 특정 색상의 점을 찍고 원래 점의 색을 리턴한다.
SetPixelV()	SetPixel() 함수와 출력은 같지만 원래 점의 색을 리턴하지 않으므로 속도가 좀 더 빠르다.

실습 4-5 점 찍기

[그림 4-15]와 같이 점을 찍는 함수만 이용하여 화면에 다양한 색상을 표시해보자. 윈도우가 다시 그려져도 화면이 지워지지 않도록 출력 코드를 OnPaint() 함수에 작성할 것이다.

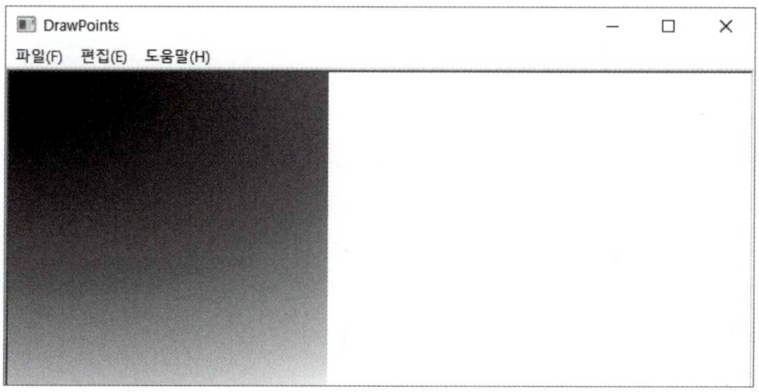

그림 4-15 실행 결과

1. 응용 프로그램 마법사를 이용하여 DrawPoints 프로젝트를 만든다. 생성 옵션은 3장의 Simple 프로그램과 동일하다.

2. CChildView::OnPaint() 함수에 다음 코드를 추가한다. 점을 찍어서 그림을 그리는 것은 매우 느리기 때문에 속도가 좀 더 빠른 SetPixelV() 함수를 사용했다.

```
void CChildView::OnPaint()
{
    CPaintDC dc(this);
    for (int x = 0; x < 256; x++)
        for (int y = 0; y < 256; y++)
            dc.SetPixelV(x, y, RGB(x, y, 0));
}
```

SetPixel()과 SetPixelV() 함수의 세 번째 인자는 COLORREF 타입으로 R, G, B 세 가지 색의 조합으로 구성된 32비트 값이다. 윈도우 API에서는 COLORREF 타입의 색상 값을 쉽게 만들 수 있도록 RGB라는 이름의 매크로를 제공한다. 전달 인자 세 개는 모두 8비트이므로 색상값을 각각 0~255까지 지정할 수 있다.

```
COLORREF RGB (
    BYTE byRed, // 빨간색 값
    BYTE byGreen, // 초록색 값
    BYTE byBlue // 파란색 값
);
```

3 실행 후 윈도우의 크기를 최소화했다가 복원해보자. 이때 WM_PAINT 메시지가 발생하므로 CChildView::OnPaint() 함수가 호출된다. 점을 찍는 속도가 느리기 때문에 화면에 그림이 그려지는 과정이 보일 것이다.

현장 팁 느린 출력을 해결하기 위한 메모리 DC

점을 하나씩 찍어 그림을 그리거나 비트맵을 출력하면 그려지는 모습이 눈에 보일 정도로 느리다. 처음 그래픽을 다루는 독자라면 '다른 프로그램은 어떻게 하길래 비트맵을 빠르게 출력할 수 있을까' 하고 의아할 것이다. 사실 곰 플레이어 같은 프로그램은 프로그램 전체가 비트맵 이미지인데, 출력도 이런 식으로 하면 아무도 사용하지 않을 것이다. 하지만 점으로만 그림을 그리고 비트맵을 출력하는 것은 사실이다. 다만 절차가 다를 뿐이다. 다음 그림을 보자.

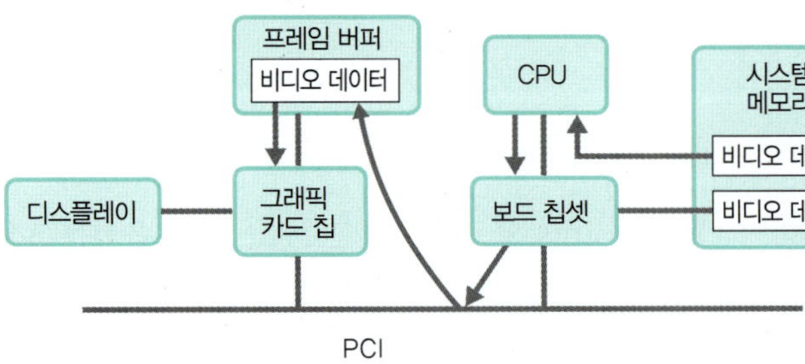

▲ 시스템 메모리에서 비디오 메모리까지 가는 경로

위 그림처럼 시스템 메모리에서 그래픽 카드의 비디오 메모리(프레임 버퍼)까지 가는 데 많은 경로를 거쳐야 하고 경로가 늘어날수록 시간이 많이 소요된다. 게다가 그림을 그릴 때 점을 하나씩 찍어 이 과정을 수없이 반복하면 시간이 더욱 늘어난다.

점을 하나씩 찍어 비트맵 이미지를 출력하는 것은 아래의 왼쪽 그림과 같이 나타낼 수 있다. 그럼 시스템 메모리에 점을 모두 찍은 다음, 한꺼번에 비디오 메모리로 전송하면 어떨까? 이러한 아이디어는 오른쪽 그림과 같이 나타낼 수 있다.

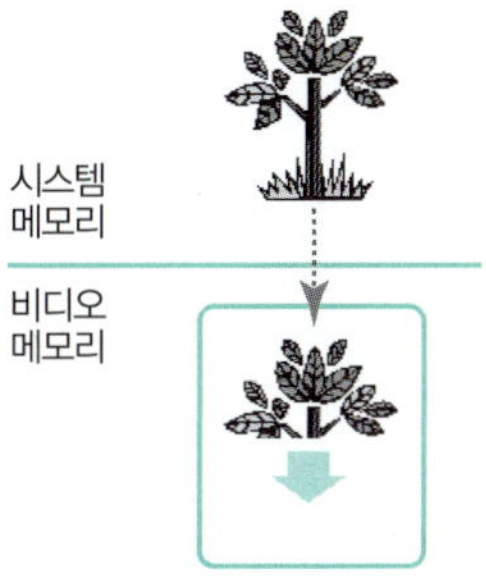

▲ 점 단위로 전송하기

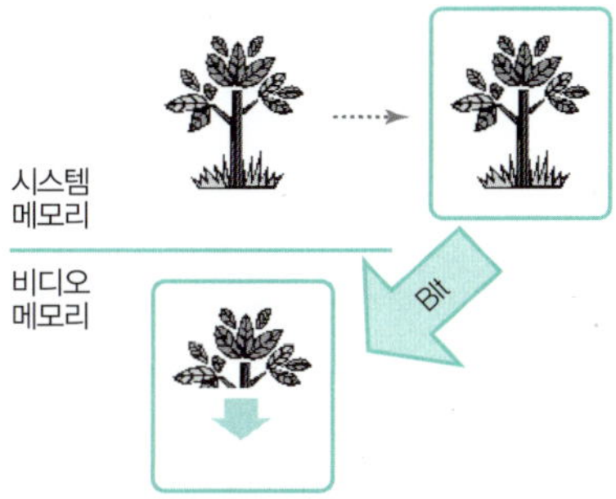

▲ 점을 한꺼번에 전송하기

그래픽 카드 장치는 블록 단위 데이터를 고속으로 전송하는 기능을 제공한다. 이러한 기능을 Blt(Block Transfer 또는 Blit)라고 하고 '블릿'으로 읽는다. 이제 시스템 메모리를 DC처럼 사용할 수 있는 기능만 있으면 된다. 이러한 기능은 '메모리 DC'를 통해 수행할 수 있으며, 메모리 DC는 CDC::CreateCompatibleDC() 함수를 통해 생성할 수 있다. 이런 개념을 먼저 숙지하고 실제 코드는 비트맵 출력 과정에서 확인하자.

2.2 선 그리기

CDC 클래스는 한 번의 호출로 선을 그리는 함수는 제공하지 않기 때문에 두 단계를 거쳐서 그려야 한다. 다음은 (x1, y1)과 (x2, y2)를 잇는 선을 그리는 예다. ❶ 현재 위치를 (x1, y1)으로 옮긴다. 현재 위치(Current Position)는 디바이스 컨텍스트의 속성 중 하나다. ❷ 현재 위치에서 (x2, y2)까지 선을 그린다. 선을 그린 후 디바이스 컨텍스트의 현재 위치는 자동으로 (x2, y2)로 변경된다.

```
❶ dc.MoveTo(x1, y1);
❷ dc.Lineto(x2, y2);
```

CDC 클래스에서 제공하는 선 그리기 함수 중 몇 가지를 소개하면 다음과 같다.

표 4-3 그리기 함수 : 선

이름	기능
MoveTo()	현재 위치를 (x, y) 위치로 옮긴다.
LineTo()	현재 위치에서 (x, y) 위치까지 선을 그리고, 현재 위치를 (x, y)로 변경한다.
Polyline()	POINT 구조체 배열로 전달된 점들을 차례로 이어서 선을 그린다. 참고 많은 데이터 점들을 이어서 그래프를 그릴 때 유용하다.

실습 4-6 선 그리기

[그림 4-16]과 같은 그림을 그리는 프로그램을 작성해보자. 윈도우가 다시 그려져도 화면이 지워지지 않도록 출력 코드를 OnPaint() 함수에 작성할 것이다.

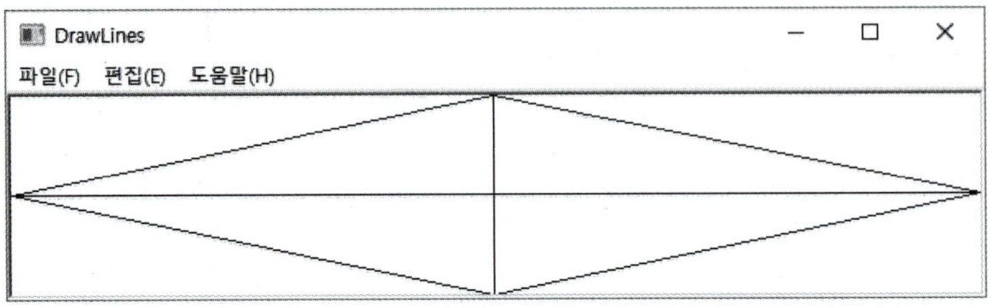

그림 4-16 실행 결과

1 응용 프로그램 마법사를 이용하여 DrawLines 프로젝트를 만든다. 생성 옵션은 3장의 Simple 프로그램과 동일하다.

2 CChildView::OnPaint() 함수에 다음 코드를 추가한다.

```
void CChildView::OnPaint()
{
    CPaintDC dc(this);

    // 클라이언트 영역의 좌표를 얻는다.
    CRect rect;
    GetClientRect(&rect);

    // 수평선과 수직선을 그린다.
    dc.MoveTo(0, rect.bottom / 2);
    dc.LineTo(rect.right, rect.bottom / 2);
    dc.MoveTo(rect.right / 2, 0);
    dc.LineTo(rect.right / 2, rect.bottom);

    // 마름모꼴을 그린다.
    POINT points[] = { {rect.right / 2, 0}, {rect.right, rect.bottom / 2},
        { rect.right / 2, rect.bottom}, {0, rect.bottom / 2}, {rect.right / 2, 0} };
    dc.Polyline(points, 5);
}
```

WM_PAINT 메시지가 발생할 때마다 클라이언트 영역의 좌표(크기)를 새로 얻고, 이 정보를 토대로 수평선/수직선/마름모꼴을 그린다. CWnd::GetClientRect() 함수는 WindowDC 예제를 분석하면서 소개한 적이 있는데, 클라이언트 영역의 좌표(크기)를 얻는 용도로 종종 유용하게 사용된다.

> **현장 팁** **CWnd::GetClientRect() 함수 원형**
>
> CWnd::GetClientRect() 함수의 원형은 다음과 같다. 원래는 RECT 타입 변수 주소 값을 인자로 사용해야 하지만 CRect 객체 주소를 사용해도 상관없다. 그 이유는 CRect 클래스가 상속한 베이스 클래스가 RECT이기 때문이다(자세한 내용은 2장 [표 2-2]를 참고하기 바란다).
>
> ```
> void GetClientRect(LPRECT lpRect);
> ```
>
> 또한 CRect 클래스에는 LPRECT 연산자가 재정의되어 있으므로, 다음과 CRect 객체를 바로 넣어도 동작한다.
>
> ```
> GetClientRect(rect);
> ```

2.3 도형 그리기

CDC 클래스가 제공하는 다양한 도형 그리기 함수 중 몇 가지를 소개하면 다음과 같다.

표 4-4 그리기 함수 – 도형

이름	기능
Rectangle()	직사각형을 그린다.
Ellipse()	직사각형에 내접하는 타원을 그린다.
RoundRect()	테두리가 둥근 직사각형을 그린다.
Polygon()	POINT 구조체 배열로 전달된 점들을 차례로 이어서 다각형을 그린다.

Rectangle()과 Ellipse() 함수는 사용한 적이 있고 Polygon() 함수는 Polyline() 함수와 사용법이 비슷하므로 부가 설명이나 실습은 생략한다. RoundRect() 함수는 Rectangle() 함수에 비해 전달 인자가 두 개 더 많은데, 두 값은 테두리 선을 정의하는 타원의 폭과 높이를 나타낸다([그림 4-17]).

RoundRect(int x1, int y1, int x2, int y2, int x3, int y3);

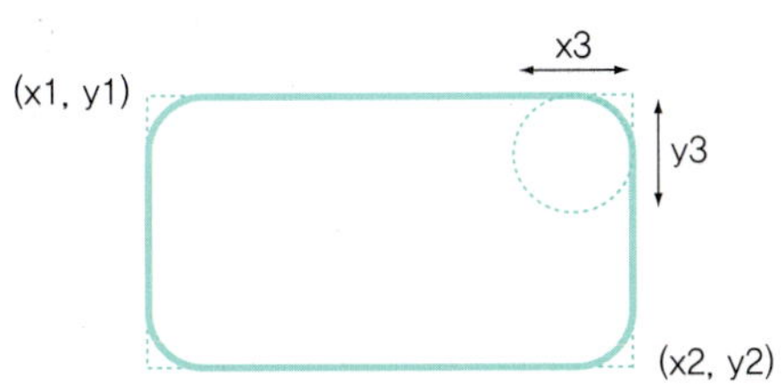

그림 4-17 RoundRect() 함수

도형을 그릴 때 주의할 사항은 우하단점의 좌표는 도형 자체에 포함되지 않는다는 것이다. 예를 들어 Rectangle(100, 100, 200, 200)을 호출하면, (100, 100)과 (199, 199)를 각각 좌상단점과 우하단점으로 하는 직사각형이 그려진다.

MFC가 제공하는 함수는 다음 예와 같이 중복 정의Overloading된 경우가 많으므로 필요에 따라 편리한 형태를 선택하여 사용하면 된다.

```
// 외접 직사각형의 좌상단점과 우하단점 좌표를 지정한다.
BOOL Ellipse(int x1, int y1, int x2, int y2);
// 외접 직사각형의 좌표를 RECT 또는 CRect 객체로 지정한다.
BOOL Ellipse(LPCRECT lpRect);
```

3 텍스트 함수

CDC 클래스에서 제공하는 텍스트 관련 함수 중 자주 사용하는 것은 다음과 같다.

표 4-5 텍스트 함수

이름	기능
TextOut()	(x, y) 위치에 문자열을 출력한다.
DrawText()	직사각형 영역 내부에 문자열을 출력한다.
SetTextColor()	글자의 색을 바꾼다.
SetBkColor()	글자의 배경색을 바꾼다.
SetTextAlign()	기준 위치에 대한 문자열 정렬 방식을 설정한다.

DrawText() 함수만 좀 더 자세하게 알아보고, 나머지 함수의 사용법은 실습을 통해 살펴보자. DrawText() 함수의 원형은 다음과 같다.

```
int DrawText(
    const CString& str,
    LPRECT lpRect,
    UINT nFormat
);
```

TextOut() 함수가 문자열을 출력할 (x, y) 좌표를 사용하는 것과 대조적으로, DrawText() 함수는 문자열을 감싸는 직사각형의 좌표(RECT 구조체)를 사용한다. 두 번째 인자로 지정하는 직사각형 영역에서 출력될 문자열의 위치는 세 번째 인자 nFormat 값으로 결정된다. 예를 들어 nFormat 값이 DT_CENTER이면 직사각형 영역에서 문자열이 가로 방향으로 중앙에 출력된다. Visual Studio 설명서에서 CDC::DrawText() 함수를 찾아보면 nFormat에 사용할 수 있는 다양한 상수값이 정의되어 있다.

실습 4-7 텍스트 출력하기

[그림 4-18]과 같이 여러 줄의 텍스트를 출력하는 프로그램을 작성해보자. 윈도우가 다시 그려져도 화면이 지워지지 않도록 출력 코드를 OnPaint() 함수에 작성할 것이다.

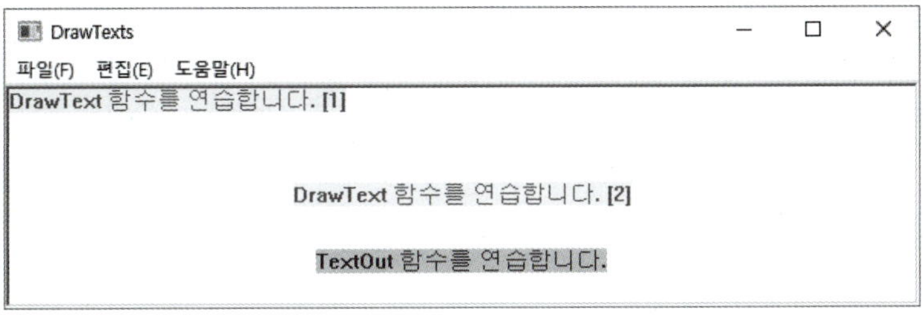

그림 4-18 실행 결과

1 응용 프로그램 마법사를 이용하여 DrawTexts 프로젝트를 만든다. 생성 옵션은 3장의 Simple 프로그램과 동일하다.

2 CChildView::OnPaint() 함수에 다음 코드를 추가한다.

```
void CChildView::OnPaint()
{
    CPaintDC dc(this);

    CRect rect;
    GetClientRect(&rect);

    dc.SetTextColor(RGB(255, 0, 0)); // 글자를 빨간색으로 설정
    dc.SetBkColor(RGB(255, 255, 0)); // 배경을 노란색으로 설정
    dc.DrawText(CString("DrawText 함수를 연습합니다. [1]"), &rect, 0);
    dc.DrawText(CString("DrawText 함수를 연습합니다. [2]"), &rect,
        DT_CENTER | DT_VCENTER | DT_SINGLELINE);

    dc.SetTextAlign(TA_CENTER); // 가운데 정렬 방식으로 변경
    dc.SetTextColor(RGB(0, 0, 255)); // 글자를 파란색으로 설정
    dc.SetBkColor(RGB(0, 255, 0)); // 배경을 초록색으로 설정
    dc.TextOut(rect.right / 2, 3 * rect.bottom / 4,
        CString("TextOut 함수를 연습합니다."));
}
```

DrawText() 함수의 세 번째 인자가 0(기본값)이면 직사각형 영역의 좌측 상단부터 글자가 출력된다. 직사각형 영역의 정중앙(가로/세로 방향 모두)에 출력하려면 DT_CENTER(가로 방향 중앙), DT_VCENTER(세로 방향 중앙), DT_SINGLELINE(한 줄로 출력) 세 개의 상숫값을 결합해야 한다. DT_VCENTER는 DT_SINGLELINE을 결합할 때만 동작하므로 주의하자.

4 매핑 모드

다음과 같은 코드를 생각해보자. CClientDC 객체를 만든 후 폭이 100, 높이가 100인 직사각형을 그린다. 지금까지는 폭이 100픽셀, 높이가 100픽셀인 직사각형으로 간주해도 무방했지만, Rectangle() 함수에 사용하는 좌표의 단위가 실제로는 픽셀이 아니라는 사실에 주목해야 한다.

```
CClientDC dc(this);
dc.Rectangle(0, 0, 100, 100);
```

대부분의 GDI 함수에서 사용하는 단위, 즉 프로그래머가 직접 사용하는 단위는 논리 단위 Logical Unit이다. 반면 운영체제 내부적으로 사용하는 단위는 픽셀을 기본으로 하는 장치 단위 Device Unit이다. 운영체제는 정해진 규칙에 따라 프로그래머가 사용하는 논리 단위를 장치 단위로 변환하는데, 변환 방법을 나타내는 용어가 매핑 모드Mapping Mode이다.

매핑 모드는 디바이스 컨텍스트의 속성 중 하나로서, 현재 매핑 모드가 어떤 값으로 설정되어 있는가에 따라 논리 단위가 장치 단위로 변환되는 방법이 달라진다. 변환이 이루어질 때는 두 단위 간의 크기 변환뿐만 아니라 x, y 좌표축의 방향도 고려한다. 윈도우 운영체제가 지원하는 매핑 모드는 [표 4-6]과 같다.

표 4-6 매핑 모드

매핑 모드	단위	x축	y축
MM_TEXT	1픽셀	→ +x	↓ +y
MM_LOMETRIC	0.1mm	→ +x	↓ −y
MM_HIMETRIC	0.01mm	→ +x	↓ −y
MM_LOENGLISH	0.01인치	→ +x	↓ −y
MM_HIENGLISH	0.001인치	→ +x	↓ −y
MM_TWIPS	1/1440인치	→ +x	↓ −y
MM_ISOTROPIC	사용자 정의(가로/세로 길이 같음)	사용자 정의	사용자 정의
MM_ANISOTROPIC	사용자 정의(가로/세로 길이 다름)	사용자 정의	사용자 정의

■ **MM_TEXT**

MM_TEXT는 디바이스 컨텍스트를 최초에 생성했을 때 자동으로 설정되어 있는 매핑 모드로, 논리 단위와 장치 단위가 1대 1로 대응한다. 즉, MM_TEXT 매핑 모드에서는 GDI 함수에 사용하는 단위를 픽셀로 간주해도 된다. 좌표축의 방향은 모니터에서 글을 읽는 순서와 일치하도록 오른쪽 방향이 +x, 아래쪽 방향이 +y로 정해져 있다([그림 4-19]).

■ **MM_LOMETRIC ~ MM_TWIPS**

MM_LOMETRIC ~ MM_TWIPS는 논리 단위가 장치 단위로 변환될 때 출력 장치의 종류에 관계없이 물리적 길이가 항상 일정하도록 설계된 매핑 모드로, 장치 독립적으로 출력하는 데 매우 중요하다.

예를 들면 모니터 종류나 화면 해상도, 프린터 종류 등에 따라 단위 길이당 픽셀 수가 달라지므로 MM_TEXT 매핑 모드를 사용하여 그림을 그리면 장치에 따라 그림 크기가 달라진다. 반면, MM_LOMETRIC ~ MM_TWIPS 매핑 모드를 사용하면 장치의 해상도를 고려하여 논리 단위를 장치 단위(픽셀)로 바꾸므로 그림 크기가 일정하다. 좌표축의 방향은 수학적 모델을 기반으로 오른쪽 방향이 +x, 아래쪽 방향이 −y로 정해져 있다. 즉, 클라이언트 영역이 데카르트 좌표계의 4사분면에 해당한다([그림 4-20]).

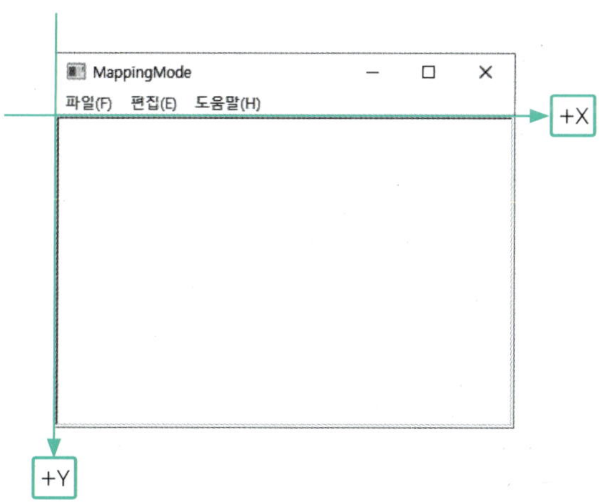

그림 4-19 MM_TEXT

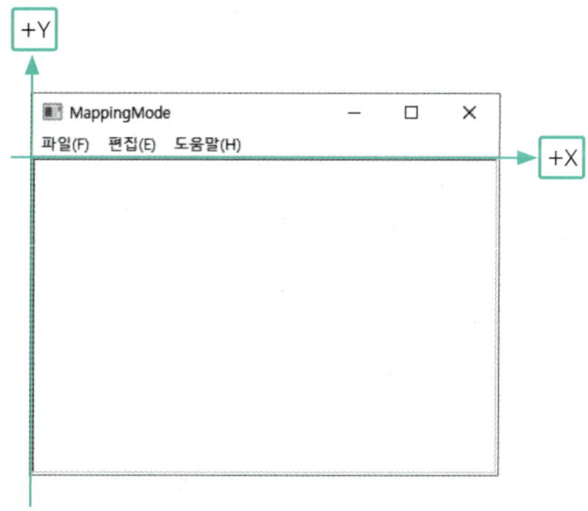

그림 4-20 MM_LOMETRIC ~ MM_TWIPS

■ **MM_ISOTROPIC, MM_ANISOTROPIC**

MM_ISOTROPIC과 MM_ANISOTROPIC은 사용자가 논리 단위와 장치 단위의 변환 관계를 정의할 수 있으므로 프로그래밍 가능한Programmable 매핑 모드라고도 부른다. CDC::SetWindowExt()와 CDC::SetViewportExt() 함수를 이용하면 변환 관계를 임의로 정할 수 있다. 구체적인 사용법은 실습을 통해 확인하자.

실습 4-8 매핑 모드 사용하기 1

간단한 예제를 통해 매핑 모드를 바꾸는 방법을 익혀보자. 실행 결과는 [그림 4-21]과 같다. 폭이 10cm, 높이가 3cm인 직사각형과 타원을 서로 다른 매핑 모드를 이용하여 그린 것이다. 모니터에 직접 자를 대고 길이를 재서 확인해보자. 모니터는 제품마다 픽셀 간격이 약간씩 다르므로 정확한 길이를 보장하지 않지만, 프린터 출력에 이와 같은 코드를 사용하면 정확한 길이로 인쇄할 수 있다.

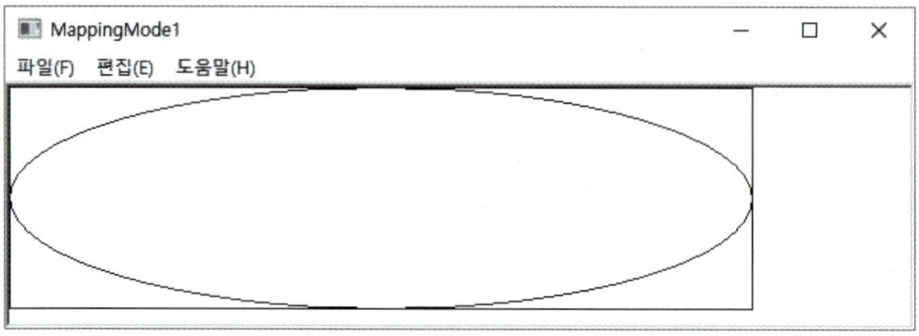

그림 4-21 실행 결과

1 응용 프로그램 마법사를 이용하여 MappingMode1 프로젝트를 만든다. 생성 옵션은 3장의 Simple 프로그램과 동일하다.

2 CChildView::OnPaint() 함수에 다음 코드를 추가한다. MM_LOMETRIC이나 MM_HIMETRIC 모드에서 도형을 그릴 때는 y 좌표 값이 음수임에 유의하자.

```
void CChildView::OnPaint()
{
    CPaintDC dc(this);
    dc.SetMapMode(MM_LOMETRIC); // 매핑 모드 변경
    dc.Rectangle(0, 0, 1000, -300);
    dc.SetMapMode(MM_HIMETRIC); // 매핑 모드 변경
    dc.Ellipse(0, 0, 10000, -3000);
}
```

실습 4-9 매핑 모드 사용하기 2

MM_ISOTROPIC과 MM_ANISOTROPIC 매핑 모드는 윈도우 크기에 비례하여 일정 형태로 출력하고자 할 때 종종 사용한다. 실습을 통해 사용법을 익혀보자.

1 응용 프로그램 마법사를 이용하여 MappingMode2 프로젝트를 만든다. 생성 옵션은 3장의 Simple 프로그램과 동일하다.

2 CChildView::OnPaint() 함수에 다음 코드를 추가한다. 코드에서 사용된 DrawEdge() 함수는 Rectangle() 함수처럼 직사각형을 그리되 테두리를 입체적으로 그려준다. 이 예제의 핵심 내용은 아니므로 Visual Studio 설명서를 참고하기 바란다.

```
void CChildView::OnPaint()
{
    CPaintDC dc(this);
    CRect rect;
    GetClientRect(&rect);
    dc.SetMapMode(MM_ANISOTROPIC);
    dc.SetWindowExt(100, 100);
    dc.SetViewportExt(rect.Width(), rect.Height());
    dc.RoundRect(0, 0, 100, 100, 50, 50);
    dc.DrawEdge(CRect(20, 20, 80, 80),
        BDR_SUNKENINNER | BDR_RAISEDOUTER, BF_RECT);
}
```

SetWindowExt() 함수는 사용할 논리 단위의 범위Extent를 지정한다. 예제의 경우 x, y축 방향으로 100까지 사용하겠다는 의미다. SetViewportExt() 함수는 뷰포트Viewport의 범위를 픽셀 단위로 지정한다. 예제의 경우 x, y축 방향에 대해 클라이언트 영역의 폭과 높이(픽셀 단위)를 사용하고 있다.

[그림 4-22]는 두 함수의 관계를 보여준다. GDI가 논리 단위를 장치 단위로 변환할 때는 SetWindowExt()와 SetViewportExt() 함수가 넘겨준 값을 토대로 계산한다.

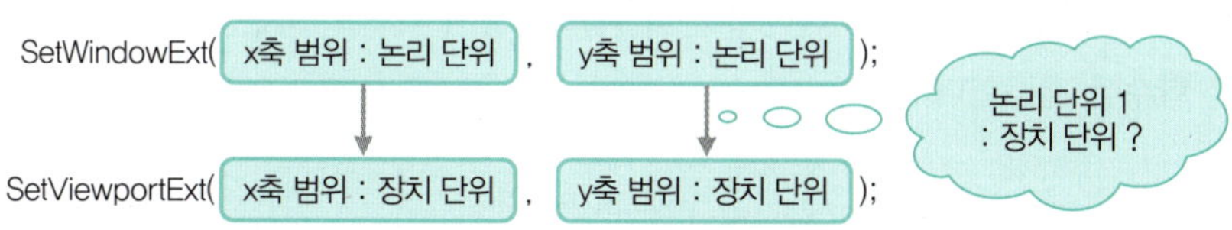

그림 4-22 SetWindowExt()와 SetViewportExt() 함수의 관계

3 실행 결과는 [그림 4-23]과 같다. 윈도우 크기가 변하면 도형의 상대적 크기도 따라서 바뀐다는 사실을 알 수 있다. 매핑 모드를 MM_ISOTROPIC으로 바꾸면 어떤 변화가 생기는지도 확인해보자.

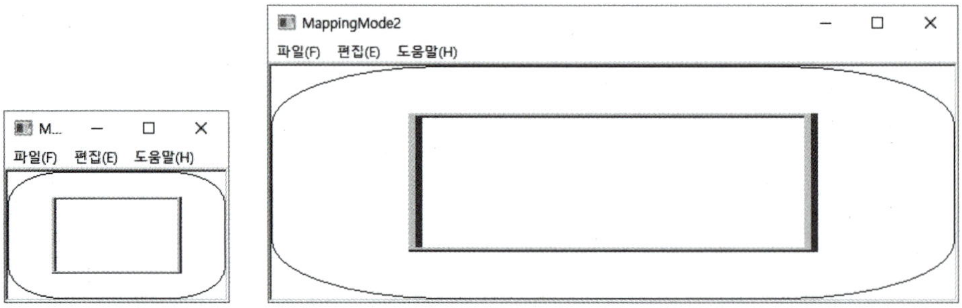

그림 4-23 실행 결과

여기서 잠깐! 매핑 모드와 종횡비

매핑 모드에서 MM_ISOTROPIC과 MM_ANISOTROPIC의 차이는 종횡비Aspect Ratio, 즉 가로 대 세로 비율 유지 여부다. 비디오에서는 종횡비를 유지하는 방식을 레터박스Letter Box 모드, 그렇지 않은 방식을 확장Stretched 또는 팬스캔Pan & Scan 모드라 부른다.

예를 들어 와이드 화면을 일반 TV나 모니터에서 종횡비를 유지하려면 작은 화면(레터박스 모드)을 봐야 하고, 그렇지 않으면 찌그러진 화면(확장 모드)이나 끝부분이 잘린 화면(팬스캔 모드)을 봐야 한다. 따라서 비디오 관련 프로그램을 개발할 때는 이런 사항을 고려해야 한다. 참고로 DVD의 아나몰픽Anamorphic 모드도 확장 모드의 한 방식이다.

▲ 확장 모드 예

▲ 레터박스 모드 예

4.1 좌표 변환

CDC 클래스는 현재의 매핑 모드를 고려하여 논리 좌표를 장치 좌표로 또는 그 반대로 바꿔 주는 다음과 같은 함수를 제공한다.

```
void CDC::LPtoDP(LPPOINT lpPoints, int nCount=1);
void CDC::DPtoLP(LPPOINT lpPoints, int nCount=1);
```

장치 좌표는 원점의 위치에 따라 스크린 좌표screen coordinates와 클라이언트 좌표client coordinates 두 종류가 있다. [그림 4-24]처럼 스크린 좌표의 원점은 모니터 좌상단점이고, 클라이언트 좌표의 원점은 윈도우 클라이언트 영역 좌상단점이다.

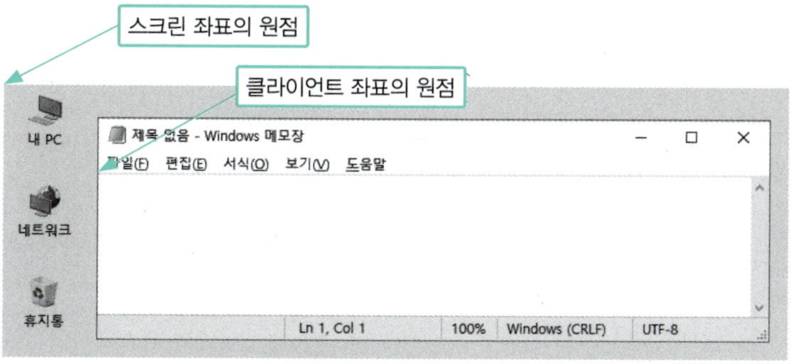

그림 4-24 스크린 좌표와 클라이언트 좌표

CWnd 클래스는 스크린 좌표와 클라이언트 좌표 사이의 좌표 변환을 위해 다음과 같은 함수를 제공한다.

```
void CWnd::ScreenToClient(LPPOINT lpPoint);
void CWnd::ClientToScreen(LPPOINT lpPoint);
```

CWnd 클래스가 제공하는 좌표 변환 함수 간의 관계를 정리하면 [그림 4-25]와 같다.

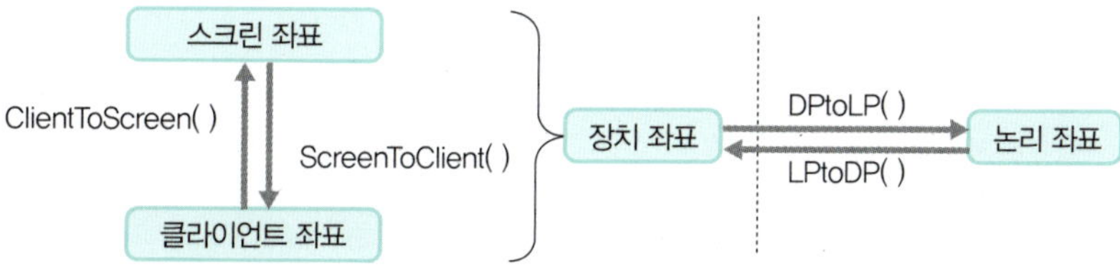

그림 4-25 좌표 변환 함수 간의 관계

5 속성 함수

디바이스 컨텍스트에는 내부적으로 다양한 속성이 있으며, 이 속성에 따라 GDI 출력 함수의 결과가 달라진다. 지금까지 배운 것을 포함하여 디바이스 컨텍스트의 속성과 관련된 함수를 정리하면 다음과 같다.

표 4-7 속성 함수

속성	초기값	속성을 얻는 함수	속성을 변경하는 함수
텍스트 색상	검은색	GetTextColor()	SetTextColor()
배경 색상	흰색	GetBkColor()	SetBkColor()
배경 모드	OPAQUE	GetBkMode()	SetBkMode()
매핑 모드	MM_TEXT	GetMapMode()	SetMapMode()
그리기 모드	R2_COPYPEN	GetROP2()	SetROP2()

현재 위치	(0, 0)	GetCurrentPosition()	MoveTo()
펜	BLACK_PEN	SelectObject()	SelectObject()
브러시	WHITE_BRUSH	SelectObject()	SelectObject()
폰트	SYSTEM_FONT	SelectObject()	SelectObject()
비트맵	없음	SelectObject()	SelectObject()
팔레트	없음	SelectPalette()	SelectPalette()
리전	없음	SelectObject()	SelectObject()

펜, 브러시, 폰트, 비트맵, 팔레트, 리전은 3절에서 다루므로 여기서는 생략하고, 아직 배우지 않은 그리기 모드와 배경 모드를 알아보자.

그리기 모드Drawing Mode는 그림을 그릴 때 사용하는 색상이 화면의 원래 색상과 섞이는 방법을 정의한 것이다. [표 4-8]은 사용 가능한 그리기 모드를 나타낸 것으로 D(Destination), S(Source), &(AND), |(OR), ~(NOT), ^(XOR) 기호를 사용하여 연산을 표시했다. 그리기 모드 실습은 5장 마우스 예제에서 다루므로 여기서는 생략한다.

표 4-8 그리기 모드

그리기 모드	연산	그리기 모드	연산
R2_NOP	D = D	R2_MERGENOTPEN	D = ~S | D
R2_NOT	D = ~D	R2_MASKNOTPEN	D = ~S & D
R2_BLACK	D = BLACK	R2_MERGEPEN	D = D | S
R2_WHITE	D = WHITE	R2_NOTMERGEPEN	D = ~(D | S)
R2_COPYPEN	D = S	R2_MASKPEN	D = D & S
R2_NOTCOPYPEN	D = ~S	R2_NOTMASKPEN	D = ~(D & S)
R2_MERGEPENNOT	D = ~D | S	R2_XORPEN	D = S ^ D
R2_MASKPENNOT	D = ~D & S	R2_NOTXORPEN	D = ~(S ^ D)

배경 모드Background Mode는 화면 출력 시 배경 출력 방식을 제어하는데 OPAQUE(불투명)와 TRANSPARENT(투명) 두 가지가 있다. OPAQUE 모드에서는 텍스트/점선(3절 펜에서 소개)/해치 브러시(3절 브러시에서 소개)를 출력할 때 배경을 현재 디바이스 컨텍스트에 설정된 배경색으로 칠하지만, TRANSPARENT 모드에서는 배경을 그대로 둔다는 차이가 있다. 특별히 설정하지 않으면 OPAQUE가 기본값이다. 실습을 통해 두 모드의 차이점을 확인하자.

실습 4-10 배경 모드 변경하기

1 응용 프로그램 마법사를 이용하여 BackgroundMode 프로젝트를 만든다. 생성 옵션은 3장의 Simple 프로그램과 동일하다.

2 배경 모드를 테스트하기 위해 CChildView::PreCreateWindow() 함수를 다음과 같이 수정한다. 그러면 운영체제가 클라이언트 영역을 지울 때 자동으로 회색을 칠한다.

```
BOOL CChildView::PreCreateWindow(CREATESTRUCT& cs)
{
    if (!CWnd::PreCreateWindow(cs))
        return FALSE;

    cs.dwExStyle |= WS_EX_CLIENTEDGE;
    cs.style &= ~WS_BORDER;
    cs.lpszClass = AfxRegisterWndClass(CS_HREDRAW | CS_VREDRAW | CS_DBLCLKS,
        ::LoadCursor(nullptr, IDC_ARROW), (HBRUSH)GetStockObject(GRAY_BRUSH), nullptr);

    return TRUE;
}
```

3 CChildView::OnPaint() 함수에 다음 코드를 추가한다.

```
void CChildView::OnPaint()
{
    CPaintDC dc(this);
    dc.SetBkMode(OPAQUE); // 이 줄을 주석 처리해도 결과는 같음
    dc.TextOut(100, 50, CString(" OPAQUE 모드 [1] "));

    dc.SetBkMode(TRANSPARENT);
    dc.TextOut(100, 100, CString(" TRANSPARENT 모드 "));

    dc.SetBkMode(OPAQUE);
    dc.SetBkColor(RGB(0, 255, 0)); // 배경을 초록색으로 설정
    dc.TextOut(100, 150, CString(" OPAQUE 모드 [2] "));
}
```

4 실행 결과는 [그림 4-26]과 같다. 디바이스 컨텍스트의 기본 배경색은 흰색이므로 OPAQUE 모드에서는 글자의 배경이 흰색으로 설정된다. 하지만 SetBkColor() 함수로

디바이스 컨텍스트의 배경색을 초록색으로 바꾸면 글자의 배경색이 변경됨을 확인할 수 있다. TRANSPARENT 모드를 사용하면 글자의 배경이 투명하게 처리된다.

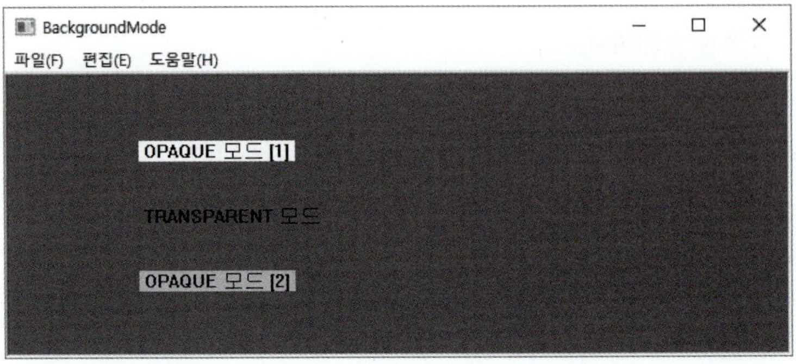

그림 4-26 실행 결과

03 GDI 객체

GDI 객체GDI Object는 GDI에서 출력할 때 사용하는 도구로, [표 4-9]에 정리한 여섯 가지를 통틀어서 부르는 용어이다.

표 4-9 GDI 객체

GDI 객체	용도	클래스 이름
펜	선을 그릴 때	CPen
브러시	면의 내부를 채울 때	CBrush
폰트	글자를 출력할 때	CFont
비트맵	그림을 출력할 때	CBitmap
팔레트	출력할 색의 집합을 다룰 때	CPalette
리전	다양한 형태의 면을 정의할 때	CRgn

GDI 객체는 디바이스 컨텍스트의 속성에 해당하며 이런 사실은 [표 4-7]을 통해서도 확인할 수 있다. 펜/브러시/폰트는 특별히 지정하지 않아도 기본값이 설정되어 있지만, 비트맵/팔레트/리전은 CDC::Select*() 함수로 디바이스 컨텍스트에 선택해줘야 한다.

GDI 객체가 디바이스 컨텍스트에 일단 선택되면 이후의 그래픽 출력에 영향을 준다. 예를 들어 빨간색 펜과 파란색 브러시를 선택한 후 Rectangle() 함수를 호출하면, 직사각형의 테두리는 빨간색으로 그려지고 내부는 파란색으로 채워진다.

MFC는 GDI 객체를 다룰 수 있도록 일곱 개의 클래스를 제공한다. [그림 4 -27]은 이들의 상속 관계를 보여준다. CGdiObject 클래스는 베이스 클래스로서 하위 클래스를 위한 공통 기능을 제공한다. 실제로 CGdiObject 객체를 직접 생성하는 경우는 없으며 항상 파생 클래스 객체를 만들어서 사용해야 한다.

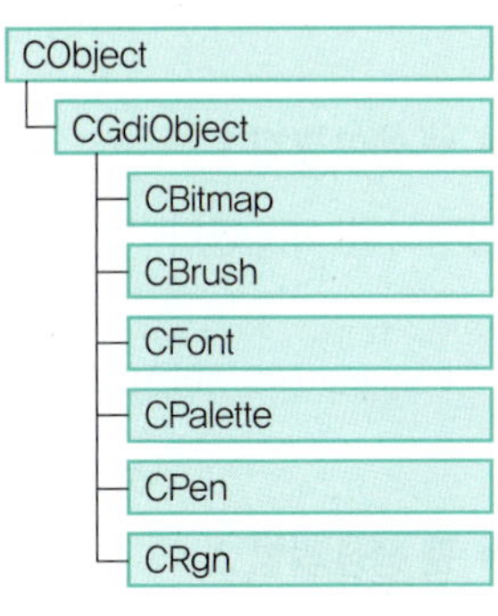

그림 4-27 MFC 클래스 계층도

C/C++ 함수 내에서 MFC로 GDI 객체를 만들어 사용하는 일반 절차를 정리하면 다음과 같다.

① GDI 객체를 C/C++ 함수의 지역 변수로 선언하여 스택에 생성한다.

② 생성된 GDI 객체를 CDC::SelectObject() 함수에 전달하여 디바이스 컨텍스트에 선택한다. 이때 CDC::SelectObject() 함수의 리턴값은 이전의 GDI 객체 주소로, 복원을 위해 임시 변수에 저장해둔다.

③ CDC 클래스의 다양한 멤버 함수를 호출하여 출력한다.

④ 이전에 임시 변수에 저장해둔 GDI 객체를 CDC::SelectObject() 함수로 선택하여 복원한다. 이때 기존에 선택되어 사용하던 GDI 객체는 자동으로 선택 해제된다.

⑤ C/C++ 함수가 끝나면 GDI 객체의 소멸자가 자동으로 호출되어 파괴된다.

GDI 객체를 디바이스 컨텍스트에 선택select 하거나 선택 해제deselect 하는 핵심 기능은 CDC::SelectObject() 함수가 제공한다. CDC::SelectObject() 함수는 다음과 같이 중복 정의되어 있는데, 새로운 GDI 객체의 주소를 입력받고 이전에 선택되어 있던 GDI 객체의 주소를 리턴한다는 공통점이 있다(리전을 입력받는 맨 마지막 함수는 예외).

```
CPen* SelectObject(CPen* pPen); // 새로운 펜 전달, 이전의 펜 리턴
CBrush* SelectObject(CBrush* pBrush); // 새로운 브러시 전달, 이전의 브러시 리턴
CFont* SelectObject(CFont* pFont); // 새로운 폰트 전달, 이전의 폰트 리턴
CBitmap* SelectObject(CBitmap* pBitmap); // 새로운 비트맵 전달, 이전의 비트맵 리턴
int SelectObject(CRgn* pRgn); // 새로운 리전 전달, 생성된 리전의 타입 리턴
```

팔레트는 CDC::SelectPalette() 라는 별도의 함수가 있지만, 256컬러 화면을 사용하던 시절을 제외하고는 팔레트 자체의 활용도가 매우 낮으므로 이 책에서는 다루지 않는다.

1 펜

펜은 선을 그릴 때 사용하며 생성 방법은 다음과 같다.

▪ 펜 생성 방법 1

생성자를 이용한다. 펜 종류, 폭논리 단위, 색상을 지정하면 된다.

```
CPen pen(PS_SOLID, 2, RGB(255, 0, 0)); // 폭이 2인 빨간색 펜을 만든다.
```

▪ 펜 생성 방법 2

객체를 만든 후 CPen::CreatePen() 함수를 호출한다.

```
CPen pen;
pen.CreatePen(PS_SOLID, 2, RGB(255, 0, 0)); // 폭이 2인 빨간색 펜을 만든다.
```

예를 들어, 폭이 1인 파란색 선으로 직사각형을 그리는 전형적인 코드는 다음과 같다.

```
CPaintDC dc(this); // 디바이스 컨텍스트 객체를 만든다.
CPen pen(PS_SOLID, 1, RGB(0, 0, 255)); // 펜 객체를 만든다.
CPen* pOldPen = dc.SelectObject(&pen); // 새로운 펜 선택, 이전 펜 저장
dc.Rectangle(100, 100, 200, 200); // 직사각형을 그린다.
dc.SelectObject(pOldPen); // 이전 펜 복원, 사용하던 펜 선택 해제
```

일반적인 형태는 아니지만, 위의 코드처럼 디바이스 컨텍스트 객체를 직접 생성하여 사용하고 함수 리턴 후 디바이스 컨텍스트 객체가 자동으로 소멸되는 경우라면, 아래 코드처럼 이전 펜을 저장했다가 다시 복원하는 코드를 생략해도 문제가 없다. 윈도우 운영체제는 이런 상황에서 리소스 낭비가 생기지 않게 해준다.

```
CPaintDC dc(this); // 디바이스 컨텍스트 객체를 만든다.
CPen pen(PS_SOLID, 1, RGB(0, 0, 255)); // 펜 객체를 만든다.
dc.SelectObject(&pen); // 새로운 펜을 선택한다.
dc.Rectangle(100, 100, 200, 200); // 직사각형을 그린다.
```

실습 4-11 펜 사용하기

1 응용 프로그램 마법사를 이용하여 Pens 프로젝트를 만든다. 생성 옵션은 3장의 Simple 프로그램과 동일하다.

2 CChildView::OnPaint() 함수에 다음 코드를 추가한다.

```
void CChildView::OnPaint()
{
    CPaintDC dc(this);

    // 다양한 펜 종류를 연습한다.
    int nPenStyle[] = { PS_SOLID, PS_DASH,
        PS_DOT, PS_DASHDOT, PS_DASHDOTDOT,
        PS_NULL, PS_INSIDEFRAME };
    TCHAR* PenStyle[] = { _T("PS_SOLID"), _T("PS_DASH"),
```

```
        _T("PS_DOT"), _T("PS_DASHDOT"), _T("PS_DASHDOTDOT"),
        _T("PS_NULL"), _T("PS_INSIDEFRAME") };
    dc.SetTextAlign(TA_BASELINE);
    for (int i = 0; i < sizeof(nPenStyle) / sizeof(nPenStyle[0]); i++) {
        CPen pen(nPenStyle[i], 1, RGB(0, 0, 255));
        dc.SelectObject(&pen);
        dc.TextOut(50, 25 + i * 25, PenStyle[i], lstrlen(PenStyle[i]));
        dc.MoveTo(200, 25 + i * 25);
        dc.LineTo(500, 25 + i * 25);
    }

    CPen blackpen(PS_SOLID, 1, RGB(0, 0, 0)); // 폭 1, 검은색 PS_SOLID 펜

    dc.SelectObject(&blackpen);
    dc.Rectangle(50, 200, 150, 300); // 폭과 높이가 100인 직사각형
    CPen pen1(PS_SOLID, 20, RGB(255, 0, 0)); // 폭 20, 빨간색 PS_SOLID 펜
    dc.SelectObject(&pen1);
    dc.Ellipse(50, 200, 150, 300); // 지름이 100인 원

    dc.SelectObject(&blackpen);
    dc.Rectangle(250, 200, 350, 300); // 폭과 높이가 100인 직사각형
    CPen pen2(PS_INSIDEFRAME, 20, RGB(255, 0, 0)); // 폭 20, 빨간색 PS_INSIDEFRAME 펜
    dc.SelectObject(&pen2);
    dc.Ellipse(250, 200, 350, 300); // 지름이 100인 원
}
```

3 실행 결과는 [그림 4-28]과 같다. 여기에서 두 가지 사실에 주목하자. 첫째, PS_NULL을 사용하면 선이 그려지지 않는다는 것이다. 당장은 별로 쓸모가 없어 보이지만 PS_NULL은 내부는 채워져 있지만 외곽선이 없는 도형을 그릴 때 유용하다. 둘째, PS_SOLID와 PS_INSIDEFRAME은 직선을 그릴 경우 차이가 없다는 것이다. 그러나 도형을 그려보면 차이가 드러난다. PS_SOLID를 선택할 경우 펜의 폭이 두꺼워지면 도형의 외곽선을 기준으로 안쪽과 바깥쪽으로 선이 확장되지만, PS_INSIDEFRAME을 선택하면 도형의 외곽선 안쪽으로만 선이 확장된다.

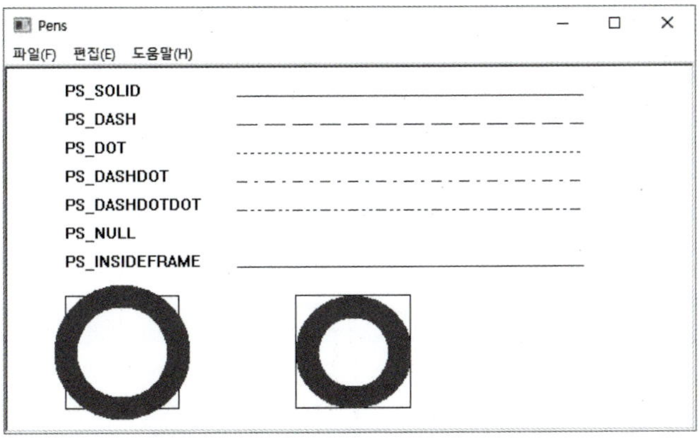

그림 4-28 실행 결과

2 브러시

브러시는 면의 내부를 채울 때 사용하며 [표 4-10]과 같이 세 가지 종류가 있다.

표 4-10 브러시 종류

종류	생성 예
솔리드Solid(속이 채워짐)	CBrush brush(RGB(255, 0, 0));
해치Hatch(교차하는 평행선 무늬)	CBrush brush(HS_DIAGCROSS, RGB(255, 0, 0));

패턴Pattern(비트맵의 반복 무늬)	CBitmap bitmap; // 비트맵 객체 생성
	bitmap.LoadBitmap(IDB_BITMAP1); // 비트맵 로드
	CBrush brush(&bitmap);

브러시도 사용법은 펜과 같다. 즉, 브러시 객체를 만든 후 디바이스 컨텍스트에 선택하면 된다. 예를 들어 빨간색으로 채워진 원을 그리는 전형적인 코드는 다음과 같다.

```
CPaintDC dc(this); // 디바이스 컨텍스트 객체를 만든다.
CBrush brush(RGB(255, 0, 0)); // 브러시 객체를 만든다.
CBrush* pOldBrush = dc.SelectObject(&brush); // 새로운 브러시 선택, 이전 브러시 저장
dc.Ellipse(100, 100, 200, 200); // 원을 그린다.
dc.SelectObject(pOldBrush); // 이전 브러시 복원, 사용하던 브러시 선택 해제
```

일반적인 형태는 아니지만, 위의 코드처럼 디바이스 컨텍스트 객체를 직접 생성하여 사용하고 함수 리턴 후 디바이스 컨텍스트 객체가 자동으로 소멸되는 경우라면, 아래 코드처럼 이전 브러시를 저장했다가 다시 복원하는 코드를 생략해도 문제가 없다. 윈도우 운영체제는 이런 상황에서 리소스 낭비가 생기지 않게 해준다.

```
CPaintDC dc(this); // 디바이스 컨텍스트 객체를 만든다.
CBrush brush(RGB(255, 0, 0)); // 브러시 객체를 만든다.
dc.SelectObject(&brush); // 새로운 브러시를 선택한다.
dc.Ellipse(100, 100, 200, 200); // 원을 그린다.
```

실습 4-12 브러시 사용하기

1 응용 프로그램 마법사를 이용하여 Brushes 프로젝트를 만든다. 생성 옵션은 3장의 Simple 프로그램과 동일하다.

2 세 종류의 브러시 중 패턴 브러시는 비트맵 리소스가 필요하므로 코드를 추가하기 전에 먼저 비트맵을 그려보자. '리소스 뷰'로 전환한 후 [프로젝트]-[리소스 추가...] 메뉴를 선택하여 대화 상자를 연다. 'Bitmap'을 선택한 후 〈새로 만들기〉를 클릭한다.

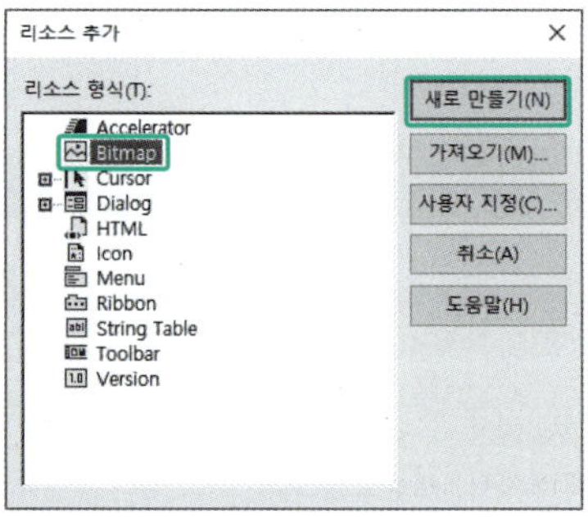

그림 4-29 비트맵 리소스 추가

3 위쪽의 '이미지 편집기' 툴바를 이용하여 적당히 그림을 그린다. 빈 공간을 더블 클릭하면 속성 창이 열리는데 여기서 파일 이름, 색상 수, 크기를 바꿀 수 있다. 또한 왼쪽의 IDB_BITMAP1을 클릭하면 속성 창 내용이 바뀌는데 여기서 파일 이름, ID, 언어를 변경할 수 있다. 다른 속성은 자유로이 변경해도 되지만 ID는 IDB_BITMAP1을 그대로 사용하자.

이미지 편집기

빈 공간을 더블 클릭하면 오른쪽의 속성 창이 열린다.

그림 4-30 비트맵 리소스 편집 여기를 클릭하면 오른쪽의 속성 창 내용이 바뀐다.

4 CChildView::OnPaint() 함수에 다음 코드를 추가한다.

```
void CChildView::OnPaint()
{
    CPaintDC dc(this);

    // 솔리드 브러시
    CBrush brush1(RGB(255, 0, 0));
    dc.SelectObject(&brush1);
    dc.Rectangle(50, 50, 200, 200);

    // 해치 브러시
    CBrush brush2(HS_DIAGCROSS, RGB(255, 0, 0));
    dc.SelectObject(&brush2);
    dc.Ellipse(250, 50, 400, 200);

    // 패턴 브러시
    CBitmap bitmap;
    bitmap.LoadBitmap(IDB_BITMAP1);
    CBrush brush3(&bitmap);
    dc.SelectObject(&brush3);
    dc.RoundRect(450, 50, 600, 200, 50, 50);
}
```

5 실행 결과는 [그림 4-31]과 같다. 왼쪽부터 차례로 솔리드, 해치, 패턴 브러시 활용을 보여준다. 패턴 브러시의 경우에는 비트맵이 도형 내부에 일정 간격으로 반복된다. 도형의 외곽선은 디바이스 컨텍스트의 현재current 펜으로 그려지는데, 특별히 펜을 만들어서 선택하지 않았으므로 기본값인 검은색 펜으로 그려진다.

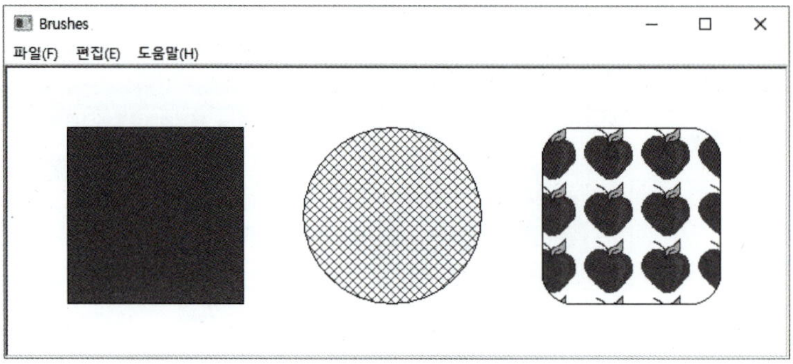

그림 4-31 실행 결과

3 폰트

폰트는 텍스트를 출력할 때 글자의 크기, 모양 등을 결정한다. 폰트를 생성하려면 다음 두 단계를 거쳐야 한다. 펜이나 브러시처럼 폰트도 생성 후 디바이스 컨텍스트에 선택하여 사용할 수 있다.

① 폰트 객체를 생성한다.

```
CFont font;
```

② 폰트 객체에 대해 Create*() 함수를 호출한다.

```
font.CreateFont(...);
또는 font.CreateFontIndirect(...);
또는 font.CreatePointFont(...);
또는 font.CreatePointFontIndirect(...);
```

CreateFont() 함수의 인자가 무려 열네 개나 될 만큼 폰트의 속성은 다양하다. 그만큼 폰트에 다채로운 효과를 줄 수 있으나, 보통은 폰트 크기와 서체 이름typeface name 정도만 필요하다. 이런 경우에는 CreatePointFont() 함수를 사용하면 좀 더 편리하다. 사용 예는 다음과 같다.

```
CPaintDC dc(this); // 디바이스 컨텍스트 객체를 만든다.
CFont font; // 폰트 객체를 생성한다.
font.CreatePointFont(400, "Arial"); // 크기가 40(=400/10) 포인트인 Arial 폰트
dc.SelectObject(&font); // 새로운 폰트를 선택한다.
dc.TextOut(10, 10, CString("Hello")); // 텍스트를 출력한다.
```

4 내장 객체

내장 객체Stock Object는 윈도우 운영체제가 미리 만들어서 제공하는 GDI 객체를 말한다. 일반적인 GDI 객체를 사용하려면 먼저 객체를 생성하고 디바이스 컨텍스트에 선택해야 하지만, 내장 객체는 생성 과정을 생략하고 디바이스 컨텍스트에 선택만 하면 된다. 내장 객체를 디바이스 컨텍스트에 선택할 때는 CDC::SelectObject() 함수 대신 CDC::SelectStockObject() 함수를 사용한다. 자주 사용하는 내장 객체는 [표 4-11]과 같다.

표 4-11 내장 객체

이름	용도
BLACK_PEN	두께가 1인 검은색 펜
WHITE_PEN	두께가 1인 흰색 펜
NULL_PEN	투명 펜
BLACK_BRUSH	검은색 브러시
DKGRAY_BRUSH	어두운 회색 브러시
GRAY_BRUSH	회색 브러시
LTGRAY_BRUSH	밝은 회색 브러시
HOLLOW_BRUSH 또는 NULL_BRUSH	투명 브러시
SYSTEM_FONT	윈도우 운영체제가 사용하는 폰트 예) 메뉴, 대화 상자, ...

실습 4-13 내장 객체 사용하기

내장 객체 중 NULL_PEN과 NULL_BRUSH는 활용도가 높으므로 실습을 통해 사용법을 익혀보자. 실행 결과는 [그림 4-32]와 같다. 왼쪽 도형은 NULL_BRUSH, 오른쪽 도형은 NULL_PEN의 효과를 보여준다.

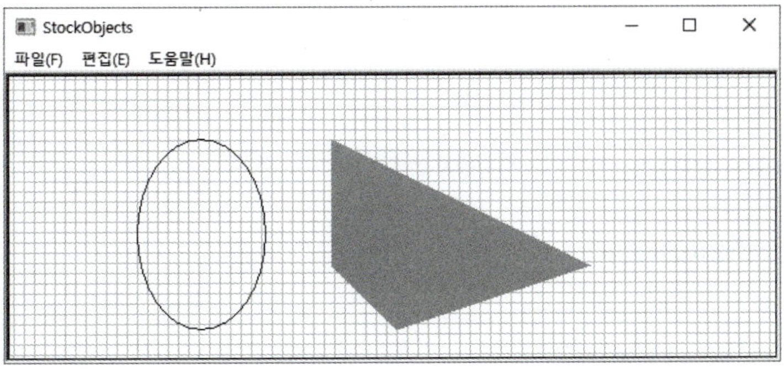

그림 4-32 실행 결과

1 응용 프로그램 마법사를 이용하여 StockObjects 프로젝트를 만든다. 생성 옵션은 3장의 Simple 프로그램과 동일하다.

2 CChildView::OnPaint() 함수에 다음 코드를 추가한다.

```
void CChildView::OnPaint()
{
    CPaintDC dc(this);

    // 클라이언트 영역을 초록색 해치 브러시로 채운다.
    CRect rect;
    GetClientRect(&rect);
    CBrush brush(HS_CROSS, RGB(0, 255, 0));
    dc.SelectObject(&brush);
    dc.Rectangle(&rect);

    // 경계선이 검은색이고 내부가 비어 있는 타원을 그린다.
    dc.SelectStockObject(BLACK_PEN);
    dc.SelectStockObject(NULL_BRUSH);
    dc.Ellipse(100, 50, 200, 200);

    // 경계선이 없고 내부가 밝은 회색으로 채워진 다각형을 그린다.
    dc.SelectStockObject(NULL_PEN);
    dc.SelectStockObject(LTGRAY_BRUSH);
    POINT points[] = { {250, 50}, {450, 150}, {300, 200}, {250, 150} };
    dc.Polygon(points, 4);
}
```

3 CChildView::PreCreateWindow() 함수를 찾아 다음과 같이 수정한다. 클라이언트 영역을 해치 브러시로 채우는 코드가 OnPaint() 함수에 있으므로, 굳이 운영체제가 특정 브러시로 클라이언트 영역을 그릴(=채울) 필요가 없기 때문이다.

참고 nullptr 대신 NULL 값을 넣어도 결과는 같다. nullptr은 C++11(C++ 2011년 표준)에 도입된 키워드로, 기존에 0으로 정의된 NULL 값을 대체하고자 만들어진 것이다.

```
BOOL CChildView::PreCreateWindow(CREATESTRUCT& cs)
{
    if (!CWnd::PreCreateWindow(cs))
        return FALSE;

    cs.dwExStyle |= WS_EX_CLIENTEDGE;
```

```
    cs.style &= ~WS_BORDER;
    cs.lpszClass = AfxRegisterWndClass(CS_HREDRAW | CS_VREDRAW | CS_DBLCLKS,
        ::LoadCursor(nullptr, IDC_ARROW), nullptr, nullptr); // NULL 배경 브러시
    return TRUE;
}
```

> **현장 팁** SelectObject()와 GetStockObject() 함수
>
> MFC는 ::GetStockObject()라는 API 함수 대신, SelectStockObject() 함수를 추가하였다. 이 때문에 다음과 같은 코드를 접할 경우가 있다.
>
> ```
> SelectObject(::GetStockObject(NULL_BRUSH));
> ```
>
> 내용은 SelectStockObject() 함수와 동일하지만 SelectObject() 함수 사용량이 많으므로 위 코드가 더 자연스러울 때도 있다. 기억해 두었다가 혼동하지 말자.

5 비트맵

비트맵Bitmap은 복잡한 그림을 효율적으로 처리할 수 있어서 응용 프로그램은 물론이고 윈도우 운영체제 자체에서도 폭넓게 사용한다. 간단한 그림은 그리기 함수로 점을 찍거나 선을 그어 만들 수 있지만 조금만 복잡해지면 이런 방법은 매우 비효율적이다. 이럴 때는 비트맵을 이용하는 것이 현명하다.

5.1 비트맵 정보

비트맵을 다루려면 비트맵에 대한 기본 정보가 필요하다. 예를 들어 화면에 비트맵을 출력하려면 비트맵의 가로와 세로 크기를 알아야 한다. CBitmap::GetBitmap() 함수를 사용하면 다양한 비트맵 정보를 얻을 수 있는데, 함수 원형과 구조체 정의는 다음과 같다.

```
int CBitmap::GetBitmap(BITMAP* pBitMap);

typedef struct tagBITMAP {
    int bmType;
    int bmWidth; // 비트맵의 폭(픽셀)
    int bmHeight; // 비트맵의 높이(픽셀)
    int bmWidthBytes;
    BYTE bmPlanes;
    BYTE bmBitsPixel;
    LPVOID bmBits;
} BITMAP;
```

다음은 비트맵의 가로와 세로 크기를 픽셀 단위로 알아내는 방법을 보여준다.

```
CBitmap bitmap;
bitmap.LoadBitmap(IDB_BITMAP1);
BITMAP bmpinfo;
bitmap.GetBitmap(&bmpinfo);
TRACE(_T("가로 = %d, 세로 = %d\n"), bmpinfo.bmWidth, bmpinfo.bmHeight);
```

3.5.2 비트맵 출력

윈도우 운영체제는 비트맵을 곧바로 화면에 출력하는 함수를 제공하지 않는다. 대신 다음과 같이 조금 복잡한 절차를 밟아야 한다.

① CDC::CreateCompatibleDC() 함수로 메모리 디바이스 컨텍스트를 만든다.

② CDC::SelectObject() 함수로 비트맵을 메모리 디바이스 컨텍스트에 선택한다.

③ CDC::BitBlt() 나 CDC::StretchBlt() 함수로 화면에 출력한다.

메모리 디바이스 컨텍스트Memory Device Context는 메모리 일부를 화면처럼 다룰 수 있게 윈도우 운영체제에서 제공하는 개념이다. 초기 상태의 메모리 DC는 1픽셀 크기의 화면을 갖고 있다. 여기에 비트맵을 선택해 넣으면 비트맵 크기만큼 화면 영역이 커진다([그림 4-33]). 이 상태에서 GDI 함수를 이용하여 메모리 DC에 출력하면 비트맵 위에 그려진다. 응용 프로그램은 메모리 DC에 출력된 비트맵을 필요에 따라 실제 물리적인 출력 장치로 내보낼 수 있다. 이때 사용하는 BitBlt() 이나 StretchBlt() 함수에서 Blt Block Transfer는 비트맵 데이터를 블록 단위로 고속 전송한다는 의미를 담고 있다.

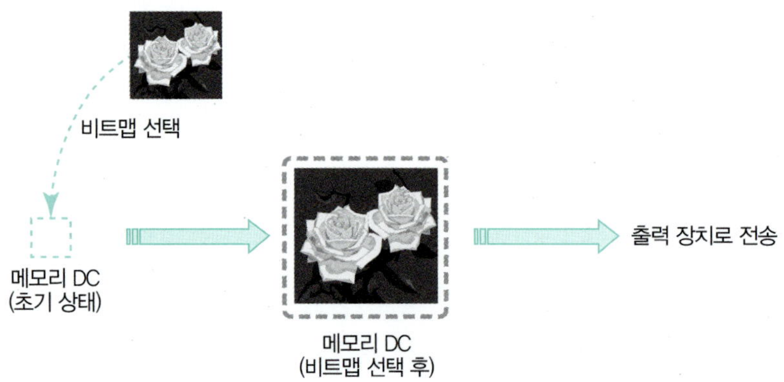

그림 4-33 메모리 DC와 비트맵

[그림 4-34]는 BitBlt() 함수의 동작 원리를 보여준다. BitBlt() 함수는 메모리 디바이스 컨텍스트의 (xSrc, ySrc) 위치에서 윈도우의 클라이언트 영역 (x, y) 위치로 비트맵 데이터를 폭(nWidth)과 높이(nHeight)만큼 복사(전송)한다. 마지막 인자인 dwRop는 원본 비트맵의 픽셀값, 복사 전의 화면 픽셀값, 화면 디바이스 컨텍스트에 현재 선택된 브러시의 픽셀값을 어떻게 조합할지를 나타내며, 총 열다섯 개의 상숫값이 윈도우 API에 정의되어 있다.

```
BOOL CDC::BitBlt(int x, int y, int nWidth, int nHeight, CDC* pSrcDC, int xSrc,
                 int ySrc, DWORD dwRop);
```

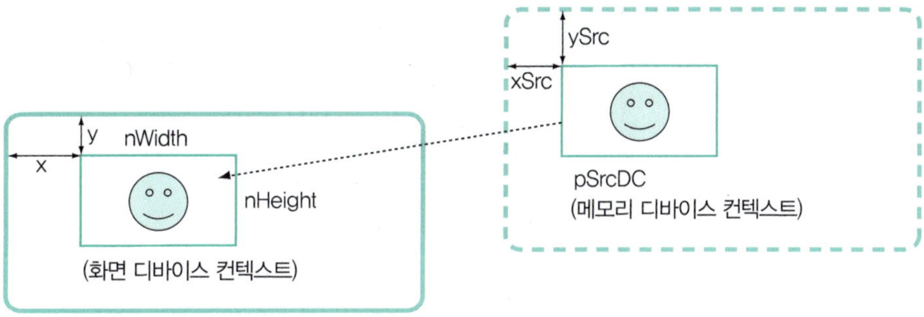

그림 4-34 BitBlt() 함수

[그림 4-35]는 StretchBlt() 함수의 동작 원리를 보여준다. BitBlt() 함수와 다른 점이 있다면 원본 비트맵의 폭(nSrcWidth)과 높이(nSrcHeight)를 추가로 지정할 수 있다는 것이다. 따라서 BitBlt() 함수와 달리 비트맵을 가로/세로 방향으로 축소 또는 확대할 수 있다.

```
BOOL CDC::StretchBlt(int x, int y, int nWidth, int nHeight, CDC* pSrcDC, int xSrc,
                     int ySrc, int nSrcWidth, int nSrcHeight, DWORD dwRop);
```

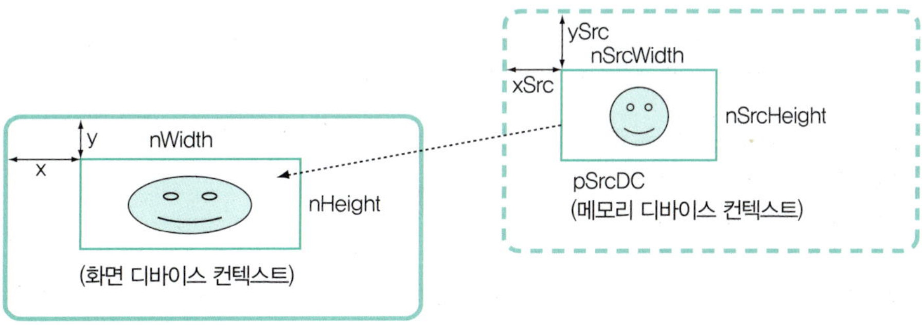

그림 4-35 StretchBlt() 함수

실습 4-14 비트맵 출력하기

1 응용 프로그램 마법사를 이용하여 Bitmaps 프로젝트를 만든다. 생성 옵션은 3장의 Simple 프로그램과 동일하다.

2 '리소스 뷰'로 전환한 후 [프로젝트]-[리소스 추가...] 메뉴를 이용하여 'Bitmap' 리소스를 추가하고 그림을 그린다. 패턴 브러시를 연습할 때 그렸던 비트맵이 있다면 재활용해도 좋으나, 비트맵 전체가 제대로 출력되었는지 쉽게 확인하려면 테두리를 그려주는 것이 좋다.

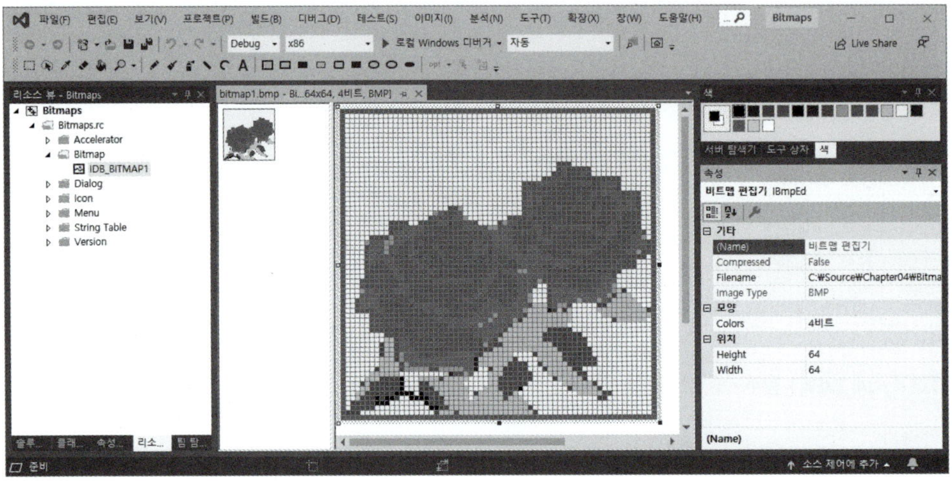

그림 4-36 비트맵 리소스 편집

3 CChildView::OnPaint() 함수에 다음 코드를 추가한다.

```
void CChildView::OnPaint()
{
    CPaintDC dc(this);

    // 비트맵 리소스를 로드한 후 크기 정보를 얻는다.
    CBitmap bitmap;
    bitmap.LoadBitmap(IDB_BITMAP1);
    BITMAP bmpinfo;
    bitmap.GetBitmap(&bmpinfo);

    // 메모리 DC를 만든 후 비트맵을 선택해 넣는다.
    CDC dcmem;
    dcmem.CreateCompatibleDC(&dc);
    dcmem.SelectObject(&bitmap);
```

```
    // 비트맵을 화면에 출력한다.
    dc.BitBlt(10, 10, bmpinfo.bmWidth, bmpinfo.bmHeight,
        &dcmem, 0, 0, SRCCOPY);
    dc.StretchBlt(10, 100, bmpinfo.bmWidth * 4, bmpinfo.bmHeight * 2,
        &dcmem, 0, 0, bmpinfo.bmWidth, bmpinfo.bmHeight, SRCCOPY);

    // 메모리 DC에 그림을 그린 후 다시 화면에 출력한다.
    dcmem.Rectangle(5, 5, 15, 15);
    dc.BitBlt(350, 10, bmpinfo.bmWidth, bmpinfo.bmHeight,
        &dcmem, 0, 0, SRCCOPY);
    dc.StretchBlt(350, 100, bmpinfo.bmWidth * 4, bmpinfo.bmHeight * 2,
        &dcmem, 0, 0, bmpinfo.bmWidth, bmpinfo.bmHeight, SRCCOPY);
}
```

4 실행 결과는 [그림 4-37]과 같다. 좌상단의 작은 그림은 BitBlt() 함수를 이용하여 비트맵을 원래 크기로 출력한 것이고, 바로 아래쪽의 큰 그림은 StretchBlt() 함수를 이용하여 가로는 4배, 세로는 2배로 확대한 것이다. 오른쪽 그림들은 메모리 DC에 직사각형을 그린 후 전송한 것으로, 비트맵 표면에 자유롭게 출력할 수 있음을 보여준다.

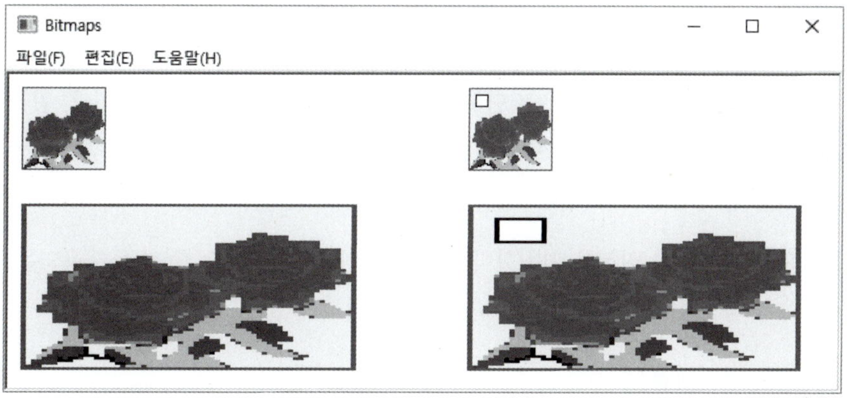

그림 4-37 실행 결과

현장 팁 **BitBlt() 함수와 비트맵**

BitBlt()나 StretchBlt() 함수를 통해 블록 전송을 할 때 주의할 점이 있다. 이들 함수는 블록 전송 대상이 '특정 DC에 선택된 비트맵'이라는 것이다. 따라서 선택된 비트맵이 없는 메모리 DC는 그 위에 열심히 그림을 그리고 블록 전송해도 화면에 나타나지 않는다. 따라서 비트맵 없이 DC에 그린 그림을 블록 전송하려면 먼저 비트맵을 만들어 붙여야 한다. 다음 코드를 살펴보자.

```
CDC dcMem;
dcMem.CreateCompatibleDC(&dc); // 메모리 DC 생성

CBitmap bitmap;
bitmap.CreateCompatibleBitmap(&dc, 352, 288); // 메모리 비트맵 생성
dcMem.SelectObject(&bitmap); // 비트맵 선택

// 이제 메모리 DC(dcMem)에 원하는 작업(예 : Rectangle(), Ellipse(), …)을 수행한다.
```

CBitmap 클래스는 CreateCompatibleBitmap() 함수를 통해 현재 DC에 호환되는 메모리 비트맵을 생성해 준다. dcMem이 아닌 dc를 사용한다는 것은 혼동하기 쉬우므로 꼭 기억해야 한다. 메모리 DC에 메모리 비트맵을 선택하면, 생성할 때 지정한 크기 내에서 자유롭게 그림을 그린 후 블록 전송을 할 수 있다.

```
bitmap.DeleteObject(); // CGdiObject 소멸자가 처리함
dcMem.DeleteDC(); // CDC 소멸자가 처리함
```

API를 사용하면 위 코드 같은 정리 단계가 반드시 있어야 한다. 그러나 MFC에서는 클래스 소멸자가 이런 역할을 대신한다. bitmap 객체는 CBitmap 클래스의 부모 클래스인 CGdiObject 클래스의 소멸자가, dcMem 객체는 CDC 클래스의 소멸자가 자동으로 정리한다.

6 리전

리전Region은 직사각형이나 타원과 같은 간단한 형태를 결합한 복잡한 화면 영역이다. 만들어진 리전은 그 자체를 화면에 직접 출력할 수도 있고, 화면 출력을 제한하는 목적으로(출력이 리전 내부에만 한정되도록) 사용할 수도 있다.

MFC에서는 CRgn 클래스로 리전을 지원한다. CRgn 클래스 멤버 함수 중 자주 사용되는 것은 [표 4-12]에, 그 밖의 리전 활용 함수는 [표 4-13]에 정리해 놓았다.

표 4-12 CRgn 클래스 주요 멤버 함수

분류	관련 함수	기능 설명
리전 객체 생성	CRgn()	리전 객체를 초기화한다.
리전 초기화	CreateRectRgn()	직사각형 리전을 만든다.
	CreateEllipticRgn()	타원형 리전을 만든다.
	CreateRoundRectRgn()	모서리가 둥근 직사각형 리전을 만든다.
	CreatePolygonRgn()	다각형 리전을 만든다.
리전 결합	CombineRgn()	두 개의 리전을 결합하여 한 개의 리전을 만든다.
리전 테스트	PtInRegion()	점이 리전 내부에 있는지 확인한다.
	RectInRegion()	직사각형이 리전 내부에 있는지 확인한다.

표 4-13 리전 활용 함수

분류	관련 함수	기능 설명
리전 자체 출력	CDC::FillRgn() CDC::PaintRgn()	브러시로 리전 내부를 채운다.
	CDC::FrameRgn()	브러시로 리전에 테두리를 그린다.
	CDC::InvertRgn()	리전 내부 색상을 반전시킨다.
화면 출력 제한	CWnd::InvalidateRgn()	클라이언트 영역에서 리전이 나타내는 부분만 무효화한다.
	CDC::SelectClipRgn()	디바이스 컨텍스트로 출력하는 내용을 리전 내부로 제한한다.
	CWnd::SetWindowRgn()	윈도우가 화면에 보이는 영역을 리전 내부로 제한한다.

예제를 중심으로 리전을 사용하는 방법을 살펴보자. 다음 코드는 직사각형과 타원을 결합하여 리전을 만들고 내부를 파란색으로 채운다. 실행 결과를 참고삼아 다음 설명을 이해해보자. 완성된 프로젝트는 Regions 폴더 안에 있다.

```
01  void CChildView::OnPaint()
02  {
03      CPaintDC dc(this);
04      CRgn rgn1, rgn2, rgn3;
05      rgn1.CreateRectRgn(0, 0, 1, 1); // 임의로 만든 리전
06      rgn2.CreateRectRgn(10, 10, 100, 100);
07      rgn3.CreateEllipticRgn(50, 50, 200, 200);
08      rgn1.CombineRgn(&rgn2, &rgn3, RGN_XOR);
09      CBrush brush(RGB(0, 0, 255));
10      dc.FillRgn(&rgn1, &brush);
11  }
```

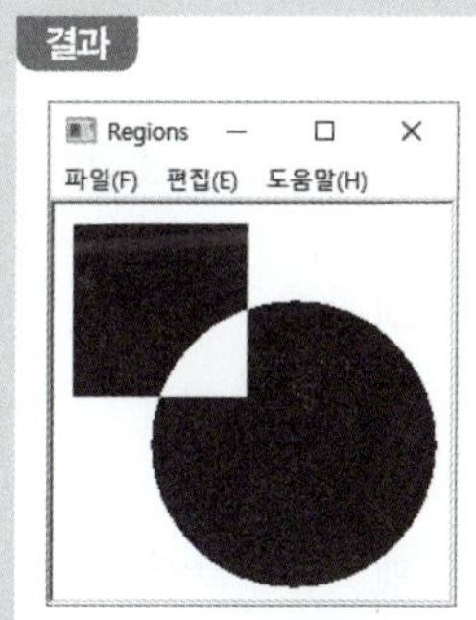

04행 리전 객체를 만든다. 생성자가 호출되어 MFC 리전 객체는 초기화되었지만, 운영체제 수준의 리전은 아직 만들어지지 않은 상태다.

05~07행 직사각형 리전 두 개와 타원형 리전 한 개를 만든다. 이 단계에서 운영체제 수준의 리전이 내부적으로 만들어진다.

08행 리전 두 개(rgn2, rgn3)를 결합해서 리전 한 개(rgn1)를 만든다. RGN_XOR는 결합 방식을 정의하는 상수로, 여기서는 두 리전이 겹치지 않은 부분만 골라 새 리전을 만든다는 뜻이다. 특히 주의할 사항은 rgn1이 유효한 리전이어야 한다는 점이다. 따라서 05행을 생략하면 프로그램 실행 중 오류가 발생한다.

09~10행 리전 내부를 파란색 브러시로 채운다.

요약

01 GDI Graphics Device Interface

윈도우 운영체제의 하위 시스템 중 하나로 DLL로 존재하며, 응용 프로그램의 요청을 받아 실제 출력 장치인 모니터나 프린터 등에 출력한다.

02 디바이스 컨텍스트

GDI가 생성하고 관리하는 데이터 구조체로, 출력과 관련된 다양한 정보를 담고 있다.

03 무효 영역

응용 프로그램이 WM_PAINT 메시지를 받았을 때 다시 그려야 하는 화면 영역이다.

04 CDC 클래스

디바이스 컨텍스트를 추상화한 클래스로 CPaintDC, CClientDC, CWindowDC, CMetaFileDC가 있다.

05 매핑 모드

논리 단위와 장치 단위의 변환 관계를 정의한다.

06 GDI 객체

GDI에서 출력할 때 사용하는 도구로 펜, 브러시, 폰트, 비트맵, 팔레트, 리전 총 여섯 가지가 있다.

- **펜** : 선을 그릴 때 사용한다.
- **브러시** : 면의 내부를 채울 때 사용한다.
- **폰트** : 텍스트를 출력할 때 사용하며, 글자의 크기, 모양 등을 결정한다.
- **비트맵** : 그림을 출력할 때 사용한다. 출력하려면 메모리 디바이스 컨텍스트에 선택한 후 BitBlt()나 StretchBlt() 함수를 호출해야 한다.
- **팔레트** : 출력할 색의 집합을 다룰 때 사용한다.
- **리전** : 다양한 형태의 면을 정의할 때 사용한다. 간단한 형태를 결합하여 만든 복잡한 화면 영역으로, 화면에 직접 출력하거나 화면 출력을 제한하는 목적으로 사용할 수 있다.

07 내장 객체

윈도우 운영체제가 미리 만들어서 제공하는 GDI 객체다. 디바이스 컨텍스트에 선택만 하면 사용할 수 있다.

연습문제

01 **PaintDC 예제에서 직사각형 영역을 숫자 대신 CRect 객체를 대입하여 직사각형과 타원을 출력하도록 수정하시오.**

HINT CRect 클래스 생성자 이용

02 **PaintDC 예제에서 클라이언트 영역 전체에 대해 타원을 출력하도록 수정하시오. 구현이 완료되면 윈도우 크기를 변경해도 타원이 변경된 크기에 맞춰 출력된다.**

HINT CRect 클래스와 CWnd::GetClientRect() 함수 이용

03 **ClientDC 예제를 윈도우 크기가 변경되거나 최소화 상태에서 복원되어 윈도우가 다시 그려져도 그렸던 원이 모두 나타나게 수정하시오. 단, 정보는 CList 클래스를 이용하여 보관한다.**

HINT CList〈CPoint, POINT&〉 클래스와 CChildView::OnPaint() 함수 이용, OnPaint() 함수가 호출될 수 있도록 CWnd::Invalidate() 함수 사용

04 **ClientDC 예제를 윈도우 크기가 변경되거나 최소화 상태에서 복원되어 윈도우가 다시 그려져도 그렸던 원이 모두 나타나게 수정하시오. 단, 정보는 CArray 클래스를 이용하여 보관한다.**

HINT CArray〈CPoint, POINT&〉 클래스와 CChildView::OnPaint() 함수 이용, OnPaint() 함수가 호출될 수 있도록 CWnd::Invalidate() 함수 사용

05 **ClientDC 예제를 수정하여, 마우스 왼쪽 버튼이 눌렸을 때 마우스 좌표를 중심으로 배경이 노란색(RGB(255, 255, 0))인 직사각형을 출력하고, 마우스 오른쪽 버튼이 눌렸을 때 마우스 좌표에 투명 모드로 '(10, 20)'과 같이 (x, y) 좌표를 출력하시오.**

HINT 배경색 있는 직사각형은 CDC::FillSolidRect() 함수, 투명 모드는 CDC::SetBkMode() 함수, 글자 출력은 CDC::TextOut() 함수 이용

06 **MetaFileDC 예제를 윈도우 크기가 변경되거나 최소화 상태에서 복원되어 윈도우가 다시 그려져도 그렸던 원이 모두 나타나도록 수정하시오. 단, CList 클래스를 이용하여 정보를 보관하되 왼쪽 마우스 버튼과 오른쪽 마우스 버튼 클릭 정보를 다르게 보관한다.**

HINT CList〈CPoint, POINT&〉 클래스와 CChildView::OnPaint() 함수 이용, OnPaint() 함수가 호출될 수 있도록 CWnd::Invalidate() 함수 사용

07 **MetaFileDC 예제를 윈도우 크기가 변경되거나 최소화 상태에서 복원되어 윈도우가 다시 그려져도 그렸던 원이 모두 나타나도록 수정하시오. 단, CList 클래스를 이용하여 정보를 보관하되 왼쪽 마우스 버튼과 오른쪽 마우스 버튼 클릭 정보를 CRect 클래스를 이용해 동일하게 보관한다.**

HINT CList〈CRect, RECT&〉 클래스와 CChildView::OnPaint() 함수 이용, OnPaint() 함수가 호출될 수 있도록 CWnd::Invalidate() 함수 사용

08 **MetaFileDC 예제에서 새로운 CMetaFileDC 클래스 객체를 추가하여 화면에 출력한 내용을 모두 메타 파일(Output.emf)로 저장하도록 수정하시오.**

HINT 메타 파일에 대한 파일명 지정은 CMetaFileDC::CreateEnhanced() 함수 두 번째 인자 이용, 생성자에서 CMetaFileDC::CreateEnhanced() 함수를 호출, 소멸자에서 CMetaFileDC:: CloseEnhanced() 함수를 호출함

09 **DrawPoints 예제를 마우스 왼쪽 버튼을 누르면 해당 좌표에 대응하는 색상 값을 다음과 같이 메시지 상자로 출력하도록 수정하시오.**

HINT CDC::GetPixel() 함수와 GetRValue(), GetGValue(), GetBValue() 매크로 이용

10 **DrawPoints 예제를 DC에 출력할 때 점(Point) 단위가 아닌 비트맵(Bitmap)으로 한번에 출력하도록 수정하시오. 구현이 완료되면 윈도우 크기를 변경해도 화면 출력에 의한 지연이 거의 없다.**

HINT 비트맵 생성은 CBitmap::CreateCompatibleBitmap() 함수, 메모리 DC는 CDC::CreateCompatibleDC() 함수 이용, 메모리 DC를 화면 출력은 CDC::BitBlt() 함수 사용

11 **DrawLines 예제를 다음과 같이 x축과 y축을 표시한 위에 cos() 함수를 출력하도록 수정하시오.**

HINT math.h가 제공하는 cos() 함수, CArray<POINT, POINT&> 클래스, CArray::GetData()와 CDC::Polyline() 함수 이용, M_PI 상수를 사용하려면 포함 전 '#define _USE_MATH_DEFINES' 구문을 사용

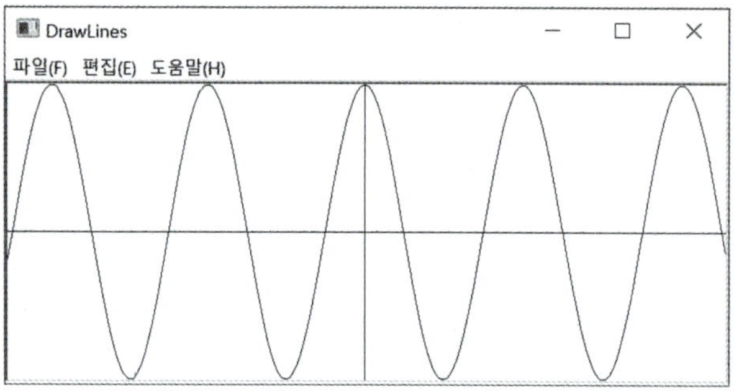

12 **클라이언트 영역에 다음과 같이 가로 눈금자 출력을 추가하여 윈도우 크기가 몇 cm인지 확인할 수 있도록 DrawLines 예제를 수정하시오.**

HINT CDC::SetMapMode() 함수와 MM_LOMETRIC 매핑 모드, CDC::GetWindowExt() 함수, CDC::DrawText() 함수, CDC::Rectangle() 함수, CDC::LineTo() 함수 이용

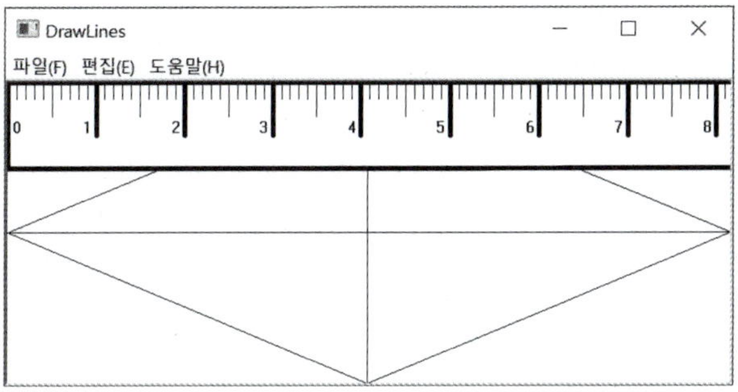

13 **DrawTexts 예제를 수정하여, 첫 번째 문장은 "맑은고딕", 두 번째 문장은 "궁서", 세 번째 문장은 "굴림체" 폰트로 출력하시오.**

HINT CFont::CreatePointFont() 함수와 CDC::SelectObject() 함수 이용

14 **DrawTexts 예제를 수정하여, 첫 번째 문장은 "볼드", 두 번째 문장은 "이탤릭", 세 번째 문장은 "밑줄" 폰트로 출력하시오.**

HINT CFont::CreateFont() 함수와 CDC::SelectObject() 함수 이용

15 **DrawTexts 예제를 수정하여, 첫 번째 문장은 크기 14, 두 번째 문장은 크기 16, 세 번째 문장은 크기 18로 출력하도록 수정하시오.**

HINT CFont::CreateFont() 함수와 CDC::SelectObject() 함수 이용, 글자 크기는 다음과 같이 ::GetDeviceCaps()와 ::MulDiv() 함수를 이용해 계산한다. int nHeight = -::MulDiv(글자크기, ::GetDeviceCaps(hDC, LOGPIXELSY), 72);

16 **MappingMode2 예제를 수정하여, 마우스 왼쪽 버튼을 누르면 매핑 모드가 MM_ISOTROPIC, 마우스 오른쪽 버튼을 누르면 매핑 모드가 MM_ANISOTROPIC으로 전환되도록 하시오. 단, 기본 매핑 모드는 MM_ANISOTROPIC이다.**

HINT CDC::SetMapMode() 함수 이용, 화면 갱신은 CWnd::Invalidate() 함수 사용

17 **BackgroundMode 예제를 수정하여, 마우스 왼쪽 버튼을 누르면 배경 모드가 불투명(OPAQUE), 마우스 오른쪽 버튼을 누르면 배경 모드가 투명(TRANSPARENT)으로 전환되도록 하시오. 단, 기본 배경 모드는 투명이다.**

HINT CDC::SetBkMode() 함수 이용, 화면 갱신은 CWnd::Invalidate() 함수 사용

18 **Pens 예제를 수정하여, 사각형 내 타원 펜이 마우스 왼쪽 버튼을 누르면 도형 외곽선 안쪽으로만 선이 확장(PS_INSIDEFRAME)되고, 마우스 오른쪽 버튼을 누르면 도형 외곽선을 기준으로 선이 출력(PS_SOLID)되도록 하시오. 단, 기본 펜 종류는 PS_SOLID이다.**

HINT 펜 종류는 CPen 클래스 생성자에서 첫 번째 인수 이용, 화면 갱신은 CWnd::Invalidate() 함수 사용

19 **Brushes 예제를 수정하여 다음과 같이 클라이언트 영역 배경 전체에 해치 브러시를 출력하도록 수정하시오. 단, 외곽선이 출력되지 않도록 하시오.**

HINT 클라이언트 영역은 CWnd::GetClientRect() 함수, 화면 출력은 CDC::Rectangle() 함수 사용, 외곽선이 출력되지 않도록 펜 종류는 PS_NULL 사용

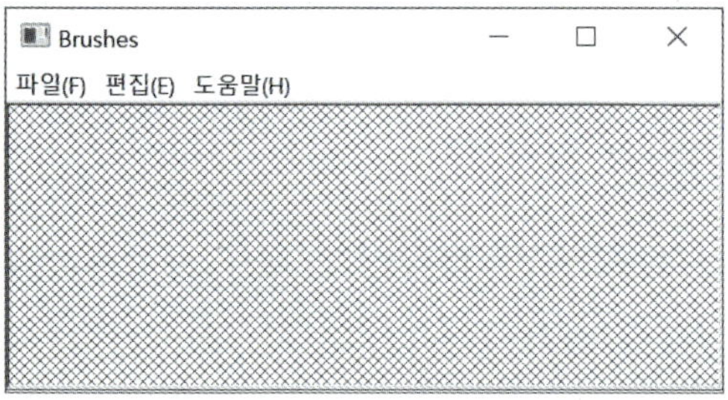

20 **Brushes 예제를 클라이언트 영역 배경 전체에 비트맵 이미지를 타일 형태로 반복 출력하도록 수정하시오. 단, 비트맵 이미지를 이용한 패턴 브러시로 출력하되, 직접 출력하지 않고 윈도우 클래스를 생성할 때 지정하는 방식을 사용한다.**

HINT CChildView::PreCreateWindow() 함수 내 ::AfxRegisterWndClass() 함수 세 번째 인자, CBitmap와 CBrush 클래스, CDC::CreatePatternBrush() 함수 이용

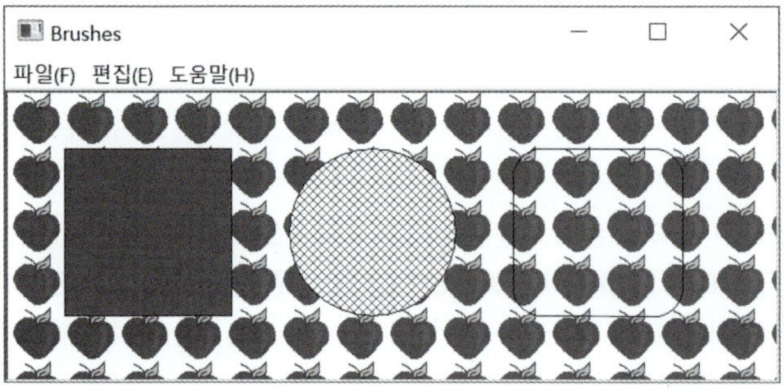

21 **StockObjects 예제를 수정하여, 'DEVICE_DEFAULT_FONT' 내장 폰트를 설정하여 타원 위에 '타원(Ellipse)', 'SYSTEM_FIXED_FONT' 내장 폰트를 사용하여 사각형 위에 '사각형(Tetragon)' 글자를 출력하도록 수정하시오.**

HINT 내장 폰트 설정은 CDC::SelectStockObject() 함수 이용

22 **Bitmaps 예제를 수정하여, 클라이언트 영역에 비트맵을 출력할 때 평소에는 원래 크기로 보여주고 마우스 왼쪽 버튼이 눌린 상태에서는 클라이언트 영역 전체로 확대되도록 수정하시오.**

HINT CWnd::GetClientRect() 함수, CDC::BitBlt() 함수, CDC::StretchBlt() 함수 이용

23 **Bitmaps 예제를 수정하여, 마우스 왼쪽 버튼을 누를 때마다 비트맵 하나가 180도 회전되어 위아래가 뒤바뀌어 출력되도록 하시오.**

HINT 비트맵 정상 출력은 CDC::BitBlt() 함수, 비트맵 회전 출력은 CDC::StretchBlt() 함수 이용

24 **Regions 예제 실행 결과에서 겹친 부분을 빨간색(RGB(255, 0, 0)으로 채워지도록 수정하시오.**

HINT CRgn::CombineRgn() 함수(세 번째 인자)와 CDC::FillRgn() 함수 이용

현장의 목소리

리소스와 윈도우 응용 프로그램

윈도우 응용 프로그램을 개발할 때 소스 코드 외에 대화 상자, 아이콘, 툴바, 문자열 테이블 같은 다양한 리소스도 사용한다. 이 외에도 응용 프로그램은 필요에 따라 원하는 데이터를 리소스에 포함시킬 수도 있다. 예를 들어 필자는 ZIP 압축 파일을 리소스에 보관해 두고 실행할 때 압축을 풀어 사용한 경험이 있다. 리소스에 데이터를 보관하면 염려되는 부분이 있다. EXE 프로그램이 실행되면 메모리로 데이터를 올리기 때문에, 리소스가 크면 시스템 메모리가 낭비되지 않을까 하는 염려이다. 이런 의문은 다음 내용으로 금방 해결될 수 있었다.

- 리소스 데이터는 평소에 메모리에 올려지지 않고 디스크에 남는다.
- 윈도우 운영체제는 리소스 데이터가 필요할 때 필요한 데이터에 한해 메모리에 올린다.
- 메모리에 존재하는 리소스 데이터는 대부분 읽기 전용이며 삭제 가능(DISCARDABLE*)으로 표기된다.
- 메모리가 부족하면 윈도우 운영체제는 DISCARDABLE로 표기된 데이터부터 메모리에서 제거한다.

반대 상황도 생각해 볼 수 있다. 다시 말해 리소스를 넣어 만든 응용 프로그램에서 해당 리소스를 다시 추출할 수 있을까? 윈도우에서 단축 아이콘이나 EXE 파일의 속성을 보면 〈아이콘 변경(C)...〉 버튼이 있다. 이 버튼을 누르면 다음 그림처럼 아이콘을 변경할 수 있는 [아이콘 변경] 대화 상자가 나타난다.

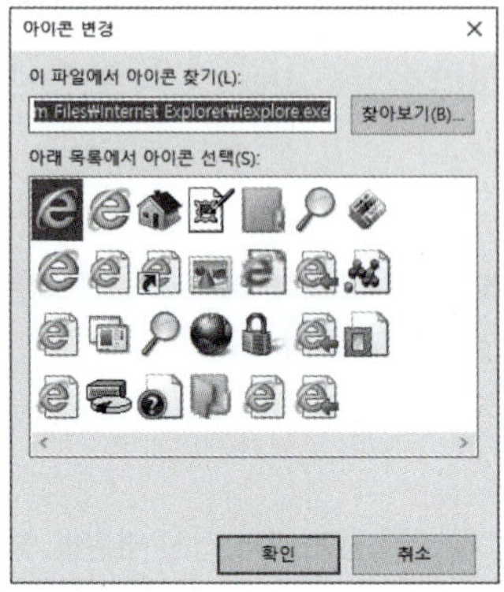

▲ 인터넷 익스플로러 아이콘 변경 대화 상자 실행 화면

여기에서 다른 EXE나 DLL 파일의 아이콘을 선택할 수도 있을까? 그렇다. 다른 프로그램의 아이콘을 살펴보고 이를 해당 아이콘으로 지정할 수도 있다. 리소스는 소스 파일과 달리 외부에서 다시 해석할 수 있는 형태로 컴파일 된다(리소스 컴파일러가 따로 있다는 사실을 떠올려 보자). 따라서 아이콘 외 다른 리소스도 추출할 수 있다. 비주얼 C++에서 직접 실행해 보자. 비주얼 C++에서 [파일(F)]-[열기(O)] 메뉴를 선택하여, 비주얼 C++ 실행 파일(devenv.exe 파일, 기본 설정 그대로 설치했다면 C:\Program Files (x86)\Microsoft Visual Studio\2019\Professional\Common7\IDE에 위치)을 연다.

참고 열기 전에 [열기(O)] 버튼 옆 화살표를 클릭하여 나타나는 팝업 메뉴에서 [연결 프로그램(W)...]을 선택해 보면, 다음 화면과 같은 '연결 프로그램' 창이 나타난다. 여기서 '리소스 편집기'가 선택되어 있어야 한다. 기본적으로 '리소스 편집기'가 선택되어 있다.

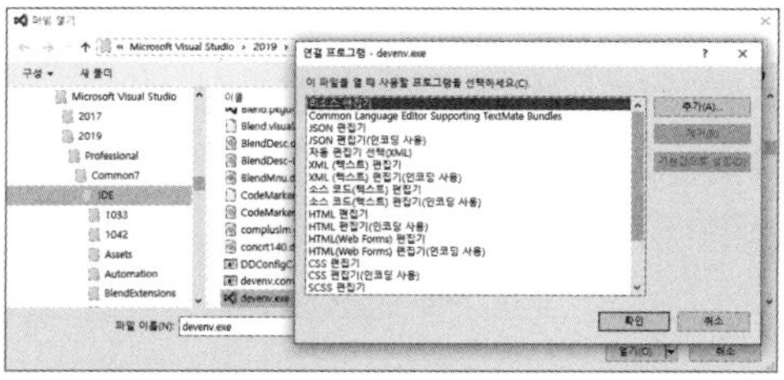

▲ 비주얼 C++에서 실행 파일을 리소스 형태로 열기

다음 화면과 같이 devenv.exe 파일이 리소스 형태로 열린다. 이 중 [Icon]–[1200] 항목을 열어보자. 두 번째 그림처럼 비주얼 C++를 대표하는 아이콘을 확인할 수 있다. 이러한 방식으로 비주얼 C++ 환경에서 사용하는 리소스들을 찾아볼 수 있다.

▲ devenv.exe에 포함된 리소스 목록

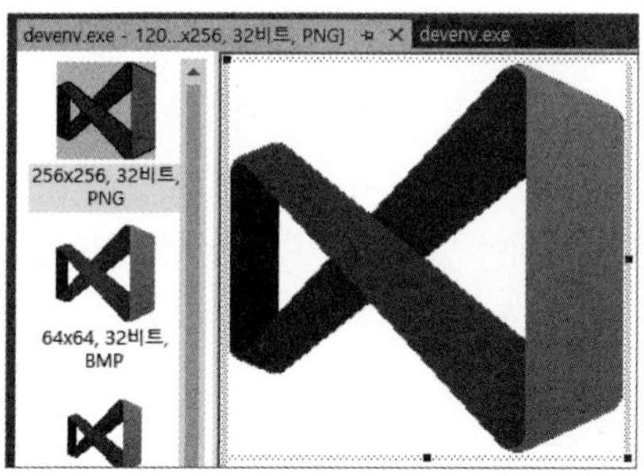

▲ 리소스 ID 1200으로 보관된 비주얼 C++ 아이콘

EXE 파일 리소스를 살펴보았으니 DLL 리소스도 살펴보자. DLL도 EXE처럼 리소스를 보관할 수 있다. DLL에 리소스를 넣으면 여러 프로그램이 공유할 수 있어 더 효율적이다. 비주얼 C++ 프로그램을 새로 실행한 후, [파일(F)]–[열기(O)]–[프로젝트/솔루션(P)...] 메뉴를 선택한다. 그리고 앞서 지정했던 비주얼 C++ 실행 파일(devenv.exe 파일)을 다시 선택한다. 그러면 앞서 devenv.exe 파일이 리소스 형태로 열린 것과 달리 프로젝트 형식으로 열린 모습을 확인할 수 있다(단, 실행 파일이 Program Files (x86) 폴더에 있어서 관리자 권한으로 비주얼 C++를 재실행해야 할 수 있다).

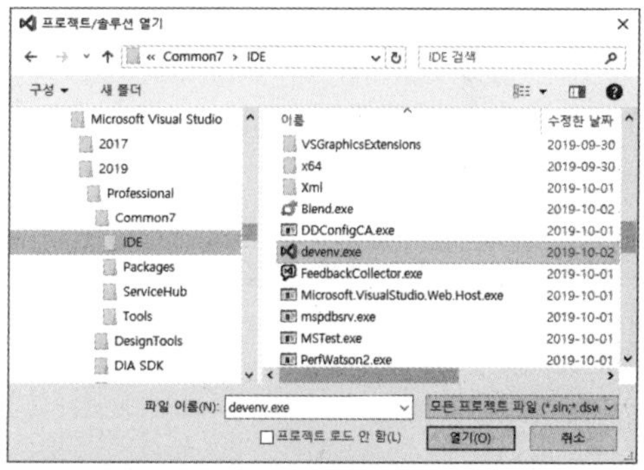

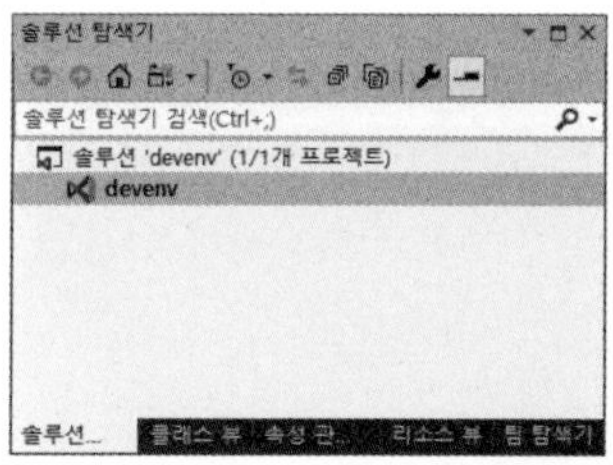

▲ devenv.exe를 프로젝트 형식으로 열기

그리고 F5로 디버깅을 시작하면(경고 메시지는 무시해도 됨), 새로운 비주얼 C++ 프로그램이 뜨고 디버그 창에 로드되는 DLL 정보가 나타난다. 디버그 창을 유심히 살펴보면, 비주얼 C++ 스플래시 화면이 나타나는 상태에서 로드되는 DLL(C:\Program Files (x86)\Microsoft Visual Studio\2019\Professional\Common7\IDE\1042\MsEnvMui_Brand_

7D0_0.dll)을 확인할 수 있다.

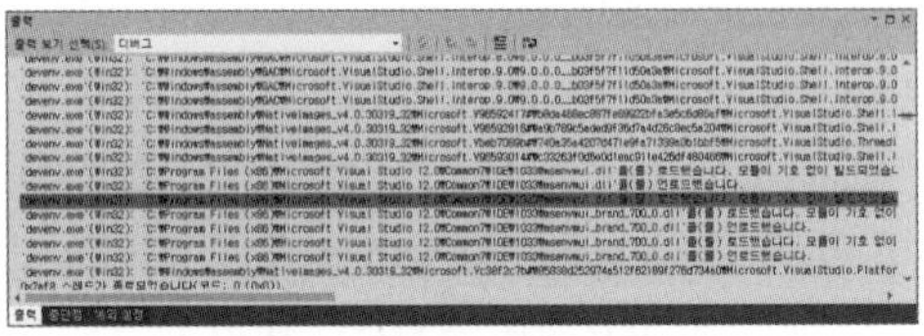

▲ 비주얼 C++ 실행 시 로딩되는 DLL 확인

디버깅을 중단하고 이 MsEnvMui_Brand_7D0_0.dll 파일을 리소스 형태로 열면 이 DLL 내부에 포함하고 있는 리소스 목록을 살펴볼 수 있다. 이 중 "PNG" 형태로 포함하고 있는 101 리소스 ID가 실행할 때 나타나는 스플래시 화면임을 알 수 있다.

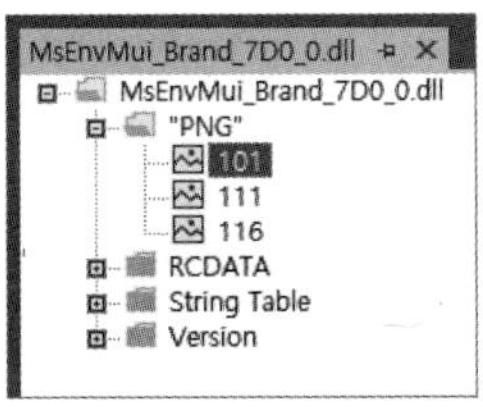

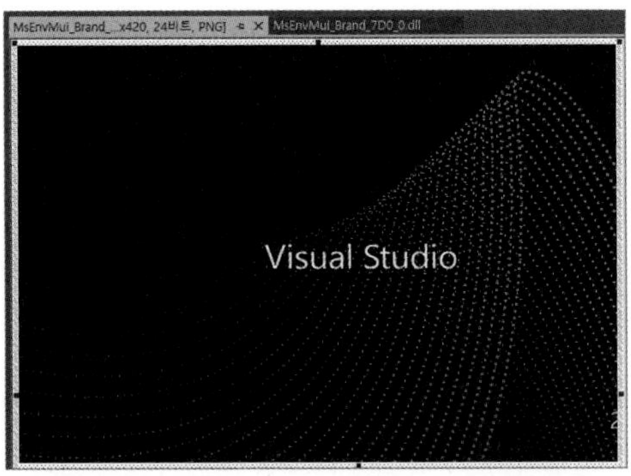

▲ 리소스 ID 6654로 보관된 비주얼 C++ 스플래시 화면

불러온 리소스 내용을 수정한 후 저장하면 실제 파일에 바로 적용된다(리소스 내 데이터 변경도 따로 컴파일할 필요 없이 변경된 데이터를 저장만 하면 된다). 따라서 수정 전에 만약을 위해 원본을 백업해 두어야 한다.

또한 이렇게 불러온 리소스 파일을 [파일(F)]-[다른 이름으로 {파일명} 저장(A)...] 메뉴를 사용하여 RC 파일로 저장할 수 있다(파일 형식(T)를 '리소스 스크립트(*.rc)'로 지정함). 그럼 이런 식으로 다른 프로그램 리소스를 본인 프로그램에 사용할 수 있을까? 가능하다. 하지만 타인 저작물에 대해 협의 없는 무단 사용은 저작권에 위배되므로 주의해야 한다. 리소스를 확인하기 위해 반드시 비주얼 C++ 환경을 사용해야 하는 것은 아니다. 리소스에 접근할 수 있는 별도 API가 제공되고 있으니 Visual Studio 설명서를 통해 찾아보면 된다.

리소스에서 해결할 중대한 과제가 하나 있다. 바로 '다국어' 문제이다. 국제화 시대에서 한글만 제공하는 프로그램은 경쟁력이 없다. 그렇다고 영문만 제공하면 국내 사용자에게 불편할뿐더러 영어권이 아닌 나라에 수출도 어렵다. 이런 복잡한 문제는 리소스를 통해 쉽게 해결할 수 있다. 비주얼 C++ 환경에서 리소스 뷰를 살펴보자. 예를 들어 [Dialog]-[IDD_ABOUTBOX] 대화 상자 템플릿에서 마우스 오른쪽 버튼을 클릭하여 팝업 메뉴에서 [속성(R)] 메뉴를 선택하여 속성을 살펴보자. 다음과 같이 '한국어(대한민국)'으로 선택되어 있는데, 이는 한글을 위한 리소스를 제공하고 있다는 의미이다.

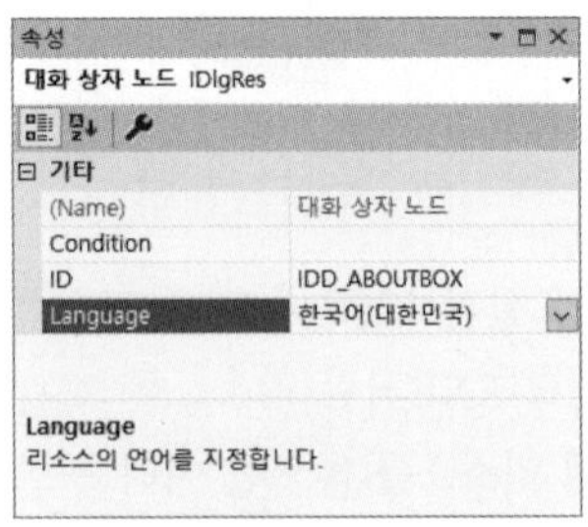

▲ 한글용으로 제공되는 리소스

여기서 Language 항목을 다른 언어로 변경하면 다른 언어를 지원할 수 있다. 이때 주의할 사항은 언어를 변경하고 저장하면 이전 언어와 관련된 리소스 정보가 사라진다는 방식이다. 예를 들면 〈확인〉 버튼을 다른 언어로 변경하면 글자가 깨져 다시 한글로 변환해도 복원할 수 없다. 따라서 앞서 팝업 메뉴에서 [복사본 삽입(C)...] 메뉴를 사용해야 한다. 이 메뉴를 선택하면 언어를 선택할 수 있는 대화 상자가 나타난다. 언어를 선택하고 〈확인〉 버튼을 누르면, 다음과 같이 언어(코드 페이지)만 복사된 다른 리소스가 추가된다. 현재 사용 중인 언어와 다른 언어가 옆에 표시되는 것도 알 수 있다.

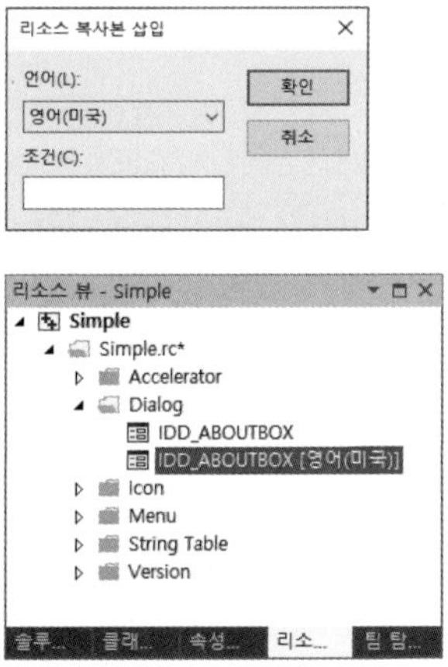

▲ 다른 언어를 지원하는 리소스 추가하기

추가된 리소스 내용을 해당 언어에 맞춰 수정하면 다국어를 지원하는 프로그램이 된다. 예를 들어 한글과 영어 리소스를 함께 넣었다면, 한글 윈도우에서는 한글, 영문 윈도우에서는 영문이 나타난다(한글 리소스만 있는 경우는 항상 한글만 나타나므로 영문 윈도우에서는 깨져서 나타날 수 있다). 윈도우 2000 이상에서는 언어 패키지가 제공되어 제어판에서 쉽게 테스트할 수 있다. 제어판에서 '국가 또는 지역'을 선택하고 [관리자 옵션] 탭에서 '유니코드를 지원하지 않는 프로그램용 언어'에서 [시스템 로캘 변경(C)...] 버튼을 클릭하여 사용할 언어를 지정할 수 있다. 단, 언어를 변경하면 시스템을 재부팅해야 한다.

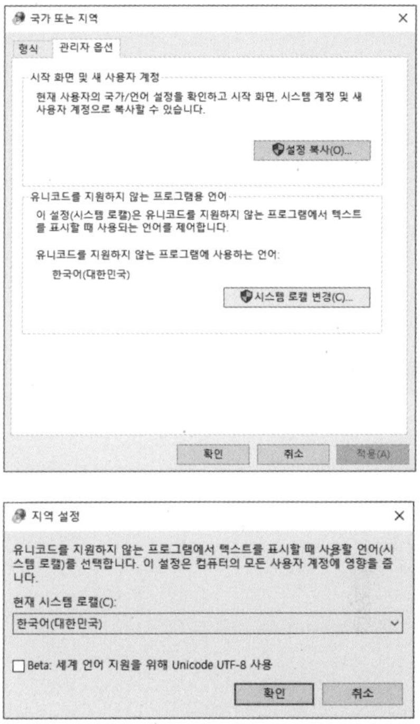

▲ 국가 및 언어 설정을 통한 다국어 리소스 테스트

다국어를 지원하는 또 다른 방법으로 언어별로 리소스 DLL을 다르게 제작해 배포한 뒤, 해당 언어 시스템 또는 사용자 지정에 따라 선택적으로 해당 언어 리소스 DLL을 로딩하는 방법이 있다. 이 경우 윈도우의 상태에 따라 자동으로 처리되기보다는 응용 프로그램에서 동적으로 특정 DLL을 로딩하는 방식을 구현해야 한다. 요즘에는 공개 소스 형태로 개발되는 프로그램이 이런 방식을 많이 선호한다. 소스 코드가 공개되기 때문에 각국 개발자가 자국 언어에 맞는 리소스 DLL을 빌드하여 배포 패키지에 포함시키는 방식을 사용하기 때문이다. 동적 특성을 보유한 DLL을 기반으로 상호 협력하는 공개 소스 강점을 잘 활용한 사례이다.

다국어 리소스는 상기 두 가지 방법 모두 선택적으로 사용할 수 있다. 리소스 내용이 간단하면 전자 방식이 편하고, 리소스 내용이 방대하면 외주 작업을 위해 후자 방식이 편하다. 리소스 내용을 잘 이해하고 적절히 적용하여 누구에게나 편리한 프로그램을 개발하자.

CHAPTER 05

마우스와 키보드

학습 목표

- 마우스 메시지 처리 기법을 익힌다.
- 키보드 메시지 처리 기법을 익힌다.

01 마우스 다루기

지금까지 다양한 화면 출력 방법을 알아보았다. 화면 출력은 프로그램의 실행 결과를 보여준다는 점에서 중요한 요소이지만 그에 못지않게 사용자 입력을 처리하는 것도 중요하다.

GUI를 제공하는 윈도우에서는 사용자 입력 도구로 마우스를 주로 사용한다. 윈도우 운영체제는 마우스와 관련된 모든 변화를 메시지 형태로 프로그램에 전달함으로써 프로그램이 사용자의 입력을 처리할 수 있게 해준다([그림 5-1]).

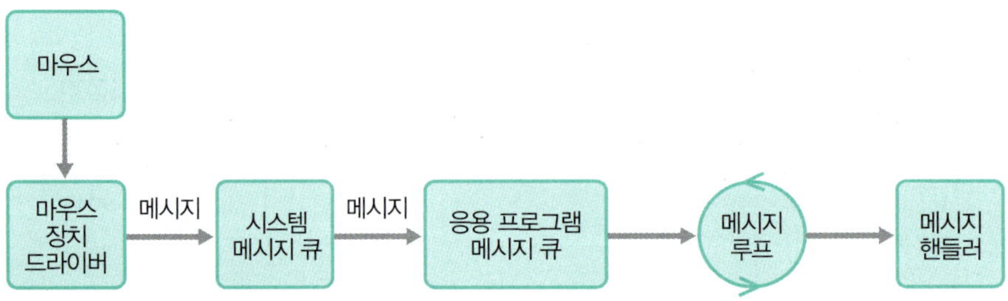

그림 5-1 윈도우의 마우스 메시지 처리

마우스는 시스템에 한 개만 있는 자원이므로 한순간에 한 개의 프로그램만 입력을 받을 수 있다는 특징이 있다. 따라서 윈도우 운영체제는 마우스 메시지가 발생했을 때, 우선 어느 프로그램에 이 메시지를 전달할지 결정해야 한다. 마우스 메시지는 원칙적으로 마우스 커서 밑에 있는 윈도우가 받는다. 여기서 마우스 커서Mouse Cursor는 마우스를 통해 위치가 제어되는 조그만 비트맵 리소스를 가리키는 용어다.

여기서 잠깐! 하나만 있는 시스템 자원

키보드와 마우스가 시스템에서 하나만 있는 자원이라고 하면 의아할 것이다. PS/2와 USB 포트를 통해 키보드와 마우스를 복수로 연결할 수 있기 때문이다. 특히 노트북은 터치패드와 USB 마우스를 같이 쓰는 경우도 많다. 하지만 지금 관심을 가질 부분은 키보드나 마우스 같은 물리적 입력 장치가 아니라, 윈도우 운영체제에서 키보드를 대표하는 '캐럿'과 마우스를 대표하는 '커서'다. 이러한 관점에서 보면 마우스가 여러 개라도 커서는 하나뿐임을 알 수 있다. 다행히도 이러한 운영체제의 배려로 프로그래머는 복수 개의 입력 장치 처리에 대한 고민을 하지 않아도 된다.

[그림 5-2]의 왼쪽 그림은 마우스 커서가 프레임 윈도우의 타이틀바에 있으므로 마우스 메시지가 프레임 윈도우에 전달된다. 반면 오른쪽 그림은 뷰 위에 있으므로 마우스 메시지가 뷰에 전달된다.

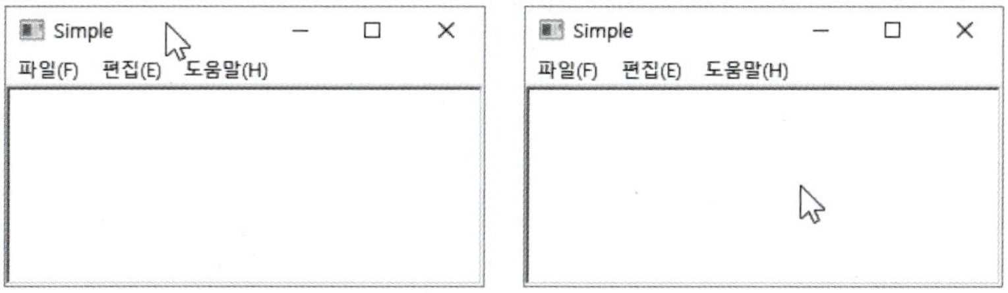

그림 5-2 마우스 커서와 윈도우 메시지

마우스 메시지에는 클라이언트 영역 메시지와 비클라이언트 영역 메시지가 있다. 이 절에서는 두 종류의 마우스 메시지 처리 기법을 구분해서 다룰 것이다.

1 클라이언트 영역 마우스 메시지

클라이언트 영역에 마우스 커서가 있으면 다음과 같은 메시지가 발생한다.

표 5-1 클라이언트 영역 마우스 메시지

메시지	발생 시점
WM_LBUTTONDOWN	마우스 왼쪽 버튼을 누를 때
WM_LBUTTONUP	마우스 왼쪽 버튼을 뗄 때
WM_LBUTTONDBLCLK	마우스 왼쪽 버튼을 더블 클릭할 때
WM_MBUTTONDOWN	마우스 가운데 버튼을 누를 때
WM_MBUTTONUP	마우스 가운데 버튼을 뗄 때
WM_MBUTTONDBLCLK	마우스 가운데 버튼을 더블 클릭할 때
WM_RBUTTONDOWN	마우스 오른쪽 버튼을 누를 때
WM_RBUTTONUP	마우스 오른쪽 버튼을 뗄 때
WM_RBUTTONDBLCLK	마우스 오른쪽 버튼을 더블 클릭할 때
WM_MOUSEMOVE	마우스를 움직일 때

마우스 왼쪽 버튼을 천천히 두 번 클릭할 때와 더블 클릭할 때 메시지가 발생하는 순서를 비교하면 다음과 같다.

그림 5-3 마우스 왼쪽 버튼 두 번 클릭과 더블 클릭 메시지 발생 순서

[그림 5-3]과 같이 마우스를 더블 클릭(짧은 간격으로 두 번 클릭)하면 세 번째 메시지가 WM_LBUTTONDBLCLK이 된다. 여기서 짧은 간격은 시스템 설정에 따라 달라지는 상대적인 값으로, 윈도우의 제어판에서 바꾸거나 ::SetDoubleClickTime() 함수를 이용해서 특정 프로그램에 한해 값을 바꿀 수도 있다.

1.1 메시지 맵

일반적인 윈도우 메시지와 마찬가지로 MFC에서는 마우스 메시지를 처리하기 위해 메시지 맵을 이용한다. 프로그래머가 처리하고 싶은 메시지를 선택하기만 하면 메시지 핸들러가 자동 생성되므로 마우스 메시지를 쉽게 다룰 수 있다. 메시지 핸들러의 형태와 그에 상응하는 메시지 맵 매크로는 다음과 같다. 매크로 이름과 메시지 핸들러 이름이 일정한 규칙에 따라 만들어짐을 알 수 있다.

표 5-3 클라이언트 영역 마우스 메시지 핸들러

메시지	메시지 맵 매크로	메시지 핸들러
WM_LBUTTONDOWN	ON_WM_LBUTTONDOWN()	OnLButtonDown()
WM_LBUTTONUP	ON_WM_LBUTTONUP()	OnLButtonUp()
WM_LBUTTONDBLCLK	ON_WM_LBUTTONDBLCLK()	OnLButtonDblClk()
WM_MBUTTONDOWN	ON_WM_MBUTTONDOWN()	OnMButtonDown()
WM_MBUTTONUP	ON_WM_MBUTTONUP()	OnMButtonUp()
WM_MBUTTONDBLCLK	ON_WM_MBUTTONDBLCLK()	OnMButtonDblClk()
WM_RBUTTONDOWN	ON_WM_RBUTTONDOWN()	OnRButtonDown()
WM_RBUTTONUP	ON_WM_RBUTTONUP()	OnRButtonUp()
WM_RBUTTONDBLCLK	ON_WM_RBUTTONDBLCLK()	OnRButtonDblClk()
WM_MOUSEMOVE	ON_WM_MOUSEMOVE()	OnMouseMove()

1.2 메시지 핸들러

클라이언트 영역 마우스 메시지 핸들러의 형태는 다음과 같다. *부분은 메시지 종류에 따라 달라진다.

```
afx_msg void On*(UINT nFlags, CPoint point);
   ❶               ❷             ❸
```

❶ **afx_msg** : 내부적으로 공백으로 처리되며 이 함수가 메시지 핸들러임을 나타낸다.

❷ **nFlags** : 메시지가 생성될 당시의 키보드나 마우스 버튼의 상태를 나타내며, [표 5-3]의 비트 마스크 조합으로 이루어져 있다.

표 5-3 nFlags 관련 비트 마스크

비트 마스크	의미
MK_CONTROL	Ctrl 누름
MK_SHIFT	Shift 누름
MK_LBUTTON	마우스 왼쪽 버튼 누름
MK_MBUTTON	마우스 가운데 버튼 누름
MK_RBUTTON	마우스 오른쪽 버튼 누름

키보드나 마우스 버튼의 상태를 확인하고 싶다면 nFlags와 해당 비트 마스크를 & 연산한다. 예를 들어 WM_LBUTTONDOWN 메시지가 발생했을 때 Shift 가 눌렸는지 확인하려면 다음과 같이 코드를 작성한다.

```
void CChildView::OnLButtonDown(UINT nFlags, CPoint point)
{
    if (nFlags & MK_SHIFT){ // [Shift] 키가 눌렸다면
        ...
    }
}
```

❸ **point** : 메시지가 생성될 당시의 마우스 커서 위치를 나타내며, 클라이언트 좌표(클라이언트 영역의 좌상단을 기준으로 한 픽셀 좌표)로 되어 있다.

만약 MM_TEXT가 아닌 다른 매핑 모드를 사용한다면 CWnd::DPtoLP() 또는 CWnd::LPtoDP() 함수로 장치 좌표와 논리 좌표 간 변환을 해야 올바로 처리할 수 있다.

예를 들어 MM_LOMETRIC 매핑 모드에서 마우스 왼쪽 버튼을 눌렀을 때 한 변의 길이가 2cm인 정사각형을 그리려면 다음과 같이 코드를 작성한다. 이때 주의할 사항은 MM_LOMETRIC 매핑 모드에서는 y 좌표 값이 음수라는 점이다.

```
void CChildView::OnLButtonDown(UINT nFlags, CPoint point)
{
    CClientDC dc(this);
    dc.SetMapMode(MM_LOMETRIC); // 매핑 모드를 변경한다.
    CPoint pt = point; // point 객체를 복사한다.
    dc.DPtoLP(&pt); // 장치 좌표를 논리 좌표로 변환한다.
    dc.Rectangle(pt.x - 100, pt.y + 100, pt.x + 100, pt.y - 100);
}
```

현장 팁 **SDF 파일과 프로젝트 정리**

앞서 언급했듯이 '클래스 뷰'가 제대로 보이지 않을 경우 솔루션(*.sln) 파일이 있는 폴더 내 '.vs' 숨김 폴더(이 폴더 내 Browse.VC.db 파일이 있음)를 삭제한다. 그런 다음 비주얼 C++를 재실행하면 비주얼 C++가 새로운 '.vs' 숨김 폴더를 생성한다. 이렇게 필요할 때 생성 가능한 폴더나 파일은 프로젝트를 백업할 때 보관하지 않아도 된다. 따라서 프로젝트를 정리하여 보관할 때 삭제 가능한 파일과 그렇지 않은 파일을 구분할 필요가 있다. 다음은 프로젝트를 정리하는 방법을 표로 정리한 것이다. 응용 프로그램 마법사가 생성하는 기본 구조를 기준으로 하였다. 삭제 대상은 프로젝트 소스를 통해 생성되는 결과물이다.

프로젝트 정리 방법(보관 대상)

위치	보관 대상
솔루션 폴더	{솔루션 이름}.sln
프로젝트 루트 폴더	{프로젝트 이름}.vcxproj {프로젝트 이름}.vcxproj.filters {프로젝트 이름}.vcxproj.user
프로젝트 하위 폴더	res 폴더

프로젝트 정리 방법(삭제 대상)

위치	버전	삭제 대상
솔루션 폴더	비주얼 C++ 2017, 2019	.vs 숨김 폴더
	비주얼 C++ 2015	{프로젝트 이름}.VC.db 파일
	비주얼 C++ 2010 ~ 2013	{솔루션 이름}.sdf {솔루션 이름}.suo
	비주얼 C++ 6.0 ~ 2008	{솔루션 이름}.ncb
프로젝트 루트 폴더	모든 버전	{프로젝트 이름}.aps
프로젝트 하위 폴더	모든 버전	Debug 폴더, Release 폴더 x64 폴더
	비주얼 C++ 6.0 ~ 2013	ipch 폴더

참고 솔루션 폴더와 프로젝트 루트 폴더는 같은 폴더로도 구성이 가능함

상당수 프로그래머가 프로젝트를 백업할 때 불필요한 파일을 보관하여 공간을 낭비한다(특히 Browse.VC.db(또는 SDF) 파일은 엄청난 크기를 자랑한다). 또한 CD/DVD로 백업했을 때 삭제 대상 파일이 '읽기 전용'이 되어 급히 복사해서 빌드할 때 문제를 일으키기도 한다. 필자 경험으론 "프로젝트를 정리한 후 ZIP 파일로 압축"이 가장 좋다. 소스 파일은 압축 효율이 매우 높다.

실습 5-1 클라이언트 영역 마우스 메시지 처리하기

마우스를 이용하여 화면에 타원을 그리는 프로그램을 만들어보자. 실행 결과를 미리 보면 [그림 5-4]와 같다. 왼쪽 버튼을 누른 상태로 마우스를 움직이면 타원의 크기가 변하다가 버튼을 떼면 최종적인 타원이 그려진다.

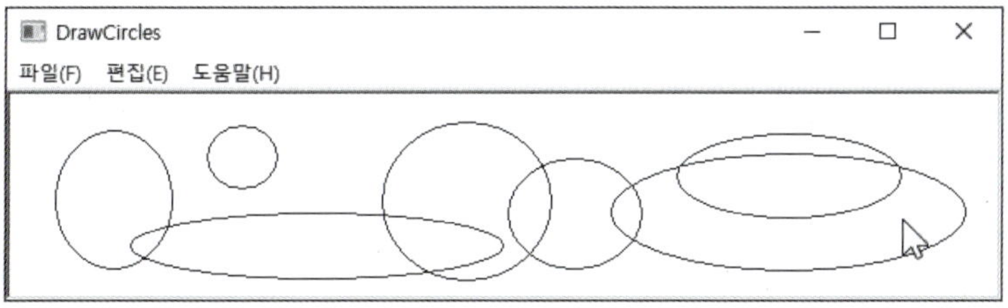

그림 5-4 실행 결과

1 응용 프로그램 마법사를 이용하여 DrawCircles 프로젝트를 만든다. 생성 옵션은 3장의 Simple 프로그램과 동일하다.

2 '클래스 뷰'에서 CChildView를 더블 클릭하여 ChildView.h를 열고 다음과 같이 변수를 추가한다. m_bDrawMode는 그리기 작업이 현재 진행 중임을 나타낸다. 마우스 왼쪽 버튼을 누르면 TRUE 값으로, 떼면 FALSE 값으로 설정할 것이다. (m_x1, m_y1), (m_x2, m_y2)는 타원에 외접하는 직사각형의 좌상단/우하단 좌표를 저장한다. 마우스 왼쪽 버튼을 누르는 순간 (m_x1, m_y1) 값은 고정되고, 이 상태에서 마우스를 움직이면 (m_x2, m_y2) 값이 계속 변한다.

```
class CChildView : public CWnd
{
// 생성입니다.
public:
    CChildView();
// 특성입니다.
public:
```

```
BOOL m_bDrawMode; // 그리기 작업이 진행 중임을 나타낸다.
int m_x1, m_y1, m_x2, m_y2; // 타원에 외접하는 직사각형의 좌상단/우하단 좌표
```

3 CChildView 클래스 생성자에 변수 초기화 코드를 추가한다. 프로그램이 시작할 때는 아직 마우스 왼쪽 버튼을 누르지 않은 상태이므로 m_bDrawMode의 초깃값은 FALSE여야 한다.

```
CChildView::CChildView()
{
    m_bDrawMode = FALSE;
}
```

4 '클래스 뷰'에서 CChildView 클래스를 선택한 상태에서 속성 창(Alt+Enter)을 열어 세 개의 마우스 메시지(WM_LBUTTONDOWN, WM_MOUSEMOVE, WM_LBUTTONUP) 핸들러를 추가한다.

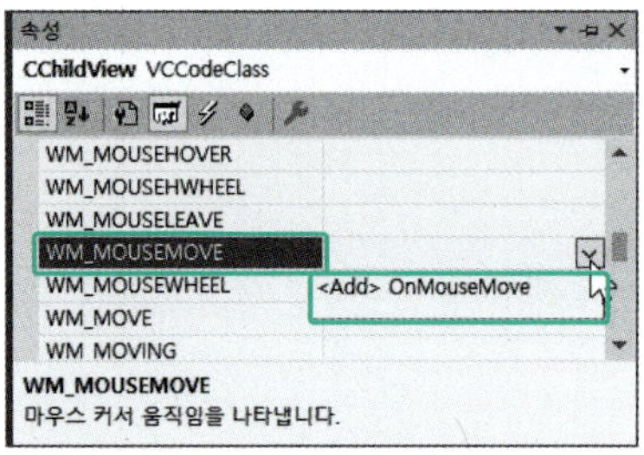

그림 5-5 마우스 메시지 핸들러 추가

5 세 개의 마우스 메시지 핸들러에 각각 다음과 같이 코드를 추가한다. 마우스를 움직일 때 기존 타원을 지우고 그리는 작업을 반복하기 위해 4장에서 배운 그리기 모드([표 4-8])를 활용한다. 타원의 외곽선만 그리기 위해 내장 객체인 NULL_BRUSH([표 4-11])를 사용하고 있다는 점에도 주목하자.

```
void CChildView::OnLButtonDown(UINT nFlags, CPoint point)
{
    // 그리기 모드를 시작한다.
    m_bDrawMode = TRUE;
    // 좌표를 저장한다.
    m_x1 = m_x2 = point.x;
    m_y1 = m_y2 = point.y;
```

```
}
void CChildView::OnMouseMove(UINT nFlags, CPoint point)
{
    // 그리기 모드이면 타원을 지우고 그리기를 반복한다.
    if(m_bDrawMode){
        CClientDC dc(this);
        dc.SelectStockObject(NULL_BRUSH);
        // 이전에 그린 타원을 지운다.
        dc.SetROP2(R2_NOT);
        dc.Ellipse(m_x1, m_y1, m_x2, m_y2);
        // 새로운 타원을 그린다.
        dc.SetROP2(R2_NOT);
        m_x2 = point.x;
        m_y2 = point.y;
        dc.Ellipse(m_x1, m_y1, m_x2, m_y2);
    }
}
void CChildView::OnLButtonUp(UINT nFlags, CPoint point)
{
    CClientDC dc(this);
    dc.SelectStockObject(NULL_BRUSH);
    // 최종적인 타원을 그린다.
    dc.SetROP2(R2_COPYPEN);
    m_x2 = point.x;
    m_y2 = point.y;
    dc.Ellipse(m_x1, m_y1, m_x2, m_y2);
    // 그리기 모드를 끝낸다.
    m_bDrawMode = FALSE;
}
```

1.3 마우스 캡처

DrawCircles 예제에는 한 가지 문제가 있는데, 마우스 커서가 클라이언트 영역 밖으로 벗어나면 뷰가 마우스 메시지를 받지 못한다는 점이다. 따라서 [그림 5-6]처럼 클라이언트 영역 밖으로 확장된 타원은 그릴 수 없다.

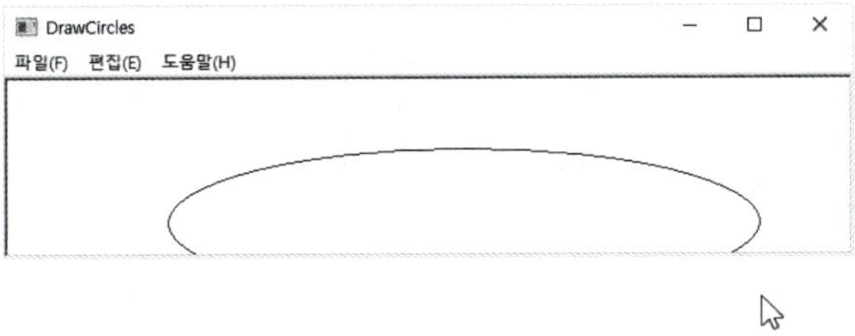

그림 5-6 클라이언트 영역 밖으로 확장된 타원

이런 문제점을 해결하고자 윈도우 운영체제는 마우스 캡처라는 개념을 제공한다. 마우스 캡처 Mouse Capture는 마우스 커서의 위치와 관계없이 모든 마우스 메시지가 특정 윈도우에 전달되게 하는 메커니즘이다. 마우스 캡처를 활용하면 커서가 윈도우 바깥쪽에 있어도 모든 마우스 메시지를 받을 수 있다. 따라서 예제에서 관찰할 수 있었던 문제점을 자연스럽게 해결할 수 있다. 마우스 캡처와 관련된 윈도우 API 함수는 총 세 개다. MFC는 이들 중 두 개에 대응하여 기능이 동일한 클래스 멤버 함수를 제공한다.

표 5-4 마우스 캡처 관련 함수

API 함수	MFC 함수	의미
SetCapture()	CWnd::SetCapture()	마우스 캡처를 시작한다.
ReleaseCapture()	없음	마우스 캡처를 해제한다.
GetCapture()	CWnd::GetCapture()	어느 윈도우가 현재 마우스를 캡처하고 있는지 알아낸다.

실습 5-2 마우스 캡처 활용하기

DrawCircles 프로그램이 [그림 5-6]처럼 마우스 커서가 윈도우 밖으로 벗어나도 동작하도록 기능을 추가해보자. 마우스 왼쪽 버튼을 누를 때 마우스 캡처를 시작하고 버튼을 뗄 때 마우스 캡처를 해제한다.

1 [실습 5-1]의 DrawCircles 프로젝트를 연다.

2 두 개의 마우스 메시지 핸들러에 다음 코드를 추가한다.

```
void CChildView::OnLButtonDown(UINT nFlags, CPoint point)
{
    // 마우스 캡처를 시작한다(MFC 함수 사용).
    SetCapture();
    // 그리기 모드를 시작한다.
    m_bDrawMode = TRUE;
    ...
}
...
void CChildView::OnLButtonUp(UINT nFlags, CPoint point)
{
    ...
    // 그리기 모드를 끝낸다.
    m_bDrawMode = FALSE;
```

```
    // 마우스 캡처를 해제한다(API 함수 사용).
    ::ReleaseCapture();
}
```

2 비클라이언트 영역 마우스 메시지

클라이언트 영역 이외의 위치(비클라이언트 영역)에 마우스 커서가 있으면 다음과 같은 메시지가 발생한다.

표 5-5 비클라이언트 영역 마우스 메시지

메시지	발생 시점
WM_NCLBUTTONDOWN	왼쪽 버튼을 누를 때
WM_NCLBUTTONUP	왼쪽 버튼을 뗄 때
WM_NCLBUTTONDBLCLK	왼쪽 버튼을 더블 클릭할 때
WM_NCMBUTTONDOWN	가운데 버튼을 누를 때
WM_NCMBUTTONUP	가운데 버튼을 뗄 때
WM_NCMBUTTONDBLCLK	가운데 버튼을 더블 클릭할 때
WM_NCRBUTTONDOWN	오른쪽 버튼을 누를 때
WM_NCRBUTTONUP	오른쪽 버튼을 뗄 때
WM_NCRBUTTONDBLCLK	오른쪽 버튼을 더블 클릭할 때
WM_NCMOUSEMOVE	마우스를 움직일 때

2.1 메시지 맵

클라이언트 영역 마우스 메시지와 마찬가지로 메시지 핸들러를 작성함으로써 비클라이언트 영역 마우스 메시지를 처리할 수 있다. 메시지 핸들러의 형태와 그에 상응하는 메시지 맵 매크로는 다음과 같다.

표 5-6 비클라이언트 영역 마우스 메시지 핸들러

메시지	메시지 맵 매크로	메시지 핸들러
WM_NCLBUTTONDOWN	ON_WM_NCLBUTTONDOWN()	OnNcLButtonDown()
WM_NCLBUTTONUP	ON_WM_NCLBUTTONUP()	OnNcLButtonUp()
WM_NCLBUTTONDBLCLK	ON_WM_NCLBUTTONDBLCLK()	OnNcLButtonDblClk()

WM_NCMBUTTONDOWN	ON_WM_NCMBUTTONDOWN()	OnNcMButtonDown()
WM_NCMBUTTONUP	ON_WM_NCMBUTTONUP()	OnNcMButtonUp()
WM_NCMBUTTONDBLCLK	ON_WM_NCMBUTTONDBLCLK()	OnNcMButtonDblClk()
WM_NCRBUTTONDOWN	ON_WM_NCRBUTTONDOWN()	OnNcRButtonDown()
WM_NCRBUTTONUP	ON_WM_NCRBUTTONUP()	OnNcRButtonUp()
WM_NCRBUTTONDBLCLK	ON_WM_NCRBUTTONDBLCLK()	OnNcRButtonDblClk()
WM_NCMOUSEMOVE	ON_WM_NCMOUSEMOVE()	OnNcMouseMove()

2.2 메시지 핸들러

비클라이언트 영역 마우스 메시지 핸들러의 형태는 다음과 같다. *부분은 메시지 종류에 따라 달라진다.

```
afx_msg void OnNc*(UINT nHitTest, CPoint point);
                        ❶              ❷
```

❶ **nHitTest** : 메시지가 생성될 당시의 마우스 커서 위치를 나타낸다. 예를 들어, 메시지 생성 시 마우스 커서가 종료 버튼 위에 있었는지 혹은 메뉴 위에 있었는지 등을 알 수 있다. 비클라이언트 영역 마우스 메시지는 일반적으로 (응용 프로그램이 아닌) 운영체제가 처리하지만, 윈도우의 기본 동작을 바꾸고 싶을 때는 nHitTest 값을 검사해서 특별한 동작을 하게 할 수 있다. [표 5-7]은 nHitTest가 가질 수 있는 상숫값 중 자주 쓰이는 것들이다.

표 5-7 nHitTest

상수값	의미
HTCAPTION	타이틀바
HTCLIENT	클라이언트 영역
HTCLOSE	종료 버튼
HTHSCROLL	가로 스크롤바
HTMENU	메뉴
HTMAXBUTTON 또는 HTZOOM	최대화 버튼
HTMINBUTTON 또는 HTREDUCE	최소화 버튼
HTSYSMENU	시스템 메뉴
HTVSCROLL	세로 스크롤바

❷ point : 메시지가 생성될 당시의 마우스 커서 좌표를 나타내며, 스크린 좌표(모니터의 좌 상단을 기준으로 한 픽셀 좌표)로 되어 있다. 이 좌표를 클라이언트 좌표로 변환하려면 CWnd::ScreenToClient() 함수를 사용하면 된다.

실습 5-3 비클라이언트 영역 마우스 메시지 처리하기

윈도우의 오른쪽 상단에 있는 종료 버튼을 누르면 프로그램을 종료하는 대신 메시지 상자가 나타나게 해보자. 이 경우, 프로그램을 종료하려면 종료 버튼 대신 [파일]-[끝내기] 메뉴를 선택하거나 Alt+F4를 눌러야 한다.

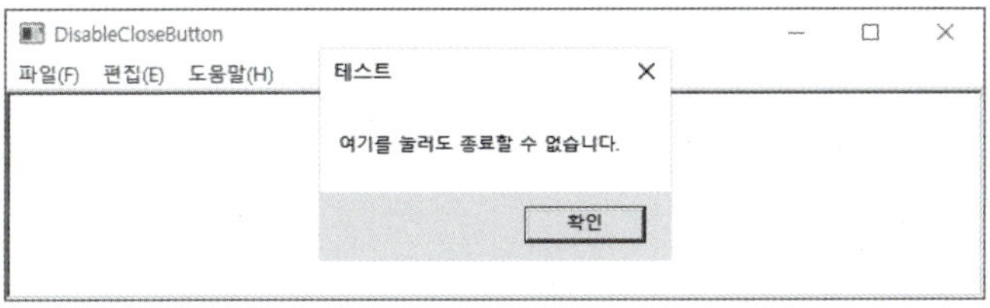

그림 5-7 실행 결과

❶ 응용 프로그램 마법사를 이용하여 DisableCloseButton 프로젝트를 만든다. 생성 옵션은 3장의 Simple 프로그램과 동일하다.

❷ 종료 버튼은 메인 윈도우에 속하므로 CMainFrame 클래스에 코드를 작성해야 한다. '클래스 뷰'에서 CMainFrame 클래스를 선택한 상태에서 속성 창(Alt+Enter)을 열어 WM_NCLBUTTONDOWN 메시지 핸들러를 추가한다.

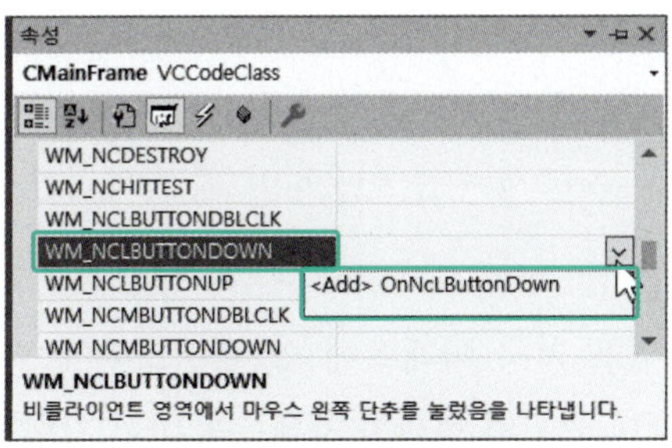

그림 5-8 마우스 메시지 핸들러 추가

❸ 자동 생성된 CMainFrame::OnNcLButtonDown() 함수에는 베이스 클래스에 있는 같은 이름의 함수를 호출하는 코드가 있는데, 이를 삭제하지 않고 활용해야 한다. 베이스 클래스 함수를 호출한다는 것은 윈도우 운영체제가 알아서 처리하게 맡긴다는 뜻이다. 만약 이 동작을 바꾸려면 nHitTest 값을 검사한 후 그 결과에 따라 베이스 클래스 함수를 호출하지 않고 다른 작업을 지시하면 된다.

```
void CMainFrame::OnNcLButtonDown(UINT nHitTest, CPoint point)
{
    // 종료 버튼을 누른 경우에만 특별한 처리를 한다.
    if(nHitTest == HTCLOSE)
        MessageBox(_T("여기를 눌러도 종료할 수 없습니다."), _T("테스트"));
    // 그 밖의 경우에는 운영체제가 자동으로 처리한다.
    else
        CFrameWnd::OnNcLButtonDown(nHitTest, point);
}
```

3 마우스 커서 변경과 위치 추적

지금까지 메시지를 처리하는 관점에서 마우스를 공부했다. 여기에서는 그 밖에 마우스와 관련해서 알아둘 사항을 살펴본다.

3.1 마우스 커서 변경

현재 작업의 종류에 따라 마우스 커서의 형태를 바꿔야 할 때가 종종 있다. 커서를 변경하는 MFC 함수는 따로 제공되지 않으므로 ::SetCursor() API 함수를 이용한다. 함수 원형은 다음과 같다.

```
HCURSOR SetCursor(HCURSOR hCursor);
```

hCursor는 커서 리소스를 가리키는 핸들값이며 앞으로 사용할 커서를 나타낸다. 커서 리소스를 로드할 때는 CWinApp::LoadStandardCursor() 함수를 이용하여 운영체제가 제공하는 목록에서 선택할 수도 있고, CWinApp::LoadCursor() 함수를 이용하여 직접 제작한 커서(사용자 정의 커서) 리소스를 선택할 수도 있다.

윈도우 운영체제는 마우스가 움직일 때마다 마우스 커서 아래쪽에 있는 윈도우에 WM_SETCURSOR 메시지를 보냄으로써 응용 프로그램이 커서의 형태를 자유롭게 바꿀 기회를 준다. 따라서 특정 상황에서 커서의 형태를 변경할 필요가 생긴다면 WM_SETCURSOR 메시지를 처리하면 된다.

여기서 잠깐! CWinApp 멤버 함수 호출하기

CWinApp 클래스 내부 함수가 아닌 다른 곳에서 CWinApp 멤버 함수를 호출하려면 MFC 전역 함수 AfxGetApp() 또는 전역 변수 theApp를 이용한다.

```
AfxGetApp()->LoadCursor(...);
또는
theApp.LoadCursor(...);
```

실습 5-4 마우스 커서 변경하기

윈도우의 클라이언트 영역에 타원을 그린 후, 마우스 커서가 타원 안쪽과 바깥쪽에 있을 때 서로 다른 모양을 갖도록 해보자. 커서가 안쪽에 있을 때는 (a)처럼 사용자 정의 커서를 사용하고 바깥쪽에 있을 때는 (b)처럼 운영체제가 제공하는 커서 중 하나를 사용할 것이다.

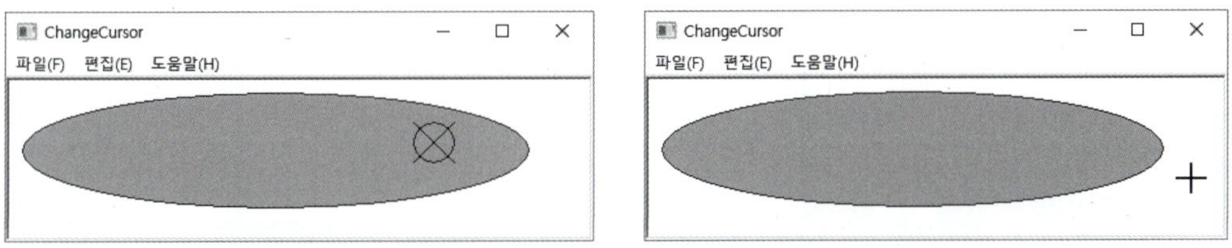

(a) 커서가 타원 안쪽에 위치할 때　　(b) 커서가 타원 바깥쪽에 위치할 때

그림 5-9 실행 결과

1. 응용 프로그램 마법사를 이용하여 ChangeCursor 프로젝트를 만든다. 생성 옵션은 3장의 Simple 프로그램과 동일하다.

2. '리소스 뷰'로 전환한 후 [프로젝트]–[리소스 추가...] 메뉴를 선택한다. [리소스 추가] 대화상자에서 'Cursor'를 선택하고 〈새로 만들기〉를 클릭한다.

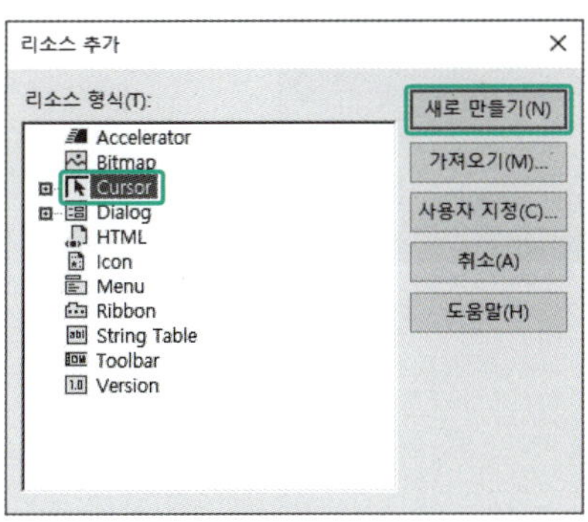

그림 5-10 커서 리소스 추가

❸ 커서 리소스는 1, 4, 8, 24비트 컬러 네 종류를 만들 수 있다. 기본은 32×32 크기의 1비트(흑백) 컬러이지만 [이미지]-[새 이미지 형식...] 메뉴를 선택하거나 Insert를 누르면 다른 크기와 색상을 선택할 수 있다. 여기서는 기본값인 흑백 커서를 그대로 사용한다.

[그림 5-11]과 같이 커서를 그릴 때 사용할 수 있는 색상에는 보통색과 더불어 투명색과 반전색이 있다. 투명색으로 그린 부분은 실제로 커서가 화면에 나타날 때 투명하게 처리되며, 반전색으로 그린 부분은 배경 화면이 반전된 형태로 처리된다. 검은색을 이용하여 간단한 형태로 커서를 그려보자. 선을 그리거나 원을 그릴 때는 '이미지 편집기 툴바'를 사용한다.

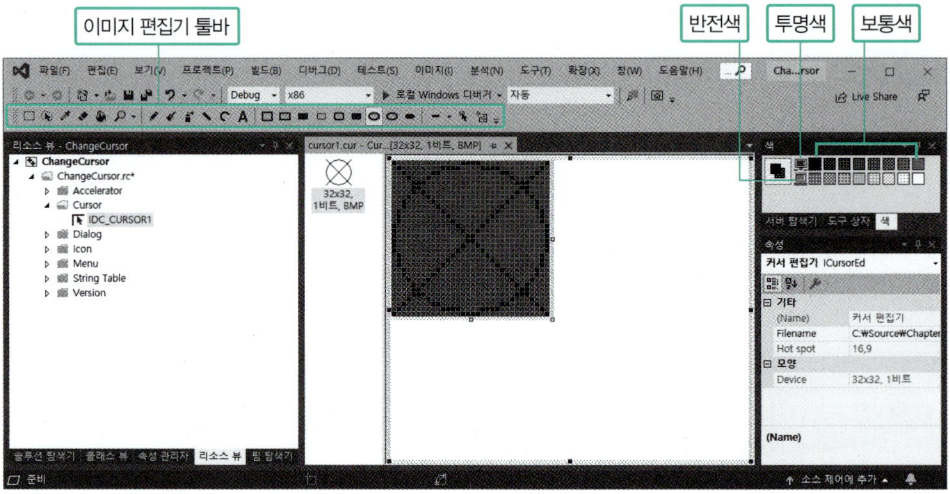

그림 5-11 커서 디자인

❹ 커서를 그렸으면 마지막으로 핫 스폿Hot Spot을 지정해야 한다. 핫 스폿은 커서의 한 점을 말하는데, 커서의 위치가 어느 지점이라고 이야기할 때는 핫 스폿의 위치를 뜻한다. '핫 스폿 설정 도구'를 선택한 후 커서 리소스의 적당한 위치를 클릭하면 핫 스폿을 변경할 수 있다. 현재 핫 스폿 위치를 비롯한 각종 정보는 속성 창에 표시된다.

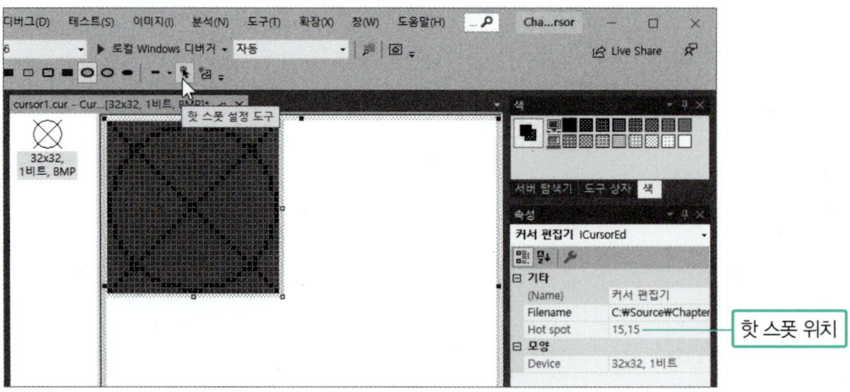

그림 5-12 핫 스폿 설정

5 CChildView::OnPaint() 함수에 다음 코드를 추가한다. 클라이언트 영역에 밝은 회색의 타원을 그리게 하였다.

```
void CChildView::OnPaint()
{
    CPaintDC dc(this);
    dc.SelectStockObject(LTGRAY_BRUSH);
    dc.Ellipse(10, 10, 400, 100);
}
```

6 '클래스 뷰'에서 CChildView 클래스를 선택한 상태에서 속성 창(Alt+Enter)을 열어 WM_SETCURSOR 메시지 핸들러를 추가하고, 생성된 CChildView::OnSetCursor() 함수에 커서 변경 코드를 작성한다.

```
BOOL CChildView::OnSetCursor(CWnd* pWnd, UINT nHitTest, UINT message)
{
    // 클라이언트 영역이면 커서를 변경한다.
    if (nHitTest == HTCLIENT) {
        CPoint point;
        ::GetCursorPos(&point); // 커서 위치(스크린 좌표)를 얻는다.
        ScreenToClient(&point); // 스크린 좌표를 클라이언트 좌표로 변환한다.
        CRgn rgn;
        rgn.CreateEllipticRgn(10, 10, 400, 100); // 타원형 리전을 생성한다.
        if (rgn.PtInRegion(point)) // 커서가 리전 안쪽에 있는지 확인한다.
            // 사용자 정의 커서로 변경한다.
            ::SetCursor(AfxGetApp()->LoadCursor(IDC_CURSOR1));
        else
            // 표준 커서 중 하나로 변경한다.
            ::SetCursor(AfxGetApp()->LoadStandardCursor(IDC_CROSS));
        return TRUE;
    }

    // 클라이언트 영역이 아니면 운영체제가 자동으로 처리한다.
    return CWnd::OnSetCursor(pWnd, nHitTest, message);
}
```

OnSetCursor() 함수의 두 번째 인자에는 현재 커서의 위치가 저장되어 있는데, 이 값이 HTCLIENT이면 커서가 클라이언트 영역에 있음을 뜻한다([표 5-7]). 클라이언트 영역에 커서가 있다면 ::GetCursorPos() API 함수로 커서의 위치를 알아낸 후, 리전을 이용하여 타원 안쪽인지 바깥쪽인지 판단하고 커서를 변경한다. 더불어 OnSetCursor() 함수에서 커서의 모양을 변경하면 반드시 TRUE를 리턴해야 한다.

3.2 마우스 커서 위치 추적

마우스 커서가 윈도우 영역에 들어오는 시점과 나가는 시점을 알아야 할 때가 있다. 예를 들어 [그림 5-13]은 Paint Shop Pro라는 그래픽 소프트웨어의 툴 윈도우인데, 마우스로 버튼을 클릭하지 않더라도 커서의 위치에 따라 크기가 자동으로 변한다. 커서가 윈도우 영역에 들어오면 WM_MOUSEMOVE 메시지가 전달되기 시작하므로 들어온 시점을 쉽게 알 수 있지만, 빠져나가면 메시지 전달이 중단되므로 빠져나간 시점을 알기 어렵다. 이를 위해 ::TrackMouseEvent() API 함수와 WM_MOUSELEAVE 메시지가 제공된다. ::TrackMouseEvent() 함수는 마우스 커서가 윈도우 영역을 빠져나가는 시점을 알 수 있도록 운영체제에 요청하는 역할을 하며, 이때 발생하는 메시지가 바로 WM_MOUSELEAVE다.

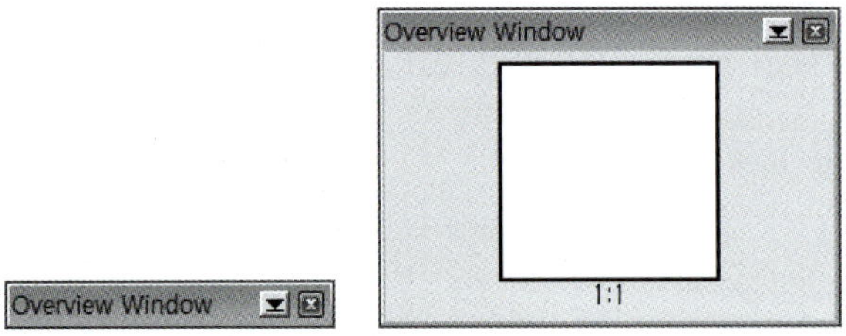

그림 5-13 커서 위치 추적이 필요한 경우

::TrackMouseEvent() 함수 원형은 다음과 같다. TRACKMOUSEEVENT 구조체를 초기화해서 전달하면 된다.

```
BOOL TrackMouseEvent(LPTRACKMOUSEEVENT lpEventTrack);
```

TRACKMOUSEEVENT 구조체 정의는 다음과 같다.

```
typedef struct tagTRACKMOUSEEVENT {
    DWORD cbSize;
    DWORD dwFlags;
    HWND hwndTrack;
    DWORD dwHoverTime;
} TRACKMOUSEEVENT, *LPTRACKMOUSEEVENT;
```

cbSize에는 구조체 크기, dwFlags에는 TME_LEAVE, dwHoverTime에는 HOVER_DEFAULT를 대입하면 된다. hwndTrack은 WM_MOUSELEAVE 메시지를 받을 윈도우 핸

들이다. ::TrackMouseEvent() 함수로 요청한 WM_MOUSELEAVE 메시지는 한 번만 발생하므로 필요 시 ::TrackMouseEvent() 함수를 다시 호출해야 한다는 점에 유의해야 한다.

실습 5-5 마우스 커서 위치 추적하기

마우스 커서가 클라이언트 영역 내부에 있으면 300×150, 외부에 있으면 200×100 픽셀 크기를 갖는 프로그램을 작성해보자.

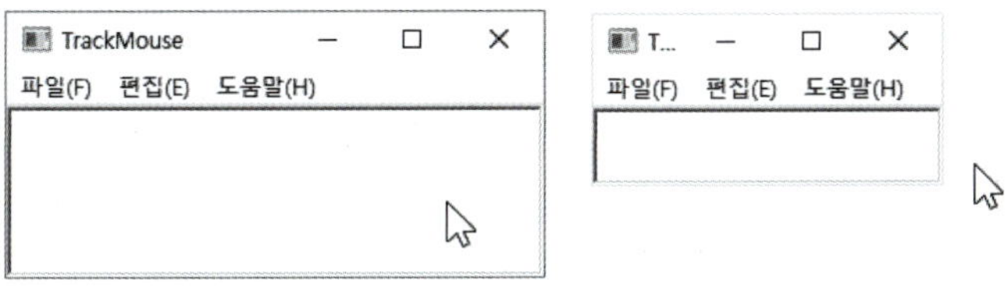

(a) 마우스 커서가 내부에 있을 때 (b) 마우스 커서가 외부에 있을 때

그림 5-14 실행 결과

1 응용 프로그램 마법사를 이용하여 TrackMouse 프로젝트를 만든다. 생성 옵션은 3장의 Simple 프로그램과 동일하다.

2 '클래스 뷰'에서 CChildView를 더블 클릭하여 ChildView.h를 열고 다음과 같이 변수를 추가한다. m_bMouseIn은 마우스 커서가 클라이언트 영역 위에 있으면 TRUE, 그렇지 않으면 FALSE 값을 갖는다.

```
class CChildView : public CWnd
{
// 생성입니다.
public:
    CChildView();
// 특성입니다.
public:
    BOOL m_bMouseIn;
```

3 CChildView 클래스 생성자에 다음 한 줄을 추가하여 m_bMouseIn 변수를 초기화한다.

```
CChildView::CChildView()
{
    m_bMouseIn = FALSE;
}
```

4 '클래스 뷰'에서 CChildView 클래스를 선택한 상태에서 속성 창(Alt+Enter)을 열어 WM_MOUSEMOVE 핸들러를 추가한 후 다음과 같이 입력한다. 윈도우의 좌상단/우하단 좌표를 얻을 때는 CWnd::GetWindowRect() 함수를, 윈도우의 크기/위치를 변경할 때는 CWnd::MoveWindow() 함수를 이용하면 된다. 두 함수 모두 스크린 좌표를 사용한다는 점에 유의하자.

```
void CChildView::OnMouseMove(UINT nFlags, CPoint point)
{
    if (m_bMouseIn == FALSE) {
        // 마우스 커서 추적을 요청한다.
        TRACKMOUSEEVENT tme;
        tme.cbSize = sizeof(tme);
        tme.dwFlags = TME_LEAVE;
        tme.hwndTrack = this->m_hWnd;
        tme.dwHoverTime = HOVER_DEFAULT;
        ::TrackMouseEvent(&tme);

        // 메인 윈도우 크기를 300*150으로 변경한다.
        CWnd* pMainWnd = AfxGetMainWnd();
        CRect rect;
        pMainWnd->GetWindowRect(&rect);
        rect.right = rect.left + 300;
        rect.bottom = rect.top + 150;
        pMainWnd->MoveWindow(&rect);

        // 마우스 커서가 클라이언트 영역에 있음을 기억해둔다.
        m_bMouseIn = TRUE;
    }
}
```

5 속성 창을 이용하여 CChildView 클래스에 WM_MOUSELEAVE 핸들러를 추가하고 다음과 같이 입력한다.

```
void CChildView::OnMouseLeave()
{
    // 마우스 커서가 클라이언트 영역 밖에 있음을 기억해둔다.
    m_bMouseIn = FALSE;

    // 메인 윈도우 크기를 200*100으로 변경한다.
    CWnd* pMainWnd = AfxGetMainWnd();
    CRect rect;
    pMainWnd->GetWindowRect(&rect);
```

```
        rect.right = rect.left + 200;
        rect.bottom = rect.top + 100;
        pMainWnd->MoveWindow(&rect);
    }
```

6 여기까지 입력한 후 실행해보자. 잘 동작하지만 최초 윈도우의 크기가 일정치 않아 어색할 것이다. CMainFrame::PreCreateWindow 함수에 다음 코드를 추가하면 메인 윈도우 크기가 200×100으로 시작한다.

```
BOOL CMainFrame::PreCreateWindow(CREATESTRUCT& cs)
{
    if (!CFrameWnd::PreCreateWindow(cs))
        return FALSE;
    cs.cx = 200;
    cs.cy = 100;
    cs.dwExStyle &= ~WS_EX_CLIENTEDGE;
    cs.lpszClass = AfxRegisterWndClass(0);
    return TRUE;
}
```

현장 팁 **PCH와 치명적 오류 C1010**

비주얼 C++ 컴파일러는 미리 컴파일된 헤더Precompiled Header를 지원하고, 다음 그림처럼 프로젝트 설정을 통해 대상 헤더를 지정할 수 있다. 특히 MFC는 수정하지 않고 사용하는 헤더 수가 많기 때문에, 이 방식을 사용하면 매번 전체를 컴파일하지 않아 개발 속도가 빨라진다.

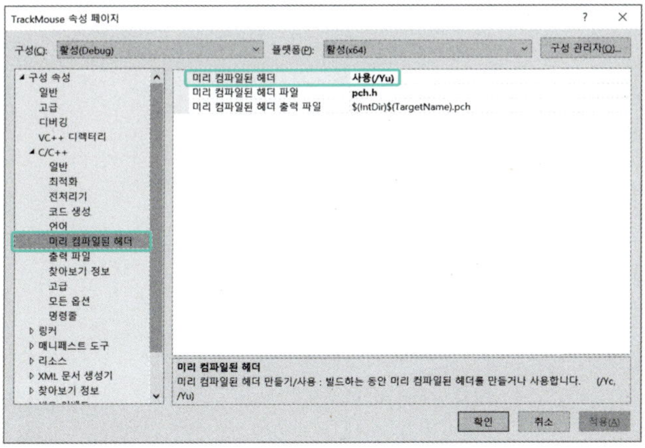

▲ 프로젝트 설정

그런데 새로운 소스 파일을 추가하다 보면 다음과 같은 오류 메시지를 볼 수 있다. 이 오류 메시지는 미리 컴파일된 헤더와 관련이 있으므로, 프로젝트 설정에서 미리 컴파일된 헤더를 사용하지 않겠다고 설정하면 없앨 수 있다. 하지만 이 방식은 앞서 언급한 효율을 포기하게 되므로 바람직하지 않다.

```
fatal error C1010: 미리 컴파일된 헤더를 찾는 동안 예기치 않은 파일의 끝이 나타났습니다.
'#include "pch.h"'을(를) 소스에 추가하시겠습니까?
```

미리 컴파일된 헤더를 사용하려면, 모든 소스 파일(*.C, *.CPP 등)은 미리 컴파일된 헤더를 반드시 포함해야 한다. 위에 나타난 오류는 이 헤더를 빠뜨려서 발생했을 뿐이다. 따라서 다음 구문을 오류가 발생한 소스 파일 가장 위쪽에 넣어주면 된다(비주얼 C++ 이전 버전에서는 stdafx.h 파일명을 사용하였으니 필요에 따라 맞추면 된다).

```
#include "pch.h"
```

미리 컴파일된 헤더는 PCH 확장자로 컴파일되며, 대상 헤더가 변경되면 다시 컴파일된다. 하지만 때때로 변경된 내용이 반영되지 않아 문제를 일으키는 경우가 있다. 이때는 [Build]-[Rebuild All] 메뉴를 사용하여 모두 지우고 새로 컴파일할 수 있다. 문제가 없는 것 같은데 자꾸 정상적으로 동작하지 않으면 이 방법을 시도해 보자.

02 키보드 다루기

GUI를 사용하는 윈도우에서는 입력 도구로 주로 마우스를 사용하지만 키보드도 여전히 중요한 역할을 한다. 이 절에서는 키보드 포커스의 개념과 키보드 메시지 처리 기법을 다룬다.

1 키보드 포커스

윈도우 운영체제는 키보드와 관련된 모든 이벤트를 마우스처럼 프로그램에 메시지 형태로 전달한다([그림 5-15]).

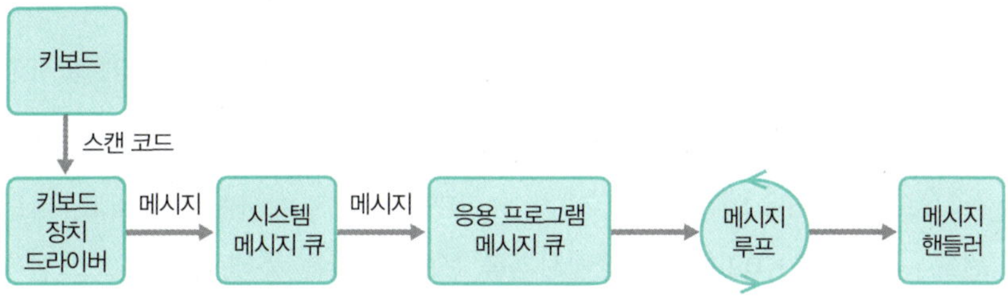

그림 5-15 윈도우의 키보드 메시지 처리

키보드도 시스템에 한 개만 있는 자원이므로 운영체제는 어느 프로그램에 키보드 메시지를 전달할지 결정해야 한다. 키보드 메시지는 키보드 포커스Keyboard Focus를 가진 윈도우가 받는다. 이것은 마우스 커서를 이용하여 마우스 메시지를 받을 윈도우를 결정하는 것과 비슷하다.

사용자 관점에서 마우스 커서는 일종의 비트맵으로, 눈에 보이기 때문에 어느 윈도우가 마우스 메시지를 받을지 쉽게 알 수 있다. 하지만 키보드 포커스는 운영체제 내부적으로 관리하기 때문에 그 자체로는 눈에 보이지 않는다. 대신 프로그램에 따라 다양한 방식으로 키보드 포커스를 갖고 있다는 표시를 할 수 있다.

[그림 5-16]과 같은 표준 [파일 열기] 대화 상자에서 Tab을 눌러 키보드 포커스를 이동했을 때의 모습을 통해 키보드 포커스 표시 유형을 살펴보자. ❶은 파일 이름을 입력하라는 뜻으로 | 표시를 깜박이는 방식이다. 도스에서는 이 표시를 커서Cursor라고 불렀지만 윈도우에서는 캐럿Caret이라 부른다. ❷는 〈열기〉 버튼이 키보드 포커스를 가질 때 버튼 내부에 빗금을 표시해주는 방식이다.

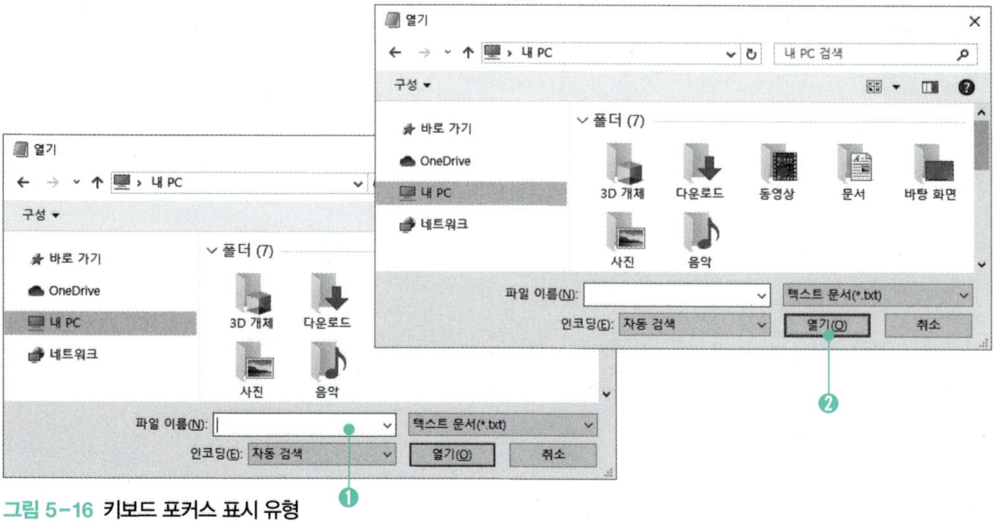

그림 5-16 키보드 포커스 표시 유형

사용자 관점에서 보면 키보드 포커스가 [그림 5-16]과 같이 서로 다른 형태로 나타나지만 운영체제 관점에서 보면 키보드 포커스는 활성 윈도우나 활성 윈도우의 자식 윈도우가 가지는 일종의 속성이다. 참고로, 활성 윈도우Active Window는 사용자가 현재 작업하고 있는 윈도우이다. 운영체제는 특정 윈도우가 활성 윈도우가 되면 위치를 맨 앞으로 옮기면서 색상을 진하게 표시함으로써 어느 윈도우가 활성 윈도우인지 쉽게 구분할 수 있게 해준다.

윈도우 운영체제는 키보드 포커스를 얻은 윈도우에 WM_SETFOCUS 메시지를 보내고, 키보드 포커스를 잃은 윈도우에 WM_KILLFOCUS 메시지를 보낸다. 이를 통해 응용 프로그램은 키보드 포커스 변화를 감지할 수 있다([그림 5-17]).

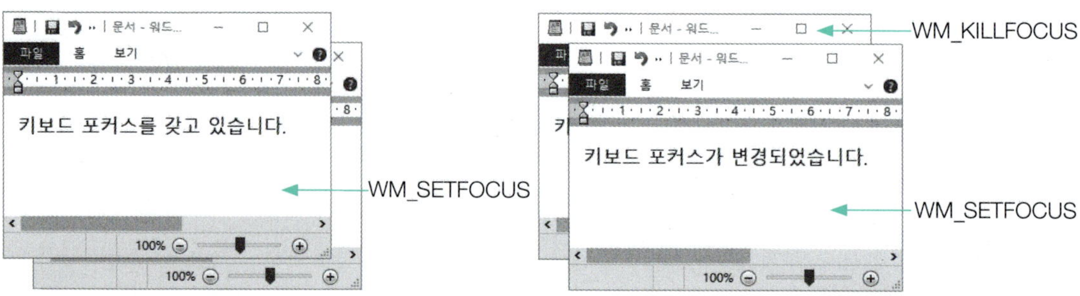

그림 5-17 키보드 포커스 변화

프로그램에서 특정 윈도우가 키보드 포커스를 갖도록 지정할 수 있는데, 해당 윈도우 객체에 대해 CWnd::SetFocus() 함수를 호출하면 된다. 3장의 Simple 프로그램의 프레임 윈도우 클래스 코드를 다시 살펴보자.

```
void CMainFrame::OnSetFocus(CWnd* /*pOldWnd*/)
{
    // 뷰 창으로 포커스를 이동합니다.
    m_wndView.SetFocus();
}
```

프로그램이 시작되면 프레임 윈도우가 키보드 포커스를 갖게 되므로 WM_SETFOCUS 메시지를 받는다. 따라서 WM_SETFOCUS 메시지 핸들러인 OnSetFocus() 함수가 호출되는데, 위 코드에서는 뷰 객체에 대해 SetFocus() 함수를 호출함으로써 뷰가 키보드 포커스를 갖게 한다. 결국 Simple 프로그램에서는 프레임 윈도우가 아닌 뷰가 키보드 메시지를 받는다. 이런 이유로 키보드 입력은 뷰 클래스에서 처리해야 한다.

지금까지 키보드 포커스의 개념을 살펴보았다. 키보드 포커스를 갖고 있음을 나타내는 흔한 형태는 캐럿이다. 윈도우 운영체제는 응용 프로그램이 캐럿을 생성하거나 자유롭게 위치를 변경하는 등의 작업을 할 수 있도록 API 함수를 제공하는데, MFC에서는 CWnd 클래스의 멤버 함수로 해당 기능을 사용할 수 있다. 캐럿과 관련된 MFC 함수를 정리하면 [표 5-8]과 같다.

표 5-8 캐럿 함수 – MFC

함수 이름	기능
CreateCaret()	비트맵을 이용하여 캐럿을 생성한다.
CreateGrayCaret()	회색 직사각형 캐럿을 생성한다.
CreateSolidCaret()	검은색 직사각형 캐럿을 생성한다.
ShowCaret()	캐럿을 보인다.
HideCaret()	캐럿을 숨긴다.
GetCaretPos()	캐럿의 위치(클라이언트 좌표)를 얻는다.
SetCaretPos()	캐럿의 위치(클라이언트 좌표)를 설정한다.

MFC에서 제공하지 않는 기능은 [표 5-9]의 API 함수를 직접 사용해야 한다.

표 5-9 캐럿 함수 – API

함수 이름	기능
::DestroyCaret()	캐럿을 파괴한다.
::GetCaretBlinkTime()	캐럿이 깜박이는 간격을 얻는다.
::SetCaretBlinkTime()	캐럿이 깜박이는 간격을 설정한다.

실습 5-6 캐럿 사용하기

클라이언트 영역의 (50, 50) 지점에 캐럿을 표시하는 프로그램을 작성해보자. 키보드 포커스를 가질 때만 캐럿을 표시하고 키보드 포커스를 잃으면 캐럿이 사라지게 할 것이다.

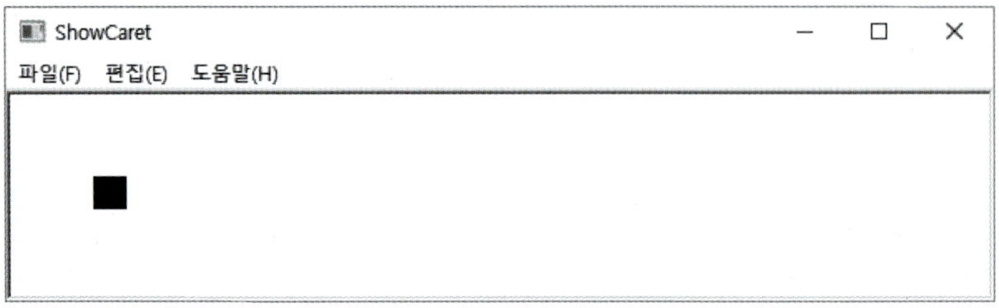

그림 5-18 실행 결과

1 응용 프로그램 마법사를 이용하여 ShowCaret 프로젝트를 만든다. 생성 옵션은 3장의 Simple 프로그램과 동일하다.

2 속성 창을 이용해서 CChildView 클래스에 WM_SETFOCUS와 WM_KILLFOCUS 메시지 핸들러를 추가한다. 자동 생성된 코드는 운영체제 수준의 디폴트 처리를 하는 부분이므로 삭제하고 다음 코드를 입력한다.

```
void CChildView::OnSetFocus(CWnd* pOldWnd)
{
    CreateSolidCaret(20, 20); // 캐럿을 생성한다.
    SetCaretPos(CPoint(50, 50)); // 캐럿의 위치를 설정한다.
    ShowCaret(); // 캐럿을 화면에 보인다.
}

void CChildView::OnKillFocus(CWnd* pNewWnd)
{
    HideCaret(); // 캐럿을 숨긴다.
    ::DestroyCaret(); // 캐럿을 파괴한다.
}
```

캐럿을 생성할 때는 MFC 함수인 CWnd::CreateSolidCaret()을 호출하지만, 파괴할 때는 API 함수인 ::DestroyCaret()을 호출한다는 점에 주목하자.

2 키 누름 메시지

키 누름 메시지Keystroke Message는 키보드의 키를 누르거나 떼는 동작으로 발생하는 메시지로, 다음과 같이 네 종류가 있다.

표 5-10 키 누름 메시지

메시지	발생 시점
WM_KEYDOWN	F10, Alt 이외의 키를 누를 때
WM_KEYUP	F10, Alt 이외의 키를 뗄 때
WM_SYSKEYDOWN	F10, Alt, Alt+[다른 키]를 누를 때
WM_SYSKEYUP	F10, Alt, Alt+[다른 키]를 뗄 때

일반적으로 WM_SYSKEY* 메시지는 운영체제가 처리하며 응용 프로그램은 WM_KEY* 메시지만 처리하지만 특별한 제약이 있는 것은 아니다. 메시지를 처리하고 싶다면 메시지 핸들러를 생성한 후 원하는 코드를 추가하면 된다.

2.1 키 누름 메시지 핸들러

키 누름 메시지 핸들러 형태는 다음과 같다. *부분은 메시지의 종류에 따라 달라진다. 일반적으로 첫 번째 인자인 nChar 값을 확인하여 어느 키인지 알아내고 그에 따라 처리하는 것으로 충분하다.

```
afx_msg void On*(UINT nChar, UINT nRepCnt, UINT nFlags);
                      ❶            ❷            ❸
```

❶ **nChar** : 키에 할당된 가상 키 코드값을 가진다.

❷ **nRepCnt** : 키를 계속 누르고 있으면 1보다 큰 값을 가질 수 있다.

❸ **nFlags** : 키와 관련된 부가적인 정보(스캔 코드, 확장 키 여부, ...)를 담고 있다. 상세 사항은 Visual Studio 설명서를 참조하기 바란다.

여기서 잠깐! 가상 키 코드

가상 키 코드Virtual Key Code는 운영체제가 각각의 키에 할당한 고유한 값으로, 장치 독립적으로 정의되어 있다. 장치 독립적이라는 의미는 같은 키를 눌러도 키보드 종류에 따라 발생하는 스캔 코드Scan Code(키를 눌렀을 때 키보드에서 컴퓨터로 전기적으로 전송되는 숫자값)는 다를 수 있지만 운영체제가 생성하는 가상 키 코드값은 같다는 것이다. 모든 가상 키 코드값의 정의는 WINUSER.H 파일에 들어 있으며, 자주 사용되는 가상 키 코드값은 다음 표와 같다. 숫자와 영문 알파벳은 별도의 가상 키 코드 정의가 없다는 점에 주의하자. 0~9의 아스키 코드와 대문자 A~Z의 아스키 코드가 가상 키 코드를 대신한다.

가상 키 코드	해당 키	가상 키 코드	해당 키
VK_CANCEL	Ctrl - Break	VK_HOME	Home
VK_BACK	Backspace	VK_LEFT	←
VK_TAB	Tab	VK_UP	↑
VK_RETURN	Enter	VK_RIGHT	→
VK_SHIFT	Shift	VK_DOWN	↓
VK_CONTROL	Ctrl	VK_SNAPSHOT	Print Screen
VK_MENU	Alt	VK_INSERT	Insert
VK_PAUSE	Pause	VK_DELETE	Delete
VK_CAPITAL	Caps Lock	'0' ~ '9'	0 ~ 9
VK_ESCAPE	Esc	'A' ~ 'Z'	A ~ Z
VK_SPACE	Spacebar	VK_F1 ~ VK_F12	F1 ~ F12
VK_PRIOR	PgUp	VK_NUMLOCK	Num Lock
VK_NEXT	PgDn	VK_SCROLL	Scroll Lock
VK_END	End		

▲ 자주 사용되는 가상 키 코드

실습 5-7 키 누름 메시지 처리하기

클라이언트 영역에 그린 도형을 방향키(←, →, ↑, ↓)를 이용하여 이동하는 프로그램을 작성해보자. Space Bar를 누르면 도형이 반전되는 기능도 부여할 것이다. 뷰가 키보드 포커스를 가지므로 뷰 클래스에서 모든 키보드 메시지를 처리하면 된다.

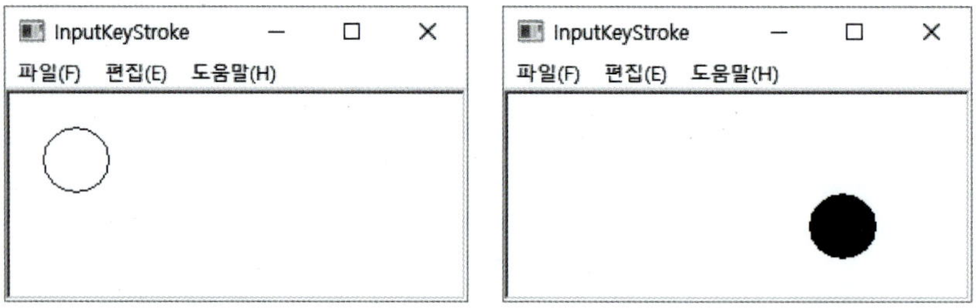

그림 5-19 실행 결과

1 응용 프로그램 마법사를 이용하여 InputKeyStroke 프로젝트를 만든다. 생성 옵션은 3장의 Simple 프로그램과 동일하다.

2 '클래스 뷰'에서 CChildView를 더블 클릭하여 ChildView.h를 열고 다섯 개의 멤버 변수를 추가한다. 도형 이동 시 클라이언트 영역을 벗어나지 않도록 클라이언트 영역의 크기 정보를 활용할 것이다.

```
class CChildView : public CWnd
{
// 생성입니다.
public:
    CChildView();
// 특성입니다.
public:
    int m_xPos, m_yPos; // 도형의 현재 위치
    int m_xMax, m_yMax; // 클라이언트 영역의 크기
    BOOL m_bFill; // 도형의 내부를 채울지 여부
```

3 CChildView 생성자에서 멤버 변수를 초기화한다.

```
CChildView::CChildView()
{
    m_xPos = m_yPos = 60; // 임의 값으로 초기화
    m_bFill = FALSE; // 도형 내부를 채우지 않음
}
```

4 CChildView 클래스에 WM_SIZE 메시지 핸들러를 추가한다. WM_SIZE는 윈도우의 크기가 변할 때마다 발생하는 메시지로, 여기서는 클라이언트 영역의 크기 정보를 얻는 데 사용한다. OnSize() 함수의 cx, cy는 각각 클라이언트 영역의 폭과 높이를 픽셀 단위로 나타내는 값이다.

```
void CChildView::OnSize(UINT nType, int cx, int cy)
{
    m_xMax = cx;
    m_yMax = cy;
}
```

5 CChildView::OnPaint() 함수에 (m_xPos, m_yPos) 위치를 중심으로 도형을 그리는 코드를 작성한다. m_bFill 변숫값이 TRUE이면 내부를 검은색으로 채운다.

```
void CChildView::OnPaint()
{
    CPaintDC dc(this);
    if(m_bFill == TRUE) dc.SelectStockObject(BLACK_BRUSH);
    dc.Ellipse(m_xPos - 20, m_yPos - 20, m_xPos + 20, m_yPos + 20);
}
```

6 마지막으로 키보드 메시지 핸들러를 작성한다. 방향키와 Space Bar 를 누르는 것만 처리하면 되므로 CChildView 클래스에 WM_KEYDOWN 메시지 핸들러를 추가하고 다음 코드를 작성한다.

```
void CChildView::OnKeyDown(UINT nChar, UINT nRepCnt, UINT nFlags)
{
    switch (nChar) {
    case VK_LEFT:
        m_xPos -= 20;
        break;
    case VK_RIGHT:
        m_xPos += 20;
        break;
    case VK_UP:
        m_yPos -= 20;
        break;
    case VK_DOWN:
        m_yPos += 20;
        break;
    case VK_SPACE:
        m_bFill = !m_bFill;
    }
    // 20 <= m_xPos <= m_xMax-20
    m_xPos = min(max(20, m_xPos), m_xMax - 20);
    // 20 <= m_yPos <= m_yMax-20
    m_yPos = min(max(20, m_yPos), m_yMax - 20);
    Invalidate();
}
```

방향키를 누를 때마다 직접 도형을 그릴 수도 있지만 윈도우 프로그램에서는 가능하면 모든 출력을 WM_PAINT 메시지 핸들러에서 처리하는 것이 좋다. 따라서 여기서는 방향키를 누르면 위치값만 바꾼 후 CWnd::Invalidate() 함수를 호출하여 WM_PAINT 메시지가 발생하게 하였다. 결과적으로 OnPaint() 함수가 호출되고 변경된 위치에 도형을 그린다. 도형의 위치가 클라이언트 영역을 벗어나지 않도록 min(), max() 매크로를 활용하는 부분도 눈여겨보자.

참고 CWnd::Invalidate() 함수는 클라이언트 영역 전체를 무효화함으로써 WM_PAINT 메시지를 강제로 발생시킨다. 무효화 관련 사항은 4장 1절을 참조하기 바란다.

3 문자 메시지

키 누름 메시지는 어느 키를 눌렀는지 판단할 때는 유용하지만, 누른 키에 해당하는 문자는 알기 어렵다. 예를 들어 가상 키 코드 'R'에 해당하는 키를 눌렀을 때 발생할 수 있는 문자는 다음과 같다.

표 5-11 R를 눌렀을 때 발생할 수 있는 문자

문자	가상 키 코드 조합
r	영문 입력 모드에서 R 또는 Caps Lock + Shift + R을 누름
R	영문 입력 모드에서 Caps Lock + R 또는 Shift + R을 누름
ㄱ	한글 입력 모드에서 R을 누름
ㄲ	한글 입력 모드에서 Shift + R을 누름

입력된 문자를 가상 키 코드만으로 판단할 때는 이와 같은 어려움이 있으므로, 윈도우 운영체제는 키를 눌렀을 때 키 누름 메시지와 더불어 문자 메시지Character Message를 발생시킨다.

예를 들어 R을 눌렀을 때와 Alt + R을 눌렀을 때의 메시지 발생 순서는 다음과 같다.

참고 그림과 같은 순서로 키를 누르고 뗄 경우 Alt + R의 마지막 메시지는 WM_SYSKEYUP이 아니라 WM_KEYUP이다.

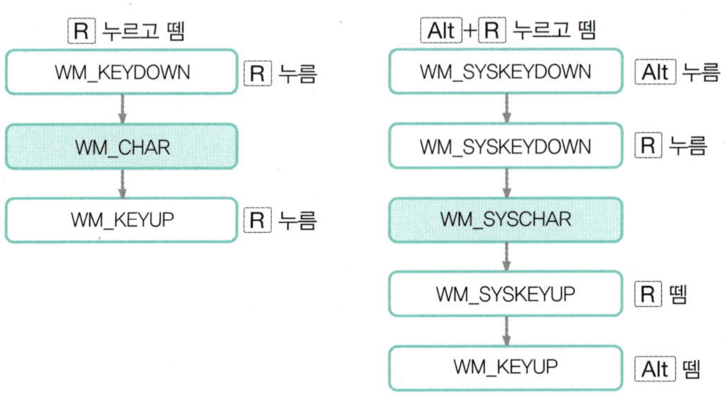

그림 5-20 문자 메시지

이와 같이 키 누름 메시지 사이에 발생하는 WM_*CHAR 메시지를 문자 메시지라 부른다. 윈도우 운영체제는 Shift, Caps Lock 같은 키의 상태와 현재의 입력 모드를 토대로 입력된 문자를 정확히 알아내어 문자 메시지를 생성하고 이를 해당 윈도우에 전달한다. 따라서 사용자가 입력한 문자를 처리하고 싶다면 WM_*CHAR 메시지 핸들러를 만들고 여기에 원하는 코드를 추가하면 된다.

3.1 문자 메시지 핸들러

WM_*CHAR 메시지 핸들러의 형태는 다음과 같다. 두 번째와 세 번째 인자의 의미는 키 누름 메시지 핸들러와 동일하다. 대개는 첫 번째 인자인 nChar 값으로 어떤 문자가 입력되었는지 확인하고 이에 따라 처리하는 것으로 충분하다.

```
afx_msg void OnChar(UINT nChar, UINT nRepCnt, UINT nFlags);
                         ❶            ❷            ❸
afx_msg void OnSysChar(UINT nChar, UINT nRepCnt, UINT nFlags);
                            ❶            ❷            ❸
```

❶ **nChar** : 키에 해당하는 문자 코드값을 가진다.

참고 응용 프로그램을 컴파일하는 방식에 따라 ANSI 코드 혹은 유니코드 값을 가진다. 현재 비주얼 C++에서 응용 프로그램 생성 시 기본으로 유니코드를 지원하므로 nChar는 유니코드(UTF-16; 16비트 고정 길이) 값을 가진다.

❷ **nRepCnt** : 키를 계속 누르고 있으면 1보다 큰 값을 가질 수 있다.

❸ **nFlags** : 키와 관련된 부가적인 정보(스캔 코드, 확장 키 여부, ...)를 담고 있다. 상세 사항은 Visual Studio 설명서를 참조하기 바란다.

> **현장 팁** **숫자와 영문 알파벳 키 누름 메시지와 문자 메시지 처리**
>
> 숫자와 영문 알파벳에 대한 문자 코드값은 작은 따옴표를 붙여서 '0'과 'A'와 같이 표현한다. 키 누름 메시지를 처리할 때는 'A' 대신 'a'를 사용할 수 없다는 점에 주의해야 한다. 즉, 대문자만 사용할 수 있으며, 이는 키 누름 메시지로는 대소문자를 구분할 수 없음을 의미한다. 반면 문자 메시지는 입력된 문자를 문자 코드값으로 알려준다. 따라서 'A'와 'a'는 분명히 구분된다. 따라서 메모장처럼 문자를 처리하는 프로그램이라면 문자 메시지를 활용하고, 특수키 입력을 처리해야 한다면 키 누름 메시지를 활용하자.
>
> 참고 숫자와 영문 알파벳의 문자 코드값은 유니코드 여부와 관련 없이 모두 동일한 값이다. 즉, 'A'와 L'A', _T('A')는 모두 동일한 값이다.

실습 5-8 **문자 메시지 처리하기**

입력한 글자를 화면에 표시하는 프로그램을 만들어보자. 한국어와 영어를 모두 표시하되, Enter를 누르면 줄바꿈이 되고 Backspace를 누르면 한 글자씩 지워지게 할 것이다. 실행 결과는 다음과 같다.

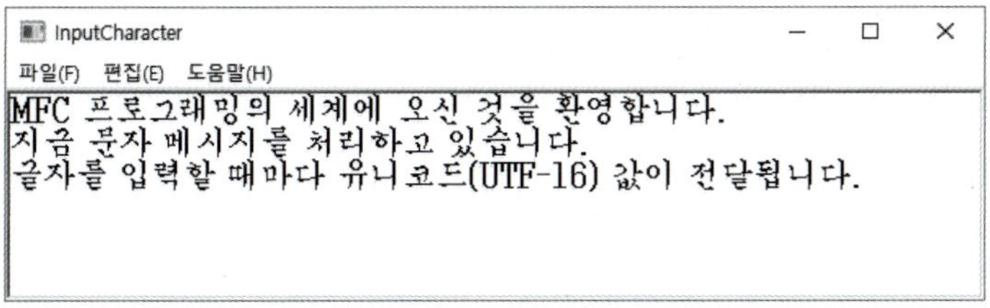

그림 5-21 실행 결과

1 응용 프로그램 마법사를 이용하여 InputCharacter 프로젝트를 만든다. 생성 옵션은 3장의 Simple 프로그램과 동일하다.

2 사용자가 입력한 글자들을 유지하기 위해 동적 배열을 사용한다. 2장에서 배운 CArray 클래스를 사용할 것이므로, ChildView.h 파일에 관련 헤더 파일(afxtempl.h)을 포함하고 배열 변수(m_str)를 선언한다.

```
#include <afxtempl.h>

class CChildView : public CWnd
{
// 생성입니다.
public:
    CChildView();
// 특성입니다.
public:
    CArray<TCHAR, TCHAR> m_str;
```

3 m_str에 저장된 글자들을 출력하는 코드를 CChildView::OnPaint() 함수에 작성한다.

```
void CChildView::OnPaint()
{
    CPaintDC dc(this);

    // 화면 출력용 폰트를 선택한다.
    CFont font;
    font.CreatePointFont(150, _T("궁서"));
    dc.SelectObject(&font);

    // 현재까지 입력된 글자들을 화면에 출력한다.
    CRect rect;
    GetClientRect(&rect);
    dc.DrawText(m_str.GetData(), m_str.GetSize(), &rect, DT_LEFT);
}
```

4 CChildView 클래스에 WM_CHAR 메시지 핸들러를 추가하고 다음 코드를 작성한다. 입력된 글자에 대한 처리가 끝나면 매번 CWnd::Invalidate() 함수를 호출하여 CChildView::OnPaint() 함수가 동작한다.

```
void CChildView::OnChar(UINT nChar, UINT nRepCnt, UINT nFlags)
{
    // [Backspace] 키 입력 시 맨 마지막 글자를 삭제한다.
    if (nChar == _T('\b')) {
        if(m_str.GetSize() > 0)
            m_str.RemoveAt(m_str.GetSize()-1);
    }
    // 그 밖의 경우에는 동적 배열에 글자를 추가한다.
    else{
        m_str.Add(nChar);
    }

    // 화면을 갱신한다.
    Invalidate();
}
```

요약

01 마우스 메시지

- 윈도우는 마우스와 관련된 모든 변화를 메시지 형태로 전달함으로써 응용 프로그램이 사용자 입력을 처리할 수 있게 한다.
- 일반적으로 마우스 메시지는 마우스 커서 밑에 있는 윈도우가 받는다.

02 마우스 메시지의 종류

클라이언트 영역 마우스 메시지와 비클라이언트 영역 마우스 메시지 두 종류가 있다.

03 마우스 캡처

마우스 캡처를 활용하면 마우스 커서의 위치에 관계없이 모든 마우스 메시지가 해당 윈도우에 전달된다.

04 마우스 커서 위치

마우스 커서 위치를 나타낼 때 클라이언트 영역 마우스 메시지에서는 클라이언트 좌표를, 비클라이언트 영역 마우스 메시지에서는 스크린 좌표를 사용한다.

05 키보드 메시지

- 윈도우는 키보드와 관련된 모든 이벤트를 마우스처럼 프로그램에 메시지 형태로 전달한다.
- 키보드 메시지는 항상 키보드 포커스를 가진 윈도우가 받는다.

06 키 누름 메시지

키를 누르거나 떼는 동작으로 발생하며 가상 키 코드값이 메시지와 함께 전달된다.

07 문자 메시지

문자를 발생시키는 키를 누르거나 떼는 동작으로 발생하며, 문자 코드값(ANSI 코드 혹은 유니코드 값)이 메시지와 함께 전달된다.

연습문제

01 **DrawCircles 예제를 윈도우가 크기 변경이나 최소화 상태에서 복원되어 다시 그려져도 타원이 모두 나타나도록 수정하시오. 단, 정보는 CList 클래스를 이용하여 보관한다.**

HINT CList<CRect, RECT&> 클래스, CChildView::OnPaint() 함수, 타원은 CDC::Ellipse() 함수 이용

02 **DrawCircles 예제를 수정하여, 마우스 왼쪽 버튼을 사용하면 빨간색, 마우스 오른쪽 버튼을 사용하면 파란색으로 원을 그리도록 수정하시오. 단, 마우스 오른쪽 버튼에도 마우스 캡처를 적용한다.**

HINT 색상 설정은 CPen 클래스와 CDC::SelectObject() 함수 이용

03 **DrawCircles 예제를 R 을 누르면 빨간색, G 를 누르면 초록색, B 를 누르면 파란색으로 원을 그리도록 수정하시오. 단, WM_KEYDOWN 메시지를 처리하여 색상 모드를 전환하고 기본 색은 빨간색으로 설정한다.**

HINT 색상 설정은 CPen 클래스와 CDC::SelectObject() 함수 이용

04 **DrawCircles 예제를 클릭한 마우스 왼쪽 버튼을 놓을 때 Shift 를 누른 상태이면 타원이 아닌 원을 그리도록 수정하시오. 단, 원을 그릴 영역에서 가로, 세로 길이 중 짧은 길이를 원 지름으로 하고, 마우스가 움직일 때 그렸던 타원은 지워야 한다.**

HINT Shift 가 눌린 상태는 ::GetKeyState() 함수와 VK_SHIFT 플래그 이용

05 **DrawCircles 예제를 클릭한 마우스 왼쪽 버튼을 놓을 때 Ctrl 을 누른 상태이면 파란색으로 채워진 타원을 그리도록 수정하시오.**

HINT Ctrl 이 눌린 상태는 ::GetKeyState() 함수와 VK_CONTROL 플래그 이용, 색상 설정은 CBrush 클래스와 CDC::SelectObject() 함수 이용

06 **DrawCircles 예제에 Delete 를 누르면 먼저 그려진 타원부터 하나씩 제거하는 기능을 구현하시오. 단, 윈도우가 크기 변경이나 최소화 상태에서 복원되어 다시 그려져도 타원은 사라지지 않고, 정보는 CList 클래스를 이용해 보관한다.**

HINT CList<CRect, RECT&> 클래스 이용, WM_KEYUP 메시지 처리

07 **DrawCircles 예제에 Insert 를 누르면 최종적으로 그려진 타원과 겹치지 않는 새로운 타원이 하나 추가되도록 구현하시오. 단, 윈도우가 크기 변경이나 최소화 상태에서 복원되어 다시 그려져도 타원은 사라지지 않고, 정보는 CList 클래스를 이용해 보관한다.**

HINT CList<CRect, RECT&> 클래스 이용, WM_KEYUP 메시지 처리

08 DrawCircles 예제를 마우스로 자유 곡선을 그리는 기능으로 수정하시오. 마우스 왼쪽 버튼을 누르고 드래그하면 마우스 커서 움직임에 따라 선이 그려지고, 눌렀던 버튼을 놓으면 선이 끝난다. 단, 자유 곡선은 하나만 그릴 수 있고, 윈도우가 크기 변경이나 최소화 상태에서 복원되어 다시 그려져도 곡선은 사라지지 않고, 정보는 CList 클래스를 이용해 보관한다.

HINT CList<CPoint, POINT&> 클래스 이용, 화면 일부 영역만 갱신은 CWnd::InvalidateRect() 함수 이용

09 DrawCircles 예제를 다음과 같이 수정하시오. 클라이언트 영역에 출력된 타원 크기가 'Ctrl + Space Bar +마우스 왼쪽 버튼 클릭'이면 단계적으로 확대하고, 'Alt + Space Bar +마우스 왼쪽 버튼 클릭'이면 단계적으로 축소한다. 단, 윈도우가 크기 변경이나 최소화 상태에서 복원되어 다시 그려져도 타원은 사라지지 않고, 정보는 CList 클래스를 이용해 보관한다.

HINT CList<CRect, RECT&> 클래스 이용, WM_KEYDOWN/UP 메시지와 WM_SYSKEYDOWN/UP 메시지 처리

10 DisableCloseButton 예제를 수정하여, 다음 그림처럼 타이틀바 〈종료〉 버튼에 마우스 커서를 가져가면 마우스 커서를 윈도우에서 기본으로 제공하는 금지 모양(IDC_NO)으로 변경하시오.

HINT WM_NCMOUSEMOVE 메시지 처리, CWinApp::LoadStandardCursor() 함수 이용

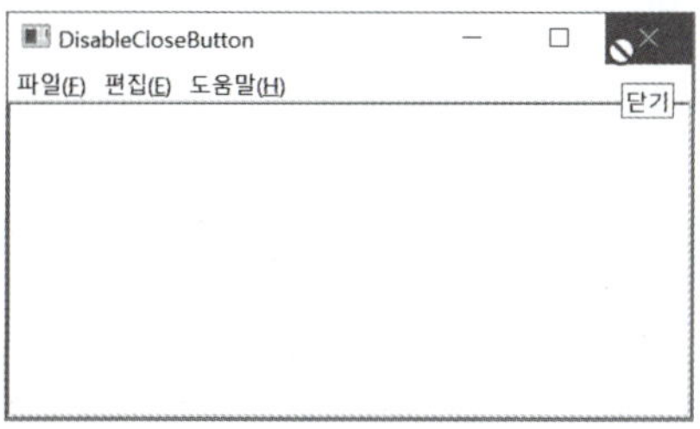

11 DisableCloseButton 예제를 타이틀바를 더블 클릭하면 윈도우가 최소화되도록 수정하시오..

HINT WM_ NCLBUTTONDBLCLK 메시지 처리, 윈도우 최소화는 CWnd::ShowWindow() 함수 이용

12 DisableCloseButton 예제를 수정하여, 타이틀바를 더블 클릭하면 다음 그림과 같이 '윈도우를 최대화하시겠습니까?'를 묻는 메시지 박스가 나타나도록 하시오. 여기서 〈확인〉 버튼을 클릭하면 보통대로 윈도우가 최대화되고 〈취소〉 버튼을 클릭하면 아무 변화도 없도록 하시오.

HINT WM_ NCLBUTTONDBLCLK 메시지 처리

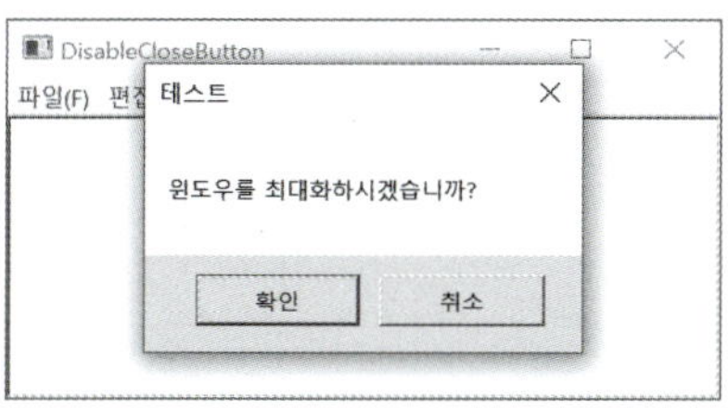

13 **ChangeCursor 예제를 마우스 커서가 클라이언트 영역에 진입하면 타원이 마우스 커서를 따라 다니도록 수정하시오.**

HINT WM_MOUSEMOVE 메시지 처리, 영역 보관은 CRect 클래스 이용

14 **ChangeCursor 예제를 수정하여, 마우스 커서가 타원 위에 올라갔을 때 다음 그림처럼 마우스 커서를 윈도우에서 기본으로 제공하는 손 모양(IDC_HAND)으로 변경하시오.**

HINT CWinApp::LoadStandardCursor() 함수 이용

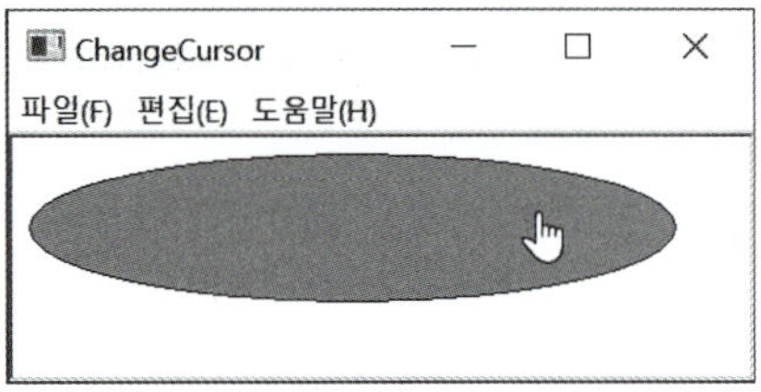

15 **ChangeCursor 예제를 수정하여, 마우스 커서가 타원 위에 올라갔을 때 마우스 왼쪽 버튼을 누르고 드래그 하면 타원이 이동하고 버튼을 놓으면 멈추도록 하시오.**

HINT 영역 점검은 CRgn::PtInRegion() 함수, 영역 이동은 CRect::OffsetRect() 함수 이용

16 **ChangeCursor 예제를 다음과 같이 수정하시오. 마우스 커서가 타원 위에 올라갔을 때 마우스 왼쪽 버튼을 누르면 점선으로 된 타원이 새롭게 그려진다. 이 타원은 마우스 드래그에 따라 이동하다가 버튼을 놓으면 이동을 끝낸다. 마우스 버튼을 놓을 때 Ctrl을 누른 상태면 복사를 수행하고, 그렇지 않은 상태에서는 이동을 수행한다. 단, 윈도우가 크기 변경이나 최소화 상태에서 복원되어 다시 그려져도 타원이 모두 나타나고, CList 클래스를 이용하여 정보를 보관한다. 또한 마우스 커서가 임의 타원 위에 올라갔을 때 마우스 커서 변경도 반영되어야 한다.**

HINT CList〈CRect, RECT&〉 클래스 이용, 영역 점검은 CRgn::PtInRegion() 함수, 영역 이동은 CRect::OffsetRect() 함수 이용, 화면 갱신은 CWnd::Invalidate() 함수 이용, Ctrl을 누른 상태 점검은 CChildView::OnLButtonUp() 함수 nFlags 인자와 MK_CONTROL 플래그 사용

17 **TrackMouse 예제를 수정하여, 마우스가 클라이언트 영역에 있으면 클라이언트 배경을 노란색으로 출력하고, 클라이언트 영역 밖에 있으면 흰색으로 출력하시오. 단, 윈도우 크기를 640x480으로 고정한다.**

HINT 클라이언트 배경 출력은 CChildView::OnPaint() 함수에서 CDC::FillSolidRect() 함수 이용, 화면 갱신은 CWnd::Invalidate() 함수 사용

18 TrackMouse 예제를 마우스 커서가 비클라이언트 영역에 있으면 640×480, 외부에 있으면 1020×768 크기로 조절하도록 수정하시오.

HINT 비클라이언트 영역 처리는 CMainFrame 클래스에 구현하고, WM_NCMOUSEMOVE와 WM_NCMOUSELEAVE 메시지를 처리, TME_LEAVE 플래그와 TME_NONCLIENT 플래그 함께 사용

19 ShowCaret 예제를 수정하여 방향키(↑, ↓, ←, →)를 사용하여 캐럿이 상하좌우로 이동할 수 있도록 수정하시오. 단, 클라이언트 영역 안에서만 이동을 할 수 있도록 하되 캐럿 크기가 20임을 감안한다. 아울러 포커스를 잃었다가 다시 가질 때도 캐럿 본래 위치를 유지하도록 한다.

HINT 방향키 입력은 WM_KEYDOWN 메시지 처리, 캐럿 위치 갱신은 CWnd::SetCaretPos() 함수, 클라이언트 영역은 CWnd::GetClientRect() 함수 사용

20 InputKeyStroke 예제를 Ctrl을 누른 상태로 방향키를 누르면 도형이 2배 느리게 이동하도록 수정하시오.

HINT Ctrl이 눌린 상태는 ::GetKeyState() 함수와 VK_CONTROL 플래그 사용

21 InputKeyStroke 예제를 Shift를 누른 상태로 방향키를 누르면 도형이 방향키와 반대 방향으로 이동하도록 수정하시오.

HINT Shift가 눌린 상태는 ::GetKeyState() 함수와 VK_SHIFT 플래그 사용

22 InputKeyStroke 예제를 수정하여, 방향키를 눌러 도형이 이동한 중심 궤적을 화면에 회색 점선(PS_DOT, RGB(128, 128, 128))으로 출력하시오. 단, 윈도우가 크기 변경이나 최소화 상태에서 복원되어 다시 그려져도 점선은 모두 나타나고, CList 클래스를 이용하여 정보를 보관한다. 아울러 보관한 궤적은 Space를 누를 때마다 초기화된다.

HINT CList〈CPoint, POINT&〉 클래스 이용, 선 출력은 CDC::MoveTo() 함수와 CDC::LineTo() 함수 사용

23 InputCharacter 예제를 수정하여 TAB을 입력할 때 공백이 4칸 입력되도록 수정하시오. 단, Backspace를 누르면 공백 4칸은 한꺼번에 삭제되도록 한다.

HINT TAB 입력은 WM_CHAR 메시지 처리, 뒤쪽에서 문자열 삭제 처리는 CArray::SetSize() 함수 이용, 문자열 비교는 CString 클래스 = 연산자 활용

24 InputCharacter 예제를 클라이언트 영역에 글자를 입력하는 부분에 캐럿을 표시하도록 수정하시오. 단, 글자는 한 줄만 입력할 수 있고, 글자를 입력할 때마다 캐럿이 따라간다.

HINT WM_SETFOCUS와 WM_KILLFOCUS 메시지 처리, 캐럿 생성은 CWnd::CreateSolidCaret() 함수, 캐럿 소멸은 ::DestroyCaret() 함수, 캐럿 표시는 CWnd::ShowCaret()와 CWnd::HideCaret() 함수, 글자 출력은 CDC::DrawText() 함수, 한 줄 입력은 DT_SINGLELINE 플래그, 영역 검사는 DT_CALCRECT 플래그 이용

현장의 목소리

스파이Spy++ 활용

비주얼 C++에서 제공하는 스파이Spy++는 윈도우 운영체제에 현재 생성되어 있는 윈도우를 모두 나열하고 각 윈도우 정보와 메시지까지 확인할 수 있는 유틸리티이다. 특히, 윈도우 프로그래밍에서는 윈도우 배치나 활성화 여부, 윈도우 간 메시지 흐름 확인이 중요한 작업이므로 스파이는 필수 유틸리티라 할 수 있다.

스파이는 비주얼 C++에서 [도구(T)]-[Spy++(+)] 메뉴를 선택하여 실행한다. 스파이를 실행하면 기본적으로 윈도우 창이 하나 열리면서 윈도우 운영체제에 존재하는 모든 윈도우 정보를 표시한다(윈도우 창을 추가로 열고 싶으면 [감시(S)]-[창(W)] 메뉴를 선택한다).

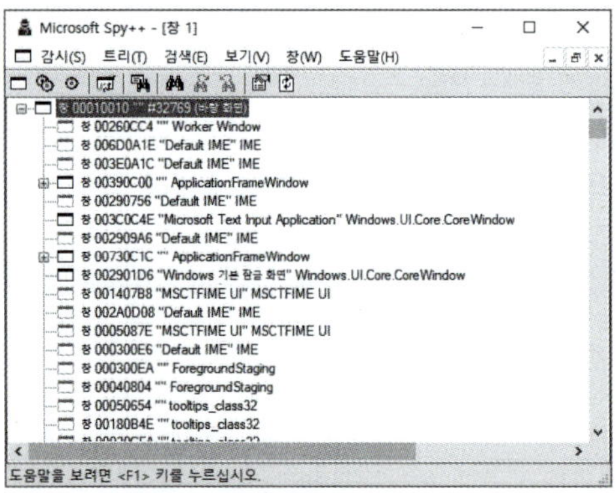

▲ 스파이를 통한 윈도우 목록 확인

각 트리 항목은 윈도우를, 트리 항목별 수준Level은 윈도우 간 수직적 상관 관계를 의미한다. 가장 높은 수준에 있는 윈도우는 바탕화면으로 최하위(바닥)에 위치하고 그 위로 다음으로 낮은 수준 윈도우가 차례대로 위로 쌓이는 구조이다.

스파이가 열거한 윈도우 목록에서 비주얼 C++ 윈도우를 찾아보자. [검색(E)]-[창 찾기(F)...] 메뉴를 선택(또는 를 클릭)하면 [창 검색] 대화 상자가 나타난다. 여기서 (찾기 도구) 아이콘을 비주얼 C++ 윈도우에 드래그하고 〈확인〉 버튼을 누르면 다음 중간 그림같이 비주얼 C++ 윈도우 항목으로 이동한다(해당 항목에서 마우스 오른쪽 버튼 클릭 후 팝업 메뉴에서 [강조] 메뉴를 선택하면 해당 윈도우 테두리가 깜박인다).

참고 비주얼 C++ 윈도우 항목은 하위 윈도우 항목이 보이지 않는다. 반면 스파이 윈도우를 검색해 보면 하위 윈도우 항목이 모두 보인다. 그 이유는 스파이 프로그램은 우리가 배우고 있는 윈도우 프로그래밍으로 개발된 반면, 비주얼 C++은 닷넷 3.5 이후에서 지원하는 WPFWindows Presentation Foundation로 개발되었기 때문이다.

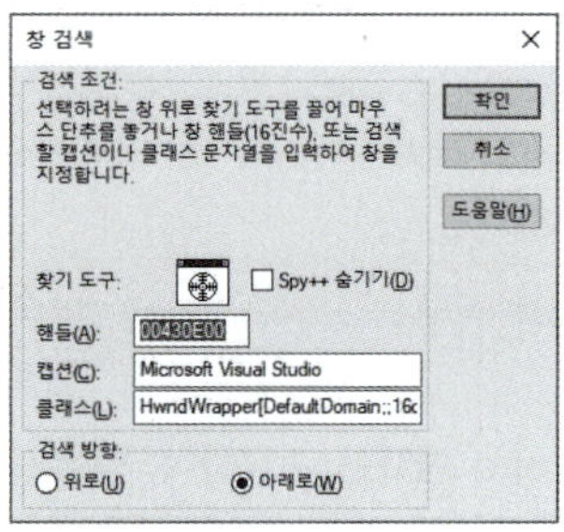

▲ 윈도우 검색

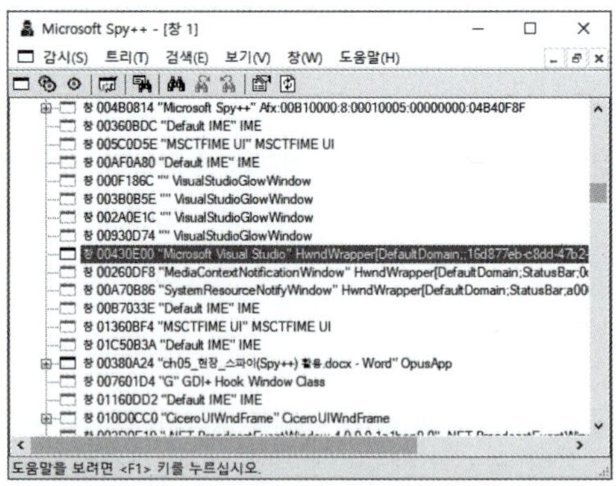

▲ 스파이 목록 내 검색된 윈도우 항목

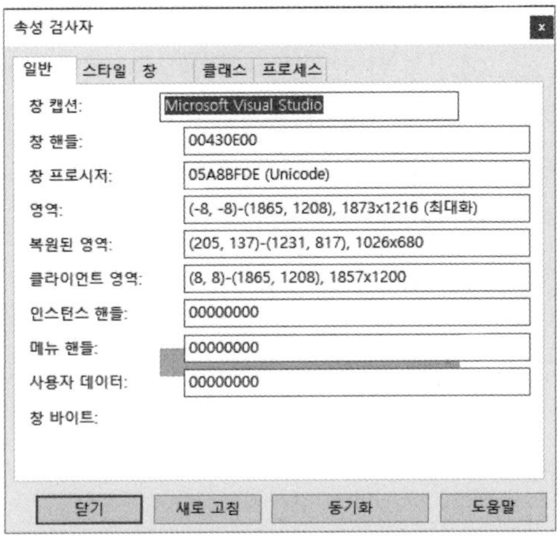

▲ 윈도우 관련 정보 확인

트리 항목 위에서 마우스 오른쪽 버튼 클릭 후 나타나는 팝업 메뉴에서 [속성...] 메뉴를 선택한다. 그러면 탭이 다섯 개인 [속성 검사자] 대화 상자가 나타난다. [일반] 탭은 '창 핸들' 항목을 통해 HWND를, '인스턴스 핸들' 항목을 통해 HINSTANCE를 확인할 수 있다. [스타일] 탭에서 '창 스타일'과 '확장 스타일'을, [창] 탭에서 현재 윈도우와 연관 관계가 있는 윈도우 정보를, [클래스] 탭에서 WNDCLASS에 대한 정보를 얻을 수 있다. [프로세스] 탭에서는 현재 윈도우의 '프로세스 ID'와 '스레드 ID'를 확인할 수 있다. 이렇게 나타나는 스타일, 윈도우 정보, 윈도우 클래스 정보, 프로세스 정보는 모두 API 함수를 통해 얻을 수 있다. Visual Studio 설명서에 제시된 API 함수와 스파이가 제공하는 정보를 맞춰보면 윈도우 운영체제를 더 잘 이해할 수 있다.

이제 특정 윈도우에서 발생하는 윈도우 메시지를 확인하는 방법을 살펴보자. 스파이 윈도우 창에서 마우스 오른쪽 버튼 클릭 후 팝업 메뉴에서 [메시지] 메뉴를 선택하여 메시지 모니터링을 가동시킬 수 있으나 이것은 모든 메시지를 모니터링하므로 특정 메시지만 보고 싶을 때는 적절하지 않다. 그래서 보통 [메시지 옵션] 대화 상자를 사용한다([감시(S)]-[로그 메시지(M)...] 메뉴 선택). '선택한 개체' 항목에 현재 지정한 윈도우가 표시된다(변경하고 싶으면 윈도우 검색할 때처럼 ⊕(찾기 도구)를 사용해 특정 윈도우를 지정할 수 있다). 메시지를 모니터링할 대상 윈도우를 지정했으면, [메시지] 탭에서 모니터링 대상 메시지를 선택할 수 있다. 예를 들어, 오른쪽 화면처럼 마우스 관련 메시지를 선택하고 〈OK〉 버튼을 클릭하면, 비주얼 C++ 윈도우 위에서 마우스를 움직이거나 클릭하면 관련 메시지가 모두 모니터링된다.

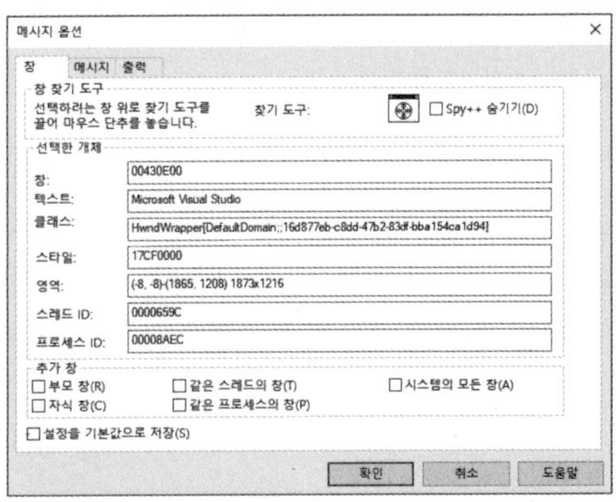

▲ 메시지를 모니터링할 대상 윈도우 지정

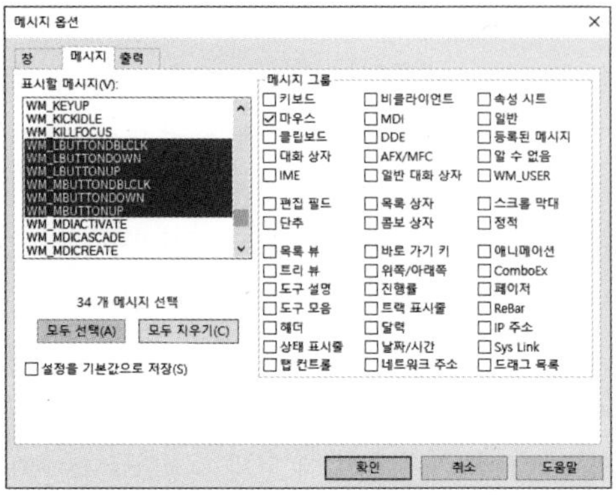

▲ 모니터링할 메시지 선택

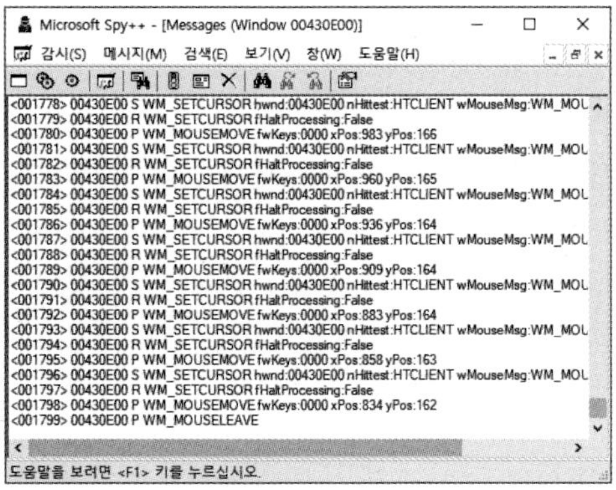

▲ 메시지 모니터링 모습

메시지가 발생하는 빈도와 형태를 직접 확인하는 것은 효율적으로 프로그래밍하는 데 도움이 된다. 예를 들어 WM_MOUSEMOVE와 같이 빈번히 발생하는 메시지 핸들러에 계산을 많이 하는 루틴을 넣으면 전체 시스템 성능을 저하시킬 수 있다. 앞서 학습한 키보드, 마우스를 비롯한 다양한 메시지를 직접 확인해 보자.

스파이를 사용하는 목적은 일차적으로 윈도우 프로그래밍을 할 때 윈도우 관련 사항을 확인하기 위함이지만, 윈도우 동작 원리를 빠르게 이해할 수 있다는 장점도 있다. 또한 스파이도 윈도우 응용 프로그램이므로 스파이가 구현하고 있는 부분은 모두 윈도우 응용 프로그램으로 구현이 가능하고, 각 기능에 해당하는 API 또한 존재한다. 따라서 스파이를 활용함으로써 관련 API 기능과 특성에 대해 간접적으로 배울 수 있는 기회가 제공된다.

CHAPTER 06

사용자 인터페이스

학습 목표

- 메뉴 명령을 처리하고 메뉴 항목을 적절하게 갱신하는 기법을 익힌다.
- 컨텍스트 메뉴와 시스템 메뉴를 다루는 방법을 익힌다.
- 툴바를 생성하고 사용하는 방법을 익힌다.
- 상태바를 생성하고 사용하는 방법을 익힌다.

01 메뉴

메뉴Menu란 응용 프로그램에서 선택할 수 있는 명령의 집합으로, 계층 구조로 이루어진 사용자 인터페이스 요소이다. 도스와 달리 윈도우에서는 메뉴를 생성하고 처리하는 작업을 운영체제 차원에서 지원하며 메뉴의 종류와 관련 용어가 다양하다.

❶ 메뉴 기초

메뉴 관련 용어부터 간단히 정리하면 다음과 같다.

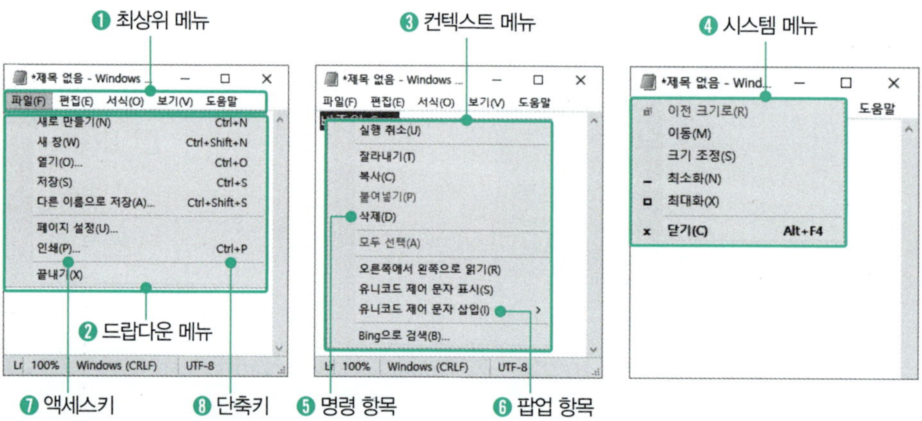

그림 6-1 메뉴 관련 용어

- **최상위Top-Level 메뉴 = 메뉴바 → ❶**

  타이틀바 아래쪽에 위치하며, 일반적으로 메뉴라고 할 때는 최상위 메뉴를 가리킨다.

- **드랍다운Drop-Down 메뉴 → ❷**

  최상위 메뉴를 선택하면 펼쳐지는 메뉴로, 사용자가 특정 항목을 선택하거나 취소하기 전까지 계속 열린 채로 유지된다.

- **컨텍스트Context 메뉴 = 단축 메뉴 → ❸**

  마우스 오른쪽 버튼을 클릭하면 열리는 메뉴로, 마우스 커서의 위치 또는 현재 작업하고 있는 내용에 따라 서로 다른 항목이 표시된다.

■ **팝업**Pop-Up **메뉴 → ❷, ❸**

사용자 행위의 결과로 메뉴가 튀어나온다Pop Up는 뜻으로 만든 용어이다. 드랍다운 메뉴와 컨텍스트 메뉴가 여기에 속한다.

■ **시스템 메뉴 = 윈도우 메뉴 = 컨트롤 메뉴 → ❹**

타이틀바 왼쪽에 있는 아이콘을 클릭하면 펼쳐지는 메뉴로, 윈도우를 조작하는 항목이 기본으로 들어 있다.

■ **메뉴 항목**Menu Item **→ ❺, ❻**

메뉴에 표시된 문자열 또는 비트맵으로, 선택 시 곧바로 명령을 수행하거나 하위 메뉴Submenu를 표시한다. 메뉴 항목은 기능에 따라 [표 6-1]과 같이 두 종류로 구분한다.

표 6-1 메뉴 항목의 종류

용어	의미
명령 항목(❺)	• 명령을 수행하는 메뉴 항목 • 선택 시 WM_COMMAND 메시지 발생
팝업 항목(❻)	• 하위 메뉴를 표시하는 메뉴 항목 • 선택 시 WM_COMMAND 메시지 발생하지 않음

■ **액세스키와 단축키 → ❼, ❽**

액세스키Access Key는 ❼의 'P'처럼 메뉴가 열린 상태에서 특정 항목을 키보드로 빠르게 선택할 수 있게 해준다. 반면 단축키Shortcut Key는 ❽의 'Ctrl+P'처럼 메뉴가 열리지 않은 상태에서도 키 조합으로 메뉴 항목의 기능을 곧바로 실행할 수 있게 만든 것이다. 단축키는 가속기Accelerator 또는 Accelerator Key라고도 부른다.

실습 6-1 **MFC 응용 프로그램 생성하기(메뉴, 툴바, 상태바)**

MFC가 제공하는 메뉴, 툴바, 상태바의 형태와 동작을 살펴보기 위해 Simple2라는 간단한 프로그램을 작성해보자. 이 장의 모든 예제는 Simple2와 동일한 옵션으로 생성한 프로젝트에 기능을 추가하여 작성할 것이다. Simple2 프로그램은 3장에서 만든 Simple 프로그램에 툴바와 상태바 기능을 추가하여 생성한다.

1 비주얼 스튜디오를 실행한 후 [파일]-[새로 만들기]-[프로젝트...] 메뉴를 선택하여 [새 프로젝트 만들기] 대화 상자를 연다. 프로젝트 종류 중 'MFC 앱'을 선택하고 〈다음〉을 클릭한다.

참고 비주얼 스튜디오 2019 이전 버전을 사용할 경우 ❶~❷단계를 다음과 같이 진행한다. VS2017에서는 [새 프로젝트] 대화 상자에서 [Visual C++]-[MFC/ATL]-[MFC 앱]을 선택한 상태에서 프로젝트 '이름'과 '위치'를 지정하고 '솔루션용 디렉터리 만들기'를 끈 후 〈확인〉을 클릭한다. VS2015에서는 [새 프로젝트] 대화 상자에서 [템플릿]-[Visual C++]-[MFC 응용 프로그램]을 선택한 상태에서 프로젝트 '이름'과 '위치'를 지정하고 '솔루션용 디렉터리 만들기'를 끈 후 〈확인〉-〈다음〉을 차례로 클릭한다.

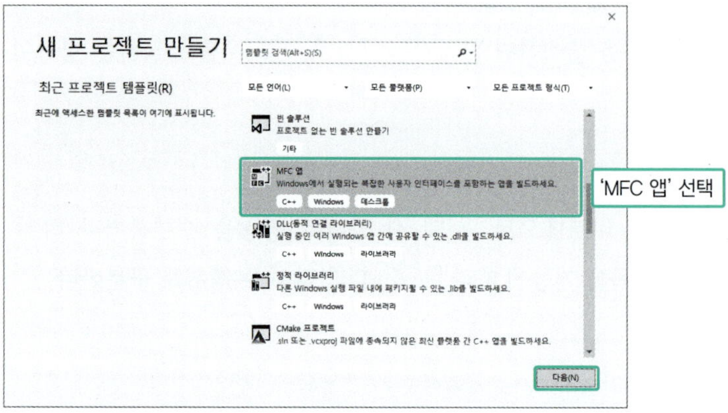

그림 6-2 프로젝트 종류 선택

❷ 프로젝트 이름으로 "Simple2"를 입력한다. '위치'는 프로젝트가 생성될 위치를 나타내는데, 오른쪽에 있는 〈...〉을 클릭하면 원하는 폴더를 선택할 수 있다. '솔루션 및 프로젝트를 같은 디렉터리에 배치' 옵션을 체크하고 〈만들기〉를 클릭한다.

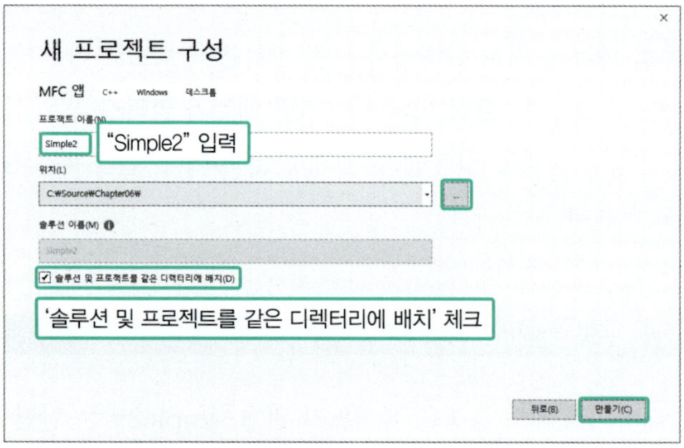

그림 6-3 프로젝트 이름과 위치 지정

❸ 단계별로 변경할 사항은 [표 6-2]와 같다. 사용자 인터페이스 기능으로 툴바와 상태바를 선택하는 것을 제외하면 3장의 Simple 프로그램과 동일하다.

표 6-2 응용 프로그램 마법사 단계별 변경 사항

단계	변경 사항
애플리케이션 종류	애플리케이션 종류로 '단일 문서' 선택 '문서/뷰 아키텍처 지원' 체크 해제

문서 템플릿 속성	변경 없음 – 모든 기능 비활성화되어 있음
사용자 인터페이스 기능	변경 없음 – '초기 상태 표시줄'과 '클래식 도킹 도구 모음 사용' 선택되어 있음
고급 기능	모든 옵션 해제

4 실행 결과는 [그림 6-4]와 같다. 최상위 메뉴 아래쪽에 툴바가 있고 맨 아래쪽에 상태바가 있다. 툴바를 마우스로 드래그하여 따로 떼거나 프레임 윈도우의 왼쪽/오른쪽/아래쪽에 붙일 수도 있다. 메뉴 항목이나 툴바에 마우스 커서를 가져가면 상태바에 도움말이 표시되고, 툴바에는 조그만 직사각형 도움말인 툴팁(Tooltip, 풍선 도움말)이 나타난다. [보기] 메뉴를 이용하면 툴바나 상태바를 숨길 수도 있다.

그림 6-4 실행 결과

2 메뉴 생성

윈도우 응용 프로그램에서 메뉴를 생성하는 방법은 크게 두 가지로 나눌 수 있다.

① **리소스를 이용한 메뉴 생성** : 메뉴 리소스를 정의하여 실행 파일에 포함시킨 후 프로그램 실행 중에 로드하여 사용한다.

② **코드를 이용한 메뉴 생성** : 코드를 실행하여 메뉴를 생성한 후 윈도우에 붙여서 사용한다.

방법 ①은 쉽기 때문에 많이 이용하므로 꼭 알아두어야 하며, 방법 ②도 사용 빈도는 상대적으로 낮지만 활용 가치가 있으므로 익혀두는 것이 좋다. 일반적으로 방법 ①로 메뉴를 생성하여 사용하고, 프로그램 실행 중에 메뉴를 수정하거나 추가할 때는 방법 ②를 적용한다.

2.1 리소스를 이용한 메뉴 생성

비주얼 스튜디오에서 [프로젝트]-[리소스 추가...] 메뉴를 선택하면 메뉴 리소스를 프로젝트에 추가할 수 있다. 메뉴 리소스를 여러 개 만들어두면 프로그램 실행 중 상황에 따라 선택하여 로드할 수도 있다.

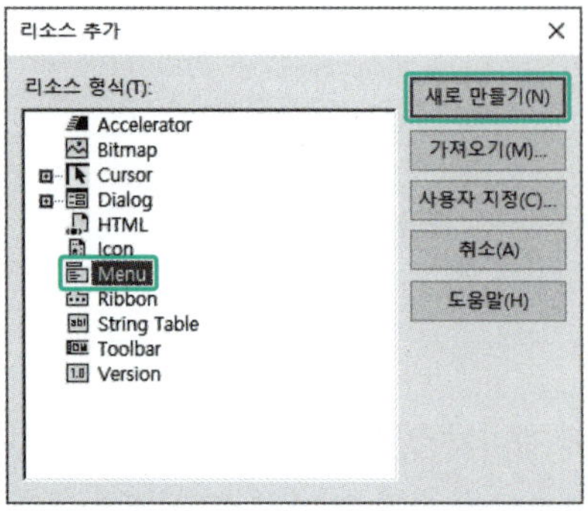

그림 6-5 메뉴 리소스 추가

앞에서 만든 Simple2 프로젝트를 살펴보자. [그림 6-6]과 같이 ID가 IDR_MAINFRAME인 메뉴 리소스가 자동으로 추가되어 있다.

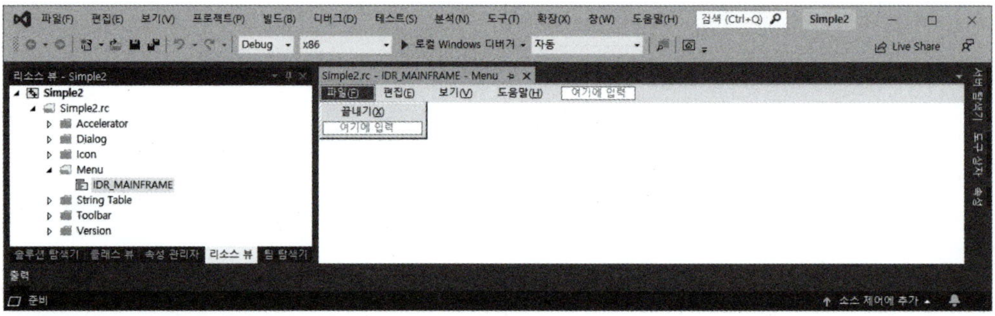

그림 6-6 메뉴 리소스

또한 CSimple2App::InitInstance() 함수에는 IDR_MAINFRAME 리소스를 로드하는 코드가 포함되어 있다.

```
BOOL CSimple2App::InitInstance()
{
    ...
    CFrameWnd* pFrame = new CMainFrame;
    if (!pFrame)
        return FALSE;
    m_pMainWnd = pFrame;

    pFrame->LoadFrame(IDR_MAINFRAME,
        WS_OVERLAPPEDWINDOW | FWS_ADDTOTITLE, nullptr,
        nullptr);

    pFrame->ShowWindow(SW_SHOW);
```

```
    pFrame->UpdateWindow();
    return TRUE;
}
```

CFrameWnd::LoadFrame() 함수는 프레임 윈도우를 생성한 후 프레임 윈도우와 프레임 윈도우 객체를 연결하는 역할을 한다. 이때 IDR_MAINFRAME 값을 이용하여 동일한 이름의 리소스(메뉴, 아이콘, 가속기, 문자열)를 로드한다.

응용 프로그램 마법사를 이용하여 프로그램을 생성하면 이와 같이 기본 메뉴 리소스와 필요한 코드가 자동으로 생성되므로 메뉴 리소스를 변경하거나 추가하는 방법만 익히면 된다.

[그림 6-7]은 메뉴 리소스를 편집하는 모습을 보여준다. 기존 메뉴 항목을 더블 클릭하면 각 항목의 속성을 설정할 수 있고, '여기에 입력' 부분을 클릭해서 입력하면 새로운 항목을 추가할 수도 있다.

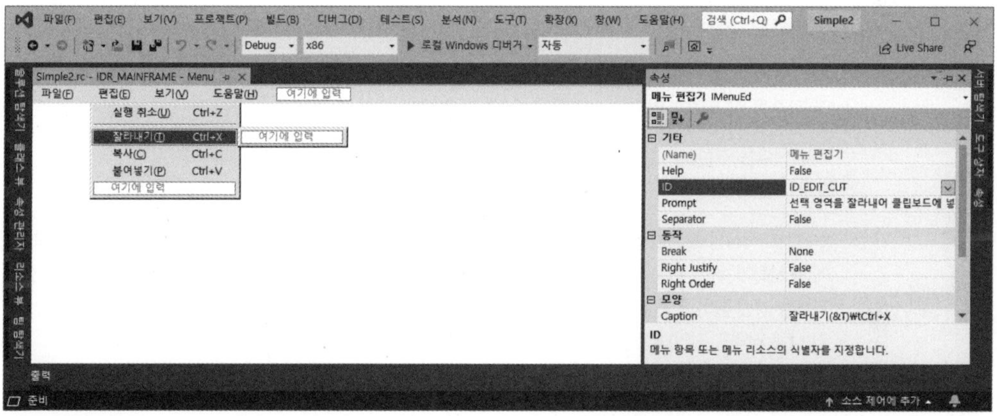

(a) 메뉴 항목

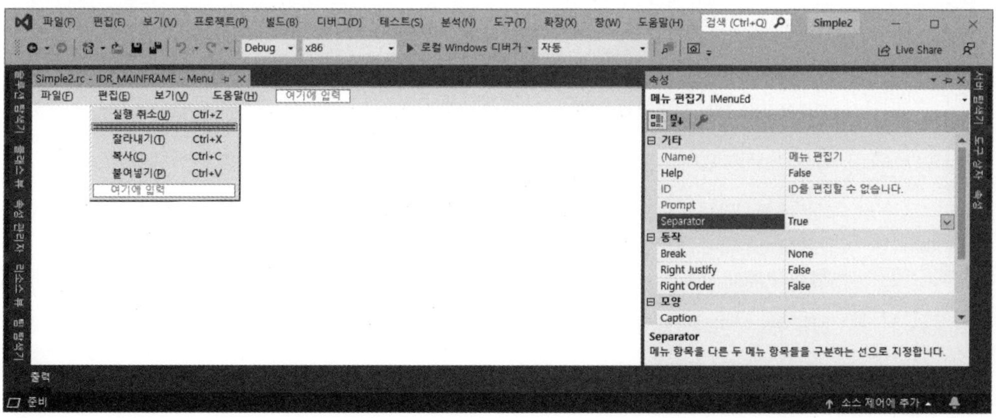

(b) 분리자

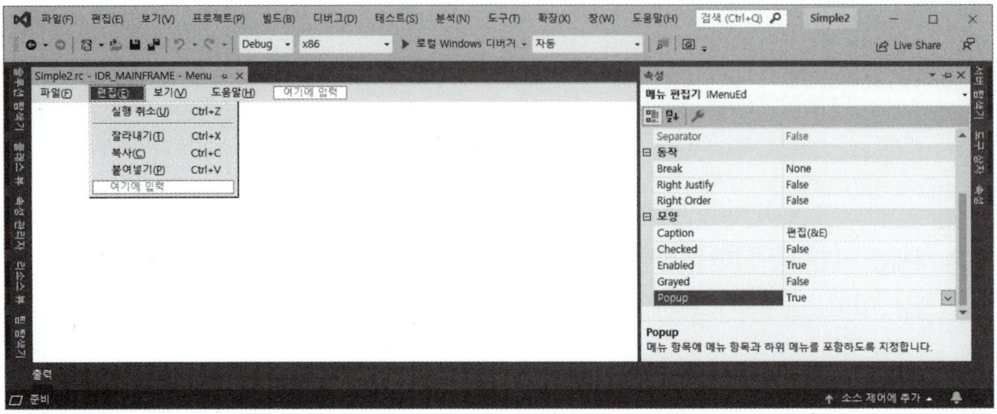

(c) 최상위 메뉴

그림 6-7 메뉴 리소스 편집

메뉴 항목의 속성을 정리하면 다음과 같다.

표 6-3 메뉴 항목 속성

속성	의미
Help	최상위 메뉴 항목에만 설정할 수 있다. 이 속성을 설정하면 윈도우의 오른쪽 끝에 메뉴 항목이 표시된다. 요즘은 잘 쓰이지 않으나 과거에 Help 메뉴 항목에 주로 설정했다.
ID	메뉴 항목을 구분하는 번호이다. 일반적으로 ID_메뉴이름_항목이름 형태로 만든다. 예 ID_EDIT_CUT
Prompt	MFC로 작성한 프로그램에서만 사용할 수 있다. 현재 선택된 메뉴 항목에 관한 설명을 상태바나 툴바에 표시하기 위한 속성이다. '\n'을 기준으로 앞쪽 문자열은 상태바에 표시되고, 뒤쪽 문자열은 동일한 기능을 가진 툴바 항목 위에 툴팁(Tooltip)으로 표시된다. 예 선택 영역을 잘라내어 클립보드에 넣습니다.\n잘라내기
Separator	메뉴 항목을 구분하는 가로줄이 표시된다.
Break	일반적으로 메뉴 항목은 하나의 열(Column)에 표시되지만 항목 수가 많으면 두 개 이상의 열에 표시되게 할 수 있다. Break 속성으로 Column 또는 Bar를 선택하면 다음 열에 메뉴 항목이 표시된다. Column과 Bar 속성은 기본적으로 기능이 같지만 Bar 속성을 선택하면 열 구분선(세로줄)이 보인다는 차이가 있다.
Right Justify	Help 속성과 기능이 동일하다. 최상위 메뉴 항목에만 설정할 수 있으며, 이 속성을 설정하면 윈도우의 오른쪽 끝에 메뉴 항목이 표시된다.
Right Order	Caption 문자열이 오른쪽에서 왼쪽 방향으로 표시된다. 아랍어나 히브리어를 위한 기능이다.
Caption	화면에 표시되는 문자열이다. 액세스키를 지정하려면 해당 문자 앞에 '&' 기호를 사용한다. 단축키는 '\t' 기호를 삽입하여 단축키를 나타내는 문자열이 탭 위치에 정렬되게 하는 것이 좋다. 예 잘라내기(&T)\tCtrl+X
Checked	메뉴 항목의 왼쪽에 체크 표시를 한다.
Enabled	이 값이 False이면 메뉴 항목이 표시되지만 사용하지는 못한다.
Grayed	메뉴 항목이 흐리게 표시되어 현재 사용할 수 없음을 나타낸다.
Pop-up	이 속성을 설정하면 명령 항목이 아닌 팝업 항목이 된다(즉, 항목 선택 시 하위 메뉴가 펼쳐진다). 최상위 메뉴 항목은 대개 Pop-up 속성을 가진다.

실습 6-2 리소스를 이용하여 메뉴 만들기

메뉴 리소스를 이용하여 새로운 메뉴를 추가하는 연습을 해보자. 실행 화면을 미리 확인하고 싶다면 [그림 6-11]을 참고하기 바란다.

1 응용 프로그램 마법사를 이용하여 MenuDesign 프로젝트를 만든다. 생성 옵션은 Simple2 프로그램과 동일하다.

2 '리소스 뷰'로 전환하여 IDR_MAINFRAME 메뉴 리소스를 연다. '도움말' 메뉴 오른쪽에 '테스트(&T)'를 입력하여 메뉴를 추가하고, 표를 참고하여 각 메뉴 항목의 속성을 설정한다.

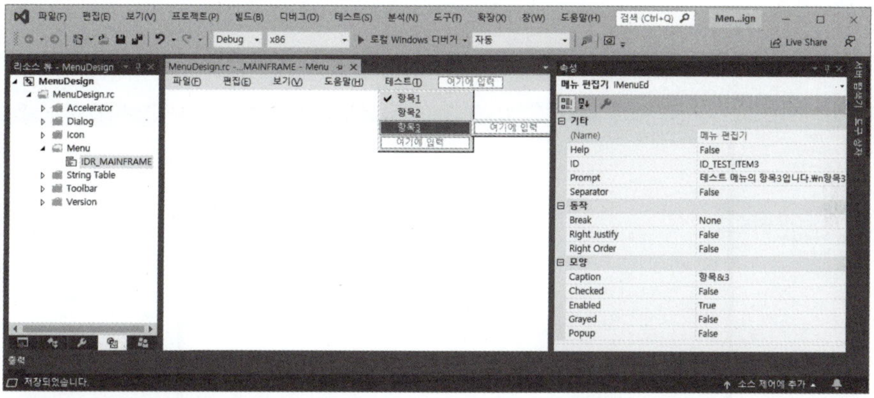

Caption	ID	나머지 속성
테스트(&T)	없음	변경 없음
항목&1	ID_TEST_ITEM1	Checked 속성 True로 변경
항목&2	없음	Pop-up 속성 True로 변경
항목&3	ID_TEST_ITEM3	Prompt 속성에 '테스트 메뉴의 항목3입니다.\n항목3' 입력

그림 6-8 '테스트' 메뉴 추가와 속성 설정

3 '항목2'에 하위 메뉴를 만들고, 표를 참고하여 각 메뉴 항목의 속성을 설정한다.

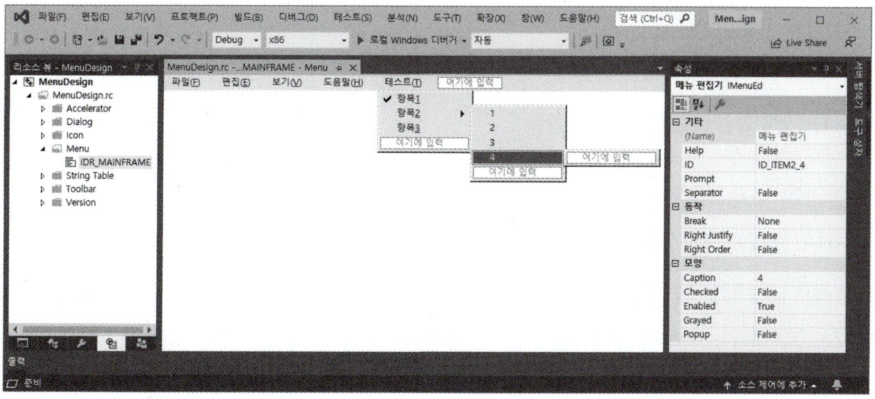

Caption	ID	나머지 속성
1	ID_ITEM2_1	변경 없음
2	ID_ITEM2_2	변경 없음
3	ID_ITEM2_3	변경 없음
4	ID_ITEM2_4	변경 없음

그림 6-9 '항목2'의 하위 메뉴 추가와 속성 설정

4 '테스트' 메뉴 오른쪽에 '수학 함수(&M)'을 입력하여 메뉴를 추가하고, 표를 참고하여 속성을 설정한다.

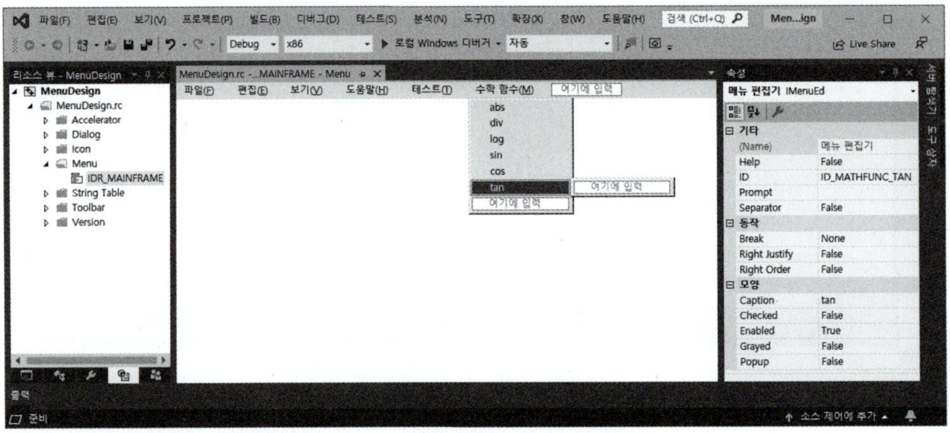

Caption	ID	나머지 속성
수학 함수(&M)	없음	변경 없음
abs	ID_MATHFUNC_ABS	변경 없음
div	ID_MATHFUNC_DIV	변경 없음
log	ID_MATHFUNC_LOG	변경 없음
sin	ID_MATHFUNC_SIN	Break: Bar 선택
cos	ID_MATHFUNC_COS	변경 없음
tan	ID_MATHFUNC_TAN	변경 없음

그림 6-10 '수학 함수' 메뉴 추가와 속성 설정

5 실행 결과는 다음과 같다. MFC 응용 프로그램에서는 메뉴를 선택했을 때의 동작을 코딩하지 않으면 그림과 같이 메뉴 항목이 흐리게 표시된다. '항목1'은 체크 표시가 되어 있고, '항목2'는 팝업 속성을 주었으므로 선택하면 하위 메뉴가 열린다. '항목3'은 Prompt 속성을 주었으므로 마우스 커서를 가져가면 상태바에 도움말이 표시될 것이다. 수학 함수 중

'sin' 항목에는 Break 속성을 지정했으므로 이후의 모든 메뉴 항목('sin'도 포함)이 새로운 열에 표시된다.

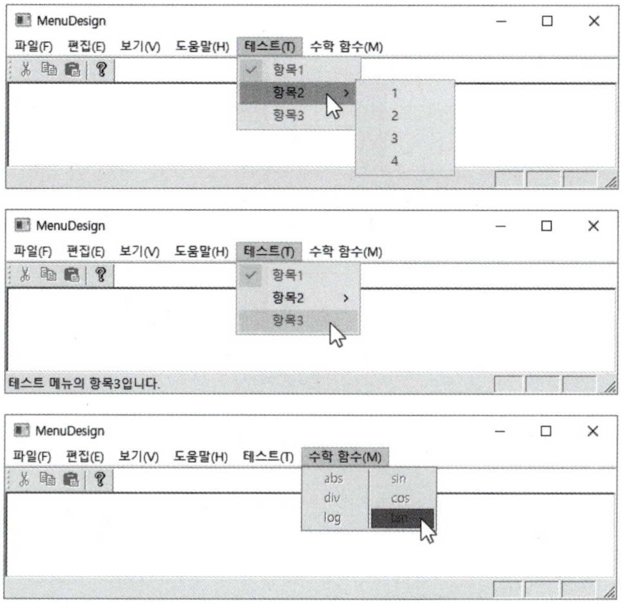

그림 6-11 실행 결과

2.2 코드를 이용한 메뉴 생성

MFC는 다양한 메뉴의 기능을 C++ 코드로 제어할 수 있도록 CMenu 클래스를 제공한다. 또한 독립된 CCmdUI 클래스를 이용하여 메뉴와 툴바 및 상태바에 필요한 일부 기능을 지원한다.

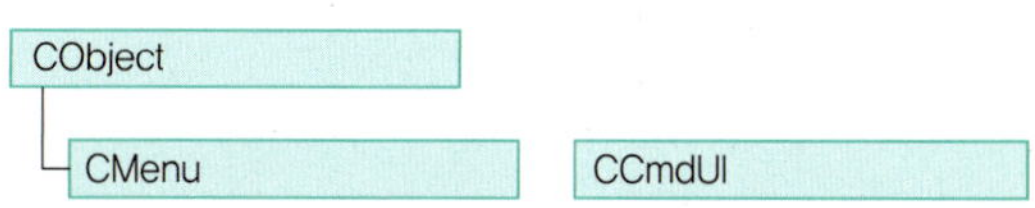

그림 6-12 MFC 클래스 계층도

CMenu 클래스를 이용하면 프로그램 실행 중에 메뉴 전체를 생성할 수 있다. 하지만 메뉴 리소스를 이용하는 방법보다 불편하므로 메뉴 전체를 만들기보다는 기존 메뉴를 수정할 때 사용하는 것이 좋다. 여기서는 메뉴 전체를 만드는 방법을 먼저 소개하고, 이어서 기존 메뉴에 새로운 메뉴 항목을 추가하는 방법을 살펴본다.

- **메뉴 전체를 만드는 방법**

[그림 6-13]은 최상위 메뉴에 '색상' 메뉴 하나만 존재하고, 이 메뉴를 열면 세 개의 색상 중 하나를 선택할 수 있는 프로그램이다. Simple2 프로그램에 코드를 추가하여 이와 같은 메뉴를 만드는 방법을 살펴보자.

그림 6-13 실행 화면

최상위 메뉴는 대개 프레임 윈도우에 붙어 있으므로 메뉴 생성 코드를 프레임 윈도우 클래스에 작성하기로 한다. 윈도우가 생성될 때 메뉴를 만드는 것이 자연스러우므로 WM_CREATE 메시지를 처리하는 OnCreate() 함수에 코드를 추가한다. Simple2 프로그램의 CMainFrame::OnCreate() 함수에 다음 코드를 작성한 후 실행하면 [그림 6-13]과 같은 결과를 확인할 수 있다.

```
int CMainFrame::OnCreate(LPCREATESTRUCT lpCreateStruct)
{
    ...
    CMenu menuMain; // 메뉴 객체 생성
    menuMain.CreateMenu(); // 최상위 메뉴 생성

    CMenu menuPopup; // 메뉴 객체 생성
    menuPopup.CreatePopupMenu(); // 팝업 메뉴 생성

    // 팝업 메뉴에 메뉴 항목 세 개 추가
    menuPopup.AppendMenu(MF_STRING, 201, _T("빨간색(&R)"));
    menuPopup.AppendMenu(MF_STRING, 202, _T("초록색(&G)"));
    menuPopup.AppendMenu(MF_STRING, 203, _T("파란색(&B)"));

    // 최상위 메뉴에 팝업 메뉴 추가
    menuMain.AppendMenu(MF_POPUP, (UINT)menuPopup.Detach(), _T("색상(&C)"));

    SetMenu(&menuMain); // 메뉴를 윈도우에 붙임
    menuMain.Detach(); // 메뉴 객체와 메뉴를 분리

    return 0;
}
```

위의 코드에서 사용한 CMenu 클래스 멤버 함수를 정리하면 다음과 같다.

- CMenu::CreateMenu() : 비어 있는 최상위 메뉴를 만들고 메뉴 객체와 연결Attach한다.
- CMenu::CreatePopupMenu() : 비어 있는 팝업 메뉴를 만들고 메뉴 객체와 연결Attach한다.
- CMenu::AppendMenu() : 새로운 메뉴 항목을 메뉴에 추가한다.

CreateMenu()와 CreatePopupMenu() 함수는 인자가 필요하지 않아서 간단하지만 AppendMenu() 함수는 조금 복잡하므로 좀 더 자세히 살펴보자.

```
BOOL AppendMenu(UINT nFlags, UINT_PTR nIDNewItem = 0, LPCTSTR lpszNewItem = NULL);
                     ❶                    ❷                        ❸
```

nFlags는 새로 추가될 메뉴 항목의 정보를 제공하는데, 이 값에 따라 두 번째와 세 번째 인자의 의미가 달라진다. 자주 사용하는 값을 중심으로 정리하면 다음과 같다.

표 6-4 AppendMenu() 함수의 인자

❶ nFlags		❷ nIDNewItem	❸ lpszNewItem
MF_STRING	메뉴 항목이 문자열이다.	새로운 메뉴 항목의 ID	메뉴 항목의 캡션 문자열
MF_POPUP	메뉴 항목이 팝업 메뉴를 가진다.	팝업 메뉴를 가리키는 핸들 (HWND 타입)	메뉴 항목의 캡션 문자열
MF_CHECKED MF_UNCHECKED MF_ENABLED MF_DIABLED MF_GRAYED	메뉴 항목의 속성을 나타내는 값이다. [표 6-3]에서 Checked, Enabled, Grayed 속성을 설정하거나 해제한 것과 의미가 동일하다.		
MF_SEPARATOR	[표 6-3]에서 Separator 속성을 설정한 것과 의미가 동일하다.	사용되지 않음	사용되지 않음

참고 MF_CHECKED ~ MF_GRAYED는 단독으로 사용할 수 없고 다른 플래그(MF_STRING, MF_POPUP, ...)와 비트 연산자로 결합해서만 사용하므로 nIDNewItem, lpszNewItem 값을 명기하지 않았다.

CMenu 클래스로 메뉴를 생성한 후, 최종적으로 CWnd::SetMenu() 함수를 호출하여 윈도우에 메뉴를 붙인다. OnCreate() 함수가 종료되기 직전에 CMenu::Detach() 함수를 호출하여 메뉴 객체와 메뉴를 분리한다는 점에 유의해야 한다.

참고 Detach() 함수의 의미는 [여기서 잠깐: 윈도우와 윈도우 객체의 관계]를 읽어보자.

여기서 잠깐! 윈도우와 윈도우 객체의 관계

윈도우(Window)는 운영체제가 관리하는 일종의 데이터 구조체로, 일반적으로 화면에서 직사각형 영역을 차지한다. 이 윈도우를 응용 프로그램에서 조작하려면 HWND 타입의 윈도우 핸들이 필요하다. 윈도우 핸들을 API 함수에 넘겨주면 운영체제는 내부의 데이터 구조체를 변경하고 결과적으로 화면에 보이는 윈도우에 반영된다. 따라서 프로그래머 관점에서 보면 '윈도우 핸들 = 윈도우'라고 할 수 있다.

윈도우 객체(Window Object)는 MFC의 CWnd (파생) 클래스로 만든 C++ 객체를 의미한다. 윈도우 객체 내부에는 m_hWnd 멤버 변수가 있어서 윈도우 핸들 값을 저장한다. 그림과 같이 m_hWnd가 실재하는 윈도우를 가리키는 한 '윈도우 객체 = 윈도우'로 간주할 수 있다.

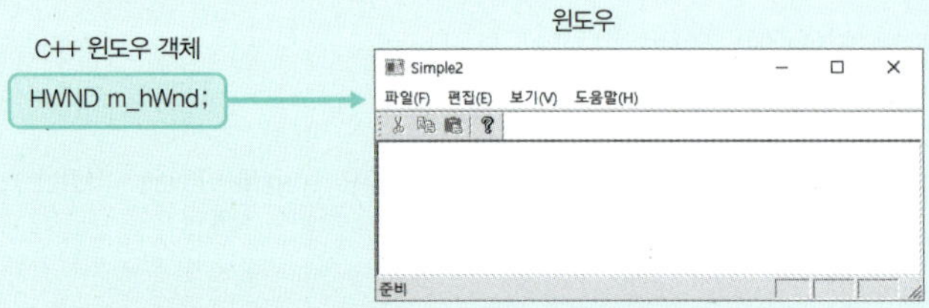

▲ 윈도우 객체와 윈도우의 관계

윈도우와 윈도우 객체는 다음과 같이 서로 다른 수명(Lifetime)을 가진다.

▼ 윈도우와 윈도우 객체의 수명

	생성	소멸
윈도우	::CreateWindow()	::DestroyWindow()
윈도우 객체	생성자	소멸자

다음 가상 코드는 윈도우 객체를 이용하여 윈도우를 다루는 과정을 보여준다. 윈도우 객체와 윈도우는 서로 다른 시점에 생성되지만 파괴 시점은 사실 동일하다. 왜냐하면 윈도우 객체의 소멸자가 호출되는 ❸시점의 소멸자 코드에서 ::DestroyWindow() 함수를 호출하기 때문이다.

```
void SomeFunc()
{
    CWnd MyWnd; // ❶ 윈도우 객체 생성
    MyWnd.Create(...); // ❷ 윈도우 생성 - 내부적으로 ::CreateWindow() 함수 호출
    MyWnd.ShowWindow(...);
    ...
} // ❸ 윈도우 객체와 윈도우 모두 파괴 - 내부적으로 ::DestroyWindow() 함수 호출!
```

윈도우 객체가 파괴되어도 윈도우가 파괴되지 않게 하려면 CWnd::Detach() 함수를 호출한다. 리턴 값은 내부에 저장되어 있던 핸들 값이므로 HWND 타입 변수에 저장해두면 이를 이용해서 윈도우를 제어할 수 있다.

```
HWND hMyWindow; // 윈도우 핸들을 저장할 변수

void SomeFunc()
{
    CWnd MyWnd; // ❶ 윈도우 객체 생성
    MyWnd.Create(...); // ❷ 윈도우 생성 - 내부적으로 ::CreateWindow() 함수 호출
    MyWnd.ShowWindow(...);
    ...
    hMyWindow = MyWnd.Detach(); // 윈도우와 윈도우 객체 분리 & 윈도우 핸들 저장
} // ❸ 윈도우 객체 파괴 - 그러나 윈도우는 파괴되지 않음!
```

CWnd::Detach() 함수는 C++ 윈도우 객체가 파괴되어도 윈도우 자체는 계속 존재할 수 있게 해준다. Detach() 함수와 반대 역할을 하는 Attach() 함수도 있는데, 두 함수의 내부 구현을 간략하게 나타내면 다음과 같다.

```
BOOL CWnd::Attach(HWND hWndNew)
{
    m_hWnd = hWndNew;
}

HWND CWnd::Detach()
{
    HWND hWnd = m_hWnd;
    m_hWnd = NULL;
    return hWnd;
}
```

Attach() 함수는 윈도우 핸들(HWND 타입)을 이용하여 윈도우 객체와 윈도우를 연결하고, Detach() 함수는 윈도우 객체와 윈도우를 분리하면서 내부 핸들 값을 리턴한다. 두 함수는 CWnd 이외의 다른 클래스에도 등장하는데 기본 개념은 동일하다. 예를 들면, 메뉴를 다룰 때 사용하는 CMenu 클래스에도 Attach()와 Detach() 함수가 존재한다.

■ 기존 메뉴에 추가하는 방법

이제 기존 메뉴에 새로운 메뉴 항목을 추가하는 방법을 살펴보자. 예를 들어 [그림 6-11]의 '테스트' 메뉴를 동적으로 생성하려면 CMainFrame::OnCreate() 함수에 다음과 같이 코드를 추가하면 된다. CMenu::CreatePopupMenu(), CMenu::AppendMenu() 함수를 활용하여 메뉴를 생성하는 과정은 이전 예제와 동일하다. CWnd::GetMenu() 함수를 이용하여 최상위 메뉴의 포인터를 얻고 새로 만든 메뉴를 추가한다는 것만 다르다.

```
int CMainFrame::OnCreate(LPCREATESTRUCT lpCreateStruct)
{
    ...
    // (1) '항목2'의 하위 메뉴를 생성한다.
    CMenu Popup1; // 메뉴 객체 생성
    Popup1.CreatePopupMenu(); // 팝업 메뉴 생성
    Popup1.AppendMenu(MF_STRING, 301, _T("1"));
    Popup1.AppendMenu(MF_STRING, 302, _T("2"));
    Popup1.AppendMenu(MF_STRING, 303, _T("3"));
    Popup1.AppendMenu(MF_STRING, 304, _T("4"));

    // (2) '테스트' 메뉴를 생성한다.
    CMenu Popup2; // 메뉴 객체 생성
    Popup2.CreatePopupMenu(); // 팝업 메뉴 생성
```

```
    Popup2.AppendMenu(MF_STRING¦MF_CHECKED, 201, _T("항목&1"));
    Popup2.AppendMenu(MF_POPUP, (UINT)Popup1.Detach(), _T("항목&2"));
    Popup2.AppendMenu(MF_STRING, 203, _T("항목&3"));

    // (3) '테스트' 메뉴를 최상위 메뉴에 붙인다.
    CMenu *pTopLevel = GetMenu(); // 최상위 메뉴의 포인터를 얻는다.
    pTopLevel->AppendMenu(MF_POPUP, (UINT)Popup2.Detach(), _T("테스트(&T)"));

    return 0;
}
```

3 메뉴 명령 처리하기

지금까지 메뉴를 생성하는 두 가지 방법을 공부했다. 어떤 방법으로 생성하든 메뉴를 사용하는 원래 목적은 사용자가 선택한 메뉴 항목에 지정된 명령을 수행하는 것이다.

메뉴 항목에는 명령 항목과 팝업 항목이 있는데, 이들 중 명령을 수행하는 핵심은 명령 항목이다. 명령 항목을 마우스나 키보드로 선택하면 운영체제는 WM_COMMAND 메시지를 발생시키며, 이 메시지와 더불어 메뉴 항목의 ID를 메뉴가 속한 윈도우에 보낸다. 따라서 메뉴 명령을 처리하려면 WM_COMMAND 메시지 핸들러를 작성해야 한다.

하지만 WM_COMMAD 메시지는 메뉴뿐만 아니라 컨트롤(8장에서 소개)에서도 발생하므로 한 개의 메시지 핸들러에서 메뉴와 컨트롤 모두를 처리해야 하는 불편함이 따른다. 이런 불편함을 해소하고자 MFC에서는 각각의 명령 항목별로 처리 함수를 따로 작성할 수 있게 해준다. 이 처리 함수를 명령 핸들러Command Handler라 부르는데, 구체적인 예는 잠시 후 실습을 통해 살펴보자.

MFC에서 일반적인 윈도우 메시지를 처리할 때는 메시지 핸들러를 작성하는 위치가 매우 중요하다. 예를 들어, 클라이언트 영역의 마우스 메시지를 처리하려면 뷰 클래스에 메시지 핸들러를 추가해야 한다. 하지만 일반 윈도우 메시지와 달리 메뉴에서 발생하는 명령 메시지는 MFC에서 특별하게 취급한다. 명령 핸들러는 일반 윈도우 메시지 핸들러와 달리 작성 위치가 중요하지 않다. 즉, 어느 클래스에 명령 핸들러를 추가하더라도 처리된다. 이러한 개념을 명령 라우팅Command Routing이라 부르는데, 10장에서 도큐먼트/뷰 구조를 다룰 때 다시 한번 정리할 것이다.

실습 6-3 메뉴 명령 처리하기

빨간색, 초록색, 파란색 세 가지 색상 중 하나를 메뉴에서 선택하면 클라이언트 영역에 출력된 텍스트 색상이 바뀌는 프로그램을 만들어보자. 실행 결과는 [그림 6-14]와 같다.

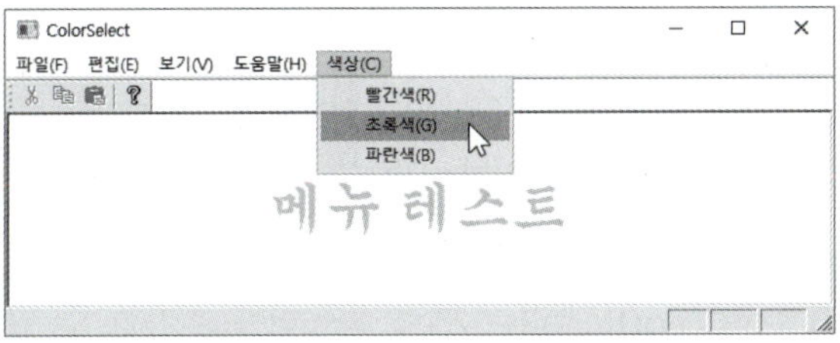

그림 6-14 실행 결과

1. 응용 프로그램 마법사를 이용하여 ColorSelect 프로젝트를 만든다. 생성 옵션은 Simple2 프로그램과 동일하다.

2. 최상위 메뉴에 '색상' 메뉴를 추가하고, 표를 참고하여 속성을 설정한다. 모든 설정이 끝난 후에는 Ctrl+S를 눌러 저장한다.

Caption	ID	나머지 속성
색상(&C)	없음	변경 없음
빨간색(&R)	ID_COLOR_RED	변경 없음
초록색(&G)	ID_COLOR_GREEN	변경 없음
파란색(&B)	ID_COLOR_BLUE	변경 없음

그림 6-15 '색상' 메뉴 추가와 속성 변경

3. 선택된 색상 값을 저장할 수 있도록 CChildView.h 파일에 COLORREF 타입의 변수 m_color를 선언하고 생성자에서 빨간색으로 초기화한다.

```
class CChildView : public CWnd
{
// 생성입니다.
public:
    CChildView();
// 특성입니다.
public:
    COLORREF m_color;
```

```
CChildView::CChildView()
{
    m_color = RGB(255, 0, 0);
}
```

4 '클래스 뷰'에서 CChildView 클래스를 선택한 상태에서 속성 창(Alt+Enter)을 연다. '이벤트'를 선택하면 ID_로 시작하는 메뉴 항목 ID를 볼 수 있다. ID_COLOR_RED의 좌측 [+]를 클릭하면 [그림 6-16]과 같이 COMMAND와 UPDATE_COMMAND_UI가 펼쳐진다. 여기서 COMMAND를 선택하면 'OnColorRed'라는 명령 핸들러를 추가할 수 있다. 마찬가지 방식으로 ID_COLOR_GREEN, ID_COLOR_BLUE에도 COMMAND를 선택하여 명령 핸들러를 추가하자.

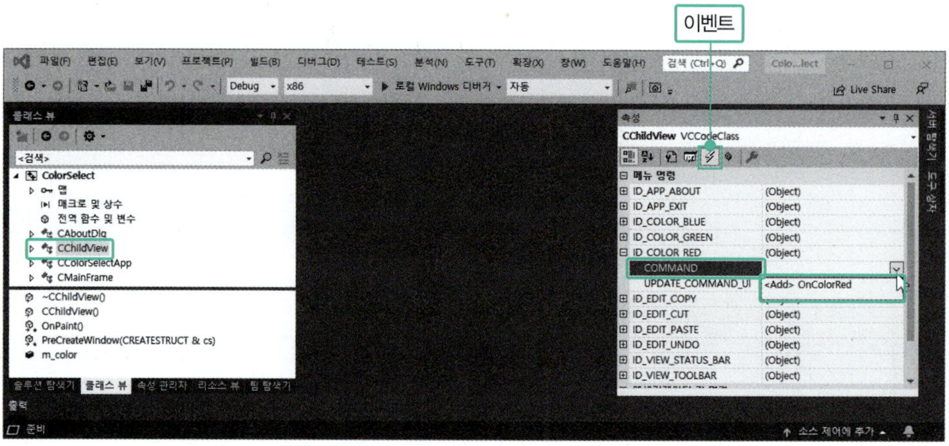

그림 6-16 메뉴 명령 핸들러 추가

5 각각의 명령 핸들러에서는 m_color 값을 설정한 후 CWnd::Invalidate() 함수를 호출하여 WM_PAINT 메시지를 발생시킨다. 메뉴 항목을 변경할 때마다 클라이언트 영역이 무효화되므로 CChildView::OnPaint() 함수가 호출될 것이다.

```
void CChildView::OnColorRed()
{
    m_color = RGB(255, 0, 0);
    Invalidate();
}

void CChildView::OnColorGreen()
{
    m_color = RGB(0, 255, 0);
    Invalidate();
```

```
}

void CChildView::OnColorBlue()
{
    m_color = RGB(0, 0, 255);
    Invalidate();
}
```

6 m_color에 저장된 색상으로 텍스트를 출력하는 코드를 CChildView::OnPaint() 함수에 작성하면 프로그램이 완성된다.

```
void CChildView::OnPaint()
{
    CPaintDC dc(this);

    CFont font;
    font.CreatePointFont(300, _T("궁서"));
    dc.SelectObject(&font);
    dc.SetTextColor(m_color);

    CRect rect;
    GetClientRect(&rect);
    CString str = _T("메뉴 테스트");
    dc.DrawText(str, &rect, DT_CENTER|DT_VCENTER|DT_SINGLELINE);
}
```

4 메뉴 항목 갱신하기

현재 선택한 메뉴에 따라, 메뉴 항목에 특별한 표시를 하거나 메뉴 항목을 활성화 또는 비활성화할 필요가 있다. [그림 6-17]은 메모장에 입력한 텍스트를 마우스나 키보드로 선택했을 때 [편집] 메뉴에서 일부 메뉴 항목의 상태가 바뀌는 것을 보여준다.

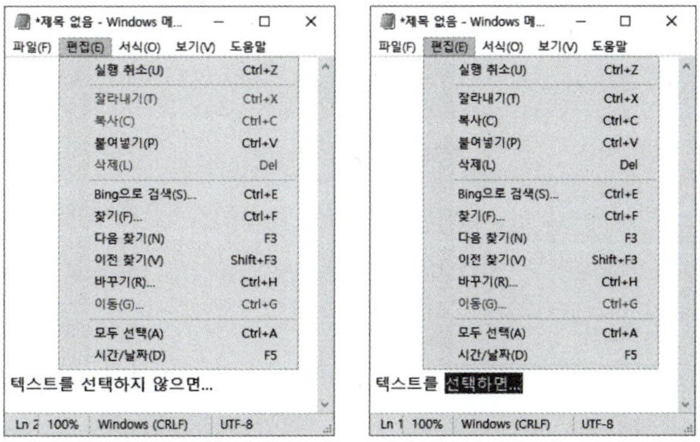

그림 6-17 메뉴 항목 갱신의 예

MFC는 메뉴 항목을 편리하게 갱신할 수 있는 훌륭한 방법을 제공한다. 메뉴 명령을 처리하기 위해 각 메뉴 항목에 해당하는 별도의 함수(명령 핸들러)를 작성했듯이 각 메뉴 항목의 상태를 갱신하기 위한 함수도 정의할 수 있는데, 이 함수를 명령 갱신 핸들러Command Update Handler라 부른다.

각 메뉴 항목에 명령 갱신 핸들러를 작성해두면, 메뉴가 열리기 전에 MFC에서 자동으로 명령 갱신 핸들러를 호출하여 메뉴 항목의 상태를 바꾸어 준다. 예를 들어 [그림 6-17]의 [편집] 메뉴를 선택하면, [실행 취소] 명령 갱신 핸들러 → [잘라내기] 명령 갱신 핸들러 → [복사] 명령 갱신 핸들러 → … 순서로 호출된다. 모든 메뉴 항목의 상태가 바뀐 후 [편집] 메뉴가 화면에 펼쳐지므로 항상 현재 상태에 맞게 메뉴 항목이 표시된다.

ColorSelect 예제에서 ID_COLOR_RED 항목을 처리하는 명령 갱신 핸들러를 속성 창을 이용하여 작성하면 다음과 같다.

```
void CChildView::OnUpdateColorRed(CCmdUI* pCmdUI)
{
}
```

CCmdUI 포인터를 인자로 받는 간단한 함수이다. 이 함수는 프로그래머가 호출하지 않고 MFC 내부 코드에서 자동으로 호출된다. CCmdUI는 명령 갱신 핸들러에서만 사용하는 독립된 클래스로, 다양한 사용자 인터페이스 요소를 다룰 수 있도록 설계되어 있다. 명령 갱신 핸들러는 CCmdUI 포인터가 가리키는 대상에 따라 메뉴 상태를 바꾸거나, 툴바 또는 상태바의 상태를 바꿀 수 있다.

CCmdUI 클래스가 제공하는 [표 6-5]의 멤버 함수를 이용하여 사용자 인터페이스 요소의 상태를 바꿀 수 있다. CCmdUI::SetText() 함수를 제외한 나머지 세 함수는 BOOL 타입의 인자를 사용하므로 TRUE나 FALSE를 리턴하는 어떤 문장이든(예 : 비교문) 사용할 수 있다.

표 6-5 CCmdUI 클래스 멤버 함수

멤버 함수	기능	사용 예
Enable()	활성화 상태 변경	pCmdUI->Enable(bDrawMode);
SetCheck()	체크 상태 변경	pCmdUI->SetCheck(m_color == RGB(255, 0, 0));
SetRadio()	라디오 표시 상태 변경	pCmdUI->SetRadio(m_color == RGB(255, 0, 0));
SetText()	문자열 변경	pCmdUI->SetText(_T("Light On"));

현장 팁 **WM_COMMAND 메시지와 사용자 메시지**

윈도우에서는 상황에 따라 사용하는 메시지 형태가 다르다. 예를 들면, 메뉴 처리 메시지는 WM_COMMAND 형태를, 키 누름 메시지는 WM_KEYDOWN 형태를 사용한다. 메시지를 직접 생성하여 보낼 때는 SendMessage()나 PostMessage() 함수를 사용한다. SendMessage() 함수는 메시지를 바로 처리하는 반면, PostMessage() 함수는 메시지를 메시지 큐에 넣기만 한다. 예를 들어 SendMessage() 함수를 이용하여 다음과 같이 ID_FILE_OPEN 메뉴 명령을 메시지로 직접 발생시킬 수 있다.

```
SendMessage(WM_COMMAND, MAKEWPARAM(ID_FILE_OPEN, 0), NULL);
```

윈도우에서 사용 중인 메시지는 생성하는 방식이 다르므로 반드시 Visual Studio 설명서를 참고해야 한다. WM_COMMAND 메시지 내에서도 컨트롤마다 사용하는 방식이 조금씩 다르다. 그렇다면 사용자가 특정 메시지를 정의하여 사용할 수도 있을까? 물론이다. 다음과 같이 메시지를 정의한 후 SendMessage()나 PostMessage() 함수를 사용하면 된다.

```
#define WM_TRAY_NOTIFICATION WM_APP+1
SendMessage(WM_TRAY_NOTIFICATION, wParam, lParam);
```

정의하는 메시지는 WM_APP부터 시작하며 프로그램 내부에서 유일한(Unique) 메시지 값이어야 한다. wParam과 lParam 인자는 자신이 필요한 대로 전송할 수 있지만, WPARAM과 LPARAM 크기(32비트 빌드인 경우 32비트, 64비트 빌드인 경우 64비트)보다 더 큰 자료형인 경우 포인터로 전송해야 한다. 메시지 맵에서 WM_COMMAND는 ON_COMMAND() 매크로를 사용하지만, 사용자 메시지는 ON_MESSAGE() 매크로를 사용하며, 함수는 반드시 다음과 같은 형태여야 한다.

```
afx_msg LRESULT OnTrayNotification(WPARAM, LPARAM);
ON_MESSAGE(WM_TRAY_NOTIFICATION, OnTrayNotification)
```

많은 개발자가 ON_MESSAGE() 매크로에 사용하는 함수를 아무렇게나 정의하는 실수를 자주 범한다. 맵 방식은 형태Type를 검사하지 않기 때문에, 잘못된 형태로 함수가 입력되어도 구분하지 못하고 정해진 방식대로 접근하려고 한다. 이 때문에 호출 과정에서 스택 오버플로우Overflow가 발생하고, 개발자 대부분 어디서 오류가 발생하는지 모른다. 따라서 매크로에 입력하는 함수 형태도 반드시 Visual Studio 설명서를 참고하여 사용한다. 메시지 처리 함수는 다음과 같이 wParam과 lParam으로 데이터를 전달받고 필요한 처리를 수행하면 된다.

```
LRESULT CChildView::OnTrayNotification(WPARAM wParam, LPARAM lParam)
{
    … (필요한 처리 수행)
    return 1; // 처리했으면 0이 아닌 값을 리턴
}
```

내부에서 사용하는 메시지가 아니고 윈도우 전체에서 사용할 메시지는 ::RegisterWindowMessage() API 함수와 ON_REGISTERED_MESSAGE() 매크로를 사용한다.

실습 6-4 메뉴 항목 갱신하기

ColorSelect 예제를 수정하여 다음과 같이 현재 선택된 색상에 체크 기호를 표시해보자. [색상] 메뉴에는 메뉴 항목이 세 개 있으므로 세 개의 명령 갱신 핸들러를 작성해야 한다.

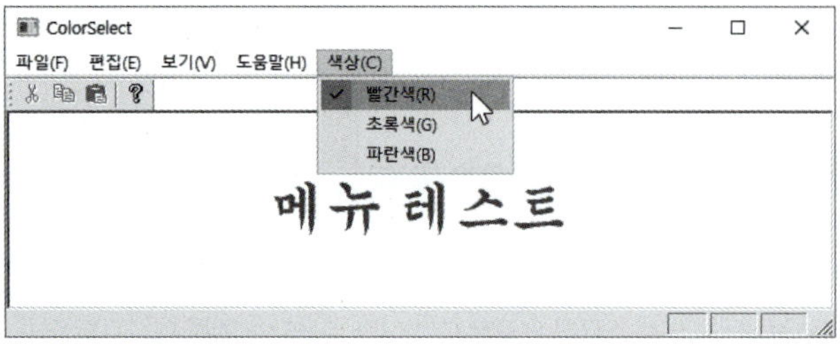

그림 6-18 실행 결과

1. [실습 6-3]의 ColorSelect 프로젝트를 연다.

2. '클래스 뷰'에서 CChildView 클래스를 선택한 상태에서 속성 창(Alt+Enter)을 연다. '이벤트'를 선택하면 ID_로 시작하는 메뉴 항목 ID를 볼 수 있다. ID_COLOR_RED의 좌측 [+]를 클릭하면 [그림 6-19]와 같이 COMMAND와 UPDATE_COMMAND_UI가 펼쳐진다. 여기서 UPDATE_COMMAND_UI를 선택하면 'OnUpdateColorRed'라는 명령 갱신 핸들러를 추가할 수 있다. 마찬가지 방식으로 ID_COLOR_GREEN, ID_ COLOR_BLUE에서도 UPDATE_COMMAND_UI를 선택하여 명령 갱신 핸들러를 추가하자.

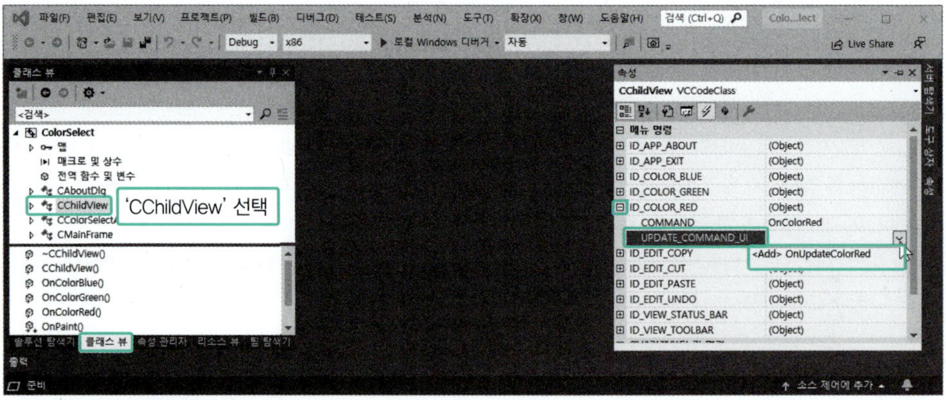

그림 6-19 메뉴 명령 갱신 핸들러 추가

3. 세 개의 명령 갱신 핸들러에 다음 코드를 추가한다. m_color 변수는 한순간에 하나의 값만 가지므로 SetCheck() 함수의 입력값으로 사용되는 비교문은 하나만 제외하고 모두 FALSE가 된다. 따라서 메뉴 항목 한 개에만 최종적으로 체크 기호가 표시된다.

```
void CChildView::OnUpdateColorRed(CCmdUI *pCmdUI)
{
    pCmdUI->SetCheck(m_color == RGB(255, 0, 0));
}

void CChildView::OnUpdateColorGreen(CCmdUI *pCmdUI)
{
    pCmdUI->SetCheck(m_color == RGB(0, 255, 0));
}

void CChildView::OnUpdateColorBlue(CCmdUI *pCmdUI)
{
    pCmdUI->SetCheck(m_color == RGB(0, 0, 255));
}
```

5 컨텍스트 메뉴

컨텍스트 메뉴(단축 메뉴)는 마우스 오른쪽 버튼을 클릭할 때 열린다. 마우스 커서의 위치 또는 현재 작업하는 내용에 따라 서로 다른 메뉴 항목을 표시한다는 특징이 있다.

기존의 최상위 메뉴와 드랍다운 메뉴만으로도 사용자에게 필요한 기능을 제공할 수 있다. 하지만 매번 마우스 커서를 옮겨 선택해야 하고 필요한 기능이 여러 메뉴 항목에 흩어진 경우가 많아 불편하다. 컨텍스트 메뉴는 이런 단점을 극복할 수 있는 훌륭한 사용자 인터페이스 요소로 현대의 윈도우 응용 프로그램에서 빈번하게 사용된다.

윈도우 운영체제는 컨텍스트 메뉴를 지원하기 위해 WM_CONTEXTMENU 메시지를 제공하는데, 이 메시지는 다음과 같은 상황에서 발생한다. 컨텍스트 메뉴를 사용하려면 대개 마우스를 이용하지만 두 번째와 세 번째처럼 키보드를 이용할 수도 있다.

참고 윈도우 운영체제는 응용 프로그램에 디폴트(Default) 컨텍스트 메뉴도 제공한다. 타이틀바에서 마우스 오른쪽 버튼을 클릭하면 시스템 메뉴가 열리는데 이것이 바로 디폴트 컨텍스트 메뉴이다.

- 클라이언트 영역이나 비클라이언트 영역에서 마우스 오른쪽 버튼을 클릭한 경우
- Shift+F10을 누른 경우
- 가상 키 코드 VK_APPS에 해당하는 키를 누른 경우

MFC에서 컨텍스트 메뉴를 구현하려면 WM_CONTEXTMENU 메시지 핸들러를 작성한다. 함수 원형은 다음과 같다. 여기서 pWnd는 마우스 커서 아래쪽에 있는 윈도우를, pos는 마우스 커서의 위치(스크린 좌표)를 의미한다.

```
afx_msg void CWnd::OnContextMenu(CWnd* pWnd, CPoint pos);
```

WM_CONTEXTMENU 메시지 핸들러인 OnContextMenu() 함수에서는 팝업 메뉴를 화면에 표시하는 코드를 작성해야 하는데, 이때 CMenu::TrackPopupMenu() 함수를 사용한다.

```
BOOL TrackPopupMenu(UINT nFlags, int x, int y, CWnd* pWnd, LPCRECT lpRect = 0);
                         ❶          ❷      ❸         ❹              ❺
```

❶ **nFlags** : 두 종류의 플래그가 있다. 첫 번째는 마우스 커서의 x 좌표를 기준으로 컨텍스트 메뉴의 정렬 위치를 결정하는 값이다. [그림 6-20]은 TPM_LEFTALIGN, TPM_CENTERALIGN, TPM_RIGHTALIGN을 사용한 결과를 보여준다. 두 번째는 메뉴 항목을 선택할 수 있는 마우스 버튼을 결정하는 값으로 TPM_LEFTBUTTON과 TPM_RIGHTBUTTON이 있다. 마우스 왼쪽 버튼으로 메뉴 항목을 선택하는 것(TPM_LEFTBUTTON)이 기본값이며 TPM_RIGHTBUTTON을 사용하면 마우스 오른쪽 버튼으로도 메뉴 항목을 선택할 수 있다.

그림 6-20 TPM_*ALIGN 값에 따른 컨텍스트 메뉴의 위치

❷ **x**, ❸ **y** : 컨텍스트 메뉴가 표시될 위치(스크린 좌표)를 나타낸다.

❹ **pWnd** : 컨텍스트 메뉴에서 발생한 WM_COMMAND 메시지를 처리할 윈도우를 나타낸다. 대개 프레임 윈도우 객체의 주소를 사용한다.

❺ **lpRect** : 스크린 좌표로 정의된 직사각형 좌표로, 이 직사각형 영역 안에서는 마우스 버튼을 눌러도 컨텍스트 메뉴가 닫히지 않는다. 기본값인 0을 그대로 사용하는 경우가 많은데, 이 경우 컨텍스트 메뉴 영역 이외의 위치에서 마우스 버튼을 누르면 컨텍스트 메뉴가 닫힌다.

컨텍스트 메뉴를 표시하려면 미리 메뉴를 만들어 두어야 하는데, 기존 메뉴 리소스를 로드하거나 실행 중에 동적으로 메뉴를 생성하는 방법을 사용한다. 기존 메뉴 리소스에서 로드하려면 메뉴 항목의 위치 개념을 알아야 한다. [그림 6-21]과 같이 메뉴 항목의 위치를 나타낼 때는 번호가 0부터 시작한다.

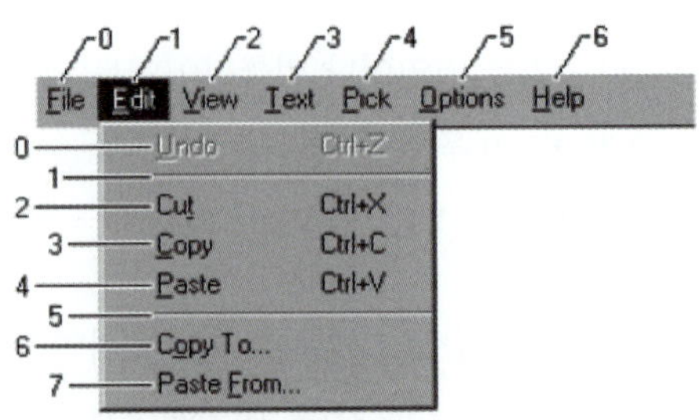

그림 6-21 메뉴 항목의 위치

예를 들어 [Edit] 메뉴를 컨텍스트 메뉴로 화면에 표시하는 코드는 다음과 같다.

```
CMenu menu; // 메뉴 객체를 생성한다.
menu.LoadMenu(IDR_MAINFRAME); // 메뉴 리소스를 로드한다.
CMenu* pMenu = menu.GetSubMenu(1); // [Edit] 메뉴를 가리키는 CMenu 포인터를 얻는다.
pMenu->TrackPopupMenu(...); // [Edit] 메뉴를 컨텍스트 메뉴로 표시한다.
```

실습 6-5 컨텍스트 메뉴 구현하기

ColorSelect 예제를 수정하여 색상을 선택할 수 있는 컨텍스트 메뉴를 표시하는 프로그램을 작성해보자.

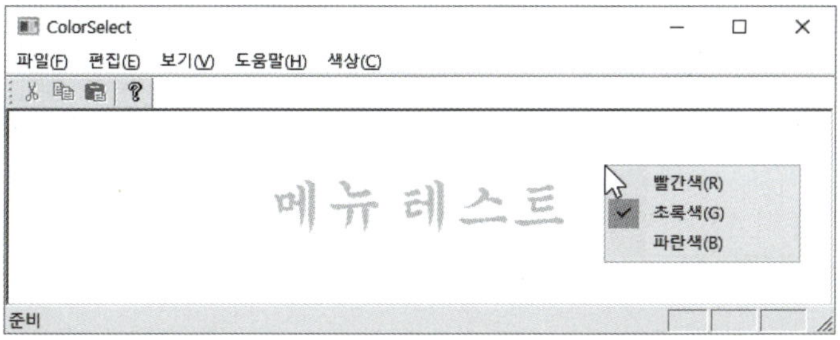

그림 6-22 실행 결과

1. [실습 6-4]의 ColorSelect 프로젝트를 연다.

2. 속성 창을 이용하여 CChildView 클래스에 WM_CONTEXTMENU 메시지 핸들러를 추가하고 다음 코드를 작성한다. [색상] 메뉴는 다섯 번째 위치에 있으므로 위치 값으로 4를 사용한다. 자동 생성된 함수의 두 번째 인자가 초기에 주석 처리되어 있으므로 주석을 제거하는 것을 잊지 않도록 하자.

```
void CChildView::OnContextMenu(CWnd* /*pWnd*/, CPoint point)
{
    CMenu menu;
    menu.LoadMenu(IDR_MAINFRAME);
    CMenu* pMenu = menu.GetSubMenu(4);
    pMenu->TrackPopupMenu(
        TPM_LEFTALIGN | TPM_RIGHTBUTTON,
        point.x, point.y, AfxGetMainWnd());
}
```

6 시스템 메뉴

시스템 메뉴는 윈도우의 좌상단에 있는 아이콘을 클릭하거나 타이틀바에서 마우스 오른쪽 버튼을 클릭할 때 표시되는 메뉴로, 윈도우 조작과 관련된 몇 가지 기능을 기본으로 제공한다. 운영체제가 제공하는 시스템 메뉴를 그대로 두는 경우가 많지만, 응용 프로그램의 특성상 메뉴를 따로 만들기 어려운 경우에는 시스템 메뉴를 조작하여 자신의 메뉴를 추가하기도 한다.

MFC에서 시스템 메뉴를 조작하는 것은 일반 메뉴를 조작하는 것과 크게 다르지 않다. CWnd::GetSystemMenu() 함수를 이용하여 시스템 메뉴를 가리키는 CMenu 포인터를 얻은 후, CMenu 클래스가 제공하는 다양한 멤버 함수(AppendMenu(), InsertMenu(), DeleteMenu(), ...)를 적용한다. 시스템 메뉴를 다룰 때 주의할 사항은 다음과 같다.

- 시스템 메뉴를 변경하려면 GetSystemMenu(FALSE) 함수를 호출하고, 반대로 시스템 메뉴를 초기 상태로 되돌리려면 GetSystemMenu(TRUE) 함수를 호출한다.
- 시스템 메뉴에 새로운 메뉴 항목을 추가할 때 메뉴 ID는 반드시 16의 정수배여야 하고 0xF000보다 작은 값이어야 한다.
- 시스템 메뉴 항목을 선택하면 WM_COMMAND가 아닌 WM_SYSCOMMAND 메시지가 발생한다.

실습 6-6 시스템 메뉴 변경하기

기본 시스템 메뉴를 변경하는 프로그램을 작성해보자. [닫기] 메뉴 항목을 회색 상태로 만들어 비활성화시키고, 분리자Separator와 [이 프로그램은...]이라는 새로운 메뉴 항목을 추가할 것이다. 새로 추가한 메뉴 항목을 선택하면 메시지 상자가 화면에 표시된다.

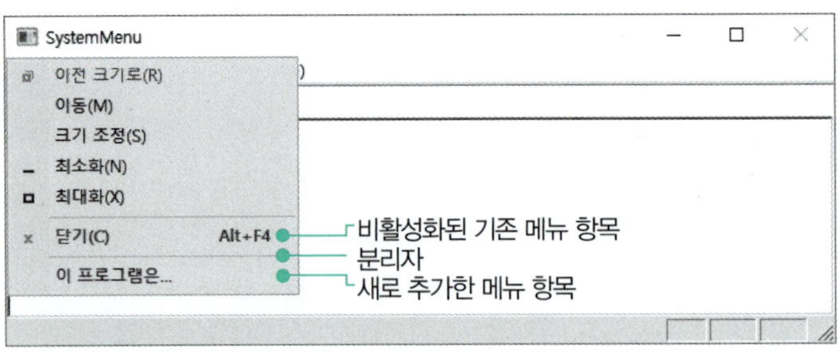

그림 6-23 실행 결과

1 응용 프로그램 마법사를 이용하여 SystemMenu 프로젝트를 만든다. 생성 옵션은 Simple2 프로그램과 동일하다.

2 시스템 메뉴는 프레임 윈도우에 속하므로 프레임 윈도우에서 모든 처리를 해야 한다. 프레임 윈도우가 생성될 때(즉, 화면에 보이기 전에) 시스템 메뉴를 변경하고자 한다면

CMainFrame::OnCreate() 함수를 수정하는 것이 좋다.

```
int CMainFrame::OnCreate(LPCREATESTRUCT lpCreateStruct)
{
    ...

    CMenu* pSysMenu = GetSystemMenu(FALSE);
    // '닫기' 메뉴 항목을 비활성화한다.
    pSysMenu->EnableMenuItem(SC_CLOSE, MF_GRAYED);
    // 분리자(Separator) 항목을 추가한다.
    pSysMenu->AppendMenu(MF_SEPARATOR);
    // ID가 16인 메뉴 항목을 추가한다.
    pSysMenu->AppendMenu(MF_STRING, 16, _T("이 프로그램은..."));

    return 0;
}
```

3 속성 창을 이용하여 CMainFrame 클래스에 WM_SYSCOMMAND 메시지 핸들러를 추가하고 다음 코드를 작성한다. OnSysCommand의 첫 번째 인자인 nID에는 선택된 메뉴 항목 ID가 저장되어 있는데, ID 값을 비교하기 전에 반드시 0xFFF0과 AND 연산을 해야 한다. nID의 하위 4비트는 운영체제에서 내부적으로 사용하므로 값을 비교할 때 이 부분을 제외해야 하기 때문이다.

```
void CMainFrame::OnSysCommand(UINT nID, LPARAM lParam)
{
    if ((nID & 0xFFF0) == 16) {
        MessageBox(_T("시스템 메뉴를 테스트합니다."), _T("이 프로그램은..."));
        return;
    }
    CFrameWnd::OnSysCommand(nID, lParam);
}
```

7 가속기

가속기Accelerator는 메뉴 항목을 곧바로 실행할 수 있는 키 조합을 의미하며 단축키Shortcut Key라고도 부른다. 가속기를 누르면 메뉴 항목처럼 WM_COMMAND 메시지가 발생하여 명령 핸들러가 호출된다. 일반적으로 키보드 메시지는 키보드 포커스를 가진 윈도우가 받지만 가속기는 예외다. 모든 가속기 메시지는 프레임 윈도우가 받는다.

자신이 만든 메뉴 항목에 가속기를 사용하려면 가속기 리소스에 추가하면 된다. 리소스 뷰에서 가속기를 열고 맨 아래의 빈칸을 클릭하면 새로운 가속기를 추가할 수 있다.

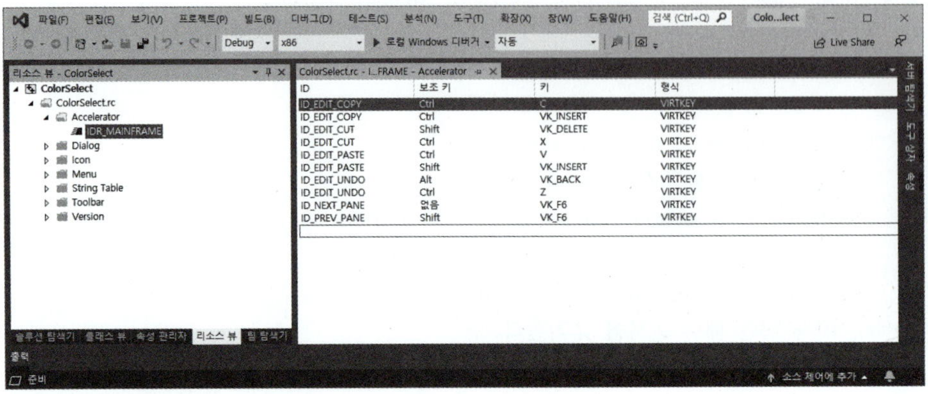

그림 6-24 가속기 리소스

[그림 6-25]는 ID_COLOR_RED 메뉴 항목에 Ctrl+R 가속기를 사용하도록 편집하는 모습이다. 'ID'는 직접 입력하거나 목록에서 선택하고, '보조 키'는 없음으로 하거나 Ctrl, Alt, Shift 조합을 선택한다. '키'는 직접 입력하거나 목록에서 가상 키 코드를 선택하면 된다. '형식'으로는 VIRTKEY(가상 키)와 ASCII가 있는데 대개는 VIRTKEY를 사용한다.

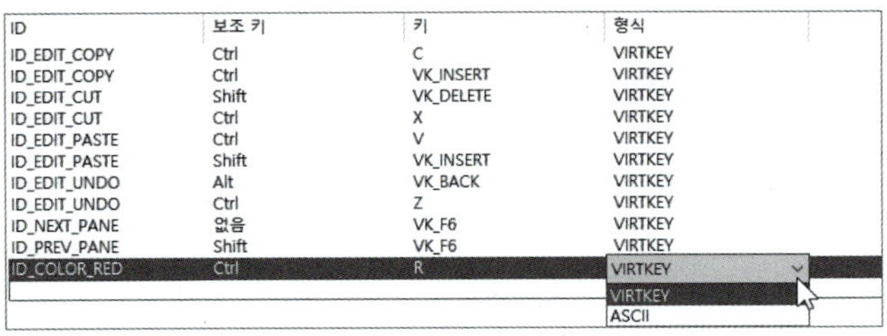

그림 6-25 가속기 리소스 추가

가속기를 등록했다면 메뉴 항목에도 가속기 키를 표시하는 것이 좋다. [그림 6-26]은 '파란색' 메뉴 항목의 'Caption'으로 '파란색(&B)₩tCtrl+B'를 입력한 결과이다.

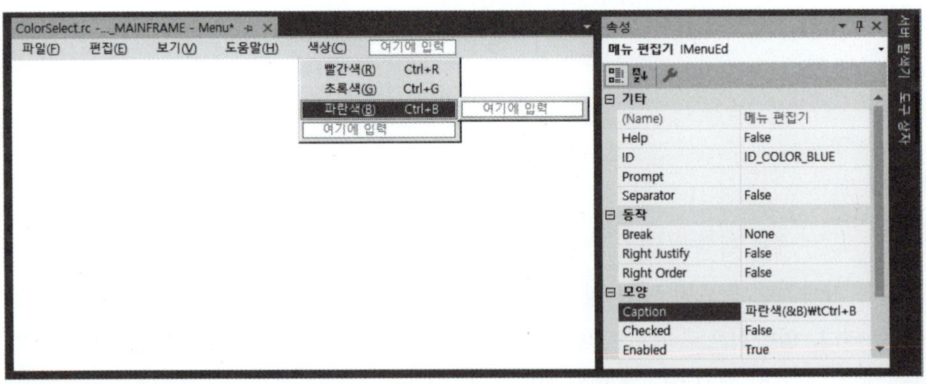

그림 6-26 메뉴 항목에 가속기 표시하기

ColorSelect 예제에 가속기 기능을 포함한 코드는 이 책의 소스 파일에 포함되어 있다.

현장 팁 **트레이 아이콘과 팝업 메뉴**

〈시작〉 버튼이 있는 윈도우 아래 줄을 작업 표시줄(Taskbar)이라고 하고, 오른쪽에 작은 아이콘이 있는 곳을 상태 영역(Status Area)이라 한다. 그리고 상태 영역에 있는 아이콘이 트레이 아이콘(Tray Icon)이다. 다음 그림은 트레이 아이콘과 그 툴팁(Tooltip, 풍선 도움말)을 보여준다.

트레이 아이콘은 응용 프로그램 하나를 대표하면서도 적은 공간을 차지하기 때문에, 트레이 아이콘에서 조작 메뉴를 제공하는 것은 기본이다. 트레이 아이콘을 구현하고 마우스 버튼을 눌렀을 때 팝업 메뉴가 나타나도록 해보자.

트레이 아이콘은 다음과 같이 ::Shell_NotifyIcon() API 함수를 사용하며, 첫 번째 인자에 NIM_ADD, NIM_MODIFY, NIM_DELETE를 사용하여 트레이 아이콘을 추가, 수정, 삭제할 수 있다. 그리고 두 번째 인자를 통해 NOTIFYICONDATA 구조체로 정보를 전달한다.

```
::Shell_NotifyIcon(DWORD dwMessage, NOTIFYICONDATA *pData);
```

WM_CREATE 메시지를 처리하는 OnCreate() 함수에 다음 루틴을 입력해 보자. 트레이 아이콘을 여러 개 사용한다면 uID 멤버를 통해 구분할 수 있다. hWnd 멤버에는 트레이 아이콘을 소유한 윈도우 핸들을 입력한다.

```
NOTIFYICONDATA nid; // 구조체 선언
::ZeroMemory(&nid, sizeof(nid));
nid.cbSize = sizeof(nid);
nid.uID = 0; // 구분할 수 있는 ID 값을 넣는다
nid.hWnd = GetSafeHwnd(); // 트레이를 소유한 윈도우 핸들

nid.uFlags = NIF_ICON | NIF_TIP | NIF_MESSAGE;
nid.hIcon = AfxGetApp()->LoadIcon(IDR_MAINFRAME);
lstrcpy(nid.szTip, _T("내 트레이"));
nid.uCallbackMessage = WM_TRAY_NOTIFICATION;

BOOL bRet = ::Shell_NotifyIcon(NIM_ADD, &nid);
```

uFlags 멤버를 통해 아이콘, 툴팁, 메시지 사용 등을 지정한 후, 해당 멤버에 값을 넣는다. 특히 uCallbackMessage는 트레이 아이콘에서 보내는 메시지를 구분할 수 있는 사용자 메시지를 정의하여 입력한다. 이제 프로그램을 실행하면 트레이 아이콘과 툴팁을 확인할 수 있다. 그런데 프로그램을 종료해도 아이콘이 사라지지 않고 남아 있다. 물론 마우스를 갖다 대면 트레이 아이콘을 소유한 윈도우가 없어졌음을 알고 사라진다. 이는 사용자에게 오류로 보일 수 있기 때문에, WM_DESTROY 메시지를 처리하는 OnDestroy() 함수에 다음과 같이 트레이 아이콘을 제거하는 루틴을 넣는다.

```
NOTIFYICONDATA nid; // 구조체 선언
::ZeroMemory(&nid, sizeof(nid));
nid.cbSize = sizeof(nid);
nid.uID = 0; // 제거할 트레이 아이콘 ID 값을 넣는다
nid.hWnd = GetSafeHwnd(); // 트레이를 소유한 윈도우 핸들
BOOL bRet = ::Shell_NotifyIcon(NIM_DELETE, &nid);
```

제거할 때는 uID와 hWnd 멤버를 통해 ID와 윈도우 핸들 값만 넘겨주면 된다. 트레이 아이콘을 여러 개 사용한다면 각 ID에 대해 모두 제거해 주어야 한다. 이제 프로그램을 종료하면 트레이 아이콘도 바로 사라진다. 트레이 아이콘에 팝업 메뉴가 나타나게 하려면, 등록할 때 uCallbackMessage 멤버에 넣었던 사용자 메시지를 처리하면 된다.

```
ON_MESSAGE(WM_TRAY_NOTIFICATION, OnTrayNotification) // 메시지 맵
LRESULT CChildView::OnTrayNotification(WPARAM wParam, LPARAM lParam)
{
        switch (lParam) {
        case WM_RBUTTONDOWN:
                {
                        CPoint ptMouse;
                        ::GetCursorPos(&ptMouse);

                        CMenu menu;
                        menu.LoadMenu(IDR_MAINFRAME);
                        CMenu *pMenu = menu.GetSubMenu(4);
                        pMenu->TrackPopupMenu(
                                TPM_LEFTALIGN | TPM_RIGHTBUTTON,
                                ptMouse.x, ptMouse.y, AfxGetMainWnd());
                }
                break;
        }
        return 1;
}
```

lParam으로 전달되는 메시지가 마우스 오른쪽 버튼 누름 메시지이면 팝업 메뉴가 나타나도록 하는 루틴이다. 메뉴가 나타날 위치는 ::GetCursorPos() API 함수를 통해 얻을 수 있다. 트레이 아이콘을 여러 개 사용한다면, wParam으로 넘어오는 값이 uID 멤버에 입력했던 ID이므로, 이를 통해 구분할 수 있다. 많은 응용 프로그램이 트레이 아이콘을 더블 클릭하면 본래 화면이 나타나므로, 이를 각자 구현해 보자.

02 툴바

툴바(Toolbar)는 일반적으로 메뉴 항목의 기능을 빠르게 수행하는 목적으로 사용되며, 때로는 메뉴 항목에 없는 기능을 독립적으로 제공하기도 한다.

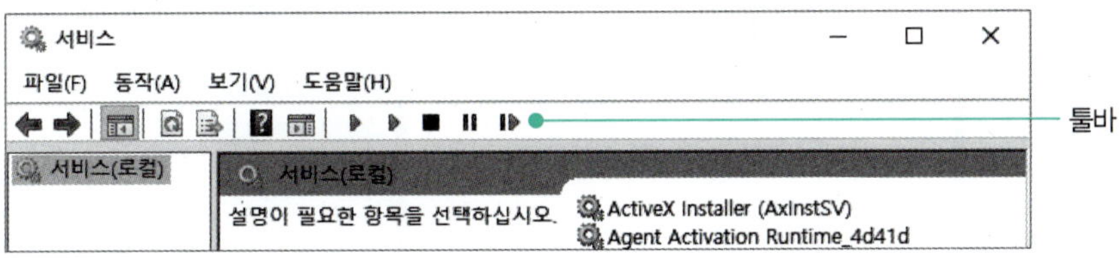

그림 6-27 툴바

MFC는 툴바를 컨트롤바Control Bar로 분류하여 [그림 6-28]과 같이 CControlBar와 CToolBar 두 개의 클래스로 기능을 나누어 제공한다.

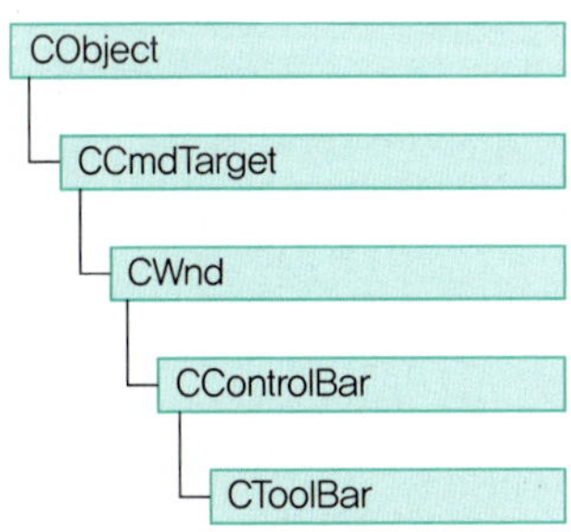

그림 6-28 MFC 클래스 계층도

1 툴바 생성

툴바를 생성하는 가장 간단한 방법은 툴바 리소스를 이용하는 것으로, 응용 프로그램 마법사가 자동으로 생성하는 코드도 이 방법을 사용한다. 여기서는 툴바 리소스를 이용하는 방법을 살펴보고 응용 프로그램 마법사가 생성한 코드를 분석할 것이다.

1.1 툴바 리소스

툴바 리소스는 일종의 비트맵으로, 버튼 모양의 그림이 연속적으로 배치되어 있다. Simple2 프로그램의 툴바 리소스를 열어보면 IDR_MAINFRAME으로 툴바가 정의되어 있고 화면 위쪽에는 '이미지 편집기', 오른쪽에는 '색' 도구가 준비되어 있다. 디자인 화면의 빈 공간을 더블 클릭하면 속성 창이 열려서 몇 가지 속성을 변경할 수 있다.

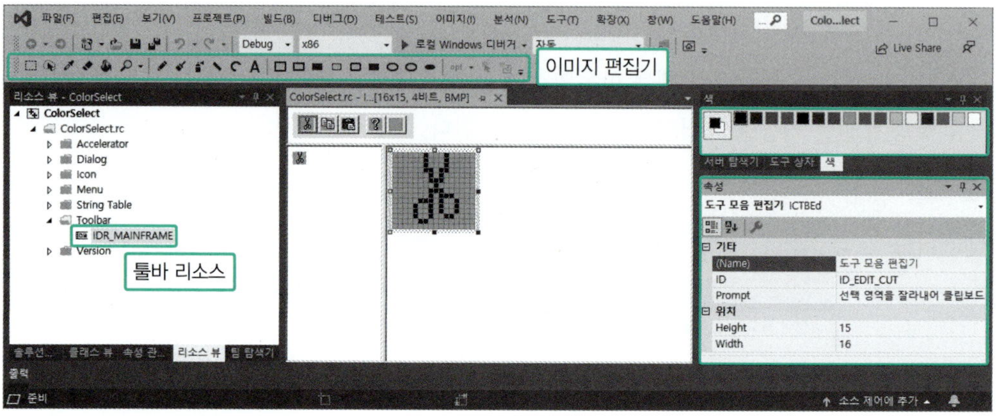

그림 6-29 툴바 리소스 편집

툴바 리소스의 속성은 다음과 같다.

- **ID** : 메뉴 항목과 같은 ID를 주거나 새로운 ID를 부여한다.
- **Prompt** : 메뉴 항목의 Prompt 속성처럼 여기에 입력한 내용이 상태바와 툴팁에 표시된다.
- **Height, Width** : 툴바 버튼의 크기를 폭과 높이로 나타내는데, 버튼 한 개의 값을 변경하면 전체 툴바의 크기가 바뀐다.

툴바 리소스 편집 요령은 다음과 같다.

- **추가** : 빈칸( )을 클릭해서 새로운 버튼을 편집한다. 편집하는 버튼 오른쪽에는 새로운 빈칸이 자동으로 생긴다.
- **이동** : 마우스로 끌어서Drag 원하는 곳에 떨어뜨린다Drop.
- **간격 조정** : [그림 6-30]과 같이 마우스로 끌어서 붙어 있는 버튼을 떼면 자동으로 간격이 생긴다. 프로그램을 실행하면 버튼 사이에 세로줄이 표시된다.

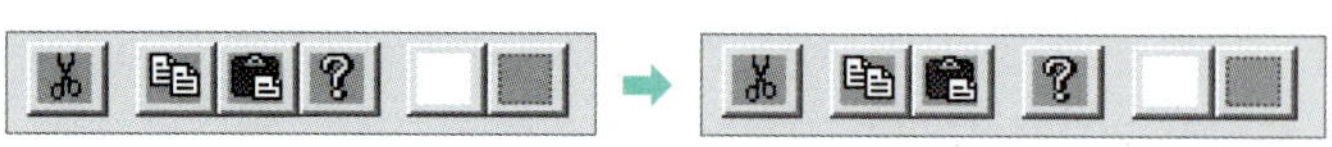

그림 6-30 툴바 버튼 간격 조정

- **삭제** : 마우스로 끌어서 툴바 바깥쪽에 떨어뜨린다. Delete 를 사용하면 버튼의 그림은 지워지지만 버튼 자체는 삭제되지 않으므로 주의해야 한다.

1.2 툴바 코드

툴바는 프레임 윈도우에서 관리하며 툴바나 상태바의 존재 여부에 따라 뷰의 크기는 자동으로 조정된다. Simple2 프로그램의 MainFrm.h 파일에 다음과 같이 CToolBar 객체가 선언되어 있다.

```
class CMainFrame : public CFrameWnd
{
    ...
protected:
    CToolBar    m_wndToolBar;
    CStatusBar  m_wndStatusBar;
    CChildView  m_wndView;
    ...
};
```

프레임 윈도우가 생성될 때 호출되는 CMainFrame::OnCreate() 함수에는 운영체제 수준에서 툴바를 생성하고 프레임 윈도우에 붙이는 코드가 자동으로 추가되어 있다.

```
int CMainFrame::OnCreate(LPCREATESTRUCT lpCreateStruct)
{
    ...
    if (!m_wndToolBar.CreateEx(this, TBSTYLE_FLAT,
            WS_CHILD | WS_VISIBLE | CBRS_TOP | CBRS_GRIPPER |
            CBRS_TOOLTIPS | CBRS_FLYBY | CBRS_SIZE_DYNAMIC) ||
        !m_wndToolBar.LoadToolBar(IDR_MAINFRAME))
    {
        TRACE0("도구 모음을 만들지 못했습니다.\n");
        return -1;
    }
    ...
    m_wndToolBar.EnableDocking(CBRS_ALIGN_ANY);
    EnableDocking(CBRS_ALIGN_ANY);
    DockControlBar(&m_wndToolBar);

    return 0;
}
```

각 함수의 기능을 사용 순서대로 정리하면 다음과 같다.

- **CToolBar::CreateEx()** : 툴바를 운영체제 수준에서 생성한 후 C++ 툴바 객체와 연결한다. 첫 번째 인자인 this 포인터는 프레임 윈도우 객체를 가리키며, 툴바가 프레임 윈도우의 자식 윈도우로 생성됨을 나타낸다.
- **CToolBar::LoadToolBar()** : 툴바 리소스를 로드한다.
- **CControlBar::EnableDocking()** : 컨트롤바(여기서는 툴바)가 프레임 윈도우의 클라이언트 영역 중 어느 위치에 붙을 수 있는지 결정한다. CBRS_ALIGN_ANY를 사용하면 상하좌우 모든 위치에 붙을 수 있다.
- **CFrameWnd::EnableDocking()** : 프레임 윈도우가 자신의 클라이언트 영역 어느 위치에 컨트롤바(여기서는 툴바)를 붙일 수 있을지 결정한다. CBRS_ALIGN_ANY를 사용하면 상하좌우 모든 위치에 붙일 수 있다.
- **CFrameWnd::DockControlBar()** : 컨트롤바(여기서는 툴바)를 프레임 윈도우에 실제로 붙인다. 툴바가 실제로 붙을 수 있는 위치는 CControlBar::EnableDocking()과 CFrameWnd::EnableDocking() 함수의 조합으로 결정된다.

2 툴바 사용

툴바도 메뉴의 명령 항목처럼 마우스로 클릭하면 WM_COMMAND 메시지가 발생한다. 따라서 속성 창을 이용하여 명령 핸들러를 작성하면 툴바 명령을 처리할 수 있다. 메뉴 항목에 해당하는 명령 핸들러를 이미 작성한 상태에서 툴바 버튼에 메뉴 항목과 동일한 ID를 부여한 경우에는 명령 핸들러를 따로 작성할 필요가 없다. 또한 메뉴 항목에 해당하는 명령 갱신 핸들러를 작성했다면 이 함수는 툴바에서도 자동으로 작동한다. 명령 갱신 핸들러에서 사용하는 CCmdUI 클래스가 툴바에도 작동하도록 설계되어 있기 때문이다.

실습 6-7 툴바 구현하기

ColorSelect 예제를 수정하여 [그림 6-31]과 같이 툴바로도 색상을 변경할 수 있게 해보자.

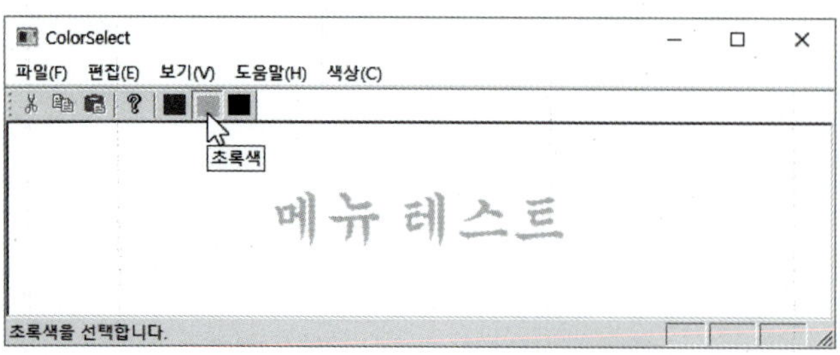

그림 6-31 실행 결과

1 [실습 6-5]의 ColorSelect 프로젝트를 연다.

2 '색상' 메뉴에 대한 명령 핸들러와 명령 갱신 핸들러를 이미 작성한 상태이므로 세 개의 색상을 나타내는 툴바 버튼만 추가하면 된다. [그림 6-32]와 같이 세 가지 색상에 해당하는 버튼을 그린 후 버튼 ID를 각각 ID_COLOR_RED, ID_COLOR_GREEN, ID_COLOR_BLUE로 설정한다. 'Prompt' 부분에 문자열을 넣으면 상태바와 툴팁으로 도움말을 표시할 수 있으므로 색상에 맞게 바꿔 입력한다.

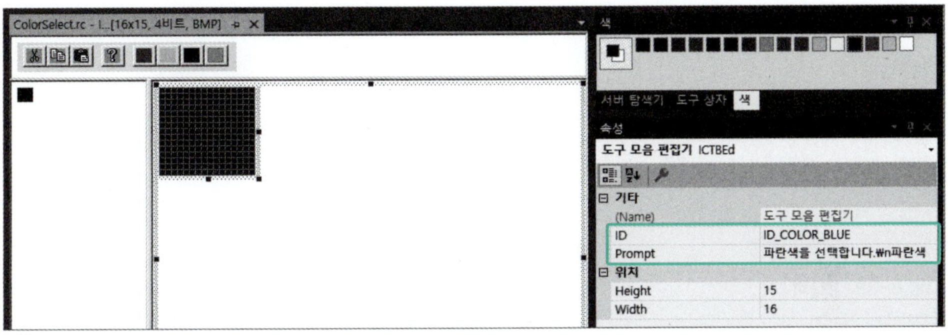

ID	Prompt
ID_COLOR_RED	빨간색을 선택합니다.\n빨간색
ID_COLOR_GREEN	초록색을 선택합니다.\n초록색
ID_COLOR_BLUE	파란색을 선택합니다.\n파란색

그림 6-32 툴바 버튼 추가, 속성 변경

03 상태바

상태바Status Bar(상태 표시줄)는 윈도우의 맨 아래에 위치하여 프로그램의 현재 상태 정보를 보여준다.

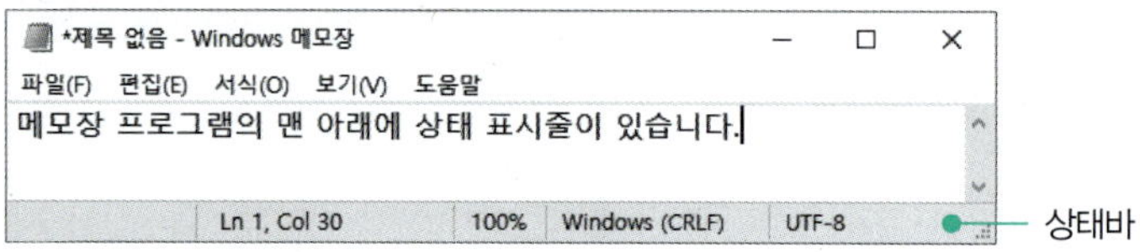

그림 6-33 상태바

MFC는 상태바를 컨트롤바Control Bar로 분류하여 [그림 6-34]와 같이 CControlBar와 CStatusBar 두 개의 클래스로 기능을 나누어 제공한다.

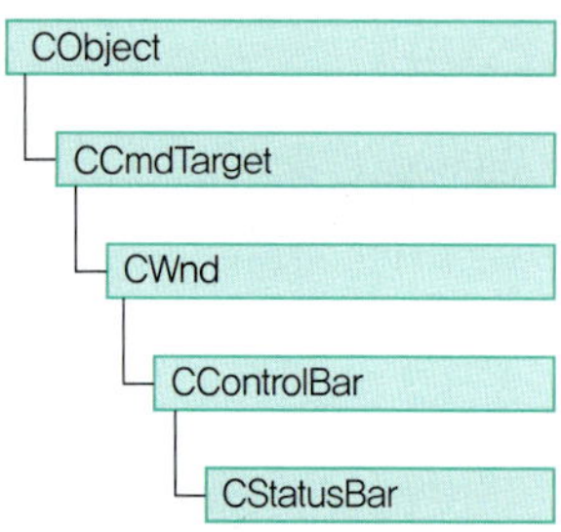

그림 6-34 MFC 클래스 계층도

1 상태바 생성

상태바는 여러 개의 구획Pane으로 나뉘어 있고, 각 구획에서 사용자에게 필요한 정보를 표시한다. [그림 6-35]는 Simple2 프로그램의 상태바로, 총 네 개 구획으로 나뉘어 있다.

그림 6-35 Simple2 프로그램의 상태바 구성

Simple2 프로그램의 MainFrm.cpp 파일에는 각 구획을 정의하는 배열이 선언되어 있다. 배열에 사용되는 상숫 값은 [그림 6-36]과 같이 문자열 리소스로 정의되어 있다. 만약 새로운 구획을 추가하거나 수정 및 제거하려면 배열 원소와 문자열 리소스를 변경하면 된다.

```
static UINT indicators[] =
{
    ID_SEPARATOR,
    ID_INDICATOR_CAPS,
    ID_INDICATOR_NUM,
    ID_INDICATOR_SCRL,
};
```

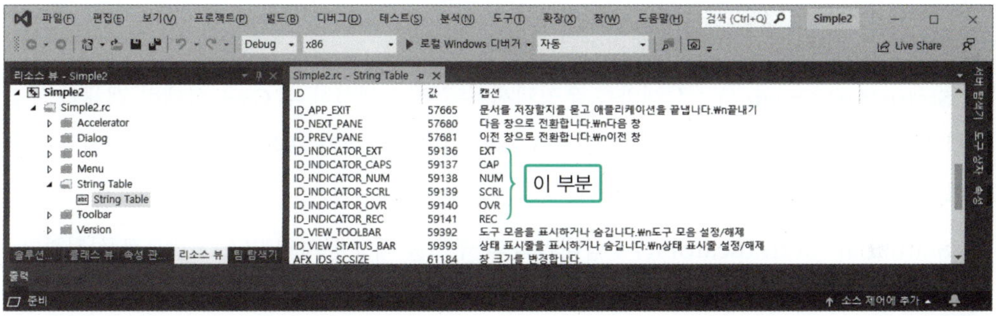

그림 6-36 상태바에 사용되는 문자열 리소스

상태바는 프레임 윈도우에서 관리하며 툴바나 상태바의 존재 여부에 따라 뷰의 크기는 자동으로 조정된다. Simple2 프로그램의 MainFrm.h 파일에는 다음과 같이 CStatusBar 객체가 선언되어 있다.

```
class CMainFrame : public CFrameWnd
{
    ...
protected:
    CToolBar    m_wndToolBar;
    CStatusBar  m_wndStatusBar;
    CChildView  m_wndView;
    ...
};
```

프레임 윈도우가 생성될 때 호출되는 CMainFrame::OnCreate() 함수에는 운영체제 수준에서 상태바를 생성하는 코드가 자동으로 추가되어 있다.

```
int CMainFrame::OnCreate(LPCREATESTRUCT lpCreateStruct)
{
    ...
    if (!m_wndStatusBar.Create(this))
```

```
    {
        TRACE0("상태 표시줄을 만들지 못했습니다.\n");
        return -1;
    }
    m_wndStatusBar.SetIndicators(indicators, sizeof(indicators)/sizeof(UINT));
    ...
}
```

각 함수의 기능을 사용 순서대로 정리하면 다음과 같다.

- **CStatusBar::Create()** : 상태바를 운영체제 수준에서 생성한 후 C++ 상태바 객체와 연결한다. this 포인터는 프레임 윈도우 객체를 가리키며, 상태바가 프레임 윈도우의 자식 윈도우로 생성됨을 나타낸다.
- **CStatusBar::SetIndicators()** : 상태바의 각 구획을 해당 문자열 리소스 값으로 설정한다.

2 상태바 사용

상태바에 새로운 구획을 추가해서 사용하는 방법을 실습을 통해 살펴보자.

실습 6-8 상태바 구현하기

[그림 6-37]과 같이 클라이언트 영역의 마우스 커서 좌표를 상태바에 표시하는 프로그램을 작성해보자.

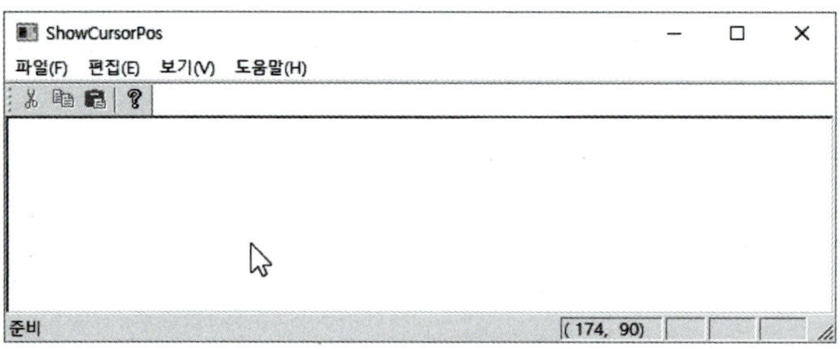

그림 6-37 실행 결과

1. 응용 프로그램 마법사를 이용하여 ShowCursorPos 프로젝트를 만든다. 생성 옵션은 Simple2 프로그램과 동일하다.

2. 문자열 리소스를 열고 임의 위치에서 마우스 오른쪽 버튼을 클릭하여 '새 문자열'을 추가한다. 'ID'로는 ID_INDICATOR_POS를, '값'으로는 ID_INDICATOR_REC보다 1만큼 큰

값을 부여했다. '캡션'에는 마우스 커서의 좌표 값 범위를 감안하여 임의의 네 자리 숫자 두 개를 입력했다. 이렇게 캡션을 부여하지 않으면 상태바에서 차지하는 영역이 작아져서 실제로 마우스 위치를 표시할 때 좌표 값이 가려지는 경우가 발생할 수 있다.

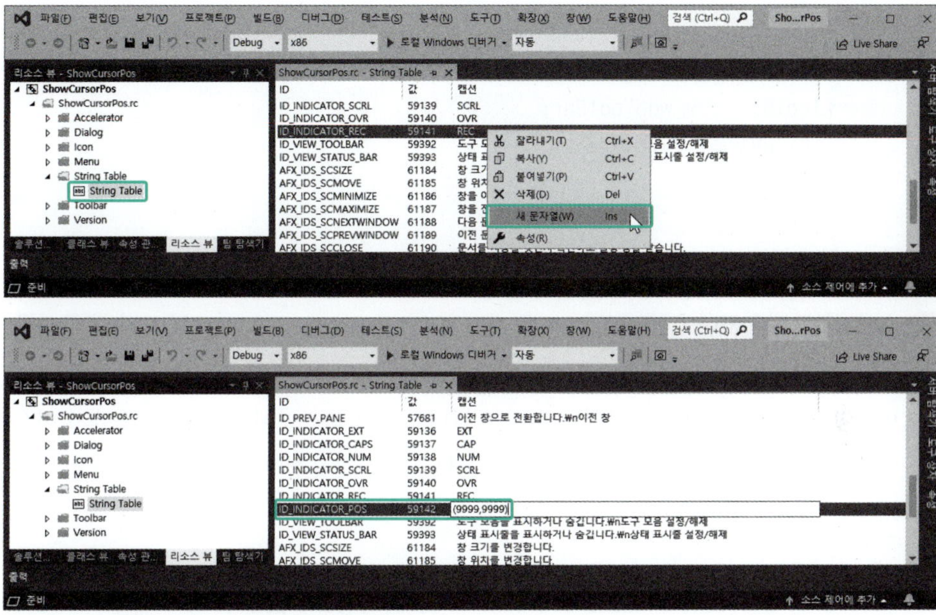

그림 6-38 문자열 리소스 추가, ID/값/캡션 입력

3 MainFrm.cpp 파일에 다음과 같이 한 줄을 추가하면 상태바에 마우스 위치를 표시할 수 있는 구획이 할당된다.

```
static UINT indicators[] =
{
    ID_SEPARATOR,
    ID_INDICATOR_POS,
    ID_INDICATOR_CAPS,
    ID_INDICATOR_NUM,
    ID_INDICATOR_SCRL,
};
```

4 마우스 움직임과 관련된 메시지는 뷰 클래스에서 처리하므로, 뷰 클래스에서 프레임 윈도우의 상태바 객체에 직접 접근할 수 있도록 MainFrm.h 파일을 다음과 같이 수정하면 편리하다.

```
class CMainFrame : public CFrameWnd
{
    ...
public:
    CStatusBar  m_wndStatusBar;
protected:
    CToolBar    m_wndToolBar;
    CChildView  m_wndView;
    ...
};
```

5 속성 창을 이용하여 CChildView 클래스에 WM_MOUSEMOVE 메시지 핸들러를 추가한 후 다음 코드를 작성한다. CStatusBar::SetPaneText() 함수는 특정 구획의 문자열을 변경한다. 첫 번째 인자는 구획의 위치를 나타내는 인덱스인데, 이 프로그램에서 마우스 위치를 표시하는 구획은 두 번째 위치에 있으므로 1을 사용했다. 두 번째 인자에는 구획에 표시할 문자열을 넣는다.

```
void CChildView::OnMouseMove(UINT nFlags, CPoint point)
{
    CString str;
    str.Format(_T("(%4d,%4d)"), point.x, point.y);
    CMainFrame *pMainFrame = (CMainFrame *)AfxGetMainWnd();
    pMainFrame->m_wndStatusBar.SetPaneText(1, str);
}
```

뷰 클래스에서 전역 함수인 AfxGetMainWnd()를 이용하여 프레임 윈도우 클래스에 접근하므로 ChildView.cpp 파일의 시작부에 다음과 같이 헤더 파일을 추가해야 컴파일 오류가 발생하지 않는다.

```
#include "stdafx.h"
#include "ShowCursorPos.h"
#include "ChildView.h"
#include "MainFrm.h"
```

컴파일, 링크 후 프로그램을 실행하면 마우스 커서를 움직여도 상태바에 위치가 표시되지 않을 것이다. 문자열 리소스에서 정의한 ID_INDICATOR_POS의 ID 값에 따라 잘 동작하는 경우도 있지만 그렇지 않은 경우도 있다. 어떤 경우에도 문제없이 동작하도록 처리하려면 다음 실습 과정을 따라야 한다. Visual Studio 설명서에서도 본 실습의 6~9단계에 해당하는 코드를 추가해야 함을 명시하고 있다.

MFC에서 제공하는 상태바 관련 문자열 ID(예: ID_INDICATOR_CAPS)는 갱신 핸들러가 이미 만들어져 있으므로 자동으로 동작하지만, 사용자가 만든 경우에는 따로 갱신 핸들러를 작성해 주어야 한다. 갱신 핸들러를 제공하지 않으면 사용자가 만든 상태바의 구획이 자동으로 비활성화 상태가 된다.

6 [그림 6-39]와 같이 CMainFrame 클래스에서 마우스 오른쪽 버튼을 클릭하여 '함수 추가...' 메뉴를 선택하면 '함수 추가' 대화 상자가 열린다.

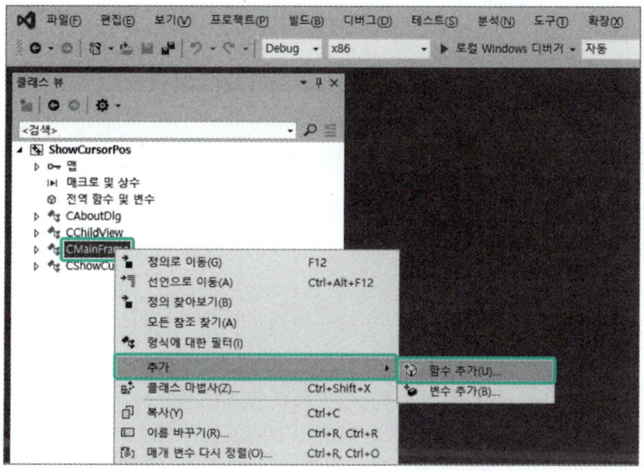

그림 6-39 멤버 함수 추가

7 [그림 6-40]을 참고하여 갱신 핸들러로 사용할 '함수 이름'과 '반환 형식', 그리고 '매개 변수'를 입력한다. 〈확인〉을 클릭하면 CMainFrame 클래스의 멤버 함수가 자동으로 생성된다.

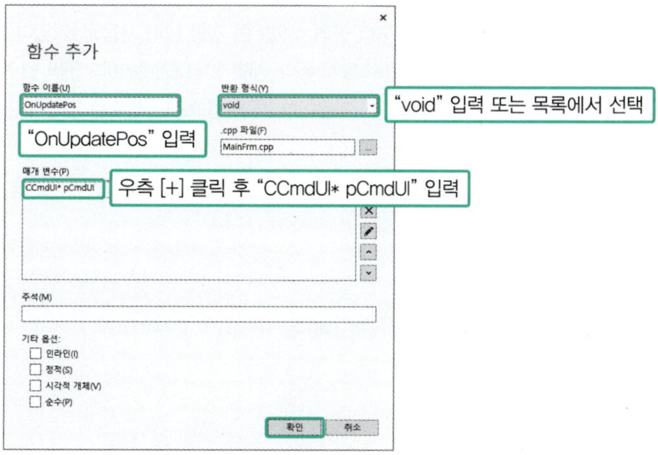

그림 6-40 상태바 갱신 핸들러 추가

8 상태바 갱신 핸들러에서는 CCmdUI::Enable() 함수를 호출한다.

```
void CMainFrame::OnUpdatePos(CCmdUI * pCmdUI)
{
    pCmdUI->Enable();
}
```

9 마지막으로, 상태바 갱신 핸들러를 새로운 상태바 구획과 연결하기 위해 MainFrm.cpp 파일에 다음과 같이 메시지맵 항목을 한 줄 추가한다.

```
BEGIN_MESSAGE_MAP(CMainFrame, CFrameWnd)
    ON_WM_CREATE()
    ON_WM_SETFOCUS()
    ON_UPDATE_COMMAND_UI(ID_INDICATOR_POS, OnUpdatePos)
END_MESSAGE_MAP()
```

현장 팁 **빠른 개발(2) friend 키워드 활용**

객체 지향 프로그래밍에서 클래스 멤버 변수는 private 또는 protected로 설정하여 내부 정보를 보호한다. 함수를 통하지 않고 직접 멤버 변수에 접근하여 수정할 경우 예기치 않은 오류를 초래하기 때문이다. 멤버 변수에 대한 접근은 다음과 같이 Get()/Set() 멤버 함수를 제공하여 값을 얻거나 수정하는 방식이 정석이다.

```
int GetIndex() { return m_nIndex; }
void SetIndex(int nIndex) { m_nIndex = nIndex; }
```

하지만 개발 중에 이런 함수를 일일이 구현하기에 번거롭기 마련이다. 이 때문에 임시로 private나 protected 같은 접근 권한을 public으로 변경해서 사용하는 경우가 많다. 물론 1차 개발이 끝난 후 클래스를 다시 재정비(Refactoring)하면 된다. 하지만 public 멤버 변수가 변경되면 여러 곳에서 아무런 제한 없이 사용될 수 있다. 그 결과 나중엔 사용되는 곳을 파악하기도 어려울뿐더러 정리도 만만치 않게 된다. 개발 편의성은 높이되 멤버 변수를 public으로 설정하는 찜찜함을 없앨 수 있는 방법이 'friend 키워드' 사용이다. 특정 클래스나 함수를 밀접한 관계(친구)로 설정할 수 있다. 다음을 살펴보자.

```
class CMainFrame : public CFrameWnd
{
    friend class CChildView;
    friend void CChildView::OnMouseMove(UINT nFlags, CPoint point);
    friend void MyGlobalFunc(int iNumber);
    …
};
```

첫 번째는 클래스 전체에 친구 관계를 설정하는 것이고, 두 번째와 세 번째는 멤버 함수나 전역 함수에 대해 친구 관계를 설정하는 것이다. friend 키워드를 쓰고 원하는 클래스나 함수 이름을 쓰면 된다. 이때 클래스나 함수를 선언한 헤더도 필요 없기 때문에 아주 편리하다. 이렇게 권한 변경을 하지 않고 관계가 설정된 클래스나 함수는 해당 클래스 내 멤버 변수와 멤버 함수를 자유롭게 사용할 수 있다.

또한 클래스를 재정비할 때 friend 키워드가 사용된 곳을 조사하여 특정 클래스나 함수에 밀접한 관계가 있음을 쉽게 파악할 수 있다. 특히 클래스보다 함수에 대해 사용하면 더욱 빠르게 관계를 파악하고 정리할 수 있다. 이러한 방식은 클래스 설계가 모두 되지 않은 상태에서 빠르게 개발할 때 사용하는 방식이다. 따라서 최종 버전에서는 향후 유지 보수를 위해 friend 키워드 일괄 삭제할 수 있도록 설계 수정이 바람직하다.

요약

01 메뉴

응용 프로그램에서 선택할 수 있는 명령의 집합으로, 계층 구조로 이루어진 사용자 인터페이스 요소이다.

02 메뉴 명령 처리하기

- 명령 항목을 마우스나 키보드로 선택하면 운영체제는 WM_COMMAND 메시지를 발생시킨다. 이 메시지와 더불어 메뉴 항목의 ID를 메뉴가 속한 윈도우에 보낸다.
- MFC에서는 각각의 명령 항목에 해당하는 처리 함수를 따로 작성할 수 있게 하는데, 이를 명령 핸들러라 부른다. 명령 핸들러는 일반 윈도우 메시지 핸들러와 달리 명령 라우팅이 작동하기 때문에 어느 클래스에 작성하더라도 처리된다.

03 메뉴 항목 갱신하기

각 메뉴 항목의 상태를 갱신하기 위한 함수를 명령 갱신 핸들러라 부른다. 명령 갱신 핸들러에도 명령 라우팅이 작동하므로 어느 클래스에 작성해도 동작한다.

04 컨텍스트 메뉴

- 마우스 오른쪽 버튼을 클릭할 때 열리는 메뉴로, 마우스 커서의 위치 또는 현재 작업하고 있는 내용에 따라 서로 다른 메뉴 항목을 표시한다.
- 컨텍스트 메뉴를 표시하려면 WM_CONTEXTMENU 메시지를 처리하면서 CMenu::TrackPopupMenu() 함수를 사용해야 한다.

05 시스템 메뉴

- 윈도우의 좌상단에 있는 아이콘을 클릭하거나 타이틀바에서 마우스 오른쪽 버튼을 클릭할 때 표시되는 메뉴로, 윈도우 조작과 관련된 몇 가지 기능을 제공한다.
- CWND::GetSystemMenu() 함수를 이용해 시스템 메뉴를 가리키는 CMenu 포인터를 얻으면 시스템 메뉴를 조작할 수 있다.

06 가속기(단축키)

가속기를 사용하면 메뉴처럼 WM_COMMAND 메시지가 발생하며, 해당 메뉴 명령 핸들러가 호출된다.

07 툴바

일반적으로 메뉴 항목의 기능을 빠르게 수행하려는 목적으로 사용된다. 때로는 메뉴 항목에 없는 기능을 독립적으로 제공하기도 한다. MFC는 CControlBar와 CToolBar 클래스를 통해 툴바 관련 기능을 제공한다.

08 상태바

일반적으로 윈도우의 하단에 위치하며 응용 프로그램의 현재 상태 정보를 보여준다. MFC는 CContrlBar와 CStatusBar 클래스를 통해 상태바 관련 기능을 제공한다.

연습문제

01 MenuDesign 예제를 수정하여, [수학 함수(&M)] 메뉴 내 [log] 하위 메뉴와 [sin] 하위 메뉴 사이에 가로줄(MF_SEPARATOR)을 삽입하시오.

HINT 리소스 편집기에서 메뉴 속성 내 Separator 항목 이용

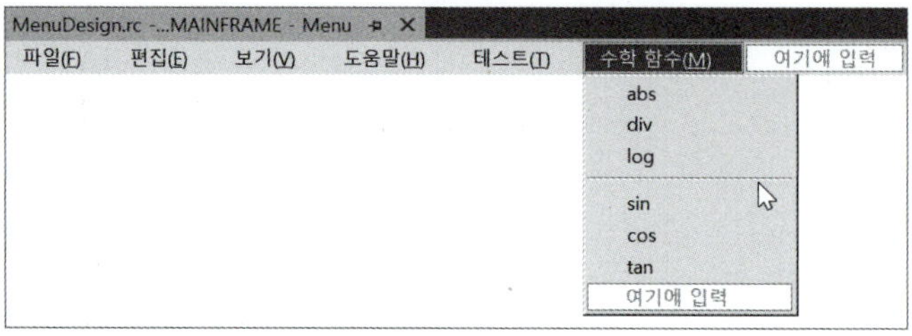

02 Simple2 예제를 수정하여, 예제에서 생성한 [색상(&C)] 메뉴 내 팝업 메뉴가 아래 그림과 같이 클라이언트 영역에서 마우스 오른쪽 버튼 클릭 시 나타나도록 하시오.

HINT 팝업 메뉴 화면 표시는 CMenu::TrackPopupMenu() 함수, 클라이언트 좌표를 화면 좌표로 변경은 CWnd::ClientToScreen() 함수 이용

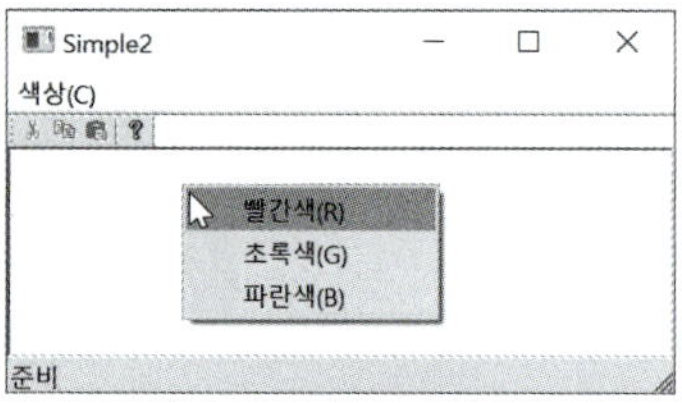

03 Simple2 예제를 수정하여, 예제에서 추가한 [테스트(&T)] 메뉴를 아래 그림과 같이 최상위 메뉴 내 [파일(&F)] 메뉴 첫 번째 항목으로 삽입하시오. 아울러 [파일(&F)] 메뉴와 [끝내기(&X)] 메뉴 사이에 가로줄(MF_SEPARATOR)을 삽입하시오.

HINT 하위 메뉴 요청은 CMenu::GetSubMenu() 함수, 메뉴 삽입은 CMenu::InsertMenu() 함수 이용

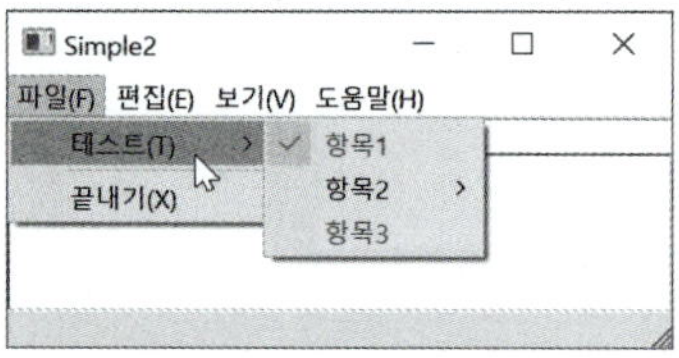

04 Simple2 예제를 다음과 같이 수정하시오. 아래 그림과 같이 시스템 메뉴 내 [닫기(&C] 메뉴 앞에 [트레이 아이콘] 메뉴를 추가한다. [트레이 아이콘] 메뉴를 클릭하면 윈도우가 사라지고 트레이 아이콘만 나타나도록 한다. 그리고 트레이 아이콘을 더블 클릭하면 윈도우가 다시 복원되고, 트레이 아이콘은 사라지도록 구현한다. 단, 트레이 아이콘에 대한 콜백(callback) 메시지는 다음과 같이 정의한다.

```
#define WM_TRAY_NOTIFICATION    WM_APP + 1
```

HINT 시스템 메뉴 접근은 CMainFrame 클래스에서 CWnd::GetSystemMenu() 함수, 메뉴 삽입은 CMenu::InsertMenu() 함수, 트레이 아이콘 설정은 ::Shell_NotifyIcon() API 함수, 시스템 명령 처리는 CMainFrame::OnSysCommand() 함수, 사용자 메시지 처리는 메시지 맵에서 ON_MESSAGE() 매크로 이용

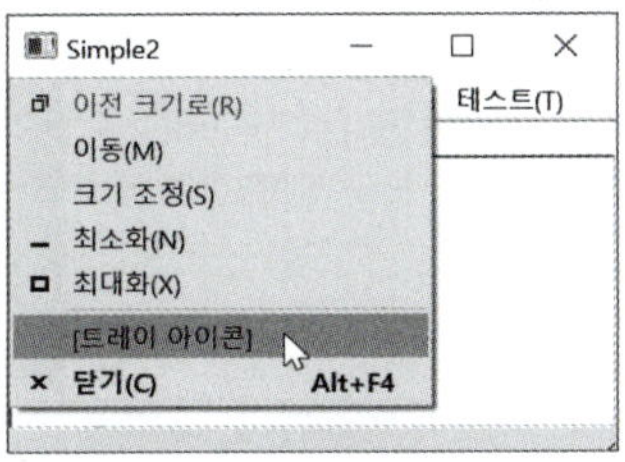

05 Simple2 예제를 다음과 같이 수정하시오. 클라이언트 영역에 임의 직사각형을 하나 출력한다. 직사각형 내부에서 마우스 오른쪽 버튼을 누르면 [삭제] 메뉴가 나타나고, 직사각형 외부에서 마우스 오른쪽 버튼을 누르면 [추가] 메뉴가 나타난다.

HINT 직사각형 내부 영역 점검은 CRect::PtInRect() 함수, 메뉴 비활성화는 팝업 메뉴 화면 표시는 CMenu::TrackPopupMenu() 함수, 클라이언트 좌표를 화면 좌표로 변경은 CWnd::ClientToScreen() 함수 이용

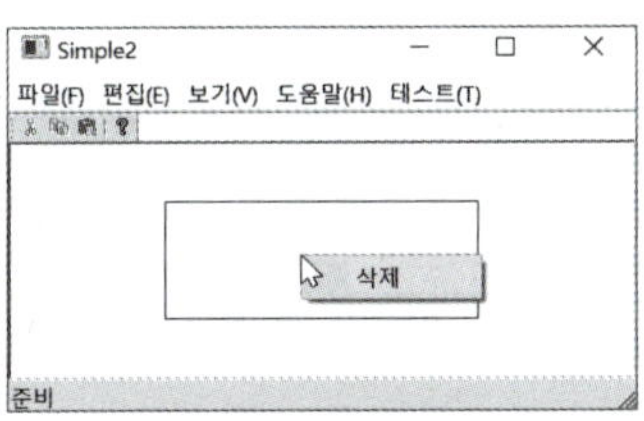

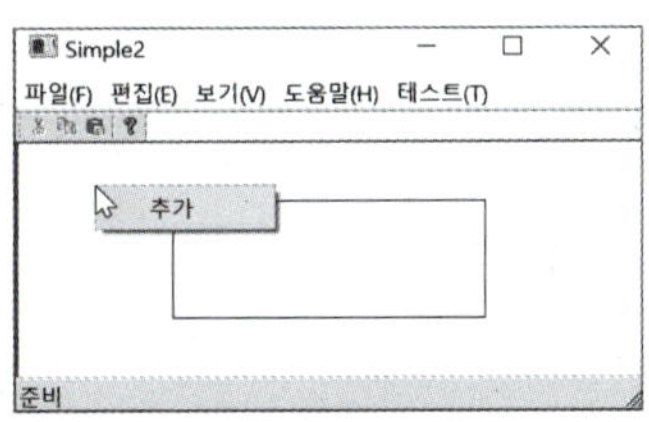

06 ColorSelect 예제를 수정하여, CChildView 클래스에서 처리하던 메뉴 명령 처리를 CColorSelectApp 클래스에서 처리하시오. 단, m_color 멤버 변수는 이동하지 않고 CChildView 클래스에 위치한다.

HINT CChildView 클래스 처리 내용을 CColorSelectApp 클래스로 이동, CChildView 접근은 다음 구문 사용: 'CChildView& view = ((CMainFrame*)m_pMainWnd)->m_wndView;'

07 ColorSelect 예제를 수정하여, CChildView 클래스에서 처리하던 메뉴 명령 처리를 CMainFrame 클래스에서 처리하시오. 단, m_color 멤버 변수는 이동하지 않고 CChildView 클래스에 위치한다.

HINT CChildView 클래스 처리 내용을 CMainFrame 클래스로 이동, CChildView 접근은 다음 구문 사용: 'CChildView& view = ((CMainFrame*)m_pMainWnd)->m_wndView;'

연습문제

08 **ColorSelect 예제를 수정하여. [색상(&C)] 메뉴 내 [빨간색], [초록색], [파란색] 메뉴 항목을 체크가 아닌 라디오 표시로 변경하고, 현재 선택된 메뉴는 비활성화한다.**

HINT 라디오 표시는 CCmdUI::SetRadio() 함수, 비활성화 처리는 CCmdUI::Enable() 함수 이용

09 **ColorSelect 예제를, 시스템 메뉴 끝에 [색상(&C)] 메뉴를 추가하고 CMainFrame 클래스에서 WM_SYSCOMMAND 메시지를 처리하여 동작하도록 수정하시오.**

HINT 시스템 메뉴는 CMainFrame 클래스에서 CWnd::GetSystemMenu() 함수로 접근, 메뉴 추가는 CMenu::AppendMenu() 함수, 시스템 메뉴로 전달된 색상 메뉴 처리는 CChildView::OnCmdMsg() 함수 이용

10 **ColorSelect 예제를 다음과 같이 수정하시오. [전원 끄기] 메뉴를 추가하고, 이 메뉴를 선택하면 클라이언트 영역이 회색으로 바뀌고 [전원 끄기] 메뉴가 [전원 켜기]로 이름이 변경된다. 그리고 [전원 켜기] 메뉴를 다시 선택하면 클라이언트 영역이 흰색으로 바뀌고 [전원 켜기] 메뉴가 [전원 끄기]로 이름이 변경된다. 단, 클라이언트 영역은 WM_ERASEBKGND 메시지 처리를 통해 배경색을 변경한다.**

HINT 메인 메뉴는 CMainFrame 클래스에서 CWnd::GetMenu() 함수로 접근, 메뉴 이름은 CMenu::GetMenuString() 함수, 메뉴 이름 변경은 CMenu::ModifyMenu() 함수, 배경 색 출력은 CDC::FillSolidRect() 함수, 메뉴 바 갱신은 CWnd::DrawMenuBar() 함수 이용

11 **ColorSelect 예제를 Alt+Enter를 누르면 윈도우가 최대화되도록 수정하시오.**

HINT 단축키는 IDR_MAINFRAME 가속기(accelerator) 리소스 이용, 최대화는 CWnd:: ShowWindow() 함수 이용

12 **SystemMenu 예제를 수정하여, 시스템 메뉴 내 [닫기] 메뉴를 활성화하고, 시스템 메뉴 내 다른 메뉴는 모두 삭제하여 [닫기] 메뉴만 나타나도록 하시오.**

HINT 시스템 메뉴는 CMainFrame 클래스에서 CWnd::GetSystemMenu() 함수로 접근, 메뉴 삭제는 CMenu::DeleteMenu() 함수 이용

13 **ColorSelect 예제에 윈도우가 최소화되는 툴바 버튼을 추가하시오.**

HINT 최소화는 CWnd::ShowWindow() 함수 이용

14 **ColorSelect 예제에서 툴바를 오른쪽 테두리에 세로로 배치하고, 도킹은 오른쪽에만 허용하도록 수정하시오.**

HINT 툴바 배치는 CToolBar::CreateEx() 함수 내 세 번째 인자 이용, 허용 가능한 도킹 위치 지정은 CToolBar::EnableDocking()과 CWnd::EnableDocking() 함수 이용

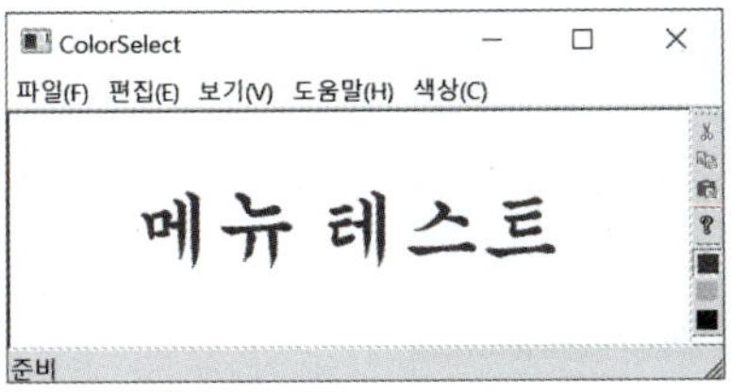

15 **Simple2 예제를 수정하여 상태바 내 ID_SEPARATOR 부분에 마우스 좌표를 출력하시오.**

HINT 마우스 현재 위치는 WM_MOUSEMOVE 메시지 처리, 상태바는 CMainFrame 클래스 내 m_wndStatusBar 멤버 변수 이용

16 **ShowCursorPos 예제에서 상태바에서 ID_SEPARATOR 부분이 상태바에서 두 번째에 나타나도록 순서를 변경하고, 마우스 좌표는 그대로 ID_INDICATOR_POS 부분에 출력하도록 수정하시오.**

HINT 상태바 내 순서 변경은 MainFrm.cpp 파일 내 indicators 정적 변수 이용

17 **ShowCursorPos 예제를 다음과 같이 수정하시오. 상태바 내 ID_INDICATOR_POS 뒤에 ID_INDICATOR_POS2를 추가한다. ID_INDICATOR_POS에는 클라이언트 영역 기준 마우스 좌표를 출력하고, ID_INDICATOR_POS2에는 화면 영역 기준으로 마우스 좌표를 출력한다.**

HINT 상태바 내 ID 추가는 MainFrm.cpp 파일 내 indicators 정적 변수 이용, 클라이언트 좌표를 화면 좌표로 변환하는 것은 CWnd::ClientToScreen() 함수 이용

현장의 목소리

사용자 계정 컨트롤UAC와 관리자 권한으로 실행

윈도우 비스타Vista 이후 사용자 계정 컨트롤User Account Control, UAC이라는 보안 기술이 운영체제에 추가되어, 윈도우 7 이후에도 적용되고 있다. 이 때문에 새로운 프로그램을 설치하거나 인터넷 뱅킹 서비스를 이용하려고 하다 보면, 다음과 같이 "이 앱이 디바이스를 변경할 수 있도록 허용하시겠어요?" 메시지가 적힌 사용자 계정 컨트롤 메시지를 만나게 된다. 여기서 예(Y)를 선택하게 되면 해당 프로그램에게 '관리자 권한'을 부여하게 되고, 관리자 권한으로 실행된 해당 프로세스는 PC 내 자원에 자유롭게 접근하여 필요한 작업을 수행할 수 있다.

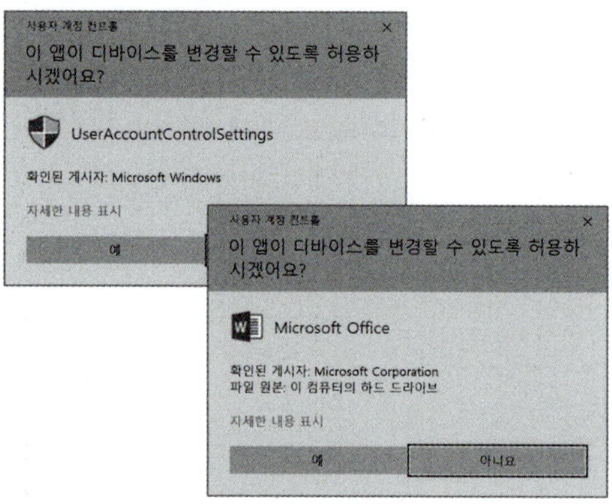

▲ 사용자 계정 컨트롤 메시지 상자

사용자가 특정 프로그램을 지정하여 관리자 권한으로 실행할 수도 있다. 특정 프로그램 아이콘 위에서 오른쪽 마우스 버튼을 클릭하여 보자. 그러면 다음과 같은 팝업 메뉴가 나타나고, 그 중에 '관리자 권한으로 실행(A)'로 되어 있는 메뉴를 확인할 수 있다. 이 메뉴를 선택하면 앞서 사용자 계정 컨트롤 메시지 상자가 나타나고 권한 상승에 대한 결정을 하면 된다.

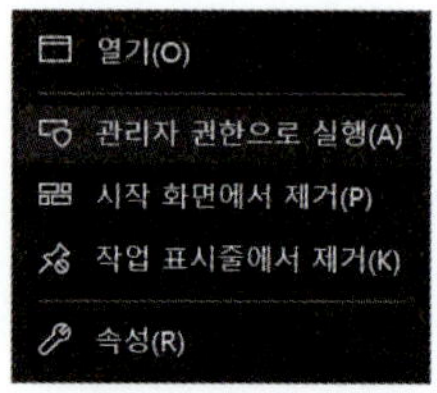

▲ 팝업 메뉴를 통한 관리자 권한으로 실행

사용자 계정 컨트롤UAC 기술을 바탕으로 응용 프로그램들은 기본적으로 표준 사용자 권한으로 실행되며, 이렇게 특별한 경우에만 관리자가 권한 수준을 높일 수 있도록 허용하여 윈도우 운영체제 보안을 개선한다. 다음은 관리자 권한을 요구하는 사례를 정리한 목록으로, 위키피디아 내용을 일부 발췌한 것임을 밝혀 둔다.

- %SystemRoot%나 %ProgramFiles% 폴더에 있는 설정이나 파일을 변경할 때
- 응용 프로그램을 설치하거나 제거할 때
- 장치 드라이버나 ActiveX 컨트롤을 설치할 때
- 윈도우 방화벽이나 UAC 설정을 변경할 때
- 윈도우 업데이트를 구성할 때
- 사용자 계정을 추가/제거하거나 사용자 계정의 종류를 바꿀 때
- 자녀 보호Parental Controls를 구성할 때
- 작업 스케줄러를 실행하거나 백업해 둔 시스템 파일들을 복원할 때
- 다른 사용자의 폴더와 파일을 보거나 변경할 때
- 디스크 조각 모음을 실행할 때
- 기타 권한 상승을 요구하는 프로그램을 실행할 때 등

(원문: http://en.wikipedia.org/wiki/User_Account_Control)

윈도우 XP와 같이 윈도우 비스타 이전 운영체제를 사용하던 사용자는 UAC 자체가 상당히 번거

로울 수 있다. 이러한 사용자를 위해 UAC를 아예 꺼 버릴 수도 있다. 다음과 같이 제어판에서 [시스템 및 보안] 항목에서 [보안 및 유지 관리] 탭을 살펴보면 '사용자 계정 컨트롤 설정 변경' 항목을 확인할 수 있다. 이 항목을 선택하면 '사용자 계정 컨트롤 설정' 대화 상자가 나타나고 여기에서 다음과 같이 네 가지 보안 수준을 지정할 수 있다.

- 항상 알림(가장 안전한 설정)
- 앱에서 사용자 모르게 컴퓨터를 변경하려는 경우에만 알림(기본값)
- 앱에서 사용자 모르게 컴퓨터를 변경하려는 경우에만 알림(바탕 화면을 흐리게 표시하지 않음)
- 다음의 경우 항상 알리지 않음(사용자 계정 컨트롤 끄기, 가장 안전하지 않은 설정)

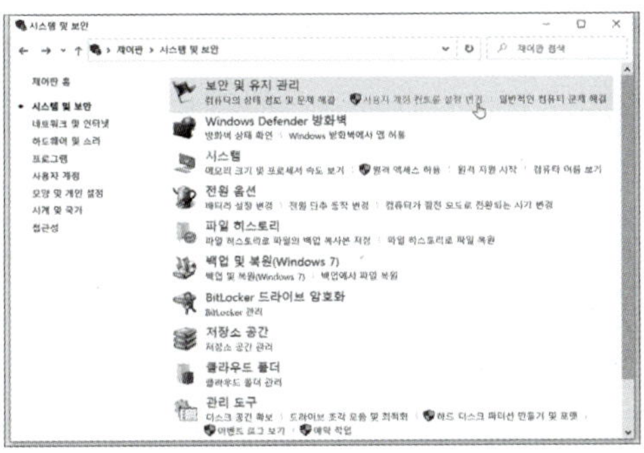

▲ 제어판에서 사용자 계정 컨트롤 설정 변경 항목

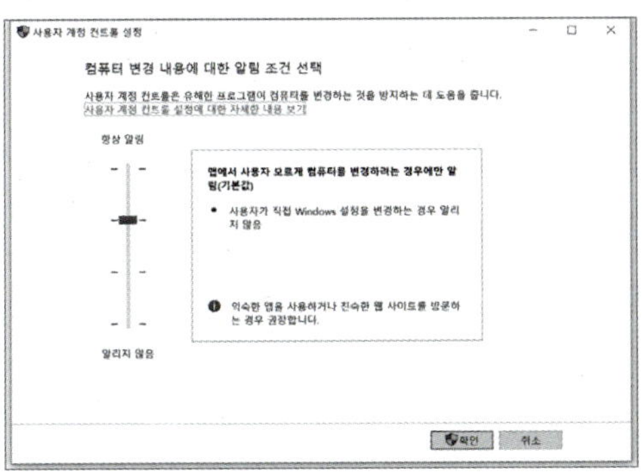

▲ 사용자 계정 컨트롤 설정 대화 상자

응용 프로그램에서 특정 프로그램을 팝업 메뉴로 실행하는 방식대로 ::ShellExecute() API 함수로 간단히 '관리자 권한으로 실행'이 가능하다. 다음 코드는 메모장 프로그램을 실행하는 예제로, 관리자 권한으로 실행하기 위해서는 반드시 두 번째 인자에 "runas"를 입력해야 한다는 사실에 주목해야 한다! 그러면 다음과 같은 사용자 계정 컨트롤 메시지가 나타난다.

```
void CUACTestDlg::OnBnClickedButton1()
{
    ::ShellExecute( NULL, _T("runas"),
      _T("C:\\Windows\\Notepad.exe"),
      0, 0, SW_SHOWNORMAL );
}
```

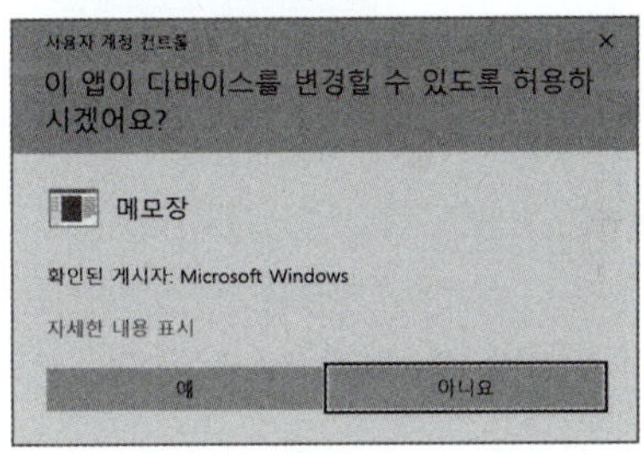

▲ 프로그램에서 관리자 권한으로 실행한 메모장 프로그램

이제 비주얼 C++로 개발하는 EXE 프로그램이 실행될 때 설치 프로그램처럼 관리자 권한을 요청하는 방식을 살펴보도록 하자. 비주얼 C++에서는 프로젝트 속성을 통해 이 과정을 간단하게 수행할 수 있도록 제공한다. [프로젝트(P)]–[속성(P)] 메뉴 또는 Alt+F7을 사용하여 프로젝트 속성 창을 열고, 다음 화면과 같이 [구성 속성]–[링커]–[매니페스트 파일] 탭으로 이동한다. 여기서 [UAC 실행 수준] 항목이 실행 권한을 설정할 수 있는 항목이다. 여기서 선택할 수

있는 권한은 다음과 같이 세 가지 종류가 있으며, '관리자 권한으로 실행'하기 위해 필요한 권한은 'requireAdministrator'이다.

- **asInvoker** : 기본Default 설정 값으로, 일반적인 응용 프로그램들이 실행되는 표준 사용자 권한 수준
- **highestAvailable** : 현재 로그인한 사용자 권한을 따르는 설정 값으로, 현재 사용자가 관리자라면 관리자 권한으로 실행 가능함
- **requireAdministrator** : 무조건 관리자 권한이 필요하다고 명시하는 설정임

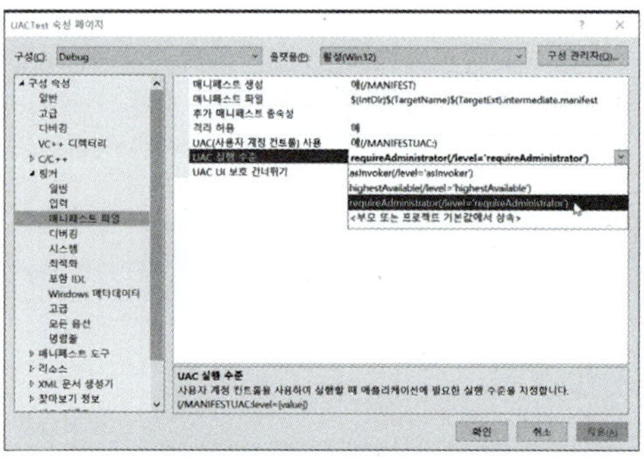

▲ 프로젝트 속성 설정을 통한 UAC 실행 수준 지정

이렇게 매니페스트Manifest 파일 설정을 마치고 다시 빌드하고 나면, 다음 그림과 같이 EXE 파일 아이콘 모양이 바뀐다. 이로써 UAC 실행 수준이 관리자 수준으로 변경되면, UAC 아이콘( )이 아이콘 오른쪽 아래 표시되는 것을 알 수 있다. 그리고 프로그램을 실행하면 사용자 계정 컨트롤 메시지가 나타난다.

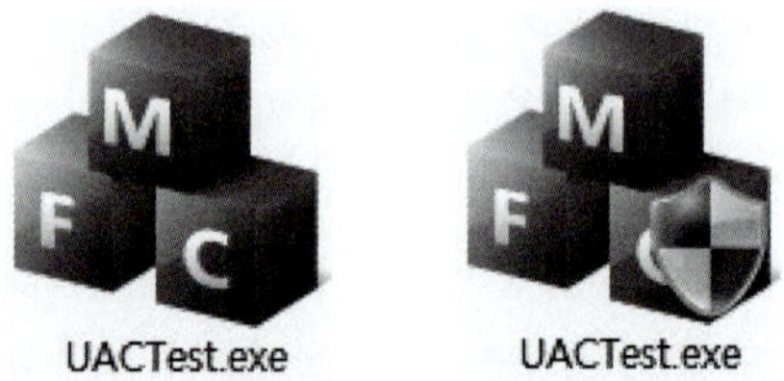

(a) UAC 적용 전　　(b) UAC 적용 후

▲ UAC 실행 수준 지정 후 변경된 응용 프로그램 아이콘

UAC 심화 과정으로, 응용 프로그램(EXE)이 아닌 DLL인 경우(예 ActiveX 컨트롤)를 살펴볼 수 있다. 응용 프로그램 자체가 권한 상승된 경우는 아무런 문제가 없으나, 응용 프로그램은 표준 사용자 수준에서 실행하고, DLL에서 수행하는 작업이 관리자 권한이 필요한 작업이라면 상황이 더욱 복잡하다. 새로운 프로세스를 생성하여 '권한 상승된 프로세스/객체Elevated Process/Object'를 요청하고, 이 권한 상승된 객체를 통해 DLL이 노출한 함수를 호출하는 방식을 사용해야 한다.

윈도우 운영체제에서 권한 상승된 프로세스를 생성하기 위해 제공하는 API로, ::CreateProcessAsUser()와 ::CreateProcessWithLogonW() API 함수 등이 있으며, COM 객체인 경우 권한 상승 모니커Elevation Moniker를 이용해 권한 상승된 COM 객체를 생성하는 방법이 있다(모니커 이름으로 Elevation:Administrator!new:{CLSID}를 명시하는 방식으로, CoCreateInstanceAsAdmin() 함수 예제를 검색하여 참고한다). 보다 상세한 내용은 Visual Studio 설명서 등을 참고하도록 하자.

CHAPTER 07

파일 입출력

학습 목표

- CFile 클래스를 이용한 파일 입출력 기법을 익힌다.
- 도큐먼트/뷰 구조를 개괄적으로 이해한다.
- CArchive 클래스를 이용한 직렬화 기법을 익힌다.

01 일반 파일 입출력

MFC 응용 프로그램에서는 크게 두 가지 방식으로 파일 입출력을 처리한다.

- **일반 파일 입출력** : CFile (파생) 클래스 객체를 생성하고, Read()나 Write() 같은 멤버 함수를 이용하여 파일 입출력을 처리한다.
- **직렬화** : CArchive 클래스 객체를 생성하고, ≪ 또는 ≫ 연산자를 이용하여 파일 입출력을 처리한다. 직렬화와 MFC의 도큐먼트/뷰 구조를 결합하면 파일 입출력을 좀 더 편리하게 할 수 있다.

일반 파일 입출력은 1절에서 다루고, 직렬화는 2절에서 도큐먼트/뷰 구조를 배운 후 3절에서 소개할 것이다. 사실 직렬화 기법을 적용하면 CFile 클래스를 이용한 일반 파일 입출력 방식을 직접 사용할 필요가 없어진다. 하지만 직렬화 과정에서 내부적으로 CFile 클래스를 사용하므로 원리를 이해하기 위해 배워두는 것이 좋다. 또한 직렬화가 가진 한계 때문에 일반 파일 입출력 방식을 반드시 사용해야 하는 경우도 적지 않으므로, 맨 먼저 범용의 CFile (파생) 클래스를 학습할 것이다.

MFC는 CFile (파생) 클래스를 통해 범용의 파일 입출력 기능을 제공한다. [그림 7-1]은 CFile 관련 클래스를 보여준다. CFile 클래스는 그 자체로도 유용한 파일 입출력 기능을 제공하지만, 파생 클래스에 공통된 인터페이스를 제공하는 중요한 역할도 한다.

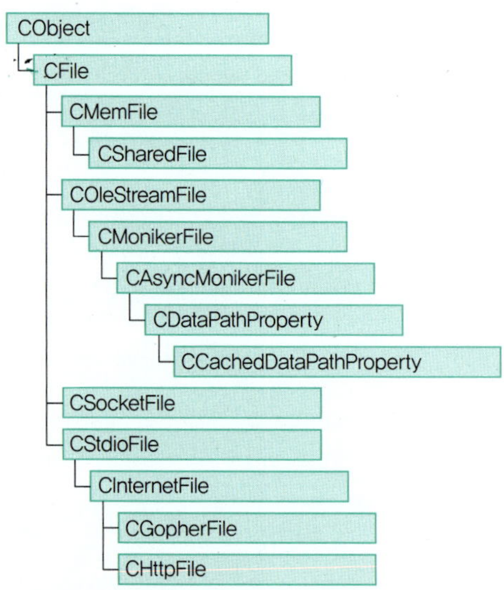

그림 7-1 MFC 클래스 계층도

1 CFile 클래스

CFile은 파일과 관련된 MFC의 최상위 클래스로, 저수준의 파일 입출력 기능을 제공한다. CFile 클래스가 제공하는 핵심적인 입출력 연산은 다음과 같다.

- 파일을 열거나 생성한다(Open).
- 데이터를 읽는다(Read).
- 데이터를 쓴다(Write).
- 입출력 위치를 변경한다(Seek).
- 파일을 닫는다(Close).

이 다섯 가지 연산을 이용하면 파일의 임의 위치에서 임의 크기(최소 1바이트)로 데이터를 입출력할 수 있다. 이런 점에서 CFile 클래스는 가장 융통성 있고 범용으로 활용할 수 있는 기능을 가진 파일 입출력 클래스라고 할 수 있다.

> **현장 팁** CFile 클래스와 파일 개념
>
> MFC 클래스 계층도에서 CFile 클래스 주변을 살펴보면 수많은 자식 클래스가 있다. 메모리(CMemFile), OLE(COleStreamFile), 통신(CSocketFile), 로컬 파일(CStdioFile), 인터넷(CInternetFile) 등 각기 다른 용도를 위한 클래스가 CFile 클래스를 상속받고 있다. 운영체제에서 '파일'이라고 하면 단순히 하드 디스크에 존재하는 로컬 파일만 의미하지는 않는다. COM1이나 COM2 같은 시리얼 포트도 다음과 같은 방식으로 접근할 수 있기 때문이다.
>
> ```
> HANDLE hFile = ::CreateFile(_T("\\\\.\\COM1"), ...);
> if ( hFile != INVALID_HANDLE_VALUE )
> {
>     CFile file( hFile );
>     …
> }
> ```
>
> 운영체제는 유닉스UNIX 시절부터 장치든 로컬 파일이든 관계없이 동일한 방식(API)으로 처리하도록 설계되었다. 단지 우리가 로컬 파일에 익숙해 파일을 다루는 방식을 장치에 사용하면 낯설 뿐이다. MFC는 더 나아가 동일한 방식으로 OLE나 인터넷까지 제공하는 클래스를 제공한다. 따라서 어떤 함수나 클래스가 CFile 객체를 받아들인다고 하면, 로컬 파일뿐만 아니라 메모리, 통신, 인터넷 상관없이 모두 건네줄 수 있다. 반대로 자신이 제작하는 함수나 클래스가 CFile 객체를 지원하면, CFile 클래스를 상속한 다양한 용도를 모두 지원하게 된다. 이렇게 다양한 용도에 대해 일관된 처리가 가능한 이유는 모두 운영체제와 C++ 다형성Polymorphism 덕분이다.

1.1 열기와 생성

CFile 클래스의 생성자를 이용하면 파일을 열거나 생성할 수 있다. 생성자는 리턴 값이 없으므로 다음과 같이 C++ 예외 처리 기법을 사용하여 오류를 처리한다.

```
try {
    CFile file(_T("mytest.txt"), CFile::modeReadWrite);
}
catch (CFileException* e) {
    e->ReportError();
    e->Delete();
}
```

생성자 대신 CFile::Open() 함수로 파일을 열거나 만들 수도 있다. 생성자와 달리 리턴 값이 있으므로 일반 함수처럼 오류를 처리하면 된다.

```
CFile file;
CFileException e;
if (!file.Open(_T("mytest.txt"), CFile::modeReadWrite, &e))
    e.ReportError();
```

두 코드 모두 실행 중 오류가 발생하면 다음과 같은 메시지 상자가 뜬다.

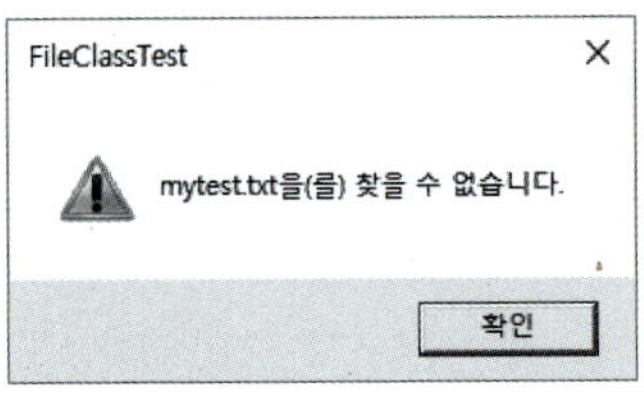

그림 7-2 오류 메시지

CFile::CFile()과 CFile::Open() 함수의 첫 번째 인자는 파일명이고, 두 번째 인자는 접근과 공유 모드를 나타내는 플래그 값이다. [표 7-1]은 자주 사용하는 플래그를 정리한 것이다. 의미상 충돌이 없다면 | 연산자로 여러 개의 플래그 값을 조합해서 사용할 수 있다.

표 7-1 파일 접근과 공유 모드

플래그	의미
CFile::modeCreate	파일을 무조건 생성한다. 이름이 같은 파일이 있다면 크기를 0으로 바꾼다.
CFile::modeNoTruncate	| 연산자로 CFile::modeCreate 플래그와 조합해서 사용하면, 이름이 같은 파일이 있을 때 크기를 0으로 바꾸지 않고 그 파일을 연다.
CFile::modeRead	파일을 읽기 전용 모드로 열거나 생성한다.
CFile::modeReadWrite	파일을 읽기 및 쓰기 모드로 열거나 생성한다.
CFile::modeWrite	파일을 쓰기 전용 모드로 열거나 생성한다.

CFile::shareDenyNone	파일에 대한 읽기와 쓰기를 다른 프로세스에 허용한다.
CFile::shareDenyRead	다른 프로세스가 파일을 읽는 것을 금한다.
CFile::shareDenyWrite	다른 프로세스가 파일에 쓰는 것을 금한다.
CFile::shareExclusive	다른 프로세스가 파일을 읽거나 파일에 쓰는 것을 금한다.

1.2 닫기

CFile 객체를 로컬 변수로 선언하여 파일을 열면 객체 소멸 시 자동으로 파일을 닫는다. 따라서 파일을 닫는 함수를 명시적으로 호출할 필요가 없다.

```
void CChildView::OnLButtonDown(UINT nFlags, CPoint point)
{
    CFile file;
    CFileException e;
    if (!file.Open(_T("mytest.txt"), CFile::modeReadWrite, &e)) {
        e.ReportError();
        return;
    }
    ...
} // CFile::~CFile() 소멸자가 호출된다.
```

하지만 CFile::Close() 함수를 사용하여 명시적으로 파일을 닫을 수도 있다. 이 방법은 CFile 객체 한 개로 여러 개의 파일을 다룰 때 유용하다.

```
void CChildView::OnLButtonDown(UINT nFlags, CPoint point)
{
    CFile file;
    CFileException e;
    if (!file.Open(_T("mytest1.txt"), CFile::modeReadWrite
        |CFile::modeCreate|CFile::modeNoTruncate, &e)) {
        e.ReportError();
        return;
    }
    ...
    file.Close();
    if (!file.Open(_T("mytest2.txt"), CFile::modeReadWrite
        |CFile::modeCreate|CFile::modeNoTruncate, &e)) {
        e.ReportError();
```

```
        return;
    }
    ...
    file.Close();
    ...
}
```

1.3 읽기와 쓰기

CFile::Read()와 CFile::Write() 함수는 파일의 특정 위치(파일 포인터)에서 데이터를 읽거나 쓴다. lpBuf는 버퍼의 시작 주소이고 nCount는 전송할 바이트 수이다. Read() 함수의 리턴 값은 파일에서 실제로 읽은 바이트 수로, 값이 nCount보다 작을 수 있다.

```
UINT CFile::Read(void* lpBuf, UINT nCount);
void CFile::Write(const void* lpBuf, UINT nCount);
```

1.4 입출력 위치 변경하기

CFile::Seek() 함수는 파일 포인터를 임의 위치로 옮겨준다. 윈도우 운영체제에서 파일의 최대 크기는 이론상 2^64바이트이지만, MFC 6.0까지는 파일 포인터를 32비트로 표현했다. MFC 7.0부터는 64비트로 변경되었으므로 이론상 최대 파일 크기를 지원한다.

```
ULONGLONG CFile::Seek(LONGLONG lOff, UINT nFrom); // MFC 7.0 ~
LONG      CFile::Seek(LONG      lOff, UINT nFrom); // ~ MFC 6.0
```

lOff는 부호가 있는signed 정수 값으로 양수/0/음수가 될 수 있는데, 이 크기만큼 파일 포인터를 이동한다. nFrom은 파일 포인터 이동 시 기준점을 나타내는 값으로 [표 7-2]와 같이 세 종류가 있다. CFile::Seek() 함수의 리턴 값은 부호 없는unsigned 정수 값으로, 파일의 맨 앞을 기준으로 최종적인 파일 포인터의 위치를 나타낸다.

표 7-2 nFrom 값

nFrom	의미
CFile::begin	파일의 처음 위치에서 lOff만큼 파일 포인터를 이동한다.
CFile::current	현재 파일 포인터 위치에서 lOff만큼 파일 포인터를 이동한다.
CFile::end	파일의 끝 위치에서 lOff만큼 파일 포인터를 이동한다.

참고 CFile::Seek() 대신 CFile::SeekToBegin()이나 CFile::SeekToEnd() 함수를 이용하면 파일의 처음 또는 끝 위치로 파일 포인터를 이동하는 작업을 간편하게 할 수 있다.

1.5 기타 함수

그 밖의 유용한 CFile 클래스 멤버 함수를 정리하면 다음과 같다.

- **CFile::GetLength()**, **CFile::SetLength()** : 파일의 현재 크기를 얻거나 변경한다.
- **CFile::GetPosition()** : 파일 포인터의 현재 위치를 얻는다.
- **CFile::LockRange()**, **CFile::UnlockRange()** : 파일의 일정 영역을 잠그거나 해제한다. 잠근 영역은 다른 프로세스가 접근할 수 없다.
- **CFile::GetFilePath()**, **CFile::GetFileName()** : 파일의 전체 경로Full Path와 이름을 얻는다.

현장 팁 **예외 처리 의미와 고급 코딩**

C++에서 이미 예외 처리 개념이 소개되었고, 자바나 C# 같은 언어는 견고하게 예외 처리를 지원한다. 그럼에도 아직도 예외 처리를 왜 사용하는지 모르는 개발자가 많다. 이들은 예외 처리보다 if 문과 리턴 값을 처리하는 코드가 좋다고 믿는다. 물론 예외 처리를 쓰지 않는다고 해서 잘못은 아니지만 좋은 방식을 굳이 배제할 필요도 없다. 먼저 종전 방식으로 작성된 소스 코드를 살펴보자.

```
int MyReadFile(BYTE *pBuf, ...)
{
    int iErrorCode = 0;
    HANDLE hFile = ::CreateFile(...);
    if (hFile != INVALID_HANDLE_VALUE) {
        DWORD dwFileSize = ::GetFileSize(hFile, …);
        if (dwFileSize != INVALID_FILE_SIZE) {
            pBuf = new BYTE[dwFileSize];
            if (pBuf != NULL) {
                BOOL bRead = ::ReadFile(hFile, …);
                if (bRead == FALSE)
                    iErrorCode = -1;
            }
            else {
                iErrorCode = -2;
            }
        }
        else {
            iErrorCode = -3;
        }
        BOOL bClose = ::CloseHandle(hFile);
        if (bClose == FALSE)
            iErrorCode = -4;
    }
```

```
    else {
        iErrorCode = -5;
    }
    return iErrorCode;
}
```

보다시피 MyReadFile() 함수는 파일 전체를 버퍼에 담아 넘겨주는 역할을 한다. 오류가 발생할 경우를 대비하여 if 문으로 분류하고, 각 오류는 음수로 지정한 후 리턴한다. 자연스러워 보이지만 코드가 복잡하고 수정도 만만치 않다. 실제로 이 때문에 많은 개발자가 자잘한 오류 처리를 아예 무시하는 경향이 있다. 게다가 소스 코드를 이해하려면 if 문을 짝지어 해독해야 한다. 그런데 함수가 더 길어지면 위쪽과 아래쪽 내용을 짝짓기조차 혼동된다. 그럼 예외 처리를 사용하면 어떻게 될까? 다음 소스 코드를 살펴보자.

```
int MyReadFile(BYTE *pBuf, ...)
{
    int iErrorCode = 0;
    try {
        파일 열기 작업(…);
        크기 얻기 작업(…);
        버퍼 할당 작업(…);
        파일 읽기 작업(…);
        파일 닫기 작업(…);
    }
    catch (파일 열기 예외 상황)
        iErrorCode = -5;
    catch (파일 닫기 예외 상황)
        iErrorCode = -4;
    catch (크기 얻기 예외 상황)
        iErrorCode = -3;
    catch (버퍼 할당 예외 상황)
        iErrorCode = -2;
    catch (파일 읽기 예외 상황)
        iErrorCode = -1;
    return iErrorCode;
}
```

예외 처리를 사용하면 '수행 절차'와 '오류 처리'가 완전히 분리된다. 따라서 '이 함수가 어떤 기능을 수행하는지'는 물론, '오류가 발생했을 때 어떤 처리를 하고 오류 코드가 무엇인지'를 분명히 알 수 있다. 다만 아쉬운 점은 윈도우 API 함수가 C++ 기반이 아니어서 예외 처리를 사용할 수 없다는 점이다. MFC가 부분적으로 예외 처리를 지원하지만 자바나 C#처럼 완전히 지원하지는 않는다. 이 때문에 예제에 완전한 함수를 거론할 수 없었다. 하지만 이 개념을 숙지하고 본인이 개발하는 함수부터 적용하다 보면 고급 코드 장점을 몸소 체험할 수 있다. 물론 자바나 C#을 이용하여 프로그래밍한다면 의무적으로 예외 처리를 사용해야 한다.

현장 팁 **파일 쓰기 속도 최적화 옵션**

최근 플래시 메모리에 기반한 SSD(Solid-State Disk)가 HDD를 대체함에 따라 I/O 속도가 급격히 빨라졌다. 거기에 SSD를 복수로 묶어 RAID 0으로 설정하면 초당 1GB 이상으로 데이터 저장이 가능한 초고속 I/O 장치를 구성할 수 있다. 이러한 고속 I/O 장치에 접근하는 경우 윈도우 운영체제가 중간에 관여하는 자체가 오히려 속도를 떨어뜨릴 수 있다. 이러한 상황을 위해 CFile 생성자 또는 CFile::Open() 함수에서 다음과 같이 'CFile::osNoBuffer' 플래그를 사용하면 I/O 성능을 향상시킬 수 있다.

```
CFile file;
BOOL bRtn = file.Open( pszPath,
      CFile::modeCreate | CFile::modeWrite |
      CFile::shareExclusive | CFile::osNoBuffer, NULL, NULL );
```

참고 CFile::shareExclusive 옵션 또한 파일을 독점적으로 사용할 수 있으므로 다른 프로세스로부터 간섭을 줄여 성능을 높일 수 있다.

2 그 밖의 유용한 클래스

2.1 CMemFile

CMemFile 클래스를 이용하면 디스크가 아닌 메모리에 존재하는 파일을 생성할 수 있다. 메모리의 일부 영역을 파일처럼 다루는 방식이므로 임시로 사용하거나 빠르게 입출력할 수 있는 파일이 필요할 때 유용하다. CFile 클래스와 달리 파일을 여는 과정 없이 객체를 만든 후 CFile 클래스와 동일한 입출력 함수를 사용하면 된다.

다음은 정수형 데이터를 메모리 파일에 쓰고 다시 읽는 예제이다.

```
void CChildView::OnLButtonDown(UINT nFlags, CPoint point)
{
    CMemFile file;

    // 메모리 파일에 데이터 쓰기
    int a = 100;
    file.Write(&a, sizeof(a));

    // 메모리 파일에서 데이터 읽기
    file.SeekToBegin();
    int b;
    file.Read(&b, sizeof(b));

    // 읽은 데이터 출력하기
```

```
    TRACE(_T("b = %d\n"), b);
}
```

참고 2장에서 살펴보았듯이 TRACE 매크로로 출력한 결과는 [디버그]-[디버깅 시작] 메뉴로 프로그램을 시작한 후 '출력' 창에서 볼 수 있다.

2.2 CStdioFile

CStdioFile 클래스는 텍스트 파일을 줄 단위로 읽고 쓸 수 있는 CStdioFile::ReadString()과 CStdioFile::WriteString() 함수를 제공한다.

다음은 test1.txt 파일을 읽어서 모두 대문자로 바꾼 후 test2.txt 파일에 저장하는 예제이다. 올바른 결과를 얻으려면 프로그램을 실행하기 전에 현재 디렉터리(Current Directory)에 test1.txt 파일을 만들어 두어야 한다. 비주얼 스튜디오 통합 환경에서는 프로그램을 실행할 때 프로젝트 디렉터리가 현재 디렉터리로 자동 설정된다.

```
void CChildView::OnLButtonDown(UINT nFlags, CPoint point)
{
    CStdioFile file1;
    CFileException e;
    if (!file1.Open(_T("test1.txt"), CFile::modeRead, &e)) {
        e.ReportError();
        return;
    }
    CStdioFile file2;
    if (!file2.Open(_T("test2.txt"), CFile::modeWrite | CFile::modeCreate, &e)) {
        e.ReportError();
        return;
    }
    CString str;
    while (file1.ReadString(str)) {
        str.MakeUpper(); // 대문자로 바꾼다.
        file2.WriteString(str + _T('\n'));
    }
}
```

2.3 CFileFind

CFileFind 클래스는 이름 그대로 파일 검색 기능을 제공한다. 앞서 소개한 클래스와 달리 CFile 클래스와는 무관하며, MFC 클래스 계층도에서는 인터넷 서비스 카테고리로 분류된다. [그림 7-3]은 CFileFind 관련 클래스를 보여준다. CFtpFileFind와 CGopherFileFind 클래스는 인터넷 서비스와 관련된 것이므로 여기서는 다루지 않는다.

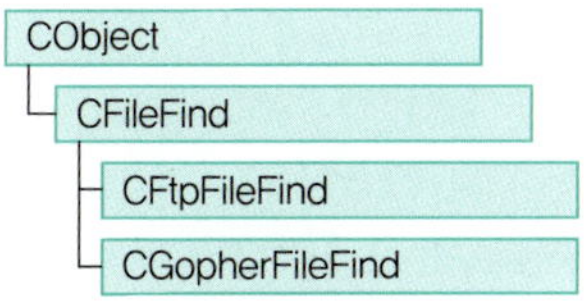

그림 7-3 MFC 클래스 계층도

다음은 현재 디렉터리에 있는 모든 파일과 디렉터리를 보여주는 예제이다. 우선 찾으려는 파일 이름을 CFileFind::FindFile() 함수에 문자열 형태로 넘겨준다. 이 함수의 리턴 값이 TRUE이면 조건을 만족하는 파일이 한 개 이상 있다는 의미이다. 이때 FALSE가 리턴되기 전까지 CFileFind::FindNextFile() 함수를 계속 호출하면 조건을 만족하는 모든 파일 정보를 차례로 얻을 수 있다. 검색한 파일에 관한 구체적인 정보가 필요하면 CFileFind::Is*() 함수를 이용한다. 여기서는 CFileFind::IsDirectory() 함수로 디렉터리인지 판단하여 디렉터리이면 [ ] 표시를 출력하도록 작성했다.

```
void CChildView::OnLButtonDown(UINT nFlags, CPoint point)
{
    CFileFind finder;
    BOOL bWorking = finder.FindFile(_T("*.*"));
    while (bWorking) {
        bWorking = finder.FindNextFile();
        if(finder.IsDirectory())
            TRACE(_T("[%s]\n"), (LPCTSTR)finder.GetFileName());
        else
            TRACE(_T("%s\n"), (LPCTSTR)finder.GetFileName());
    }
}
```

참고 2장에서 살펴보았듯이 TRACE 매크로로 출력한 결과는 [디버그]-[디버깅 시작] 메뉴로 프로그램을 시작한 후 '출력' 창에서 볼 수 있다.

02 도큐먼트/뷰 구조

도큐먼트/뷰 구조Document/View Architecture는 MFC 응용 프로그램에서 중요한 개념이다. 6장까지는 도큐먼트/뷰 구조를 사용하지 않고 프로그램을 작성했으나, 직렬화를 이용하여 파일 입출력을 하려면 도큐먼트/뷰 구조를 기반으로 프로그램을 작성해야 한다.

이 절에서는 도큐먼트/뷰 구조를 개괄적으로 살펴보고 응용 프로그램 마법사가 생성한 프로그램을 분석함으로써 직렬화 기능을 사용하기 위한 준비를 한다. 도큐먼트/뷰 구조에 대한 전반적인 정리는 10장에서 하되, 이 장에서는 파일 입출력과 직접 관련된 부분을 중심으로 진행할 것이다.

1 도큐먼트/뷰 구조 개요

도큐먼트/뷰 구조는 응용 프로그램에서 사용할 데이터를 관리하는 기능과 데이터를 화면에 표시하는 기능을 분리하여 구현한다는 개념에 기초한다. 여기서 데이터 관리 기능을 담당하는 부분을 도큐먼트, 데이터를 화면에 표시하는 기능을 담당하는 부분을 뷰라고 부른다. MFC 응용 프로그램에서는 이들이 C++ 클래스(객체) 형태로 존재하므로 도큐먼트 클래스(객체), 뷰 클래스(객체)라는 용어를 사용한다.

[그림 7-4]는 디스크에 저장된 파일과 도큐먼트 객체, 뷰 객체, 사용자의 상호 작용을 보여준다.

(a) 디스크에 저장된 파일 데이터를 읽는 경우 : [파일]-[열기...] 메뉴로 디스크에 저장된 파일을 열면, 도큐먼트 객체는 이 파일에 저장된 데이터를 읽은 후 뷰 객체에서 화면에 표시하게 한다.

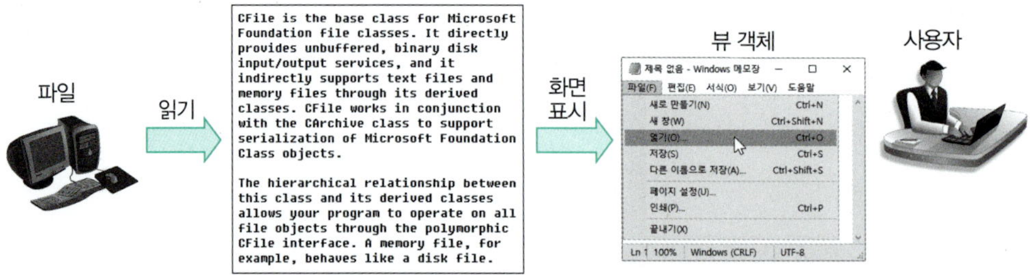

(b) **사용자가 데이터를 입력하는 경우** : 사용자가 데이터를 입력하면 뷰가 처리한 후 도큐먼트 객체에 저장한다.

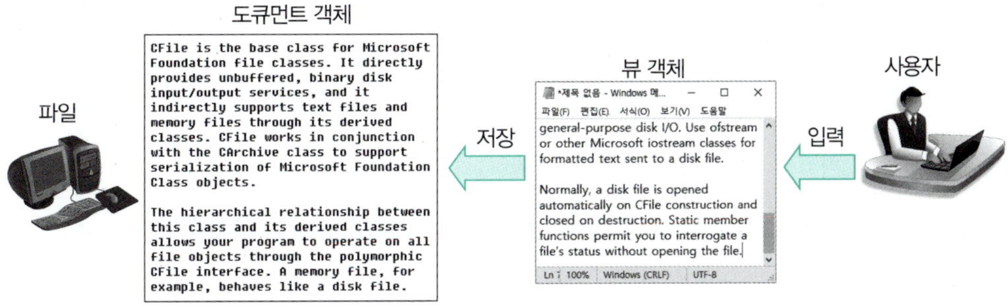

(C) **입력된 데이터를 디스크 파일에 저장하는 경우** : 저장 명령을 내리면 도큐먼트 객체가 자신의 데이터를 디스크 파일에 저장한다.

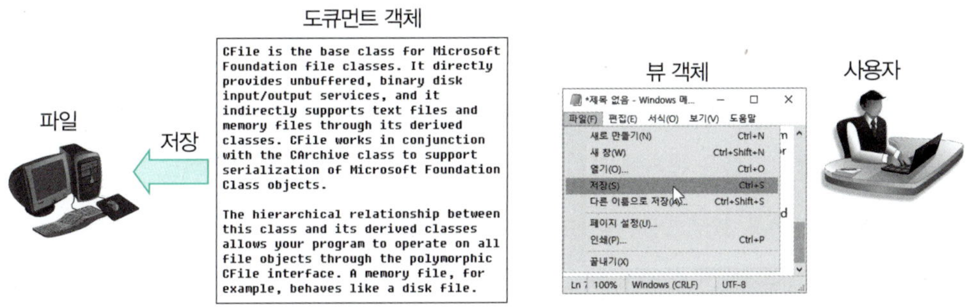

그림 7-4 도큐먼트와 뷰

도큐먼트와 뷰 클래스의 역할을 정리하면 다음과 같다.

표 7-3 도큐먼트와 뷰 클래스의 역할

클래스	역할
도큐먼트	데이터를 저장하거나 읽어 들인다. 데이터의 변경 사항이 생기면 뷰의 화면을 갱신한다.
뷰	데이터를 화면에 표시한다. 사용자와의 상호 작용을 담당한다.

도큐먼트/뷰 구조를 이용하여 프로그램을 작성하면 여러 가지 장점이 있다.

- 서로 다른 기능을 도큐먼트와 뷰 클래스로 분리해서 구현하므로 개념적으로 이해하기 쉽다. 일반적으로 독립성이 높은 기능은 별도의 모듈로 구현하는 것이 바람직한데, MFC의 도큐먼트/뷰 구조도 이런 규칙을 따른다.
- 도큐먼트 한 개에 뷰가 여러 개 존재하는 모델을 구현하기 쉽다. [그림 7-5]는 비주얼 스튜디오 2019에서 화면을 분할하여 같은 문서를 두 개의 편집창에서 다루는 모습이다. 이와 같은 형태의 응용 프로그램에는 도큐먼트 한 개에 대응하는 뷰가 두 개 존재한다.

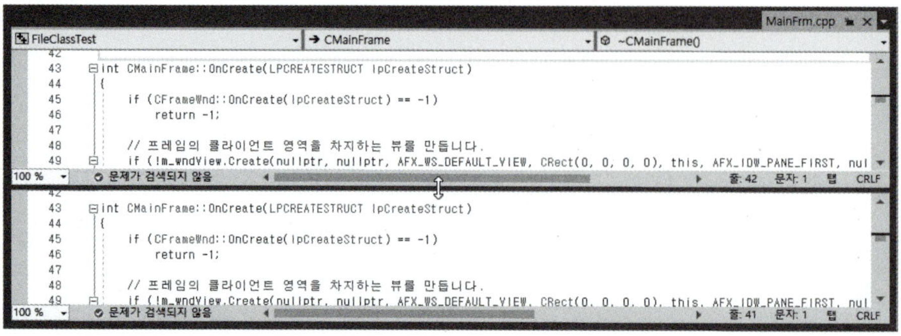

그림 7-5 두 개의 뷰

- MFC에서 도큐먼트/뷰 구조를 위해 제공하는 부가 서비스를 이용할 수 있다. 3절에서 배울 직렬화가 여기에 속하며, 그 밖의 부가 서비스는 10장에서 다룬다.

도큐먼트/뷰 구조와 관련하여 자주 등장하는 용어가 SDI Single-Document Interface와 MDI Multiple-Document Interface이다. 둘 다 응용 프로그램의 구조적 특징을 나타내는 용어로, 다룰 수 있는 도큐먼트 개수에 따라 구분한다. SDI 응용 프로그램은 한 시점에 하나의 도큐먼트와 작업할 수 있지만, MDI 응용 프로그램은 동시에 여러 도큐먼트를 대상으로 작업할 수 있다.

[그림 7-6]은 SDI 응용 프로그램인 워드패드와 MDI 응용 프로그램인 MS 엑셀 2003을 비교해 보여준다. 워드패드는 이 장에서 학습할 SDI 응용 프로그램의 전형적인 예이고, MS 엑셀 2003은 10장에서 소개할 MDI 응용 프로그램의 전형적인 예이다.

참고 MS 엑셀 2007부터는 여러 최상위 문서Multiple Top-level Documents 구조를 따른다. MDI와 비슷하지만, 각각의 뷰가 응용 프로그램의 메인 윈도우에 갇혀 있지 않고 작업 표시줄에 독립적인 응용 프로그램처럼 표시된다는 차이가 있다. MFC 앱 프로젝트 생성 시 '애플리케이션 종류'로 '여러 최상위 문서'를 선택하면 만들 수 있으며, 10장에서 소개하는 MDI의 코딩 방식을 따르면 되므로 본문에서 따로 다루지 않는다.

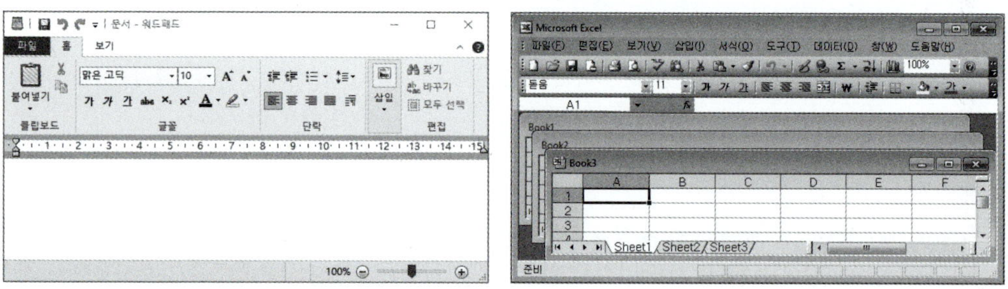

그림 7-6 SDI와 MDI 응용 프로그램의 예

이제부터는 SDI 응용 프로그램의 구조를 각 객체의 역할과 생성 과정을 중심으로 살펴보자. 도큐먼트/뷰 구조에서 핵심 역할을 하는 새로운 클래스가 등장하는데, 바로 도큐먼트 템플릿 Document Template 클래스이다.

[그림 7-7]은 도큐먼트 템플릿 관련 클래스를 보여준다. CSingleDocTemplate 클래스는 SDI 응용 프로그램에서, CMultiDocTemplate 클래스는 MDI 응용 프로그램에서 사용한다.

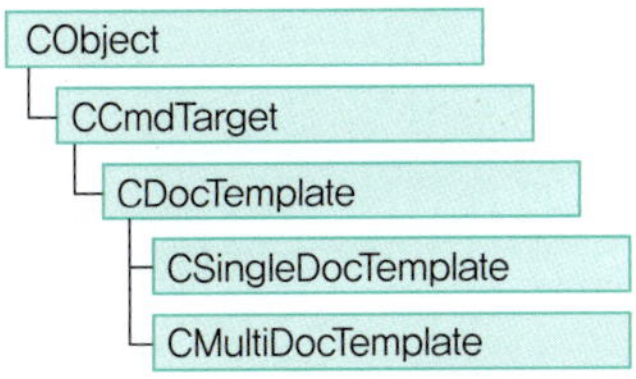

그림 7-7 MFC 클래스 계층도

도큐먼트 템플릿은 도큐먼트, 프레임 윈도우, 뷰 클래스의 정보를 유지하며 필요에 따라 해당 객체를 동적으로 생성한다. 응용 프로그램 객체는 이러한 도큐먼트 템플릿을 생성하고 관리하는데, 보통 도큐먼트 템플릿을 하나만 사용하지만 여러 개를 사용하는 경우(10장에서 소개)도 있다.

응용 프로그램 마법사로 도큐먼트/뷰 구조를 지원하는 MFC 응용 프로그램을 생성한 후 InitInstance() 함수를 찾아보면 도큐먼트 템플릿 객체를 생성하는 코드를 볼 수 있다. 아래 코드에는 도큐먼트 템플릿 객체를 동적으로 생성하고 응용 프로그램 객체에 등록하는 부분만 표시했다. 도큐먼트, 프레임 윈도우, 뷰 클래스 정보는 물론이고 프로그램에서 사용할 리소스 정보도 같이 넘겨준다는 사실을 알 수 있다.

```
BOOL CFileIOTestApp::InitInstance()
{
    ...
    CSingleDocTemplate* pDocTemplate;
    pDocTemplate = new CSingleDocTemplate(
        IDR_MAINFRAME, // 리소스 ID
        RUNTIME_CLASS(CFileIOTestDoc), // 도큐먼트 클래스 정보
        RUNTIME_CLASS(CMainFrame), // 프레임 윈도우 클래스 정보
        RUNTIME_CLASS(CFileIOTestView)); // 뷰 클래스 정보
    if (!pDocTemplate)
        return FALSE;
    AddDocTemplate(pDocTemplate); // 응용 프로그램 객체에 도큐먼트 템플릿 등록
    ...
}
```

[표 7-4]는 SDI 응용 프로그램 실행 중 주요 객체의 생성 관계를, [그림 7-8]은 객체 간의 상호 작용을 보여준다. 잠시 후에 도큐먼트/뷰 구조 응용 프로그램을 분석할 때 참고하기를 바란다.

표 7-4 주요 객체의 생성 관계(SDI 응용 프로그램)

생성 주체	생성되는 것
❶ 응용 프로그램 객체	❷ 도큐먼트 템플릿 객체
도큐먼트 템플릿 객체	❸ 도큐먼트 객체, ❹ 프레임 윈도우 객체
프레임 윈도우 객체	❺ 뷰 객체

참고 번호는 생성 순서를 나타낸다.

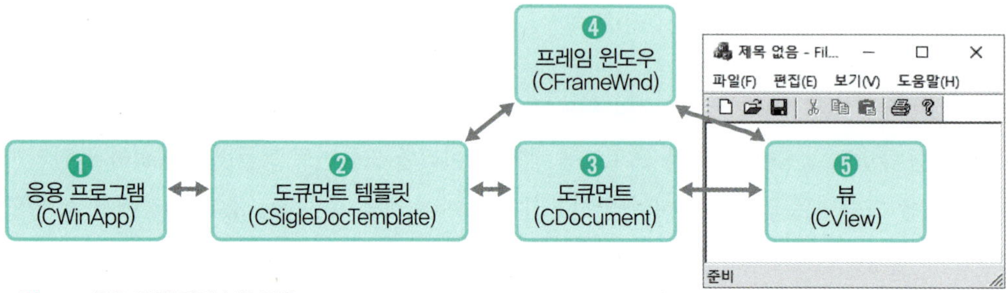

그림 7-8 주요 객체 간의 상호 작용

참고 툴바와 상태바 객체는 MFC 응용 프로그램의 핵심 구조에 해당하지 않으므로 따로 표시하지 않았다.

2 도큐먼트/뷰 구조 분석

도큐먼트/뷰 구조가 제공하는 장점을 효과적으로 활용하려면 비주얼 C++에서 자동으로 생성해주는 코드를 먼저 이해해야 한다. 이를 위해 [실습 7-1]에서는 응용 프로그램 마법사로 도큐먼트/뷰 구조 응용 프로그램을 생성하고, 화면에 도형을 출력하는 코드를 작성한다.

실습 7-1 MFC 응용 프로그램 생성하기(도큐먼트/뷰 구조)

1 비주얼 스튜디오를 실행한 후 [파일]-[새로 만들기]-[프로젝트...] 메뉴를 선택하여 [새 프로젝트 만들기] 대화 상자를 연다. 프로젝트 종류 중 'MFC 앱'을 선택하고 〈다음〉을 클릭한다.

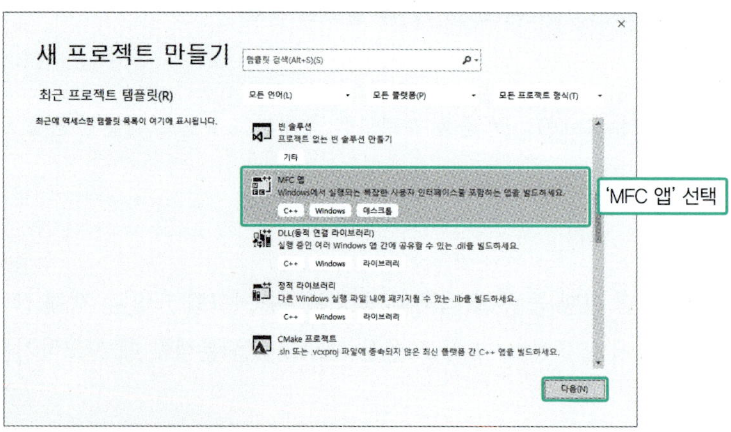

그림 7-9 프로젝트 종류 선택

참고 비주얼 스튜디오 2019 이전 버전을 사용할 경우 ❶~❷단계를 다음과 같이 진행한다. VS2017에서는 [새 프로젝트] 대화 상자에서 [Visual C++]-[MFC/ATL]-[MFC 앱]을 선택한 상태에서 프로젝트 '이름'과 '위치'를 지정하고 '솔루션용 디렉터리 만들기'를 끈 후 〈확인〉을 클릭한다. VS2015에서는 [새 프로젝트] 대화 상자에서 [템플릿]-[Visual C++]-[MFC 응용 프로그램]을 선택한 상태에서 프로젝트 '이름'과 '위치'를 지정하고 '솔루션용 디렉터리 만들기'를 끈 후 〈확인〉-〈다음〉을 차례로 클릭한다.

❷ 프로젝트 이름으로 "FileIOTest"를 입력한다. '위치'는 프로젝트가 생성될 위치를 나타내는데, 오른쪽에 있는 〈...〉을 클릭하면 원하는 폴더를 선택할 수 있다. '솔루션 및 프로젝트를 같은 디렉터리에 배치' 옵션을 체크하고 〈만들기〉를 클릭한다.

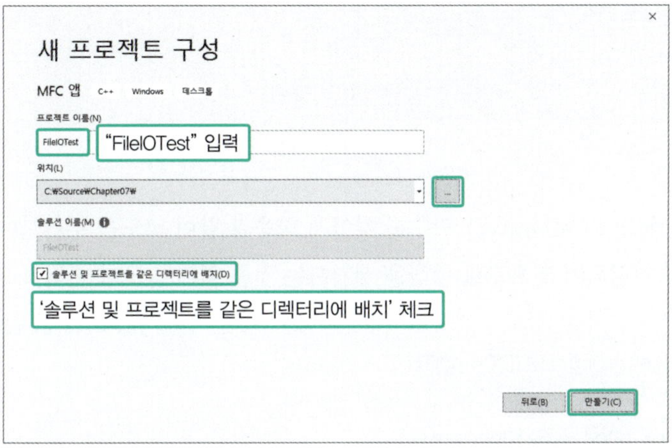

그림 7-10 프로젝트 이름과 위치 지정

❸ 단계별로 변경할 사항은 [표 7-5]와 같다. [그림 7-11]과 같이 고급 기능으로 '인쇄 및 인쇄 미리 보기'를 지원한다는 점에 주목하자.

표 7-5 응용 프로그램 마법사 단계별 변경 사항

단계	변경 사항
애플리케이션 종류	애플리케이션 종류로 '단일 문서' 선택 – '문서/뷰 아키텍처 지원' 선택되어 있음 프로젝트 스타일로 'MFC standard' 선택
문서 템플릿 속성	변경 없음 – 모든 기능 비활성화되어 있음
사용자 인터페이스 기능	변경 없음 – '초기 상태 표시줄'과 '클래식 도킹 도구 모음 사용' 선택되어 있음
고급 기능	'인쇄 및 인쇄 미리 보기', '공용 컨트롤 매니페스트'를 제외한 모든 옵션 해제

참고 '공용 컨트롤 매니페스트' 옵션은 파일 입출력과는 관계가 없으며, 8장부터 사용할 각종 윈도우 컨트롤(버튼, 체크 박스, ...)의 모양에 영향을 준다.

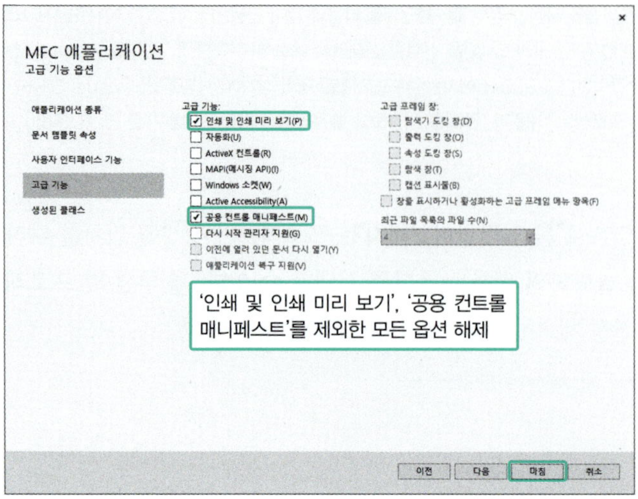

그림 7-11 고급 기능

4 CFileIOTestView 클래스의 OnDraw() 함수를 찾아서 다음과 같이 코드를 추가한다. 함수 인자가 초기에 주석 처리되어 있으므로 주석을 제거하는 것을 잊지 않도록 하자.

```
void CFileIOTestView::OnDraw(CDC* pDC)
{
    CFileIOTestDoc* pDoc = GetDocument();
    ASSERT_VALID(pDoc);
    if (!pDoc)
        return;

    pDC->SetMapMode(MM_LOMETRIC);
    pDC->Rectangle(50, -50, 350, -350);
    pDC->Ellipse(500, -50, 800, -350);
}
```

5 실행 결과는 [그림 7-12]와 같다. [파일]-[열기...]/[파일]-[저장]/[파일]-[다른 이름으로 저장...] 메뉴를 선택하면 대화 상자가 열리며, 인쇄/인쇄 미리 보기/인쇄 설정 기능도 제공된다.

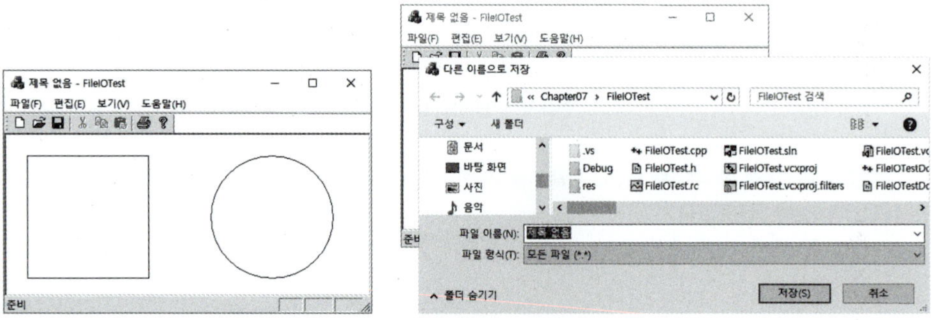

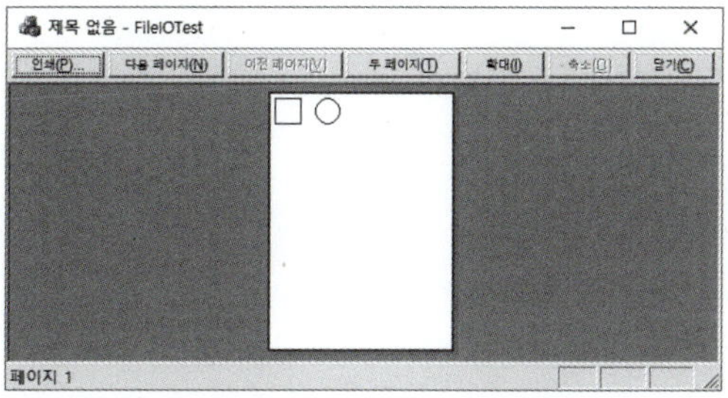

그림 7-12 실행 결과

도큐먼트/뷰 구조를 사용하지 않은 6장 Simple2 프로그램과의 주요 차이점을 클래스별로 정리하면 다음과 같다.

2.1 응용 프로그램 클래스

FileIOTest.cpp

```
...
BEGIN_MESSAGE_MAP(CFileIOTestApp, CWinApp)
    ON_COMMAND(ID_APP_ABOUT, &CFileIOTestApp::OnAppAbout)
❶   ON_COMMAND(ID_FILE_NEW, &CWinApp::OnFileNew)
    ON_COMMAND(ID_FILE_OPEN, &CWinApp::OnFileOpen)
    ON_COMMAND(ID_FILE_PRINT_SETUP, &CWinApp::OnFilePrintSetup)
END_MESSAGE_MAP()
...
BOOL CFileIOTestApp::InitInstance()
{
    ...
❷   LoadStdProfileSettings(4);

❸   CSingleDocTemplate* pDocTemplate;
    pDocTemplate = new CSingleDocTemplate(
        IDR_MAINFRAME,
        RUNTIME_CLASS(CFileIOTestDoc),
        RUNTIME_CLASS(CMainFrame),
        RUNTIME_CLASS(CFileIOTestView));
    if (!pDocTemplate)
        return FALSE;
    AddDocTemplate(pDocTemplate);

❹   CCommandLineInfo cmdInfo;
    ParseCommandLine(cmdInfo);
```

```
⑤ if (!ProcessShellCommand(cmdInfo))
       return FALSE;

⑥ m_pMainWnd->ShowWindow(SW_SHOW);
   m_pMainWnd->UpdateWindow();
   return TRUE;
}
```

❶ [파일]–[새 파일], [파일]–[열기...], [파일]–[인쇄 설정...] 메뉴 핸들러를 CWinApp 클래스가 기본으로 제공한다.

❷ 가장 최근에 사용한(MRU; Most Recently Used) 파일 목록을 로드한다.

❸ 도큐먼트 템플릿 객체를 동적으로 생성한 후 응용 프로그램 객체에 등록한다.

❹ 명령행 인자를 분석하고 그 결과를 cmdInfo 객체에 저장한다.

❺ cmdInfo 객체의 내용에 따라 적절히 처리한다. 이 과정에서 도큐먼트, 프레임 윈도우, 뷰 객체가 생성된다.

❻ 생성된 프레임 윈도우를 화면에 보이고, CWnd::UpdateWindow() 함수를 호출하여 WM_PAINT 메시지 핸들러를 실행시킨다.

2.2 프레임 윈도우 클래스

MainFrm.h

```
class CMainFrame : public CFrameWnd
{
protected:
    ...
  ① DECLARE_DYNCREATE(CMainFrame)
...
};
```

MainFrm.cpp

```
...
② IMPLEMENT_DYNCREATE(CMainFrame, CFrameWnd)
...
```

❶, ❷ 프레임 윈도우 객체는 CWinApp::ProcessShellCommand() 함수를 수행하는 과정에서 동적으로 생성된다. 동적 객체 생성 기능을 지원하기 위해 헤더 파일과 구현 파일에 각각

DECLARE_DYNCREATE(), IMPLEMENT_DYNCREATE() 매크로를 사용한다.

참고 매크로에 대한 설명은 3장 2절의 동적 객체 생성 기능을 참고하기를 바란다.

2.3 뷰 클래스

FileIOTestView.h

```
class CFileIOTestView : public CView
{
protected:
    ...
❶  DECLARE_DYNCREATE(CFileIOTestView)

public:
❷  CFileIOTestDoc* GetDocument() const;
...
public:
❸  virtual void OnDraw(CDC* pDC);
    ...
protected:
❹  virtual BOOL OnPreparePrinting(CPrintInfo* pInfo);
    virtual void OnBeginPrinting(CDC* pDC, CPrintInfo* pInfo);
    virtual void OnEndPrinting(CDC* pDC, CPrintInfo* pInfo);
...
};

#ifndef _DEBUG
❺ inline CFileIOTestDoc* CFileIOTestView::GetDocument() const
   { return reinterpret_cast<CFileIOTestDoc*>(m_pDocument); }
#endif
```

FileIOTestView.cpp

```
...
❻ IMPLEMENT_DYNCREATE(CFileIOTestView, CView)

BEGIN_MESSAGE_MAP(CFileIOTestView, CView)
❼  ON_COMMAND(ID_FILE_PRINT, &CView::OnFilePrint)
    ON_COMMAND(ID_FILE_PRINT_DIRECT, &CView::OnFilePrint)
    ON_COMMAND(ID_FILE_PRINT_PREVIEW, &CView::OnFilePrintPreview)
END_MESSAGE_MAP()
...
```

```
⑧ void CFileIOTestView::OnDraw(CDC* pDC)
{
    CFileIOTestDoc* pDoc = GetDocument();
    ASSERT_VALID(pDoc);
    if (!pDoc)
        return;

    pDC->SetMapMode(MM_LOMETRIC);
    pDC->Rectangle(50, -50, 350, -350);
    pDC->Ellipse(500, -50, 800, -350);
}
...
⑨ BOOL CFileIOTestView::OnPreparePrinting(CPrintInfo* pInfo)
{
    return DoPreparePrinting(pInfo);
}

void CFileIOTestView::OnBeginPrinting(CDC* /*pDC*/, CPrintInfo* /*pInfo*/)
{
}

void CFileIOTestView::OnEndPrinting(CDC* /*pDC*/, CPrintInfo* /*pInfo*/)
{
}
...
⑩ CFileIOTestDoc* CFileIOTestView::GetDocument() const
{
    ASSERT(m_pDocument->IsKindOf(RUNTIME_CLASS(CFileIOTestDoc)));
    return (CFileIOTestDoc*)m_pDocument;
}
```

❶, ❻ 뷰 클래스가 동적 객체 생성 기능을 지원할 수 있도록 헤더 파일과 구현 파일에 각각 DECLARE_DYNCREATE(), IMPLEMENT_DYNCREATE() 매크로를 사용한다. 뷰 객체는 프레임 윈도우가 생성될 때 내부적으로 동적 객체 생성 기능을 이용하여 만들어진다.

❷, ❺, ❿ 뷰는 사용자가 입력한 데이터를 저장하거나 저장된 데이터를 읽어오기 위해 빈번하게 도큐먼트 객체에 접근해야 한다. CView 클래스의 멤버 변수인 m_pDocument는 CDocument 타입 포인터인데, 뷰가 생성되는 과정에서 도큐먼트 객체의 주소로 초기화된다. 따라서 m_pDocument 멤버 변수를 이용하면 언제든지 뷰 객체에서 도큐먼트 객체를 참조할 수 있다. 응용 프로그램 마법사가 생성한 GetDocument() 함수는 m_pDocument를 구체적인 클래스 타입(여기서는 CFileIOTestDoc*)으로 변환한 후 리턴한다. ❺는 릴리스 버전으로 컴파일할 때, ❿은 디버그 버전으로 컴파일할 때 사용된다.

❸, ❽ 도큐먼트/뷰 구조 응용 프로그램에서는 OnPaint() 함수 대신 OnDraw() 함수가 사용된다. OnPaint() 함수와 달리 OnDraw() 함수에서는 출력을 위하여 디바이스 컨텍스트 객체를 생성할 필요가 없다. MFC 내부 코드에서 적당한 디바이스 컨텍스트 객체를 미리 생성하여 넘겨주기 때문이다. OnPaint() 함수와 달리 OnDraw() 함수는 화면 출력을 비롯하여 인쇄와 인쇄 미리 보기에도 사용된다.

❹, ❾ 인쇄와 관련해서 자동으로 호출되는 멤버 함수이다. OnPreparePrinting() 함수는 [파일]-[인쇄...] 메뉴 선택 시 호출되고, OnBeginPrinting()과 OnEndPrinting() 함수는 인쇄와 인쇄 미리 보기가 시작되는 시점과 끝나는 시점에 각각 호출된다.

❼ 인쇄와 인쇄 미리 보기 기능을 CView 클래스가 기본으로 제공한다.

2.4 도큐먼트 클래스

도큐먼트 클래스는 처음 등장하므로 주석과 헤더 파일을 제외한 대부분의 코드를 나열했다.

FileIOTestDoc.h

```
class CFileIOTestDoc : public CDocument
{
protected:
    CFileIOTestDoc() noexcept;
❶   DECLARE_DYNCREATE(CFileIOTestDoc)

public:
❷   virtual BOOL OnNewDocument();
❸   virtual void Serialize(CArchive& ar);
#ifdef SHARED_HANDLERS
    ...
#endif

public:
    virtual ~CFileIOTestDoc();
#ifdef _DEBUG
    virtual void AssertValid() const;
    virtual void Dump(CDumpContext& dc) const;
#endif

protected:
    DECLARE_MESSAGE_MAP()

#ifdef SHARED_HANDLERS
    ...
#endif
};
```

FileIOTestDoc.cpp

```
...
④ IMPLEMENT_DYNCREATE(CFileIOTestDoc, CDocument)

BEGIN_MESSAGE_MAP(CFileIOTestDoc, CDocument)
END_MESSAGE_MAP()

CFileIOTestDoc::CFileIOTestDoc() noexcept
{
}

CFileIOTestDoc::~CFileIOTestDoc()
{
}

⑤ BOOL CFileIOTestDoc::OnNewDocument()
{
    if (!CDocument::OnNewDocument())
        return FALSE;

    return TRUE;
}

⑥ void CFileIOTestDoc::Serialize(CArchive& ar)
{
    if (ar.IsStoring())
    {
    }
    else
    {
    }
}

#ifdef SHARED_HANDLERS
...
#endif

#ifdef _DEBUG
void CFileIOTestDoc::AssertValid() const
{
    CDocument::AssertValid();
```

```
}

void CFileIOTestDoc::Dump(CDumpContext& dc) const
{
    CDocument::Dump(dc);
}
#endif //_DEBUG
```

❶, ❹ 도큐먼트 클래스가 동적 객체 생성 기능을 지원할 수 있도록 헤더 파일과 구현 파일에 각각 DECLARE_DYNCREATE(), IMPLEMENT_DYNCREATE() 매크로를 사용한다.

❷, ❺ OnNewDocument() 함수는 [파일]-[새로 만들기] 메뉴를 선택했을 때 자동으로 호출된다. 새로운 문서로 작업을 시작할 때마다 필요한 초기화 코드가 있다면 여기에 추가한다.

❸, ❻ CObject::Serialize() 가상 함수를 재정의한 것으로, 직렬화 기능과 관련 있다. 데이터를 저장하거나 읽어오는 코드를 여기에 추가한다. 구체적인 내용은 3절에서 다룬다.

여기서 잠깐! OnDraw() 함수와 DC 추상화

화면 출력 용도로만 생각했던 OnDraw() 함수가 프린터 출력에도 그대로 적용되는 것을 보면 매우 놀랍다. 화면에 정성껏 출력한 것을 그대로 적용할 수 있으니 또한 편리하다. 이 모든 것이 DC의 역할이다. 앞서 배운 대로 DC는 모든 출력 장치를 추상화한다. 모니터와 프린터는 수많은 출력 장치의 한 종류일 뿐이다. 따라서 현재 DC로 출력하는 내용은 모든 출력 장치의 출력으로 연결시킬 수 있다.

이렇듯 추상화 기술은 다양한 작업을 단일화시키고, 한 곳에만 전념하여 좋은 결과를 낼 수 있도록 한다. 또한, 각 출력 장치를 지원하는 곳은 추상화로 정의된 기능에 맞추는 작업을 수행하고, 역시 자신이 맡은 출력 장치에만 전념할 수 있다. 이로써 추상화는 항상 높은 효율을 보장한다.

DC 추상화에서 염두에 둘 점은, 각 출력 장치마다 표현 방식이 달라 크기나 비율이 변할 수 있다는 것이다. 이를 최대한 보장하기 위해 '매핑 모드'를 제공하므로, 다중 출력을 목표로 한다면 미리 점검하자.

03 직렬화

3장 2절에서 CObject 서비스와 관련지어 직렬화의 간략한 개념과 관련 매크로를 배운 적이 있다. 직렬화Serialization는 영속적인 저장 매체(예: 디스크 파일)에 객체의 내용을 저장하거나 읽어오는 기법이다. 이 정의에 따른다면 1절에서 배운 CFile 클래스를 이용하여 객체의 내용을 저장하거나 읽어오는 기능을 구현하는 것도 직렬화에 속한다. 하지만 일반적으로 MFC에서 직렬화라고 하면 CArchive 클래스를 이용한 입출력 기법을 말한다.

응용 프로그램 마법사가 도큐먼트/뷰 구조 응용 프로그램에서 직렬화 기능을 사용할 수 있는 기본 코드를 생성하므로, 이를 이용하면 데이터를 저장하거나 읽어오는 코드를 간편하게 작성할 수 있다.

1 직렬화 기초

다음 코드를 살펴보자. 마우스 왼쪽 버튼을 누르면 mytest.dat 파일에 실수형 데이터를 두 개 저장하고, 마우스 오른쪽 버튼을 누르면 mytest.dat 파일에서 값을 읽어 출력하는 프로그램이다.

```
void CFileIOTestView::OnLButtonDown(UINT nFlags, CPoint point)
{
    CFile file;
    CFileException e;
    if (!file.Open(_T("mytest.dat"), CFile::modeWrite | CFile::modeCreate, &e)) {
        e.ReportError();
        return;
    }

    double a = 1.23;
    double b = 4.56;
    file.Write(&a, sizeof(a));
    file.Write(&b, sizeof(b));
}
```

```
void CFileIOTestView::OnRButtonDown(UINT nFlags, CPoint point)
{
    CFile file;
    CFileException e;
    if (!file.Open(_T("mytest.dat"), CFile::modeRead, &e)) {
        e.ReportError();
        return;
    }

    double a, b;
    file.Read(&a, sizeof(a));
    file.Read(&b, sizeof(b));
    TRACE(_T("a = %f, b = %f\n"), a, b);
}
```

같은 기능을 하는 코드를 다음과 같이 작성할 수도 있다. CArchive 객체를 이용하면 CFile::Write()나 CFile::Read() 함수 대신 《 또는 》 연산자로 파일 입출력을 할 수 있다. 하지만 CArchive 객체를 이용하더라도 궁극적으로는 디스크 파일과 연관된 CFile 객체가 필요하다는 점에 유의해야 한다.

```
void CFileIOTestView::OnLButtonDown(UINT nFlags, CPoint point)
{
    CFile file;
    CFileException e;
    if (!file.Open(_T("mytest.dat"), CFile::modeWrite | CFile::modeCreate, &e)) {
        e.ReportError();
        return;
    }

    double a = 1.23;
    double b = 4.56;
    CArchive ar(&file, CArchive::store);
    ar << a << b;
}

void CFileIOTestView::OnRButtonDown(UINT nFlags, CPoint point)
{
    CFile file;
    CFileException e;
```

```
    if (!file.Open(_T("mytest.dat"), CFile::modeRead, &e)) {
        e.ReportError();
        return;
    }

    double a, b;
    CArchive ar(&file, CArchive::load);
    ar >> a >> b;
    TRACE(_T("a = %f, b = %f\n"), a, b);
}
```

CArchive 클래스의 생성자 형태는 다음과 같다. 여기서 pFile과 nMode는 필수 인자이므로 반드시 값을 넣어 주어야 하고, nBufSize와 lpBuf는 디폴트 인자이므로 기본값을 변경하는 경우가 아니라면 생략해도 된다.

```
CArchive::CArchive(CFile* pFile, UINT nMode, int nBufSize=4096, void* lpBuf=NULL);
                          ❶           ❷              ❸                  ❹
```

❶ **pFile** : 데이터를 저장하거나 읽어들일 파일과 연관된 CFile 객체이다.

❷ **nMode** : 객체를 저장할 것인지 혹은 읽을 것인지를 나타내는 값으로, CArchive::load 또는 CArchive::store를 사용한다.

❸ **nBufSize** : CArchive 클래스 내부에서 사용할 버퍼의 크기이다. CArchive 클래스는 CFile 클래스와 달리 내부적으로 입출력 데이터를 버퍼링한다. 기본값은 4,096바이트이다.

❹ **lpBuf** : 사용자 정의 버퍼의 주소 값으로, 기본값인 NULL을 사용하면 힙Heap에서 버퍼를 위한 메모리가 자동 할당된다.

일단 특정 파일과 연관된 CArchive 객체를 만들었으면 이후부터는 << 또는 >> 연산자로 직렬화, 즉 데이터 입출력을 할 수 있다. 자주 사용되는 데이터 타입은 MFC에서 미리 연산자를 중복 정의(Operator Overloading)해 두었으므로 곧바로 직렬화 기법을 적용할 수 있다. [표 7-6]은 MFC에서 직렬화가 가능한 데이터 타입이다.

표 7-6 직렬화 가능한 데이터 타입

구분	데이터 타입
기본형	BOOL, BYTE, WORD, DWORD, LONG, char, wchar_t, short, int, float, double (정수형은 unsigned도 가능)
비기본형	RECT, POINT, SIZE, CRect, CPoint, CSize, CString, CTime, CTimeSpan, COleVariant, COleCurrency, COleDateTime, COleDataTimeSpan

[그림 7-13]은 지금까지 설명한 직렬화의 원리를 보여준다. 직렬화는 형태가 다른 파일 입출력 방법일 뿐, 내부적으로는 결국 CFile::Read(), CFile::Write() 등의 함수를 이용하여 입출력을 처리한다.

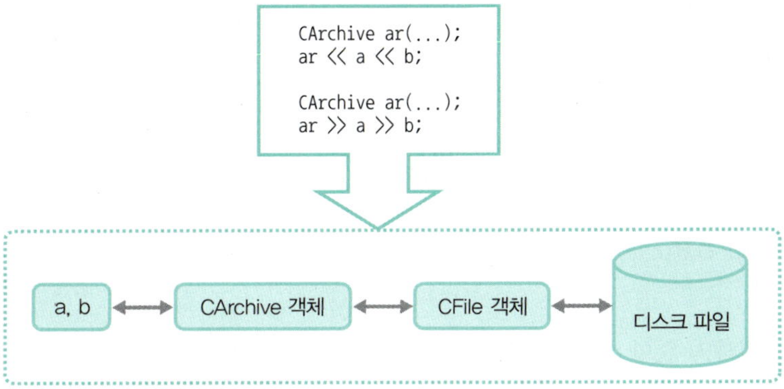

그림 7-13 직렬화 원리

여기서 잠깐! 영속성과 객체의 직렬화

프로그래밍에서 영속성Persistence은 자신의 상태를 저장해 두었다가 언제라도 이전 상태로 복원할 수 있는 성질이다. 작업이 끝난 후 그 내용을 파일에 저장해 두었다가, 나중에 다시 불러와 수정하는 것이 영속성의 한 예이다. 하지만 영속성은 단순 파일 저장만 의미하는 것이 아니라 생각할 수 있는 모든 방법을 포괄하는 개념이다. 직렬화도 이러한 영속성의 한 종류이다.

직렬화의 본래 의미는 데이터를 한 줄로 늘어세우는 것이다. 데이터가 한 줄로만 늘어서 있으면 통신 처리가 용이하다. 따라서 하드웨어 장치도 간단한 통신에는 병렬(Parallel) 장치보다 직렬(Serial) 장치를 많이 쓴다. 기존 COM 포트 외에 USB나 IEEE1394 포트, 그리고 SATA(Serial ATA) 인터페이스도 직렬 장치이다.

객체 지향에서 직렬화는 단순히 데이터 저장이나 데이터 재배열을 의미하지 않는다. 다시 말해 데이터가 아닌 '객체'가 복원되는 것이다. MFC에서 사용하는 CArchive 클래스도 객체를 그대로 입력하는 형태를 지원한다. 다만 객체마다 자신을 저장하는 방식이 다르므로, CObject::Serialize() 함수를 재정의하는 것뿐이다. MFC에서 제공하는 집합 클래스와 에디트 컨트롤 클래스들은 이러한 구현이 되어 있다.

그렇다면 직렬화의 장점이 무엇일까? 바로 파일 형식을 따로 결정할 필요가 없다는 것이다. 아무 생각 없이 객체를 밀어 넣으면 그것이 바로 해당 응용 프로그램 파일 형식이 된다. 파일 형식을 따로 규정하고 이에 맞추어 프로그래밍하는 것은 여간 번거롭지 않다. 객체 지향은 이러한 개념을 '객체를 그대로 밀어 넣어 직렬화하는 과정'으로 처리하여 귀찮은 작업을 단순화하는 것이다.

또한, MFC의 CArchive 클래스는 CFile 클래스를 받아들인다는 사실에 주목할 필요가 있다. CFile 클래스가 로컬 파일뿐만 아니라 메모리, 통신, 인터넷까지 확장할 수 있음을 떠올려 보자. 그러면 이제 아무 생각 없이 객체를 밀어 넣기만 하면 메모리, 통신, 인터넷까지 자신의 객체를 저장해 두고 필요할 때 다시 복원시킬 수 있다. 복잡한 작업은 MFC와 그 하부 구조가 모두 처리해 준다. MFC가 제공하는 직렬화 과정을 제대로 이해하여 적절한 순간에 활용하도록 하자.

2 도큐먼트/뷰 구조와 직렬화

도큐먼트/뷰 구조 응용 프로그램에서 파일을 열거나 저장할 때 어떤 일이 발생하는지 알아보고, 직렬화 기법이 어떻게 적용되는지 살펴보자.

2.1 [파일]-[열기...] 메뉴를 선택한 경우

응용 프로그램 클래스(예: CFileIOTestApp 클래스) 코드를 찾아보면, 다음과 같이 응용 프로그램 마법사가 자동으로 추가해 놓은 메시지 맵 항목을 볼 수 있다.

```
ON_COMMAND(ID_FILE_OPEN, &CWinApp::OnFileOpen)
```

[파일]-[열기...] 메뉴를 선택하면 위의 메시지 맵 항목에 따라 CWinApp::OnFileOpen() 함수가 자동으로 호출되고, 다음과 같이 [열기] 대화 상자가 나타난다. 사용자가 파일을 선택하면 CWinApp::OnFileOpen() 함수는 이 파일의 경로명을 내부에 저장해둔다.

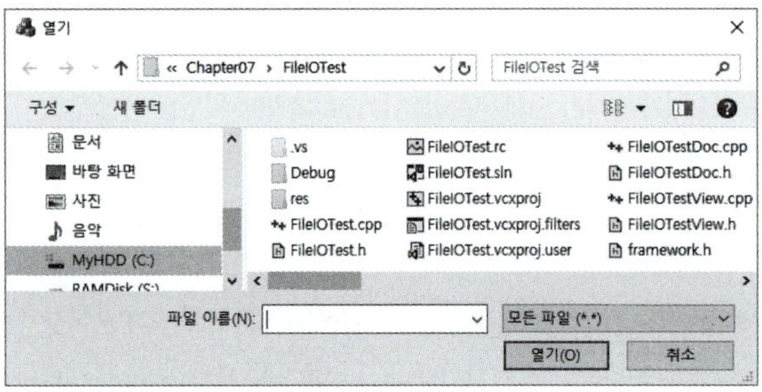

그림 7-14 파일 열기 대화 상자

이후 여러 개의 MFC 내부 함수 호출을 따라가면 CDocument::OnOpenDocument() 함수에 도달한다. OnOpenDocument() 함수에서는 다음 코드와 같이 사용자가 선택한 파일과 연관된 CFile 객체를 만들고 CArchive 객체를 생성한 후 CDocument::Serialize() 함수를 호출한다. Serialize()는 가상 함수이므로 만약 사용자가 재정의하면 재정의된 Serialize() 함수가 CDocument::Serialize() 함수 대신 자동으로 호출된다.

```
BOOL CDocument::OnOpenDocument(LPCTSTR lpszPathName)
{
    … (CFile 객체를 생성한다; pFile은 CFile 객체의 주소 값을 담고 있다.)
    …
    CArchive ar(pFile, CArchive::load|CArchive::bNoFlushOnDelete);
    …
    Serialize(ar)
    …
}
```

2.2 [파일]–[저장] 또는 [파일]–[다른 이름으로 저장...] 메뉴를 선택한 경우

CDocument 클래스 내부에는 다음과 같은 메시지 맵 항목이 들어 있다.

```
ON_COMMAND(ID_FILE_SAVE, OnFileSave)
ON_COMMAND(ID_FILE_SAVE_AS, OnFileSaveAs)
```

[파일]–[저장] 또는 [파일]–[다른 이름으로 저장...] 메뉴를 선택하면 위의 메시지 맵 항목에 따라 CDocument::OnFileSave() 또는 CDocument::OnFileSaveAs() 함수가 자동으로 호출되며, 다음과 같이 [다른 이름으로 저장] 대화 상자가 열린다. 사용자가 저장할 위치를 선택하고 파일명을 입력하면 두 함수는 사용자가 입력한 내용을 내부에 저장해둔다.

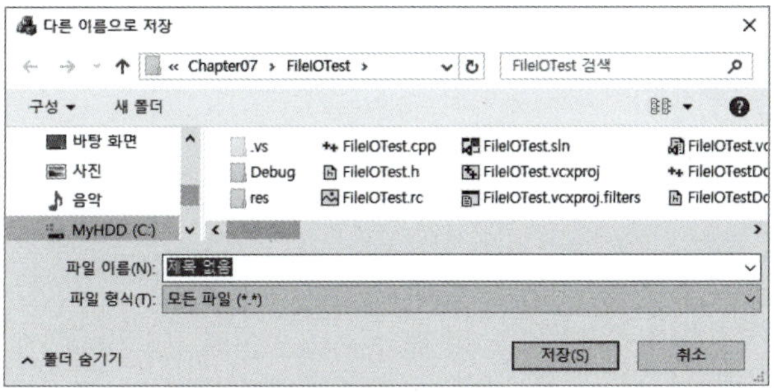

그림 7-15 파일 저장하기 대화 상자

이후 여러 개의 MFC 내부 함수 호출을 따라가면 CDocument::OnSaveDocument() 함 수에 도달한다. OnSaveDocument() 함수에서는 다음 코드와 같이 사용자가 저장할 파일과 연관된 CFile 객체를 만들고 CArchive 객체를 생성한 후 CDocument::Serialize() 함수를 호출한다. Serialize()는 가상 함수이므로 만약 사용자가 재정의하면 CDocument:: Serialize() 함수 대신 사용자가 재정의한 Serialize() 함수가 자동으로 호출된다.

```
BOOL CDocument::OnSaveDocument(LPCTSTR lpszPathName)
{
    … (CFile 객체를 생성한다; pFile은 CFile 객체의 주소 값을 담고 있다.)
    …
    CArchive ar(pFile, CArchive::store|CArchive::bNoFlushOnDelete);
    …
    Serialize(ar)
    …
}
```

지금까지 설명한 내용을 요약하면, 도큐먼트/뷰 구조 응용 프로그램에서 파일을 열거나 저장할 경우 CFile 객체와 CArchive 객체를 만드는 작업을 MFC에서 자동으로 해준다. 프로그래머가 할 일은 도큐먼트 클래스의 Serialize() 함수를 재정의하여, 어떤 데이터를 저장할 것인지 또는 어떤 데이터를 읽을 것인지를 코딩하는 것뿐이다.

응용 프로그램 마법사가 자동 생성한 Serialize() 함수의 형태는 다음과 같다. CArchive 객체가 생성될 때 인자로 CArchive::store를 사용했다면 CArchive::IsStoring() 함수는 TRUE를, 그렇지 않은 경우는 FALSE를 리턴한다.

```
void CFileIOTestDoc::Serialize(CArchive& ar)
{
    if (ar.IsStoring())
    {
        // TODO: 여기에 저장 코드를 추가합니다.
    }
    else
    {
        // TODO: 여기에 로딩 코드를 추가합니다.
    }
}
```

실습 7-2 직렬화 기능 구현하기

5장의 InputCharacter 예제처럼, 입력한 글자를 화면에 표시하는 프로그램을 도큐먼트/뷰 구조로 만들어보자. 단 메뉴를 이용하여 스타일(이탤릭, 밑줄)을 바꾸고, 입력한 글자와 현재 설정된 스타일을 저장하는 기능을 추가할 것이다. 실행 결과는 [그림 7-16]과 같다.

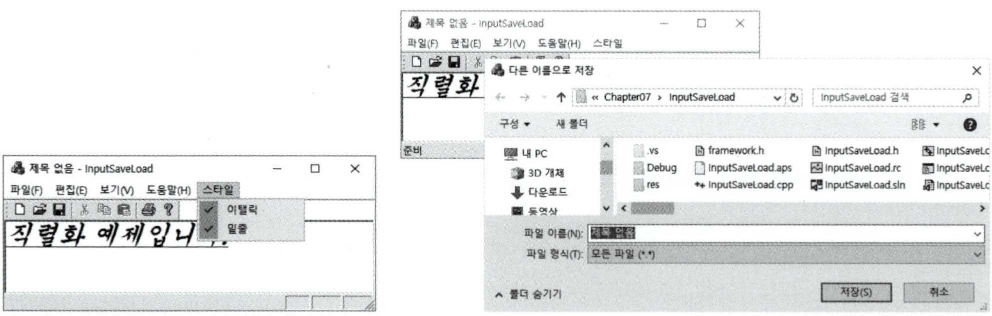

그림 7-16 실행 결과

1 응용 프로그램 마법사를 이용하여 InputSaveLoad 프로젝트를 만든다. 생성 옵션은 FileIoTest 프로그램과 동일하다.

2 도큐먼트/뷰 구조에서 저장할 데이터는 도큐먼트 객체가 관리한다. 따라서 CInputSave LoadDoc.h 파일에 글자와 스타일 정보를 저장할 수 있는 변수를 추가한다. CArray 템플릿 클래스를 사용하므로 afxtempl.h 파일을 포함하는 것도 잊지 말자.

```
#include <afxtempl.h>

class CInputSaveLoadDoc : public CDocument
{
protected: // serialization에서만 만들어집니다.
    CInputSaveLoadDoc();
    DECLARE_DYNCREATE(CInputSaveLoadDoc)

// 특성입니다.
public:
    CArray<TCHAR, TCHAR> m_str; // 글자 저장
    BOOL m_bItalic, m_bUnderline; // 스타일 저장
```

3 CInputSaveLoadDoc::OnNewDocument() 함수에 변수를 초기화하는 코드를 추가한다. 도큐먼트 클래스의 OnNewDocument()는 가상 함수로, [파일]-[새로 만들기] 메뉴를 선택할 때마다 자동으로 호출된다.

```
BOOL CInputSaveLoadDoc::OnNewDocument()
{
    if (!CDocument::OnNewDocument())
        return FALSE;

    m_str.RemoveAll();
    m_bItalic = m_bUnderline = FALSE;

    return TRUE;
}
```

4 속성 창을 이용하여 CInputSaveLoadView 클래스에 WM_CHAR 메시지 핸들러를 추가한다. 입력된 글자를 도큐먼트 객체에 저장해야 하므로 GetDocument() 함수로 도큐먼트 객체의 주소를 알아낸다. 입력된 글자를 도큐먼트 객체의 멤버 변수인 m_str에 추가하고, CDocument::SetModifiedFlag() 함수를 호출하여 데이터가 수정되었음을 도큐먼트 객체에 알린다. 마지막으로, CWnd::Invalidate() 함수로 WM_PAINT 메시지를 발생시켜 뷰의 화면을 갱신한다.

```
void CInputSaveLoadView::OnChar(UINT nChar, UINT nRepCnt, UINT nFlags)
{
    CInputSaveLoadDoc* pDoc = GetDocument();

    // [Backspace] 입력 시 맨 마지막 글자를 삭제한다.
    if(nChar == _T('\b')){
        if(pDoc->m_str.GetSize() > 0)
            pDoc->m_str.RemoveAt(pDoc->m_str.GetSize() - 1);
    }
    // 그 밖의 경우에는 동적 배열에 글자를 추가한다.
    else{
        pDoc->m_str.Add(nChar);
    }

    // 데이터가 수정되었음을 도큐먼트 객체에 알린다.
    pDoc->SetModifiedFlag();

    // 뷰의 화면을 갱신한다.
    Invalidate();
}
```

5 도큐먼트 객체에 저장된 데이터를 화면에 출력하는 코드를 CInputSaveLoadView::OnDraw() 함수에 작성한다. 함수 인자가 초기에 주석 처리되어 있으므로 주석을 제거하는 것을 잊지 않도록 하자.

```
void CInputSaveLoadView::OnDraw(CDC* pDC)
{
    CInputSaveLoadDoc* pDoc = GetDocument();
    ASSERT_VALID(pDoc);
    if (!pDoc)
        return;

    // 화면 출력용 폰트를 선택한다.
    CFont font;
    font.CreateFont(30, 0, 0, 0, 0, pDoc->m_bItalic,
        pDoc->m_bUnderline, 0, 0, 0, 0, 0, 0, _T("궁서"));
    pDC->SelectObject(&font);

    // 현재까지 입력된 글자를 화면에 출력한다.
    CRect rect;
```

```
    GetClientRect(&rect);
    pDC->DrawText(pDoc->m_str.GetData(),
        pDoc->m_str.GetSize(), &rect, DT_LEFT);
}
```

여기까지 코드를 작성한 후 프로그램을 실행한 결과는 [그림 7-17]과 같다. 데이터를 저장하는 코드를 아직 작성하지 않았지만, 글자를 입력한 후 [파일]-[새로 만들기] 메뉴를 선택하거나 〈종료〉 버튼을 클릭하면 저장할 것인지 묻는 대화 상자가 뜬다. 만약 CInputSaveLoadView::OnChar() 함수에서 SetModifiedFlag() 함수를 호출하는 부분을 주석 처리하면, 도큐먼트 객체는 자신의 데이터가 수정된 사실을 모르므로 저장 여부를 묻지 않는다.

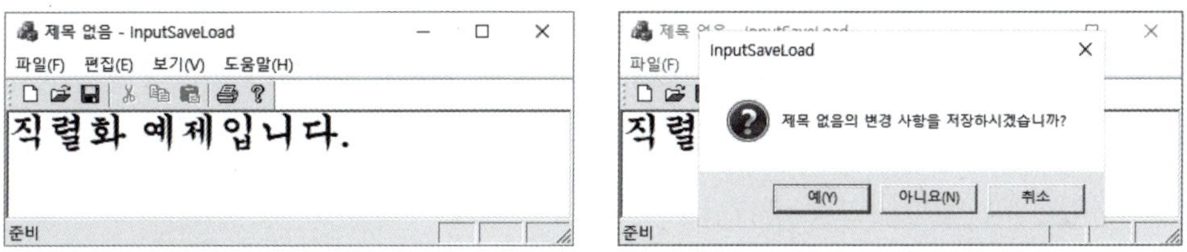

그림 7-17 실행 결과

6 글자의 스타일을 변경할 수 있도록 최상위 메뉴에 '스타일' 메뉴를 추가하고, 표를 참고하여 각 항목의 속성을 설정한다.

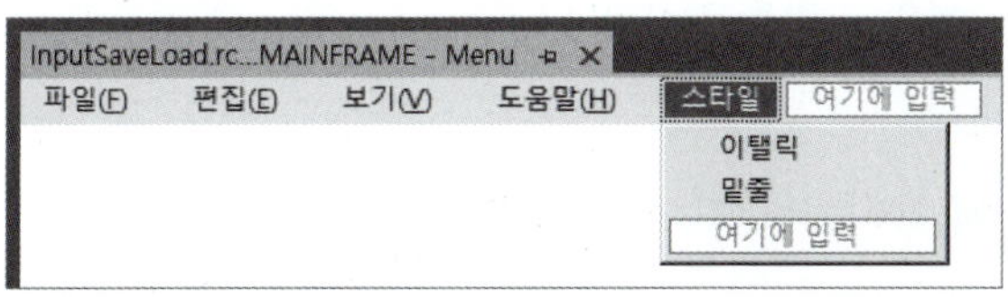

Caption	ID	나머지 속성
스타일	없음	변경 없음
이탤릭	ID_STYLE_ITALIC	변경 없음
밑줄	ID_STYLE_UNDERLINE	변경 없음

그림 7-18 '스타일' 메뉴 추가와 속성 변경

7 속성 창을 이용하여 두 개의 메뉴 항목에 해당하는 명령 핸들러와 명령 갱신 핸들러를 작성한다. 명령 핸들러는 일반 윈도우 메시지 핸들러와 달리 응용 프로그램 클래스, 프레임 윈도우 클래스, 뷰 클래스, 도큐먼트 클래스 어느 위치에 있든지 동작한다. 이것은 명령 갱신 핸들러도 마찬가지이다. 여기서는 도큐먼트 클래스에 작성하자.

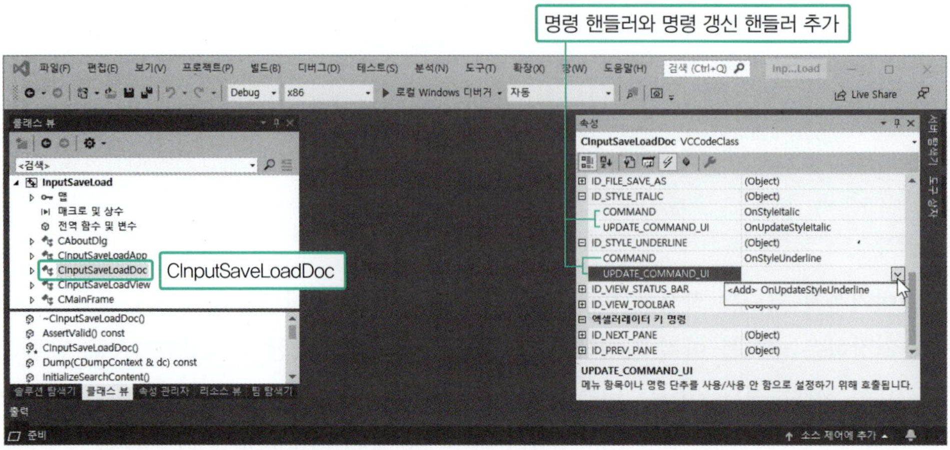

그림 7-19 명령 핸들러와 명령 갱신 핸들러 추가

8 생성된 명령 핸들러와 명령 갱신 핸들러에 다음과 같이 코드를 각각 작성한다. 스타일을 바꾼 경우에도 도큐먼트 객체의 내용이 변경되므로 CDocument::SetModifiedFlag() 함수를 호출한다. 또한 변경된 스타일이 곧바로 화면에 반영될 수 있도록 CDocument::UpdateAllViews() 함수를 호출한다. CDocument::UpdateAllViews(NULL)은 뷰 객체에 대해 CWnd::Invalidate() 함수를 호출한 것과 같은 효과를 낸다.

```
void CInputSaveLoadDoc::OnStyleItalic()
{
    m_bItalic = !m_bItalic;
    SetModifiedFlag();
    UpdateAllViews(NULL); // 뷰의 화면을 갱신한다.
}

void CInputSaveLoadDoc::OnUpdateStyleItalic(CCmdUI* pCmdUI)
{
    pCmdUI->SetCheck(m_bItalic == TRUE);
}

void CInputSaveLoadDoc::OnStyleUnderline()
{
    m_bUnderline = !m_bUnderline;
    SetModifiedFlag();
    UpdateAllViews(NULL); // 뷰의 화면을 갱신한다.
}

void CInputSaveLoadDoc::OnUpdateStyleUnderline(CCmdUI* pCmdUI)
{
    pCmdUI->SetCheck(m_bUnderline == TRUE);
}
```

9 마지막으로, 도큐먼트 객체의 데이터를 저장하고 읽어 들이는 코드를 작성한다. 도큐먼트 클래스의 CInputSaveLoadDoc::Serialize() 함수에 코드를 추가한다. BOOL 타입 변수인 m_bItalic과 m_bUnderline은 《 또는 》 연산자를 이용하여 직렬화하는 반면, CArray 객체인 m_str는 가상 함수 Serialize()를 직접 호출하여 직렬화한다는 점에 유의한다. MFC의 집합 클래스는 내부적으로 CObject::Serialize() 가상 함수를 재정의하고 있으므로 CArchive 객체를 전달하기만 하면 자동으로 직렬화를 수행한다.

```
void CInputSaveLoadDoc::Serialize(CArchive& ar)
{
    if (ar.IsStoring())
    {
        ar << m_bItalic << m_bUnderline;
        m_str.Serialize(ar);
    }
    else
    {
        ar >> m_bItalic >> m_bUnderline;
        m_str.Serialize(ar);
    }
}
```

3 직렬화 클래스 구현

[표 7-6]과 같이 MFC에서 정해 놓은 데이터 타입은 쉽게 직렬화할 수 있다. 하지만 사용자가 정의한 데이터 타입은 곧바로 직렬화할 수 없다. 다음과 같은 클래스를 생각해보자.

```
class CMyData
{
public:
    CString m_str;
    COLORREF m_color;
public:
    CMyData(CString &str, COLORREF &color) { m_str = str; m_color = color; }
    virtual ~CMyData();
};
```

CFileIOTestDoc 클래스에서 CMyData 타입 변수 m_data에 데이터를 유지한다고 가정했을 때, 다음과 같은 직렬화 코드는 동작하지 않는다.

```
void CFileIOTestDoc::Serialize(CArchive& ar)
{
    if (ar.IsStoring())
    {
        ... (다른 데이터의 직렬화 코드)
        ar << m_data;
    }
    else
    {
        ... (다른 데이터의 직렬화 코드)
        ar >> m_data;
    }
}
```

직렬화 기능을 사용하려면 CMyData 클래스의 선언부와 구현부를 다음과 같이 수정해야 한다.

```
/* 클래스 선언부 */
❶ class CMyData : public CObject
{
❷   DECLARE_SERIAL(CMyData)
public:
    CString m_str;
    COLORREF m_color;
public:
❸   CMyData() {}
    CMyData(CString &str, COLORREF &color) { m_str = str; m_color = color; }
    virtual ~CMyData();
❹   void Serialize(CArchive& ar);
};

/* 클래스 구현부 */
CMyData::~CMyData()
{
}

❺ IMPLEMENT_SERIAL(CMyData, CObject, 1)

❻ void CMyData::Serialize (CArchive& ar)
{
    CObject::Serialize(ar);
```

```
    if(ar.IsStoring())
        ar << m_str << m_color;
    else
        ar >> m_str >> m_color;
}
```

❶ 직렬화 기능을 사용하려면 최상위 클래스에 CObject가 있어야 한다. 이와 같이 CObject 클래스를 직접 상속받아도 되고, CObject를 최상위 클래스로 하는 다른 클래스를 상속받아도 된다.

❷, ❺ CObject 클래스를 상속받기만 하면 직렬화 기능을 사용할 수 있는 것은 아니다. 다음과 같은 매크로가 클래스 선언부와 구현부에 각각 있어야 한다. IMPLEMENT_SERIAL() 매크로에서 버전은 1로 시작하는 것이 좋고, 새로운 데이터가 추가되면 버전을 높여야 한다.

```
DECLARE_SERIAL(클래스 이름)
IMPLEMENT_SERIAL(클래스 이름, 상위 클래스 이름, 버전)
```

❸ 반드시 기본 생성자가 있어야 하므로 없으면 추가한다.

❹, ❻ CObject 클래스가 제공하는 Serialize() 함수를 자신의 클래스에 맞게 재정의한다. 이때 상위 클래스의 Serialize() 함수를 먼저 호출하고 자신의 데이터를 직렬화해야 한다.

위와 같은 규칙에 따라 클래스를 재정의했다면 다음과 같은 형식으로 직렬화할 수 있다. 참고로, 이전의 InputSaveLoad 예제에서 CArray 객체를 직렬화할 때도 이와 같은 방식을 사용했다.

```
void CFileIOTestDoc::Serialize(CArchive& ar)
{
    if (ar.IsStoring())
    {
        ... (다른 데이터의 직렬화 코드)
        m_data.Serialize(ar);
    }
    else
    {
        ... (다른 데이터의 직렬화 코드)
        m_data.Serialize(ar);
    }
}
```

여기서 잠깐! 직렬화를 사용하기에 적합하지 않은 경우

다음과 같은 특성으로 인해 직렬화를 사용하기에 적합하지 않은 경우가 있다.

① 직렬화를 사용하여 데이터를 불러올 때는 항상 파일 전체를 읽는다.
② 직렬화를 사용하여 데이터를 저장할 때는 항상 파일 전체를 쓴다.
③ 데이터를 저장할 때 데이터 이외의 부가 정보도 같이 저장된다.

예를 들어, 파일의 일부 내용만 읽어서 수정한 후 다시 저장하려고 하면 ①, ② 때문에 직렬화가 적합하지 않다. 또한 프로그래머가 원하는 데이터 부분만 저장하려고 하면 ③ 때문에 직렬화가 적합하지 않다. 이와 같이 직렬화가 적합하지 않을 때는 CFile 클래스를 직접 사용하여 입출력 부분을 작성하는 것이 좋다.

현장 팁 메모리 DC와 비트맵을 한꺼번에, CImage 클래스 활용

CImage 클래스는 비주얼 스튜디오 .NET 버전부터 MFC/ATL이 7.0 버전이 되면서 제공되기 시작했다. CImage 클래스는 메모리 DC와 비트맵 처리를 한꺼번에 지원하는 클래스로, 닷넷 지원을 위해 기존 GDI를 개선하여 C++ 기반으로 개발한 GDI+를 활용한다. ATL 클래스이므로 템플릿 클래스로 구현되어 있기 때문에 다음 헤더 하나만 포함하면 된다.

```
#include <atlimage.h>
```

CImage 클래스 활용을 위해 '[실습 4-14] 비트맵 출력하기' 때 사용한 코드를 떠올려 보자. 비트맵 출력을 위해 다음 세 과정을 수행하였다.

① CDC::CreateCompatibleDC( ) 함수로 메모리 디바이스 컨텍스트를 만든다.
② CDC::SelectObject( ) 함수로 비트맵을 메모리 디바이스 컨텍스트에 선택한다.
③ CDC::BitBlt( )나 CDC::StretchBlt( ) 함수로 화면에 출력한다.

실제 사용한 코드는 다음과 같다:

```
void CChildView::OnPaint()
{
    CPaintDC dc(this);

    // 비트맵 리소스를 로드한 후 크기 정보를 얻는다.
    CBitmap bitmap;
    bitmap.LoadBitmap(IDB_BITMAP1);
    BITMAP bmpinfo;
    bitmap.GetBitmap(&bmpinfo);

    // 메모리 DC를 만든 후 비트맵을 선택해 넣는다.
    CDC dcmem;
```

```
    dcmem.CreateCompatibleDC(&dc);
    dcmem.SelectObject(&bitmap);

//  메모리 DC에 그림을 그린 후 비트맵을 화면에 출력한다.
    dcmem.Rectangle(5, 5, 15, 15);
    dc.BitBlt(350, 10, bmpinfo.bmWidth,  bmpinfo.bmHeight,
        &dcmem, 0, 0, SRCCOPY);
    dc.StretchBlt(350, 100, bmpinfo.bmWidth *  4, bmpinfo.bmHeight * 2,
        &dcmem, 0, 0, bmpinfo.bmWidth,  bmpinfo.bmHeight, SRCCOPY);
}
```

CImage 클래스를 사용하면 다음과 같이 변경이 가능하다.

```
void CChildView::OnPaint()
{
    CPaintDC dc(this);

    // 비트맵 리소스를 로드한 후 DC 정보를 얻는다.
    CImage image;
    image.LoadFromResource(::AfxGetInstanceHandle(), IDB_BITMAP1);
    CDC& dcmem = *CDC::FromHandle(image.GetDC());

    // 메모리 DC에 그림을 그린 후 비트맵을 화면에 출력한다.
    dcmem.Rectangle(5,  5, 15, 15);
    dc.BitBlt(350, 10, image.GetWidth(), image.GetHeight(),
        &dcmem, 0, 0, SRCCOPY);
    dc.StretchBlt(350, 100, image.GetWidth() * 4, image.GetHeight() * 2,
        &dcmem, 0, 0, image.GetWidth(), image.GetHeight(), SRCCOPY);
    image.ReleaseDC();
}
```

두 코드 비교를 통해 비트맵 출력을 위해 수행했던 두 과정(① CDC::CreateCompatibleDC( ) 함수, ② CDC::SelectObject( ) 함수)이 사라진 차이를 발견할 수 있다. 기존 두 과정은 CImage::GetDC( ) 함수 하나로 처리된다(대신 사용을 모두 완료한 후 CImage::ReleaseDC( ) 함수 호출이 필요하다).

DC를 '화판(Canvas)'이라고 하면 비트맵은 '도화지'에 해당한다. 화판에 그린 그림은 화면에 나타나지만 바로 사라지기 때문에 매번 다시 그려야 한다. 그린 그림을 보관하기 위해서는 도화지가 필요하고 도화지에 그린 그림은 다시 활용할 수 있다. 그런데 BitBlt( )나 StretchBlt( )와 같은 출력 함수는 화판(DC) 간에만 사용이 가능하다. 따라서 비트맵으로 바로 처리할 수 없고 메모리 DC를 생성해야 한다. 이러한 이유로 비트맵을 출력할 때마다 메모리 DC와 비트맵 객체를 함께 다뤄야 했다. 이러한 번거로움을 한 번에 처리하도록 CImage 클래스가 제공된다.

CImage 클래스는 화면 출력뿐만 아니라 파일 불러오기와 파일 저장까지 지원한다. 비트맵(*.bmp) 외에도 메타파일(*.wmf, *.emf), GIF(*.gif), JPEG(*.jpg), PNG(*.png), TIFF(*.tiff), 윈도우 아이콘(*.ico)까지 다양한 파일 포맷을 지원한다. 이전까지 영상 파일을 다루기 위해서는 파일 헤더를 처리하는 구문이 별도로 필요했다. 즉, CBitmap 클래스 객체로부터 BITMAPINFOHEADER 구조체와 BITMAPFILEHEADER 구조체를 생성하여 비트맵 파일로 저장해 주는 함수 제작(예를 들어, 코드구루(http://www.codeguru.com) 프로그래밍 사이트 내 공개소스 CreateBMPFile( ) 함수), DDB(Device Dependent Bitmap)를 DIB(Device Independent Bitmap)로 바꿔주는 ::GetDIBits( ) API 함수 이용, BITMAPFILEHEADER → BITMAPINFOHEADER → 비트맵 데이터 순으로 파일에 저장 과정이 필요했다. 이제는 CImage 클래스를 통해 복잡한 과정 없이 간단하게 영상 파일을 다룰 수 있다.

파일 불러오기는 다음과 같이 CImage::Load() 함수 호출만으로 처리가 가능하다.

```
void CFileIOTestDoc::Serialize(CArchive& ar)
{
    if (ar.IsStoring() == FALSE)
    {
      CFile* pFile = ar.GetFile();
      if (pFile != NULL)
         m_image.Load(pFile->GetFilePath());
    }
}
```

파일 저장은 다음과 같이 CImage::Save() 함수 호출로 처리가 가능하다.

```
void CInputSaveLoadDoc::Serialize(CArchive& ar)
{
    if (ar.IsStoring() == TRUE)
    {
      CFile* pFile = ar.GetFile();
      if (pFile != NULL)
         m_image.Save(pFile->GetFilePath());
    }
}
```

기본적으로 BMP 파일로 저장이 된다. 만약 다른 PNG 파일로 저장하고 싶다면 다음과 같이 원하는 형식에 해당하는 GUID를 지정하면 된다.

```
m_image.Save(strPath, Gdiplus::ImageFormatPNG);
```

사용 가능한 GUID는 〈gdiplusimaging.h〉 헤더에 정의되어 있다(ImageFormatBMP, ImageFormatWMF, ImageFormatEMF, ImageFormatGIF, ImageFormatJPEG, ImageFormatPNG, ImageFormatTIFF, ImageFormatIcon, ImageFormatEXIF, ImageFormatHEIF, ImageFormatWEBP 등).

요약

01 MFC 응용 프로그램의 파일 입출력 방법

- **일반 파일 입출력** : CFile (파생) 클래스 객체를 생성하고, Read() 나 Write() 같은 멤버 함수를 이용해 파일 입출력을 처리한다.
- **직렬화** : CArchive 클래스 객체를 생성하고, ≪ 또는 ≫ 연산자를 이용해 파일 입출력을 처리한다.

02 CFile 클래스

CFile 클래스가 제공하는 주요 입출력 연산은 Open(), Read(), Write(), Seek(), Close() 이다.

03 파일과 관련된 유용한 클래스

- **CMemFile 클래스** : 디스크가 아닌 메모리에 존재하는 파일을 생성할 수 있다.
- **CStdioFile 클래스** : 텍스트 파일을 줄 단위로 읽고 쓸 수 있다.
- **CFileFind 클래스** : 파일 검색 기능을 제공한다.

04 도큐먼트/뷰 구조

- 도큐먼트/뷰 구조에서는 응용 프로그램에서 사용할 데이터를 관리하는 기능(도큐먼트)과 데이터를 화면에 표시하는 기능(뷰)을 분리하여 구현한다.
- 도큐먼트는 데이터를 저장하거나 읽고, 데이터의 변경 사항이 생기면 뷰의 화면을 갱신한다.
- 뷰는 데이터를 화면에 표시하고 사용자와의 상호 작용을 담당한다.

05 도큐먼트 템플릿

도큐먼트/뷰 구조에서 도큐먼트 템플릿은 도큐먼트, 프레임 윈도우, 뷰 클래스의 정보를 유지하며 필요에 따라 해당 객체를 동적으로 생성한다. 응용 프로그램 객체는 도큐먼트 템플릿을 생성하고 관리한다.

06 SDI 응용 프로그램에서 주요 객체 생성 순서

응용 프로그램 객체, 도큐먼트 템플릿 객체, 도큐먼트 객체, 프레임 윈도우 객체, 뷰 객체 순으로 생성된다.

07 직렬화

영속적인 저장 매체에 객체의 내용을 저장하거나 읽어오는 기법이다. 핵심 클래스는 CFile과 CArchive이고, 핵심 함수는 CObject::Serialize() 이다.

연습문제

01 **FileIOTest 예제를 수정하여, 마우스 왼쪽 버튼을 누를 때 "C:\Temp\MyFile.tmp" 파일을 생성하시오. 단, 파일 생성 전 "C:\Temp" 폴더를 생성한다.**

HINT 파일 생성은 CFile 클래스 생성자와 CFile::modeCreate 접근 모드 플래그 사용, 폴더 생성은 ::CreateDirectory() API 함수 이용

02 **FileIOTest 예제를 수정하여, 마우스 왼쪽 버튼을 누를 때 마우스 좌표를 메모리 파일에 기록하고, 마우스 오른쪽 버튼을 누를 때 메모리 파일에 기록한 내용을 "MyData.dat" 파일에 저장하시오. 단, 생성된 파일은 비주얼 C++ 바이너리 편집기를 통해 저장된 데이터를 확인할 수 있다.**

HINT 메모리 파일은 CMemFile 클래스 사용, 파일 앞쪽으로 이동은 CFile::SeekToBegin() 함수, 파일 생성은 CFile 클래스 생성자와 CFile::modeCreate 접근 모드 플래그 사용, 파일 쓰기는 CFile::modeWrite 접근 모드 플래그와 CFile::Write() 함수 이용

03 **FileIOTest 예제를 수정하여, 마우스 왼쪽 버튼을 누를 때 마우스 좌표를 메모리 파일에 기록하고 "(%04d, %04d)" 형식으로 화면에 출력하도록 하시오. 단, CChildView::OnPaint() 함수에서 화면 출력을 처리하여 윈도우 크기가 변경되거나 최소화 상태에서 복원되어 윈도우가 다시 그려져도 좌표가 나타나도록 하시오.**

HINT 메모리 파일은 CMemFile 클래스 사용, 파일 앞쪽으로 이동은 CFile::SeekToBegin() 함수, 화면 출력은 CDC::TextOut() 함수, 화면 갱신은 CWnd::Invalidate() 함수 이용

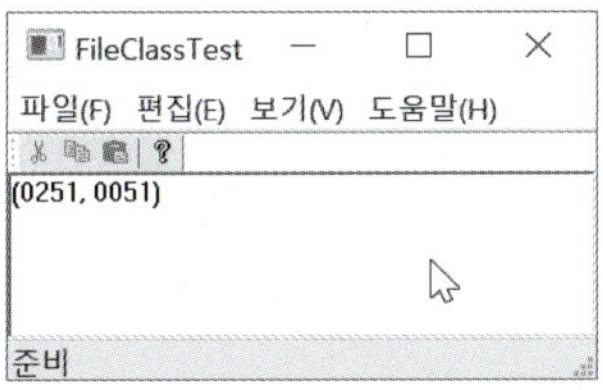

04 **FileIOTest 예제를 수정하여, 마우스 왼쪽 버튼을 누를 때 CStdioFile 클래스 멤버로 읽은 "test1.txt" 파일 내용을 클라이언트 영역 화면에 출력하도록 하시오. 단, 텍스트 파일을 한 줄씩 읽을 때마다 문자열에 줄 바꿈 문자("\n")를 삽입하고, CChildView::OnPaint() 함수에서 화면 출력을 처리하여 윈도우 크기가 변경되거나 최소화 상태에서 복원되어 윈도우가 다시 그려져도 파일 내용이 나타나도록 하시오.**

HINT 파일 읽기는 CStdioFile 클래스, 문자열 처리는 CString 클래스 사용, 클라이언트 영역 화면 출력은 CDC::DrawText() 함수와 DT_WORDBREAK 플래그 사용, 화면 갱신은 CWnd::Invalidate() 함수 이용

※ 한글이 나오도록 하려면 CFile::Open() 함수에서 CFile::typeUnicode 모드 플래그를 사용하고 텍스트 파일이 유니코드(UTF-16 LE)로 저장되어야 함

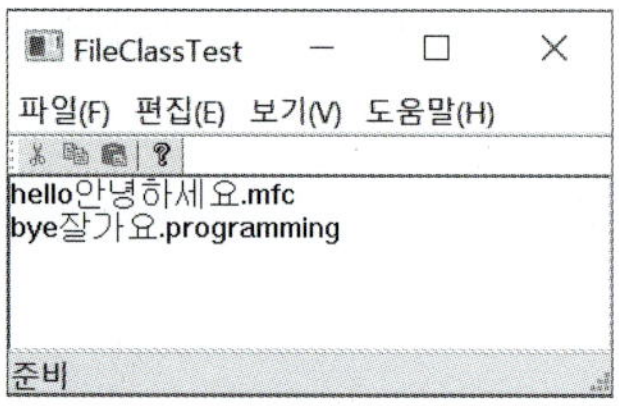

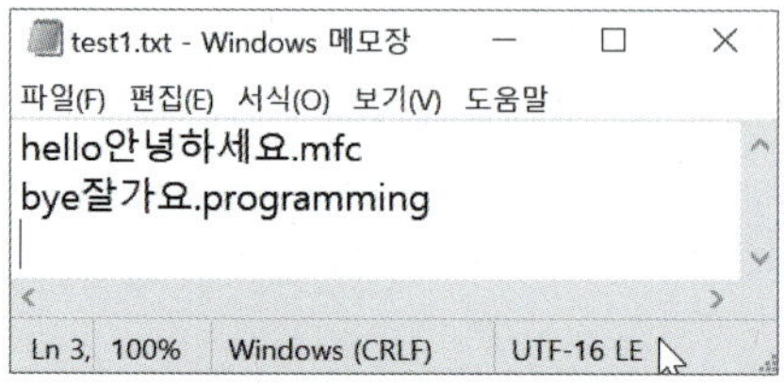

05 **FileIOTest 예제를 수정하여, CFileFind 클래스를 사용해 CPP 파일(*.cpp)만 검색하여 클라이언트 영역에 목록을 출력한다. 단, 파일 목록 저장은 리스트 클래스를 사용하고, 텍스트 파일을 한 줄씩 읽을 때마다 문자열에 줄 바꿈 문자("\n")를 삽입한다. 아울러 CChildView::OnPaint() 함수에서 화면 출력을 처리하여 윈도우 크기가 변경되거나 최소화 상태에서 복원되어 윈도우가 다시 그려져도 파일 목록이 나타나도록 하시오.**

HINT 파일 목록 보관은 CStringList 클래스 사용, 검색 대상 확장자 지정은 CFileFind::FindFile() 함수 내 첫 번째 인자 이용, 클라이언트 영역 출력은 CDC::DrawText() 함수 사용

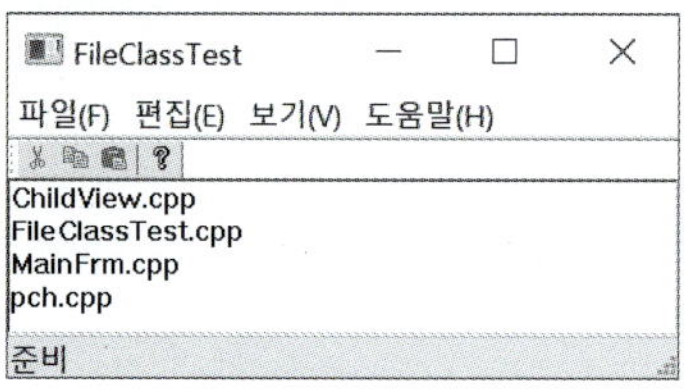

06 **FileIOTest 예제를 수정하여, CFileFind 클래스를 사용해 폴더 내 모든 파일(*.*)을 검색하여 파일 목록을 "FileList.txt" 파일에 출력한다. 단, 파일 목록마다 문자열에 줄 바꿈 문자("\n")를 삽입하여 줄 바꿈이 되도록 한다.**

HINT 검색 대상 확장자 지정은 CFileFind::FindFile() 함수 내 첫 번째 인자 이용, 클라이언트 영역 출력은 CDC::DrawText() 함수 사용, 문자열 파일 생성은 CStudioFile 클래스 생성자와 CFile::modeCreate 접근 모드 플래그 사용, 파일 쓰기는 CFile::modeWrite 접근 모드 플래그와 CStudioFile:: WriteString() 함수 이용

07 **FileIOTest 예제를 수정하여, [파일]–[열기…] 메뉴로 선택한 파일 경로를 메시지 상자로 보여주시오.**

HINT 파일을 열 때는 CFileIOTestDoc::Serialize() 함수 호출, CFile 클래스 객체는 CArchive::GetFile() 함수, 파일 경로는 CFile::GetFilePath() 함수, 메시지 상자는 ::AfxMessageBox() 함수 이용

08 **FileIOTest 예제를 수정하여, [파일]–[저장] 메뉴로 선택한 파일 경로를 메시지 상자로 보여주시오.**

HINT 파일을 저장할 때 호출되는 함수는 CFileIOTestDoc::Serialize() 함수, 파일 이름은 CFile:: GetFilePath() 함수, 메시지 상자는 ::AfxMessageBox() 함수 이용

09 FileIOTest 예제를 다음과 같이 수정하시오. [파일]–[열기…] 메뉴로 파일을 선택하고, CFile::GetLength() 함수를 이용해 얻은 파일 크기와 CFile::SeekToEnd() 및 CFile::GetPosition() 함수를 이용해 계산한 파일 크기를 메시지 상자로 함께 보여준다.

HINT 파일 현재 위치는 CFile::GetPosition() 함수 이용, 숫자는 CString::Format() 함수를 이용해 문자로 변경

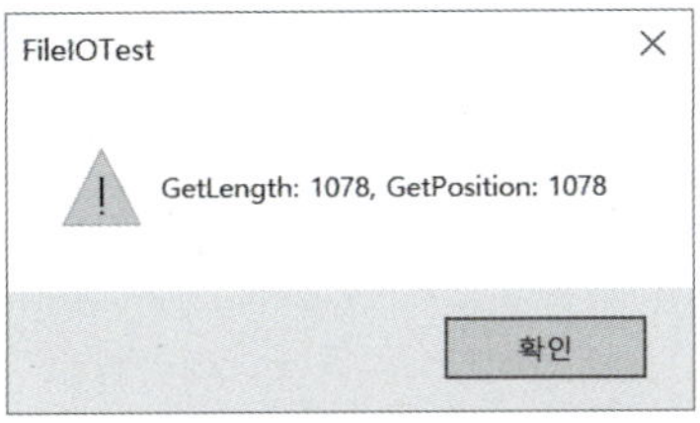

10 FileIOTest 예제를 수정하여, [파일]–[열기…] 메뉴로 파일을 선택하고, 해당 파일에서 첫 두 바이트가 'BM'이면 클라이언트 영역에 '비트맵 파일'이라고 표시한다. 그리고 파일 크기도 클라이언트 영역에 함께 표시한다. 단, 비트맵 파일 여부와 파일 크기 정보는 도큐먼트 클래스에 보관하고 화면 출력은 뷰 클래스에서 수행한다.

HINT 파일 읽기는 CFile::Read() 함수, 클라이언트 영역 출력은 CDC::DrawText() 함수, 화면 갱신은 CDocument::UpdateAllViews() 함수 이용

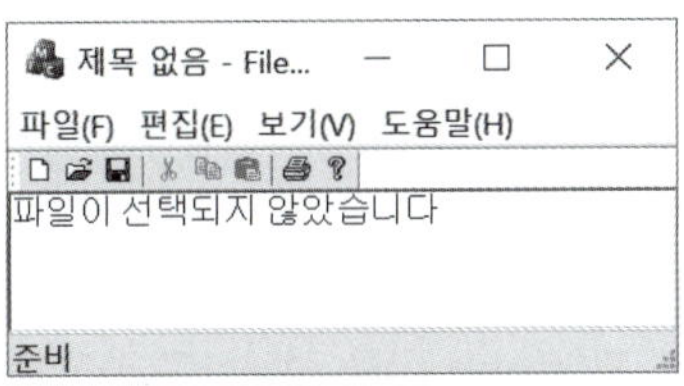

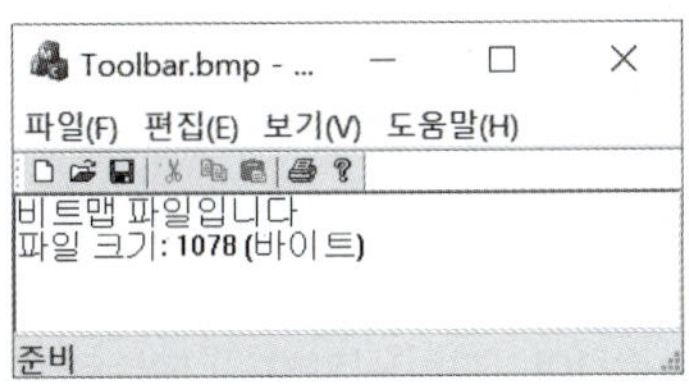

11 FileIOTest 예제를 다음과 같이 수정하시오. [파일]–[열기…] 메뉴로 텍스트 파일을 선택하고, 해당 파일 내에 문자열이 CR('\r')과 LF('\n')이 함께 있으면 "윈도우 텍스트 파일입니다.", CR이 없이 LF만 존재하는 문자열이 있으면 "윈도우 텍스트 파일이 아닙니다."라고 메시지 상자를 띄운다. 단, 텍스트 파일은 유니코드가 아닌 ANSI 문자열을 포함한 파일로 한정한다.

HINT 파일을 열 때는 CFileIOTestDoc::Serialize() 함수 호출, CFile 클래스 객체는 CArchive::GetFile() 함수, 파일 읽기는 CFile::Read() 함수, 메시지 상자는 ::AfxMessageBox() 함수 이용

참고 윈도우에서는 텍스트 한 행 끝을 나타내는 줄바꿈 코드(개행 코드)를 CR Carriage Return + LF Line Feed를 사용하고 리눅스 같은 유닉스 계열에서는 LF만 사용함

12 **FileIOTest 예제를 다음과 같이 수정하시오. 일반적으로 사용되는 세로 17cm, 가로 9.5cm의 다이어리 속지를 프린터로 출력한다. 단, 출력 크기는 물리적 실제 크기와 동일하게 한다.**

HINT 화면 출력과 프린터 출력은 모두 OnDraw() 함수, 물리적 크기와 일치시키는 것은 CDC::SetMapMode() 함수 이용

▲ A4지 출력화면

13 **FileIOTest 예제에 수정하여, [파일]–[열기…] 메뉴로 비트맵 파일(*.bmp)을 선택하여 화면에 출력하는 기능을 구현하시오. 단, 클라이언트 영역 화면을 꽉 채우도록 비트맵을 출력하시오.**

HINT 비트맵 파일 읽기는 CImage::Load() 함수, DC 핸들(HDC)을 얻는 방법은 CImage::GetDC() 함수, HDC로부터 CDC 포인터 변환은 CDC::FromHandle() 함수, 클라이언트 영역을 채우도록 화면 출력은 CDC::StretchBlt() 함수 사용

참고 CImage 클래스 활용을 위해서는 〈pch.h〉 파일 내 '#include 〈atlimage.h〉' 구문 포함 필요

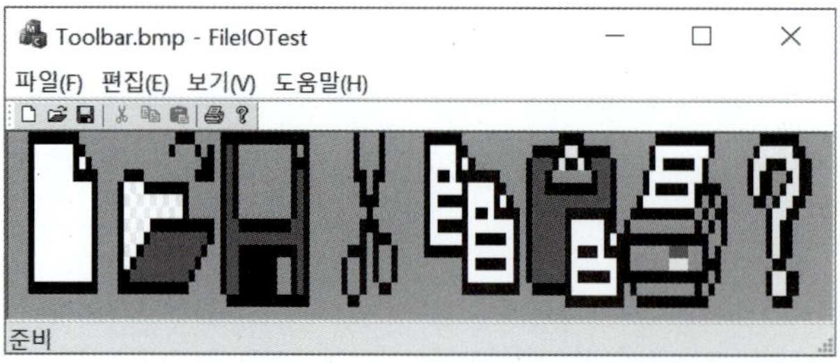

14 **FileIOTest 예제를 다음과 같이 수정하시오. 클라이언트 영역에 자유 곡선을 그리는 기능을 구현하고, 직렬화를 이용하여 그 내용을 저장하고 불러올 수 있도록 한다. 단, 자유 곡선은 하나만 허용하고, 자유 곡선 데이터는 CList 템플릿 클래스를 사용해 보관한다.**

HINT 데이터 보관은 CList<CPoint, POINT&> 클래스와 이 클래스가 제공하는 Serialize() 함수 이용, 자유 곡선은 WM_LBUTTONDOWN, WM_MOUSEMOVE, WM_LBUTTONUP 메시지 활용

15 **FileIOTest 예제를 다음과 같이 수정하시오. 마우스 왼쪽 버튼을 누를 때 마우스 좌표를 직렬화를 통해 파일에 기록하고, 마우스 오른쪽 버튼을 누를 때 파일에 기록한 내용을 직렬화를 통해 읽어온다. 그리고 읽어온 마우스 좌표를 "(%03d, %03d)" 형식으로 화면에 출력한다.**

HINT 직렬화를 통한 파일 읽기와 저장은 CPoint::Serialize() 함수, 화면 출력은 CDC::TextOut() 함수, 화면 갱신은 CWnd::Invalidate() 함수 이용

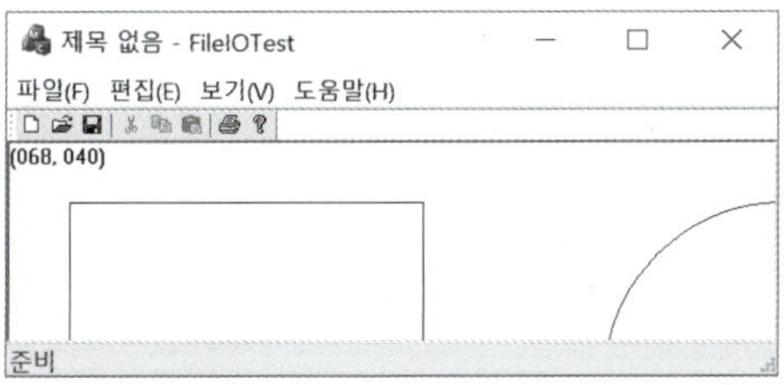

16 **InputSaveLoad 예제를 수정하여, 텍스트를 저장하고 불러올 때 파일 형식에 '텍스트 파일 (*.txt)'이 나타나게 하고 '.txt'를 기본 확장자로 사용한다.**

HINT 도큐먼트/뷰 구조에서 확장자 지정은 IDR_MAINFRAME 문자열 리소스 수정

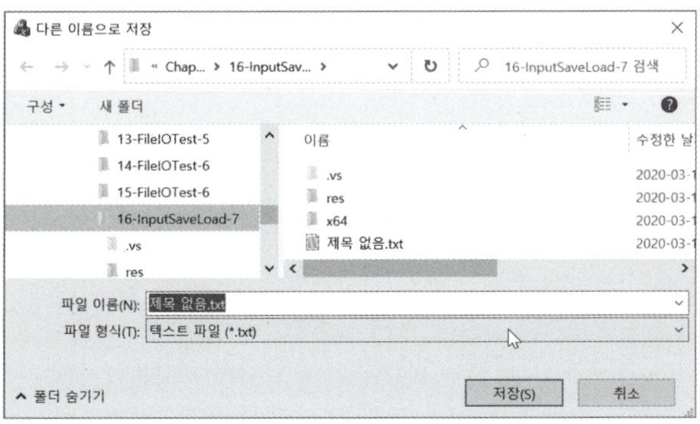

17 **InputSaveLoad 예제를 수정하여, CInputSaveLoadDoc::Serialize() 함수에서 직렬화, 즉 << 와 >> 연산자 대신 CArchive 클래스가 제공하는 함수를 직접 호출하여, 데이터를 저장하고 불러오시오.**

HINT 데이터 읽기는 CArchive::Read() 함수, 데이터 쓰기는 CArchive::Write() 함수 이용

18 **InputSaveLoad 예제에 [스타일]-[볼드] 메뉴를 추가하고 볼드 기능을 구현하시오. 단, 직렬화를 사용하여 상태를 저장하고 다시 복원할 수 있도록 한다.**

HINT 볼드 지정은 CFont::CreateFont() 함수 내 다섯 번째 인자 사용

19 **InputSaveLoad 예제에 [색상]-[빨간색], [색상]-[초록색], [색상]-[파란색] 메뉴를 추가하고 색상 기능을 구현하시오. 단, 직렬화를 사용하여 상태를 저장하고 다시 복원할 수 있도록 하며, 색상은 COLORREF 자료형을 사용해 보관한다.**

HINT 색상 지정은 CDC::SetTextColor() 함수 이용

20 **InputSaveLoad 예제를 수정하여, 현재 클라이언트 영역 화면을 비트맵 파일(*.bmp)로 저장하는 기능을 구현하시오. 비트맵 파일은 직렬화를 통해 저장하는 파일 경로에 '.bmp' 확장자를 붙여서 추가로 저장한다. 단, 저장하는 비트맵은 가로 1024, 세로 1024 크기에 32비트로 한다.**

HINT 비트맵 파일 쓰기는 CImage::Save() 함수, DC 핸들(HDC)을 얻는 방법은 CImage::GetDC() 함수, HDC로부터 CDC 포인터 변환은 CDC::FromHandle() 함수, 클라이언트 영역 화면 복사는 CDC::StretchBlt() 함수 사용

참고 CImage 클래스 활용을 위해서는 〈pch.h〉 파일 내 '#include 〈atlimage.h〉' 구문 포함 필요

현장의
목소리

구조체 메모리 직렬화 전달

보통 직렬화Serialization하면 도큐먼트/뷰 구조나 파일 입출력에만 사용할 수 있다고 오인한다. 하지만 실제로 직렬화는 특정 객체 상태를 비트스트림으로 변경하여 파일로 저장하거나 네트워크 등으로 전송하는 역할뿐만 아니라, 저장 또는 전송된 비트스트림으로부터 특정 객체 상태를 복원하는 역할을 포함한다. 여기서는 직렬화를 현장에서 사용하는 예를 바탕으로 객체 데이터를 전송하고 복원하는 과정을 살펴본다.

다음과 같이 간단한 구조체를 가정해 보자. CLIPITEM 구조체는 특정 파일에 대한 내용을 보관하는 구조체이다(되도록 CArchive 클래스가 연산자를 지원하는 자료형을 사용하였다. 예를 들어 문자열은 CString 클래스를 사용하였다). Serialize() 멤버 함수는 CObject 클래스를 상속하고 DECLARE_SERIAL() 매크로 사용이 정석이나 직렬화 특징을 간략히 설명하기 위해 Serialize() 함수를 직접 정의하였다.

```
typedef struct tagCLIPITEM
{
public:
    void Serialize( CArchive &ar );
    // 직렬화 담당 멤버 함수
    BYTE *QuerySerializedBits( int
      &nLength );
    // 객체 직렬화 수행 후 비트 스트림 리턴
    BOOL ApplySerializedBits( BYTE
      *pData, int nLength );
    // 비트스트림을 바탕으로 객체 복원
public:
    BOOL       bFolder; // 파일/폴더 여부
    CString    strName; // 파일 이름
    CString    strFullPath; // 파일 경로
    LONGLONG llTotalSize; // 파일 크기
    CString    strCreateTime;// 생성 시각
    CString    strModifyTime;// 수정 시각

}   CLIPITEM, *PCLIPITEM;
```

Serialize() 함수는 CLIPITEM 구조체 내 모든 멤버 변수를 차례대로 보관하고 복원하는 절차로 구현한다. BOOL, LONGLONG, 그리고 CString 형 모두 CArchive 클래스 내 연산자가 지원되므로 《 와 》 연산자를 그대로 사용할 수 있다.

```
void tagCLIPITEM::Serialize( CArchive
&ar )
{
    try
    {
      if ( ar.IsStoring() == TRUE )
      {
         ar << bFolder; // 파일, 폴더
         ar << strName; // 파일 이름
         ar << strFullPath; // 파일 경로
         ar << llTotalSize; // 파일 크기
         ar << strCreateTime; // 생성 시각
         ar << strModifyTime; // 수정 시각
      }
```

```
    else
    {
        ar >> bFolder;    // 파일, 폴더
        ar >> strName;    // 파일 이름
        ar >> strFullPath; // 전체 경로
        ar >> llTotalSize; // 파일 크기
        ar >> strCreateTime; // 생성 시각
        ar >> strModifyTime; // 수정 시각
    }
  }
  catch ( CArchiveException*
    theException )
  {
    if ( theException->m_cause ==
        CArchiveException::endOfFile )
        TRACE("endOfFile\n");
    theException->Delete();
  }
}
```

QuerySerializedBits() 멤버 함수는 Serialize() 멤버 함수를 바탕으로 CLIPITEM 객체를 직렬화하여 비트스트림으로 전달한다. 비트스트림을 파일이 아니라 메모리 버퍼로 전달받아야 하므로 CMemFile 클래스를 사용하여 CArchive 객체를 생성하였다. Serialize() 함수를 실행하고 나면 CMemFile 객체에 특정 CLIPITEM 객체에 대한 직렬화된 비트스트림이 보관된다. 비트스트림 크기는 CMemFile::GetLength() 함수를 통해, 메모리 버퍼 포인터는 CMemFile::Detach() 함수를 통해 구할 수 있다(Detach() 함수를 수행함으로써 CMemFile 객체 소멸 시 할당된 메모리 버퍼가 해제되지 않는다. 따라서 Detach() 함수가 리턴한 메모리 포인터를 그대로 사용할 수 있으며 사용을 마친 후에는 메모리를 해제해야 한다).

```
BYTE *tagCLIPITEM::QuerySerialize
dBits( int &nLength )
{
    CMemFile file;
    CArchive ar( &file,
      CArchive::store );
    Serialize( ar );
    ar.Close();

    nLength = (int)file.
      GetLength();
    return file.Detach();
}
```

ApplySerializedBits() 멤버 함수는 QuerySerializedBits() 멤버 함수와 반대로 직렬화된 비트스트림으로부터 CLIPITEM 객체를 복원한다. 직렬화된 비트스트림 버퍼 포인터와 데이터 크기를 인자로 받은 후, CMemFile 객체를 바탕으로 CArchive 객체를 생성하고 Serialize() 멤버 함수를 실행한다. Serialize() 함수를 실행하고 나면 CLIPITEM 객체 내 멤버 변수는 본래 직렬화되기 전 CLIPITEM 객체와 동일한 상태로 복원된다.

```
BOOL tagCLIPITEM::ApplySerializedB
its( BYTE *pData, int nLength )
{
     if ( pData == NULL || nLength
     <= 0 )
     return FALSE;

    CMemFile file( pData, nLength );
    CArchive ar( &file,
      CArchive::load );
    Serialize( ar );
    return TRUE;
}
```

이제 직렬화 기능이 구현된 CLIPITEM 구조체를 사용하여 객체를 전달하고 복원하는 실제 예를 살펴보자. 다음은 CLIPITEM 객체를 WM_COPYDATA 메시지 형태로 다른 윈도우에게 전달하는 함수이다. 전달할 대상 윈도우 핸들은 인자로 전달받고 있다. WM_COPYDATA 메시지는 서로 다른 프로세스에 대해서도 메시지가 전달되는 특수한 메시지이다(즉, 다른 응용 프로그램이 띄운 윈도우에도 메시지를 전달할 수 있다). 윈도우 운영체제는 프로세스 간 메모리 전달을 위해 COPYDATASTRUCT 구조체 형태로 전달할 메모리 크기와 데이터 포인터를 명시한다. 여기서는 CLIPITEM 객체를 임시로 생성하여 멤버 변수를 초기화하고, QuerySerializedBits() 멤버 함수를 수행하여 CLIPITEM 객체를 직렬화한 비트스트림과 그 크기를 구하고, 이를 COPYDATASTRUCT 객체에 대입하여 WM_COPYDATA 메시지 형태로 전달하는 과정을 수행한다. CLIPITEM 객체를 메모리 버퍼로 변경하여 전송하는 굉장히 부담이 될 수 있는 상황에 대해, 직렬화를 사용해 간단히 해결하는 방식을 확인할 수 있다.

```
void CSenderDlg::OnButtonSend( HWND
hwnd )
{
    CLIPITEM clipitem;
    clipitem.bFolder = FALSE;
    clipitem.strName = _T("Sample.
      avi");
    clipitem.strFullPath = _T("C:\\
      Test");
    clipitem.llTotalSize = 1048576;
    clipitem.strCreateTime
      = _T("2013-04-27 11:23:04");
    clipitem.strModifyTime
      = _T("2013-04-30 23:02:16");

    int nLength = 0;
    BYTE *pData = clipitem.
      QuerySerializedBits( nLength );
    if ( pData == NULL )
      return;

    COPYDATASTRUCT cds;
    cds.dwData = 0;
    cds.cbData = nLength;
    cds.lpData = pData;
    ::SendMessage( GetSafeHwnd(),
      WM_COPYDATA, (WPARAM)hwnd,
      (LPARAM)&cds );
    delete pData;
}
```

WM_COPYDATA 메시지를 수신하는 응용 프로그램 내 윈도우는 메시지 맵에 ON_WM_COPYDATA() 매크로를 정의함으로써, 다음과 같은 OnCopyData() 함수로 WM_COPYDATA 메시지를 수신하고 COPYDATASTRUCT 구조체 형태로 객체를 수신할 수 있다. CLIPITEM 객체를 생성한 후, COPYDATASTRUCT 객체로 넘어온 메모리 포인터와 데이터 크기를 ApplySerializedBits() 멤버 함수에 직렬화된 데이터를 전달하여 CLIPITEM 객체를 복원한다. 그리고 나서 복원된 CLIPITEM 객체를 사용만 하면 된다. 이로써 앞서 다른 응용프로그램 내 윈도우에서 프로세스 경계를 넘어 다른 응용 프로그램 내 윈도우에게 CLIPITEM 객체를 데이터 형태로 전달하고, 전달된 데이터를 바탕으로 CLIPITEM 객체를 복원하고 사용할 수 있게 되었다.

```
BOOL CReceiverDlg::OnCopyData(
CWnd *pWnd, COPYDATASTRUCT*
pCopyDataStruct )
{
    if (pCopyDataStruct == NULL)
      return FALSE;

    CLIPITEM clipitem;
    BOOL bRtn = clipitem.
      ApplySerializedBits(
      (BYTE *)pCopyDataStruct-
      >lpData, pCopyDataStruct-
        >cbData);
    if (bRtn == FALSE)
      return FALSE;

    // clipitem 객체 사용하기
}
```

클래스에 직렬화 능력을 부여하는 것은 객체 영속성Persistence, 즉 사용이 끝난 객체를 보관해 두었다가 사용하기 전에 객체를 복원하는 기능에 대한 기반 기술이다. 객체를 보관해 두는 장소는 단순히 로컬 디스크 내 파일일 수 있지만 클라우드 같은 원격지 내 저장 장소가 될 수도 있다. 이러한 서비스 흐름에 대한 기반이 직렬화 본래 기능이다. 직렬화를 도큐먼트/뷰 구조 특성으로만 연관 지어 생각하는 대신, 본래 기능을 염두에 두고 다양하게 확장해 보자.

CHAPTER 08
표준 컨트롤

학습 목표

- 컨트롤의 동작 원리를 이해한다.
- 표준 컨트롤의 다양한 속성과 통지 메시지를 이해한다.
- MFC의 컨트롤 클래스를 이용하여 표준 컨트롤을 다루는 방법을 익힌다.
- 서브클래싱과 메시지 반사 기법을 이해한다.

01 컨트롤 기초

컨트롤Control은 표준화된 형태와 특성을 가진 윈도우로, 사용자의 입력을 받거나 정보를 보여주는 용도로 사용한다. [그림 8-1]은 윈도우 응용 프로그램에서 사용되는 다양한 컨트롤을 보여준다.

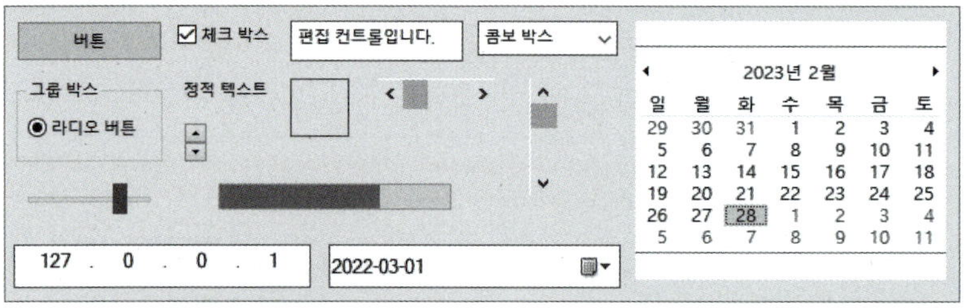

그림 8-1 다양한 종류의 컨트롤

컨트롤은 대화 상자에 많이 사용되지만, 일반 윈도우에서도 사용할 수 있다. 하지만 어느 경우에나 자식 윈도우Child Window로만 존재한다. 일반 윈도우가 자신의 메시지를 처리하는 것과 마찬가지로 컨트롤도 윈도우이기 때문에 메시지를 받아서 처리할 수 있다. 특히 WM_PAINT 메시지를 받으면 스스로 화면을 다시 그리므로 프로그래머는 컨트롤의 화면 갱신을 신경 쓰지 않아도 된다.

컨트롤은 [그림 8-2]와 같이 부모 윈도우와 메시지를 주고받으며 통신한다.

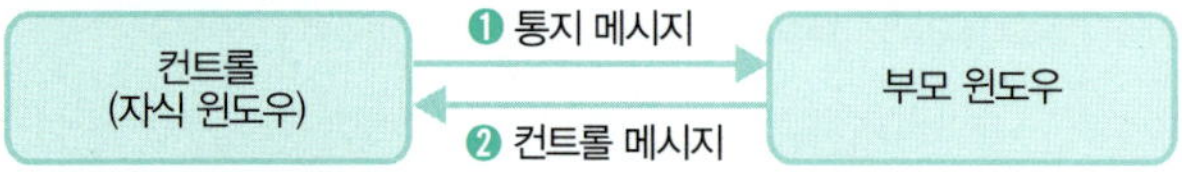

그림 8-2 컨트롤과 부모 윈도우의 통신

❶ 컨트롤이 부모 윈도우에 보내는 메시지를 통지 메시지Notification Message라 부른다. 컨트롤은 통지 메시지로 대개 WM_COMMAND를 보내지만, 때로는 다른 이름의 통지 메시지를 부모 윈도우에 보내기도 한다. 통지 메시지는 주로 사용자의 행위로 인한 컨트롤의 상태 변화를 알리지만, 드물게는 메모리 부족 등으로 인한 오류를 전달하기도 한다.

❷ 부모 윈도우가 컨트롤에 보내는 메시지를 컨트롤 메시지Control Message라 부른다. 부모 윈도우는 컨트롤의 상태를 알아내거나 변경하고자 이 메시지를 사용하는데, 컨트롤에 따라 보낼 수 있는 컨트롤 메시지의 종류가 달라진다.

컨트롤도 윈도우이므로 부모 윈도우는 일반 윈도우를 다룰 때 사용하는 함수를 컨트롤에도 그대로 적용할 수 있다. 예를 들면 ShowWindow() 함수로 컨트롤을 보이거나 숨길 수 있고, EnableWindow() 함수로 컨트롤을 활성화하거나 비활성화할 수 있다.

이 장에서는 많은 종류의 컨트롤 중 윈도우 95 이전에 등장해 현재까지 사용되는 표준 컨트롤을 MFC에서 다루는 방법을 학습할 것이다.

[표 8-1]은 표준 컨트롤 구현을 위해 MFC에서 제공하는 클래스를 요약한 것이고, [그림 8-3]은 이 장에서 다룰 컨트롤 관련 클래스 계층도이다. 모든 컨트롤 클래스가 CWnd 클래스를 상속받으므로 CWnd 클래스의 멤버 함수를 컨트롤에서도 유용하게 사용할 수 있다.

표 8-1 MFC 컨트롤 클래스

컨트롤	MFC 클래스	도구 상자 아이콘
버튼	CButton	(푸시 버튼), (체크 박스), (라디오 버튼), (그룹 박스)
스태틱	CStatic	Aa (텍스트), (프레임/직사각형/아이콘/비트맵/메타파일)
에디트	CEdit	ab| (에디트)
리스트 박스	CListBox	(리스트 박스)
콤보 박스	CComboBox	(콤보 박스)
스크롤바	CScrollBar	(수평 스크롤바), (수직 스크롤바)

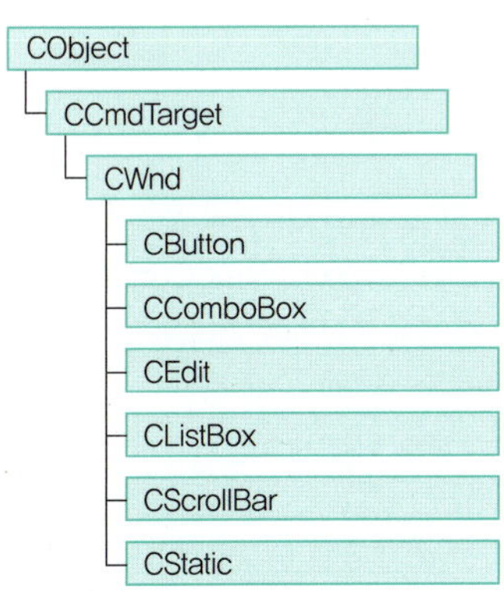

그림 8-3 MFC 클래스 계층도

현장 팁 **윈도우 컨트롤과 모듈화**

윈도우 컨트롤을 공부할 때 잊어서는 안 되는 사실은 바로 '컨트롤 = 윈도우'이다. 그 이유는 컨트롤은 메시지를 받을 수 있는데, 윈도우 운영체제에서 메시지를 받을 수 있는 대상은 '윈도우'뿐이기 때문이다. 실제로 컨트롤을 MFC로 제작할 때 CWnd 클래스를 상속한다.

컨트롤도 윈도우라고 하면, 일반 윈도우와 다른 점은 무엇일까? 바로 모듈화 부분이다. 우리는 이전에 WM_PAINT 메시지나 OnDraw() 함수를 통해 클라이언트 영역에 출력했다. 그런데 화면에 출력하는 내용이 많을 때 자주 쓰이는 부분을 별도 함수로 분리한다. 이러한 별도 함수로 처리하던 영역을 재활용하거나 포장하기 위해 컨트롤로 만든다. 버튼 컨트롤을 예로 들면, 처음에는 OnDraw() 함수에서 버튼을 직접 출력하고 마우스 클릭에 따라 동작하도록 구현했다가 버튼과 관련된 부분을 컨트롤로 포장하여 독립시키면 버튼 컨트롤이 된다.

표준 컨트롤과 공용 컨트롤 대부분은 출력 부분을 사용자가 수정할 수 있도록 WM_DRAWITEM 메시지를 발생시킨다. MFC에서는 각 컨트롤 클래스에서 DrawItem() 멤버 함수를 재정의하여 사용자가 원하는 형태로 컨트롤 화면 출력을 변경할 수 있다. 다음 그림에서 컨트롤 위치를 살펴보자.

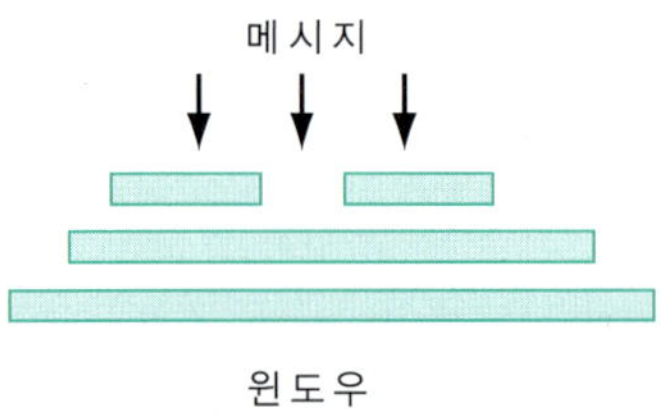

윈도우는 계층 구조로 구성된다. 어도비사 포토샵 프로그램에서 그림을 층층이 쌓아 처리하는 '레이어' 개념을 떠올리면 이해하기 쉽다. 메시지는 가장 상위에 있는 컨트롤에 먼저 전달된다. 컨트롤이 메시지를 처리해 버리면 아래 계층에는 아무 일도 일어나지 않고, 메시지를 처리하지 않으면 그 메시지는 아래 계층으로 전달된다. 컨트롤은 가장 상위 윈도우 형태로 메인 윈도우에 배치된다. 아울러 OnDraw() 함수에서 다음 그림과 같이 각자 자기 계층에 해당하는 작업만을 처리하면 된다.

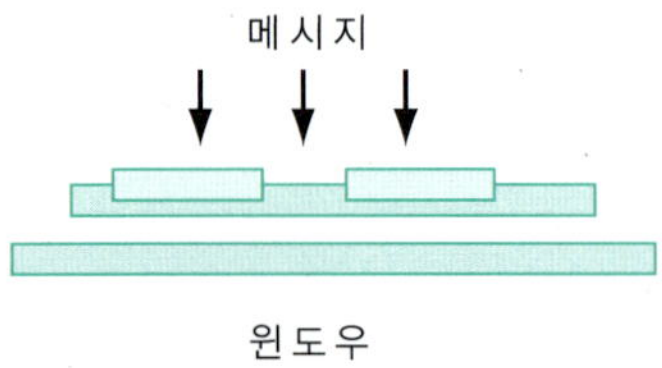

컨트롤 제작의 가장 큰 장점은 재활용이다. 우리가 제작한 컨트롤도 윈도우가 제공하는 표준 컨트롤과 공용 컨트롤처럼 다른 개발자와 공유할 수 있다. 윈도우 컨트롤이 진일보한 기술이 바로 '액티브X 컨트롤(ActiveX Control)'이다. 액티브X 컨트롤은 윈도우 메시지뿐만 아니라 미리 정의된 COM 인터페이스를 통해 통신하며, 컨테이너가 제공되면 어디라도 삽입할 수 있다. 인터넷 익스플로러는 컨테이너를 기본적으로 포함하여, 액티브X 컨트롤을 많이 활용한다. '모듈화'와 '재활용'에 대해 명확히 이해하고 있다면, 액티브X 컨트롤과 같은 응용 기술 접근도 그다지 어렵지 않다.

1 버튼 컨트롤

버튼Button 컨트롤에는 다음 그림과 같이 네 종류가 있다.

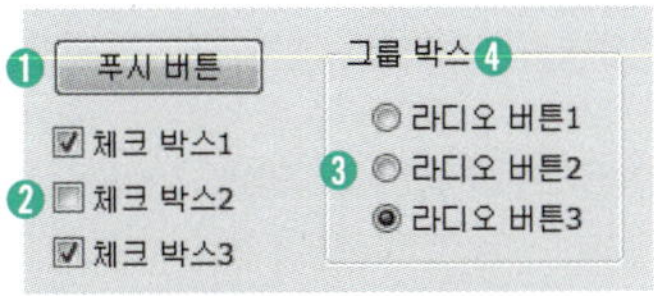

그림 8-4 버튼 컨트롤의 종류

1. **푸시 버튼**Push Button : 마우스로 클릭하여 곧바로 어떤 명령을 수행하는 용도로 사용한다.
2. **체크 박스**Check Box : 마우스로 클릭하면 체크 표시(∨)가 On/Off 된다. 서로 독립적인 여러 옵션을 각각 On/Off 할 때 사용한다.
3. **라디오 버튼**Radio Button : 옵션 버튼Option Button이라 부르기도 하는데, 마우스로 클릭하면 라디오 표시(⦿)가 On/Off 된다. 하나를 선택하면 다른 것이 선택 해제되므로 여러 옵션 중 한 개만 선택할 때 사용한다. [그림 8-5]와 같이 사과/포도/딸기 중 한 개를 선택하고, 볼링/탁구 중 한 개를 선택하려면 각각이 독립된 그룹을 이루어야 한다. 이를 위해 그룹의 맨 앞에 있는 사과와 볼링에 각각 그룹 속성을 지정한다. 그룹 속성을 지정하는 방법은 실습에서 다룬다.

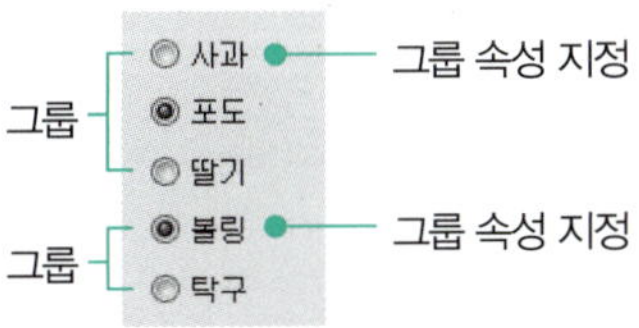

그림 8-5 라디오 버튼 그룹

4. **그룹 박스**Group Box : 의미상 연관된 컨트롤을 시각적으로 구분하는 목적으로 사용한다. 컨트롤을 그룹 박스로 묶는다고 동작이 달라지지는 않는다.

MFC에서 컨트롤을 생성하는 방법은 크게 두 가지이다. 첫째는 코드를 실행하여 컨트롤을 직접 만드는 것이다. 둘째는 컨트롤을 대화 상자 리소스의 일부로 디자인하고, 그 대화 상자를 띄움으로써 운영체제가 컨트롤을 자동으로 만들게 하는 것이다.

여기서는 두 방법 모두를 소개하되, 이후에 다른 컨트롤을 다룰 때는 좀 더 간편한 두 번째 방법을 주로 사용할 것이다.

1.1 컨트롤 생성 방법 1 : 코드를 실행하여 만들기

대부분 사용자에게 익숙한 푸시 버튼을 만드는 과정을 예로 들어보자.

```
CButton m_button; // C++ 버튼 객체 생성
m_button.Create(_T("누르세요"), WS_CHILD|WS_VISIBLE|BS_PUSHBUTTON,
    CRect(100, 100, 200, 130), this, 101); // 푸시 버튼 생성
```

운영체제 수준에서 실제 버튼을 만드는 CButton::Create() 함수를 살펴보면 다음과 같다.

```
BOOL CButton::Create(LPCTSTR lpszCaption, DWORD dwStyle, const RECT& rect,
                           ❶                    ❷                  ❸
                    CWnd* pParentWnd, UINT nID);
                           ❹               ❺
```

❶ **lpszCaption** : 컨트롤에 표시할 문자열이다.

❷ **dwStyle** : 컨트롤 스타일이다. 윈도우 스타일(WS_*)과 버튼 스타일(BS_*)의 조합으로 이루어진다. 윈도우 스타일 중 WS_CHILD와 WS_VISIBLE은 컨트롤을 만들 때 반드시 들어가야 한다. 참고로, WS_CHILD는 생략해도 MFC에서 자동으로 추가한다. 버튼 스타일은 생성할 버튼의 종류와 부수적인 속성을 지정한다. [표 8-2]는 버튼의 종류를 지시하는 스타일만 정리한 것이다. 그 밖의 스타일은 Visual Studio 설명서를 참고하자.

표 8-2 버튼 스타일(일부)

스타일	의미
BS_PUSHBUTTON	푸시 버튼
BS_DEFPUSHBUTTON	디폴트 푸시 버튼 (일반 윈도우에서는 차이가 없으나, 대화 상자에서 사용하면 Enter를 누를 때 눌려진다.)
BS_CHECKBOX	체크 박스
BS_AUTOCHECKBOX	자동 체크 박스 (클릭하면 자동으로 체크 표시가 On/Off 된다.)
BS_3STATE	3상태 체크 박스
BS_AUTO3STATE	자동 3상태 체크 박스 (클릭하면 자동으로 체크 표시가 On/Grayed/Off 된다.)
BS_RADIOBUTTON	라디오 버튼
BS_AUTORADIOBUTTON	자동 라디오 버튼 (클릭하면 자동으로 선택과 선택 해제가 이루어진다.)
BS_GROUPBOX	그룹 박스

❸ **rect** : 컨트롤의 크기와 위치이다. RECT 또는 CRect 객체를 사용하여 지정한다.

❹ **pParentWnd** : 부모 윈도우를 지정한다. 컨트롤은 반드시 자식 윈도우로만 존재하므로 부모 윈도우로 NULL 값을 사용하면 실행 중 오류가 발생한다.

❺ **nID** : 컨트롤 ID이다. 부모 윈도우가 서로 다른 자식 윈도우 컨트롤을 구분할 수 있도록 식별자를 지정한다.

컨트롤을 생성한 후 부모 윈도우가 할 수 있는 작업은 두 가지이다. 첫째는 컨트롤이 보내는 통지 메시지를 처리하는 것이고, 둘째는 부모 윈도우가 컨트롤에 컨트롤 메시지를 보내는 것이다. MFC에서 두 작업을 처리하는 방법은 아래 ❶, ❷의 설명과 같으며, 이 방법은 모든 컨트롤에 동일하게 적용된다.

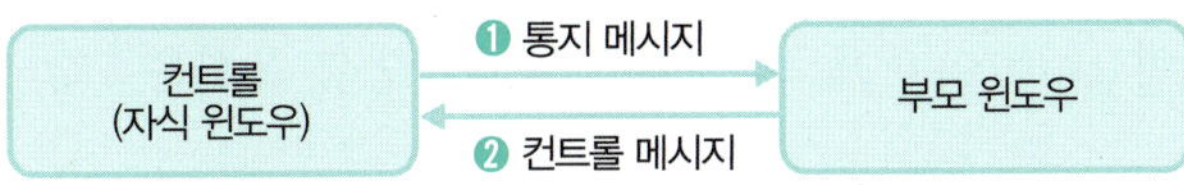

그림 8-6 컨트롤과 부모 윈도우의 통신

❶ 각 컨트롤이 보내는 통지 메시지에 대해 메시지 핸들러(함수)를 작성한다. 통지 메시지가 발생하면 자동으로 메시지 핸들러가 호출된다. 예를 들면 ID가 101인 푸시 버튼을 눌렀을 때 메시지 상자가 나타나게 하는 코드는 다음과 같다.

```
ON_BN_CLICKED(101, OnButtonClicked)
...
void CButton1View::OnButtonClicked()
{
    MessageBox(_T("버튼을 눌렀습니다."));
}
```

❷ 부모 윈도우는 컨트롤 객체의 멤버 함수를 호출함으로써 컨트롤을 조작할 수 있다. 예를 들어 체크 박스 컨트롤에 체크 표시를 보여주는 코드는 다음과 같다.

```
m_button.SetCheck(BST_CHECKED);
```

실습 8-1 코드를 실행하여 다양한 버튼 만들기

[그림 8-7]과 같이 윈도우의 클라이언트 영역에 버튼 컨트롤을 종류별로 만든 후, 푸시 버튼을 클릭하면 각 버튼(체크 박스/3상태 체크 박스/두 개의 라디오 버튼)의 상태를 메시지 상자로 보여주는 프로그램을 작성해보자. 단, 프로그램 실행 시 체크 박스, 3상태 체크 박스, 두 번째 라디오 버튼은 각각 체크 상태, 회색 상태, 체크 상태로 시작한다.

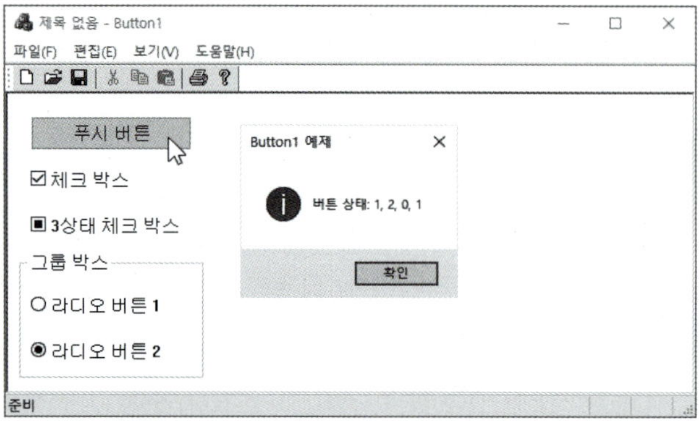

그림 8-7 실행 결과

❶ 응용 프로그램 마법사를 이용하여 Button1 프로젝트를 만든다. 생성 옵션은 7장의 FileIoTest 프로그램과 동일하다.

❷ '클래스 뷰'에서 CButton1View 클래스를 더블 클릭하여 Button1View.h 파일을 열고 여섯 개의 버튼에 대응하는 멤버 변수를 추가한다.

```
class CButton1View : public CView
{
protected: // serialization에서만 만들어집니다.
    CButton1View();
    DECLARE_DYNCREATE(CButton1View)

// 특성입니다.
public:
    CButton1Doc* GetDocument() const;
    CButton m_pushbutton;
    CButton m_checkbox;
    CButton m_3state;
    CButton m_radio1;
    CButton m_radio2;
    CButton m_groupbox;
```

❸ 컨트롤은 부모 윈도우가 생성될 때(부모 윈도우가 WM_CREATE 메시지를 받을 때) 생성하는 것이 일반적이다. 따라서 속성 창을 이용하여 CButton1View 클래스에 WM_CREATE 메시지 핸들러를 추가한다. 만들어진 OnCreate() 함수에 컨트롤을 생성하고 초기화하는 코드를 작성한다.

```
int CButton1View::OnCreate(LPCREATESTRUCT lpCreateStruct)
{
    if (CView::OnCreate(lpCreateStruct) == -1)
        return -1;

    // 버튼 컨트롤을 생성한다.
    m_pushbutton.Create(_T("푸시 버튼"),
        WS_CHILD|WS_VISIBLE|BS_PUSHBUTTON,
        CRect(20, 20, 160, 50), this, 101);
    m_checkbox.Create(_T("체크 박스"),
        WS_CHILD|WS_VISIBLE|BS_AUTOCHECKBOX,
        CRect(20, 60, 160, 90), this, 102);
    m_3state.Create(_T("3상태 체크 박스"),
        WS_CHILD|WS_VISIBLE|BS_AUTO3STATE,
        CRect(20, 100, 160, 130), this, 103);
    m_radio1.Create(_T("라디오 버튼 1"),
        WS_CHILD|WS_VISIBLE|WS_GROUP|BS_AUTORADIOBUTTON,
        CRect(20, 170, 160, 200), this, 104);
    m_radio2.Create(_T("라디오 버튼 2"),
        WS_CHILD|WS_VISIBLE|BS_AUTORADIOBUTTON,
        CRect(20, 210, 160, 240), this, 105);
    m_groupbox.Create(_T("그룹 박스"),
        WS_CHILD|WS_VISIBLE|BS_GROUPBOX,
        CRect(10, 140, 170, 250), this, 106);

    // 버튼 컨트롤을 초기화한다.
    m_checkbox.SetCheck(1);
    m_3state.SetCheck(2);
    m_radio2.SetCheck(1);

    return 0;
}
```

CButton::Create() 함수를 이용하여 서로 다른 스타일의 버튼 컨트롤을 생성한다. 첫 번째 라디오 버튼 생성 시 그룹 스타일(WS_GROUP)을 사용하고 있음에 주목하기를 바란다. 버튼 생성이 끝나면 CButton::SetCheck() 함수로 체크 박스, 3상태 체크 박스, 두 번째 라디오 버튼의 상태를 변경한다. CButton::SetCheck() 함수 인자로는 0(체크 안 됨), 1(체크됨), 2(회색) 중 하나를 사용할 수 있다. 0, 1, 2 대신 BST_UNCHECKED, BST_CHECKED, BST_INDETERMINATE 상수를 사용해도 된다.

4 CButton1View에서 마우스 오른쪽 버튼을 클릭하여 [추가]-[함수 추가] 메뉴를 선택한다. 함수 추가 대화 상자에서 그림과 같이 void OnButtonClicked() 함수를 추가한다. 이 함수는 푸시 버튼을 클릭하면 자동으로 호출되는 메시지 핸들러로 만들 것이다.

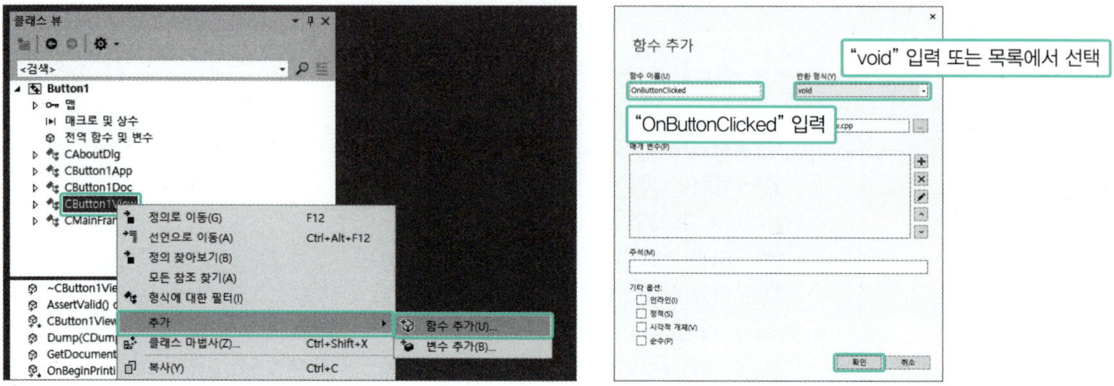

그림 8-8 **함수 추가**

5 생성된 OnButtonClicked() 함수에 각 버튼(체크 박스, 3상태 체크 박스, 두 개의 라디오 버튼)의 상태를 메시지 상자로 보여주는 코드를 작성한다. CButton::GetCheck() 함수는 버튼 컨트롤의 상태를 0(체크 안 됨), 1(체크됨), 2(회색) 값으로 리턴한다.

```
void CButton1View::OnButtonClicked(void)
{
    int state_checkbox = m_checkbox.GetCheck();
    int state_3state = m_3state.GetCheck();
    int state_radio1 = m_radio1.GetCheck();
    int state_radio2 = m_radio2.GetCheck();

    CString str;
    str.Format(_T("버튼 상태: %d, %d, %d, %d"),
        state_checkbox, state_3state, state_radio1, state_radio2);
    MessageBox(str, _T("Button1 예제"), MB_ICONINFORMATION);
}
```

6 마지막으로, 버튼 클릭 시 발생하는 통지 메시지와 앞에서 작성한 OnButtonClicked() 함수를 연결하기 위해 CButton1View 클래스의 메시지 맵에 매크로를 추가한다. Visual Studio 설명서를 찾아보면 'ON_BN_CLICKED(버튼 ID, 멤버 함수)' 형식임을 알 수 있다.

```
BEGIN_MESSAGE_MAP(CButton1View, CView)
    // 표준 인쇄 명령입니다.
    ON_COMMAND(ID_FILE_PRINT, &CView::OnFilePrint)
    ON_COMMAND(ID_FILE_PRINT_DIRECT, &CView::OnFilePrint)
    ON_COMMAND(ID_FILE_PRINT_PREVIEW, &CView::OnFilePrintPreview)
    ON_WM_CREATE()
    ON_BN_CLICKED(101, OnButtonClicked)
END_MESSAGE_MAP()
```

1.2 컨트롤 생성 방법 2 : 대화 상자 리소스에 포함하여 만들기

컨트롤을 대화 상자 리소스에 포함하여 만들 때는 컨트롤의 위치와 크기를 시각적으로 디자인할 수 있고, 속성 또한 쉽게 바꿀 수 있다. 이전의 Button1 예제와 같은 기능을 하는 프로그램을 대화 상자를 기반으로 작성하여 비교해 보자.

실습 8-2 대화 상자 리소스에 포함하여 다양한 버튼 만들기

1 응용 프로그램 마법사를 이용하여 Button2 프로젝트를 만든다. 생성 옵션은 7장의 FileIoTest 프로그램과 동일하지만, 맨 마지막 단계에서 뷰 클래스의 기본Base 클래스로 CFormView를 선택한다는 점이 다르다. CFormView를 사용하면 윈도우의 클라이언트 영역이 대화 상자인 프로그램을 생성할 수 있다.

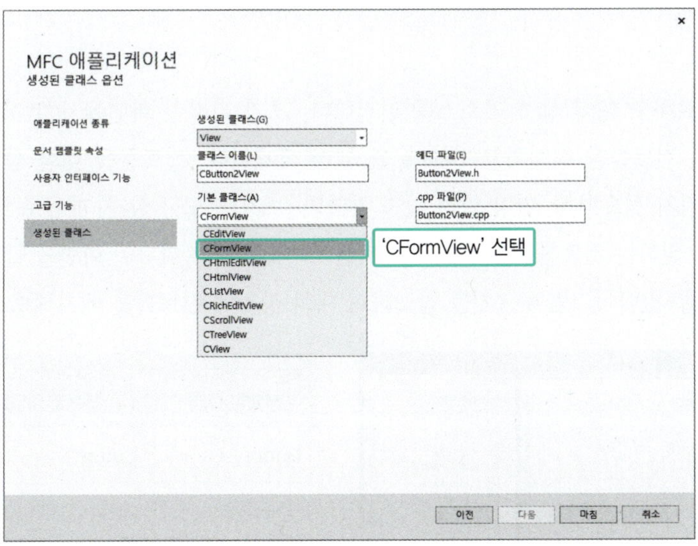

그림 8-9 응용 프로그램 마법사 마지막 단계

2 프로젝트를 생성한 후 '리소스 뷰'로 전환하여 IDD_BUTTON2_FORM 대화 상자 리소스를 열어보면 [그림 8-10]과 같은 대화 상자 디자인 화면을 볼 수 있다. 변경 사항 없이 컴파일, 링크해서 실행하면 [그림 8-11]과 같이 대화 상자가 클라이언트 영역 내부에 그대로 표시된다. 이와 같이 CFormView 클래스를 사용하면 대화 상자 디자인 화면에서 컨트롤을 추가/변경/삭제한 결과가 실행 결과에 그대로 반영되므로 매우 편리하다.

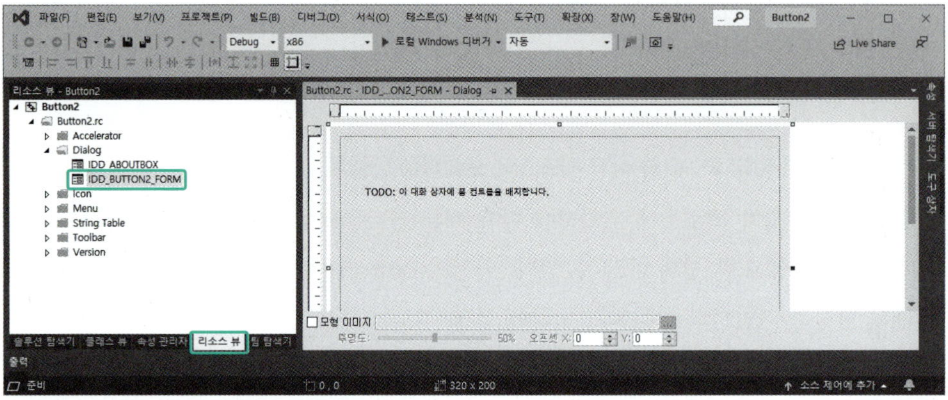

그림 8-10 대화 상자 디자인 화면

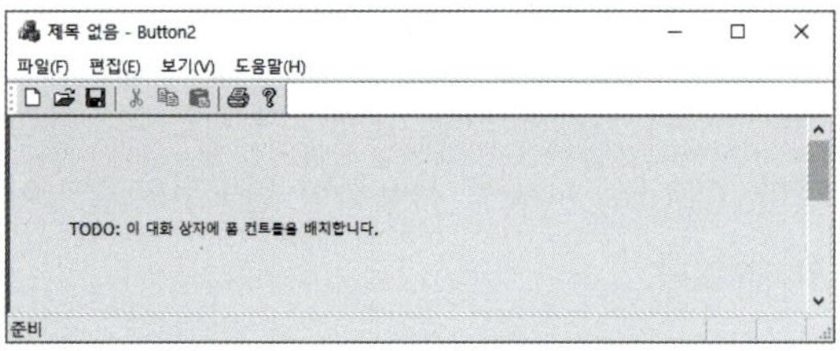

그림 8-11 실행 결과

3 응용 프로그램을 종료하고 대화 상자 리소스를 편집한다. 초기 디자인 화면에서 'TODO: …' 텍스트가 표시된 컨트롤을 선택하고 Delete 를 눌러 삭제한다. 컨트롤을 대화 상자에 추가하려면 도구 상자가 필요한데, 만약 열려 있지 않다면 [보기]-[도구 상자] 메뉴로 열 수 있다. 도구 상자에서 원하는 컨트롤을 마우스로 선택한 후 대화 상자 디자인 화면을 클릭하면 컨트롤을 추가할 수 있다. [그림 8-12]를 참고하여 대화 상자에 컨트롤을 배치해보자.

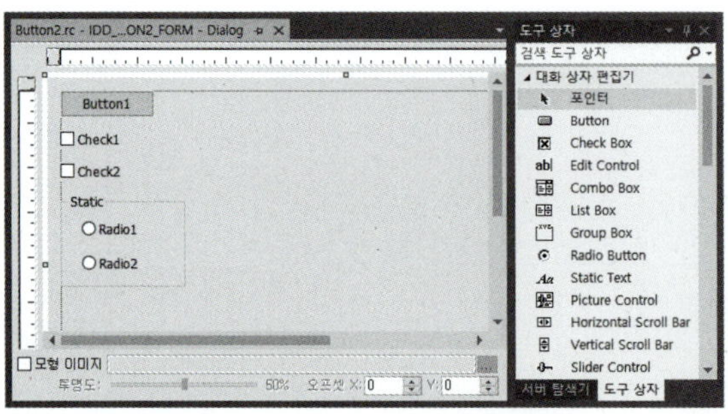

도구 상자에서 선택할 대상	자동 설정되는 캡션 문자열
Button	Button1
Check Box	Check1, Check2
Group Box	Static
Radio Button	Radio1, Radio2

그림 8-12 대화 상자 디자인 – 컨트롤 추가 및 배치

4 이제 컨트롤의 속성을 설정한다. 컨트롤을 선택하고 Alt+Enter를 누르거나, 마우스 오른쪽 버튼을 클릭하여 [속성] 메뉴를 선택하면 속성 창이 열린다. ID는 자동 설정된 값 그대로 두고 [그림 8-13]을 참고하여 나머지 속성만 변경한다.

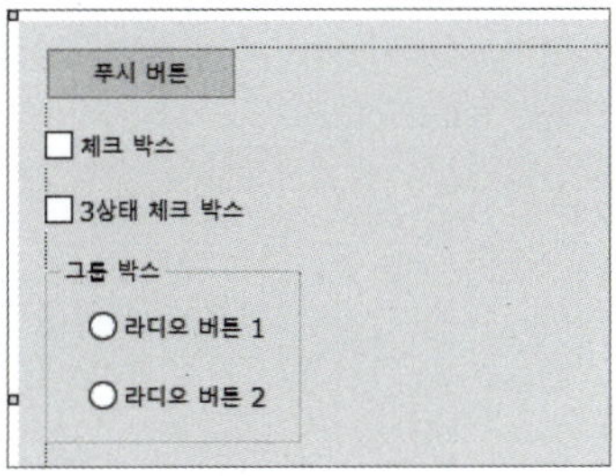

ID	Caption	그 밖의 변경 사항
IDC_BUTTON1	푸시 버튼	
IDC_CHECK1	체크 박스	
IDC_CHECK2	3상태 체크 박스	'Tri-state' 속성을 True로 변경한다.
IDC_STATIC	그룹 박스	
IDC_RADIO1	라디오 버튼 1	'Group' 속성을 True로 변경한다.
IDC_RADIO2	라디오 버튼 2	

그림 8-13 대화 상자 디자인 – 컨트롤 속성 설정

5 체크 박스나 라디오 버튼은 초기에 체크 표시가 안 된 상태이므로 프로그램이 시작될 때 필요에 따라 체크 상태를 변경해야 한다. 대화 상자에 포함된 컨트롤을 조작할 수 있는 변수가 아직 없으므로 각각의 컨트롤을 나타내는 CButton 객체(컨트롤 변수)를 만들어보자. 대화 상자 디자인 화면에서 마우스 오른쪽 버튼을 클릭하여 [변수 추가...] 메뉴를 선택하면 제어 변수 추가 대화 상자가 뜬다. 초기 옵션을 변경하지 말고 변수 이름만 입력한 후 〈마침〉을 클릭하면 컨트롤 변수가 만들어진다. [그림 8-14]를 참고하여 네 개의 컨트롤에 대응하는 컨트롤 변수를 추가해보자.

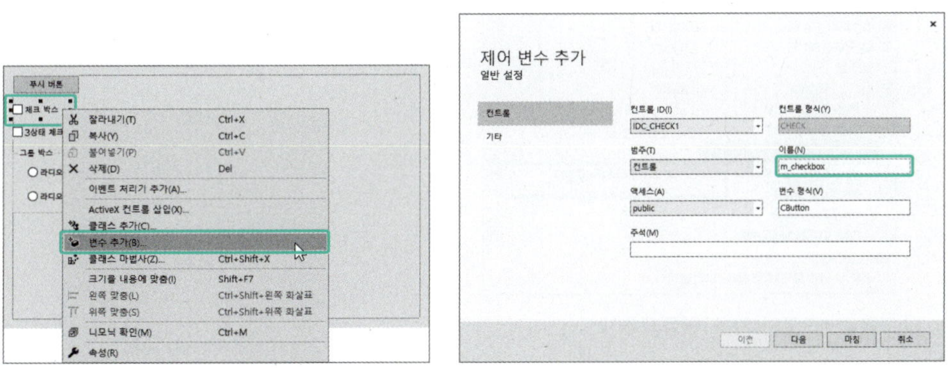

컨트롤 ID	변수 이름
IDC_CHECK1	m_checkbox
IDC_CHECK2	m_3state
IDC_RADIO1	m_radio1
IDC_RADIO2	m_radio2

그림 8-14 컨트롤 변수 추가

6 CButton2View 클래스에서 OnInitialUpdate() 함수를 찾아 컨트롤을 초기화하는 코드를 작성한다. 가상 함수 OnInitialUpdate()는 뷰가 화면에 보이기 전에 MFC 내부 코드에서 자동으로 호출해주므로 컨트롤을 초기화하기에 적당한 위치이다.

```
void CButton2View::OnInitialUpdate()
{
    CFormView::OnInitialUpdate();
    GetParentFrame()->RecalcLayout();
    ResizeParentToFit();

    // 버튼 컨트롤을 초기화한다.
    m_checkbox.SetCheck(1);
    m_3state.SetCheck(2);
    m_radio2.SetCheck(1);
}
```

7 마지막으로, 푸시 버튼을 눌렀을 때의 동작을 코딩해야 한다. CButton2View 클래스를 선택한 상태에서 속성 창을 열면, 버튼 클릭 시 발생하는 BN_CLICKED 통지 메시지 핸들러를 추가할 수 있다.

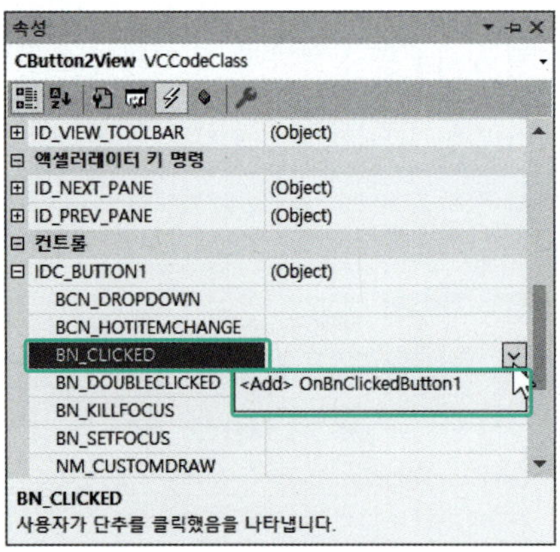

그림 8-15 통지 메시지 핸들러 추가

생성된 메시지 핸들러에 Button1 예제와 비슷한 코드를 작성한다. 메시지 상자의 제목을 제외하면 사실상 동일한 코드임을 알 수 있다.

```
void CButton2View::OnBnClickedButton1()
{
    int state_checkbox = m_checkbox.GetCheck();
    int state_3state = m_3state.GetCheck();
    int state_radio1 = m_radio1.GetCheck();
    int state_radio2 = m_radio2.GetCheck();

    CString str;
    str.Format(_T("버튼 상태: %d, %d, %d, %d"),
        state_checkbox, state_3state, state_radio1, state_radio2);
    MessageBox(str, _T("Button2 예제"), MB_ICONINFORMATION);
}
```

현장 팁 **라디오 버튼과 메시지 맵 범위**

라디오 버튼은 선택된 아이템 하나만 알면 되는데, 메시지 핸들러를 일일이 만든다고 하면 번거로운 일이다. 이를 위해 MFC는 범위를 한꺼번에 받아올 수 있는 메시지 맵 범위 매크로를 지원한다.

```
ON_COMMAND_RANGE(범위 처음 ID, 범위 끝 ID, 핸들러)
```

ON_COMMAND_RANGE() 매크로에 원하는 범위에서 시작하는 ID와 끝나는 ID를 넣은 후 핸들러를 적어주면 된다. 이에 추가하여 컨트롤을 위해 ON_CONTROL_RANGE() 매크로를 제공하여 다음처럼 원하는 컨트롤 통지 메시지만 걸러낼 수 있다.

```
ON_CONTROL_RANGE(BN_CLICKED, ...)
```

이로써 라디오 버튼이 IDC_RADIO1부터 IDC_RADIO5까지 다섯 개가 있는 경우, 다음과 같이 한 함수에서 처리할 수 있다.

```
ON_COMMAND_RANGE(IDC_RADIO1, IDC_RADIO5, OnRadio)

void CTestDlg::OnRadio(UINT nID)
{
   switch (nID) {
   case IDC_RADIO1: break;
   case IDC_RADIO2: break;
   case IDC_RADIO3: break;
```

```
        case IDC_RADIO4: break;
        case IDC_RADIO5: break;
        ...
        }
    }
```

범위를 지정하기 때문에 〈resource.h〉 파일을 열어 해당 범위에 대한 값을 직접 확인해야 한다.

```
#define IDC_RADIO1 1000
#define IDC_RADIO2 1001
#define IDC_RADIO3 1002
#define IDC_RADIO4 1003
#define IDC_RADIO5 1004
```

범위 지정을 잘못하면 동작하지 않는다는 사실에 주의하자. 만약 컨트롤 변수를 사용한다고 하더라도 메시지 핸들러가 여러 개 필요한 경우 이 방식이 유용하게 사용된다.

2 스태틱 컨트롤

스태틱Static 컨트롤은 텍스트, 프레임(색이 채워지지 않은 직사각형), 직사각형(색이 채워진 직사각형), 아이콘, 비트맵, 확장 메타파일Enhanced Metafile을 화면에 표시할 수 있는 윈도우이다. [그림 8-16]은 대화 상자에 포함된 여러 형태의 스태틱 컨트롤이다.

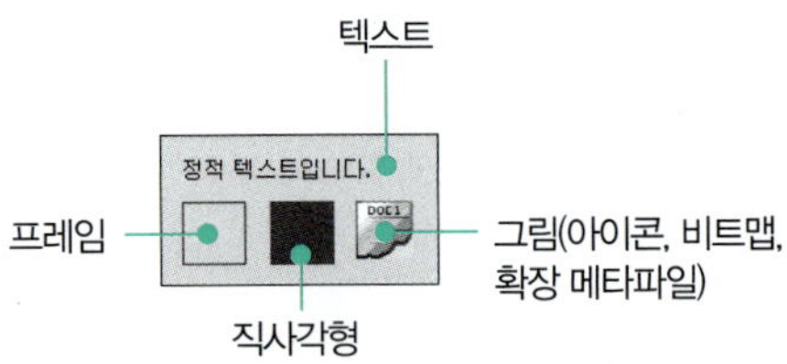

그림 8-16 스태틱 컨트롤

스태틱 컨트롤은 일반적으로 통지 메시지를 발생시키지 않는다. 하지만 SS_NOTIFY 스타일을 설정하면 STN_CLICKED(클릭), STN_DBLCLK(더블 클릭), STN_DISABLE(비활성화), STN_ENABLE(활성화) 네 종류의 통지 메시지를 부모 윈도우에 보낼 수 있다.

실습 8-3 스태틱 컨트롤 활용하기

CFormView 클래스 기반의 프로그램에 다양한 스태틱 컨트롤을 표시해보자. 응용 프로그램 화면 오른쪽의 확장 메타파일 그림을 클릭하면 메시지 상자가 표시되는 기능도 구현한다.

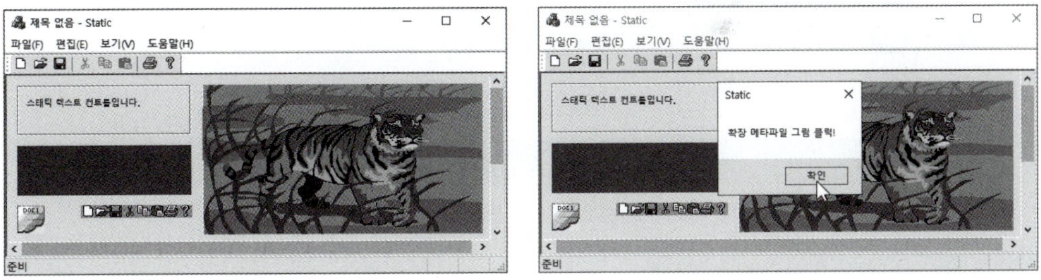

그림 8-17 실행 결과

1 응용 프로그램 마법사를 이용하여 Static 프로젝트를 만든다. 생성 옵션은 Button2 프로그램과 동일하다. [그림 8-9]처럼 맨 마지막 단계에서 뷰 클래스의 기본 클래스로 CFormView를 선택한다는 점에 유의한다.

2 실습을 위해 확장 메타파일 형식(*.emf)의 그림을 준비한다. 인터넷 검색을 통해 받아도 좋고, 포토샵 등을 이용해서 직접 그려도 된다. 예제에서는 파일명은 'test.emf'이고 Static 프로젝트 폴더에 있는 것으로 가정한다.

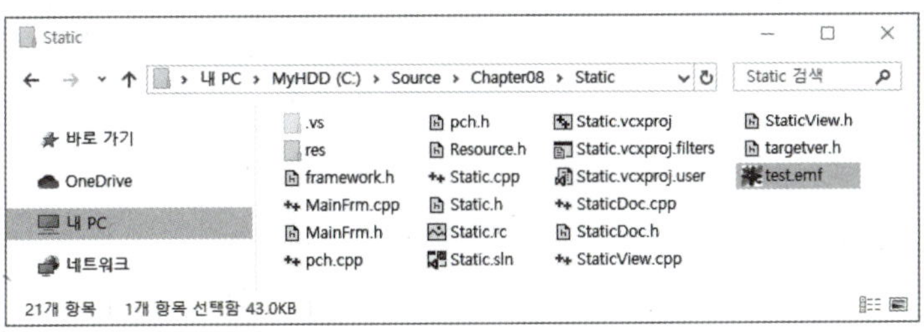

그림 8-18 확장 메타파일 준비

3 '리소스 뷰'로 전환하여 IDD_STATIC_FORM 대화 상자 리소스를 연다. 기존 컨트롤을 삭제한 후 [그림 8-19]와 같이 디자인한다. ❶은 스태틱 텍스트 컨트롤(*Aa*), 나머지는 픽처 컨트롤(▣)을 이용해서 추가하면 된다. 표를 참고하여 속성 창에서 각 컨트롤의 속성을 설정하자. 스태틱 컨트롤은 특별히 지정하지 않는 한 자동으로 모두 같은 ID(IDC_STATIC)를 가진다.

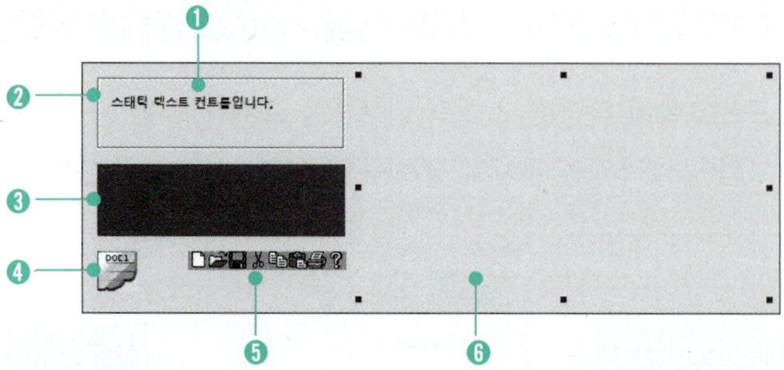

번호	변경 사항
❶	'Caption'을 "스태틱 텍스트 컨트롤입니다."로 변경한다.
❷	'Color'를 Etched로 변경한다.
❸	'Type'을 Rectangle로 변경한다.
❹	'Type'을 Icon으로 변경하고 'Image'로 IDR_StaticTYPE을 선택한다.
❺	'Type'을 Bitmap으로 변경하고 'Image'로 IDR_MAINFRAME을 선택한다.
❻	'ID'를 IDC_METAFILE로, 'Type'을 Enhanced Metafile로, 'Notify'를 True로 변경한다.

그림 8-19 대화 상자 디자인

4 대화 상자 디자인 화면에서 IDC_METAFILE 컨트롤을 선택하고 마우스 오른쪽 버튼을 클릭하여 [변수 추가...] 메뉴를 선택하면 제어 변수 추가 대화 상자가 뜬다. 초기 옵션을 변경하지 말고 변수 이름으로 "m_metafile"을 입력한 후 〈마침〉을 클릭하면 컨트롤 변수가 만들어진다.

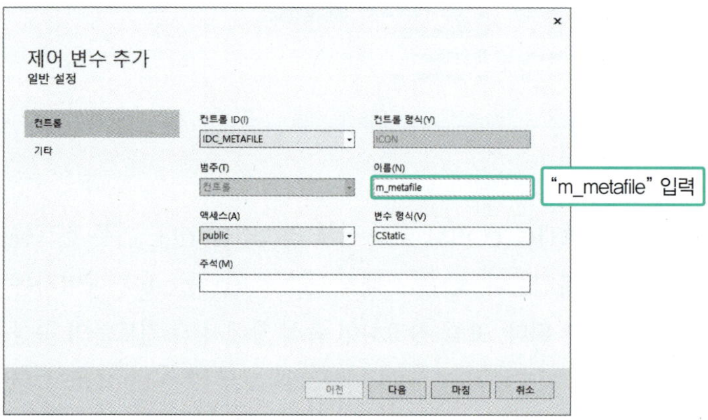

그림 8-20 컨트롤 변수 생성

5 CStaticView::OnInitialUpdate() 함수를 찾아서 메타파일을 출력하는 코드를 작성한다. ::GetEnhMetaFile() 함수는 확장 메타파일을 가리키는 핸들을 리턴하며, CStatic::SetEnhMetaFile() 함수는 확장 메타파일과 스태틱 컨트롤을 연결한다.

```
void CStaticView::OnInitialUpdate()
{
    CFormView::OnInitialUpdate();
    GetParentFrame()->RecalcLayout();
    ResizeParentToFit();
    m_metafile.SetEnhMetaFile(::GetEnhMetaFile(_T("test.emf")));
}
```

6 마지막으로, 확장 메타파일 그림을 클릭했을 때의 동작을 코딩한다. '클래스 뷰'에서 CStaticView 클래스를 선택한 상태에서 속성 창을 열면, 버튼 클릭 시 발생하는 STN_CLICKED 통지 메시지 핸들러를 추가할 수 있다.

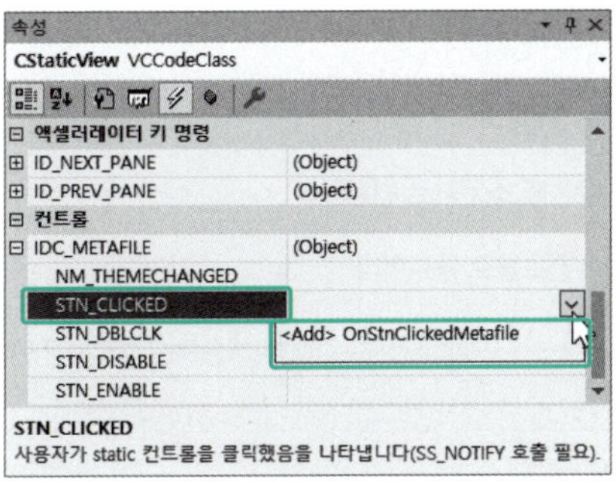

그림 8-21 통지 메시지 핸들러 추가

```
void CStaticView::OnStnClickedMetafile()
{
    MessageBox(_T("확장 메타파일 그림 클릭!"));
}
```

3 에디트 컨트롤

에디트Edit 컨트롤은 텍스트를 입력하고 편집할 수 있는 윈도우이다. 입력 가능한 행의 수에 따라 단일행Single-line 에디트 컨트롤과 다중행Multiline 에디트 컨트롤로 구분할 수 있다.

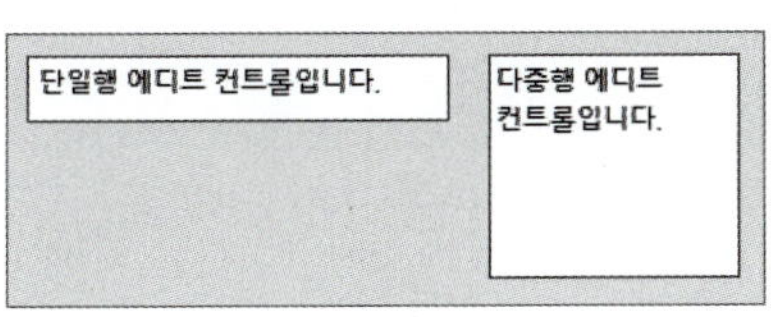

그림 8-22 에디트 컨트롤

에디트 컨트롤 역시 다른 컨트롤처럼 코드를 실행하여 생성하거나 대화 상자 리소스에 포함해서 만들 수 있다. 대화 상자에 에디트 컨트롤을 사용할 때는 속성 창을 이용하여 다양한 스타일을 설정한다.

[표 8-3]은 자주 사용되는 에디트 컨트롤 스타일을 알파벳 순으로 정리한 것으로, 코드를 실행하여 컨트롤을 생성할 때 사용한다. 동일한 기능을 가진 속성 창 항목을 같이 표시하였으므로 대화 상자 디자인 시 참고한다.

표 8-3 에디트 컨트롤 스타일

스타일/속성 창 항목	기능
ES_AUTOHSCROLL/Auto HScroll	줄 끝에 도달하면 자동으로 수평 스크롤 한다.
ES_AUTOVSCROLL/Auto VScroll	줄 끝에 도달하면 자동으로 수직 스크롤 한다.
ES_CENTER/Align Text: Centered	텍스트를 가운데 정렬한다.
ES_LEFT/Align Text: Left	텍스트를 왼쪽 정렬한다.
ES_LOWERCASE/Lowercase	입력된 모든 문자를 소문자로 변환한다.
ES_MULTILINE/Multiline	다중행 에디트 컨트롤로 동작한다.
ES_NOHIDESEL/No Hide Selection	컨트롤이 키보드 포커스를 잃어도 선택된 텍스트가 반전 상태를 계속 유지한다.
ES_NUMBER/Number	숫자만 입력할 수 있다.
ES_PASSWORD/Password	입력된 글자를 *로 표시한다. (단일행 에디트 컨트롤에만 사용 가능)
ES_READONLY/Read Only	텍스트를 읽기만 할 수 있다.
ES_RIGHT/Align Text: Right	텍스트를 오른쪽 정렬한다.
ES_UPPERCASE/Uppercase	입력된 모든 문자를 대문자로 변환한다.
ES_WANTRETURN/Want Return	이 스타일을 지정하지 않으면 대화 상자에서 Enter를 이용한 줄 바꿈이 되지 않는다. Ctrl+Enter를 이용하면 이 스타일과 무관하게 줄 바꿈을 할 수 있다. (다중행 에디트 컨트롤에만 사용 가능)

에디트 컨트롤에 상태 변화가 생기면 [표 8-4]와 같은 통지 메시지가 발생한다.

표 8-4 에디트 컨트롤 통지 메시지

통지 메시지	의미
EN_CHANGE	사용자가 내용을 변경하면 화면에 컨트롤을 다시 그리는데, 그 후에 이 메시지가 발생한다.
EN_ERRSPACE	메모리가 부족하다.
EN_HSCROLL	사용자가 에디트 컨트롤의 수평 스크롤바를 클릭했다.

EN_KILLFOCUS	키보드 포커스를 잃었다.
EN_MAXTEXT	더는 문자를 입력할 수 없다. CEdit::SetLimitText() 함수로 문자의 개수를 제한한 경우나 ES_AUTOHSCROLL, ES_AUTOVSCROLL 스타일을 지정하지 않은 상태에서 줄 끝까지 입력할 때 발생한다.
EN_SETFOCUS	키보드 포커스를 얻었다.
EN_UPDATE	사용자가 내용을 변경하면 화면에 컨트롤을 다시 그리는데, 그 전에 이 메시지가 발생한다.
EN_VSCROLL	사용자가 에디트 컨트롤의 수직 스크롤바를 클릭했다.

MFC에서 에디트 컨트롤을 다룰 때는 CEdit 클래스의 멤버 함수와 CWnd 클래스의 일부 멤버 함수를 이용한다. 몇 가지 활용 예를 살펴보자.

■ 텍스트를 변경하거나 입력된 텍스트를 알아내기

```
m_edit.SetWindowText(_T("초기 값")); // 에디트 컨트롤의 텍스트를 변경한다.
CString str;
m_edit.GetWindowText(str); // 에디트 컨트롤에 입력된 텍스트를 얻는다.
```

참고 SetWindowText(), GetWindowText() 함수는 모두 CWnd 클래스의 멤버 함수이다.

■ 입력 가능한 텍스트의 길이를 제한하기

```
m_edit.SetLimitText(10); // 열 글자로 제한한다.
```

■ 각종 편집 작업 – 삭제, 잘라내기, 복사, 붙여넣기, 실행 취소

```
m_edit.Clear(); // 현재 선택된 텍스트를 삭제한다.
m_edit.Cut(); // 텍스트를 잘라내서 클립보드에 저장한다.
m_edit.Copy(); // 텍스트를 복사해서 클립보드에 저장한다.
m_edit.Paste(); // 클립보드에 저장된 내용을 붙여넣는다.
m_edit.Undo(); // 이전에 실행한 동작을 취소한다.
```

■ 텍스트 선택과 치환하기

```
❶ m_edit.SelSel(5, 7); // 여섯 번째 글자부터 시작해서 글자 두 개가 선택된다.
❷ m_edit.ReplaceSel(_T("ABC")); // 현재 선택된 부분을 새로운 텍스트로 치환한다.
```

그림 8-23 텍스트 선택과 치환 예

위의 두 함수를 응용하여 에디트 컨트롤의 맨 끝에 새로운 텍스트를 추가하는 코드를 작성해보면 다음과 같다.

```
int len = m_edit.GetWindowTextLength();
m_edit.SetSel(len, len);
m_edit.ReplaceSel(_T("새로 추가한 텍스트"));
```

실습 8-4 에디트 컨트롤 활용하기

에디트 컨트롤에 글자를 입력하면 아래쪽의 스태틱 텍스트 컨트롤에 표시되고, 최대 20글자까지만 입력할 수 있는 프로그램을 작성해보자.

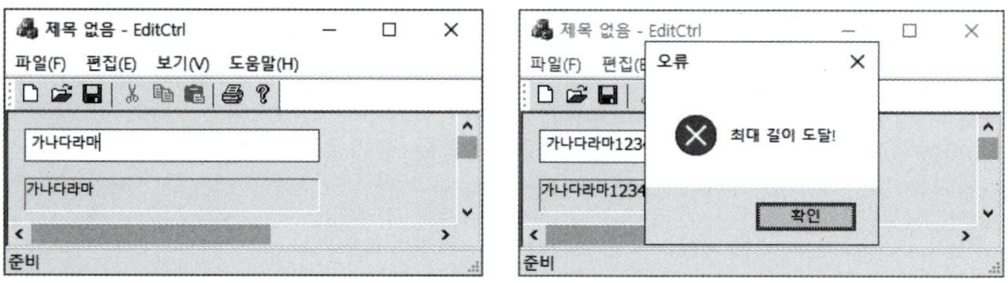

그림 8-24 실행 결과

❶ 응용 프로그램 마법사를 이용하여 EditCtrl 프로젝트를 만든다. 생성 옵션은 Button2 프로그램과 동일하다. [그림 8-9]처럼 맨 마지막 단계에서 뷰 클래스의 기본 클래스로 CFormView를 선택한다는 점에 유의한다.

❷ '리소스 뷰'로 전환하여 IDD_EDITCTRL_FORM 대화 상자 리소스를 연다. 기존 컨트롤을 삭제한 후 [그림 8-25]를 참고하여 디자인한다. ❶은 에디트 컨트롤이고 ❷는 스태틱 텍스트 컨트롤이다.

그림 8-25 대화 상자 디자인

번호	변경 사항
❶	'ID'를 IDC_MYEDIT로 변경한다.
❷	'ID'를 IDC_MYSTATIC으로 변경한다. 'Caption'을 삭제하고 'Sunken'을 True로 설정한다.

3 대화 상자 디자인 화면에서 컨트롤을 선택하고 마우스 오른쪽 버튼을 클릭하여 [변수 추가...] 메뉴를 실행하면 컨트롤 변수를 만들 수 있다. 에디트 컨트롤과 스태틱 텍스트 컨트롤에 대응하는 컨트롤 변수 m_edit와 m_static을 만든다.

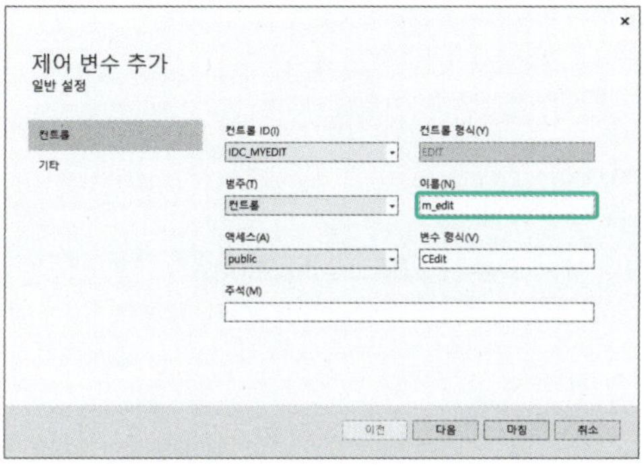

그림 8-26 **컨트롤 변수 생성**

4 뷰 클래스의 OnInitialUpdate() 함수에 에디트 컨트롤의 초기화 코드를 추가한다.

```
void CEditCtrlView::OnInitialUpdate()
{
    CFormView::OnInitialUpdate();
    GetParentFrame()->RecalcLayout();
    ResizeParentToFit();
    m_edit.SetLimitText(20);
}
```

5 마지막으로, '클래스 뷰'에서 CEditCtrlView 클래스를 선택한 상태에서 속성 창을 연다. IDC_MYEDIT 컨트롤에 대해 EN_CHANGE, EN_MAXTEXT 통지 메시지 핸들러를 생성하고 코드를 작성한다.

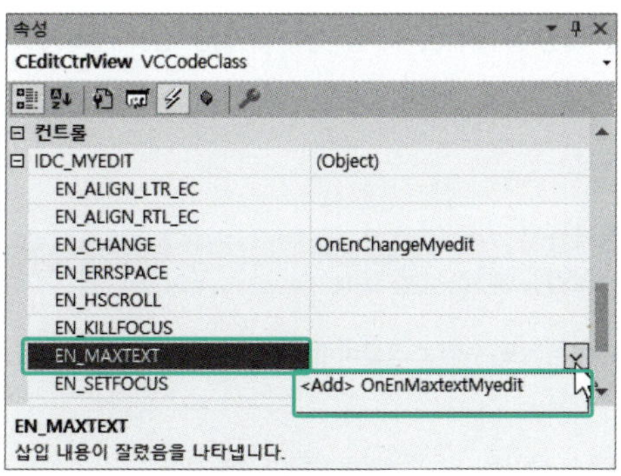

그림 8-27 **통지 메시지 핸들러 생성**

```
void CEditCtrlView::OnEnChangeMyedit()
{
    CString str;
    m_edit.GetWindowText(str);
    m_static.SetWindowText(str);
}

void CEditCtrlView::OnEnMaxtextMyedit()
{
    MessageBox(_T("최대 길이 도달!"), _T("오류"), MB_ICONERROR);
}
```

4 리스트 박스 컨트롤

리스트 박스List Box 컨트롤은 사용자가 선택할 수 있는 항목을 목록 형식으로 담고 있는 윈도우이다. 여기서 항목Item에는 문자열이나 비트맵이 들어갈 수 있다. [그림 8-28]과 같이 사용자는 리스트 박스 컨트롤의 스타일에 따라 한 개 혹은 여러 개의 항목을 선택할 수 있다.

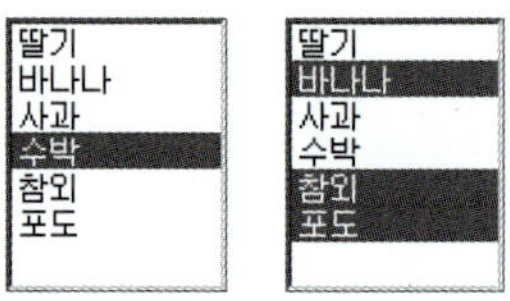

그림 8-28 **리스트 박스 컨트롤**

리스트 박스 컨트롤 역시 다른 컨트롤처럼 코드를 실행하여 생성하거나 대화 상자 리소스에 포함하여 만들 수 있다. 대화 상자에 리스트 박스 컨트롤을 사용할 때는 속성 창을 이용해서 다양한 스타일을 설정할 수 있다.

[표 8-5]는 자주 사용되는 리스트 박스 컨트롤 스타일을 알파벳 순으로 정리한 것으로, 코드를 실행하여 컨트롤을 생성할 때 사용한다. 동일한 기능을 가진 속성 창 항목을 같이 표시하였으므로 대화 상자 디자인 시 참고한다.

표 8-5 **리스트 박스 컨트롤 스타일**

스타일/속성 창 항목	기능
LBS_DISABLENOSCROLL/ Disable No Scroll	표시할 항목의 개수가 적어도 수직 스크롤바가 사라지지 않는다.
LBS_EXTENDEDSEL/ Selection: Extended	Shift, Ctrl과 마우스 클릭을 이용한 다중 선택이 가능하다.
LBS_HASSTRINGS/ Has Strings	LBS_OWNERDRAW* 스타일을 지정하지 않았을 때의 기본 스타일로, 컨트롤이 문자열을 저장하고 관리한다.

LBS_MULTICOLUMN/ Multicolumn	여러 열Column로 구성된 리스트 박스를 생성하며, 항목이 많으면 수평 스크롤이 가능하다.
LBS_MULTIPLESEL/ Selection: Multiple	마우스 클릭을 이용한 다중 선택이 가능하다.
LBS_NODATA/No Data	항목 데이터를 컨트롤이 아닌 부모 윈도우가 유지하며, 필요할 때마다 부모 윈도우가 직접 그린다. 항목이 1,000개 이상일 경우에 사용을 권장한다.
LBS_NOINTEGRALHEIGHT/ No Integral Height	리스트 박스의 높이가 응용 프로그램이 지정한 크기로 유지된다. 이 스타일을 지정하면 항목 일부가 잘려서 보이는 경우가 생길 수 있다.
LBS_NOREDRAW/No Redraw	항목이 변해도 리스트 박스 컨트롤을 다시 그리지 않는다.
LBS_NOSEL/Selection: None	항목을 볼 수 있지만 선택할 수는 없다.
LBS_NOTIFY/Notify	사용자가 항목을 클릭하거나 더블 클릭하면 부모 윈도우에 통지 메시지를 보낸다.
LBS_OWNERDRAWFIXED/ Owner Draw: Fixed	부모 윈도우가 리스트 박스 항목을 직접 그리되 항목의 높이가 일정한 경우이다.
LBS_OWNERDRAWVARIABLE/ Owner Draw: Variable	부모 윈도우가 리스트 박스 항목을 직접 그리되 항목의 높이가 일정하지 않은 경우이다.
LBS_SORT/Sort	항목이 문자열인 경우 정렬하여 표시한다.
LBS_STANDARD/Notify, Sort, Border, Vertical Scrollbar	LBS_NOTIFY, LBS_SORT, WS_VSCROLL, WS_BORDER 스타일의 조합이다.
LBS_USETABSTOPS/ Use Tabstops	이 스타일을 지정하면 항목 문자열에 포함된 탭 문자('\t')를 제대로 처리할 수 있다.
LBS_WANTKEYBOARDINPUT/ Want Key Input	리스트 박스 컨트롤이 키보드 포커스를 가진 상태에서 사용자가 키를 누르면 부모 윈도우가 이를 감지하여 특별한 처리를 할 수 있다.

리스트 박스 컨트롤에 상태 변화가 생기면 [표 8-6]과 같은 통지 메시지가 발생한다.

표 8-6 리스트 박스 컨트롤 통지 메시지

통지 메시지	의미
LBN_DBLCLK	사용자가 항목을 더블 클릭했다.
LBN_SELCHANGE	사용자가 선택을 변경했다.
LBN_SELCANCEL	사용자가 선택을 취소했다.
LBN_SETFOCUS	키보드 포커스를 얻었다.
LBN_KILLFOCUS	키보드 포커스를 잃었다.
LBN_ERRSPACE	메모리가 부족하다.

참고 LBN_DBLCLK, LBN_SELCHANGE, LBN_SELCANCEL은 LBS_NOTIFY 스타일을 설정해야 발생한다.

MFC에서 리스트 박스 컨트롤을 다룰 때는 CListBox 클래스의 멤버 함수와 CWnd 클래스의 일부 멤버 함수를 이용한다. 몇 가지 활용 예를 살펴보자.

■ **항목을 추가하거나 삭제하기**

```
m_list.AddString(_T("사과")); // 문자열 항목을 추가한다.
m_list.DeleteString(3); // 네 번째 항목을 삭제한다.
```

■ **항목을 선택된 상태로 만들기**

```
/* 단일 선택 리스트 박스 컨트롤인 경우 */
m_list.SetCurSel(2); // 세 번째 항목을 선택한다.

/* 다중 선택 리스트 박스 컨트롤인 경우 */
m_list.SetSel(2); // 세 번째 항목을 선택한다.
m_list.SetSel(3, FALSE); // 네 번째 항목을 선택 해제한다.
```

■ **선택된 항목을 알아내기**

```
/* 단일 선택 리스트 박스 컨트롤인 경우 */
int nIndex = m_list.GetCurSel();
if (nIndex != LB_ERR) {
    CString str;
    m_list.GetText(nIndex, str);
}

/* 다중 선택 리스트 박스 컨트롤인 경우 */
int nIndex = m_list.GetCaretIndex();
if (nIndex != LB_ERR) {
    CString str;
    m_list.GetText(nIndex, str);
}
```

실습 8-5 리스트 박스 컨트롤 활용하기

리스트 박스 컨트롤 두 개를 양쪽에 배치해 두고 중간에 위치한 버튼을 클릭하면, 왼쪽에서 오른쪽으로 혹은 오른쪽에서 왼쪽으로 데이터가 이동하는 프로그램을 작성해보자. 메인 윈도우의 타이틀바에는 데이터의 이동 방향을 나타내는 문자열을 표시한다.

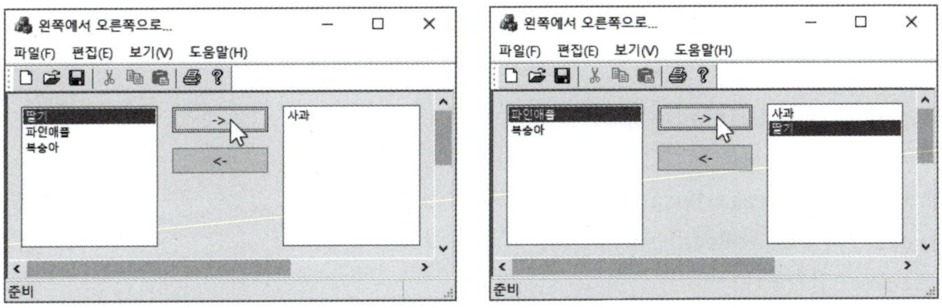

그림 8-29 실행 결과

1 응용 프로그램 마법사를 이용하여 ListBox 프로젝트를 만든다. 생성 옵션은 Button2 프로그램과 동일하다. [그림 8-9]처럼 맨 마지막 단계에서 뷰 클래스의 기본 클래스로 CFormView를 선택한다는 점에 유의한다.

2 '리소스 뷰'로 전환하여 IDD_LISTBOX_FORM 대화 상자 리소스를 연다. 기존 컨트롤을 삭제한 후 [그림 8-30]을 참고하여 디자인한다. ❶, ❷는 리스트 박스 컨트롤이고 ❸, ❹는 버튼 컨트롤이다.

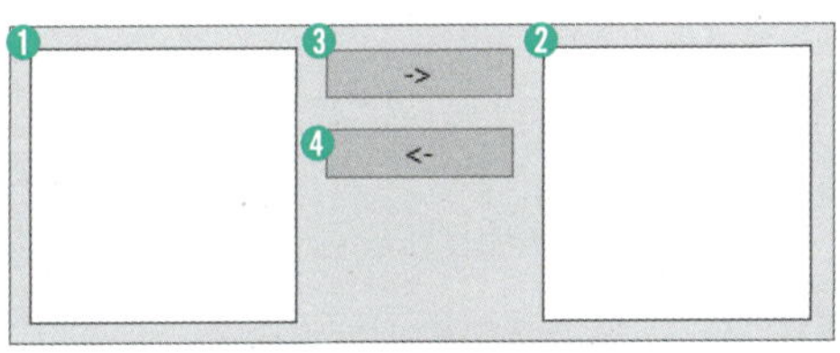

그림 8-30 대화 상자 디자인

번호	변경 사항
❶	'Sort'를 False로 변경한다.
❷	'Sort'를 False로 변경한다.
❸	'ID'를 IDC_RIGHT로, 'Caption'을 "->"로 변경한다.
❹	'ID'를 IDC_LEFT로, 'Caption'을 "<-"로 변경한다.

3 대화 상자 디자인 화면에서 컨트롤을 선택하고 마우스 오른쪽 버튼을 클릭하여 [변수 추가...] 메뉴를 실행하면 컨트롤 변수를 만들 수 있다. 리스트 박스 컨트롤과 버튼 컨트롤에 대응하는 컨트롤 변수 m_list1, m_list2와 m_right, m_left를 만든다.

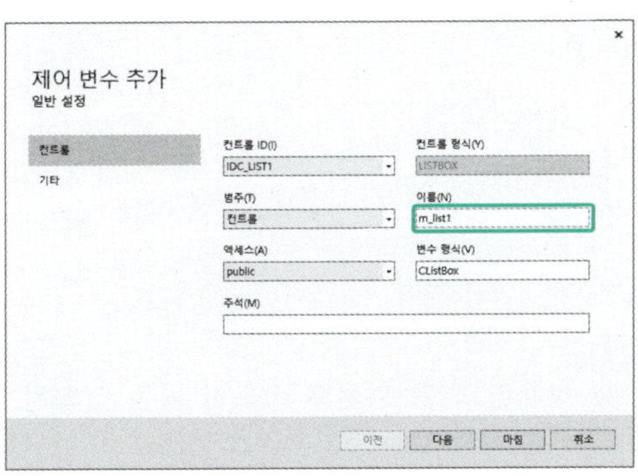

그림 8-31 컨트롤 변수 생성

4 뷰 클래스의 OnInitialUpdate() 함수에 리스트 박스 컨트롤의 초기화 코드를 추가한다.

```
void CListBoxView::OnInitialUpdate()
{
    CFormView::OnInitialUpdate();
    GetParentFrame()->RecalcLayout();
    ResizeParentToFit();

    m_list1.AddString(_T("사과"));
    m_list1.AddString(_T("딸기"));
    m_list1.AddString(_T("파인애플"));
    m_list1.AddString(_T("복숭아"));
}
```

5 '클래스 뷰'에서 CListBoxView 클래스를 선택한 상태에서 속성 창을 열고, IDC_LEFT와 IDC_RIGHT 컨트롤에 대해 각각 BN_CLICKED 통지 메시지 핸들러를 생성한다. 참고로, 속성 창 대신 [그림 8-32]와 같이 대화 상자 디자인 화면에서 컨텍스트 메뉴를 이용하여 만들 수도 있다.

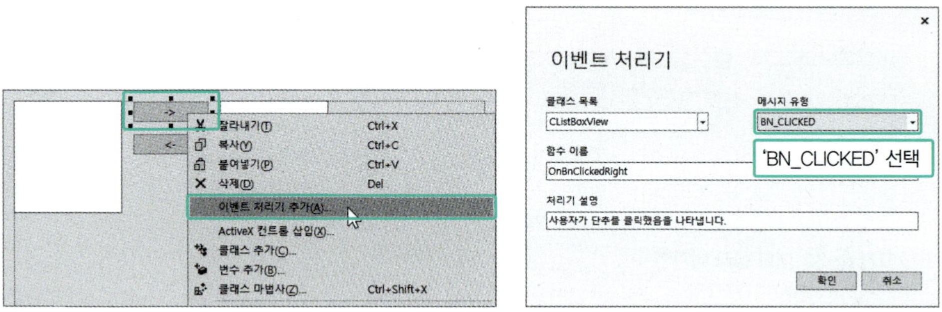

그림 8-32 통지 메시지 핸들러 생성

6 생성된 두 개의 통지 메시지 핸들러에 다음 코드를 작성한다.

```
void CListBoxView::OnBnClickedRight()
{
    int nIndex = m_list1.GetCurSel();
    if (nIndex != LB_ERR) {
        CString str;
        m_list1.GetText(nIndex, str);
        m_list1.DeleteString(nIndex);
        m_list1.SetCurSel(nIndex); // 삭제된 다음 위치의 항목이 자동 선택됨
```

```
            m_list2.AddString(str);
            AfxGetMainWnd()->SetWindowText(_T("왼쪽에서 오른쪽으로..."));
        }
    }

    void CListBoxView::OnBnClickedLeft()
    {
        int nIndex = m_list2.GetCurSel();
        if (nIndex != LB_ERR) {
            CString str;
            m_list2.GetText(nIndex, str);
            m_list2.DeleteString(nIndex);
            m_list2.SetCurSel(nIndex); // 삭제된 다음 위치의 항목이 자동 선택됨
            m_list1.AddString(str);
            AfxGetMainWnd()->SetWindowText(_T("오른쪽에서 왼쪽으로..."));
        }
    }
```

현장 팁 **리스트 박스 컨트롤과 데이터 관리**

리스트 박스 컨트롤에서 각 항목은 문자열과 순서만 기록할 수 있지만, 항목마다 고유 데이터가 필요한 경우가 있다. 개수가 정적인 경우 간단히 배열을 생각할 수 있다. 배열 인덱스와 리스트 박스 컨트롤 인덱스가 유사하므로 쉽게 매핑할 수 있다. 하지만 항목을 동적으로 추가해야 한다면, 배열을 사용하는 방식은 재할당을 반복해야 하므로 복잡하다. 리스트 박스 컨트롤에서 '리스트'가 명시되어 있듯이, 동적으로 추가되는 데이터는 리스트를 사용한 매핑이 좋다. 하지만 리스트는 인덱스를 사용하지 않으므로 항목과 리스트를 매핑하는 방법이 필요하다.

만약 항목마다 데이터를 저장하는 공간이 존재한다면 얼마나 편리할까? 실제로 이러한 방법이 제공된다. SetItemData()와 GetItemData() 함수를 통해 데이터를 읽고 쓸 수 있다. 단, DWORD_PTR(32비트 빌드 시 32비트, 64비트 빌드 시 64비트)을 제공하므로 정수가 아닌 이상 포인터를 사용해야 한다. 이를 위해 new 연산자로 동적으로 할당하고, 정리할 때 반드시 delete 연산자로 해제하는 과정을 수반해야 한다(멤버 변수나 정적 변수라면 이 과정을 생략할 수 있다). 이 방식은 리스트 박스 컨트롤을 포함하고 있는 콤보 박스 컨트롤, 트리 컨트롤, 리스트 뷰 컨트롤에도 제공된다. 특히 저장할 데이터가 다양한 경우, 구조체를 만들어 저장해 두었다가 필요할 때 꺼내 사용하면 편리하다.

5 콤보 박스 컨트롤

콤보 박스Combo Box 컨트롤은 에디트 컨트롤과 리스트 박스 컨트롤을 결합한 것으로, 새로운 항목을 사용자가 입력하거나 목록에서 한 개 혹은 여러 개의 항목을 선택할 수 있게 만든 윈도우이다.

[그림 8-33]은 세 종류의 콤보 박스 컨트롤을 보여준다. 좌측부터 단순Simple, 드랍다운Dropdown, 드랍다운 리스트Drop-down List 스타일이라 부른다.

그림 8-33 콤보 박스 컨트롤

단순 스타일은 리스트 박스가 항상 펼쳐져 있어 화면에서 차지하는 공간이 크기 때문에 잘 사용하지 않는다. 드랍다운 스타일은 리스트 박스 컨트롤에서 항목을 선택할 수도 있고 에디트 컨트롤에서 새로운 항목을 입력할 수도 있다. 드랍다운 리스트 스타일은 리스트 박스 컨트롤에서 선택만 할 수 있다.

참고 드랍다운 리스트 스타일에서 선택된 항목을 위쪽에 표시할 때는 에디트 컨트롤 대신 스태틱 텍스트 컨트롤이 사용된다.

콤보 박스 컨트롤 역시 다른 컨트롤처럼 코드를 실행하여 생성하거나 대화 상자 리소스에 포함하여 만들 수 있다. 대화 상자에 콤보 박스 컨트롤을 사용할 때는 속성 창에서 스타일을 설정할 수 있으며, [그림 8-34]와 같이 'Data' 속성에 초기 데이터를 입력할 수 있어 편리하다.

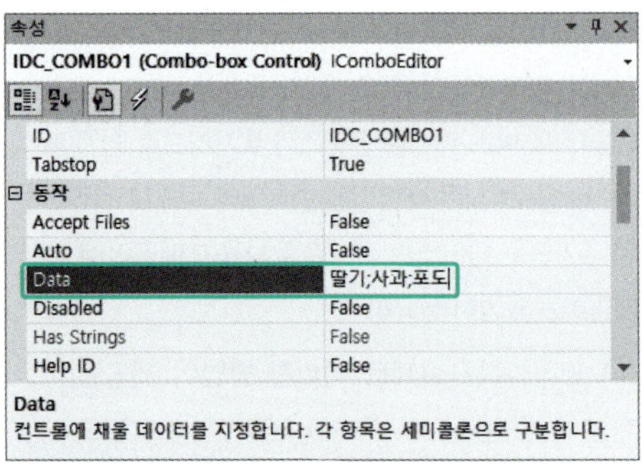

그림 8-34 콤보 박스 컨트롤에 초기 데이터 넣기

[표 8-7]은 자주 사용되는 콤보 박스 컨트롤 스타일을 알파벳 순으로 정리한 것으로, 코드를 실행하여 컨트롤을 생성할 때 사용한다. 에디트 컨트롤 스타일(ES_*) 또는 리스트 박스 컨트롤 스타일(LBS_*)과 많은 부분에서 유사함을 알 수 있다. 동일한 기능을 가진 속성 창 항목을 같이 표시하였으므로 대화 상자 디자인 시 참고한다.

표 8-7 콤보 박스 컨트롤 스타일

스타일/속성 창 항목	기능
CBS_AUTOHSCROLL/Auto	= ES_AUTOHSCROLL
CBS_DISABLENOSCROLL/Disable No Scroll	= LBS_DISABLENOSCROLL

CBS_DROPDOWN/Type: Dropdown	드랍다운 스타일을 지정한다.
CBS_DROPDOWNLIST/Type: Drop List	드랍다운 리스트 스타일을 지정한다.
CBS_HASSTRINGS/Has Strings	= LBS_HASSTRINGS
CBS_LOWERCASE/Lowercase	= ES_LOWERCASE
CBS_NOINTEGRALHEIGHT/No Integral Height	= LBS_NOINTEGRALHEIGHT
CBS_OWNERDRAWFIXED/Owner Draw: Fixed	= LBS_OWNERDRAWFIXED
CBS_OWNERDRAWVARIABLE/Owner Draw: Variable	= LBS_OWNERDRAWVARIABLE
CBS_SIMPLE/Type: Simple	단순 스타일을 지정한다.
CBS_SORT/Sort	= LBS_SORT
CBS_UPPERCASE/Uppercase	= ES_UPPERCASE

콤보 박스 컨트롤에 상태 변화가 생기면 [표 8-8]과 같은 통지 메시지가 발생한다. 콤보 박스 컨트롤의 스타일에 따라 발생하지 않는 메시지도 있으므로 주의해야 한다.

표 8-8 콤보 박스 컨트롤 통지 메시지

통지 메시지	의미	스타일		
		단순	드랍다운	드랍다운 리스트
CBN_CLOSEUP	리스트 박스가 닫혔다.		●	●
CBN_DBLCLK	사용자가 항목을 더블 클릭했다.		●	
CBN_DROPDOWN	리스트 박스가 열리기 직전이다.		●	●
CBN_EDITCHANGE	= EN_EDITCHANGE	●	●	
CBN_EDITUPDATE	= EN_EDITUPDATE	●	●	
CBN_ERRSPACE	메모리가 부족하다.	●	●	●
CBN_KILLFOCUS	키보드 포커스를 잃었다.	●	●	●
CBN_SELCHANGE	= LBN_SELCHANGE	●	●	●
CBN_SELENDCANCEL	= LBN_SELENDCANCEL		●	●
CBN_SELENDOK	사용자가 항목을 선택했다.	●	●	●
CBN_SETFOCUS	키보드 포커스를 얻었다.	●	●	●

MFC에서 콤보 박스 컨트롤을 다룰 때는 CComboBox 클래스의 멤버 함수와 CWnd 클래스의 일부 멤버 함수를 이용한다. 콤보 박스 컨트롤의 특성상 많은 기능이 리스트 박스 컨트롤 또는 에디트 컨트롤과 중복된다. 몇 가지 활용 예를 살펴보자.

■ 항목을 추가하거나 삭제하기

```
m_combo.AddString(_T("사과")); // 문자열 항목을 추가한다.
m_combo.DeleteString(3); // 네 번째 항목을 삭제한다.
```

■ 선택된 항목을 알아내기

```
int nIndex = m_combo.GetCursel();
if (nIndex != CB_ERR) {
    CString str;
    m_combo.GetLBText(nIndex, str);
}
```

■ 입력 가능한 텍스트의 길이를 제한하기

```
m_combo.LimitText(10); // 열 글자로 제한한다.
```

■ 각종 편집 작업 – 삭제, 잘라내기, 복사, 붙여넣기

```
m_combo.Clear(); // 현재 선택된 텍스트를 삭제한다.
m_combo.Cut(); // 텍스트를 잘라내서 클립보드에 저장한다.
m_combo.Copy(); // 텍스트를 복사해서 클립보드에 저장한다.
m_combo.Paste(); // 클립보드에 저장된 내용을 붙여넣는다.
```

6 스크롤바 컨트롤

스크롤바Scroll Bar 컨트롤은 화면의 일정 영역을 스크롤 하거나 정해진 범위의 값을 변경하는 용도로 사용한다. 운영체제가 자동으로 생성하는 윈도우 스크롤바(표준 스크롤바)는 위치/크기/개수가 제한적이지만, 스크롤바 컨트롤은 이런 제약이 없으므로 훨씬 유용하다.

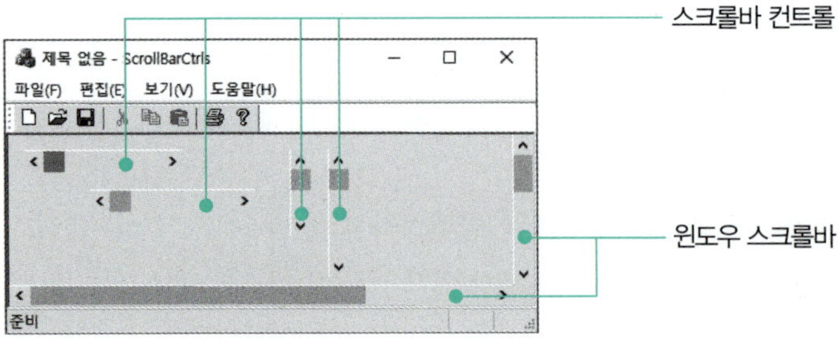

그림 8-35 스크롤바의 종류

스크롤바 컨트롤은 형태에 따라 가로 스크롤바와 세로 스크롤바가 있다. 사용자가 스크롤바를 조작하면 WM_HSCROLL 또는 WM_VSCROLL 메시지가 발생한다. 이 메시지와 더불어 사용자의 구체적인 행위를 알 수 있도록 [그림 8-36]과 같은 정보가 전달되는데, 이 값을 스크롤바 코드Scroll Bar Code라고 부른다.

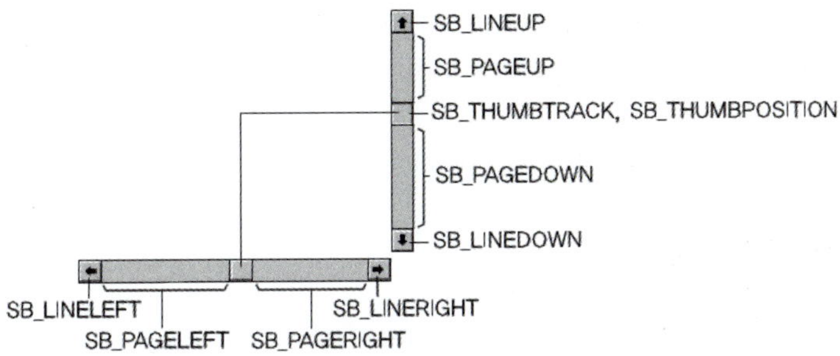

그림 8-36 스크롤바 코드

[표 8-9]는 스크롤바 코드와 그에 따라 응용 프로그램이 해야 할 작업을 요약한 것이다. 스크롤바 메시지 발생 시 실행할 작업을 정하고 스크롤 박스Scroll Box(부분, 썸Thumb이라고도 부름)의 위치를 적절히 변경하는 것은 프로그래머의 몫이다.

표 8-9 스크롤바 코드

스크롤바 코드	응용 프로그램이 해야 할 작업
SB_LINELEFT, SB_LINERIGHT	왼쪽 또는 오른쪽으로 한 줄만큼 스크롤 한다.
SB_PAGELEFT, SB_PAGERIGHT	왼쪽 또는 오른쪽으로 한 페이지만큼 스크롤 한다.
SB_LINEUP, SB_LINEDOWN	위쪽 또는 아래쪽으로 한 줄만큼 스크롤 한다.
SB_PAGEUP, SB_PAGEDOWN	위쪽 또는 아래쪽으로 한 페이지만큼 스크롤 한다.
SB_THUMBTRACK	현재의 스크롤 박스 위치를 고려하여 화면의 출력 내용을 이동시킨다.
SB_THUMBPOSITION	

참고 SB_THUMBTRACK은 스크롤 박스를 마우스로 끌고 있을 때 계속 발생하며, SB_THUMBPOSITION은 스크롤 박스를 마우스로 끌다가 놓을 때 한 번만 발생한다.

가로 스크롤바(WM_HSCROLL) 메시지를 MFC에서 처리하기 위해 메시지 핸들러를 추가하면 다음과 같은 함수가 자동으로 생성된다.

```
void OnHScroll(UINT nSBCode, UINT nPos, CScrollBar* pScrollBar);
                    ❶             ❷                   ❸
```

❶ **nSBCode** : 스크롤바 코드([표 8-9])이다.

❷ **nPos** : 스크롤 박스의 현재 위치이다. 스크롤바 코드가 SB_THUMBTRACK 또는 SB_THUMBPOSITION일 때만 의미가 있다. 그 밖의 경우엔 스크롤 박스의 위치를 프로그램이 알아서 결정해야 한다.

❸ **pScrollBar** : WM_HSCROLL 메시지가 스크롤바 컨트롤에서 발생한 것이면 pScrollBar는 해당 스크롤바 컨트롤을 조작하는 데 사용할 수 있는 CScrollBar 객체를 가리킨다. 그러나 WM_HSCROLL 메시지가 윈도우 스크롤바에서 발생한 것이면 pScrollBar는 NULL 값이다.

세로 스크롤바(WM_VSCROLL) 메시지 핸들러의 형태는 다음과 같다. 각 인자의 의미는 가로 스크롤바와 동일하다.

```
void OnVScroll(UINT nSBCode, UINT nPos, CScrollBar* pScrollBar);
```

CScrollBar 클래스를 사용하면 스크롤바에 대한 정보를 얻거나 설정을 변경할 수 있다. 자주 사용되는 CScrollBar 멤버 함수를 정리하면 [표 8-10]과 같다.

표 8-10 CScrollBar 멤버 함수(일부)

멤버 함수	기능
SetScrollRange()	스크롤 박스 위치의 최솟값과 최댓값을 설정한다.
SetScrollPos()	스크롤 박스의 현재 위치를 설정한다.
GetScrollPos()	스크롤 박스의 현재 위치를 얻는다.

실습 8-6 스크롤바 컨트롤 활용하기

[그림 8-37]과 같이 스크롤바 컨트롤을 이용하여 글자를 회전하거나 글자의 색상과 크기를 변경하는 프로그램을 작성해보자.

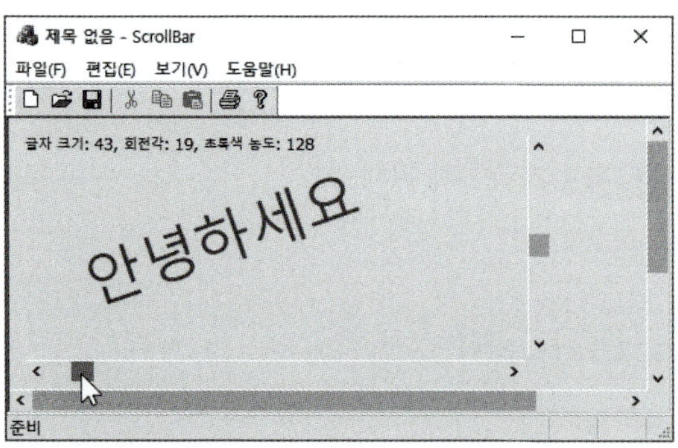

그림 8-37 실행 결과

가로 스크롤바는 글자를 회전시키며 0~360의 범위를 가진다. 세로 스크롤바는 글자의 색상(초록색의 농도Intensity)과 크기를 동시에 바꾸며 0~255의 범위를 가진다. 클라이언트 영역 상단에는 글자 크기, 회전각, 초록색 농도 정보를 표시한다. 구현의 편의상 가로 스크롤바는 SB_THUMBTRACK 코드만 처리하고, 세로 스크롤바는 SB_THUMBTRACK, SB_ LINEUP, SB_LINEDOWN, SB_PAGEUP, SB_PAGEDOWN 코드를 처리할 것이다.

1 응용 프로그램 마법사를 이용하여 ScrollBar 프로젝트를 만든다. 생성 옵션은 Button2 프로그램과 동일하다. [그림 8-9]처럼 맨 마지막 단계에서 뷰 클래스의 기본 클래스로 CFormView를 선택한다는 점에 유의한다.

2 '리소스 뷰'로 전환하여 IDD_SCROLLBAR_FORM 대화 상자 리소스를 연다. 기존 컨트롤을 삭제한 후 [그림 8-38]을 참고하여 디자인한다. ❶은 스태틱 텍스트 컨트롤, ❷는 가로 스크롤바 컨트롤, ❸은 세로 스크롤바 컨트롤이다.

그림 8-38 대화 상자 디자인

번호	변경 사항
❶	'ID'를 IDC_STATUS로 변경하고 'Caption'을 삭제한다.
❷	'Tabstop'을 True로, 'Align'을 Bottom으로 변경한다.
❸	'Tabstop'을 True로, 'Align'을 Right로 변경한다.

참고 스크롤바 컨트롤에 Tabstop 속성을 설정하면 마우스 대신 키보드로도 스크롤바를 조작할 수 있다. 단, 스크롤바 컨트롤의 방향에 따라 WM_HSCROLL 또는 WM_VSCROLL 메시지 핸들러를 생성하고, 스크롤바 코드의 종류에 따른 코드를 작성해야만 동작한다.

참고 Align 속성은 스크롤바 컨트롤의 동작과는 상관이 없으며 두께에만 영향을 준다. 스크롤바 컨트롤을 대화 상자에 배치하고 두껍게 혹은 얇게 리사이징하더라도 Align 속성을 주면 프로그램 실행 시 표준 두께로 자동 조정된다. Align 속성의 정확한 동작이 궁금하다면 스크롤바 컨트롤을 두껍게 혹은 얇게 리사이징하고 속성 값을 변경하면서 비교 실행해보자.

3 대화 상자 디자인 화면에서 컨트롤을 선택하고 마우스 오른쪽 버튼을 클릭하여 [변수 추가...] 메뉴를 실행하면 컨트롤 변수를 만들 수 있다. 스태틱 텍스트 컨트롤/가로 스크롤바 컨트롤/세로 스크롤바 컨트롤에 대응하는 컨트롤 변수 m_status/m_hsb/m_vsb를 차례로 만든다.

❹ 뷰 클래스의 OnInitialUpdate() 함수에 스크롤바 컨트롤의 초기화 코드를 추가한다. CScrollBar::SetScrollRange() 함수의 세 번째 인자에 FALSE를 사용하여 스크롤바를 다시 그리지 않게 했는데, 다음 줄에서 CScrollBar::SetScrollPos() 함수를 호출하면 스크롤바가 다시 그려지기 때문이다.

```
void CScrollBarView::OnInitialUpdate()
{
    CFormView::OnInitialUpdate();
    GetParentFrame()->RecalcLayout();
    ResizeParentToFit();

    m_hsb.SetScrollRange(0, 360, FALSE); // 0~360 범위 설정
    m_hsb.SetScrollPos(0);
    m_vsb.SetScrollRange(0, 255, FALSE); // 0~255 범위 설정
    m_vsb.SetScrollPos(128);
}
```

❺ 뷰 클래스에 WM_HSCROLL 메시지 핸들러를 추가하고 다음 코드를 작성한다.

```
void CScrollBarView::OnHScroll(UINT nSBCode, UINT nPos, CScrollBar*
pScrollBar)
{
❶  if (pScrollBar != NULL ) { // 스크롤바 컨트롤에서 발생한 메시지이면...
❷      if (pScrollBar->GetSafeHwnd() == m_hsb.GetSafeHwnd()) {
            switch (nSBCode) {
            case SB_THUMBTRACK:
❸              pScrollBar->SetScrollPos(nPos);
                break;
            }
❹          Invalidate();
        }
    }
    else // 윈도우 스크롤바에서 발생한 메시지이면...
        CFormView::OnHScroll(nSBCode, nPos, pScrollBar);
}
```

❶ pScrollBar 값을 확인하여 WM_HSCROLL 메시지가 스크롤바 컨트롤에서 발생한 것인지 확인한다. [그림 8-39]와 같이 프로그램 실행 후 윈도우의 크기를 줄이면 윈도우 스크롤바가 자동으로 생기므로, 스크롤바 컨트롤과 윈도우 스크롤바의 메시지를 구분하지 않으면 문제가 발생한다.

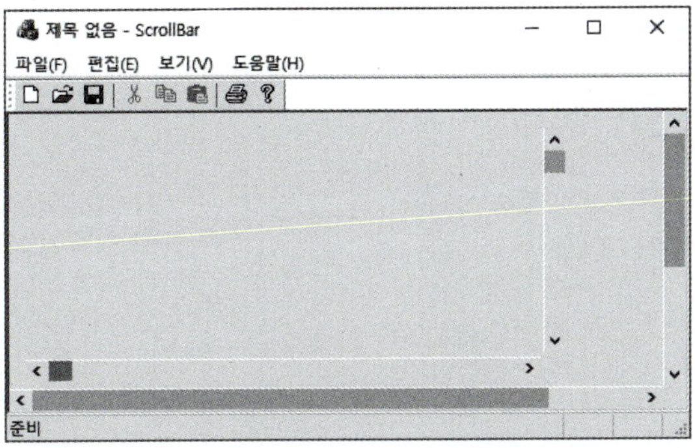

그림 8-39 스크롤바 컨트롤과 윈도우 스크롤바가 공존하는 상황

❷ CWnd::GetSafeHwnd() 함수를 이용하여 윈도우 핸들 값을 서로 비교한다. WM_HSCROLL 메시지를 발생시키는 가로 스크롤바 컨트롤이 두 개 이상일 경우를 대비한 것이다.

❸ 스크롤바 코드가 SB_THUMBTRACK이면 nPos 값은 정확한 위치를 나타내므로 이 값으로 스크롤바의 위치를 설정한다.

❹ CWnd::Invalidate() 함수로 클라이언트 영역을 무효화한다. 궁극적으로 OnDraw() 함수가 호출되므로 출력 코드는 OnDraw() 함수에 작성하면 된다.

6 뷰 클래스에 WM_VSCROLL 메시지 핸들러를 추가하고 다음 코드를 작성한다. 핵심 동작은 WM_HSCROLL 메시지를 처리하는 코드와 같지만, SB_LINEUP, SB_LINEDOWN, SB_PAGEUP, SB_PAGEDOWN 총 네 개의 스크롤바 코드를 추가로 처리한다.

```
void CScrollBarView::OnVScroll(UINT nSBCode, UINT nPos, CScrollBar*
pScrollBar)
{
    int pos;
    int delta = 0;
    if (pScrollBar != NULL) { // 스크롤바 컨트롤에서 발생한 메시지이면...
        if (pScrollBar->GetSafeHwnd() == m_vsb.GetSafeHwnd()) {
            switch (nSBCode) {
            case SB_THUMBTRACK:
                pScrollBar->SetScrollPos(nPos);
                break;
            case SB_LINEUP:
                delta = -4;
                break;
            case SB_LINEDOWN:
                delta = 4;
```

```
                break;
            case SB_PAGEUP:
                delta = -20;
                break;
            case SB_PAGEDOWN:
                delta = 20;
                break;
            }
            if (delta != 0) {
                pos = pScrollBar->GetScrollPos();
                pScrollBar->SetScrollPos(pos + delta);
            }
            Invalidate();
        }
    }
    else // 윈도우 스크롤바에서 발생한 메시지이면...
        CFormView::OnVScroll(nSBCode, nPos, pScrollBar);
}
```

7 뷰 클래스의 기본 클래스인 CFormView는 대화 상자 기반이므로 OnDraw() 함수가 자동으로 생성되지 않는다. [그림 8-40]과 같이 속성 창을 이용하여 가상 함수 OnDraw()를 뷰 클래스에 추가한 후, 스크롤바 컨트롤의 위치에 따라 글자 크기/회전각/초록색 농도를 변경하고 현재 상태를 화면에 출력하는 코드를 작성한다.

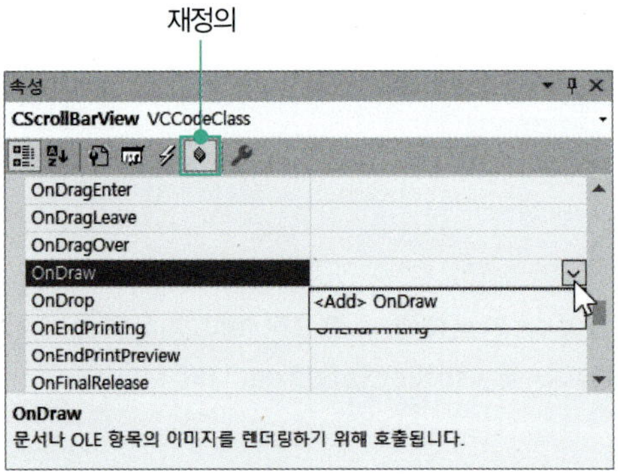

그림 8-40 OnDraw() 함수 추가

```
void CScrollBarView::OnDraw(CDC* pDC)
{
    // 스크롤바의 현재 위치를 얻는다.
    int hpos = m_hsb.GetScrollPos();
    int vpos = m_vsb.GetScrollPos();
```

```
    CFont font;
    LOGFONT lf = { 0 }; // 구조체를 0으로 초기화한다.
    lf.lfHeight = vpos / 3 + 1; // 폰트 크기를 설정한다. vpos==0이면 크기는 1이다.
    lf.lfEscapement = 10 * hpos; // 폰트 회전각을 설정한다.
    font.CreateFontIndirect(&lf); // 폰트를 생성한다.
    pDC->SelectObject(&font);
    pDC->SetTextColor(RGB(0, vpos, 0)); // 폰트 색상을 설정한다.
    pDC->TextOut(50, 100, CString(_T("안녕하세요")));

    CString str;
    str.Format(_T("글자 크기: %d, 회전각: %d, 초록색 농도: %d"),
        lf.lfHeight, hpos, vpos);
    m_status.SetWindowText(str); // 스태틱 텍스트 컨트롤에 출력한다.
}
```

02 고급 컨트롤 기법

지금까지 MFC 컨트롤 클래스를 이용하여 컨트롤을 생성하고 사용하는 방법을 배웠다. 이 절에서는 MFC 컨트롤 클래스를 확장하는 방법으로 다음 두 가지 주제를 다룰 것이다.

- **서브클래싱** : 기존 윈도우나 컨트롤의 형태 또는 동작을 변경한다.
- **메시지 반사** : 스스로 통지 메시지를 처리하는 독립적인 컨트롤 클래스를 제작한다.

1 서브클래싱

본문에서 소개한 모든 컨트롤은 윈도우 운영체제가 기본으로 제공하므로 형태와 동작이 정해져 있다. 이런 특징은 일관성 있는 사용자 인터페이스를 제공한다는 측면에서 바람직하다. 하지만 간혹 컨트롤의 기본 동작을 바꿀 필요가 생기는데, 이럴 때는 서브클래싱을 사용한다.

서브클래싱Subclassing은 윈도우(정확히는 윈도우 프로시저)로 가는 메시지를 중간에서 붙잡아 처리하는 기법이다. 메시지의 종류에 따라, 처리가 끝난 후 원래의 윈도우 프로시저에 전달할 수도 있고, 전달하지 않을 수도 있다. 이렇게 함으로써 기존 윈도우의 동작이 바뀌는데, 이 기법은 일반 윈도우는 물론이고 운영체제가 제공하는 컨트롤에도 적용할 수 있다.

그림 8-41 서브클래싱의 원리

MFC에서는 일반 윈도우나 컨트롤을 모두 클래스(객체) 수준에서 다루며 메시지 맵 기법을 사용하여 메시지를 처리하므로 서브클래싱을 쉽게 구현할 수 있다. 서브클래싱의 구현 순서는 다음과 같다.

① 기존 클래스를 기반으로 새로운 윈도우나 컨트롤 클래스를 생성한다.

② 메시지 핸들러를 추가해서 기능을 재정의한다.

③ CWnd::SubclassWindow() 또는 CWnd::SubclassDlgItem() 함수를 호출한다.

①, ②단계 후 객체를 선언하여 윈도우나 컨트롤을 생성하는 것으로도 서브클래싱의 효과를 얻을 수 있는데, 이를 정적 서브클래싱Static Subclassing이라 부른다.

그러나 이미 생성된 윈도우나 컨트롤의 동작을 실행 중에 변경하려면 ③단계를 거쳐야 한다. 예를 들어, 대화 상자는 표준 컨트롤을 배치하여 디자인한다. 이 컨트롤들은 대화 상자와 더불어 생성되는데, 이들의 동작을 바꾸려면 실행 중에 서브클래싱을 적용해야 한다. 이와 같이 이미 생성된 윈도우나 컨트롤의 동작을 실행 중에 변경하는 기법을 동적 서브클래싱Dynamic Subclassing이라 부른다.

대화 상자에 이미 존재하는 컨트롤에는 CWnd::SubclassWindow() 또는 CWnd::SubclassDlgItem() 함수를 직접 사용하지 않고도 좀 더 편리하게 동적 서브클래싱을 적용할 수 있다. 컨트롤 변수를 생성하면 DDX_Control() 함수를 호출하는 코드가 자동으로 추가되는데, 이 코드 내부에서 CWnd::SubclassWindow() 함수로 자동으로 서브클래싱이 적용된다.

```
void CMyTestView::DoDataExchange(CDataExchange* pDX)
{
    CFormView::DoDataExchange(pDX);
    DDX_Control(pDX, IDC_EDIT1, m_edit1); // 서브클래싱!
}
```

실습 8-7 컨트롤 서브클래싱 구현하기

[그림 8-42]와 같이 두 개의 에디트 컨트롤을 생성하되, 숫자와 '-'(하이픈) 그리고 Backspace 만 입력할 수 있게 서브클래싱을 적용해보자. 첫 번째 에디트 컨트롤은 컨트롤 변수를 이용하고, 두 번째 에디트 컨트롤은 CWnd::SubclassDlgItem() 함수를 직접 호출하여 서브클래싱을 적용할 것이다.

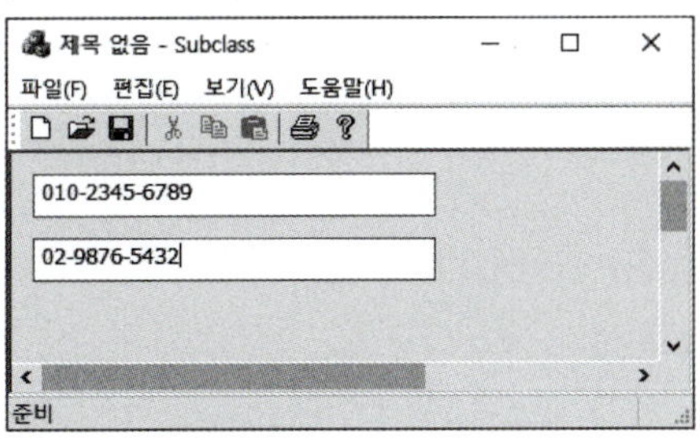

그림 8-42 실행 결과

1 응용 프로그램 마법사를 이용하여 Subclass 프로젝트를 만든다. 생성 옵션은 Button2 프로그램과 동일하다. [그림 8-9]처럼 맨 마지막 단계에서 뷰 클래스의 기본 클래스로 CFormView를 선택한다는 점에 유의한다.

2 '클래스 뷰'로 전환한 후 [프로젝트]-[클래스 마법사...] 메뉴를 실행하여 클래스 마법사가 열리면 〈클래스 추가...〉-〈MFC 클래스...〉를 선택한다. 다음 단계에서 클래스 이름으로 "CMyEdit"를 입력하고 기본 클래스로 'CEdit'를 선택한 후 〈확인〉을 연달아 클릭하여 클래스 마법사를 닫는다.

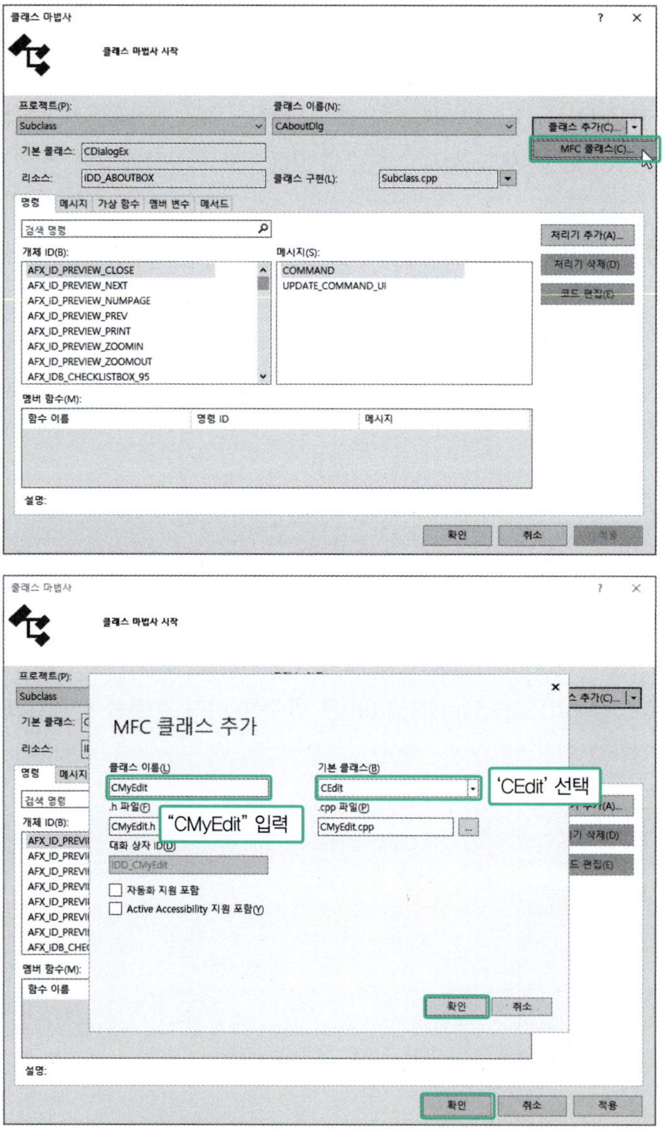

그림 8-43 CMyEdit 클래스 생성

3 속성 창을 이용하여 CMyEdit 클래스에 WM_CHAR 메시지 핸들러를 추가한 후 다음 코드를 작성한다. 숫자와 '–'(하이픈) 그리고 Backspace 가 입력된 경우에만 CEdit::OnChar() 함수를 호출하여 정상적으로 처리하고 그 밖의 경우에는 아무 일도 하지 않는다.

```
void CMyEdit::OnChar(UINT nChar, UINT nRepCnt, UINT nFlags)
{
    if ((nChar >= _T('0') && nChar <= _T('9'))
        || nChar == _T('-') || nChar == _T('\b'))
    {
        CEdit::OnChar(nChar, nRepCnt, nFlags);
    }
}
```

4 '리소스 뷰'로 전환하여 IDD_SUBCLASS_FORM 대화 상자 리소스를 연다. 기존 컨트롤을 삭제한 후 [그림 8-44]와 같이 디자인한다. ❶, ❷ 모두 에디트 컨트롤이고, 속성은 기본값을 그대로 사용한다.

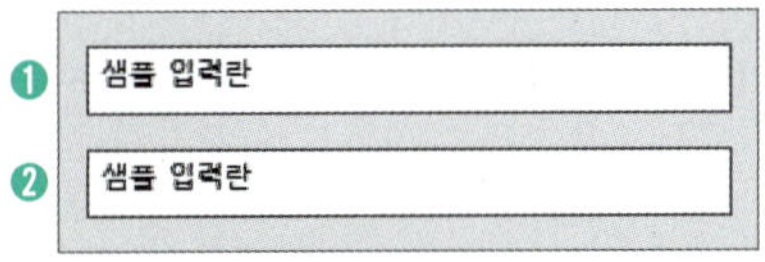

그림 8-44 대화 상자 디자인

5 대화 상자 디자인 화면에서 컨트롤을 선택하고 마우스 오른쪽 버튼을 클릭하여 [변수 추가...] 메뉴를 실행하면 컨트롤 변수를 만들 수 있다. IDC_EDIT1에 대응하는 컨트롤 변수 m_edit1을 만든다. 변수 형식을 'CEdit'에서 'CMyEdit'으로 변경한다는 점에 유의하고 〈마침〉을 클릭한다. IDC_EDIT2는 변수를 생성하지 않고 그대로 둔다.

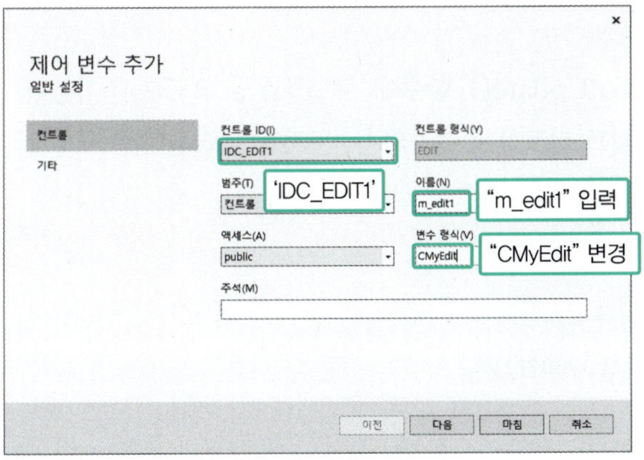

그림 8-45 컨트롤 변수 생성

❻ 뷰 클래스의 헤더 파일(SubclassView.h)에 CMyEdit.h 파일을 포함한다. 컴파일, 링크 후 실행하면 [그림 8-46]과 같이 첫 번째 에디트 컨트롤에 숫자와 '–' 문자만 입력됨을 알 수 있다. 두 번째 에디트 컨트롤은 아직까지는 표준 컨트롤이므로 모든 글자를 입력할 수 있다.

```
#pragma once
#include "CMyEdit.h"

class CSubclassView : public CFormView
{
```

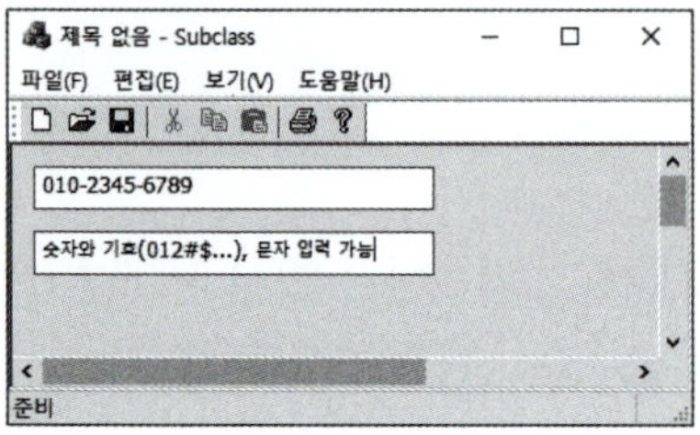

그림 8-46 실행 결과

❼ 뷰 클래스의 헤더 파일(SubclassView.h)에 다음과 같이 CMyEdit형 변수를 선언한다.

```
class CSubclassView : public CFormView
{
...
// 특성입니다.
public:
    CSubclassDoc* GetDocument() const;
    CMyEdit m_edit2;
...
```

❽ 마지막으로, 뷰 클래스의 OnInitialUpdate() 함수에 서브클래싱 코드를 추가한다. 컴파일, 링크 후 실행하면 두 번째 에디트 컨트롤도 숫자와 '–' 문자만 입력된다.

```
void CSubclassView::OnInitialUpdate()
{
    CFormView::OnInitialUpdate();
    GetParentFrame()->RecalcLayout();
    ResizeParentToFit();
    m_edit2.SubclassDlgItem(IDC_EDIT2, this);
}
```

2 메시지 반사

메시지 반사Message Reflection는 부모 윈도우가 처리하지 않은 통지 메시지를 컨트롤 자신이 처리할 수 있게 MFC에서 제공하는 기법이다.

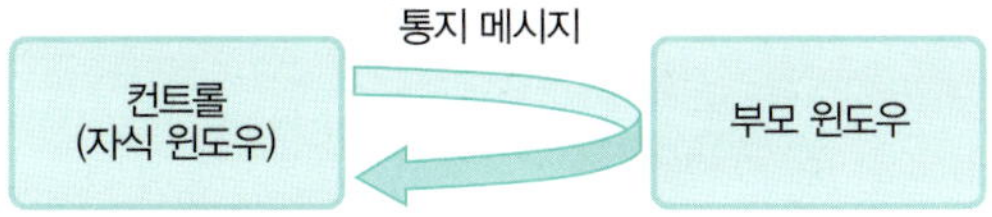

그림 8-47 메시지 반사

통지 메시지 기반의 전통적인 처리 방식에서는 컨트롤의 상태 변화를 부모 윈도우가 감지하고 그에 따라 처리하므로 컨트롤의 동작이 부모 윈도우에 의존하는 부분이 크다. 하지만 메시지 반사 기법을 사용하면 부모 윈도우의 도움을 받지 않고도 컨트롤이 자신의 동작을 결정할 수 있으므로, 독립성이 강하고 재사용성이 높은 컨트롤 클래스를 만들 수 있다는 장점이 있다.

메시지 반사를 구현하려면 기존 컨트롤 클래스를 상속받아 새로운 클래스를 만들고 자신의 통지 메시지를 처리하는 함수를 작성하면 된다. 한 가지 주의할 점은 부모 윈도우가 통지 메시지를 처리하지 않은 경우에만 컨트롤이 자신의 통지 메시지를 처리할 수 있다는 것이다. 즉, 부모 윈도우가 통지 메시지 처리에 있어 우선권을 가진다.

실습 8-8 메시지 반사 구현하기

[그림 8-48]은 리스트 박스 항목을 더블 클릭하면 해당 항목을 메시지 상자로 표시하는 프로그램이다. 메시지 반사를 이용해서 구현해보자.

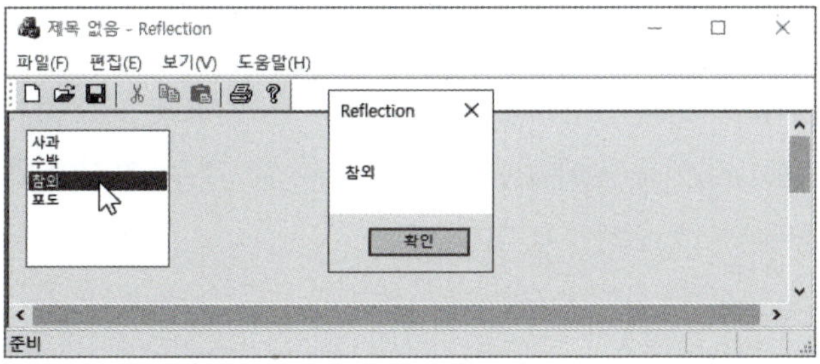

그림 8-48 실행 결과

1. 응용 프로그램 마법사를 이용하여 Reflection 프로젝트를 만든다. 생성 옵션은 Button2 프로그램과 동일하다. [그림 8-9]처럼 맨 마지막 단계에서 뷰 클래스의 기본 클래스로 CFormView를 선택한다는 점에 유의한다.

2. '클래스 뷰'로 전환한 후 [프로젝트]-[클래스 마법사...] 메뉴를 실행하여 클래스 마법사가 열리면 〈클래스 추가...〉-〈MFC 클래스...〉를 선택한다. 다음 단계에서 클래스 이름으로

"CMyListBox"를 입력하고 기본 클래스로 'CListBox'를 선택한 후 〈확인〉을 연달아 클릭하여 클래스 마법사를 닫는다.

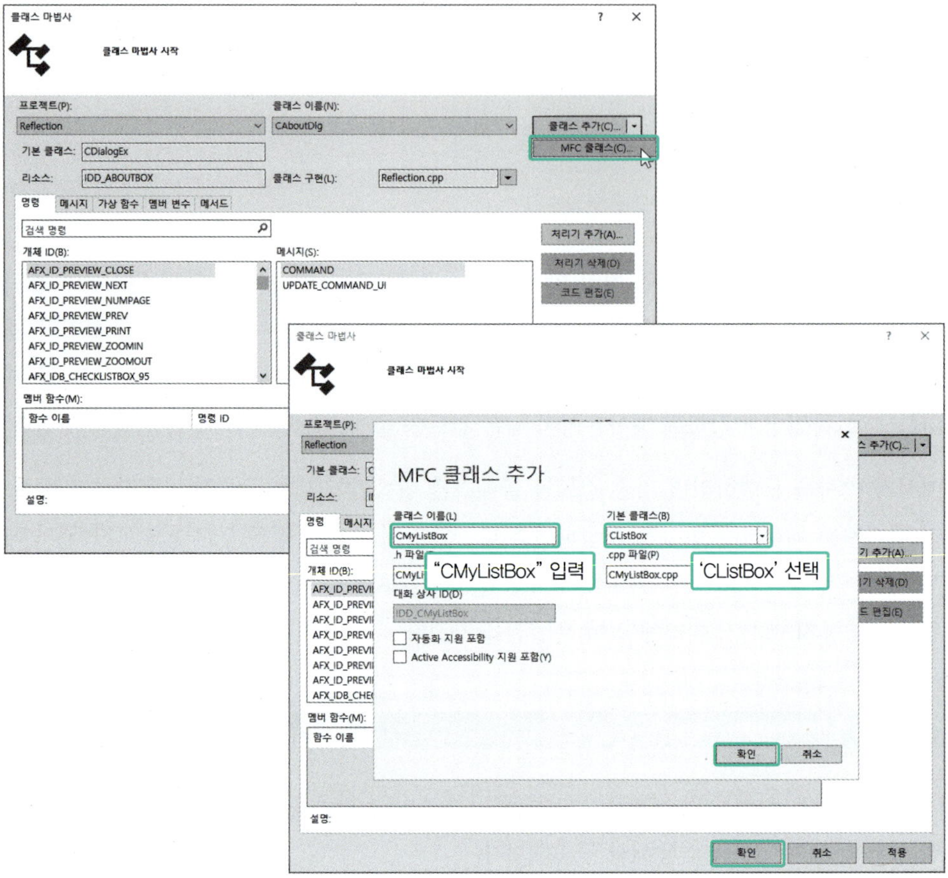

그림 8-49 CMyListBox 클래스 생성

3 '클래스 뷰'에서 CMyListBox 클래스를 선택한 상태에서 속성 창을 열어 LBN_DBLCLK 통지 메시지 핸들러를 추가한다. 메시지 이름 앞에 있는 '=' 표시는 리스트 박스 자신이 발생시키는 통지 메시지임을 나타낸다.

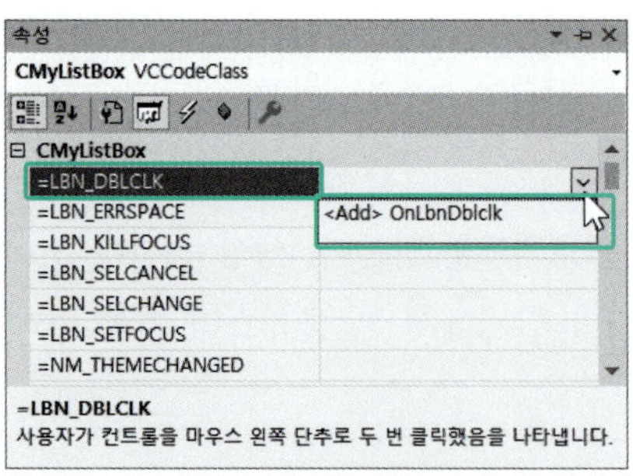

그림 8-50 통지 메시지 핸들러 추가

4 통지 메시지 핸들러에 리스트 박스에서 선택된 항목을 메시지 상자로 표시하는 코드를 작성한다.

```
void CMyListBox::OnLbnDblclk()
{
    CString str;
    int nIndex = GetCurSel();
    GetText(nIndex, str);
    MessageBox(str);
}
```

5 '리소스 뷰'로 전환하여 IDD_REFLECTION_FORM 대화 상자 리소스를 연다. 기존 컨트롤을 삭제하고 리스트 박스 컨트롤을 배치하되 속성은 기본값을 그대로 사용한다.

그림 8-51 대화 상자 디자인

6 대화 상자 디자인 화면에서 컨트롤을 선택하고 마우스 오른쪽 버튼을 클릭하여 [변수 추가...] 메뉴를 실행하면 컨트롤 변수를 만들 수 있다. IDC_LIST1에 대응하는 컨트롤 변수 m_list를 만든다. 변수 형식을 'CListBox'에서 'CMyListBox'로 변경한다는 점에 유의하고 〈마침〉을 클릭한다.

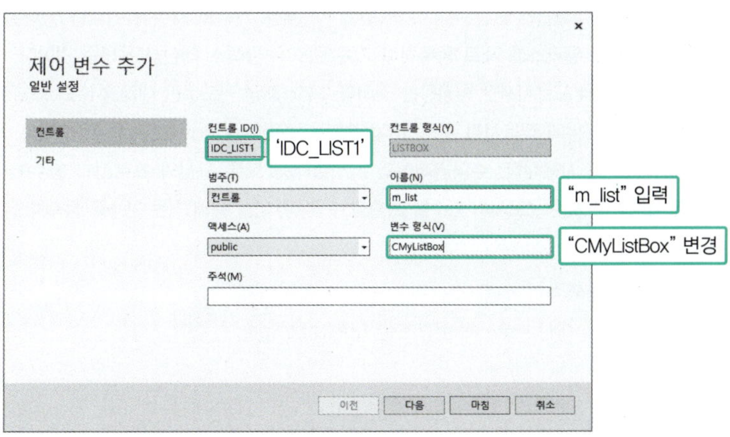

그림 8-52 컨트롤 변수 생성

7 뷰 클래스의 헤더 파일(ReflectionView.h)에 CMyListBox.h 파일을 포함한다.

```
#pragma once
#include "CMyListBox.h"

class CReflectionView : public CFormView
{
```

8 마지막으로, 뷰 클래스의 OnInitialUpdate() 함수에 리스트 박스 항목을 초기화하는 코드를 작성한다.

```
void CReflectionView::OnInitialUpdate()
{
    CFormView::OnInitialUpdate();
    GetParentFrame()->RecalcLayout();
    ResizeParentToFit();

    m_list.AddString(_T("사과"));
    m_list.AddString(_T("포도"));
    m_list.AddString(_T("참외"));
    m_list.AddString(_T("수박"));
}
```

여기서 잠깐! 수퍼클래싱과 서브클래싱

서브클래싱Subclassing과 다른 개념으로 수퍼클래싱Superclassing이 있다. 이 둘은 개념의 차이가 있지만 실제로는 크게 다르지 않다. 수퍼클래싱은 윈도우 클래스를 새로 등록하여 기존 윈도우 클래스 대신 사용하는 것이다. 반면 서브클래싱은 기존 윈도우 클래스에서 프로시저만 변경하는 것이다. 이때 해당 윈도우만 대체할 수도 있고 해당 윈도우 클래스를 사용하는 전체 윈도우에 적용시킬 수도 있다. 전자는 ::SetWindowLong() API 함수, 후자는 ::SetClassLong() API 함수를 사용한다. 수퍼클래싱과 서브클래싱 모두 자신의 프로시저 함수에서, ::CallWindowProc() 함수를 사용하여 기존 프로시저 함수를 호출할 수 있다. 이를 통해 기존 기능을 상속하고 일부만 대체하는 것이 가능하다.

- **수퍼클래싱** : '새로운' 윈도우 클래스 등록(추가 개념)
- **서브클래싱** : '기존' 윈도우 클래스 사용, 대신 프로시저 변경 또는 대체(대체 개념)

요약

01 컨트롤

- 표준화된 형태와 특성을 가진 윈도우로, 사용자의 입력을 받거나 정보를 보여주는 용도로 사용한다.
- 부모 윈도우와 메시지를 주고 받으며 통신한다.

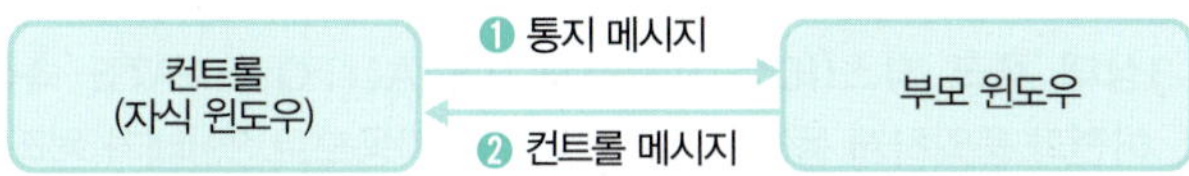

  - **통지 메시지** : 컨트롤이 부모 윈도우에 보내는 메시지이다. 통지 메시지로 대개 WM_COMMAND를 보내지만 때로는 다른 이름의 통지 메시지를 보내기도 한다.
  - **컨트롤 메시지** : 부모 윈도우가 컨트롤에 보내는 메시지이다. 부모 윈도우는 컨트롤의 상태를 알아내거나 변경하려고 이 메시지를 사용한다.
- 컨트롤도 윈도우이므로 부모 윈도우는 일반 윈도우를 다룰 때 사용하는 함수를 컨트롤에 그대로 적용할 수 있다.

02 표준 컨트롤의 종류

- **버튼 컨트롤** : 푸시 버튼, 체크 박스, 라디오 버튼, 그룹 박스가 있다.
- **스태틱 컨트롤** : 텍스트, 프레임, 직사각형, 아이콘, 비트맵, 확장 메타파일을 화면에 표시할 수 있는 윈도우이다.
- **에디트 컨트롤** : 텍스트를 입력하고 편집할 수 있는 윈도우이다. 입력 가능한 행의 수에 따라 단일 행 에디트 컨트롤과 다중 행 에디트 컨트롤로 구분할 수 있다.
- **리스트 박스 컨트롤** : 사용자가 선택할 수 있는 항목의 목록을 담고 있는 윈도우이다.
- **콤보 박스 컨트롤** : 에디트 컨트롤과 리스트 박스 컨트롤을 결합한 것으로, 새로운 항목을 사용자가 입력하거나 목록에서 한 개 혹은 여러 개의 항목을 선택할 수 있게 만든 윈도우이다.
- **스크롤바 컨트롤** : 화면의 일정 영역을 스크롤하거나 정해진 범위의 값을 변경하는 용도로 사용한다. 사용자가 스크롤바를 조작하면 WM_HSCROLL 또는 WM_VSCROLL 메시지가 발생하고, 그와 더불어 스크롤바 코드가 전달된다.

03 서브클래싱과 메시지 반사

- 서브클래싱은 윈도우(정확히는 윈도우 프로시저)로 가는 메시지를 중간에서 붙잡아 처리하는 기법이다. 서브클래싱을 이용하면 기존 윈도우나 컨트롤의 형태 또는 동작을 변경할 수 있다.
- 메시지 반사를 이용하면 스스로 통지 메시지를 처리하는 독립적인 컨트롤 클래스를 제작할 수 있다.

연습문제

01 Button1 예제를 수정하여, 체크 박스(ID: 102)에서 BS_AUTOCHECKBOX 속성 대신 BS_CHECKBOX 속성을 사용하고, 이전과 동일하게 동작하도록 한다. 단, 자동으로 체크가 처리되지 않는 점을 보완하기 위해 BN_CLICKED 통지 메시지를 사용해 체크 박스를 수동으로 처리한다.

HINT 체크 처리는 CButton::SetCheck() 함수 이용

02 Button1 예제를 수정하여, 3상태 체크 박스(ID: 103)에서 BS_AUTO3STATE 속성 대신 BS_3STATE 속성을 사용하고, 이전과 동일하게 동작하도록 한다. 단, 자동으로 3상태가 처리되지 않는 점을 보완하기 위해 BN_CLICKED 통지 메시지를 사용해 3상태 체크 박스를 수동으로 처리한다.

HINT 3가지 상태 체크 처리는 CButton::SetCheck() 함수 이용

03 Button1 예제를 수정하여, 라디오 버튼 1(ID: 104)에서 BS_AUTORADIOBUTTON 속성 대신 BS_RADIOBUTTON 속성을 사용하고, 이전과 동일하게 동작하도록 한다. 단, 자동으로 라디오 버튼이 처리되지 않는 점을 보완하기 위해 BN_CLICKED 통지 메시지를 사용해 라디오 버튼을 수동으로 처리한다. 이때 자동으로 그룹 처리되지 않으므로 그룹 내 다른 라디오 버튼(ID: 105)도 함께 처리한다.

HINT 라디오 버튼 처리는 CButton::SetCheck() 함수 이용

04 Button1 예제를 수정하여, 라디오 버튼 1과 라이오 버튼 2 옆에 라디오 버튼 A와 라디오 버튼 B를 추가하고, 최초 실행 시 라디오 버튼 A가 선택되어 있도록 한다. 단, 라디오 버튼 A, B 두 버튼 중 하나만 선택되도록 하고, 기존 라디오 버튼 1, 2 두 버튼 동작에는 영향을 주지 않는다.

HINT 라디오 버튼 그룹 처리는 WS_GROUP 스타일 또는 그룹 박스 컨트롤 이용

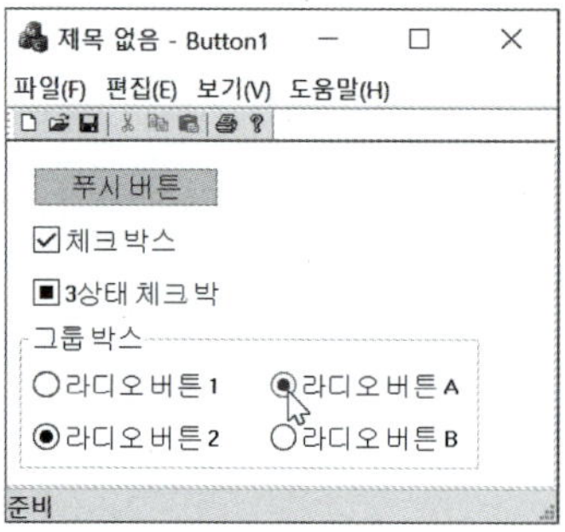

05 Button2 예제를 수정하여, 체크 박스 ON/OFF 상태에 따라 푸시 버튼에 대한 활성화/비활성화 상태가 변경되도록 수정하시오.

HINT CButton::GetCheck() 함수, CWnd::EnableWindow() 함수 이용

06 **Button2 예제를 다음과 같이 수정하시오. 3상태 체크 박스 상태에 따라 라디오 버튼 1과 라디오 버튼 2 상태를 변경한다. 즉, 체크 상태는 라디오 버튼을 모두 활성화하고, 회색 상태는 라디오 버튼 2 비활성화 및 라디오 1 버튼만 선택되도록 변경하고, 체크되지 않은 상태는 라디오 버튼을 모두 비활성화한다. 단, 처음 실행될 때 3상태 체크 박스 상태가 반영되어 있도록 한다.**

HINT CButton::GetCheck() 함수, CWnd::EnableWindow() 함수 이용, 처음 실행될 때 상태 반영은 CButton2View::OnInitialUpdate() 함수 내에서 처리

07 **Button2 예제를 수정하여, 푸시 버튼을 클릭할 때마다 버튼 형태가 푸시 버튼, 체크 버튼, 라디오 버튼 세 가지 형태로 순차적으로 변경되도록 수정하시오.**

HINT CButton::GetButtonStyle() 함수, CButton::SetButtonStyle() 함수 이용

08 **Static 예제를 다음과 같이 수정하시오. IDC_METAFILE 스태틱 컨트롤에 메타 파일 대신 '마우스를 클릭하세요'라는 글자가 나타나게 한다. 그리고 마우스 왼쪽 버튼을 클릭하면 해당 메타 파일을 보여준다. 단, 다시 마우스 왼쪽 버튼을 클릭하면 상태가 반전되어, 클릭할 때마다 상태 전환Toggle되도록 구현한다.**

HINT CWnd::ModifyStyle() 함수와 SS_ENHMETAFILE 스타일 이용, CWnd::SetWindowText() 함수, CStatic::SetEnhMetaFile() 함수 이용, 초기 상태 설정은 CStaticView::OnInitialUpdate() 함수 내에서 처리

09 **Static 예제를 다음과 같이 수정하시오. IDC_METAFILE 스태틱 컨트롤(❻번)을 마우스 왼쪽 버튼을 클릭하면 ❺번 비트맵 스태틱 컨트롤과 상태가 바뀌도록 한다. 즉, ❺번 비트맵은 메타 파일을 출력하고 ❻번 스태틱 컨트롤은 비트맵을 출력한다.**

HINT CWnd::ModifyStyle() 함수와 SS_ENHMETAFILE 스타일과 SS_BITMAP 스타일 이용, CStatic 클래스가 제공하는 SetEnhMetaFile() 함수와 SetBitmap() 함수 이용, 비트맵 리소스 설정은 다음 코드 이용

```
CBitmap bitmap;
bitmap.LoadBitmap(IDR_MAINFRAME);
m_metafile.SetBitmap(bitmap);
```

10 **EditCtrl 예제를 다음과 같이 수정하시오. 에디트 컨트롤에 Password 스타일을 추가하고 암호를 입력받게 한다. 글자가 입력될 때마다 실제 암호와 일치하는지 검사하여 일치하면 "통과"라는 메시지 상자를 띄운다. 단, 스태틱 컨트롤에는 입력 글자가 아닌 '*'가 표시되도록 한다.**

HINT CString 클래스 이용, 글자가 입력될 때마다 EN_CHANGE 통지 메시지에서 처리

11 EditCtrl 예제를 다음과 같이 수정하시오. [보기(&V)] 메뉴에 [읽기전용(&R)] 체크 메뉴 항목을 추가한다. [읽기전용] 메뉴를 선택하면 에디트 컨트롤 속성을 읽기 전용으로 변경하고, 선택을 해제하면 본래 상태로 되돌아오게 한다.

HINT CEdit::SetReadOnly() 함수, CMenu::GetMenuState() 함수, CMenu::CheckMenuItem() 함수 이용

12 EditCtrl 예제를 수정하여, 에디트 컨트롤 입력을 스태틱 컨트롤뿐만 아니라 타이틀바에도 표시한다. 단, WM_TIMER 메시지를 처리하여 3초 동안 입력이 없으면 사라지게 한다.

HINT CWnd::SetWindowText() 함수, CWnd::SetTimer() 함수, CWnd::KillTimer() 함수 이용

13 EditCtrl 예제를 다음과 같이 수정하시오. 에디트 컨트롤 옆에 〈확인〉 버튼을 추가하고, 에디트 컨트롤에 내용을 입력할 때가 아니라 〈확인〉 버튼을 누를 때만 스태틱 컨트롤에 반영되게 한다. 단, 버튼에 Default Button 스타일을 설정하여 Enter 입력으로도 버튼이 클릭되도록 하고, 스태틱 컨트롤에 반영된 후 에디트 컨트롤 내용은 삭제한다.

HINT CWnd::GetWindowText() 함수와 CWnd::SetWindowText() 함수 이용

14 EditCtrl 예제를 다음과 같이 수정하시오. [편집(&E)] 메뉴에 [실행 취소], [잘라내기], [복사], [붙여넣기] 메뉴 항목을 에디트 컨트롤이 제공하는 편집 기능과 연결하고 동작하도록 한다. 또한 이들 메뉴에 대해 단축키 Ctrl+Z, Ctrl+X, Ctrl+C, Ctrl+V도 함께 동작한다.

HINT CEdit::Undo() 함수, CEdit::Cut() 함수, CEdit::Copy() 함수, CEdit::Paste() 함수 이용

15 EditCtrl 예제를 수정하여, 프로젝트 폴더에 있는 "EditCtrl.vcxproj" 텍스트 파일을 읽어 에디트 컨트롤에 출력하시오. 단, 에디트 컨트롤을 다중행(Multiline) 에디트 컨트롤로 설정하고 Auto VScroll, Vertical Scroll 등 스타일도 설정한다. 단, 텍스트 파일은 유니코드가 아닌 ANSI 문자열로 영문으로 한정한다.

HINT CFile 클래스, 문자열은 CString 클래스 이용

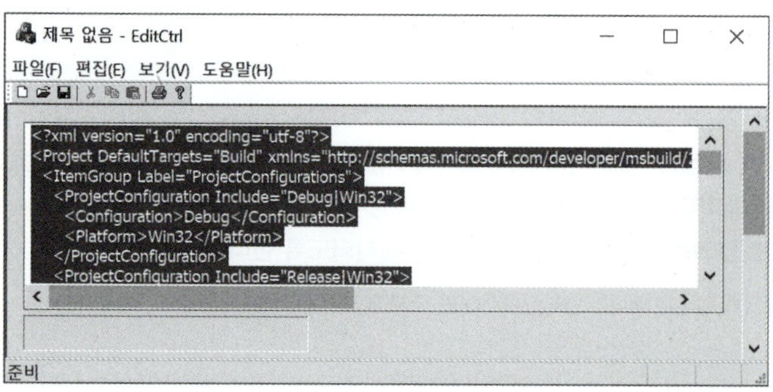

16 **ListBox 예제를 수정하여, 리스트 박스 컨트롤 내 각 항목을 마우스 왼쪽 버튼으로 더블 클릭할 때도 리스트 박스 항목이 좌우로 이동하도록 처리하시오.**

HINT 리스트 박스에 대한 마우스 더블 클릭 처리는 LBN_DBLCLK 통지 메시지 이용

17 **ListBox 예제를 수정하여, 직렬화를 사용해 현재 리스트 박스 목록을 파일로 저장하고, 파일을 열어 목록을 복원할 수 있도록 하시오.**

HINT CStringList 클래스, CListBoxDoc::Serialize() 함수 이용

18 **ListBox 예제를 수정하여, 리스트 박스 컨트롤을 콤보 박스 컨트롤로 대체하고, 이전과 동일하게 동작하도록 구현하시오. 단, 콤보 박스는 단순(Simple) 스타일을 사용한다.**

HINT CComboBox 클래스가 제공하는 GetCurSel() 함수, SetCurSel() 함수, GetLBText() 함수, DeleteString() 함수, AddString() 함수 이용

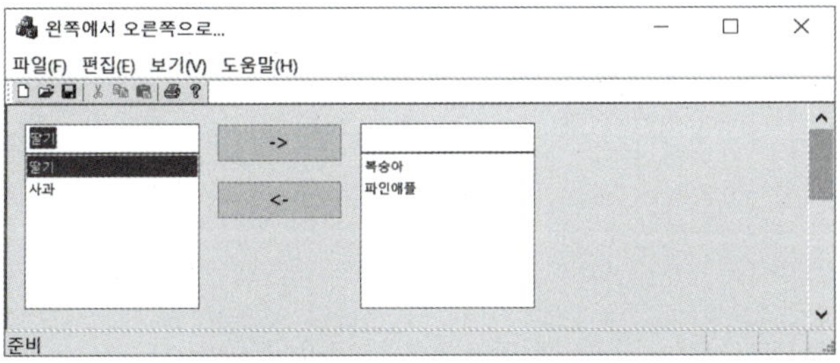

19 **ScrollBar 예제를 수정하여, WM_MOUSEWHEEL 메시지를 처리하여 마우스 휠(wheel)을 사용하여 수직 스크롤을 조작할 수 있도록 하시오.**

HINT CScrollBarView::OnMouseWheel() 함수, CScrollBarView::OnVScroll() 함수 이용

20 **Subclass 예제에 '숫자만 입력 허용'으로 된 체크 박스 컨트롤을 추가하시오. 그리고 IDC_EDIT2 에디트 컨트롤에 대해 체크 박스가 선택된 경우에는 CMyEdit 클래스로 서브클래싱되어 숫자만 입력되도록 하고, 체크 박스가 선택되지 않은 경우에는 CEdit 클래스로 서브클래싱되어 모든 글자가 입력 가능하도록 하시오. 단, 체크 박스 선택이 변경되면 IDC_EDIT2 에디트 컨트롤 내용은 초기화된다.**

HINT 동적 서브클래싱은 CWnd::SubclassDlgItem() 함수 또는 CWnd::SubclassWindow() 함수 이용, 서브클래싱 취소는 CWnd::UnsubclassWindow() 함수, 에디트 컨트롤 내용 초기화는 CWnd::SetWindowText() 함수 이용

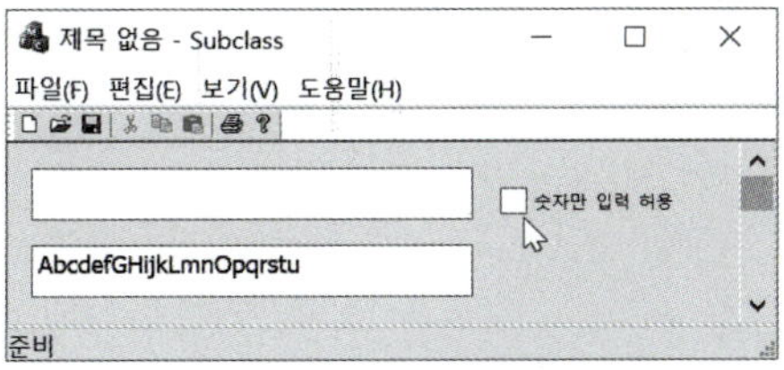

연습문제

21 **Reflection 예제에 'Reflection 검사'로 된 체크 박스 컨트롤을 추가하시오. 그리고 IDC_LIST1 리스트 박스 컨트롤에 대해 체크 박스가 선택된 경우에는 CMyListBox 클래스로 서브클래싱되어 마우스 왼쪽 마우스 더블 클릭 시 메시지 상자가 나타나도록 하고, 체크 박스가 선택되지 않은 경우에는 CListBox 클래스로 서브클래싱되어 메시지 상자가 나타나지 않도록 하시오.**

HINT 동적 서브클래싱은 CWnd::SubclassDlgItem() 함수 또는 CWnd::SubclassWindow() 함수 이용, 서브클래싱 취소는 CWnd::UnsubclassWindow() 함수 이용

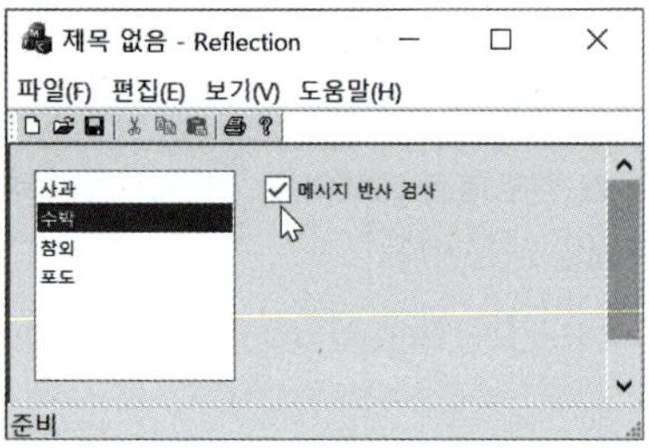

현장의 목소리

컬러 컨트롤

부모 윈도우 배경색이 윈도우 기본 회색이 아닐 경우에는 배경이 회색인 컨트롤이 어색하다는 느낌이 든다. 배경색만 맞추면 될 듯하지만, 컨트롤 속성을 아무리 찾아봐도 배경색에 대한 속성은 나오지 않는다. 이럴 때 간단히 해결할 방법이 있는데, 바로 WM_CTLCOLOR 메시지를 처리하는 방법이다.

예를 들어 다음 코드에서 배경색을 변경하려는 컨트롤 ID가 IDC_MYSTATIC이라고 해보자. WM_CTLCOLOR 메시지 핸들러 함수 OnCtlColor()에서 pWnd 인자로 전달된 윈도우 컨트롤 ID가 IDC_MYSTATIC인 경우에 한해 변경된 브러시를 리턴하면 된다(본 예제에서는 흰색 내장 객체 브러시를 리턴). 이와 함께 pDC 인자로 전달된 CDC 객체를 이용하여 글자색과 배경 모드도 지정할 수 있다(본 예제에서는 파란색 글자, 흰색 배경, 불투명 모드 설정).

```
HBRUSH CTestDlg::OnCtlColor( CDC*
pDC, CWnd *pWnd, UINT nCtlColor )
{
   HBRUSH hbr = CDialog::OnCtlColor
      ( pDC, pWnd, nCtlColor );
   if ( pWnd->GetDlgCtrlID() ==
      IDC_MYSTATIC )
   {
     pDC->SetTextColor( RGB(0, 0,
       255) ); // 글자색 지정
     pDC->SetBkMode( OPAQUE ); //
       배경 모드 지정
       hbr = (HBRUSH)GetStockObject(
         WHITE_BRUSH );
   }
   return hbr;
}
```

WM_CTLCOLOR 메시지를 이와 같이 처리하여 컨트롤 배경색을 간단히 변경할 수 있다. 하지만 이 방법은 컨트롤이 한두 개일 때는 상관없지만, 컨트롤이 여러 개면 매번 처리해야 하므로 불편하고 코드도 복잡해진다. 이럴 때 사용하는 방법이 컨트롤 서브클래싱 Subclassing이다. 스태틱 컨트롤을 서브클래싱해 보면서 그 장점을 알아보자. 먼저 CStatic 클래스를 상속하는 CColorStatic 클래스를 생성한다. 컨트롤 입장에서 WM_CTLCOLOR 메시지를 처리하는 방법은 메시지 반사이므로, 클래스 마법사를 이용하여 WM_CTLCOLOR 메시지 반사를 처리하는 CtlColor() 핸들러 함수를 추가한다.

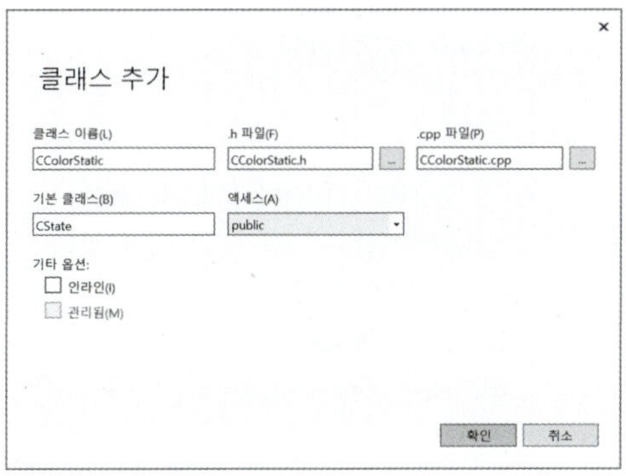

▲ CColorStatic 클래스 생성

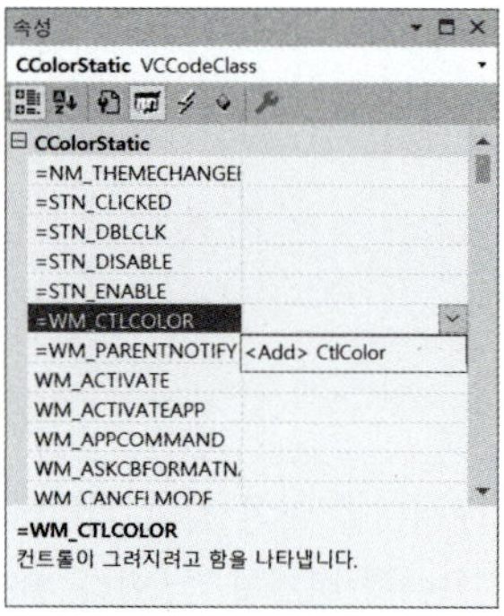

▲ WM_CTLCOLOR 메시지 반사 핸들러 함수 추가

CColorStatic 클래스 헤더 파일에 CColor Static 클래스에 글자색과 배경색 등을 지정하는 SetTextColor()와 SetBkColor() 함수를 추가하고, 관련된 멤버 변수를 추가한다.

```
class CColorStatic : public
CStatic
{
    DECLARE_DYNAMIC(CColorStatic)
public:
    CColorStatic();
    virtual ~CColorStatic();

public:
    void SetTextColor( COLORREF
      crColor );
    void SetBkColor( COLORREF
      crColor, BOOL
      bTransparent=FALSE );

protected:

    DECLARE_MESSAGE_MAP()

public:
    afx_msg HBRUSH CtlColor(CDC*
    /*pDC*/, UINT /*nCtlColor*/);

protected:
    CBrush    m_brBkgnd;
    COLORREF  m_crBkColor;
    COLORREF  m_crTextColor;
    BOOL      m_bTransparent;
};
```

SetTextColor() 멤버 함수는 글자색을 지정하는 함수로, 사용자가 지정한 색상을 멤버 변수에 보관한 후 화면을 다시 그리도록 다음과 같이 CWnd::RedrawWindow() 함수를 호출한다.

```
void CColorStatic::SetTextColor(C
OLORREF crColor)
{
    m_crTextColor = crColor;
    CWnd::RedrawWindow();
}
```

SetBkColor() 멤버 함수는 배경색과 배경 모드를 지정하는 함수로, 사용자가 지정한 색상을 멤버 변수에 보관한다. 아울러 CtlColor() 멤버 함수에서 사용할 브러시를 생성하는데 투명 모드면 널 브러시를, 불투명 모드면 지정한 색상에 맞는 브러시를 생성한다. 그리고 값을 변경한 후 화면을 다시 그리도록 CWnd::RedrawWindow() 함수를 호출한다.

```
void CColorStatic::SetBkColor(
COLORREF crColor, BOOL
bTransparent )
{
   m_crBkColor = crColor;
   m_bTransparent = bTransparent;
   m_brBkgnd.DeleteObject();

   if ( bTransparent != FALSE )
     m_brBkgnd.CreateStockObject(
       NULL_BRUSH );
   else
     m_brBkgnd.CreateSolidBrush(
       crColor );

   CWnd::RedrawWindow();
}
```

WM_CTLCOLOR 메시지 반사를 처리하는 CtlColor() 멤버 함수는 OnCtlColor() 함수에서 처리하던 방식과 동일하다. 차이점은 SetTextColor()와 SetBkColor() 멤버 함수를 통해 지정한 글자색, 배경 모드, 배경색이 처리된 브러시를 리턴한다는 점이다. 이로써 CColorStatic 클래스가 완성되어 스태틱 컨트롤을 서브클래싱하여 배경색과 글자색 등을 지정할 수 있다.

```
HBRUSH CColorStatic::CtlColor(
CDC* pDC, UINT nCtlColor )
{
   if ( m_bTransparent != FALSE )
     pDC->SetBkMode( TRANSPARENT );
   else
     pDC->SetBkColor( m_crBkColor
       );

   pDC->SetTextColor( m_
     crTextColor );
   return (HBRUSH)m_brBkgnd;
}
```

CColorStatic 클래스를 사용하여 스태틱 컨트롤을 서브클래싱하는 방법은 간단하다. 컨트롤 변수를 추가할 때 기존 CStatic 클래스 대신 CColorStatic 클래스를 지정하면 된다.

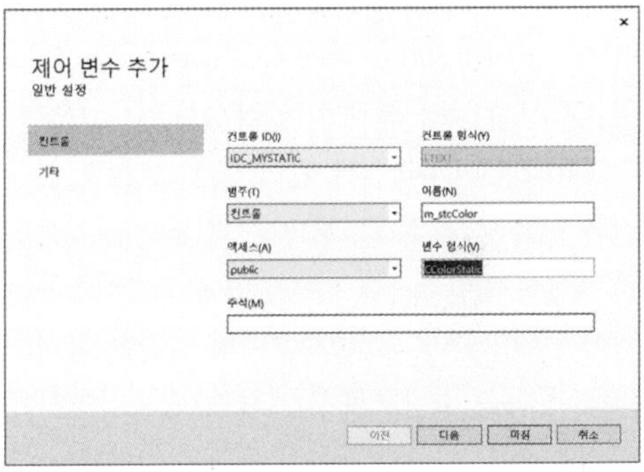

▲ **CColorStatic 클래스를 사용한 스태틱 컨트롤 서브클래싱**

그러고 나서 초기화 부분에 CColorStatic 클래스가 제공하는 SetTextColor()와 SetBkColor() 함수를 사용하여 원하는 색상을 지정한다. 다음은 OnCtlColor() 함수 때처럼 파란색 글자, 흰색 배경, 불투명 모드를 설정한 예이다.

```
BOOL CTestDlg::OnInitDialog()
{
    CDialog::OnInitDialog();

    m_stcColor.SetTextColor(
      RGB(0, 0, 255) );
    m_stcColor.SetBkColor(
      RGB(255, 255, 255), FALSE );
    return TRUE;
}
```

WM_CTLCOLOR 메시지를 사용하는 방식으로 작성할 수 있는 컬러 컨트롤에는 스태틱 컨트롤 외에 에디트 컨트롤과 콤보 박스 컨트롤이 있다(즉 CColorStatic 외에 CColorComboBox와 CColorEdit 클래스를 작성할 수 있으며, CColorBaseCtrl〈 〉과 같이 공통 템플릿 클래스를 만들 수도 있다). MFC는 윈도우가 기본으로 제공하는 클래스를 상속하여 서브클래싱하는 방식을 권고한다. 그러므로 이런 간단한 클래스 작성 경험을 바탕으로 서브클래싱을 다양하게 활용해 보자.

CHAPTER 09

대화 상자

01 대화 상자 기초
02 모드형 대화 상자
03 비모드형 대화 상자
04 대화 상자 기반 응용 프로그램
05 공용 대화 상자
요약
연습문제
현장의 목소리

학습 목표

- 대화 상자 디자인 방법을 익힌다.
- 모드형과 비모드형 대화 상자의 차이를 이해하고 작성 방법을 익힌다.
- 대화 상자 기반 응용 프로그램의 동작 원리를 이해하고 작성 방법을 익힌다.
- 공용 대화 상자를 다루는 방법을 배운다.

01 대화 상자 기초

대화 상자Dialog Box는 다양한 컨트롤을 포함하고 있는 일종의 윈도우로, 사용자의 입력을 받거나 정보를 출력하는 목적으로 사용한다. [그림 9-1]은 그림판 응용 프로그램에서 이미지 속성을 지정하는 대화 상자이다. 8장에서 배운 스태틱 텍스트, 버튼, 에디트 컨트롤을 이용하여 입출력을 처리함을 알 수 있다.

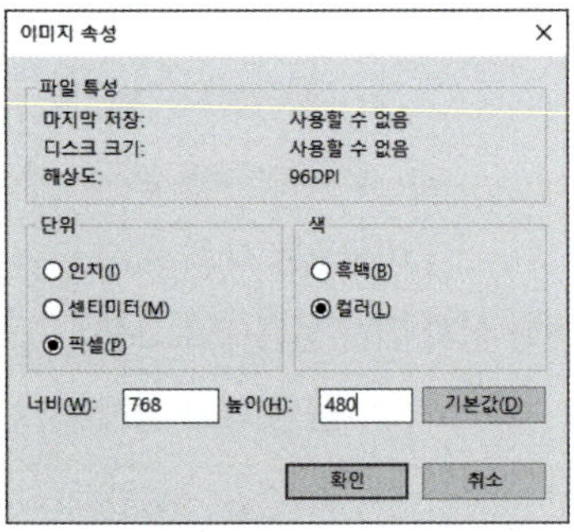

그림 9-1 대화 상자 예

대화 상자는 동작 방식에 따라 모드형 대화 상자와 비모드형 대화 상자로 구분한다.

- **모드형**Modal **대화 상자** : 대화 상자를 닫아야 응용 프로그램이 다른 작업을 할 수 있다.
- **비모드형**Modeless **대화 상자** : 대화 상자를 닫지 않아도 응용 프로그램이 다른 작업을 할 수 있다.

[그림 9-1]은 〈확인〉 또는 〈취소〉를 클릭하여 대화 상자를 닫아야 다른 작업을 할 수 있는 모드형 대화 상자이다. 반면 [그림 9-2]는 메모장에서 [편집]-[찾기...] 메뉴를 선택하면 열리는 대화 상자로, 대화 상자가 열린 상태에서도 메뉴 선택이나 편집 같은 다른 작업을 할 수 있는 비모드형 대화 상자이다.

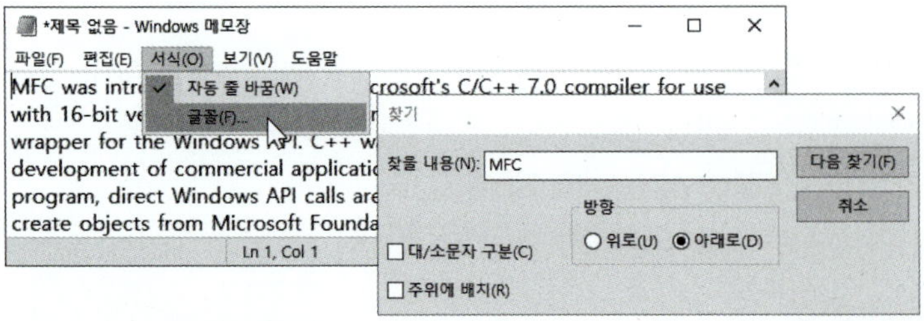

그림 9-2 비모드형 대화 상자

어떤 대화 상자를 생성하든지 맨 먼저 대화 상자를 디자인해야 한다. 이 절에서는 대화 상자 디자인과 관련하여 비주얼 C++가 제공하는 편리한 작업 환경을 사용하는 방법과 더불어 프로그래밍 요소를 제외한 몇 가지 이론적인 내용을 다룰 것이다.

1 대화 상자 템플릿

대화 상자는 운영체제 내부적으로 대화 상자 템플릿이라는 형태로 존재한다. 대화 상자 템플릿 Dialog Box Template은 대화 상자 자체와 대화 상자에 포함된 컨트롤에 대한 모든 정보를 가진 이진 Binary 데이터이다. 운영체제는 사용자가 미리 디자인하여 실행 파일에 포함해 놓은 대화 상자 리소스를 로드하여 자동으로 대화 상자 템플릿을 생성한다.

[그림 9-3]은 MFC 앱 프로젝트를 임의로 만들고 [프로젝트]-[리소스 추가...] 메뉴로 대화 상자 리소스를 생성한 후 에디트 컨트롤을 두 개 추가한 모습이다.

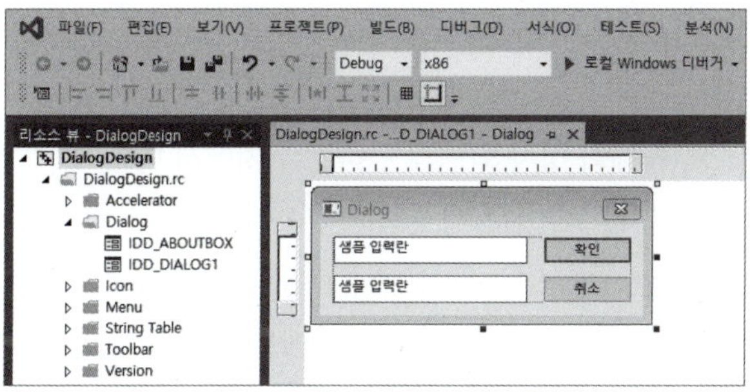

그림 9-3 대화 상자 디자인

메모장으로 '프로젝트명.RC' 파일을 열면 다음과 같이 대화 상자에 관한 세부 정보를 확인할 수 있다. 앞 부분에 대화 상자 자체의 리소스 ID, 스타일, 캡션, 폰트 정보가 들어 있고 BEGIN~END 사이에 네 개의 컨트롤에 관한 정보가 나열되어 있다.

```
IDD_DIALOG1 DIALOGEX 0, 0, 179, 48
STYLE DS_SETFONT | DS_MODALFRAME | DS_FIXEDSYS | WS_POPUP | WS_CAPTION | WS_SYSMENU
CAPTION "Dialog"
FONT 8, "MS Shell Dlg", 400, 0, 0x1
BEGIN
    DEFPUSHBUTTON   "확인",IDOK,123,7,50,14
    PUSHBUTTON      "취소",IDCANCEL,123,27,50,14
    EDITTEXT        IDC_EDIT1,7,7,107,14,ES_AUTOHSCROLL
    EDITTEXT        IDC_EDIT2,7,27,107,14,ES_AUTOHSCROLL
END
```

이와 같이 텍스트 형태로 기술된 *.RC 파일을 리소스 스크립트Resource Script라고 부르는데, 일반적으로 텍스트 편집기보다 비주얼 C++의 리소스 편집기를 이용하여 작성한다. 완성된 리소스 스크립트는 컴파일 단계에서 리소스 컴파일러가 이진 형태인 *.RES 파일로 변환하고, 링크 단계에서 실행 파일에 포함된다. 응용 프로그램이 대화 상자를 생성하도록 요청하면, 운영체제는 실행 파일에 포함된 대화 상자 리소스를 토대로 대화 상자 템플릿을 메모리에 구성하여 대화 상자를 만들어 낸다.

2 대화 상자 편집기

비주얼 C++에서는 리소스를 시각적으로 편집하는 툴을 총칭해서 리소스 편집기Resource Editor라 부른다. 리소스의 종류에 따라 구체적인 툴의 명칭은 달라지는데, 예를 들어 대화 상자를 편집하는 툴은 대화 상자 편집기Dialog Editor라 부른다. 여기서는 대화 상자 편집기의 사용법과 관련된 사항을 정리해 보자.

2.1 컨트롤 추가와 삭제

도구 상자([그림 9-4])에서 컨트롤을 선택한 후 대화 상자 화면의 원하는 위치에서 마우스를 클릭하면 컨트롤이 추가된다(도구 상자가 보이지 않으면 [보기]-[도구 상자] 메뉴를 선택한다). 같은 종류의 컨트롤을 계속 추가하고 싶을 때는 Ctrl 을 누른 상태에서 도구 상자의 컨트롤을 선택한다. 이렇게 하면 Esc 를 누르기 전까지 해당 컨트롤이 도구 상자에서 선택된 상태로 남아 있으므로 대화 상자 화면을 계속 클릭하여 같은 컨트롤을 여러 개 추가할 수 있다.

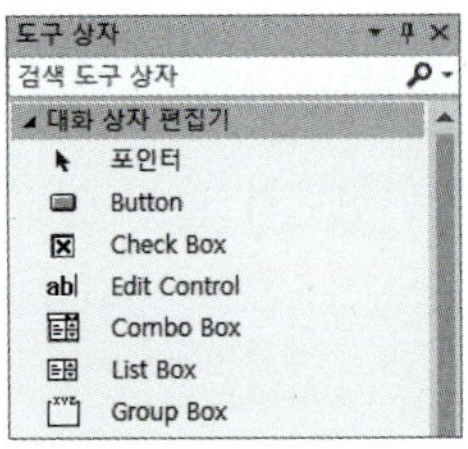

그림 9-4 도구 상자

여러 컨트롤을 한꺼번에 선택하려면 [그림 9-5]와 같이 마우스로 드래그하거나 Ctrl 또는 Shift 를 누른 채 해당 컨트롤을 클릭하면 된다. 선택한 컨트롤은 잘라내기, 복사, 붙여넣기 등의 작업이 가능하고 Delete 를 눌러 삭제할 수도 있다.

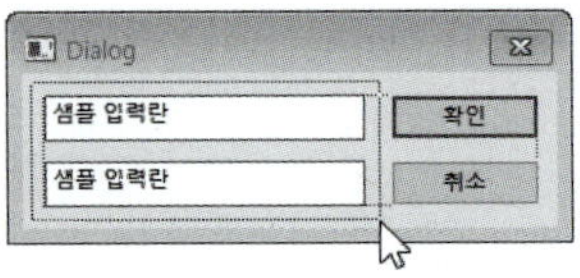

그림 9-5 컨트롤 선택

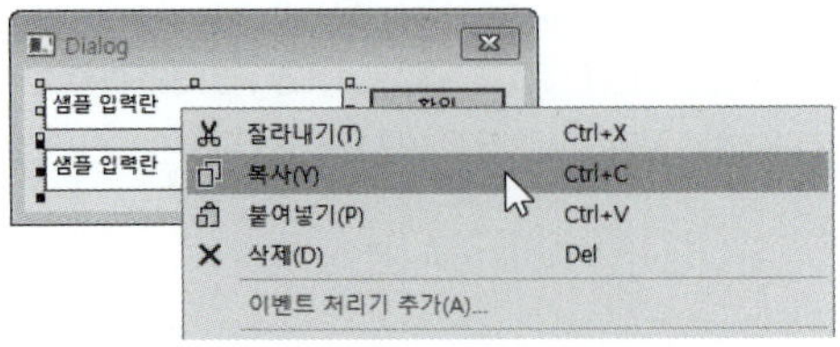

그림 9-6 컨트롤 복사

2.2 컨트롤 배치

대화 상자 편집기를 사용할 때는 [그림 9-7]과 같이 비주얼 C++ 최상위 메뉴에 [서식] 메뉴가 추가된다. 이 메뉴를 이용하거나 [그림 9-8]과 같은 대화 상자 편집기 툴바를 사용하여 컨트롤의 크기, 정렬, 간격 등을 설정할 수 있다. 대화 상자를 디자인할 때는 컨트롤을 눈짐작으로 배치하기보다는 [서식] 메뉴나 대화 상자 편집기 툴바를 이용하는 편이 빠르고 정확하다.

참고 대화 상자 편집기 툴바가 보이지 않으면 비주얼 C++의 툴바 영역에서 마우스 오른쪽 버튼을 클릭하여 [대화 상자 편집기] 메뉴를 선택한다.

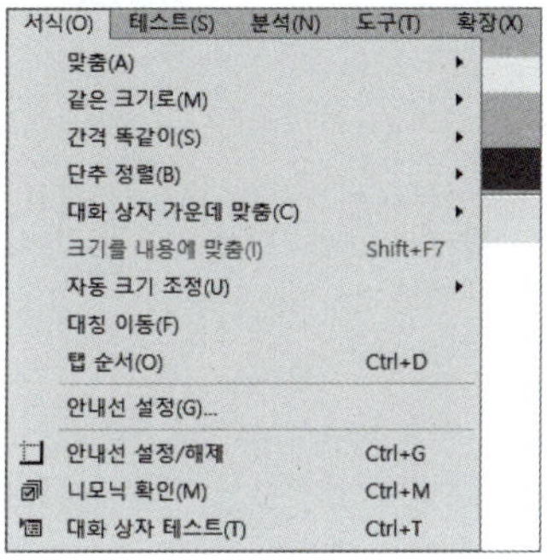

그림 9-7 [서식] 메뉴

그림 9-8 대화 상자 편집기 툴바

[서식] 메뉴나 대화 상자 편집기 툴바의 기능을 적용할 때는 컨트롤 하나가 기준이 되는데, 이 컨트롤은 [그림 9-9]와 같이 선택 표시가 다르므로 쉽게 구분할 수 있다. 일반적으로 마지막에 선택한 컨트롤이 기준이 되지만 Ctrl 을 누른 상태에서 원하는 컨트롤을 마우스로 클릭하면 기준 컨트롤이 바뀐다.

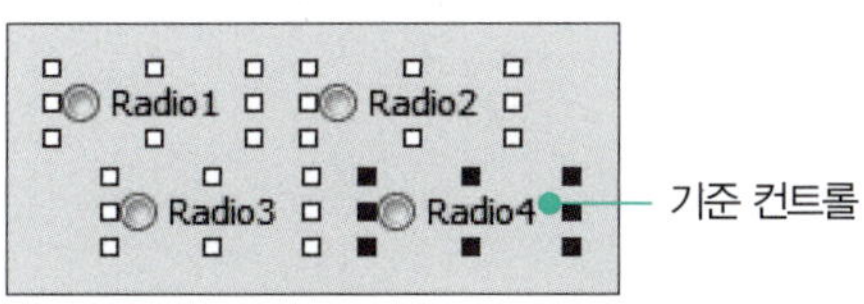

그림 9-9 기준 컨트롤

2.3 탭 순서

탭 순서(Tab Order)는 대화 상자에서 Tab 을 눌렀을 때 키보드 포커스가 이동하는 순서를 말한다. [서식]-[탭 순서] 메뉴를 선택하면 [그림 9-10]과 같이 현재 설정된 탭 순서가 표시되는데, 마우스로 컨트롤을 클릭하면 그 순서대로 탭 순서가 재설정된다. 마지막 컨트롤을 클릭한 후 대화 상자 바깥쪽을 클릭하면 탭 순서 변경이 끝난다.

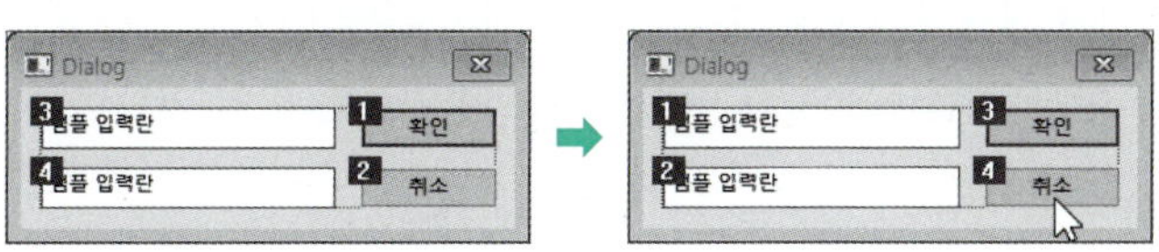

그림 9-10 탭 순서 변경 전과 변경 후

탭 순서 변경은 실제로 리소스 스크립트에서 컨트롤을 기술한 문장의 순서를 바꾸는 것에 불과하다. 다음은 탭 순서를 변경한 후에 BEGIN~END 사이의 문장 순서가 바뀐 것을 보여준다. 운영체제는 리소스 스크립트에 나열된 순서대로 컨트롤을 생성하며, Tab 을 누르면 이 순서대로 키보드 포커스를 이동시킨다. 탭 순서 1번에 해당하는 컨트롤은 대화 상자 생성 시 자동으로 키보드 포커스를 갖게 된다는 점도 기억해두자.

```
IDD_DIALOG1 DIALOGEX 0, 0, 179, 48
STYLE DS_SETFONT | DS_MODALFRAME | DS_FIXEDSYS | WS_POPUP | WS_CAPTION | WS_SYSMENU
CAPTION "Dialog"
FONT 8, "MS Shell Dlg", 400, 0, 0x1
BEGIN
    EDITTEXT          IDC_EDIT1,7,7,107,14,ES_AUTOHSCROLL
    EDITTEXT          IDC_EDIT2,7,27,107,14,ES_AUTOHSCROLL
    DEFPUSHBUTTON     "확인",IDOK,123,7,50,14
    PUSHBUTTON        "취소",IDCANCEL,123,27,50,14
END
```

2.4 대화 상자 속성

대화 상자에 포함된 컨트롤은 물론이고 대화 상자 자체에도 다양한 속성이 있다. 대화 상자 편집기에서 컨트롤이 아닌 대화 상자 자체를 선택한 상태에서 속성 창(Alt+Enter)을 열면 [그림 9-11]과 같이 다양한 속성을 볼 수 있다.

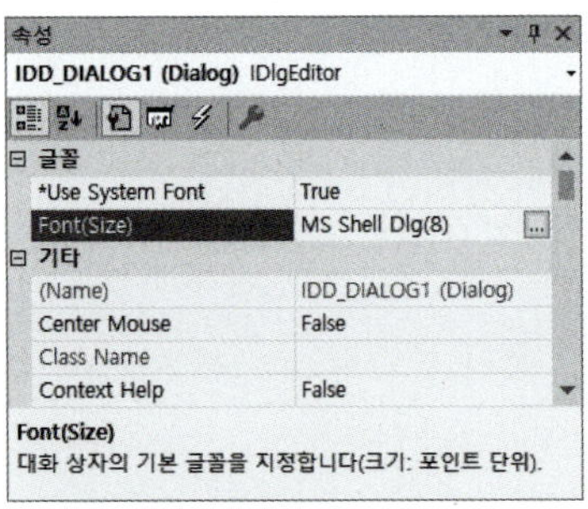

그림 9-11 대화 상자 속성

대화 상자는 일종의 윈도우이므로 일반 윈도우의 속성을 그대로 갖고 있고 대화 상자만의 독특한 속성도 있다. 예를 들면 대화 상자에서 사용할 폰트를 선택할 수 있는데, 폰트를 변경하면 대화 상자 자체의 크기는 물론이고 대화 상자에 포함된 컨트롤의 크기도 그에 비례해서 변경된다. 리소스 스크립트에 기술된 대화 상자나 컨트롤의 크기와 위치는 절대적인 값이 아니라 현재 설정된 폰트의 크기에 비례해서 변하는 값이기 때문이다.

현장 팁 **타이틀바가 없는 대화 상자 이동시키기**

대화 상자 기반 응용 프로그램을 제작하다 보면, 타이틀바가 없는 대화 상자를 띄우고 싶을 때가 있다. 타이틀바는 대화 상자 속성을 통해 간단히 제거할 수 있다. 그리고 대화 상자에 스킨Skin을 입혀 특정 위치를 타이틀바 역할을 하는 곳을 표시할 수도 있다. 그런데 본래 타이틀바가 없어지면서 '이동' 처리가 동작하지 않는다(종료나 크기 변환은 정상 동작한다). 직접 구현해 보면 MoveWindow() 함수를 이용해도 처리가 만만치 않다.

바람직한 처리 방법은 '이동을 위한 영역을 클릭했을 때, 비클라이언트 메시지를 생성한다'는 방식이다. 예를 들어, 다음과 같이 WM_LBUTTON_DOWN 메시지를 처리하는 OnLButtonDown() 함수를 구현하여, 마우스 왼쪽 버튼을 클릭했을 때 해당 영역을 확인한 후, 비클라이언트 메시지를 발송한다. 이동을 위한 비클라이언트 메시지는 WM_NCLBUTTONDOWN 메시지로, HTCAPTION 플래그와 위치 좌표를 포함한다. 이 코드만으로 마우스 왼쪽 버튼을 누른 상태로 대화 상자를 이동시킬 수 있다. 또한 point 인자를 활용하여 특정 영역으로 제한시킬 수도 있다.

```
void CTestDlg::OnLButtonDown(UINT nFlags, CPoint point)
{
    CPoint pt = point;
    ClientToScreen(&pt);
    PostMessage(WM_NCLBUTTONDOWN, HTCAPTION, MAKELPARAM(pt.x, pt.y));
    CDialog::OnLButtonDown(nFlags, point);
}
```

WM_LBUTTON_DOWN 메시지 외에 WM_NCHITTEST 메시지를 처리하는 OnNcHitTest() 함수를 사용할 수 있다. 다음 코드는 클라이언트 영역에 대해 타이틀바를 의미하는 HTCAPTION을 리턴하는 예제이다.

```
UINT CTestDlg::OnNcHitTest(CPoint point)
{
    int nHit = CDialog::OnNcHitTest(point);
    if (nHit == HTCLIENT)
        nHit = HTCAPTION;
    return nHit;
}
```

다음과 같이 영역과 관계없이 무조건 HTCAPTION을 리턴하여 간단히 처리할 수도 있다.

```
UINT CTestDlg::OnNcHitTest(CPoint point)
{
    return HTCAPTION;
}
```

HTCAPTION을 리턴하기 전에 point 변수를 사용하여 필요에 따라 특정 영역으로 제한시킬 수 있으며, 특별히 영역을 지정하지 않으면 대화 상자 배경을 클릭하여 이동시킬 수 있다. 만약 컨트롤이 있는 경우, 해당 컨트롤이 메시지를 처리해 버리기 때문에 대화 상자에 그 메시지가 전달되지 않는다. 따라서 대화 상자 동작이 달라질까 특별히 걱정할 필요가 없다.

02 모드형 대화 상자

모드형 대화 상자에서 '모드형Modal'은 현재 대화 모드Dialog-Mode이므로 반드시 사용자가 대화 상자를 통해 입력하거나 취소를 함으로써 대화를 마쳐야 다음으로 진행할 수 있다는 의미이다. 모드형 대화 상자는 개념도 쉽고 코딩 방법도 비모드형 대화 상자에 비해 간단하기 때문에 많이 사용된다.

MFC에서 모드형 대화 상자를 다룰 때는 CDialog 클래스를 사용하는데, 형식 차이가 있을 뿐 비모드형 대화 상자에서도 같은 클래스를 사용한다. [그림 9-12]에서 보는 바와 같이 CDialog 클래스는 CWnd 클래스를 상속받는다. 이는 대화 상자 역시 윈도우라는 점을 클래스 설계에 반영한 것으로, 실제로 CWnd 클래스의 일부 멤버 함수는 대화 상자 작성에도 유용하다.

그림 9-12 MFC 클래스 계층도

1 모드형 대화 상자 만들기

MFC를 이용하여 모드형 대화 상자를 만드는 순서는 다음과 같다.

① 대화 상자 리소스를 작성한다.

② CDialog 클래스 또는 CDialog의 파생 클래스 객체를 만든다. 이때 대화 상자 리소스 ID를 생성자의 인자로 넘겨준다.

③ CDialog::DoModal() 함수를 호출한다.

실습을 통해 가장 간단한 형태의 모드형 대화 상자를 만들고, CDialog 클래스가 제공하는 기능을 자세히 살펴보자.

실습 9-1 모드형 대화 상자 만들기

클라이언트 영역에서 마우스 왼쪽 버튼을 누르면 [그림 9-13]과 같은 간단한 형태의 대화 상자가 열리는 프로그램을 작성해보자. 〈확인〉 또는 〈취소〉를 클릭하면 대화 상자가 닫히면서 메시지 상자로 결과를 표시하는 기능도 제공할 것이다.

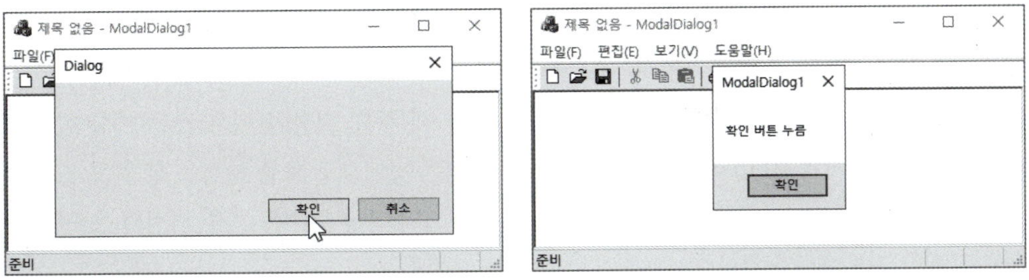

그림 9-13 실행 결과

1. 응용 프로그램 마법사를 이용하여 ModalDialog1 프로젝트를 만든다. 생성 옵션은 7장의 FileIoTest 프로그램과 동일하다.

2. '리소스 뷰'로 전환한 후 [프로젝트]-[리소스 추가...] 메뉴를 선택하여 대화 상자 리소스를 추가한다. 대화 상자 ID는 자동으로 할당되는 IDD_DIALOG1을 그대로 사용한다.

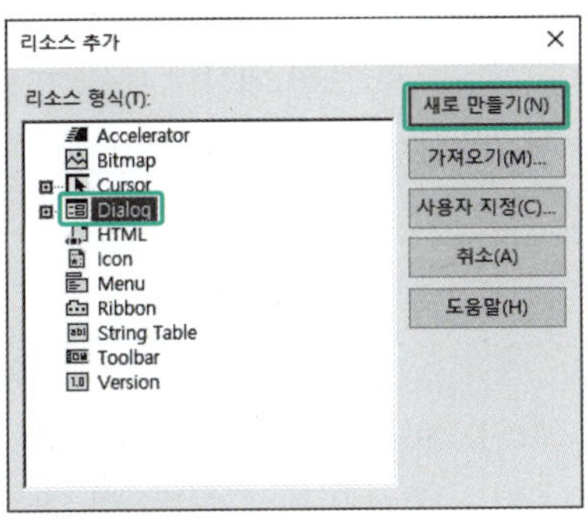

그림 9-14 대화 상자 리소스 추가

참고 '리소스 뷰'에서 현재 선택한 내용에 따라 [프로젝트]-[리소스 추가...] 메뉴가 보이지 않을 수 있다. '리소스 뷰'의 내용을 펼치고 [Dialog]-[리소스 추가...] 컨텍스트 메뉴를 사용해도 [그림 9-14]와 같은 대화 상자를 열 수 있으며, [Dialog]-[Dialog 삽입] 컨텍스트 메뉴를 사용하면 좀 더 빠르게 대화 상자 리소스를 추가할 수 있다.

3. 속성 창을 이용하여 뷰 클래스에 WM_LBUTTONDOWN 메시지 핸들러를 추가한 후 다음 코드를 작성한다. CDialog::DoModal() 함수의 리턴 값을 검사하면 어느 버튼을 눌러서 대화 상자를 닫았는지 알 수 있다.

```
void CModalDialog1View::OnLButtonDown(UINT nFlags, CPoint point)
{
    CDialog dlg(IDD_DIALOG1); // 대화 상자 리소스 ID를 생성자에 넘겨준다.
    if (dlg.DoModal() == IDOK)
        MessageBox(_T("확인 버튼 누름"));
    else // 리턴 값이 IDCANCEL인 경우
        MessageBox(_T("취소 버튼 누름"));
}
```

실습을 통해 모드형 대화 상자를 작성하는 방법을 살펴봤지만, 예제처럼 CDialog 클래스를 상속받지 않고 그대로 사용하는 경우는 많지 않다. CDialog 클래스가 제공하는 기본 동작은 응용 프로그램의 요구 사항 대부분을 만족시킬 수 없기 때문이다. 따라서 대개는 CDialog 클래스를 상속받아 새로운 클래스를 만들고 기존 동작을 변경하거나 기능을 추가한다.

CDialog 클래스의 멤버 함수를 재정의(Override)할 때 주요 대상이 되는 것은 가상 함수이다. 가상 함수는 대개 MFC 내부에서 자동으로 호출되는 것이므로 호출 시점을 잘 알고 있어야 제대로 활용할 수 있다. 자주 사용되는 CDialog 클래스의 가상 함수를 호출 시점과 용도를 중심으로 정리하면 다음과 같다.

- **virtual BOOL CDialog::OnInitDialog();**
    - **호출 시점** : 응용 프로그램이 CDialog::DoModal() 함수를 호출하여 대화 상자 생성을 시작하면 WM_CREATE 메시지가 발생한다. 운영체제는 이 메시지를 받아 내부적으로 대화 상자 템플릿을 구성하고 대화 상자 자체와 거기에 포함된 컨트롤을 생성한다. 대화 상자가 만들어지면 화면에 보이기 직전에 WM_INITDIALOG 메시지가 발생하는데, 이 메시지에 대응하여 OnInitDialog() 함수가 호출된다. 즉, OnInitDialog() 함수는 WM_INITDIALOG 메시지 핸들러라고 할 수 있다. 기능으로 보면 메시지 핸들러이지만 가상 함수로 정의되어 있으므로 메시지 맵을 사용하지 않아도 자동으로 호출된다.
    - **용도** : 컨트롤을 초기화하거나 키보드 포커스를 변경한다.

- **virtual void CDialog::OnOK();**
    - **호출 시점** : ID가 IDOK인 버튼(앞의 예제에서 〈확인〉 버튼)을 누르면 호출된다. 즉, OnOK() 함수는 ID가 IDOK인 버튼의 클릭을 처리하는 메시지 핸들러라고 할 수 있다. 기능으로 보면 메시지 핸들러이지만 가상 함수로 정의되어 있으므로 메시지 맵을 사용하지 않아도 자동으로 호출된다.
    - **용도** : 컨트롤의 값을 읽거나 값의 타당성 여부를 검사한 후 대화 상자를 닫는다.

- **virtual void CDialog::OnCancel();**
    - **호출 시점** : ID가 IDCANCEL인 버튼(앞의 예제에서 〈취소〉 버튼), 윈도우의 〈종료〉 버튼, Esc를 누르면 호출된다. 즉, OnCancel() 함수는 이들 세 가지 이벤트를 처리하는 메시지 핸들러라고 할 수 있다. 기능으로 보면 메시지 핸들러이지만 가상 함수로 정의되어 있으므로 메시지 맵을 사용하지 않아도 자동으로 호출된다.
    - **용도** : 대화 상자를 닫는다.

모드형 대화 상자에서 가상 함수를 재정의할 때는 보통 자신의 프로그램에 맞게 처리한 후 베이스 클래스 CDialog의 가상 함수를 호출한다. CDialog::OnOK() 함수나 CDialog::OnCancel() 함수에는 대화 상자를 닫는 기능이 기본으로 구현되어 있다. 따라서 단순히 대화 상자를 닫기만 할 때는 가상 함수를 재정의할 필요가 없다. 두 함수의 구현 코드를 보면 다음과 같이 내부적으로 CDialog::EndDialog() 함수를 호출하여 대화 상자를 종료한다. CDialog::EndDialog() 함수에 넘겨주는 정수형 인자는 CDialog::DoModal() 함수의 리턴 값이 되어 응용 프로그램에 전달된다.

```
void CDialog::OnOK()
{
    UpdateData(TRUE); // 이 함수의 의미는 DDX/DDV에서 배운다.
    EndDialog(IDOK);
}

void CDialog::OnCancel()
{
    EndDialog(IDCANCEL);
}
```

〈확인〉이나 〈취소〉 버튼을 제외한 다른 버튼을 눌렀을 때 대화 상자를 종료하려면, 해당 버튼의 BN_CLICKED 통지 메시지 핸들러에서 CDialog::EndDialog() 함수를 호출한다. 이때 CDialog::EndDialog() 함수의 인자로 전달하는 정수 값은 IDOK, IDCANCEL 등의 정의된 상수 값과 겹치지 않아야 한다. WINUSER.H 파일을 찾아보면 대화 상자를 위한 상수 값이 다음과 같이 정의되어 있으므로 이 값과 충돌하지 않는 범위에서 자유롭게 선택하여 사용한다. 비주얼 C++는 사용자가 정의한 버튼에 대해 자동으로 ID를 할당해주는데, 이 값은 아래에 나열된 값과 중복되지 않는다. 따라서 버튼 ID를 CDialog::EndDialog() 함수에 그대로 사용하면 편리하다.

```
/* Dialog Box Command IDs */
#define IDOK 1
#define IDCANCEL 2
#define IDABORT 3
#define IDRETRY 4
#define IDIGNORE 5
#define IDYES 6
#define IDNO 7
#define IDCLOSE 8
#define IDHELP 9
```

실습 9-2 모드형 대화 상자 활용하기

모드형 대화 상자 연습을 위해 다음과 같은 응용 프로그램을 작성해보자. 클라이언트 영역에서 마우스 왼쪽 버튼을 누르면 모드형 대화 상자가 열린다. 에디트 컨트롤과 콤보 박스 컨트롤로 텍스트와 폰트명을 입력받고 〈확인〉을 클릭하면, 지정한 폰트로 텍스트를 화면에 출력한다. 또한 〈지우기〉를 클릭하면 화면을 지운다. 이전에 입력한 값을 일부만 바꿀 경우를 대비해서 대화 상자가 열릴 때마다 에디트 컨트롤과 콤보 박스 컨트롤을 이전 값으로 초기화하는 기능도 넣을 것이다.

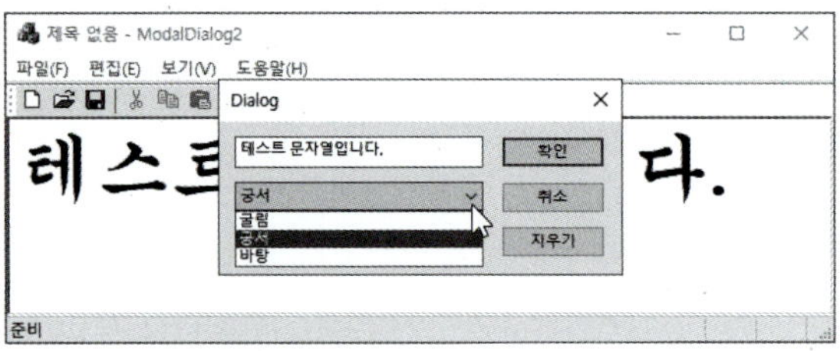

그림 9-15 실행 결과

1 응용 프로그램 마법사를 이용하여 ModalDialog2 프로젝트를 만든다. 생성 옵션은 7장의 FileIoTest 프로그램과 동일하다.

2 '리소스 뷰'로 전환한 후 [프로젝트]–[리소스 추가...] 메뉴를 선택하여 대화 상자 리소스를 추가한다. 대화 상자 ID는 자동으로 할당되는 IDD_DIALOG1을 그대로 사용한다.

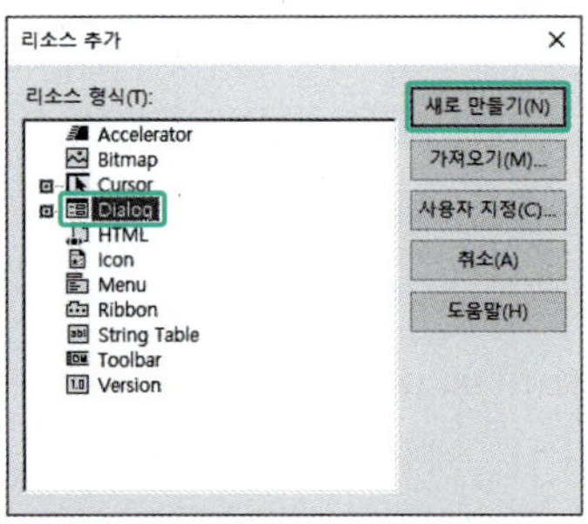

그림 9-16 대화 상자 리소스 추가

3 초기 대화 상자의 〈확인〉과 〈취소〉 버튼은 그대로 두고, 에디트 컨트롤(**1**), 콤보 박스 컨트롤(**2**), 버튼 컨트롤(**5**)을 추가한다. 대화 상자 전체의 크기와 컨트롤의 위치를 변경한 후, 표를 참고하여 컨트롤 속성을 변경한다. [서식]–[탭 순서] 메뉴를 이용하여 그림에 표시된 번호대로 탭 순서도 설정한다.

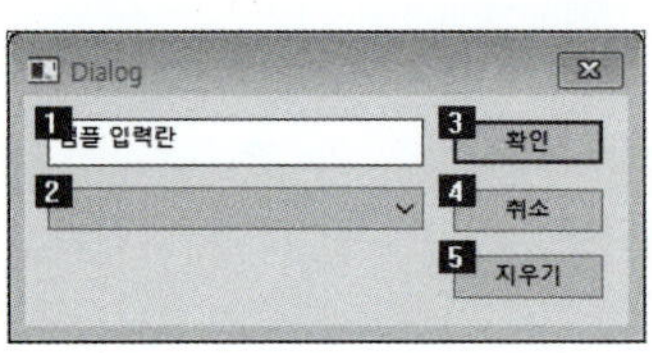

탭 순서	ID	변경 사항
1	IDC_STR	없음
2	IDC_FONT	'Data'에 "굴림;궁서;바탕"을 입력한다. 'Type'을 Drop List로, 'Sort'를 False로 변경한다.
5	IDC_CLEAR	'Caption'을 "지우기"로 변경한다.

그림 9-17 대화 상자 디자인과 컨트롤 속성 설정

참고 콤보 박스를 대화 상자에 배치할 때 미리 높이를 조정해 주지 않으면 나중에 실행할 때 높이가 너무 낮아서 항목을 선택할 때 불편할 수 있다. 디자인 화면에서 콤보 박스 우측 ▼을 클릭하면 실행 시 크기를 미리 볼 수 있으므로 마우스로 드래그하여 적당한 높이로 변경한다.

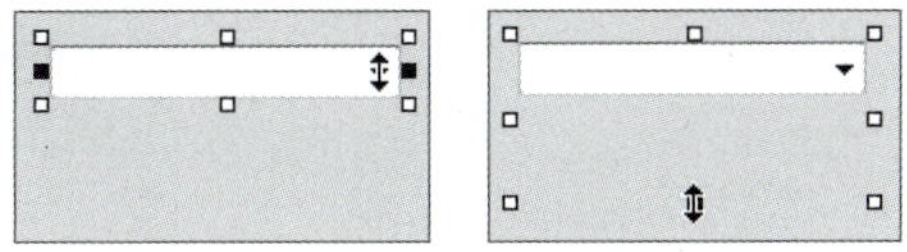

4 대화 상자 디자인 화면에서 마우스 오른쪽 버튼을 클릭하여 [클래스 추가...] 메뉴를 실행하면 [그림 9-18]과 같은 MFC 클래스 추가 대화 상자가 열린다. 클래스 이름으로 "CMyDialog"를 입력하고 기본 클래스로 'CDialog'를 선택한 후 〈확인〉을 클릭한다.

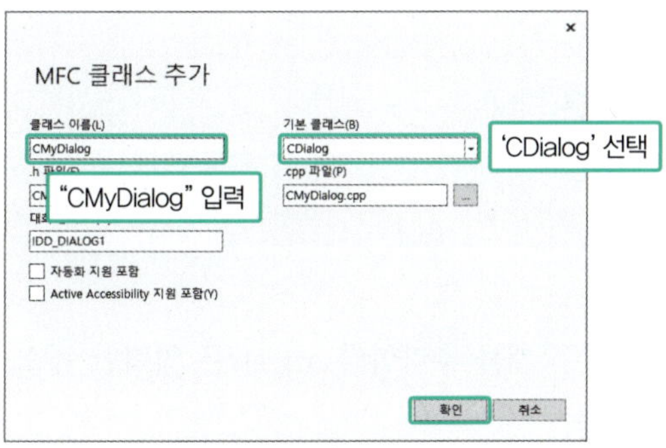

그림 9-18 대화 상자 클래스 생성

5 대화 상자 디자인 화면에서 컨트롤을 선택하고 마우스 오른쪽 버튼을 클릭하여 [변수 추가...] 메뉴를 실행하면 컨트롤 변수를 만들 수 있다. 콤보 박스 컨트롤에 대응하는 컨트롤 변수 m_combo를 만든다.

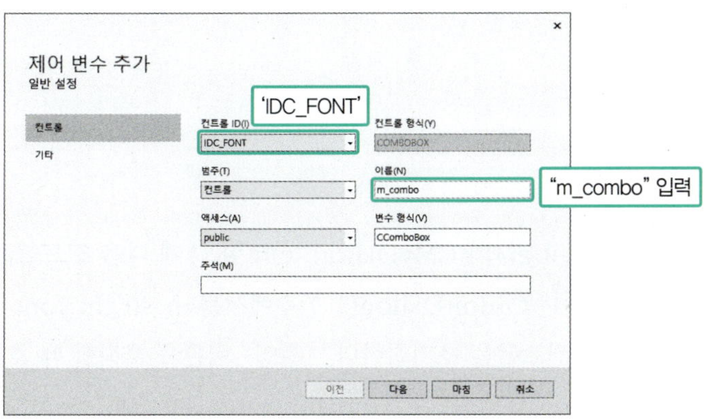

그림 9-19 컨트롤 변수 생성

6 '클래스 뷰'로 전환한 후 CMyDialog 클래스를 선택한 상태로 속성 창을 연다. 다음 그림을 참고하여 가상 함수 OnInitDialog()와 OnOK(), 그리고 IDCLEAR 버튼의 BN_CLICKED 통지 메시지 핸들러를 추가한다.

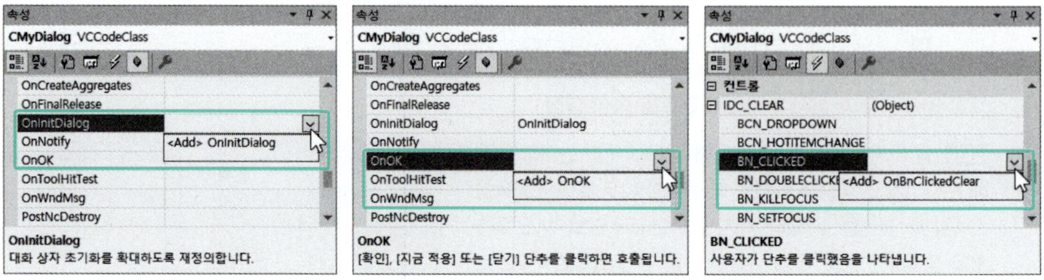

그림 9-20 가상 함수와 통지 메시지 핸들러 추가

7 CMyDialog::OnBnClickedClear() 함수에 다음 한 줄을 추가한다. 〈지우기〉 버튼을 클릭하면 대화 상자가 닫히고, 대화 상자를 호출한 쪽에서는 CDialog::DoModal() 함수의 리턴 값이 IDC_CLEAR가 된다.

```
void CMyDialog::OnBnClickedClear()
{
    EndDialog(IDC_CLEAR);
}
```

8 CMyDialog 클래스 헤더 파일에 멤버 변수 두 개를 추가한다. m_str은 입력한 텍스트를, m_font는 선택한 폰트 번호를 저장할 것이다.

```
class CMyDialog : public CDialog
{
...
public:
    CComboBox m_combo;
    CString m_str; // 사용자가 입력한 텍스트 저장
    int m_font; // 사용자가 선택한 폰트 번호 저장
...
};
```

9 가상 함수 CMyDialog::OnInitDialog()와 CMyDialog::OnOK()에 다음 코드를 추가한다. 대화 상자가 생성될 때 호출되는 OnInitDialog() 함수에서는 m_str, m_font 변수 값으로 에디트 컨트롤과 콤보 박스 컨트롤을 초기화한다. 〈확인〉 버튼을 클릭할 때 호출되

는 OnOK() 함수에서는 컨트롤 값을 읽어서 m_str, m_font 변수에 저장하고 대화 상자를 닫는다. 여기까지 작성한 후 컴파일, 링크가 잘 되는지 확인하고 다음 단계로 진행한다.

```
BOOL CMyDialog::OnInitDialog()
{
    CDialog::OnInitDialog();
    SetDlgItemText(IDC_STR, m_str);
    m_combo.SetCurSel(m_font);
    return TRUE;
}

void CMyDialog::OnOK()
{
    GetDlgItemText(IDC_STR, m_str);
    m_font = m_combo.GetCurSel();
    CDialog::OnOK();
}
```

10 이제 대화 상자를 생성하는 코드를 뷰 클래스에 작성해보자. 모드형 대화 상자는 열리고 닫힐 때마다 생성과 파괴가 반복되는 특징이 있으므로 입력된 데이터를 계속 유지할 수 없다는 문제가 있다. 따라서 대화 상자를 생성하는 쪽에서 대화 상자 데이터를 저장해두어야 한다. 이 예제는 클라이언트 영역에서 마우스 왼쪽 버튼을 누르면 대화 상자를 생성하므로 뷰 객체에서 대화 상자 데이터를 유지하는 것이 자연스럽다. 다음과 같이 뷰 클래스 헤더 파일에 대화 상자 데이터를 유지하는 멤버 변수를 추가하고 생성자에서 초기화하자.

```
class CModalDialog2View : public CView
{
protected: // serialization에서만 만들어집니다.
    CModalDialog2View();
    DECLARE_DYNCREATE(CModalDialog2View)

// 특성입니다.
public:
    CModalDialog2Doc* GetDocument() const;
    CString m_str;
    int m_font;
```

```
CModalDialog2View::CModalDialog2View()
{
    m_str = _T("");
    m_font = 0;
}
```

11 뷰 클래스에 WM_LBUTTONDOWN 메시지 핸들러를 추가하고 다음 코드를 작성한다. CMyDialog 클래스를 사용하므로 관련 헤더 파일을 포함하는 것을 잊지 않도록 하자.

```
...
#include "ModalDialog2Doc.h"
#include "ModalDialog2View.h"
#include "CMyDialog.h"

...

void CModalDialog2View::OnLButtonDown(UINT nFlags, CPoint point)
{
    CMyDialog dlg; // C++ 대화 상자 객체를 생성한다.
    dlg.m_str = m_str; // 뷰 객체의 멤버 변수 값으로 대화 상자 객체의...
    dlg.m_font = m_font; // ...멤버 변수를 초기화한다.

    int result = dlg.DoModal(); // 모드형 대화 상자를 연다.
    if (result == IDOK) {
        m_str = dlg.m_str; // 대화 상자 객체의 멤버 변수 값을...
        m_font = dlg.m_font; // ...뷰 객체의 멤버 변수에 저장한다.
        Invalidate(); // 뷰 화면에 출력한다.
    }
    else if (result == IDC_CLEAR) {
        m_str = _T("");
        Invalidate(); // 뷰 화면에 출력한다.
    }
}
```

12 마지막으로, 뷰 클래스의 OnDraw() 함수에 출력 코드를 작성한다. 뷰 클래스에서 유지하는 m_font 값에 따라 폰트를 선택하고 m_str에 저장된 텍스트를 화면에 출력하면 된다. 함수 인자가 초기에 주석 처리되어 있으므로 주석을 제거하는 것을 잊지 않도록 하자.

```
void CModalDialog2View::OnDraw(CDC* pDC)
{
    CModalDialog2Doc* pDoc = GetDocument();
    ASSERT_VALID(pDoc);
    if (!pDoc)
        return;

    CFont font;
    CString fontname;

    if(m_font == 0) fontname = _T("굴림");
    else if(m_font == 1) fontname = _T("궁서");
    else if(m_font == 2) fontname = _T("바탕");
    font.CreatePointFont(400, fontname);

    pDC->SelectObject(&font);
    pDC->TextOut(10, 10, m_str);
}
```

현장 팁 **문자열 리턴하기**

C/C++ 프로그래밍 과정에서 초보자 실수가 많은 부분이 문자열을 그대로 리턴하는 오류이다. 예를 들면 다음과 같다.

```
TCHAR *MyFunc(void)
{
    TCHAR szName[100];
    ...
    return szName;
}
```

언뜻 보면 동작할 것 같지만 실제로는 문제가 많다. szName은 지역 변수로 스택stack에 정의되었기 때문에 함수가 종료될 때 바로 소멸된다. '운 좋게' 소멸되기 전에 사용되어 동작하는 경우도 있지만, 언젠가는 '잘못된 메모리를 참조하는 문제'가 발생한다(디버그 모드에서 동작하는데 릴리스 모드에서 동작하지 않는 상황이 대표적인 경우다). 이를 방지하기 위해 다음과 같이 문자열을 인자로 받아 가는 방법을 사용할 수 있다.

```
bool MyFunc(TCHAR szName[100])
{
    ::_tcscpy_s(szName, _countof(szName), _T("MAX")); // TCHAR용 ::strcpy_s() 함수 호출
    return true;
}
```

그런데 이 방식은 넘겨주는 배열 크기가 고정되어 있어, 호출하는 쪽에서 동일한 크기로 선언해야 하므로 불편하다. 따라서 보통 다음과 같이 크기를 함께 넘겨준다. API 함수에서 자주 볼 수 있는 방식이다.

```
bool MyFunc(TCHAR *pzName, DWORD dwSize)
{
    ::_tcscpy_s(pszName, dwSize, _T("MAX")); // TCHAR용 ::strcpy_s() 함수 호출
    return true;
}
```

메모리는 복사할 때 전달받은 버퍼 크기를 넘지 않도록 크기를 비교하는 부분이 필요하다. 기존 ::_tcscpy() 함수에서 확장된 ::_tcscpy_s() 함수 두 번째 인자가 그 역할을 한다. 다시 처음으로 돌아가서, 인자로 넘기지 않고 내부에서 문자열을 리턴하는 방법을 살펴보자. C/C++에서 가장 일반적인 방식이 다음과 같이 new 연산자 등으로 힙(heap)에 메모리를 할당하여 리턴하는 방식이다.

```
TCHAR *CreateName()
{
    TCHAR *pszName = new TCHAR[100];
    ::_tcscpy_s(pszName, 100, _T("MAX")); // TCHAR용 ::strcpy_s() 함수 호출
    return pszName;
}
```

여기서 의무 사항이 발생한다. 즉 '힙 메모리를 할당해서 넘기면 받은 쪽에서 할당된 메모리를 반드시 해제해야 한다'는 사항이다. 이 때문에 함수 이름이 'Create'로 시작하는 경우가 많다. 리턴받은 포인터는 반드시 delete 연산자 등을 사용해 메모리 할당을 해제해야 메모리 누수가 발생하지 않는다. 따라서 이 방식은 메모리 해제를 해야 하는 부담이 너무 크기 때문에 사용이 불편하다. 대신 C++에서는 메모리를 관리해 주는 클래스를 사용하는 방식이 있다. MFC 경우 CString 클래스를 제공한다. 다음과 같이 사용하면 그만이다.

```
CString GetName()
{
    return _T("MAX");
}
```

리턴형으로 사용된 CString 클래스는 내부적으로 new 연산자를 사용하여 문자열에 필요한 메모리를 힙에 할당한다. 이 때문에 함수가 종료된 이후에 메모리가 소멸되는 문제가 없다. 또한 CString 객체가 소멸할 때 소멸자가 할당된 메모리를 해제하기 때문에 메모리 누수 문제도 없다. 이 때문에 MFC에서 문자열은 보통 CString 객체로 처리한다. 만약 MFC를 사용하지 않는 환경에서 별도 클래스를 구현하거나 메모리 할당을 사용하고 싶지 않다면, 다음과 같이 간단히 static 변수를 사용하는 방법도 있다.

```
TCHAR *GetName()
{
    static TCHAR szName[100];
    ::_tcscpy_s(szName, 100, _T("MAX")); // TCHAR용 ::strcpy_s() 함수 호출
    return szName;
}
```

정적static 변수를 위한 메모리는 프로그램이 시작할 때 할당되어 종료할 때까지 소멸되지 않으므로 그대로 리턴해도 아무런 문제가 없다. 단, 정적 변수는 메모리 하나만 확보된 상황이다. 따라서 이 함수가 다시 호출되어 문자열 값이 바뀌면, 포인터로 가리키고 있는 문자열 값도 함께 바뀌므로 주의해야 한다.

2 DDX/DDV

앞에서 작성한 ModalDialog2 프로그램 실행 중 데이터의 흐름과 관련 함수를 요약하면 [그림 9-21]과 같다.

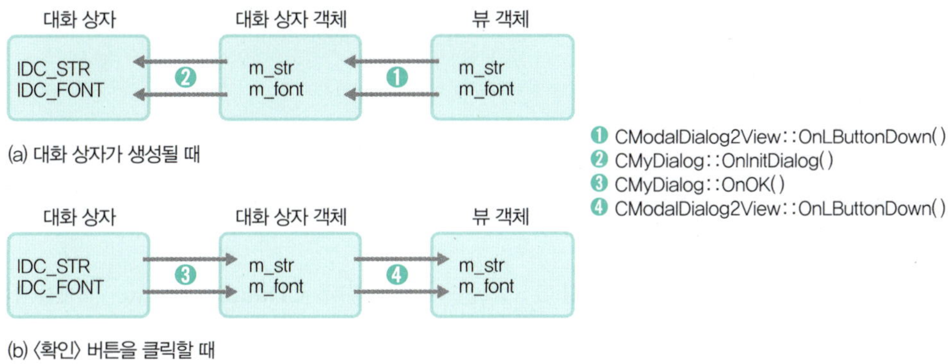

그림 9-21 데이터 흐름도와 관련 함수

MFC의 DDX Dialog Data eXchange 기법을 적용하면 아래 [그림 9-22]에서 점선으로 표시한 부분을 자동화할 수 있다. 대화 상자가 생성될 때 대화 상자 객체의 멤버 변수 값으로 컨트롤을 초기화하고(❷), 대화 상자가 닫힐 때 컨트롤의 값을 읽어서 대화 상자 객체의 멤버 변수에 저장하는 작업(❸)을 알아서 처리해준다.

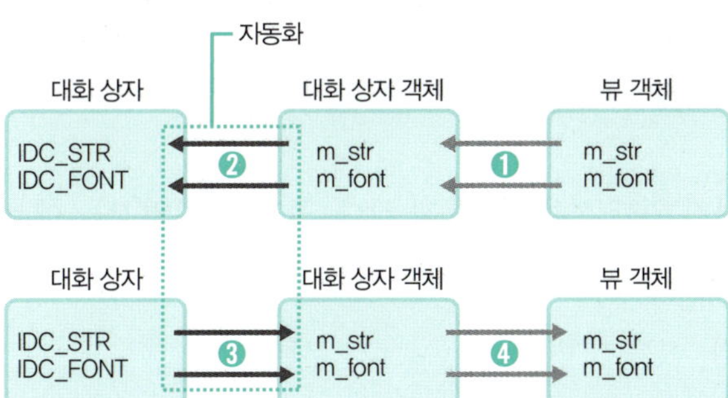

그림 9-22 DDX 기능

DDX의 핵심 기능은 CWnd::UpdateData() 함수가 제공한다. MFC가 기본으로 제공하는 가상 함수인 CDialog::OnInitDialog()와 CDialog::OnOK() 함수를 찾아보면 내부적으로 CWnd::UpdateData() 함수를 자동으로 호출한다. 따라서 응용 프로그램이

OnInitDialog()와 OnOK() 함수를 재정의하지 않아도 DDX 기능은 자동으로 동작한다. [그림 9-22]에서 ❷는 UpdateData(FALSE)로, ❸은 UpdateData(TRUE)로 자동화된다.

```
BOOL CDialog::OnInitDialog()
{
    …
    UpdateData(FALSE);
    …
}

void CDialog::OnOK()
{
    …
    UpdateData(TRUE);
    …
}
```

CWnd::UpdateData() 함수의 내부 MFC 코드는 다음과 같다. CDataExchange 객체를 만들어서 DoDataExchange() 함수를 호출하면, bSaveAndValidate 값(TRUE 또는 FALSE)에 따라 대화 상자와 대화 상자 객체 간의 데이터 이동 방향이 결정되고 DDX가 진행된다.

```
BOOL CWnd::UpdateData(BOOL bSaveAndValidate)
{
    …
    CDataExchange dx(this, bSaveAndValidate);
    DoDataExchange(&dx);
    …
}
```

MFC 응용 프로그램에서 DDX를 사용하기 위한 절차는 다음과 같다. 둘 다 비주얼 C++에서 자동으로 생성할 수 있으므로 코드를 직접 작성할 필요는 없다.

① 컨트롤의 값을 저장할 변수를 선언한다. 이를 값 변수Value Variable라 부른다.

② DoDataExchange() 함수를 자신의 프로그램에 맞게 재정의한다.

예를 들어 [그림 9-22]에서 DDX를 위해 비주얼 C++에서 자동으로 생성한 코드를 살펴보자. DoDataExchange() 함수에서 사용되는 DDX_*() 형태의 함수는 컨트롤과 변수 사이의 데이터 교환 작업을 처리해주는 MFC 전역 함수이다.

```
class CMyDialog : public CDialog
{
    ...
    CString m_str;
    int m_font;
};
```

```
void CMyDialog::DoDataExchange(CDataExchange* pDX)
{
    CDialog::DoDataExchange(pDX);
    DDX_Text(pDX, IDC_STR, m_str);
    DDX_CBIndex(pDX, IDC_FONT, m_font);
}
```

DDX와 더불어 종종 사용되는 DDV 기법도 알아두자. DDV Dialog Data Validation는 대화 상자의 컨트롤에 입력한 데이터의 타당성(텍스트 길이, 값의 범위, 날짜 범위 등)을 검사하는 기능을 제공한다. DDX와 마찬가지로 DoDataExchange() 함수에 DDV_*() 형태의 MFC 전역 함수만 추가하면 된다. 이 역시 비주얼 C++에서 자동으로 생성할 수 있으므로 코드를 직접 작성할 필요는 없다.

예를 들면, 다음 코드는 DDV 기법을 이용하여 IDC_STR 에디트 컨트롤에 입력할 수 있는 글자 수를 열 개로 제한한다.

```
void CMyDialog::DoDataExchange(CDataExchange* pDX)
{
    CDialog::DoDataExchange(pDX);
    DDX_Text(pDX, IDC_STR, m_str);
    DDV_MaxChars(pDX, m_str, 10);
    DDX_CBIndex(pDX, IDC_FONT, m_font);
}
```

실습 9-3 DDX/DDV 활용하기

앞에서 만든 ModalDialog2와 거의 동일한 프로그램을 DDX/DDV를 이용하여 작성해보자. 차이점이 있다면 입력할 수 있는 텍스트 길이를 열 글자로 제한한다는 점이다. 지면을 줄이고자 각 단계에서 ModalDialog2와 동일한 부분은 생략하면서 진행할 것이다.

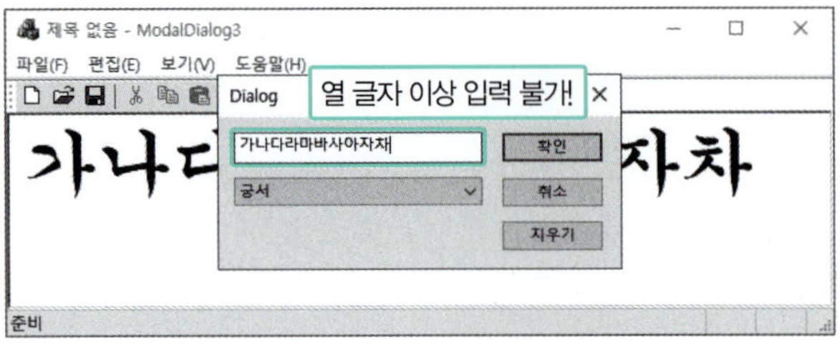

그림 9-23 실행 결과

❶~❹ ModalDialog2 실습의 ❶~❹단계와 동일하다. 다만 프로젝트 이름으로 "ModalDialog3"를 입력한다.

❺ '클래스 뷰'에서 CMyDialog 클래스를 선택한 상태로 속성 창을 열고, IDC_CLEAR 버튼의 BN_CLICKED 통지 메시지 핸들러를 추가한다. ModalDialog2 예제와 다르게 OnInitDialog()와 OnOK() 함수는 만들지 않는다. DDX가 OnInitDialog()와 OnOK() 함수의 핵심 기능을 대신할 수 있기 때문이다.

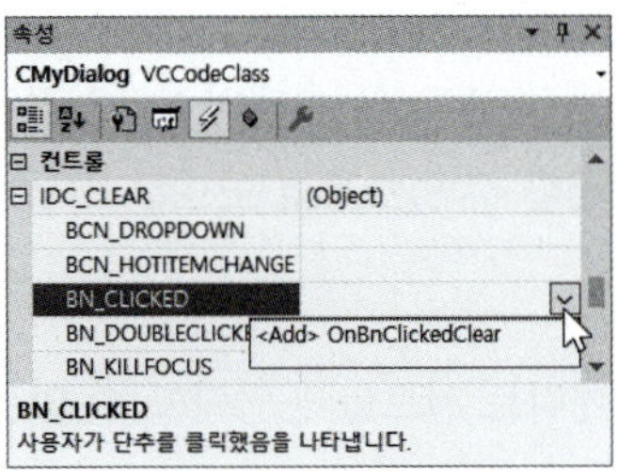

그림 9-24 통지 메시지 핸들러 추가

❻ ModalDialog2 예제의 ❼단계와 동일하다.

❼ 대화 상자 디자인 화면의 에디트 컨트롤(IDC_STR)에서 마우스 오른쪽 버튼을 클릭하여 [변수 추가...] 메뉴를 실행한다. '범주'를 '값'으로 변경하고, '이름'으로 "m_str"을 입력한다. 또한 '기타' 설정에서 '최대 문자 수'로 "10"을 입력한 후 〈마침〉을 클릭한다. 이렇게 하면 에디트 컨트롤에 입력된 데이터는 m_str 변수에 자동으로 유지되고 최대 열 글자까지만 입력할 수 있다.

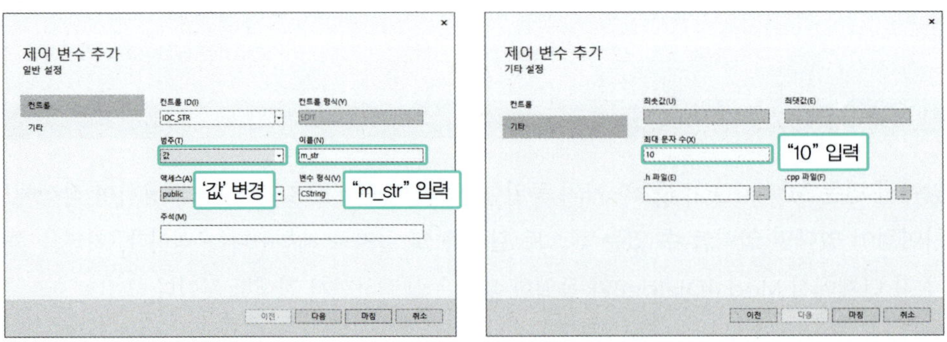

그림 9-25 DDX/DDV 기능 추가

8 마찬가지 방식으로 콤보 박스 컨트롤(IDC_FONT)에 대해서도 변수를 생성한다. '범주'를 '값'으로 변경하고, '변수 형식'은 "int", '이름'은 "m_font"를 입력한 후 〈마침〉을 클릭한다.

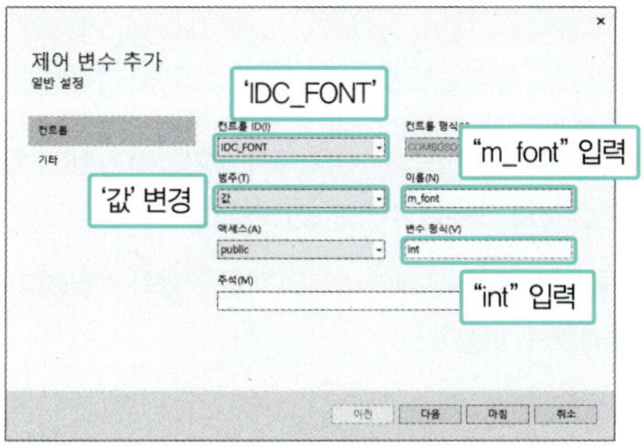

그림 9-26 DDX/DDV 기능 추가

참고 이와 같이 '범주'를 '값'으로 설정해서 만든 변수를 값 변수Value Variable라 부른다. 8장에서 사용했던 컨트롤 변수Control Variable는 내부에 컨트롤의 윈도우 핸들을 저장하고 있어서 컨트롤을 다양한 방식으로 제어하는 목적으로 사용된다. 반면, 값 변수는 컨트롤의 값을 저장하는 목적으로 사용된다. DDX에서는 컨트롤 변수가 아닌 값 변수를 사용한다.

9~**12** ModalDialog2 예제의 **10**~**13**단계와 동일하다.

현장 팁 **빠른 개발(3) 레퍼런스 활용 기법**

개발 속도를 높이기 위해 C++ 고유 특징 중 하나인 레퍼런스reference를 사용할 수 있다. 예를 들어 다음과 같이 멤버 변수를 두 개 사용했다고 하자.

```
class CMyView : public CView
{
    …
private:
    int m_font;
    CString m_str;
};
```

그런데 개발하다 보면 대화 상자를 띄워 멤버 변수를 변경하는 경우가 발생한다. 이 경우 두 멤버 변수를 사용하는 소스 코드를 새로 추가된 사항에 맞춰 일일이 변경해야 한다. 이 과정은 시간이 많이 소요될 뿐만 아니라 코드가 복잡해져서 가독성 또한 떨어질 수 있다. 이때 레퍼런스를 사용하면 간단히 처리할 수 있다.

```
class CMyView : public CView
{
    …
private:
    CMyDialog m_dlg;
    int& m_font;
    CString& m_str;
};

CMyView::CMyView
    : CView(...)
    , m_font(m_dlg.m_font)
```

```
    , m_str(m_dlg.m_str)
{
}
```

레퍼런스는 선언과 동시에 초기화해야 하므로, 멤버 변수로 사용할 때는 반드시 생성자에서 초기화해야 한다. 일단 레퍼런스를 통해 클래스 객체 변수와 멤버 변수가 연결되면, 기존 소스 코드는 수정할 필요가 없다.

이제 대화 상자 측면에서 좀 더 생각해 보자. 대화 상자와 대화 상자 객체 간 데이터는 DDX로 자동화 처리했다. 그러면 다음과 같이 대화 상자 객체와 뷰 객체 간 데이터는 자동화할 수 없을까?

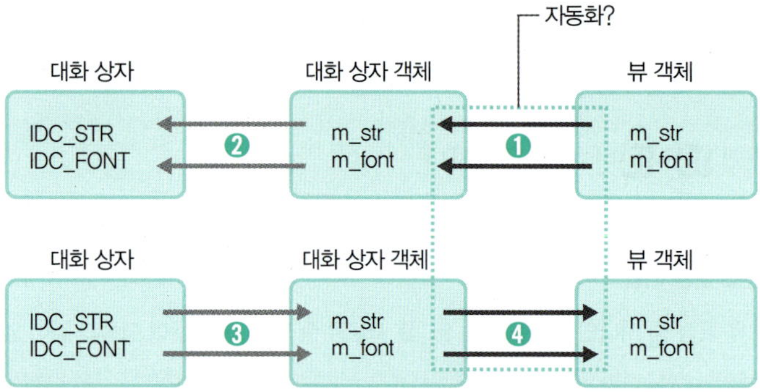

▲ DDX

대화 상자 객체와 뷰 객체 간 데이터 자동화를 위해 레퍼런스를 사용할 수 있다. 단순히 이전 예처럼 뷰 클래스에 대화 상자 객체를 멤버로 넣고 다른 멤버 변수와 연결시키면 된다. 대화 상자 클래스는 OnOK() 함수에서만 UpdateData(TRUE) 함수가 호출되기 때문에, 취소한 경우에는 변경된 데이터를 반영하지 않는다. 따라서 대화 상자 클래스에서 특별히 UpdateData(TRUE) 함수를 호출하지 않는 한, 잘못된 데이터 전달에 대해 신경 쓸 필요도 없다. 이런 과정을 통해 다음과 같이 관계 간 데이터는 자동으로 교환된다.

대화 상자 ↔ 대화 상자 객체 ↔ 뷰 객체

▲ 데이터 자동 교환

또한, 도큐먼트/뷰 구조를 생각해 보면, 실제 데이터는 도큐먼트 객체에 있고 대화 상자 등으로 화면에 보여주는 곳은 뷰 객체이다. 대화 상자 객체를 도큐먼트 객체까지 전달하기 위해 뷰 객체 멤버 변수를 레퍼런스로 도큐먼트 객체 변수와 연결하거나 뷰 객체와 대화 상자 객체를 바로 연결시킬 수도 있다. 따라서 다음과 같이 관계를 확장시킬 수 있다.

대화 상자 ↔ 대화 상자 객체 ↔ 뷰 객체 ↔ 도큐먼트 객체

▲ 확장형 데이터 자동 교환

단, 주의할 사항은 '도큐먼트/뷰 구조에서 데이터가 변경되면 도큐먼트 객체에 대한 SetModifiedFlag() 함수를 호출해야 한다'는 원칙이다. 따라서 레퍼런스로 자동화하더라도 SetModifiedFlag() 함수를 호출하는 부분은 따로 처리해야 한다.

03 비모드형 대화 상자

비모드형 대화 상자를 작성할 때는 다음 사항에 주의해야 한다.

- CDialog::DoModal() 대신 CDialog::Create() 함수를 이용하여 생성한다.
- 대화 상자를 닫을 때 CDialog::EndDialog() 대신 CWnd::DestroyWindow() 함수를 사용한다.
- 모드형 대화 상자 객체는 대개 스택에 생성하지만 비모드형 대화 상자 객체는 힙에 생성한다. 스택에 생성할 경우 변수 선언 영역을 벗어나면 소멸자Destructor가 호출되어 대화 상자가 자동으로 파괴되므로 비모드형 대화 상자를 계속 유지할 수 없기 때문이다.

MFC에서 비모드형 대화 상자를 작성하는 표준 방법이 없기 때문에 위 규칙을 참조하되 약간의 융통성을 발휘해야 한다. 실습을 통해 비모드형 대화 상자를 작성하는 방법을 익혀보자.

실습 9-4 비모드형 대화 상자 활용하기

ModalDialog3 예제와 비슷한 프로그램을 비모드형 대화 상자를 사용하여 작성한다. 비모드형 대화 상자이므로 대화 상자가 열린 상태에서도 다른 작업을 할 수 있다. 예를 들면 [도움말]-[ModelessDialog 정보...] 메뉴를 선택하여 다른 대화 상자를 열 수 있다.

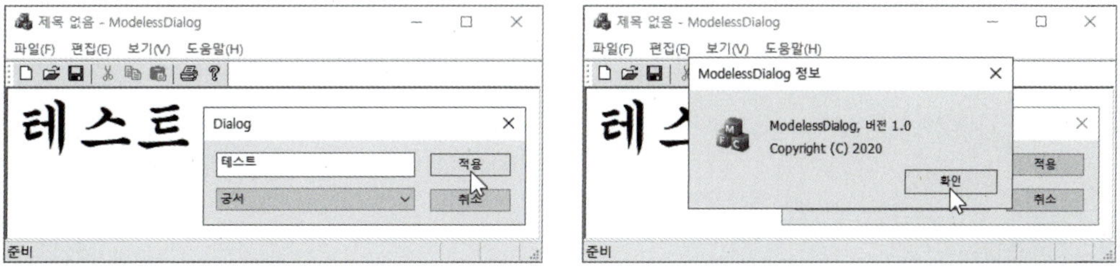

그림 9-27 실행 결과

1 응용 프로그램 마법사를 이용하여 ModelessDialog 프로젝트를 만든다. 생성 옵션은 7장의 FileIoTest 프로그램과 동일하다.

❷ '리소스 뷰'로 전환한 후 [프로젝트]-[리소스 추가...] 메뉴를 선택하여 대화 상자 리소스를 추가한다. 대화 상자 ID는 자동으로 할당되는 IDD_DIALOG1을 그대로 사용한다.

❸ 대화 상자에 에디트 컨트롤(❶), 콤보 박스 컨트롤(❷)을 추가하되, 〈확인〉과 〈취소〉 버튼은 삭제하지 않고 속성만 변경하여 재활용한다. 표를 참고하여 대화 상자 자체와 컨트롤의 속성을 변경한 후, [서식]-[탭 순서] 메뉴를 이용하여 그림에 표시된 번호대로 탭 순서를 설정한다.

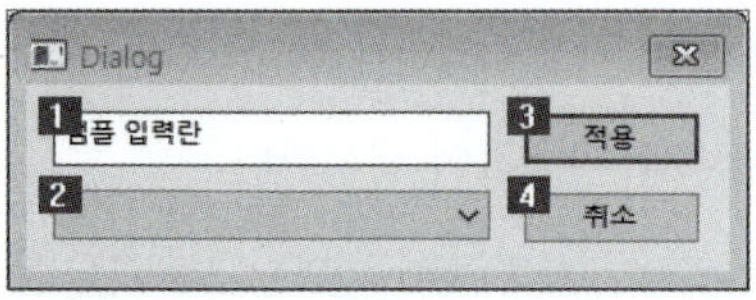

탭 순서	ID	변경 사항
없음	IDD_DIALOG1(대화 상자 자체)	'X Pos'와 'Y Pos'에 각각 30을 입력한다.
❶	IDC_STR	없음
❷	IDC_FONT	'Data'에 "굴림;궁서;바탕"을 입력한다. 'Type'을 Drop List로, 'Sort'를 False로 변경한다.
❸	IDAPPLY(원래 IDOK임)	'Caption'을 "적용"으로 변경한다.
❹	IDCANCEL	없음

그림 9-28 대화 상자 디자인과 컨트롤 속성 설정

❹ ModalDialog2 예제의 ❹단계와 동일하게 대화 상자 클래스 CMyDialog를 생성한다.

❺ ModalDialog3 예제의 ❼단계와 동일하게 에디트 컨트롤(IDC_STR)과 콤보 박스 컨트롤(IDC_FONT)에 대해 각각 m_str, m_font 이름으로 값 변수Value Variable를 생성한다.

❻ 뷰 클래스와 대화 상자 클래스의 헤더 파일에 각각 다음과 같은 코드를 추가한다. m_pDlg는 뷰 객체가 대화 상자 객체를 참조할 때, m_pView는 대화 상자 객체가 뷰 객체를 참조할 때 사용한다([그림 9-29]).

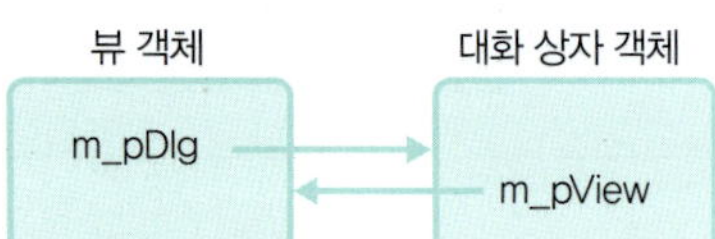

그림 9-29 객체 간의 상호 참조

ModelessDialogView.h

```
class CMyDialog; // 참조할 클래스 선언

class CModelessDialogView : public CView
{
protected: // serialization에서만 만들어집니다.
    CModelessDialogView();
    DECLARE_DYNCREATE(CModelessDialogView)

// 특성입니다.
public:
    CModelessDialogDoc* GetDocument() const;
    CMyDialog *m_pDlg; // 대화 상자 객체의 주소 저장
    CString m_str;
    int m_font;
```

MyDialog.h

```
class CModelessDialogView; // 참조할 클래스 선언

class CMyDialog : public CDialog
{
...
public:
    CModelessDialogView* m_pView; // 뷰 객체의 주소 저장
    CString m_str;
    int m_font;
};
```

참고 CMyDialog 클래스의 멤버 변수인 m_str, m_font는 5단계에서 DDX/DDV를 위해 자동 생성한 것이다. CModelessDialogView 클래스에 새로 추가한 m_str, m_font 변수와 혼동하지 말자.

뷰 클래스와 대화 상자 클래스의 구현 파일에 각각 다음과 같은 코드를 추가하고 컴파일, 링크가 성공적으로 이루어지는지 확인한다.

ModelessDialogView.cpp

```
...
#include "ModelessDialogDoc.h"
#include "ModelessDialogView.h"
#include "CMyDialog.h"
```

MyDialog.cpp

```
...
#include "CMyDialog.h"
#include "afxdialogex.h"
#include "ModelessDialogDoc.h"
#include "ModelessDialogView.h"
```

7 뷰 클래스의 생성자에 멤버 변수를 초기화하는 코드를 작성한다.

```
CModelessDialogView::CModelessDialogView()
{
    m_pDlg = NULL;
    m_str = _T("");
    m_font = 0;
}
```

8 뷰 클래스에 WM_LBUTTONDOWN 메시지 핸들러를 추가한 후 다음과 같은 코드를 작성한다. 대화 상자가 이미 존재하면(m_pDlg != NULL) 대화 상자를 추가로 생성하는 것은 바람직하지 않으므로 CWnd::SetFocus() 함수를 이용하여 키보드 포커스만 대화 상자로 옮긴다. 새로운 대화 상자를 생성해야 할 상황이면 new 연산자로 대화 상자 객체를 동적으로 생성한 후 멤버 변수를 초기화하고 CDialog::Create() 함수를 호출한다. 마지막으로 CWnd::ShowWindow() 함수를 호출하여 대화 상자를 화면에 나타낸다.

```
void CModelessDialogView::OnLButtonDown(UINT nFlags, CPoint point)
{
    if (m_pDlg != NULL)
        m_pDlg->SetFocus(); // 키보드 포커스를 대화 상자로 옮긴다.
    else {
        m_pDlg = new CMyDialog(); // 대화 상자 객체를 생성한다.
        m_pDlg->m_pView = this; // 뷰 객체의 주소를 넘겨준다.
        m_pDlg->m_str = m_str; // IDC_STR 컨트롤의 초기 값
        m_pDlg->m_font = m_font; // IDC_FONT 컨트롤의 초기 값
        m_pDlg->Create(IDD_DIALOG1); // 대화 상자를 생성한다.
        m_pDlg->ShowWindow(SW_SHOW); // 대화 상자가 나타낸다.
    }
}
```

9 뷰 클래스의 OnDraw() 함수에 출력 코드를 작성한다. 뷰 클래스에서 유지하는 m_font 값에 따라 폰트를 선택하고, m_str에 저장된 텍스트를 화면에 출력한다. 함수 인자가 초기에 주석 처리되어 있으므로 주석을 제거하는 것을 잊지 않도록 하자.

```
void CModelessDialogView::OnDraw(CDC* pDC)
{
    CModelessDialogDoc* pDoc = GetDocument();
    ASSERT_VALID(pDoc);
    if (!pDoc)
        return;

    CFont font;
    CString fontname;

    if(m_font == 0) fontname = _T("굴림");
    else if(m_font == 1) fontname = _T("궁서");
    else if(m_font == 2) fontname = _T("바탕");
    font.CreatePointFont(400, fontname);

    pDC->SelectObject(&font);
    pDC->TextOut(10, 10, m_str);
}
```

10 대화 상자 클래스에 IDAPPLY 버튼에 대한 BN_CLICKED 핸들러와 가상 함수 OnCancel()을 추가하고([그림 9-30]) 다음 코드를 작성한다. OnBnClickedApply() 함수에서 UpdateData() 함수를 호출하여 DDX를 직접 동작시킨다는 점과 OnCancel() 함수에서 대화 상자를 파괴한다는 점에 주목하자. 또한 OnCancel() 함수에서 베이스 클래스 함수인 CDialog::OnCancel()을 호출하지 않도록 주의해야 한다.

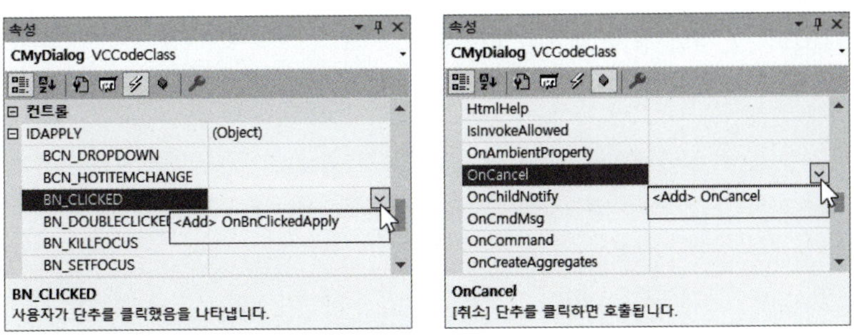

그림 9-30 통지 메시지 핸들러와 가상 함수 추가

```
void CMyDialog::OnBnClickedApply()
{
    UpdateData(TRUE); // DDX를 직접 동작시킨다.
    m_pView->m_str = m_str;
    m_pView->m_font = m_font;
    m_pView->Invalidate(); // WM_PAINT 메시지 발생 → OnDraw() 함수 실행
}

void CMyDialog::OnCancel()
{
    DestroyWindow(); // 대화 상자를 파괴한다.
}
```

11 대화 상자 클래스에 가상 함수 PostNcDestroy()를 추가한다. CWnd::PostNcDestroy()는 윈도우가 파괴될 때 마지막으로 호출되는 가상 함수이므로 동적으로 생성된 대화 상자 객체를 정리하기에 적당한 위치이다. 가상 함수 PostNcDestroy()에 대화 상자 객체를 정리하는 코드를 작성한다.

우선 뷰 객체가 대화 상자 객체를 가리키는 포인터 m_pDlg에 NULL을 대입함으로써 이후에 사용자가 대화 상자를 다시 요청하면 새로 대화 상자 객체를 만들게 한다. 다음으로 delete 연산자로 대화 상자 객체 자신에게 할당된 메모리를 해제한다. 즉, 이 프로그램은 대화 상자 객체의 생성은 뷰에서 담당하지만 대화 상자 객체의 파괴는 대화 상자 스스로 한다고 볼 수 있다. CDialog::PostNcDestroy() 함수는 실제로 하는 일이 없으므로 삭제해도 상관없다.

```
void CMyDialog::PostNcDestroy()
{
    m_pView->m_pDlg = NULL;
    delete this; // 대화 상자 객체를 파괴한다.
    CDialog::PostNcDestroy();
}
```

현장 팁 **delete와 delete[] 연산자**

delete 대신 delete[] 연산자를 사용한 코드를 보는 경우가 있다. 두 연산자 차이를 무시하고 지나가는 개발자가 많다. 하지만 이를 무시하면 메모리 누수가 발생할 수도 있다. 다음 코드를 살펴보자.

```
CString *pStr = new CString;
delete pStr;
```

위 코드가 일반적으로 사용하는 올바른 코드이다. 다음 코드를 살펴보자.

```
CString *pStr = new CString[N];
delete pStr; // 메모리 누수 발생
```

위 코드는 올바른 코드일까? delete 연산자는 배열을 삭제하는 것이 아니라 CString 객체 하나만 소멸시킨다. 따라서 메모리 누수가 발생한다. 이때는 다음과 같이 delete[] 연산자를 사용해야 한다.

```
delete[] pStr; // 올바른 메모리 삭제
```

사실 CString 배열 자체에 대한 메모리 누수보다 더 심각한 문제가 있다. 바로 CString 클래스 객체별 생성자는 모두 호출된 반면, 소멸자가 전혀 호출되지 않았다는 점이다. 따라서 클래스 내부에서 할당된 메모리나 리소스가 해제되지 않아 문제가 발생한다. 자신이 직접 작성한 클래스를 사용하다 보면 이 같은 심각성을 잘 인지할 수 있다. 단, C/C++의 기본 자료형일 경우 둘 사이에 구분이 없다. 왜냐하면, C/C++의 기본 자료형에는 소멸자가 존재하지 않아 delete 연산자가 혼동할 여지가 없기 때문이다.

```
TCHAR *psz = new TCHAR;
delete psz;
TCHAR *psz = new TCHAR[N];
delete[] psz;
```

하지만 일관성을 위해 배열로 할당한 것은 delete[] 연산자를, 그렇지 않은 것은 delete 연산자를 사용하는 습관을 들이자. 실수로 인한 오류를 크게 줄일 수 있다.

04 대화 상자 기반 응용 프로그램

대화 상자 기반 응용 프로그램은 대화 상자가 메인 윈도우 역할을 하는 응용 프로그램을 말한다. [그림 9-31]은 윈도우 7/8.1에 내장된 대화 상자 기반 응용 프로그램인 계산기이다. 대화 상자 역시 윈도우이므로 메뉴를 가질 수 있고 다양한 윈도우 스타일을 지정할 수 있다.

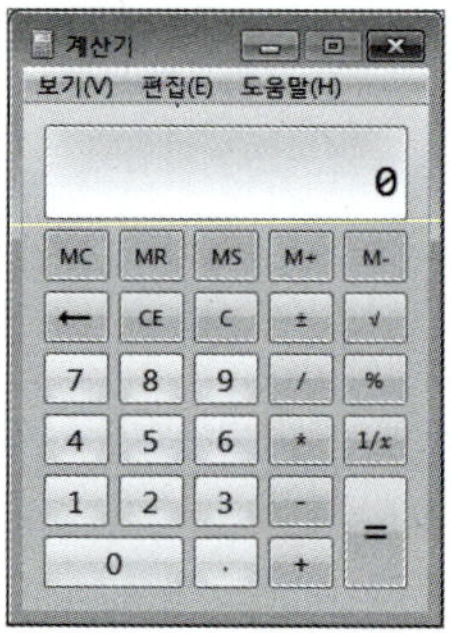

그림 9-31 대화 상자 기반 응용 프로그램의 예

응용 프로그램 마법사로 프로젝트를 생성할 때 [그림 9-32]와 같이 '대화 상자 기반'을 선택하면 대화 상자 기반 응용 프로그램을 작성할 수 있다. MFC로 대화 상자 기반 응용 프로그램을 작성하면 일반 윈도우에 비해 화면을 디자인하기 쉽고, DDX/DDV를 적용할 수 있어 코딩이 간편해지는 장점이 있다.

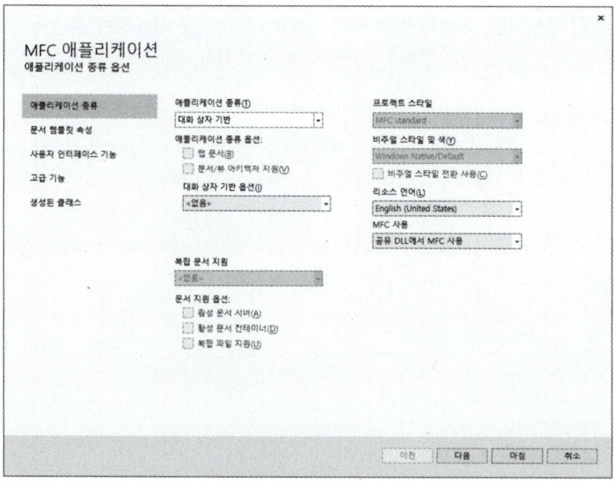

그림 9-32 응용 프로그램 마법사 1단계

응용 프로그램 마법사로 생성한 대화 상자 기반 프로젝트는 응용 프로그램 클래스와 대화 상자 클래스로 구성되며, 프레임 윈도우/뷰/도큐먼트 클래스는 존재하지 않는다.

대화 상자 기반 응용 프로그램의 핵심적인 동작은 응용 프로그램 클래스의 InitInstance() 함수에 구현되어 있다. 다음 코드에서 보는 바와 같이 프로그램이 시작되면 곧바로 모드형 대화 상자를 생성하여 메인 윈도우 역할을 하게 한다. 사용자가 대화 상자를 이용하여 작업을 끝내고 대화 상자를 닫으면 DoModal() 함수의 리턴 값에 따라 적절히 처리한 후 InitInstance() 함수에서 FALSE를 리턴함으로써 응용 프로그램이 종료된다. 즉, 대화 상자의 종료가 곧 응용 프로그램의 종료로 연결된다는 특징이 있다.

```
BOOL CDialogBaseApp::InitInstance()
{
    ...
    CDialogBaseDlg dlg; // 대화 상자 객체를 생성한다.
    m_pMainWnd = &dlg; // 대화 상자 객체의 주소를 저장해둔다.
    INT_PTR nResponse = dlg.DoModal(); // 모드형 대화 상자를 생성한다.
    if (nResponse == IDOK)
    {
        // <확인> 버튼을 누른 경우를 처리한다.
    }
    else if (nResponse == IDCANCEL)
    {
        // <취소> 버튼을 누른 경우를 처리한다.
    }
    ...
    return FALSE; // 응용 프로그램을 종료한다.
}
```

실습 9-5 대화 상자 기반 응용 프로그램 만들기

숫자 범위를 나타내는 정수 값 두 개와 개수를 나타내는 정수 값 한 개를 입력받아 난수를 생성하여 출력하는 프로그램을 대화 상자 기반으로 작성해보자. 만약 1~45 범위의 난수 여섯 개를 생성하게 하면 로또 번호 생성기가 될 수 있다. DDV 기능을 이용하여 에디트 컨트롤에 입력하는 숫자를 1~99 범위로 제한하므로 범위를 벗어나면 자동으로 오류를 알려준다.

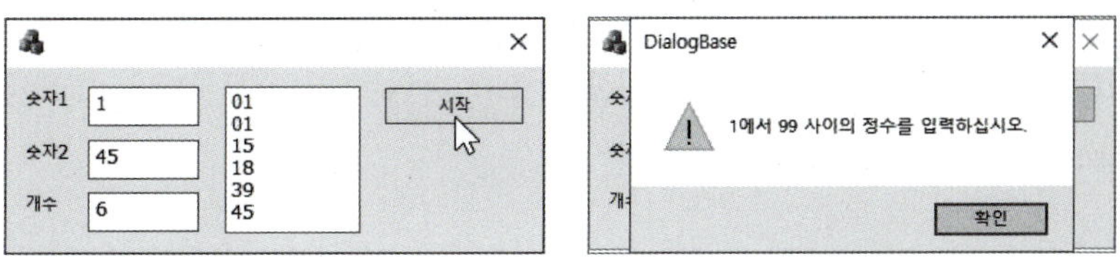

그림 9-33 실행 결과

❶ [표 9-1]을 참고하여 응용 프로그램 마법사로 DialogBase 프로젝트를 만든다.

표 9-1 응용 프로그램 마법사 단계별 변경 사항

응용 프로그램 마법사 단계	변경 사항
애플리케이션 종류	'애플리케이션 종류'로 '대화 상자 기반' 선택
문서 템플릿 속성	없음
사용자 인터페이스 기능	없음
고급 기능	'공용 컨트롤 매니페스트'를 제외한 모든 옵션 해제
생성된 클래스	없음

❷ '리소스 뷰'로 전환하여 IDD_DIALOGBASE_DIALOG 대화 상자 리소스를 열고 기존 컨트롤을 모두 지운 후 다음과 같이 디자인한다. 탭 순서 ❶은 버튼 컨트롤, ❷~❹는 에디트 컨트롤, ❺는 리스트 박스 컨트롤, ❻~❽은 스태틱 텍스트 컨트롤이다. 표를 참고하여 각 컨트롤의 속성을 설정한다.

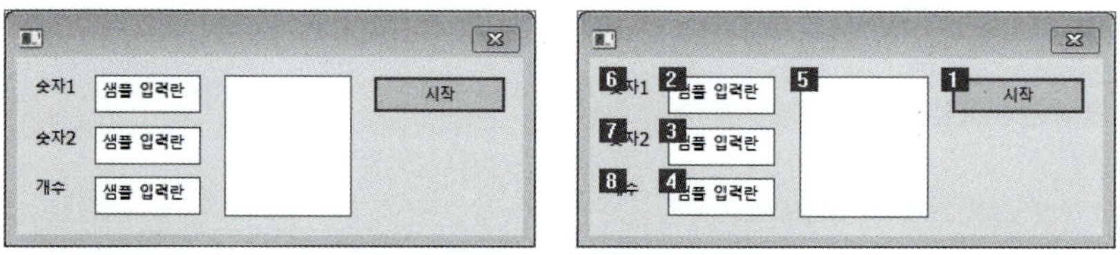

탭 순서	ID	변경 사항
❶	IDC_START	'Caption'을 "시작"으로, 'Default button'을 True로 변경한다.
❷	IDC_EDIT1	없음
❸	IDC_EDIT2	없음
❹	IDC_EDIT3	없음
❺	IDC_LIST1	없음
❻	IDC_STATIC	'Caption'을 "숫자1"로 변경한다.
❼	IDC_STATIC	'Caption'을 "숫자2"로 변경한다.
❽	IDC_STATIC	'Caption'을 "개수"로 변경한다.

그림 9-34 대화 상자 디자인과 컨트롤 속성 설정

❸ [표 9-2]를 참고하여 에디트 컨트롤과 리스트 박스 컨트롤에 대응하는 변수를 생성한다. 값 변수 생성 시 최솟값과 최댓값을 입력해두면, 실행 중에 범위를 벗어나는 값을 입력할 경우 DDV가 동작하여 자동으로 오류를 알려준다.

표 9-2 컨트롤 변수 생성

컨트롤 ID	범주	변수 형식	이름	'기타' 설정
IDC_EDIT1	값	int	m_num1	최솟값 1, 최댓값 99
IDC_EDIT2	값	int	m_num2	최솟값 1, 최댓값 99
IDC_EDIT3	값	int	m_count	최솟값 1, 최댓값 99
IDC_LIST1	컨트롤(변경 없음)	CListBox(변경 없음)	m_list	변경 없음

4 대화 상자 클래스 생성자를 찾아보면 멤버 변수 초기 값이 모두 0으로 설정되어 있다. 간편한 테스트를 위해 로또 번호를 자동으로 생성할 수 있는 초기 값을 줘보자.

```
CDialogBaseDlg::CDialogBaseDlg(CWnd* pParent /*=nullptr*/)
    : CDialogEx(IDD_DIALOGBASE_DIALOG, pParent)
    , m_num1(1)
    , m_num2(45)
    , m_count(6)
{
    m_hIcon = AfxGetApp()->LoadIcon(IDR_MAINFRAME);
}
```

5 대화 상자 클래스에 버튼 컨트롤 IDC_START의 BN_CLICKED 메시지 핸들러를 생성하고 다음 코드를 작성한다. 같은 숫자가 생성되는 경우를 특별하게 처리하지 않았는데, 이 부분은 각자 추가해보기 바란다.

```
void CDialogBaseDlg::OnBnClickedStart()
{
    if (UpdateData(TRUE) == 0) // DDX/DDV를 직접 동작시킨다.
        return; // 오류 발생 시 리턴한다.

    if (m_num1 >= m_num2) {
        MessageBox(_T("숫자1 >= 숫자2"), _T("오류!"), MB_ICONERROR);
        return;
    }

    m_list.ResetContent(); // 리스트 박스 내용을 지운다.
    srand((unsigned)time(NULL)); // 난수 발생기를 초기화한다.

    for (int i=0; i<m_count; i++) {
        CString str;
        str.Format(_T("%02d"), 1 + rand() % (m_num2 - m_num1 + 1));
        m_list.AddString(str); // 생성된 난수를 리스트 박스에 추가한다.
    }
}
```

05 공용 대화 상자

공용 대화 상자Common Dialog Box는 응용 프로그램에서 흔히 필요한 대화 상자를 윈도우 운영체제에서 제공하는 것이다. MFC는 윈도우 API에서 지원하는 공용 대화 상자 기능을 [그림 9-35]와 같은 클래스로 제공한다. 각 클래스의 용도는 [표 9-3]에 정리해 놓았다.

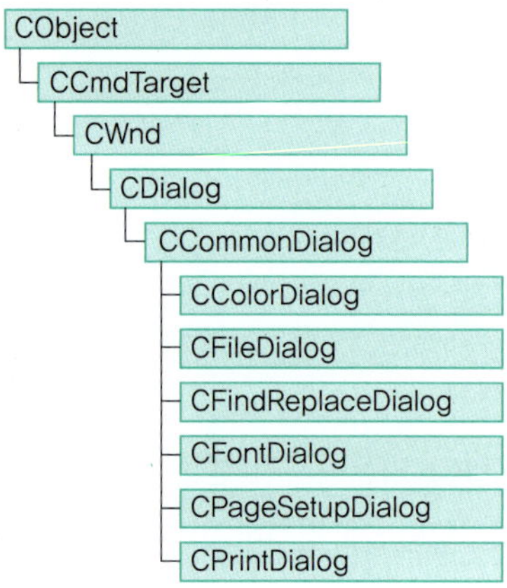

그림 9-35 MFC 클래스 계층도

표 9-3 MFC 공용 대화 상자 클래스

MFC 클래스	용도	API 함수
CColorDialog	색상 선택	ChooseColor()
CFileDialog	파일 열기 또는 저장	GetOpenFileName() GetSaveFileName()
CFindReplaceDialog	찾기 또는 바꾸기	FindText() ReplaceText()
CFontDialog	글꼴 선택	ChooseFont()
CPageSetupDialog	페이지 설정(페이지 크기, 방향, 여백 등)	PageSetupDlg()
CPrintDialog	인쇄 설정(프린터, 인쇄 범위 등)	PrintDlg()

클래스별로 대화 상자를 생성하는 코드와 대화 상자 형태를 살펴보면 다음과 같다.

1.1 CColorDialog

생성자의 첫 번째 인자에 색상 값을 주면 이 색상이 선택된 상태로 열리며, 두 번째 인자에 CC_FULLOPEN을 사용하면 가능한 모든 색상을 선택할 수 있도록 대화 상자가 펼쳐진다.

❶
```
CColorDialog dlg;
dlg.DoModal();
COLORREF color = dlg.GetColor(); // 사용자가 선택한 색상을 알아낸다.
```

❷
```
CColorDialog dlg(RGB(255, 0, 0), CC_FULLOPEN);
dlg.DoModal();
COLORREF color = dlg.GetColor(); // 사용자가 선택한 색상을 알아낸다.
```

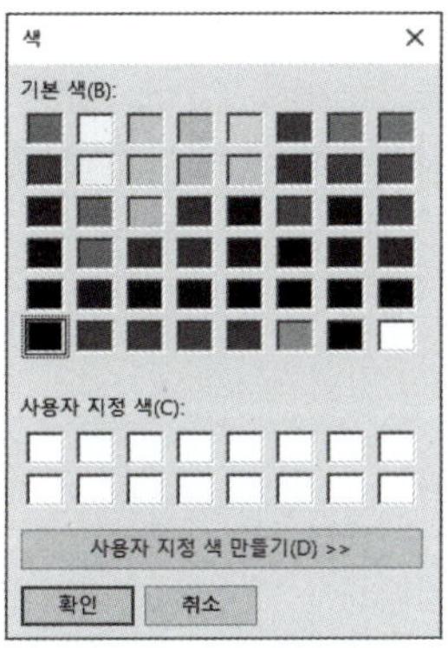

그림 9-36 ❶ 실행 결과

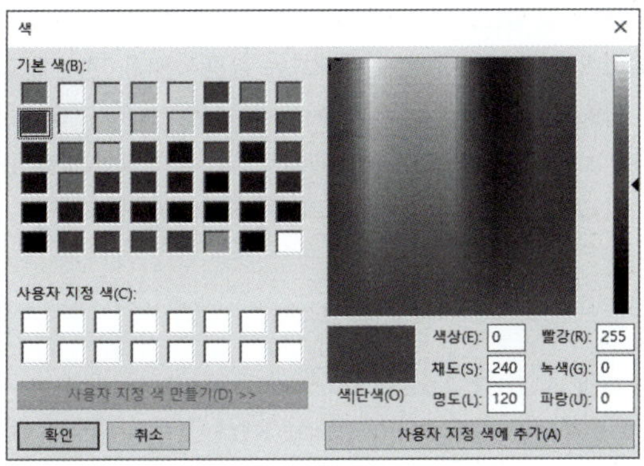

그림 9-37 ❷ 실행 결과

1.2 CFileDialog

생성자 인자가 TRUE이면 [열기] 대화 상자가, FALSE이면 [저장하기] 대화 상자가 열린다.

❶
```
CFileDialog dlg(TRUE);
if (dlg.DoModal() == IDOK)
    MessageBox(dlg.GetPathName());
```

❷
```
CFileDialog dlg(FALSE);
if (dlg.DoModal() == IDOK)
    MessageBox(dlg.GetPathName());
```

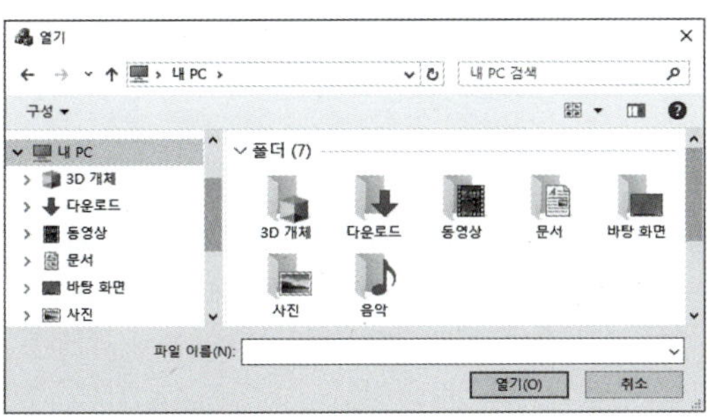

그림 9-38 ❶ 실행 결과

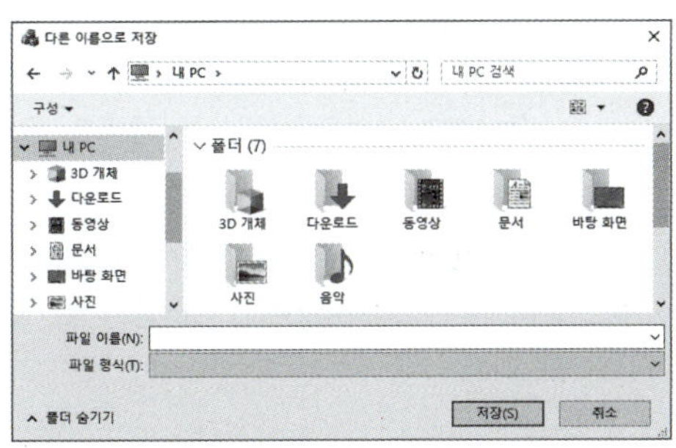

그림 9-39 ❷ 실행 결과

현장 팁 **파일 확장자 알아내기 : Shell Lightweight API**

파일 경로를 문자열로 받았는데 파일 확장자에 따라 분기해야 하는 경우가 있다. 도스 시절에는 파일명이 '8.3' 즉 파일명 8자, 확장자 3자 형태라 다음과 같이 마침표(.)를 기준으로 양쪽으로 나누면 간단히 확장자를 알아낼 수 있었다. 요즘도 이렇게 구현한 코드를 종종 볼 수 있다.

```
CString str(_T("test.txt"));
int nPos = str.ReverseFind(_T("."));
if (nPos > 0)
{
    CString strName = str.Left(nPos); // 파일명 (test)
    CString strExt = str.Mid(nPos); // 확장자 (.txt)
}
```

하지만 현재는 확장자가 3자일 필요도 없고 마침표도 반드시 하나만 쓸 필요도 없다. 따라서 앞선 코드가 오작동할지도 모른다는 불안감이 있다(불안감은 있지만 위 코드는 잘 동작한다). '뭔가 윈도우 쉘(shell)에서 제공하는 API가 있어서 정확하게 처리해 줄 수 있지 않을까?' 하는 의문을 가질 수 있다. 그 의문에 대한 해답을 'Shell Light-weight API'가 제공한다. 이 API는 윈도우 쉘과 관련된 경량 API 함수를 제공한다. ::PathFindFileName()과 ::PathFindExtension() API 함수를 사용하여 위 코드를 다시 쓰면 다음과 같다.

```
#include <shlwapi.h>

CString str(_T("C:\\Test\\test.txt"));      // 전체 경로 넣어도 동작
CString strFile = ::PathFindFileName(str); // 파일명1 (test.txt)
CString strExt = ::PathFindExtension(str); // 확장자 (.txt)
strFile.Replace(strExt, _T(""));           // 파일명2 (test)
```

Shell Lightweight API를 사용하기 위해서는 <shlwapi.h> 헤더 파일이 필요하다. Visual Studio 설명서를 통해 이 API가 제공하는 함수를 살펴보면 유용한 함수가 많다. 예를 들어 ::PathFileExists() 함수는 해당 경로에 파일이 존재하는지 확인하는 API 함수인데, CFile::GetStatus() 멤버 함수로 처리하는 과정을 다음과 같이 대치할 수 있다.

```
CString strPath(_T("C:\\Windows\\Notepad.exe") );

CFileStatus status;
BOOL bExist1 = CFile::GetStatus(strPath, status);
BOOL bExist2 = ::PathFileExists(strPath);
// bExist1 == bExist2: 두 결과는 동일
```

그 외 디렉토리 여부를 알려주는 ::PathIsDirectory() 함수, 주어진 전체 경로에서 파일명을 제거하고 경로만 리턴하는 ::PathRemoveFileSpec() 함수 등 유용한 함수가 많으니 한 번쯤 Visual Studio 설명서에서 둘러보고 적절히 활용하자.

1.3 CFindReplaceDialog

찾기나 바꾸기를 할 때 필요한 검색 내용과 옵션을 입력받는다. 실제로 찾거나 바꾸는 기능은 응용 프로그램이 구현해야 한다. 다른 대화 상자와 달리 비모드형으로 동작하므로 코딩이 간단하지 않다. 따라서 예제는 [실습 9-6]에서 따로 다룰 것이다. 대화 상자의 모양은 다음과 같다.

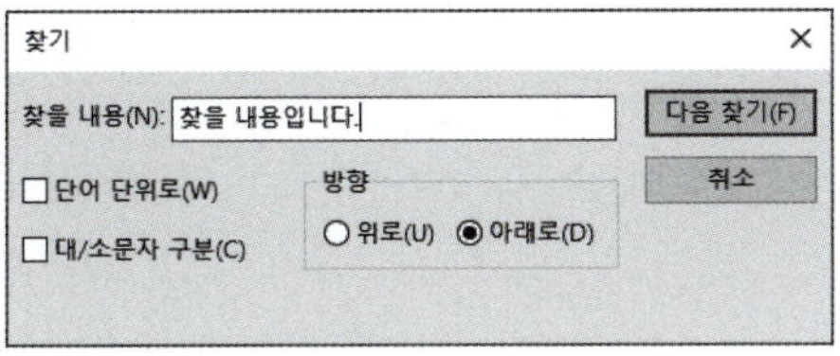

그림 9-40 [찾기] 대화 상자

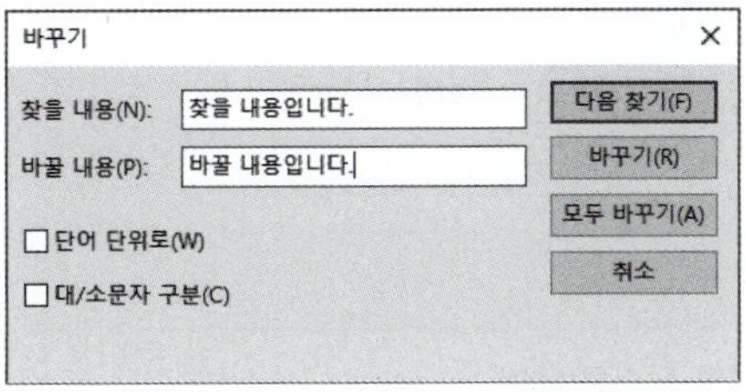

그림 9-41 [바꾸기] 대화 상자

1.4 CFontDialog

글꼴(폰트)의 종류와 속성을 입력받는다. 다음은 사용자가 선택한 글꼴을 이용하여 텍스트를 출력하는 코드이다.

```
CFontDialog dlg;
if (dlg.DoModal() == IDOK) {
    CClientDC dc(this);
    // 화면을 지운다.
    CRect rect;
    GetClientRect(&rect);
    dc.SelectStockObject(WHITE_PEN);
    dc.SelectStockObject(WHITE_BRUSH);
    dc.Rectangle(&rect);
    // 선택된 색상을 알아낸다.
    COLORREF color = dlg.GetColor();
    dc.SetTextColor(color);
    // 선택된 글꼴을 알아낸다.
    LOGFONT lf;
    dlg.GetCurrentFont(&lf);
    CFont font;
    font.CreateFontIndirect(&lf);
    dc.SelectObject(&font);
    // 텍스트를 출력한다.
    dc.TextOut(10, 10, CString(_T("한국어 & English")));
}
```

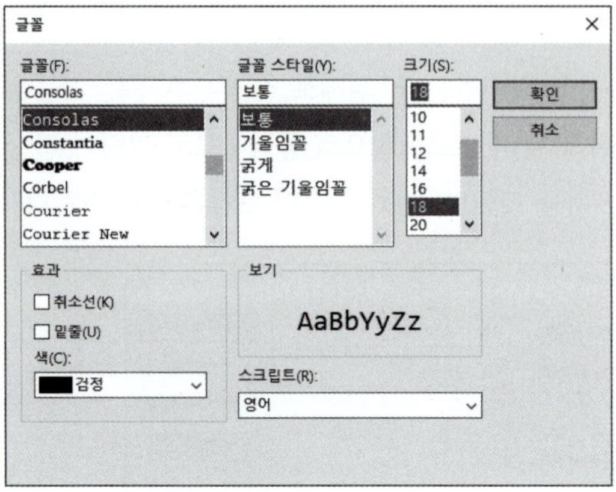

그림 9-42 [글꼴] 대화 상자

1.5 CPageSetupDialog

인쇄에 필요한 페이지 설정을 입력받는다.

```
CPageSetupDialog dlg;
dlg.DoModal();
```

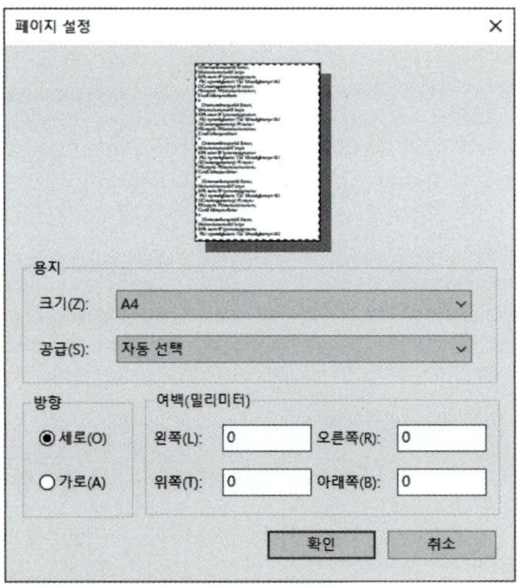

그림 9-43 [페이지 설정] 대화 상자

1.6 CPrintDialog

생성자 인자가 TRUE이면 [인쇄 설정] 대화 상자가 열리고, FALSE이면 [인쇄] 대화 상자가 열린다.

```
❶ CPrintDialog dlg(TRUE);
dlg.DoModal();
```

```
❷ CPrintDialog dlg(FALSE);
dlg.DoModal();
```

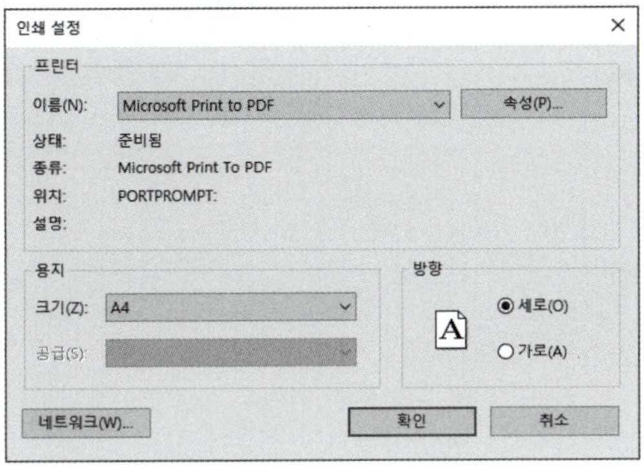

그림 9-44 ❶ 실행 결과

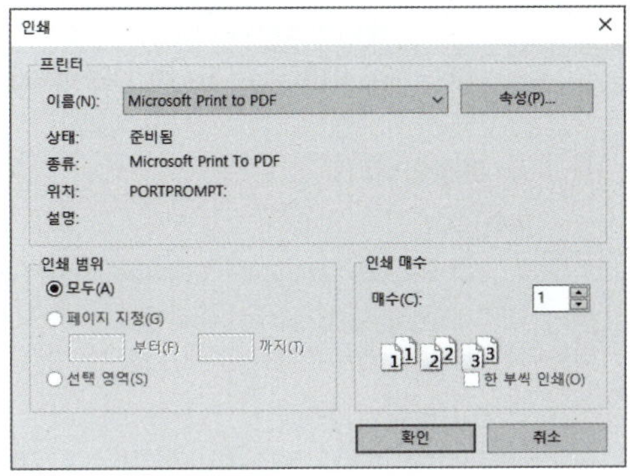

그림 9-45 ❷ 실행 결과

실습 9-6 찾기/바꾸기 대화 상자 만들기

[찾기]/[바꾸기] 대화 상자를 사용하는 응용 프로그램을 작성해보자. [그림 9-46]과 같이 〈다음 찾기〉를 클릭하면 찾을 문자열을, 〈바꾸기〉나 〈모두 바꾸기〉를 클릭하면 찾을 문자열과 바꿀 문자열을 화면에 표시한다. 비모드형으로 동작하므로 대화 상자가 열린 상태에서 메뉴를 선택하는 등의 다른 작업을 할 수도 있다. 이 실습은 프로그램 작성 방법에 중점을 두고 진행하며, 세부 동작 원리에 대한 이해는 개인 과제로 남겨둔다.

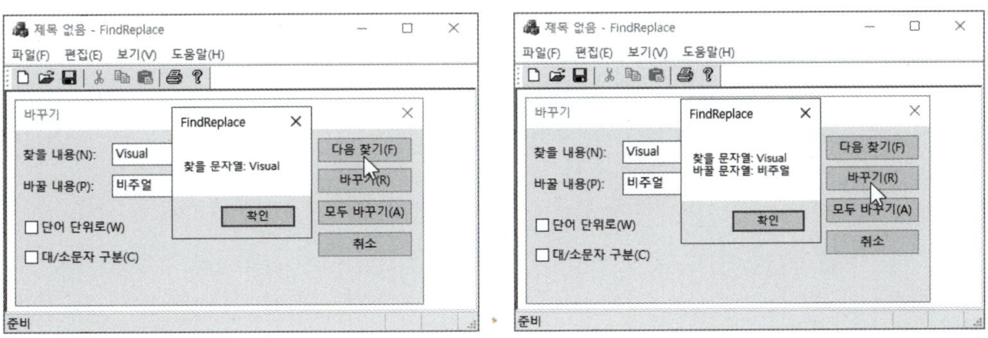

그림 9-46 실행 결과

1 응용 프로그램 마법사를 이용하여 FindReplace 프로젝트를 만든다. 생성 옵션은 7장의 FileIoTest 프로그램과 동일하다.

2 뷰 클래스 헤더 파일에 대화 상자 객체를 가리키는 포인터 변수를 추가한 후 생성자에서 NULL 값으로 초기화한다.

```
class CFindReplaceView : public CView
{
protected: // serialization에서만 만들어집니다.
    CFindReplaceView();
    DECLARE_DYNCREATE(CFindReplaceView)

// 특성입니다.
public:
    CFindReplaceDoc* GetDocument() const;
    CFindReplaceDialog* pDlg;
```

```
CFindReplaceView::CFindReplaceView()
{
    pDlg = NULL;
}
```

3 뷰 클래스에 WM_LBUTTONDOWN 메시지 핸들러를 추가한 후 대화 상자를 생성하거나 기존 대화 상자로 전환하는 코드를 작성한다. CFindReplaceDialog::Create() 함수의 첫 번째 인자로 FALSE를 전달했으므로 [바꾸기] 대화 상자가 만들어진다.

```
void CFindReplaceView::OnLButtonDown(UINT nFlags, CPoint point)
{
    if (pDlg != NULL)
        pDlg->SetFocus();
    else {
        pDlg = new CFindReplaceDialog();
        pDlg->Create(FALSE, _T(""), _T(""), FR_DOWN, this);
    }
}
```

4 '클래스 뷰'에서 CFindReplaceView 클래스를 선택한 상태로 마우스 오른쪽 버튼을 클릭하여 [추가]-[함수 추가...] 메뉴를 실행한다. [그림 9-47]을 참고하여 LRESULT OnFindReplaceCmd(WPARAM wParam, LPARAM lParam) 멤버 함수를 추가한다. 메시지 핸들러로 사용할 함수이므로 그림과 같이 '액세스'에서 'protected'를 선택하는 것을 권장한다. 〈확인〉을 클릭하면 CFindReplaceView::OnFindReplaceCmd() 함수가 만들어진다.

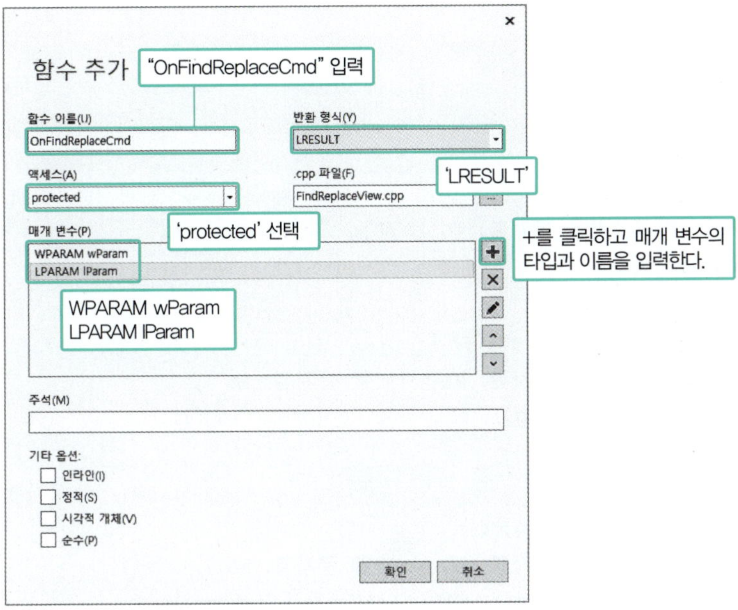

그림 9-47 멤버 함수 추가

5 뷰 클래스 구현 파일 상단에 다음 코드를 추가한다.

```
static UINT WM_FINDREPLACE = ::RegisterWindowMessage(FINDMSGSTRING);

IMPLEMENT_DYNCREATE(CFindReplaceView, CView)

BEGIN_MESSAGE_MAP(CFindReplaceView, CView)
    // 표준 인쇄 명령입니다.
    ON_COMMAND(ID_FILE_PRINT, &CView::OnFilePrint)
    ON_COMMAND(ID_FILE_PRINT_DIRECT, &CView::OnFilePrint)
    ON_COMMAND(ID_FILE_PRINT_PREVIEW, &CView::OnFilePrintPreview)
    ON_WM_LBUTTONDOWN()
    ON_REGISTERED_MESSAGE(WM_FINDREPLACE, OnFindReplaceCmd)
END_MESSAGE_MAP()
```

6 CFindReplaceView::OnFindReplaceCmd() 함수에 대화 상자 처리 코드를 작성한다.

```
LRESULT CFindReplaceView::OnFindReplaceCmd(WPARAM wParam, LPARAM lParam)
{
    CString str;

    if (pDlg->IsTerminating()) {
```

```
        pDlg = NULL;
        return 0;
    }
    else if (pDlg->FindNext()) {
        str.Format(_T("찾을 문자열: %s"), pDlg->GetFindString());
        MessageBox(str);
    }
    else if (pDlg->ReplaceCurrent()) {
        str.Format(_T("찾을 문자열: %s\n\r바꿀 문자열: %s"),
            pDlg->GetFindString(), pDlg->GetReplaceString());
        MessageBox(str);
    }
    else if (pDlg->ReplaceAll()) {
        str.Format(_T("찾을 문자열: %s\n\r바꿀 문자열: %s"),
            pDlg->GetFindString(), pDlg->GetReplaceString());
        MessageBox(str);
    }

    return 0;
}
```

현장의 목소리

HWND = HINSTANCE + WNDCLASS

윈도우 프로그래밍을 하다 보면 윈도우 핸들(이후 HWND)을 자주 본다(물론 MFC에서는 CWnd 클래스로 포장해 놓았다). 윈도우는 크고 작은 부모, 자식 윈도우로 구성되며, 각각 고유 핸들을 갖는다. 그리고 개발자는 핸들을 통해 윈도우를 관리하거나 소멸시킨다. 콘솔 프로그램에는 이런 개념이 없고, 단지 main() 함수로 시작하고 끝나는 인스턴스만 존재한다. 물론 윈도우에도 WinMain() 함수로 시작하고 끝나는 인스턴스가 있는데, 이 인스턴스도 고유 핸들(이후 HINSTANCE)로 관리된다. 정리하면 다음과 같다.

"콘솔 프로그램과 윈도우 프로그램 모두 메인 함수가 있고 메인 함수가 종료될 때까지 인스턴스가 유지된다. 다만 윈도우 프로그램은 윈도우를 띄운 후, 윈도우가 종료되기 전까지 인스턴스가 종료되지 않도록 '메시지 루프'를 돌린다."

그렇다면 윈도우 프로그래밍에서 윈도우를 생성할 때 등록하는 윈도우 클래스(이후 WNDCLASS)는 무엇인가? 모든 프로그램이 항상 이 일을 해야 하는가? 이 질문에 답하려면, 그리고 적어도 윈도우 운영체제에서 윈도우 프로그래밍을 하는 한, HWND, HINSTANCE, WNDCLASS 간 관계를 이해해야 한다.

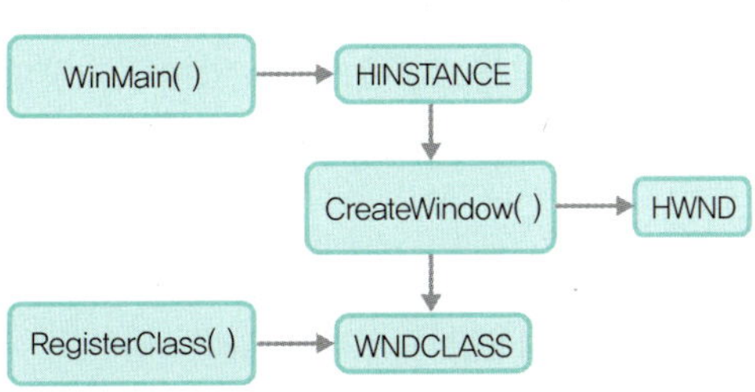

▲ HWND, HINSTANCE, WNDCLASS 관계

HINSTANCE는 ::WinMain() 함수 인자로 제공되고, WNDCLASS는 ::RegisterClass() API 함수가 리턴한다. 그리고 HINSTANCE와 WNDCLASS를 ::CreateWindow() API 함수에 입력하면, 비로소 HWND를 얻는다. 따라서 HINSTANCE와 WNDCLASS는 직접 관련은 없고 HWND에 대해 다음 등식이 성립한다.

```
HWND = HINSTANCE + WNDCLASS
```

등식을 반대로 해석하면, 'HWND를 알면 HINSTANCE와 WNDCLASS도 알 수 있다'가 된다. 이 내용을 스파이Spy++ 유틸리티를 통해 직접 확인해 보자. 스파이 유틸리티에서 [감시(S)]-[창(W)] 메뉴를 선택하면 시스템에 존재하는 윈도우 정보가 모두 표시된다. 여기서 트리 항목은 윈도우를, 트리 수준은 윈도우 레벨을 의미한다. 레벨이 가장 높은 윈도우는 바탕 화면 윈도우Desktop Window고 가장 아래인 바닥에 위치한다. 그리고 이 윈도우를 기준으로 하위 레벨 윈도우가 차례로 쌓인다. ::GetWindow()와 ::GetNextWindow() API 함수가 윈도우를 이렇게 열거하기 위해 제공된다.

트리 항목 중 하나를 더블 클릭하면 속성 페이지가 나타난다. [일반] 탭에서 '창 핸들' 항목을 통해 HWND를, '인스턴스 핸들' 항목을 통해 HINSTANCE를 확인할 수 있다. 그리고 [클래스] 탭에서 WNDCLASS에 대한 정보를 얻을 수 있다.

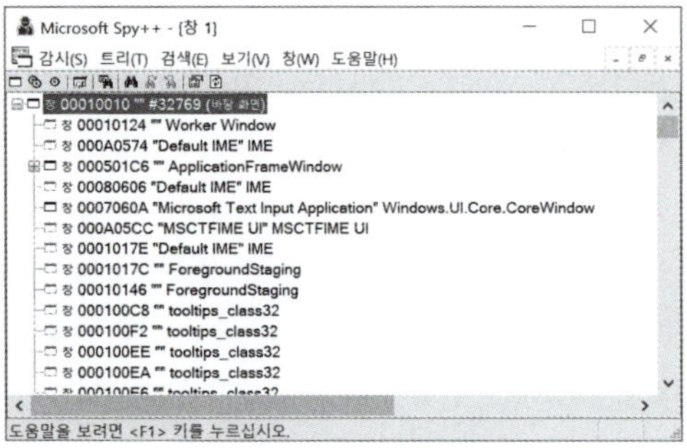

▲ 스파이 유틸리티를 통한 윈도우 목록 확인

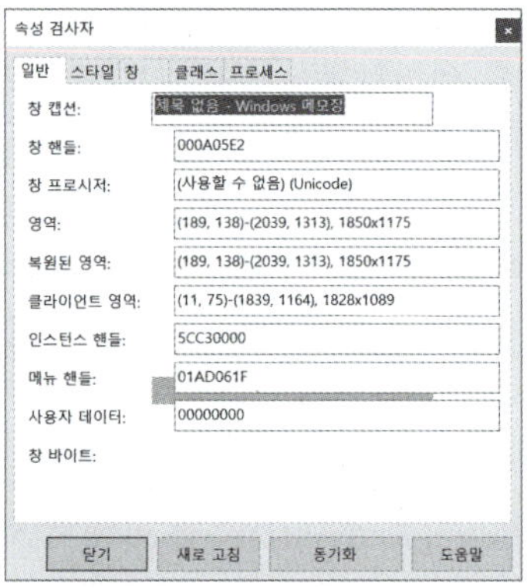

▲ 속성 페이지를 통한 HWND, HINSTANCE, WNDCLASS 정보 확인

이렇게 특정 윈도우, 즉 HWND를 지정함으로써 HINSTANCE와 WNDCLASS 정보를 확인할 수 있었다. Visual Studio 설명서를 통해 API 함수를 살펴보면, 다음과 같이 HWND로부터 HINSTANCE를 얻을 수 있는 ::GetWindowLong() API 함수를 발견할 수 있다.

```
// hWnd는 HWND 타입 변수로, 특정 윈
도우를 가리킨다.
HINSTANCE hInstance =
  ::GetWindowLong( hWnd,
  GWL_HINSTANCE );
```

그러나 WNDCLASS 정보는 HWND로부터 직접 못 얻고, 다음과 같이 ::GetClassName()과 ::GetClassInfo() API 함수를 연이어 거쳐야 한다(단, WNDCLASS 개별 정보만 얻거나 수정할 목적이라면, HWND만으로 ::GetClassLong()과 ::SetClassLong() API 함수를 사용할 수 있다).

```
// 클래스 이름 얻기
TCHAR szClassName[256];
::GetClassName( hWnd, szClassName,
  sizeof(szClassName) );
// 클래스 정보 얻기
WNDCLASS WndClass;
::GetClassInfo( hInstance,
  szClassName, WndClass );
```

이 내용을 주의 깊게 살펴보면, HWND에서 WNDCLASS 정보를 얻으려면 HINSTANCE를 경유함을 알 수 있다. 즉, 다음과 같이 정리된다.

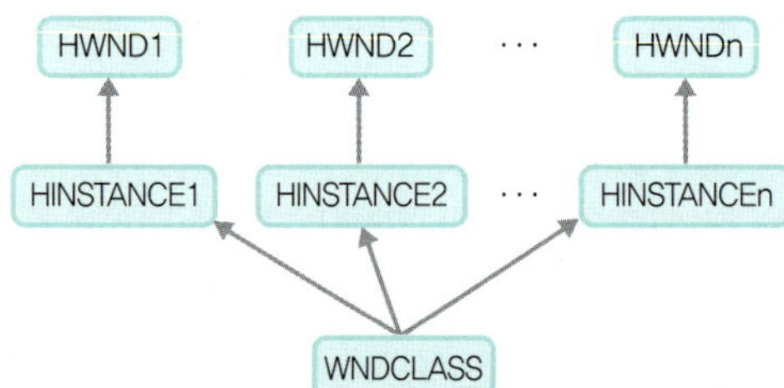

▲ WNDCLASS를 공유하는 HINSTANCE와 HWND

'WNDCLASS 정보는 HINSTANCE에 저장되고, 윈도우 클래스 이름만 HWND에 저장된다'고 기억하면 쉽다. 이는 WNDCLASS는 여러 개 인스턴스에서 사용할 수 있고, 여러 개 윈도우에서 공용으로 사용할 수 있다는 의미가 된다.

실제로 WNDCLASS를 공유하는 것을 예제를

통해 확인해 보자. 비주얼 C++ 프로젝트에서 IDD_ABOUTBOX 대화 상자 템플릿을 열어 보자. 그리고 대화 상자에 있는 〈확인〉 버튼을 스파이를 통해 확인해 보자. 다음과 같은 클래스 정보를 얻을 수 있다(단, 스파이 이후 실행한 윈도우는 F5를 사용하거나 [창(W)]–[새로 고침(R)] 메뉴를 선택하여 스파이를 갱신해야 한다).

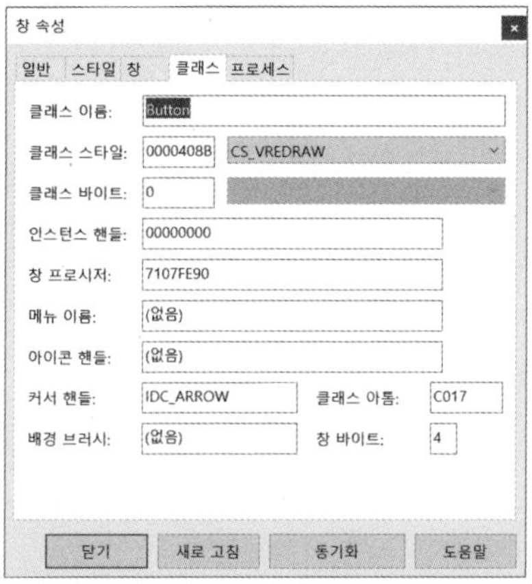

▲ 버튼 윈도우 클래스의 이름 확인하기

'Class Name' 항목이 'Button'인 윈도우는 버튼 컨트롤을 의미한다. 이를 통해 대화 상자 템플릿 편집기도 실제 컨트롤을 사용한다는 사실을 알 수 있다.

이제 도구 상자에서 사용자 컨트롤Custom Control을 대화 상자 템플릿에 드래그&드롭한다. 그리고 그 사용자 컨트롤 속성을 보면 다음과 같이 구성되어 있다. 그 중 'Class' 항목이 공란으로 되어 있는데, 여기에 버튼 클래스 이름인 'Button'을 넣고, 'Style' 항목은 스파이 [스타일] 탭에 있는 값을 참고하여 '0x50030000'과 같이 넣는다. 이제 실행해 보면 사용자 컨트롤은 마치 버튼 컨트롤을 사용할 때와 동일하게 동작한다.

▲ 사용자 컨트롤에 대한 속성 대화 상자

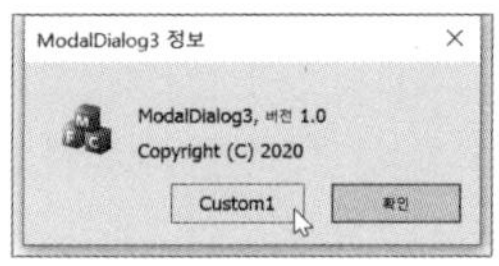

▲ 사용자 컨트롤이 버튼 컨트롤로 동작하는 화면

이처럼 WNDCLASS는 공유할 수 있으며, 실제 표준 컨트롤과 공용 컨트롤도 WNDCLASS를 등록해서 공유한다. 이 때문에 컨트롤을 사용할 때는 WNDCLASS를 등록할 필요가 없다. 게다가 누구나 같은 방식으로 WNDCLASS를 직접 등록하여 컨트롤을 제작하고 공유할 수 있다. WNDCLASS가 이렇게 공용으로 사용될 수 있어 여기에 정의된 윈도우 프로시저 함수도 필요에 따라 분기할 수 있도록 HWND가 제공된다. 정리하면 다음과 같다.

"윈도우 프로그램도 콘솔 프로그램처럼 HINSTANCE를 갖는다. 그러나 윈도우 프로그램은 윈도우 외형과 동작 등을 지정하기 위해 WNDCLASS를 사용하고, 이것은 같은 윈도우 특성을 공유할 수 있도록 설계되어 있다. 그리고 윈도우를 구분하기 위해 HINSTANCE와 WNDCLASS를 조합한 HWND 개념이 소개되었다."

CHAPTER 10

도큐먼트/뷰 구조

학습 목표

- SDI와 MDI 응용 프로그램의 기본 구조를 이해한다.
- 도큐먼트/뷰 구조의 핵심 함수를 익힌다.
- 명령 라우팅의 개념을 이해한다.
- 뷰나 도큐먼트 타입을 여러 개 생성하고 활용하는 방법을 익힌다.

01 SDI

MFC의 도큐먼트/뷰 구조에 기반한 응용 프로그램은 특성에 따라 크게 두 종류로 나눌 수 있다. 7장에서 간략히 소개했지만 다시 정리하면 다음과 같다.

- **SDI** Single Document Interface : 응용 프로그램이 한 번에 한 개의 문서만 열어서 작업할 수 있는 사용자 인터페이스이다.
- **MDI** Multiple Document Interface : 응용 프로그램이 동시에 여러 개의 문서를 열어서 작업할 수 있는 사용자 인터페이스이다.

이 절에서는 MDI 응용 프로그램보다 상대적으로 구조가 간단한 SDI 응용 프로그램을 중심으로 도큐먼트/뷰 구조의 다양한 특징을 살펴보고, 클래스별 핵심 함수를 정리할 것이다. 여기서 다루는 내용은 MDI 응용 프로그램에도 거의 그대로 적용된다는 점을 염두에 두고 시작하자.

1 SDI 응용 프로그램 구조

도큐먼트/뷰 구조를 사용하는 SDI 응용 프로그램의 기본 구조는 [그림 10-1]과 같다. 다섯 개의 객체가 상호 작용하면서 응용 프로그램을 구성한다. 이들 중 주요 프로그래밍 대상은 도큐먼트와 뷰 객체이다.

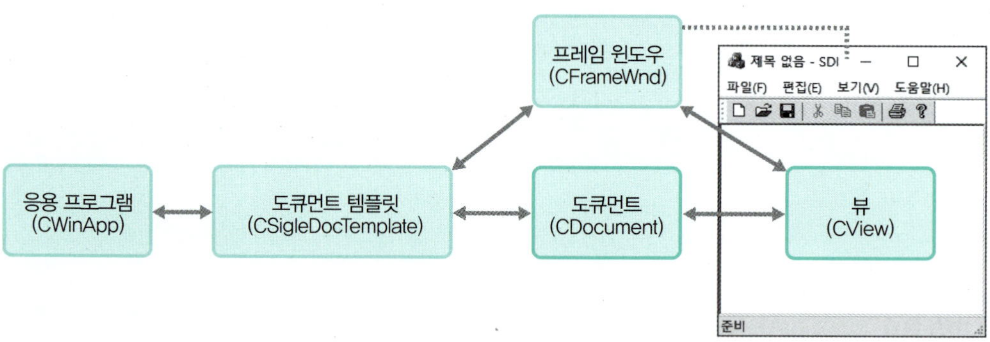

그림 10-1 SDI 응용 프로그램 구조 1

도큐먼트 객체는 SDI 응용 프로그램에 오직 한 개만 존재한다. 사용자가 새로운 문서를 생성하거나 저장된 문서를 열 때는 기존 도큐먼트 객체를 재사용한다. 반면, 뷰 객체는 응용 프로그램의 필요에 따라 여러 개를 생성할 수 있다. 둘 이상의 뷰 객체를 사용하는 대표 예는 [그림 10-2]와 같이 분할 윈도우를 사용한 경우이다.

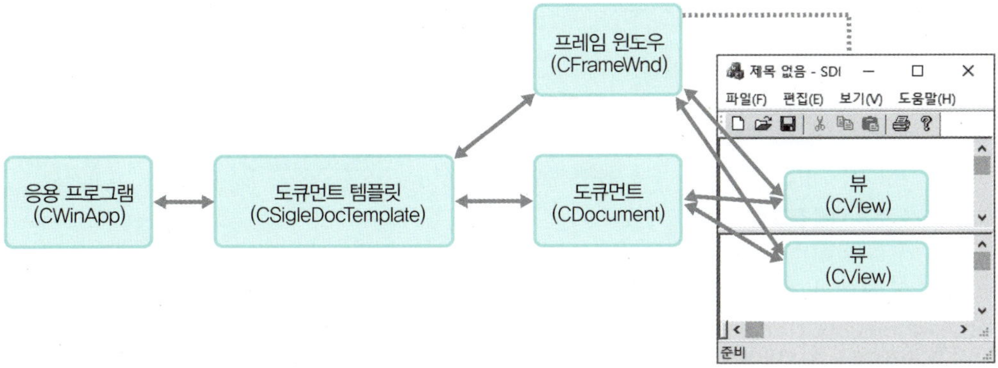

그림 10-2 SDI 응용 프로그램 구조 2

MFC에서 SDI와 MDI를 공부할 때는 한 가지 용어를 명확히 정의해야 한다. 지금까지 SDI 응용 프로그램의 메인 윈도우를 프레임 윈도우라고 불렀지만 정확한 표현은 도큐먼트 프레임 윈도우Document Frame Window이다.

도큐먼트 프레임 윈도우는 도큐먼트의 내용을 화면에 표시하는 뷰를 자식으로 갖는다. 바꿔 말하면 뷰의 부모 윈도우라고 할 수 있는데, 시각적으로는 뷰를 감싸고 있다. [그림 10-3]처럼 SDI 응용 프로그램에서는 메인 윈도우가 도큐먼트 프레임 윈도우 역할을 하지만 MDI 응용 프로그램에서는 그렇지 않다.

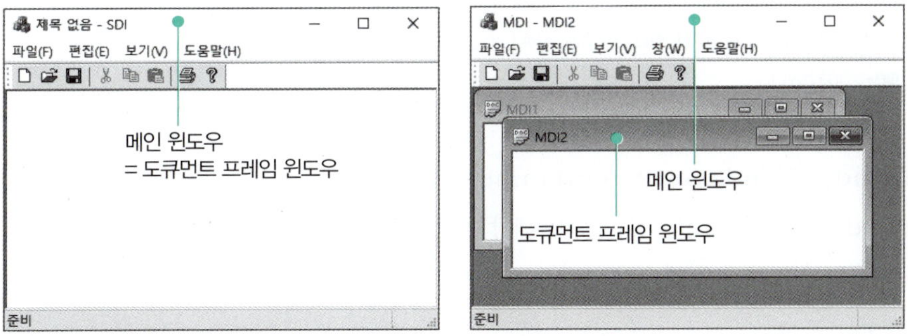

(a) SDI 응용 프로그램 (b) MDI 응용 프로그램

그림 10-3 SDI와 MDI의 메인 윈도우와 도큐먼트 프레임 윈도우

프로그램 수행 중 객체 간에 상호 작용을 하려면 특정 객체를 명시적으로 참조할 수 있어야 한다. [그림 10-4]는 SDI 응용 프로그램에서 주요 객체를 참조하는 MFC 함수를 정리한 것이다.

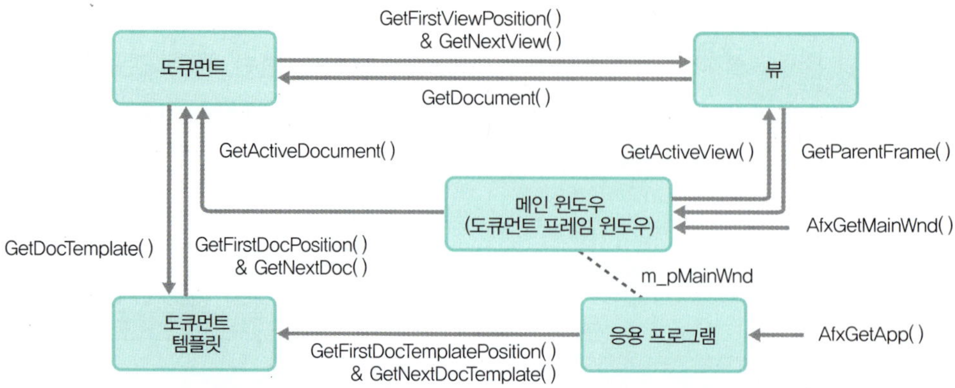

그림 10-4 주요 객체 참조 함수 : SDI

각 함수의 형태와 기능은 다음과 같다.

- **CWinApp* AfxGetApp()** : 응용 프로그램 객체의 주소를 리턴하는 MFC 전역 함수이다. CWinApp 클래스 함수를 호출할 때는 그대로 사용하면 되지만, 그렇지 않을 경우 다음과 같이 타입 캐스팅해야 한다.

```
CMyApp* pMyApp = (CMyApp*)AfxGetApp();
pMyApp->DoThis();
```

- **CWnd* AfxGetMainWnd()** : 메인 윈도우 객체의 주소를 리턴하는 MFC 전역 함수이다. CWnd 클래스 함수를 호출할 때는 그대로 사용하면 되지만, 그렇지 않을 경우 다음과 같이 타입 캐스팅해야 한다.

```
CMainFrame* pMainFrame = (CMainFrame*)AfxGetMainWnd();
pMainFrame->DoThat();
```

- **CFrameWnd* CWnd::GetParentFrame()** : 부모 윈도우 중 CFrameWnd 또는 CFrameWnd의 파생 클래스인 것을 찾아 해당 윈도우 객체의 주소를 리턴한다. 일반적으로 도큐먼트 프레임 윈도우가 이에 해당한다.
- **CView* CFrameWnd::GetActiveView()** : 사용자가 현재 작업하고 있는 활성 뷰Active View 객체의 주소를 리턴한다.
- **CDocument* CFrameWnd::GetActiveDocument()** : 활성 뷰Active View 객체와 연결된 활성 도큐먼트Active Document 객체의 주소를 리턴한다.
- **CDocument* CView::GetDocument()** : 뷰 객체와 연결된 도큐먼트 객체의 주소

를 리턴한다. 뷰 객체는 도큐먼트 객체 하나와 연결되어 있는데, 뷰 객체가 생성될 때 멤버 변수인 m_pDocument는 자신과 연결된 도큐먼트 객체의 주소로 초기화된다. MFC 응용 프로그램 마법사는 다음과 같이 m_pDocument를 타입 캐스팅하여 리턴하는 형태로 GetDocument() 함수를 재정의해준다.

```
#ifndef _DEBUG
inline CSDITestDoc* CSDITestView::GetDocument() const
{
    return reinterpret_cast<CSDITestDoc*>(m_pDocument);
}
#endif
```

- POSITION CDocument::GetFirstViewPosition(), CView* CDocument::GetNextView(POSITION& rPosition) : 도큐먼트 객체는 자신과 연결된 뷰를 연결 리스트로 관리한다([그림 10-5]). 도큐먼트 객체의 멤버 변수인 m_viewList는 실제로 이중 연결 리스트이지만 여기서는 편의상 한쪽 방향의 포인터만 표시했다.

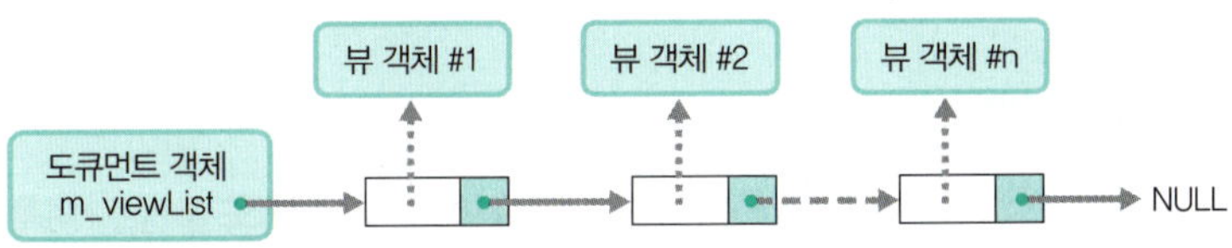

그림 10-5 도큐먼트 객체와 여러 개의 뷰 객체

GetFirstViewPosition() 함수는 연결 리스트의 시작점에 해당하는 POSITION 타입의 값을 리턴한다. 이 값을 이용하여 다음 코드와 같이 GetNextView() 함수를 계속 호출하면 뷰 객체의 주소를 차례로 얻을 수 있다. GetNextView() 함수 호출 시 pos 값은 다음 뷰 객체를 가리키도록 자동 갱신된다.

```
POSITION pos = GetFirstViewPosition();
while (pos != NULL) {
    CView* pView = GetNextView(pos);
    ...
}
```

- POSITION CDocTemplate::GetFirstDocPosition(), CDocument* CDocTemplate::GetNextDoc(POSITION& rPos) : 도큐먼트 템플릿 객체는 도큐먼트 객체를 연결 리스트로 관리한다([그림 10-6]). 이 두 함수는 도큐먼트 템플릿 객체가 관리하는 도큐먼트 객체의

주소를 차례로 얻을 때 사용한다. 사용법은 GetFirstViewPosition(), GetNextView() 함수와 동일하다.

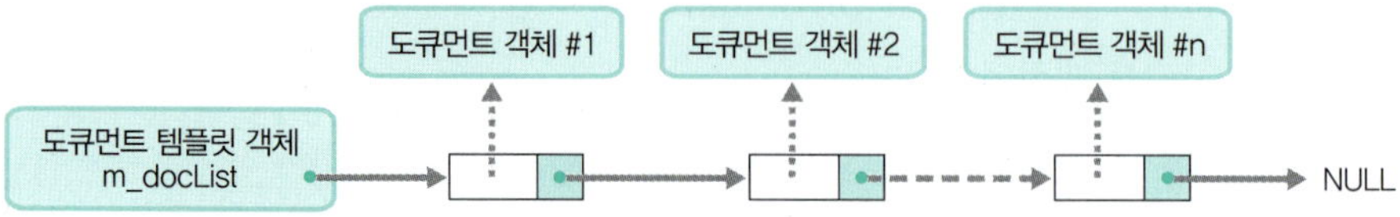

그림 10-6 도큐먼트 템플릿 객체와 여러 개의 도큐먼트 객체

- **POSITION CWinApp::GetFirstDocTemplatePosition(), CDocTemplate* CWinApp::GetNextDocTemplate(POSITION& pos)** : 응용 프로그램 객체는 도큐먼트 템플릿 객체를 연결 리스트로 관리한다([그림 10-7]). 이 두 함수는 응용 프로그램 객체가 관리하는 도큐먼트 템플릿 객체의 주소를 차례로 얻을 때 사용한다. 사용법은 GetFirstViewPosition(), GetNextView() 함수와 동일하다.

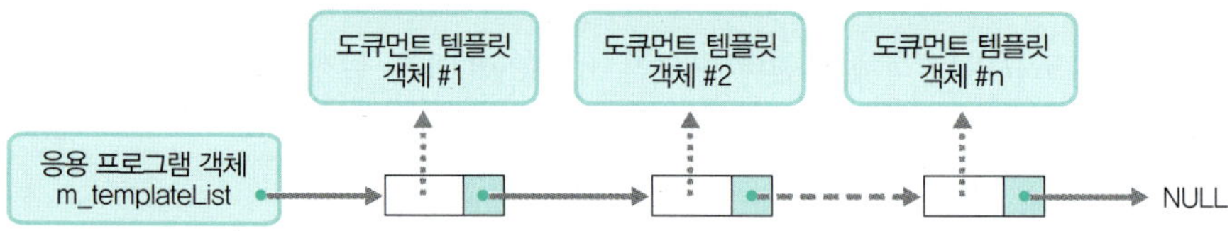

그림 10-7 응용 프로그램 객체와 여러 개의 도큐먼트 템플릿 객체

- **CDocTemplate* CDocument::GetDocTemplate()** : 도큐먼트 객체가 도큐먼트 템플릿 객체의 주소를 얻을 때 사용한다.

MFC를 이용하여 SDI 응용 프로그램을 작성하면 도큐먼트/뷰 구조가 제공하는 직렬화(7장 참조) 외에 부가 기능을 자동으로 구현할 수 있다. 실습을 통해 이를 확인해보자.

실습 10-6 간단한 SDI 응용 프로그램 작성하기

1. [표 10-1]을 참고하여 응용 프로그램 마법사로 SDITest 프로젝트를 만든다. 문서 템플릿 속성에서 파일 확장명을 입력하는 부분([그림 10-8])과 고급 기능에서 새로운 옵션을 사용하는 것을 제외하면 7장 FileIOTest 프로젝트와 동일하다.

표 10-1 응용 프로그램 마법사 단계별 변경 사항

응용 프로그램 마법사 단계	변경 사항
애플리케이션 종류	'애플리케이션 종류'로 '단일 문서' 선택 '프로젝트 스타일'로 'MFC standard' 선택
문서 템플릿 속성	'파일 확장명'으로 "sdi"를 입력

사용자 인터페이스 기능	없음
고급 기능	'ActiveX 컨트롤' 옵션 해제 ('다시 시작 관리자 지원'을 비롯한 세 개의 새로운 옵션 처음으로 사용)
생성된 클래스	없음

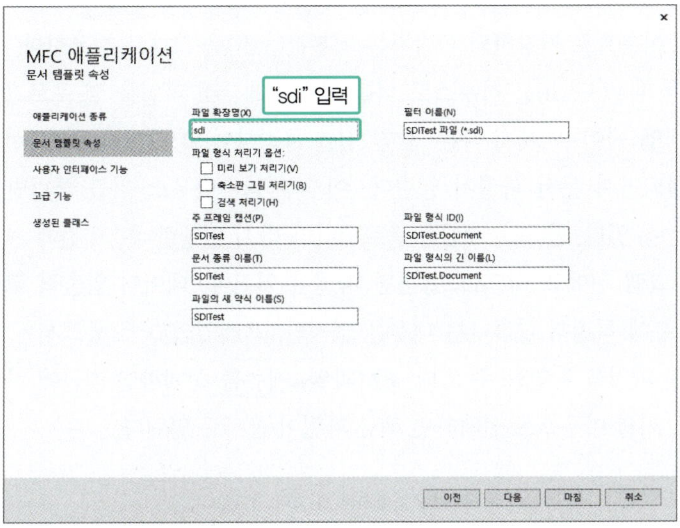

그림 10-8 문서 템플릿 속성

2 '클래스 뷰'로 전환한 후 CSDITestApp 클래스의 InitInstance() 함수를 찾아 다음 한 줄을 추가한다. 이 코드를 추가하지 않으면 프로그램의 문서 파일(*.sdi)을 마우스로 더블 클릭해서 열 때 오류가 발생한다.

참고 비주얼 C++ 2010 이상에서 발생하는 오류이다.

```
BOOL CSDITestApp::InitInstance()
{
    CoInitialize(NULL); // 비주얼 C++ 2010 이상에서 필요하다.
    CWinApp::InitInstance();
    ...
```

3 '리소스 뷰'로 전환한 후 문자열 테이블(String Table)을 열어서 IDR_MAINFRAME 리소스를 다음과 같이 수정한다. 만약 그대로 두면 [열기]와 [다른 이름으로 저장] 대화 상자에서 '파일 형식'으로 'SDITest Files (*.sdi)'가 표시되지 않는다. 또한, 대화 상자의 '파일 이름' 부분에 .sdi 확장자도 자동으로 붙지 않는다.

참고 비주얼 C++ 2017 이상에서 발생하는 오류이며, 비주얼 C++ 2015까지는 문제가 없다.

수정 전	SDITest\n\nSDITest\n\n\nSDITest.Document\nSDITest.Document
수정 후	SDITest\n\nSDITest\nSDITest Files (*.sdi)\n.sdi\nSDITest.Document\nSDITest.Document

4 컴파일, 링크 후 프로그램을 실행하고 다음 설명을 따라 테스트를 해보자. ❶ [파일]-[저장] 메뉴를 선택하여 임의 이름으로 저장하되 확장자는 기본값(.sdi)을 그대로 사용한다. 프로그램을 종료한 후 문서 파일(*.sdi)을 마우스로 더블 클릭하면 .sdi 파일을 열 프로그램을 선택할 수 있다. [추가 앱]-[이 PC에서 다른 앱 찾기]를 클릭하여 SDITest.exe를 선택해 주면 프로그램이 실행되면서 문서 파일이 열린다. 이후부터는 마우스 더블 클릭만으로 .sdi 파일을 곧바로 열 수 있다. ❷ 프로그램을 종료했다가 다시 실행한 후, 이전에 저장한 파일을 마우스로 프로그램 위에 드래그&드롭하면 파일이 열린다. 데이터 입출력 코드를 작성하지 않았으므로 뷰에 특별히 나타나는 내용은 없지만, 프레임 윈도우에 표시된 파일 이름을 보면 현재 열린 파일을 확인할 수 있다. ❸ [파일] 메뉴를 선택하면 최근에 사용한 문서 목록이 나타나고, 이를 마우스로 선택하면 해당 파일이 곧바로 열린다.

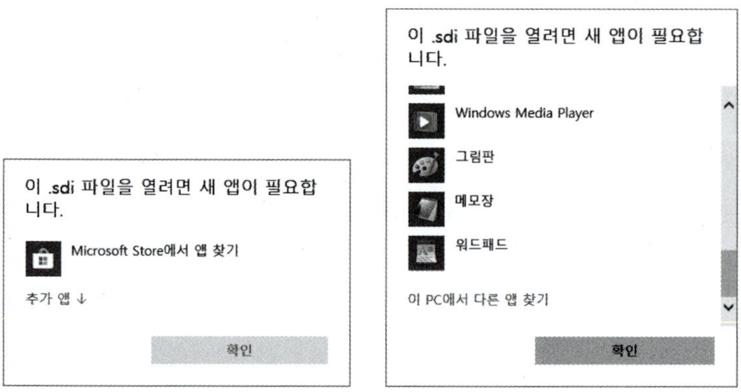

❶ 문서 파일 더블 클릭

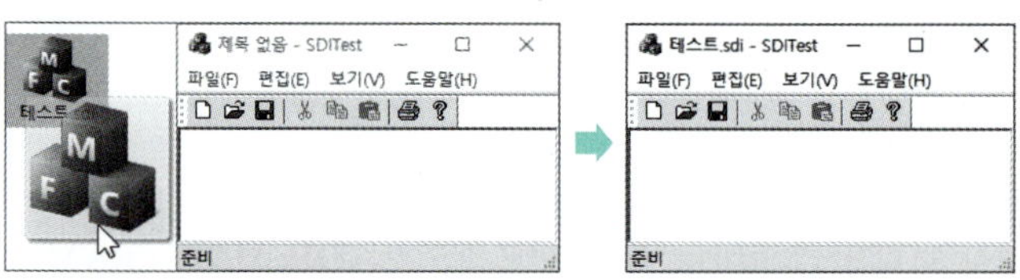

❷ 문서 파일 드래그&드롭

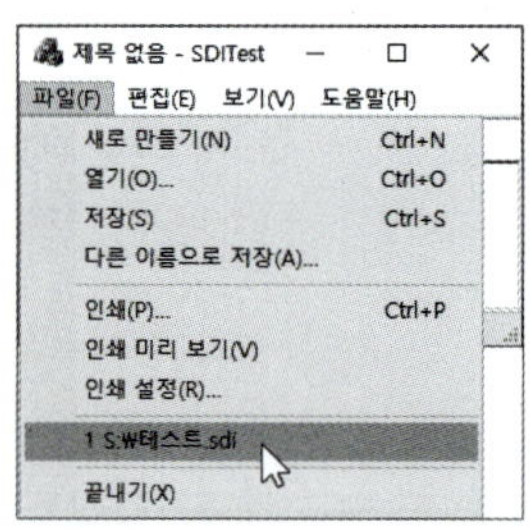

❸ 최근 문서 열기

그림 10-9 실행 결과

[실습 10-1]의 SDI 응용 프로그램에 부가적인 기능을 제공하는 코드는 InitInstance() 함수에서 찾을 수 있다.

```
BOOL CSDITestApp::InitInstance()
{
    ...

❶   SetRegistryKey(_T("로컬 애플리케이션 마법사에서 생성된 응용 프로그램"));
❷   LoadStdProfileSettings(4);

    CSingleDocTemplate* pDocTemplate;
    pDocTemplate = new CSingleDocTemplate(
        IDR_MAINFRAME,
        RUNTIME_CLASS(CSDITestDoc),
        RUNTIME_CLASS(CMainFrame),
        RUNTIME_CLASS(CSDITestView));
    if (!pDocTemplate)
        return FALSE;
    AddDocTemplate(pDocTemplate);

    CCommandLineInfo cmdInfo;
    ParseCommandLine(cmdInfo);

❸   EnableShellOpen();
❹   RegisterShellFileTypes(TRUE);

    if (!ProcessShellCommand(cmdInfo))
        return FALSE;

    m_pMainWnd->ShowWindow(SW_SHOW);
    m_pMainWnd->UpdateWindow();

❺   m_pMainWnd->DragAcceptFiles();
    return TRUE;
}
```

❶ 응용 프로그램의 설정 정보가 저장될 레지스트리 위치를 지정한다. 문자열을 변경하지 않으면 다음 위치에 저장된다.

```
HKEY_CURRENT_USER\Software\로컬 애플리케이션 마법사에서 생성된 응용 프로그램\프로그램명
```

❷ 가장 최근에 사용된(MRU, Most Recently Used) 파일 목록을 레지스트리에서 로드한다. SDITest 예제의 경우 [그림 10-10]과 같이 'HKEY_CURRENT_USER\Software\로컬 애

플리케이션 마법사에서 생성된 응용 프로그램\SDITest\Recent File List' 위치에 저장되어 있다.

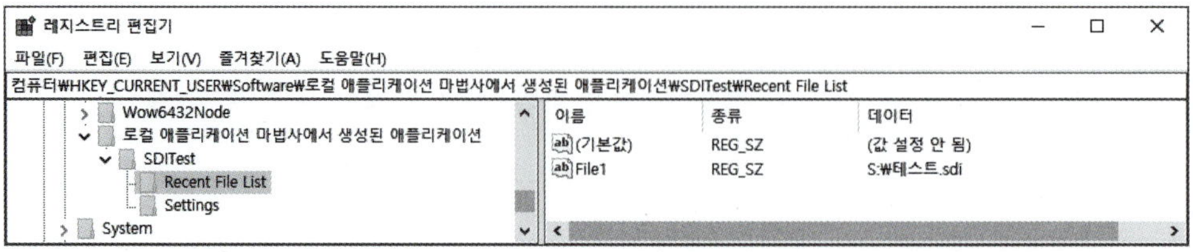

그림 10-10 MRU 파일 목록

❸ 탐색기에서 마우스 더블 클릭으로 파일을 열 수 있게 한다.

❹ 응용 프로그램의 도큐먼트 템플릿을 검사해서 찾아낸 도큐먼트 타입을 레지스트리에 등록한다.

❺ 마우스로 파일을 드래그&드롭하여 해당 파일을 열 수 있게 한다.

위의 기능들이 동작하려면 리소스도 필요하다. 문자열 테이블(String Table)을 찾아보면 IDR_MAINFRAME 리소스가 있는데, 이를 도큐먼트 문자열 Document String이라 부른다. MFC 응용 프로그램은 도큐먼트 템플릿 내부에 이 문자열을 저장해두고 필요할 때마다 CDocTemplate::GetDocString() 함수를 이용하여 접근한다.

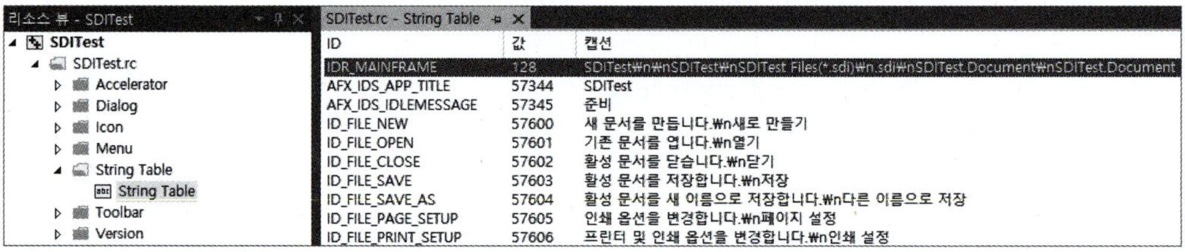

그림 10-11 도큐먼트 문자열

도큐먼트 문자열은 다음과 같이 서로 다른 의미를 가진 문자열을 \n으로 구분하여 나열한 것이다.

```
SDITest\n\nSDITest\nSDITest Files (*.sdi)\n.sdi\nSDITest.Document\nSDITest.Document
   ❶     ❷    ❸            ❹               ❺          ❻                 ❼
```

❶ 프레임 윈도우의 타이틀바에 표시되는 제목이다.

❷ 새로 생성한 문서의 제목이다. 위와 같이 생략하면 기본값인 '제목 없음'으로 설정된다.

❸ 두 개 이상의 도큐먼트 타입을 지원하는 MDI 응용 프로그램에서만 사용된다. 새로운 문서를 생성할 때 나타나는 도큐먼트 타입을 묻는 대화 상자에 표시되는 문자열이다.

❹ [열기]와 [다른 이름으로 저장] 대화 상자에서 '파일 형식'으로 표시된다.

❺ 파일의 기본 확장자로 사용된다.

❻ 레지스트리에 등록되는 도큐먼트 타입 ID로, 공백을 허용하지 않는다.

❼ 레지스트리에 등록되는 도큐먼트 타입 문자열로, 공백을 허용한다.

현장 팁 **레지스트리 활용**

레지스트리는 윈도우 운영체제와 윈도우 응용 프로그램이 사용할 수 있는 공용 데이터베이스이다. 응용 프로그램은 파일 형식과는 별도로, 응용 프로그램 자체에 대한 영속성Persistence을 유지하기 위해 레지스트리를 사용한다. 이를테면 이전 창 크기나 툴바 배치 등이다. 레지스트리는 사용자가 직접 편집기를 열어 편집할 수 있다.

다음은 윈도우에서 제공하는 레지스트리 편집기(Regedit.exe)이다. 레지스트리는 그림처럼 키Key가 다섯 개로 분류되지만, 중심은 HKEY_LOCAL_MACHINE(이후 HKLM)과 HKEY_USERS(HKUR)이다. 말 그대로 각각 로컬 컴퓨터 정보와 사용자 정보를 포함한다. 나머지는 모두 두 키에 대한 복사본이다.

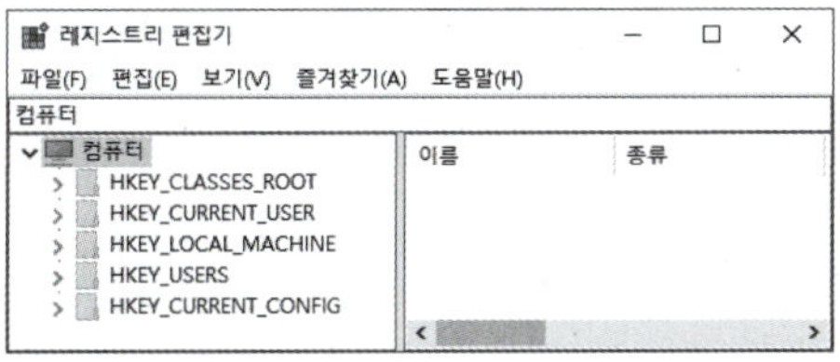

▲ 레지스트리 편집기

HKEY_CLASSES_ROOT(HKCR)는 HKLM\Software\Classes 키를, HKEY_CURRENT_CONFIG (HKCC)는 HKLM\System\CurrentControlSet\Hardware Profiles\Current 키에 대한 복사본이다. HKEY_CURRENT_USER 키는 HKUR 키 아래 현재 사용자에 해당하는 키에 대한 복사본이다. 사용자와 관계없는 컴퓨터 데이터는 HKLM에 넣고, 사용자별로 다른 데이터는 HKUR에 넣는다. 그리고 현재 로그인한 사용자와 연관된 데이터는 'CURRENT'가 들어 있는 키를 살펴보면 된다.

레지스트리에 대해 모두 설명하기에는 한계가 있으므로 자세한 내용은 관련 도서나 Visual Studio 설명서를 참고하고, 유용한 예를 하나만 살펴보자. 레지스트리 편집기에서 다음 키를 찾아가 보자.

```
HKLM\SOFTWARE\Microsoft\Windows\CurrentVersion\Run
```

가끔 '설정 〉 앱 〉 시작 프로그램'에 없는데도 윈도우가 시작할 때마다 실행되는 프로그램이 있다. 이렇게 등록된 실행 파일 정보는 대부분 여기에 존재한다(HKCU도 찾아보자). 여기서 불필요한 항목을 삭제하면 삭제된 프로그램은 더는 실행되지 않는다. 아울러 레지스트리 편집기가 제공하는 찾기 기능으로 원하는 키워드를 검색해 보면, 관심 있는 정보를 더 발견할 수 있다.

2 도큐먼트/뷰 클래스 주요 함수

도큐먼트/뷰 구조의 핵심은 도큐먼트 클래스와 뷰 클래스이다. 두 클래스에서 자주 사용되는 함수를 중심으로 기능을 정리해보자.

2.1 도큐먼트 클래스

■ **void SetModifiedFlag(BOOL bModified = TRUE);**

SetModifiedFlag() 함수는 데이터가 수정되었음을 도큐먼트 객체에 알려준다. 수정된 내용을 저장하지 않은 상태로 종료하거나 새로운 문서를 작성하려고 하면 [그림 10-12]와 같은 메시지 상자가 자동으로 뜬다.

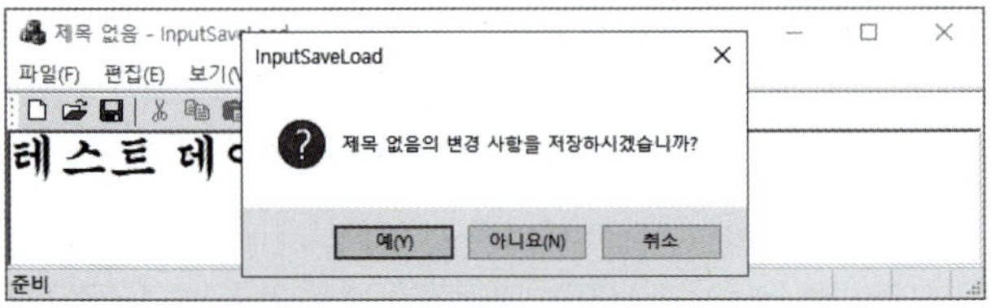

그림 10-12 수정된 도큐먼트

■ **void UpdateAllViews(CView* pSender, LPARAM lHint = 0L, CObject* pHint = NULL);**

UpdateAllViews() 함수는 도큐먼트 객체가 자신의 데이터가 수정되었음을 모든 뷰 객체에 알려주어 화면을 갱신하도록 지시한다. 이 함수의 내부 구현을 살펴보면 다음과 같다.

```
void CDocument::UpdateAllViews(CView* pSender, LPARAM lHint, CObject* pHint)
{
    ...
    POSITION pos = GetFirstViewPosition();
    while (pos != NULL)
    {
        CView* pView = GetNextView(pos);
        if (pView != pSender) // 뷰 객체의 주소가 pSender와 같으면 제외한다.
            pView->OnUpdate(pSender, lHint, pHint);
    }
}
```

GetFirstViewPosition()과 GetNextView() 함수를 이용하여 뷰 객체의 주소를 차례로 얻으면서 CView::OnUpdate() 함수를 호출한다. OnUpdate() 함수는 뷰의 화면 전체를 무효화함으로써 결과적으로 OnDraw() 함수가 호출된다. 다음은 UpdateAllViews() 함수 호출 시 내부 함수 호출 관계를 보여준다.

```
CDocument::UpdateAllViews();
→ CView::OnUpdate(); // Invalidate() 함수를 호출하여 화면 전체를 무효화한다.
→ CWnd::Invalidate(TRUE); // WM_PAINT 메시지를 발생시킨다.
→ CWnd::OnPaint(); // CPaintDC 객체를 만든 후 OnDraw() 함수에 전달한다.
→ CView::OnDraw(); // 화면에 출력한다.
```

UpdateAllViews() 함수의 사용 예는 다음과 같다.

```
/* (1) 모든 뷰의 화면을 갱신하고자 할 때 */
UpdateAllViews(NULL);
/* (2) 뷰 객체가 자신을 제외한 다른 모든 뷰의 화면을 갱신하고자 할 때 */
UpdateAllViews(this);
```

여기서 잠깐! UpdateAllViews() 함수의 추가 기능

UpdateAllViews() 함수의 힌트 정보를 활용하면 뷰의 화면 일부만 무효화할 수 있다. 특정 부분만 다시 그리게 함으로써 효과적으로 화면을 갱신할 수 있다. 사용 절차는 다음과 같다.

① UpdateAllViews() 함수를 호출할 때 두 번째와 세 번째 인자로 힌트 정보를 넘겨준다. 힌트 정보가 여러 개이면 두 번째 인자에 1, 2, 3, ... 등으로 서로 다른 값을 사용하고, 세 번째 인자에 적절한 정보를 넘겨주면 된다.

```
UpdateAllViews(NULL, 1, (CObject *)pRect); // 직사각형 영역만 무효화한다.
```

② 뷰 클래스의 OnUpdate() 함수를 재정의한다. 이때 힌트 정보를 참조하여 뷰의 화면 일부만 무효화한다.

```
void CSDITestView::OnUpdate(CView* pSender, LPARAM lHint, CObject* pHint)
{
    /* 힌트가 1이면 직사각형 영역만 무효화한다. */
    if (lHint == 1) {
        CRect *pRect = (CRect *)pHint;
        InvalidateRect(pRect);
        return;
    }
    /* 그 밖의 경우엔 전체 영역을 무효화한다. */
    CView::OnUpdate(pSender, lHint, pHint);
}
```

③ 뷰 클래스의 OnDraw() 함수에서 CDC::GetClipBox() 함수를 호출하여 무효 영역 정보를 얻고 이 영역에만 출력한다.

```
void CSDITestView::OnDraw(CDC* pDC)
{
    CSDISDITestDoc* pDoc = GetDocument();
    ASSERT_VALID(pDoc);

    CRect rect;
    pDC->GetClipBox(&rect);
    ... // 직사각형 영역 내부에만 출력한다.
}
```

- **virtual BOOL OnNewDocument();**

  OnNewDocument()는 새 문서를 생성할 때, 즉 응용 프로그램이 시작할 때 또는 [파일]-[새로 만들기] 메뉴를 선택할 때 자동으로 호출되는 가상 함수이다. MDI 응용 프로그램에서는 새 문서를 생성하거나 저장된 문서를 열 때마다 항상 새로운 도큐먼트 객체를 생성한다. 하지만 SDI 응용 프로그램에서는 하나의 도큐먼트 객체를 초기화해서 재사용한다. 따라서 새 문서를 생성할 때마다 필요한 초기화 코드가 있다면 도큐먼트 클래스의 생성자보다 OnNewDocument() 함수에 넣는 것이 바람직하다.

- **virtual BOOL OnOpenDocument(LPCTSTR lpszPathName);**

  OnOpenDocument()는 [파일]-[열기...] 메뉴를 선택할 때 자동으로 호출되는 가상 함수이다. 새 파일을 열 때마다 필요한 초기화 코드가 있다면 여기에 추가한다. lpszPathName 인자는 사용자가 선택한 파일의 경로명을 가진 문자열이다.

- **virtual void DeleteContents();**

  DeleteContents()는 OnNewDocument()와 OnOpenDocument() 함수 이전에 자동으로 호출되는 가상 함수이다. SDI 응용 프로그램에서 도큐먼트 객체를 재사용하려면 새 문서를 생성하거나 파일을 열 때마다 기존 데이터를 삭제할 필요가 있다. DeleteContents() 함수는 도큐먼트 객체의 데이터를 삭제하는 등의 작업을 하기에 적절한 위치이다.

- **virtual void Serialize(CArchive& ar);**

  Serialize() 함수는 파일을 열거나 저장할 때 자동으로 호출된다. 7장에서 학습한 내용이므로 설명은 생략한다.

지금까지 소개한 네 개의 가상 함수가 호출되는 순서를 정리하면 다음과 같다.

① [파일]-[새로 만들기] 메뉴 선택 : DeleteContents() → OnNewDocument()

② [파일]-[열기...] 메뉴 선택 : DeleteContents() → Serialize() → OnOpenDocument()

③ [파일]-[저장] 또는 [파일]-[다른 이름으로 저장...] 메뉴 선택 : Serialize()

2.2 뷰 클래스

- **virtual void OnDraw(CDC* pDC);**

  OnDraw()는 화면 출력, 인쇄, 인쇄 미리보기를 할 때 자동으로 호출되는 가상 함수이다. CView 클래스에서 순수 가상 함수Pure Virtual Function로 선언되어 있으므로 반드시 재정의해야 한다.

- **virtual void OnInitialUpdate();**

  OnInitialUpdate()는 뷰 객체가 도큐먼트 객체와 연결된 후 화면에 보이기 전에 자동으로 호출되는 가상 함수이다. 기본 구현에 해당하는 CView::OnInitialUpdate() 함수는 CView::OnUpdate() 함수를 호출하여 뷰의 화면 전체를 무효화한다.

- **virtual void OnUpdate(CView* pSender, LPARAM lHint, CObject* pHint);**

  OnUpdate()는 CDocument::UpdateAllViews()와 CView::OnInitialUpdate() 함수에서 호출하는 가상 함수이다. 기본 구현에 해당하는 CView::OnUpdate() 함수는 CWnd::Invalidate() 함수를 호출하여 뷰의 화면 전체를 무효화한다. 좀 더 효과적으로 화면을 갱신하려면 이 함수를 재정의하고, 두 번째와 세 번째 인자를 참조하여 뷰의 화면 일부만 무효화한다. 상세 내용은 〈여기서 잠깐〉을 읽어보자.

3 명령 라우팅

MFC 응용 프로그램에서 사용하는 메시지의 종류와 처리 방식을 요약하면 [표 10-2]와 같다.

표 10-2 메시지 종류

종류	설명	메시지 맵 매크로
윈도우 메시지	윈도우 생성, 종료, 마우스, 키보드 등 다양한 원인으로 발생한다.	ON_WM_□□□()
명령 메시지	메뉴, 툴바, 가속기에서 발생한다.	ON_COMMAND(ID, 함수)
명령 갱신 메시지	메뉴, 툴바, 상태바의 상태를 갱신할 필요가 있을 때 발생한다. MFC에서만 사용하는 고유 메시지이다.	ON_UPDATE_COMMAND_UI(ID, 함수)
통지 메시지	컨트롤(자식 윈도우)이 부모 윈도우에 보내는 메시지이다.	ON_□□□(ID, 함수)

이들 중 윈도우 메시지와 통지 메시지는 특정 윈도우만 받아서 처리할 수 있다. 예를 들어, 클라이언트 영역에서 마우스 버튼을 누르면 뷰 객체가 해당 메시지를 받아 처리한다. 반면 명령 메시지와 명령 갱신 메시지는 프레임 윈도우 객체가 맨 먼저 받지만, 뷰 객체나 도큐먼트 객체는 물론이고 심지어 응용 프로그램 객체도 이를 받아서 처리할 수 있다.

MFC는 명령 메시지와 명령 갱신 메시지를 여러 객체에서 처리할 수 있도록 명령 라우팅 Command Routing을 사용하는데, 7장에서 메뉴를 학습하면서 소개한 적이 있다. 명령 라우팅을 통한 메시지 전달 순서는 [그림 10-13]과 같다. 만약 동일한 메시지에 대한 핸들러가 두 개 이상 있다면 명령 라우팅 순서상 앞쪽에 있는 것만 실행된다.

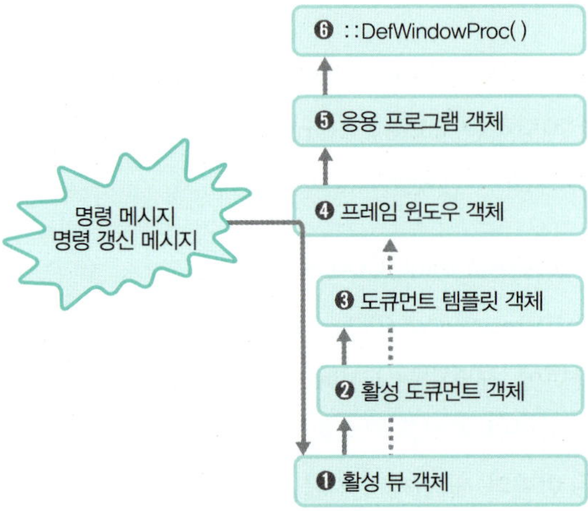

그림 10-13 명령 라우팅

4 분할 윈도우

분할 윈도우Splitter Window는 SDI 응용 프로그램에서 도큐먼트 한 개에 대해 뷰가 여러 개인 대표적인 예이다. 분할 윈도우는 동적 분할 윈도우와 정적 분할 윈도우, 크게 두 종류로 나뉘며 각각의 특징은 다음과 같다.

4.1 동적 분할 윈도우

동적 분할 윈도우Dynamic Splitter Window는 같은 뷰 클래스를 기반으로 여러 개의 뷰를 생성하며, 사용자가 윈도우를 임의로 분할하거나 다시 합칠 수 있다. 분할할 수 있는 윈도우의 최대 개수는 가로와 세로 각각 두 개이므로 총 네 개의 구획Pane을 만들 수 있다. 동적 분할 윈도우의 대표적인 예로는 구 비주얼 C++ 6.0의 편집 창이 있다.

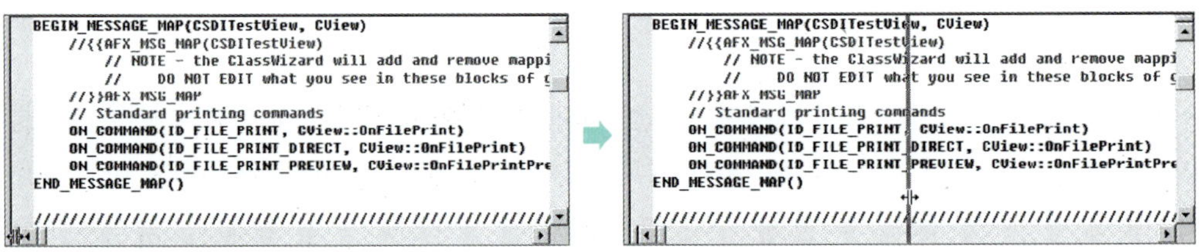

그림 10-14 동적 분할 윈도우

4.2 정적 분할 윈도우

정적 분할 윈도우Static Splitter Window는 서로 다른 뷰 클래스를 기반으로 뷰를 여러 개 생성하며, 각 뷰를 서로 다른 목적으로 사용할 수 있다. 분할할 수 있는 윈도우의 최대 개수는 가로와 세로 각각 16개이므로 총 256개의 구획Pane을 만들 수 있다. 정적 분할 윈도우의 대표적인 예로는 비주얼 C++의 아이콘 편집기가 있다. 왼쪽 뷰는 원래의 아이콘을, 오른쪽 뷰는 확대된 아이콘을 보여준다.

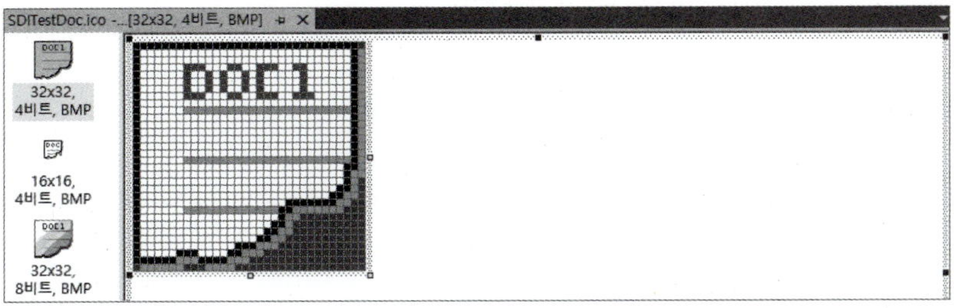

그림 10-15 정적 분할 윈도우

실습 10-2 동적 분할 윈도우 구현하기

응용 프로그램 마법사를 이용하면 동적 분할 윈도우를 지원하는 프로그램을 쉽게 제작할 수 있다. [그림 10-16]과 같이 클라이언트 영역에서 마우스 왼쪽 버튼을 누르면 원이 그려지고, 화면을 두 개 혹은 네 개로 분할해도 출력이 모든 뷰에 반영되는 프로그램을 작성해보자. 응용 프로그램 마법사는 화면 분할을 위한 코드는 물론이고, 사용자의 편의를 위한 [보기]-[분할] 메뉴 항목도 자동으로 만들어준다.

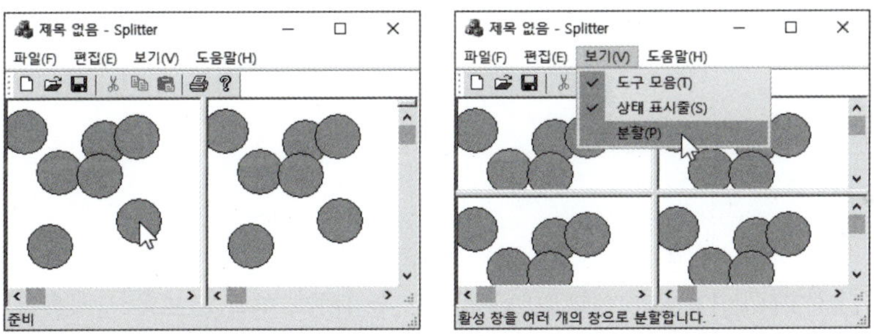

그림 10-16 실행 결과

1 [표 10-3]을 참고하여 응용 프로그램 마법사로 Splitter 프로젝트를 만든다. 사용자 인터페이스와 고급 기능의 일부 변경 사항을 제외하면 7장 FileIOTest 프로젝트와 동일하다.

표 10-3 응용 프로그램 마법사 단계별 변경 사항

응용 프로그램 마법사 단계	변경 사항
애플리케이션 종류	'애플리케이션 종류'로 '단일 문서' 선택 '프로젝트 스타일'로 'MFC standard' 선택
문서 템플릿 속성	'파일 확장명'으로 "sdi"를 입력
사용자 인터페이스 기능	'분할 창' 옵션 선택
고급 기능	'ActiveX 컨트롤' 옵션 해제
생성된 클래스	없음

2 마우스 클릭 좌표를 저장할 수 있도록 도큐먼트 클래스 헤더 파일에 멤버 변수를 추가하고, OnNewDocument() 함수에 초기화 코드를 작성한다.

```
#include <afxtempl.h>

class CSplitterDoc : public CDocument
{
protected: // serialization에서만 만들어집니다.
    CSplitterDoc();
    DECLARE_DYNCREATE(CSplitterDoc)

// 특성입니다.
public:
    CArray<CPoint, CPoint&> m_points;
```

```
BOOL CSplitterDoc::OnNewDocument()
{
    if (!CDocument::OnNewDocument())
        return FALSE;

    m_points.RemoveAll();

    return TRUE;
}
```

3 뷰 클래스에 WM_LBUTTONDOWN 메시지 핸들러를 추가하고 다음 코드를 작성한다. 분할 윈도우 기능을 사용하면 뷰가 두 개 이상이 되므로 CWnd::Invalidate() 대신 CDocument::UpdateAllViews() 함수를 이용하여 모든 뷰가 화면을 갱신하게 한다는 점이 중요하다.

```
void CSplitterView::OnLButtonDown(UINT nFlags, CPoint point)
{
    CSplitterDoc* pDoc = GetDocument();
    pDoc->m_points.Add(point);
    pDoc->UpdateAllViews(NULL);
}
```

4 마지막으로, 뷰 클래스의 OnDraw() 함수에 출력 코드를 작성한다. 함수 인자가 초기에 주석 처리되어 있으므로 주석을 제거하는 것을 잊지 않도록 하자.

```
void CSplitterView::OnDraw(CDC* pDC)
{
    CSplitterDoc* pDoc = GetDocument();
    ASSERT_VALID(pDoc);
    if (!pDoc)
        return;

    pDC->SelectStockObject(LTGRAY_BRUSH);
    for (int i = 0; i < pDoc->m_points.GetSize(); i++) {
        pDC->Ellipse(pDoc->m_points[i].x - 20, pDoc->m_points[i].y - 20,
            pDoc->m_points[i].x + 20, pDoc->m_points[i].y + 20);
    }
}
```

동적 분할 윈도우 기능을 제공하기 위해 응용 프로그램 마법사가 생성한 코드를 살펴보자. 첫째로, 프레임 윈도우 클래스 헤더 파일에 CSplitterWnd 객체가 멤버 변수로 추가되었다. CSplitterWnd 클래스는 동적/정적 분할 윈도우 기능을 제공한다.

```
class CMainFrame : public CFrameWnd
{

protected: // serialization에서만 만들어집니다.
    CMainFrame() noexcept;
    DECLARE_DYNCREATE(CMainFrame)

// 특성입니다.
protected:
    CSplitterWnd m_wndSplitter;
```

둘째로, 프레임 윈도우 클래스의 OnCreateClient() 함수에 CSplitterWnd::Create() 함수를 호출하는 코드가 추가되었다. CFrameWnd::OnCreateClient()는 프레임 윈도우가 WM_CREATE 메시지를 받으면 자동으로 호출되는 가상 함수이다. 기본적으로 프레임 윈도우가 직접 뷰를 만들도록 내부 코드가 작성되어 있지만, 이 함수를 재정의하여 CSplitterWnd 객체가 뷰를 만들게 함으로써 분할 윈도우가 구현된다.

```
BOOL CMainFrame::OnCreateClient(LPCREATESTRUCT /*lpcs*/,
    CCreateContext* pContext)
{
    return m_wndSplitter.Create(
❶       this,
❷       2, 2,
❸       CSize(10, 10),
❹       pContext);
}
```

CSplitterWnd::Create() 함수 인자의 의미는 다음과 같다.

참고 실제로 두 개의 인자가 더 있지만 기본값을 사용하면 되므로 위의 코드에는 보이지 않는다.

❶ 부모 윈도우를 나타낸다.

❷ 가로와 세로로 분할할 수 있는 개수를 나타내는데, 최댓값은 각각 2이다.

❸ 이 크기보다 구획이 작아지면 분할을 자동으로 없앤다.

❹ MFC에서 내부적으로 사용하는 구조체로, 뷰 클래스에 관한 정보도 들어 있다. CSplitterWnd 객체는 이 정보를 이용하여 필요에 따라 뷰 객체를 만들어낸다.

실습 10-3 정적 분할 윈도우 구현하기

이전에 작성한 Splitter 예제를 수정하여 정적 분할 윈도우를 사용하는 프로그램을 작성해보자. [그림 10-17]과 같이 윈도우를 두 개로 나누어, 왼쪽에서는 마우스 버튼을 눌러 원을 그리고 오른쪽에서는 글자를 입력할 수 있게 할 것이다.

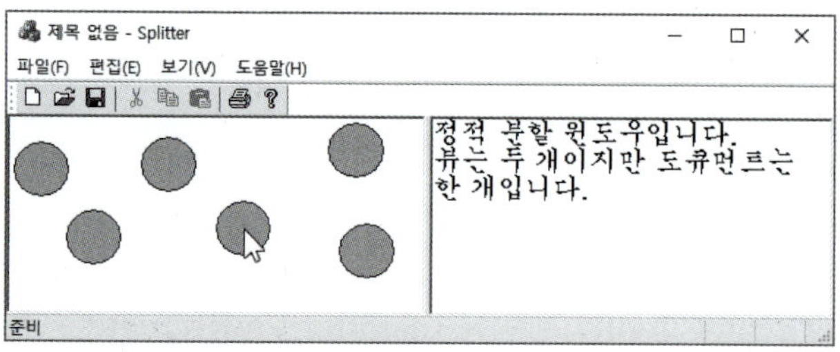

그림 10-17 실행 결과

1 Splitter 예제를 열고 '클래스 뷰'로 전환 후 [프로젝트]-[클래스 마법사...] 메뉴를 실행하여 클래스 마법사가 열리면 〈클래스 추가...〉-〈MFC 클래스...〉를 선택한다. 다음 단계에서 클래스 이름으로 "CKeyInputView"를 입력하고 기본 클래스로 'CView'를 선택한 후 〈확인〉을 연달아 클릭하여 클래스 마법사를 닫는다.

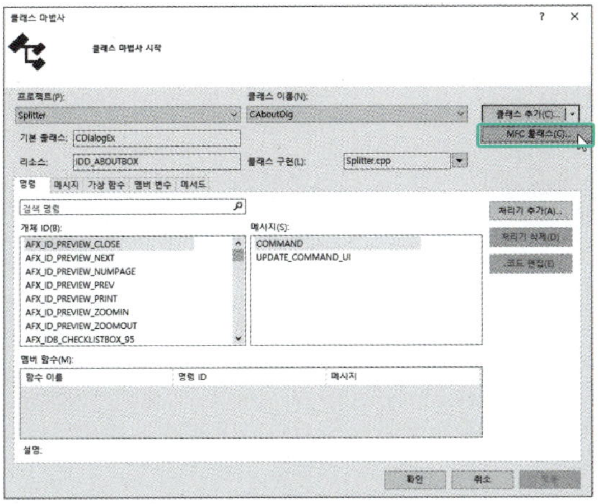

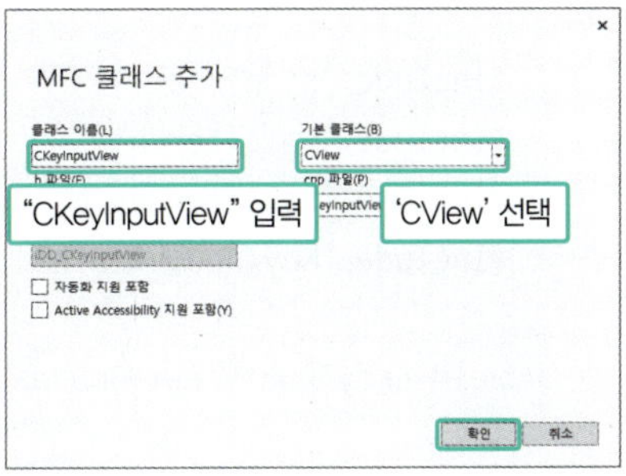

그림 10-18 CKeyInputView 클래스 생성

2 사용자가 입력한 글자들을 저장할 수 있도록 도큐먼트 클래스 헤더 파일에 멤버 변수를 추가하고, OnNewDocument() 함수에 초기화 코드를 작성한다.

```
#include <afxtempl.h>

class CSplitterDoc : public CDocument
{
protected: // serialization에서만 만들어집니다.
    CSplitterDoc();
    DECLARE_DYNCREATE(CSplitterDoc)

// 특성입니다.
public:
    CArray<CPoint, CPoint&> m_points;
    CArray<TCHAR, TCHAR> m_str;
```

```
BOOL CSplitterDoc::OnNewDocument()
{
    if (!CDocument::OnNewDocument())
        return FALSE;

    m_points.RemoveAll();
    m_str.RemoveAll();

    return TRUE;
}
```

3 CKeyInputView 클래스에 WM_CHAR 메시지 핸들러를 추가하고, 글자 입력 코드와 화면 출력 코드를 각각 작성한다. CSplitterDoc 클래스를 직접 참조하므로 헤더 파일을 포함하는 것도 잊지 말자.

```
#include "stdafx.h"
#include "Splitter.h"
#include "SplitterDoc.h"
#include "KeyInputView.h"
...
void CKeyInputView::OnDraw(CDC* pDC)
{
    CSplitterDoc* pDoc = (CSplitterDoc*)GetDocument();

    // 화면 출력용 폰트를 선택한다.
    CFont font;
    font.CreatePointFont(150, _T("궁서"));
    pDC->SelectObject(&font);

    // 현재까지 입력된 글자들을 화면에 출력한다.
    CRect rect;
    GetClientRect(&rect);
    pDC->DrawText(pDoc->m_str.GetData(),
        pDoc->m_str.GetSize(), &rect, DT_LEFT);
}
...
void CKeyInputView::OnChar(UINT nChar, UINT nRepCnt, UINT nFlags)
{
    CSplitterDoc* pDoc = (CSplitterDoc*)GetDocument();

    // [Backspace] 입력 시 맨 마지막 글자를 삭제한다.
    if (nChar == _T('\b')) {
        if(pDoc->m_str.GetSize() > 0)
            pDoc->m_str.RemoveAt(pDoc->m_str.GetSize()-1);
    }
    // 그 밖의 경우에는 동적 배열에 글자를 추가한다.
    else {
        pDoc->m_str.Add(nChar);
    }

    // 화면을 갱신한다.
    Invalidate();
}
```

4 마지막으로, 프레임 윈도우 클래스의 OnCreateClient() 함수를 수정하여 정적 분할 윈도우를 만든다. 도큐먼트 클래스와 뷰 클래스를 직접 참조하므로 헤더 파일을 포함하는 것을 잊지 말자.

```
#include "stdafx.h"
#include "Splitter.h"

#include "MainFrm.h"
#include "SplitterDoc.h"
#include "SplitterView.h"
#include "CKeyInputView.h"
..
BOOL CMainFrame::OnCreateClient(LPCREATESTRUCT /*lpcs*/,
    CCreateContext* pContext)
{
    m_wndSplitter.CreateStatic(this, 1, 2);
    m_wndSplitter.CreateView(0, 0, RUNTIME_CLASS(CSplitterView),
        CSize(300, 300), pContext);
    m_wndSplitter.CreateView(0, 1, RUNTIME_CLASS(CKeyInputView),
        CSize(300, 300), pContext);
    SetActiveView((CView *)m_wndSplitter.GetPane(0, 0));
    return TRUE;
}
```

CMainFrame::OnCreateClient()에서 사용하는 함수를 정리하면 다음과 같다.

- **BOOL CSplitterWnd::CreateStatic(CWnd* pParentWnd, int nRows, int nCols, DWORD dwStyle = WS_CHILD | WS_VISIBLE, UINT nID = AFX_IDW_PANE_FIRST)** : pParentWnd는 부모 윈도우를, nRows와 nCols는 각각 가로와 세로 방향으로 분할할 개수를 의미한다. 예제에서는 가로 방향에 1, 세로 방향에 2를 입력했다. 나머지 인자는 기본값을 사용하면 된다.
- **BOOL CSplitterWnd::CreateView(int row, int col, CRuntimeClass* pViewClass, SIZE sizeInit, CCreateContext* pContext)** : row와 col은 분할 윈도우의 구획을 구분하는 번호이다. 예를 들면 네 개의 구획으로 분할한 윈도우는 [그림 10-19]와 같이 구분한다.

(row, col) = (0, 0)	(row, col) = (0, 1)
(row, col) = (1, 0)	(row, col) = (1, 1)

그림 10-19 네 개의 구획으로 분할한 윈도우

pViewClass에는 RUNTIME_CLASS(뷰 클래스 이름) 매크로를 이용하여 뷰 클래스 정보를 전달한다. sizeInit은 뷰의 초기 크기를 지정한다. 마지막 인자는 MFC 내부적으로 사용하는 값인데, OnCreateClient() 함수의 두 번째 인자를 그대로 전달해주면 된다.

- **void CFrameWnd::SetActiveView(CView* pViewNew, BOOL bNotify = TRUE)** : 활성 뷰를 변경한다. 호출 시 pViewNew가 가리키는 뷰가 키보드 포커스를 갖는다.
- **CWnd* CSplitterWnd::GetPane(int row, int col)** : (row, col) 위치에 있는 뷰 객체의 주소를 리턴한다.

02 MDI

MDI Multiple Document Interface는 응용 프로그램이 동시에 여러 개의 문서를 열어서 작업할 수 있는 사용자 인터페이스이다. 이 절에서는 MFC를 이용한 MDI 응용 프로그램의 작성 방법과 구조를 살펴볼 것이다. MFC를 이용하면 SDI 응용 프로그램과 MDI 응용 프로그램의 작성법이 거의 동일하므로 새로 익힐 내용은 많지 않다.

1 MDI 응용 프로그램 구조

도큐먼트/뷰 구조를 사용하는 MDI 응용 프로그램의 기본 구조는 [그림 10-20]과 같다. 여섯 개의 객체가 상호 작용하면서 응용 프로그램을 구성한다. 응용 프로그램, 도큐먼트 템플릿, 메인 윈도우 객체는 항상 존재하고 도큐먼트, 도큐먼트 프레임 윈도우, 뷰 객체는 새로운 문서를 작성하거나 저장된 문서를 열 때마다 새로 생성된다. SDI 응용 프로그램과 마찬가지로 이들 중 주요 프로그래밍 대상은 도큐먼트와 뷰 객체이다.

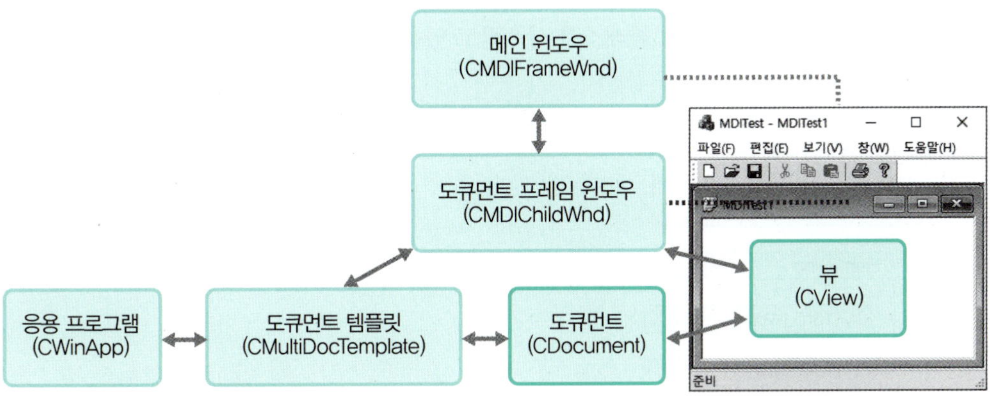

그림 10-20 MDI 응용 프로그램 구조 1

[그림 10-21]은 도큐먼트 세 개와 작업하고 있을 때 MDI 응용 프로그램의 구조이다. 분할 윈도우를 사용하지 않으면 도큐먼트 프레임 윈도우 객체는 뷰 객체와 일대일로 대응하기 때문에 따로 표시하지 않았다. 이 프로그램은 여러 개의 도큐먼트와 작업하고 있지만 도큐먼트 타입은 모두 동일하다.

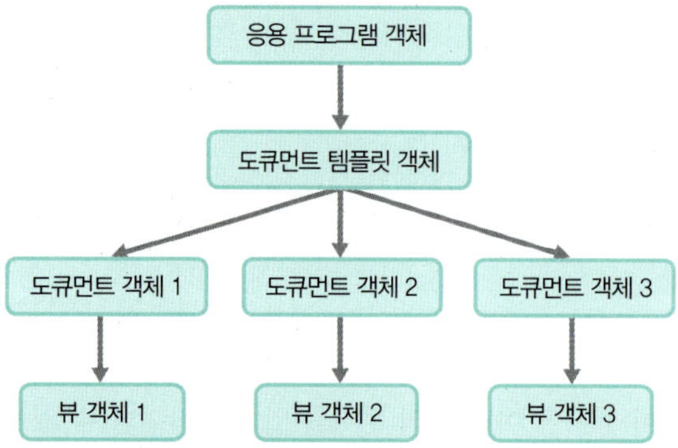

그림 10-21 MDI 응용 프로그램 구조 2

[그림 10-20]과 [그림 10-21]을 토대로 SDI와 MDI 응용 프로그램의 차이점을 정리하면 다음과 같다.

- SDI 응용 프로그램은 CSingleDocTemplate 클래스를, MDI 응용 프로그램은 CMultiDocTemplate 클래스를 이용하여 도큐먼트 템플릿 객체를 만든다.
- SDI 응용 프로그램과 달리 MDI 응용 프로그램은 새 문서를 생성하거나 저장된 문서를 열 때 도큐먼트 객체를 재사용하지 않고 매번 새로 만든다.
- SDI 응용 프로그램에서는 메인 윈도우와 도큐먼트 프레임 윈도우가 동일하므로 두 용어를 혼용했다. 그러나 MDI 응용 프로그램에서는 메인 윈도우와 도큐먼트 프레임 윈도우를 구분하여 각각 CMDIFrameWnd, CMDIChildWnd 클래스를 사용한다. [그림 10-22]는 두 클래스가 모두 CFrameWnd 클래스를 상속받고 있음을 보여준다.

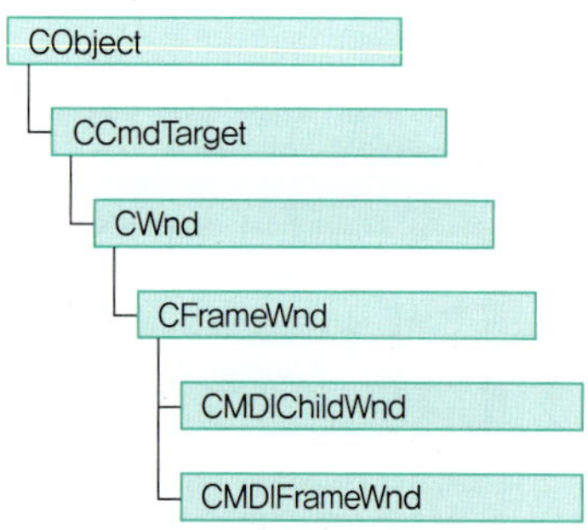

그림 10-22 MFC 클래스 계층도

MDI 응용 프로그램의 InitInstance() 함수를 찾아보면 다음과 같다. SDI 응용 프로그램과 달리 메인 윈도우 객체를 new 연산자를 이용해서 따로 만든다. 도큐먼트, 도큐먼트 프레임 윈도우, 뷰 클래스의 정보는 도큐먼트 템플릿 객체에 저장해 두었다가 필요할 때마다 이 정보를 토대로 객체를 생성한다.

```
BOOL CMDITestApp::InitInstance()
{
    ...
    CMultiDocTemplate* pDocTemplate;
    pDocTemplate = new CMultiDocTemplate(
        IDR_MDITestTYPE, // 리소스 ID
        RUNTIME_CLASS(CMDITestDoc), // 도큐먼트
        RUNTIME_CLASS(CChildFrame), // 도큐먼트 프레임 윈도우
        RUNTIME_CLASS(CMDITestView)); // 뷰
    if (!pDocTemplate)
        return FALSE;
    AddDocTemplate(pDocTemplate);

    CMainFrame* pMainFrame = new CMainFrame; // 메인 윈도우
    if (!pMainFrame || !pMainFrame->LoadFrame(IDR_MAINFRAME))
    {
        delete pMainFrame;
        return FALSE;
    }
    m_pMainWnd = pMainFrame;
    ...
    return TRUE;
}
```

프로그램 수행 중 객체 간에 상호 작용을 하려면 특정 객체를 명시적으로 참조할 수 있어야 한다. [그림 10-23]은 MDI 응용 프로그램에서 주요 객체를 참조하는 MFC 함수를 정리한 것이다.

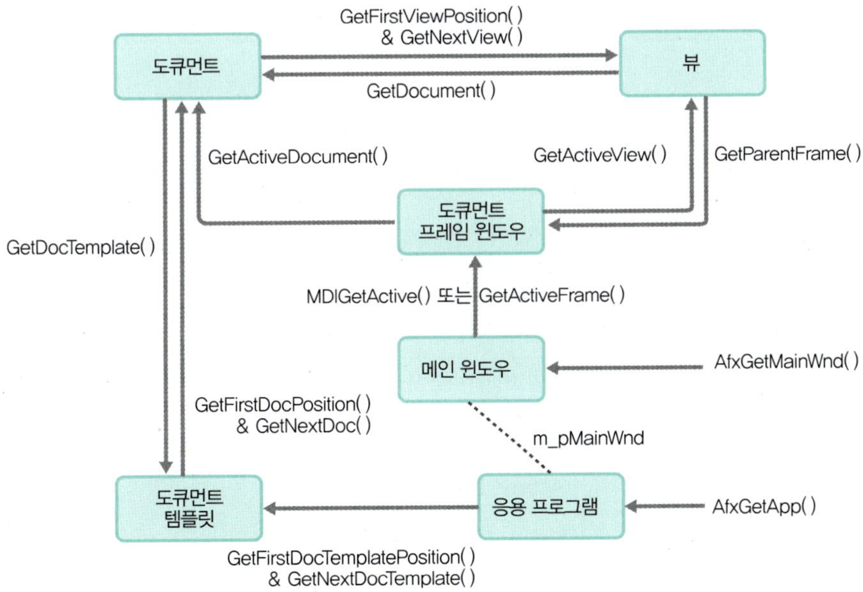

그림 10-23 주요 객체 참조 함수 – MDI

SDI([그림 10-4])에 없었던 두 개의 새로운 함수만 정리하면 다음과 같다.

- CMDIChildWnd* CMDIFrameWnd::MDIGetActive(BOOL* pbMaximized = NULL);
- CFrameWnd* CFrameWnd::GetActiveFrame();

두 함수 모두 활성 도큐먼트 프레임 윈도우 객체의 주소를 리턴한다. MDI 응용 프로그램에 여러 개의 도큐먼트 프레임 윈도우가 존재할 수 있으나, 현재 사용자가 작업하고 있는 활성 뷰를 감싸고 있는 도큐먼트 프레임 윈도우는 오직 하나이다.

이제 MDI 응용 프로그램을 작성해보자. 주요 프로그래밍 대상은 SDI 응용 프로그램처럼 도큐먼트와 뷰 객체이므로 새롭게 배울 내용은 거의 없다.

실습 10-4 간단한 MDI 응용 프로그램 작성하기

[그림 10-24]와 같이 글자를 입력하면 화면에 표시되고, 입력된 글자를 파일에 저장하는 간단한 MDI 응용 프로그램을 작성해보자. 이런 프로그램을 작성하는 경우 뷰 클래스와 도큐먼트 클래스만을 다루며, 두 클래스의 형태가 SDI와 MDI 모두 같기 때문에 지금까지 배운 SDI 프로그래밍 방식을 그대로 적용하면 된다.

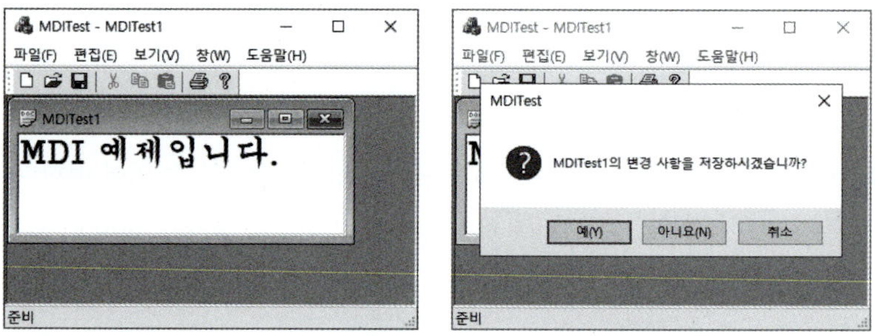

그림 10-24 실행 결과

1 [표 10-4]를 참고하여 응용 프로그램 마법사로 MDITest 프로젝트를 만든다.

표 10-4 응용 프로그램 마법사 단계별 변경 사항

응용 프로그램 마법사 단계	변경 사항
애플리케이션 종류	'프로젝트 스타일'로 'MFC standard' 선택 ('애플리케이션 종류'로 '여러 문서'가 기본값임)
문서 템플릿 속성	'파일 확장명'으로 "mdi"를 입력
사용자 인터페이스 기능	없음
고급 기능	'ActiveX 컨트롤' 옵션 해제
생성된 클래스	없음

2 '리소스 뷰'로 전환한 후 문자열 테이블(String Table)을 열어서 IDR_MDITestTYPE 리소스를 다음과 같이 수정한다. 만약 그대로 두면 [열기]와 [다름 이름으로 저장] 대화 상자에서 '파일 형식'으로 'MDITest Files (*.mdi)'가 표시되지 않는다. 또한, 대화 상자의 '파일 이름' 부분에 .mdi 확장자도 자동으로 붙지 않는다.

참고 비주얼 C++ 2017 이상에서 발생하는 오류이며, 비주얼 C++ 2015까지는 문제가 없다.

수정 전	\nMDITest\nMDITest\n\n\nMDITest.Document\nMDITest.Document
수정 후	\nMDITest\nMDITest\nMDITest Files (*.mdi)\n.mdi\nMDITest.Document\nMDITest.Document

3 사용자가 입력한 글자들을 저장할 수 있도록 도큐먼트 클래스 헤더 파일에 멤버 변수를 추가하고, OnNewDocument() 함수에 초기화 코드를 작성한다.

```
#include <afxtempl.h>

class CMDITestDoc : public CDocument
{
protected: // serialization에서만 만들어집니다.
    CMDITestDoc();
    DECLARE_DYNCREATE(CMDITestDoc)

// 특성입니다.
public:
    CArray<TCHAR, TCHAR> m_str; // 글자 저장
```

```
BOOL CMDITestDoc::OnNewDocument()
{
    if (!CDocument::OnNewDocument())
        return FALSE;

    m_str.RemoveAll();

    return TRUE;
}
```

4 뷰 클래스에 WM_CHAR 메시지 핸들러를 추가하고 다음 코드를 작성한다. 글자가 입력될 때마다 CDocument::SetModifiedFlag() 함수를 호출하여 도큐먼트 객체에 변경 사항을 알린다. 또한 뷰가 두 개 이상인 경우를 고려하여 CWnd::Invalidate() 대신

CDocument::UpdateAllViews() 함수를 이용하여 모든 뷰가 화면을 갱신하도록 처리해야 한다.

```
void CMDITestView::OnChar(UINT nChar, UINT nRepCnt, UINT nFlags)
{
    CMDITestDoc* pDoc = GetDocument();

    // [Backspace] 입력 시 맨 마지막 글자를 삭제한다.
    if (nChar == _T('\b')) {
        if(pDoc->m_str.GetSize() > 0)
            pDoc->m_str.RemoveAt(pDoc->m_str.GetSize()-1);
    }
    // 그 밖의 경우에는 동적 배열에 글자를 추가한다.
    else {
        pDoc->m_str.Add(nChar);
    }

    // 데이터가 수정되었음을 알린다.
    pDoc->SetModifiedFlag();

    // 화면을 갱신한다.
    pDoc->UpdateAllViews(NULL);
}
```

5 도큐먼트 객체에 저장된 데이터를 화면에 출력하는 코드를 뷰 클래스의 OnDraw() 함수에 작성한다. 함수 인자가 초기에 주석 처리되어 있으므로 주석을 제거하는 것을 잊지 않도록 하자.

```
void CMDITestView::OnDraw(CDC* pDC)
{
    CMDITestDoc* pDoc = GetDocument();
    ASSERT_VALID(pDoc);
    if (!pDoc)
        return;

    // 화면 출력용 폰트를 선택한다.
    CFont font;
    font.CreateFont(30, 0, 0, 0, 0,
        0, 0, 0, 0, 0, 0, 0, _T("궁서"));
```

```
	pDC->SelectObject(&font);

	// 현재까지 입력된 글자를 화면에 출력한다.
	CRect rect;
	GetClientRect(&rect);
	pDC->DrawText(pDoc->m_str.GetData(),
		pDoc->m_str.GetSize(), &rect, DT_LEFT);
}
```

6 마지막으로, 도큐먼트 클래스의 Serialize() 함수에 직렬화 코드를 작성한다.

```
void CMDITestDoc::Serialize(CArchive& ar)
{
	if (ar.IsStoring())
	{
		m_str.Serialize(ar);
	}
	else
	{
		m_str.Serialize(ar);
	}
}
```

MDITest 프로그램을 통해 확인할 수 있는 MDI 응용 프로그램의 외형상 특징을 정리하면 다음과 같다.

- [파일]-[새로 만들기] 메뉴를 선택하면 새로운 도큐먼트, 도큐먼트 프레임 윈도우, 뷰 객체가 생성된다. 도큐먼트 객체가 서로 다르므로 한쪽 뷰에서 입력한 내용이 다른 뷰에 반영되지 않는다.

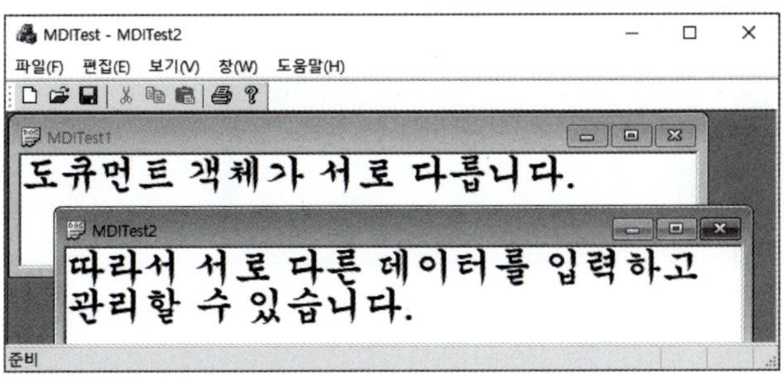

그림 10-25 새로운 도큐먼트 생성

• MDI 응용 프로그램에는 [창] 메뉴가 있어 도큐먼트 프레임 윈도우를 자동으로 정렬할 수 있다. 또한 [창]–[새 창] 메뉴를 선택하면 활성 도큐먼트의 뷰를 추가로 생성하는데, SDI 응용 프로그램에 존재하지 않는 독특한 기능이다. 이 기능을 이용하여 도큐먼트는 하나이지만 두 개의 뷰가 존재하는 상황을 만든 것이 [그림 10–26]의 오른쪽 그림이다. 활성 뷰에서 글자를 입력하면 다른 뷰에도 똑같은 글자가 출력된다. 이와 같이 하나의 도큐먼트에 뷰가 두 개 이상 존재하는 MDI 응용 프로그램의 구조를 도시하면 [그림 10–27]과 같다.

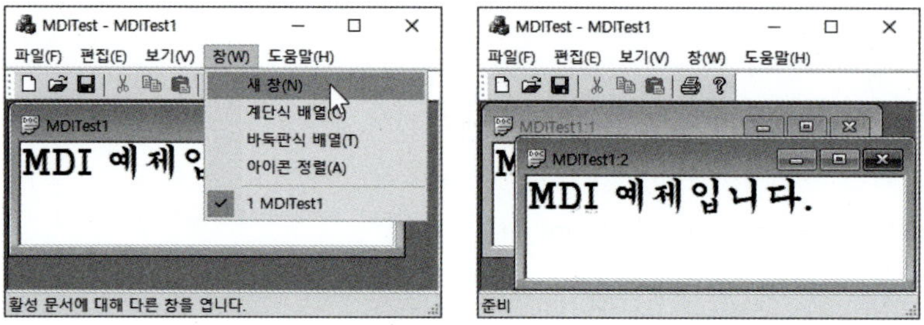

그림 10–26 새로운 뷰 생성

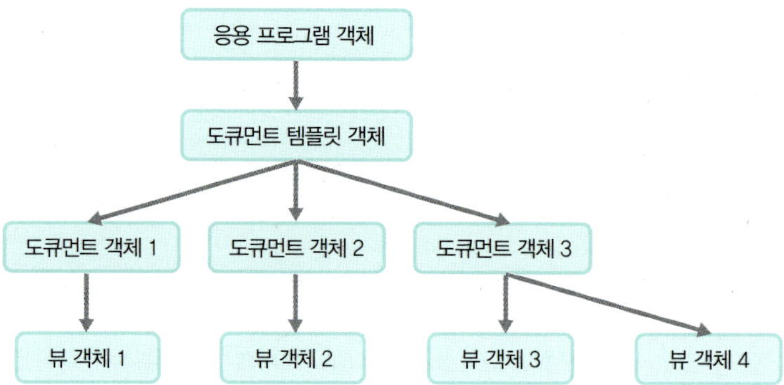

그림 10–27 MDI 응용 프로그램 구조 3

• 두 개의 메뉴를 사용한다. 도큐먼트 프레임 윈도우가 있을 때와 없을 때 메인 윈도우의 메뉴가 달라진다.

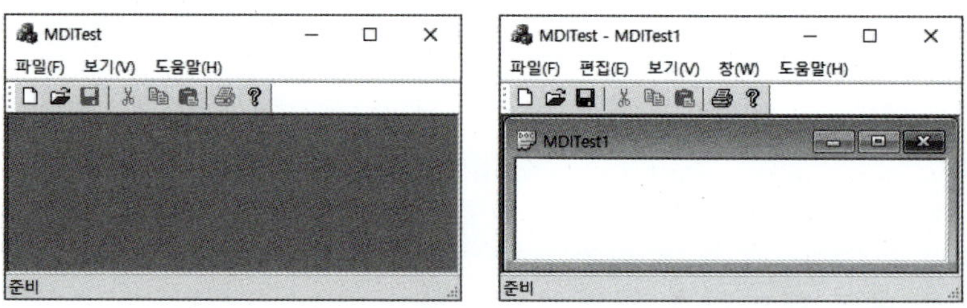

그림 10–28 두 개의 메뉴

현장 팁 **시작할 때 새 문서 띄우지 않기**

MDI 응용 프로그램을 개발하다 보면 실행할 때 새 문서가 뜨는 기능이 불필요할 때가 있다. 새 문서가 뜨지 않는 MDI 응용 프로그램도 있으므로 분명히 방법은 있다. 해답은 ProcessShellCommand() 함수에 넘겨지는 CCommandLineInfo 구조체에 있다. MFC는 기본적으로 새 문서를 띄우도록 설계되어 있으므로 InitInstance() 함수를 다음과 같이 수정하면 된다.

```
BOOL CMyWinApp::InitInstance()
{
    …
    CCommandLineInfo cmdInfo;
    ParseCommandLine(cmdInfo);
    cmdInfo.m_nShellCommand = CCommandLineInfo::FileNothing; // 이 구문을 추가
    if (!ProcessShellCommand(cmdInfo))
        return FALSE;
    …
}
```

이렇게 CCommandLineInfo 구조체 내 m_nShellCommand 멤버 변수 값만 바꾸면 된다. 이 같은 내용은 Visual Studio 설명서를 통해 제공된다. 필요한 내용이 어디 있는지 찾기는 어렵지만, 일단 찾으면 Visual Studio 설명서를 통해 쉽게 수정하고 발전시킬 수 있다. 자주 찾고 확인하는 습관을 들이자.

2 다양한 도큐먼트 타입 지원

지금까지 살펴본 MDI 응용 프로그램은 한 개의 도큐먼트 타입만 지원한다. MFC를 이용하면 [그림 10-29]와 같이 두 개 이상의 도큐먼트 타입을 지원하는 응용 프로그램도 쉽게 구현할 수 있다.

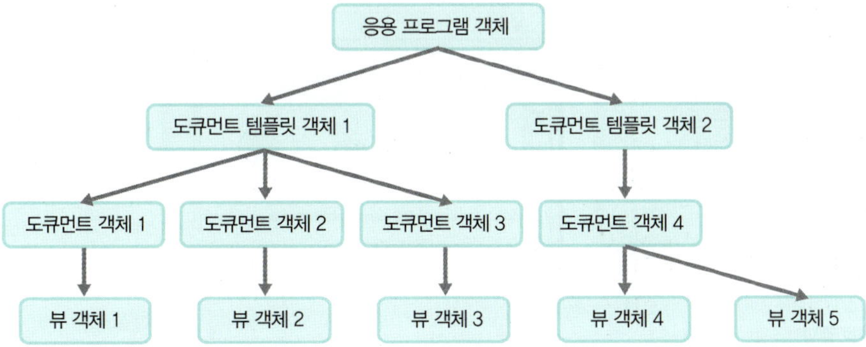

그림 10-29 MDI 응용 프로그램 구조 4

MDI 응용 프로그램에 새로운 도큐먼트 타입을 추가하는 절차는 다음과 같다.

① 새로운 도큐먼트와 뷰 클래스를 생성하고 구현 코드를 작성한다.

② 새로운 도큐먼트 타입에서 사용할 리소스를 추가한다. 아이콘, 메뉴, 도큐먼트 문자열은 반드시 생성해야 한다.

③ InitInstance() 함수를 수정한다. 새로운 도큐먼트 타입을 지원하는 도큐먼트 템플릿 객체를 생성하고 응용 프로그램 객체에 등록한다.

실습 10-5 두 개의 도큐먼트 타입 지원하기

MDITest 예제에 두 개의 도큐먼트 타입을 지원하는 기능을 추가해보자. 응용 프로그램이 두 개 이상의 도큐먼트 타입을 지원할 경우에는, 처음 시작하거나 새 문서를 생성할 때 사용자가 도큐먼트 타입을 선택할 수 있는 대화 상자가 뜬다. [그림 10-30]에서 'MDITest'는 기존 도큐먼트 타입이고 'Circle'은 새로 추가한 도큐먼트 타입이다. 'MDITest'를 선택하면 입력한 글자가 화면에 출력되고(❶~❷), 'Circle'을 선택하면 마우스 왼쪽 버튼을 누른 지점에 회색 원이 그려진다(❸~❹).

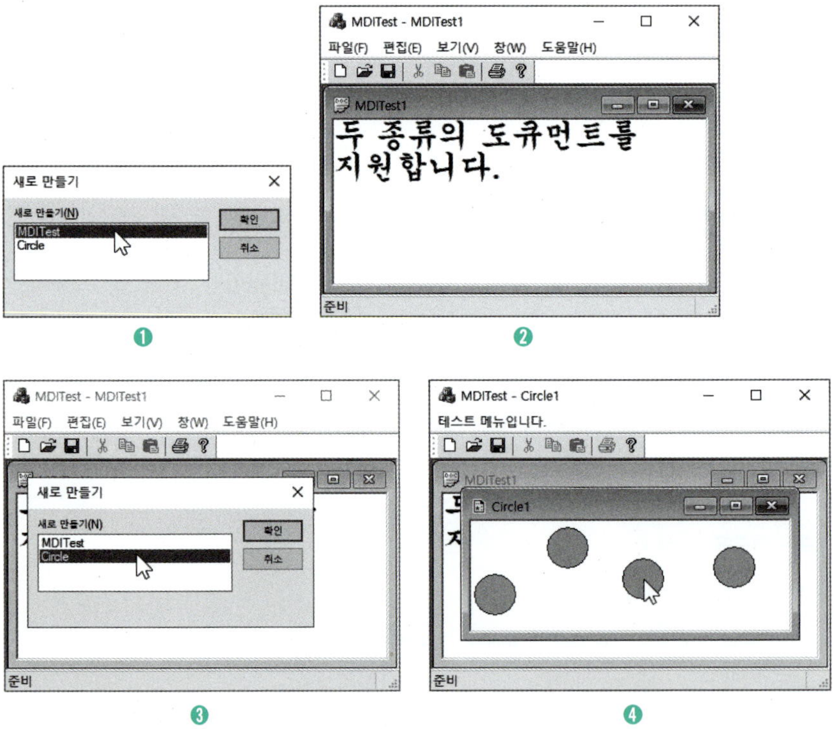

그림 10-30 실행 결과

❶ MDITest 예제를 열고 '클래스 뷰'로 전환 후 [프로젝트]-[클래스 마법사...] 메뉴를 실행하여 클래스 마법사가 열리면 〈클래스 추가...〉-〈MFC 클래스...〉를 선택한다. 다음 단계에

서 클래스 이름으로 "CCircleDoc"을 입력하고 기본 클래스로 'CDocument'를 선택한 후 〈확인〉을 클릭한다. 같은 방식으로 CCircleView 클래스도 만들되 기본 클래스로 'CView'를 선택한 후 〈확인〉을 연달아 클릭하여 클래스 마법사를 닫는다.

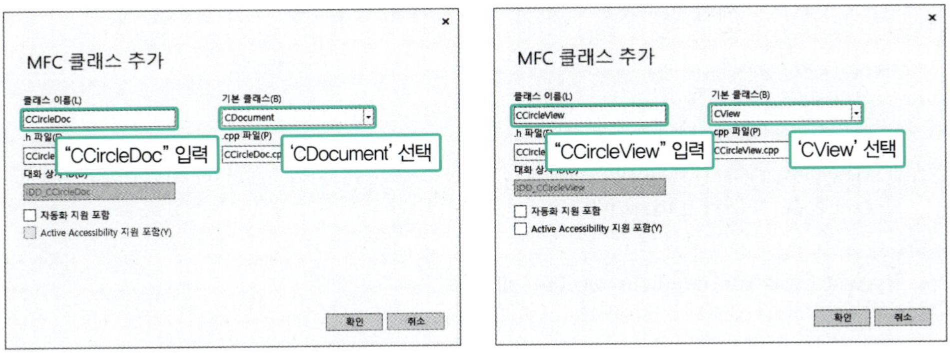

그림 10-31 새로운 도큐먼트와 뷰 클래스 생성

2 CCircleDoc 클래스 헤더 파일에 마우스 클릭 좌표를 저장할 수 있는 멤버 변수를 추가하고, OnNewDocument() 함수에 초기화 코드를 작성한다.

```
#include <afxtempl.h>

class CCircleDoc : public CDocument
{
    DECLARE_DYNCREATE(CCircleDoc)

public:
    CCircleDoc();
    virtual ~CCircleDoc();
    CArray<CPoint, CPoint&> m_points;
```

```
BOOL CCircleDoc::OnNewDocument()
{
    if (!CDocument::OnNewDocument())
        return FALSE;

    m_points.RemoveAll();

    return TRUE;
}
```

3 CCircleView 클래스에 WM_LBUTTONDOWN 메시지 핸들러를 추가하고 다음 코드를 작성한다. 마우스 왼쪽 버튼을 누르면 좌표를 도큐먼트 객체에 저장하고 뷰의 화면을 갱신한다. OnDraw() 함수에서는 도큐먼트 객체에 저장된 좌표를 중심으로 회색 원을 그린다. 도큐먼트 객체를 참조하므로 관련 헤더 파일을 포함하는 것도 잊지 말자.

```
#include "stdafx.h"
#include "MDITest.h"
#include "CCircleDoc.h"
#include "CCircleView.h"
...
void CCircleView::OnDraw(CDC* pDC)
{
    CCircleDoc* pDoc = (CCircleDoc*)GetDocument();
    pDC->SelectStockObject(LTGRAY_BRUSH);
    for (int i=0; i<pDoc->m_points.GetSize(); i++) {
        pDC->Ellipse(pDoc->m_points[i].x - 20, pDoc->m_points[i].y - 20,
            pDoc->m_points[i].x + 20, pDoc->m_points[i].y + 20);
    }
}
...
void CCircleView::OnLButtonDown(UINT nFlags, CPoint point)
{
    CCircleDoc* pDoc = (CCircleDoc*)GetDocument();
    pDoc->m_points.Add(point);
    pDoc->UpdateAllViews(NULL);
}
```

4 '리소스 뷰'로 전환 후 [프로젝트]-[리소스 추가...] 메뉴를 선택하여 아이콘 리소스를 추가하고 ID를 IDR_CircleTYPE으로 변경한다. 같은 모양의 아이콘이 여러 크기로 제공되는데 실습의 편의를 위해 수정하지 않고 그대로 사용하기로 한다.

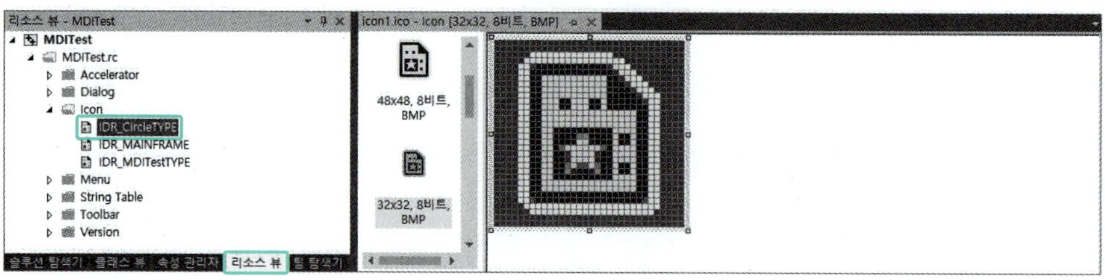

그림 10-32 아이콘 리소스 추가

5 [프로젝트]-[리소스 추가...] 메뉴를 이용하거나 다음 그림과 같이 컨텍스트 메뉴를 이용하여 메뉴 리소스를 추가한다. ID를 IDR_CircleTYPE으로 변경하고 임의로 메뉴 항목을 추가한다. 활성 뷰에 따라 메뉴가 달라지는 것을 테스트하기 위함이므로 어떤 메뉴 항목이라도 좋다.

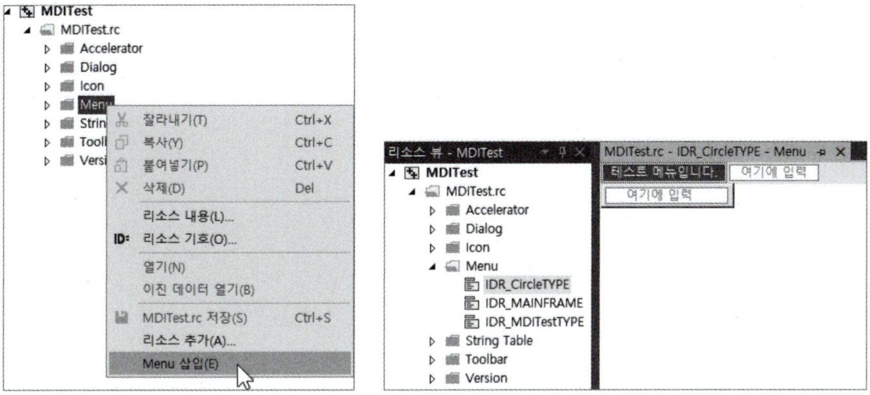

그림 10-33 메뉴 리소스 추가

6 문자열 테이블에 문자열 리소스를 추가하고 ID를 IDR_CircleTYPE으로 변경한 후 '캡션' 부분에 "\nCircle\nCircle\nCircle Files (*.cir)\n.cir\nCircle.Document\nCircle.Document"를 입력한다. IDR_MDITestTYPE에서 캡션 부분을 복사한 후 "MDITest"를 "Circle"로, ".mdi"를 ".cir"로 모두 바꾸면 빠르고 정확하게 입력할 수 있다.

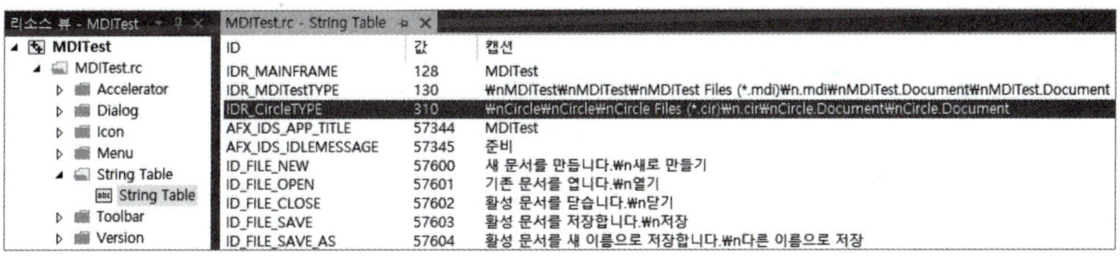

그림 10-34 도큐먼트 문자열 추가

7 마지막으로, 새로운 도큐먼트 타입을 추가해보자. 응용 프로그램 클래스의 InitInstance() 함수에 도큐먼트 템플릿을 생성하고 등록하는 코드를 작성한다. CCircleDoc과 CCircleView 클래스를 사용하므로 관련 헤더 파일을 포함하는 것도 잊지 말자.

```
...
#include "ChildFrm.h"
#include "MDITestDoc.h"
#include "MDITestView.h"
#include "CCircleDoc.h"
```

```
#include "CCircleView.h"
...
BOOL CMDITestApp::InitInstance()
{
    ...
    CMultiDocTemplate* pDocTemplate;
    pDocTemplate = new CMultiDocTemplate(IDR_MDITestTYPE,
        RUNTIME_CLASS(CMDITestDoc),
        RUNTIME_CLASS(CChildFrame),
        RUNTIME_CLASS(CMDITestView));
    if (!pDocTemplate)
        return FALSE;
    AddDocTemplate(pDocTemplate);
    pDocTemplate = new CMultiDocTemplate(IDR_CircleTYPE,
        RUNTIME_CLASS(CCircleDoc),
        RUNTIME_CLASS(CChildFrame),
        RUNTIME_CLASS(CCircleView));
    if (!pDocTemplate)
        return FALSE;
    AddDocTemplate(pDocTemplate);
    ...
}
```

현장 팁 AfxExtractSubString() 전역 함수 활용

여러 종류가 포함된 데이터가 있는 경우, 배열이나 구조체로 바로 받으면 편리하다. 하지만 이 방식은 메모리 전송을 제외하고는 대개 어렵다. 그래서 데이터를 주고받을 때 고유 규칙을 정해놓고 직렬화Serialization를 수행하는 경우가 많다. 도큐먼트 문자열도 그러한 예로, '\n'으로 데이터를 구분하고 순서대로 의미를 부여한다. 또 다른 예인 인쇄 대화 상자(CPrintDialog 클래스)는 다음과 같이 필터(Filter)를 입력받을 때 '|'로 구분하여 임의 개수가 포함된 데이터를 처리한다.

```
static char BASED_CODE szFilter[] = "Chart Files (*.xlc)|*
.xlc|Worksheet Files (*.xls)|*.xls|Data Files (*.xlc;*.xls)|*
.xlc; *.xls|All Files (*.*)|*.*||";
```

'|'를 기준으로 둘씩 짝을 지어나가다가 아무 문자도 없는 곳이 나오면 ('||') 정보의 끝으로 판단한다. 문제는 이러한 데이터를 처리할 때는 이를 분석Parsing하는 함수가 필요하다는 점이다. 다행히 MFC가 제공하는 AfxExtractSubString() 전역 함수를 통해 이 문제를 해결할 수 있다. 도큐먼트 문자열을 알려주는 함수인 CDocTemplate::GetDocString()도 이 함수를 사용한다. 다음 예를 살펴보자.

```
CString sResource = "Icon Name\nLong Description\nFILENAME.HLP";
CStirng sName, sDescription, sHelpFile;

AfxExtractSubString(sName, sResource, 0);
AfxExtractSubString(sDescription, sResource, 1);
AfxExtractSubString(sHelpFile, sResource, 2);
```

AfxExtractSubString() 함수는 첫 번째 인자에 받아올 CString 객체, 두 번째 인자에 전체 문자열, 세 번째 인자에 인덱스를 넣어준다. 따라서 위 예를 실행한 결과는 다음과 같다.

```
> sName: "Icon Name"
> sDescription: "Long Description"
> sHelpFile: "FILENAME.HLP"
```

게다가 다음과 같이 네 번째 인자에 구분하고자 하는 토큰Token을 넣어줄 수도 있다. '|'를 토큰으로 사용하면 파일 대화 상자가 사용하는 필터 문자열도 분석할 수 있다. 디폴트 인자 값이 '\n'이므로 위 예에서는 생략했다.

```
AfxExtractSubString(strExt, strMultiExt, i, (TCHAR)'¦');
```

최근 컴퓨터 처리 성능이 높아져서 문자열 처리가 성능 저하를 크게 야기하지 않는다. 이 때문에 데이터를 주고받을 때 이진 데이터보다 직관적인 문자열을 사용하는 추세이다. 요즘 데이터 포맷으로 널리 쓰이는 XMLeXtensible Markup Language이나 JSONJava Script Object Notation도 결국 문자열이다. 따라서 문자열을 잘 분석하고 가공하는 능력은 상당히 중요하다. AfxExtractSubString() 함수 사용이 익숙해지면, 소스 코드를 열어 이 함수 구현 내용도 분석해 보자.

요약

01 MFC로 작성한 응용 프로그램의 종류

- SDI 응용 프로그램 : 응용 프로그램이 한 번에 한 개의 문서만 열어서 작업할 수 있는 사용자 인터페이스이다.

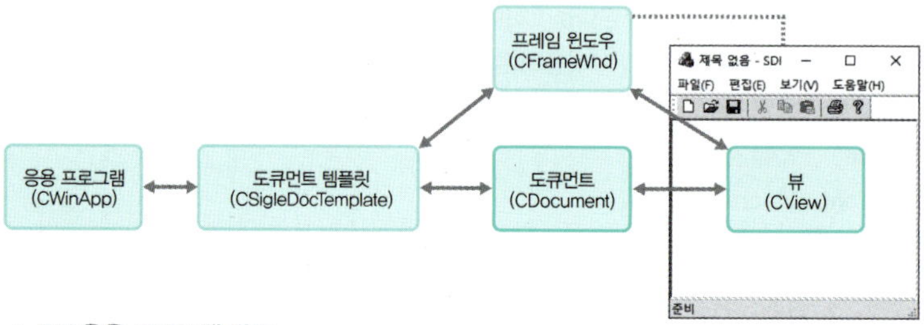

▲ SDI 응용 프로그램 구조

- MDI 응용 프로그램 : 응용 프로그램이 동시에 여러 개의 문서를 열어서 작업할 수 있는 사용자 인터페이스이다.

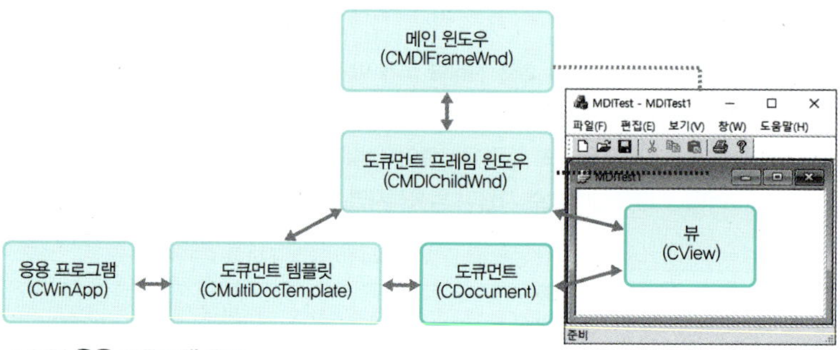

▲ MDI 응용 프로그램 구조

02 도큐먼트 클래스와 뷰 클래스의 핵심 함수

도큐먼트 클래스	SetModifiedFlag(), UpdateAllViews(), OnNewDocument(), OnOpenDocument(), DeleteContents(), Serialize()
뷰 클래스	OnDraw(), OnInitialUpdate(), OnUpdate()

03 명령 라우팅

명령 메시지나 명령 갱신 메시지를 여러 객체에서 처리할 수 있도록 전달해주는 기법이다.

04 분할 윈도우

도큐먼트 한 개에 대해 뷰가 여러 개인 경우를 분할 윈도우라고 한다. 정적 분할 윈도우와 동적 분할 윈도우가 있으며 CSplitterWnd 클래스를 이용하여 구현한다.

연습문제

01 SDITest 예제를 수정하여, 타이틀바 제목을 "SDITest"에서 "MFC 애플리케이션"으로 변경하시오.

HINT 도큐먼트 문자열 첫 번째 항목 변경

02 SDITest 예제를 수정하여, 새 문서 제목을 "제목없음"에서 "새문서"로 변경하시오.

HINT 도큐먼트 문자열 두 번째 항목 변경

03 SDITest 예제를 수정하여, 기본 확장자를 '.suv'로 수정하시오.

HINT 도큐먼트 문자열 네 번째와 다섯 번째 항목 변경

04 SDITest 예제를 수정하여, 도큐먼트 문자열의 7개 항목을 순차적으로 클라이언트 화면에 출력하시오.

HINT 도큐먼트 문자열은 CString 클래스 생성자 첫 번째 인자와 MAKEINTRESOURCE() 매크로 활용, 화면 출력은 CDC::DrawText() 함수 이용

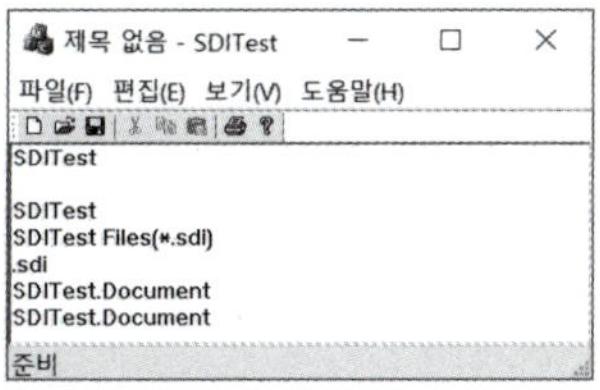

05 SDITest 예제를 수정하여, 명령행 인자로 전달된 파일 경로를 받아 해당 파일 확장자가 도큐먼트 문자열에서 정의한 확장자와 일치하지 않으면 프로그램을 종료하시오.

HINT 명령행 인자로 전달된 파일 경로는 CCommandLineInfo 클래스 내 m_strFileName 멤버 변수, 프로그램 지원 확장자는 도큐먼트 문자열 다섯 번째 항목, 도큐먼트 문자열은 CString 클래스 생성자 첫 번째 인자와 MAKEINTRESOURCE() 매크로 활용, 문자열 파싱은 ::AfxExtractSubString() 전역 함수 이용, 파일 경로로부터 확장자 추출은 ::PathFindExtension() API 함수 이용

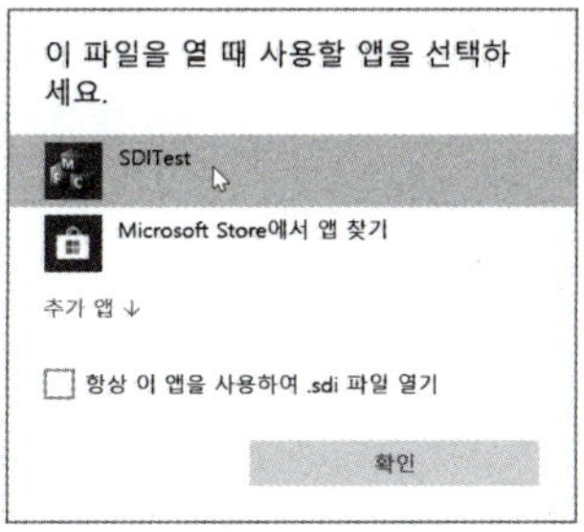

06 SDITest 예제를 수정하여, 프로그램으로 드래그&드롭한 텍스트 파일(*.txt) 내용을 클라이언트 영역에 표시하시오. 단, 도큐먼트 클래스에서 직렬화 기능으로 구현하고 확장자가 "*.txt"인지 검사를 포함한다. 또한 텍스트 파일은 유니코드가 아닌 ANSI 문자열을 포함으로 제한한다.

연습문제

HINT 화면 출력은 CDC::DrawText() 함수 이용, 파일 처리는 CFile 클래스 이용하고 파일 이름은 CFile::GetFileName() 함수 이용, 파일 이름에서 확장자 추출은 ::PathFindExtension() API 함수 이용

07 **SDITest 예제를 다음과 같이 수정하시오. 도움말 명령(ID_APP_ABOUT)을 뷰에서 받도록 수정하고 "도움말입니다." 메시지 상자를 띄운다.**

HINT 명령 라우팅 이용, ClassWizard::AfxMessageBox() 또는 CWnd::MessageBox() 함수 이용

08 **SDITest 예제를 다음과 같이 수정하시오. 도움말 명령(ID_APP_ABOUT)을 도큐먼트에서 명령을 받도록 수정한다. 그리고 현재 도큐먼트가 처리하고 있는 파일명을 메시지 상자를 통해 출력한다. 단, 경로는 제외하고 파일명만 출력한다.**

HINT 명령 라우팅 이용, 도큐먼트 파일 경로는 CDocument::GetPathName() 함수 이용, 파일 경로에서 파일명 추출은 ::PathFindFileName() API 함수 이용

09 **새 문서와 파일을 열 때 웨이브 파일(*.wav)을 이용해 효과음이 나도록 SDITest 예제를 수정하시오. 단, 사운드 재생은 ::PlaySound() API 함수를 이용하고 웨이브 파일은 윈도우 폴더 내 WAV 파일을 이용할 수 있다(예 C:\Windows\Media\Windows Ding.wav).**

HINT 새 문서를 열 때는 CDocument::OnNewDocument() 함수, 파일을 열 때는 CDocument::OnOpen Document() 함수 이용

참고 ::PlaySound() API 함수 사용을 위해 다음 코드를 〈pch.h〉 헤더 파일에 추가

```
#include <Mmsystem.h>
#pragma comment( lib, "Winmm.lib" )
```

10 **SDITest 예제를 다음과 같이 수정하시오. 프로그램을 종료(WM_DESTROY)할 때 윈도우 위치와 크기 정보를 레지스트리에 보관하고, 프로그램을 다시 실행(WM_CREATE)시킬 때 레지스트리에 저장된 정보를 이용하여 이전 위치와 크기를 복원한다. 단, 윈도우 위치와 크기 정보는 WINDOWPLACEMENT 구조체를 사용하고, 레지스트리에 보관하는 정보는 CString 클래스를 사용한 "%u|%u|%u|%d|%d|%d|%d|%d|%d|%d|%d" 형식 문자열로 처리한다**

HINT 레지스트리를 통한 정보 접근은 CWinApp::GetProfileString()와 CWinApp::Write ProfileString() 함수, 윈도우 위치와 크기 설정과 복원은 ::GetWindowPlacement()와 ::SetWindowPlacement() 함수, 문자열 작성은 CString::Format() 함수, 문자열 파싱은 ::AfxExtractSubString() 또는 ::_stscanf_s() 전역 함수 이용

11 **Splitter 예제(동적 분할 윈도우)를 수정하여, [보기(&V)]–[정렬(&A)] 메뉴를 추가하고 [정렬(&A)] 메뉴를 실행하면 분할선이 가로 또는 세로 정가운데 위치하도록 구현하시오.**

HINT 분할 크기 지정은 CSplitterWnd::SetColumnInfo()와 CSplitterWnd::SetRowInfo() 함수 이용, 분할선 재정렬은 CSplitterWnd::RecalcLayout() 함수 이용

12 **Splitter 예제(동적 분할 윈도우)를 수정하여, 임의 뷰에서 마우스 오른쪽 버튼을 더블 클릭하면 해당 뷰에 대한 구획 인덱스(Pane Index)를 "(#,#)" 형태로 메시지 박스를 통해 출력하시오.**

HINT CView::GetParentSplitter() 함수와 CSplitterWnd:: IsChildPane() 함수 이용

13 **Splitter 예제(정적 분할 윈도우)를 수정하여, 왼쪽 뷰에서 입력한 모든 원에 대해 오른쪽 뷰에 "%0d: (%d, %d)" 형식으로 순서와 함께 도형 좌표를 출력하시오.**

HINT 정적 분할 윈도우 이용, 문자열 작성은 CString::Format() 함수, 화면 출력은 CDC::DrawText() 함수 이용

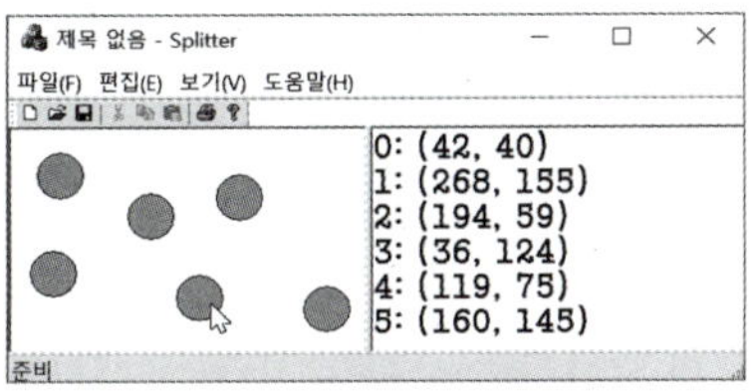

14 **Splitter 예제(정적 분할 윈도우)를 수정하여, [그림 10-15]와 유사하게 왼쪽 뷰에는 원래 비트맵 이미지를, 오른쪽 뷰에는 확대된 비트맵 이미지를 출력하도록 수정하시오. 단, 출력 대상 비트맵은 리소스에 추가된 비트맵을 활용한다.**

HINT 정적 분할 윈도우 이용, 리소스 내 비트맵 로딩은 CBitmap.LoadBitmap() 함수, 원본 크기 화면 출력은 CDC::BitBlt() 함수, 확대 크기 화면 출력은 CDC::StretchBlt() 함수 사용

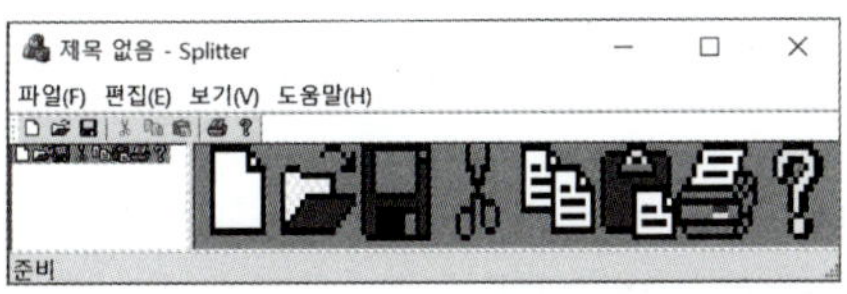

15 **MDITest 예제를 다음과 같이 수정한다. 뷰에서 글자 대신 뷰와 연결된 도큐먼트가 관할하는 모든 뷰에 대한 정보를 출력한다. 단, 뷰 정보는 "[%2d] %s (%p)" 형태로 색인, 타이틀바 텍스트, 포인터 값 순으로 기술한다.**

HINT CDocument::GetFirstViewPosition() 함수와 CDocument::GetNextView() 함수 이용

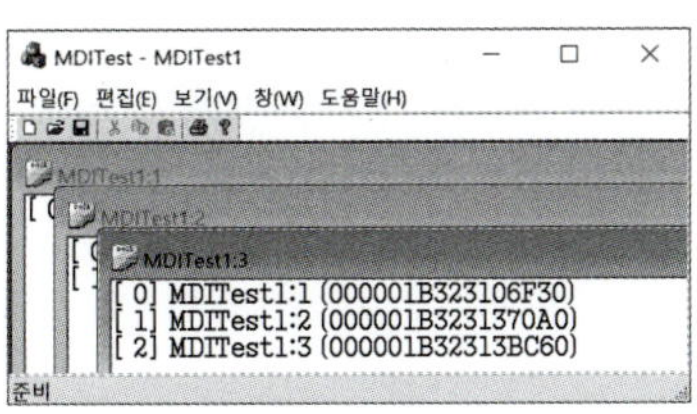

16 **MDITest 예제를 다음과 같이 수정하시오. [창(&W)-[창(&W)…] 메뉴를 추가하고 이 메뉴를 선택하면 현재 창을 열거하여 선택할 수 있는 대화 상자(비주얼 C++ 개발 환경에서 제공하는 대화 상자와 유사함)가 나타나도록 한다. 이때 각 버튼별 기능도 함께 구현한다.**

HINT 도큐먼트 템플릿 열거는 CWinApp 클래스가 제공하는 GetFirstDocTemplatePosition()와 GetNextDocTemplate() 함수, 도큐먼트 열거는 CDocTemplate 클래스가 제공하는 GetFirstDocPosition()와 GetNextDoc() 함수, 뷰 열거는 CDocument 클래스의 GetFirstViewPosition()와 GetNextView() 함수, 뷰에 대한 프레임 윈도우는 CWnd::GetParentFrame() 함수, 윈도우 타이틀은 CWnd::GetWindowText() 함수, 윈도우 활성화는 CFrameWnd::ActivateFrame() 함수, 윈도우 저장은 CDocument::OnSaveDocument() 함수, 윈도우 닫기는 CMDIChildWnd::MDIDestroy() 함수 이용

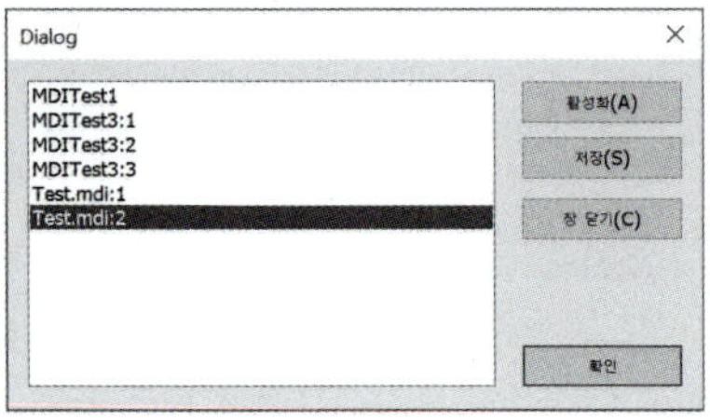

17 **MDITest 예제(두 개의 도큐먼트 타입) 예제를 수정하여, 새 문서 생성 시 [새로 만들기] 대화 상자에 나타나는 "MDITest"와 "Circle"을 각각 "텍스트"와 "도형"으로 변경하시오.**

HINT 도큐먼트 문자열 세 번째 항목 변경

18 **MDITest 예제(두 개의 도큐먼트 타입) 예제를 수정하여, 두 종류 도큐먼트를 모두 파일로 저장과 복원이 가능하도록 구현하시오. 단, 직렬화 기능을 이용한다.**

HINT CMDITestDoc은 텍스트, CCircleDoc은 직사각형 위치와 크기 정보 보관, 뷰에서 수정 사항 발생 시 CDocument::SetModifiedFlag() 함수 호출

19 **MDITest 예제(두 개의 도큐먼트 타입) 예제를 수정하여, 비트맵을 출력하는 "Bitmap"이라는 새로운 도큐먼트를 추가하고, 비트맵 뷰에서 이미지를 출력하도록 수정하시오.**

HINT CBitmapDoc 클래스와 CBitmapView 클래스 생성, 도큐먼트 템플릿 추가

20 **MDITest 예제(두 개의 도큐먼트 타입) 예제를 다음과 같이 수정하시오. 뷰에서 기존 출력 대신 해당 뷰와 연결된 도큐먼트에 대한 도큐먼트 문자열을 출력하시오. 단, CDocTemplate 클래스를 사용하여 도큐먼트 문자열 정보에 접근한다.**

HINT 뷰와 연결된 도큐먼트 템플릿은 CDocument::GetDocTemplate() 함수, 도큐먼트 문자열 정보는 CDocTemplate::GetDocString() 함수 이용, 문자열 작성은 CString::Format() 함수, 화면 출력은 CDC::DrawText() 함수 이용

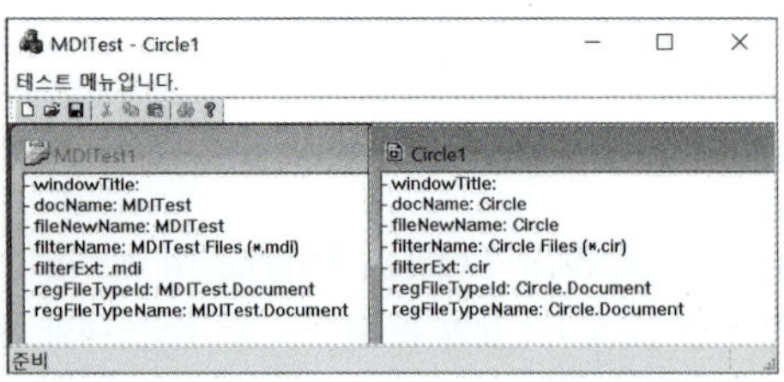

현장의 목소리

메모리 DC와 더블 버퍼링

비트맵 이미지를 한 장 출력하려면 대용량 데이터가 시스템 메모리에서 시스템 버스를 통해 그래픽 카드 메모리까지 전달돼야 한다. 풀HD 영상이라면 RGB 24비트를 사용하는 비트맵 한 장도 약 5.6MB(1920×1024×3(RGB)=5,898,240)의 데이터를 전송해야 한다. 이렇게 큰 데이터가 시스템 버스를 통해 그래픽 카드 메모리까지 전달되려면 일정 시간이 필요한데, 초당 30장 이상으로 영상이 출력되려면 전달 시간은 33밀리초 이내가 되어야 한다. 이 시간을 맞추지 못하면 화면이 깜빡인다는 느낌이 들게 된다. 따라서 비트맵 이미지를 출력할 때는 점 하나씩 전송하지 않는다. 대신 BitBlt() 함수를 사용하여 비트맵 데이터를 한 번에 블록 전송하는 방식을 사용한다. 메모리 DC와 메모리 비트맵을 생성하고 그 위에 비트맵 이미지를 출력한 후 그 메모리 비트맵을 BitBlt() 함수를 통해 한 번에 전송하는 방식이다.

그런데 한 화면에 출력할 비트맵이 하나가 아닌 여러 개면 어떻게 해야 할까? 비트맵마다 각각 메모리 DC를 생성하고 BitBlt() 함수로 전송하면 시스템 버스를 여러 번 경유하므로 깜박이는 현상을 유발할 것이다. 따라서 최종 결과물만 시스템 버스를 통해 그래픽 카드 메모리로 전달하는 방식으로 깜빡임 같은 오류 현상을 방지해야 한다. 이를 위해 비트맵 이미지를 출력할 때 실제 DC가 아닌 메모리 DC로 여러 장 비트맵을 출력하여 하나로 합치는 작업을 한다. 이 과정은 시스템 메모리 간 이뤄지는 현상이므로 버스를 통하는 것보다 빠르고 효율적이다. 비트맵 출력이 완료되면 최종 메모리 DC를 BitBlt() 함수를 사용하여 실제 DC에 블록 전송한다. 즉, 이렇게 실제 DC로 전송하기 직전에 메모리 버퍼를 하나 더 두고, 이 버퍼에서 데이터를 정리하는 방식을 '더블 버퍼링'이라 한다. 버퍼를 하나 더 두어 메모리 자원은 더 필요하지만 효율성 증대 효과를 얻을 수 있다. 여기서는 더블 버퍼링을 자동으로 수행하는 DC 클래스를 작성하고 활용해 본다.

메모리 DC를 담당하는 CBackDC 클래스 헤더 파일은 다음과 같다(Back은 더블 버퍼링을 수행하는 이미지 버퍼를 의미하는데, 대개 후방 버퍼Back Buffer라고 부르기 때문이다). 기존 CDC 기능을 수용할 수 있도록 CDC를 상속하고 메모리 DC 구현을 위한 멤버 변수를 새로 정의한다. 외부로 노출되는 멤버 함수로는 CBackDC 클래스가 포함하는 메모리 비트맵 크기를 리턴하기 위한 GetWidth()와 GetHeight() 함수가 있다. 내부 함수로는 Internal_InitBackBuffer()와 Internal_FreeBackBuffer() 함수가 있는데, 이름 그대로 후방 버퍼를 생성하고 소멸하는 역할을 한다. 멤버 변수는 생성자에 전달된 인자를 보관하는 역할을 하고, 특별히 메모리 비트맵 크기를 보관하는 CSize 객체를 포함한다. 멤버 변수 의미와 역할은 함수와 함께 설명하겠지만, 먼저 기억할 사항은 CBackDC 객체 자체가 메모리 DC라는 사항이다. 최종 출력할 대상 DC는 생성자를 통해 전달받으며 이를 CDC 참조 변수Reference Variable 형태로 보관한다.

```
class CBackDC : public CDC
{
public:
    CBackDC( CDC &dc, CWnd *pWnd );
    virtual ~CBackDC();
public:
```

```
    LONG GetWidth()
      { return m_sizeBitmap.cx; }
    LONG GetHeight()
      { return m_sizeBitmap.cy; }
protected:
    void Internal_InitBackBuffer
      ( CDC &dc, CWnd *pWnd );
    void Internal_FreeBackBuffer
      ( CDC &dc );
protected:
    CDC  &  m_dc;
    CWnd *  m_pWnd;

    CSize     m_sizeBitmap;
    // Back Buffer 크기
    CBitmap   * m_pOldBitmap;
};
```

CBackDC 클래스에 대한 생성자와 소멸자는 다음과 같다. 생성자는 Internal_InitBackBuffer() 멤버 함수를 호출하여 메모리 DC와 메모리 비트맵을 생성하고, 소멸자는 Internal_FreeBackBuffer() 멤버 함수를 호출하여 생성자에서 생성한 메모리 DC와 메모리 비트맵을 제거하는 역할을 한다. 생성자에서는 최종 출력할 대상 DC를 인자로 받으며, CWnd 객체는 전달된 DC로부터 클라이언트 영역을 얻기 위한 용도로 사용한다.

```
CBackDC::CBackDC( CDC &dc, CWnd
*pWnd )
    : CDC(), m_dc( dc ),
      m_pWnd( pWnd ),
      m_sizeBitmap( 0, 0 ),
      m_pOldBitmap( NULL )
{
    if ( m_pWnd != NULL )
      Internal_InitBackBuffer
        ( m_dc, pWnd );
}
CBackDC::~CBackDC()
{
    if ( m_pWnd != NULL )
      Internal_FreeBackBuffer
        ( m_dc );
}
```

앞서 CBackDC 클래스 생성자에서 호출하는 Internal_InitBackBuffer() 멤버 함수는 생성자의 인자로 전달된 DC를 바탕으로, CDC::CreateCompatibleDC() 함수로 메모리 DC를 생성하고 CBitmap::CreateCompatibleBitmap() 함수를 사용하여 메모리 비트맵을 생성한다. 아울러 생성자 인자로 전달된 CWnd 객체로부터 클라이언트 영역을 얻어 메모리 비트맵 생성 시 이 영역에 맞는 크기로 생성한다. 생성된 메모리 비트맵은 반드시 CDC::SelectObject() 함수를 사용하여 메모리 DC에 지정해 주어야 한다.

```
void CBackDC::Internal_
InitBackBuffer( CDC &dc, CWnd *pWnd
)
{
    if ( pWnd == NULL )
      return;

    CRect rect;
    pWnd->GetClientRect( rect );
```

```
    m_sizeBitmap = CSize( rect.
      Width(), rect.Height() );
      // 크기 저장
    this->CreateCompatibleDC ( &dc );

    CBitmap bmBack;
    bmBack.CreateCompatibleBitmap
      ( &dc, m_sizeBitmap.cx,
      m_sizeBitmap.cy );
    m_pOldBitmap = (CBitmap *)this-
>SelectObject( &bmBack );
}
```

CBackDC 클래스 소멸자에서 호출하는 Internal_FreeBackBuffer() 멤버 함수는 생성자에서 생성한 메모리 DC와 메모리 비트맵을 제거하는 역할을 하면 된다. 그런데 CBackDC 클래스는 메모리 DC 역할이므로 소멸하기 직전 현재까지 메모리 DC에 출력한 비트맵 이미지를 최종 목적 DC에 전송해야 한다. 그리고 그 시점은 DC가 소멸하는 시점일 것이다. 따라서 Internal_FreeBackBuffer() 함수에서 CDC::BitBlt() 함수를 사용하여 비트맵 이미지에 대해 블록 전송을 수행한다. 그런 후 앞서 생성한 메모리 비트맵을 CDC::SelectObject() 함수를 통해 메모리 DC로부터 분리한 후 CBitmap::DelectObject() 함수를 통해 삭제하고, 메모리 DC는 CDC::DeleteDC() 함수를 사용하여 삭제한다(단, DeleteDC() 함수는 CDC 클래스 소멸자에서 자동 호출되므로 생략 가능). 이로써 메모리 DC를 담당하는 CBackDC 클래스 구현을 완료하였다.

```
void CBackDC::Internal_
FreeBackBuffer( CDC &dc )
{
    if ( dc.GetSafeHdc() == NULL
      || GetSafeHdc() == NULL )
      return;

    dc.BitBlt( 0, 0,
      m_sizeBitmap.cx,
      m_sizeBitmap.cy, this, 0, 0,
        SRCCOPY );

    if ( m_pOldBitmap != NULL )
    {
      CBitmap *pBitmap =
        this->SelectObject
        ( m_pOldBitmap );
      if ( pBitmap != NULL )
         pBitmap->DeleteObject();
    }
    this->DeleteDC();
}
```

이제 OnDraw() 함수 등에서 CBackDC 객체를 생성한 후 다양한 출력을 하기만 하면 소멸자가 호출되면서 자동으로 메모리 블록 전송이 발생할 것이다. 그런데 메모리 DC에 다시 비트맵 이미지를 출력하려면 또다시 메모리 DC를 생성해야 하는 과정이 필요하다. 따라서 이러한 번거로운 작업을 대신 수행할 CDrawDC 클래스를 추가로 구현해 보자. CDrawDC 클래스 헤더는 다음과 같다. CBackDC 클래스를 상속하고 비트맵 출력을 위해 DrawBitmap()과 DrawStretchBitmap() 멤버 함수를 선언하고 있다.

```
class CDrawDC : public CBackDC
{
public:
    // pWnd가 입력되면 Back Buffer를
       생성한다.
    CDrawDC( CDC &dc, CWnd
       *pWnd=NULL );
    virtual ~CDrawDC();

public:
    void DrawBitmap( int x, int y,
       CBitmap &bitmap );
    void DrawStretchBitmap( int
       x, int y, int cx, int cy,
       CBitmap &bitmap );
};
```

CDrawDC 클래스 생성자는 다음과 같이 CBackDC 클래스 생성자 인자와 동일하고, CBackDC 클래스 생성자를 호출하면서 인자를 그대로 전달하고 있다. CDrawDC 클래스 소멸자는 특별한 역할이 없다(내부적으로 CBackDC 클래스의 소멸자가 자동 호출된다).

```
CDrawDC::CDrawDC( CDC &dc, CWnd
*pWnd )
    : CBackDC( dc, pWnd )
{
}
CDrawDC::~CDrawDC()
{
}
```

CDrawDC 클래스가 정의하는 DrawBitmap()과 DrawStretchBitmap() 멤버 함수는 각각 CDC 클래스가 제공하는 BitBlt()와 StretchBlt() 함수를 사용한다는 차이가 있을 뿐, 둘 다 메모리 DC를 생성하고 전달된 비트맵 객체를 설정한 후 CDrawDC 클래스 자체 메모리 DC로 메모리 비트맵을 블록 전송하는 역할을 한다. CDrawDC 클래스가 있다면 매번 반복되어야 하는 코드를 줄여준다는 데 장점이 있다. 이로써 CDrawDC 클래스도 구현을 완료하였다.

```
void CDrawDC::DrawBitmap( int x, int y,
CBitmap &bitmap )
{
    if ( bitmap.GetSafeHandle()
      == NULL )
      return;

    BITMAP bm;
    bitmap.GetBitmap( &bm );

    CDC dcMem;
    dcMem.CreateCompatibleDC( this );
    CBitmap *pOldBitmap = (CBitmap *)
      dcMem.SelectObject( &bitmap );

    this->BitBlt( x, y, bm.bmWidth,
      bm.bmHeight, &dcMem, 0, 0,
      SRCCOPY );

    if ( pOldBitmap != NULL )
      dcMem.SelectObject( pOldBitmap );
}

void CDrawDC::DrawStretchBitmap( int x,
int y, int cx, int cy, CBitmap &bitmap
)
{
    if ( bitmap.GetSafeHandle() == NULL
)
```

```
        return;

    BITMAP bm;
    bitmap.GetBitmap (&bm );

    CDC dcMem;
    dcMem.CreateCompatibleDC( this );
    CBitmap *pOldBitmap = (CBitmap *)
      dcMem.SelectObject( &bitmap );

    this->StretchBlt( x, y, cx, cy,
      &dcMem, 0, 0, bm.bmWidth,
      bm.bmHeight, SRCCOPY );

    if ( pOldBitmap != NULL )
      dcMem.SelectObject
      ( pOldBitmap );
}
```

이제 지금까지 구현한 메모리 DC 관련 클래스를 실제로 이용하는 방법을 살펴보자. 응용 프로그램 클래스에서 CBitmap 객체를 선언한 후 비트맵 리소스를 읽어 들인다. 예제에서는 IDB_BACKGROUND 비트맵 리소스를 준비한 후 CBitmap::LoadBitmap() 함수를 이용하여 m_bitmap 객체로 비트맵을 읽어 들였다(비트맵을 로드하기 좋은 위치는 대개 WM_CREATE 메시지를 처리하는 OnCreate() 함수다). 배경 비트맵처럼 자주 사용하는 비트맵인 경우 미리 비트맵 리소스를 읽어두면 비트맵을 출력할 때마다 다시 로드할 필요가 없기 때문에 효율적이다.

```
int CDCTestDlg::OnCreate(
LPCREATESTRUCT lpCreateStruct )
{
    if ( CDialog::OnCreate(lpCreat
      eStruct) == -1 )
      return -1;

    m_bitmap.LoadBitmap( IDB_
      BACKGROUND );
    return 0;
}
```

여기서는 배경 비트맵을 예로 들었으므로, OnDraw() 함수보다 다음과 같이 WM_ERASEBKGND 메시지를 처리하는 OnEraseBkgnd() 함수에서 배경 비트맵을 출력하였다. 일단 CDrawDC 객체를 지역 변수로 선언한다. 그래야 함수가 리턴되기 전 지역 변수가 소멸되면서 CDrawDC 클래스 소멸자가 호출되고 이어 CBackDC 클래스 소멸자가 호출되면서 메모리 DC로부터 최종 목적 DC에게로 비트맵 데이터가 블록 전송되기 때문이다. 그리고 CDrawDC 클래스가 제공하는 DrawBitmap()이나 StretchBitmap() 함수를 사용하여 비트맵을 출력하고, CDC 클래스가 제공하는 다양한 함수를 사용하여 화면에 출력할 수 있다. 예에서는 전체 배경을 일단 1:1로 출력하고 일정 부분에 흰색 직사각형을 출력한 후 다시 전체 배경을 축소하여 흰색 직사각형 안에 출력하였다. 결과는 다음 그림과 같다. 여기서 주목할 사항은 CDrawDC 클래스를 사용하지 않고, CDC 객체 즉 pDC에 직접 출력하면 무려 세 번씩 시스템 메모리와 그래픽 카드 메모리 간 데이터 전송이 발생한다는 점이다. 그러나 CDrawDC 클래스를 사용한 더블 버퍼링 때문에 DC 출력 세 번은 모두 시스템 메모리에서만 이뤄지고 실제 시스템 메모리와 그래픽 카드 메모리 간 데이터 전송은 OnEraseBkgnd() 함수가 리턴되기 직전 단 한 번만 발생한다. 이로써 한층 더 향상된 화면 출력 기법을 익히고, 개발 시 손발이 되는 유용한 클래스를 확보하게 되었다.

```
BOOL CDCTestDlg::OnEraseBkgnd(CDC*
pDC)
{
    CDrawDC dc( *pDC, this );

    dc.DrawBitmap( 0, 0, m_bitmap );
    dc.FillSolidRect( 50, 50, 500,
      320, RGB(255,255,255) );
    dc.DrawStretchBitmap( 60, 60,
      480, 300, m_bitmap );

    return TRUE;
}
```

▲ **더블 버퍼링을 사용한 윈도우 배경 출력 예**

더블 버퍼링은 비트맵처럼 데이터 처리량이 많은 곳에서 반드시 필요한 사항이다. 실제로 응용 프로그램보다는 게임과 같이 고속 비트맵 처리를 필요로 하는 곳에서 사용하는 Direct2D(구. DirectDraw) 기술도 일반적으로 더블 버퍼링 기능을 사용한다. 따라서 여기서 구현한 CBackDC와 CDrawDC 클래스를 사용하고 발전시키는 연습과 함께, 더블 버퍼링 개념을 이해하고 활용하는 기술도 매우 중요하다.

PART 03

고급 MFC 프로그래밍

PREVIEW

기본 학습에서 다루지 않은 부분 중 실전에서 자주 사용되는 주제를 중심으로 구성했다. 11~12장은 사용자 인터페이스, 13장은 다중 처리, 14장은 데이터 입출력, 15장은 TCP/IP 통신과 관련된 주제를 다룬다. 순서와 관계없이 진행할 수 있으므로 당장 필요한 부분을 찾아 학습하면 된다.

CHAPTER 11
공용 컨트롤

학습 목표

- 공용 컨트롤의 종류와 특징을 이해한다.
- 공용 컨트롤의 프로그래밍 방법을 익힌다.

01 공용 컨트롤 기초

공용 컨트롤Common Control은 윈도우 95 혹은 이후에 추가된 새로운 사용자 인터페이스 요소로, 기존의 표준 컨트롤에 없는 다양한 기능을 제공한다. 각 컨트롤에 대응하는 MFC 클래스와 기능을 요약하면 옆의 [표 11-1]과 같고, 대화 상자 디자인 시 사용되는 도구 상자는 [그림 11-1]과 같다. ◆표시가 있는 공용 컨트롤은 도구 상자에는 없고 직접 코드를 작성해서 구현해야 한다.

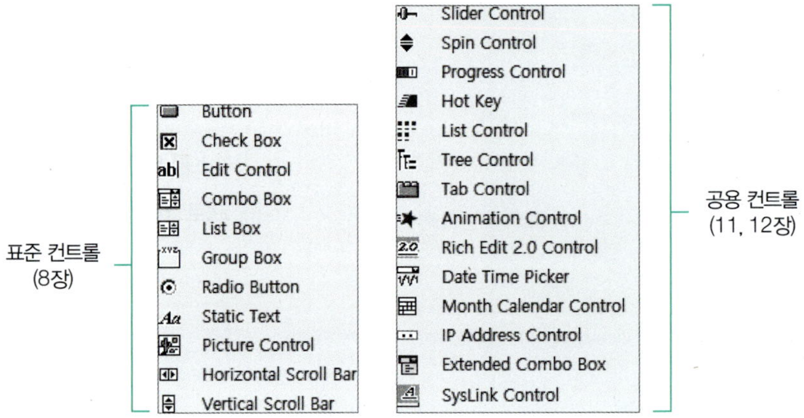

그림 11-1 도구 상자

참고 비주얼 C++ 도구 상자를 살펴보면 [그림 11-1]에 표시되지 않은 컨트롤이 있다. 이들은 윈도우 운영체제가 기본으로 제공하지 않는 커스텀 컨트롤(사용자 컨트롤)로, 이 책에서는 다루지 않는다.

공용 컨트롤은 표준 컨트롤과 사용법이 비슷하지만, 다음과 같은 차이가 있다.

- 표준 컨트롤은 USER32.DLL에 구현되어 있지만, 공용 컨트롤은 COMCTL32.DLL에 구현되어 있다. COMCTL32.DLL의 버전에 따라 사용할 수 있는 공용 컨트롤의 종류와 기능에 제약이 있으므로 주의해야 한다. COMCTL32.DLL 파일을 업그레이드할 수 있는 공식적인 방법은 MS 인터넷 익스플로러를 업그레이드하는 것이다.
- 사용 전에 반드시 ::InitCommonControls() 또는 ::InitCommonControlsEx() 함수를 호출해야 한다. MFC를 사용하면 이 과정은 자동으로 이루어진다.
- 통지 메시지의 종류와 형태가 다르다. 표준 컨트롤은 WM_COMMAND 메시지를 주로 사용하지만, 공용 컨트롤은 WM_NOTIFY 메시지를 주로 사용한다.

표 11-1 공용 컨트롤

이름	MFC 클래스	기능
애니메이션Animation	CAnimateCtrl	AVI 비디오 클립 재생
확장 콤보 박스ComboBoxEx or Extended ComboBox	CComboBoxEx	텍스트와 이미지를 표시할 수 있는 콤보 박스
날짜 시간 선택기Date and Time Picker	CDateTimeCtrl	날짜와 시간 선택
◆드래그 리스트 박스Drag List Box	CDragListBox	항목을 드래그하여 옮길 수 있는 리스트 박스
◆평면 스크롤바Flat Scroll Bar	없음	형태 변경이 가능한 스크롤바 (윈도우 XP부터 사용 불가)
◆헤더Header	CHeaderCtrl	여러 열Column에 표시되는 텍스트의 폭 조절
핫키Hot Key	CHotKeyCtrl	핫키 입력과 생성
◆이미지 리스트Image List	CImageList	여러 개의 이미지 관리
IP 주소IP address	CIPAddressCtrl	IP 주소 입력
리스트List or List-View	CListCtrl	텍스트와 아이콘을 다양한 방법으로 표시
달력Month Calendar	CMonthCalCtrl	날짜 정보 표시와 선택
◆페이저Pager	CPagerCtrl	좁은 화면에 자식 윈도우를 스크롤하여 표시
프로그레스Progress or Progress Bar	CProgressCtrl	작업 진행 상황 표시
◆속성 시트Property Sheet	CPropertySheet	항목 속성 보기와 편집
◆리바ReBar	CRebarCtrl	다른 컨트롤을 자식 윈도우로 포함하는 툴바
리치 에디트Rich Edit	CRichEditCtrl	다양한 기능을 제공하는 에디트 컨트롤
◆상태바Status Bar	CStatusBarCtrl	프로그램 상태 표시
시스링크SysLink	CLinkCtrl (MFC 7.0 이상)	내장된 하이퍼링크 제공 (윈도우 XP부터 사용 가능)
탭Tab	CTabCtrl	동일 화면 영역에 서로 다른 페이지 표시 및 전환
◆태스크 대화 상자Task Dialog	CTaskDialog (MFC 10.0 이상)	풍부한 기능을 제공하는 일종의 메시지 상자(윈도우 비스타부터 사용 가능)
◆툴바Toolbar	CToolBarCtrl	명령 메시지를 발생시키는 비트맵 버튼의 집합
◆툴팁Tool Tip	CToolTipCtrl	툴바 버튼 등의 컨트롤 위에 작은 팝업 윈도우 표시
슬라이더Slider or Trackbar	CSliderCtrl	눈금 표시를 가질 수 있는 일종의 스크롤바
트리Tree or Tree-View	CTreeCtrl	항목을 계층적으로 표시
스핀 버튼Spin Button or Up-Down	CSpinButtonCtrl	두 개의 화살 표시로 값 증감

참고 DLL 관점에서 보면 리치 에디트 컨트롤은 공용 컨트롤로 분류하기 어렵다. 리치 에디트 컨트롤은 버전에 따라 서로 다른 DLL(Riched32.dll(1.0), Riched20.dll(2.0, 3.0), Msftedit.dll(4.1))에 구현되어 있기 때문이다. MFC는 리치 에디트 컨트롤을 위한 초기화 기능을 AfxInitRichEdit()라는 별도의 전역 함수로 제공한다.

11~12장에 걸쳐 배울 MFC의 공용 컨트롤 클래스는 [그림 11-2]와 같다. CImageList 클래스를 제외하고는 모두 CWnd 클래스를 상속받는다. 리스트 컨트롤과 트리 컨트롤은 12장에서 리스트 뷰와 트리 뷰를 학습하면서 같이 다룰 것이다.

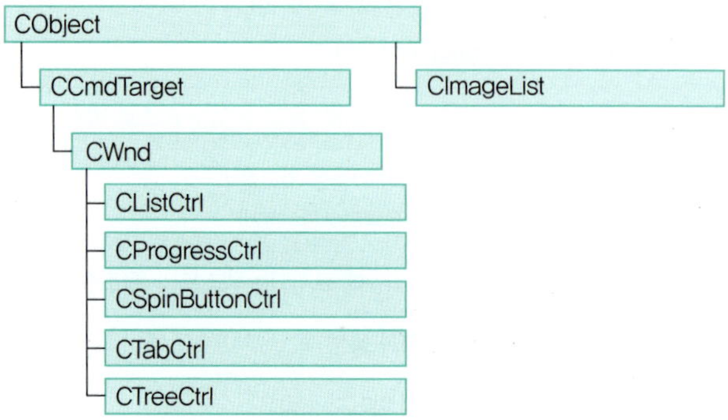

그림 11-2 MFC 클래스 계층도

02 이미지 리스트

이미지 리스트Image List는 크기가 동일한 이미지의 집합으로, 각각의 이미지를 배열 요소처럼 취급하여 0부터 시작하는 인덱스로 참조할 수 있다. 여러 개의 비트맵이나 아이콘을 관리할 때 사용하면 편리하다. 이미지 리스트를 꼭 사용해야 할 때도 있는데, 예를 들면 리스트 컨트롤이나 트리 컨트롤에 사용되는 비트맵은 이미지 리스트로 전달해야 한다.

1 이미지 리스트 생성

이미지 리스트를 생성하려면 CImageList 객체를 만든 후 CImageList::Create() 함수를 호출한다.

```
CImageList m_il;
m_il.Create(...);
```

CImageList::Create() 함수는 모두 다섯 종류가 있지만 여기서는 자주 사용되는 것만 소개한다. 첫 번째 함수는 이미지 리스트를 생성만 하고, 두 번째 함수는 생성과 동시에 비트맵 이미지로 초기화한다.

```
BOOL CImageList::Create(int cx, int cy, UINT nFlags, int nInitial, int nGrow);
                            ❶       ❷          ❸             ❹            ❺
BOOL CImageList::Create(UINT nBitmapID, int cx, int nGrow, COLORREF crMask);
                                 ❻          ❶        ❺               ❼
```

❶, ❷ **cx, cy** : 이미지의 폭과 높이로, 단위는 픽셀이다. 두 번째 함수는 비트맵을 입력으로 받아서 높이가 자동으로 결정되므로 cx만 사용한다.

❸ **nFlags** : 이미지 리스트의 타입을 지정하는 플래그 값의 집합으로, 주로 색상 수와 관련이 있다. 예를 들어 ILC_COLOR4는 16색상(4비트)을 의미한다.

❹ **nInitial** : 생성된 이미지 리스트가 초기에 포함할 이미지의 개수를 나타낸다.

❺ **nGrow** : 이미지 리스트가 가득 찬 상태에서 새 이미지를 추가할 때 내부의 여유 공간을 얼마나 키울지를 나타낸다. 예를 들어 4를 입력하면 이미지를 네 개 추가할 수 있을 만큼 이미지 리스트가 커진다.

❻ **nBitmapID** : 비트맵 리소스 ID이다.

❼ **crMask** : 투명색으로 사용할 색상을 지정한다. 이미지에서 이 색상으로 그려진 부분은 투명하게 출력된다. 이미지 리스트는 이 색상을 이용하여 내부적으로 마스크를 생성함으로써 투명 효과를 낸다. 마스크(Mask)는 [그림 11-3]처럼 원래 이미지와 크기는 같되 화면에 출력할 부분은 검은색, 그 밖의 부분은 흰색으로 채워진 이미지를 말한다.

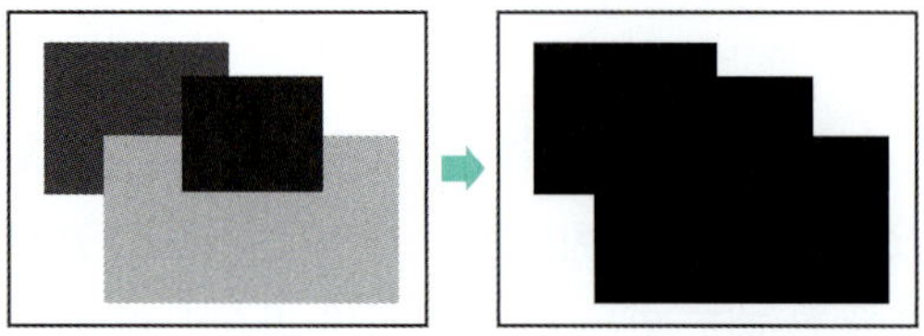

원본 마스크

그림 11-3 마스크

CImageList::Create() 함수의 사용 예는 다음과 같다.

```
   CImageList m_il1, m_il2;
❶ m_il1.Create(32, 32, ILC_COLOR4, 2, 1);
❷ m_il2.Create(IDB_BITMAP1, 48, 1, RGB(255, 255, 255));
```

❶ 32x32 크기의 16색상 이미지 두 개를 담을 수 있는 이미지 리스트를 만든다. 맨 마지막 인자가 1이므로 이미지 리스트가 꽉 찬 상태에서 새로운 이미지를 추가하면, 내부 여유 공간은 이미지 한 개만큼 커지고 거기에 이미지가 들어간다.

❷ 비트맵 리소스 IDB_BITMAP1으로 이미지 리스트를 생성하되, 각 이미지의 폭은 48이고 흰색을 투명색으로 사용한다. 세 번째 인자가 1이므로 이미지 리스트가 꽉 찬 상태에서 새로운 이미지를 추가하면, 내부 여유 공간은 이미지 한 개만큼 커지고 거기에 이미지가 들어간다. 이와 같이 비트맵을 이용하여 이미지 리스트를 생성할 때, 비트맵의 높이는 공통이므로 따로 지정하지 않는다. 비트맵 리소스가 [그림 11-4]와 같다면 비트맵 네 개가 이미지 리스트의 0~3번 인덱스에 저장된다.

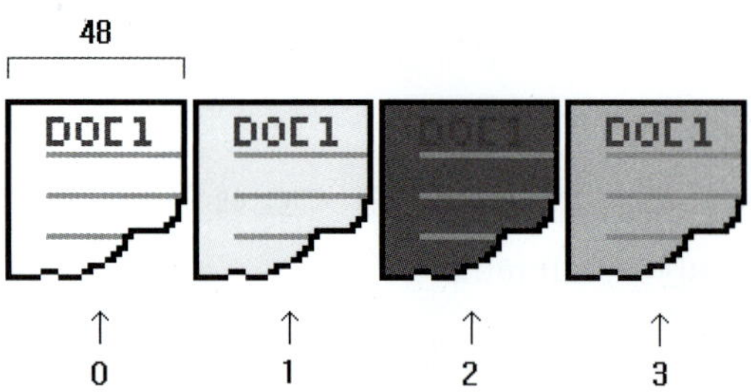

그림 11-4 IDB_BITMAP1 비트맵 리소스

2 이미지 추가

CImageList::Add() 함수를 이용하면 기존 이미지 리스트에 새로운 비트맵이나 아이콘을 추가할 수 있다. 첫 번째 함수는 아이콘을, 두 번째 함수는 비트맵을 추가한다.

```
int CImageList::Add(HICON hIcon);
                          ❶
int CImageList::Add(CBitmap* pbmImage, COLORREF crMask);
                                ❷                 ❸
```

❶ **hIcon** : 아이콘 리소스를 가리키는 핸들 값이다. CWinApp::LoadIcon() 함수의 리턴 값을 넘겨주면 된다.

❷ **pbmImage** : 비트맵 리소스를 담고 있는 CBitmap 객체의 주소이다.

❸ **crMask** : 투명색으로 사용할 색상을 지정한다.

CImageList::Add() 함수의 사용 예는 다음과 같다.

```
// 두 개의 아이콘을 이미지 리스트에 추가한다.
m_il1.Add(AfxGetApp()->LoadIcon(IDI_ICON1));
m_il1.Add(AfxGetApp()->LoadIcon(IDI_ICON2));
// 비트맵을 이미지 리스트에 추가한다.
CBitmap bitmap;
bitmap.LoadBitmap(IDB_BITMAP1);
m_il2.Add(&bitmap, RGB(255, 255, 255));
```

3 화면 출력

CImageList::Draw(), CImageList::DrawIndirect(), CImageList::DrawEx() 함수를 이용하면 이미지 리스트에 저장된 비트맵이나 아이콘을 출력할 수 있다. 여기서는 간편하게 사용할 수 있는 CImageList::Draw() 함수를 소개한다.

```
BOOL CImageList::Draw(CDC* pDC, int nImage, POINT pt, UINT nStyle);
                           ❶          ❷          ❸          ❹
```

❶ **pDC** : 출력할 대상을 나타내는 디바이스 컨텍스트이다.

❷ **nImage** : 출력할 이미지의 인덱스이다.

❸ **pt** : 출력 좌표이다.

❹ **nStyle** : 그리기 스타일을 지정하는 값으로, [표 11-2]에 있는 상수 값을 조합한다.

표 11-2 nStyle 값

값	의미
ILD_BLEND25 또는 ILD_FOCUS	시스템 하이라이트Highlight 색상을 25% 섞어서 이미지를 출력한다. (이미지 리스트에 마스크가 있을 때만 의미가 있다.)
ILD_BLEND50 또는 ILD_BLEND	시스템 하이라이트Highlight 색상을 50% 섞어서 이미지를 출력한다. (이미지 리스트에 마스크가 있을 때만 의미가 있다.)
ILD_MASK	마스크를 출력한다.
ILD_NORMAL	이미지 리스트의 배경색을 이용하여 이미지를 출력한다. 배경색이 CLR_NONE이면 마스크를 이용하여 이미지의 배경을 투명하게 출력한다.
ILD_TRANSPARENT	이미지 리스트의 배경색과 무관하게 마스크를 이용하여 이미지의 배경을 투명하게 출력한다.

CImageList::Draw() 함수의 사용 예는 다음과 같다. 이미지 리스트를 이용하면 배경이 투명한 이미지를 간편하게 만들 수 있다.

```
void CImageListView::OnDraw(CDC* pDC)
{
    m_il.SetBkColor(CLR_NONE); // 배경색을 CLR_NONE으로 설정
    m_il.Draw(pDC, 0, CPoint(100, 200), ILD_NORMAL); // 배경을 투명하게 출력
    m_il.Draw(pDC, 0, CPoint(150, 200), ILD_BLEND25); // 하이라이트 색상을 25% 섞음
    m_il.Draw(pDC, 0, CPoint(200, 200), ILD_BLEND50); // 하이라이트 색상을 50% 섞음
    m_il.Draw(pDC, 0, CPoint(250, 200), ILD_MASK); // 마스크만 출력
```

이미지 리스트는 출력하기 전에 이미지의 배경색을 자유롭게 바꿀 수 있는 특징이 있다. 배경색을 바꾸려면 CImageList::SetBkColor() 함수를 사용한다. 이 함수는 이미지 리스트를 생성할 때 지정해 놓은 투명색을 원하는 색으로 바꾸어 출력할 수 있게 해준다. 여기서 cr은 설정할 배경색으로, CLR_NONE을 사용하면 배경이 투명하게 출력된다.

```
COLORREF CImageList::SetBkColor(COLORREF cr);
```

이 밖에도 CImageList 클래스에는 직렬화를 이용하여 이미지 리스트 전체를 저장하거나 읽어오는 기능, 드래그Drag 이동하기, 오버레이 이미지(이미지 두 개가 겹쳐서 출력됨) 등을 지원하는 멤버 함수가 있다.

실습 11-1 이미지 리스트 활용하기

지금까지 배운 내용을 토대로 이미지 리스트를 이용하는 프로그램을 작성해보자. 실습을 위해 크기가 같은 이미지 두 개를 한 개의 비트맵에 모아서 그린 후, 다음과 같이 다양한 형태로 화면에 출력할 것이다. 위쪽 줄은 배경을 투명하게 설정하고 아래쪽 줄은 배경을 검은색으로 설정했다. 각 줄의 왼쪽에서 오른쪽으로, [표 11-2]의 nStyle 값을 변경한 결과가 어떻게 나타나는지 확인하기 바란다.

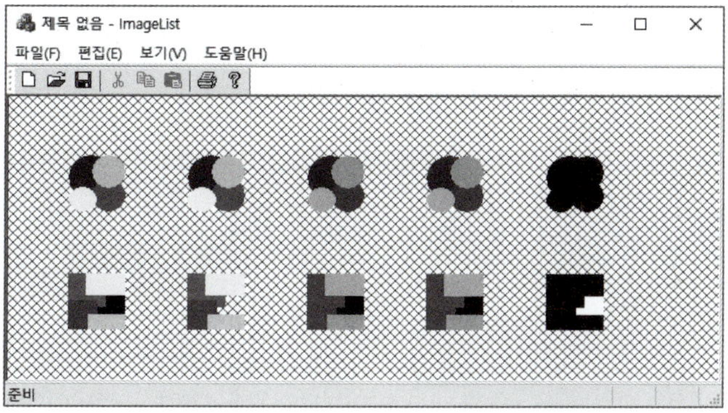

그림 11-5 실행 결과

1. 응용 프로그램 마법사를 이용하여 ImageList 프로젝트를 만든다. 생성 옵션은 7장의 FileIoTest 프로그램과 동일하다.

2. '리소스 뷰'로 전환한 후 [프로젝트]-[리소스 추가...] 메뉴를 선택하여 비트맵 리소스를 추가한다. 초기 비트맵 크기는 48×48인데, 여기에 [그림 11-6]과 같이 여러 색상을 이용하여 그림을 그린다.

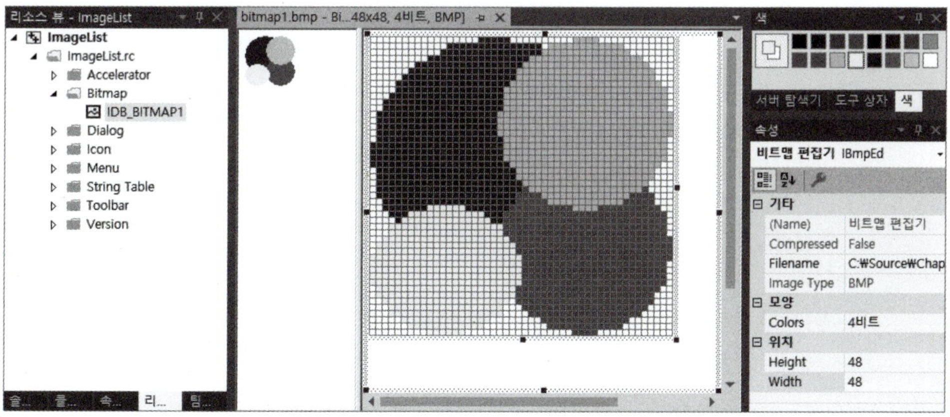

그림 11-6 첫 번째 비트맵

❸ 비트맵을 다 그린 후 속성 창(Alt+Enter)을 연다. 여기서 'Width'에 "96"을 입력하면 비트맵의 폭이 두 배가 되어 기존 비트맵 오른쪽에 빈 공간이 생긴다.

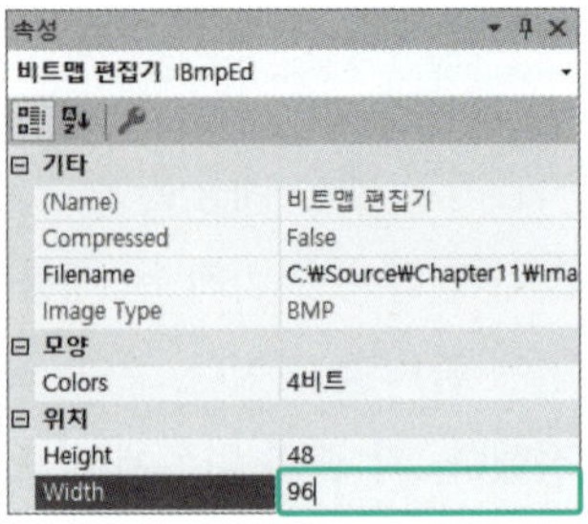

그림 11-7 비트맵 폭 변경

❹ 빈 공간에 [그림 11-8]과 같이 다른 형태의 그림을 그린다. 이렇게 해서 IDB_BITMAP1 리소스에는 크기가 48×48인 그림이 연속해서 두 개가 존재하게 된다.

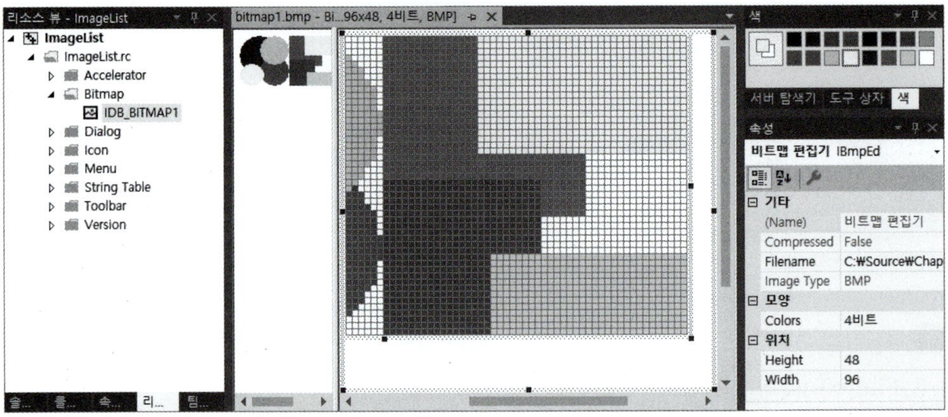

그림 11-8 두 번째 비트맵

❺ 뷰 클래스의 헤더 파일에 이미지 리스트 객체를 선언한다.

```
class CImageListView : public CView
{
protected: // serialization에서만 만들어집니다.
    CImageListView() noexcept;
    DECLARE_DYNCREATE(CImageListView)

// 특성입니다.
public:
    CImageListDoc* GetDocument() const;
    CImageList m_il;
```

❻ 뷰 클래스에 WM_CREATE 메시지 핸들러를 추가하고 초기화 코드를 작성한다. IDB_BITMAP1을 이용하여 이미지 리스트를 생성하되 흰색을 투명색으로 설정한다. 이렇게 해두면 필요에 따라 이미지의 흰색 부분을 투명하게 출력하거나 다른 색으로 바꾸어 출력할 수 있다.

```
int CImageListView::OnCreate(LPCREATESTRUCT lpCreateStruct)
{
    if (CView::OnCreate(lpCreateStruct) == -1)
        return -1;

    m_il.Create(IDB_BITMAP1, 48, 1, RGB(255, 255, 255));

    return 0;
}
```

7 마지막으로, 뷰 클래스의 OnDraw() 함수에 출력 코드를 작성한다. 함수 인자가 초기에 주석 처리되어 있으므로 주석을 제거하는 것을 잊지 않도록 하자.

```
void CImageListView::OnDraw(CDC* pDC)
{
    CImageListDoc* pDoc = GetDocument();
    ASSERT_VALID(pDoc);
    if (!pDoc)
        return;

    // 클라이언트 영역을 패턴 브러시로 칠한다.
    CBrush brush(HS_DIAGCROSS, RGB(255, 0, 0));
    pDC->SelectObject(&brush);
    pDC->SelectStockObject(NULL_PEN);
    CRect rect;
    GetClientRect(&rect);
    pDC->Rectangle(&rect);

    // 배경을 투명색으로 설정하고 출력한다.
    m_il.SetBkColor(CLR_NONE);
    m_il.Draw(pDC, 0, CPoint(50, 50), ILD_NORMAL);
    m_il.Draw(pDC, 0, CPoint(150, 50), ILD_TRANSPARENT);
    m_il.Draw(pDC, 0, CPoint(250, 50), ILD_BLEND25);
    m_il.Draw(pDC, 0, CPoint(350, 50), ILD_BLEND50);
    m_il.Draw(pDC, 0, CPoint(450, 50), ILD_MASK);

    // 배경을 검은색으로 설정하고 출력한다.
    m_il.SetBkColor(RGB(0, 0, 0));
    m_il.Draw(pDC, 1, CPoint(50, 150), ILD_NORMAL);
    m_il.Draw(pDC, 1, CPoint(150, 150), ILD_TRANSPARENT);
    m_il.Draw(pDC, 1, CPoint(250, 150), ILD_BLEND25);
    m_il.Draw(pDC, 1, CPoint(350, 150), ILD_BLEND50);
    m_il.Draw(pDC, 1, CPoint(450, 150), ILD_MASK);
}
```

03 탭 컨트롤

탭Tab 컨트롤은 동일한 화면 영역에 서로 다른 내용을 표시하고자 할 때 사용한다. [그림 11-9]는 탭 컨트롤을 사용하는 대표적인 예로, 윈도우 10의 [설정]-[장치]-[마우스]-[추가 마우스 옵션] 실행 화면이다. 탭을 클릭하여 다른 화면으로 자유롭게 이동하면서 원하는 작업을 할 수 있다. 탭에는 텍스트(레이블, Label)뿐만 아니라 아이콘이나 비트맵도 붙일 수 있으므로 깔끔하고 예쁜 사용자 인터페이스를 만들기에도 적합하다.

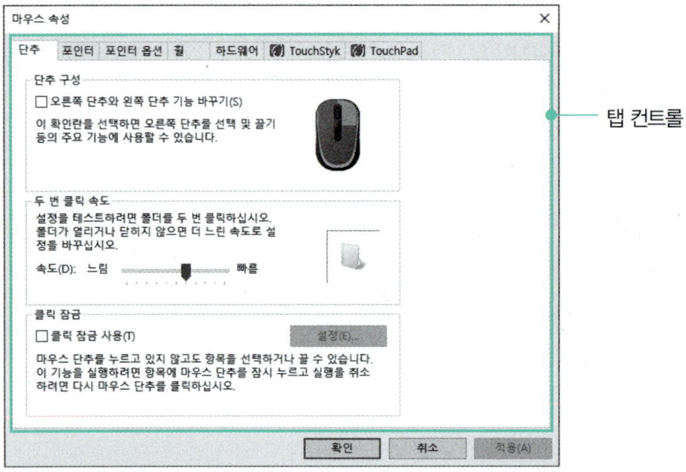

그림 11-9 탭 컨트롤

1 탭 컨트롤 스타일

[표 11-3]은 자주 사용되는 탭 컨트롤 스타일을 알파벳 순으로 정리한 것으로, 코드를 실행하여 컨트롤을 생성할 때 사용한다. 동일한 기능을 가진 속성 창 항목을 같이 표시하였으므로 대화 상자 디자인 시 참고한다.

표 11-3 탭 컨트롤 스타일

스타일/속성 창 항목	기능
TCS_BOTTOM 또는 TCS_RIGHT/Bottom	탭을 (위쪽이 아닌) 아래쪽에 표시한다.
TCS_BUTTONS/Buttons→True TCS_TABS/Buttons→False	탭을 버튼 형태로 또는 탭 형태(기본값)로 표시한다.
TCS_FIXEDWIDTH/Style→Fixed Width TCS_RAGGEDRIGHT/Style→Ragged Right TCS_RIGHTJUSTIFY/Style→Right Justify	탭의 정렬 방식을 의미하며, 기본값은 Right Justify이다. [그림 11-10]은 Multiline 속성이 True인 상태에서 세 가지 정렬 방식을 적용한 결과를 보여준다.
TCS_FLATBUTTONS/Flat Button	Buttons 속성이 True일 때만 사용할 수 있는 스타일로, 선택한 탭을 제외한 모든 탭이 배경과 동일 평면에 있는 것처럼 보인다.
스타일 상수 없음/Focus→Normal (default) TCS_FOCUSNEVER/Focus→Never TCS_FOCUSONBUTTONDOWN/Focus→On button down	탭이 키보드 포커스를 가질 수 있는 방법에 따라 Normal(마우스 또는 키보드), On button down(마우스), Never(키보드 포커스를 갖지 않음) 세 종류가 있다. 키보드 포커스를 가진 탭 주위에는 빗금 표시가 생긴다.
TCS_FORCEICONLEFT/Force Icon Left	Fixed Width 속성이 True일 때만 사용할 수 있는 스타일로, 아이콘은 왼쪽 정렬하고 레이블은 가운데 정렬한다.
TCS_FORCELABELLEFT/Force Label Left	Fixed Width 속성이 True일 때만 사용할 수 있는 스타일로, 아이콘과 레이블을 모두 왼쪽 정렬한다.
TCS_HOTTRACK/Hot Track	마우스 커서가 지나갈 때 탭의 레이블 색상이 바뀐다.
TCS_MULTILINE/Multiline→True TCS_SINGLELINE/Multiline→False	탭의 개수가 많을 때 여러 줄 또는 한 줄로 표시한다.
TCS_MULTISELECT/Multi-select	Buttons 속성이 True일 때만 사용할 수 있는 스타일로, Ctrl 을 이용하여 탭을 여러 개 선택할 수 있다.
TCS_OWNERDRAWFIXED/Owner Draw Fixed	부모 윈도우가 탭을 직접 그린다. 고정 길이 탭만 가능하며, 부모 윈도우는 WM_MEASUREITEM과 WM_DRAWITEM 메시지를 처리해야 한다.
TCS_SCROLLOPPOSITE/Scroll Opposite	현재 선택한 탭을 포함하는 줄을 제외한 나머지 탭을 모두 반대편으로 이동시킨다.
TCS_TOOLTIPS/Tooltips	각각의 탭에 대해 툴팁을 생성한다.
TCS_VERTICAL/Vertical	탭을 왼쪽에 표시한다. 이 스타일과 Bottom 스타일을 모두 True로 설정하면 탭이 오른쪽에 표시된다.

Right Justify : 각 탭의 폭이 자동 증가하여 한 줄을 가득 채운다.

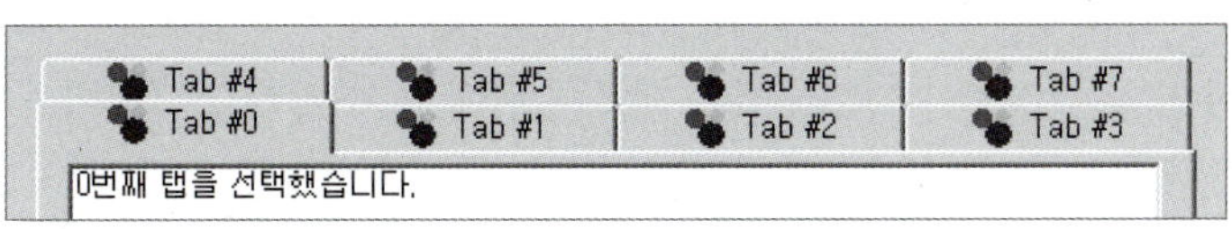

Fixed Width : 모든 탭의 폭이 가장 긴 레이블에 맞춰 일정 크기가 된다.

Ragged Right : 각 탭의 폭이 자동 증가하지 않으므로 한 줄을 가득 채우지 않는다.

그림 11-10 탭 정렬 방식

탭 컨트롤은 상태 변화가 생기면 WM_NOTIFY 통지 메시지를 부모 윈도우에 보낸다. 이때 전달되는 통지 코드를 알파벳 순으로 정리하면 [표 11-4]와 같다.

표 11-4 탭 컨트롤 통지 코드

통지 코드	의미
TCN_FOCUSCHANGE	버튼 포커스가 변경되었다.
TCN_GETOBJECT	오브젝트를 탭 위에 끌어다 놓았다.
TCN_KEYDOWN	키를 눌렀다.
TCN_SELCHANGE	탭 선택이 변경되었다.
TCN_SELCHANGING	탭 선택이 변경되기 직전이다.

2 탭 컨트롤 클래스

MFC의 CTabCtrl 클래스를 이용하여 탭 컨트롤을 다루는 방법을 정리하면 다음과 같다.

① **탭에 사용할 이미지 리스트 설정하기** : 탭에 이미지를 사용할 경우 이 함수를 이용하여 탭 컨트롤에서 사용할 이미지를 전달한다.

```
CImageList* CTabCtrl::SetImageList(CImageList* pImageList);
```

② **탭 추가하기** : nItem은 탭의 인덱스로 0, 1, … 값을 사용한다. 추가할 탭의 모든 정보를 TCITEM 구조체에 채워서 첫 번째 함수를 호출하면 되지만, 두 번째와 세 번째 함수를 사용하면 좀 더 간단하게 탭을 추가할 수 있다. lpszItem은 새로운 탭에 표시할 텍스트(레이블)이다. nImage는 탭에 표시할 이미지로, 이미지 리스트의 인덱스 값을 전달한다.

```
❶ LONG CTabCtrl::InsertItem(int nItem, TCITEM* pTabCtrlItem);
❷ LONG CTabCtrl::InsertItem(int nItem, LPCTSTR lpszItem);
❸ LONG CTabCtrl::InsertItem(int nItem, LPCTSTR lpszItem, int nImage);
```

표 11-5 탭 추가

	① 형태의 함수를 호출하여 구현	② 형태의 함수를 호출하여 구현

사용 예	CTabCtrl m_tab; // 탭 컨트롤 객체
	TCITEM tcItem;
	tcItem.mask = TCIF_TEXT;
	tcItem.pszText = _T("Tab #0");
	m_tab.InsertItem(0, &tcItem);
	tcItem.pszText = _T("Tab #1");
	m_tab.InsertItem(1, &tcItem);
	tcItem.pszText = _T("Tab #2");
	m_tab.InsertItem(2, &tcItem);
		CTabCtrl m_tab; // 탭 컨트롤 객체
		m_tab.InsertItem(0, _T("Tab #0"));
		m_tab.InsertItem(1, _T("Tab #1"));
		m_tab.InsertItem(2, _T("Tab #2"));

결과	Tab #0 | Tab #1 | Tab #2	

③ **탭 선택 변경과 선택된 탭 알아내기** : nItem은 선택할 탭의 인덱스로 0, 1, … 값을 사용한다.

```
int CTabCtrl::SetCurSel(int nItem);
int CTabCtrl::GetCurSel();
```

실습 11-2 탭 컨트롤 활용하기

[그림 11-11]과 같이 탭 컨트롤에 탭을 세 개 생성하고 각 탭에 텍스트와 비트맵을 표시해보자. 탭을 선택하면 현재 탭에 대한 정보가 아래쪽의 에디트 컨트롤에 표시될 것이다.

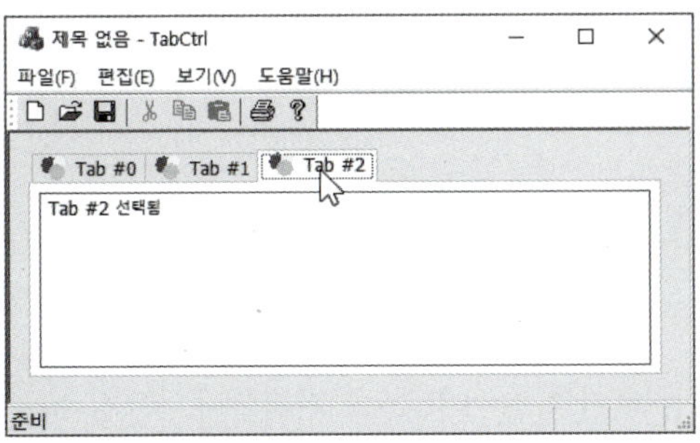

그림 11-11 실행 결과

❶ 응용 프로그램 마법사를 이용하여 TabCtrl 프로젝트를 만든다. 생성 옵션은 8장의 Button2 프로그램과 동일하다. 맨 마지막 단계에서 뷰 클래스의 기본 클래스로 'CFormView'를 선택한다는 점에 유의한다.

❷ '리소스 뷰'로 전환하고 대화 상자 리소스 IDD_TABCTRL_FORM을 연다. 기존 컨트롤을 삭제한 후 [그림 11-12]와 같이 디자인한다. ❷는 탭 컨트롤, ❶은 에디트 컨트롤이다. 에디트 컨트롤의 탭 순서가 ❷번이면 탭 컨트롤에 가려져서 디자인이 어려우므로 이처럼 탭 순서를 설정하는 것이 좋다. 컨트롤의 속성은 모두 기본값을 사용한다.

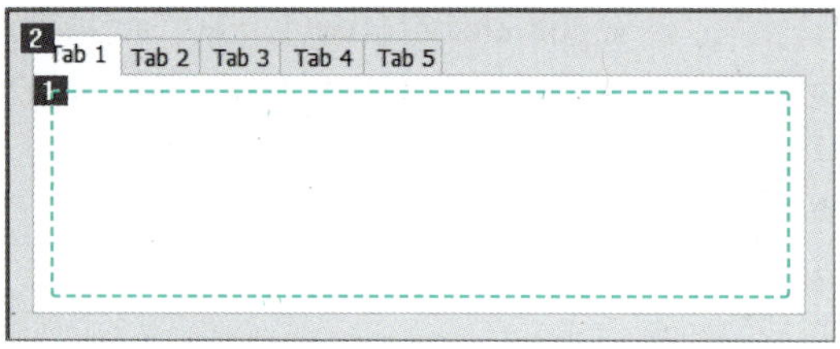

그림 11-12 **컨트롤 추가**

❸ 대화 상자 디자인 화면에서 컨트롤을 선택하고 마우스 오른쪽 버튼을 클릭하여 [변수 추가...] 메뉴를 실행하면 컨트롤 변수를 만들 수 있다. 탭 컨트롤과 에디트 컨트롤에 대응하는 컨트롤 변수 m_tab과 m_edit를 만든다.

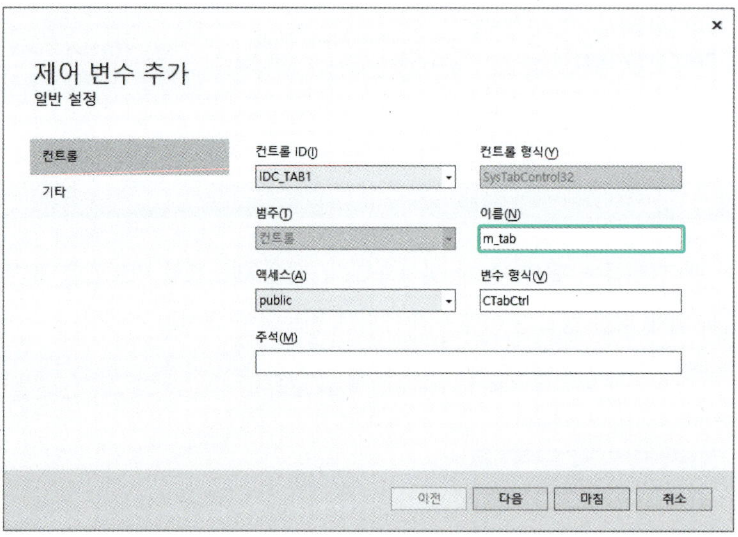

그림 11-13 **컨트롤 변수 생성**

❹ 비트맵 리소스를 추가한 후 속성 창에서 비트맵 크기를 16×16으로 변경한다. [그림 11-14]와 같이 비트맵을 적당히 디자인한다. 다만, 흰색을 이미지 리스트의 투명색으로 지정할 것이므로 배경을 흰색으로 칠한다.

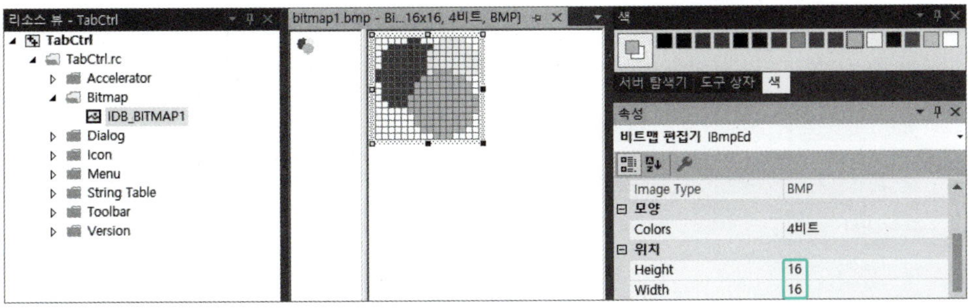

그림 11-14 비트맵 디자인

5 뷰 클래스의 OnInitialUpdate() 함수에 초기화 코드를 추가한다. 특별히 지정하지 않으면 첫 번째 탭이 선택된 상태로 시작하지만, 여기서는 테스트를 위해 두 번째 탭이 선택되도록 코드를 작성한다.

```
void CTabCtrlView::OnInitialUpdate()
{
    CFormView::OnInitialUpdate();
    GetParentFrame()->RecalcLayout();
    ResizeParentToFit();

    // 탭 컨트롤에 사용할 이미지 리스트를 설정한다.
    CImageList m_il;
    m_il.Create(IDB_BITMAP1, 16, 1, RGB(255, 255, 255));
    m_tab.SetImageList(&m_il);
    m_il.Detach();

    // 탭을 세 개 추가한다.
    m_tab.InsertItem(0, _T("Tab #0"), 0);
    m_tab.InsertItem(1, _T("Tab #1"), 0);
    m_tab.InsertItem(2, _T("Tab #2"), 0);

    // 두 번째 탭이 선택된 상태로 시작한다.
    m_tab.SetCurSel(1);
    m_edit.SetWindowText(_T("Tab #1 선택됨"));
}
```

6 뷰 클래스를 선택한 상태에서 속성 창을 연다. [그림 11-15]와 같이 탭 컨트롤의 통지 메시지 중 TCN_SELCHANGE를 선택하여 메시지 핸들러를 추가한다.

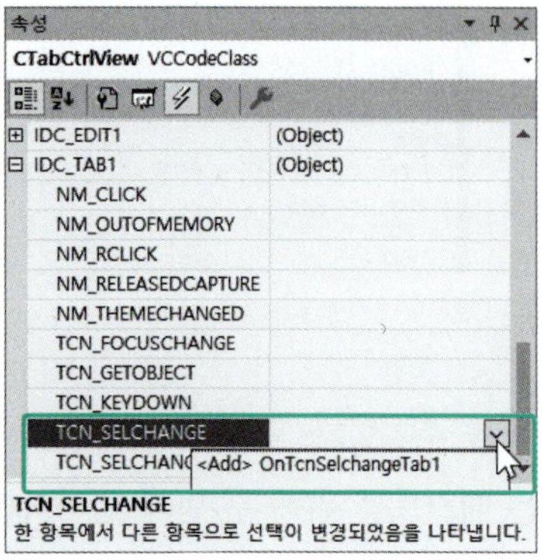

그림 11-15 통지 메시지 핸들러 추가

7 생성된 OnSelchangeTab1() 함수에 탭 선택이 변경될 때마다 에디트 컨트롤의 텍스트를 변경하는 코드를 작성한다.

```
void CTabCtrlView::OnTcnSelchangeTab1(NMHDR *pNMHDR, LRESULT *pResult)
{
    int nIndex = m_tab.GetCurSel();
    CString str;
    str.Format(_T("Tab #%d 선택됨"), nIndex);
    m_edit.SetWindowText(str);
    *pResult = 0;
}
```

04 스핀 버튼 컨트롤

스핀 버튼Spin Button 컨트롤은 업-다운Up-Down 컨트롤이라 부른다. [그림 11-16]과 같이 화살표가 위아래로 붙어 있어서 마우스 클릭으로 값을 증감시킬 수 있다. 독립적으로 사용되기보다 대개 다른 컨트롤(버디Buddy 컨트롤이라 부름)과 함께 사용된다. 에디트 컨트롤이나 스태틱 텍스트 컨트롤이 주로 버디 컨트롤이 된다.

그림 11-16 스핀 버튼 컨트롤

1 스핀 버튼 컨트롤 스타일

[표 11-6]은 자주 사용되는 스핀 버튼 컨트롤 스타일을 알파벳 순으로 정리한 것으로, 코드를 실행하여 컨트롤을 생성할 때 사용한다. 동일한 기능을 가진 속성 창 항목을 같이 표시하였으므로 대화 상자 디자인 시 참고한다.

표 11-6 스핀 버튼 컨트롤 스타일

스타일/속성 창 항목	기능
스타일 상수 없음/Alignment→Unattached UDS_ALIGNLEFT/Alignment→Left UDS_ALIGNRIGHT/Alignment→Right Align	스핀 버튼 컨트롤을 버디 컨트롤의 왼쪽 또는 오른쪽에 자동으로 붙일 수 있는데, 기본값은 붙지 않음Unattached이다.
UDS_ARROWKEYS/Arrow Keys	상/하 방향키를 이용하여 값을 증감할 수 있다.
UDS_AUTOBUDDY/Auto Buddy	탭 순서가 스핀 버튼 컨트롤 바로 앞에 있는 컨트롤이 자동으로 버디가 된다.
스타일 상수 없음/Orientation→Vertical UDS_HORZ/Orientation→Horizontal	표시되는 화살표 방향을 수직Vertical 또는 수평Horizontal으로 선택한다.
UDS_HOTTRACK/Hot Track	마우스 커서가 지나가면 스핀 버튼 컨트롤의 화살표 색상이 바뀐다.
UDS_NOTHOUSANDS/No Thousands	버디 컨트롤에 표시되는 숫자에서 천 단위 표시(,)를 생략한다.
UDS_SETBUDDYINT/Set Buddy Integer	스핀 버튼 컨트롤의 위치 값이 버디 컨트롤에 자동으로 표시된다.
UDS_WRAP/Wrap	위치 값이 증가하다가 최대가 되면 자동으로 최소로 되돌아간다. 반대의 경우도 마찬가지이다.

2 스핀 버튼 컨트롤 클래스

MFC의 CSpinButtonCtrl 클래스를 이용하여 스핀 버튼 컨트롤을 다루는 방법은 다음과 같다.

① **범위 설정과 현재 범위 얻기** : 첫 번째 함수는 범위를 설정하고, 두 번째 함수는 범위를 알아낸다. 기본값은 범위가 100~0(0~100이 아니라)이므로 응용 프로그램에서 일반적으로 사용하기에 적합하지 않다. 따라서 사용 전에 용도에 맞게 최소, 최대 범위를 설정해야 한다.

```
void CSpinButtonCtrl::SetRange(short nLower, short nUpper);
void CSpinButtonCtrl::GetRange(int &lower, int &upper);
```

② **위치 설정과 현재 위치 얻기** : 첫 번째 함수는 위치를 설정하고, 두 번째 함수는 현재 위치를 알아낸다. nPos 값은 CSpinButtonCtrl::SetRange() 함수로 정한 범위에 속해야 한다.

```
int CSpinButtonCtrl::SetPos(int nPos);
int CSpinButtonCtrl::GetPos();
```

③ **버디 설정하기** : Auto Buddy 속성을 사용하지 않고도 이 함수를 이용하면 버디 컨트롤을 설정할 수 있다. pWndBuddy는 버디 컨트롤 객체를 가리키는 포인터이다.

```
CWnd* CSpinButtonCtrl::SetBuddy(CWnd* pWndBuddy);
```

④ **숫자의 진수 변경하기** : nBase에 16을 사용하면 숫자가 16진수로 표시된다.

```
int CSpinButtonCtrl::SetBase(int nBase);
```

스핀 버튼 컨트롤을 조작하면 WM_VSCROLL 또는 WM_HSCROLL 메시지가 발생하며, 이 메시지와 더불어 현재의 위치 값이 부모 윈도우에 전달된다. 실습을 통해 확인해보자.

실습 11-3 스핀 버튼 컨트롤 활용하기

[그림 11-17]과 같이 스핀 버튼 컨트롤을 마우스나 키보드로 조작하면 현재 위치가 에디트 컨트롤과 윈도우의 타이틀바에 표시되는 프로그램을 작성해보자.

그림 11-17 실행 결과

1 응용 프로그램 마법사를 이용하여 SpinButton 프로젝트를 만든다. 생성 옵션은 8장의 Button2 프로그램과 동일하다. 맨 마지막 단계에서 뷰 클래스의 기본 클래스로 'CFormView'를 선택한다는 점에 유의한다.

2 '리소스 뷰'로 전환하고 대화 상자 리소스 IDD_SPINBUTTON_FORM을 연다. 기존 컨트롤을 삭제한 후 [그림 11-18]과 같이 디자인한다. **1**은 에디트 컨트롤, **2**는 스핀 버튼 컨트롤이다. 에디트 컨트롤은 속성 변경 없이 그대로 사용하고, 스핀 버튼 컨트롤은 Alignment→Right Align, Auto Buddy→True, Set Buddy Integer→True로 설정한다.

참고 Alignment와 Auto buddy 스타일을 사용하면 에디트 컨트롤 오른쪽에 스핀 버튼 컨트롤이 자동으로 붙는다. 따라서 대화 상자를 디자인할 때 두 컨트롤을 붙여 놓지 않아도 된다.

그림 11-18 컨트롤 추가

3 대화 상자 디자인 화면에서 컨트롤을 선택하고 마우스 오른쪽 버튼을 클릭하여 [변수 추가...] 메뉴를 실행하면 컨트롤 변수를 만들 수 있다. 스핀 버튼 컨트롤에 대응하는 컨트롤 변수 m_spin을 만든다.

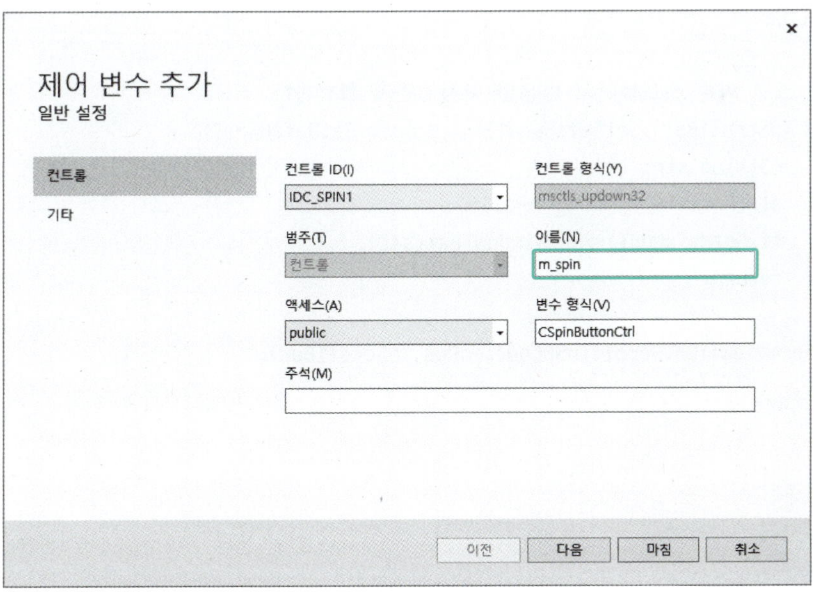

그림 11-19 컨트롤 변수 생성

4 뷰 클래스의 OnInitialUpdate() 함수에 초기화 코드를 추가한다.

```
void CSpinButtonView::OnInitialUpdate()
{
    CFormView::OnInitialUpdate();
    GetParentFrame()->RecalcLayout();
    ResizeParentToFit();

    m_spin.SetRange(0, 100);
    m_spin.SetPos(0);
}
```

5 뷰 클래스를 선택한 상태에서 속성 창을 열어 WM_VSCROLL 메시지 핸들러를 추가하고 다음 코드를 작성한다. 이 예제처럼 뷰의 베이스 클래스로 CFormView를 사용하면 윈도우의 크기가 대화 상자보다 작을 때 자동으로 스크롤바가 생기는데, 이 스크롤바에서도 WM_VSCROLL 메시지가 발생할 수 있다. 스핀 버튼 컨트롤에서 발생한 WM_VSCROLL 메시지만 처리해야 하므로 CWnd::GetSafeHwnd() 함수로 윈도우 핸들 값을 얻어서 비교하는 코드를 사용했다.

```
void CSpinButtonView::OnVScroll(UINT nSBCode, UINT nPos, CScrollBar*
pScrollBar)
{
    // 스핀 버튼 컨트롤에서 발생한 메시지인지 확인한다.
    if (pScrollBar->GetSafeHwnd() == m_spin.GetSafeHwnd()) {
        CString str;
        str.Format(_T("%d"), nPos);
        AfxGetMainWnd()->SetWindowText(str);
        return;
    }
    CFormView::OnVScroll(nSBCode, nPos, pScrollBar);
}
```

05 프로그레스 컨트롤

프로그레스Progress 컨트롤은 시간이 오래 걸리는 작업의 진행 상황을 시각적으로 표시할 때 사용한다.

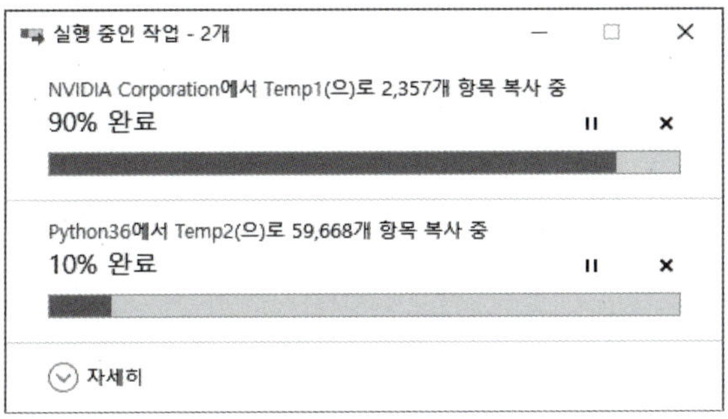

그림 11-20 프로그레스 컨트롤

1 프로그레스 컨트롤 스타일

[표 11-7]은 자주 사용되는 프로그레스 컨트롤 스타일을 알파벳 순으로 정리한 것으로, 코드를 실행하여 컨트롤을 생성할 때 사용한다. 동일한 기능을 가진 속성 창 항목을 같이 표시하였으므로 대화 상자 디자인 시 참고한다.

표 11-7 프로그레스 컨트롤 스타일

스타일/속성 창 항목	기능
PBS_MARQUEE/Marquee	진행 상황을 정확히 표시하지 않고 대신 애니메이션 효과를 낸다.
PBS_SMOOTH/Smooth	이 속성을 설정하면 [그림 11-21]의 왼쪽 그림 둘째 줄처럼 진행 상황이 끊어지지 않고 표시된다. 단, 이 속성은 클래식 테마에서만 차이가 생기며 [그림 11-21]의 오른쪽 그림처럼 윈도우 XP 이상부터 제공되는 새로운 테마에서는 차이가 없다.
PBS_SMOOTHREVERSE/Smooth Reverse	진행 표시가 감소할 때 부드럽게 전환된다.
PBS_VERTICAL/Vertical	진행 상태가 가로 방향(왼쪽→오른쪽)이 아닌 세로 방향(아래쪽→위쪽)으로 표시된다.

클래식 테마

새로운 테마

그림 11-21 Smooth 스타일

2 프로그레스 컨트롤 클래스

MFC의 CProgressCtrl 클래스를 이용하여 프로그레스 컨트롤을 다루는 방법을 정리하면 다음과 같다.

① **범위 설정과 현재 범위 얻기** : 첫 번째 함수는 범위를 설정하고, 두 번째 함수는 범위를 알아낸다. 기본값은 범위가 0~100이므로 사용하기 전에 용도에 맞게 최소, 최대 범위를 설정해야 한다.

```
void CProgressCtrl::SetRange(short nLower, short nUpper);
void CProgressCtrl::GetRange(int& nLower, int& nUpper);
```

② **위치 설정과 현재 위치 얻기** : 첫 번째 함수는 위치를 설정하고, 두 번째 함수는 현재 위치를 알아낸다. nPos 값은 CProgressCtrl::SetRange() 함수로 정한 범위에 속해야 한다.

```
int CProgressCtrl::SetPos(int nPos);
int CProgressCtrl::GetPos();
```

③ **현재 위치 증감하기** : OffsetPos() 함수는 현재 위치에 nPos 값을 더한다. nPos 값이 음수이면 현재 위치가 감소한다. StepIt() 함수는 SetStep() 함수로 설정한 크기인 nStep 값을 매번 현재 위치에 더한다. nStep 값이 음수이면 StepIt() 함수를 호출할 때마다 현재 위치가 감소한다.

```
int CProgressCtrl::OffsetPos(int nPos);
int CProgressCtrl::SetStep(int nStep);
int CProgressCtrl::StepIt();
```

실습 11-4 프로그레스 컨트롤 활용하기

클라이언트 영역에서 마우스 왼쪽 버튼을 누르면, 프로그레스 컨트롤 위치가 0(최솟값)에서 30(최댓값)까지 50밀리초 간격으로 자동 증가하는 프로그램을 작성해보자.

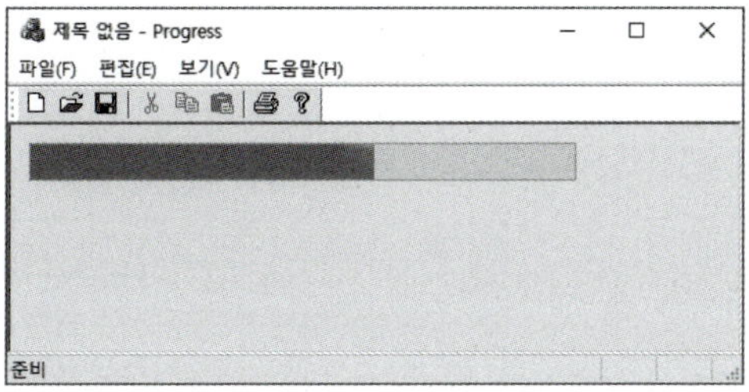

그림 11-22 실행 결과

1 응용 프로그램 마법사를 이용하여 Progress 프로젝트를 만든다. 생성 옵션은 8장의 Button2 프로그램과 동일하다. 맨 마지막 단계에서 뷰 클래스의 기본 클래스로 'CFormView'를 선택한다는 점에 유의한다. [그림 11-23]처럼 '공용 컨트롤 매니페스트' 옵션을 그대로 두면 윈도우 XP 이상부터 제공되는 새로운 비주얼 스타일이 적용된다는 점도 알아두자.

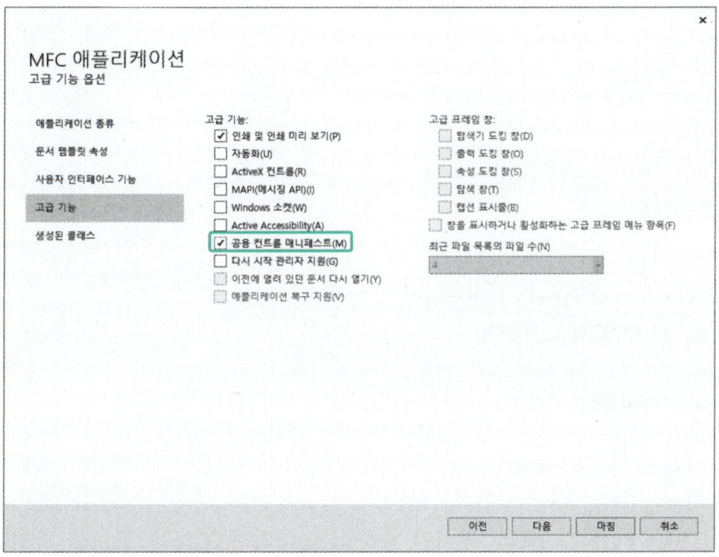

그림 11-23 '공용 컨트롤 매니페스트' 옵션

2 '리소스 뷰'로 전환하고 대화 상자 리소스 IDD_PROGRESS_FORM을 연다. 기존 컨트롤을 삭제한 후 다음과 같이 프로그레스 컨트롤 한 개를 배치한다. 그리고 속성 창의 Smooth 스타일을 True로 설정한다.

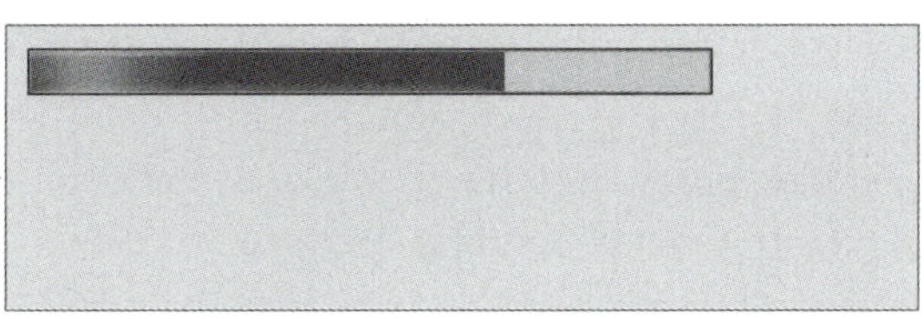

그림 11-24 컨트롤 추가

❸ 대화 상자 디자인 화면에서 컨트롤을 선택하고 마우스 오른쪽 버튼을 클릭하여 [변수 추가...] 메뉴를 실행하면 컨트롤 변수를 만들 수 있다. 프로그레스 컨트롤에 대응하는 컨트롤 변수 m_progress를 생성한다.

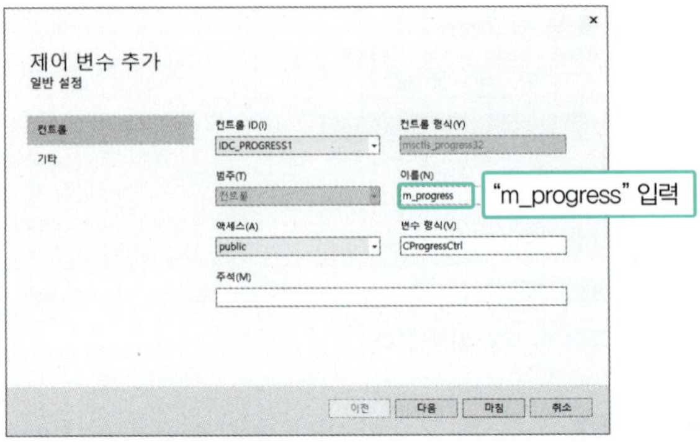

그림 11-25 컨트롤 변수 생성

❹ 뷰 클래스 헤더 파일에 현재 프로그레스 컨트롤의 동작 여부를 나타내는 변수를 추가하고 생성자에서 초기화한다.

```
class CProgressView : public CFormView
{
...
// 특성입니다.
public:
    CProgressDoc* GetDocument() const;
    BOOL bNowProgress;
```

```
CProgressView::CProgressView() noexcept
    : CFormView(IDD_PROGRESS_FORM)
{
    bNowProgress = FALSE;
}
```

❺ 뷰 클래스에 WM_LBUTTONDOWN 메시지 핸들러를 추가하고 다음 코드를 작성한다. bNowProgress 값이 FALSE일 때만 마우스 클릭 메시지를 처리하도록 했다. 타이머 사용에 관한 내용은 다음 페이지 〈여기서 잠깐〉을 참조하기 바란다.

```
void CProgressView::OnLButtonDown(UINT nFlags, CPoint point)
{
    if (bNowProgress == FALSE) {
        bNowProgress = TRUE;
        m_progress.SetRange(0, 30); // 값의 범위를 설정한다.
        m_progress.SetPos(0); // 현재 위치를 설정한다.
        SetTimer(100, 50, NULL); // ID가 100인 타이머를 생성한다.
    }
}
```

6 마지막으로, 뷰 클래스에 WM_TIMER 메시지 핸들러를 추가하고 다음 코드를 작성한다. OnTimer()의 인자 nIDEvent는 WM_TIMER 메시지를 발생시킨 타이머 ID이다.

```
void CProgressView::OnTimer(UINT_PTR nIDEvent)
{
    if (nIDEvent == 100) { // 타이머 ID가 100인 경우만 처리한다.
        if (m_progress.GetPos() < 30)
            m_progress.OffsetPos(1); // 현재 위치를 1씩 증가한다.
        else {
            KillTimer(nIDEvent); // 타이머를 파괴한다.
            bNowProgress = FALSE;
        }
    }
}
```

여기서 잠깐! 주기적으로 처리하기

윈도우 운영체제는 응용 프로그램이 일정 간격으로 작업을 할 수 있도록 타이머(Timer)를 지원한다. 타이머를 사용하여 주기적인 작업을 처리하는 방법은 다음과 같다.

▼ 타이머를 사용한 주기적인 작업 처리 방법

방법 1	방법 2
① CWnd::SetTimer() 함수로 타이머를 생성한다.	① CWnd::SetTimer() 함수로 타이머를 생성한다.
② WM_TIMER 메시지가 주기적으로 발생한다.	② 사용자 정의 함수가 주기적으로 호출된다.
③ CWnd::KillTimer() 함수로 타이머를 파괴한다.	③ CWnd::KillTimer() 함수로 타이머를 파괴한다.

방법 1은 WM_TIMER 메시지 핸들러에, 방법 2는 사용자 정의 함수에 주기적으로 작업할 내용을 작성한다. SetTimer()와 KillTimer() 함수의 형태는 다음과 같다.

```
UINT CWnd::SetTimer(UINT nIDEvent, UINT nElapse,
                        ❶              ❷
                    void (CALLBACK* lpfnTimer)(HWND, UINT, UINT, DWORD));
                                        ❸
BOOL CWnd::KillTimer(UINT nIDEvent);
                         ❹
```

❶ **nIDEvent** : 생성할 타이머 ID이다. 이 값을 다르게 주어 여러 개의 타이머를 생성할 수 있다.

❷ **nElapse** : 타이머 주기로, 단위는 밀리초(milliseconds)이다.

❸ **lpfnTimer** : NULL 값을 전달하면 nElapse 간격으로 WM_TIMER 메시지가 발생한다. 사용자 정의 함수 주소를 전달하면 nElapse 간격으로 사용자 정의 함수가 호출된다.

❹ **nIDEvent** : 파괴할 타이머 ID이다.

요약

01 공용 컨트롤

- 윈도우 95 혹은 이후에 추가된 새로운 사용자 인터페이스 요소로, 기존의 표준 컨트롤에 없는 다양한 기능을 제공한다.
- 공용 컨트롤은 COMCTL32.DLL에 구현되어 있으며, COMCTL32.DLL의 버전에 따라 사용할 수 있는 공용 컨트롤의 종류와 기능에 제약이 있다.
- 표준 컨트롤은 WM_COMMAND 메시지를 주로 사용하지만, 공용 컨트롤은 WM_NOTIFY 메시지를 주로 사용한다.

02 이미지 리스트

- 크기가 동일한 이미지의 집합으로, 각각의 이미지를 배열 요소처럼 취급하여 0부터 시작하는 인덱스로 참조할 수 있다.
- 이미지 리스트를 사용하면 배경이 투명한 이미지를 간편하게 만들 수 있고, 출력하기 전에 이미지의 배경색을 자유롭게 바꿀 수 있다.
- MFC는 CImageList 클래스를 통해 이미지 리스트 컨트롤을 지원한다.

03 탭 컨트롤

- 동일한 화면 영역에 서로 다른 내용을 표시하고자 할 때 사용한다.
- MFC는 CTabCtrl 클래스를 통해 탭 컨트롤을 지원한다.

04 스핀 버튼 컨트롤

- 버디 컨트롤이 유지하는 값을 마우스나 키보드로 증감하고자 할 때 사용한다.
- MFC는 CSpinButtonCtrl 클래스를 통해 스핀 버튼 컨트롤을 지원한다.

05 프로그레스 컨트롤

- 시간이 오래 걸리는 작업의 진행 상황을 시각적으로 표시할 때 사용한다.
- MFC는 CProgressCtrl 클래스를 통해 프로그레스 컨트롤을 지원한다.

연습문제

01 ImageList 예제를 다음과 같이 수정하시오. 클라이언트 영역에서 마우스 왼쪽 버튼을 누르면, IDR_MAINFRAME 툴바 리소스에 들어 있는 16×15 비트맵 이미지 여덟 개를 번갈아 가면서 마우스 클릭 지점에 출력하도록 수정하시오. 단, 기존 OnDraw() 함수 내 출력 코드는 주석 처리하고, IDR_MAINFRAME 툴바 리소스는 이미지 리스트로 관리하되, 회색(192, 192, 192)을 투명하게 출력한다.

02 TabCtrl 예제를 다음과 같이 수정하시오. [탭 컨트롤]-[항목 추가], [탭 컨트롤]-[항목 삭제] 메뉴를 추가한다. [항목 추가] 메뉴를 선택하면 기존 탭 중 맨 끝에 새로운 탭(Tab #3, Tab #4, …)을 추가한다. [항목 삭제] 메뉴를 선택하면 현재 선택된 탭이 삭제되고, 삭제된 탭 기준으로 앞쪽에 위치한 탭이 자동으로 선택된다.

03 SpinButton 예제를 다음과 같이 수정하시오. 클라이언트 영역에 직사각형을 출력하고 직사각형 내부는 빨간색(초기 값은 (255, 0, 0))으로 채우되, 스핀 버튼으로 색상 밝기를 조절한다.

HINT RGB(r, g, b) 매크로에서 첫 번째 값을 스핀 버튼과 연결

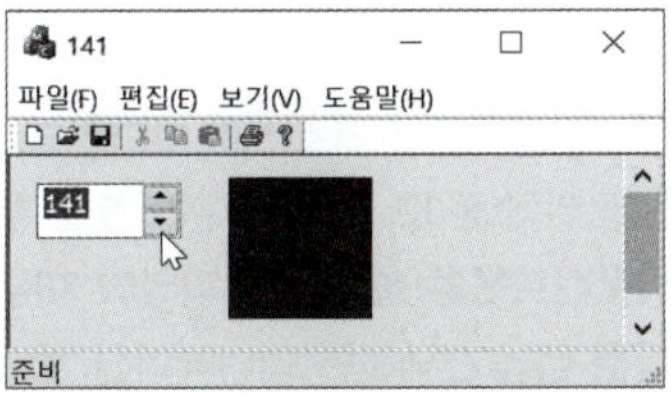

04 SpinButton 예제를 수정하여, 에디트 컨트롤 대신 콤보 박스 컨트롤을 사용하도록 수정하시오. 단, 콤보 박스 컨트롤에서 10, 20, ..., 100 중 하나를 선택할 수 있다.

HINT 콤보 박스 컨트롤에 대한 탭 순서Tab Order가 스핀 컨트롤보다 우선하도록 설정

05 Progress 예제를 다음과 같이 수정하시오. 클라이언트 영역에서 마우스 왼쪽 버튼을 클릭하면 π 값을 정밀하게 계산하여 메시지 상자로 출력하되, 계산 진행 상황을 프로그레스 컨트롤로 표시한 다. π 값을 계산하는 공식은 다음과 같다.

$$\frac{\pi}{4} = \sum_{k=1}^{\infty} \frac{(-1)^{k+1}}{2k-1} = 1 - \frac{1}{3} + \frac{1}{5} - \cdots$$

06 ImageList 예제를 다음과 같이 수정하시오. 클라이언트 영역에 확장 콤보 박스 컨트롤을 생성하고 이미지 리스트를 콤보 박스 컨트롤에 설정한다. 그리고 콤보 박스에서 선택된 이미지가 배경 화면에 출력되도록 한다. 단, 콤보 박스에 이미지가 나타나도록 구현한다.

HINT CImageList 클래스와 CComboBoxEx 클래스 이용, 확장 콤보 박스 아이템 추가는 COMBOBOXEXITEM 구조체 사용, 확장 콤보 박스 생성은 다음 코드를 참고:

```
#define IDC_COMBOEX_1   1544
CComboBoxEx m_combo;
CRect rect(20, 50, 200, 250);
m_combo.Create(WS_CHILD | CBS_DROPDOWN, rect, this, IDC_COMBOEX_1);
m_combo.ShowWindow(SW_SHOW);
```

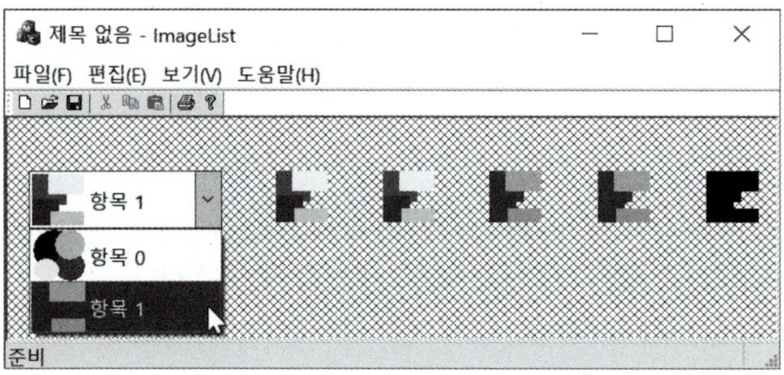

07 TabCtrl 예제를 다음과 같이 수정하시오. AVI 파일(*.avi)을 하나 준비하여 리소스로 추가한다. 그리고 탭 컨트롤 맨 끝에 [AVI] 탭을 새로 추가하고, 에디트 컨트롤 위치에 애니메이션 컨트롤을 추가한다. 이제 프로그램을 실행하여 [AVI] 탭을 클릭하면 애니메이션 컨트롤을 통해 AVI 파일이 재생되도록 한다. 단, [AVI] 탭을 선택하면 에디트 컨트롤을 감춰지고 다른 탭을 선택하면 애니메이션 컨트롤이 감춰지고 AVI 파일 재생도 중지된다.

HINT CAnimateCtrl 클래스와 이 클래스가 제공하는 Open() 함수, Play() 함수, 그리고 Stop() 함수 이용

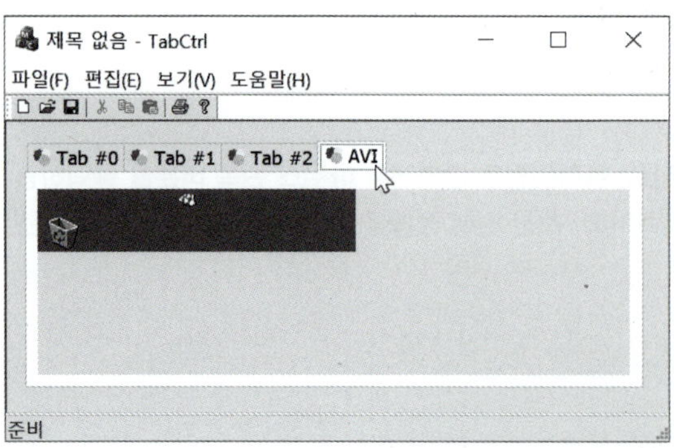

08 **Progress 예제를 다음과 같이 수정하시오. 클라이언트 영역에 핫키 컨트롤과 확인 버튼을 추가하여 단축키를 입력받도록 한다. 핫키 컨트롤에 단축키를 입력하고 확인 버튼을 클릭하면 단축키를 등록한다. 그리고 해당 단축키를 누르면 본래 마우스 왼쪽 버튼을 눌렀을 때와 같이 프로그레스를 진행하도록 하시오.**

HINT CHotKeyCtrl 클래스 이용, 단축키 처리는 WM_HOTKEY 메시지, 단축키 등록은 ::RegisterHotKey() API 함수를 이용하고 함수 세 번째 인자는 다음 코드를 참고:

```
UINT fsModifiers = 0;
if (wModifiers & HOTKEYF_ALT)
  fsModifiers |= MOD_ALT;
if (wModifiers & HOTKEYF_CONTROL)
  fsModifiers |= MOD_CONTROL;
if (wModifiers & HOTKEYF_SHIFT)
  fsModifiers |= MOD_SHIFT;
```

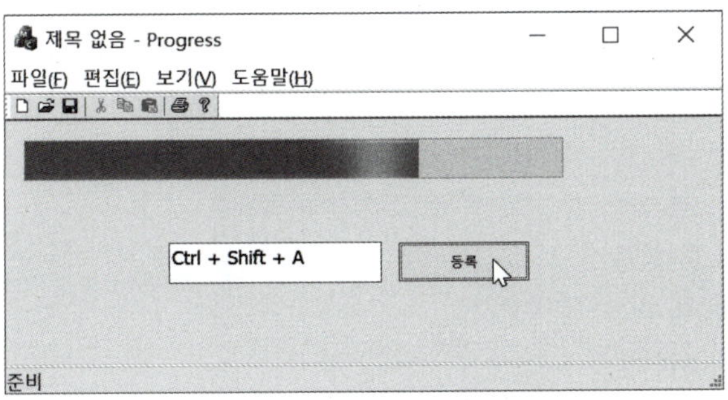

비트맵 버튼 컨트롤

컨트롤 배경이 비트맵 형태로 확장할 수 있으면 웬만한 GUI를 모두 처리할 수 있어 유용하다. 이를 위해 MFC에서는 CBitmapButton 클래스를 기본으로 제공하지만, 버튼 컨트롤처럼 많이 사용하는 컨트롤은 상황에 맞게 수정할 수 있도록 본인 고유 클래스가 있으면 편리하다. 예를 들어 CBitmapButton 클래스는 버튼 이미지를 각각 입력하도록 되어 있는데, 버튼마다 4종류 비트맵이 필요할 뿐만 아니라 버튼이 많아지면 파일 처리, 리소스 관리 등이 상당히 번거롭다. 또한, CBitmapButton 클래스는 마우스 오버 상태(보통 Hover라고 함)를 처리하지 못해 부족한 면이 있다.

여기서는 다음과 같이 버튼을 표현하는 이미지 4개(보통 상태, 눌림 상태, 마우스 오버 상태, 비활성화 상태)가 연속되어 있는 비트맵을 리소스로 받아 버튼으로 표현하는 버튼 클래스를 만들어본다. 버튼 비트맵 보관과 출력은 이미지 리스트Image List 클래스를 사용하는 방식을 사용한다.

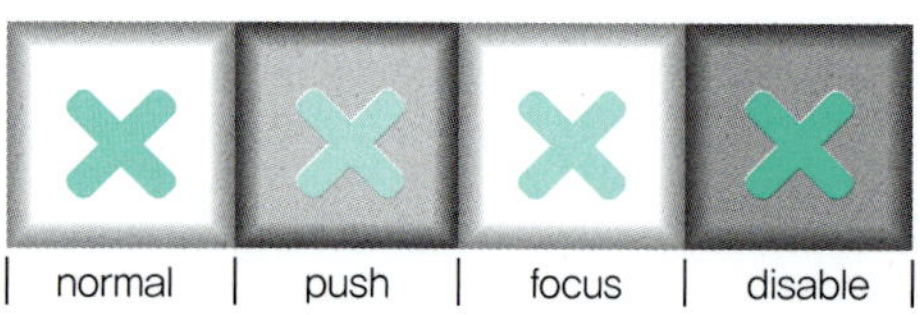

▲ 비트맵 버튼을 위한 비트맵 이미지와 이미지 배열 순서

먼저 다음과 같이 CButton 클래스를 상속하는 CButtonBitmap 클래스를 생성한다. 그리고 클래스 마법사를 이용해 DrawItem()과 PreSubclassWindow() 가상 함수를 재정의Overriding하고, WM_MOUSEMOVE 메시지를 처리하는 OnMouseMove() 함수도 추가한다. 그리고 마우스 오버 상태를 처리할 수 있도록 WM_MOUSEHOVER와 WM_MOUSELEAVE 메시지를 처리하는 OnMouseHover()와 OnMouseLeave() 함수를 추가한다.

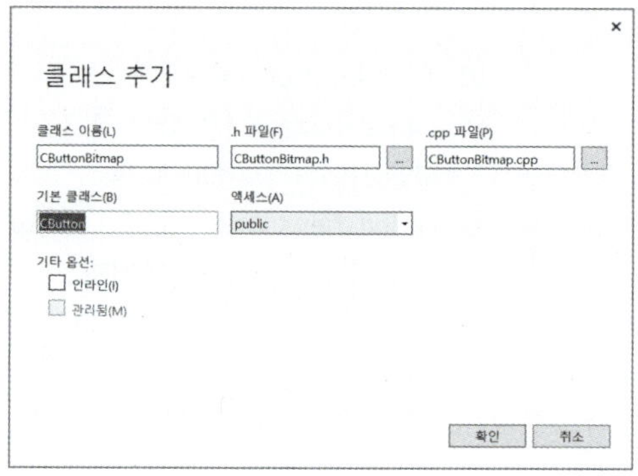

▲ CButton 클래스를 상속하는 CButtonBitmap 클래스 생성

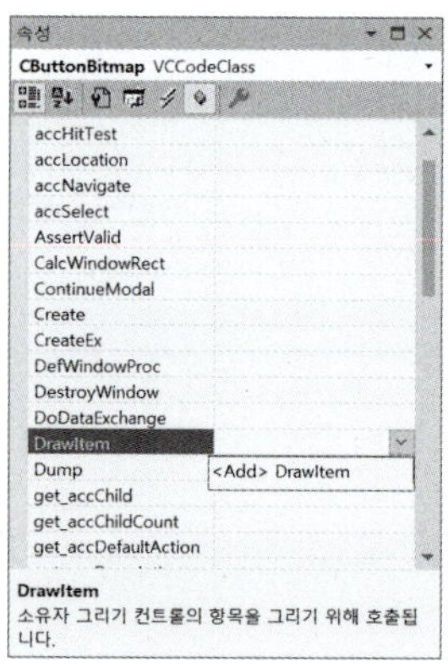

▲ CButtonBitmap 클래스에 DrawItem() 함수 추가

CButtonBitmap 클래스 헤더 파일은 다음과 같은 형태가 된다. 수동으로 추가할 멤버 함수는 LoadBitmaps()와 MoveWindow() 함수다. MoveWindow()는 CWnd::MoveWindow() 함수와 동일한 역할을 하되, CButtonBitmap 클래스에 설정된 비트맵 이미지 크기에 맞게 자

동으로 폭과 너비를 설정해 주는 부분이 다르다. 멤버 변수는 비트맵 이미지를 보관하고 출력할 이미지 리스트 클래스 객체와 비트맵 이미지의 크기를 보관할 CSize 클래스 객체, 그리고 마우스 움직임에 대한 처리를 위한 BOOL 변수 두 개를 추가한다.

```
class CButtonBitmap : public
CButton
{
public:
    CButtonBitmap();
    virtual ~CButtonBitmap();

public:
    BOOL LoadBitmaps( UINT
      nIDBitmapResource,
      UINT nFlags=ILC_COLOR24,
      COLORREF crMask=0 );
    void MoveWindow( int x, int y,
      BOOL bRepaint=TRUE )
    {
      CButton::MoveWindow( x, y,
        m_sizeImage.cx,
        m_sizeImage.cy,
        bRepaint );
    }

protected:
    DECLARE_MESSAGE_MAP()

public:
    virtual void
      DrawItem(LPDRAWITEMSTRUCT
      lpDrawItemStruct);
    virtual void
      PreSubclassWindow();
    afx_msg void OnMouseMove(UINT
      nFlags, CPoint point);
    afx_msg void OnMouseHover(UINT
      nFlags, CPoint point);
    afx_msg void OnMouseLeave();

protected:
    CImageList  m_imgList;
    CSize       m_sizeImage;
    BOOL        m_bOnMouse;
    BOOL        m_bHover;
};
```

이제 CButtonBitmap 클래스 구현을 살펴보자. 다음과 같이 CButtonBitmap 클래스 생성자에서는 멤버 변수 초기화를 진행하고 소멸자에서는 그대로 둔다.

```
CButtonBitmap::CButtonBitmap()
    : m_bOnMouse( FALSE ),
      m_bHover( FALSE ),
      m_sizeImage( 0, 0 )
{
}
CButtonBitmap::~CButtonBitmap()
{
}
```

PreSubclassWindow() 함수는 버튼 컨트롤을 서브클래싱할 때 호출되는 함수로, 이때 버튼 컨트롤에 대한 스타일을 지정한다. 본래 버튼 컨트롤이 수행하는 화면 출력을 변경하기 위해서는 다음 그림과 같이 버튼 컨트롤 속성에 'Owner Draw(BS_OWNERDRAW)' 스타일을 True로 지정해야 한다. 하지만 버튼 컨트롤을 추가할 때마다 일일이 변경하기 번거롭기 때문에 PreSubclassWindow() 함수에서 다음 코드와 같이 직접 스타일을 지정하면 편리하다.

```
void CButtonBitmap::PreSubclassWin
dow()
{
   ModifyStyle( 0, WS_CHILD|WS_
     VISIBLE|BS_OWNERDRAW);
   CButton::PreSubclassWindow();
}
```

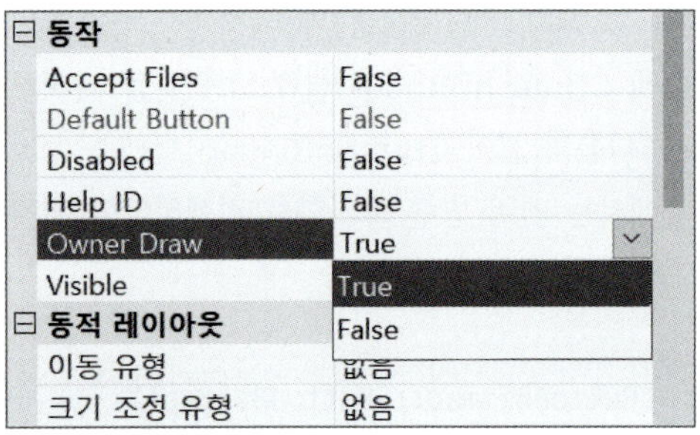

▲ 버튼 컨트롤의 Owner draw 스타일 설정

CButtonBitmap 클래스 내 LoadBitmaps() 멤버 함수는 다음과 같이 구현한다. 전달된 비트맵 리소스 ID를 ::LoadImage() API 함수를 사용하여 로드하여 HBITMAP 핸들을 얻는다. HBITMAP 핸들을 CBitmap 객체로 만들어 비트맵 크기 정보(폭과 너비)를 얻어 멤버 변수에 보관하고, 이미지 리스트를 생성하는 데 사용한다. 그리고 생성된 이미지 리스트에 CBitmap 객체를 대입하는 과정을 수행한다. 이 과정을 수행하면 이미지 리스트에 버튼 이미지를 보관한 상태가 된다.

```
BOOL CButtonBitmap::LoadBitmaps(
UINT nIDBitmapResource,
   UINT nFlags, COLORREF crMask )
{
   HINSTANCE hInstance =
     ::AfxFindResourceHandle(
     MAKEINTRESOURCE
     (nIDBitmapResource),
     RT_BITMAP );
   if ( hInstance == NULL )
     return FALSE;

   HBITMAP hBitmap =
     (HBITMAP)::LoadImage(
     hInstance, MAKEINTRESOURCE(
     nIDBitmapResource ),
     IMAGE_BITMAP, 0, 0, LR_
     CREATEDIBSECTION );
   if ( hBitmap == NULL )
     return FALSE;

   m_imgList.DeleteImageList();
   // 이미지리스트초기화

   CBitmap bitmap;
   bitmap.Attach( hBitmap );
   {
     BITMAP bm;
     bitmap.GetBitmap( &bm );
     m_sizeImage.cx = bm.bmWidth >>
     2; // 4등분
     m_sizeImage.cy = bm.bmHeight;
   }

   m_imgList.Create( m_sizeImage.
```

```
    cx, m_sizeImage.cy, nFlags, 4, 0 );

  if ( (nFlags & ILC_MASK) != 0 )
    m_imgList.Add( &bitmap, crMask );
  else
    m_imgList.Add( &bitmap,
    (CBitmap *)NULL );

  // 정리
  bitmap.DeleteObject();
  return TRUE;
}
```

CButtonBitmap 클래스 내 DrawItem() 멤버 함수는 버튼 컨트롤에 BS_OWNERDRAW 스타일이 지정된 경우 자동으로 호출되는 가상 함수로, OnDraw() 함수처럼 DrawItem() 함수에서 버튼 컨트롤 외형을 출력하면 된다. 인자로 전달되는 DRAWITEMSTRUCT 구조체는 출력돼야 하는 버튼 컨트롤 영역 정보와 DC 객체, 버튼 상태 등이 전달된다. 이들 정보를 바탕으로 버튼 컨트롤 외형을 출력한다. 이때 CImageList 클래스 내 Draw() 함수를 사용할 수 있으며, 이미지 리스트 객체가 보관하고 있는 비트맵 이미지를 직접 출력해 주는 역할을 한다. 다음 코드에서는 버튼에 대한 네 가지 형태를 출력하며, 마우스 오버 상황은 m_bHover 멤버 변수를 통해 구분한다.

```
void CButtonBitmap::DrawItem(
LPDRAWITEMSTRUCT lpDrawItemStruct )
{
  if ( lpDrawItemStruct == NULL ||
    =m_imgList.GetSafeHandle() ==
    NULL ||
    =m_imgList.GetImageCount() !=
    4 )
    return;

  CRect rect;
  rect.CopyRect(
    &lpDrawItemStruct->rcItem );

  CPoint pt = rect.TopLeft();
  CDC *pDC = CDC::FromHandle(
    lpDrawItemStruct->hDC );

  // [NOTE] 순서: NORMAL, PUSHED,
    FOCUS, DISABLE
  UINT state = lpDrawItemStruct-
    >itemState;
  if ( (state & ODS_SELECTED) ||
    (state & ODS_CHECKED) )
   m_imgList.Draw( pDC, 1, pt,
    ILD_TRANSPARENT );
  else if ( (state & ODS_DISABLED)
    || (state & ODS_GRAYED) )
   m_imgList.Draw( pDC, 3, pt,
    ILD_TRANSPARENT );
  else if ( m_bHover == TRUE )
   m_imgList.Draw( pDC, 2, pt,
    ILD_TRANSPARENT );
  else
   m_imgList.Draw( pDC, 0, pt,
    ILD_TRANSPARENT );
}
```

마우스 관련 처리는 OnMouseMove(), OnMouseHover(), OnMouseLeave() 멤버 함수를 이용한다. 마우스가 버튼 컨트롤에 진입하면 OnMouseMove() 함수가 먼저 호출된다. 여기서는 WM_MOUSEHOVER와 WM_MOUSELEAVE 메시지가 호출될 수 있도록 ::TrackMouseEvent() API 함수를 사용하여 마우스 이벤트를 등록하는 작업을 수행한다. 이 작업은 한 번만 수행하면 되므로 m_bOnMouse 멤버 변수를 통해 구분한다. 이후로 마우스가 버튼 위에 있는 동안 WM_MOUSEHOVER 메시지가 전달되어 OnMouseHover() 함수가 호출된다. 여기서 m_hHover 멤버 변수를 TRUE로 설정하고 Invalidate() 함수를 호출한다. 그러면 버튼 컨트롤 화면이 다시 그려지고, 앞서 DrawItem() 함수가 호출되어 마우스 오버 상태 비트맵이 출력된다. 반대로 마우스가 버튼 바깥으로 나가면 WM_MOUSELEAVE 메시지가 전달되고 OnMouseLeave() 함수가 호출된다. 그러면 설정되었던 멤버 변수를 모두 초기화하고 Invalidate() 함수를 호출하여 변경된 버튼 상태가 다시 그려지도록 한다.

```
void CButtonBitmap::OnMouseMove(
UINT nFlags, CPoint point )
{
    if ( m_bOnMouse == FALSE )
    {
      m_bOnMouse = TRUE;
      TRACKMOUSEEVENT tme;
      tme.cbSize = sizeof(tme);
      tme.dwFlags = TME_LEAVE | TME_
        HOVER;
      tme.hwndTrack =
        GetSafeHwnd();
      tme.dwHoverTime = 1; // HOVER_
        DEFAULT
      m_bOnMouse = ::_
        TrackMouseEvent(&tme);
    }
    CButton::OnMouseMove(nFlags,
      point);
}

LONG CButtonBitmap::OnMouseHover(
WPARAM, LPARAM )
{
    m_bHover = TRUE;
    Invalidate();
    CButton::OnMouseHover(nFlags,
      point);
}

LONG CButtonBitmap::OnMouseLeave(
WPARAM, LPARAM )
{
    m_bOnMouse = FALSE;
    m_bHover = FALSE;
    Invalidate();
    CButton::OnMouseLeave();
}
```

이로써 CButtonBitmap 클래스가 구현되었다. 이제 버튼 컨트롤을 CButtonBitmap 클래스로 서브클래싱해 보자. 버튼 컨트롤을 하나 추가(예를 들어 IDC_BUTTON_CLOSE)한 후, 다음과 같이 컨트롤 변수를 설정한다. 이때 CButton 대신 CButtonBitmap 클래스 지정만으로 버튼 컨트롤을 간단히 서브클래싱할 수 있다.

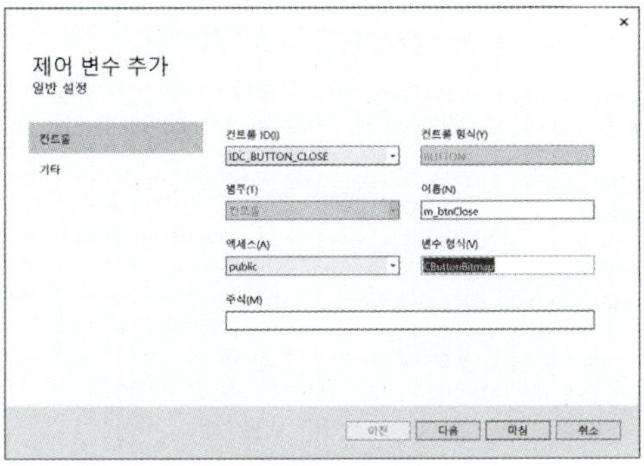

▲ CButtonBitmap 클래스 형태로 클래스 변수 추가하기

버튼 컨트롤에 사용할 이미지를 리소스에 추가하고 리소스 ID(예를 들어 IDB_BTN_CLOSE)를 지정한다. 그리고 OnInitDialog() 함수처럼 초기화 부분에 다음 코드를 추가한다. CButtonBitmap 클래스에 제공하는 LoadBitmap() 함수를 통해 버튼 비트맵 이미지를 설정하고 MoveWindow() 함수를 이용하여 원하는 위치로 이동시키고 크기를 재조정한다. 이 과정이 새로운 버튼 클래스를 사용하기 위한 전부이다. 이제 응용 프로그램을 실행하면, 다음과 같이 비트맵 이미지가 적용된 버튼 컨트롤을 확인할 수 있으며, 마우스를 가져가거나 클릭하면 그에 맞는 비트맵 이미지가 출력되는 것을 확인할 수 있다.

```
BOOL
CTestButtonDlg::OnInitDialog()
{
   …
   m_btnClose.LoadBitmaps( IDB_
     BTN_CLOSE );
   m_btnClose.MoveWindow( 50, 50
     );
   return TRUE;
}
```

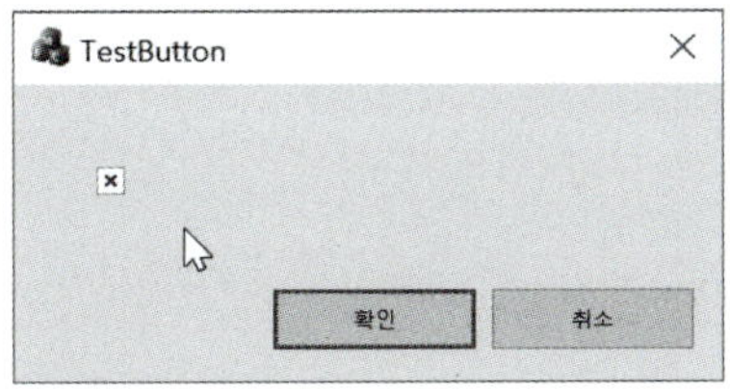

▲ 평상시

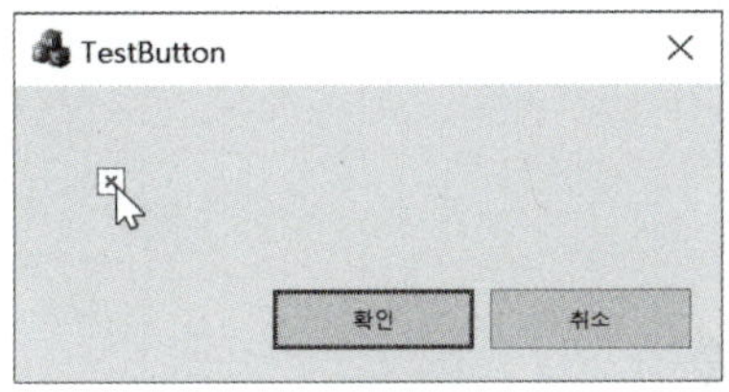

▲ 마우스 커서가 올라갔을 때

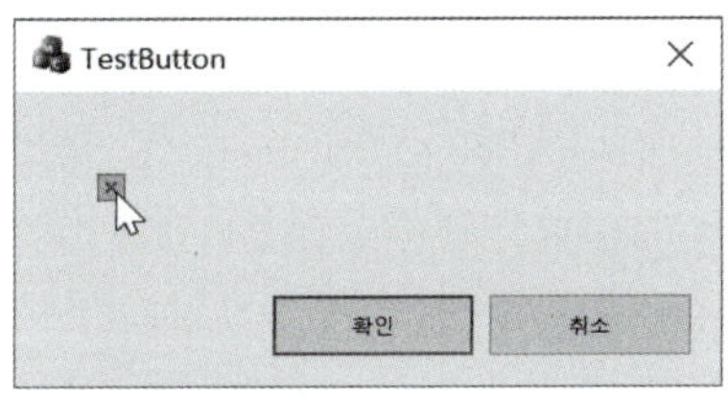

▲ 버튼을 클릭했을 때

지금까지 아주 사용 빈도가 높은 버튼 컨트롤을 유용하게 사용할 수 있는 버튼 클래스를 구현하고 사용해 보았다. 아울러 버튼 컨트롤을 새로 정의한 클래스로 서브클래싱하는 방법도 확인했다. 이제 버튼 이미지만 교체하면 다양한 버튼 형태를 만들어 낼 수 있다.

CHAPTER 12

다양한 뷰 클래스

학습 목표

- MFC 뷰 클래스의 특징과 용도를 이해한다.
- 다양한 뷰 클래스를 다루는 방법을 익힌다.

01 뷰 클래스 종류

MFC 응용 프로그램 마법사를 이용하여 도큐먼트/뷰 구조를 지원하는 프로젝트를 생성하면 [그림 12-1]과 같이 마지막 단계에서 뷰의 기본 클래스를 선택할 수 있다. [그림 12-2]는 MFC에서 사용할 수 있는 뷰 클래스 중 자주 사용되는 것을 계층도로 보여준다.

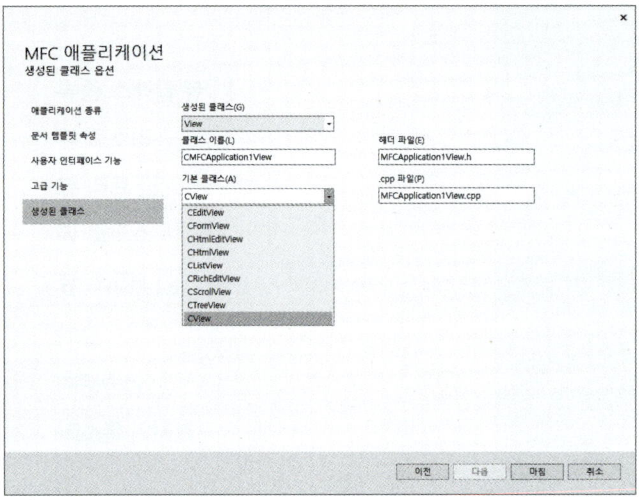

그림 12-1 뷰 클래스 선택

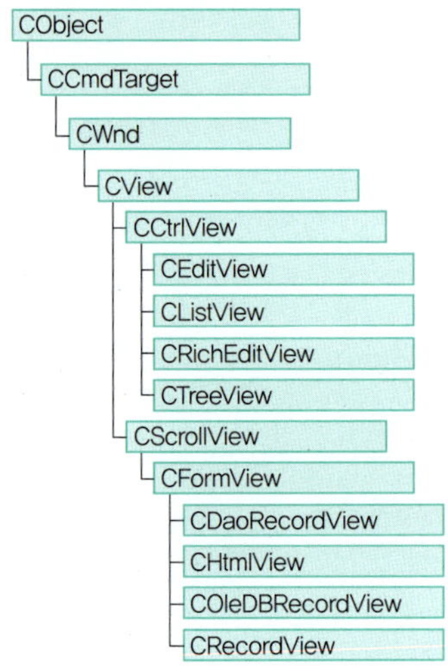

그림 12-2 MFC 클래스 계층도

다양한 뷰 클래스의 특징과 용도를 간단히 정리하면 다음과 같다.

- **CView** : 모든 뷰 클래스의 기본 클래스로, 다른 모든 뷰 클래스에 공통의 인터페이스와 기능을 제공한다. 단순하면서도 기본 기능이 충분해서 지금까지 본문에서 많이 사용했다.
- **CCtrlView** : 모든 컨트롤 기반 뷰 클래스의 기본 클래스로, 네 개의 하위 클래스(CEditView, CListView, CRichEditView, CTreeView)에 공통의 인터페이스와 기능을 제공한다.
- **CEditView** : 에디트 컨트롤을 기반으로 하는 뷰 클래스로, 뷰 영역 전체를 에디트 컨트롤이 차지한다. 윈도우의 메모장처럼 간단한 편집기를 작성하거나 에디트 컨트롤을 이용하여 데이터를 입출력할 때 사용한다.
- **CListView** : 리스트 컨트롤을 기반으로 하는 뷰 클래스로, 뷰 영역 전체를 리스트 컨트롤이 차지한다. 윈도우 탐색기처럼 항목들을 이미지와 텍스트로 보여줄 때 사용한다.

- **CRichEditView** : 리치 에디트 컨트롤을 기반으로 하는 뷰 클래스로, 뷰 영역 전체를 리치 에디트 컨트롤이 차지한다. 윈도우의 워드패드처럼 형식화된 텍스트를 입력할 수 있는 편집기를 작성하거나 리치 에디트 컨트롤을 이용하여 데이터를 입출력할 때 사용한다.
- **CTreeView** : 트리 컨트롤을 기반으로 하는 뷰 클래스로, 뷰 영역 전체를 트리 컨트롤이 차지한다. 윈도우 탐색기처럼 여러 항목의 계층 관계를 이미지와 텍스트로 보여줄 때 사용한다.
- **CScrollView** : 자동화된 스크롤 기능을 제공한다. 다른 뷰 클래스의 기본 클래스로도 쓰이지만 자체로도 유용해서 직접 사용하는 경우도 많다.
- **CFormView** : 대화 상자를 기반으로 하는 뷰 클래스로, 뷰 영역 전체를 대화 상자가 차지한다. 컨트롤을 이용하여 시각적으로 화면을 디자인할 수 있다는 편리함 때문에 본문에서 많이 사용했다. 다른 뷰 클래스의 기본 클래스로도 쓰이지만 자체로도 유용해서 직접 사용하는 경우도 많다.
- **CHtmlView, CHtmlEditView** : 인터넷 익스플로러의 핵심인 웹 브라우저 컨트롤을 기반으로 하는 뷰 클래스로, 뷰 영역 전체를 웹 브라우저 컨트롤이 차지한다. 웹 브라우저 형태의 응용 프로그램을 제작하거나 HTML 형식의 데이터를 출력 또는 편집할 때 사용한다.
- **CRecordView, CDaoRecordView, COleDBRecordView** : 데이터베이스에서 가져온 레코드를 화면에 표시한다. 각각 ODBC, DAO, OLE DB에서 사용한다.

이 장에서는 지금까지 소개하지 않은 뷰 클래스 중에서 컨트롤 기반 뷰 클래스인 CListView, CTreeView, CHtmlView, 그리고 편리한 스크롤 기능을 제공하는 CScrollView 클래스를 학습한다. 별도로 다루지 않는 CEditView, CRichEditView, CHtmlEditView 클래스도 컨트롤을 기반으로 하므로 사용 방식은 비슷하다. 데이터베이스 관련 뷰 중 CRecordView와 COleDBRecordView는 14장 데이터베이스 프로그래밍에서 소개한다.

02 리스트 뷰

CListView 클래스는 도큐먼트/뷰 구조 응용 프로그램에서 리스트 컨트롤을 이용하여 뷰의 기능을 제공한다([그림 12-3]). 따라서 리스트 컨트롤의 기능, 즉 여러 항목Item을 이미지와 텍스트로 보여주는 기능을 뷰에서 손쉽게 활용할 수 있다.

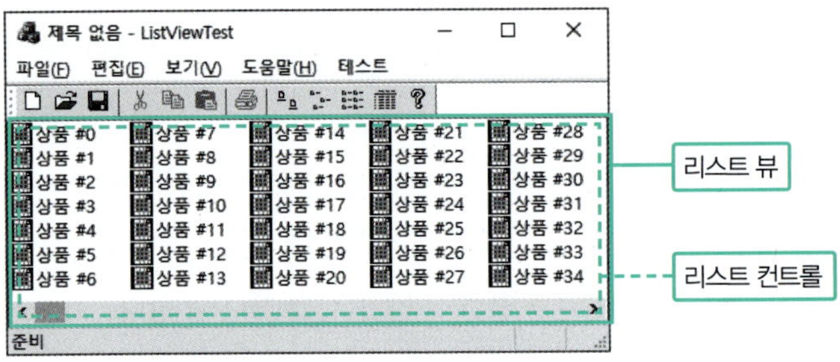

그림 12-3 리스트 뷰와 리스트 컨트롤

CListView 클래스가 제공하는 대부분의 기능은 리스트 컨트롤을 통해서만 사용할 수 있다. 다음 코드는 CListView 기반의 뷰 클래스에서 리스트 컨트롤에 접근하고 이를 사용하는 예를 보여준다.

```
// 리스트 컨트롤 객체에 대한 레퍼런스를 얻는다.
CListCtrl& list = GetListCtrl();

// 레퍼런스를 통해 리스트 컨트롤을 사용한다.
list.SetImageList(...);
list.InsertColumn(...);
...
```

CListView::GetListCtrl() 함수를 호출하면 리스트 컨트롤 객체를 가리키는 레퍼런스를 얻을 수 있고, 이후부터는 레퍼런스를 통해 리스트 컨트롤의 기능을 사용하면 된다. 따라서 이 절에서는 리스트 컨트롤의 기능을 제공하는 CListCtrl 클래스를 먼저 소개하고, 이후에 CListView 클래스의 사용법을 예제를 중심으로 익힐 것이다.

리스트 컨트롤 관련 MFC 클래스 계층도는 [그림 12-4]와 같다. CListCtrl과 CListView는 본문에서 직접 사용할 클래스이다. CListCtrl 클래스는 일반적인 컨트롤 클래스처럼 CWnd(윈도우 기능) 클래스를 상속받고, CListView 클래스는 CWnd(윈도우 기능), CView(뷰 기능), CCtrlView(컨트롤 기반 뷰 기능) 클래스를 차례로 상속받는다. CListCtrl과 CListView 클래스 모두 CCmdTarget(명령 메시지 처리 기능) 클래스를 상속받으므로 MFC의 명령 라우팅 기능을 사용할 수 있다.

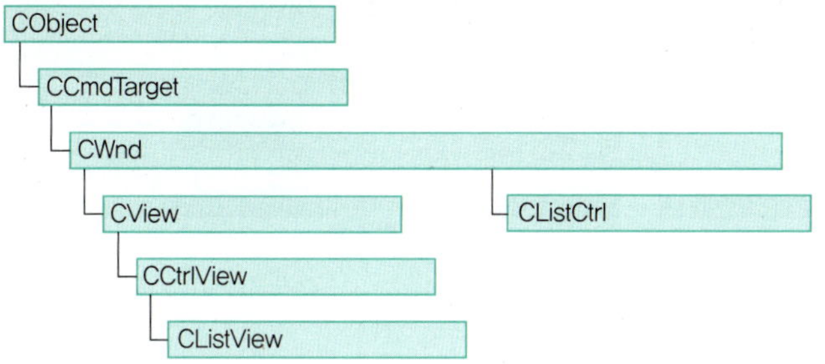

그림 12-4 MFC 클래스 계층도

1 리스트 컨트롤

리스트 컨트롤(리스트 뷰List-View 컨트롤이라고도 부름)은 이미지와 텍스트를 이용하여 다양한 형태로 정보를 표시할 수 있다. 리스트 컨트롤을 사용하는 대표적인 예로 윈도우 2000 탐색기의 오른쪽 영역(파일 목록을 보여주는 부분)을 들 수 있는데, 사용자의 선택에 따라 폴더와 파일 정보를 여러 형태로 보여준다. 각각의 표시 방법을 정리하면 다음과 같다.

참고 윈도우 10의 탐색기도 비슷한 화면을 보여주지만, 내부적으로는 리스트 컨트롤 대신 커스텀 컨트롤로 구현되어 있으므로 본문의 예로는 사용할 수 없다.

- **아이콘 보기**Icon View : 항목을 큰 아이콘과 아래쪽의 텍스트로 표시한다. 항목을 마우스로 드래그하여 임의 위치로 옮길 수 있다.
- **작은 아이콘 보기**Small Icon View : 항목을 작은 아이콘과 오른쪽의 텍스트로 표시한다. 항목을 마우스로 드래그하여 임의 위치로 옮길 수 있다.
- **목록 보기**List View : 항목을 작은 아이콘과 오른쪽의 텍스트로 표시한다. 작은 아이콘 보기와 달리, 항목을 마우스로 드래그하여 임의 위치로 옮길 수 없고 항목이 항상 자동으로 정렬된다.
- **보고서 보기**Report View : 한 행당 항목을 하나씩 표시하되, 한 항목의 다양한 정보는 여러 열에 걸쳐 표시한다. 맨 왼쪽 열은 작은 아이콘과 오른쪽의 텍스트로 표시하고, 나머지 열(하위 항목Subitem이라 부름)은 응용 프로그램이 자유롭게 필요한 정보를 표시할 수 있다. 맨 위쪽에는 헤더Header 컨트롤을 옵션으로 붙일 수 있다. 헤더 컨트롤을 사용하면 각 열의 폭을 조절하거나, 특정 열을 클릭하여 해당 열을 기준으로 항목을 정렬할 수 있다.

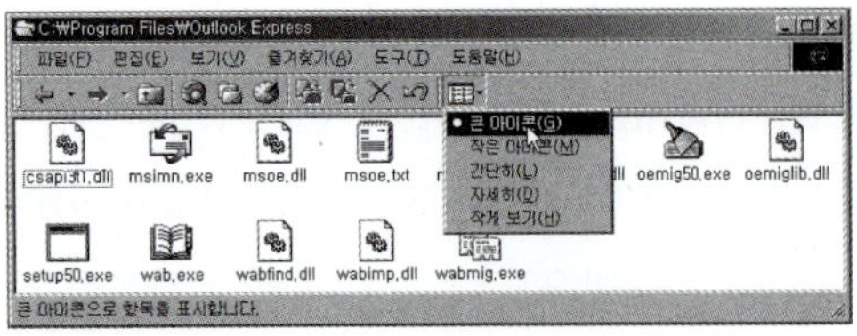

(a) 아이콘 보기

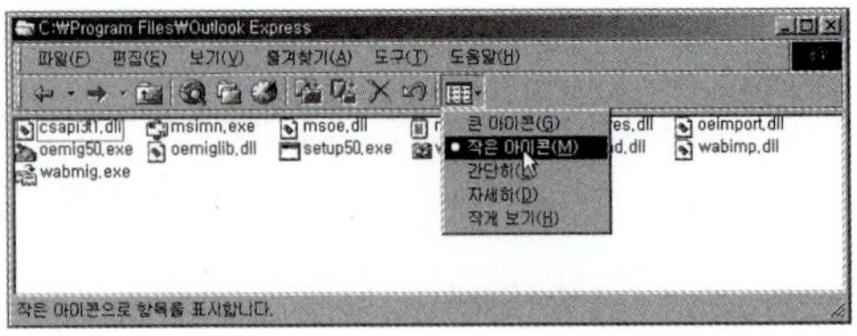

(b) 작은 아이콘 보기

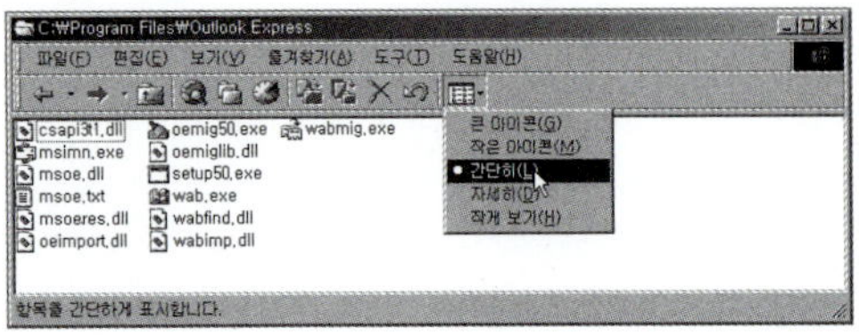

(c) 목록 보기

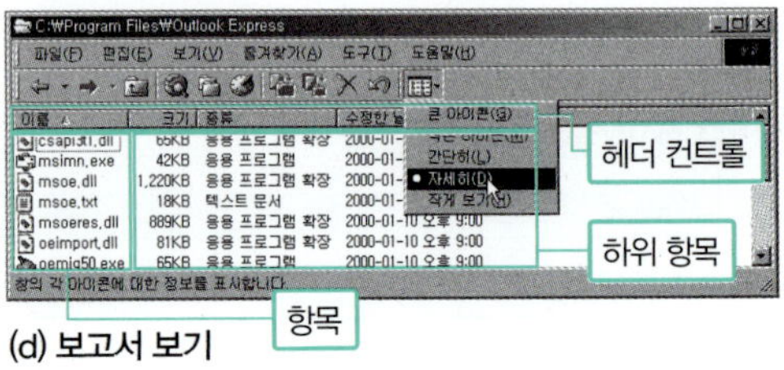

(d) 보고서 보기

그림 12-5 리스트 컨트롤 보기 스타일(윈도우 2000 탐색기)

리스트 컨트롤은 텍스트만 표시하는 경우가 아니라면 항목 한 개에 대해 최소 두 종류의 이미지가 필요하다. 윈도우 2000의 탐색기는 크기가 32×32, 16×16인 아이콘을 사용하지만 크기 제한이 있는 것은 아니다. 단지 아이콘 보기와 그 밖의 보기에서 각각 사용할 큰 이미지와 작은 이미지를 제공하면 된다. 리스트 컨트롤에 사용할 이미지는 이미지 리스트로 공급받으므로, 11장 2절의 이미지 리스트 사용법을 확인해두자.

이제 리스트 컨트롤의 스타일과 프로그래밍 방법을 살펴보자.

1.1 리스트 컨트롤 스타일

[표 12-1]은 자주 사용되는 리스트 컨트롤 스타일을 알파벳 순으로 정리한 것으로, 코드를 실행하여 컨트롤을 생성할 때 사용한다. 동일한 기능을 가진 속성 창 항목을 같이 표시하였으므로 대화 상자 디자인 시 참고한다. 이 밖에도 확장 리스트 컨트롤 스타일(LVS_EX_*)이 있는데, 속성 창으로는 설정할 수 없지만 실행 중에 스타일을 추가함으로써 사용할 수 있다. 이미 생성된 리스트 컨트롤의 스타일을 실행 중에 변경하는 방법은 잠시 후 소개할 것이다.

표 12-1 리스트 컨트롤 스타일

스타일/속성 창 항목	기능
LVS_ALIGNLEFT/Alignment→Left LVS_ALIGNTOP/Alignment→Top	아이콘 보기와 작은 아이콘 보기에서 아이콘 나열 방식을 결정한다. Left를 선택하면 왼쪽 열부터 차례로, Top을 선택하면 윗줄부터 차례로 채운다. [그림 12-6(a)]에서 왼쪽은 Left, 오른쪽은 Top을 선택한 경우이다.
LVS_AUTOARRANGE/Auto Arrange	아이콘 보기와 작은 아이콘 보기에서 항목을 자동으로 정렬한다. [그림 12-6(b)]처럼 윈도우 2000 탐색기의 [자동 정렬] 메뉴에서 이 스타일을 사용한다.
LVS_EDITLABELS/Edit Labels	항목 텍스트(레이블)를 곧바로 수정할 수 있다. [그림 12-6(c)]처럼 윈도우 2000 탐색기에서 파일 이름을 수정할 때 이 스타일을 사용한다.

LVS_ICON/View→Icon LVS_SMALLICON/View→SmallIcon LVS_LIST/View→List LVS_REPORT/View→Report	리스트 컨트롤을 표시하는 방법으로 Icon, Small Icon, List, Report 중 하나를 선택한다.
LVS_NOCOLUMNHEADER /No Column Header	보고서 보기에서 맨 위쪽에 헤더가 표시되지 않는다.
LVS_NOLABELWRAP /No Label Wrap	아이콘 보기에서 텍스트를 한 줄로 표시한다. 이 스타일을 설정하지 않으면 텍스트가 길어질 경우 여러 줄로 표시한다.
LVS_NOSCROLL /No Scroll	항목의 개수가 많아 화면에 모두 표시할 수 없는 경우에도 스크롤바가 나타나지 않는다. 이 경우 리스트 컨트롤의 크기를 잘 조정하여 모든 항목이 화면에 표시될 수 있게 해야 한다.
LVS_NOSORTHEADER /No Sort Header	헤더를 마우스로 클릭할 수 없다. 이 스타일을 설정하면 보고서 보기에서 헤더를 클릭하여 항목을 정렬하는 등의 작업을 할 수 없다.
LVS_OWNERDATA /Owner Data	기본적으로 리스트 컨트롤의 데이터는 컨트롤 자신이 관리한다. 하지만 이 스타일을 설정하면 실행 중에 부모 윈도우가 컨트롤에 필요한 데이터를 공급한다. 이와 같은 리스트 컨트롤을 가상(Virtual) 리스트 컨트롤이라 부르는데, 데이터를 한쪽에서만 관리하므로 불필요한 메모리 낭비를 줄일 수 있어 대량의 데이터를 표시할 때 적합하다.
LVS_OWNERDRAWFIXED /Owner Draw Fixed	보고서 보기에서 부모 윈도우가 리스트 컨트롤 항목을 직접 그린다. 이때 부모 윈도우는 WM_DRAWITEM 메시지를 처리해야 한다.
LVS_SHAREIMAGELISTS /Share Image Lists	여러 개의 컨트롤이 한 개의 이미지 리스트를 공유할 경우 이 스타일을 설정해야 한다. 그렇지 않으면 리스트 컨트롤이 파괴될 때 이미지 리스트도 파괴된다. 이 스타일을 사용하는 예로는 윈도우 2000 탐색기의 리스트 컨트롤을 들 수 있다.
LVS_SHOWSELALWAYS /Always Show Selection	컨트롤이 키보드 포커스를 잃더라도 사용자가 선택한 항목이 계속 반전된 상태로 남아있게 한다.
LVS_SINGLESEL /Single Selection	한 번에 한 개의 항목만 선택할 수 있다. 이 스타일을 설정하지 않으면 마우스와 키보드(Ctrl , Shift)로 항목을 여러 개 선택할 수 있다.
스타일 상수 없음/Sort→None LVS_SORTASCENDING/ Sort→Ascending LVS_SORTDESCENDING/ Sort→Descending	아이콘 정렬 방식으로 None(정렬하지 않음), Ascending(오름 차순), Descending(내림 차순) 중 하나를 선택한다.

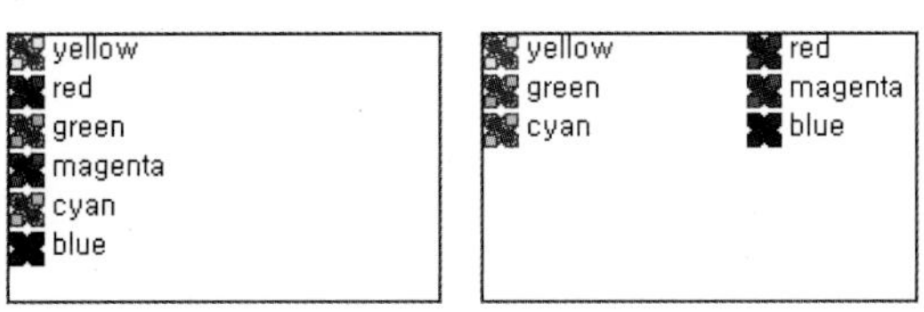

(a) Align

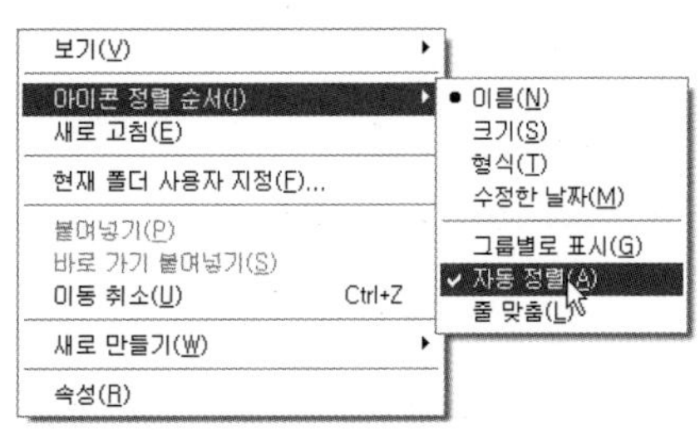

(b) Auto Arrange

(c) Edit Labels

그림 12-6 리스트 컨트롤 스타일 사용 예

1.2 리스트 컨트롤 클래스

MFC의 CListCtrl 클래스를 이용하여 리스트 컨트롤을 생성하고 초기화하는 절차는 다음과 같다. 단, 여기서는 대화 상자가 아닌 일반 윈도우에 컨트롤을 생성하고, 이미지와 텍스트를 모두 사용하는 것으로 가정한다.

① CListCtrl 객체를 선언하고 CListCtrl::Create() 함수로 리스트 컨트롤을 생성한다.

② CImageList 객체를 선언하고 CImageList::Create(), CImageList::Add() 등의 함수로 이미지 리스트를 초기화한다.

③ CListCtrl::SetImageList() 함수로 리스트 컨트롤에서 사용할 이미지 리스트를 설정한다.

④ CListCtrl::InsertColumn() 함수로 보고서 보기에서 표시할 헤더를 초기화한다.

⑤ CListCtrl::InsertItem() 함수로 항목을 추가한다.

⑥ CListCtrl::SetItemText() 함수로 하위 항목을 채운다.

컨트롤을 대화 상자에서 생성할 때는 위 단계에서 ①을 생략하고, 이미지를 사용하지 않으면 ②와 ③을 생략한다. 또한 'No Column Header' 스타일을 설정한 경우는 ④를 생략하고, 보고서 보기를 사용하지 않으면 ⑥을 생략한다.

내용을 이해하기 위해 다음과 같은 리스트 컨트롤을 생성하는 코드를 작성해보자. 전체 코드는 ListCtrlTest1 프로젝트에 포함되어 있다.

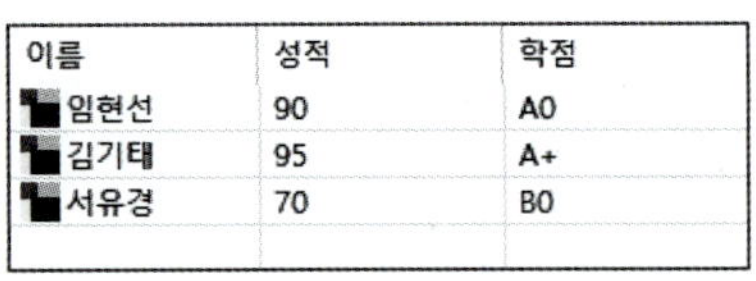

그림 12-7 실행 결과

```
// 클래스 선언부
#define IDC_LIST1 100
CListCtrl m_list;

// 클래스 정의부
int CListCtrlTest1View::OnCreate(LPCREATESTRUCT lpCreateStruct)
```

```
{
    if (CView::OnCreate(lpCreateStruct) == -1)
        return -1;

    // ❶ 리스트 컨트롤 생성
    m_list.Create(WS_CHILD | WS_VISIBLE | WS_BORDER | LVS_REPORT,
        CRect(10, 10, 310, 110), this, IDC_LIST1);

    // ❷ 이미지 리스트 생성과 초기화
    CImageList ilLarge, ilSmall;
    ilLarge.Create(32, 32, ILC_COLOR4, 1, 1);
    ilSmall.Create(16, 16, ILC_COLOR4, 1, 1);
    ilLarge.Add(AfxGetApp()->LoadIcon(IDI_ICON1));
    ilSmall.Add(AfxGetApp()->LoadIcon(IDI_ICON1));

    // ❸ 이미지 리스트 설정
    m_list.SetImageList(&ilLarge, LVSIL_NORMAL);
    m_list.SetImageList(&ilSmall, LVSIL_SMALL);
    ilLarge.Detach();
    ilSmall.Detach();

    // ❹ 헤더 초기화
    m_list.InsertColumn(0, _T("이름"), LVCFMT_LEFT, 100, 0);
    m_list.InsertColumn(1, _T("성적"), LVCFMT_LEFT, 100, 1);
    m_list.InsertColumn(2, _T("학점"), LVCFMT_LEFT, 100, 2);

    // ❺ 항목 추가
    m_list.InsertItem(0, _T("임현선"), 0);
    m_list.InsertItem(1, _T("김기태"), 0);
    m_list.InsertItem(2, _T("서유경"), 0);

    // ❻ 하위 항목 추가
    m_list.SetItemText(0, 1, _T("90"));
    m_list.SetItemText(0, 2, _T("A0"));
    m_list.SetItemText(1, 1, _T("95"));
    m_list.SetItemText(1, 2, _T("A+"));
    m_list.SetItemText(2, 1, _T("70"));
    m_list.SetItemText(2, 2, _T("B0"));

    return 0;
}
```

단계별 핵심 함수를 정리하면 다음과 같다.

❶ 리스트 컨트롤 생성

```
BOOL CListCtrl::Create(DWORD dwStyle, const RECT& rect, CWnd* pParentWnd, UINT nID);
                              ❶                 ❷              ❸          ❹
```

❶ **dwStyle** : 일반 윈도우 스타일(WS_*)과 리스트 컨트롤 스타일(LVS_*)을 조합하여 컨트롤 스타일을 지정한다.

❷ **rect** : 직사각형의 좌상단과 우하단 좌표로 컨트롤의 크기와 위치를 나타낸다.

❸ **pParentWnd** : 부모 윈도우를 나타낸다.

❹ **nID** : 컨트롤 ID를 지정한다.

❷ 이미지 리스트 생성과 초기화

11장 2절에서 다룬 내용이므로 함수 설명은 생략한다. 단, 이미지 리스트 객체를 스택에 생성했다면 소멸자가 호출되기 전에 CImageList::Detach() 함수를 호출하는 것을 잊지 말아야 한다.

❸ 이미지 리스트 설정

```
CImageList* CListCtrl::SetImageList(CImageList* pImageList, int nImageListType);
                                                   ❶                ❷
```

❶ **pImageList** : 리스트 컨트롤에서 사용할 이미지 리스트이다.

❷ **nImageListType** : 이미지 리스트에 포함된 이미지의 용도를 지정한다([표 12-2]).

표 12-2 nImageListType

nImageListType	용도
LVSIL_NORMAL	아이콘 보기
LVSIL_SMALL	작은 아이콘 보기, 목록 보기, 보고서 보기
LVSIL_STATE	상태 이미지

참고 상태 이미지는 아이콘의 왼쪽에 표시된다.

❹ 헤더 초기화

```
int CListCtrl::InsertColumn(int nCol, LPCTSTR lpszColumnHeading,
                                ❶                ❷
          int nFormat=LVCFMT_LEFT, int nWidth=-1, int nSubItem=-1);
                ❸                      ❹              ❺
```

❶ **nCol** : 초기화할 열 번호를 나타내며 [그림 12-8]과 같이 0부터 시작한다.

❷ **lpszColumnHeading** : 헤더에 표시할 텍스트이다.

❸ **nFormat** : 헤더에 표시할 텍스트의 정렬 방식으로, LVCFMT_LEFT(왼쪽), LVCFMT_RIGHT(오른쪽), LVCFMT_CENTER(가운데) 중 하나를 사용한다.

❹ **nWidth** : 열의 폭을 픽셀 단위로 지정한다.

❺ **nSubItem** : 연관된 하위 항목의 인덱스를 나타내는데, 보통 nCol과 같은 값을 사용한다.

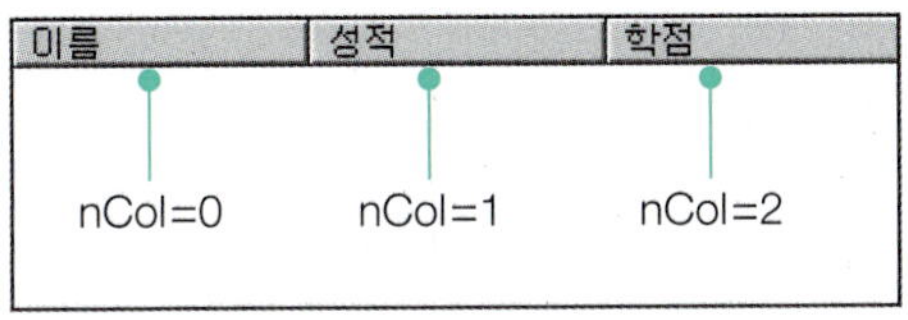

그림 12-8 열 번호

❺ 항목 추가

```
int CListCtrl::InsertItem(int nItem, LPCTSTR lpszItem, int nImage);
                              ❶               ❷            ❸
```

❶ **nItem** : 항목 인덱스를 나타내며 [그림 12-9]와 같이 0부터 시작한다.

❷ **lpszItem** : 항목에 표시할 텍스트이다.

❸ **nImage** : 항목에 표시할 이미지를 이미지 리스트에 포함된 이미지의 인덱스로 지정한다.

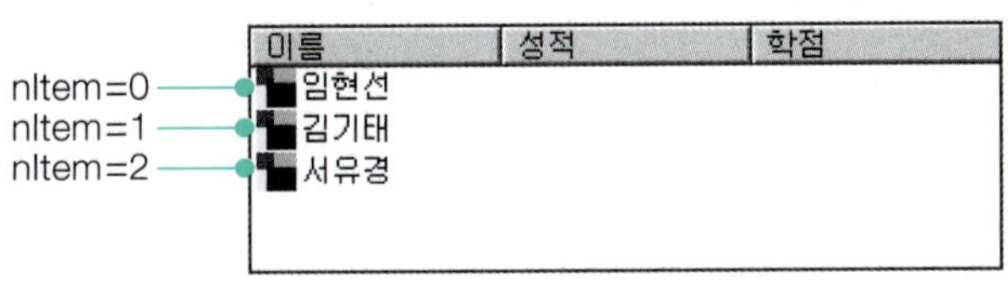

그림 12-9 nItem

❻ 하위 항목 추가

```
BOOL CListCtrl::SetItemText(int nItem, int nSubItem, LPCTSTR lpszText);
                                ❶           ❷                ❸
```

❶ **nItem** : 항목 인덱스를 나타내며 [그림 12-10]과 같이 0부터 시작한다.

❷ **nSubItem** : 하위 항목 인덱스를 나타내며 [그림 12-10]과 같이 1부터 시작한다. 0을 사용하면 항목 텍스트를 바꿀 수 있다.

❸ **lpszText** : 하위 항목(nSubItem 〉 0) 또는 항목(nSubItem = 0)에 표시할 텍스트이다.

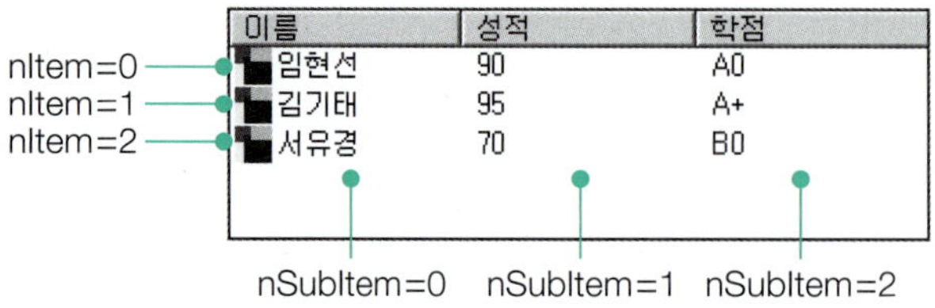

그림 12-10 nSubItem

1.3 스타일 변경하기

LVS_* 형태의 표준 리스트 컨트롤 스타일을 실행 중에 변경하려면 다음 함수를 사용한다. dwRemove는 제거할 스타일, dwAdd는 추가할 스타일을 나타낸다. 스타일을 변경한 후 nFlags 값에 따라 컨트롤의 크기나 위치를 제어할 수 있는데, 특별한 경우가 아니라면 기본값을 사용한다.

```
BOOL CWnd::ModifyStyle(DWORD dwRemove, DWORD dwAdd, UINT nFlags = 0);
```

CWnd::ModifyStyle() 함수의 사용 예는 다음과 같다.

```
// 아이콘 보기로 변경한다.
m_list.ModifyStyle(LVS_TYPEMASK, LVS_ICON);
// 레이블 편집을 가능하게 한다.
m_list.ModifyStyle(0, LVS_EDITLABELS);
```

리스트 컨트롤의 보기 스타일을 변경하는 경우, dwRemove에는 반드시 LVS_TYPEMASK를 사용해야 한다. LVS_TYPEMASK는 네 종류의 보기 스타일(LVS_ICON, LVS_SMALLICON, LVS_LIST, LVS_REPORT)을 모두 조합한 값이므로, 이 값을 사용하면 새로운 보기 스타일을 적용하기 전에 이전 보기 스타일을 모두 제거한다.

LVS_EX_* 형태의 확장 리스트 컨트롤 스타일을 실행 중에 변경하려면 다음 함수를 사용한다. dwNewStyle은 새로 적용할 확장 스타일을 나타낸다. 기존의 확장 스타일을 유지하려면 CListCtrl::GetExtendedStyle() 함수의 리턴 값과 새로 추가할 확장 스타일을 조합해서 사용한다.

```
DWORD CListCtrl::SetExtendedStyle(DWORD dwNewStyle);
```

CListCtrl::SetExtendedStyle() 함수의 사용 예는 다음과 같다. 확장 스타일을 사용하면 리스트 컨트롤에 다양한 효과를 줄 수 있다.

```
// 보고서 보기에서 격자 무늬를 표시한다([그림 12-11]).
m_list.SetExtendedStyle(m_list.GetExtendedStyle()|LVS_EX_GRIDLINES);
// 보고서 보기에서 항목을 선택하면 줄 전체가 반전되어 표시된다([그림 12-12]).
m_list.SetExtendedStyle(m_list.GetExtendedStyle()|LVS_EX_FULLROWSELECT);
```

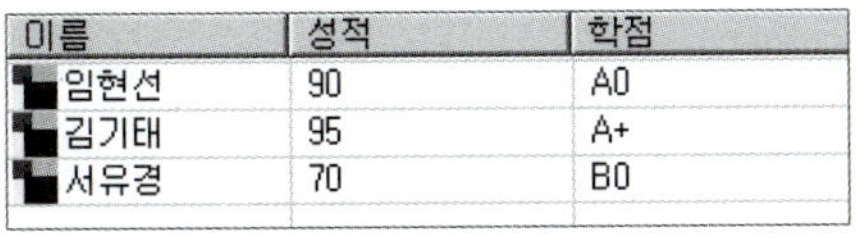

그림 12-11 실행 결과 : 격자 무늬 표시

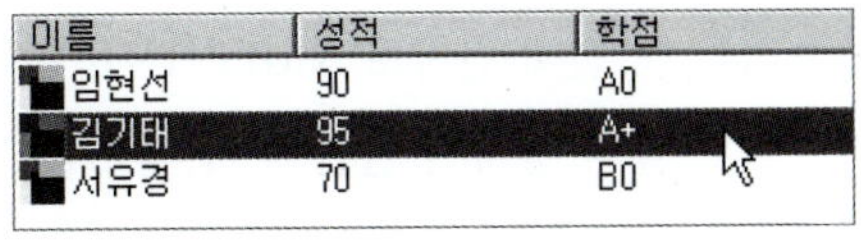

그림 12-12 실행 결과 : 선택된 줄 반전

1.4 선택 항목 알아내기

현재 선택된 항목을 알아내야 하는 경우를 다음과 같이 세 가지로 나누어 생각해보자.

❶ 마우스나 키보드로 새로운 항목을 선택한 경우(한 개가 선택됨)

❷ 마우스로 항목을 더블 클릭한 경우(한 개가 선택됨)

❸ 현재 선택된 항목을 모두 조사하는 경우(여러 개가 선택됨)

❶ 마우스나 키보드로 새로운 항목을 선택한 경우

마우스나 키보드로 새로운 항목을 선택하면 WM_NOTIFY 통지 메시지가 발생하며 통지 코드로 LVN_ITEMCHANGED가 전달된다. 다음 코드는 리스트 컨트롤 IDC_LIST1의 항목을 선택할 경우 해당 항목의 텍스트를 알아내어 윈도우 타이틀바에 표시한다. 전체 코드는 ListCtrlTest2 프로젝트에 포함되어 있다.

```
// 메시지 맵
ON_NOTIFY(LVN_ITEMCHANGED, IDC_LIST1, &CListCtrlTest2View::OnLvnItemchangedList1)

// 메시지 핸들러
void CListCtrlTest2View::OnLvnItemchangedList1(NMHDR *pNMHDR, LRESULT *pResult)
{
    LPNMLISTVIEW pNMLV = reinterpret_cast<LPNMLISTVIEW>(pNMHDR);

    if (pNMLV->uChanged & LVIF_STATE) { // 상태가 변경되었다면...
        if (pNMLV->uNewState & (LVIS_SELECTED|LVIS_FOCUSED)) {
            CString str = m_list.GetItemText(pNMLV->iItem, 0);
            AfxGetMainWnd()->SetWindowText(str);
        }
```

```
    }

    *pResult = 0;
}
```

메시지 핸들러의 첫 번째 인자로 NMLISTVIEW 구조체 포인터가 전달되는데, 이 구조체를 통해 리스트 컨트롤의 상태에 관한 추가 정보를 얻을 수 있다. NMLISTVIEW 구조체 정의는 다음과 같다.

```
typedef struct tagNMLISTVIEW {
    NMHDR   hdr;
    int     iItem;
    int     iSubItem;
    UINT    uNewState;
    UINT    uOldState;
    UINT    uChanged;
    POINT   ptAction;
    LPARAM  lParam;
} NMLISTVIEW, *LPNMLISTVIEW;
```

새로운 항목을 선택하면 iItem은 해당 항목의 인덱스 값을 가진다. uNewState는 항목의 새로운 상태를 나타내고 uOldState는 항목의 이전 상태를 나타내는데, 둘 다 비트 플래그 LVIS_* 값의 조합으로 이루어져 있다. 새로운 항목을 선택한 경우 uNewState는 LVIS_SELECTED(선택됨), LVIS_FOCUSED(키보드 포커스를 가짐) 두 값의 조합이 된다. uChanged는 항목의 속성 중 어느 것이 변경되었는지를 나타내는 LVIF_* 값의 조합으로 이루어져 있다. 항목의 상태가 변경되었다면 (uChanged & LVIF_STATE) 값이 TRUE가 된다.

❷ 마우스로 항목을 더블 클릭한 경우

마우스로 항목을 더블 클릭하면 WM_NOTIFY 통지 메시지가 발생하며 통지 코드로 NM_DBLCLK이 전달된다. 다음 코드는 리스트 컨트롤 IDC_LIST1의 항목을 마우스로 더블 클릭할 경우 해당 항목의 텍스트를 알아내어 메시지 상자에 표시한다. 전체 코드는 ListCtrlTest2 프로젝트에 포함되어 있다.

```
// 메시지 맵
ON_NOTIFY(NM_DBLCLK, IDC_LIST1, &CListCtrlTest2View::OnNMDblclkList1)

// 메시지 핸들러
```

```
void CListCtrlTest2View::OnNMDblclkList1(NMHDR *pNMHDR, LRESULT *pResult)
{
    LPNMITEMACTIVATE pNMItemActivate = reinterpret_cast<LPNMITEMACTIVATE>(pNMHDR);

    if (pNMItemActivate->iItem != -1) {
        CString str = m_list.GetItemText(pNMItemActivate->iItem, 0);
        MessageBox(str);
    }

    *pResult = 0;
}
```

메시지 핸들러의 첫 번째 인자로 NMITEMACTIVATE 구조체 포인터가 전달되는데, 이 구조체를 통해 리스트 컨트롤의 상태에 관한 추가 정보를 얻을 수 있다. NMITEMACTIVATE 구조체 정의는 다음과 같다.

```
typedef struct tagNMITEMACTIVATE {
    NMHDR   hdr;
    int     iItem;
    int     iSubItem;
    UINT    uNewState;
    UINT    uOldState;
    UINT    uChanged;
    POINT   ptAction;
    LPARAM  lParam;
    UINT    uKeyFlags;
} NMITEMACTIVATE, *LPNMITEMACTIVATE;
```

항목을 더블 클릭하면 iItem은 해당 항목의 인덱스 값을 가지며, 그 밖의 다른 곳을 더블 클릭하면 iItem은 −1이 된다. 따라서 iItem 값만 검사하면 더블 클릭 지점에 위치한 항목을 알아낼 수 있다.

❸ 현재 선택된 항목을 모두 조사하는 경우

CListCtrl::GetFirstSelectedItemPosition()과 CListCtrl::GetNextSelectedItem() 함수를 이용하면 현재 선택된 항목의 인덱스를 모두 알아낼 수 있다. 두 함수의 사용법은 2장에서 배운 리스트나 맵 클래스에서 모든 항목을 순회하는 방법과 비슷하다. 다음 코드는 리스트 컨트롤에서 현재 선택된 항목을 모두 찾아 해당 인덱스를 디버그 창에 표시한다. 전체 코드는 ListCtrlTest2 프로젝트에 포함되어 있다.

```
void CListCtrlTest2View::OnPrintIndex()
{
    POSITION pos = m_list.GetFirstSelectedItemPosition();
    if (pos != NULL) {
        while (pos) {
            int nItem = m_list.GetNextSelectedItem(pos);
            TRACE(_T("Item %d selected.\n"), nItem);
        }
    }
}
```

1.5 항목 추가와 삭제

항목을 추가하려면 CListCtrl::InsertItem() 함수를 사용한다. 항목 한 개를 삭제하려면 CListCtrl::DeleteItem() 함수를, 모든 항목을 삭제하려면 CListCtrl::DeleteAllItems() 함수를 사용한다.

2 리스트 뷰 클래스

CListView 클래스를 사용하면 리스트 컨트롤에 데이터를 표시하고 관리하는 도큐먼트/뷰 구조 응용 프로그램을 쉽게 제작할 수 있다. CListView 클래스의 기능 대부분은 CListCtrl 클래스를 통해 사용하도록 설계되어 있으므로 앞에서 배운 리스트 컨트롤에 관한 지식을 활용하면 된다.

실습 12-1 리스트 뷰 활용하기

리스트 뷰로 화면에 여러 상품에 관한 정보를 표시하고, 메뉴에서 보기 형식을 바꿀 수 있는 프로그램을 작성해보자. 항목 개수를 자유롭게 변경하면서 테스트할 수 있도록 상품명과 가격, 수량은 실행 중에 임의로 생성하고, 리스트 뷰는 보고서 보기를 기본값으로 시작할 것이다.

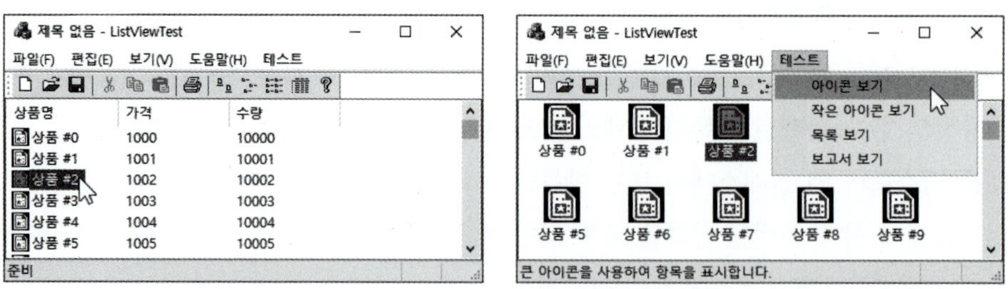

그림 12-13 실행 결과

1 [표 12-3]을 참고하여 응용 프로그램 마법사로 ListViewTest 프로젝트를 만든다. 마지막 단계에서 뷰의 기본 클래스를 변경하는 것을 잊지 말자.

표 12-3 응용 프로그램 마법사 단계별 변경 사항

응용 프로그램 마법사 단계	변경 사항
애플리케이션 종류	'애플리케이션 종류'로 '단일 문서' 선택 '프로젝트 스타일'로 'MFC standard' 선택
문서 템플릿 속성	없음
사용자 인터페이스 기능	없음
고급 기능	'ActiveX 컨트롤' 옵션 해제
생성된 클래스	뷰의 기본 클래스를 'CListView'로 변경

2 도큐먼트 클래스 헤더 파일에 리스트 컨트롤의 항목을 정의하는 사용자 정의 구조체 MYITEM을 정의한다. 또한, 이 구조체 타입의 배열을 선언한다.

```
struct MYITEM
{
    CString name;
    int price;
    int quantity;
};
const int NUMITEM = 500; // 항목 500개

class CListViewTestDoc : public CDocument
{
protected: // serialization에서만 만들어집니다.
    CListViewTestDoc();
    DECLARE_DYNCREATE(CListViewTestDoc)

// 특성입니다.
public:
    MYITEM m_item[NUMITEM];
```

3 도큐먼트 클래스의 OnNewDocument() 함수에서 m_item[] 배열을 초기화한다.

```
BOOL CListViewTestDoc::OnNewDocument()
{
    if (!CDocument::OnNewDocument())
        return FALSE;

    for (int i = 0; i < NUMITEM; i++) {
        m_item[i].name.Format(_T("상품 #%d"), i);
        m_item[i].price = 1000+i;
        m_item[i].quantity = 10000+i;
    }

    return TRUE;
}
```

4 '리소스 뷰'로 전환한 후 [프로젝트]–[리소스 추가...] 혹은 컨텍스트 메뉴를 이용하여 아이콘 리소스를 추가한다. ID는 기본값인 IDI_ICON1을 그대로 사용하되, 그림은 새로 그려도 좋다. 여기서는 실습 시간을 절약하고자 그림을 새로 그리지 않고 진행하기로 한다.

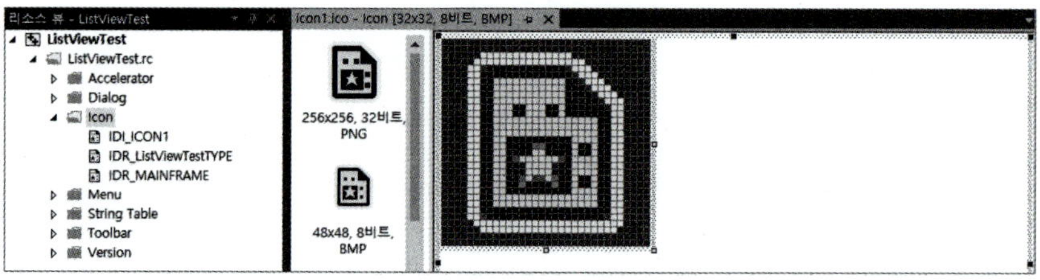

그림 12-14 아이콘 리소스 추가

5 뷰 클래스의 OnInitialUpdate() 함수에 리스트 컨트롤 초기화 코드를 작성한다.

```
void CListViewTestView::OnInitialUpdate()
{
    CListView::OnInitialUpdate();

    // 이미지 리스트 생성과 초기화
    CImageList ilLarge, ilSmall;
    ilLarge.Create(32, 32, ILC_COLOR4, 1, 1);
    ilSmall.Create(16, 16, ILC_COLOR4, 1, 1);
    ilLarge.Add(AfxGetApp()->LoadIcon(IDI_ICON1));
    ilSmall.Add(AfxGetApp()->LoadIcon(IDI_ICON1));

    // 이미지 리스트 설정
```

```
    CListCtrl& list = GetListCtrl();
    list.SetImageList(&ilLarge, LVSIL_NORMAL);
    list.SetImageList(&ilSmall, LVSIL_SMALL);
    ilLarge.Detach();
    ilSmall.Detach();

    // 헤더 초기화
    list.InsertColumn(0, _T("상품명"), LVCFMT_LEFT, 100, 0);
    list.InsertColumn(1, _T("가격"), LVCFMT_LEFT, 100, 2);
    list.InsertColumn(2, _T("수량"), LVCFMT_LEFT, 100, 1);

    CListViewTestDoc* pDoc = GetDocument();
    CString str;
    for (int i = 0; i < NUMITEM; i++) {
        // 항목 추가
        list.InsertItem(i, pDoc->m_item[i].name, 0);
        // 하위 항목 추가
        str.Format(_T("%d"), pDoc->m_item[i].price);
        list.SetItemText(i, 1, str);
        str.Format(_T("%d"), pDoc->m_item[i].quantity);
        list.SetItemText(i, 2, str);
    }
}
```

6 리스트 뷰가 보고서 보기 상태로 시작하도록 뷰 클래스의 PreCreateWindow() 함수에서 윈도우 스타일을 변경한다.

```
BOOL CListViewTestView::PreCreateWindow(CREATESTRUCT& cs)
{
    cs.style &= ~LVS_TYPEMASK; // 네 개의 보기 스타일을 모두 제거한다.
    cs.style |= LVS_REPORT; // 보고서 보기 스타일을 추가한다.
    return CListView::PreCreateWindow(cs);
}
```

7 기존 메뉴에 리스트 컨트롤의 보기 형태를 바꿀 수 있는 새로운 항목을 추가한다. 그리고 표를 참고하여 각 항목의 속성을 설정한다.

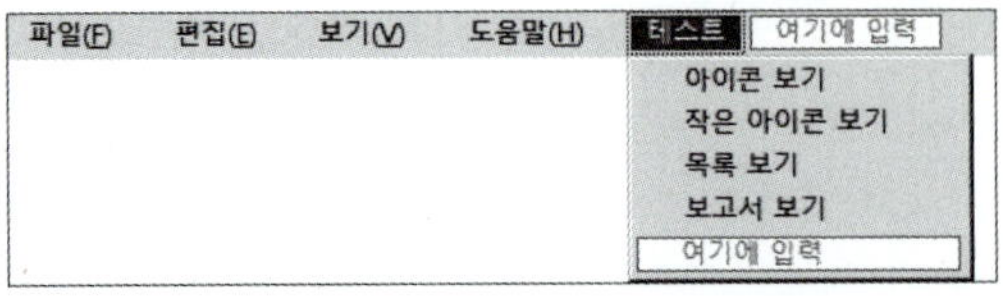

Caption	ID
테스트	없음
아이콘 보기	ID_VIEW_LARGEICON
작은 아이콘 보기	ID_VIEW_SMALLICON
목록 보기	ID_VIEW_LIST
보고서 보기	ID_VIEW_DETAILS

그림 12-15 **메뉴 항목 추가**

8 마지막으로, 속성 창을 이용하여 네 개의 메뉴 항목 ID_VIEW_*에 대한 명령 핸들러를 뷰 클래스에 생성하고 다음 코드를 작성한다.

```
void CListViewTestView::OnViewLargeicon()
{
    ModifyStyle(LVS_TYPEMASK, LVS_ICON);
}

void CListViewTestView::OnViewSmallicon()
{
    ModifyStyle(LVS_TYPEMASK, LVS_SMALLICON);
}

void CListViewTestView::OnViewList()
{
    ModifyStyle(LVS_TYPEMASK, LVS_LIST);
}

void CListViewTestView::OnViewDetails()
{
    ModifyStyle(LVS_TYPEMASK, LVS_REPORT);
}
```

03 트리 뷰

CTreeView 클래스는 도큐먼트/뷰 구조 응용 프로그램에서 트리 컨트롤을 이용하여 뷰의 기능을 제공한다([그림 12-16]). 따라서 트리 컨트롤의 기능, 즉 여러 항목Item의 계층 관계를 이미지와 텍스트로 보여주는 기능을 뷰에서 손쉽게 활용할 수 있다.

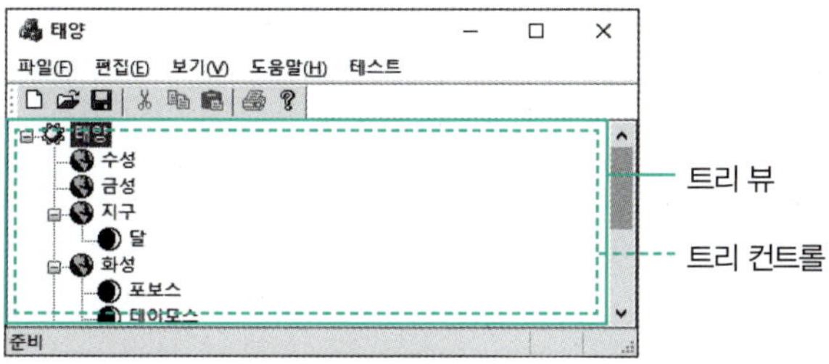

그림 12-16 트리 뷰와 트리 컨트롤

CTreeView 클래스가 제공하는 대부분의 기능은 트리 컨트롤을 통해서만 사용할 수 있다. 다음 코드는 CTreeView 기반의 뷰 클래스에서 트리 컨트롤에 접근하고 이를 사용하는 예를 보여준다.

```
// 트리 컨트롤 객체에 대한 레퍼런스를 얻는다.
CTreeCtrl& tree = GetTreeCtrl();
// 레퍼런스를 통해 트리 컨트롤을 사용한다.
tree.SetImageList(...);
tree.InsertItem(...);
…
```

CTreeView::GetTreeCtrl() 함수를 호출하면 트리 컨트롤 객체를 가리키는 레퍼런스를 얻을 수 있고, 이후부터는 레퍼런스를 통해 트리 컨트롤의 기능을 사용하면 된다. 따라서 이 절에서는 트리 컨트롤의 기능을 제공하는 CTreeCtrl 클래스를 먼저 소개하고, 이후에 CTreeView 클래스의 사용법을 예제를 중심으로 익힐 것이다.

트리 컨트롤 관련 MFC 클래스 계층도는 [그림 12-17]과 같다. CTreeCtrl과 CTreeView는 본문에서 직접 사용할 클래스이다. CTreeCtrl 클래스는 일반적인 컨트롤 클래스처럼 CWnd(윈도우 기능) 클래스를 상속받고, CTreeView 클래스는 CWnd(윈도우 기능), CView(뷰 기능), CCtrlView(컨트롤 기반 뷰 기능) 클래스를 차례로 상속받는다. CTreeCtrl과 CTreeView 클래스 모두 CCmdTarget(명령 메시지 처리 기능) 클래스를 상속받으므로 MFC의 명령 라우팅 기능을 사용할 수 있다.

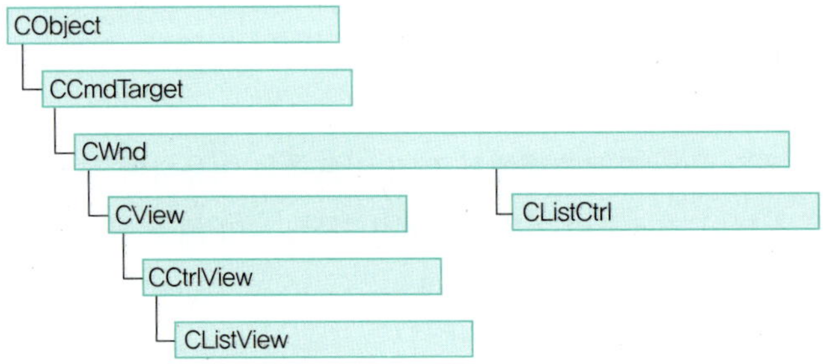

그림 12-17 MFC 클래스 계층도

1 트리 컨트롤

트리 컨트롤(트리 뷰Tree-View 컨트롤이라고도 부름)은 이미지와 텍스트를 이용하여 정보를 계층 형태로 표시할 수 있다. 트리 컨트롤을 사용하는 대표적인 예로 윈도우 10 탐색기의 왼쪽 영역(폴더 구조를 보여주는 부분)을 들 수 있는데, 여러 항목의 계층 관계를 이미지와 텍스트로 보여준다.

트리 컨트롤에 표시되는 정보를 항목Item이라 부르며, 다음과 같은 용어가 사용된다.

- **부모Parent 항목** : 어떤 항목이 하위 항목을 한 개 이상 가진 경우이다.
- **자식Child 항목** : 부모 항목에 딸린 하위 항목이다.
- **루트Root 항목** : 계층 구조에서 최상위 항목으로, 부모 항목을 갖지 않는다.

트리 컨트롤에 항목을 표시할 때는 텍스트와 이미지를 사용하는데, 텍스트는 필수이고 이미지는 선택이다. 이미지를 표시하려면 리스트 컨트롤처럼 이미지 리스트를 사용해야 한다.

이제 트리 컨트롤의 스타일과 프로그래밍 방법을 살펴보자.

1.1 트리 컨트롤 스타일

[표 12-4]는 자주 사용되는 트리 컨트롤 스타일을 알파벳 순으로 정리한 것으로, 코드를 실행하여 컨트롤을 생성할 때 사용한다. 동일한 기능을 가진 속성 창 항목을 같이 표시하였으므로 대화 상자 디자인 시 참고한다. 프로그램 실행 중에 스타일을 변경하여 사용할 수도 있는데 이 방법은 잠시 후 소개할 것이다.

표 12-4 트리 컨트롤 스타일

스타일/속성 창 항목	기능
TVS_CHECKBOXES/Check Boxes	항목 옆에 자동으로 체크 박스를 표시한다.
TVS_DISABLEDRAGDROP/Disable Drag Drop	항목을 마우스로 드래그하여 이동할 수 없다.
TVS_EDITLABELS/Edit Labels	항목 텍스트(레이블)를 곧바로 수정할 수 있다. 부모 윈도우는 TVN_BEGINLABELEDIT, TVN_ENDLABELEDIT 통지 코드를 처리해야 한다.
TVS_FULLROWSELECT/Full Row Select	항목을 선택하면 줄 전체가 반전 표시된다. Has Lines 스타일과는 같이 사용할 수 없다.
TVS_HASBUTTONS/Has Buttons	부모 항목 옆에 +/– 버튼을 표시한다. + 버튼을 클릭하면 자식 항목이 펼쳐지고 – 버튼을 클릭하면 접힌다.
TVS_HASLINES/Has Lines	항목을 선으로 연결하여 계층 구조를 표시한다.
TVS_INFOTIP/Info Tip	툴팁에 표시할 정보를 요청하는 메시지를 부모 윈도우에 보낸다. 부모 윈도우는 TVN_GETINFOTIP 통지 코드를 처리해야 한다.
TVS_LINESATROOT/Lines At Root	루트 항목을 선으로 연결하여 표시한다.
TVS_NOHSCROLL/Horizontal Scroll→False TVS_NOSCROLL/Scroll→False	가로 스크롤바 혹은 가로/세로 스크롤바 모두를 표시하여 스크롤할 수 있는지를 지정한다.
TVS_NONEVENHEIGHT/Non Even Height	이 스타일을 설정한 후 부모 윈도우에서 TVM_SETITEMHEIGHT 통지 코드를 처리하면 각 항목의 높이를 서로 다르게 할 수 있다.
TVS_NOTOOLTIPS/Tooltips→False	컨트롤 폭이 좁아 항목 텍스트 일부가 가려질 경우 툴팁으로 표시할지를 지정한다.
TVS_RTLREADING /Right To Left Reading Order	텍스트를 오른쪽에서 왼쪽 방향으로 표시한다.
TVS_SHOWSELALWAYS /Always Show Selection	컨트롤이 키보드 포커스를 잃더라도 사용자가 선택한 항목이 계속 반전된 상태로 남아있게 한다.
TVS_SINGLEEXPAND/Single Expand	항목 한 개를 선택하면 펼쳐지고 선택하지 않은 다른 항목은 자동으로 축소된다.
TVS_TRACKSELECT/Track Select	마우스 커서가 지나가면 항목 텍스트 색상이 자동으로 바뀌고 밑줄이 그어진다.

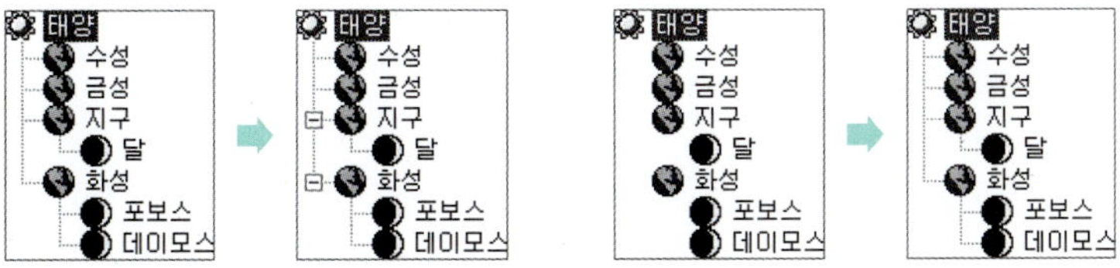

(a) Has Buttons (b) Has Lines

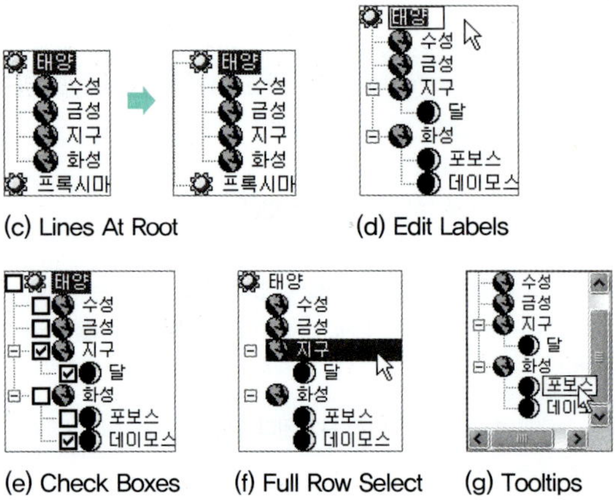

그림 12-18 트리 컨트롤 스타일 사용 예

1.2 트리 컨트롤 클래스

MFC의 CTreeCtrl 클래스를 이용하여 트리 컨트롤을 생성하고 초기화하는 절차는 다음과 같다. 단, 여기서는 대화 상자가 아닌 일반 윈도우에 컨트롤을 생성하고, 이미지와 텍스트를 모두 사용하는 것으로 가정한다.

❶ CTreeCtrl 객체를 선언하고 CTreeCtrl::Create() 함수로 트리 컨트롤을 생성한다.

❷ CImageList 객체를 선언하고 CImageList::Create(), CImageList::Add() 등의 함수로 이미지 리스트를 초기화한다.

❸ CTreeCtrl::SetImageList() 함수로 트리 컨트롤에서 사용할 이미지 리스트를 설정한다.

❹ CTreeCtrl::InsertItem() 함수로 항목을 추가한다.

컨트롤을 대화 상자에서 생성할 때는 위 단계에서 ❶을 생략하고, 이미지를 사용하지 않으면 ❷와 ❸을 생략한다.

내용을 이해하기 위해 다음과 같은 트리 컨트롤을 생성하는 코드를 살펴보자. 전체 코드는 TreeCtrlTest1 프로젝트에 포함되어 있다.

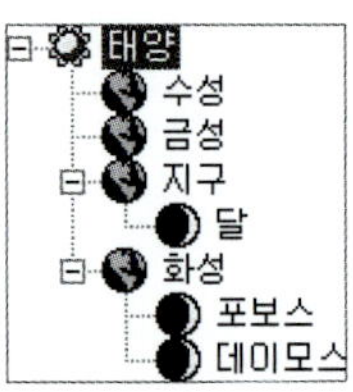

그림 12-19 실행 결과

```
// 클래스 선언부
#define IDC_TREE1 100
CTreeCtrl m_tree;

// 클래스 정의부
int CTreeCtrlTest1View::OnCreate(LPCREATESTRUCT lpCreateStruct)
{
    if (CView::OnCreate(lpCreateStruct) == -1)
        return -1;

    // ❶ 트리 컨트롤 생성
    m_tree.Create(WS_CHILD|WS_VISIBLE|WS_BORDER|
        TVS_HASBUTTONS|TVS_HASLINES|TVS_LINESATROOT,
        CRect(10, 10, 180, 180), this, IDC_TREE1);

    // ❷ 이미지 리스트 생성과 초기화
    CImageList il;
    il.Create(IDB_BITMAP1, 16, 1, RGB(255, 255, 255));

    // ❸ 이미지 리스트 설정
    m_tree.SetImageList(&il, TVSIL_NORMAL);
    il.Detach();

    // ❹ 항목 추가
    /* 1st 레벨 초기화 */
    HTREEITEM hSun = m_tree.InsertItem(_T("태양"), 0, 0, TVI_ROOT, TVI_LAST);

    /* 2nd 레벨 초기화 */
    m_tree.InsertItem(_T("수성"), 1, 1, hSun, TVI_LAST);
    m_tree.InsertItem(_T("금성"), 1, 1, hSun, TVI_LAST);
    HTREEITEM hEarth = m_tree.InsertItem(_T("지구"), 1, 1, hSun, TVI_LAST);
    HTREEITEM hMars = m_tree.InsertItem(_T("화성"), 1, 1, hSun, TVI_LAST);

    /* 3rd 레벨 초기화 */
    m_tree.InsertItem(_T("달"), 2, 2, hEarth, TVI_LAST);
    m_tree.InsertItem(_T("포보스"), 2, 2, hMars, TVI_LAST);
    m_tree.InsertItem(_T("데이모스"), 2, 2, hMars, TVI_LAST);

    return 0;
}
```

단계별 핵심 함수를 정리하면 다음과 같다.

❶ 트리 컨트롤 생성

```
BOOL CTreeCtrl::Create(DWORD dwStyle, const RECT& rect, CWnd* pParentWnd, UINT nID);
                             ①                  ②              ③           ④
```

① **dwStyle** : 일반 윈도우 스타일(WS_*)과 트리 컨트롤 스타일(TVS_*)을 조합하여 컨트롤 스타일을 지정한다.

② **rect** : 컨트롤의 크기와 위치를 나타낸다.

③ **pParentWnd** : 부모 윈도우를 나타낸다.

④ **nID** : 컨트롤 ID를 지정한다.

❷ 이미지 리스트 생성과 초기화

11장 2절에서 다룬 내용이므로 함수 설명은 생략한다. 단, 이미지 리스트 객체를 스택에 생성했다면 소멸자가 호출되기 전에 CImageList::Detach() 함수를 호출하는 것을 잊지 말아야 한다. 위 예제 코드에서 사용한 이미지는 다음과 같이 크기가 16×16인 비트맵 세 개가 연결되어 있다.

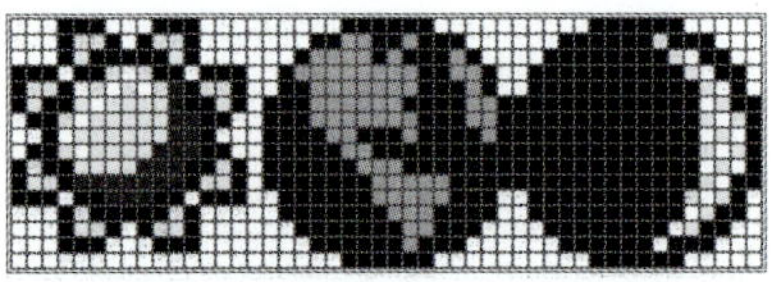

그림 12-20 이미지 리스트

❸ 이미지 리스트 설정

```
CImageList* CTreeCtrl::SetImageList(CImageList* pImageList, int nImageListType);
                                                   ①                ②
```

① **pImageList** : 트리 컨트롤에서 사용할 이미지 리스트이다.

② **nImageListType** : 이미지 리스트에 포함된 이미지의 용도를 지정한다. 항목을 나타내는 일반 이미지이면 TVSIL_NORMAL, 사용자 정의 상태 이미지이면 TVSIL_STATE를 사용한다.

❹ 항목 추가

```
HTREEITEM CTreeCtrl::InsertItem(LPCTSTR lpszItem, int nImage, int nSelectedImage,
                                         ❶             ❷                  ❸
HTREEITEM hParent=TVI_ROOT, HTREEITEM hInsertAfter=TVI_LAST);
              ❹                            ❺
```

❶ **lpszItem** : 항목에 표시할 텍스트이다.

❷ **nImage** : 항목에 표시할 이미지를 이미지 리스트에 포함된 이미지의 인덱스로 지정한다.

❸ **nSelectedImage** : 항목이 선택되면 표시할 이미지를 이미지 리스트에 포함된 이미지의 인덱스로 지정한다. nImage와 nSelectedImage가 서로 다른 이미지를 가리키게 처리하면, 항목 선택과 비선택 시 서로 다른 이미지가 표시된다. 대표적인 예로 윈도우 XP의 탐색기를 들 수 있다([그림 12-21]).

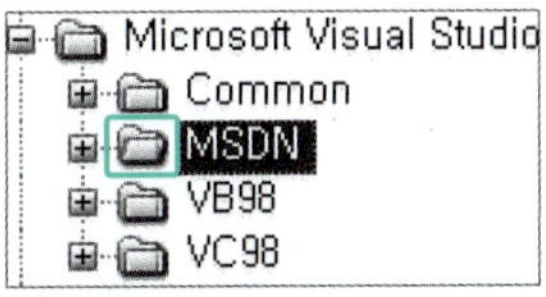

그림 12-21 nSelectedImage 사용 예

❹ **hParent** : 부모 항목을 나타내는 HTREEITEM 값이다. 루트 항목을 추가할 때는 부모 항목이 없으므로 대신 TVI_ROOT 값을 사용한다.

❺ **hInsertAfter** : 항목을 추가할 위치를 나타내는데, 보통은 [표 12-5]의 값 중 하나를 사용한다. 특정 항목 다음 위치에 추가하고 싶다면 그 항목을 나타내는 HTREEITEM 값을 사용하면 된다.

표 12-5 hInsertAfter 값과 기능

값	기능
TVI_FIRST	맨 앞쪽에 추가한다.
TVI_LAST	맨 뒤쪽에 추가한다.
TVI_ROOT	루트 항목으로 추가한다.
TVI_SORT	철자순으로 정렬되게 추가한다.

이 함수의 리턴 값은 생성된 항목을 나타내는 HTREEITEM 타입의 값이다. 응용 프로그램에서는 이 값을 저장해두었다가 자식 항목을 추가할 때 다시 사용할 수 있다. 앞의 예제 코드에서 hSun, hEarth, hMars가 이런 경우에 해당한다.

1.3 스타일 변경하기

트리 컨트롤 스타일을 실행 중에 변경하려면 다음 함수를 사용한다. dwRemove는 제거할 스타일, dwAdd는 추가할 스타일을 나타낸다. 스타일을 변경한 후 nFlags 값에 따라 컨트롤의 크기나 위치를 제어할 수 있는데, 특별한 경우가 아니라면 기본값을 사용하면 된다.

```
BOOL CWnd::ModifyStyle(DWORD dwRemove, DWORD dwAdd, UINT nFlags = 0);
```

1.4 선택 항목 알아내기

CTreeCtrl::GetSelectedItem() 함수는 현재 선택된 항목을 나타내는 HTREEITEM 값을 리턴한다. 항목에 대한 구체적인 정보가 필요하면 CTreeCtrl::GetItem*() 형태의 함수를 호출한다. 다음 코드는 현재 선택된 항목의 텍스트를 CTreeCtrl::GetItemText() 함수로 알아내어 메시지 상자에 표시한다. 전체 코드는 TreeCtrlTest2 프로젝트에 포함되어 있다.

```
void CTreeCtrlTest2View::OnTestShowselected()
{
    HTREEITEM hItem = m_tree.GetSelectedItem();
    if (hItem != NULL) {
        CString str = m_tree.GetItemText(hItem);
        MessageBox(str);
    }
}
```

1.5 항목 추가와 삭제

항목을 추가하려면 부모 항목의 HTREEITEM 값을 저장해두었다가 필요할 때마다 CTreeCtrl::InsertItem() 함수를 호출한다. 항목을 삭제하려면 CTreeCtrl::DeleteItem() 함수를 사용한다. 다음은 현재 선택된 항목을 삭제하는 코드이며, 전체 코드는 TreeCtrlTest2 프로젝트에 포함되어 있다.

```
void CTreeCtrlTest2View::OnTestDeleteselected()
{
    HTREEITEM hItem = m_tree.GetSelectedItem();
    if (hItem != NULL) {
        m_tree.DeleteItem(hItem);
    }
}
```

2 트리 뷰 클래스

CTreeView 클래스를 사용하면 트리 컨트롤에 데이터를 표시하고 관리하는 도큐먼트/뷰 구조 응용 프로그램을 쉽게 제작할 수 있다. CTreeView 클래스의 기능 대부분은 CTreeCtrl 클래스를 통해 사용하도록 설계되어 있으므로 앞에서 배운 트리 컨트롤에 관한 지식을 활용하면 된다.

실습 12-2 트리 뷰 활용하기

[그림 12-21]과 같이 태양계 행성과 위성의 정보를 트리 뷰를 이용하여 화면에 표시해보자. 항목을 선택하면 항목 텍스트가 윈도우 타이틀바에 표시되고, 마우스 커서가 항목 위를 지나가면 자동으로 항목 텍스트 색상이 바뀌면서 밑줄이 그어진다. 또한 [테스트]-[선택 항목 삭제하기] 메뉴를 실행하면 현재 선택된 항목을 트리 뷰에서 제거할 수 있다.

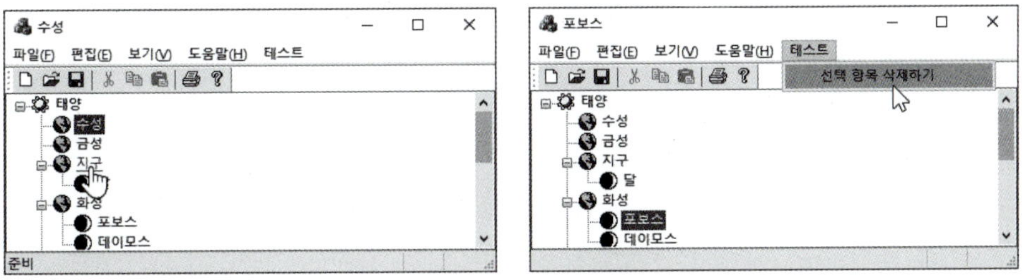

그림 12-22 실행 결과

1. [표 12-6]을 참고하여 응용 프로그램 마법사로 TreeViewTest 프로젝트를 만든다. 마지막 단계에서 뷰의 기본 클래스를 변경하는 것을 잊지 말자.

표 12-6 응용 프로그램 마법사 단계별 변경 사항

응용 프로그램 마법사 단계	변경 사항
애플리케이션 종류	'애플리케이션 종류'로 '단일 문서' 선택 '프로젝트 스타일'로 'MFC standard' 선택
문서 템플릿 속성	없음
사용자 인터페이스 기능	없음
고급 기능	'ActiveX 컨트롤' 옵션 해제
생성된 클래스	뷰의 기본 클래스를 'CTreeView'로 변경

2. '리소스 뷰'로 전환한 후 [프로젝트]-[리소스 추가...] 혹은 컨텍스트 메뉴를 이용하여 비트맵 리소스를 추가한다. 기본 크기는 48×48이므로 속성 창에서 크기를 48(폭)×16(높이)으로 바꾼 후 16×16 크기의 비트맵 세 개를 연속으로 그린다.

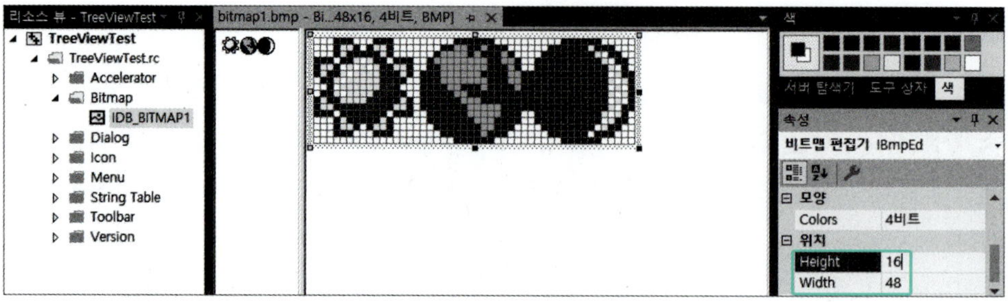

그림 12-23 비트맵 리소스 추가

3 뷰 클래스의 OnInitialUpdate() 함수에 트리 컨트롤 초기화 코드를 작성한다.

```
void CTreeViewTestView::OnInitialUpdate()
{
    CTreeView::OnInitialUpdate();

    // 이미지 리스트 생성과 초기화
    CImageList il;
    il.Create(IDB_BITMAP1, 16, 1, RGB(255, 255, 255));

    // 이미지 리스트 설정
    CTreeCtrl& tree = GetTreeCtrl();
    tree.SetImageList(&il, TVSIL_NORMAL);
    il.Detach();

    // 항목 추가
    /* 1st 레벨 초기화 */
    HTREEITEM hSun = tree.InsertItem(_T("태양"), 0, 0, TVI_ROOT, TVI_LAST);

    /* 2nd 레벨 초기화 */
    HTREEITEM hPlanet[8];
    CString planet[] = {
        _T("수성"), _T("금성"), _T("지구"), _T("화성"), _T("목성"),
        _T("토성"), _T("천왕성"), _T("해왕성")
    };
    for (int i = 0; i < 8; i++)
        hPlanet[i] = tree.InsertItem(planet[i], 1, 1, hSun, TVI_LAST);

    /* 3rd 레벨 초기화 */
    tree.InsertItem(_T("달"), 2, 2, hPlanet[2], TVI_LAST);
    tree.InsertItem(_T("포보스"), 2, 2, hPlanet[3], TVI_LAST);
    tree.InsertItem(_T("데이모스"), 2, 2, hPlanet[3], TVI_LAST);
    tree.InsertItem(_T("이오"), 2, 2, hPlanet[4], TVI_LAST);
    tree.InsertItem(_T("에우로파"), 2, 2, hPlanet[4], TVI_LAST);
```

```
    tree.InsertItem(_T("가니메데"), 2, 2, hPlanet[4], TVI_LAST);
    tree.InsertItem(_T("칼리스토"), 2, 2, hPlanet[4], TVI_LAST);
}
```

4 뷰 클래스의 PreCreateWindow() 함수에 네 개의 트리 컨트롤 스타일을 추가하는 코드를 작성한다. TVS_TRACKSELECT 스타일을 사용하면 마우스 커서가 항목 위를 지나갈 때 항목 텍스트 색상이 자동으로 바뀌면서 밑줄이 그어진다.

```
BOOL CTreeViewTestView::PreCreateWindow(CREATESTRUCT& cs)
{
    cs.style |= TVS_HASBUTTONS;
    cs.style |= TVS_HASLINES;
    cs.style |= TVS_LINESATROOT;
    cs.style |= TVS_TRACKSELECT;
    return CTreeView::PreCreateWindow(cs);
}
```

5 기존 메뉴에 트리 컨트롤의 항목을 삭제할 수 있는 새로운 항목을 추가한다. 그리고 표를 참고하여 각 항목의 속성을 설정한다.

Caption	ID
테스트	없음
선택 항목 삭제하기	ID_TEST_DELETESELECTED

그림 12-24 메뉴 항목 추가

6 '클래스 뷰'에서 뷰 클래스를 선택한 상태에서 속성 창으로 전환하여 ID_TEST_DELETESELECTED 메뉴 항목에 대한 명령 핸들러를 생성하고 다음 코드를 작성한다.

```
void CTreeViewTestView::OnTestDeleteselected()
{
    CTreeCtrl& tree = GetTreeCtrl();
    HTREEITEM hItem = tree.GetSelectedItem();
    if (hItem != NULL) {
        tree.DeleteItem(hItem);
    }
}
```

7 이전과 마찬가지로 뷰 클래스를 선택한 상태에서 속성 창으로 전환하여 TVN_SELCHANGED 통지 메시지 핸들러를 생성하고 다음 코드를 작성한다. 항목 선택이 변경될 때마다 항목의 텍스트를 알아내어 윈도우 타이틀바에 추가하는 코드이다.

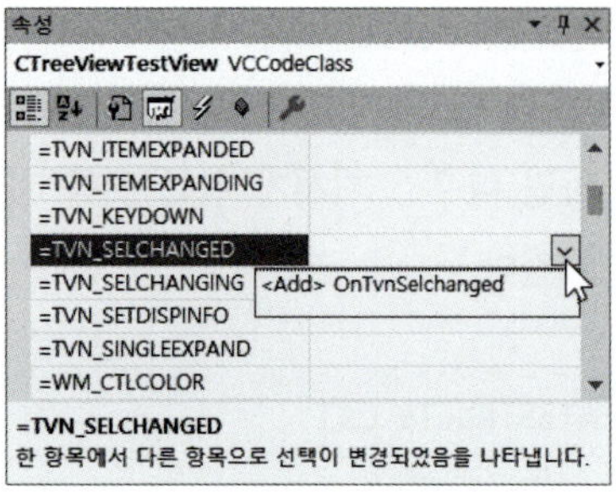

그림 12-25 통지 메시지 핸들러 생성

```
void CTreeViewTestView::OnTvnSelchanged(NMHDR *pNMHDR, LRESULT *pResult)
{
    LPNMTREEVIEW pNMTreeView = reinterpret_cast<LPNMTREEVIEW>(pNMHDR);
    TVITEM tvi = pNMTreeView->itemNew;
    CTreeCtrl& tree = GetTreeCtrl();
    CString str = tree.GetItemText(tvi.hItem);
    AfxGetMainWnd()->SetWindowText(str);
    *pResult = 0;
}
```

04 스크롤 뷰

일반적으로 프로그램의 작업 영역이 뷰의 크기보다 크면, 스크롤Scroll 기능을 이용해서 사용자가 원하는 위치로 이동할 수 있다. 스크롤 기능을 구현하려면 윈도우에 스크롤바가 있어야 하고 사용자가 스크롤바를 조작함에 따라 뷰에 표시되는 내용을 적절히 변경해야 한다. MFC의 CScrollView 클래스를 사용하면 이를 쉽게 구현할 수 있다.

스크롤 뷰 관련 MFC 클래스 계층도는 [그림 12-26]과 같다. CScrollView 클래스는 CView 클래스 기능을 상속받아 스크롤 기능을 추가한 것이다.

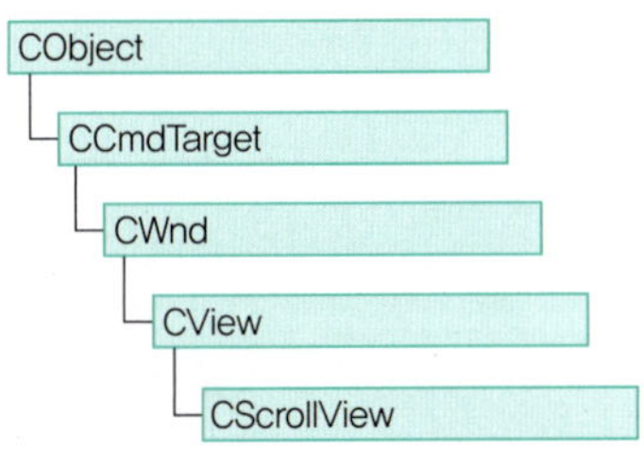

그림 12-26 MFC 클래스 계층도

1 스크롤 뷰 클래스

CScrollView 클래스를 사용하는 간단한 예제를 작성한 후 코드를 분석해보자.

실습 12-3 스크롤 뷰 사용하기

[그림 12-27]과 같이 왼쪽 상단에 텍스트를 표시하고 오른쪽 하단에 원을 그리는 프로그램을 작성해보자. 작업 영역의 크기는 2000×2000 픽셀로 설정해서, 반드시 스크롤해야만 텍스트나 원을 볼 수 있게 할 것이다. 스크롤 뷰에는 마우스 휠Wheel 지원 기능도 있으므로 휠을 이용한 상하 스크롤이 되는지도 확인해보자.

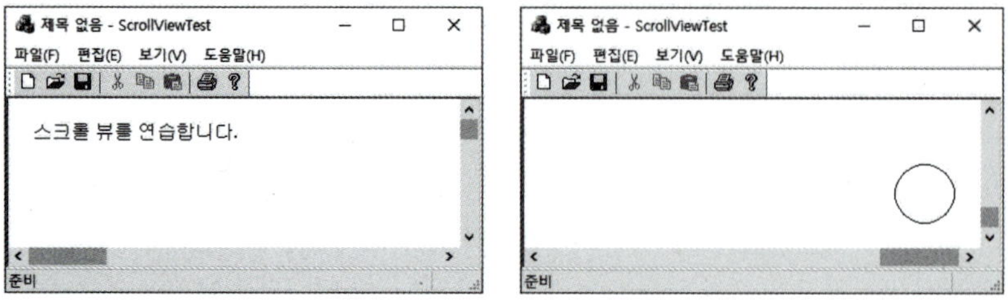

그림 12-27 실행 결과

1 [표 12-7]을 참고하여 응용 프로그램 마법사로 ScrollViewTest 프로젝트를 만든다. 마지막 단계에서 뷰의 기본 클래스를 변경하는 것을 잊지 말자.

표 12-7 응용 프로그램 마법사 단계별 변경 사항

응용 프로그램 마법사 단계	변경 사항
애플리케이션 종류	'애플리케이션 종류'로 '단일 문서' 선택 '프로젝트 스타일'로 'MFC standard' 선택
문서 템플릿 속성	없음
사용자 인터페이스 기능	없음
고급 기능	'ActiveX 컨트롤' 옵션 해제
생성된 클래스	뷰의 기본 클래스를 'CScrollView'로 변경

2 뷰 클래스의 OnInitialUpdate() 함수에서 sizeTotal.cx, sizeTotal.cy에 대입되는 값을 100에서 2000으로 변경한다. 이 값이 작업 영역의 크기를 결정한다.

```
void CScrollViewTestView::OnInitialUpdate()
{
    CScrollView::OnInitialUpdate();

    CSize sizeTotal;
    // TODO: 이 뷰의 전체 크기를 계산합니다.
    sizeTotal.cx = sizeTotal.cy = 2000;
    SetScrollSizes(MM_TEXT, sizeTotal);
}
```

3 마지막으로, 뷰 클래스의 OnDraw() 함수에 출력 코드를 작성한다.

```
void CScrollViewTestView::OnDraw(CDC* pDC)
{
    CScrollViewTestDoc* pDoc = GetDocument();
    ASSERT_VALID(pDoc);
```

```
    if (!pDoc)
        return;

    pDC->TextOut(20, 20, CString(_T("스크롤 뷰를 연습합니다.")));
    pDC->Ellipse(1930, 1930, 1980, 1980);
}
```

스크롤 뷰를 사용하려면 우선 CScrollView::SetScrollSizes() 함수로 작업 영역의 크기를 결정해야 한다. 함수 원형과 인자의 의미는 다음과 같다.

```
void CScrollView::SetScrollSizes(int nMapMode, SIZE sizeTotal,
                                      ❶             ❷
      const SIZE& sizePage = sizeDefault, const SIZE& sizeLine = sizeDefault);
                      ❸                                  ❹
```

❶ **nMapMode** : 사용할 매핑 모드를 지정한다. MM_ISOTROPIC과 MM_ANISOTROPIC 매핑 모드를 제외하고는 모두 사용할 수 있다.

❷ **sizeTotal** : 작업 영역의 전체 크기를 논리 단위로 지정한다.

❸ **sizePage** : 페이지 크기를 논리 단위로 지정한다. 페이지 단위로 이동할 때 이 크기만큼 스크롤한다([그림 12-28]).

❹ **sizeLine** : 한 줄의 크기를 논리 단위로 지정한다. 줄 단위로 이동할 때 이 크기만큼 스크롤한다([그림 12-28]).

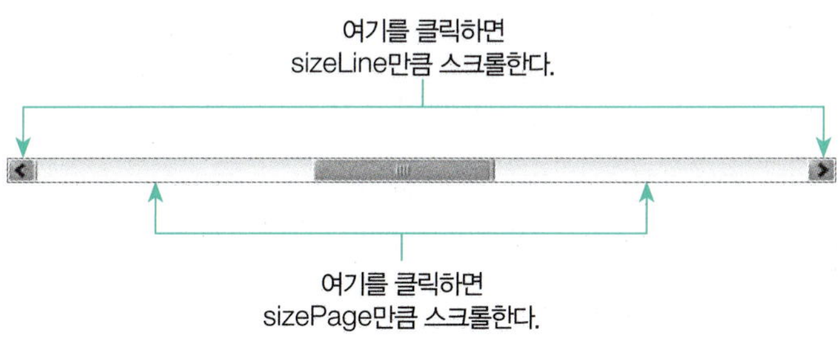

그림 12-28 **스크롤 단위**

ScrollViewTest 예제에서는 이 함수를 CScrollViewTestView::OnInitialUpdate() 함수에서 한 번만 호출하고 있으며, 페이지 크기와 한 줄의 크기는 기본값을 사용한다. 하지만 일반적으로는 윈도우 또는 작업 영역의 크기 변경에 따라 SetScrollSizes() 함수를 매번 호출하는 것이 바람직하다. 이런 사용 예는 다음 실습에서 살펴볼 것이다.

작업 영역의 크기를 설정한 다음부터는 스크롤바의 위치와 관계없이 논리 좌표를 이용해 출력하면 된다. ScrollViewTest 예제에서 작성한 출력 코드는 다음과 같다.

```
pDC->TextOut(20, 20, CString(_T("스크롤 뷰를 연습합니다.")));
pDC->Ellipse(1930, 1930, 1980, 1980);
```

일반 뷰를 사용했다면 (1930, 1930) 또는 (1980, 1980) 좌표에 출력한 내용은 화면을 벗어나므로 결과를 볼 수 없어야 한다. 하지만 스크롤 뷰를 사용했고 출력 좌표가 이전에 SetScrollSizes() 함수로 설정한 작업 영역 안에 있다면, 스크롤바를 움직여 출력 결과를 볼 수 있다.

스크롤 뷰는 현재 스크롤바의 위치를 판단하고 그에 따라 논리 좌표의 원점을 미리 이동시킨다. 따라서 동일한 논리 좌표에 출력해도 스크롤바의 현재 위치에 따라 실제 화면에서의 출력 위치는 달라진다.

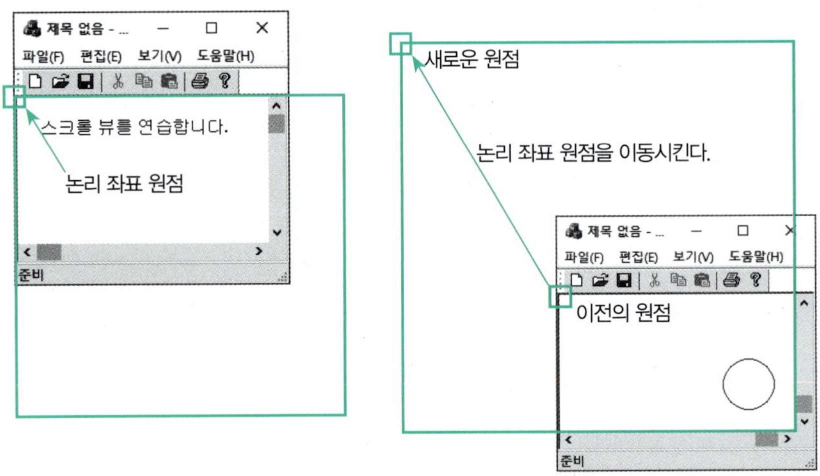

그림 12-29 논리 좌표 원점 이동

뷰 클래스의 OnDraw() 함수에 전달되는 디바이스 컨텍스트(pDC)는 이미 스크롤바의 위치에 따른 원점이 조정되었으므로 논리 좌표를 기준으로 출력하면 문제가 없다. 그러나 OnDraw() 이외의 함수에서 출력한다면 다음과 같은 코드를 작성해야 한다. OnPrepareDC() 함수는 매핑 모드 변경과 더불어 스크롤바의 위치에 따라 원점을 바로잡아준다.

```
void CScrollViewTestView::MyDraw()
{
    CClientDC dc(this);
    OnPrepareDC(&dc); /* 매핑 모드 변경 & 논리 좌표 원점 보정 */
    ...
}
```

2 스크롤 뷰 활용

스크롤 뷰를 활용할 때 주의할 점을 살펴보자. 응용 프로그램의 작업 영역이 매우 큰 경우에는 앞서 소개한 방법을 그대로 사용하면 스크롤 속도에 문제가 생길 수 있다. 다음 코드를 살펴보자.

```
void CScrollOptimizeView::OnDraw(CDC* pDC)
{
    // 4000×4000 크기의 작업 영역 전체를 다시 그린다.
}
```

위 코드는 동작은 잘하지만 스크롤할 때마다 화면에 보이지 않는 부분까지 출력하므로 속도가 느려진다는 단점이 있다. 이 경우 좀 더 효과적인 방법은 CDC::GetClipBox() 함수를 호출하여 다시 그릴 영역에 대한 정보를 얻은 후 이 부분에만 출력하는 것이다. 스크롤 속도가 빨라지도록 수정한 코드는 다음과 같다.

```
void CScrollOptimizeView::OnDraw(CDC* pDC)
{
    CRect rect;
    pDC->GetClipBox(&rect);
    // rect 영역만 다시 그린다.
}
```

그 밖에 유용한 함수로 CScrollView::SetScaleToFitSize()가 있다. 이 함수를 사용하면 작업 영역의 내용을 현재 윈도우의 크기에 맞게 축소 또는 확대하여 표시할 수 있다.

실습 12-4 스크롤 뷰 활용하기

[그림 12-30]과 같이 한 변의 길이가 100픽셀인 직사각형을 여러 색상으로 그리고, 직사각형마다 중심부의 좌표를 출력하는 프로그램을 작성해보자. 작업 영역의 크기를 4000×4000 픽셀로 설정하되, 윈도우의 크기가 변경되면 그에 따라 CScrollView::SetScrollSizes() 함수를 호출하여 페이지 크기를 변경할 것이다.

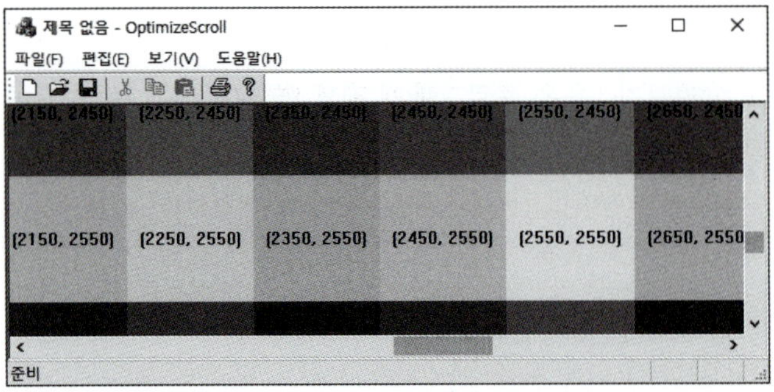

그림 12-30 실행 결과

스크롤 뷰를 이용하면 이와 같은 프로그램을 쉽게 작성할 수 있으나, 작업 영역이 큰 경우에는 GetClipBox() 함수를 이용하여 효율적인 스크롤을 구현해야 한다. GetClipBox() 함수를 사용하지 않을 때와 비교할 수 있도록 본 실습에서는 직사각형을 느린 속도로 그린다. OnDraw() 함수의 주석을 참고하여 GetClipBox() 함수의 유무에 따른 스크롤 속도의 차이를 직접 확인하기 바란다.

1 [표 12-8]을 참고하여 응용 프로그램 마법사로 OptimizeScroll 프로젝트를 만든다. 마지막 단계에서 뷰의 기본 클래스를 변경하는 것을 잊지 말자.

표 12-8 응용 프로그램 마법사 단계별 변경 사항

응용 프로그램 마법사 단계	변경 사항
애플리케이션 종류	'애플리케이션 종류'로 '단일 문서' 선택 '프로젝트 스타일'로 'MFC standard' 선택
문서 템플릿 속성	없음
사용자 인터페이스 기능	없음
고급 기능	'ActiveX 컨트롤' 옵션 해제
생성된 클래스	뷰의 기본 클래스를 'CScrollView'로 변경

2 뷰 클래스의 OnInitialUpdate() 함수에서 코드 일부를 주석 처리한다.

```
void COptimizeScrollView::OnInitialUpdate()
{
    CScrollView::OnInitialUpdate();

    /*
    CSize sizeTotal;
    // TODO: 이 뷰의 전체 크기를 계산합니다.
```

```
        sizeTotal.cx = sizeTotal.cy = 100;
        SetScrollSizes(MM_TEXT, sizeTotal);
        */
}
```

3 윈도우는 크기가 변경될 때마다 WM_SIZE 메시지를 받는다. 이 메시지를 받을 때마다 페이지 크기를 변경할 수 있도록 뷰 클래스에 WM_SIZE 메시지 핸들러를 추가하고 다음 코드를 작성한다. 이 함수는 윈도우가 생성될 때도 호출되므로 OnInitialUpdate() 함수에 SetScrollSizes() 함수를 중복해서 넣을 필요가 없다.

```
void COptimizeScrollView::OnSize(UINT nType, int cx, int cy)
{
    CScrollView::OnSize(nType, cx, cy);
    CSize sizeTotal(4000, 4000);
    CSize sizePage(cx-50, cy-50);
    CSize sizeLine(50, 50);
    SetScrollSizes(MM_TEXT, sizeTotal, sizePage, sizeLine);
}
```

4 '클래스 뷰'에서 뷰 클래스를 선택하고 [추가]-[함수 추가...] 컨텍스트 메뉴를 사용하면 멤버 함수를 추가할 수 있다. 다음과 같이 'void MyDraw(CDC* pDC, int x, int y)' 형태의 멤버 함수를 만든다.

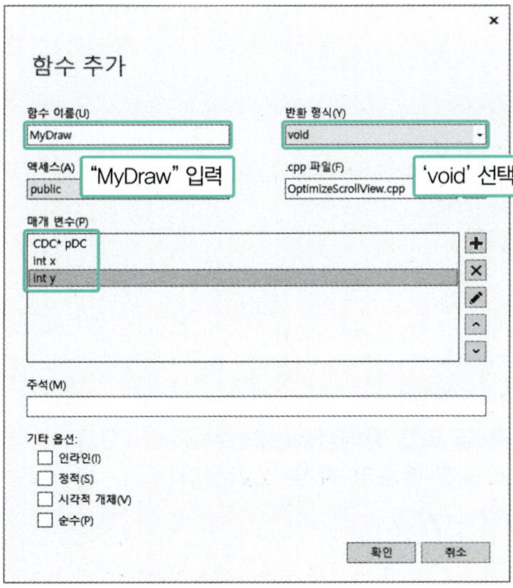

그림 12-31 멤버 함수 추가

5 생성된 MyDraw() 멤버 함수에 정사각형 한 개를 출력하는 코드를 작성한다. 이 함수는 (x, y)를 중심으로 한 변의 길이가 100픽셀인 정사각형을 그린다. 다만 그 속도를 늦추고자 정사각형을 한 번에 그리지 않고 1픽셀 두께의 선을 50번 그려서 내부를 채운다.

```
void COptimizeScrollView::MyDraw(CDC* pDC, int x, int y)
{
    CPen pen(PS_SOLID, 1, RGB(x % 256, y % 256, (x + y) % 128));
    pDC->SelectObject(&pen);
    pDC->SelectStockObject(NULL_BRUSH);
    for (int i = 50; i > 0; i--) {
        // 같은 출력 코드를 두 번 실행하여 속도가 느려지게 한다.
        // 빠른 컴퓨터를 사용할 경우 몇 줄 더 추가해서 실습한다.
        pDC->Rectangle(x - i, y - i, x + i, y + i);
        pDC->Rectangle(x - i, y - i, x + i, y + i);
    }
}
```

6 뷰 클래스의 OnDraw() 함수에 정사각형 여러 개를 출력하여 작업 영역을 채우는 코드를 작성한다.

```
void COptimizeScrollView::OnDraw(CDC* pDC)
{
    COptimizeScrollDoc* pDoc = GetDocument();
    ASSERT_VALID(pDoc);
    if (!pDoc)
        return;

    // 무효 직사각형을 얻는다.
    CRect rect;
    pDC->GetClipBox(&rect);
    rect.InflateRect(100, 100, 100, 100);

    CString str;
    for (int x = 0; x < 4000; x += 100) {
        for (int y = 0; y < 4000; y += 100) {
            // 무효 직사각형에 포함되지 않으면 출력하지 않는다.
            // 아래 두 줄을 제거하면 스크롤 속도가 매우 느려진다.
            if (!rect.PtInRect(CPoint(x, y)))
                continue;

            // 느린 속도로 정사각형을 그린다.
```

```
            MyDraw(pDC, x + 50, y + 50);

            // 정사각형 중심 좌표를 출력한다.
            str.Format(_T("(%d, %d)"), x + 50, y + 50);
            pDC->SetBkMode(TRANSPARENT);
            pDC->DrawText(str, CRect(x, y, x + 100, y + 100),
                DT_CENTER | DT_VCENTER | DT_SINGLELINE);
        }
    }
}
```

7 프로그램을 실행해보면 테스트 조건과는 무관하게 화면 깜박임이 느껴질 것이다. 뷰 클래스에 WM_ERASEBKGND 메시지 핸들러를 추가하고 다음과 같이 수정하면 깜박임 문제가 해결된다. 윈도우 운영체제는 클라이언트 영역을 배경 브러시로 칠하기 전에 WM_ERASEBKGND 메시지를 보내주는데, 이 메시지에 대한 응답으로 TRUE를 리턴하면 디폴트 브러시로 클라이언트 영역이 칠해지는 것을 막을 수 있다. 화면 깜박임은 운영체제가 디폴트 브러시로 칠한 화면에 응용 프로그램이 다시 출력할 때 발생한다.

```
BOOL COptimizeScrollView::OnEraseBkgnd(CDC* pDC)
{
    return TRUE;
}
```

05 HTML 뷰

CHtmlView 클래스는 인터넷 익스플로러의 핵심 요소인 웹 브라우저 컨트롤WebBrowser Control을 기반으로 하는 뷰이다. CHtmlView 클래스의 주요 기능은 웹 브라우저 컨트롤이 제공하므로 간단한 코드로도 막강한 기능을 가진 웹 브라우저 형태의 응용 프로그램을 작성할 수 있다. 다만 이 클래스를 사용하려면 시스템에 인터넷 익스플로러가 반드시 설치되어 있어야 한다.

CHtmlView 클래스의 상속 관계는 [그림 12-32]와 같다. 앞에서 배운 CScrollView 클래스가 중간에 자리 잡고 있으므로 윈도우의 크기와 문서의 내용에 따라 자동으로 스크롤바가 표시된다.

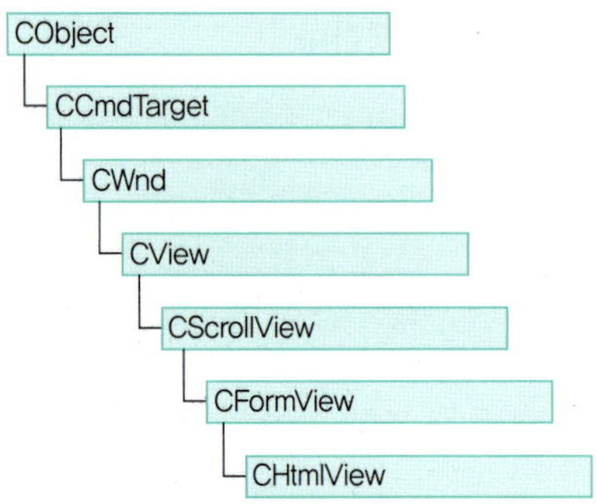

그림 12-32 MFC 클래스 계층도

1 HTML 뷰 클래스

CHtmlView 클래스를 사용하는 간단한 예제를 작성한 후 코드를 분석해보자.

실습 12-5 HTML 뷰 사용하기

[그림 12-33]과 같이 특정 웹 페이지를 뷰에 표시하는 프로그램을 작성해보자.

그림 12-33 실행 결과

1 [표 12-9]를 참고하여 응용 프로그램 마법사로 HtmlViewTest 프로젝트를 만든다. 마지막 단계에서 뷰의 기본 클래스를 변경하는 것을 잊지 말자.

표 12-9 응용 프로그램 마법사 단계별 변경 사항

응용 프로그램 마법사 단계	변경 사항
애플리케이션 종류	'애플리케이션 종류'로 '단일 문서' 선택 '프로젝트 스타일'로 'MFC standard' 선택
문서 템플릿 속성	없음
사용자 인터페이스 기능	없음
고급 기능	'ActiveX 컨트롤' 옵션 해제
생성된 클래스	뷰의 기본 클래스를 'CHtmlView'로 변경

2 뷰 클래스의 OnInitialUpdate() 함수에서 Navigate2() 함수 호출 코드를 삭제하고, 다음과 같이 Navigate() 함수를 대신 사용한다. 함수 인자로 전달하는 웹 주소는 자유롭게 변경해도 좋다. Navigate() 호출 이전의 put_Silent() 함수는 간혹 스크립트 오류 대화상자가 화면에 뜨는 것을 막아준다.

```
void CHtmlViewTestView::OnInitialUpdate()
{
    CHtmlView::OnInitialUpdate();
    m_pBrowserApp->put_Silent(VARIANT_TRUE); // 스크립트 오류 표시 끄기
    Navigate(_T("http://www.hanbit.co.kr/"));
}
```

이 예제는 OnInitialUpdate() 함수에서 Navigate2() 함수를 호출하는 부분을 제외하면 특별한 점이 없다. 그럼에도 불구하고 웹 브라우저 컨트롤이 제공하는 다양한 기능을 활용하여 웹 페이지를 보여주는 것 이상의 작업을 처리할 수 있다. OnInitialUpdate() 함수를 다음과 같이 변경하고 실행해보자.

```
// 폴더와 파일을 표시한다.
Navigate(_T("C:\\"));
// MS 워드 문서를 열어서 편집하거나 저장한다.
Navigate(_T("C:\\Temp\\test.doc"));
// MS 엑셀 문서를 열어서 편집하거나 저장한다.
Navigate(_T("C:\\Temp\\test.xls"));
// 텍스트 문서를 표시한다.
Navigate(_T("C:\\Temp\\test.txt"));
// JPEG 포맷으로 저장된 그림을 표시한다.
Navigate(_T("C:\\Temp\\test.jpg"));
```

2 HTML 뷰 활용

CHtmlView 클래스는 웹 브라우저 컨트롤의 기능을 활용할 수 있도록 다양한 함수를 제공한다. 그 중 핵심적인 몇 개만 소개하면 다음과 같다.

표 12-10 CHtmlView 클래스 멤버 함수(일부)

함수	기능
Navigate(), Navigate2()	URL로 지정한 웹 문서 또는 로컬 파일을 열어서 표시한다.
GoHome()	인터넷 익스플로러에서 설정한 시작 페이지로 이동한다.
GoBack()	히스토리 목록에서 이전 항목으로 이동한다.
GoForward()	히스토리 목록에서 다음 항목으로 이동한다.
Refresh(), Refresh2()	현재 표시하고 있는 내용을 다시 로드한다.
Stop()	현재 작업을 중지한다.

실습 12-6 HTML 뷰 활용하기

[표 12-10]에 소개한 함수를 이용하여 MDI 형태의 간단한 웹 브라우저를 작성해보자. 특정 웹 페이지로 이동하는 기능과 히스토리 목록에서 이전 항목 또는 다음 항목으로 이동하는 기능을 구현할 것이다.

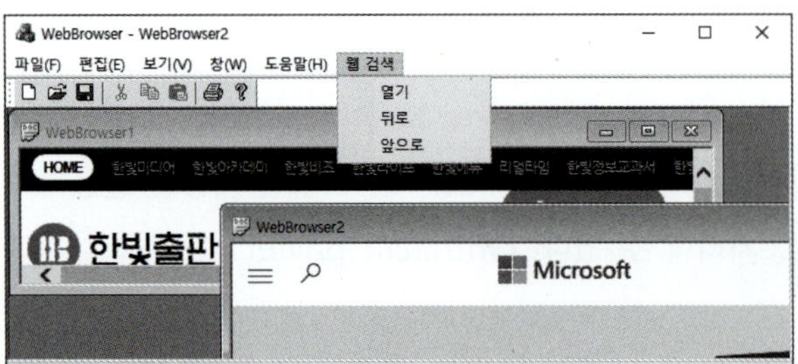

그림 12-34 실행 결과

1 [표 12-11]을 참고하여 응용 프로그램 마법사로 WebBrowser 프로젝트를 만든다. 응용 프로그램 종류로 MDI를 사용한다는 점에 주의하자.

표 12-11 응용 프로그램 마법사 단계별 변경 사항

응용 프로그램 마법사 단계	변경 사항
애플리케이션 종류	'프로젝트 스타일'로 'MFC standard' 선택 ('애플리케이션 종류'는 '여러 문서' 그대로)
문서 템플릿 속성	없음
사용자 인터페이스 기능	없음
고급 기능	'ActiveX 컨트롤' 옵션 해제
생성된 클래스	뷰의 기본 클래스를 'CHtmlView'로 변경

2 뷰 클래스의 OnInitialUpdate() 함수에서 Navigate2() 함수 호출 코드를 삭제하고 GoHome() 함수 호출문을 추가한다.

```
void CWebBrowserView::OnInitialUpdate()
{
    CHtmlView::OnInitialUpdate();
    m_pBrowserApp->put_Silent(VARIANT_TRUE); // 스크립트 오류 표시 끄기
    GoHome();
}
```

3 IDR_WebBrowserTYPE 메뉴 리소스를 열어 [웹 검색] 메뉴를 추가한다. 그리고 표를 참고하여 각 항목의 속성을 설정한다.

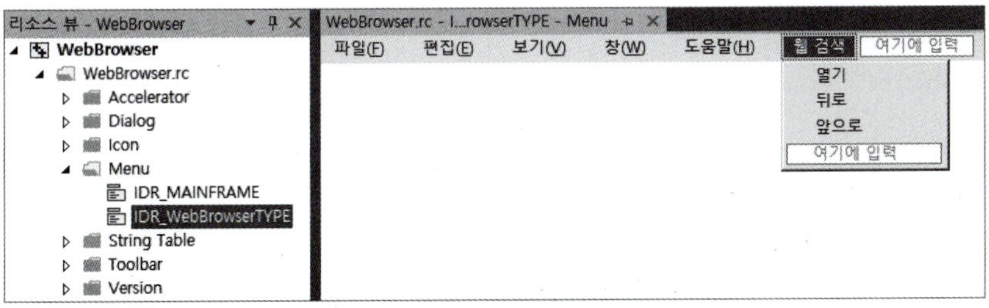

Caption	ID
웹 검색	없음
열기	ID_WEBSEARCH_OPEN
뒤로	ID_WEBSEARCH_BACK
앞으로	ID_WEBSEARCH_FORWARD

그림 12-35 메뉴 작성

4 '리소스 뷰'에서 [프로젝트]–[리소스 추가...] 혹은 컨텍스트 메뉴를 이용하여 대화 상자 리소스를 추가한다. 대화 상자에 에디트 컨트롤을 한 개 추가하고 기존 〈확인〉, 〈취소〉 버튼의 위치와 크기를 변경한다. 컨트롤의 속성을 변경할 필요는 없고 탭 순서만 그림과 같이 변경한다. 대화 상자 자체의 'caption' 속성은 "웹 주소 입력"으로 변경한다.

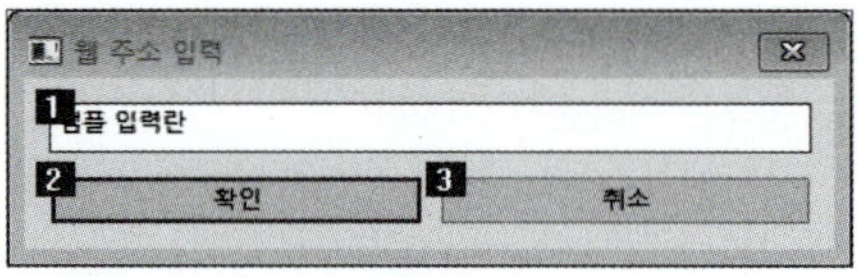

그림 12–36 대화 상자 작성

5 대화 상자 디자인 화면에서 [프로젝트]–[클래스 추가...] 혹은 컨텍스트 메뉴를 이용하면 대화 상자 클래스를 생성할 수 있다. [그림 12–37]과 같이 클래스 이름으로 "CMyDialog"를 입력하고 기본 클래스로 'CDialog'를 선택한다.

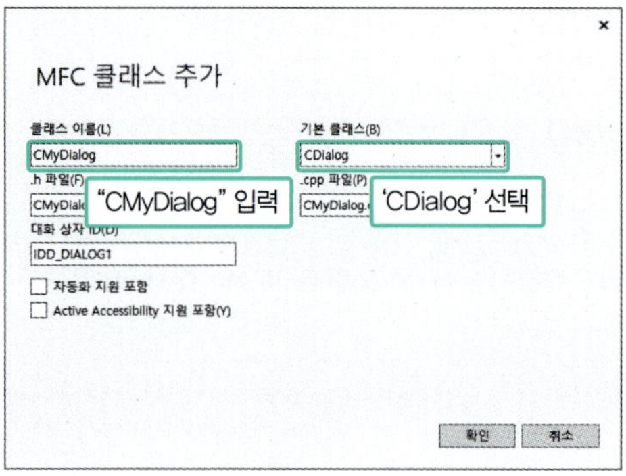

그림 12–37 대화 상자 클래스 생성

6 대화 상자 디자인 화면에서 에디트 컨트롤을 선택하고 마우스 오른쪽 버튼을 클릭하여 [변수 추가...] 메뉴를 실행한다. '범주'는 '값'으로 변경하고 '이름'은 "m_url"을 입력해서 값 변수를 생성한다.

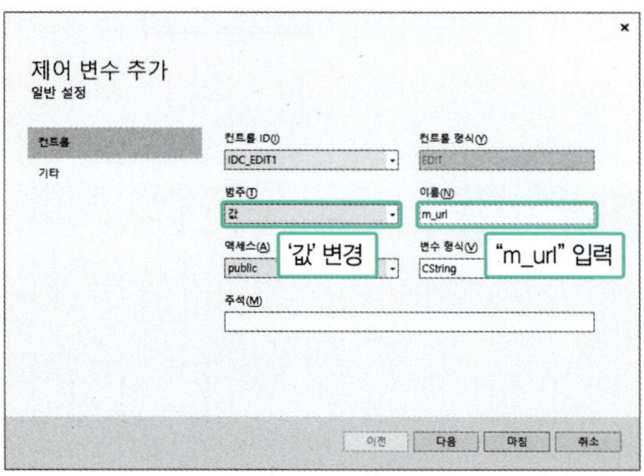

그림 12–38 값 변수 추가

7 마지막으로, 뷰 클래스에 세 개의 메뉴 항목 ID_WEBSEARCH_*에 해당하는 명령 핸들러를 추가하고 다음 코드를 작성한다. 대화 상자 클래스 CMyDialog를 참조하고 있으므로 관련 헤더 파일을 포함하는 것도 잊지 말자.

```
...
#include "WebBrowserDoc.h"
#include "WebBrowserView.h"
#include "CMyDialog.h"
...
void CWebBrowserView::OnWebsearchOpen()
{
    CMyDialog dlg;
    if (dlg.DoModal() == IDOK)
        Navigate(dlg.m_url);
}

void CWebBrowserView::OnWebsearchBack()
{
    GoBack();
}

void CWebBrowserView::OnWebsearchForward()
{
    GoForward();
}
```

요약

01 리스트 뷰 클래스

- CListView 클래스는 도큐먼트/뷰 구조 응용 프로그램에서 리스트 컨트롤을 이용해 뷰의 기능을 제공한다.
- CListView 클래스가 제공하는 대부분 기능은 리스트 컨트롤을 통해서만 사용할 수 있으므로 CListView::GetListCtrl() 함수가 제공된다.
- 리스트 컨트롤 초기화는 리스트 컨트롤 생성 → 이미지 리스트 설정 → 헤더 초기화 → 항목 추가 → 하위 항목 추가 순으로 진행된다.

02 트리 뷰 클래스

- CTreeView 클래스는 도큐먼트/뷰 구조 응용 프로그램에서 트리 컨트롤을 이용해 뷰의 기능을 제공한다.
- CTreeView 클래스가 제공하는 대부분의 기능은 트리 컨트롤을 통해서만 사용할 수 있으므로 CTreeView::GetTreeCtrl() 함수가 제공된다.
- 트리 컨트롤 초기화는 트리 컨트롤 생성 → 이미지 리스트 설정 → 항목 추가 순으로 진행된다.

03 스크롤 뷰 클래스

- CScrollView 클래스는 자동화된 스크롤, 논리 좌표 원점 변경, 매핑 모드 변경 기능을 제공한다.
- CScrollView 클래스를 사용할 때 작업 영역이 큰 경우에는 스크롤 최적화를 적용해야 한다.

04 HTML 뷰 클래스

CHtmlView 클래스는 인터넷 익스플로러의 핵심 요소인 웹브라우저 컨트롤을 기반으로 하는 뷰이다.

연습문제

01 ListCtrlTest1 예제를 수정하여, 리스트 컨트롤이 클라이언트 영역을 모두 채우도록 크기를 조정하시오. 단, 윈도우 크기가 조정될 때 리스트 컨트롤 크기도 함께 조정된다.

HINT 크기 조정 신호는 WM_SIZE 윈도우 메시지, 윈도우 크기 조정은 CWnd::MoveWindow() 함수 이용

02 ListCtrlTest2 예제를 수정하여, 리스트 컨트롤에서 마우스 오른쪽 버튼을 누르면 [삭제] 메뉴가 포함된 팝업 메뉴가 나타나고 [삭제] 메뉴를 실행하면 선택된 아이템이 삭제되도록 하시오. 단, 리스트 컨트롤에 LVS_SINGLESEL 스타일을 적용하여 아이템 선택을 하나로 제한한다.

HINT 팝업 메뉴는 WM_CONTEXTMENU 윈도우 메시지 처리와 CMenu 클래스가 제공하는 CreatePopupMenu() 함수, AppendMenu() 함수 그리고 TrackPopupMenu() 함수 이용. 크기 조정 신호는 WM_SIZE 윈도우 메시지, 윈도우 크기 조정은 CWnd::MoveWindow() 함수 이용

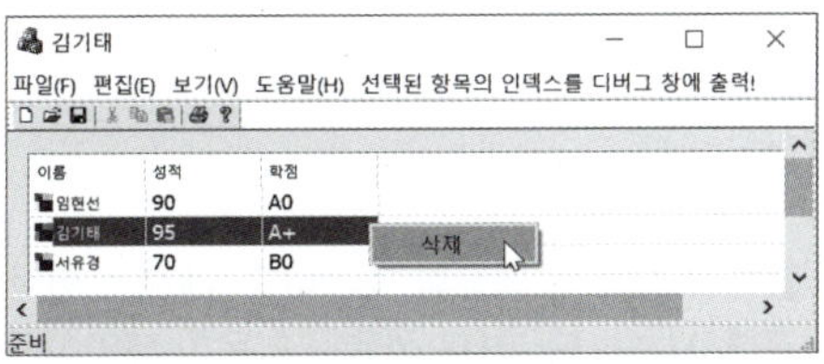

03 ListViewTest 예제를 수정하여, [항목]-[삭제] 메뉴를 추가하고, 현재 선택된 항목을 삭제하는 기능을 구현하시오. 단, 복수로 선택된 아이템이 모두 삭제되도록 하고, 리스트 컨트롤에 LVS_EX_FULLROWSELECT 확장 스타일을 적용한다.

HINT CListCtrl 클래스가 제공하는 GetFirstSelectedItemPosition() 함수와 GetNextSelectedItem() 함수 이용

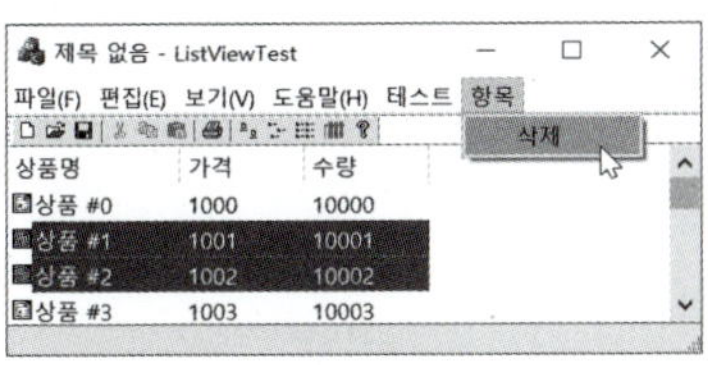

04 ListViewTest 예제에 수정하여, [항목]-[삽입] 메뉴를 추가하고, 새로운 항목에 대한 상품명, 가격, 수량을 대화 상자로 입력받아 추가하는 기능을 구현하시오. 단, 현재 선택된 항목이 있을 경우에는 현재 항목 앞에 추가하고, 그렇지 않은 경우에는 맨 끝에 추가한다.

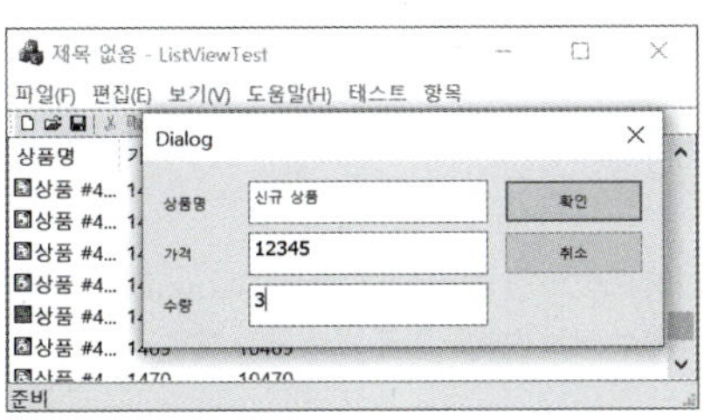

05 **TreeCtrlTest1 예제를 수정하여, 트리 컨트롤이 클라이언트 영역을 모두 채우도록 크기를 조정하시오. 단, 윈도우 크기가 조정될 때 트리 컨트롤 크기도 함께 조정된다.**

HINT 크기 조정 신호는 WM_SIZE 윈도우 메시지, 윈도우 크기 조정은 CWnd::MoveWindow() 함수 이용

06 **TreeCtrlTest2 예제를 수정하여, 트리 컨트롤이 실행될 때 루트 아이템(태양)이 확장된 상태가 되도록 구현하시오. 아울러 아이템을 선택하면 선택된 아이템 이름이 타이틀바에 출력된다.**

HINT CTreeCtrl::Expand() 함수와 TVN_SELCHANGED 트리 컨트롤 통지 메시지 처리

07 **TreeViewTest 예제를 수정하여, [스타일]–[TVS_HASLINES], [스타일]–[TVS_LINESATROOT] 메뉴를 추가하고, 각 메뉴에 대응하는 트리 컨트롤 스타일을 ON/OFF하는 기능을 구현하시오. 단, 메뉴별 선택된 상태를 체크 상태로 표기한다.**

HINT 스타일 변경은 CWnd::ModifyStyle() 함수 이용

08 **TreeViewTest 예제를 수정하여, [테스트]–[하위 항목 추가하기] 메뉴를 추가하고, 새로운 항목에 대한 이름을 대화 상자로 입력받아 추가하는 기능을 구현하시오. 단, 현재 선택된 항목이 태양이면 행성으로, 그렇지 않으면 위성으로 추가한다.**

09 **ScrollViewTest 예제를 수정하여, 큰 그림 파일을 출력하시오. 단, 윈도우 크기를 변경할 때 화면이 깜박이지 않도록 구현하고, 비트맵을 리소스에 추가하여 사용한다.**

HINT 깜박임을 방지하기 위해 WM_ERASEBKGND 메시지 처리, 비트맵 화면 출력은 CBitmap::LoadBitmap() 함수와 CDC::BitBlt() 함수 사용

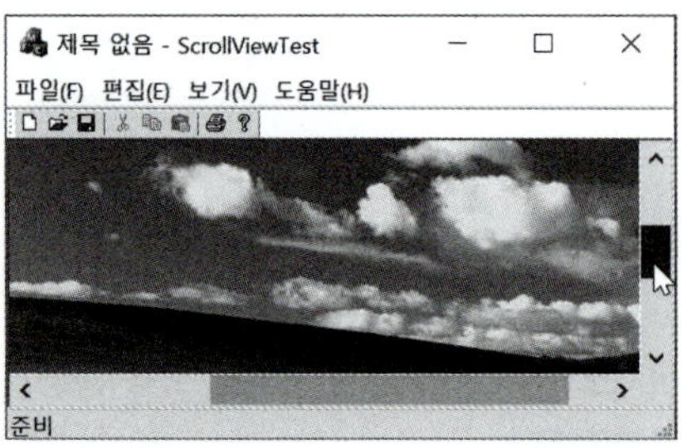

10 **OptimizeScroll 예제를 수정하여, 정사각형을 하나만 출력하고 정사각형 뒷면에 큰 그림 파일을 함께 출력하시오. 단, 윈도우 크기를 변경할 때 화면이 깜박이지 않도록 구현하고, 비트맵을 리소스에 추가하여 사용한다.**

HINT 깜박임을 방지하기 위해 CDC::GetClipBox() 함수 사용, 비트맵 화면 출력은 CBitmap::LoadBitmap() 함수와 CDC::BitBlt() 함수 사용, 비트맵 출력 위치 지정은 CDC::BitBlt() 함수 여섯 번째와 일곱 번째 인자 활용

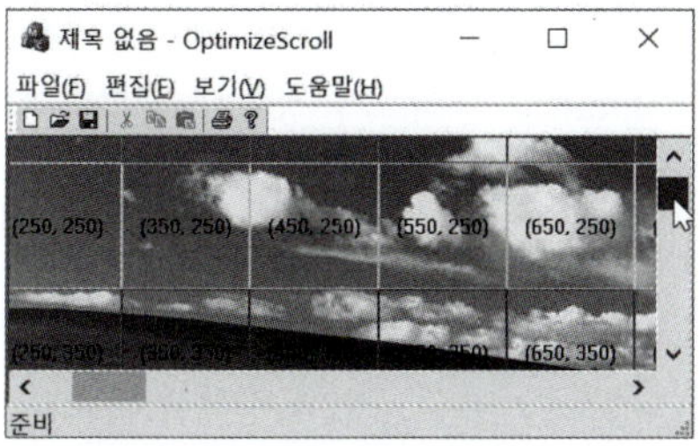

11 **HtmlViewTest 예제를 다음과 같이 수정하시오. [HTML 코드 입력] 메뉴를 추가하고 메뉴를 실행하면 에디트 컨트롤이 있는 모드형 대화 상자를 띄운다. 그리고 에디트 컨트롤에 입력한 HTML 코드를 입력하고 확인하면 HTML 뷰에 적용된다.**

HINT HTML 코드를 임시 파일에 보관, HTML 코드 적용은 CHtmlView::Navigate() 함수 이용

12 **WebBrowser 예제를 수정하여, 특정 웹 사이트로 이동하면 해당 웹 사이트 이름을 MDI 프레임 윈도우 타이틀바에 표시하시오.**

HINT 웹 사이트로 이동이 끝나면 CHtmlView::OnNavigateComplete2() 가상 함수가 호출됨

현장의
목소리

Form 기반 윈도우 생성과 활용

대화 상자 윈도우 같은 폼Form 기반 윈도우 프로그램은 대화 상자 편집기를 통해 시각적으로 컨트롤 등을 배치할 수 있어 개발이 빠르며, 개발자들도 선호하는 편이다. 반면 대화 상자 편집기 없이 작업하면 Create() 함수로 일일이 생성하고 위치를 지정하고 또 실행하여 확인하는 복잡한 작업을 수행해야 한다. 어쨌든 눈으로 직접 확인하면서 작업하는 WYSIWYGWhat You See is What You Get 방식이 사람에게는 편리한 방식이다. 그런데 대화 상자 기반 응용 프로그램이나 CFormView 클래스 기반 폼뷰 응용 프로그램은 시작할 때부터 폼이 갖춰져 있지만, 자식 윈도우로 폼을 사용하고 싶으면 어떻게 해야 할까? 예를 들어 윈도우 탐색기처럼 좌우로 영역을 나누는 경우로, 윈도우 탐색기를 유심히 살펴보면(스파이 유틸리티를 이용하면 더 자세히 확인할 수 있다), 컨트롤이 바로 배치되지 않고 윈도우로 더 둘러싸여 있음을 알 수 있다(컨트롤 자체도 윈도우므로 도킹docking 작업 등을 하려면 이를 처리하는 상위 윈도우가 필요하다). 이 절에서는 폼을 자식 윈도우로 사용하는 방식을 살펴본다. 결론적으로는 대화 상자 리소스를 추가하고 CDialog 상속 클래스를 사용하는 방식인데, 이 과정에서 몇 가지 신경 쓸 부분을 함께 확인한다.

자식 윈도우로 사용되는 폼을 위해 CChildForm 클래스를 정의하고자 한다. CChildForm 클래스 선언은 다음과 같다. CDialog 클래스를 상속하고 생성자 인자는 CDialog 클래스가 제공하는 생성자 인자와 동일하다. Create() 함수를 추가하였고 재정의가 필요한 순수 가상 함수로 SetPosition()을 정의하였다. CDialog 클래스가 정의한 재정의 함수로 OnOK(), OnCancel(), OnEraseBkgnd(), OnInitDialog(), OnDestroy(), 그리고 OnSize() 함수가 있다. 여기서 OnOK()와 OnCancel() 함수 구현에 주목할 필요가 있다. 아무 역할도 하지 않는 것 같지만 이들 함수를 재정의함으로써, 자식 폼 위에서 Enter 나 Esc 를 입력할 때 자식 폼이 사라져 버리는 현상을 방지할 수 있다. 초기화 여부를 나타내는 m_bInitialized 멤버 변수는 SetPosition() 멤버 함수가 호출되는 타이밍을 잡는 역할을 한다.

```
class CChildForm : public CDialog
{
public:
    CChildForm( UINT nIDTemplate,
      CWnd* pParent=NULL );

public:
    virtual BOOL Create( CWnd*
      pParentWnd );

protected:
    virtual void
      DoDataExchange
      (CDataExchange* pDX);
    DECLARE_MESSAGE_MAP()

public:
    virtual void OnOK() { }
    virtual void OnCancel()  { }
    virtual BOOL OnInitDialog();
    afx_msg BOOL OnEraseBkgnd(
      CDC* pDC );
```

```
    afx_msg void OnDestroy();
    afx_msg void OnSize( UINT
      nType, int cx, int cy );

protected:
    virtual void SetPosition( int
      cx, int cy ) PURE;

protected:
    BOOL m_bInitialized;
};
```

CChildForm 클래스가 구현한 생성자와 메시지 맵은 다음과 같다. 생성자에 입력된 인자를 CDialog에 전달하고 멤버 변수를 초기화하고 있다.

```
CChildForm::CChildForm( UINT
nIDTemplate, CWnd* pParent
/*=NULL*/ )
    : CDialog( nIDTemplate,
      pParent )
    , m_bInitialized( FALSE )
{
}

BEGIN_MESSAGE_MAP( CChildForm,
CDialog )
    ON_WM_ERASEBKGND()
    ON_WM_DESTROY()
    ON_WM_SIZE()
END_MESSAGE_MAP()
```

CChildForm 클래스에서 새로 정의한 Create() 함수는 CDialog::Create() 함수를 사용할 때 인자를 두 개 입력하는 번거로움을 없애기 위한 함수이다. 폼 클래스를 생성할 때 이미 대화 상자 리소스 ID를 지정하고 그 이름이 m_lpszTemplateName 멤버 변수에 보관되기 때문에 리소스 ID를 다시 입력하는 과정은 번거롭다. 따라서 Create() 함수를 다음과 같이 구현해 두면 좀 더 편리하게 사용할 수 있다.

```
BOOL CChildForm::Create( CWnd*
pParentWnd )
{
    return CDialog::Create( m_
      lpszTemplateName, pParentWnd );
}
```

자식 폼 클래스 내부에는 주로 컨트롤을 배치하므로 대화 상자 기본 배경색인 회색을 출력하는 과정은 불필요할 뿐만 아니라 자칫하면 깜박이는 현상을 유발할 수 있다. 따라서 WM_ERASEBKGND 메시지를 처리하는 OnEraseBkgnd() 함수를 다음과 같이 처리하여 배경을 제거할 수 있다. 배경을 처리해야 한다면 CChildForm 클래스를 상속한 폼 클래스에서 OnEraseBkgnd() 함수를 재정의하여 구현한다.

```
BOOL CChildForm::OnEraseBkgnd(
CDC* pDC )
{
    return TRUE;
}
```

CChildForm 클래스가 구현한 OnInitDialog() 함수는 다음과 같다. 특이한 사항은 m_bInitialized 멤버 변수를 TRUE로 설정한다는 점이다. 그 필요성은 이후 OnSize() 함수에서 확인할 수 있다. OnDestroy() 함수에서는 m_bInitialized 멤버 변수를 FALSE로 초기화한다. 초기화 작업은 클래스 객체를 재사용하는 경우에 중요하다.

```
BOOL CChildForm::OnInitDialog()
{
    CDialog::OnInitDialog();

    m_bInitialized = TRUE; // 초기화 완료
    return TRUE;
}

void CChildForm::OnDestroy()
{
    m_bInitialized = FALSE;
    CDialog::OnDestroy();
}
```

WM_SIZE 메시지를 처리하는 OnSize() 함수는 SetPosition() 가상 함수를 호출한다. SetPosition() 함수는 폼 클래스마다 재정의하여 폼 클래스 내 컨트롤 위치와 크기 등을 지정한다. OnCreate() 함수가 호출된 직후 OnSize() 함수가 호출되고 OnInitDialog() 함수가 호출되기 때문에, 아직 준비되지 않는 컨트롤을 OnSize() 함수에서 배치하면 문제가 발생한다(DDX 컨트롤 변수는 OnInitDialog() 함수 때부터 사용이 가능하다). 따라서 OnSize() 함수가 처음 호출되는 상황을 제외하기 위해 다음과 같이 m_bInitialized 멤버 변수를 사용한다. 아울러 최소화된 상태도 이러한 과정이 필요 없다. 이 같은 멤버 변수와 OnSize() 함수를 모든 폼 클래스마다 구현은 반복 작업이므로 CChildForm 클래스가 대신 처리하고, 대신 폼 클래스들은 SetPosition() 함수만 재정의하여 구현하도록 설계하였다. 이로써 CChildForm 클래스 구현은 완료되었다.

```
void CChildForm::OnSize( UINT
nType, int cx, int cy )
{
    CDialog::OnSize(nType, cx,
      cy);
    if ( m_bInitialized == FALSE
      || nType == SIZE_MINIMIZED )
      return;
    SetPosition( cx, cy );
}
```

자식 윈도우로 사용할 폼을 추가하기 위해 먼저 리소스 편집기에서 폼, 즉 대화 상자 리소스를 추가해야 한다. 다음과 같이 대화 상자에서 마우스 오른쪽 버튼을 클릭하여 [Dialog 삽입(E)] 메뉴를 사용해 대화 상자를 추가한다.

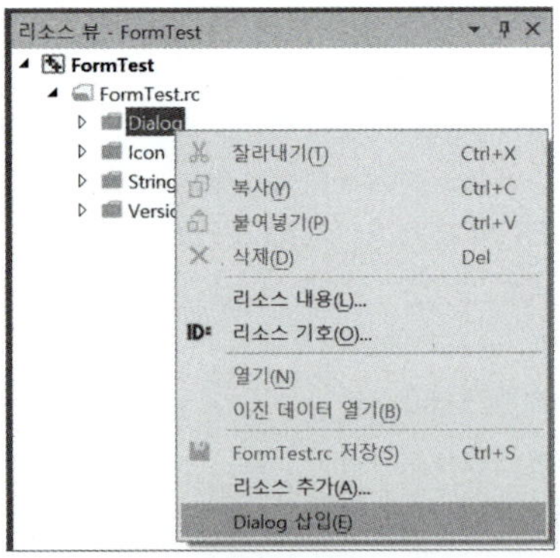

▲ 자식 폼으로 사용할 대화 상자 리소스 추가하기

기본적으로 생성되는 대화 상자 리소스는 팝업 윈도우이다. 자식 윈도우로 설정하려면 대화 상

자 리소스 속성에서 [모양] 탭의 'Style' 항목을 'Child'로 선택한다. 아울러 테두리를 없애기 위해 'Border' 항목을 'None'으로 선택한다. 그러면 대화 상자 리소스 모양은 아래쪽과 같은 모습이 될 것이다.

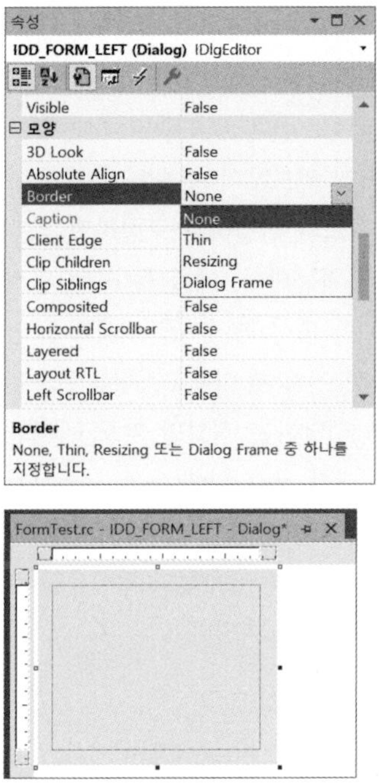

▲ 대화 상자 리소스에 자식 스타일 적용하기

그리고 클래스 마법사를 이용하여 새로운 MFC 클래스를 추가한다. '클래스 이름'에 원하는 이름(본 예에서는 CFormLeft)를 입력하고, '기본 클래스'에 CDialog 클래스를 지정한다(CChildForm을 바로 지정할 수 없으므로 가장 근접한 CDialog 클래스를 지정한다). 그리고 대화 상자 ID 항목에 있는 리소스 ID가 맞는지 확인한 후 〈마침〉 버튼을 클릭한다.

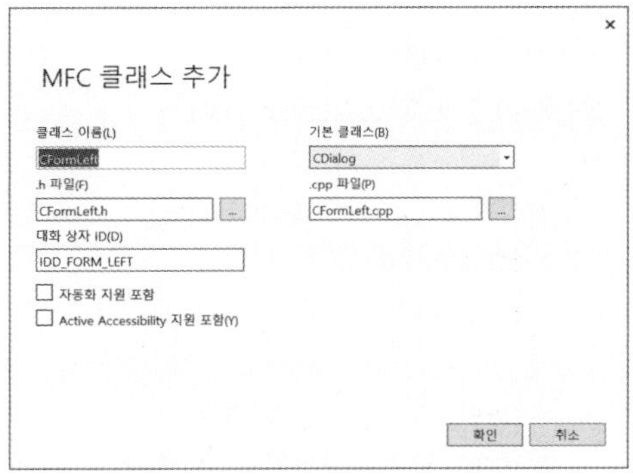

▲ CDialog 클래스를 사용하는 폼 클래스 추가하기

생성된 폼 클래스에 대한 소스 코드에서 CDialog로 된 부분을 모두 CChildForm으로 변경하면 사용 준비가 완료된다. 아울러 CChildForm 클래스에서 순수 가상 함수 SetPosition()을 재정의하여 폼 클래스 내 컨트롤 배치 등을 구현하면 된다.

이제 준비된 자식 폼은 다음과 같이 생성할 수 있다. WM_CREATE 메시지를 처리하는 OnCreate() 함수가 자식 폼을 생성하기에 가장 적절한 위치이며, CChildForm::Create() 함수에 부모 윈도우 포인터를 인자로 전달하여 간단히 자식 폼 윈도우를 생성할 수 있다. 아울러 화면에 나타나도록 하기 위해 CWnd::ShowWindow() 함수에 SW_SHOW 인자를 넣어 호출해 준다. 본 예제에서는 자식 폼을 두 개(IDD_FORM_LEFT와 IDD_FORM_RIGHT) 생성하였다.

```
int CFormTestDlg::OnCreate(
LPCREATESTRUCT lpCreateStruct )
{
    if (CDialog::OnCreate(lpCreate
      Struct) == -1)
      return -1;

    m_formLeft.Create( this );
    m_formLeft.ShowWindow( SW_SHOW );

    m_formRight.Create( this );
    m_formRight.ShowWindow( SW_SHOW );

    return 0;
}
```

OnInitDialog()나 OnSize() 함수에서 다음과 같이 MoveWindow() 함수를 사용하여 위치와 크기를 지정한다.

```
BOOL CFormTestDlg::OnInitDialog()
{
    …
    m_formLeft.MoveWindow( 0, 0,
      200, 150 );
    m_formRight.MoveWindow( 220,
      0, 200, 150 );
    return TRUE;
}
```

그러면 다음과 같이 대화 상자 응용 프로그램 위에 폼 기반 자식 윈도우를 두 개 배치할 수 있다. 그리고 폼마다 구성한 자식 윈도우들(본 예에서는 트리 컨트롤과 리스트 컨트롤)이 그대로 배치된 모습을 확인할 수 있다.

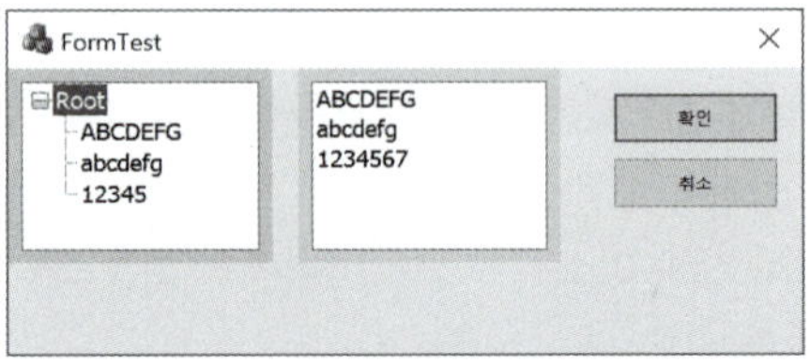

▲ 대화 상자 기반 프로그램에 자식 폼을 두 개 배치한 예

여기서는 개발이 편리한 폼을 자식 윈도우로 사용하는 방법을 살펴보았다. 윈도우는 부모 윈도우를 기준으로 자식 윈도우가 층층이 쌓이는 구조이므로, 폼 클래스와 연결하여 구현하면 효율적인 역할 분담이 가능하다. 예를 들어 탭 컨트롤이나 이를 이용한 속성 페이지를 떠올려 보면 자식 윈도우가 상황에 맞게 바뀌고, 자식 윈도우 각각은 자신에게 해당하는 정보만 따로 관리한다. 이제 무조건 대화 상자 위에 모두 구현하기보다는 자식 폼을 여러 개 조합해 보면 어떨까? 잘 설계된 자식 폼이 다른 곳에서도 재사용될 수 있을 때 더욱 편리하게 느껴진다.

CHAPTER 13
멀티스레드

학습 목표

- 스레드의 개념과 동작 원리를 이해한다.
- MFC 스레드의 두 종류인 작업자 스레드와 UI 스레드의 구현 방법을 익힌다.
- 다양한 스레드 동기화 기법을 이해하고 활용한다.

01 멀티스레드 기초

1장에서 소개한 윈도우 운영체제의 특징인 멀티태스킹과 멀티스레딩을 요약하면 다음과 같다.

- **멀티태스킹** : 운영체제가 여러 개의 응용 프로그램(프로세스)을 동시에 실행한다.
- **멀티스레딩** : 응용 프로그램(프로세스)이 여러 개의 스레드를 동시에 실행한다.

멀티태스킹은 운영체제가 관리하기 때문에 일반적으로 프로그래밍 대상이 아니다. 반면 멀티스레딩은 응용 프로그램이 스레드 생성과 파괴를 직접 관리하며, 스레드 사용 여부에 따라 기능과 성능의 차이가 난다는 점에서 중요한 프로그래밍 대상이다. 이 절에서는 MFC 응용 프로그램에서 멀티스레딩을 잘 활용하려면 알아야 하는 필수 개념을 학습한다.

1 프로세스와 스레드

프로세스는 실행 중인 프로그램을 일컫는다. 일반적으로 프로그램 한 개를 실행하면 프로세스 한 개가 생성된다. 윈도우 운영체제의 프로세스는 다음과 같은 요소로 구성된다.

- 가상 주소 공간
  - 32비트 윈도우 → 4GB(사용자 영역 2GB + 커널 영역 2GB)
  - 64비트 윈도우 → 16TB(사용자 영역 8TB + 커널 영역 8TB) : 윈도우 8 이하
    256TB(사용자 영역 128TB + 커널 영역 128TB) : 윈도우 8.1 이상
- 실행 파일과 DLL : 코드, 리소스, 데이터(전역 변수, 정적 변수)
- 힙
- 환경 변수
- 한 개 이상의 스레드
- 프로세스 커널 객체
- 운영체제가 프로세스를 위해 할당한 각종 자원 : 파일, 소켓, …

도스나 유닉스 같은 운영체제의 프로세스는 CPU 시간을 할당받아 실행되는 동적인 개념이다. 반면 윈도우 운영체제의 프로세스는 할당된 메모리 영역에 각종 자원을 담고 있는 컨테이너Container로 정적인 개념이다. 윈도우 운영체제는 프로세스 커널 객체Process Kernel Object라는 자료

구조를 할당하여 특정 프로세스와 관련된 각종 정보를 관리한다.

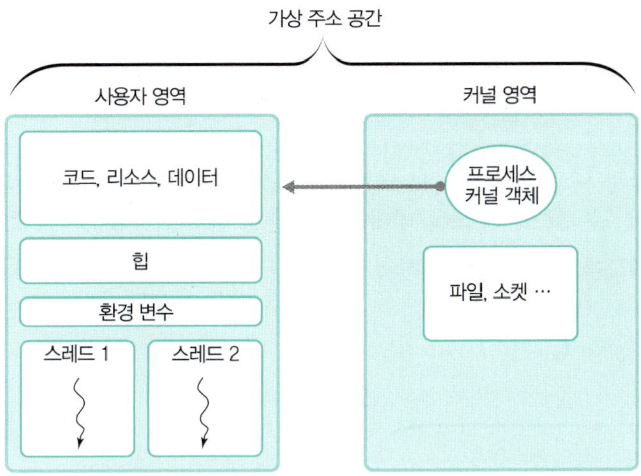

그림 13-1 프로세스 구성 요소

CPU 시간을 할당받아 윈도우 응용 프로그램을 실행하려면 스레드가 최소한 한 개 이상 필요하다. 프로그램이 실행될 때 최초로 생성되는 스레드를 주 스레드Primary Thread 또는 메인 스레드Main Thread라 부르는데, WinMain() 또는 main() 함수에서 실행을 시작한다. 스레드는 프로세스의 가상 주소 공간에 존재하는 실행 흐름으로, 운영체제는 CPU 시간을 각 스레드에 나누어 할당함으로써 여러 개의 스레드가 동시에 실행되는 효과를 만들어 낸다.

윈도우 운영체제의 스레드는 다음과 같은 요소로 구성된다.

- **스택** : 함수 인자 전달과 지역 변수 저장을 위한 공간
- **스레드 지역 저장소**TLS, Thread Local Storage : 스레드별 고유 데이터 저장 공간
- **스레드 커널 객체**

스레드는 CPU 시간을 할당받아 실행되는 동적인 개념이다. 따라서 자신만의 고유한 CPU 레지스터 값을 가지며, 실행 중에 자신의 스택을 생성하고 사용해야 한다. 즉 CPU 레지스터 값과 스택은 각 스레드의 고유한 상태를 나타낸다고 볼 수 있다(스레드 지역 저장소도 여기에 포함되지만 본문에서 다루지 않는 주제이므로 생략한다). 여러 개의 스레드가 한 개의 CPU에서 동시에 실행되는 효과를 얻으려면, 현재 실행 중인 스레드를 중지Suspend하고 상태를 저장하는 작업과 새로 실행할 스레드의 상태를 복원하여 실행을 재개Resume하는 작업을 빠르게 반복해야 한다. 윈도우 운영체제는 스레드 커널 객체Thread Kernel Object라는 자료 구조를 할당하여 특정 스레드와 관련된 각종 정보(CPU 레지스터 값, ...)를 관리한다. 스레드의 상태 저장과 복원은 모두 스레드 커널 객체를 통해 이루어진다.

프로세스 하나에 스레드가 여러 개 존재할 수 있다. 이때 모든 스레드는 프로세스의 가상 주소

공간에 존재하는 코드, 리소스, 데이터(전역 변수, 정적 변수), 힙, 환경 변수와 운영체제가 프로세스를 위해 할당한 각종 자원을 공유한다. 따라서 동일한 코드를 실행하는 스레드를 둘 이상 만들 수 있고, 동일한 데이터(전역 변수)를 공유하여 정보를 교환하는 서로 다른 스레드가 존재할 수도 있다.

지금까지 배운 내용을 요약하면 [그림 13-2]와 같다. 프로세스 하나에 스레드 두 개가 존재하는 경우를 가정한 그림이다. 두 스레드는 코드, 리소스, 데이터, 힙, 환경 변수를 공유하지만 스택은 따로 가진다. 프로세스와 스레드를 구현하고 관리하고자 운영체제가 커널 객체를 생성하여 유지하는 것도 보여준다.

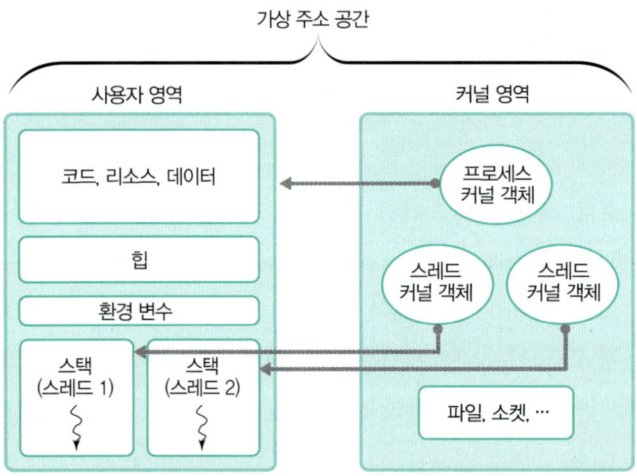

그림 13-2 **프로세스와 스레드 구성 요소**

2 CPU 스케줄링

스케줄링은 일반적으로 한정된 자원을 여러 곳에 분배하는 방안을 일컫는 용어이다. 여기서 소개할 CPU 스케줄링CPU Scheduling은 한정된 CPU 시간을 운영체제가 여러 개의 프로세스(전통적인 유닉스 운영체제) 혹은 스레드(윈도우 운영체제)에 분배하는 방안을 말한다. 윈도우 운영체제는 멀티태스킹과 멀티스레딩을 지원하므로, 여러 개의 프로세스 내부에 각각 존재하는 스레드들이 CPU 시간을 사용하고자 경쟁한다. 따라서 각 스레드에 CPU 시간을 적절히 분배하기 위해 CPU 스케줄링을 적용해야 한다.

윈도우 운영체제는 우선순위Priority에 기반한 CPU 스케줄링 기법을 사용한다. 즉, 우선순위가 높은 스레드에 CPU 시간을 우선 할당하는 것이다. 스레드의 우선순위를 결정하는 요소는 다음과 같다.

- 우선순위 클래스
- 우선순위 레벨

우선순위 클래스Priority Class는 프로세스 속성으로, 같은 프로세스가 생성한 스레드는 모두 동일한 우선순위 클래스를 가진다. 윈도우 운영체제에서 제공하는 우선순위 클래스는 다음과 같다. Ctrl+Shift+Esc를 눌러 작업 관리자를 실행하고 [세부 정보]로 이동하면 프로세스의 우선순위 설정을 확인하거나 다른 값으로 바꿀 수 있다.

- REALTIME_PRIORITY_CLASS(실시간)
- HIGH_PRIORITY_CLASS(높음)
- ABOVE_NORMAL_PRIORITY_CLASS(높은 우선순위; 윈도우 2000/XP 이상)
- NORMAL_PRIORITY_CLASS(보통)
- BELOW_NORMAL_PRIORITY_CLASS(낮은 우선순위; 윈도우 2000/XP 이상)
- IDLE_PRIORITY_CLASS(낮음)

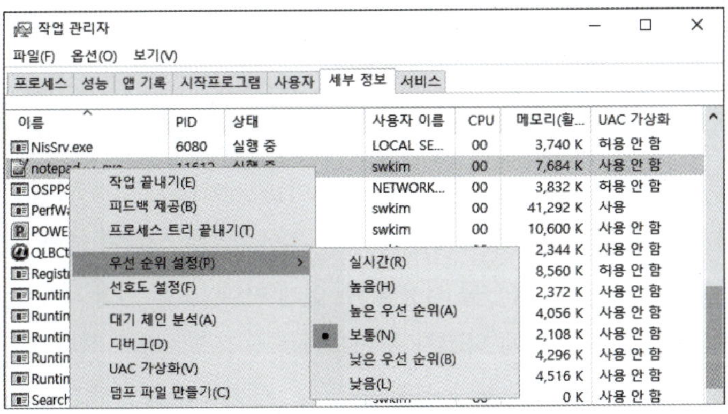

그림 13-3 우선순위 클래스

우선순위 레벨Priority Level은 스레드 속성으로, 같은 프로세스에 속한 스레드 간 상대적인 우선순위를 결정한다. 윈도우 운영체제에서 제공하는 우선순위 레벨은 다음과 같다.

- THREAD_PRIORITY_TIME_CRITICAL
- THREAD_PRIORITY_HIGHEST
- THREAD_PRIORITY_ABOVE_NORMAL
- THREAD_PRIORITY_NORMAL
- THREAD_PRIORITY_BELOW_NORMAL
- THREAD_PRIORITY_LOWEST
- THREAD_PRIORITY_IDLE

우선순위 클래스와 우선순위 레벨을 결합하면 스레드의 기본 우선순위Base Priority가 결정되며, 이 값이 CPU 스케줄링에 사용된다. 윈도우의 스케줄링 방식은 기본 우선순위가 가장 높은 스레드에 CPU 시간을 우선 할당하고, 우선순위가 같은 스레드가 여러 개이면 돌아가면서Round Robin CPU 시간을 사용한다.

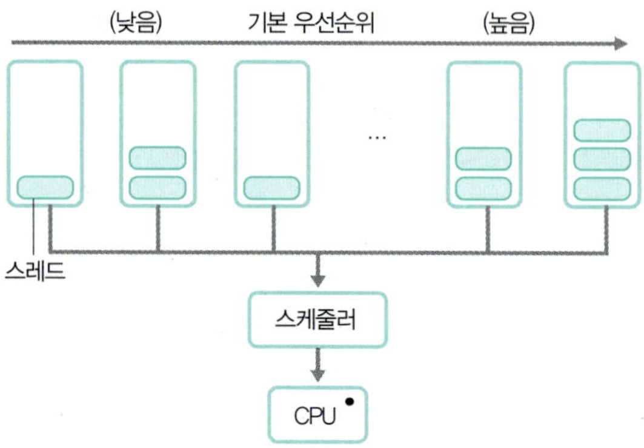

그림 13-4 CPU 스케줄링

이와 같은 방식을 따를 경우 우선순위가 높은 스레드가 CPU 시간을 계속 요구하면 우선순위가 낮은 스레드가 CPU 시간을 할당받지 못하는 문제가 나타나는데, 이를 기아Starvation가 발생했다고 한다. 기아 문제를 해결하기 위해 윈도우 운영체제는 스레드 우선순위를 상황에 따라 동적으로 바꿈으로써 우선순위가 낮은 스레드도 CPU를 사용할 수 있게 한다. 또한 사용자가 현재 작업하고 있는 프로그램의 반응 속도를 빠르게 하고자 우선순위를 동적으로 변화시키기도 한다. 예를 들어 다음과 같이 메모장 프로그램 두 개가 실행 중일 때, 사용자가 작업하고 있는 앞쪽 메모장 프로그램의 스레드가 좀 더 높은 우선순위를 가진다.

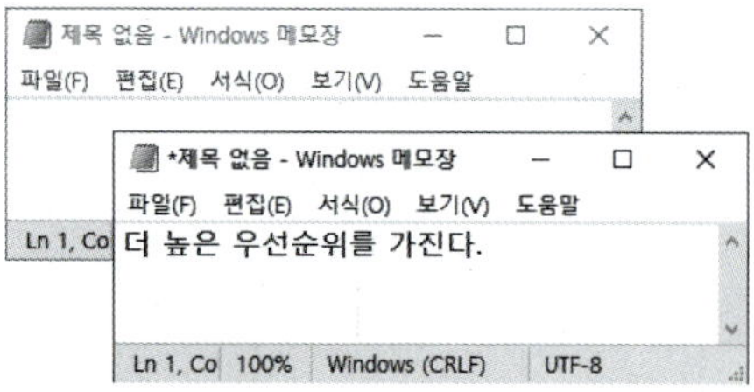

그림 13-5 우선순위 변화

3 스레드 동기화

멀티스레드를 사용하는 프로그램에서 두 개 이상의 스레드가 공유 데이터에 접근하면 문제가 발생할 수 있다. 다음과 같은 시나리오를 생각해보자.

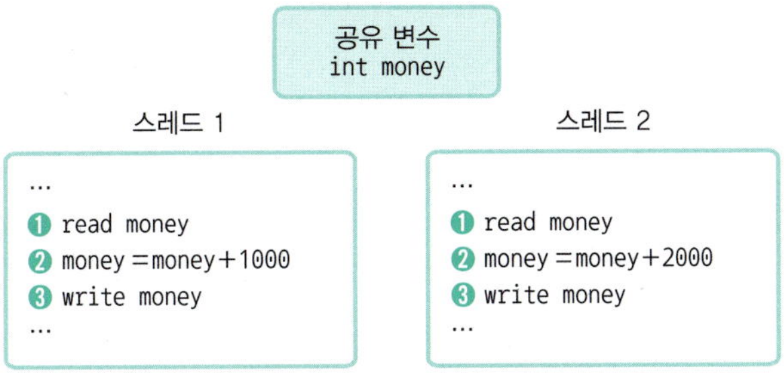

그림 13-6 두 개의 스레드가 데이터를 공유하는 상황

스레드 1이 ❶을 수행한 상태에서 정지되고, 스레드 2가 ❶~❸을 수행하면 money에 2000이 더해진다. 다시 스레드 1이 CPU 시간을 할당받아 ❷~❸을 수행하면, 결과적으로 원래의 money에 1000이 더해지므로 스레드 2가 더한 값인 2000이 사라진다.

이런 종류의 문제를 해결하기 위한 일련의 작업을 스레드 동기화Thread Synchronization라 부른다. 윈도우 운영체제는 다양한 API를 제공하므로 프로그래머가 상황에 따라 적절한 동기화 방법을 선택할 수 있다.

스레드 동기화와 관련된 문제는 사용자가 작성한 코드는 물론이고 C/C++ 라이브러리에서도 발생할 수 있다. [그림 13-7]의 (a)는 과거 오랜 기간(1998~2002) 사용되었던 비주얼 C++ 6.0의 프로젝트 설정 대화 상자이다. 멀티스레드 응용 프로그램에서 'Single-Threaded*' 형태의 라이브러리를 사용하면 스레드 동기화 문제로 인해 실행 중 예기치 않게 강제 종료될 수 있다. [그림 13-7]의 (b)처럼 비주얼 C++.NET(2002)부터는 멀티스레드 버전의 라이브러리만 존재하므로 라이브러리 선택에 따른 동기화 문제는 생기지 않는다.

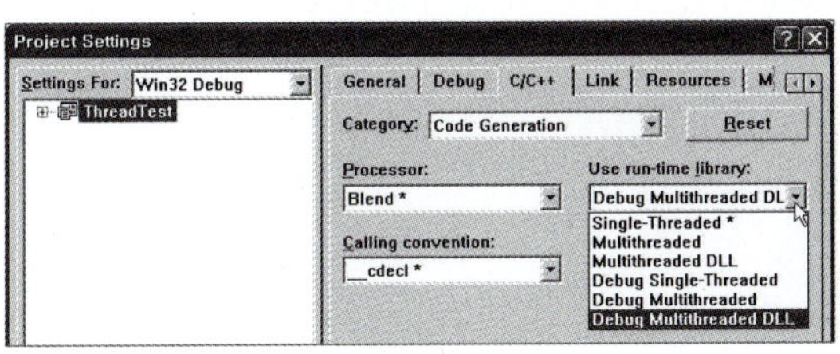

(a) 비주얼 C++ 6.0

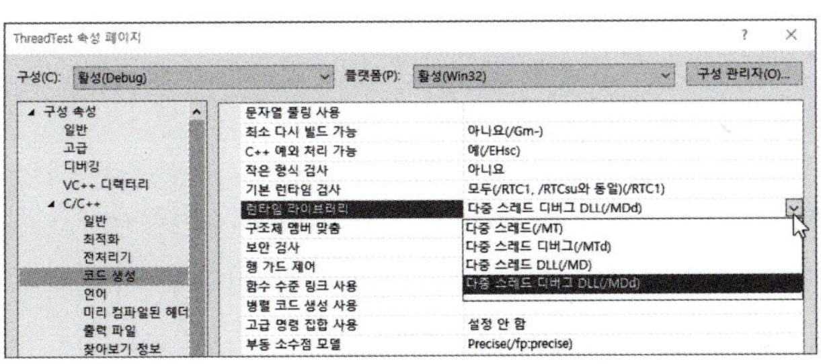

(b) 비주얼 C++ 2019

그림 13-7 C/C++ 라이브러리 선택

02 MFC 스레드

윈도우 운영체제는 한 종류의 스레드를 제공하지만, MFC가 제공하는 스레드는 특성에 따라 두 종류로 나뉜다.

- **작업자 스레드** : 메시지 루프가 없다.
- **사용자 인터페이스 스레드** : 메시지 루프가 있다.

작업자 스레드Worker Thread는 메시지 루프가 없으므로 화면에 보이지 않는 백그라운드 작업을 수행할 때 적합하다. 반면 사용자 인터페이스 스레드User Interface Thread(이하 UI 스레드로 통일)는 메시지 루프가 있으므로 윈도우를 생성하여 출력하거나 사용자의 입력을 받는 등의 작업을 처리할 때 적합하다. 두 종류의 스레드는 내부 메시지 루프의 유무뿐만 아니라 코딩 방법에도 차이가 있으므로 여기서는 둘을 구분하여 설명하고 실습한다.

1 작업자 스레드

작업자 스레드를 생성하는 핵심 함수는 AfxBeginThread()로, 3장에서 MFC 전역 함수를 학습할 때 언급한 적이 있다([표 3-5]). 함수 원형과 각 인자의 의미는 다음과 같다.

```
CWinThread* AfxBeginThread(
❶  AFX_THREADPROC pfnThreadProc,
❷  LPVOID pParam,
❸  int nPriority = THREAD_PRIORITY_NORMAL,
❹  UINT nStackSize = 0,
❺  DWORD dwCreateFlags = 0,
❻  LPSECURITY_ATTRIBUTES lpSecurityAttrs = NULL
);
```

❶ **pfnThreadProc** : 스레드를 실행하는 시작점이 되는 함수를 가리키는 포인터이다. 주 스레드가 WinMain() 함수에서 시작하듯이 새로 생성할 스레드의 시작 함수를 지정한다. pfnThreadProc 인자가 가리키는 함수를 MFC에서는 제어 함수Controlling Function라 부르는데, 반드시 'UINT 함수명(LPVOID pParam) { ... }' 형태여야 한다. 작업자 스레드를 생성

하면 제어 함수가 실행되고, 제어 함수가 실행을 마치면 작업자 스레드도 종료된다는 특징이 있다. 다만 제어 함수는 전역 함수로 선언하거나, 제어 함수가 클래스 멤버 함수인 경우에는 정적 함수로 선언해야 한다는 점에 주의해야 한다.

❷ **pParam** : 제어 함수 실행 시 전달할 값이다. 제어 함수는 포인터 크기의 값 하나만 받을 수 있지만, 구조체나 배열 혹은 동적으로 할당한 메모리를 활용하면 크기와 상관없이 데이터를 받을 수 있다.

참고 제어 함수의 포인터 크기는 응용 프로그램에 따라 달라진다. 32비트 윈도우 앱에서는 32비트, 64비트 윈도우 앱에서는 64비트이다.

❸ **nPriority** : 스레드의 우선순위 레벨 값으로, 1절에서 소개한 상수 값을 사용하면 된다.

❹ **nStackSize** : 스레드의 스택 크기를 바이트 단위로 지정한다. 기본값인 0을 사용하면 스레드를 생성한 부모 스레드와 같은 크기의 스택을 가진다.

❺ **dwCreateFlags** : 스레드 생성을 제어하는 옵션이다. 기본값인 0을 사용하면 스레드가 생성되어 곧바로 실행된다. 반면 CREATE_SUSPENDED를 사용하면 스레드가 생성되지만 실행이 시작되지는 않는다. CWinThread::ResumeThread() 함수를 사용하면 중지된 스레드의 실행을 재개할 수 있다.

❻ **lpSecurityAttrs** : 보안 설명자Security Descriptor와 핸들 상속Handle Inheritance 정보를 전달한다. 구체적인 내용은 이 교재의 범위를 넘으므로 생략하지만, 대부분의 응용 프로그램에서 기본값인 NULL을 사용하는 것으로 충분하다.

AfxBeginThread() 함수는 CWinThread 타입의 스레드 객체Thread Object를 동적으로 생성하고 내부적으로 스레드를 만든 후, 스레드 객체의 주소 값을 리턴한다. 따라서 리턴 값을 이용하여 CWinThread 클래스의 멤버 함수를 호출하면 스레드를 제어할 수 있다. CWinThread 클래스가 제공하는 유용한 함수를 소개하면 다음과 같다.

- int CWinThread::GetThreadPriority() – 스레드의 우선순위 레벨 값을 얻는다.
- BOOL CWinThread::SetThreadPriority(int nPriority) – 스레드의 우선순위 레벨 값을 변경한다.
- DWORD CWinThread::SuspendThread() – 스레드의 실행을 일시 중지한다.
- DWORD CWinThread::ResumeThread() – 일시 중지된 스레드의 실행을 재개한다.

작업자 스레드는 다음 두 가지 방법으로 종료할 수 있다. 방법 1을 사용하면 스레드 제어 함수 리턴과 더불어 스레드 스택이 파괴되며 스레드 객체도 메모리에서 제거된다. 방법 2를 사용하면 AfxEndThread() 함수를 호출하는 방식에 따라 종료 시 동작이 달라진다(함수 설명 참조).

• 방법 1 : 스레드 제어 함수가 종료 코드를 리턴한다. 0을 리턴하면 일반적으로 정상 종료를 뜻한다.

• 방법 2 : 스레드 제어 함수 내에서 AfxEndThread() 함수를 호출한다. AfxEndThread() 함수 원형과 각 인자의 의미는 다음과 같다.

```
void AFXAPI AfxEndThread(UINT nExitCode, BOOL bDelete = TRUE);
                              ❶                 ❷
```

❶ **nExitCode** : 스레드 종료 코드이다.

❷ **bDelete** : 스레드 객체를 메모리에서 제거할 것인지를 나타낸다. 기본값인 TRUE를 사용하면 방법 1처럼 스레드 종료와 더불어 스레드 객체도 제거된다. 반면 FALSE를 사용하면 스레드가 종료해도 스레드 객체는 계속 메모리에 남아 있어 스레드 객체를 재사용할 수 있다.

지금까지 작업자 스레드 생성과 종료 방법을 배웠다. 작업자 스레드는 개념도 간단하고 UI 스레드보다 구현하기 쉬워 자주 활용된다. 다음 두 실습을 통해 작업자 스레드를 사용해보자.

여기서 잠깐! 방법 1을 사용하되 스레드 객체가 소멸되지 않게 하려면?

방법 1을 사용하되 스레드 객체가 소멸되지 않게 하려면 CWinThread 멤버 변수인 m_bAutoDelete를 FALSE로 변경하면 된다. 사용 예는 다음과 같다. m_bAutoDelete 값을 변경하기 전에 스레드가 시작하면 문제가 생길 수 있으므로 CREATE_SUSPENDED 플래그를 사용하여 정지된 상태로 스레드를 생성한다는 점에 주의한다.

```
CWinThread* pThread = AfxBeginThread(MyFunc, NULL,
    THREAD_PRIORITY_NORMAL, 0, CREATE_SUSPENDED);
pThread->m_bAutoDelete = FALSE;
pThread->ResumeThread();
```

실습 13-1 작업자 스레드 구현하기 1

스레드를 사용한 경우와 그렇지 않은 경우의 차이를 확인할 수 있는 간단한 프로그램을 작성해보자. 클라이언트 영역에서 마우스 왼쪽 버튼을 누르면 시간이 오래 걸리는 계산을 수행하고 그 결과를 메시지 상자로 표시할 것이다. 계산 작업을 일반 함수로 실행한 것과 스레드로 실행한 것의 차이를 확인해보자.

1 [표 13-1]을 참고하여 응용 프로그램 마법사로 WorkerThread1 프로젝트를 만든다.

표 13-1 응용 프로그램 마법사 단계별 변경 사항

응용 프로그램 마법사 단계	변경 사항
애플리케이션 종류	'애플리케이션 종류'로 '단일 문서' 선택 '프로젝트 스타일'로 'MFC standard' 선택
문서 템플릿 속성	없음
사용자 인터페이스 기능	없음
고급 기능	'ActiveX 컨트롤' 옵션 해제
생성된 클래스	없음

2 뷰 클래스에 WM_LBUTTONDOWN 메시지 핸들러를 추가하고 다음 코드를 작성한다. CalcIt() 함수는 1부터 시작해서 인자로 전달된 값까지 1씩 증가시키며 누적 합을 구하고 최종 결과를 메시지 상자로 표시한다.

```
void CWorkerThread1View::OnLButtonDown(UINT nFlags, CPoint point)
{
    int val = 600;

    /* 스레드를 사용하지 않은 경우 */
    CalcIt((LPVOID)val);
}
```

3 CWorkerThread1View::OnLButtonDown() 함수 앞쪽에 CalcIt() 함수를 작성한다. 뷰 클래스 멤버 함수가 아니라 전역 함수임에 유의하자.

```
UINT CalcIt(LPVOID arg)
{
    // LPVOID를 int형으로 타입 캐스팅한다.
    int val = (int)arg;

    // 1부터 val까지 1씩 증가하면서 더한다.
    int result = 0;
    for (int i = 1; i < val; i++) {
        result += i;
        Sleep(10); // 테스트를 위해 계산 속도를 늦춘다.
    }

    // 계산 결과를 표시한다.
```

```
    CString str;
    str.Format(_T("계산 결과 = %d"), result);
    AfxMessageBox(str);

    return 0;
}

void CWorkerThread1View::OnLButtonDown(UINT nFlags, CPoint point)
{
    ...
}
```

여기까지 작성한 후 실행 결과는 다음과 같다. 최종 계산 결과가 표시되기 전까지 윈도우를 움직이거나 메뉴를 선택하는 등의 작업을 전혀 할 수 없다는 점을 확인하자.

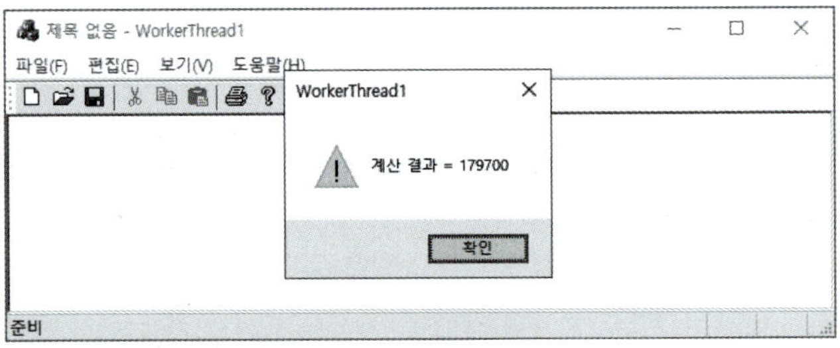

그림 13-8 실행 결과 1

4 뷰 클래스의 OnLButtonDown() 함수를 다음과 같이 수정한다. 계산 함수는 동일하지만 별도의 스레드로 실행한다는 차이가 있다.

```
void CWorkerThread1View::OnLButtonDown(UINT nFlags, CPoint point)
{
    int val = 600;

    /* 스레드를 사용하지 않은 경우 */
    //CalcIt((LPVOID)val);
    /* 스레드를 사용한 경우 */
    AfxBeginThread(CalcIt, (LPVOID)val);
}
```

최종 실행 결과는 다음과 같다. 계산 결과가 표시되기 전에 윈도우를 움직이거나 메뉴를 선택하는 등의 작업을 할 수 있다는 점을 확인하자.

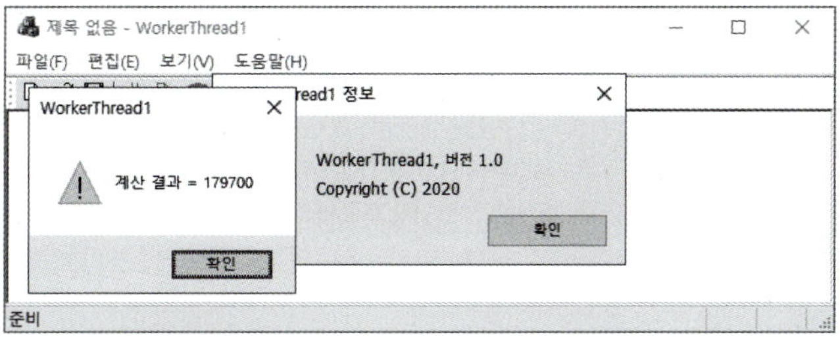

그림 13-9 실행 결과 2

실습 13-2 작업자 스레드 구현하기 2

[그림 13-10]과 같이 두 스레드가 각각 자신의 막대 길이를 늘이면서 경쟁하듯이 화면에 출력하는 프로그램을 작성해보자. 이 실습에서는 스레드를 이용한 화면 출력 기법을 익힐 수 있을 뿐만 아니라 스레드 우선순위 변경에 따른 결과도 눈으로 확인할 수 있다.

그림 13-10 실행 결과

1 [표 13-2]를 참고하여 응용 프로그램 마법사로 WorkerThread2 프로젝트를 만든다.

표 13-2 응용 프로그램 마법사 단계별 변경 사항

응용 프로그램 마법사 단계	변경 사항
애플리케이션 종류	'애플리케이션 종류'로 '단일 문서' 선택 '프로젝트 스타일'로 'MFC standard' 선택
문서 템플릿 속성	없음
사용자 인터페이스 기능	없음
고급 기능	'ActiveX 컨트롤' 옵션 해제
생성된 클래스	없음

2 CPU 개수가 두 개 이상으로 인식되는 시스템(듀얼/쿼드/헥사/옥타 코어, 하이퍼스레딩 등)에서는 둘 이상의 스레드가 서로 다른 CPU에서 동시에 실행될 수 있으므로 우선순위 변경에 따른 결과의 차이를 보기 어렵다는 문제가 있다. 따라서 어떤 시스템이든 싱글 코어인 것처럼 흉내 내기 위해 CWorkerThread2App::InitInstance() 함수 위쪽과 내부에

다음과 같은 실습 보조용 코드를 추가한다. 이는 우선순위가 매우 높은 스레드를 (CPU 개수 – 1)개만큼 생성하여 여유 CPU가 한 개만 남도록 만드는 코드이다.

참고 만약 윈도우 운영체제 전체가 먹통이 되는 문제가 생긴다면 InitInstance() 함수의 실습 보조용 코드를 없애고 대신 ::SetProcessAffinityMask(::GetCurrentProcess(), 1); 코드를 추가한다. 현재의 프로세스가 첫 번째 CPU에서만 수행되게 해주는 코드이다.

```
UINT CPUBusy(LPVOID arg)
{
    while(1);
    return 0;
}

BOOL CWorkerThread2App::InitInstance()
{
    ...

    // CPU 개수를 알아낸다.
    SYSTEM_INFO si;
    GetSystemInfo(&si);
    // (CPU 개수 - 1)개의 스레드를 만든다.
    for (int i = 0; i < ((int)si.dwNumberOfProcessors-1); i++) {
        AfxBeginThread(CPUBusy, NULL,
            THREAD_PRIORITY_HIGHEST, 0, 0, NULL);
    }

    return TRUE;
}
```

3 뷰 클래스 헤더 파일을 열어서 뷰 클래스 선언부 바깥쪽에 ThreadArg 구조체를 정의한다. ThreadArg 구조체는 스레드 생성 시 전달할 데이터를 모아놓은 것으로, 출력할 대상 윈도우 객체의 주소와 출력 위치를 지시하는 값이 들어간다. 뷰 클래스 내부에는 스레드를 관리하고 생성 시 값을 전달하기 위한 멤버 변수를 추가한다.

```
struct ThreadArg
{
    CWnd* pWnd; // 출력할 대상 윈도우 객체의 주소이다.
    int pos; // 1이면 위쪽에, 2이면 아래쪽에 출력한다.
};

class CWorkerThread2View : public CView
{
protected: // serialization에서만 만들어집니다.
```

```
    CWorkerThread2View() noexcept;
    DECLARE_DYNCREATE(CWorkerThread2View)

// 특성입니다.
public:
    CWorkerThread2Doc* GetDocument() const;
    CWinThread *pThread1, *pThread2; // 스레드 객체 주소
    ThreadArg arg1, arg2; // 스레드 전달 인자
```

4 뷰 클래스에 WM_LBUTTONDOWN 메시지 핸들러를 추가하고 다음 코드를 작성한다. OnLButtonDown() 함수가 리턴하면 스택 변수는 파괴되므로 dc 객체 자체를 스레드에 전달할 수 없다는 점에 유의해야 한다. 이런 상황에는 각 스레드에 윈도우(여기서는 뷰) 객체의 주소를 넘겨주고, 스레드 제어 함수에서 자신에게 전달된 윈도우 객체의 주소를 이용하여 CClientDC 객체를 만들어 출력하면 된다.

```
void CWorkerThread2View::OnLButtonDown(UINT nFlags, CPoint point)
{
    // 화면을 지운다.
    CClientDC dc(this);
    dc.SelectStockObject(WHITE_PEN);
    dc.SelectStockObject(WHITE_BRUSH);
    CRect rect;
    GetClientRect(&rect);
    dc.Rectangle(&rect);

    // 첫 번째 스레드를 중지 상태로 생성한다.
    arg1.pWnd = this; // 뷰 객체의 주소
    arg1.pos = 1; // 출력 위치(1: 위쪽)
    pThread1 = AfxBeginThread(MyDraw, &arg1,
        THREAD_PRIORITY_NORMAL, 0, CREATE_SUSPENDED);

    // 두 번째 스레드를 중지 상태로 생성한다.
    arg2.pWnd = this; // 뷰 객체의 주소
    arg2.pos = 2; // 출력 위치(2: 아래쪽)
    pThread2 = AfxBeginThread(MyDraw, &arg2,
        THREAD_PRIORITY_NORMAL, 0, CREATE_SUSPENDED);

    // 두 스레드의 실행을 재개한다.
    pThread1->ResumeThread();
    pThread2->ResumeThread();
}
```

5 뷰 클래스의 OnLButtonDown() 함수 앞쪽에 제어 함수를 작성한다. 뷰 클래스의 멤버 함수가 아니라 전역 함수임에 유의해야 한다. CPU 성능에 따라 출력 속도를 조절하려면 첫 줄의 LOOPCNT 값을 수정하면 된다.

```
#define LOOPCNT (200000)
#define DIVCNT (LOOPCNT/500)

UINT MyDraw(LPVOID arg)
{
    ThreadArg* pArg = (ThreadArg*)arg;
    CClientDC dc(pArg->pWnd);
    int x, y, i;
    CBrush brush1(RGB(255, 0, 0));
    CBrush brush2(RGB(0, 0, 255));

    // 서로 다른 위치에 느린 속도로 막대를 출력한다.
    switch (pArg->pos) {
    case 1:
        dc.SelectObject(&brush1);
        x = 50; y = 50;
        for (i = 0; i < LOOPCNT; i++) {
            int inc = i/DIVCNT;
            dc.Rectangle(x, y, x + inc, y + 20);
        }
        break;
    case 2:
        dc.SelectObject(&brush2);
        x = 50; y = 100;
        for (i = 0; i < LOOPCNT; i++) {
            int inc = i/DIVCNT;
            dc.Rectangle(x, y, x + inc, y + 20);
        }
        break;
    }

    return 0;
}

void CWorkerThread2View::OnLButtonDown(UINT nFlags, CPoint point)
{
   ...
}
```

여기까지 작성한 후 여러 번 실행해보면 먼저 실행한 스레드의 막대 길이가 더 빠르게 증가하는 경우도 있고 그 반대의 경우도 있을 것이다. 이제 스레드의 우선순위를 변경해보자.

6 뷰 클래스의 OnLButtonDown() 함수에 스레드 우선순위 레벨을 변경하는 코드를 추가한다. SetThreadPriority() 함수에 사용되는 상수 값을 변경하면서 실행 결과를 비교해보자.

```
void CWorkerThread2View::OnLButtonDown(UINT nFlags, CPoint point)
{
    ...

    // 두 번째 스레드의 우선순위 레벨을 변경한다.
    pThread2->SetThreadPriority(THREAD_PRIORITY_ABOVE_NORMAL);

    // 두 스레드의 실행을 재개한다.
    pThread1->ResumeThread();
    pThread2->ResumeThread();
}
```

2 UI 스레드

UI 스레드는 작업자 스레드와 달리 메시지 루프가 있어서 사용자 입력을 비롯하여 메시지 형태로 전달되는 이벤트를 처리할 수 있다. UI 스레드의 대표적인 예는 MFC 응용 프로그램에서 기본으로 생성되는 응용 프로그램 객체이다. 따라서 스레드 관점에서 보면 MFC 응용 프로그램에는 최소한 한 개의 UI 스레드가 존재한다고 볼 수 있다(콘솔 응용 프로그램은 제외).

기본으로 생성되는 UI 스레드인 응용 프로그램 객체 외에 새로운 UI 스레드를 생성하는 절차는 다음과 같다.

① CWinThread 클래스를 상속받아 새로운 클래스를 만든다.

② 클래스 선언부와 구현부에 각각 DECLARE_DYNCREATE, IMPLEMENT_DYNCREATE 매크로를 선언한다. 이 매크로를 선언함으로써 실행 시간 클래스 정보와 동적 객체 생성 기능을 지원한다.

③ CWinThread 클래스가 제공하는 가상 함수 중 일부를 재정의한다. CWinThread::InitInstance() 함수는 반드시 재정의해야 하며, 나머지 함수는 필요에 따라 재정의한다.

④ AfxBeginThread() 함수를 이용하여 새로운 UI 스레드를 생성한다.

UI 스레드를 생성하는 핵심 함수는 작업자 스레드와 마찬가지로 AfxBeginThread() 이지만 함수 형태가 다르다. 함수 원형과 각 인자의 의미는 다음과 같다.

```
CWinThread* AfxBeginThread(
❶  CRuntimeClass* pThreadClass,
❷  int nPriority = THREAD_PRIORITY_NORMAL,
❸  UINT nStackSize = 0,
❹  DWORD dwCreateFlags = 0,
❺  LPSECURITY_ATTRIBUTES lpSecurityAttrs = NULL
);
```

❶ **pThreadClass** : 클래스 정보를 담고 있는 CRuntimeClass 구조체를 가리킨다. 'RUNTIME_CLASS(클래스명)'을 전달하면 된다.

❷~❺ : 작업자 스레드 생성 시 사용했던 AfxBeginThread() 함수의 ❸~❻ 인자와 의미가 동일하다.

AfxBeginThread() 함수는 CWinThread 타입의 스레드 객체Thread Object를 동적으로 생성하고 내부적으로 스레드를 만든 후 스레드 객체의 주소 값을 리턴한다. 따라서 리턴 값을 이용하여 CWinThread 클래스의 멤버 함수를 호출하면 스레드를 제어할 수 있다.

UI 스레드는 다음 두 가지 방법으로 종료할 수 있다. 방법 1은 일반적인 윈도우의 종료 방식이고, 방법 2는 작업자 스레드와 동일한 종료 방식이다.

- **방법 1** : WM_QUIT 메시지를 받아서 메시지 루프가 종료한다.
- **방법 2** : 스레드 제어 함수 내에서 AfxEndThread() 함수를 호출한다.

실습 13-3 UI 스레드 구현하기

클라이언트 영역에서 마우스 왼쪽 버튼을 더블 클릭하면 UI 스레드를 이용하여 새로운 윈도우를 생성하는 프로그램을 작성해보자. 새로 생성한 윈도우는 키보드로 입력받은 글자를 화면에 출력하는 기능을 가진다. [그림 13-11]은 UI 스레드를 이용하여 윈도우를 두 개 생성한 결과 화면이다.

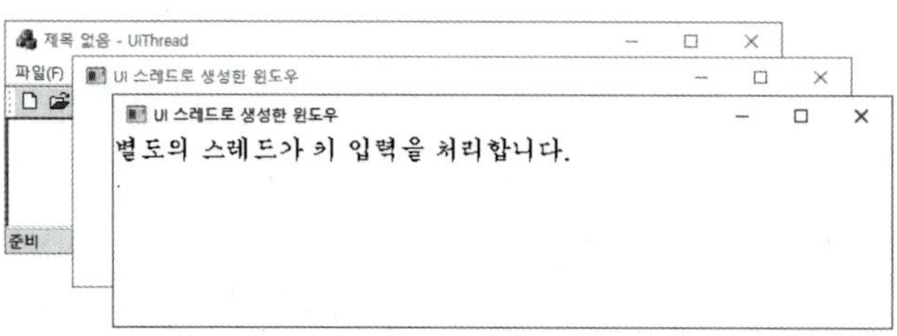

그림 13-11 실행 결과

1 [표 13-3]을 참고하여 응용 프로그램 마법사로 UIThread 프로젝트를 만든다.

표 13-3 응용 프로그램 마법사 단계별 변경 사항

응용 프로그램 마법사 단계	변경 사항
애플리케이션 종류	'애플리케이션 종류'로 '단일 문서' 선택 '프로젝트 스타일'로 'MFC standard' 선택
문서 템플릿 속성	없음
사용자 인터페이스 기능	없음
고급 기능	'ActiveX 컨트롤' 옵션 해제
생성된 클래스	없음

2 '클래스 뷰'로 전환 후 [프로젝트]-[클래스 마법사...] 메뉴를 실행하면 클래스 마법사 대화상자가 열린다. [클래스 추가...]-[MFC 클래스...] 기능을 이용하여 MFC 클래스 두 개를 추가한다.

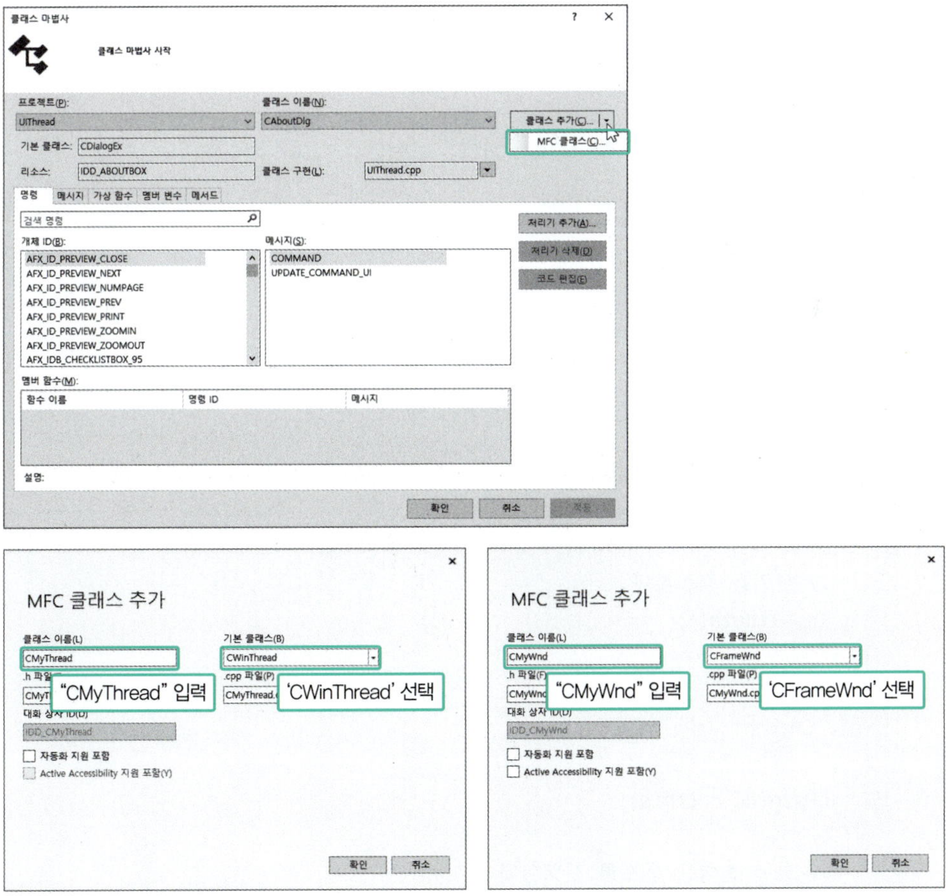

그림 13-12 새로운 클래스 추가

3 CMyWnd 클래스 헤더 파일에 사용자가 입력한 글자를 저장할 수 있는 변수를 추가한다.

```
#include <afxtempl.h>

class CMyWnd : public CFrameWnd
{
    DECLARE_DYNCREATE(CMyWnd)
protected:
    CMyWnd();           // 동적 만들기에 사용되는 protected 생성자입니다.
    virtual ~CMyWnd();
    CArray<TCHAR, TCHAR> m_str;

protected:
    DECLARE_MESSAGE_MAP()
};
```

4 CMyWnd 클래스에 WM_CHAR와 WM_PAINT 메시지 핸들러를 추가하고 다음 코드를 작성한다.

```
void CMyWnd::OnChar(UINT nChar, UINT nRepCnt, UINT nFlags)
{
    // [Backspace] 입력 시 맨 마지막 글자를 삭제한다.
    if (nChar == _T('\b')) {
        if (m_str.GetSize() > 0)
            m_str.RemoveAt(m_str.GetSize() - 1);
    }
    // 그 밖의 경우에는 동적 배열에 글자를 추가한다.
    else {
        m_str.Add(nChar);
    }

    // 화면을 갱신한다.
    Invalidate();
}

void CMyWnd::OnPaint()
{
    CPaintDC dc(this);

    // 화면 출력용 폰트를 선택한다.
    CFont font;
```

```
    font.CreatePointFont(150, _T("궁서"));
    dc.SelectObject(&font);

    // 현재까지 입력된 글자를 화면에 출력한다.
    CRect rect;
    GetClientRect(&rect);
    dc.DrawText(m_str.GetData(), m_str.GetSize(), &rect, DT_LEFT);
}
```

5 CMyWnd 클래스 생성자에 윈도우를 생성하는 코드를 작성한다.

```
CMyWnd::CMyWnd()
{
    Create(NULL, _T("UI 스레드로 생성한 윈도우"));
}
```

6 CMyThread::InitInstance() 함수에 프레임 윈도우 객체를 생성하는 코드를 작성한다. 동적 객체 생성 방법은 3장 2절에서 CObject 클래스를 설명할 때 다룬 적이 있다. CMyWnd 클래스를 참조하므로 관련 헤더 파일을 포함한 후 컴파일, 링크가 잘 되는지 확인한다.

```
#include "stdafx.h"
#include "UIThread.h"
#include "CMyThread.h"
#include "CMyWnd.h"
...
BOOL CMyThread::InitInstance()
{
    // 프레임 윈도우 객체를 동적으로 생성한다.
    CRuntimeClass* pRuntimeClass = RUNTIME_CLASS(CMyWnd);
    CObject* pObject = pRuntimeClass->CreateObject();
    // 객체를 성공적으로 생성했는지 확인한다.
    ASSERT(pObject->IsKindOf(RUNTIME_CLASS(CMyWnd)));
    // 프레임 윈도우 객체의 주소를 저장하고, 윈도우를 화면에 보인다.
    m_pMainWnd = (CWnd*)pObject;
    m_pMainWnd->ShowWindow(SW_SHOW);
    m_pMainWnd->UpdateWindow();
    return TRUE;
}
```

7 마지막으로, CUIThreadView 클래스에 WM_LBUTTONDBLCLK 메시지 핸들러를 추가하고 UI 스레드를 생성하는 코드를 작성한다. CMyThread 클래스를 참조하므로 관련 헤더 파일을 포함하는 것도 잊지 말자.

```
...
#include "UIThreadDoc.h"
#include "UIThreadView.h"
#include "CMyThread.h"
...
void CUIThreadView::OnLButtonDblClk(UINT nFlags, CPoint point)
{
    AfxBeginThread(RUNTIME_CLASS(CMyThread));
}
```

03 스레드 동기화

1절에서 스레드 동기화의 필요성을 설명했다. 이 절에서는 윈도우 운영체제가 제공하는 다양한 스레드 동기화 기법과 더불어 연관된 MFC 클래스를 다룬다. MFC의 스레드 동기화 클래스는 다음과 같다.

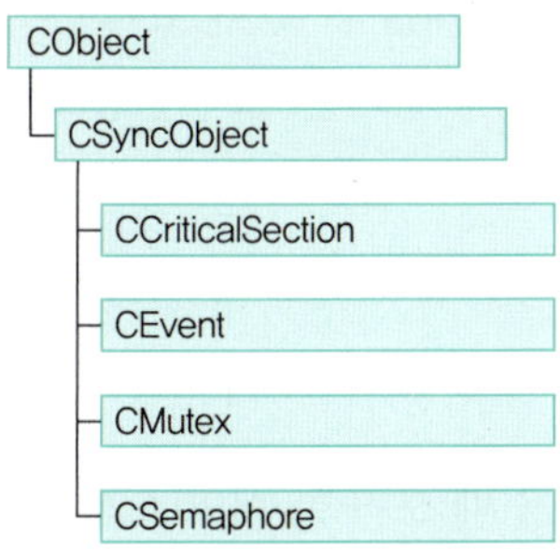

그림 13-13 MFC 클래스 계층도

- **CSyncObject** : 스레드 동기화 클래스를 위한 공통의 인터페이스를 제공한다. 순수 가상 함수를 포함하고 있으므로 이 클래스는 직접 사용하지 않는다.
- **CCriticalSection, CEvent, CMutex, CSemaphore** : 운영체제에서 제공하는 스레드 동기화 객체(임계 영역, 이벤트, 뮤텍스, 세마포어)를 편리하고 일관되게 사용할 수 있게 해준다. 일반적으로 스레드 동기화 클래스라고 하면 이 클래스들을 의미한다.

1 스레드 동기화 개념

스레드 동기화가 필요한 상황은 크게 다음의 두 경우이다.

- 둘 이상의 스레드가 공유 자원에 접근한다.
- 한 스레드가 작업을 완료한 후, 기다리고 있는 다른 스레드에 알려준다.

두 경우 모두 각 스레드가 독립적으로 실행하지 않고 다른 스레드와의 상호 작용을 토대로 자신의 작업을 진행한다는 특징이 있다. 스레드 동기화를 하려면 스레드가 상호 작용을 해야 하므로 [그림 13-14]와 같은 중간 매개체가 필요하다. 두 스레드가 동시에 진행하면 안 되는 상황이 있을 때, 두 스레드는 매개체를 통해 진행 가능 여부를 판단하고 이에 따라 계속 실행할지 결정한다.

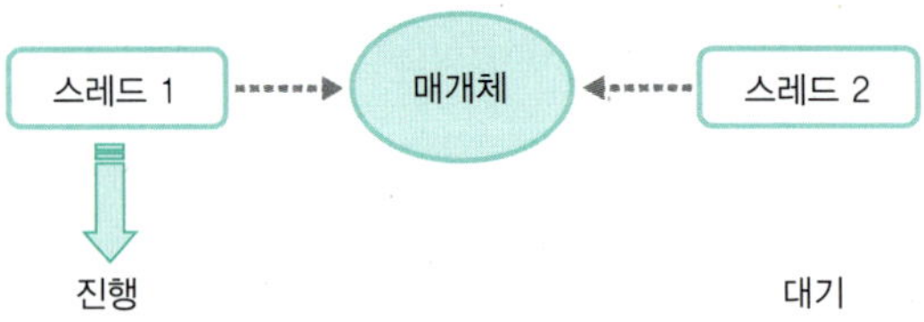

그림 13-14 스레드 동기화 원리

윈도우 운영체제에서는 임계 영역, 이벤트, 뮤텍스, 세마포어가 매개체 역할을 한다. 이들을 동기화 객체Synchronization Object라 부르는데, 각각 특성(장단점)이 다르므로 상황에 따라 적절히 선택할 수 있어야 한다.

API에서 동기화 객체를 다룰 때는 종류별로 다른 함수를 사용한다. 반면 MFC에서는 이들을 비슷한 방식으로 다룰 수 있는 클래스 구조와 멤버 함수를 제공하기 때문에 좀 더 편리하다. MFC의 동기화 클래스는 사용법이 비슷하므로 각 동기화 객체의 특성에 따른 올바른 용도를 파악하는 것에 집중해서 학습하기 바란다.

2 임계 영역

임계 영역Critical Section은 공유 자원에 접근하는 다수의 스레드가 있을 때 오직 한 개의 스레드만 접근할 수 있게 해준다. 다른 스레드 동기화 객체(이벤트, 뮤텍스, 세마포어)와 달리 커널 모드가 아닌 사용자 모드로 동작하므로 속도가 빠른 장점이 있다. 하지만 사용자 모드로 동작하므로 서로 다른 프로세스에 속한 스레드 간 동기화에는 원칙적으로 사용할 수 없다는 단점이 있다.

임계 영역의 사용 예는 다음과 같다. 두 스레드 중 Lock() 함수를 먼저 호출하는 쪽이 공유 자원에 접근할 수 있고, 나중에 호출하는 쪽은 상대편이 Unlock() 함수를 호출할 때까지 대기한다.

```
// 헤더 파일
#include <afxmt.h>
...
// 전역 변수로 선언
CCriticalSection g_cs;
...
// 스레드 1
g_cs.Lock();
공유 자원 접근;
g_cs.Unlock();
...
// 스레드 2
g_cs.Lock();
공유 자원 접근;
g_cs.Unlock();
```

실습 13-4 임계 영역 활용하기

임계 영역의 효과를 시각적으로 확인할 수 있는 프로그램을 작성해보자. 〈시작〉 버튼을 클릭하면 각 스레드는 자신이 시작했음을 버튼에 표시하고 프로그레스 컨트롤 값을 증가시킨다. 임계 영역을 사용하지 않으면 두 스레드는 독립적으로 진행하지만, 임계 영역을 사용하면 [그림 13-15]와 같이 한 개의 스레드만 진행한다. 이 예제에서는 실제로 두 스레드가 공유 자원에 접근하는 것은 아니며, 공유 자원에 접근하는 예는 뮤텍스에서 다룰 것이다.

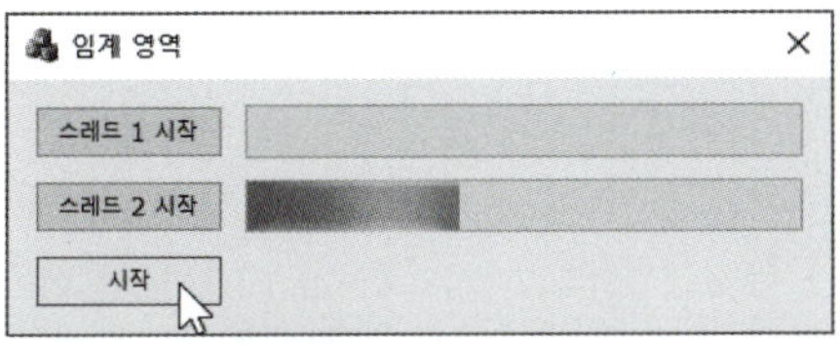

그림 13-15 실행 결과

1 [표 13-4]를 참고하여 응용 프로그램 마법사로 CriticalSection 프로젝트를 만든다.

표 13-4 응용 프로그램 마법사 단계별 변경 사항

응용 프로그램 마법사 단계	변경 사항
애플리케이션 종류	'애플리케이션 종류'로 '대화 상자 기반' 선택
문서 템플릿 속성	없음
사용자 인터페이스 기능	없음
고급 기능	'ActiveX 컨트롤' 옵션 해제
생성된 클래스	없음

2 '리소스 뷰'로 전환한 후 대화 상자 리소스 IDD_CRITICALSECTION_DIALOG를 열고, 대화 상자 자체의 'Caption' 속성에 "임계 영역"을 입력한다. 기존 컨트롤을 모두 제거하고 (a)와 같은 순서로 컨트롤을 추가한다. ❶~❸은 버튼 컨트롤, ❹와 ❺는 프로그레스 컨트롤이다. 버튼 컨트롤 ❶과 ❷는 'Caption'을 제거하고 ❸은 'ID'를 IDC_START로, 'Caption'을 "시작"으로 변경한다. 프로그레스 컨트롤은 기본 속성을 그대로 사용한다. 속성 설정이 끝나면 탭 순서를 (b)와 같이 변경한다.

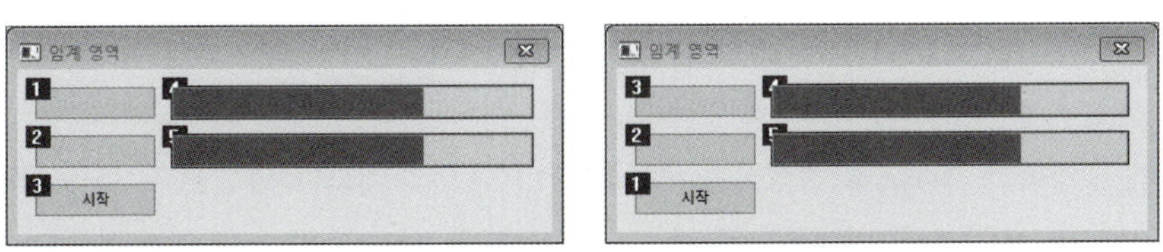

(a) 컨트롤 추가 (b) 탭 순서 변경

그림 13-16 대화 상자 디자인

3 버튼 컨트롤 IDC_START를 제외한 나머지 컨트롤에 대응하는 컨트롤 변수를 생성한다.

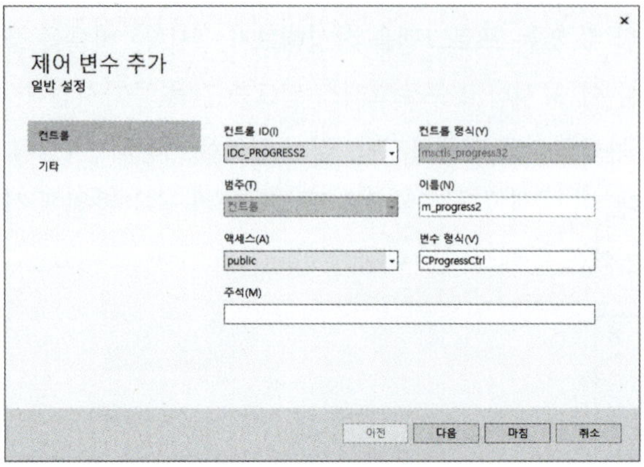

컨트롤 ID	변수 형식	이름
IDC_BUTTON1	CButton	m_button1
IDC_BUTTON2	CButton	m_button2
IDC_PROGRESS1	CProgressCtrl	m_progress1
IDC_PROGRESS2	CProgressCtrl	m_progress2

그림 13-17 **컨트롤 변수 생성**

4 CCriticalSectionDlg::OnInitDialog() 함수에 컨트롤 초기화 코드를 작성한다.

```
BOOL CCriticalSectionDlg::OnInitDialog()
{
    ...

    m_progress1.SetRange(0, 100);
    m_progress1.SetPos(0);
    m_progress2.SetRange(0, 100);
    m_progress2.SetPos(0);

    return TRUE;  // 포커스를 컨트롤에 설정하지 않으면 TRUE를 반환합니다.
}
```

5 버튼 컨트롤 IDC_START의 BN_CLICKED 통지 메시지 핸들러를 CCriticalSectionDlg 클래스에 추가하고 스레드를 생성하는 코드를 작성한다. 스레드를 생성할 때 대화 상자 객체의 주소(this 포인터)를 넘겨주므로 각 스레드는 대화 상자의 멤버 변수에 접근할 수 있다. 가능하면 비슷한 확률로 둘 중 하나가 먼저 시작하도록 rand() 함수를 사용한다.

```
void CCriticalSectionDlg::OnBnClickedStart()
{
    srand((unsigned)time(NULL));
    if (rand() % 2 == 0) {
        AfxBeginThread(Thread1, this);
        AfxBeginThread(Thread2, this);
    }
    else {
        AfxBeginThread(Thread2, this);
        AfxBeginThread(Thread1, this);
    }
}
```

6 CCriticalSectionDlg::OnBnClickedStart() 함수 앞쪽에 스레드 함수 두 개를 작성한다. 두 스레드가 공유 자원을 사용하면서 각각 자신의 프로그레스 컨트롤을 일정 간격으로 증가시키는 코드이다. 컴파일, 링크 후 실행 결과는 [그림 13-18]과 같다. 두 스레드가 독립적으로 진행하므로 공유 자원을 사용할 경우 문제가 생길 수 있는 상황을 보여준다.

```
UINT Thread1(LPVOID pParam)
{
    CCriticalSectionDlg* ptr = (CCriticalSectionDlg*)pParam;
    ptr->m_button1.SetWindowText(_T("스레드 1 시작"));
    ptr->m_progress1.SetPos(0);

    for (int i = 0; i <= 100; i++) {
        // 이 부분에서 공유 자원을 사용한다고 가정한다.
        // 공유 자원 사용을 끝내고 화면을 갱신한다.
        ptr->m_progress1.SetPos(i);
        ::Sleep(10);
    }

    ptr->m_button1.SetWindowText(_T(""));
    return 0;
}

UINT Thread2(LPVOID pParam)
{
    CCriticalSectionDlg* ptr = (CCriticalSectionDlg*)pParam;
    ptr->m_button2.SetWindowText(_T("스레드 2 시작"));
```

```
    ptr->m_progress2.SetPos(0);

    for (int i = 0; i <= 100; i++) {
        // 이 부분에서 공유 자원을 사용한다고 가정한다.
        // 공유 자원 사용을 끝내고 화면을 갱신한다.
        ptr->m_progress2.SetPos(i);
        ::Sleep(10);
    }

    ptr->m_button2.SetWindowText(_T(""));
    return 0;
}

void CCriticalSectionDlg::OnBnClickedStart()
{
    ...
}
```

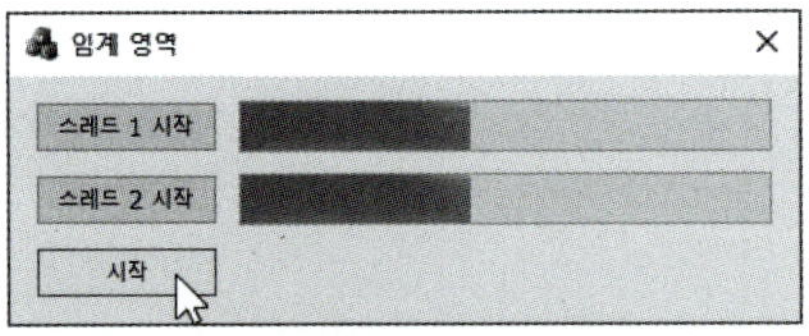

그림 13-18 실행 결과

7 임계 영역을 사용하는 코드를 추가하고 실행 결과를 비교해보자.

```
CCriticalSection g_cs;

UINT Thread1(LPVOID pParam)
{
    CCriticalSectionDlg* ptr = (CCriticalSectionDlg*)pParam;
    ptr->m_button1.SetWindowText(_T("스레드 1 시작"));
    ptr->m_progress1.SetPos(0);

    g_cs.Lock();
    for (int i = 0; i <= 100; i++) {
        // 이 부분에서 공유 자원을 사용한다고 가정한다.
        // 공유 자원 사용을 끝내고 화면을 갱신한다.
        ptr->m_progress1.SetPos(i);
        ::Sleep(10);
    }
```

```
    g_cs.Unlock();

    ptr->m_button1.SetWindowText(_T(""));
    return 0;
}

UINT Thread2(LPVOID pParam)
{
    CCriticalSectionDlg* ptr = (CCriticalSectionDlg*)pParam;
    ptr->m_button2.SetWindowText(_T("스레드 2 시작"));
    ptr->m_progress2.SetPos(0);

    g_cs.Lock();
    for (int i = 0; i <= 100; i++) {
        // 이 부분에서 공유 자원을 사용한다고 가정한다.
        // 공유 자원 사용을 끝내고 화면을 갱신한다.
        ptr->m_progress2.SetPos(i);
        ::Sleep(10);
    }
    g_cs.Unlock();

    ptr->m_button2.SetWindowText(_T(""));
    return 0;
}
```

3 뮤텍스

뮤텍스Mutex, Mutual Exclusion는 임계 영역과 기능은 동일하다. 즉, 공유 자원에 접근하는 다수의 스레드가 있을 때 오직 한 스레드만 접근할 수 있게 해준다. 뮤텍스는 임계 영역과 달리 커널 모드로 동작하므로 상대적으로 속도가 느리다는 단점이 있지만, 서로 다른 프로세스에 속한 스레드 간 동기화에도 사용할 수 있다는 장점이 있다.

뮤텍스를 사용하는 방식은 임계 영역과 동일하다. 즉 Lock() 함수를 먼저 호출하는 스레드가 공유 자원에 접근할 수 있고, 나중에 호출하는 스레드는 상대편이 Unlock() 함수를 호출할 때까지 대기한다.

뮤텍스의 독특한 특징은 Lock() 함수 호출에 성공한 스레드가 해당 뮤텍스 객체를 소유한다는 것이다. 뮤텍스를 소유한 스레드만이 Unlock() 함수를 호출하여 자신의 소유권을 포기할 수 있다.

참고 뮤텍스를 소유한 스레드가 Unlock() 함수를 호출하지 못하고 종료하면 운영체제가 자동으로 언락을 해주므로 문제가 생기지 않는다.

뮤텍스 생성 함수는 다음과 같다.

```
CMutex::CMutex(
❶ BOOL bInitiallyOwn = FALSE,
❷ LPCTSTR lpszName = NULL,
❸ LPSECURITY_ATTRIBUTES lpsaAttribute = NULL
);
```

❶ **bInitiallyOwn** : 이 값이 TRUE이면 뮤텍스를 생성한 스레드가 동시에 소유자가 된다.

❷ **lpszName** : 뮤텍스에 이름을 부여한다. NULL을 사용하면 이름 없는Anonymous 뮤텍스가 된다. 서로 다른 프로세스에 속한 스레드가 뮤텍스를 이용하여 동기화를 하려면 같은 이름을 가진 뮤텍스를 사용해야 한다.

❸ **lpsaAttribute** : 보안 설명자와 핸들 상속에 관련된 구조체로, 특별한 경우가 아니면 기본값을 사용한다.

실습 13-5 뮤텍스 활용하기

[그림 13-19]와 같이 리스트 박스와 버튼 컨트롤로 구성된 대화 상자 기반 응용 프로그램을 작성한다. 〈시작〉 버튼을 클릭하면 스레드 세 개가 실행되면서 리스트 박스 컨트롤에 접근하여 1~100 숫자를 각자 출력한다. 뮤텍스 사용 전에는 세 개의 스레드 출력 결과가 섞이지만, 뮤텍스 사용 후에는 출력 결과가 섞이지 않음을 확인할 수 있다.

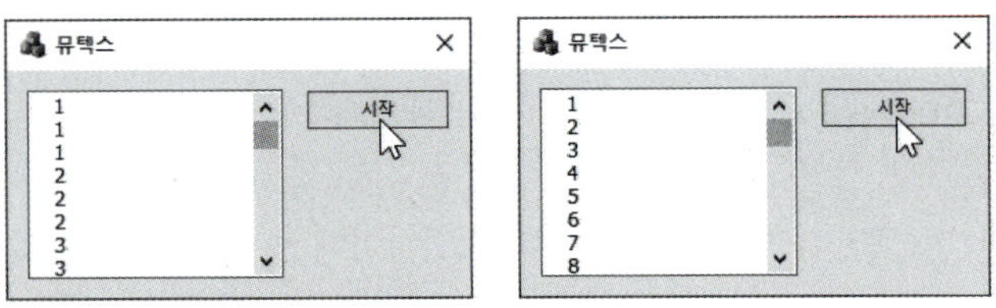

(a) 뮤텍스 사용 전 (b) 뮤텍스 사용 후

그림 13-19 실행 결과

1 [표 13-5]를 참고하여 응용 프로그램 마법사로 Mutex 프로젝트를 만든다.

표 13-5 응용 프로그램 마법사 단계별 변경 사항

응용 프로그램 마법사 단계	변경 사항
애플리케이션 종류	'애플리케이션 종류'로 '대화 상자 기반' 선택
문서 템플릿 속성	없음
사용자 인터페이스 기능	없음

고급 기능	'ActiveX 컨트롤' 옵션 해제
생성된 클래스	없음

2 '리소스 뷰'로 전환한 후 대화 상자 리소스 IDD_MUTEX_DIALOG를 열고, 대화 상자 자체의 'Caption' 속성에 "뮤텍스"를 입력한다. 기존 컨트롤을 모두 제거하고 **1** 버튼 컨트롤과 **2** 리스트 박스 컨트롤을 추가한다. 버튼 컨트롤의 'ID'를 IDC_START로, 'Caption'을 "시작"으로 변경한다. 리스트 박스 컨트롤은 'Sort' 속성만 False로 설정한다.

그림 13-20 대화 상자 디자인

3 리스트 박스 컨트롤에 대응하는 컨트롤 변수 m_list를 생성한다.

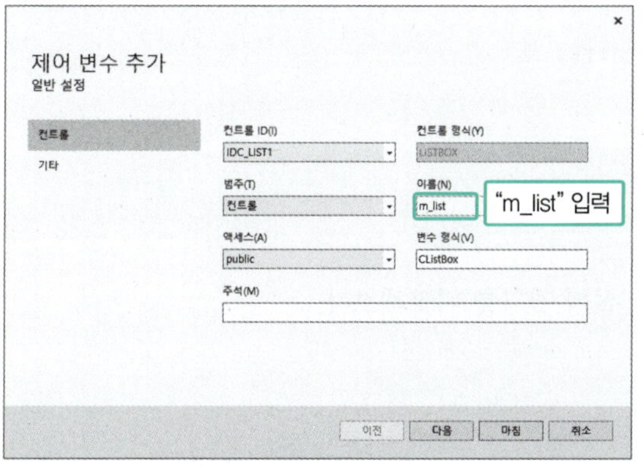

그림 13-21 컨트롤 변수 생성

4 버튼 컨트롤 IDC_START의 BN_CLICKED 통지 메시지 핸들러를 CMutexDlg 클래스에 추가하고 스레드를 생성하는 코드를 작성한다. 세 개의 스레드가 같은 스레드 함수를 사용한다는(즉, 코드를 공유한다는) 사실에 주목하자.

```
void CMutexDlg::OnBnClickedStart()
{
    m_list.ResetContent();
    AfxBeginThread(MyThread, this);
    AfxBeginThread(MyThread, this);
    AfxBeginThread(MyThread, this);
}
```

5 CMutexDlg::OnBnClickedStart() 함수 앞쪽에 스레드 함수를 작성한다. 1부터 100까지 숫자를 천천히(10밀리초 간격) 리스트 박스 컨트롤에 추가하는 코드이다. 컴파일, 링크 후 실행 결과는 [그림 13-19]의 (a)와 같을 것이다. 세 개의 스레드가 독립적으로 진행하므로 숫자가 섞인다.

```
UINT MyThread(LPVOID pParam)
{
    CMutexDlg* ptr = (CMutexDlg*)pParam;
    CString str;

    for (int i = 1; i <= 100; i++) {
        str.Format(_T("%4d"), i);
        ptr->m_list.AddString(str);
        ::Sleep(10);
    }

    return 0;
}

void CMutexDlg::OnBnClickedStart()
{
    ...
}
```

6 뮤텍스를 사용하는 코드를 추가하고 실행 결과를 비교해보자.

```
CMutex g_mutex(FALSE, NULL);

UINT MyThread(LPVOID pParam)
{
    CMutexDlg* ptr = (CMutexDlg*)pParam;
    CString str;

    g_mutex.Lock();
    for (int i = 1; i <= 100; i++) {
        str.Format(_T("%4d"), i);
        ptr->m_list.AddString(str);
        ::Sleep(10);
    }
    g_mutex.Unlock();

    return 0;
}
```

4 이벤트

이벤트Event는 신호Signaled와 비신호Nonsignaled 두 개의 상태를 가진 동기화 객체이다. 이벤트는 3.1절에서 소개한 스레드 동기화 상황 중 두 번째 경우, 즉 한 스레드가 작업을 완료한 후 기다리고 있는 다른 스레드에 알려줄 때 주로 사용한다.

이벤트를 사용하는 전형적인 절차는 다음과 같다.

① 이벤트를 비신호 상태로 생성한다.

② 한 스레드가 작업을 진행하고, 나머지 스레드는 이벤트에 대해 Lock() 함수를 호출함으로써 이벤트가 신호 상태가 될 때까지 대기한다(Sleep).

③ 스레드가 작업을 완료하면 이벤트를 신호 상태로 바꾼다.

④ 기다리고 있던 스레드 중 하나 혹은 전부가 깨어난다(Wakeup).

이벤트는 특성에 따라 두 종류가 있으므로 용도에 맞게 둘 중 하나를 선택해야 한다.

- 자동 리셋Auto Reset 이벤트 : 이벤트를 신호 상태로 바꾸면, 기다리는 스레드 중 하나만 깨운 후 자동으로 비신호 상태가 된다.
- 수동 리셋Manual Reset 이벤트 : 이벤트를 신호 상태로 바꾸면, 기다리는 스레드 전부를 깨운 후 계속 신호 상태를 유지한다. 비신호 상태로 바꾸려면 명시적으로 함수를 호출해야 한다.

이벤트 생성 함수는 다음과 같다.

```
CEvent::CEvent(
❶  BOOL bInitiallyOwn = FALSE,
❷  BOOL bManualReset = FALSE,
❸  LPCTSTR lpszName = NULL,
❹  LPSECURITY_ATTRIBUTES lpsaAttribute = NULL
);
```

❶ **bInitiallyOwn** : FALSE이면 비신호, TRUE이면 신호 상태로 시작한다.

❷ **bManualReset** : FALSE이면 자동 리셋 이벤트, TRUE이면 수동 리셋 이벤트가 된다.

❸ **lpszName** : 이벤트에 이름을 부여한다. NULL을 사용하면 이름 없는Anonymous 이벤트가 된다. 서로 다른 프로세스에 속한 스레드가 이벤트를 이용하여 동기화를 하려면 같은 이름을 가진 이벤트를 사용해야 한다.

❹ **lpsaAttribute** : 보안 설명자와 핸들 상속에 관련된 구조체로, 특별한 경우가 아니면 기본값을 사용하면 된다.

이벤트 상태 변경 함수는 다음과 같다. SetEvent() 함수는 이벤트를 신호 상태로, ResetEvent() 함수는 이벤트를 비신호 상태로 바꾼다. 자동 리셋 이벤트는 특성상 ResetEvent() 함수를 사용할 필요가 없다.

```
BOOL CEvent::SetEvent();
BOOL CEvent::ResetEvent();
```

실습 13-6 이벤트 활용하기

[그림 13-22]와 같이 네 개의 프로그레스 컨트롤과 버튼 컨트롤로 구성된 대화 상자 기반 응용 프로그램을 작성한다. 〈시작〉 버튼을 클릭하면 스레드 네 개가 실행되면서 자신의 프로그레스 컨트롤 값을 증가시킨다. 맨 위쪽 프로그레스 컨트롤을 담당하는 스레드가 작업을 끝내면 이벤트를 신호 상태로 바꾼다. 나머지 세 개의 스레드는 이벤트가 신호 상태가 되기를 기다리다가 깨어나서 작업을 진행한다.

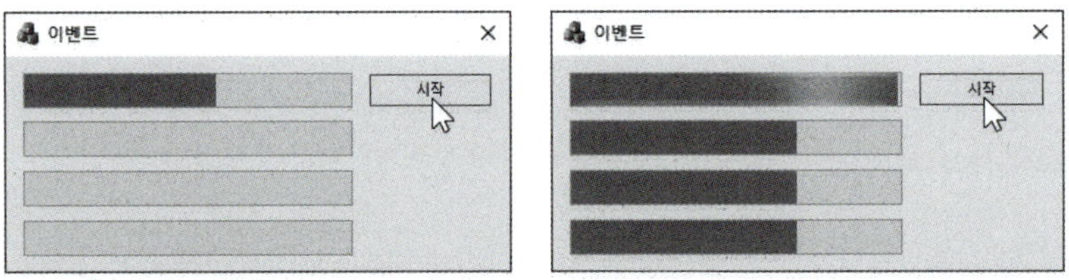

그림 13-22 실행 결과

❶ [표 13-6]을 참고하여 응용 프로그램 마법사로 Event 프로젝트를 만든다.

표 13-6 응용 프로그램 마법사 단계별 변경 사항

응용 프로그램 마법사 단계	변경 사항
애플리케이션 종류	'애플리케이션 종류'로 '대화 상자 기반' 선택
문서 템플릿 속성	없음
사용자 인터페이스 기능	없음
고급 기능	'ActiveX 컨트롤' 옵션 해제
생성된 클래스	없음

❷ '리소스 뷰'로 전환한 후 대화 상자 리소스 IDD_EVENT_DIALOG를 열고, 대화 상자 자체의 'Caption' 속성에 "이벤트"를 입력한다. 기존 컨트롤을 모두 제거하고 ❶ 버튼 컨트롤과 ❷~❺ 프로그레스 컨트롤을 추가한다. 버튼 컨트롤의 'ID'를 IDC_START로, 'Caption'을 "시작"으로 변경한다. 프로그레스 컨트롤은 기본값을 그대로 사용한다.

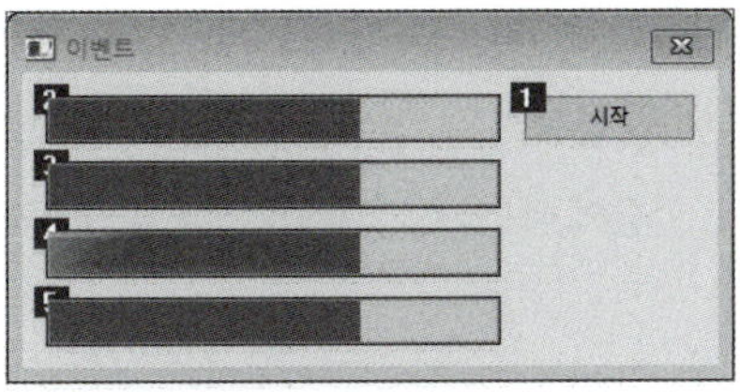

그림 13-23 대화 상자 디자인

3 네 개의 프로그레스 컨트롤에 대응하는 컨트롤 변수를 생성한다.

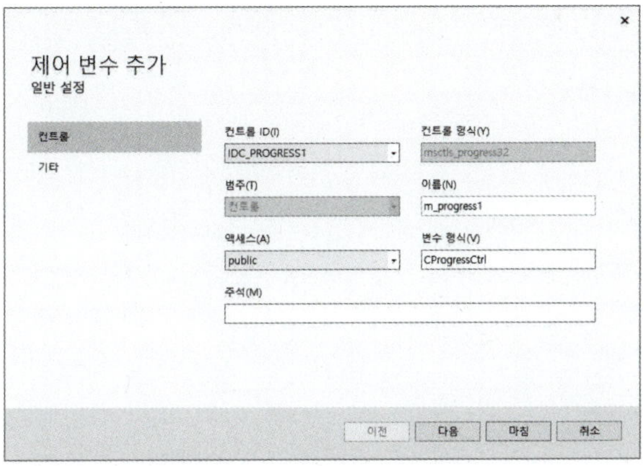

컨트롤 ID	변수 형식	이름
IDC_PROGRESS1	CProgressCtrl	m_progress1
IDC_PROGRESS2	CProgressCtrl	m_progress2
IDC_PROGRESS3	CProgressCtrl	m_progress3
IDC_PROGRESS4	CProgressCtrl	m_progress4

그림 13-24 컨트롤 변수 생성

4 버튼 컨트롤 IDC_START의 BN_CLICKED 통지 메시지 핸들러를 CEventDlg 클래스에 추가하고 스레드를 생성하는 코드를 작성한다.

```
void CEventDlg::OnBnClickedStart()
{
    AfxBeginThread(InitThread, &m_progress1);
    AfxBeginThread(WorkThread, &m_progress2);
    AfxBeginThread(WorkThread, &m_progress3);
    AfxBeginThread(WorkThread, &m_progress4);
}
```

5 CEventDlg::OnBnClickedStart() 함수 앞쪽에 스레드 함수를 작성한다. 컴파일, 링크 후 실행해보면 [그림 13-25]와 같이 모든 스레드가 독립적으로 진행한다. 참고로, 프로그레스 컨트롤의 범위는 기본값이 0~100이므로 이 실습에서는 초기화 코드를 따로 작성하지 않았다.

```
UINT InitThread(LPVOID pParam)
{
    CProgressCtrl* ptr = (CProgressCtrl*)pParam;
    ptr->SetPos(0);

    for (int i = 0; i < 100; i++) {
        ptr->SetPos(i);
        ::Sleep(10);
    }

    return 0;
}

UINT WorkThread(LPVOID pParam)
{
    CProgressCtrl* ptr = (CProgressCtrl*)pParam;
    ptr->SetPos(0);

    for (int i = 0; i < 100; i++) {
        ptr->SetPos(i);
        ::Sleep(10);
    }

    return 0;
}

void CEventDlg::OnBnClickedStart()
{
    ...
}
```

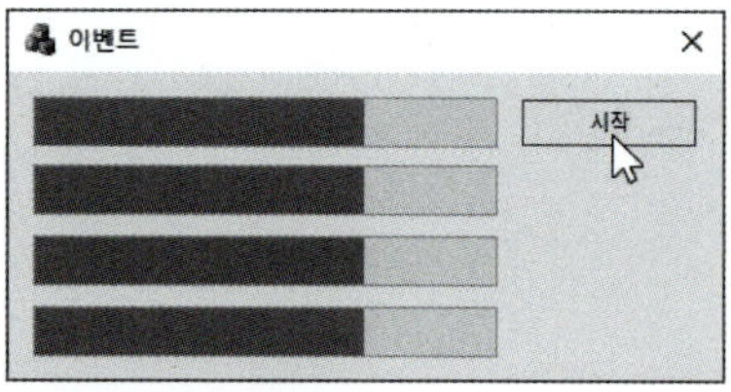

그림 13-25 실행 결과

6 이벤트를 사용하는 코드를 추가하고 실행 결과를 비교해보자.

```
CEvent g_event(FALSE, TRUE);

UINT InitThread(LPVOID pParam)
{
    CProgressCtrl* ptr = (CProgressCtrl*)pParam;
    ptr->SetPos(0);

    for (int i = 0; i < 100; i++) {
        ptr->SetPos(i);
        ::Sleep(10);
    }
    g_event.SetEvent();
    g_event.ResetEvent();

    return 0;
}

UINT WorkThread(LPVOID pParam)
{
    CProgressCtrl* ptr = (CProgressCtrl*)pParam;
    ptr->SetPos(0);

    g_event.Lock();
    for (int i = 0; i < 100; i++) {
        ptr->SetPos(i);
        ::Sleep(10);
    }

    return 0;
}
```

5 세마포어

세마포어Semaphore는 자원에 접근할 수 있는 스레드 수를 제어하는 동기화 객체이다. 다른 동기화 객체와 달리 세마포어는 가용 자원의 개수를 나타내는 리소스 카운트Resource Count를 유지하므로, 동시에 실행될 수 있는 스레드 수를 조절할 수 있다.

세마포어를 사용하는 전형적인 절차는 다음과 같다.

① 세마포어를 생성한다. 이때 리소스 카운트를 가용 자원의 개수로 초기화한다.

② 자원을 사용할 스레드는 자신이 필요한 자원의 개수만큼 Lock() 함수를 호출하며, Lock() 함수가 성공할 때마다 리소스 카운트 값은 1씩 감소한다. 만약 리소스 카운트가 0인 상태에서 Lock() 함수를 호출하면 해당 스레드는 대기한다(Sleep).

③ 자원 사용을 마친 스레드는 자신이 사용한 자원의 개수만큼 Unlock() 함수를 호출하며, Unlock() 함수가 성공할 때마다 리소스 카운트 값은 1씩 증가한다. 이때 만약 대기 중인 다른 스레드가 있다면 깨어나서(Wakeup) ②의 과정을 진행한다.

세마포어 생성 함수는 다음과 같다.

```
CSemaphore::CSemaphore(
❶  LONG lInitialCount = 1,
❷  LONG lMaxCount = 1,
❸  LPCTSTR pstrName = NULL,
❹  LPSECURITY_ATTRIBUTES lpsaAttributes = NULL
);
```

❶ **lInitialCount** : 리소스 카운트의 초기 값이다.

❷ **lMaxCount** : 리소스 카운트의 최댓값이다. 리소스 카운트는 이 값보다 커질 수 없다.

❸ **pstrName** : 세마포어에 이름을 부여한다. NULL을 사용하면 이름 없는Anonymous 세마포어가 된다. 서로 다른 프로세스에 속한 스레드가 세마포어를 이용하여 동기화를 하려면 같은 이름을 가진 세마포어를 사용해야 한다.

❹ **lpsaAttribute** : 보안 설명자와 핸들 상속에 관련된 구조체로, 특별한 경우가 아니면 기본값을 사용한다.

실습 13-7 세마포어 활용하기

[그림 13-26]과 같이 다섯 개의 프로그레스 컨트롤과 버튼 컨트롤로 구성된 대화 상자 기반 응용 프로그램을 작성한다. 〈시작〉 버튼을 클릭하면 스레드 다섯 개가 실행되면서 각자 자신의 프로그레스 컨트롤 값을 증가시키고자 시도한다. 이때 한 순간에 최대 두 개의 스레드만 실행할 수 있도록 세마포어를 활용해보자.

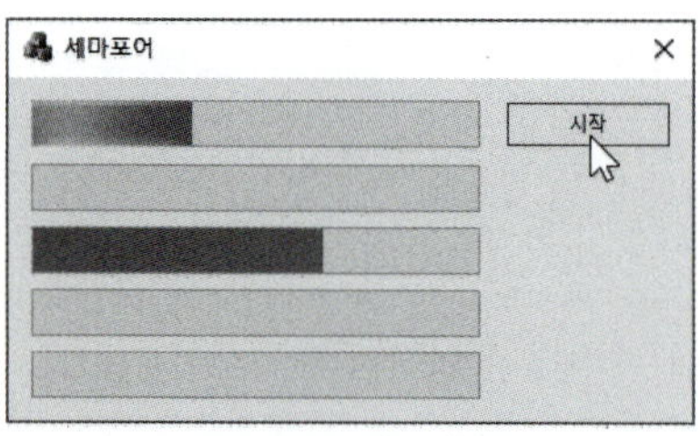

그림 13-26 실행 결과

1 [표 13-7]을 참고하여 응용 프로그램 마법사로 Semaphore 프로젝트를 만든다.

표 13-7 응용 프로그램 마법사 단계별 변경 사항

응용 프로그램 마법사 단계	변경 사항
애플리케이션 종류	'애플리케이션 종류'로 '대화 상자 기반' 선택
문서 템플릿 속성	없음
사용자 인터페이스 기능	없음
고급 기능	'ActiveX 컨트롤' 옵션 해제
생성된 클래스	없음

2 '리소스 뷰'로 전환한 후 대화 상자 리소스 IDD_EVENT_DIALOG를 열고, 대화 상자 자체의 'Caption' 속성에 "세마포어"를 입력한다. **1** 버튼 컨트롤과 **2**~**6** 프로그레스 컨트롤을 추가한다. 버튼 컨트롤의 'ID'를 IDC_START로, 'Caption'을 "시작"으로 변경한다. 프로그레스 컨트롤은 기본값을 그대로 사용한다.

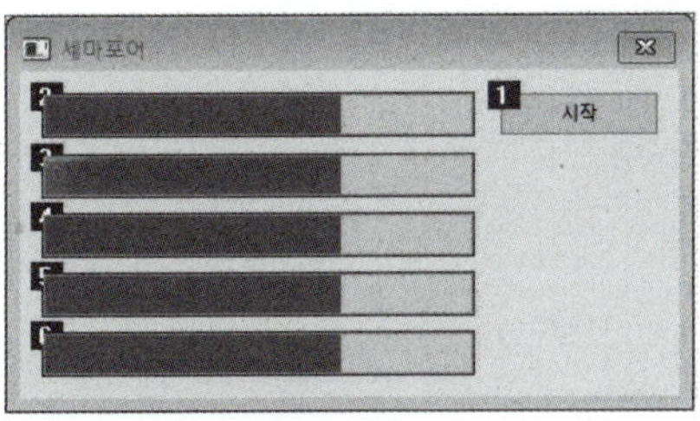

그림 13-27 대화 상자 디자인

3 다섯 개의 프로그레스 컨트롤에 대응하는 컨트롤 변수를 생성한다.

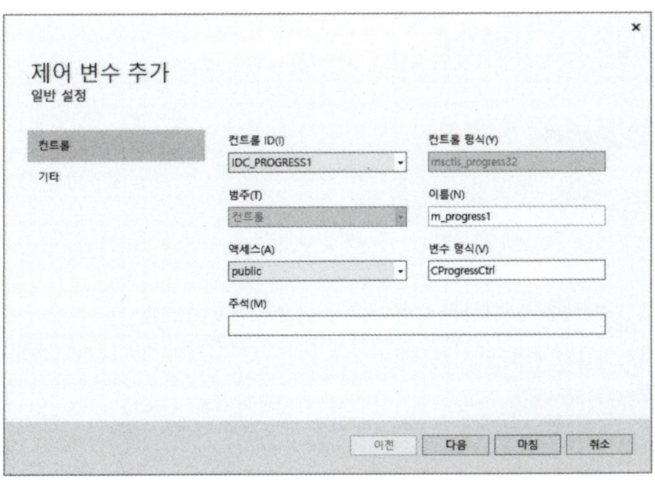

컨트롤 ID	변수 형식	이름
IDC_PROGRESS1	CProgressCtrl	m_progress1
IDC_PROGRESS2	CProgressCtrl	m_progress2
IDC_PROGRESS3	CProgressCtrl	m_progress3
IDC_PROGRESS4	CProgressCtrl	m_progress4
IDC_PROGRESS5	CProgressCtrl	m_progress5

그림 13-28 컨트롤 변수 생성

4 버튼 컨트롤 IDC_START의 BN_CLICKED 통지 메시지 핸들러를 CSemaphoreDlg 클래스에 추가하고 스레드를 생성하는 코드를 작성한다.

```
void CSemaphoreDlg::OnBnClickedStart()
{
    AfxBeginThread(WorkThread, &m_progress1);
    AfxBeginThread(WorkThread, &m_progress2);
    AfxBeginThread(WorkThread, &m_progress3);
    AfxBeginThread(WorkThread, &m_progress4);
    AfxBeginThread(WorkThread, &m_progress5);
}
```

5 CSemaphoreDlg::OnBnClickedStart() 함수 앞쪽에 스레드 함수를 작성한다. 각 스레드가 임의 시간이 지난 후 프로그레스 컨트롤을 증가시키도록 rand() 함수와 GetCurrentThreadId() 함수를 사용한다. 참고로, GetCurrentThreadId() 함수는 스레드의 고유한 ID를 리턴하는 윈도우 API이다. 컴파일, 링크 후 실행해보면 [그림 13-29]와 같이 모든 스레드가 독립적으로 진행된다.

```
UINT WorkThread(LPVOID pParam)
{
    CProgressCtrl* ptr = (CProgressCtrl*)pParam;

    while (1) {
        srand(rand() + ::GetCurrentThreadId() + (unsigned)time(NULL));
        ::Sleep((rand() + ::GetCurrentThreadId() + (unsigned)time(NULL)) % 2000);
        ptr->SetPos(0);
        for (int i = 0; i < 100; i++) {
            ptr->SetPos(i);
            ::Sleep(10);
```

```
        }
        ptr->SetPos(0);
    }

    return 0;
}

void CSemaphoreDlg::OnBnClickedStart()
{
    ...
}
```

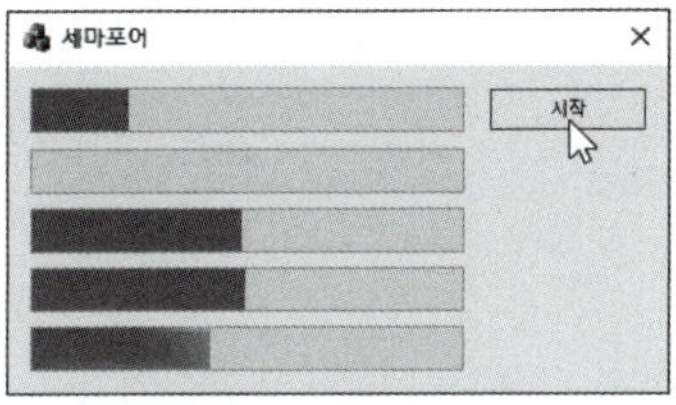

그림 13-29 실행 결과

6 세마포어를 사용하는 코드를 추가하고 실행 결과를 비교해보자.

```
CSemaphore g_sem(2, 2);

UINT WorkThread(LPVOID pParam)
{
    CProgressCtrl* ptr = (CProgressCtrl*)pParam;

    while (1) {
        srand(rand() + ::GetCurrentThreadId() + (unsigned)time(NULL));
        ::Sleep((rand() + ::GetCurrentThreadId() + (unsigned)time(NULL)) % 2000);
        g_sem.Lock();
        ptr->SetPos(0);
        for (int i = 0; i < 100; i++) {
            ptr->SetPos(i);
            ::Sleep(10);
        }
        ptr->SetPos(0);
        g_sem.Unlock();
    }

    return 0;
}
```

요약

01 윈도우 운영체제의 프로세스 구성

윈도우 운영체제의 프로세스는 가상 주소 공간, 실행 파일과 DLL, 힙, 환경 변수, 한 개 이상의 스레드, 프로세스 커널 객체, 운영체제가 할당한 각종 자원으로 구성된다.

02 프로세스와 스레드

- **프로세스** : 할당된 메모리 영역에 각종 자원을 담고 있는 컨테이너로 정적인 개념이다.
- **스레드** : CPU 시간을 할당받아 실행되는 동적인 개념이다.

03 윈도우 운영체제의 스레드 구성

윈도우 운영체제의 스레드는 스택, 스레드 지역 저장소, 스레드 커널 객체로 구성된다.

04 CPU 스케줄링

윈도우 운영체제는 우선순위에 기반한 CPU 스케줄링 기법을 사용한다. 즉, 우선순위가 높은 스레드에 CPU 시간을 우선 할당한다.

05 스레드의 우선순위를 결정하는 요소

우선순위 클래스와 우선순위 레벨을 결합하면 스레드의 기본 우선순위가 결정되며, 이 값이 CPU 스케줄링에 사용된다.

- **우선순위 클래스** : 프로세스 속성으로, 같은 프로세스가 생성한 스레드는 모두 동일한 우선순위 클래스를 가진다.
- **우선순위 레벨** : 스레드 속성으로, 같은 프로세스에 속한 스레드 간 상대적인 우선순위를 결정한다.

06 MFC 스레드

MFC가 제공하는 스레드는 특성에 따라 작업자 스레드와 사용자 인터페이스 스레드로 나뉜다. 작업자 스레드는 메시지 루프가 없고 사용자 인터페이스 스레드는 메시지 루프가 있다. 둘 다 AfxBeginThread( ) 함수로 생성한다.

07 스레드 동기화

스레드 동기화가 필요한 상황은 크게 다음의 두 경우이다.

- 둘 이상의 스레드가 공유 자원에 접근한다.
- 한 스레드가 작업을 완료한 후, 기다리고 있는 다른 스레드에 알려준다.

스레드 동기화 객체의 종류는 다음과 같다.

- **임계 영역과 뮤텍스** : 공유 자원에 접근하는 다수의 스레드가 있을 때 오직 한 개의 스레드만 접근을 허용한다.
- **이벤트** : 신호와 비신호 두개의 상태를 가진 동기화 객체로, 사건 발생을 알려준다.
- **세마포어** : 자원에 접근할 수 있는 스레드 수를 제어한다.

연습문제

01 **WorkerThread1 예제를 수정하여, 계산 결과를 메시지 상자가 아니라 윈도우 내 클라이언트 영역에 출력하시오. 단, 출력 위치는 마우스 왼쪽 버튼을 누른 지점이다.**

HINT ::AfxBeginThread() 전역 함수 두 번째 인자로 윈도우와 위치 정보 전달, 화면 출력은 CClientDC 클래스와 CDC::TextOut() 함수 이용

02 **WorkerThread2 예제를 수정하여, 프로그램을 실행하면 우선순위 클래스가 낮은 우선순위 (BELOW_NORMAL_PRIORITY_CLASS)로 시작하도록 구현하시오.**

HINT ::SetPriorityClass() API 함수 이용

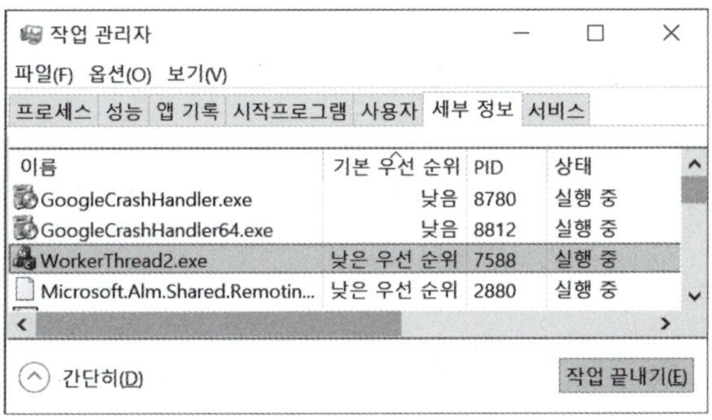

참고 작업 관리자에서 프로세스에 대한 우선순위를 확인할 수 있다.

03 **WorkerThread2 예제를 수정하여, 5초 간격으로 현재 프로세스에 대한 우선순위 클래스를 확인하여, 만약 변경되었다면 본래 우선순위 클래스로 되돌리도록 구현하시오.**

HINT ::GetPriorityClass()와 ::SetPriorityClass() API 함수 이용, 5초 간격 확인은 CWnd::SetTimer() 함수와 WM_TIMER 메시지 이용

04 **UIThread 예제를 수정하여, UI 스레드로 생성한 윈도우에 [옵션(&O)]–[항상 위에 표시(&A)] 메뉴를 추가하고, 메뉴를 선택하여 윈도우가 항상 최상위에 위치하도록 구현하시오. 단, 체크 기호가 있는 메뉴를 지원하여 해당 기능은 토글Toggle된다.**

HINT 메뉴 추가는 CWnd::Create() 함수 여섯 번째 인자 사용, 최상위 윈도우 설정과 해제는 CWnd::SetWindowPos() 함수와 CWnd::wndTopMost와 CWnd::wndNoTopMost 정적 변수 활용

05 **UIThread 예제를 수정하여, UI 스레드로 생성한 윈도우에 [파일(&F)]–[저장(&S)] 메뉴를 추가하고, 입력된 글자들을 파일에 저장하는 기능을 구현하시오. 단, 파일 저장 경로를 지정할 수 있도록 파일 저장 대화 상자를 이용하고, 영문 텍스트 저장으로 한정한다.**

HINT 파일 저장 대화 상자는 CFileDialog 클래스 이용, 유니코드에서 ANSI 코드 변환은 USES_CONVERSION 매크로와 T2A() 매크로 사용

06 CriticalSection 예제를 수정하여, [시작] 버튼(IDC_START)을 공유 자원으로 간주하고, 두 개 스레드가 for문 수행 중에 서로 [시작] 버튼 타이틀을 변경하고자 경합하게 하시오. 단, [시작] 버튼 타이틀을 변경하는 UpdateIndex() 함수를 생성하고 CCriticalSection 클래스에 대한 Lock()과 Unlock() 함수 사용은 이 함수 내로 제한한다.

HINT 다음과 같이 UpdateIndex() 함수 구성하여 활용

```
void UpdateIndex(LPCTSTR pszName, CCriticalSectionDlg* pDlg, int i)
{
    g_cs.Lock();
    {
      CString str;
      str.Format(_T("[%s] %d"), pszName, i);
      pDlg->GetDlgItem(IDC_START)->SetWindowText(str);
      ::Sleep(10);
    }
    g_cs.Unlock();
}
```

07 Mutex 예제를 수정하여, Mutex를 응용하여 프로그램 단독 실행이 보장되도록 구현하시오. 단, CMutexApp::InitInstance() 함수에서 이미 실행된 프로그램이 있는지 확인 후, 이미 존재한다면 종료한다.

HINT CMutex 클래스와 CMutex::Lock() 함수 이용

08 Event 예제를 다음과 같이 수정하시오. Event 예제를 두 개 실행한다(편의상 (A), (B)라 부름). (A) 프로그램에서 맨 위쪽 프로그레스 컨트롤을 담당하는 스레드가 작업을 끝내면, (B) 프로그램에서 나머지 스레드 세 개가 깨어나 작업을 진행한다.

HINT 서로 다른 프로세스에 존재하는 스레드 간 동기화는 CEvent::CEvent() 함수 내 세 번째 인자 이용

09 Semaphore 예제를 다음과 같이 수정하시오. Semaphore 예제를 여러 개 실행하고 모두 [시작] 버튼을 눌러 동작시킨다. 이때 프로그램이 몇 개 실행되든 동시에 진행되는 스레드 개수는 2개로 제한된다.

HINT 서로 다른 프로세스에 존재하는 스레드 간 동기화는 CSemaphore::CSemaphore() 함수 내 세 번째 인자 이용

현장의
목소리

응용 프로그램 단독 실행 보장

응용 프로그램 하나를 단독으로 실행하고 싶은 상황이 있다. 대표 예가 다운로드와 관련된 처리를 단독으로 집중하여 처리하는 다운로드 관리자 프로그램이다. 예를 들어 같은 프로그램이 둘 이상 실행되면 처리 로직이 복잡해지므로 단순화하기 위해 해당 PC에서 하나만 실행되도록 응용 프로그램을 제한하는 식이다.

응용 프로그램 단독 실행은 다양한 방법으로 구현할 수 있겠지만, 여기서는 프로세스 간 통신이 가능한 뮤텍스Mutex를 사용해 보자. 다음은 뮤텍스를 사용한 CLimitSingleInstance 클래스를 보여준다. CLimitSingleInstance 클래스는 뮤텍스 핸들과 뮤텍스를 열 때 결과 값을 멤버 변수로 보관하며, 이들 변수는 CLimitSingleInstance 클래스 생성자에서 초기화된다. CLimitSingleInstance 클래스 생성자에서는 뮤텍스 존재 여부를 확인할 때 ::OpenMutex() API 함수를, 뮤텍스 생성 시 ::CreateMutex() API 함수를 사용하여 뮤텍스 핸들을 열고, 그 결과 값을 멤버 변수에 보관한다. CLimitSingleInstance 클래스 소멸자에는 열린 뮤텍스 핸들을 닫아 소멸시키는 구문이 포함되어 있다. IsAnotherInstanceRunning() 멤버 함수는 결과 값을 보관하고 있는 멤버 변수를 확인하여 현재 실행 중인 뮤텍스가 있는지 여부를 리턴하도록 되어 있다.

```
class CLimitSingleInstance
{
public:
```

```
CLimitSingleInstance( LPCTSTR
  szMutexName,
  BOOL bCheckOnly=FALSE )
  : m_dwLastError( ERROR_SUCCESS
    ), m_hMutex( NULL )
{
  CString strMutexName =
    szMutexName;
  if ( bCheckOnly == TRUE )
  {
    m_hMutex = ::OpenMutex
      (MUTEX_ALL_ACCESS,
      FALSE, strMutexName);
    if ( m_hMutex != NULL &&
      GetLastError() == ERROR_
      SUCCESS )
      m_dwLastError = ERROR_
      ALREADY_EXISTS;
    return;
  }

  m_hMutex = ::CreateMutex(
    NULL, FALSE, strMutexName );
  m_dwLastError =
    GetLastError();
}
~CLimitSingleInstance()
{
  if ( m_hMutex != NULL )
  {
    ::CloseHandle( m_hMutex );
    m_hMutex = NULL;
  }
}
BOOL IsAnotherInstanceRunning()
{
  BOOL bResult = (ERROR_
```

```
        ALREADY_EXISTS ==
        m_dwLastError);
        return bResult;
    }
protected:
    DWORD  m_dwLastError;
    HANDLE m_hMutex;
};
```

이제 본래 응용 프로그램으로 돌아가 CWinApp 상속 클래스 내 InitInstance() 함수에 다른 인스턴스 실행 여부를 확인하는 루틴을 추가한다. 아울러 다른 인스턴스가 없을 때는 실행 전에 자신이 실행하고 있음을 기록하는 설정 과정이 필요하다. 앞서 구현한 CLimitSingleInstance 클래스를 이용하여 다음과 같이 구현할 수 있다. 이로써 뮤텍스 존재 여부를 판단하는 역할을 하는 CLimitSingleInstance 클래스가 CWinApp 상속 클래스 내 InitInstance() 함수를 바탕으로 응용 프로그램과 연결되면서, 응용 프로그램 단독 실행 여부를 확인할 수 있게 된다.

```
BOOL CMyOwnApp::InitInstance()
{
    // 응용 프로그램 실행 여부 검사용 //
    {
      CLimitSingleInstance instance(
         _T("L544-OWNED-APPLICATION"),
         TRUE );
      if ( instance.
         IsAnotherInstanceRunning()
         != FALSE )
      {
         // 실행을 종료함
         return FALSE;
      }
    }
    // 응용 프로그램 실행 여부 검사용
    CLimitSingleInstance instance(
     _T("L544-OWNED-APPLICATION") );
    ...
    return FALSE;
}
```

프로세스 간 공유가 가능한 뮤텍스 덕분에 생각보다 간단한 루틴으로 응용 프로그램 단독 실행 기능을 구현할 수 있었다. 이를 좀 더 확장하여 윈도우 핸들 같은 정보를 프로세스 간 공유가 가능한 메모리 공간에 보관해 둔 후, 응용 프로그램 실행 시 메인 윈도우 핸들을 등록할 수 있다. 그러면 응용 프로그램이 실행될 때 기존에 실행된 응용 프로그램이 있으면 그대로 종료하는 대신, 그 응용 프로그램에 대한 메인 윈도우를 활성화시키거나 종료시키는 등 필요에 따라 다양하게 확장할 수 있다. 아울러 이 기능을 적절히 사용하면 프로세스 간 통신을 이해하는 데도 많은 도움이 된다.

CHAPTER 14

데이터베이스

학습 목표

- 다양한 데이터베이스 프로그래밍 인터페이스의 특징을 이해한다.
- MFC를 이용한 ODBC 프로그래밍 기법을 익힌다.
- MFC를 이용한 OLE DB 프로그래밍 기법을 익힌다.

01 데이터베이스 프로그래밍 인터페이스

데이터베이스Database는 통합되어 저장 및 관리되는 데이터의 집합이다. 데이터베이스를 관리하는 소프트웨어 시스템을 DBMS Database Management System라 하는데 현재 Oracle, IBM DB2, MS SQL Server, MySQL 등 다양한 DBMS가 사용된다.

DBMS는 응용 프로그램과 데이터베이스를 매개하는 역할을 한다. 이로 인해 DBMS가 제공하는 다양한 장점(데이터의 중복 최소화, 효과적인 데이터의 공유, 데이터의 일관성과 무결성 유지, 데이터의 보안 보장 등)을 누릴 수 있다. DBMS를 통해 데이터베이스에 접근하는 프로그래밍 인터페이스는 매우 다양하지만 크게 두 종류로 구분할 수 있다.

- **전용**Proprietary **프로그래밍 인터페이스** : DBMS마다 별도로 제공하는 비표준 프로그래밍 인터페이스이다. 성능이나 효율성은 뛰어나지만, DBMS에 종속적이므로 DBMS를 바꾸면 응용 프로그램 코드를 새로 작성해야 하는 단점이 있다.
- **공용**Universal **프로그래밍 인터페이스** : 일관된 인터페이스로 다양한 종류의 DBMS에 접근할 수 있는 표준 프로그래밍 인터페이스이다. 성능이나 효율성은 전용 인터페이스보다 떨어지지만, DBMS를 바꿔도 응용 프로그램 코드를 재활용할 수 있다는 장점이 있다.

오늘날의 인터넷처럼 다양한 데이터가 분산된 환경에서는 공용 프로그래밍 인터페이스가 여러모로 유리하다. MS는 UDA Universal Data Access (DBMS의 종류와 관계없이 동일한 인터페이스를 제공하고자 하는 MS의 데이터베이스 프로그래밍 전략) 기술을 지속적으로 발전시키면서 이와 같은 공용 데이터베이스 프로그래밍 인터페이스의 기능과 성능을 향상시키고 있다. 비주얼 C++와 MFC의 관점에서 MS가 제공하는 데이터베이스 프로그래밍 인터페이스를 간략히 살펴보자.

- **DAO** Data Access Objects : MS 제트Jet 데이터베이스 엔진을 이용하여 데이터베이스에 접근하는 인터페이스이다. 로컬 데이터베이스를 사용할 때 적합하며 MFC의 CDaoDatabase 클래스를 이용하여 프로그래밍할 수 있다. 현재는 사용을 권장하지 않으며 MFC 응용 프로그램 마법사가 자동화된 코드 생성을 지원하지도 않는다.
- **ODBC** Open Database Connectivity : 여러 소프트웨어 회사가 참여하는 SAG SQL Access Group에서 프로그래밍 언어와 DBMS 그리고 운영체제 독립적으로 만든 표준 API이다. 단일 인터페이

스로 다양한 종류의 DBMS에 접근할 수 있게 만든 성공적인 공개 인터페이스로, 윈도우는 물론이고 리눅스나 UNIX 시스템에서도 지원되며 수많은 DBMS가 ODBC 드라이버를 제공한다. MFC에서는 CDatabase 클래스를 이용하여 프로그래밍할 수 있으며 MFC 응용 프로그램 마법사가 자동화된 코드 생성을 지원한다. 지난 수년간 MS는 ODBC보다는 ADO나 OLE DB 사용을 권장했지만, 현재는 클라우드 컴퓨팅 환경의 영향으로 공개 API인 ODBC 사용을 권장한다. 새로운 윈도우 버전이 나올 때마다 ODBC 지원도 계속되고 있다.

- **RDO**Remote Data Objects : COM Component Object Model 기술을 이용하여 ODBC를 사용하기 쉽게 포장한 인터페이스이다. 현재는 사용을 권장하지 않는다.

- **OLE DB**Object Linking and Embedding for Database(OLEDB 또는 OLE-DB로도 표기) : MS의 COM 기술에 기반한 새로운 인터페이스로, 원래 ODBC의 후속 및 대체 기술로 개발되었다. OLE DB 공급자OLE DB Provider(장치 드라이버와 유사한 개념)를 통해 다양한 데이터에 접근할 수 있고, ODBC용 OLE DB 공급자를 통해 기존의 ODBC도 지원한다. ODBC에 비해 좀 더 다양한 형태의 데이터를 일관되게 다룰 수 있다는 장점이 있지만, 윈도우 운영체제에서만 동작한다는 단점 때문에 현재 MS는 공개 API인 ODBC 사용을 권장한다. MS의 데이터베이스 서버 제품인 SQL Server 2012는 OLE DB API를 지원하는 마지막 버전이다.

참고 MS SQL Server 2012를 끝으로 OLE DB API를 지원하지 않는다는 것이 OLE DB를 더는 사용할 수 없다는 뜻은 아니다. 윈도우 운영체제 수준에서는 OLE DB가 계속 지원되므로 어떤 데이터베이스에 대해 OLE DB 공급자가 제공된다면 여전히 OLE DB를 사용할 수 있다.

- **ADO**ActiveX Data Objects : OLE DB가 제공하는 기능을 좀 더 쉽게 사용할 수 있도록 만든 인터페이스로, 역시 COM 기술에 기반한다. 내부적으로 OLE DB를 이용하므로 다양한 DBMS에 접근할 수 있고 좋은 성능을 낸다. 또한, 언어 독립적이어서 베이직, C/C++, 자바 등 다양한 언어로 프로그래밍할 수 있다. 일반적으로 OLE DB는 시스템 프로그래밍 인터페이스, ADO는 응용 프로그래밍 인터페이스로 분류한다.

참고 ADO에서 발전한 기술로 ADO.NET이 있는데 MFC에서 직접적으로 지원하지는 않는다.

이 장에서는 ODBC와 OLE DB를 학습한다. ODBC는 널리 사용되는 성공적인 공용 데이터베이스 프로그래밍 인터페이스이고 수많은 DBMS가 ODBC 드라이버를 지원한다. 그리고 현재 MS가 권장하는 기술이라는 점에서 중요하다. OLE DB는 비록 현재 ODBC만큼 권장하지는 않지만, 지난 수년간 MS의 지원으로 꾸준히 발전했고 ADO나 ADO.NET의 기반 기술이 된다는 점에서 학습할 가치가 있다.

02 ODBC 프로그래밍

이 절에서는 ODBC의 기본 구조를 살펴보고, MFC가 제공하는 ODBC 클래스를 이용한 프로그래밍 방법을 학습한다.

1 ODBC 구조

ODBC는 단일 API로 다양한 DBMS에 접근할 수 있도록 만든 데이터베이스 프로그래밍 인터페이스이다. ODBC의 기본 구조와 구성 요소는 다음과 같다.

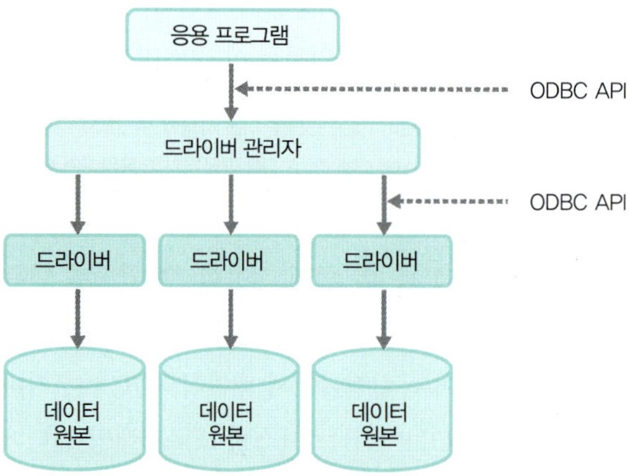

그림 14-1 ODBC 구조

- **응용 프로그램** : ODBC API를 이용하여 작성하고 ODBC API를 통해 드라이버 관리자와 통신한다. 데이터베이스에 연결할 때는 ODBC API를 사용하지만 실제 데이터를 다룰 때는 관계형 데이터베이스 조작 언어인 SQL을 사용한다.
- **드라이버 관리자** : 응용 프로그램과 특정 DBMS 드라이버를 매개한다. 드라이버 관리자의 주된 역할은 응용 프로그램이 요구한 데이터베이스에 접근할 수 있도록 ODBC 드라이버를 로드하고, 응용 프로그램과 동일한 API를 이용하여 드라이버의 함수를 호출하는 것이다.
- **드라이버** : ODBC API 구현을 제공하며 특정 DBMS에 종속적이다. MS SQL Server처럼 DBMS가 자체 엔진을 제공하는 경우에는 드라이버가 SQL 문을 DBMS에 전달만 한다. 그러나 엑셀 파일처럼 자체 엔진을 제공하지 않는 경우에는 드라이버가 직접 SQL 문을 처리한다.

• **데이터 원본**Data Source : 데이터베이스 접근에 필요한 정보와 데이터베이스 자체를 총칭한다. 데이터 원본이 있어야 ODBC를 이용하여 해당 데이터베이스에 접근할 수 있다.

ODBC 구성 요소 중 데이터 원본의 종류를 살펴보자. 윈도우 10의 시작 메뉴에서 [Windows 관리 도구]-[ODBC Data Sources (32-bit)]를 실행하면 [그림 14-2]와 같은 화면을 볼 수 있다. 이 프로그램을 'ODBC 데이터 원본 관리자'라 부르는데, 주요 역할은 데이터 원본 생성과 제거이다. 데이터 원본에는 [표 14-1]과 같이 사용자 DSN, 시스템 DSN, 파일 DSN 세 종류가 있다. 여기서 DSN은 Data Source Name의 약자이다.

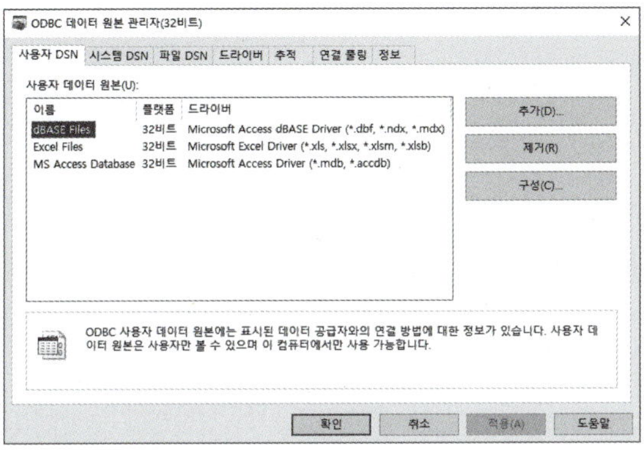

그림 14-2 ODBC 데이터 원본 관리자

표 14-1 데이터 원본 종류

분류		특징
기계 데이터 원본Machine Data Sources	사용자 DSN	정보가 레지스트리에 저장되며, 현재 로그인한 사용자만 정보에 접근할 수 있다.
	시스템 DSN	정보가 레지스트리에 저장되며, 모든 사용자가 정보에 접근할 수 있다.
파일 데이터 원본File Data Sources	파일 DSN	정보가 디스크 파일에 저장되며, 파일을 가진 사용자만 정보에 접근할 수 있다.

참고 윈도우 10의 시작 메뉴에서 [Windows 관리 도구]-[ODBC 데이터 원본(64비트)]를 선택하면 64비트 응용 프로그램을 위한 ODBC 데이터 원본 관리자가 실행된다. 이 책에서는 비주얼 스튜디오가 생성하는 MFC 앱 프로젝트가 다음과 같이 'x86'(32비트)을 기본값으로 하여 컴파일된다는 점을 고려하여 32비트 버전의 ODBC 데이터 원본 관리자를 사용할 것이다. 물론 'x86' 대신 'x64'를 선택하면 64비트 응용 프로그램을 만들 수 있으며, 이때는 64비트 버전의 ODBC 데이터 원본 관리자를 사용해야 한다.

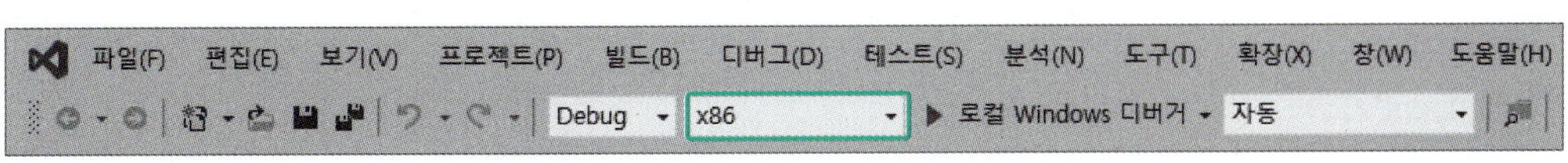

2 MFC ODBC 프로그래밍(콘솔)

ODBC 기초 지식을 토대로 MFC ODBC 프로그래밍 방법을 익혀보자. 여기서는 간단한 형태의 콘솔 응용 프로그램으로 기본 개념을 배우고 이후에 GUI 응용 프로그램을 작성할 것이다. 콘솔 응용 프로그램에서 사용할 ODBC 관련 클래스는 다음과 같다.

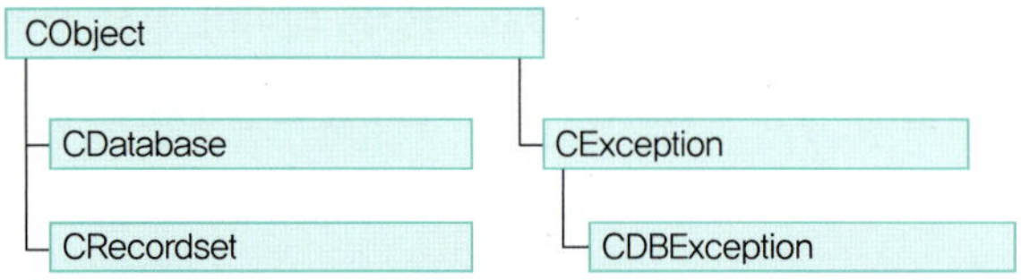

그림 14-3 MFC 클래스 계층도

2.1 데이터베이스 클래스

CDatabase 클래스는 데이터베이스와의 연결을 나타내며, 제공되는 멤버 함수를 이용하여 연결된 데이터베이스를 조작할 수 있다. 데이터베이스에 접근하려면 가장 먼저 CDatabase 객체를 만들어야 한다. 사용 예는 다음과 같다.

```
// 데이터베이스 객체 생성
CDatabase db;
db.OpenEx(…);
…
// 종료 처리
db.Close();
```

2.2 레코드셋 클래스

레코드셋Recordset은 데이터 조작 연산을 통해 얻은 레코드 집합이다. CRecordset 클래스는 레코드셋을 나타내며, 데이터를 검색/추가/삭제/갱신 등을 할 때 핵심 역할을 한다. 일반적으로 데이터베이스를 조작할 때는 CDatabase 객체를 먼저 생성하고, 이 객체를 CRecordset 클래스 생성자에 넘겨주어 CRecordset 객체를 만든다. 이후 CRecordset 클래스가 제공하는 다양한 멤버 함수를 통해 데이터를 조작한다. 사용 예는 다음과 같다.

```
// 데이터베이스 객체 생성
CDatabase db;
db.OpenEx(…);

// 레코드셋 객체 생성
CRecordset rs(&db);
```

```
rs.Open(…);

// 데이터 검색, 추가, 삭제, 갱신, …
…

// 종료 처리
rs.Close();
db.Close();
```

2.3 예외 클래스

CDBException 클래스는 데이터베이스를 조작할 때 발생하는 오류를 나타낸다. 사용 예는 다음과 같다.

```
try {
    // 데이터베이스 조작
    …
}
catch (CDBException* e) {
    e->ReportError();
    e->Delete();
}
```

이제 MFC ODBC 클래스를 사용하는 콘솔 응용 프로그램을 작성해보자. 코드를 작성하기 전에 데이터베이스와 데이터 원본을 생성해야 한다. 실습 환경으로는 윈도우 10과 MS 액세스(버전 상관없음)를 사용한다.

실습 14-1 데이터베이스와 데이터 원본 생성하기

1 MS 액세스를 실행한 후 [새로 만들기] 메뉴를 선택하고 적당한 폴더에 student.accdb 파일을 생성한다.

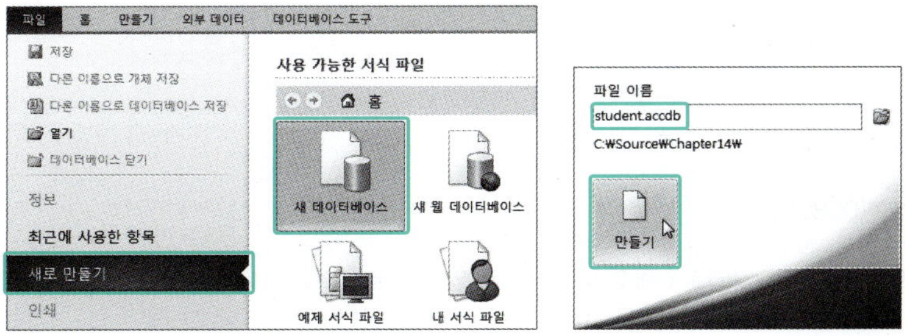

그림 14-4 데이터베이스 생성

2 [만들기]–[테이블] 메뉴를 선택하면 '테이블1' 테이블이 생성된다. 마우스 오른쪽 버튼을 클릭하여 [디자인 보기] 메뉴를 선택한 후 [그림 14–5]와 같이 네 개의 필드를 만든다. 첫 번째 필드는 기본 키Primary Key로 자동 설정되는데, 그렇지 않은 경우에는 [그림 14–6]과 같이 마우스 오른쪽 버튼을 클릭하여 '기본 키' 메뉴를 선택하면 된다.

그림 14–5 테이블 만들기

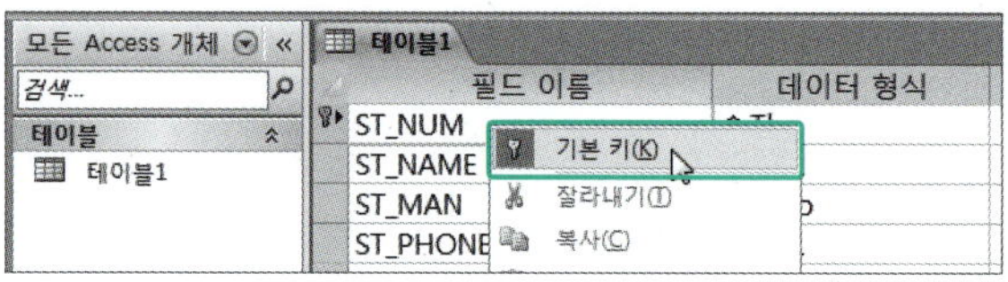

그림 14–6 기본 키 설정

3 Ctrl+S를 눌러 테이블 디자인을 저장한다. '테이블1' 테이블에서 마우스 오른쪽 버튼을 클릭하여 [열기] 메뉴를 선택하면 데이터를 입력할 수 있다. 적당한 개수의 초기 데이터를 입력하고 다시 Ctrl+S를 눌러 저장한다.

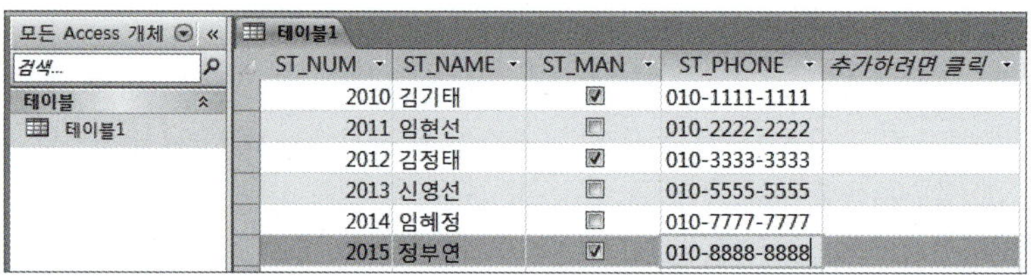

그림 14–7 초기 데이터 입력

4 윈도우 10의 시작 메뉴에서 [Windows 관리 도구]–[ODBC Data Sources (32–bit)]를 실행한다.

그림 14–8 데이터 원본(ODBC) 실행

참고 집필 시점의 윈도우 10 한글화 버그로 인해 영어로 표시되어 있다. 원래는 'ODBC 데이터 원본(32비트)'로 번역되어 있어야 한다.

5 [사용자 DSN] 탭에서 〈추가...〉를 클릭한 후 'Microsoft Access Driver (*.mdb, *.accdb)'를 선택하고 〈마침〉을 클릭한다.

참고 'Microsoft Access Driver (*.mdb, *.accdb)' ODBC 드라이버는 MS 오피스를 설치할 때 윈도우 운영체제에 추가된 것이다.

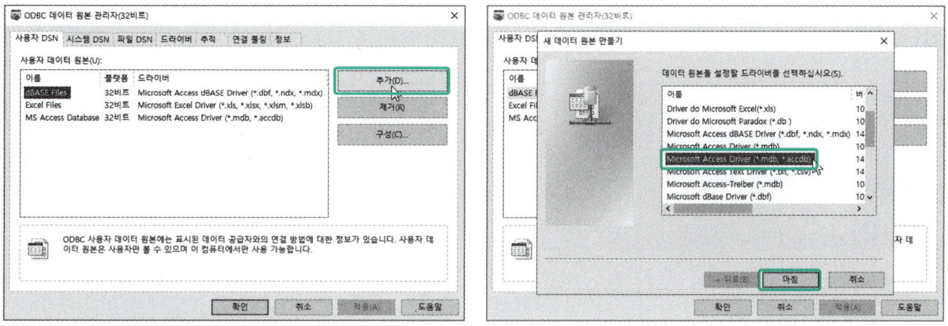

그림 14-9 ODBC 드라이버 선택

6 [ODBC Microsoft Access 설정] 대화 상자가 열리면 '데이터 원본 이름'에 "student"를 입력하고 〈선택...〉을 클릭한다. [데이터베이스 선택] 대화 상자에서 student.accdb를 선택하고 〈확인〉을 연달아 클릭하여 [ODBC Microsoft Access 설정] 대화 상자를 닫는다.

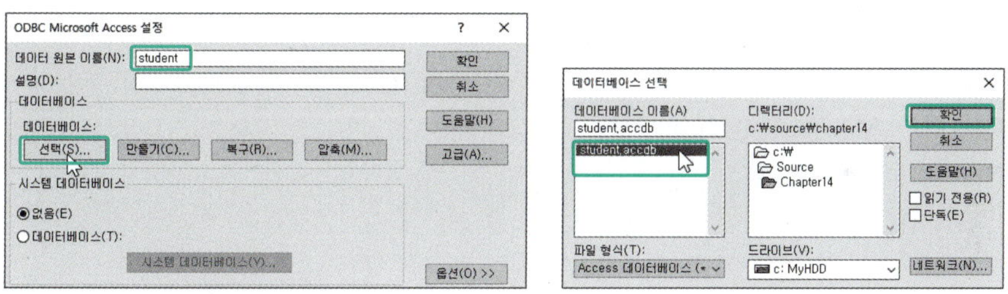

그림 14-10 데이터 원본 지정

7 [ODBC 데이터 원본 관리자(32비트)] 대화 상자로 돌아오면 [사용자 DSN] 탭에서 'student'가 생성된 것을 확인하고 〈확인〉을 클릭하여 닫는다.

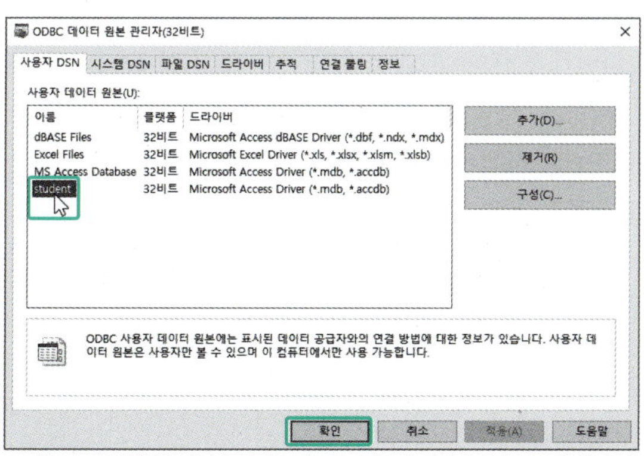

그림 14-11 사용자 DSN 생성 확인

데이터베이스와 데이터 원본을 생성했다면 다음 실습을 이어서 진행한다.

실습 14-2 ODBC 사용하기(콘솔)

[그림 14-12]와 같이 데이터베이스에 저장된 내용을 모두 출력하는 MFC 콘솔 응용 프로그램을 작성해보자.

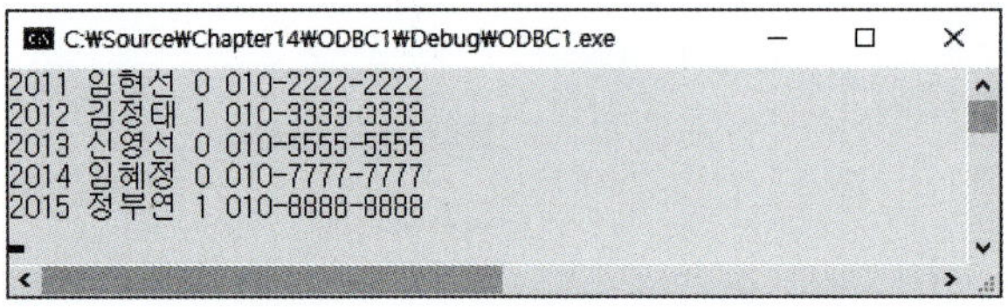

그림 14-12 **실행 결과**

1 응용 프로그램 마법사를 이용하여 ODBC1 프로젝트를 만든다. 생성 옵션은 2장의 Console 프로그램과 동일하다.

2 framework.h 파일에 afxdb.h 파일을 포함한다.

```
...
#ifndef _AFX_NO_AFXCMN_SUPPORT
#include <afxcmn.h>
#endif // _AFX_NO_AFXCMN_SUPPORT
#include <afxdb.h>
...
```

3 main() 함수에 다음 코드를 작성한다. 컴파일, 링크 후 실행하면 [그림 14-12]와 같은 결과 화면을 볼 수 있다.

```
int main()
{
    int nRetCode = 0;

    HMODULE hModule = ::GetModuleHandle(nullptr);

    if (hModule != nullptr)
    {
        if (!AfxWinInit(hModule, nullptr, ::GetCommandLine(), 0))
        {
            ...
```

```
        }
        else
        {
            _tsetlocale(LC_ALL, _T("")); // 유니코드 한국어 출력에 필요

            // ❶ 데이터베이스 객체 생성
            CDatabase db;
            db.OpenEx(_T("DSN=student"), 0);

            // ❷ 레코드셋 객체 생성
            CRecordset rs(&db);
            rs.Open(CRecordset::dynaset, _T("SELECT * FROM 테이블1"));

            // ❸ 데이터 출력
            CString str;
            while (!rs.IsEOF()) {
                rs.GetFieldValue(short(0), str);
                _tprintf(_T("%s "), (LPCTSTR)str);
                rs.GetFieldValue(short(1), str);
                _tprintf(_T("%s "), (LPCTSTR)str);
                rs.GetFieldValue(short(2), str);
                _tprintf(_T("%s "), (LPCTSTR)str);
                rs.GetFieldValue(short(3), str);
                _tprintf(_T("%s\n"), (LPCTSTR)str);
                rs.MoveNext();
            }

            // ❹ 종료 처리
            rs.Close();
            db.Close();
        }
    }
    else
    {
        ...
    }

    return nRetCode;
}
```

3 ODBC1 예제 분석

단계별 핵심 함수는 다음과 같다.

❶ 데이터베이스 객체 생성

데이터베이스 객체를 선언하고 CDatabase::OpenEx() 함수를 호출하여 실제 데이터베이스와 연결한다.

```
BOOL CDatabase::OpenEx(
❶  LPCTSTR lpszConnectString,
❷  DWORD dwOptions = 0
);
```

❶ **lpszConnectString** : 사용할 데이터 원본 이름과 더불어 ID, 암호 같은 부가 정보를 문자열로 넘겨준다. ID와 암호가 없으면 예제와 같이 생략해도 된다. 데이터 원본 이름과 ID, 암호를 모두 사용한 예는 다음과 같다.

```
db.OpenEx(_T("DSN=student;UID=chulsoo;PWD=abc123"), 0);
```

참고 ID와 암호는 ODBC 데이터 원본 관리자에서 설정할 수 있다.

❷ **dwOptions** : 비트 마스크로 옵션을 지정한다. 기본값인 0을 사용하면 데이터베이스에 읽기와 쓰기 모드로 접근하며 lpszConnectString의 정보가 충분치 않을 경우 자동으로 대화 상자가 열린다. 예제에서 lpszConnectString 부분에 NULL을 사용하면 다음과 같이 [데이터 원본 선택] 대화 상자가 열린다. [컴퓨터 데이터 원본] 탭에서 student를 선택하고 〈확인〉을 클릭하면 동일한 실행 결과를 얻을 수 있다.

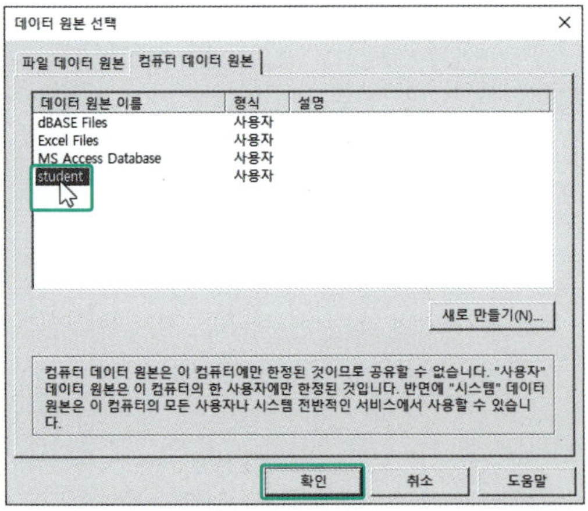

그림 14-13 데이터 원본 선택

❷ 레코드셋 객체 생성

데이터 원본에서 가져온 레코드의 집합을 나타내는 레코드셋 객체를 생성하고 초기화한다.

```
CRecordset::CRecordset(CDatabase* pDatabase = NULL);
```

pDatabase는 데이터베이스 객체를 가리킨다. 비주얼 C++에서 자동으로 코드를 생성한 경우에는 pDatabase에 기본값인 NULL을 사용하는 경우가 많으며, 이 경우 CRecordset 클래스에서 내부적으로 데이터베이스 객체를 생성한다.

```
BOOL CRecordset::Open(
❶  UINT nOpenType = AFX_DB_USE_DEFAULT_TYPE,
❷  LPCTSTR lpszSQL = NULL,
❸  DWORD dwOptions = none
);
```

❶ **nOpenType** : 열기 형식을 지정한다. [표 14-2]와 같이 네 종류가 있으므로 작업의 내용과 데이터베이스의 성격에 따라 알맞은 형식을 선택한다.

❷ **lpszSQL** : SQL SELECT 문을 여기에 사용하면 조건에 맞는 레코드셋을 얻을 수 있다.

❸ **dwOptions** : 읽기 전용(CRecordset::readOnly), 추가 전용(CRecordset::appendOnly) 등 다양한 옵션을 지정할 수 있다.

표 14-2 nOpenType 종류

종류	기능
CRecordset::dynaset	양방향 스크롤을 지원하며, 다른 사용자가 변경한 대부분의 내용(레코드 삽입은 제외)이 레코드셋에 반영된다.
CRecordset::snapshot	양방향 스크롤을 지원하며, 다른 사용자가 변경한 내용이 레코드셋에 반영되지 않는다.
CRecordset::dynamic	양방향 스크롤을 지원하며, 다른 사용자가 변경한 모든 내용이 레코드셋에 반영된다. 시스템 리소스를 가장 많이 사용하고 ODBC 드라이버에 따라 지원하지 않는 경우도 있다.
CRecordset::forwardOnly	전방향Forward 스크롤만 지원하며, 레코드를 읽는 것만 가능하다. 시스템 리소스를 가장 적게 사용한다.

❸ 데이터 출력

CRecordset::Open() 함수를 호출하여 레코드셋을 얻으면 레코드셋 객체는 항상 현재 레코드Current Record를 갖는다. CRecordset 클래스는 임의 레코드를 현재 레코드로 설정할 수 있는 다양한 멤버 함수를 제공하며, 이를 활용하여 모든 레코드에 접근할 수 있다. [표 14-3]은 자주 사용되는 CRecordset 멤버 함수이다.

표 14-3 현재 레코드 설정 함수

함수	기능
MoveFirst()	첫 번째 레코드를 현재 레코드로 설정한다.
MoveLast()	마지막 레코드를 현재 레코드로 설정한다.
MoveNext()	다음 위치의 레코드를 현재 레코드로 설정한다.
MovePrev()	이전 위치의 레코드를 현재 레코드로 설정한다.

현재 레코드의 위치를 판단하는 Is*() 함수도 유용하다.

표 14-4 현재 레코드 위치 판단 함수

함수	기능
IsBOF()	현재 레코드가 첫 번째 레코드 바로 전 위치로 설정됐다면 TRUE를 리턴한다. (레코드가 전혀 없는 경우에도 TRUE를 리턴한다.)
IsEOF()	현재 레코드가 마지막 레코드 바로 다음 위치로 설정됐다면 TRUE를 리턴한다. (레코드가 전혀 없는 경우에도 TRUE를 리턴한다.)

현재 레코드의 각 필드Field를 출력할 때는 GetFieldValue() 함수를 사용한다. nIndex는 필드를 가리키는 인덱스(0부터 시작)이며, strValue에는 해당 필드의 데이터가 저장된다. 예를 들면, [그림 14-14]에서 ST_NUM=2012인 데이터가 현재 레코드로 설정된 상태에서 GetFieldValue(1, strValue) 함수를 호출하면 strValue에는 필드1에 해당하는 값인 "김정태"가 저장된다.

```
void CRecordset::GetFieldValue(
    short nIndex,
    CString& strValue
);
```

필드0	필드1	필드2	필드3
ST_NUM	ST_NAME	ST_MAN	ST_PHONE
2010	김기태	☑	010-1111-1111
2011	임현선	☐	010-2222-2222
2012	김정태	☑	010-3333-3333
2013	신영선	☐	010-5555-5555
2014	임혜정	☐	010-7777-7777
2015	정부연	☑	010-8888-8888

그림 14-14 필드

❹ 종료 처리

레코드셋 객체와 데이터베이스 객체 사용이 끝나면 각각 Close() 함수를 호출해야 한다. 두 객체 모두 Close() 함수를 호출하면 다른 레코드셋이나 데이터베이스를 위해 재사용할 수 있다. 예를 들면, 레코드셋 객체가 Open() 함수로 얻은 레코드셋을 모두 사용했다면 Close() 함수를 호출한 후 다시 Open() 함수를 호출하여 새로운 레코드셋을 얻을 수 있다.

```
rs.Open(...);
…
rs.Close();
rs.Open(...); // 새로운 레코드셋을 얻는다.
…
rs.Close();
```

4 MFC ODBC 프로그래밍(GUI)

앞에서 콘솔 응용 프로그램을 이용하여 ODBC 클래스 사용법을 살펴보았다. 콘솔 응용 프로그램은 비교적 간단하므로 개념을 익힐 때는 편리하지만, 사용자 입출력을 처리하거나 레코드를 출력할 때는 불편하다. MFC는 데이터베이스 전용 뷰 클래스인 CRecordView를 제공하므로 이를 이용하면 레코드를 손쉽게 출력할 수 있다. [그림 14-15]에서 보는 바와 같이 CRecordView 클래스는 윈도우 기능(CWnd), 뷰 기능(CView), 스크롤 기능(CScrollView), 대화 상자 기능(CFormView)을 상속받는다.

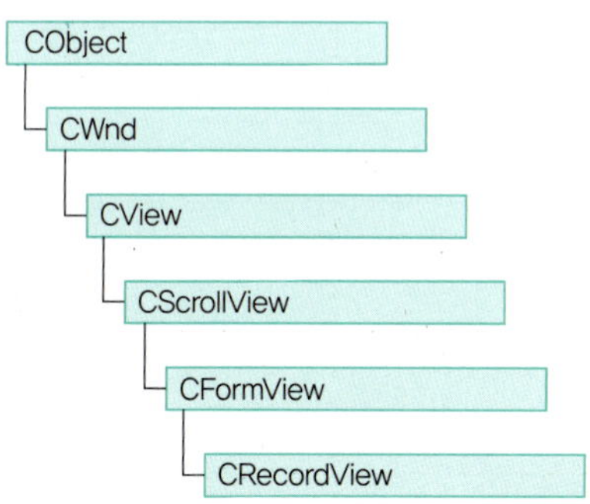

그림 14-15 MFC 클래스 계층도

여기서는 이전에 배운 CDatabase, CRecordset 클래스와 더불어 CRecordView 클래스를 이용하여 ODBC GUI 응용 프로그램을 작성하는 방법을 익힐 것이다. 비주얼 스튜디오 2015 또는 이하 버전에서 응용 프로그램 마법사로 프로젝트를 생성할 때 데이터베이스와 관련된 몇 가지 정보를 입력하면 데이터베이스 사용에 필요한 코드가 자동으로 만들어진다. 비주얼 스튜디오 2017(정확히는 2017 업데이트 15.3)부터는 데이터베이스 지원 코드를 자동으로 생성해주는 기능이 제거되었으므로 비주얼 스튜디오 2015에서 생성한 프로젝트를 열어서 활용하는 편이 좋다. 추가 코드를 작성하려면 자동으로 생성된 코드를 먼저 이해하고 있어야 하므로 우선 간단한 프로젝트를 비주얼 스튜디오 2015로 생성하고 분석해보자.

실습 14-3 ODBC 사용하기(GUI)

1 비주얼 스튜디오 2015를 실행하고 [표 14-5]를 참고하여 응용 프로그램 마법사로 ODBC2 프로젝트를 만든다. 데이터베이스 지원 옵션을 ❶~❹단계에 따라 선택하면([그림 14-16]), 응용 프로그램 마법사 마지막 단계에서 뷰의 기본 클래스로 'CRecordView'가 자동으로 선택된다([그림 14-17]).

표 14-5 응용 프로그램 마법사 단계별 변경 사항

응용 프로그램 마법사 단계	변경 사항
응용 프로그램 종류	'애플리케이션 종류'로 '단일 문서' 선택 '프로젝트 스타일'로 'MFC 표준' 선택
복합 문서 지원	없음
문서 템플릿 속성	없음
데이터베이스 지원	❶ '파일을 지원하지 않는 데이터베이스 뷰'와 'ODBC'를 선택하고 〈데이터 소스...〉를 클릭한다. 이때 '형식'은 기본값인 '다이너셋'을 그대로 사용한다. ❷ [컴퓨터 데이터 원본] 탭에서 'student'를 선택하고 〈확인〉을 클릭한다. ❸ [로그인] 대화 상자에서 〈확인〉을 클릭한다. ❹ '테이블1'을 선택하고 〈확인〉을 클릭한다.
사용자 인터페이스 기능	없음
고급 기능	없음
생성된 클래스	없음

❶

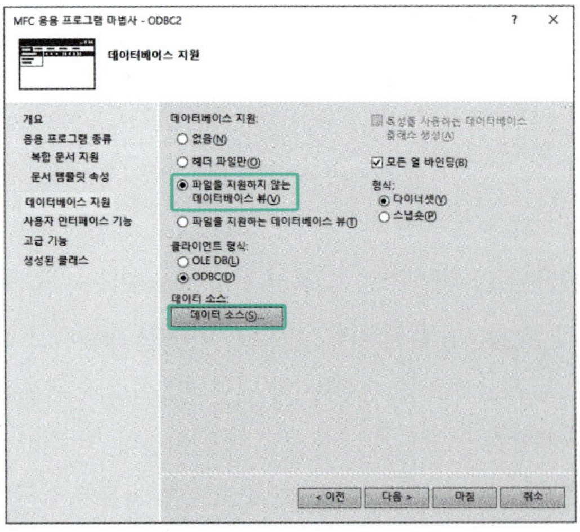

❷

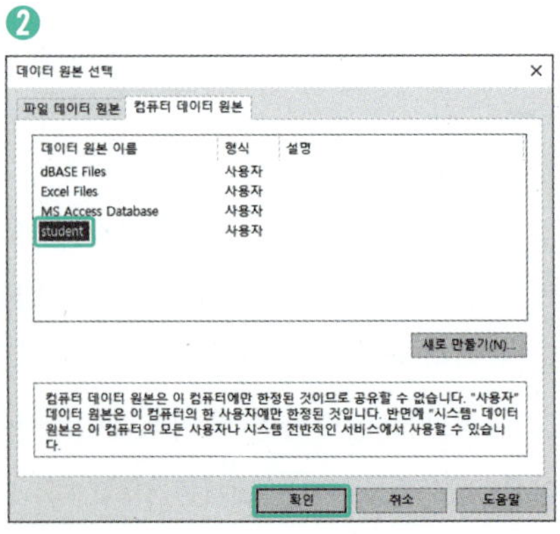

❸ ❹

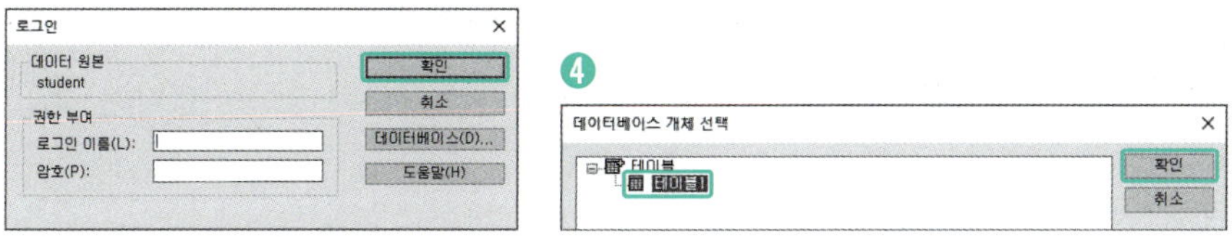

그림 14-16 데이터베이스 지원 옵션 선택

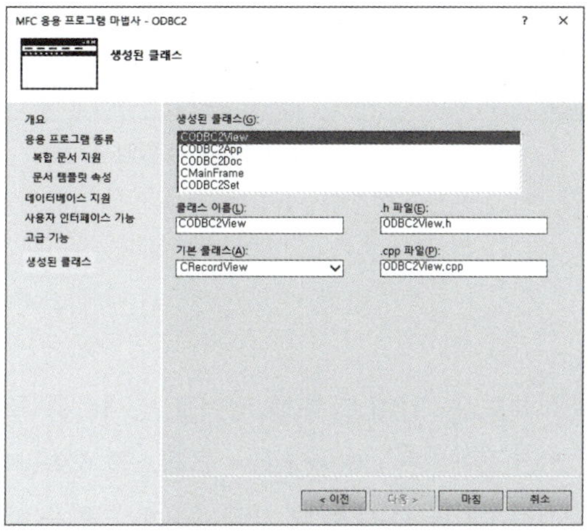

그림 14-17 응용 프로그램 마법사 마지막 단계

2 생성된 프로젝트를 컴파일하면 연관된 다수의 오류가 발생한다. 우선 ODBC2Set.h 파일을 열어서 줄 바꿈이 잘못된 주석을 수정한다. 또한 ODBC2Set.cpp 파일을 열어서 #error 부분을 주석 처리한다. 다시 컴파일, 링크하면 성공할 것이다.

참고 ODBC2Set.h의 오류는 비주얼 스튜디오 2015의 버그이다. 반면 ODBC2Set.cpp의 오류는 데이터베이스 연결에 사용되는 문자열을 살펴보라는 뜻으로 의도적으로 만들어진 것이다.

ODBC2Set.h	

변경 전	...
	// 아래의 문자열 형식(있을 경우)은 데이터베이스 필드의 실제 데이터 형식을
	// 나타냅니다(CStringA:
	ANSI 데이터 형식, CStringW: 유니코드 데이터 형식).
	...

변경 후	...
	// 아래의 문자열 형식(있을 경우)은 데이터베이스 필드의 실제 데이터 형식을
	// 나타냅니다(CStringA: ANSI 데이터 형식, CStringW: 유니코드 데이터 형식).
	...

ODBC2Set.cpp

```
...
// #error 보안 문제: 연결 문자열에 암호가 포함되어 있을 수 있습니다.
...
```

3 실행 결과는 다음과 같다. (a)처럼 [레코드] 메뉴가 새로 추가되었고 동일 기능을 가진 툴바가 생겼음을 알 수 있다. 응용 프로그램 마법사에서 '파일을 지원하지 않는 데이터베이스 뷰'를 선택했으므로 (b)처럼 [파일] 메뉴에 파일 입출력과 관련된 항목이 없다는 것도 확인하기 바란다.

(a) [레코드] 메뉴와 툴바 확인 (b) [파일] 메뉴 확인

그림 14-18 실행 결과

5 ODBC2 예제 분석

응용 프로그램 마법사가 생성한 코드를 분석해보자. '클래스 뷰'를 열어보면 새로운 클래스(CODBC2Set)가 추가되어 있다. CODBC2Set 클래스는 CRecordset 클래스를 상속받아 만들어진 레코드셋 클래스이다. 레코드셋 클래스는 데이터를 다룰 때 가장 중요한 역할을 하므로 먼저 분석하고, 나머지 클래스는 지금까지 접했던 예제와 다른 부분을 중심으로 살펴본다.

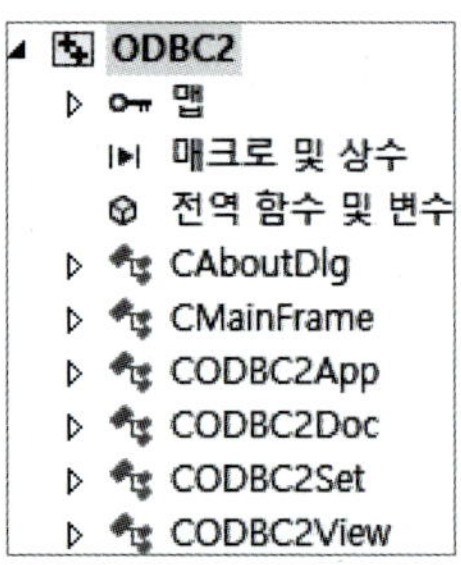

그림 14-19 클래스 구성

5.1 레코드셋 클래스

CODBC2Set 클래스 헤더 파일에 데이터베이스 테이블의 각 필드에 대응하는 변수(이후 필드 변수라 부름) 네 개가 선언되었다.

```
class CODBC2Set : public CRecordset
{
public:
    CODBC2Set(CDatabase* pDatabase = NULL);
    DECLARE_DYNAMIC(CODBC2Set)
```

```
    long      m_ST_NUM;
    CStringW m_ST_NAME;
    BOOL      m_ST_MAN;
    CStringW m_ST_PHONE;

public:
    virtual CString GetDefaultConnect();
    virtual CString GetDefaultSQL();
    virtual void DoFieldExchange(CFieldExchange* pFX);
...
};
```

CODBC2Set 클래스 구현 파일은 다음과 같다.

```
...
❶ CODBC2Set::CODBC2Set(CDatabase* pdb)
    : CRecordset(pdb)
{
    m_ST_NUM = 0;
    m_ST_NAME = L"";
    m_ST_MAN = FALSE;
    m_ST_PHONE = L"";
    m_nFields = 4;
    m_nDefaultType = dynaset;
}

❷ CString CODBC2Set::GetDefaultConnect()
{
    return _T("DSN=student;...필수적인 내용이 아니므로 삭제 가능...");
}

❸ CString CODBC2Set::GetDefaultSQL()
{
    return _T("[테이블1]");
}

❹ void CODBC2Set::DoFieldExchange(CFieldExchange* pFX)
{
    pFX->SetFieldType(CFieldExchange::outputColumn);
    RFX_Long(pFX, _T("[ST_NUM]"), m_ST_NUM);
    RFX_Text(pFX, _T("[ST_NAME]"), m_ST_NAME);
```

```
    RFX_Bool(pFX, _T("[ST_MAN]"), m_ST_MAN);
    RFX_Text(pFX, _T("[ST_PHONE]"), m_ST_PHONE);
}
...
```

❶ 생성자에서는 네 개의 필드 변수를 초기화하고 필드의 개수를 m_nFields 변수에 저장한다. 응용 프로그램 마법사에서 '다이너셋'을 선택했으므로 m_nDefaultType 변수는 CRecordset::dynaset으로 초기화된다.

❷ 가상 함수 CRecordset::GetDefaultConnect()를 재정의한다. 리턴하는 문자열은 ODBC1 예제에서 CDatabase::OpenEx() 함수의 첫 번째 인자에 사용했던 값과 의미가 같다. 이것은 GetDefaultConnect() 함수의 리턴 값을 그대로 사용하면 CDatabase 객체를 생성할 수 있음을 뜻한다. 콘솔 응용 프로그램에서는 CRecordset 객체를 생성하기 위해 CDatabase 객체를 손수 만들어야 했다. 하지만 이와 같이 GetDefaultConnect() 함수를 재정의해두면 레코드셋 클래스에서 자체적으로 CDatabase 객체를 직접 생성하므로 편리하다. 응용 프로그램 마법사가 만든 코드는 실제로 이와 같이 동작한다.

참고 자동 생성된 코드에서 "DSN=student" 이후의 문자열은 삭제해도 상관없다.

❸ 가상 함수 CRecordset::GetDefaultSQL()을 재정의한다. 이 함수의 리턴 값은 응용 프로그램 마법사에서 선택한 테이블 이름인데, CRecordset::Open() 함수에서 내부적으로 사용된다.

❹ CRecordset::DoFieldExchange() 함수는 레코드셋 클래스의 필드 변수(m_ST_NUM, m_ST_NAME, ...)와 현재 레코드 사이의 데이터 교환을 담당한다. 이 함수의 인자로 전달되는 CFieldExchange 객체의 값에 따라 데이터의 이동 방향이 결정되므로, 레코드를 수정(필드 변수→현재 레코드)하거나 화면에 출력(현재 레코드→필드 변수)하는 용도로 모두 사용할 수 있다. DoFieldExchange() 함수를 이용한 이와 같은 데이터 교환 방법을 RFX Record Field Exchange라 부른다([그림 14-20]).

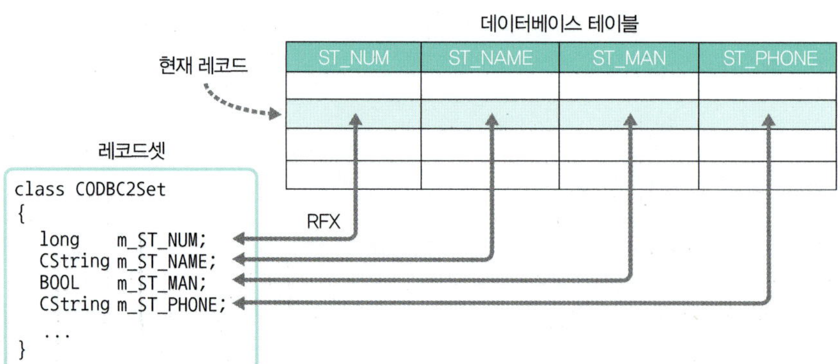

그림 14-20 RFX

[레코드] 메뉴가 제공하는 네 가지 기능은 모두 내부적으로 RFX를 사용하며, 이로 인해 레코드셋 클래스의 필드 변수는 항상 현재 레코드 값을 가진다. 뷰 클래스에 WM_LBUTTONDBLCLK 메시지 핸들러를 추가하고 다음 코드를 작성해보자. [레코드]-[다음 레코드] 또는 [레코드]-[이전 레코드] 메뉴를 선택한 후 클라이언트 영역에서 마우스 왼쪽 버튼을 더블 클릭하면 다음 레코드 혹은 이전 레코드 값을 보여준다.

```
void CODBC2View::OnLButtonDblClk(UINT nFlags, CPoint point)
{
    CString str;
    str.Format(_T("번호: %d, 이름: %s, 성별: %s, 전화: %s"),
        m_pSet->m_ST_NUM,
        m_pSet->m_ST_NAME,
        m_pSet->m_ST_MAN==1 ? _T("남") : _T("여"),
        m_pSet->m_ST_PHONE);
    MessageBox(str);
}
```

결과

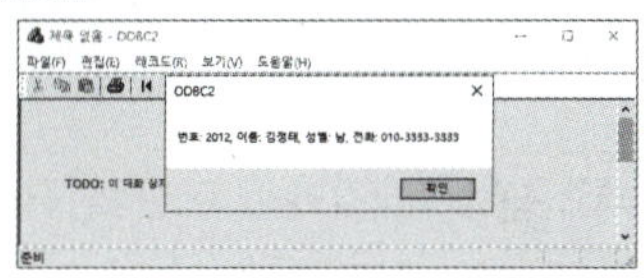

5.2 도큐먼트 클래스

도큐먼트 클래스 헤더 파일에는 레코드셋 객체가 선언되어 있다. 당장은 도큐먼트 클래스에서 레코드셋 객체를 사용하는 부분이 없지만 나중에 파일 입출력과 연관 지어 활용하면 된다.

```
class CODBC2Doc : public CDocument
{
protected:
    CODBC2Doc();
    DECLARE_DYNCREATE(CODBC2Doc)

public:
    CODBC2Set m_ODBC2Set;
...
```

5.3 뷰 클래스

뷰 클래스 헤더 파일에는 레코드셋 객체를 가리키는 포인터 변수가 선언되어 있다.

```
...
class CODBC2Set;

class CODBC2View : public CRecordView
{
protected:
    CODBC2View();
    DECLARE_DYNCREATE(CODBC2View)

public:
    enum{ IDD = IDD_ODBC2_FORM };
    CODBC2Set* m_pSet;
...
```

뷰 클래스 구현 파일에는 다음과 같은 코드가 추가되어 있다.

```
...
❶ void CODBC2View::OnInitialUpdate()
{
    m_pSet = &GetDocument()->m_ODBC2Set;
    CRecordView::OnInitialUpdate();
}
...
❷ CRecordset* CODBC2View::OnGetRecordset()
{
    return m_pSet;
}
...
```

❶ OnInitialUpdate() 함수는 도큐먼트 클래스에 접근하여 m_pSet 변수를 초기화한다.

❷ 뷰의 기본 클래스로 사용되는 CRecordView는 레코드셋 객체에 접근할 때마다 가상 함수 OnGetRecordset()을 호출하여 레코드셋 객체의 주소를 얻는다. 레코드셋 객체를 OnInitialUpdate() 함수에서 이미 초기화했으므로 m_pSet 값을 그대로 리턴한다.

6 데이터베이스 조작

MFC가 제공하는 ODBC 관련 클래스를 이용하여 데이터베이스를 다양한 방식으로 조작하는 방법에 대해 살펴보자.

6.1 레코드 표시

RFX와 대화 상자의 DDX를 결합하면 레코드를 앞이나 뒤로 혹은 처음이나 끝으로 이동하면서 화면에 출력하는 작업을 편리하게 할 수 있다. 레코드뷰를 사용하면 코드를 작성하지 않고도 이와 같은 기능을 자동으로 구현할 수 있다. 다음 실습을 통해 확인해보자.

실습 14-4 **ODBC 활용하기 1**

작성할 예제의 실행 결과는 [그림 14-21]과 같다. [레코드] 메뉴나 동일 기능의 툴바를 이용하여 레코드를 앞이나 뒤로 혹은 처음이나 끝으로 이동할 수 있다. 에디트 컨트롤에는 항상 현재 레코드 값이 표시된다. 또한, 에디트 컨트롤에서 값을 변경한 후 다른 레코드로 이동하면, 변경한 레코드 값이 자동으로 데이터베이스에 저장된다.

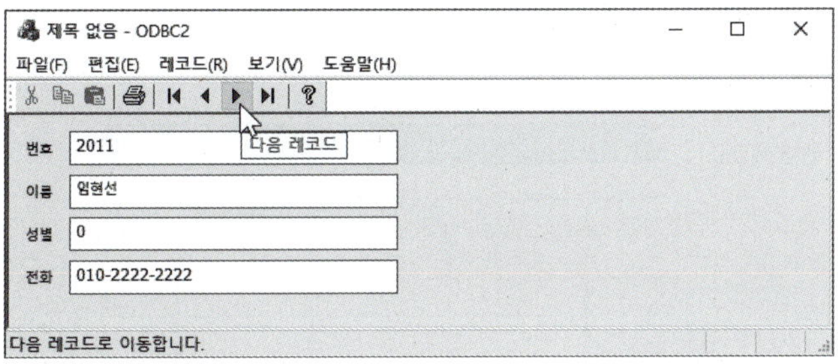

그림 14-21 실행 결과

1 [실습 14-3]에서 작성한 ODBC2 프로젝트를 열고 대화 상자 리소스 IDD_ODBC2_FORM에 [그림 14-22]와 같이 컨트롤을 배치한다. 왼쪽 열에 있는 스태틱 텍스트 컨트롤의 Caption만 변경하고, 오른쪽 열에 있는 에디트 컨트롤은 기본값을 그대로 사용한다.

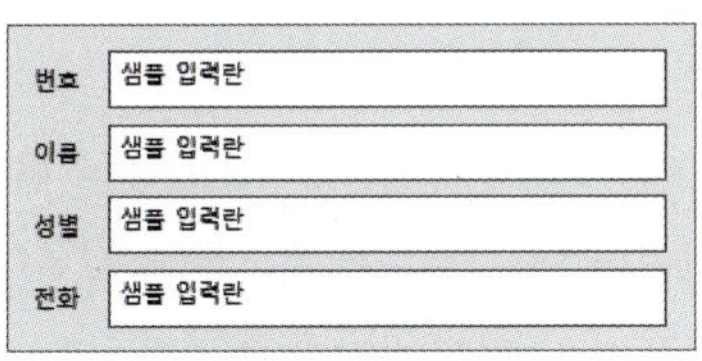

그림 14-22 대화 상자 디자인

2 뷰 클래스의 DoDataExchange() 함수에 다음과 같이 코드를 추가한다. DDX_FieldText() 함수는 대화 상자의 에디트 컨트롤과 레코드셋의 필드 변수 사이의 데이터를 자동으로 교환해준다. 'DDX_FieldText(pDX, 에디트컨트롤ID, m_pSet->필드변수, m_pSet)' 형태로 호출한다.

```
void CODBC2View::DoDataExchange(CDataExchange* pDX)
{
    CRecordView::DoDataExchange(pDX);
    DDX_FieldText(pDX, IDC_EDIT1, m_pSet->m_ST_NUM, m_pSet);
    DDX_FieldText(pDX, IDC_EDIT2, m_pSet->m_ST_NAME, m_pSet);
    DDX_FieldText(pDX, IDC_EDIT3, m_pSet->m_ST_MAN, m_pSet);
    DDX_FieldText(pDX, IDC_EDIT4, m_pSet->m_ST_PHONE, m_pSet);
}
```

[그림 14-23]은 예제의 동작 원리를 보여준다. 레코드뷰와 레코드셋 사이는 DDX를, 레코드셋과 데이터베이스 사이는 RFX를 이용하여 데이터를 교환한다. DDX를 작동시키는 코드는 CODBC2View::DoDataExchange() 함수에, RFX를 작동시키는 코드는 CODBC2Set::DoFieldExchange() 함수에 있다.

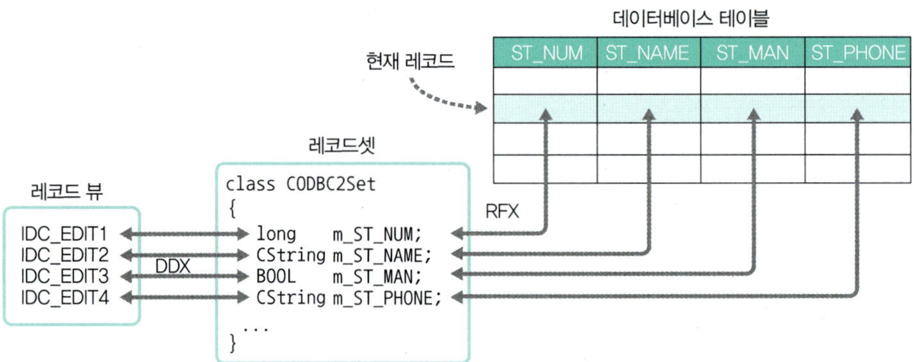

그림 14-23 DDX와 RFX

6.2 레코드 추가, 변경, 삭제

새로운 레코드를 추가하는 방법은 다음과 같다. CRecordset::AddNew() 함수를 호출하면 새로운 레코드를 추가할 수 있도록 비어 있는 레코드가 준비된다. 새로운 레코드로 값을 채운 후 CRecordset::Update() 함수를 호출하면 새로운 레코드가 데이터베이스에 저장된다.

```
m_pSet->AddNew();
m_pSet->m_ST_NUM = 2020;
m_pSet->m_ST_NAME = _T("임보영");
m_pSet->m_ST_MAN = 0;
m_pSet->m_ST_PHONE = _T("010-9999-9999");
m_pSet->Update();
```

레코드를 변경하는 방법은 추가하는 방법과 비슷하다. CRecordset::AddNew() 함수 대신 CRecordset::Edit() 함수를 호출한다.

```
m_pSet->Edit();
m_pSet->m_ST_PHONE = _T("010-7474-8282"); // 전화 번호만 변경
m_pSet->Update();
```

레코드를 삭제할 때는 CRecordset::Delete() 함수를 호출하되, 삭제가 성공하면 반드시 다른 레코드로 스크롤(이동)을 해야 한다. 삭제할 때는 추가하거나 변경할 때와 달리 CRecordset::Update() 함수를 호출할 필요가 없다.

어느 경우든 변경된 레코드 내용을 현재 레코드셋에 반영하려면 CRecordset::Requery() 함수를 호출해야 한다. 이 함수는 레코드셋을 새로 만드는(Rebuild or Refresh) 작업을 한다.

6.3 레코드 검색(필터링)

특정 조건의 레코드를 얻는 SQL 문의 예는 ❶과 같다. 이것을 ❷와 같이 CRecordset의 멤버 변수인 m_strFilter를 이용하여 편리하게 수행할 수 있다. m_strFilter가 SQL 문의 WHERE 절을 대신한다고 볼 수 있다.

```
❶ SELECT * FROM 테이블1 WHERE ST_NAME = '임현선';
❷ m_pSet->m_strFilter = _T("ST_NAME = '임현선'");
   m_pSet->Requery();
```

실습 14-5 ODBC 활용하기 2

[실습 14-4]의 ODBC2 예제에 남자 혹은 여자 데이터만 출력하는 기능을 추가해보자.

1 기존 메뉴 옆에 '테스트' 메뉴를 만들고 다음과 같이 두 개의 항목을 추가한다. ID는 각각 ID_TEST_MANONLY, ID_TEST_WOMANONLY로 설정한다.

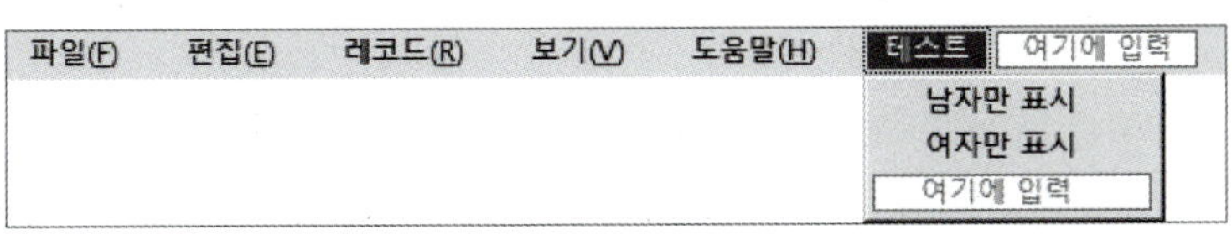

그림 14-24 메뉴 작성

2 속성창을 이용하여 뷰 클래스에 두 개의 메뉴 명령 핸들러를 추가하고 다음 코드를 작성한다. CRecordset::m_strFilter를 변경한 후에는 반드시 CRecordset::Requery() 함수를 호출하여 레코드셋을 새로 만들어야 한다. 또한, 새로 만든 레코드셋을 화면에 곧바로 반영하려면 CWnd::UpdateData() 함수를 호출하여 DDX를 직접 실행해야 한다.

```
void CODBC2View::OnTestManonly()
{
    m_pSet->m_strFilter = _T("ST_MAN = TRUE");
    m_pSet->Requery();
    UpdateData(FALSE);
}

void CODBC2View::OnTestWomanonly()
{
    m_pSet->m_strFilter = _T("ST_MAN = FALSE");
    m_pSet->Requery();
    UpdateData(FALSE);
}
```

6.4 레코드 정렬

특정 필드 값에 따라 레코드를 정렬하는 SQL 문의 예는 ❶과 같다. 이것을 ❷와 같이 CRecordset의 멤버 변수인 m_strSort를 이용하여 편리하게 수행할 수 있다. m_strSort는 SQL 문의 ORDER BY 절을 대신한다고 볼 수 있다.

```
❶ SELECT * FROM 테이블1 ORDER BY NAME;
❷ m_pSet->m_strSort = _T("NAME");
   m_pSet->Requery();
```

03 OLE DB 프로그래밍

이 절에서는 OLE DB의 기본 구조를 살펴보고, MFC가 제공하는 템플릿 클래스를 이용한 프로그래밍 방법을 학습한다.

1 OLE DB 구조

OLE DB는 ODBC와 마찬가지로 단일 API를 사용하여 다양한 데이터에 접근할 수 있도록 설계된 데이터베이스 프로그래밍 인터페이스이다. ODBC와 다른 점은 MS의 COM Component Object Model 기술에 기반하므로 윈도우 운영체제에 종속적이라는 것과 전통적인 DBMS로 제공되는 관계형 데이터베이스는 물론이고 그 밖의 다양한 데이터(비관계형 데이터베이스, 일반 파일, e-메일, ...)에도 접근할 수 있는 유연한 구조를 제공한다는 것이다.

OLE DB의 기본 구조는 소비자Consumer와 공급자Provider 모델이다. [그림 14-25]는 OLE DB 소비자, OLE DB 공급자, 데이터 소스의 관계를 보여준다.

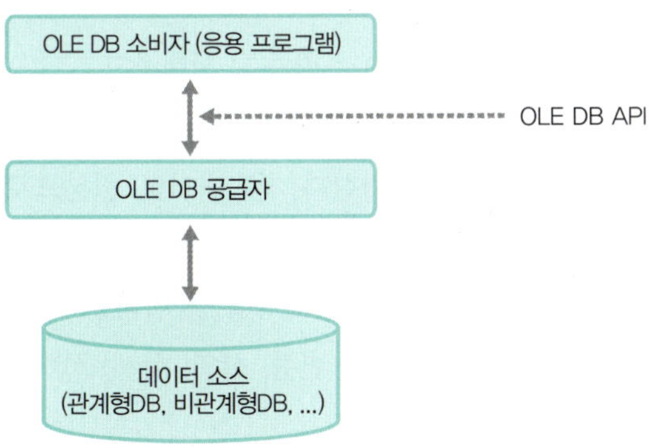

그림 14-25 OLE DB 구조

- **OLE DB 소비자** : OLE DB 인터페이스를 통해 데이터에 액세스하는 시스템이나 응용 프로그램이다.
- **OLE DB 공급자** : 실제 OLE DB 인터페이스를 구현하는 소프트웨어 컴포넌트로, 데이터 소스에 접근하여 OLE DB 소비자에게 데이터를 제공한다.
- **데이터 소스** : OLE DB 공급자의 종류에 따라 관계형 데이터베이스일 수도 있고, 비관계형 데이터베이스나 일반 파일, e-메일, 스프레드시트 등 다양한 형태가 될 수 있다.

2 MFC OLE DB 프로그래밍(콘솔)

OLE DB는 복잡한 COM 기술을 기반으로 하므로 구현이 어렵고 많은 코드를 작성해야 하는 문제가 있다. 하지만 MFC에서는 복잡한 부분을 미리 템플릿 클래스 형태로 구현하여 제공하므로 응용 프로그램 코드를 작성하기가 훨씬 쉽다. 여기서는 간단한 형태의 콘솔 응용 프로그램으로 기본 개념과 템플릿 클래스 사용법을 배우고 이후에 GUI 응용 프로그램을 작성할 것이다.

실습 14-6 OLE DB 사용하기(콘솔)

[그림 14-26]과 같이 데이터베이스에 저장된 내용을 모두 출력하는 MFC 콘솔 응용 프로그램을 작성해보자. 데이터베이스는 [실습 14-1]에서 만든 student.accdb 파일과 ODBC 데이터 원본을 그대로 사용한다.

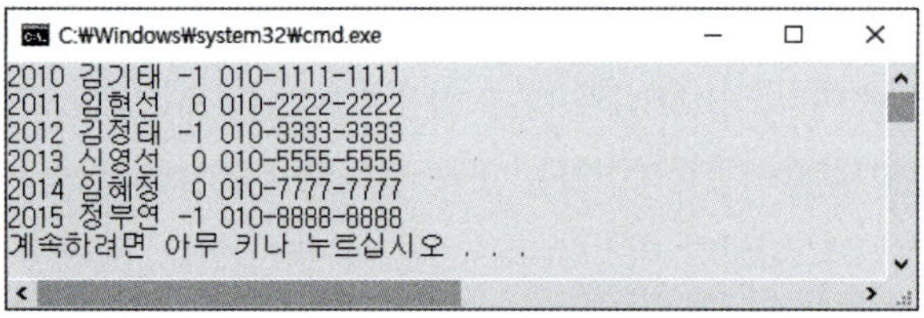

그림 14-26 실행 결과

1 비주얼 스튜디오 2019를 실행하고 응용 프로그램 마법사로 OLEDB1 프로젝트를 만든다. 생성 옵션은 2장의 Console 프로그램과 동일하다.

2 [프로젝트]-[클래스 추가...] 메뉴를 선택하여 ❶ 'ATL OLEDB 소비자'를 선택하고 〈추가〉를 클릭한다. ❷ 다음 화면에서 〈데이터 소스...〉를 클릭하여 'Microsoft OLE DB Provider for ODBC Drivers'를 선택하고 〈다음〉을 클릭한다. ❸ 데이터 원본으로 'student'를 선택하고 〈확인〉을 클릭한다. ❹ 데이터베이스 개체로 '테이블1'을 선택하고 〈확인〉을 클릭한다. ❺ 클래스에 "CStudent"를, .h 파일에 "CStudent.h"를 입력한다. 형식은 기본값인 '명령' 대신 '테이블'을 사용하되, 지원 항목을 모두(변경, 삽입, 삭제) 선택한 후 〈마침〉을 클릭한다.

참고 형식으로 '테이블'과 '명령' 중 하나를 선택할 수 있다. '테이블'은 SQL 명령을 직접 사용하지 않고 간단한 연산을 할 때 적합하며, '명령'은 SQL 명령을 수행하여 좀 더 복잡한 연산을 할 때 사용한다. 어느 쪽을 선택하든 레코드 출력/삽입/삭제/변경 작업을 할 수 있다.

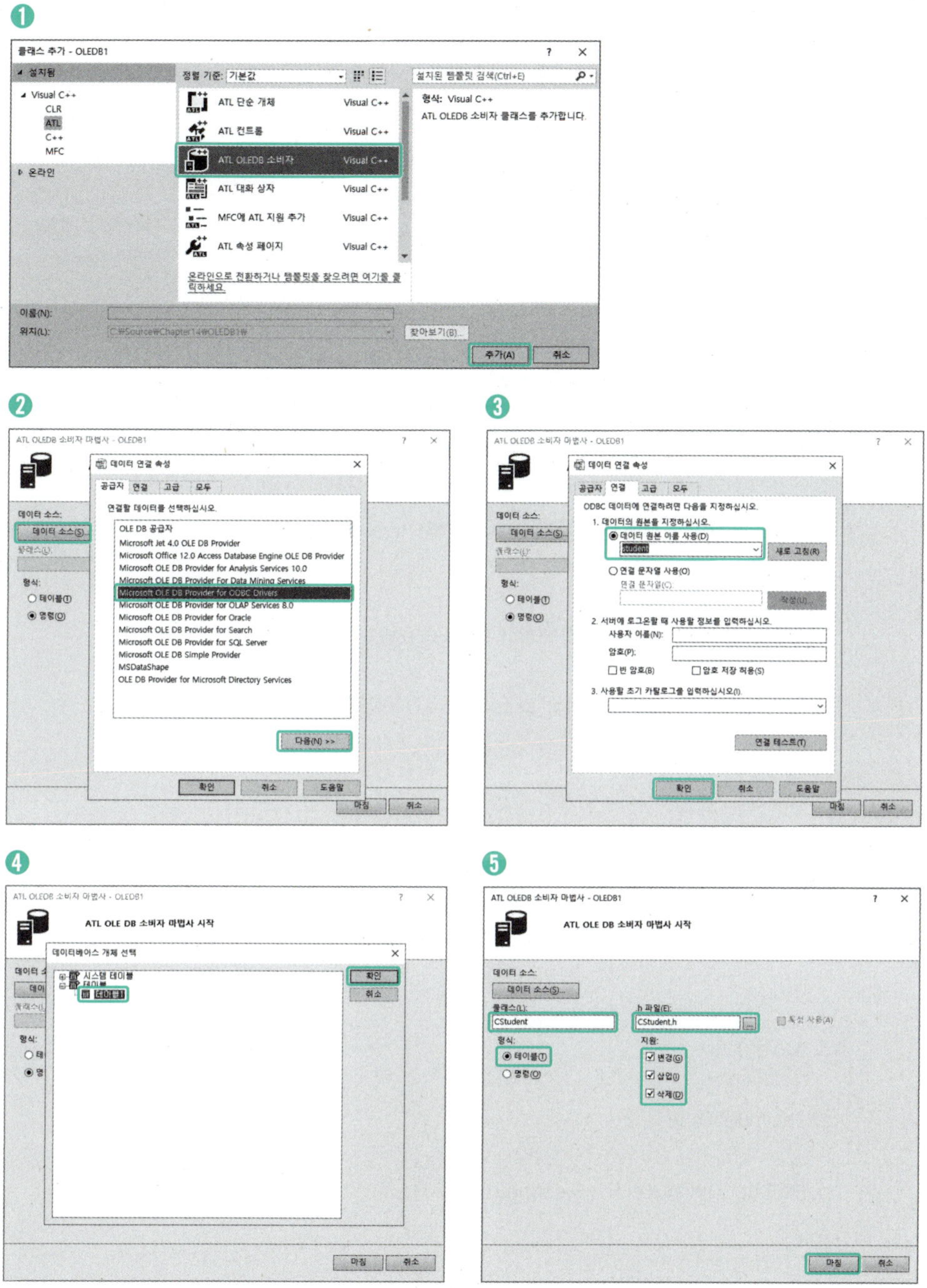

그림 14-27 OLE DB 소비자 클래스 추가

3 OLEDB1.cpp 파일에 CStudent.h를 포함하는 코드를 추가하고 컴파일하면 오류가 발생한다. #error 부분을 주석 처리하고 컴파일하면 다시 오류가 발생할 것이다. student.accdb의 테이블 이름이 한국어라서 생기는 문제로, CStudent::OpenRowset() 함수의 첫 줄을 변경하여 해결한다.

```
#include "stdafx.h"
#include "OLEDB1.h"
#include "CStudent.h"
...
```

```
...
class CStudentAccessor
{
    ...
//#error 보안 문제: 연결 문자열에 암호가 포함되어 있을 수 있습니다.
    ...
}

class CStudent : public CTable<CAccessor<CStudentAccessor> >
{
    ...
    HRESULT OpenRowset(DBPROPSET *pPropSet = NULL)
    {
        HRESULT hr = Open(m_session, L"테이블1", pPropSet);
    ...
}
```

4 OLEDB1.cpp 파일의 main() 함수에 다음 코드를 입력하고 실행하면 [그림 14-26]과 같은 결과를 볼 수 있다.

```
...
int main()
{
    int nRetCode = 0;

    HMODULE hModule = ::GetModuleHandle(nullptr);

    if (hModule != nullptr)
    {
        // MFC를 초기화합니다. 초기화하지 못한 경우 오류를 인쇄합니다.
        if (!AfxWinInit(hModule, nullptr, ::GetCommandLine(), 0))
        {
            // TODO: 오류 코드를 필요에 따라 수정합니다.
            wprintf(L"심각한 오류: MFC를 초기화하지 못했습니다.\n");
```

```
            nRetCode = 1;
        }
        else
        {
            CoInitialize(NULL); // COM 초기화
            _tsetlocale(LC_ALL, _T(""));

            HRESULT hr; // COM 오류 저장
            CStudent* m_pSet = new CStudent();

            hr = m_pSet->OpenAll();
            if (FAILED(hr)) {
                AfxMessageBox(_T("레코드 집합을 열지 못했습니다."), MB_OK);
            }

            m_pSet->MoveFirst();
            do {
                _tprintf(_T("%d %s %2d %s\n"),
                    m_pSet->m_ST_NUM,
                    m_pSet->m_ST_NAME,
                    m_pSet->m_ST_MAN,
                    m_pSet->m_ST_PHONE);
            } while (m_pSet->MoveNext() == S_OK);

            m_pSet->CloseAll();

            delete m_pSet;
            CoUninitialize(); // COM 종료
        }
    }
    else
    {
        // TODO: 오류 코드를 필요에 따라 수정합니다.
        wprintf(L"심각한 오류: GetModuleHandle 실패\n");
        nRetCode = 1;
    }

    return nRetCode;
}
```

3 OLEDB1 예제 분석

OLE DB 템플릿 클래스의 내부 구조를 이해하려면 C++ 언어뿐만 아니라 COM과 OLE DB 인터페이스에 관한 복잡한 지식을 알아야 한다. 이는 이 책의 설명 범위를 넘어선다. 다행히도 MFC가 제공하는 OLE DB 클래스의 핵심 기능을 알고 있으면 어렵지 않게 OLE DB 응용 프로그램을 제작할 수 있다.

다음 표는 ODBC와 OLE DB를 비교하여 정리한 것이다.

표 14-6 ODBC와 OLE DB 비교

<table>
<tr><th>ODBC</th><th>OLE DB</th><th>OLE DB 클래스 기능</th></tr>
<tr><td>CDatabase</td><td>CDataSource
(데이터 소스)</td><td>OLE DB 소비자와 데이터 소스 간의 연결과 관리를 담당한다.
– 한 개 이상의 세션을 만들 수 있다.</td></tr>
<tr><td>CDatabase::m_hdbc
(연결 핸들)</td><td>CSession
(세션)</td><td>OLE DB 소비자와 데이터 소스의 상호 작용(검색, 삽입, 삭제, ...)을 나타낸다.
– CSession::Open() 함수에 데이터 소스 객체를 전달하여 생성한다.
– 한 개의 데이터 소스에서 여러 개의 세션을 만들 수 있다.</td></tr>
<tr><td>CRecordset</td><td>CRowset, ...
(행 집합)</td><td>데이터를 표 형식으로 나타낸다.
– 세션이나 테이블 또는 명령으로부터 만들 수 있다.</td></tr>
<tr><td rowspan="2">CDatabase::ExecuteSQL()
또는
CRecordset::Open()</td><td>CTable
(테이블)</td><td>CTable::Open() 함수를 이용하여 특정 테이블 전체 레코드의 행 집합을 생성한다.</td></tr>
<tr><td>CCommand
(명령)</td><td>CCommand::Open() 함수를 이용하여 SQL 문과 같은 텍스트 명령을 실행하며, 특히 SQL SELECT 문을 사용하면 행 집합을 생성한다.
– 한 개의 세션에서 여러 개의 명령을 만들 수 있다.</td></tr>
<tr><td>CRecordset 파생 클래스와 RFX(Record Field Exchange)</td><td>CAccessor, ...
(접근자)</td><td>행 집합의 필드(열)와 OLE DB 소비자에서 선언한 변수 간의 바인딩 정보를 유지한다.</td></tr>
<tr><td>CRecordView</td><td>COleDBRecordView</td><td>행 집합 객체의 레코드를 한 번에 한 개씩 화면에 보여준다.</td></tr>
</table>

[실습 14-6]에서 응용 프로그램 마법사가 자동 생성한 CStudent.h 파일의 코드 구조를 OLE DB 클래스와 관련지어 살펴보자. 다음은 CStudent.h 파일의 핵심 부분으로, 중요 클래스는 진하게 표시하였다.

```
class CStudentAccessor
{
public:
   LONG m_ST_NUM;
   TCHAR m_ST_NAME[256];
   VARIANT_BOOL m_ST_MAN;
   TCHAR m_ST_PHONE[256];
   ...
   HRESULT OpenDataSource()
   {
      CDataSource _db;
      ...
      hr = _db.OpenFromInitializationString(...);
      ...
      return m_session.Open(_db);
   }

   void CloseDataSource()
   {
      m_session.Close();
   }

   operator const CSession&()
   {
      return m_session;
   }

   CSession m_session;
   ...
};

class CStudent : public CTable<CAccessor<CStudentAccessor> >
{
public:
   HRESULT OpenAll()
   {
      ...
      hr = OpenDataSource();
      ...
      return OpenRowset();
   }
```

```
42
43    HRESULT OpenRowset(DBPROPSET *pPropSet = NULL)
44    {
45       HRESULT hr = Open(m_session, L"테이블1", pPropSet);
46       ...
47    }
48
49    void CloseAll()
50    {
51       Close();
52       CloseDataSource();
53    }
54 };
```

01~07행 CStudentAccessor 클래스는 [표 14-6]에서 설명한 접근자에 해당한다. 행 집합의 필드에 대응하는 사용자 변수가 04~07행에 선언되어 있다.

09~16행 데이터 소스 객체를 생성하고(11행) 실제 데이터 소스와 연결한다(13행). 15행에서 CSession::Open() 함수를 호출하여 세션 객체를 생성한다.

18~21행 데이터 소스를 닫으면 세션 객체를 같이 닫는다.

23~26행 세션 객체의 참조 값을 리턴하는 연산자를 정의한다.

28행 세션 객체를 나타내는 변수이다.

32행 CStudent 클래스는 데이터 소스→세션→테이블 객체를 통해 행 집합을 얻고, CStudentAccessor 클래스가 제공하는 접근자와 상호 작용한다.

35~41행 CStudentAccessor::OpenDataSource() 함수를 호출하여 데이터 소스와 세션 객체를 생성하고 45행에 정의된 테이블 이름을 사용해서 행 집합을 얻는다.

43~47행 CTable 클래스가 제공하는 Open() 함수를 호출하여 행 집합을 얻는다.

49~53행 사용이 끝난 행 집합(51행)과 세션(52행) 객체를 닫아서 정리한다.

지금까지 설명한 내용을 토대로 레코드의 출력/추가/변경/삭제 연산 방법을 살펴보자. OLEDB1 예제 분석과 더불어 새로운 코드를 추가하면서 진행할 것이다.

3.1 레코드 출력

CRowset 클래스가 제공하는 Move*() 함수를 이용하면 행 집합 내에서 현재 레코드를 이동하면서 데이터 값을 얻을 수 있다. 접근자가 자동으로 작동하여 행 집합의 필드 변수에 현재 레코드 값이 들어오므로 이를 출력 등의 목적으로 사용하면 된다.

표 14-7 현재 레코드 설정 함수

함수	기능
MoveFirst()	첫 번째 레코드를 현재 레코드로 설정한다.
MoveLast()	마지막 레코드를 현재 레코드로 설정한다.
MoveNext()	다음 위치의 레코드를 현재 레코드로 설정한다.
MovePrev()	이전 위치의 레코드를 현재 레코드로 설정한다.

다음은 OLEDB1에서 테이블1의 모든 레코드를 출력하는 코드이다.

```
m_pSet->MoveFirst();
do {
    _tprintf(_T("%d %s %2d %s\n"),
        m_pSet->m_ST_NUM,
        m_pSet->m_ST_NAME,
        m_pSet->m_ST_MAN,
        m_pSet->m_ST_PHONE);
} while (m_pSet->MoveNext() == S_OK);
```

3.2 레코드 추가

CRowset::Insert() 함수를 사용하면 새로운 레코드를 현재 위치에 추가할 수 있다. 다음은 테이블의 맨 끝에 새로운 레코드를 추가하는 코드이다. 설명은 주석을 참고하기 바라며, 완성된 코드는 'OLEDB1 - 본문 속 예제(레코드 추가, 변경, 삭제)' 프로젝트에 포함되어 있다.

```
m_pSet->MoveLast(); // 맨 끝으로 이동한다.

// 레코드 추가 전에 상태 변수를 초기화해야 한다!
m_pSet->m_dwST_NUMStatus = DBSTATUS_S_OK;
m_pSet->m_dwST_NAMEStatus = DBSTATUS_S_OK;
m_pSet->m_dwST_MANStatus = DBSTATUS_S_OK;
m_pSet->m_dwST_PHONEStatus = DBSTATUS_S_OK;

// 문자열과 같은 가변 필드는 길이를 초기화해야 한다!
m_pSet->m_dwST_NAMELength = sizeof(_T("권석훈"));
m_pSet->m_dwST_PHONELength = sizeof(_T("010-1234-5678"));

// 필드 변수에 새로운 레코드의 필드 값을 넣는다.
```

```
m_pSet->m_ST_NUM = 3010;
wsprintf(m_pSet->m_ST_NAME, _T("권석훈"));
m_pSet->m_ST_MAN = -1;
wsprintf(m_pSet->m_ST_PHONE, _T("010-1234-5678"));

// 레코드를 추가한다.
hr = m_pSet->Insert();
if (FAILED(hr)) {
    AfxMessageBox(_T("레코드를 추가하지 못했습니다."), MB_OK);
}
```

3.3 레코드 변경

CRowset::SetData() 함수를 사용하면 레코드 값을 변경할 수 있다. 다음은 테이블의 맨 끝에 있는 레코드의 일부 필드 값을 변경하는 코드이다. 설명은 주석을 참고하기 바라며, 완성된 코드는 'OLEDB1 – 본문 속 예제(레코드 추가, 변경, 삭제)' 프로젝트에 포함되어 있다.

```
m_pSet->MoveLast(); // 맨 끝으로 이동한다.

// 레코드 변경 전에 상태 변수를 초기화해야 한다!
m_pSet->m_dwST_NUMStatus = DBSTATUS_S_OK;
m_pSet->m_dwST_NAMEStatus = DBSTATUS_S_OK;
m_pSet->m_dwST_MANStatus = DBSTATUS_S_OK;
m_pSet->m_dwST_PHONEStatus = DBSTATUS_S_OK;

// 문자열과 같은 가변 필드는 길이를 초기화해야 한다!
m_pSet->m_dwST_PHONELength = sizeof(_T("010-5678-1234"));

// 필드 변수에 변경할 레코드의 필드 값을 넣는다.
wsprintf(m_pSet->m_ST_PHONE, _T("010-5678-1234"));

// 레코드를 변경한다.
hr = m_pSet->SetData();
if (FAILED(hr)) {
    AfxMessageBox(_T("레코드를 변경하지 못했습니다."), MB_OK);
}
```

3.4 레코드 삭제

CRowset::Delete() 함수를 사용하면 레코드를 삭제할 수 있다. 다음은 테이블의 맨 끝에 있는 레코드를 삭제하는 코드이다. 설명은 주석을 참고하기 바라며, 완성된 코드는 'OLEDB1 – 본문 속 예제(레코드 추가, 변경, 삭제)' 프로젝트에 포함되어 있다.

```
m_pSet->MoveLast(); // 맨 끝으로 이동한다.

// 레코드를 삭제한다.
hr = m_pSet->Delete();
if (FAILED(hr)) {
    AfxMessageBox(_T("레코드를 삭제하지 못했습니다."), MB_OK);
}
```

4 MFC OLE DB 프로그래밍(GUI)

MFC 응용 프로그램 마법사를 이용하면 GUI를 제공하는 OLE DB 응용 프로그램을 쉽게 제작할 수 있다. 특히 뷰의 기본 클래스로 COleDBRecordView 클래스가 자동 선택되므로 ODBC2 예제와 마찬가지로 레코드 출력이나 레코드 간 이동을 편리하게 처리할 수 있다. 기본 구조는 ODBC2 예제와 거의 비슷하며, CRecordView 대신 COleDBRecordView 클래스가, CRecordset 대신 CTable/CAccessor/CRowset 클래스가 사용된다는 차이가 있다.

실습 14-7 OLE DB 사용하기(GUI)

작성할 예제의 실행 결과는 [그림 14-28]과 같다. [레코드] 메뉴나 동일 기능의 툴바를 이용하여 레코드를 앞이나 뒤로 혹은 처음이나 끝으로 이동할 수 있다. 에디트 컨트롤에는 항상 현재 레코드 값이 표시된다. 또한, 에디트 컨트롤에서 값을 변경한 후 다른 레코드로 이동하면, 변경한 레코드 값이 자동으로 데이터베이스에 저장된다.

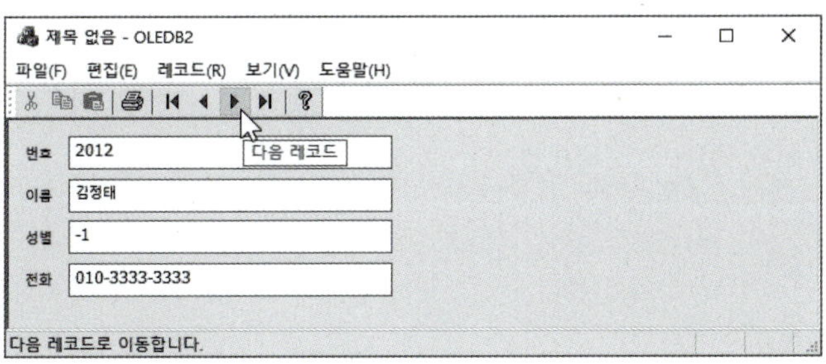

그림 14-28 실행 결과

1 비주얼 스튜디오 2019를 실행하고 [표 14-8]을 참고하여 응용 프로그램 마법사로 OLEDB2 프로젝트를 만든다. 데이터베이스 지원 옵션을 설명대로 선택하면, 응용 프로그램 마법사 마지막 단계에서 뷰의 기본 클래스로 COleDBRecordView가 선택된다.

표 14-8 응용 프로그램 마법사 단계별 변경 사항

응용 프로그램 마법사 단계	변경 사항
응용 프로그램 종류	'애플리케이션 종류'로 '단일 문서' 선택 '프로젝트 스타일'로 'MFC 표준' 선택
복합 문서 지원	없음
문서 템플릿 속성	없음
데이터베이스 지원	'파일을 지원하지 않는 데이터베이스 뷰'를 선택하고 〈데이터 소스...〉를 클릭하여 student 데이터 원본의 '테이블1'을 선택한다. 상세 절차는 OLEDB1 예제를 참조한다. 참고 'OLE DB'는 기본값으로 이미 선택되어 있다.
사용자 인터페이스 기능	없음
고급 기능	없음
생성된 클래스	없음

2 컴파일하면 OLEDB1 예제와 마찬가지로 오류가 발생한다. 다음과 같이 오류를 찾아 수정한 후 다음 단계로 진행한다.

```
class COLEDB2SetAccessor
{
    ...
//#error 보안 문제: 연결 문자열에 암호가 포함되어 있을 수 있습니다.
    ...
};

class COLEDB2Set : public CTable<CAccessor<COLEDB2SetAccessor> >
{
    ...
    HRESULT OpenRowset(DBPROPSET *pPropSet = NULL)
    {
        HRESULT hr = Open(m_session, L"테이블1", pPropSet);
        ...
    }
    ...
};
```

3 대화 상자 리소스 IDD_OLEDB2_FORM에 [그림 14-29]와 같이 컨트롤을 배치한다. 왼쪽 열에 있는 스태틱 텍스트 컨트롤의 Caption만 변경하고, 오른쪽 열에 있는 에디트 컨트롤은 기본값을 그대로 사용한다.

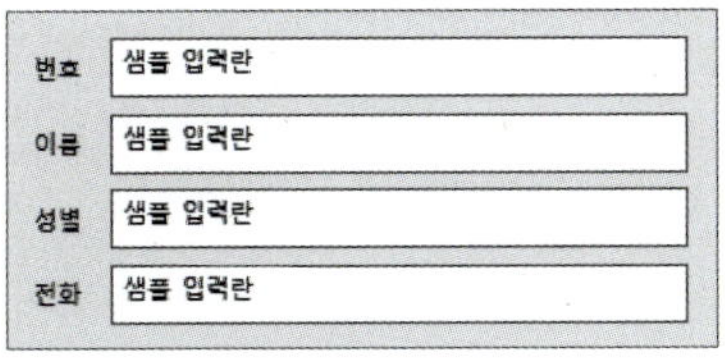

그림 14-29 대화 상자 디자인

4 뷰 클래스의 DoDataExchange() 함수에 다음과 같이 코드를 추가한다. DDX_Text() 함수는 대화 상자의 에디트 컨트롤과 행 집합의 필드 변수 사이의 데이터를 자동으로 교환해준다. 필드 변수의 데이터 타입에 따라 'DDX_Text(pDX, 에디트컨트롤ID, m_pSet->필드변수)' 또는 'DDX_Text(pDX, 에디트컨트롤ID, m_pSet->필드변수, 길이)' 형태로 호출한다.

참고 ODBC2 예제와 달리 DDX_FieldText()가 아니라 DDX_Text()를 사용한다는 점에 유의하자.

```
void COLEDB2View::DoDataExchange(CDataExchange* pDX)
{
    COleDBRecordView::DoDataExchange(pDX);
    DDX_Text(pDX, IDC_EDIT1, m_pSet->m_ST_NUM);
    DDX_Text(pDX, IDC_EDIT2, m_pSet->m_ST_NAME, 256);
    DDX_Text(pDX, IDC_EDIT3, m_pSet->m_ST_MAN);
    DDX_Text(pDX, IDC_EDIT4, m_pSet->m_ST_PHONE, 256);
}
```

5 응용 프로그램 시작 시 첫 번째 레코드 값을 곧바로 표시할 수 있도록 뷰 클래스의 OnInitialUpdate() 함수 끝에 다음 두 줄을 추가한다.

```
void COLEDB2View::OnInitialUpdate()
{
    ...
    m_pSet->MoveFirst();
    UpdateData(FALSE);
}
```

6 컴파일, 링크 후 테스트를 해보면 레코드 간 이동은 잘 되지만 에디트 컨트롤에서 수정한 값이 데이터베이스에 저장되지 않는다. 이는 접근자의 초기 상태가 읽기만 가능하도록 코드가 생성되었기 때문이다. COLEDB2SetAccessor 클래스 정의로 가서 다음과 같이 코드를 추가한다. 이 코드는 OLEDB1 예제의 CStudent.h 파일에서 그대로 가져온 것으로, 레코드 변경/추가/삭제 기능을 활성화한다.

```
class COLEDB2SetAccessor
{
    ...
    void GetRowsetProperties(CDBPropSet* pPropSet)
    {
        pPropSet->AddProperty(DBPROP_CANFETCHBACKWARDS, true, ...);
        pPropSet->AddProperty(DBPROP_CANSCROLLBACKWARDS, true, ...);
        pPropSet->AddProperty(DBPROP_IRowsetChange, true, DBPROPOPTIONS_OPTIONAL);
        pPropSet->AddProperty(DBPROP_UPDATABILITY,
            DBPROPVAL_UP_CHANGE | DBPROPVAL_UP_INSERT | DBPROPVAL_UP_DELETE);
    }
    ...
}
```

요약

01 데이터베이스 프로그래밍 인터페이스

- 데이터베이스 프로그래밍 인터페이스에는 전용 인터페이스와 공용 인터페이스가 있다.
- MS가 제공하는 주요 데이터베이스 프로그래밍 인터페이스에는 DAO, ODBC, RDO, OLE DB, ADO가 있다.

02 ODBC

프로그래밍 언어와 DBMS 그리고 운영체제 독립적으로 만든 데이터베이스 프로그래밍 인터페이스이다. 주요 구성 요소는 응용 프로그램, 드라이버 관리자, 드라이버, 데이터 원본이다.

03 ODBC 데이터 원본

ODBC에서 데이터베이스에 접근하기 위해 필요한 정보와 데이터베이스 자체를 총칭하는 용어로 사용자 DSN, 시스템 DSN, 파일 DSN 세 종류가 있다.

04 ODBC 핵심 클래스

- **CDatabase(데이터베이스)** : 데이터베이스와의 연결을 나타내며, 제공되는 멤버 함수를 이용해 연결된 데이터베이스를 조작할 수 있다.
- **CRecordset(레코드셋)** : 데이터 조작 연산을 통해 얻은 레코드의 집합을 나타내며, 데이터를 검색/추가/삭제/갱신 등의 작업을 할 때 핵심적인 역할을 한다.
- **CDBException(예외)** : 데이터베이스를 조작할 때 발생하는 오류를 나타낸다.

05 RFX

레코드셋과 데이터베이스 사이의 데이터 교환을 자동화하는 기법이다.

06 OLE DB

COM Component Object Model 기술을 기반으로, 단일 API로 다양한 데이터에 접근할 수 있게 설계된 데이터베이스 프로그래밍 인터페이스이다. 소비자Consumer와 공급자Provider 모델을 기본 구조로 한다. OLE DB 소비자는 OLE DB 인터페이스를 통해 데이터에 액세스하는 시스템이나 응용 프로그램이다. OLE DB 공급자는 실제 OLE DB 인터페이스를 구현하는 소프트웨어 컴포넌트로, 데이터 소스에 접근하여 OLE DB 소비자에게 데이터를 제공한다.

07 OLE DB 핵심 클래스

CDatasourece(데이터 소스), CSession(세션), CRowset(행 집합), CTabel(테이블), CCommand(명령), CAccessor(접근자)이다.

연습문제

01 **ODBC1 예제를 수정하여, 이름(ST_NAME)을 입력하면 해당 데이터만 검색하여 출력하시오.**

HINT 콘솔에서 문자열 입력은 ::_fgetts() 함수 이용, SQL 쿼리 문자열 생성은 CString::Format() 함수 이용

02 **ODBC1 예제를 수정하여, 학번(ST_NUM), 이름(ST_NAME), 성별(ST_MAN), 전화번호(ST_PHONE)를 각각 "%d %s %d %s" 형식으로 입력받아 데이터베이스에 추가하는 기능을 구현하시오.**

HINT 콘솔에서 다중 문자열 입력은 ::_tscanf_s() 함수 이용

03 **ODBC2 예제를 수정하여, [테스트] 메뉴 하위에 [이름 검색] 메뉴를 추가한다. 그리고 이 메뉴를 선택하면 대화 상자를 통해 이름(ST_NAME)을 입력받아 해당 데이터만 검색하여 출력하시오. 단, 이름을 입력하지 않으면 필터를 초기화하여 전체가 출력된다.**

HINT CODBC2Set 클래스가 제공하는 m_strFilter 멤버 변수와 Requery() 멤버 함수 이용

04 **ODBC2 예제에 수정하여, [테스트] 메뉴 하위에 [레코드 추가] 메뉴를 추가한다. 그리고 이 메뉴를 선택하면 대화 상자를 통해 학번(ST_NUM), 이름(ST_NAME), 성별(ST_MAN), 전화번호(ST_PHONE)를 입력받아 데이터베이스에 추가하는 기능을 구현하시오.**

HINT CODBC2Set 클래스가 제공하는 AddNew()와 Update() 멤버 함수 이용

05 **OLEDB2 예제를 수정하여, [이름 검색] 메뉴를 추가한다. 그리고 이 메뉴를 선택하면 대화 상자를 통해 이름(ST_NAME)을 입력받아 해당 데이터만 검색하여 출력하시오. 단, "학번(%d), 성별(%d), 전화번호(%d)" 형태 문자열을 메시지 상자로 출력한다.**

HINT CCommand〈 CAccessor〈COLEDB2SetAccessor〉 〉 클래스와 이 클래스가 제공하는 Open() 함수와 MoveNext() 함수 이용

06 **OLEDB2 예제에 수정하여, [레코드 추가] 메뉴를 추가한다. 그리고 이 메뉴를 선택하면 대화 상자를 통해 학번(ST_NUM), 이름(ST_NAME), 성별(ST_MAN), 전화번호(ST_PHONE)를 입력받아 데이터베이스에 추가하는 기능을 구현하시오. 단, 데이터베이스 레코드 중 가장 뒤에 추가한다.**

HINT COLEDB2Set 클래스와 이 클래스가 제공하는 Insert() 함수 이용

DLL 프로젝트와 디버깅

DLL Dynamic Link Library은 LIB Static Link Library와 다르게 실행할 때 별도 파일로 존재한다. LIB는 링크 과정을 통해 EXE 파일과 합쳐지지만, DLL은 별도 파일(*.DLL)로 존재하다가 EXE 파일이 실행될 때 메모리에 로드된다. 따라서 DLL은 파일 교체만으로 응용 프로그램이 수행하는 동작 방식을 동적으로 변경할 수 있다. 또한, 라이브러리를 개별 파일로 분리할 수 있어 소프트웨어 개발 관리에도 도움을 준다. 또한 DLL은 빌드가 완료된 이진 파일이라 호환성 문제가 발생할 가능성이 적어, 서로 다른 개발 플랫폼 간 공동 개발 시 중요한 솔루션이 된다(예를 들어, 비주얼 베이직에서 비주얼 C++에서 빌드한 DLL을 로딩 가능하다). 여러모로 유용한 DLL은 개발 능력을 향상시켜주므로 실무에서 필연적으로 맞닥뜨리는 요소이다. 본 절에서는 DLL 자체 설명보다는 응용 프로그램 프로젝트와 DLL 프로젝트를 함께 빌드하는 방법과 DLL 프로젝트를 디버깅하는 방법을 살펴본다.

MyTest 응용 프로그램 프로젝트에 DLL 프로젝트를 추가한다고 가정해 보자. 솔루션 탐색기 창에서 [추가(D)]-[새 프로젝트(N)...] 팝업 메뉴를 통해 '새 프로젝트 추가' 대화 상자를 열어 '내보내기가 있는 동적 연결 라이브러리(DLL)' 항목을 선택한다. 프로젝트 이름으로 "MyDLL"을 입력하고, 위치는 응용 프로그램 프로젝트가 있는 솔루션 폴더로 지정한다. 응용 프로그램 솔루션 폴더에 DLL 프로젝트를 함께 두면 관리가 편리하다.

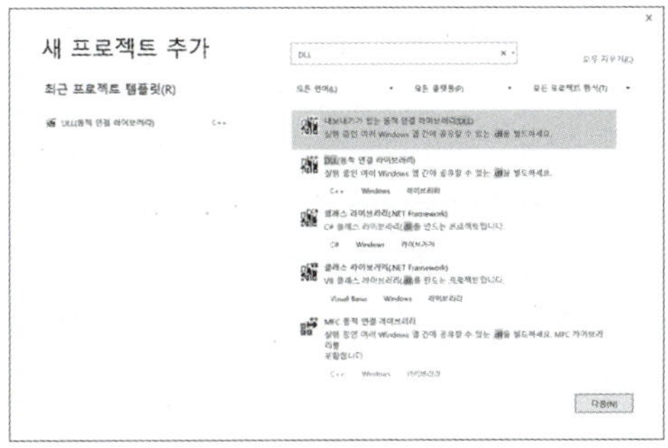

▲ 신규 프로젝트 추가

이제 솔루션에는 프로젝트 두 개가 있고, 진한 표시가 활성화된 프로젝트이다. 프로젝트 활성화는 대상 프로젝트에서 [시작 프로젝트로 설정(A)] 팝업 메뉴를 통해 설정할 수 있다. 응용 프로그램을 기준으로 DLL 프로젝트를 살펴보기 위해, 다음과 같이 MyTest 프로젝트를 활성화한다.

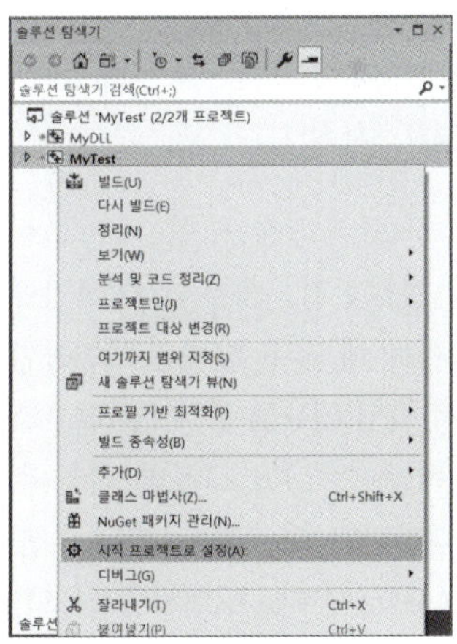

▲ MyTest 프로젝트 활성화

응용 프로그램 프로젝트와 추가된 DLL 프로젝트를 통합 빌드하기 위한 개발 환경을 설정한다. [프로젝트(P)]-[속성(P)...] 메뉴(또는 Alt+F7이나 [속성(R)] 팝업 메뉴)를 사용하여 MyDLL 프로젝트에 대한 속성 대화 상자를 연다. 먼저

DLL 프로젝트의 출력 위치 설정을 살펴보자. 프로젝트 '구성 속성'의 [일반] 탭에서 '출력 디렉터리' 항목을 살펴보면 디버그 모드와 릴리스 모드 모두 '$(SolutionDir)$(Configuration)₩'로 지정되어 있다. 즉, 기본적으로 솔루션 디렉터리 기준으로 출력되기 때문에, DLL 프로젝트의 출력 파일(MyDLL.dll과 MyDLL.lib 파일)이 MyTest 프로젝트 출력 파일(MyTest.exe) 위치와 같아 DLL 로드나 라이브러리 링크 등이 편해진다. 따라서 별도 수정할 사항이 없다.

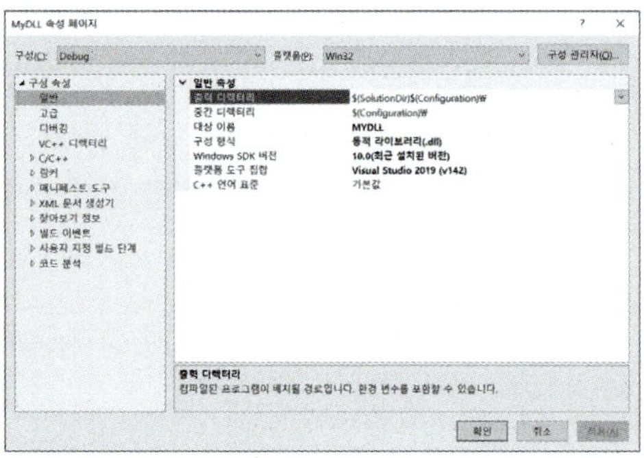

▲ DLL 프로젝트의 출력 위치 확인

다음으로, DLL 프로젝트에 대한 라이브러리 파일 링크를 설정한다. 솔루션 탐색기에서 MyTest 프로젝트 내 참조 항목으로 이동한다. 참조 항목에서 팝업 메뉴를 통해 [참조 추가(R)…] 메뉴를 선택할 수 있다. 그러면 '참조 추가' 대화 상자가 나타나고 [프로젝트] 〉 [솔루션] 항목에서 MyDLL 프로젝트를 선택하여 참조를 선택할 수 있다. 이 과정을 통해 MyTest 프로젝트에 참조로 추가되면, MyDLL 프로젝트에 대한 종속성 링크 설정까지 자동으로 설정되기 때문에 편리하다.

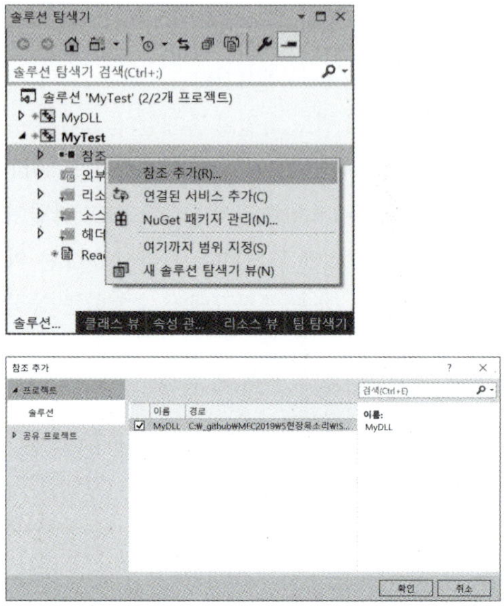

▲ MyTest 프로젝트의 라이브러리 링크 설정

참고 프로젝트 간 종속성 설정은 [프로젝트(P)]-[프로젝트 종속성(S)...] 메뉴를 사용한다. 종속성을 설정하면 비주얼 C++가 종속 관계에 따라 프로젝트 빌드 순서를 결정한다. 즉, MyTest 프로젝트가 MyDLL 프로젝트에 대해 종속성이 있으면, MyDLL 프로젝트를 먼저 빌드하고 MyTest 프로젝트를 빌드한다.

이제 DLL 프로젝트에 간단히 구현해보자. MyDLL.h 헤더 파일에는 이미 예제가 몇 개 있다. 먼저 다음과 같이 MYDLL_API를 정의한 코드가 있다. DLL 프로젝트와 MyDLL 프로젝트 모두 MYDLL_API를 사용할 수 있고, DLL 프로젝트에서는 전처리기에 MYDLL_EXPORTS가 정의되어 있어, MYDLL_API가 '__declspec(dllexport)'로 해석된다. 반면에 MyDLL 프로젝트에서는, 전처리기에 MYDLL_EXPORTS가 정의되어 있지 않아, MYDLL_API가 '__declspec(dllimport)'로 해석된다. 이를 통해 자동 생성한 MyDLL.h 헤더 파일이

DLL 프로젝트와 응용 프로그램 프로젝트가 공유할 수 있는 파일임을 알 수 있다.

```
#ifdef MYDLL_EXPORTS
#define MYDLL_API __
declspec(dllexport)
#else
#define MYDLL_API __
declspec(dllimport)
#endif
```

DLL이 노출하는 함수를 하나 추가해 보자. MyDLL.h 헤더 파일에 MYDLL_API를 포함하는 LoadResourceDLL() 함수를 정의한다.

```
MYDLL_API int
LoadResourceDLL(void);
```

그리고 MyDLL.cpp에 LoadResourceDLL() 함수를 간단히 구현하자. 이 함수는 응용 프로그램 실행 시 DLL 로드를 명확히 해주는 역할을 한다. 즉, 응용 프로그램이 초기 실행할 때 LoadResourceDLL() 함수를 호출함으로써 DLL을 로드해 두는 역할이다. 로드할 때 일정 시간이 소요될 수 있으므로, 프로그램 성능 향상을 위해 사용하는 방식 중 하나이다. 이제 빌드하면 DLL 파일과 DLL이 노출하는 함수 정의가 포함된 라이브러리(*.LIB)가 생성된다.

```
MYDLL_API int
LoadResourceDLL(void)
{
   return 1;
}
```

MyTest.cpp 파일에서 CMyTestApp::InitInstance() 함수에 LoadResourceDLL() 함수를 호출하는 구문을 추가하자. 그리고 MyDLL 폴더에 있는 MyDLL.h 헤더 파일은 포함시켜 준다.

```
…
#include "MyTestDlg.h"
#include "MyDLL/MyDLL.h"
…
BOOL CMyTestApp::InitInstance()
{
    int nRtn =
      ::LoadResourceDLL();
    TRACE( "DLL Loaded (Return:
      %d)", nRtn );
    …
}
```

이제 DLL 프로젝트를 디버깅해보자. 앞서 생성한 LoadResourceDLL() 함수 호출 부분에서 F9를 눌러 브레이크 포인트(정지점)를 설정하고, F5를 눌러 MyTest를 디버그 모드로 실행한다. F11을 눌러 LoadResourceDLL() 함수 내부로 진행하는지 확인한다. 만약 LoadResourceDLL() 함수로 들어가지 못하고 다음 TRACE 구문으로 넘어간다면, 디버그 관련 설정이 제대로 되지 않은 상태이다. 이 경우 다시 이전 과정으로 돌아가서 비주얼 C++이 DLL 프로젝트 및 DLL 파일 경로에 접근 가능한지 확인한다.

▲ 디버그 모드 실행 시 초기에 로드되는 DLL

이번엔 반대로 DLL 측면에서 EXE에서 어떤 형태로 호출하는지 살펴보고 싶을 때 디버깅하는 방법을 살펴보자. 먼저 MyDLL 프로젝트를 시작 프로젝트로 활성화하고, MyDLL 프로젝트의 프로젝트 속성 대화 상자의 [디버그] 탭에서 '명령' 항목에 MyTest.exe의 경로를 지정한다(절대 경로를 입력할 수도 있지만, 매크로를 이용하여 $(SolutionDir)$(Configuration)₩MyTest.exe와 같이 입력할 수도 있다). 그리고 나서 MyDLL 프로젝트를 디버그 모드로 실행하면 MyTest 응용 프로그램이 실행되면서 DLL 프로젝트 내부에 설정한 정지점에서 정지한다. 이로써 서로 별개의 프로젝트지만 그와 관계없이 디버깅하는 방법을 확인하였다. 또한, 프로젝트의 일부 모듈을 DLL로 분리하여 발생하는 불편함이 대신 깔끔한 설계와 편리한 관리가 남는다.

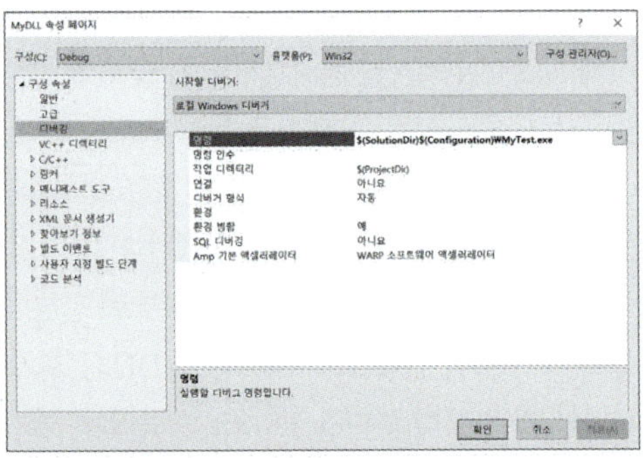

▲ DLL 프로젝트의 디버그 모드 시 실행할 응용 프로그램 지정

이제 생성된 DLL이 함수를 잘 노출하고 있는지 확인하는 방법을 살펴보자. 이를 위해 'Dependency Walker'라는 유틸리티를 사용할 수 있는데, 예전에는 비주얼 C++에서 제공하였지만 지금은 인터넷에서 다운로드 받아야 한다. 검색 엔진 등에서 'Dependency Walker'라고 입력하면 다운로드 가능한 웹사이트(http://www.dependencywalker.com)를 쉽게 검색할 수 있다. 32비트 빌드된 DLL인 경우는 x86 버전을, 64비트 빌드된 DLL인 경우는 x64 버전을 다운로드 받으면 된다. 다음 화면은 앞서 빌드한 MyDLL.dll 파일을 분석한 내용을 보여주고 있다. 우측 중간 부분에 MyDLL.dll에서 노출하고 있는 함수의 목록이 보이며, 이 중 LoadResourceDLL() 함수가 포함되어 있는 것을 알 수 있다.

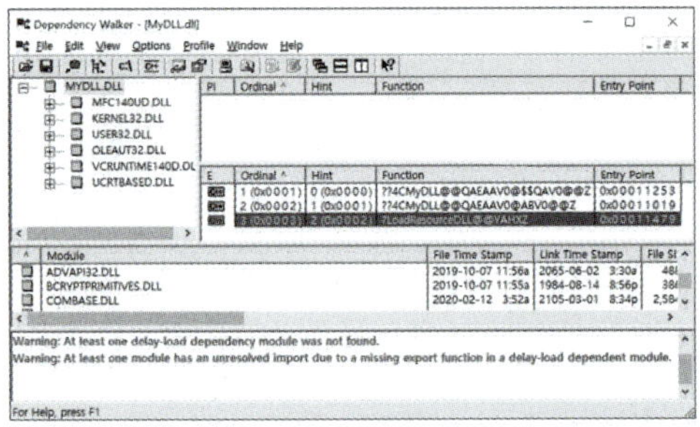

▲ Dependency Walker 유틸리티로 DLL 노출 함수 살펴보기

여기서 잠깐! DLL 노출 함수와 extern "C"

Dependency Walker 유틸리티에서 확인해 보면, 내보내기 한 LoadResourcceDLL() 함수 이름이 다음과 같이 뭔가 수식이 들어가 있다는 것을 알 수 있다. 이는 C++로 노출된 함수의 특징으로 이렇게 DLL 함수가 노출되면 C 함수만 사용하는 한 다른 프로그램에서는 사용할 수 없다.

```
?LoadResourceDLL@@YAHXZ
```

이를 위해 본 함수는 C++가 아닌 C 함수임을 명기하여 노출해야 하는데, 이를 위해 사용하는 것이 'extern "C"' 구문이다. 앞서 MyDLL.h에 정의한 LoadResourcceDLL() 함수를 다음과 같이 수정해 보자(이 경우 함수 정의에 C 문법만 사용 가능하고 C++ 문법은 허용되지 않는다).

```
extern "C" MYDLL_API int
LoadResourceDLL(void);
또는
extern "C"
{
   MYDLL_API int
     LoadResourceDLL(void);
}
```

다시 빌드 후 MyDLL.dll을 Dependency Walker로 살펴보면 다음 화면과 같이 함수의 이름이 깨끗하게 보이고, 가장 앞의 컬럼에 C++가 아닌 C 아이콘으로 바뀐 것을 확인할 수 있다.

E	Ordinal ^	Hint	Function	Entry Point
C++	1 (0x0001)	0 (0x0000)	??4CMyDLL@@QAEAAV0@$$QAV0@@Z	0x00011253
C++	2 (0x0002)	1 (0x0001)	??4CMyDLL@@QAEAAV0@ABV0@@Z	0x00011019
C	3 (0x0003)	2 (0x0002)	LoadResourceDLL	0x00011717

▲ C 함수로 노출된 LoadResourcceDLL() 함수

본 예제에서는 DLL을 이용하여 함수를 분리하였지만 리소스를 분리해 둘 수도 있다. 이를 활용하는 대표 사례가 다국어 지원이다. 즉, 서로 다른 언어 버전(영어 버전, 일어 버전, 중국어 버전, 한국어 버전 등)을 만들어 두고 사용자 선택에 따라 리소스를 선별적으로 읽어 들이는 방식이다. 언어와 관련되는 사항으로 문자열도 있지만 비트맵에 들어가는 문자도 영향이 있다. 리소스에는 문자열과 비트맵이 모두 포함될 수 있으므로 DLL이 제공하는 동적 로드 특성을 활용하기 좋은 예이다. 그 밖에도 DLL을 다양한 방식으로 확장할 수 있다. 여기서 다룬 DLL 프로젝트 관리 및 디버깅 방법을 바탕으로 DLL 활용 영역을 조금씩 늘려보기 바란다.

CHAPTER 15
네트워크

학습 목표

- TCP/IP 기초를 다진다.
- MFC를 이용한 소켓 프로그래밍 기법을 익힌다.

01 TCP/IP 기초

TCP/IP는 TCP와 IP를 비롯한 다양한 통신 프로토콜을 총칭하는 용어이다. 여기서 통신 프로토콜Communication Protocol이란 통신에 참여하는 개체가 상호 작용하는 절차와 방법을 정의한 것으로 통신 규약이라 부르기도 한다. 인터넷의 기반이 되는 TCP/IP 프로토콜은 통신에 참여하는 모든 개체(호스트와 라우터)에 요구되는 필수 요소이다. 이 절에서는 TCP/IP와 관련된 중요 개념을 학습함으로써 MFC 네트워크 프로그래밍을 위한 기초를 다진다.

1 TCP/IP 구조

일반적으로 프로토콜은 여러 개의 모듈로 분할하여 기능을 정의하고 각 모듈이 상호 협력하는 방식으로 구현한다. TCP/IP도 이 구조를 따르는데, 핵심 프로토콜을 중심으로 나타내면 [그림 15-1]과 같이 표현할 수 있으며 계층별 역할을 정리하면 다음과 같다.

응용 계층	TELNET, FTP, HTTP, SMTP, MIME, ...
전송 계층	TCP, UDP
인터넷 계층	IP
네트워크 액세스 계층	장치 드라이버, 네트워크 하드웨어

그림 15-1 TCP/IP 구조

■ **네트워크 액세스 계층**

네트워크 액세스 계층Network Access Layer은 물리적인 신호를 처리하여 실제 데이터를 보내고 받는 네트워크 하드웨어와 장치 드라이버를 포함한다. 네트워크 액세스 계층의 주된 역할은 인터넷 계층에서 내려보낸 데이터를 처리하여 통신 상대Peer에게 보내고, 통신 상대로부터 받은 데이터를 처리하여 인터넷 계층으로 전달하는 것이다. 이를 위해서는 통신 상대를 지정하는 방법이 필요한데 일반적으로 주소Address 개념을 사용한다. 주소는 통신에 참여하는 개체(또는 개체의 집합)를 나타내는 일종의 숫자이다. 네트워크 액세스 계층에서는 하드웨어적으로 인식되는 물리 주소Physical Address를 사용하여 통신을 수행한다.

■ 인터넷 계층

인터넷 계층Internet Layer은 상위의 전송 계층이 내려보낸 데이터를 네트워크 액세스 계층의 도움을 받아 목적지까지 전달한다. 네트워크 액세스 계층처럼 통신 상대를 지정하는 방법이 필요한데, 인터넷 계층에서는 물리 주소를 사용하지 않고 논리적으로 정의된 개념인 IP 주소Internet Protocol Address를 사용한다. IP 주소는 네트워크 액세스 계층에서 사용하는 물리 주소와 무관하게 정의하며 전 세계적으로 유일성을 보장받으므로 서로 다른 네트워크를 연결하여 인터-네트워크Inter-Network를 구성할 수 있다. IP 주소의 이런 특징으로 인해 TCP/IP는 다양한 네트워크 기술과 하드웨어에서 동작할 수 있으며, 결국 오늘날의 전 세계적인 네트워크인 인터넷Internet이 만들어졌다.

인터넷 계층의 또 다른 중요 역할로 라우팅IP Routing을 들 수 있다. 라우팅은 목적지까지 데이터를 전달하기 위한 일련의 작업을 가리키는 용어로, 라우팅을 위한 정보를 획득하고 이 정보를 기초로 실제 데이터를 전달하는 작업을 포함한다. 인터넷에서 사용하는 IP 주소는 상대가 누구인지를 나타낼 뿐 상대에게 도달하기 위한 경로를 가르쳐주지는 않으므로 반드시 라우팅 과정을 거쳐야 데이터가 목적지에 도달할 수 있다. 라우팅을 담당하는 전용 장비인 라우터Router를 통해 다양한 종류의 네트워크가 연결되어 통신을 수행할 수 있다.

■ 전송 계층

전송 계층Transport Layer의 주된 역할은 통신에서 데이터의 최종 목적지를 지정하고, 데이터를 오류 없이 전송하는 것이다. 앞서 언급한 인터넷 계층의 역할은 IP 주소와 IP 라우팅을 이용하여 데이터가 목적지 호스트에 도달하게 하는 것이다. 하지만 통신의 최종 목적지는 호스트가 아니라 해당 호스트에서 실행되고 있는 프로그램, 즉 프로세스이다. 따라서 전송 계층에서는 프로세스를 지정하는 일종의 주소를 사용하는데, 이를 포트 번호Port Number라 부른다. TCP와 UDP는 모두 포트 번호를 이용하여 상대 프로세스를 지정한다.

인터넷 계층의 IP가 제공하는 전송 서비스는 최선을 다하지만Best-effort 신뢰성은 없다는 Unreliable 특징이 있다. 즉, 전송 과정에서 문제가 생기면 목적지에 도달하지 못하는 상황이 발생할 수 있으며, 목적지에 도달해도 실제 데이터(내용)가 손상됐을 가능성도 있다. 전송 계층에서는 이러한 데이터 손실 또는 손상을 검출하여 잘못된 데이터가 목적지 프로세스에 전달되는 것을 방지한다.

전송 계층의 핵심 프로토콜인 TCP와 UDP는 모두 이와 같은 전송 계층의 특징을 갖지만 다음과 같은 차이가 있다.

표 15-1 TCP와 UDP

	TCP	UDP
연결 여부	연결형Connection-oriented 프로토콜 – 연결 설정 후 데이터 전송	비연결형Connectionless 프로토콜 – 연결 설정 없이 데이터 전송
통신 방식	1 대 1 통신Unicast	1 대 1 통신Unicast, 1 대 다 통신Broadcast, 다 대 다 통신Multicast
신뢰성 여부	신뢰성 있는 데이터 전송 – 데이터를 재전송함	신뢰성 없는 데이터 전송 – 데이터를 재전송 안 함
데이터 경계 구분	데이터의 경계 구분 안 함	데이터의 경계 구분함

■ **응용 계층**

응용 계층Application Layer은 응용 프로그램을 위한 프로토콜을 제공하는데, 여기에는 전송 계층을 기반으로 만들어진 다수의 프로토콜이 포함되어 있다. 예를 들어 인터넷에서 가장 많이 사용되는 HTTP는 전송 계층 프로토콜인 TCP에 기반한 프로토콜이다.

지금까지 살펴본 TCP/IP 구조를 토대로 실제 데이터가 전송되는 형태를 살펴보면 [그림 15-2]와 같다.

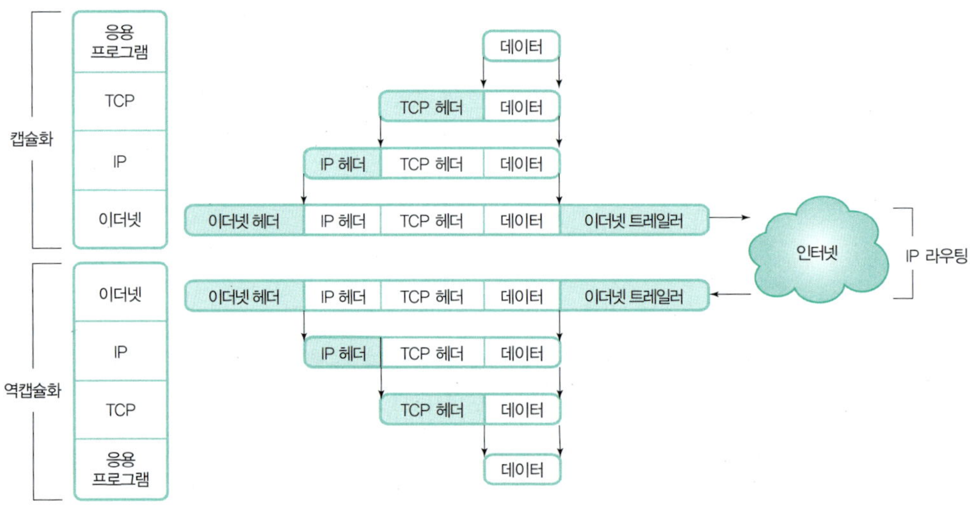

그림 15-2 데이터 전송 과정

그림의 윗부분은 응용 프로그램이 TCP와 IP를 이용하여 이더넷Ethernet 네트워크에서 데이터를 전송할 때 패킷Packet이 생성되는 과정을 보여준다. 응용 프로그램이 보내는 데이터가 각 프로토콜을 통과하면서 부가 정보(헤더 또는 트레일러)가 차례로 덧붙여지는 데 이를 캡슐화Encapsulation라 한다. 캡슐화를 마친 패킷은 IP 라우팅 과정에서 여러 경로를 거쳐 최종 목적지에 도착하고, 그림의 아랫부분과 같이 역캡슐화Decapsulation 과정이 일어난다. 즉, 목적지에 도달한 패킷이 각 프로토콜을 통과하면서 부가 정보가 제거되고 최종적으로 데이터만 응용 프로그램에 전달된다.

참고 헤더(Header)는 데이터 앞쪽에 붙는 부가 정보이고, 트레일러(Trailer)는 데이터 뒤쪽에 붙는 부가 정보이다.

2 IP 주소, 도메인 이름, 포트 번호

인터넷을 이용하여 통신할 때는 목적지의 IP 주소를 지정해야 한다. IP 주소는 32비트 숫자인데, 예를 들어 '147.46.114.70'처럼 8비트 단위로 구분하여 각각 10진수로 표시한다.

참고 이 책에서 IP 주소라고 할 때는 IPv4를 뜻한다. IPv6는 128비트 주소를 사용하며 표기 방법도 IPv4와는 차이가 있다.

폐쇄된 네트워크이거나 IP를 공유하는 경우가 아니라면 IP 주소는 전 세계적으로 유일한 값을 가진다. 응용 프로그램이 통신 상대를 지정할 때, 라우터가 패킷을 실제 전송할 때 모두 IP 주소를 사용한다.

IP 주소는 컴퓨터가 사용하기에 적합하지만 사람이 기억하고 사용하기엔 불편하므로 일반적으로 도메인 이름Domain Name을 사용한다. 도메인 이름은 웹 주소나 E-메일 주소 등에서 흔히 접할 수 있다. 응용 프로그램 내부적으로는 IP 주소로 변환하는 과정을 거쳐야 통신이 가능하다.

IP 주소나 도메인 이름이 목적지 호스트를 지정하는 반면, 포트 번호는 목적지 프로세스를 지정한다. 포트 번호는 부호 없는 16비트 정수를 사용하므로 0~65535까지 이용 가능하나 모든 범위를 자유롭게 쓸 수 있는 것은 아니다. [표 15-2]는 포트 번호를 영역별로 나눈 것인데, 구체적인 내용은 포트 번호를 관리하는 공식 사이트인 'http://www.iana.org/assignments/service-names-port-numbers/service-names-port-numbers.xhtml'을 참고하기 바란다. 주의할 점은 포트 번호 0~1023은 용도가 정해져 있기 때문에 함부로 사용해서는 안 된다는 것이다. 일반적으로 서버를 작성할 때는 1024~49151 범위에서 선택하는 것이 바람직하다.

표 15-2 포트 번호

포트 번호	분류
0~1023	시스템 포트System Ports
1024~49151	사용자 포트User Ports
49152~65535	동적/사설 포트Dynamic and/or Private Ports

여기서 잠깐! 루프백 주소

네트워크 프로그래밍을 할 때 유용한 IP 주소로 127.x.x.x 형태가 있는데 이를 루프백 주소Loopback Address라 부른다. 루프백 주소는 인터넷에 존재하는 개체(호스트와 라우터)의 고유한 주소로는 할당되지 않으며 컴퓨터 자신을 나타내는 의미로 내부적으로만 사용된다. 예를 들어, 다음과 같이 Ping 프로그램을 이용하여 127.0.0.1 주소로 데이터를 보내면 컴퓨터 자신이 응답하며 외부로는 데이터가 나가지 않는다. 루프백 주소는 한 컴퓨터에서 네트워크 프로그램을 작성하여 테스트할 때 유용하다. 단, 루프백 주소로 보내고 받는 데이터는 지연이나 손실이 생기지 않으므로 실제 네트워크 환경과 차이가 있다는 점에 주의해야 한다.

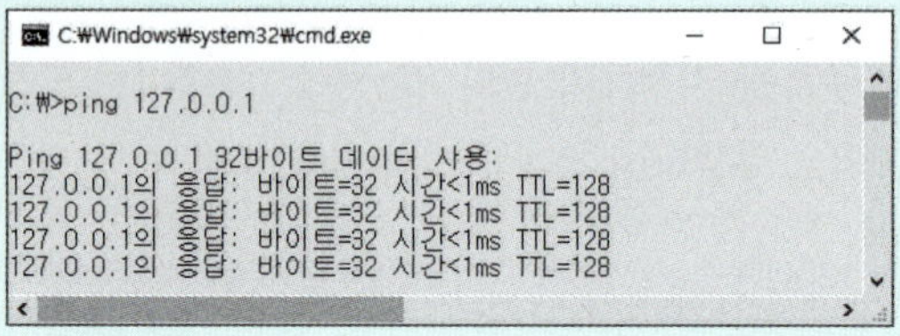

▲ 루프백 주소

3 클라이언트-서버 모델

네트워크 프로그램은 클라이언트-서버 모델로 작성하는 경우가 많다. [그림 15-3]에서 (a)와 같이 두 개의 프로세스가 상호 접속하는 경우를 생각해보자. 접속이 성공하려면 반드시 상대 프로세스가 실행 중이어야 한다. 그런데 이와 같은 동시 접속 모델을 사용하면 타이밍 문제로 인해 접속이 실패할 확률이 높아지고 결과적으로 통신할 수 없는 경우가 자주 발생한다. 이런 문제는 (b)와 같이 한 프로세스가 먼저 실행하여 대기하고 다른 프로세스가 나중에 실행하여 접속하는 클라이언트-서버 모델로 해결할 수 있다. 클라이언트-서버 모델에서 먼저 실행하는 쪽을 서버Server, 나중에 실행하는 쪽을 클라이언트Client라 부른다.

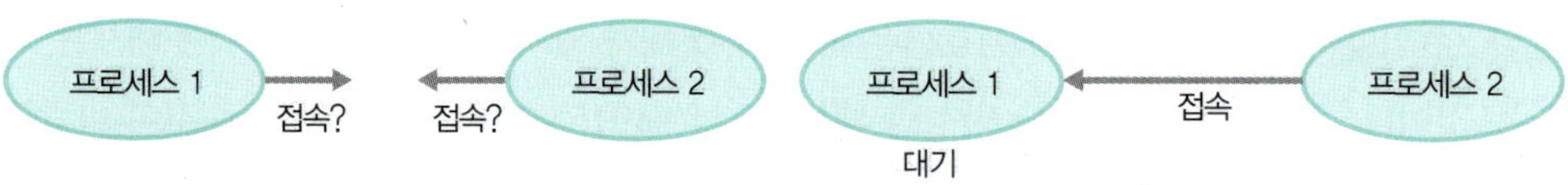

(a) 동시 접속 모델　(b) 클라이언트-서버 모델

그림 15-3 두 프로세스 간 통신

02 소켓 프로그래밍

소켓Socket은 원래 버클리 유닉스에서 개발한 네트워크 프로그래밍 인터페이스이다. 이것을 윈도우 운영체제에서 사용할 수 있게 만든 것이 윈도우 소켓Windows Sockets; Winsock이며 윈도우 95 버전부터 API에 정식으로 포함되어 제공된다.

1 윈도우 소켓 기초

소켓은 다양한 프로토콜을 일관된 인터페이스로 다룰 수 있게 만든 함수 집합으로, 유닉스/리눅스/맥OS에서는 시스템 콜로, 윈도우에서는 API로 제공된다. 소켓은 프로토콜이 아니고 인터페이스에 불과하므로 두 프로그램이 통신하기 위해 양쪽 모두 소켓을 사용해야 하는 것은 아니다. 단지 양쪽 프로그램이 동일한 프로토콜을 사용하고, 정해진 형식과 절차에 따라 데이터를 주고받으면 된다.

[그림 15-4]는 TCP/IP와 소켓의 관계를 보여준다. 소켓을 사용하면 전송 계층의 TCP나 UDP를 이용하여 데이터를 주고받을 수 있으며, 고급 기법을 사용하면 인터넷 계층의 IP까지도 직접 다룰 수 있다.

그림 15-4 TCP/IP와 소켓의 관계

윈도우 소켓 1.x 버전은 TCP/IP 프로토콜과 버클리 소켓 호환 함수를 주로 지원했다. 하지만 2.x 버전부터는 다양한 프로토콜을 지원하도록 구조를 변경하고, 새로운 입출력 함수를 추가하여 고성능 서버 프로그램 제작에 필요한 기능을 제공한다. MFC의 소켓 클래스는 윈도우 소켓 1.1 버전만 사용한다. 따라서 2.x 버전의 향상된 기능을 사용하려면 윈도우 API로 직접 프로그래밍해야 한다.

MFC는 소켓 API 기능을 [그림 15-5]와 같은 클래스로 제공한다. CAsyncSocket과 CSocket은 소켓 자체를 추상화한 것으로 필수 클래스이고, CSocketFile은 편리한 소켓 입출력을 위한 부가 클래스이다.

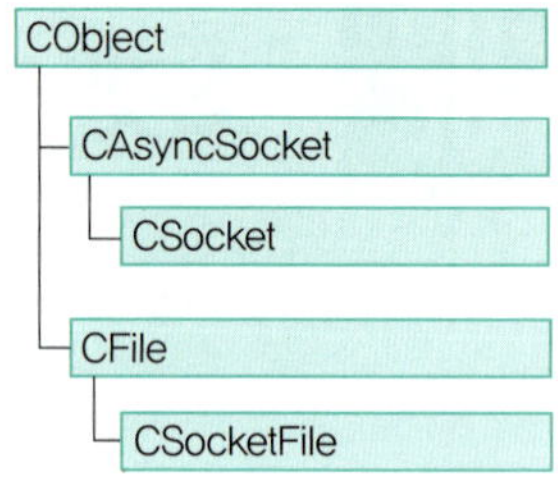

그림 15-5 MFC 클래스 계층도

2 MFC 소켓 프로그래밍(콘솔)

MFC로 소켓 프로그래밍을 할 때는 TCP 또는 UDP를 사용하는데, UDP는 전송 기능의 신뢰도가 낮으므로 브로드캐스트나 멀티캐스트를 사용하는 경우가 아니라면 TCP를 사용하는 것이 좋다. 여기서는 MFC 소켓 클래스를 이용한 TCP 소켓 프로그래밍을 다루며, 원리를 이해하기 위해 간단한 콘솔 응용 프로그램부터 작성할 것이다.

MFC에서 소켓을 나타내는 클래스로는 CAsyncSocket과 CSocket이 있다. 두 클래스의 가장 중요한 차이를 살펴보면 CAsyncSocket은 핵심적인 소켓 함수에 대해 비동기적Asynchronous으로 동작하지만, CSocket은 동기적으로Synchronous 동작한다는 점이다. 동기와 비동기의 개념은 잠시 후에 살펴보기로 하고, 일단은 일반적인 소켓 프로그래밍을 할 때 CSocket 클래스를 사용한다는 점만 기억해두자. CAsyncSocket은 CSocket의 베이스 클래스이므로 CSocket 클래스를 사용하더라도 직간접적으로 CAsyncSocket 클래스의 멤버 함수를 사용한다.

실습 15-1 TCP 클라이언트/서버 작성하기(콘솔)

클라이언트가 1초 간격으로 보낸 데이터를 서버가 받아 화면에 표시하는 콘솔 응용 프로그램을 작성한다. [그림 15-6]과 같이 서버는 자신에게 접속한 클라이언트의 IP 주소와 포트 번호를 표시하고, 받은 데이터를 그대로 출력한다. 클라이언트는 데이터를 보낼 때마다 전송 번호와 보낸 바이트 수를 출력한다.

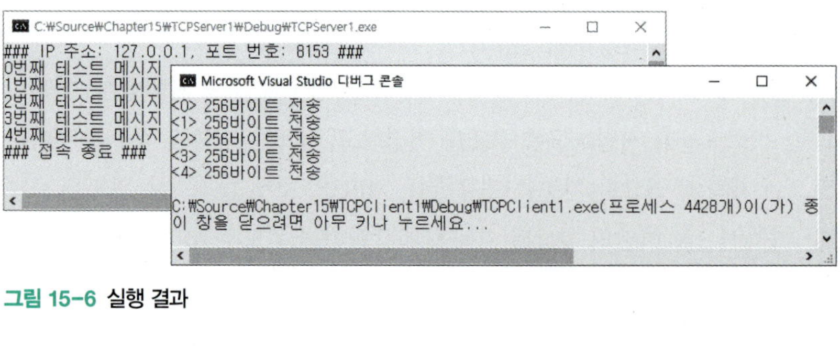

그림 15-6 실행 결과

1 응용 프로그램 마법사로 TCPServer1과 TCPClient1 프로젝트를 만든다. 생성 옵션은 2장의 Console 프로그램과 동일하다.

2 두 프로젝트의 framework.h 파일에 afxsock.h 파일을 포함한다.

```
...
#ifndef _AFX_NO_AFXCMN_SUPPORT
#include <afxcmn.h>
#endif // _AFX_NO_AFXCMN_SUPPORT
#include <afxsock.h>

#include <iostream>
```

3 TCPServer1 프로젝트에 다음 코드를 작성한다.

TCPServer1.cpp

```
void ErrQuit(int err)
{
    LPVOID lpMsgBuf;
    FormatMessage(
        FORMAT_MESSAGE_ALLOCATE_BUFFER | FORMAT_MESSAGE_FROM_SYSTEM,
        NULL, err,
        MAKELANGID(LANG_NEUTRAL, SUBLANG_DEFAULT),
        (LPTSTR)&lpMsgBuf, 0, NULL);
    MessageBox(NULL, (LPCTSTR)lpMsgBuf, _T("오류 발생"), MB_ICONERROR);
    LocalFree(lpMsgBuf);
    exit(1);
}

int main()
{
    int nRetCode = 0;

    HMODULE hModule = ::GetModuleHandle(nullptr);

    if (hModule != nullptr)
    {
        if (!AfxWinInit(hModule, nullptr, ::GetCommandLine(), 0))
        {
            wprintf(L"심각한 오류: MFC 초기화 실패\n");
            nRetCode = 1;
        }
```

```
        else
        {
            _tsetlocale(LC_ALL, _T(""));
            AfxSocketInit();

            CSocket sock;
            if (!sock.Create(8000))
                ErrQuit(sock.GetLastError());

            if (!sock.Listen())
                ErrQuit(sock.GetLastError());

            TCHAR buf[256 + 1];
            int nbytes;

            while (1) {
                CSocket newsock;
                if (!sock.Accept(newsock))
                    ErrQuit(sock.GetLastError());

                CString PeerAddress;
                UINT PeerPort;
                newsock.GetPeerName(PeerAddress, PeerPort);
                _tprintf(_T("### IP 주소: %s, 포트 번호: %d ###\n"),
                    (LPCTSTR)PeerAddress, PeerPort);

                while (1) {
                    nbytes = newsock.Receive(buf, 256);
                    if (nbytes == 0 || nbytes == SOCKET_ERROR) {
                        break;
                    }
                    else {
                        buf[nbytes] = _T('\0');
                        _tprintf(_T("%s"), buf);
                    }
                }
                newsock.Close();
                _tprintf(_T("### 접속 종료 ###\n\n"));
            }
        }
    }
```

```
68      else
69      {
70          wprintf(L"심각한 오류: GetModuleHandle 실패\n");
71          nRetCode = 1;
72      }
73
74      return nRetCode;
75  }
```

01~12행 네트워크 프로그램에서는 다양한 원인으로 오류가 발생할 수 있다. 따라서 오류가 발생한 상황을 파악하여 출력할 수 있어야 한다. 이 함수는 오류 코드를 전달받아 그에 대응하는 오류 문자열을 화면에 출력하고 프로그램을 종료한다. 프로그램 동작에 반드시 필요한 코드는 아니지만 작성해두고 오류가 발생할 때마다 호출해서 사용하면 편리하다.

30행 MFC 소켓 함수를 사용하려면 먼저 초기화 함수를 호출해야 한다.

32~34행 CSocket 객체를 선언하고 다음과 같은 CSocket::Create() 함수를 호출하여 실제 소켓을 만든다. 서버를 작성할 경우 첫 번째 인자에 포트 번호를 반드시 넣어야 한다. 두 번째 인자의 기본값인 SOCK_STREAM은 TCP를 사용한다는 의미이고, UDP를 사용하려면 SOCK_DGRAM을 입력한다. 마지막 인자는 IP 주소가 둘 이상인 경우에만 의미가 있는데, 일반적으로 서버를 작성할 경우에는 기본값인 NULL을 그대로 사용한다. 기본값 대신 IP 주소를 넣으면 해당 IP 주소를 목적지로 하는 데이터만 서버가 받아들인다.

```
BOOL CSocket::Create(
    UINT nSocketPort = 0,
    int nSocketType = SOCK_STREAM,
    LPCTSTR lpszSocketAddress = NULL
);
```

참고 포트 번호를 사용할 때는 [표 15-2]를 참고하되, 현재 시스템에서 사용 중인 포트 번호로 소켓을 생성하려고 하면 오류가 발생하므로 주의해야 한다. 포트 번호가 같아도 프로토콜이 다르면 문제가 없다. 예를 들어 포트 번호 8000을 사용하는 UDP 서버가 실행 중일 때, 포트 번호 8000을 사용하는 TCP 서버를 실행하는 것은 가능하다.

36~37행 CAsyncSocket::Listen() 함수를 호출하는 순간부터 프로그램은 TCP 서버로 동작한다. 즉, 이때부터 외부에서 TCP를 이용하여 접속할 수 있다. nConnectionBacklog 값은 서버가 당장 처리하지 않아도 접속할 수 있는 클라이언트의 최대 개수이다.

```
BOOL CAsyncSocket::Listen(int nConnectionBacklog = 5);
```

39~40행 받은 데이터 자체와 받은 데이터의 크기를 저장하는 변수이다.

42행 일반적으로 서버는 이와 같이 무한 루프를 돌면서 클라이언트의 접속을 처리한다.

43~45행 CAsyncSocket::Accept() 함수를 호출하면 접속한 클라이언트와 통신할 수 있는 새로운 소켓을 생성하여 첫 번째 인자로 넘겨준다. 이때 두 번째와 세 번째 인자를 활용하면 접속한 클라이언트의 IP 주소와 포트 번호를 알 수 있다. 49행의 CAsyncSocket::GetPeerName() 함수로도 동일한 정보를 얻을 수 있다.

```
BOOL CAsyncSocket::Accept(
    CAsyncSocket& rConnectedSocket,
    SOCKADDR* lpSockAddr = NULL,
    int* lpSockAddrLen = NULL
);
```

47~51행 서버 동작에 필수적인 부분은 아니지만, 접속한 클라이언트의 주소 정보를 알고 싶을 때 이와 같이 코드를 작성할 수 있다. CAsyncSocket::GetPeerName() 함수의 첫 번째 인자로는 접속한 클라이언트의 IP 주소가, 두 번째 인자로는 포트 번호가 리턴된다.

```
BOOL CAsyncSocket::GetPeerName(
    CString& rPeerAddress,
    UINT& rPeerPort
);
```

53~62행 무한 루프를 돌면서 CAsyncSocket::Receive() 함수를 이용하여 클라이언트가 보낸 데이터를 받는다. 이 함수의 첫 번째 인자는 수신 버퍼의 주소, 두 번째 인자는 수신하려는 데이터의 크기이다. 마지막 인자는 부가 옵션인데 보통 기본값을 사용한다. Receive() 함수의 리턴 값은 실제로 받은 바이트 수를 나타내며, 이 값이 0이면 클라이언트가 접속을 종료했다는 뜻이다.

```
int CAsyncSocket::Receive(
    void* lpBuf,
    int nBufLen,
    int nFlags = 0
);
```

63행 클라이언트가 접속을 종료하여 데이터 수신 루프를 탈출하면, CAsyncSocket::Close() 함수를 호출하여 소켓을 닫는다.

```
void CAsyncSocket::Close();
```

여기서 잠깐! Accept() 함수와 Receive() 함수

Accept() 함수

원래 Accept()는 CAsyncSocket 클래스에서 제공하는 가상 함수인데, CSocket 클래스에서 내부적으로 재정의한다. CSocket::Accept() 함수는 접속한 클라이언트가 없으면 계속 대기Blocking하는 반면, CAsyncSocket::Accept() 함수는 접속한 클라이언트가 없더라도 리턴한다. 따라서 CAsyncSocket::Accept() 함수를 사용할 경우에는 리턴 값을 확인하고 이를 처리하는 부가 코드를 작성해야 한다.

Receive() 함수

원래 Receive()는 CAsyncSocket 클래스에서 제공하는 가상 함수인데, CSocket 클래스에서 내부적으로 재정의한다. CSocket::Receive() 함수는 받은 데이터가 없으면 계속 대기Blocking하는 반면, CAsyncSocket::Receive() 함수는 받은 데이터가 없더라도 리턴한다. 따라서 CAsyncSocket::Receive() 함수를 사용할 경우에는 리턴 값을 확인하고 이를 처리하는 부가 코드를 작성해야 한다.

4 TCPClient1 프로젝트에 다음 코드를 작성한다.

TCPClient1.cpp

```
void ErrQuit(int err)
{
// TCPServer1.cpp 파일의 ErrQuit() 함수와 동일하다.
}

int main()
{
    int nRetCode = 0;

    HMODULE hModule = ::GetModuleHandle(nullptr);

    if (hModule != nullptr)
    {
        if (!AfxWinInit(hModule, nullptr, ::GetCommandLine(), 0))
        {
            wprintf(L"심각한 오류: MFC 초기화 실패\n");
            nRetCode = 1;
```

```
26         }
27         else
28         {
29             _tsetlocale(LC_ALL, _T(""));
30             AfxSocketInit();
31 
32             CSocket sock;
33             if (!sock.Create())
34                 ErrQuit(sock.GetLastError());
35 
36             if (!sock.Connect(_T("127.0.0.1"), 8000))
37                 ErrQuit(sock.GetLastError());
38 
39             TCHAR buf[256];
40             int nbytes;
41 
42             for (int i = 0; i < 5; i++) {
43                 wsprintf(buf, _T("%d번째 테스트 메시지\r\n"), i);
44                 nbytes = sock.Send(buf, 256);
45                 if (nbytes == SOCKET_ERROR)
46                     ErrQuit(sock.GetLastError());
47                 else {
48                     _tprintf(_T("<%d> %d바이트 전송\n"), i, nbytes);
49                     Sleep(1000);
50                 }
51             }
52             sock.Close();
53         }
54     }
55     else
56     {
57         wprintf(L"심각한 오류: GetModuleHandle 실패\n");
58         nRetCode = 1;
59     }
60 
61     return nRetCode;
62 }
```

32~34행 소켓을 생성하는 부분으로 사용 함수는 서버 코드와 동일하다. 일반적으로 클라이언트를 작성할 때는 포트 번호를 기본값인 0으로 주는데, 이렇게 하면 운영체제가 자동으로 포트

번호를 할당한다.

36~37행 CAsyncSocket::Connect() 함수를 호출하여 서버에 접속한다. 첫 번째 인자는 서버의 주소이고, 두 번째 인자는 서버의 포트 번호이다. 서버 주소로는 IP 주소나 도메인 이름을 사용할 수 있는데, 도메인 이름을 사용하면 IP 주소로 변환하는 작업을 MFC 내부에서 자동으로 처리해준다.

```
BOOL CAsyncSocket::Connect(
    LPCTSTR lpszHostAddress,
    UINT nHostPort
);
```

39~40행 보낼 데이터 자체와 보낸 데이터의 크기를 저장하는 변수이다.

42~51행 CAsyncSocket::Send() 함수를 이용하여 데이터를 1초 간격으로 다섯 번 보낸다. 이 함수의 첫 번째 인자는 송신 버퍼의 주소이고, 두 번째 인자는 송신하려는 데이터의 크기이다. 마지막 인자는 부가 옵션인데 보통 기본값을 사용한다. Send() 함수의 리턴 값은 응용 프로그램에서 운영체제 영역으로 복사된 데이터의 바이트 수를 나타낸다.

참고 Send() 함수의 리턴 값이 실제로 보낸 데이터의 바이트 수가 아님에 유의하자. 특별한 문제가 없다면 응용 프로그램이 송신하려는 데이터는 모두 운영체제 영역으로 복사되어 성공적으로 전송된다. 따라서 오류가 발생하지 않는 한 send() 함수의 리턴 값은 send() 함수의 세 번째 인자 값과 같게 된다.

```
int CAsyncSocket::Send(
    const void* lpBuf,
    int nBufLen,
    int nFlags = 0
);
```

52행 데이터 송신이 끝났으므로 CAsyncSocket::Close() 함수를 호출하여 소켓을 닫는다.

여기서 잠깐! Send() 함수

원래 Send()는 CAsyncSocket 클래스에서 제공하는 가상 함수인데, CSocket 클래스에서 내부적으로 재정의한다. CSocket::Send() 함수는 내부에서 루프를 돌면서 nBufLen만큼의 데이터를 운영체제 영역으로 복사할 때까지 리턴하지 않는다. 반면 CAsyncSocket::Send() 함수는 nBufLen만큼의 데이터를 운영체제 영역으로 다 복사하지 못하더라도(즉, 일부만 복사에 성공하더라도) 리턴하므로, 리턴 값을 확인하고 이를 처리하는 부가 코드를 작성해야 한다.

2.1 동기와 비동기 개념

TCPServer1이나 TCPClient1 프로그램에서 CSocket을 CAsyncSocket으로 바꾼 후 실행하면 [그림 15-7]과 같은 오류 메시지를 볼 수 있다. 이것은 비동기 함수의 특성을 고려하지 않아서 발생한 오류이다.

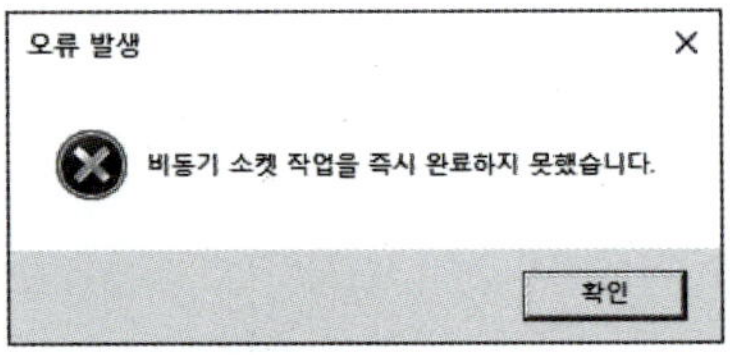

그림 15-7 비동기 함수 오류 메시지

동기와 비동기의 구분은 함수 호출 시, 작업 처리 조건이 만족되지 않을 때 이를 처리하는 방식의 차이에 따른 것이다. 작업 처리 조건이 만족되면 동기와 비동기 함수의 동작은 동일하다.

- **동기**Synchronous = Blocking **함수** : 작업 처리 조건이 만족될 때까지 함수가 리턴하지 않고 대기한다.
- **비동기**Asynchronous = Nonblocking **함수** : 작업 처리 조건이 만족될 때까지 함수가 대기하지 않고 즉시 리턴한다.

일반적으로 동기 함수를 사용하면 프로그램 로직과 코딩이 간단해지는 장점이 있다. 그러나 GUI 응용 프로그램에서 동기 함수를 잘못 사용하면 메시지 루프가 정지될 수 있으므로 주의해야 한다. 예를 들어, 다음 코드에서 Recv()가 동기 함수라면 데이터가 도착할 때까지 프로그램이 완전히 정지된다.

```
void CMyTestView::OnLButtonDblClk(UINT nFlags, CPoint point)
{
    …
    char buf[256];
    socket.Recv(buf, 256); // 받은 데이터가 없으면 여기서 메시지 루프가 정지된다.
}
```

이런 문제를 해결하려면 비동기 함수를 사용하든지 아니면 별도의 스레드를 만들어서 동기 함수를 호출해야 한다. 하지만 비동기 함수를 사용하면 코드가 복잡해지는 단점이 있다. MFC의 CSocket 클래스는 동기 함수와 비동기 함수 각각의 장점을 살리고 단점을 보완하고자 다음과 같은 방법을 사용한다.

- 중요 함수는 동기적으로 동작하되, 함수 호출 시 메시지 루프가 정지하는 일이 없도록 내부적으로 윈도우 메시지를 처리한다.

예 Accept(), Receive(), Send(), Connect(), ReceiveFrom(), SendTo()

- 동기 함수를 호출해야 할 시점을 가상 함수 호출로 알려준다. CAsyncSocket 클래스가 제공하는 On~ 함수를 정의해두면 필요한 시점에 해당 On~ 함수가 자동으로 호출된다. 따라서 On~ 함수를 재정의하고 여기에 동기 함수를 호출하는 코드를 작성해 놓으면, 조건이 만족되지 않아 동기 함수에서 실행이 멈추는 일은 발생하지 않는다.

예 클라이언트가 접속하면 가상 함수 OnAccept()가 자동으로 호출된다. 따라서 OnAccept() 함수를 재정의하고 여기서 Accept() 함수를 호출한다.

예 데이터가 도착하면 가상 함수 OnReceive()가 자동으로 호출된다. 따라서 OnReceive() 함수를 재정의하고 여기서 Receive() 함수를 호출한다.

현장 팁 동기와 비동기 방식

동기Synchronous와 비동기Asynchronous는 개념을 정확히 이해하지 못하면 혼동하기 쉽다. 동기 방식은 시간 순서가 지켜지고 원하는 결과를 바로 리턴받을 수 있다(우리가 보통 사용하는 일반 함수와 리턴 방식을 생각하면 된다). 반면 비동기 방식은 원하는 결과를 당장 얻을 수 없고 그 결과를 얻게 되는 순간도 시간 순서와 무관하다.

메시지 전송을 담당하는 SendMessage()와 PostMessage() 함수를 통해 두 방식 차이를 구분해 보자. SendMessage() 함수는 동기 함수로, 전송한 메시지가 바로 메시지 핸들러와 연결되어 메시지 핸들러가 리턴하는 값을 받을 수 있다(함수 인자로 전달되는 메모리 포인터까지 그대로 전달받을 수 있다). 반면 PostMessage() 함수는 비동기 함수로, 전송한 메시지를 메시지 큐에 저장하고 그 저장 결과를 리턴한다. 즉 리턴 값은 메시지 핸들러 리턴 값과 무관하고 메시지 핸들러가 리턴하는 값을 알기 위해서는 다른 방법을 강구해야 한다. 따라서 현재 메시지를 처리한 후에 다음 작업을 진행해야 한다면 SendMessage() 함수를 사용하고, 메시지 처리 여부와 상관없이 다른 작업을 진행하고자 한다면 PostMessage() 함수를 사용한다. 실제 개발에서 두 가지 방식은 선택적으로 사용된다.

윈도우 메시지 수신을 처리하는 ::GetMessage()와 ::PeekMessage() API 함수도 메시지 전송 함수처럼 두 가지 방식을 모두 지원한다. ::GetMessage() 함수는 동기 방식이고 ::PeekMessage() 함수는 비동기 방식이다. 다음은 루프로 수행하는 작업에 ::PeekMessage() 함수를 활용한 예이다.

```
while (bExit == FALSE)
{
    while(::PeekMessage(&msg, NULL, 0, 0, PM_REMOVE))
    {
      if (msg.message == WM_QUIT)
      {
         bExit = TRUE;
         ::PostQuitMessage(nExitCode);
         break;
      }
      if (!AfxGetApp()->PreTranslateMessage(&msg))
      {
         ::TranslateMessage(&msg);
         ::DispatchMessage(&msg);
```

```
        }
    }
    AfxGetApp()->OnIdle(0); // UI 갱신
    AfxGetApp()->OnIdle(1); // 임시 객체 해제

    // 여기서 작업을 수행한다.
}
```

루프를 통해 작업을 수행하는 프로그램은 해당 루프를 수행하는 동안 다른 작업(화면 갱신, 이동, 크기 변경 등)을 하지 못해 사용자가 프로그램이 멈춰버렸다고 판단할 수 있다. 만약 스레드로 가동 중인 제어 함수 내 루프라면 Sleep() 함수를 넣어 메시지를 처리할 기회를 줄 수 있지만, 예제처럼 ::PeekMessage() 함수를 이용하여 루프를 수행하는 동안 비동기 방식으로 메시지를 처리할 수 있다. 만약 비동기가 아닌 동기 방식인 ::GetMessage() 함수를 사용하면 어떻게 될까? 메시지 큐에 메시지가 없으면 ::GetMessage() 함수가 메시지를 무한정 기다리므로, 오히려 프로그램은 아무 동작도 할 수 없게 된다.

동기와 비동기 방식을 고려해야 하는 대표적인 경우가 바로 네트워크 프로그램이다. 네트워크는 하드 디스크나 시스템 메모리와 달리, 요청하면 바로 데이터를 얻을 수 있는 매체가 아니다. 예를 들어 A, B, C 데이터를 전송하는데, 먼저 A를 보내 프로그램이 TRUE를 리턴하면 B, FALSE를 리턴하면 C를 전송해야 한다고 하자. 동기 함수를 사용하면 다음과 같이 사용할 수 있다.

```
void SendFunction()
{
    BOOL bSuccess = Send(A);
    if (bSuccess == TRUE)
      Send(B);
    else if (bSucess == FALSE)
      Send(C);
}
```

그런데 네트워크는 그 결과를 바로 받을 수 없기 때문에 위와 같이 바로 B 또는 C를 전송할 수 없다. 이때 Send() 함수를 다음과 같이 구성하면 동기 방식을 구현할 수 있다. 동기 함수를 구현하기 위해 내부에서 루프를 돌려 데이터를 받을 때까지 기다린다. 이 경우 SendFunction() 함수 구현이 간단해지는 반면, 데이터를 받기 전까지 다른 작업을 수행할 수 없게 된다.

```
BOOL Send(BYTE *pBuffer, DWORD const dwSize)
{
    // pBuffer 네트워크 전송
    while(TRUE)
    {
      // 우선 데이터가 도달 여부를 검사함
      // 만약 데이터가 도달했으면 루프를 빠져나감
      Sleep(10);
    }
    // 결과 값 리턴
}
```

반면 비동기 방식으로 처리한다면, Send() 함수는 간단해지는 반면 SendFunction() 함수 구현을 변경해야 한다. SendFunction() 함수에서 리턴 값을 바로 처리할 수 없고, 일단 A를 전송한 후 함수를 빠져나가 결과가 전송되기를 기다린다. 그리고 네트워크에서 전송 결과가 도착하면 메시지나 이벤트 등으로 통지를 받고 그때서야 해당 처리를 수행한다. 이처럼 비동기 방식은 이전 상태를 기억하고 있다가 메시지나 이벤트를 받았을 때 해당 처리를 수행해야 하기 때문에 코드가 복잡해지는 불편함이 있다. 하지만 데이터를 마냥 기다리지 않고 결과 값이 전송될 때까지 다른 작업을 수행할 수 있는 장점이 있다. 비동기 방식을 구현할 때는 스레드가 필수이다. 비동기 방식을 구현하려면 결국 어디선가 루프를 돌면서 결과를 기다려야 하기 때문이다. 스레드는 주 스레드에 영향을 주지 않으면서 묵묵히 기다리는 작업을 수행하고 결과를 리턴한다.

동기와 비동기 방식은 개념 이해가 무엇보다 중요하다. 자신에게 필요한 상황을 동기 방식과 비동기 방식으로 모두 구현해서 비교해 보자. 그러면 쉽게 이해가 될 뿐만 아니라 상황에 따라 보다 적합한 방식을 선택할 수 있는 능력을 갖출 수 있다.

3 MFC 소켓 프로그래밍(GUI)

앞서 살펴본 바와 같이 MFC의 CSocket 클래스는 동기 함수의 특성과 비동기 함수의 특성을 조합한 것으로, 콘솔 응용 프로그램과 GUI 응용 프로그램에 모두 적합하다. CSocket 클래스를 이용한 GUI 응용 프로그램의 작성 절차는 다음과 같다.

① CSocket 클래스를 상속받아 새로운 소켓 클래스를 생성한다.

② CAsyncSocket 클래스가 제공하는 On~ 가상 함수를 필요에 따라 재정의한다.

③ 재정의한 On~ 가상 함수에서 적절한 소켓 함수를 호출한다. 예를 들어 OnAccept() 함수에서는 Accept() 함수를 호출하고, OnReceive() 함수에서는 Receive() 함수를 호출한다.

실제로는 ③을 약간 변형해서 사용하는 경우가 많다. 즉, 가상 함수에서 곧바로 소켓 함수를 호출하기보다는 뷰나 도큐먼트 클래스에 실제 소켓 입출력 함수를 정의해두고 이를 가상 함수에서 호출하는 것이다. [실습 15-2]에서도 이런 방식을 사용한다.

콘솔 응용 프로그램을 통해 핵심 소켓 함수를 배웠으므로 곧바로 GUI 소켓 응용 프로그램의 작성법을 익혀 보자. GUI 응용 프로그램은 작성 과정이 복잡하므로 서버를 먼저 만들어서 테스트를 끝내고 나중에 클라이언트를 만들기로 한다. 두 개의 실습을 모두 마쳐야 최종 결과를 볼 수 있다는 점을 염두에 두고 진행하자.

실습 15-2 TCP 서버 작성하기(GUI)

클라이언트가 보낸 데이터를 에디트 컨트롤에 그대로 출력하는 TCP 서버를 작성한다. 코드를 간소화하기 위해 한 개의 클라이언트 접속만 처리할 수 있도록 한다. 또한 모든 소켓 입출력 함수는 도큐먼트 클래스에 정의해 두고 가상 함수에서 호출하는 방식으로 작성할 것이다. [그림 15-8]에서 ❶은 서버 실행 직후의 모습이고, ❷는 서버 실행 후 [실습 15-1]에서 작성한 TCPClient1을 실행한 결과이다. 서버가 실행 중일 때 동일 서버를 하나 더 실행하려고 하면 ❸과 같은 오류 메시지가 뜨고, 〈확인〉을 클릭하면 종료한다.

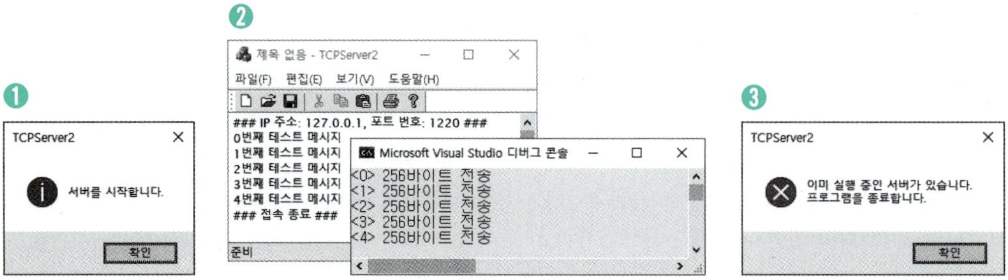

그림 15-8 실행 결과

1 [표 15-3]을 참고하여 응용 프로그램 마법사로 TCPServer2 프로젝트를 만든다.

표 15-3 응용 프로그램 마법사 단계별 변경 사항

응용 프로그램 마법사 단계	변경 사항
애플리케이션 종류	'애플리케이션 종류'로 '단일 문서' 선택 '프로젝트 스타일'로 'MFC standard' 선택
문서 템플릿 속성	없음
사용자 인터페이스 기능	없음
고급 기능	'ActiveX 컨트롤' 옵션 해제 'Windows 소켓' 옵션 체크
생성된 클래스	뷰의 기본 클래스로 'CEditView' 선택

2 '클래스 뷰'로 전환한 후 [프로젝트]-[클래스 마법사...] 메뉴를 실행하면 클래스 마법사 대화 상자가 열린다. [클래스 추가...]-[MFC 클래스...] 기능을 이용하여 MFC 클래스 두 개를 추가한다. CListenSocket 클래스는 클라이언트 접속을 기다릴 때, CDataSocket 클래스는 데이터를 주고받을 때 사용한다.

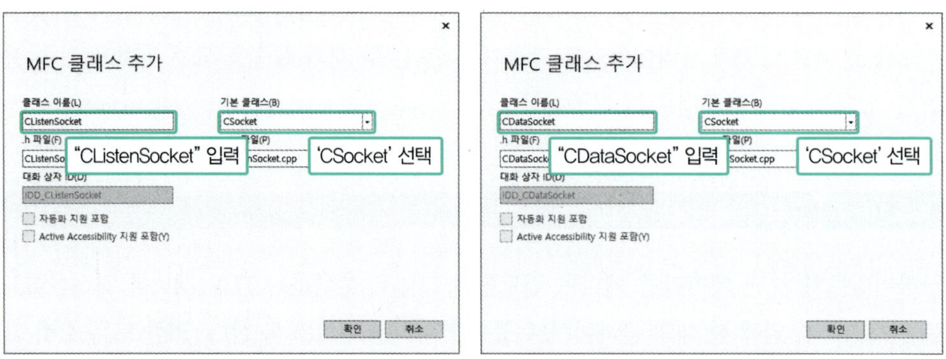

그림 15-9 MFC 소켓 클래스 추가

3 CListenSocket과 CDataSocket 클래스 헤더 파일에 도큐먼트 클래스에 접근할 수 있는 포인터 변수를 각각 추가한다. 또한 생성자의 형태도 변경해둔다.

```
class CTCPServer2Doc;

class CListenSocket : public CSocket
{
public:
    CListenSocket(CTCPServer2Doc* pDoc);
    virtual ~CListenSocket();
    CTCPServer2Doc* m_pDoc;
};
```

```
class CTCPServer2Doc;

class CDataSocket : public CSocket
{
public:
    CDataSocket(CTCPServer2Doc* pDoc);
    virtual ~CDataSocket();
    CTCPServer2Doc* m_pDoc;
};
```

4 CListenSocket과 CDataSocket 클래스 구현 코드의 생성자 형태를 헤더 파일과 마찬가지로 변경하고 다음 코드를 작성한다. 이 생성자를 호출하여 만들어진 CListenSocket과 CDataSocket 객체는 m_pDoc 멤버 변수를 이용하여 도큐먼트 객체에 접근할 수 있게 된다.

```
CListenSocket::CListenSocket(CTCPServer2Doc* pDoc)
{
    m_pDoc = pDoc;
}
```

```
CDataSocket::CDataSocket(CTCPServer2Doc* pDoc)
{
    m_pDoc = pDoc;
}
```

5 CTCPServer2Doc 클래스 헤더 파일에 CListenSocket과 CDataSocket 타입의 포인터 변수를 선언한다. 두 개의 소켓 객체는 필요에 따라 동적으로 생성하거나 파괴할 것이다.

```
class CListenSocket;
class CDataSocket;

class CTCPServer2Doc : public CDocument
{
protected: // serialization에서만 만들어집니다.
    CTCPServer2Doc() noexcept;
    DECLARE_DYNCREATE(CTCPServer2Doc)

// 특성입니다.
public:
    CListenSocket* m_pListenSocket;
    CDataSocket* m_pDataSocket;
```

6 CTCPServer2Doc 클래스 구현 코드의 생성자와 소멸자에 각각 포인터 초기화 코드와 객체 삭제 코드를 작성한다. 두 클래스를 참조하므로 관련 헤더 파일을 포함하는 것도 잊지 말자.

```
...
#include "TCPServer2Doc.h"
#include "CListenSocket.h"
#include "CDataSocket.h"
...
CTCPServer2Doc::CTCPServer2Doc()
{
    m_pListenSocket = NULL;
    m_pDataSocket = NULL;
}

CTCPServer2Doc::~CTCPServer2Doc()
{
    if (m_pListenSocket != NULL)
        delete m_pListenSocket;
    if (m_pDataSocket != NULL)
        delete m_pDataSocket;
}
```

7 '클래스 뷰'에서 CTCPServer2View 클래스를 선택한 상태로 마우스 오른쪽 버튼을 클릭하여 [추가]–[함수 추가...] 메뉴를 실행하고, 'void AddMessage(LPCTSTR message)' 형태의 멤버 함수를 추가한다. 이 함수는 뷰의 에디트 컨트롤에 현재 표시된 문자열에 새로운 문자열을 덧붙인다. CEditView::GetEditCtrl() 함수를 호출하여 CEdit 객체의 레퍼런스를 얻는 부분을 제외하면, 8장 1절에서 에디트 컨트롤을 다룰 때 소개한 응용 코드([실습 8–4] 시작 부분 바로 위)와 동일하다. 서버는 화면에 출력할 필요가 있을 때마다 이 함수를 사용할 것이다.

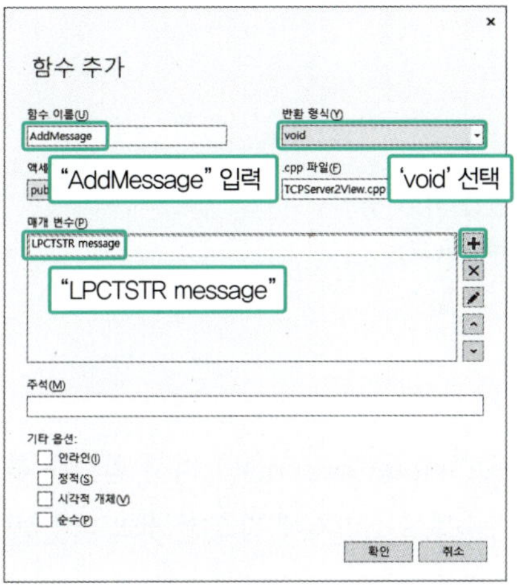

그림 15-10 멤버 함수 추가

```
void CTCPServer2View::AddMessage(LPCTSTR message)
{
    int len = GetWindowTextLength();
    GetEditCtrl().SetSel(len, len);
    GetEditCtrl().ReplaceSel(message);
}
```

8 CTCPServer2Doc 클래스의 OnNewDocument() 함수에 서버 초기화 코드를 작성한다. CListenSocket 객체를 동적으로 생성하고, 8000번 포트 번호로 클라이언트가 접속하기를 기다린다.

```
BOOL CTCPServer2Doc::OnNewDocument()
{
    if (!CDocument::OnNewDocument())
        return FALSE;
    if (!m_viewList.IsEmpty())
```

```
    {
        reinterpret_cast<CEditView*>(m_viewList.GetHead())->SetWindowText(nullptr);
    }

    ASSERT(m_pListenSocket == NULL);
    m_pListenSocket = new CListenSocket(this);
    if (m_pListenSocket->Create(8000)) {
        if (m_pListenSocket->Listen()) {
            AfxMessageBox(_T("서버를 시작합니다."), MB_ICONINFORMATION);
            return TRUE;
        }
    }

    AfxMessageBox(_T("이미 실행 중인 서버가 있습니다.")
        _T("\n프로그램을 종료합니다."), MB_ICONERROR);
    return FALSE;
}
```

9 속성 창을 이용하여 CTCPServer2Doc 클래스에 DeleteContents() 가상 함수를 추가한다. 여기에 추가하는 코드는 CTCPServer2Doc 클래스 소멸자에 작성한 것과 비슷하다.

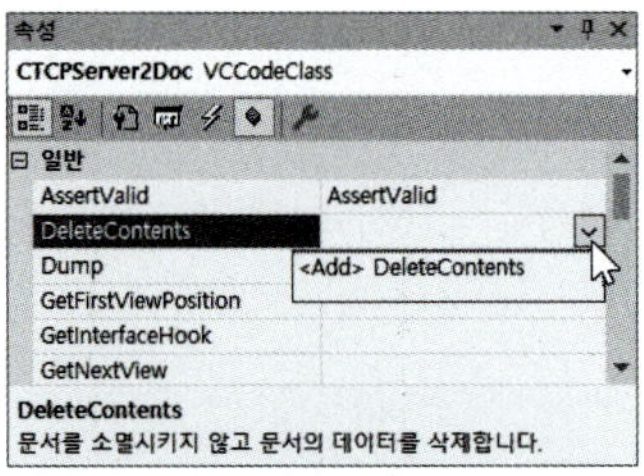

그림 15-11 가상 함수 추가

```
void CTCPServer2Doc::DeleteContents()
{
    if (m_pListenSocket != NULL) {
        delete m_pListenSocket;
        m_pListenSocket = NULL;
    }
    if (m_pDataSocket != NULL) {
        delete m_pDataSocket;
        m_pDataSocket = NULL;
    }
    CDocument::DeleteContents();
}
```

10 '클래스 뷰'에서 CTCPServer2Doc 클래스를 선택한 상태로 마우스 오른쪽 버튼을 클릭하여 [추가]-[함수 추가...] 메뉴를 실행하고, 'void PrintMessage(LPCTSTR message)' 형태의 멤버 함수를 추가한다. 이 함수는 뷰 클래스의 AddMessage() 함수를 호출하여 에디트 컨트롤에 문자열을 출력한다. AfxGetMainWnd() 함수로 프레임 윈도우 객체 주소를 알아내고, CFrameWnd::GetActiveView() 함수로 활성 뷰 객체 주소를 알아낸 후, 최종적으로 AddMessage() 함수를 호출한다. 뷰 클래스를 참조하므로 관련 헤더 파일을 포함하는 것도 잊지 말자.

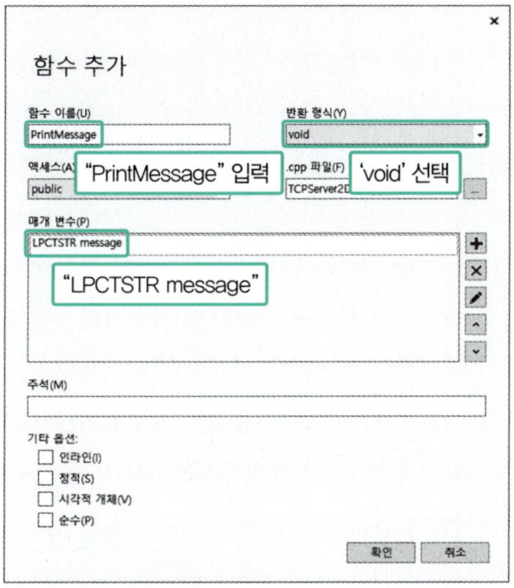

그림 15-12 멤버 함수 추가

```
...
#include "TCPServer2Doc.h"
#include "TCPServer2View.h"
#include "CListenSocket.h"
#include "CDataSocket.h"
...
void CTCPServer2Doc::PrintMessage(LPCTSTR message)
{
    CFrameWnd* pMainWnd = (CFrameWnd*)AfxGetMainWnd();
    CTCPServer2View* pView = (CTCPServer2View*)pMainWnd->GetActiveView();
    pView->AddMessage(message);
}
```

이제 서버를 초기화하고 클라이언트로부터 받은 데이터를 화면(에디트 컨트롤)에 출력할 최소한의 준비가 된 것이다. 남은 작업은 클라이언트 접속을 처리하고, 받은 데이터를 출력하는 것이다.

11 속성 창을 이용하여 CListenSocket 클래스에 OnAccept() 가상 함수를 추가하고 다음 코드를 작성한다. OnAccept() 함수에서 곧바로 Accept() 함수를 호출할 수도 있지만, 여기서는 도큐먼트 클래스의 ProcessAccept() 함수를 호출하여 도큐먼트 객체가 모든 소켓 입출력 작업을 처리하게 한다. 도큐먼트 클래스를 참조하므로 관련 헤더 파일을 포함하는 것도 잊지 말자.

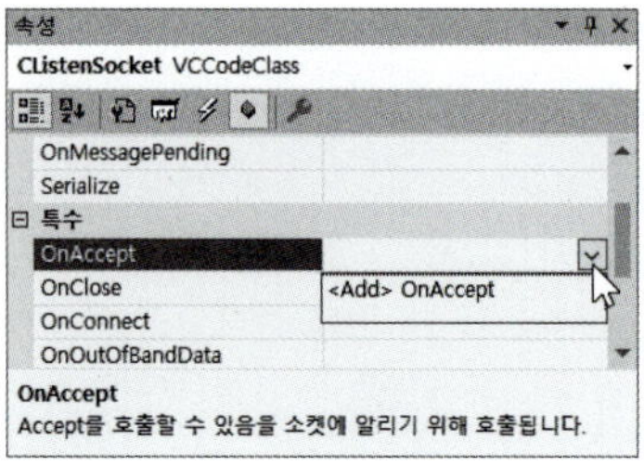

그림 15-13 가상 함수 추가

```
#include "stdafx.h"
#include "TCPServer2.h"
#include "CListenSocket.h"
#include "TCPServer2Doc.h"
...
void CListenSocket::OnAccept(int nErrorCode)
{
    CSocket::OnAccept(nErrorCode);
    m_pDoc->ProcessAccept(nErrorCode);
}
```

12 '클래스 뷰'에서 CTCPServer2Doc 클래스를 선택한 상태로 마우스 오른쪽 버튼을 클릭하여 [추가]-[함수 추가...] 메뉴를 실행하고, 'void ProcessAccept(int nErrorCode)' 형태의 멤버 함수를 추가하여 클라이언트 접속을 처리한다. CDataSocket 객체를 생성할 때 this 포인터를 사용한다는 점을 제외하고는 콘솔 응용 프로그램과 크게 다르지 않다.

이 함수는 코드를 간소화하기 위해 클라이언트를 한 개만 처리한다. 여러 개의 클라이언트 접속을 처리하려면 Accept() 함수가

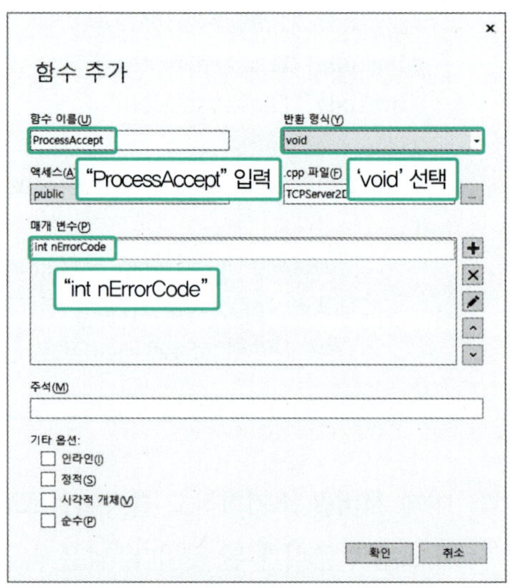

그림 15-14 멤버 함수 추가

생성하는 소켓을 2장에서 배운 집합 클래스를 이용하여 관리하는 것이 좋다.

```
void CTCPServer2Doc::ProcessAccept(int nErrorCode)
{
    CString PeerAddr;
    UINT PeerPort;
    CString str;

    ASSERT(nErrorCode == 0);
    if (m_pDataSocket == NULL) {
        m_pDataSocket = new CDataSocket(this);
        if (m_pListenSocket->Accept(*m_pDataSocket)) {
            m_pDataSocket->GetPeerName(PeerAddr, PeerPort);
            str.Format(_T("### IP 주소: %s, 포트 번호: %d ###\r\n"),
                PeerAddr, PeerPort);
            PrintMessage(str);
        }
        else {
            delete m_pDataSocket;
            m_pDataSocket = NULL;
        }
    }
}
```

⓭ 속성 창을 이용하여 CDataSocket 클래스에 OnReceive()와 OnClose() 가상 함수를 추가하고 다음 코드를 작성한다. 각각 도큐먼트 클래스의 ProcessReceive()와 ProcessClose() 함수를 호출한다. 도큐먼트 클래스를 참조하므로 관련 헤더 파일을 포함하는 것도 잊지 말자.

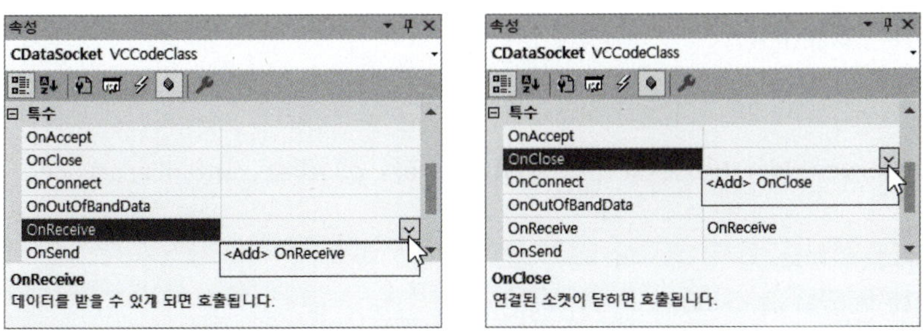

그림 15-15 가상 함수 추가

```
#include "stdafx.h"
#include "TCPServer2.h"
#include "CDataSocket.h"
#include "TCPServer2Doc.h"
...
void CDataSocket::OnReceive(int nErrorCode)
{
    CSocket::OnReceive(nErrorCode);
    m_pDoc->ProcessReceive(this, nErrorCode);
}

void CDataSocket::OnClose(int nErrorCode)
{
    CSocket::OnClose(nErrorCode);
    m_pDoc->ProcessClose(this, nErrorCode);
}
```

14 마지막으로, CTCPServer2Doc 클래스에 'void ProcessReceive(CDataSocket* pSocket, int nErrorCode)'와 'void ProcessClose(CDataSocket* pSocket, int nErrorCode)' 형태의 멤버 함수를 추가하고 다음 코드를 작성한다. ProcessReceive() 함수는 클라이언트로부터 받은 데이터를 화면에 출력하고, ProcessClose() 함수는 소켓을 닫고 소켓 객체에 할당된 메모리를 해제한다.

```
void CTCPServer2Doc::ProcessReceive(CDataSocket* pSocket, int nErrorCode)
{
    TCHAR buf[256 + 1];
    int nbytes = pSocket->Receive(buf, 256);
    buf[nbytes] = _T('\0');
    PrintMessage(buf);
}

void CTCPServer2Doc::ProcessClose(CDataSocket* pSocket, int nErrorCode)
{
    pSocket->Close();
    delete m_pDataSocket;
    m_pDataSocket = NULL;
    PrintMessage(_T("### 접속 종료 ###\r\n\r\n"));
}
```

실습 15-3 TCP 클라이언트 작성하기(GUI)

TCP 서버에 접속하여 문자 메시지를 보낼 수 있는 TCP 클라이언트를 만들어보자. 이 클라이언트는 IP 주소를 입력받아 해당 서버에 접속하거나 접속을 끊는 기능과 사용자가 에디트 컨트롤에 입력한 문자 메시지를 서버에 보내는 기능을 제공한다. 이전에 작성한 TCP 서버와 달리 대화 상자를 기반으로 작성할 것이다.

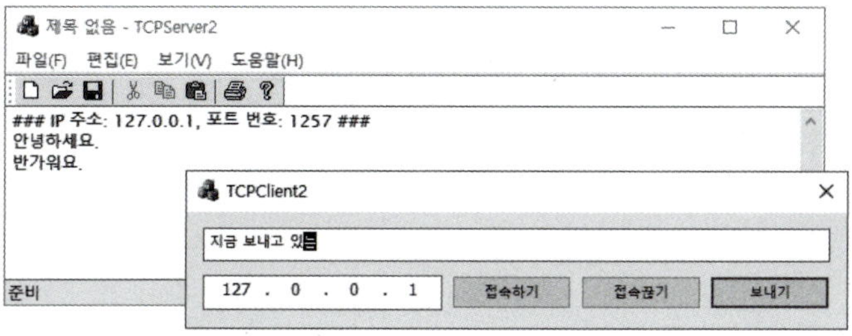

그림 15-16 실행 결과

1. [표 15-4]를 참고하여 응용 프로그램 마법사로 TCPClient2 프로젝트를 만든다.

표 15-4 응용 프로그램 마법사 단계별 변경 사항

응용 프로그램 마법사 단계	변경 사항
애플리케이션 종류	'애플리케이션 종류'로 '대화 상자 기반' 선택
문서 템플릿 속성	없음
사용자 인터페이스 기능	없음
고급 기능	'ActiveX 컨트롤' 옵션 해제 'Windows 소켓' 옵션 체크
생성된 클래스	없음

2. '리소스 뷰'로 전환한 후 대화 상자 리소스 IDD_TCPCLIENT2_DIALOG를 열고, 대화 상자 자체의 'Caption' 속성에 "TCPClient2"를 입력한다. 기존 컨트롤을 모두 지우고 다음과 같이 대화 상자에 컨트롤을 배치한다. **2**는 에디트 컨트롤, **5**는 IP 주소 컨트롤, **1**, **4**, **3**은 버튼 컨트롤이다. 버튼 컨트롤 속성만 표를 참고하여 변경하고, 나머지 컨트롤은 기본값을 그대로 사용한다.

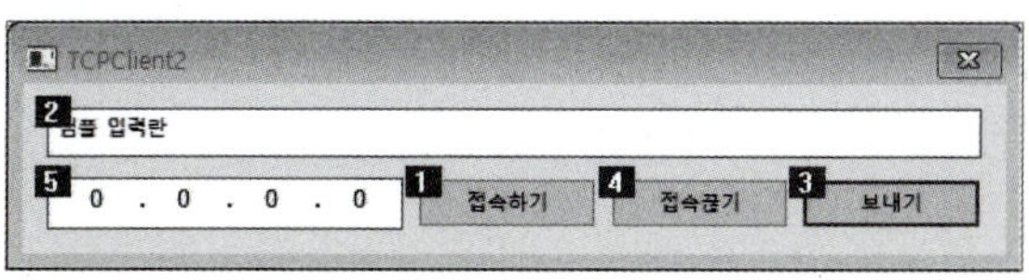

Caption	ID	기타 변경 사항
접속하기	IDC_CONNECT	없음
접속끊기	IDC_DISCONNECT	없음
보내기	IDC_SEND	'Default button' 속성을 True로 변경

그림 15-17 대화 상자 디자인과 버튼 컨트롤 속성 설정

3 '클래스 뷰'로 전환한 후 [프로젝트]-[클래스 마법사...] 메뉴를 실행하면 클래스 마법사 대화 상자가 열린다. [클래스 추가...]-[MFC 클래스...] 기능을 이용하여 MFC 클래스를 추가한다. 서버와 달리 클라이언트는 소켓 클래스 한 개로 충분하다.

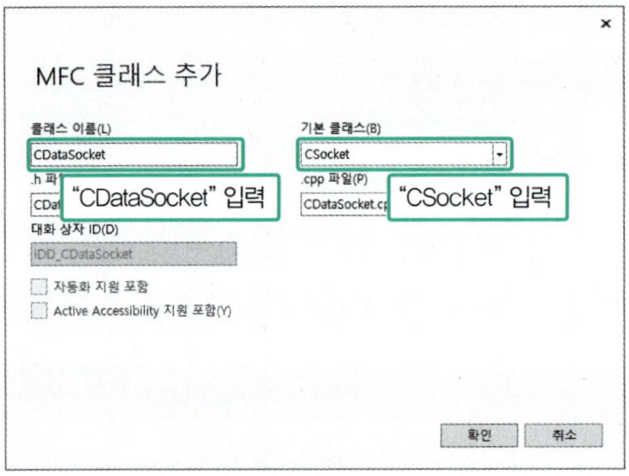

그림 15-18 MFC 소켓 클래스 추가

4 생성된 CDataSocket 클래스의 헤더 파일에 대화 상자 클래스에 접근할 수 있는 포인터 변수를 추가한다. 이는 모든 소켓 입출력을 대화 상자 클래스에서 하기 위함이다. 생성자의 형태도 변경해둔다.

```
class CTCPClient2Dlg;

class CDataSocket : public CSocket
{
public:
    CDataSocket(CTCPClient2Dlg* pDlg);
    virtual ~CDataSocket();
    CTCPClient2Dlg* m_pDlg;
};
```

5 CDataSocket 클래스 구현 파일의 생성자 형태를 헤더 파일과 마찬가지로 변경하고 다음 코드를 작성한다. 이 생성자를 호출하여 만들어진 CDataSocket 객체는 m_pDoc 멤버 변수를 이용하여 대화 상자 객체에 접근할 수 있다.

```
CDataSocket::CDataSocket(CTCPClient2Dlg* pDlg)
{
    m_pDlg = pDlg;
}
```

6 CTCPClient2Dlg 클래스 헤더 파일에 CDataSocket 타입의 포인터 변수를 선언한다. 소켓 객체는 필요에 따라 동적으로 생성하거나 파괴할 것이다.

```
class CDataSocket;

// CTCPClient2Dlg 대화 상자
class CTCPClient2Dlg : public CDialogEx
{
// 생성입니다.
public:
    CTCPClient2Dlg(CWnd* pParent = nullptr);   // 표준 생성자입니다.
    CDataSocket* m_pDataSocket;
...
```

7 대화 상자 디자인 화면에서 컨트롤을 선택하고 마우스 오른쪽 버튼을 클릭하여 [변수 추가...] 메뉴를 실행하면 컨트롤 변수를 만들 수 있다. IDC_EDIT1과 IDC_IPADDRESS1에 대응하는 컨트롤 변수를 각각 m_edit, m_ipaddr 이름으로 생성한다.

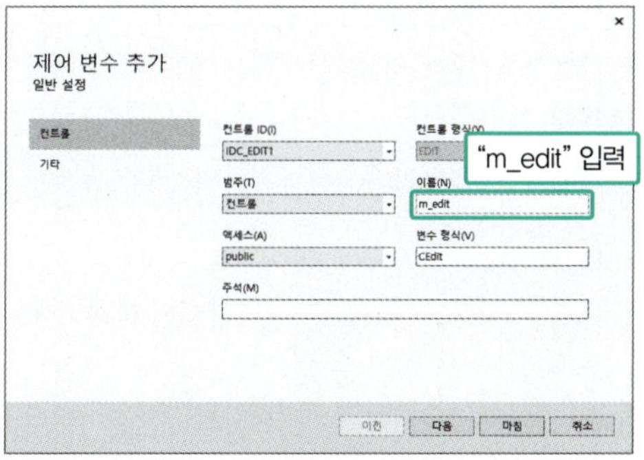

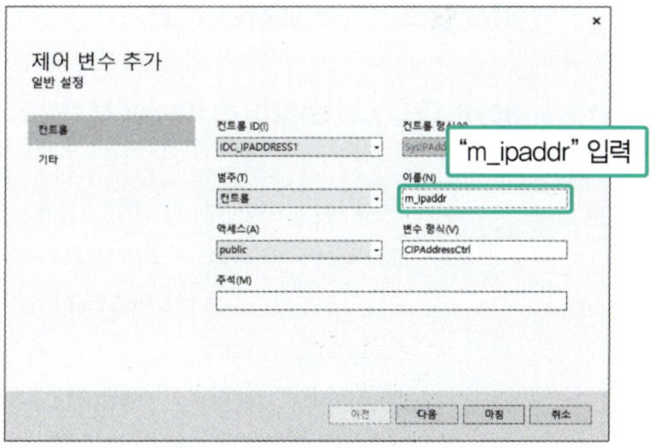

그림 15-19 컨트롤 변수 생성

8 CTCPClient2Dlg::OnInitDialog() 함수에 초기화 코드를 작성한다. 실습의 편의를 위해 IP 주소의 기본값은 "127.0.0.1"로 시작한다.

```
BOOL CTCPClient2Dlg::OnInitDialog()
{
    ...
```

```
    m_pDataSocket = NULL;
    m_ipaddr.SetWindowText(_T("127.0.0.1"));

    return TRUE;  // 포커스를 컨트롤에 설정하지 않으면 TRUE를 반환합니다.
}
```

9 이제 버튼 세 개를 클릭했을 때 실행할 동작을 정의한다. CTCPClient2Dlg 클래스에서 속성 창을 이용하여 IDC_CONNECT 버튼의 BN_CLICKED 통지 메시지 핸들러를 추가하고, 서버에 접속하는 코드를 작성한다. CDataSocket 객체를 생성할 때 this 포인터를 사용한다는 점을 제외하고는 콘솔 응용 프로그램과 크게 다르지 않다. CDataSocket 클래스를 참조하므로 관련 헤더 파일을 포함하는 것도 잊지 말자.

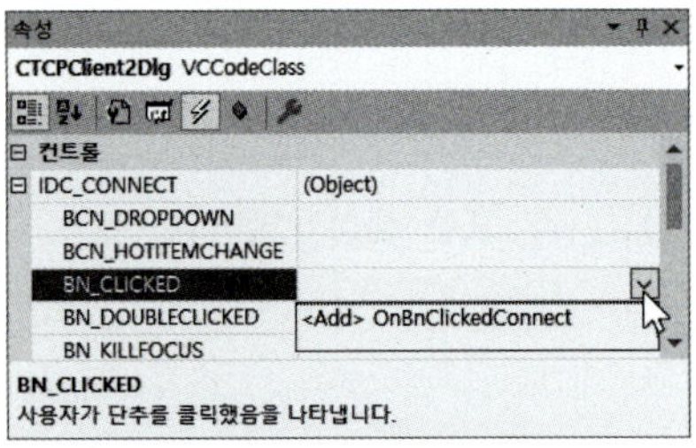

그림 15-20 **통지 메시지 핸들러 생성**

```
...
#include "TCPClient2Dlg.h"
#include "afxdialogex.h"
#include "CDataSocket.h"
...
void CTCPClient2Dlg::OnBnClickedConnect()
{
    if (m_pDataSocket == NULL) {
        m_pDataSocket = new CDataSocket(this);
        m_pDataSocket->Create();
        CString addr;
        m_ipaddr.GetWindowText(addr);
        if (m_pDataSocket->Connect(addr, 8000)) {
            MessageBox(_T("서버에 접속 성공!"), _T("알림"), MB_ICONINFORMATION);
            m_edit.SetFocus();
        }
        else {
            MessageBox(_T("서버에 접속 실패!"), _T("알림"), MB_ICONERROR);
            delete m_pDataSocket;
            m_pDataSocket = NULL;
        }
    }
```

```
    else {
        MessageBox(_T("서버에 이미 접속됨!"), _T("알림"), MB_ICONINFORMATION);
        m_edit.SetFocus();
    }
}
```

10 직전 단계와 마찬가지로 CTCPClient2Dlg 클래스에서 속성 창을 이용하여 IDC_DISCONNECT 버튼의 BN_CLICKED 통지 메시지 핸들러를 추가하고, 서버와 접속을 끊는 코드를 작성한다. 소켓 객체는 파괴될 때 내부에서 자동으로 Close() 함수를 호출하므로 아래 코드에서 Close() 호출을 생략해도 상관없다.

```
void CTCPClient2Dlg::OnBnClickedDisconnect()
{
    if (m_pDataSocket == NULL) {
        MessageBox(_T("서버에 접속 안 함!"), _T("알림"), MB_ICONERROR);
    }
    else {
        m_pDataSocket->Close();
        delete m_pDataSocket;
        m_pDataSocket = NULL;
    }
}
```

11 마지막으로, CTCPClient2Dlg 클래스에서 속성 창을 이용하여 IDC_SEND 버튼의 BN_CLICKED 통지 메시지 핸들러를 추가하고, 서버에 데이터를 보내는 코드를 작성한다.

```
void CTCPClient2Dlg::OnBnClickedSend()
{
    if (m_pDataSocket == NULL) {
        MessageBox(_T("서버에 접속 안 함!"), _T("알림"), MB_ICONERROR);
    }
    else {
        CString message;
        m_edit.GetWindowText(message);
        message += _T("\r\n");
        m_pDataSocket->Send((LPCTSTR)message,
            (message.GetLength() + 1) * sizeof(TCHAR));
        m_edit.SetWindowText(_T(""));
        m_edit.SetFocus();
    }
}
```

4 직렬화를 이용한 소켓 입출력

CSocketFile과 CArchive 클래스를 이용하면 Send()와 Receive() 함수를 직접 사용하지 않고도 소켓 입출력을 할 수 있다. 이것은 파일 입출력에서 직렬화를 사용하는 원리와 동일하며 사용법도 비슷하다. 데이터를 보내는 경우와 받는 경우로 구분하여 살펴보자.

4.1 데이터를 보내는 경우

전형적인 소켓 입출력 코드는 왼쪽과 같고, 직렬화를 이용한 코드는 오른쪽과 같다. 직렬화에서는 CArchive 클래스 생성자의 두 번째 인자인 CArchive::store에 맞추어 《 연산자를 사용한다.

```
CSocket sock;
int data1;
double data2;
...
sock.Send(&data1, sizeof(data1));
sock.Send(&data2, sizeof(data2));
```

```
CSocket sock;
int data1;
double data2;
...
CSocketFile file(&sock);
CArchive ar(&file, CArchive::store);
ar << data1;
ar << data2;
```

4.2 데이터를 받는 경우

전형적인 소켓 입출력 코드는 왼쪽과 같고, 직렬화를 이용한 코드는 오른쪽과 같다. 직렬화에서는 CArchive 클래스 생성자의 두 번째 인자인 CArchive::load에 맞추어 》 연산자를 사용한다.

```
CSocket sock;
int data1;
double data2;
...
sock.Receive(&data1, sizeof(data1));
sock.Receive(&data2, sizeof(data2));
```

```
CSocket sock;
int data1;
double data2;
...
CSocketFile file(&sock);
CArchive ar(&file, CArchive::load);
ar >> data1;
ar >> data2;
```

[그림 15-21]은 직렬화를 이용한 소켓 입출력 과정을 보여준다.

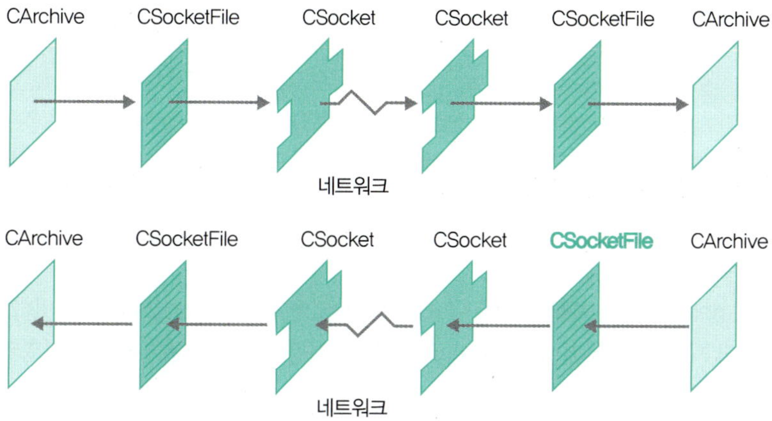

그림 15-21 직렬화

[표 15-5]는 직렬화를 이용한 소켓 입출력의 장단점을 정리한 것이다.

표 15-5 직렬화를 이용한 소켓 입출력의 장단점

장점	• 입출력 함수를 직접 사용하지 않으므로 프로그래머가 입출력과 관련된 세부 사항을 신경 쓰지 않아도 된다. • 통신 양단의 문자열 저장 방식이 달라도 내부적으로 변환하여 올바로 처리한다. • 통신 양단의 바이트 순서Byte Ordering가 달라도 내부적으로 변환하여 올바로 처리한다.
단점	• 통신 양단이 모두 MFC의 직렬화를 이용한 소켓 입출력을 하는 경우에만 올바른 데이터 교환이 보장된다. • CSocket 클래스 대신 CAsynSocket 클래스를 직접 사용하면 직렬화를 쓸 수 없다.

요약

01 TCP/IP 구조

TCP/IP는 네트워크 액세스 계층, 인터넷 계층, 전송 계층, 응용 계층으로 구성된다.

02 IP 주소, 루프백 주소, 포트 번호

- **IP 주소** : 인터넷 통신에 참여하는 개체의 고유 주소로, IPv4(32비트)와 IPv6(128비트)가 있다.
- **루프백 주소** : 컴퓨터 자신을 나타내는 의미로 내부적으로만 사용되므로 한 컴퓨터에서 네트워크 프로그램을 작성하여 테스트할 때 유용하다.
- **포트 번호** : 통신의 최종 목적지인 프로세스를 나타내는 16비트 숫자이다.

03 클라이언트-서버 모델

네트워크 프로그램은 일반적으로 클라이언트-서버 모델로 작성한다. 클라이언트-서버 모델은 두 개의 프로세스가 상호 접속할 경우, 한 프로세스가 먼저 실행하여 대기하고 다른 프로세스가 나중에 실행하여 접속하는 방식이다.

04 소켓

다양한 프로토콜을 일관된 인터페이스로 다룰 수 있게 만든 함수 집합으로, 윈도우 API로 제공된다.

05 MFC 소켓 API와 관련된 클래스

- CAsyncSocket과 CSocket은 소켓 자체를 추상화한 것으로 필수 클래스이고, CSocketFile은 편리한 소켓 입출력을 위한 부가 클래스다.
- CAsyncSocket 클래스는 핵심적인 소켓 함수에 대해 비동기적으로 동작하는 반면, CSocket 클래스는 동기적으로 동작한다.
- 일반적으로 MFC 소켓 프로그래밍을 할 때는 CSocket 클래스를 사용한다.
- CSocket 클래스는 동기 함수의 특성과 비동기 함수의 특성을 조합한 것으로, 콘솔 응용 프로그램과 GUI 응용 프로그램에 모두 적합하다.
- MFC GUI 소켓 응용 프로그램을 작성할 때는 CSocket 클래스를 기반으로 새로운 소켓 클래스를 생성하고, 필요에 따라 일부 가상 함수를 재정의한다.

06 직렬화의 장단점

직렬화를 이용한 소켓 입출력을 하면 문자열 저장 방식이나 바이트 정렬이 다른 경우를 내부적으로 자동 처리해 준다는 장점이 있지만, 통신 양단이 모두 MFC의 직렬화를 이용한 소켓 입출력을 하는 경우에만 올바른 데이터 교환이 보장된다는 단점이 있다.

연습문제

01 TCPServer1 예제를 수정하여, TCPClient1 프로그램이 보낸 데이터를 그대로 되돌려 주는 에코(Echo) 기능을 TCPServer1 프로그램에 구현하시오.

HINT 데이터 송신은 CSocket::Send() 함수 이용

02 TCPClient1 예제와 TCPServer1 예제를 수정하여, TCPClient1 프로그램에서 "%d + %d" 형식으로 숫자를 두 개 입력받아 TCPServer1 프로그램에 전송하면, TCPServer1 프로그램이 두 숫자 합을 계산하여 되돌려 주는 기능을 구현하시오.

HINT 콘솔에서 숫자 입력은 ::_tscanf_s() 함수, 데이터 송수신은 CSocket::Send() 함수와 CSocket::Receive() 함수 이용

03 TCPClient1 예제와 TCPServer1 예제를 수정하여, TCPClient1 프로그램에서 TCPServer1 프로그램으로 파일을 전송하는 기능을 구현하시오. 단, 양측 모두 파일 전송률(%)을 화면에 출력하고 전송할 파일 경로는 파일 대화 상자를 통해 입력받는다.

HINT 파일 대화 상자는 CFileDialog 클래스, 파일 처리는 CFile 클래스 이용, 데이터 송수신은 CSocket::Send() 함수와 CSocket::Receive() 함수 이용

04 TCPClient1 예제와 TCPServer1 예제를 수정하여, 간단한 채팅 프로그램을 작성하시오.

HINT 클라이언트와 서버 측 모두 송신과 수신을 각각 담당하는 작업 스레드 생성, 스레드 생성은 ::AfxBeginThread() 전역 함수 이용, 콘솔에서 문자열 입력은 ::fgets() 함수 이용

05 TCPClient1 예제와 TCPServer1 예제를 수정하여, TCP 대신 UDP를 사용하도록 구현하시오. 단, 서버 측에서는 UDP일 경우 Listen과 Accept 과정을 지원하지 않는다.

HINT CSocket::Create() 함수 두 번째 인자 이용

06 TCPClient2 예제와 TCPServer2 예제를 수정하여, TCPClient2 프로그램에서 TCPServer2 프로그램으로 파일을 전송하는 기능을 구현하시오. 단, 양측 모두 파일 전송률(%)을 프로그레스 컨트롤로 화면에 표시하고 전송할 파일 경로는 파일 대화 상자를 통해 입력받는다.

HINT 파일 대화 상자는 CFileDialog 클래스, 파일 처리는 CFile 클래스 이용, 데이터 송수신은 CSocket::Send() 함수와 CSocket::Receive() 함수 이용, 서버 측은 진행률 표시를 위해 비모드 대화 상자 사용

07 TCPClient2 예제와 TCPServer2 예제를 수정하여, 클라이언트와 서버 모두 CSocketFile 클래스를 사용하여 동작하도록 구현하시오.

HINT CSocketFile 클래스와 CArchive 클래스 이용

08 TCPClient2 예제와 TCPServer2 예제를 수정하여, 6번 문제와 동일하게 파일을 전송하되, 클라이언트와 서버 모두 CSocketFile 클래스를 사용하여 동작하도록 구현하시오.

HINT CSocketFile 클래스와 CArchive 클래스 이용

빅 엔디언과 리틀 엔디언

데이터를 메모리에 저장할 때 저장되는 바이트 순서가 바뀐다는 사실을 아는가? 그것도 '플랫폼마다 다를 수 있다'라는 점이 중요하다. 이로 인해 특정 플랫폼에서 검증이 완료된 소스 코드가 다른 플랫폼으로 이식되었을 때 동작하지 않기도 한다. 따라서 관련 내용을 알고 있어야 메모리를 조작하는 루틴을 먼저 점검하고 호환되도록 수정할 수 있다. 예를 들어 0x524F 두 바이트를 메모리에 다음과 같이 다르게 저장하는 방식이 존재한다.

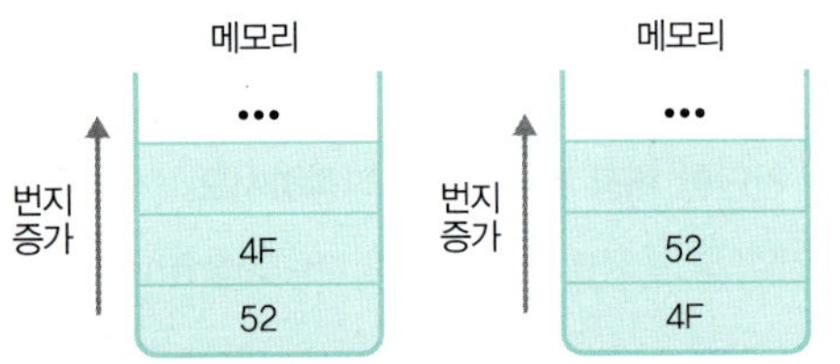

▲ 빅 엔디언Big-endian ▲ 리틀 엔디언Little-endian

빅 엔디언은 '상위 바이트부터 차례대로 저장한다'라는 의미로, 데이터를 상위 바이트부터 순서대로 메모리로 옮긴다. 반면 리틀 엔디언은 '하위 바이트부터 차례대로 저장한다'라는 의미로, 데이터를 하위 바이트부터 순서대로 메모리로 옮긴다. 예를 들어, 'UNIX'라는 4바이트를 WORD[2] 배열로 저장하면 어떻게 될까? 메모리 창을 열어 살펴보면, 빅 엔디언은 'UNIX', 리틀 엔디언은 'NUXI'로 보인다. 그래서 빅/리틀 엔디언 문제를 'NUXI 문제'라고도 한다. 다음은 플랫폼을 방식별로 분류하였다.

- **빅 엔디언 사용** : IBM 메인 프레임, 68K(Motorola), RISC 계열
- **리틀 엔디언 사용** : IA-32(Intel x86 계열), Alpha(HP)
- **빅/리틀 엔디언 모두 지원** : ARM, Power PC(IBM, Motorola), IA-64(Intel, HP)

빅/리틀 엔디언 문제는 걸리버 여행기 소인국 편에서 삶은 달걀을 뾰족한 부분부터 까는가, 넓적한 부분부터 까는가 논쟁하는 정치 이슈에서 유래했다고 한다. 현재도 기술적인 장점보다는 정치적인 이유로 양분되어 있다. 참고로, 비트 배열은 무조건 빅 엔디언이다. 물론 비트 배열에서도 리틀 엔디언이 가능하지만 현존하지 않는다. 바이트 배열에서만 빅/리틀 엔디언이 존재한다는 사실을 기억해 두자.

이제 프로그램에서 이 문제를 알아야 하는 이유를 살펴보자. 파일에서 데이터를 읽어올 때, 빅 엔디언으로 저장된 데이터를 리틀 엔디언으로 읽어오면 뒤죽박죽이 된다. 따라서 파일 포맷이 사용하는 바이트 배열을 반드시 알아야 한다. 예를 들어 파일에 4바이트가 다음 순서로 저장되어 있다고 하자(단, 데이터는 16진수로 표기하였다).

```
파일 : 12 34 56 78
```

이 데이터를 자료형 별로 읽으면 다음과 같이 각각 다르게 해석된다.

```
DWORD(4바이트) : 78 56 34 12
WORD(2바이트) : 34 12 78 56
BYTE(1바이트) : 12 34 56 78
```

자세히 살펴보면 한 바이트로 처리하는 방식 외에 모두 값이 왜곡된다. 이러한 특징을 이용하여 다음과 같이 간단히 빅 엔디언인지 확인하는 함

수를 제작할 수 있다.

```
inline BOOL IsBigEndian()
{
    short s;
    byte *p = (byte *)&s;
    s=1;
    return (*p==0);
}
```

이전 버전 MFC에서는 CFile 클래스를 통해 메모리, 파일, 통신으로 데이터를 전송할 때 발생할 수 있는 빅/리틀 엔디언 문제 지원을 위해, 직렬화에 사용되는 CArchive 클래스에 bNoByteSwap 플래그를 지원하고 내부적으로 ::_AfxByteSwap() 전역 함수를 활용하였다. 그러나 VC++ 2010 버전에서는 〈afximpl.h〉 헤더에 다음과 같이 더 이상 지원하지 않음을 명시하였다.

```
#ifdef _AFX_BYTESWAP
#error _AFX_BYTESWAP is not
supported.
#endif
```

참고를 위해 이전 〈afximpl.h〉 헤더에 있던 ::_AfxByteSwap() 함수 내 인라인 코드 일부를 다음과 같이 발췌하였다. 세 개 함수로 구분되어 각각 16bit, 32bit, 그리고 64bit 바이트 순서 변환을 구현하고 있다. 이를 참고하여 필요한 바이트 순서 변환에 활용할 수 있다.

```
#ifdef _AFX_BYTESWAP

struct _AFXWORD
{
    BYTE WordBits[sizeof(WORD)];
};
struct _AFXDWORD
{
    BYTE DwordBits[sizeof(DWORD)];
};
struct _AFXDOUBLE
{
    BYTE
      DoubleBits[sizeof(double)];
};

inline void _AfxByteSwap( WORD w,
BYTE *pb )
{
    _AFXWORD wAfx;
    *(WORD*)&wAfx = w;
    ASSERT(sizeof(WORD) == 2);

    *pb++ = wAfx.WordBits[1];
    *pb = wAfx.WordBits[0];
}

inline void _AfxByteSwap( DWORD
dw, BYTE *pb )
{
    _AFXDWORD dwAfx;
    *(DWORD*)&dwAfx = dw;
    ASSERT(sizeof(DWORD) == 4);

    *pb++ = dwAfx.DwordBits[3];
    *pb++ = dwAfx.DwordBits[2];
    *pb++ = dwAfx.DwordBits[1];
```

```
    *pb = dwAfx.DwordBits[0];
}

inline void _AfxByteSwap( double d,
BYTE *pb )
{
    _AFXDOUBLE dAfx;
    *(double*)&dAfx = d;
    ASSERT(sizeof(double) == 8);

    *pb++ = dAfx.DoubleBits[7];
    *pb++ = dAfx.DoubleBits[6];
    *pb++ = dAfx.DoubleBits[5];
    *pb++ = dAfx.DoubleBits[4];
    *pb++ = dAfx.DoubleBits[3];
    *pb++ = dAfx.DoubleBits[2];
    *pb++ = dAfx.DoubleBits[1];
    *pb = dAfx.DoubleBits[0];
}
#endif //_AFX_BYTESWAP
```

상기 함수들은 각각 〈stdlib.h〉 헤더에서 제공하는 다음 함수를 활용할 수 있다.

```
unsigned short  __cdecl _
   byteswap_ushort(_In_ unsigned
   short  _Number);
unsigned long  __cdecl _byteswap_
   ulong(_In_ unsigned long  _
   Number);
unsigned __int64 __cdecl _byteswap_
   uint64(_In_ unsigned __int64 _
   Number);
```

빅/리틀 엔디언 문제는 플랫폼을 바꾸지 않는 한 자주 발생하는 문제는 아니지만, 중요한 순간에 발생할 수 있어 기억해 두면 도움이 된다. 기억해 둘 내용은 한 바이트로 처리할 때를 제외하고 값이 모두 왜곡된다는 점이다. 따라서 두 바이트 이상인 자료형 포인터로 값을 다룰 때 주의가 필요하다. 특히 네트워크 프로토콜이나 비디오/오디오 비트스트림 등 국제 표준 데이터는 주로 빅 엔디언 방식으로 전송되므로 이들 데이터를 파싱하는 루틴을 작성할 때 더욱 주의해야 한다.

D ~ G

H ~ N

ㄱ ~ ㄷ

ㄹ ~ ㅁ

ㅂ ~ ㅅ

ㅇ ~ ㅊ

ㅋ ~ ㅎ